国家哲学社会科学成果文库

NATIONAL ACHIEVEMENTS LIBRARY
OF PHILOSOPHY AND SOCIAL SCIENCES

俄罗斯符号学研究
范式的百年流变

赵爱国 著

北京大学出版社
PEKING UNIVERSITY PRESS

赵爱国　苏州大学外国语学院俄文系教授、博士生导师，俄语语言文学博士点学科带头人。苏州大学第四届教学名师、第一届高尚师德奖获得者。主持国家社科基金项目4项（重点项目、成果文库、一般项目、后期资助项目各1项）、省部级社科基金项目3项（部级1项、省级2项），出版专著6部、理论译著2部、教材2部，发表学术论文100余篇，获省部级科研和教学成果奖4次（二等奖3次、三等奖1次）。主要学术兴趣为语言文化学、语言符号学、心理语言学、语言学史、外语教学研究等。曾任俄罗斯普希金俄语学院（1996.9—1997.8，2001.9—2002.2）、莫斯科大学（2011.9—2012.2）访问学者和高级访问学者。兼任中国俄语教学研究会常务理事、中国语言与符号学会常务理事、中国俄罗斯东欧中亚学会理事，以及《中国俄语教学》编委、《新世纪当代中国俄语名家学术文库》编委、《新世纪高等学校俄语专业本科生系列教材》编委等职。

《国家哲学社会科学成果文库》
出版说明

为充分发挥哲学社会科学研究优秀成果和优秀人才的示范带动作用，促进我国哲学社会科学繁荣发展，全国哲学社会科学工作领导小组决定自 2010 年始，设立《国家哲学社会科学成果文库》，每年评审一次。入选成果经过了同行专家严格评审，代表当前相关领域学术研究的前沿水平，体现我国哲学社会科学界的学术创造力，按照"统一标识、统一封面、统一版式、统一标准"的总体要求组织出版。

全国哲学社会科学工作办公室
2021 年 3 月

前　言

　　本著是本人主持的国家社会科学基金重点项目"语言学视阈中的俄罗斯百年符号学史研究"的最终成果，也是本人在先前完成的国家社会科学基金一般项目"20世纪俄罗斯语言学遗产：理论、方法及流派"以及教育部人文社会科学研究规划基金项目"俄罗斯人类中心论范式语言学理论研究"基础上的又一学术成果。显然，没有先前对俄罗斯语言学史及其当代语言学理论学说的长期积累，就不可能有本项目的由来和本著作的问世。

　　本著共分"四篇"十六章五十九节。第一篇"研究范式及学理探源"包括三章内容，主要对俄罗斯符号学科学范式的百年流变情况作出系统性梳理和概括性总结，并对俄罗斯文化和思想传统以及语言学传统中的相关"符号学元素"进行探根溯源，以在学理上发掘和考证现当代俄罗斯符号学的文脉根系；第二篇"'创建期'的俄罗斯符号学研究范式"由四章组成，主要对20世纪10—30年代生成的四种范式——"形式主义范式""结构—系统主义范式""结构—功能主义范式"和"文化—历史主义范式"的相关理论学说进行评析；第三篇"'过渡期'的俄罗斯符号学研究范式"分为两章，着重就20世纪40—50年代的两种范式——"系统—结构—功能主义范式"和"后结构主义范式"的基本思想和学理特点作出缕析；第四篇"'成熟期'的俄罗斯符号学研究范式"篇幅最大，共由六章组成，集中对20世纪60年代以来的当代俄罗斯符号学的"功能主义范式""交际主义范式""语义中心主义范式""心理认知主义范式""文化认知主义范式"和"观念认知主义范式"等的思想特性及学术价值作出较全面解析。本著作所审视的十二种范式，都可以独立成为符号学的"二级学科"，而每一个"二级学科"又细分出若干个"三级学科"甚至"四级学科"，不仅数量可观,且门类繁多。其中,所涉及的相关理论学说或思想 100 余种,著名学者 120 余位,参阅"第一手"资料 1000 余部/篇,基本涵盖了本领域的研究范围及可查阅到的全部相关资料。本著的最后一章即第十六章,是对本论题全部内容的"总体评价",它不仅对百年来俄罗斯符号学研究范式的基本特点和思想特质进行了提炼和总结,还对其存在的些许不足或缺陷提出了意见,以与第一章"总论"的内容形成"前后对应"。

本著作的撰写力求体现以下既定思想:理论学说评述的"批判性"、语言学视阈的"整合性"、科学范式的"统领性"、百年学术史书写的"完整性"以及术语使用的"规范性"等。它可用作符号学(包括语言符号学、文学符号学、艺术符号学、宗教符号学、文化符号学、交际符号学、心理符号学等)方向的教师参考用书,以及硕、博研究生的教材,也可为其他国家或其他语种的同类研究提供借鉴。

在本著撰写过程中,已有近 20 篇相关论文(超过 25 万字)作为"阶段性成果"发表于国内外学术期刊或文集,如"当代俄罗斯心理认知视阈的'语言意识'问题研究"(《中国俄语教学》2015 年第 2 期),"百年历程:俄罗斯符号学的发展阶段与范式转进"(第十三届世界俄语大会(西班牙)文集,圣彼得堡 МАПРЯЛ 出版社,2015),"俄罗斯'斯拉夫主义'哲学的学理内涵"(《俄罗斯研究》2015 年第 4 期),"当前俄语'观念'研究中的几个理论问题"(《中国俄语教学》2016 年第 3 期),"俄罗斯语言学传统中的方法论特质"(《俄罗斯研究》2016 年第 4 期),"俄罗斯符号学研究范式的百年嬗变"(《俄罗斯文艺》2016 年第 4 期),"新洪堡特主义学说对语言世界图景理论所做的贡献"(《中国俄语教学》2017 年第 1 期),"作为范式的俄罗斯形式主义的起止时间和发展阶段问题"(《中国俄语教学》2017 年第 2 期),"谈当前俄语语言与文化研究的几个理论问题"(《东北亚外语研究》2017 年第 4 期),"俄罗斯形式主义范式的美学思想史价值"(《俄罗斯研究》2017 年第 4 期),"范式视阈的俄罗斯形式主义的几个理论问题"(《语言与符号学研究》2017 年第 3 期),"俄罗斯形式主义范式的学理基础"(《俄罗斯文艺》2017 年第 4 期),"符号学视阈的维果茨基'文化—历史心理学'理论评略"(《中国俄语教学》2018 年第 2 期),"施佩特的'阐释符号学'思想评略"(《俄罗斯文艺》2019 年第 1 期),"观念分析中'观念阈'研究的几个理论问题"(《中国俄语教学》2019 年第 1 期),"谈语言与文化研究的

'新本体论'"(《中国俄语教学》2019 年第 3 期),"乌斯宾斯基的文化符号学理论思想评略"(《俄罗斯文艺》2020 年第 3 期),"基于语料库的俄汉语时间观念阈结构对比分析"(《中国俄语教学》2020 年第 2 期),"从概念到观念:语言文化学研究中的两种本体论"(俄文)(《莫斯科大学和科学院语言学研究所国际学术文集》,莫斯科 Гнозис 出版社,2020)等。这些论文的发表及作为其"后溢效应"即将见诸报章期刊的若干篇论文,无疑为本著的学术质量提供了必要保障。

最后,就本著作的撰写、编排和出版情况作几点说明:

(1)本著作所审视的十二种范式,大致是按照史学研究的"时间节点"即本著作所说的"历史事实"的先后顺序排列的。但由于范式与范式之间有一定的"交叉性",因此一种范式与另一种范式之间可能很难有十分明确的界限(如结构—功能主义与功能主义等),它们可能会在某一特定时期内"交织在一起"而分界难辨。

(2)每一章的字数不等,主要取决于该范式在俄罗斯学界研究的广博与深浅程度;同样,每一章中所列的"节"和"点"也并非一致,也主要视学术样式和实际成果的厚薄而定。

(3)每一章都是一个"独立的单元"。因此,为保持整章信息的相对完整性以及行文格式的一致性和规范性,我们在行文格式上作出如下安排:一是对本章节第一次出现的术语、专有名词等都用括号作出俄文标注,并尽可能做到"划一";二是每一章后都列出本章节的"注释"和"参考文献"。因此,就整部著作而言,有少许注释和参考文献可能会出现重复,但就某章节而言却是"唯一的"。

(4)列出的参考文献,都是在正文或注释中被正式引用的,因此可以称之为"所引用的参考文献"。此外,在参考文献中,凡是著作类的都给出了作者、名称、出版社、年代等完整资讯,凡论文和报告类的还增加了析出文献的页码信息。

(5)本著作并没有采用原项目的名称出版,采用现名称主要是基于对书名不宜专业性过强的考量。就本著作的研究内容而言,项目和著作两个名称并不表明有实质性的差别。

作为国内学界第一部俄罗斯符号学史性质的学术著作,对一些理论和学术问题的讨论难免有不尽合理之处；加上受本人学识和思想力所限，对某些学说和思想的批评或批判也很可能有偏颇甚至谬误之处。对此，恳请学界同仁指教、指正。

最后，作者要对成果文库评审专家提出的宝贵意见和建议表示衷心的感谢，本著作在定稿时尽可能地按照上述意见和建议作了相应的补充或修改。此外，北京大学出版社张冰编审和李哲编辑也为本著作申报成果文库及编辑出版事宜提供了诸多便利，并付出大量心血，在此一并谢之。

苏州大学外国语学院俄文系 赵爱国

2021 年 1 月

目　录

第一篇　研究范式及学理探源

第二篇　"创建期"的俄罗斯符号学研究范式

第三篇　"过渡期"的俄罗斯符号学研究范式

第四篇 "成熟期"的俄罗斯符号学研究范式

Contents

Part 1 Research paradigm and Theoretical Exploration

Part 2   Research Paradigms of Russian Semiotics during the Foundation Period

第一篇

研究范式及学理探源

第　一　章

总论：俄罗斯符号学的发展阶段和研究范式

　　自 1915 年"莫斯科语言学小组"（Московский лингвистический кружок/МЛК）和 1916 年彼得格勒"诗歌语言研究学会"（Общество по изучению поэтического языка/ОПОЯЗ）宣告成立至今[1]，具有独立学科性质的俄罗斯符号学研究已经走过了一百年的历程。百年来，俄罗斯以其特有的符号学成就著称于世，成为现代符号学研究领域能够与法国、美国并列的"三大强国"或称"三巨头"之一；百年来，俄罗斯诞生了多位世界级的符号学大家，如雅各布森（Р. О. Якобсон，1896—1982）、什克洛夫斯基（В. Б. Шкловский，1893—1984）、特鲁别茨科伊（Н. С. Трубецкой，1890—1938）、维诺格拉多夫（В. В. Виноградов，1894/95—1969）、巴赫金（М. М. Бахтин，1895—1975）、洛特曼（Ю. М. Лотман，1922—1993）、乌斯宾斯基（Б. А. Успенский）等，他们的理论学说及思想不仅成为"俄罗斯符号学"（русская семиотика）的代名词，也同样是世界符号学宝库中不可多得的思想精华和学术遗产。

　　作为本著作的"总论"，本章主要从"科学范式"（научная парадигма）维度出发，对百年来俄罗斯符号学的发展阶段进行概览和论证，对范式的科学内涵及方法论意义作出理论思辨和界说，对俄罗斯符号学范式的基本样式及学术形态进行系统梳理和缕析，最后，还将对本著作研究的理论依据、基本思路及方法和意义等作出客观评说。总之，作为"总论"的本章内容，一是要在宏观上尽可能准确和全面地展示俄罗斯百年符号学的文脉走向和学理演变情况，二是要概要地总结俄罗斯符号学在研究视阈、研究方法、研究内容、研究态度等方面的基本特点,三是要在理论上为后续章节的学术研究提供理论依据和批评方法。

第 1 节 俄罗斯符号学的发展阶段

理论上讲,史学研究的价值在于其"历史意义",而非"历史事实"本身。但意义的考察显然又避不开历史事实的"年代"节点。为此,在我们系统审视"历史意义"(本著作将其确定为"研究范式")之前,有必要首先来系统考察一下俄罗斯百年符号学史的发展阶段问题。

1.1 符号学研究分期的不同看法

关于俄罗斯符号学研究的分期问题,国内外学界并没有一致的看法。

迄今为止,俄罗斯学界涉及本国符号学史研究的著作只有三部:(1)斯捷潘诺夫(Ю. С. Степанов,1930—2012)的《符号学》(«Семиотика»)(1971)。这是俄罗斯历史上第一部符号学专著,主要论述世界范围内符号学科的生成、性质、分类、对象等基本情况。其中也涉及一些苏联符号学的研究现状和成果,但缺乏对本国符号学理论学说的系统研究。(2)伊万诺夫(Вяч. Вс. Иванов,1924—2005)的《苏联符号学史概要》(«Очерки по истории семиотики СССР»)(1976)。该著作较全面总结了苏联 20 世纪 30—60 年代符号学各领域所取得的成果,但因受时代局限而没有把 20 世纪后半期的符号学理论包含进去,且书中内容大多局限于对艺术符号学体系的结构分析。(3)波切普佐夫(Г. Г. Почепцов)的《俄罗斯符号学》(«Русская семиотика»)(2001)。该著作将 19 世纪后半叶和整个 20 世纪的俄罗斯符号学研究分为两大时期:俄罗斯符号学初期、俄罗斯和苏联符号学时期。前者包括四个不同发展阶段——史前阶段、十月革命前阶段、十月革命后阶段、形式主义流派起始阶段;后者则包括五个不同的流(学)派——形式主义流派、功能-形式主义流派、修辞术流派、文化学流派、洛特曼与塔尔图-莫斯科学派。其最大的特点是涵盖面广、内容较全,并附有大量原著引文。但不足之处也较为明显:一是将符号学发展与俄罗斯社会发展阶段结合在一起,不免带有苏联"意识形态"的痕迹;二是发展阶段中所叙内容大多条块划分,彼此间缺乏内在的联系,对本国所特有的理论样式及学术价值等没有在学理上做很好的梳理和提炼；三是分期的划分在概念上有些许模糊不清，或概念重合或概念错位。如，"俄罗斯和苏联符号学时期"中的"俄罗斯"的概念与"初期"中的"第二"（十月革命前）和"第三"（十月革命后）阶段相重叠，但似乎又与苏联解体后的俄罗斯不相搭界。另外，"十月革命后阶段"又与"形式主义学派起始阶段"的时期相重合。再如，"形式主义流派"的概念在理解上也容易造成错位，因为由福尔图纳托夫（Ф. Ф. Фортунатов，1848—1914）所创立的"莫斯科语言学派"（Московская лингвистическая школа）也时常简称为"形式主义学派"（формальная школа），而该学派始于 19 世纪末至 20 世纪初，并一直延续至今。（见赵爱国 2008：31—35）有鉴于上述原因，我们并不赞同波切普佐夫所做的分期。

我国语言符号学研究知名学者王铭玉教授曾在《语言符号学》一书以及相关论文中，参照波切普佐夫的观点把俄罗斯符号学研究分为以下六个不同时期：(1)19 世纪后半期（零星研究时期）；(2)20 世纪初至十月革命（理论准备时期）；(3)十月革命后至 20 世纪中期（成形时期）；(4)现当代过渡期；(5)20 世纪中后期莫斯科—塔尔图学派及洛特曼时期（系统研究时期）；(6)后洛特曼时期（总结回顾时期）。（见王铭玉 2004：466—479）这是按照俄罗斯符号学发展的"年代"进程与其所呈现的不同研究样式所做的分期，我们认为是比较科学的，也是有理论意义的。但我们在分析和梳理俄罗斯百年符号学史的发展脉络时发现，把"20 世纪初至十月革命"这一阶段视作"理论准备时期"似有不妥之处，因为这一阶段的"后期"正是形式主义符号学（包括文艺学和语言学）以及布拉格语言学派的"发端期"，而非准备期。因此，我们认为把 19 世纪后半叶的符号学研究视为"理论准备期"应该更为恰当，这是因为：无论是维谢洛夫斯基（А. Н. Веселовский，1838—1906）提出的"行为符号化"（семиотизация поведения）的方法（Почепцов 2001：22—23），还是克鲁舍夫斯基（Н. В. Крушевский，1851—1887）提出的词语"相似联想"（ассоциации по сходству）和"相近联想"（ассоциации по смежности）理论（Алпатов 1999：118—119），或者波捷布尼亚（А. А. Потебня，1835—1891）提出的词的"内部形式"（внутренняя форма）及"近义和远义"（ближайшее значение и дальнейшее значение）学说（Алпатов 1999：88），甚至莫斯科语言学派创始人福尔图纳托夫提出的语言学研究中的"形式标准"（формальные критерии）等（杜桂枝 2005：22—30），都还构不成完整的学科样式或理论体系,而只是为后来的形式主义范式奠定了必要的理论和方法论基础。另外,"后洛特曼时期"的提法虽然颇有新意,但在当代科学研究中似乎把"后"的概念约定为与"前"有不同的发展样式及学术形态,而从 20 世纪 80 年代末至 90 年代末俄罗斯符号学研究的实际情况看,似主要以"总结和回顾"为主要形态,并未取得任何实质性的重大成果,因此我们认为可以将该十余年的研究情况忽略不计,或一并归入洛特曼时期的研究。

　　在我们看来,对某学科的发展历程进行分期,实际是对该学科的历史演变情况提出总体的评价,其评价的标准应该由以下一些主要参数来确定:一是研究范式的嬗变,二是研究内容的更新,三是研究范围的扩大,四是研究方法(视角)的转换,五是研究程度的加深。由于学科的发展在很大程度上是交错式的(哲学和人文社会学科的研究还时常发现"轮回式"的现象,即经过一个时期的发展后,又重新回到命题的起点,当然这也可以看作是一个"新的转折点"),新的学术观点、思想和理论的形成也有个循序渐进的过程,因此很难把分期的时间精确到某年某月,而最多也只能大致确定到某年代,其间还必定有相互交错或标志性参数不够显著的情况发生。有鉴于此,我们欲对俄罗斯百年符号学史的发展阶段作出适合本研究视阈的划分。

1.2　符号学研究分期的具体划分

　　综合参考波切普佐夫、王铭玉两位学者提出的观点,以考察百年来俄罗斯符号学史的发展进程为基点,并以俄罗斯符号学领域相关学者提出的理论学说或出版的学术著作为主要评价参数,我们认为将该研究分期确定为如下三个不同时期(阶段)较为妥当:

1.2.1　创建期

　　创建期即俄罗斯符号学理论学说的"发展初期",时间大致为 20 世纪 10—30 年代。基于自罗蒙诺索夫(М. В. Ломоносов,1711—1765)起(18 世纪后半叶以来)150 余年的"理论准备期"思想和学术成果的铺垫,受益于该时期欧洲结构主义语言学的理论支撑和方法论推动,这一时期的俄罗斯符号学研究进入了一个前所未有的崭新发展阶段——"学科式创建"阶段。所谓"学科式创建",是指俄罗斯学者在符号学领域有意识的或带有明确目的性的学术创造活动。我们知道,20 世纪初时,世界范围内形形色色的符号学理论和思想开始纷纷登场，其中最具代表性的当推美国学者皮尔斯（Ч. Пирс，1839—1914）和瑞士学者索绪尔（Ф. Соссюр，1857—1813）的学说。如果说他们分别是从"逻辑学"（логика）和"语言学"（лингвистика）走向符号学的话，那么俄罗斯符号学主要是从"文艺学"（литературоведение）和语言学研究中的"形式主义"（формализм）开始进军符号学世界的。也正是对文艺和语言表现形式（主要是对诗歌语言、艺术文本）的刻意追求及由此形成的学术定势和理论成果，才催生出该时期世界符号学研究领域一个十分重要的流派——"俄罗斯形式主义"（Русский формализм）范式。[2] 俄罗斯形式主义范式的形成，标志着俄罗斯符号学研究由原先零星、不系统、无统一范式的"理论准备期"，进入具有统一派别、统一方法论基础、统一研究范式的新时期，我们将其称为学科式的"创建期"。这种创建活动无疑是充满活力的，但也十分艰辛，大约持续了20余年的时间。它既给予学界以鼓舞、希望和期待，又遭到方方面面的批评、指责甚至批判（详见第四章的有关内容）。正如王铭玉所说，形式主义理论"对俄罗斯符号学的发展具有重要的标志性意义"。（王铭玉 2004：471）该时期的符号学研究呈现出一派繁荣景象，理论思辨、思想碰撞、学术争鸣等都达到空前的高度，其研究领域之广、参与学者之多、探讨问题之深，都是俄罗斯符号学史上前所未有的。在该创建活动中，形成了多个有影响的学派，如除上文提到的诗歌语言研究学会、莫斯科语言学小组外，还相继诞生了"莫斯科音位学派"（Московская фонологическая школа/МФШ）[3]、"彼得堡语言学派"（Петербургская школа в языкознании）[4]、"列宁格勒音位学派"（Ленинградская фонологическая школа）、"布拉格语言学小组"（Пражский лингвистический кружок）等[5]；一大批年轻有为、有思想的学者也在该创建活动中纷纷涌现，上文所提到的俄罗斯杰出的符号学大家雅各布森、什克洛夫斯基、特鲁别茨科伊等学者就是在该时期"出道"并崭露头角的，此外还有各学派的主要成员或继承人，如莫斯科音位学派的阿瓦涅索夫（Р. И. Аванесов，1902—1982）、库兹涅佐夫（Т. С. Кузнецов，1899—1968）、列福尔马茨基（А. А. Реформатский，1900—1978）、西多罗夫（В. Н. Сидоров，1903—1968），列宁格勒音位学派的谢尔巴（Л. В. Щерба，1880—1944）、伯恩斯坦（С. И. Бернштейн，1892—1970）、马图谢维奇（М. И. Матусевич，1895—1979），彼得堡语言学派（除谢尔巴本人外）的雅库宾斯基（Л. П. Якубинский，1892—

1945),莫斯科语言学派的主要成员沙赫马托夫(А. А. Шахматов,1864—1920)、别什科夫斯基(А. М. Пешковский,1878—1933)、杜尔诺夫(Н. Н. Дурнов,1876—1937)、奥勃诺尔斯基(С. П. Обнорский,1888—1962)[6],"喀山语言学派"(Казанская лингвистическая школа)主要继承人博戈罗季茨基(В. Г. Богородицкий,1857—1941),还有不属于任何派别的著名学者什佩特(А. А. Шпет,1879—1937)、普罗普(В. Я. Пропп,1895—1970)等。(见赵爱国2012:17—81)他们分别在文艺学、音位学、普通语言学、句法学以及哲学等不同的领域提出比较系统的符号学思想和学说,对俄罗斯符号学的学科创建作出了不可磨灭的突出贡献。

应该说,创建期的俄罗斯符号学研究对于文艺学和语言学传统具有"颠覆性"的性质,甚至被称之为一场轰轰烈烈的"思想革命"。这场革命不仅在时间上先于欧洲,并在学理上为随后相关范式的兴起和形成提供了充足的理论准备,还为俄罗斯符号学范式的演变和发展奠定了方法论基础。

1.2.2 过渡期

过渡期即俄罗斯符号学理论学说的"发展中期",从时间上看又是现代和当代的重要过渡期,时间大致为20世纪40—50年代。我们之所以将该时期的俄罗斯符号学研究称为"过渡期",主要基于对如下三点考察:一是在20世纪初至30年代"创建期"出道的一代年轻学者中,有很多人已经由原先初露锋芒的"学术新秀"成长为真正意义上的"学术大家",如莫斯科音位学派中的阿瓦涅索夫、库兹涅佐夫、列福尔马茨基、西多罗夫等学者就是如此,他们不仅在原先的音位学方面取得了出色成就,而且又将研究视阈扩大到别的领域,分别在方言学、词法学、构词学、句法学以及普通语言学等领域取得新的成果;二是符号学研究已由创建期的主要以形式主义为典型范式(或以形式主义流派为主流派别)的研究,开始向作为独立学科的符号学研究过渡;三是研究的整体性较之创建期有明显增强,从而为符号学研究实现现当代的过渡奠定了基础。这一过渡时期的代表人物除世界符号学界公认的著名学者雅各布森、巴赫金外,还有维诺格拉多夫、斯米尔尼茨基(А. И. Смирницкий,1903—1954)以及任金(Н. И. Жинкин,1893—1979)等。他们的研究涉及普通符号学、普通语言学、语言系统、艺术文本结构、言语机制等广泛领域,其学术思想不仅为后来的俄罗斯符号学研究范式的转换奠定了学理基础,也为世界符号学的发展作出了巨大贡献。

需要补充说明的是，进入 20 世纪 40—50 年代后，由于第二次世界大战以及马尔（Н. Я. Марр，1864/1865—1934）的"语言新学说"（новое учение о языке）的长期统治造成的影响等因素，俄罗斯符号学研究也与语言学等其他学科一样，曾经历过短暂的"低潮"阶段：一是不少著名学者在 30 年代被扣上反革命或资产阶级学术权威的帽子，或被流放，或被剥夺工作权利，或被折磨致死。此外，第二次世界大战期间，又有很多学者被疏散到山区或后方而无法进行有效的科研工作。二是俄罗斯语言学研究有近 15 年（约 40 年代初至 50 年代中期）的时间基本处于与世隔绝的状态，世界其他国家的优秀成果很少被引介到该国的相关研究中来。（Алпатов 1999：229）但这一切并没有禁锢住学者们的思想，也没有让学者们放弃科学研究工作。从这个意义上讲，俄罗斯符号学研究能够在这一"特殊时期"取得如此丰硕的成果实属不易，这些成果更多具有本民族文化的特色，也正因为此，雅各布森、巴赫金、维诺格拉多夫等人的学术成果才受到世界学界的格外关注。国内有学者在总结 20 世纪中期以前的苏联符号学研究所开辟的领域及所取得的辉煌成果时指出，经过近半个世纪的探索和积淀，这一时期的苏联符号学研究"从社会、历史、文化、思想、精神、艺术、意识形态等方面为莫斯科—塔（尔）图符号学派的形成作了充分的理论铺垫"（陈勇 2006：224）。我们认为这样的评价是恰如其分的。

1.2.3 成熟期

成熟期即俄罗斯符号学理论学说的"发展当代期"，时间是 20 世纪 60 年代至今。我们知道，世界学界对符号学究竟是在哪一年成为一门独立学科的认识并不统一：有把美国学者莫里斯（Ч. Моррис，1901—1979）于 1946 年提出的"符号三分法"（即语构、语义、语用）作为其标志的；也有把 1964 年法国著名符号学家巴特（Р. Барт，1915—1980）出版《符号学原理》（«Основы семиотики»）一书视作标志的；更为普遍的看法是把索绪尔的《普通语言学教程》（«Курсы общей лингвистики»）的问世视为标志。在这里，我们无意去考证世界符号学的生成、发展和演变情况，而只是从俄罗斯符号学的"个案"出发来审视其具体的发展阶段。我们得出的基本结论是：从 20 世纪 60 年代起，俄罗斯符号学研究开始出现一系列新的重大变化，其研究的规模和性质、研究的广度和深度以及对世界学界的影响程度等都有别于"过渡期"，从而标志着进入一个崭新的发展阶段——成熟期。其中最为显著的标志有：

1）得益于"过渡期"符号学研究向后结构主义方向的转进，尤其是巴赫金具有社会学性质的符号学理论学说的影响，各种流派和理论学说纷纷登场，开始呈现出百花齐放、百家争鸣的繁荣景象。

2）形成了以洛特曼、乌斯宾斯基为领袖的具有世界性影响的"塔尔图—莫斯科学派"（Тартуско-московская школа）[7]。该学派由"塔尔图流派"（Тартуское направление）和"莫斯科流派"（Московское направление）两个部分组成，它们"把神话、文学、艺术和整个文化当作符号现象来研究"，60 年代"主要利用自然语言符号和文本材料进行研究"，70、80 年代"把结构主义符号学运用于更广泛的符号（从图象、形象等系统一直到文化系统）研究"，提出了诸如"文化多语性""文化异源性""文化多声性"以及"不同符号系统的互动性"等一系列的思想和学说。（李肃 2002：39—40）如，在洛特曼的符号学理论体系中，就呈现出"基于文本的文化符号学思想"和"基于历史的文化符号学思想"等若干不同的方面（见赵爱国 2008a：10—14）。

3）符号学研究形成固定的学术平台和阵地。如 1962 年在莫斯科召开了符号学（当时称"符号系统结构研究"）专题学术研讨会[8]，这是被学界认为在俄罗斯符号学发展史上具有里程碑意义的一次会议，它标志着俄罗斯符号学研究进入具有固定研究组织和独立研究平台的"成熟期"。此外，塔尔图大学也于 1964 年起开始正式出版有关符号学研究的专辑——《符号系统研究》（«Труды по знаковым системам»）[9]，成为俄罗斯符号学乃至世界符号学研究的主要阵地之一。

4）在研究方法上有进一步的突破，如以洛特曼为首的塔尔图—莫斯科学派的研究就有别于以往的"形式主义""结构主义"或"结构—功能主义"等范式，而具有鲜明的"社会学"色彩。在该学派中学术地位仅次于洛特曼的乌斯宾斯基的研究，就"能够跳出传统语文学的研究视角，而用符号学的方法来解读语言、历史和文化现象"。（Почепцов 2001：699—700）

除上述学派外，这一时期从事符号学研究的著名学者还有很多，如符号学史和神经符号学领域的伊万诺夫，心理语言学领域的小列昂季耶夫（А. А. Леонтьев，1936—2004）和卡拉乌洛夫（Ю. Н. Караулов，1935—2016）[10]，功能语法学领域的邦达尔科（А. В. Бондарко，1930—2016），词典学领域的阿普列相(Ю. Д. Апресян)，语言逻辑分析领域的阿鲁玖诺娃(Н. А. Арутюнова，1923—2018)，词汇学领域的什梅廖夫(Д. Н. Шмелёв，1926—1993)，认知语言学领域的库布里亚科娃(Е. С. Кубрякова，1927—2011)等等。他们在不同的知识领域辛勤耕耘，为构建俄罗斯符号学长达半个多世纪之久的学术高地作出了各自的贡献。

对于上述分期，陈勇的看法似与我们的比较接近。他在博士论文《篇章的符号学分析：理论与方法》中提出，俄罗斯 19 世纪后半叶的符号学研究只是"理论准备期"，而 20 世纪的研究可分为"发展期"(20 世纪初至十月革命前)、"成型期"(20 世纪 20—30 年代)、"过渡期"(20 世纪 40—50 年代)、"莫斯科—塔尔图学派及洛特曼时期"(20 世纪 60 年代起)等。(陈勇 2004：36—42)他的上述观点无疑是建立在把俄罗斯符号学的历史流变视为"统一整体"基础上的，因此在表述上与我们的分期之说有所出入。但如果站在本著作的视角，即仅仅把俄罗斯百年符号学史看作一个整体的话，那就不存在根本分歧了：他所说的"成型期"与我们所说的"创建期"的概念相一致，而"莫斯科—塔尔图学派及洛特曼时期"即上文所指的"成熟期"。

第 2 节　俄罗斯符号学研究范式的交织和嬗变

我们知道，范式理论最先出自美国哲学家、科学史专家托马斯·库恩(Томас Кун，1922—1996)于 1961 年所著《科学革命的结构》(«Структура научных революций»)一书。所谓范式，就是"在一定时期的科学中占统治地位的提出问题和研究问题的方式、方法体系等被另一种所取代"(Прохоров 1983：669)。俄罗斯学者别列金(Ф. М. Березин，1929—2015)则进一步提出，科学范式就是"建立在一定哲学基础之上的，是某历史时段和某学界提出的科学研究、新的知识聚合关系的方法论"(Березин 2000：10)。由此可见，范式的本质是一种方法体系或科学方法论，因此，审视百年来俄罗斯符号学研究范式的流变情况，其核心内容就是要对该学科的基本方法或主要理论学说进行系统梳理和发掘，并在学理上对其不同发展阶段的研究方法的演化或转进作出客观评析。

2.1　对"范式"命题的几点哲学思考

在我们具体审视俄罗斯百年符号学研究范式之前,有必要在理论上简要地阐述一下我们对下列问题的几点思考:一是上述所谓的"方法"与"范式"的关系问题;二是不同知识领域的范式呈现问题;三是从范式视角研究俄罗斯百年符号学史的价值问题。

其一,所谓"方法",其概念内涵具有多义性。徐盛桓在谈到语言学研究方法时认为,它由三个不同层次:比较具体的甚至是联系特定的语言学分支学科或特定的语言层面的具体方法、步骤、程序;语言学研究一般方法的归纳、概括;联系语言的特点,从哲学、思维科学的高度将有关的方法进一步抽象为更为一般的语言学方法论的范畴、原理。(徐盛桓 2003:13—15)据此,从范式角度看,广义的"方法"至少包含三层意思:意识形态或思想层面的"方法论"(методология),即哲学形态或思潮;知识层面的作为方式、步骤总和的"方法"(метод),即认知视角,相当于某"某流派或某学派";运作层面的为实施某既定行为所采取的具体"研究法"(методика),即操作程序,相当于某"某理论或某学说"。理论上讲,只有"方法论""方法"和"研究法"三者的有机结合,才能构成某学科的某种范式。从这个意义上讲,"某方法"就是"某范式"或"某理论",这样的说法在语言学研究中得到比较一致的公认。

其二,必须承认,不同科学领域在相同时期内所呈现的范式是不尽相同的。比如,学界普遍认为,在语言学科学领域迄今为止大致经历了四种基本范式——"历史比较范式"(сравнительно-историческая парадигма)、"结构—系统范式"(системно-структурная парадигма)、"社会范式"(социальная парадигма)和"人类中心论范式"(антропоцентрическая парадигма)[11],但这绝不表明其他科学领域也经历了同样的范式。尽管在学界看来,语言学与符号学在本质上有着不可分割的内在联系,因为只要人们谈起符号学,首先想到的是结构主义语言学。但是,作为独立科学运作的符号学毕竟在许多方面与语言学还不能划等号,要不然就没有必要划分出两个学科了。从这点上讲,既然符号学与一般意义上的语言学有别,那么它们所经历的范式就不可能完全相同。例如,我们的研究表明,在过去的百年中,俄罗斯符号学所经历的范式就比上述语言学的"四种范式"丰富得多。原因恐怕主要有二:第一,符号学研究所涉及的范围和内容比语言学的要广（尽管本著作的研究视阈与语言学的基本吻合，可称之为文艺符号学和语言符号学，而并没有将与语言关联不紧密的生物符号学、音乐符号学、民族符号学等归入其中）；第二，上述语言学范式主要是对"方法"中的第一、第二层面进行概括所得出的结论，而我们对俄罗斯百年符号学史的审视还涉及"方法"中的第三个层面，比如语言世界图景理论、先例理论、逻辑分析理论、观念理论等。

其三，我们坚持认为，包括符号学史在内的社会人文学科的史学研究必须要坚持"一分为二"的视角：一是"时间节点"，二是"意义聚焦"。前者是"历史的形式"，即"历时"（俄语中 диахрония 与 история 两个词语在语言学术语中经常可以相互替代），强调的是从历时视角出发来审视历史上发生了什么，即"历史事实"；后者为"历史的内容"，即"共时"，注重的是从共时角度出发来审视历史上发生的事实有何"意义"或"价值"。从这点上讲，本章的第 1 节主要是以"时间节点"展开的对"历史事实"的审视，以概括性地描绘俄罗斯百年符号学发展的基本脉络；而本节是侧重对"历史意义"的讨论，以揭示促成其发展演变的学理内涵。这里尤其要强调的是，在我们看来，对俄罗斯符号学史来说，其最大的或最有价值的"历史意义"就是其"范式意义"，因为范式是对某科学领域所体现的所有方法、理论和学说的高度概括，它具有哲学所特有的方法论特性。

其四，本著作确定的研究任务为"语言学视阈中的俄罗斯百年符号学史"，这一研究以范式为主线展开，这就规定了本著作的研究视阈和研究范围：它并不是对在俄罗斯本土出现的所有符号学方法论、方法及研究法的全景式扫描，而只是聚焦于与语言符号本身及其语言活动（使用）有关的所有范式，它既包括语言符号的各个层级的研究，也包括以语言符号为主线所展开的文学符号、艺术符号、宗教符号、电影符号、文化符号、交际符号、心理符号、观念符号等的研究。而那些不直接涉及语言符号的研究范式，如社会符号、生物符号、动物符号、物理符号等并不在本著作的研究范围之列。

2.2　范式的交织、交替及其意义

所谓范式的交织，是指某特定时期内同时或先后出现多种范式，它们在该时期的学术空间中相互交织在一起，或互为依托，或互为影响，或作用和相互

制约,或在学理上完全不同,但却共同构筑起该时期符号学研究的基本范型;
范式的交替是指一个范式与另一个范式之间的接替或转换,它可以出现在同
一时期,也可以体现出不同时期的递进情况;范式的意义即某范式本身所蕴含
的社会的、思想的和学术的价值。

应该说,范式的交织和交替并非空洞的概念,而是取决于研究方法的变
化、研究视阈的转换和研究内容的转进等。研究表明,从语言学视阈看,俄
罗斯符号学研究在其百年的发展进程中,大致经历了以下十二种范式:"形
式主义范式"(формальная парадигма),"结构—系统主义范式"(системно-
структурная парадигма),"结构—功能主义范式"(функционально-
структурная парадигма),"文化—历史主义范式"(культурно-историческая
парадигма),"系统—结构—功能主义范式"(системно-структурно-функциональная
парадигма),"后结构主义范式"(постструктурная парадигма),"功能主义范式"
(функциональная парадигма),"交际主义范式"(коммуникативная парадигма),"语
义中心主义范式"(семантикоцентрическая парадигма),"心理认知主义范式"
(когнитивно-психологическая парадигма),"文化认知主义范式"(когнитивно-
культурологичнская парадигма)和"观念认知主义范式"(когнитивно-
концептуальная парадигма)。对于上述范式,我们有以下几点基本的看法:

1)百年来的俄罗斯符号学所经历的范式,在数量上似乎已大大超过语言
学所经历的三种基本范式,即"结构—系统范式""社会范式"和"人类中心论范
式"。但从方法论层面看,符号学的这十二种范式也是由几种基本范式衍生而
成的。比如,形式主义、结构—系统主义和后结构主义三种范式,本质上都可
以归入"结构主义"方法论范围;而结构—功能主义、系统—结构—功能主义和
功能主义都可以归并为"功能主义"方法论范围;心理认知主义、文化认知主义
和观念认知主义也都可以归入"认知主义"方法论范围。如果按照这样分类,那
么俄罗斯符号学所经历的也只有"结构主义"(структурализм)、"历史主义"
(историзм)、"功能主义"(функционализм)、"语义中心主义"(семантикоцентризм)
和"认知主义"(когнитивизм)五大基本方法论。这与世界符号学发展进程所经
历的基本方法论几乎完全一致。

2)上述十二种范式,是本著作研究所确定的"历史事实"与"历史意义"相
结合的结果。其中,"历史事实"是依据,而"意义聚焦"是关键,因为作为方法

论的范式，其本质就是方法论即"意义"。此外，我们也充分考虑到了"范式"所具有的特定内涵：它作为"方法论""方法""研究法"三者的有机组合，对它的研究不能只局限于"方法论"这一个层面的内容，同时也要对处在其下位的"方法"和"研究法"的内容作出具体的审视。这是因为：在我们看来，就世界符号学的发展进程看，其在方法论层面的区别并不明显，区别比较大的恰恰是方法和研究法层面。事实也充分证明，最具俄罗斯特色的符号学研究并非体现在上述的五大方法论层面，而是作为知识层面的方法和作为操作层序的研究法层面。如上所见，就结构主义和功能主义方法论而言，俄罗斯符号学研究中的结构—功能主义、系统—结构—功能主义以及后结构主义等范式才是最具本民族文化特色的；在历史主义方法论中，贴有俄罗斯标签的是文化—历史主义；在认知主义方法论中，俄罗斯符号学尤以心理认知主义、文化认知主义和观念认知主义最为突出和出色。这也从一个侧面表明，从范式视阈出发研究符号学史较之传统的史学视阈而言，不仅涉及面更广，触及度也更深。

3）理论上讲，上述所列的十二种范式，总体上就构成了百年来俄罗斯符号学的完整学科体系。也就是说，从符号学的构成分支看，每一种范式都可以构成一个独立的符号学的分支学科。如，形式主义范式即"形式符号学"（формальная семиотика），结构—系统主义范式即"结构—系统符号学"（системно-структурная семиотика），结构—功能主义范式即"结构—功能符号学"（функционально-структурная семиотика），文化—历史主义范式即"文化—历史符号学"（культурно-историческая семиотика），系统—结构—功能主义范式即"系统—结构—功能符号学"（системно-структурно-функциональная семиотика），后结构主义范式即"后结构符号学"（постструктурная семиотика），功能主义范式即"功能符号学"（функциональная семиотика），交际主义范式即"交际符号学"（коммуникативная семиотика），语义中心主义范式即"语义符号学"（семантикческая семиотика）。但其中也有一点比较特殊，比如认知主义方法论中的三种范式，就不宜称之为"心理认知符号学""文化认知符号学"和"观念认知符号学"，而应该依据世界学界在术语使用上"通用性"或"约定俗成性"原则，以及俄罗斯学界的"认可度"，分别将它们称为具有认知性质的"心理符号学"（психологическая семиотика）、"文化符号学"（семиотика культуры/культурная семиотика）和"观念符号学"（семиотика концепта/

концептуальная семиотика）。这些分支学科不仅展示着百年来俄罗斯符号学经历了怎样的发展历程,更彰显着俄罗斯符号学不同于西方符号学的诸多特性及其思想特质。

在我们具体审视上述十二种范式及其意义之前,有必要对范式的交织和交替问题做些说明:

1）范式的交替是顺序渐进式的,一种新范式的出现并不代表某一范式的消亡,它们或许会"共存"相当长的一段时间,有些范式(如结构—系统主义、功能主义等)或许会长期存在,而只是在百年历史的某一阶段不占主导地位而已。

2）从学理上看,一种范式与另一种范式之间可能很难有十分明确的界限(如结构—功能主义与功能主义等),它们可能会在某一特定时段内"交织在一起"而分界难辨,为此,只能按照上文所说的"方法"或"研究法"方面的变化来作出判断。

3）一种新范式的出现在"时间节点"上难以精确到某年某月,如果没有标志性著作的出版年份作为参照系的话,只能划定大概的年代界限。

4）在上述十二种范式中,一种范式中的某理论学说可能与另一种范式的某理论学说有相似或相近之处。那么,究竟将某理论学说归入哪一种范式比较合理,一方面取决于我们的学术判断,另一方面更取决于该理论学说的基本取向。如,心理认知主义范式的大多数理论学说都涉及言语交际、跨文化交际等问题,但我们并没有将其列入交际主义范式中予以审视或评析,其根本原因就在于心理认知主义范式所涉及的言语交际或跨文化交际,只是将它们作为心理认知过程中不可或缺的重要因素或学理背景来考量的,而并不是将交际作为主要研究对象的。因此,某理论学说的基本取向就成为我们评价其学术价值的重要依据。[12]

5）每一种范式下都会集结着一个或若干个流(学)派或方向,每一个流(学)派或方向上又可能或多或少地包含着相关的理论或学说,从而构成上文提到的"范式"本身所必备的基本要素,形成所谓的"方式、方法的体系"或"新的知识的聚合关系"。

鉴于上述关于范式问题的几点说明,结合上文所说的史学研究的"一分为二"的重要性,我们认为研究俄罗斯百年符号学史,将"历史事实"和"历史意义"有机结合起来不失为一种行之有效的方法：它把俄罗斯符号学所展示的基本范式置于特定的发展阶段（时间节点）中加以分别考量，以在理论上达成对其学术思想和价值（历史意义）作出批评（评价、评析）之效果。

第3节　俄罗斯符号学研究的基本范式及其意义

纵观俄罗斯百年符号学史所经历的基本发展阶段，结合科学范式所特有的概念内涵以及本著作所秉持的范式研究的既定视角，充分考虑到不同范式之间的相互交织和交替的客观现实，我们将对俄罗斯符号学不同发展阶段所生成的范式作出总体构建，并对每一种范式下的学术流派及其代表人物的理论学说等作出简要概括，以集中展示百年俄罗斯符号学十二种范式的流变情况和学术价值。

3.1　"创建期"的基本范式及其意义

俄罗斯著名符号学家、符号史学家斯捷潘诺夫（Ю. С. Степанов，1930—2012）认为，奠定世界"语言和文学符号学"（семиотика языка и литературы）基础的主要源自三个方面：一是 20 世纪 20—30 年代欧洲结构主义语言流派——布拉格语言学派和"哥本哈根语言学小组"（Копенгагенский лингвистический кружок），代表人物是特鲁别茨科伊、雅各布森、穆卡尔佐夫斯基（Я. Мукаржовский，1891—1975）、叶尔姆斯列夫（Л. Ельмслев，1899—1965）、布廖恩达利（В. Брёндаль，1887—1942）等；二是俄罗斯形式主义学派，以特尼亚诺夫（Ю. Н. Тынянов，1894—1943）、什克洛夫斯基、艾亨鲍姆（Б. М. Эйхенбаум，1886—1959）为代表；三是不依附任何学派的别雷（А. Белый，1880—1934）、普罗普（В. Я. Пропп，1895—1970）。（Степанов 2002:441）尽管我们不能完全认同斯捷潘诺夫的上述观点，但从总体上讲，上述这段概括性很强的话语至少有两点在我们看来有重要的参考价值：一是具有独立学科性质的俄罗斯符号学研究滥觞于形式主义传统；二是这一时期世界范围内的符号学基本样式是"语言和文学符号学"。

但是，如果说符号学研究的主要领地是斯捷潘诺夫上述的语言和文学两大领域的话，那么就不难发现，他对俄罗斯符号学"创建期"范式的概括是有失全面的：一是他只提到了属于"文学符号学"的形式主义流派及其代表人物，且其中并不包括形式主义的语言学流派和形式—功能主义流派；二是并没有提及俄罗斯的语言学流派及其代表人物。应该说，指出这两点对我们来说格外重要，因为本著作的主旨是"语言学视阈中的俄罗斯百年符号学史研究"。因此，纵观这一时期俄罗斯符号学创建活动的范围和内容，就不难得出这样的结论：形式主义范式至少包括如下三大流派：形式主义文艺学流派、形式主义语言学流派和形式—功能主义流派。与形式主义范式同时并存的还有其他范式，如语言学领域的"结构—系统主义范式"和"结构—功能主义范式"等。下面，就让我们来具体审视一下"创建期"俄罗斯符号学的基本范式及其交替情况，并对这些范式的基本意义作出评说。

3.1.1 形式主义范式

形式主义不仅是俄罗斯符号学，同样也是世界符号学发端的最初范式。但俄罗斯形式主义范式又是一个比较宽泛的概念，它泛指在文艺学研究中注重其语言表现形式并将其作为独立研究对象的所有派别，因此，亦可称其为"形式符号学"。这一时期的形式主义范式实际上包括以下若干个流派：

1）形式主义文艺学流派（формально-литературоведческое направление）。从该流派的组成人员看，主要是彼得堡诗歌语言研究学会和莫斯科语言学小组的成员，也有一些不属于任何学术团体的青年学者；从研究内容看，主要集中在形式主义文论研究、散文和戏剧研究两大领域。前者的代表人物及其主要学说思想有：什克洛夫斯基的"陌生化"学说，特尼亚诺夫的"文学系统性"学说，艾亨鲍姆的"形式主义方法论"，托马舍夫斯基（Б. В. Томашевский，1890—1957）的"诗学系统性"思想，布里克（О. М. Брик，1888—1945）的"节律—句法"学说，亚尔霍（Б. И. Ярхо，1889—1942）的"精确文艺学"理论，古米廖夫（Н. С. Гумилёв，1886—1921）的"整体诗学"理论，恩格尔卡尔德（Б. А. Энгельгардт，1877—1962）的"文学形式主义方法说"，什米特（Ф. И. Шмит，1877—1942）的"艺术周期演化发展说"等；后者的主要学者及其理论学说有：扎米亚金（Е. И. .Замякин，1884—1937）的"艺术性散文技巧"学说，梅耶霍德（В. Э. Мейерхольд，1874—1940）的"戏剧符号学"思想，库格利（А. Р. Кугель，1864—1928）的"戏剧批评"思想，林茨巴赫（Я. И. Линцбах，1874—1937）的"视觉符号"思想，叶夫列伊诺夫（Н. Н. Евреинов，1879—1953）的"戏剧性"理论，阿萨菲耶夫（Б. В. Асафьев，1884—1949）的"音乐形式"学说等。（见 Почепцов 2001，方珊 1989，茨·托多罗夫 1989，扎娜·明茨、伊·切尔诺夫 2005）

2）形式主义语言学流派（формально-лингвистическое направление）。从该流派代表人物的研究领域看，又可细分为诗歌语言研究、修辞研究、话语及句法形式研究等若干方向。诗歌语言研究的主要代表人物是雅各布森、维诺库尔（Г. О. Винокур，1894—1947）、日尔蒙斯基（В. М. Жирмунский，1891—1971），他们分别提出了"诗歌语言结构""科学诗学"和"抒情诗结构"的重要思想；修辞研究首推维诺格拉多夫和爱森斯坦（С. М. Эйзенштейн，1898—1948）两位大家[13]，他们的"文体与修辞"和"视觉修辞"思想在学界有广泛的影响；在话语及句法形式研究方面，彼得堡语言学派的雅库宾斯基提出的"对话言语"思想、莫斯科语言学小组主席佩捷尔松（М. Н. Петерсон，1885—1962）的"形式句法"思想以及伯恩斯坦的"口头交际符号"的思想等具有一定的代表性。他们的研究对象与形式主义文艺学流派的基本相同，但视角却不同，主要是从语言的形式或结构角度来审视文艺作品，展现的是俄罗斯语言符号学研究的最初样式，因此极具学术价值。

3）形式—功能主义流派（формально-функциональное направление）。在这一领域的著名学者有沃利肯斯坦（В. Волькенштейн，1883—1974）和普罗普（В. Я. Пропр，1895—1970），他们提出的"结构艺术"思想和"童话形态学"学说是形式—功能主义视角的，因此对俄罗斯符号学的创建具有特殊的学术价值，也对"成熟期"的"文化认知主义"范式的形成产生重大影响。（见 Почепцов 2001：471—500，赵爱国 2012：72—73）

如上所说，俄罗斯符号学研究中的形式主义范式，就其学理而言主要有以下些许特点：首先，追求文学艺术的独立性或自主性是其共同的目标和使命。在上述学者看来，文学和艺术的对象不仅独立于作者和读者，也独立于意识形态和社会生活。正是对上述共同目标和使命的追求，才激发起学者们对"语言艺术"（словесное искусство）的极大热情。其次，对语言艺术的重视，使学者们对文艺作品的研究由内容转向其内部规律，即深入文艺作品的内部系统去研究其形式和结构问题，这就引发了学界对传统的"形式"与"内容"二元对立学说的重新审视，并得出了文学和艺术的内容不可能脱离开其形式或结构而独立存在的重要结论。再次,形式主义是对象征主义的一种反叛。它反对象征主义所刻意强化的主观主义美学观,而提倡用科学实证主义的方法来实现科学研究中的客观主义。上述特点似可以说明,俄罗斯形式主义范式的创建,就其对世界文学和语言学发展所产生的影响和作用而言,它比索绪尔的结构主义语言学理论更具有创新的价值,因为在我们看来,索绪尔所奉行的基本原则与俄罗斯形式主义范式并无二致,只是将"就形式为形式而研究形式"的教条修正为"就语言为语言而研究语言"罢了。

3.1.2 结构—系统主义范式

结构—系统主义范式与俄罗斯形式主义几乎同时在俄罗斯出现并非偶然,而是有着深厚的学术根源。我们知道,自 19 世纪末起,俄罗斯语言学研究就开始由"历史比较方法"向"历时—共时方法"再向"共时方法"转变,代表人物分别为"哈尔科夫语言学派"(Харьковская лингвистическая школа)的波捷布尼亚(А. А. Потебня,1835—1891)、喀山语言学派的博杜恩·德·库尔德内和莫斯科语言学派的福尔图纳托夫。其中,后两种方法已经孕育着结构—系统范式的雏形,研究内容涵盖到语言与社会、语言与交际、语言的内部组织、语言共性等属于语言结构和系统的诸方面。(见赵爱国 2012:9)也就是说,俄罗斯最初的结构主义与以索绪尔为代表的西方结构主义的本质区别,就在于它采用的是将结构—系统"合二为一"的整合性方法,即不仅从语言结构的角度(内部语言学),且从语言系统的角度(系统语言学)来全面地描写语言,这势必会涉及语言的内部组织(语言形式)、人的思维活动、言语活动等一系列问题。进入 20 世纪后,喀山语言学派和莫斯科语言学派的继承者进一步发扬传统,并与新兴起的彼得堡语言学派的学者们一道,初步构建起颇具俄罗斯特色的并与形式主义并行的结构—系统主义范式。[14]许多学者的理论学说对该范式的建立作出了自己的贡献,如:沙赫马托夫(А. А. Шахматов,1864—1920)的语言研究"综合性方法"以及"心理交际说",别什科夫斯基(А. М. Пешковский,1878—1933)的"系统句法学"理论,杜尔诺夫(Н. Н. Дурнов,1876—1937)的"语言系统说",奥勃诺尔斯基(С. П. Обнорский,1888—1962)的"共时—历时说",博戈罗季茨基(В. А. Богородицкий,1857—1941)的"言语感知"和"词形的结构变化"理论,谢尔巴"语言现象三层面说"等。这些理论和学说成为俄罗斯符号学创建时期不可多得的宝贵财富,对 50 年代后的俄罗斯符号学发展具有深远和重要的影响。

3.1.3 结构—功能主义范式

如果说形式主义主要集中在文艺学领域，而结构—系统主义侧重在语言学（尤其是语法学）领域的话，那么这一时期出现的结构—功能主义范式则主要体现在音位学研究领域。19 世纪末期起，俄罗斯学界对作为符号的音位研究就开始走在世界学界的前列，对此，喀山语言学派的奠基人博杜恩·德·库尔德内、克鲁舍夫斯基（Н. В. Крушевский，1851—1887）等学者作出了不可磨灭的贡献。20 世纪 10—20 年代，在上述学者的理论学说影响下，在俄罗斯先后诞生了两大学派——列宁格勒音位学派和莫斯科音位学派，它们与布拉格语言学派中的俄罗斯学者雅各布森、特鲁别茨科伊一道，共同构建起世界符号学历史上最早的结构—功能主义范式。在该范式的创建活动中，我们不能不提及下列著名学者的理论学说所作出的贡献，如谢尔巴的"音位辨别功能说"，伯恩斯坦的"音位学概念"，还有阿瓦涅索夫的"强弱音位说"，库兹涅佐夫的"音位区别特征说"，列福尔马茨基的"特征和随位"理论，西多罗夫的"音位变体说"，以及雅各布森的"音位特征说"，特鲁别茨科伊的"音位对立论"等。（见赵爱国 2002:126—135）上述音位学研究中体现的结构—功能主义，不仅是对喀山语言学派奠基人博杜恩·德·库尔德内音位学理论的继承和发展，更是将其与索绪尔的结构主义语言学（具体说是其关于语言与言语的学说）合流的结果，因此具有时代性和创新性的显著特点，并在世界符号学史上留下了浓墨重彩的一笔。

3.1.4 文化—历史主义范式

该范式并不是俄罗斯符号学"创建期"的主流范式，因为它不属于这一时期主流的形式主义或结构主义文艺学和语言学的范围，而是与同样具有符号学性质的俄罗斯文化、历史等学科的学术活动有关。也就是说，尽管俄罗斯符号学"创建期"的主流范式是形式主义或结构主义的文艺学和语言学，但它们并非一统天下，而是在这些学科之外依然有可圈可点的其他亮点，这就是极具俄罗斯符号学传统的"文化—历史主义"。我们之所以要对该范式进行专门的讨论，主要基于以下两点思考：一是要考虑到"历史事实"和"历史意义"应有的完整性：忽视对该范式应有的审视，就无法领略"创建期"俄罗斯符号学的全貌；二是作为科学的符号学研究在学理上的传承性：该范式对尔后阶段的俄罗斯符号学发展具有不可替代的重大影响,如"过渡期"和"成熟期"的许多符号学说,都与该范式的基本学理有着紧密的关联性。

总体看,这一时期的文化—历史主义范式可具体分为下列流派:

1)"历史主义流派"(историческое направление),其代表人物是以研究中世纪史见长的著名史学家比齐里(П. М. Бицилли,1879—1953)和以研究古希腊宗教神话而著称的象征主义诗人、文学家伊万诺夫(Вяч. И. Иванов,1866—1949)。前者注重从"结构逻辑"(структурная логика)或"形式象征"(символ форм)角度出发来审视中世纪史,后者对古希腊宗教神话中的葡萄酒神狄奥尼索斯(Дионис)进行了象征主义的描写和分析,他们的学术思想构成了俄罗斯符号学"创建期"一种独特的历史—文化阈——"象征主义"(символизм)符号观。

2)"心理学流派"(психологическое направление),其代表人物是以研究"符号的活动"而著称于世的心理学家维果茨基(Л. С. Выготский,1896—1934)。他提出的"文化—历史心理学理论"(культурно-историческая теория в психологии)和"艺术心理学"(психология искусства)等学说,不仅成为当代俄罗斯心理语言学和塔尔图—莫斯科学派"艺术文本分析"(анализ художественных текстов)理论的思想基础,同时也成为世界当代认知学尤其是认知语言学研究中重要的思想源泉。但他的研究具有反形式主义的性质,因为其侧重的并不是社会文化和艺术的形式,而恰恰是与形式相对立的思想和内容。

3)"阐释学流派"(герменевтическое направление),代表人物为著名哲学家什佩特(Г. Г. Шпет,1879—1937)。他采用阐释学的方法来审视历史和交际,所提出的"阐释学方法论"以及"词的内部形式"学说,极具符号学的价值,其基本学理对之后的俄罗斯符号学发展尤其是雅各布森、洛特曼的符号学理论有重要的影响作用。

4)"宗教学哲学流派"(религиозно-философское направление),主要是从传统文化的视角来审视宗教符号现象,因此该流派的代表人物多为宗教哲学家,如弗洛连斯基(П. А. Флоренский,1882—1937)、特鲁别茨科伊(Е. Н. Трубецкой,1863—1920)[15]、洛谢夫(А. Ф. Лосев,1893—1988)等。他们都曾在自己的研究中对宗教符号学说作出过贡献。如,弗洛连斯基的"象征符号""词语符号"和"时空符号"学说,特鲁别茨科伊的"圣象符号"学说和洛谢夫的"象征和神话"学说等。这些学说思想对塔尔图—莫斯科学派的文化符号学的生成都产生了重要影响。

总之,"创建期"的俄罗斯符号学大致经历了如上四种基本范式,其中占主导地位的是形式主义和结构主义:前者为俄罗斯独创,在世界符号学界曾一度独领风骚,其基本学说和方法为布拉格学派结构—功能主义的生成奠定了学理基础;后者总体上与世界保持着同步发展的态势,但其中又不乏闪光的"俄罗斯元素",它是"系统性"(системность)与"功能性"(функциональность)基础上的结构主义,因此,其在学理上是俄罗斯思想传统中固有的经验主义(эмпиризм)与西方哲学中的"理性主义"(рационализм)相结合的产物。至于文化—历史主义范式,乍看起来虽只是这一时期俄罗斯符号学研究中并不起眼的一隅,但它却孕育着俄罗斯符号学发展的光明未来,因为具有当代俄罗斯符号学代名词之称的"文化符号学"(семиотика культуры)在学理和方法等许多方面都滥觞于此,因而,它是孕育当代俄罗斯符号学范式的真正摇篮。

3.2 "过渡期"的基本范式及其意义

进入"过渡期"后,俄罗斯符号学的研究范式开始出现一系列新的重大变化:一是由于俄罗斯早期的形式主义文艺学和语言学理论在"马尔主义"(марризм)统治时期遭到学界的种种非议和打压,"形式主义"的旗号已经正式退出历史舞台。二是 50 年代起摆脱了马尔主义影响的俄罗斯开始进入"后马尔时代",其最大的特点是意识形态已经不再成为包括符号学在内的人文社会学科发展的决定性因素。在此大背景下,"苏联语言学发展开始迈入积极消化国外科学思想和方法的新阶段"。(Алпатов 1999:229)于是,"借鉴与求新"便成为这一时期推动包括俄罗斯符号学在内的所有语言学科发展的新引擎[18]:借鉴的主要是国外的先进思想和方法,求新的主要是不拘泥于已有传统,力求对原有方法和学说有新的突破和创新。三是结构主义开始由原先的重语言符号的表达层面向其内容层面转进,即由静态研究转向动态研究,如语法的转换分析和成素分析、词和句子的聚合体及其模式化语义的建构、语篇分析等。在我们看来,正是上述这一系列的新变化,才催生出该时期俄罗斯符号学研究的两大崭新范式——"系统—结构—功能主义范式"和"后结构主义范式"。

3.2.1 系统—结构—功能主义范式

系统—结构—功能主义范式主要是指这一时期的符号学研究已经具有了符号学本身所特有的"综合性""多语性"等本质属性。该范式以结构主义为主线,但又呈现出超越传统结构主义并带有明显系统主义和功能主义的若干特点。也就是说,该范式是对"创建期"相关范式进行有效整合的产物。研究表明,这一时期该范式的代表性理论学说主要有雅各布森的"符号类型说"和"符号功能说",维诺格拉多夫的"语言系统论"和"词的学说"和斯米尔尼茨基的"语言存在的客观性说"等。雅各布森的理论学说不仅开创了俄罗斯符号学历史上纯符号学研究之先河,同时为俄罗斯乃至世界符号学研究由现代转入当代树立起一面旗帜;维诺格拉多夫的学说不仅是对"创建期"的结构—系统主义和结构—功能主义两大范式的整合和发展,且对整个 20 世纪后半叶的俄罗斯语言学或符号学研究产生不可估量的重大影响。

3.2.2 后结构主义范式

我们知道,结构主义与后结构主义的主要区别在于:前者视语言为系统(即结构),言语为行为(即事实);后者则跳出语言符号本身,关注鲜活的言语和语言外的现实。体现在文艺学领域,结构主义关注的焦点是艺术文本"自身"的多义性,而后结构主义则聚焦于艺术文本"接受"的多义性,强调的是所接受代码的多样性。正是从上述视角看,我们认为任金的"言语机制说"和巴赫金的相关符号学理论学说就具有后结构主义的基本特性:前者既是对维果茨基的活动论学说的继承和发展,又成为之后兴起的俄罗斯心理语言学的最初样式——"言语活动论"(теория речевой деятельности)的重要理论基础之一;后者所提出的有关"对话主义"(диалогизм)、"超语言学"(металингвистика)、"言语体裁"(речевой жанр)等一系列新学说和新思想,不仅用社会学方法对文艺学中的形式主义以及洪堡特(В. Гумбольдт,1767—1835)的"个人主义的主观主义"(индивидуалитический субъективизм)和索绪尔的"抽象客观主义"(отвлечённый субъективизм)等进行了批判,而且把研究视阈拓展到"语篇符号学"(семиотика текста)的新领域,从而使索绪尔开创的普通语言符号学进入"第二代符号学"的时代。(Иванов 1976:1)

总之,这一时期的俄罗斯符号学研究无论在其内容和方法上,还是在其学术指向和质量上都起着"承上启下"的重要作用。雅各布森、维诺格拉多夫、巴赫金等学术大家的"在场",不仅开启了具有整合性意义的系统—结构—功能主义范式,也在世界范围内开创并引领了后结构主义的范式。所有这一切,都无不昭示着俄罗斯符号学发展史上一个崭新时代的到来。

3.3　"成熟期"的基本范式及其意义

植根于"创建期"厚实的符号学范式传统,得益于"过渡期"学术大家们宽广的学术视野和极具张力的理论思维,进入"成熟期"的俄罗斯符号学研究开始全面发力,各种流派和理论学说纷纷登场,呈现出百花齐放、百家争鸣的繁荣景象。

从史学研究的"历史事实"和"历史意义"双重角度看,这一时期的俄罗斯符号学研究大致经历了下列六种基本范式:

3.3.1　功能主义范式

功能主义范式以语言的社会属性而非符号属性为其学理基础,主张通过语言的功能来对语言形式作出解释,即把语言理解为达成特定言语交际目的的语言手段系统。功能主义范式主要有三大语法理论来呈现,它们分别是邦达尔科(А. В. Бондарко,1930—2016)的"功能语法理论"(теория функциональной грамматики)、佐洛托娃(Г. А. Золотова)的"交际语法理论"(теория коммуникативной грамматики)、弗谢沃洛多娃(М. В. Всеволодова)的"功能交际语法理论"(теория функционально-коммуникативной грамматики)。[19]从学理看,俄罗斯的功能语法理论与西方的功能语言学有较大不同:如,在研究目标上,前者强调的主要是语言的整体性以及描写方法和手段的整合性,而后者强调的主要是语言的系统性、社会性以及篇章的连贯性;在研究方法上,前者侧重"由里及表"同时也采用"由表及里"的方法,而后者的主要方法是"由里及表",注重的是对语言作为系统的内部底层关系的描写,以及对语言作为交际工具和作为实现各种不同功能的语言系统作出解释。因此,该三大理论被称为"说话人的语法"即"积极语法"(активная грамматика),而传统的语法则是"听话人的语法"即"消极语法"(пассивная грамматика)。(见 Бондарко 2002:208—219)

3.3.2　交际主义范式

交际主义范式以言语交际尤其是跨文化言语交际为目标取向,以构建言语交际的语用学模式。具体又可分为三大方向：一是交际与符号学研究，巴鲁林（Г. Е. Барулин）的"交际符号说"和普里瓦洛娃（И. В. Привалова）的"跨文化与言语符号说"等就可以归入此列；二是交际与语用学研究，主要有福尔玛诺夫斯卡娅（Н. И. Формановская，1927—2016）的"语用交际说"，阿鲁玖诺娃（Н. Д. Арутюнова，1923—2018）的"言语行动说"，维列夏金（Е. М. Верещагин）、科斯托马罗夫（В. Г. Костомаров）的"言语行为策略论"等；三是交际与心理语言学研究，主要有索罗金（Ю. А. Сорокин，1936—2009）的"空缺"理论，德里泽（Т. М. Дридзе，1930—2000）的"符号社会心理交际"学说，克拉斯内赫（В. В. Красных）的"交际行为模式说"等。与西方言语交际或跨文化交际理论生成域有所不同的是，当代俄罗斯的交际主义范式主要是在语用学和心理语言学的研究范围内形成的，并紧紧围绕"说话的人"（человек говорящий）或"交际中的人"（человек в общении）这一内核展开。交际主义范式将交际的目的——交流思想或传输信息作为其研究中心，它揭示着这样一个简单而深刻的道理：人们至今也无法将自己的思想直接从一个人的脑海传输到另一个人的脑海里，而必须使用专门的符号尤其是语言符号作为工具，并借助于本民族文化内形成的知识来实现信息的传输。从这个意义上讲，该范式应该成为当代符号学所有分支学科不可或缺的研究对象。

3.3.3 语义中心主义范式

顾名思义，所谓"语义中心主义范式"，是指符号学研究中将符号意义作为研究对象而形成的方法论，因此，它主要由俄罗斯学界专门从事语言符号意义研究的众多学者所创建，或者说，创建该范式的多为俄罗斯语言学研究领域中有影响的语义学家。我们知道，在世界语言学界，俄罗斯以擅长语言符号的意义研究而著称，尤其是其对词汇语义的研究，更是成果丰硕，令学界瞩目。从该范式的研究视阈看，又可分为三大方向：一是"莫斯科语义学派"（Московская семантическая школа）的学术研究，即以阿普列相和梅里丘克（И. А. Мельчук）为代表所提出的"意思⇔文本"（"Смысл⇔Текст"）理论；二是词汇语义研究，影响比较大并有俄罗斯特色的有卡茨涅利松（С. Д. Кацнельсон，1907—1985）的"词义和配价类型"思想，乌菲姆采娃（А. А. Уфимцева，1921—1994）的"词汇语义系统"学说，什梅廖夫（Д. Н. Шмелёв，1926—1993）的"词汇语义分析"学说，帕杜切娃（Е. В Падучева）的"词汇语义动态模式"学说等；三是普通语言学或普通语义学性质的语言符号意义研究，它主要由阿鲁玖诺娃的"句子意思"学说，扎利兹尼亚克（Анна А. Зализняк）的"语言多义性"学说，斯捷潘诺夫的"符号学语法"学说等组成。应该说，当代符号学研究主要是围绕"符号意义"这一核心展开的，因此，该范式所涵盖的学术成果不仅丰富多样，且颇具"俄罗斯特色"，可为世界其他国家的符号学研究提供有益的借鉴和补充。

3.3.4 心理认知主义范式

我们知道，俄罗斯心理语言学自诞生之日起就具有所谓"第三代心理语言学"即认知心理语言学的性质。[20]因此，心理认知主义范式就是具有认知主义性质的"心理符号学"。该范式主要由俄罗斯心理语言学的众多理论学说构成，其研究视阈之独特、研究成果之丰富，无不受到世界学界的高度赞赏。该范式具体可分为三大方向：一是言语活动研究，其中最为著名的学说有小列昂季耶夫（А. А. Леонтьев，1936—2004）的"言语活动论"、阿胡金娜（Т. В. Ахутина）和齐姆尼亚娅（И. А. Зимняя）的"言语生成模式"等；二是语言个性和语篇心理结构研究，主要有卡拉乌洛夫（Ю. Н. Караулов，1935—2016）的"语言个性"理论和萨哈尔内依（Л. В. Сахарный，1934—1996）的"语篇心理结构说"等；三是语言意识研究，可以归入此列的有克拉斯内赫的"框架结构论"，扎列夫斯卡娅（А. А. Залевская）的"心智语汇说"，乌费姆采娃（Н. В. Уфимцева）的"语言意识核说"以及塔拉索夫（Е. Ф. Тарасов）的"新本体论"等。此外，近20余年来学界普遍关注的"定型理论"（теория стереотипов）和"先例理论"（теория прецедентов）研究，也都属于该范式的学术成果。由上不难看出，心理认知主义范式的研究对象是语言在人的心理的表征形式或手段，在学理上继承和发展了谢尔巴、维果茨基、任金的相关学说，因此，其本身就颇具俄罗斯特色，所展现的符号学价值也别具一格。

3.3.5 文化认知主义范式

文化认知主义范式是由塔尔图—莫斯科学派所创立的，因此，该学派的领袖人物及骨干成员如洛特曼、乌斯宾斯基、托波罗夫（В. Н. Топоров，1928—2005）、伊万诺夫（Вяч. Вс. Иванов，1929—2017）、加斯帕罗夫（Б. М. Гаспаров）等，就成为该范式的创立者。学界公认，该范式的理论学说广博而深邃，是当代俄罗斯符号学研究中最具世界影响力的范式之一，其学科样式"文化符号学"不仅颇具俄罗斯特色,且被认为是俄罗斯符号学的"代名词"。总体看,该范式中有影响的主要理论学说有:洛特曼的"文本符号""历史符号""交际符号"、符号域等学说,乌斯宾斯基的"反行为"理论、"文化二元论"思想和"艺术文本结构"学说,托波罗夫的"文本空间""神话诗歌世界模式"学说和"城市符号学"思想,伊万诺夫的"符号史学"和"信息符号学"思想,加斯帕罗夫的"语言存在"学说等。他们的研究具有鲜明的文化认知主义特征,其最大的特点是把文化(尤其是历史文化)、艺术文本、交际以及现实存在等都视作特定的符号来研究,在学理上集俄罗斯思想传统和语言学传统之大成,彰显出对"创建期"的"形式主义"和"文化—历史主义"范式以及"过渡期"的"后结构主义"范式的继承和发展,从而极大地提升了俄罗斯符号学在国际上的影响和地位,成为当代世界符号学中一支不可或缺的重要力量。

3.3.6 观念认知主义范式

观念认知主义范式主要是由语言学研究中的认知语义学和语言文化学等理论构建起来的,不仅学者众多、成果丰硕,且颇具"俄罗斯特色"。其中影响较大的理论学说有:库布里亚科娃(Е. С. Кубрякова,1927—2011)的"认知语义"学说(包括词类的认知研究、人对世界的观念化等思想),布雷金娜(Т. В. Булыгина,1929—2000)的"世界的语言观念化"学说(包括语言表达的认知特性、时体的心智述谓语义、时间的语言观念化、语言世界图景的民族性等思想),阿鲁玖诺娃(Н. Д. Арутюнова,1923—2018)的"隐喻"学说(包括隐喻的语义类型和句法功能、隐喻与词的词汇类别、隐喻与话语等思想)。特别需要强调的是,当代俄罗斯语言学领域中最为热门、最具学术张力的"三大理论"——"语言世界图景理论"(теория языковой картины мира)、"语言逻辑分析理论"(теория логического анализа языка)和"观念理论"(теория концептов)等也都属于该范式。它们作为学界的集体智慧及其理论成果,被公认为掀起了自洪堡特以来的"第二次人文化"(вторичная гуманизация)热潮的学术高地。(见赵爱国 2012:47)该范式研究的核心内容是同时作为文化单位和思维单位的"观念"(концепт),因此,我们将其命名为"观念认知主义范式"。

在我们看来,上述六种范式就构成了百年来俄罗斯符号学历史进程中的"成熟"标志。它们不仅研究规模宏大,为我们勾画出当代俄罗斯符号学研究气势恢宏的学术图景,且在其学理内涵的许多方面都贴有"俄罗斯标签"。尤其是其中的功能主义、心理认知主义、文化认知主义、观念认知主义四种范式，不仅代表着当代俄罗斯符号学的最高水平，也是引领其他人文学科的"学术高地"。它们所取得的成就，对提升俄罗斯符号学在世界符号学界的学术地位以及彰显俄罗斯符号学所特有的思想价值，无不具有重大的方法论意义。

第4节 本著作研究的依据、思路、方法及意义

在本章的上述三节中，我们对百年来俄罗斯符号学的发展阶段、范式演化、范式类型等进行了系统梳理和综述。从中可以看出，本著作的最大特点在于：它是以科学范式即"历史意义"为基本出发点和考量依据的，这与一般意义上的或社会学性质的史学研究有很大不同，因为后者注重的并非"历史意义"或"意义聚焦"，而更多的是"历史事实"或"时间节点"。由于史学性质的范式研究尚是一件新事物，有许多不确定性因素有待化解甚至重新认知，因此，我们认为在这里有必要就本著作研究的立论依据、基本思路、方法和意义等作一番单独的论述，一方面以此来进一步厘定和求证我们所确定的立论依据的可行性和科学性，另一方面更为重要的是让读者以及学界了解并认同本著作的研究视阈和方法。

4.1 立论依据

当本著作立意系统审视俄罗斯百年符号学史时，遇到的首要问题是如何准确把握"俄罗斯符号学"的内涵和边界问题。我们知道，作为跨学科性质的符号学，学界对其的界说历来就不受边界的限制，凡研究符号、符号的组合和符号系统的科学都可以纳入该学科的范围之内。据此，本著作所说的"俄罗斯符号学"，其学科内涵和边界也同样应该涵盖一切研究符号尤其是语言符号的属性、运作过程及其规律的科学活动和学术成果。这就需要在理论上首先廓清先前存在的两种认识定型：凡冠以符号学称谓的才能算符号学，或凡不标榜自身为符号学研究的就不属于符号学。如果照此定型来推断，那么本著作的研究就毫无新意或价值可言了，这是因为：事实上，俄罗斯除塔尔图—莫斯科学派曾明确宣称自己为符号学派外，几乎所有的文艺学和语言学流（学）派都

没有直接冠以"符号学"的学科称谓,其中包括莫斯科语言学小组和彼得格勒诗歌语言研究学会。但这是否表明,俄罗斯就不存在一以贯之的符号学研究活动呢?是否表明,俄罗斯只有上述一家符号学派,而其他的研究就不应该归入此列呢?显然,我们的研究所得出的答案是否定的。

我们认为,俄罗斯近百年来所有从符号视阈出发所进行的学术活动及其成果,都可以归入符号学的学科范围内予以审视,尤其是那些与语言符号本身有关的(包括语言的形式、意义、功能及其展示的意义、形象、图式、观念等),以及与语言符号的表现形式有关的(如文学语言、艺术语言、诗歌语言、历史语言、神话语言、文化语言、宗教语言、思维语言、心智语言等)成果。研究表明,尽管俄罗斯人文学科和社会学科的许多理论学说并没有直接在"符号学"的学科范围内进行运作,而是受传统或习惯使然,分别冠以了词汇学、语法学、语义学、文艺学、历史学、宗教学等别的学科名称,但究其方法或视阈而言,其中的许多学术思想和观点完全可以被视作是符号学性质的,或具有符号学价值的。这就是我们将百年来俄罗斯符号学活动当作一个整体进行研究的立论所在。一定意义上讲,这也是本著作区别于以往同类著述的意义和价值所在,因为迄今为止国内外学界的研究并没有囊括上述所有的内容,更没有将上述内容视为俄罗斯符号学不可或缺的、在基本学理上具有连贯性的整体。

上述立论是否有据,显然需要我们从哲学维度解决两个问题:一是符号学与语言学的关系问题;二是符号学与语言哲学的关系问题。

对于第一个问题,我们的基本观点是:从现代符号学和语言学及其分支学科的形成历史和发展进程看,似乎符号学与语言学是两门性质上有别、研究对象上有异、研究方法上不同的学科。这种认识从一定意义上讲也是正确的,因为毕竟它们在名称上就不同。但熟悉符号学和语言学的基本学理及其学术史的学者都清楚,语言作为人类社会最重要的符号,它在现代语言学的奠基人索绪尔的结构主义理论中就是作为符号来审视的,只是在 20 世纪的发展中,由于种种原因(其中最为主要的原因是世界哲学和认知学分别实现的语言学转向),语言学的作用被空前地摆到了"主导地位",而符号学却因其固有的研究对象的"多维性"和学理边界的"模糊性"等原因,被"边缘化"甚至被学界所忽视了。实际上,学界公认,现代语言学尤其是理论语言学的基本方法大多是从符号学那里衍生或发展而来的,因此,就现代语言学研究中所涉及的范围和内容而言，它们比符号学所涵盖的范围和内容要显得单薄得多，因为后者致力于从哲学层面对符号尤其是语言符号作出全面的描写和解构，它的研究范围和内容几乎涵盖了符号的所有指称对象。从这个意义上讲，语言学（尤其是理论语言学）本质上就是符号学（确切说是语言符号学），或者说，语言学所涉及的对象、方法、范围和内容等，不仅应该具有符号学的性质，而且还只是符号学的组成部分。

对于第二个问题，我们认为，就世界范围而论，作为独立学科的符号学自诞生之日起就与哲学结下了"不解之缘"：如果说索绪尔的符号学理论完全是语言学性质的话，那么符号学的另一位奠基人、美国学者皮尔斯的符号学理论就具有逻辑哲学的性质。[21]这表明，符号学研究也有不同的视阈和方法。如，索绪尔主要将语言符号视为由"能指"（означающее）和"所指"（означаемое）构成的整体，并用心理学标准对符号学作出分类；而皮尔斯则从具体的符号走向符号的一般理论，他视符号为"三极构成物"（трехполюсное образование），包括能指（媒介关联物）、指涉（对象关联物）和所指（解释关联物），并用能指与指涉之间的关系作为区分符号的标准。如此说来，大凡基于语言符号的哲学研究（即语言哲学）成果，大多也同时是符号学性质的。

以上审视表明，在我们全面审视俄罗斯百年符号学史，尤其是将研究重心侧重于其"历史意义"时，理应将语言学（尤其是理论语言学）和哲学（尤其是语言哲学）的相关成果一并归入俄罗斯符号学的范围内予以审视，这也是我们将莫斯科语言学小组和彼得格勒诗歌语言研究学会的学术样式视为俄罗斯符号学的"发端"的理据所在。

4.2　基本思路

我们在上文中已经提到，本著作的最大特点是以范式即"历史意义"作为基本出发点和考量依据。这就决定了本著作研究的基本思路，它就是：（1）以学理渊源为切入点，深入发掘俄罗斯符号学赖以生成和发展的民族文化土壤和语言学传统，客观、辩证地对俄罗斯的"欧洲主义"和"斯拉夫主义"传统学说中的符号学思想进行考证，并对"符号学史前"阶段的社会思潮流派和语言学的代表人物的符号学思想、方法进行梳理和批评；（2）以范式即"历史意义"为统领，从历史研究的"历史事实"即"时间节点"出发，整体上对百年来俄罗斯符号学的发展文脉进行梳理和考证。我们大致按照俄罗斯符号学生成、发展的年代顺序,首先甄别并确定其不同的发展阶段,即上文中所列出的三个时期——"创建期""过渡期"和"成熟期"。理论上讲,发展阶段的确立,形式上看是"时间节点"问题,但内容上却代表着俄罗斯符号学发展进程中的"不同性质";(3)以范式即"历史意义"为主线,全面地而不是零碎地对百年来俄罗斯符号学的学术样式、思想流(学)派及理论学说等进行系统缕析和评述。据此,我们按照形式主义→结构—系统主义→结构—功能主义→文化—历史主义→系统—结构—功能主义→后结构主义→功能主义→交际主义→语义中心主义→心理认知主义→文化认知主义→观念认知主义等若干范式的顺序进行研究,以厘清这些范式在不同历史时期所展现的学术思想、学理内涵及其相互关系;(4)用语言学特有的方法,按照俄罗斯符号学由音位(表音符号)→词语(表义符号)→文本(语篇符号)→文化代码(历史符号)→文本间性(符号信息域)→文化间性(观念域)的基本演进规律,以批判视角对俄罗斯符号学的十二种范式的思想意义、理论价值和学术不足等作出评价。这一评价工作与上述(3)的内容同步进行,具体说,就是在对每一种理论学说的内容和方法进行梳理、考证时,适时地对其意义和不足进行评说。

4.3　方法和意义

就本著作的研究方法而言,我们认为它与以往的研究有两点重要区别:一是与符号学研究的传统方法如文艺学的、文化学的、生物学的等不同,我们采取的主要是语言学的基本方法。研究表明,尽管俄罗斯是从文艺学进军符号学领域的,但其采用的方法却是从语言的形式(诗歌语言、艺术文本)入手的,因此用语言学的方法研究俄罗斯符号学史较之其他方法显得更为有效和科学。二是与一般史学所采取的"历时演进"方法不同,我们是紧紧围绕俄罗斯符号学发展所显现的研究范式即"历史意义"这一主线展开的,因此它具有整合性的基本特点。据此,宏观上,我们将采用"历时—共时法":即以范式的交替为主线(历时),从整合角度切入(共时),将不同发展阶段所有范式的理论学说置于同一层面进行审视和分析;微观上则采用资料考证法、定性分析法、归纳阐释法等具体方法。

上述方法的运用,同时也决定着我们对研究内容的筛选和研究重点的确定。如，在研究内容方面，本著作所筛选出的某范式代表人物的理论学说或思想，并不一定是该学者的全部理论学说中最为突出或最有价值的（俄罗斯学者尤其是著名学者的学术研究通常会涉及多个学科或多个领域），只能说是该学者在符号学研究领域中最具代表性的或最具影响力的。在研究重点方面，本著作力争做到两个"紧扣"：一是紧扣符号学研究的核心内容即"语义研究"这一原则；二是紧扣学术研究的"意义取向"，将理论学说的评述或批判作为重心。因此，这一方面决定了语义中心主义范式的内容在本著作中所占的比重较大，另一方面也决定了我们会把"创建期"的形式主义范式以及"成熟期"中具有当代认知主义性质的三种范式——心理认知主义、文化认知主义、观念认知主义作为重点内容，因为这些范式相较于其他范式而言，它们更具有俄罗斯特色，对世界符号学的贡献度也更大。

至于本著作的研究意义，我们认为主要体现在以下几个方面：

1）以科学范式为统领的研究方法。该方法不仅聚焦于符号的意义，同时也凸显着符号学研究的"意义取向"，即重视对符号学理论学说的学术价值和思想内涵作出批判或评价，因为范式是某一学科在特定阶段的哲学概括和方法论。如同形式主义范式是针对文学和艺术的基本特性的，而非针对某具体文学和艺术作品的一样，范式显然在这里具有更高的概括性和更强的阐释力。因此，理论上讲，该方法更利于深化对某学说思想的理性认识度，从而有效提升研究的学术性。更为重要的是，科学范式本身还涵盖着"方法论""方法""研究法"三个不同的层面，因此，以范式为统领的研究方法，其层次性和纵深性更为凸显。

2）符号学研究的语言学视阈。该视阈包含两方面的意思：一方面，传统的符号学研究，大多仅局限于对文学或艺术学视阈的即文艺符号学的审视，因此，其研究方法也基本上是文艺学的。文艺学视阈侧重的是文本解读、形式解构和结构解析，而语言学视阈更加注重学理探源、学术考证和理论思辨，因此更具严谨性和阐释力。另一方面，本视阈将原本许多具有符号学性质但并没有冠以符号学名称的语言学理论学说也囊括其中，这就极大地拓展了符号学的研究范围和内容。事实表明，俄罗斯理论语言学研究中的许多学科（如心理语言学、功能语言学、语义学、语言文化学、认知语言学、语用学、修辞学等）都具有符号学的性质，它们审视的视点主要集中在语言符号的结构、形式、功能、形象、图式、观念等方面。因此，本视阈可视作是对传统视阈的一次"矫正"，即将符号学研究重新真正回归到由索绪尔开创的"语言符号学"的轨道上来。

3) 符号学史研究的学术定位。本著作将俄罗斯百年符号学史定位于"学术史"或"思想史",这是由其确立的科学范式的方法所决定的。而学术史研究的真正价值并不是某理论或某学术本身,而在于对这些理论学说和思想作出学术上的批判或意义上的重构。从这个意义上讲,对俄罗斯百年符号学史所展现的基本范式及其理论学说进行学术批判或价值评价,是本著作不同于以往研究的"亮点"之一。

4) 百年符号学史的完整书写。迄今为止,无论是俄罗斯学界还是国内学界尚未见到有对俄罗斯符号学的百年历史进行系统研究的。我们的初步研究表明,俄罗斯符号学理论学说与西方符号学大国相比非但毫不逊色,且别具一格,学术价值极高。尽管1915年以来的俄罗斯,其社会制度和意识形态发生了两次根本性的变更(1917年社会主义制度的建立和1991年苏联的解体),但哲学、社会和人文学科领域却始终不乏世界水平的理论成果,其中符号学研究就是其杰出代表之一。因此,在基本学理、研究方法和研究内容等方面对近百年来俄罗斯符号学研究所经历的所有范式及其理论学说等进行系统梳理、考证和批判,可以从中发掘和归纳出对我国符号学研究甚至更广意义上的人文学科研究有借鉴意义的思想和方法。这正是本著作力求达成的基本目标。基于以上目标,本著作共对百年来俄罗斯符号学研究领域的近百名学者的百余种理论学说或思想进行了集中审视,并系统研读了各类参考文献千余部(篇),所涉及学者人数之众、理论学说涵盖面之广、文献参阅量之多、科研工作量之大,都是本学科未有先例的。

注释

1. 关于"莫斯科语言学小组"和彼得格勒"诗歌语言研究学会"成立的确切年代问题,学界有不同的看法。据雅各布森自述,前者建立于"1914年至1915年冬",后者成立于"1917年初"(见雅各布森,1989:1);而据什克洛夫斯基的回忆,后者则建立于1914年(见方珊1989:1)。而俄罗斯学界多认为其"形式主义"(формализм)传统的起端为什克洛夫斯基于1914年出版的小册子《词的复活》(«Воскрешение слова»)。对于上述说法,《俄罗斯大百科全书》(«Большая Российкая энциклопедия»)和科学出版社出版的《语言学百科辞典》(«Лингвистический энциклопедический словарь»)并不认同,而是将该两个组织的诞生年份分别确定为"1915年"和"1916年"(见 Касаткин 2002:318;Левинтон 2002:347)。本文即采用该权威说法。

2. 作为术语的 Русский формализм，国内学界习惯将其译为"俄国形式主义"或"俄苏形式主义"。本著对此不作区分，统一把俄国、俄苏、苏联等统称为"俄罗斯"。俄语中，Русский 一词通常大写，特指有别于西方形式主义的流派。另外，西方文艺批评家们还习惯将俄罗斯形式主义中的"Formalism"一词大写，以区别于一般的形式主义。

3. 该学派创建于 20 世纪 20 年代末，是依照喀山语言学派的奠基人博杜恩·德·库尔德内（И. А. Бодуэн де Куртенэ，1845—1929）的基本思想建立起来的，主要成员有阿瓦涅索夫、库兹涅佐夫、西多罗夫、列福尔马茨基等。后者曾将该学派称为"新莫斯科学派"（Новомосковская школа），以示与莫斯科语言学派的区别。

4. 该学派在不同时期亦称彼得格勒/列宁格勒语言学派（Петроградская/Ленинградская школа в языкознании），自 20 世纪初创立，至今已有百余年历史。本章论及的学术成就，主要是 20 世纪 30 年代前取得的。

5. "布拉格语言学小组"与"布拉格语言学派"（Пражская лингвистическая школа）是同一个概念，属于结构主义语言学的一个学派，学派的活动核心即是创建于 1926 年的布拉格语言学小组。因此，在概念上，布拉格语言学小组就是布拉格语言学派的代名词。

6. 莫斯科语言学派的创始人是福尔图纳托夫（Ф. Ф. Фортунатов，1848—1914），因此该学派又称为"莫斯科福尔图纳托夫学派"（Московская фортунатовская школа），简称"形式语言学派"（Формальная лингвистическая школа）。

7. 该学派在许多文献中也称"莫斯科—塔尔图学派"。

8. 该学术研讨会有以下主题：作为符号系统的自然语言；文字符号系统与解码；交际的非语言系统；人造语言；模式化的符号系统；作为符号系统的艺术；文学作品的结构和数理研究等。

9. 关于塔尔图—莫斯科学派出版的学术丛刊"Труды по знаковым системам"的译法，我们主要参照其 1998 年第二十六卷改成的英语标题"Sign Systems Studies"确立。此前的 25 卷用的是俄语标题，意思为"符号系统著作"。但我们认为"符号系统研究"更加贴切，也更加规范，因为在该丛刊上发表的绝大多数是学术论文。

10. 学界通常把当代俄罗斯心理语言学的创始人 А. А. Леонтьев 称作"小列昂季耶夫"，而把其父亲、俄罗斯著名心理学家 А. Н. Леонтьев 称为"老列昂季耶夫"，以示区别。

11. 目前俄罗斯语言学界对语言学科学领域所经历的范式的界说并无定论。常见的有卡拉乌洛夫（Ю. Н. Караулов）的四分法——历史范式、心理范式、结构－系统范式、社会范式；别列金（Ф. М. Березин）的三分法——新语法学派范式、结构范式、认知范式；玛斯洛娃（В. А. Маслова）的三分法——历史－比较范式、结构－系统范式、人类中心论范式等。我们认为，社会范式只是人类中心论范式的雏形，两者无论在构成要素上还是在科学原理上都有一定区别，故将其区分之。（见赵爱国 2013：1—5）

12. 除上述外，也还有某些理论学说很难准确地归入某一范式内进行审视。比如，作为心理语言学家的任金(Н. И. Жинкин, 1893—1979)的"言语机制说",照理应该放在心理认知主义范式中进行评析,但我们专门将其置入后结构主义范式中进行考察,原因之一是他提出该学说的"时间节点"正好是俄罗斯符号学的"过渡期",原因之二是该学说同样是基于言语结构的。

13. 爱森斯坦并非语言学家,而是著名电影导演和电影理论家,但他提出的"视觉修辞学"思想却具有鲜明的符号学性质。

14. 该结构—系统主义方法后来在50年代被维诺格拉多夫及其学派发展到极致。

15. 此处的特鲁别茨科伊是俄罗斯宗教学家和哲学家,他与布拉格语言学小组的俄罗斯学者特鲁别茨科伊是叔侄关系。

16. 某种意义上说,形式主义文艺学和语言学正是在对象征主义的反叛中发展起来的。

17. 它以斯大林于 1950 年 6 月 20 日在真理报发表的《论语言学中的马克思主义》(«Относительно марксизма в языкознании»)为标志。该文对马尔提出的唯心主义语言观进行了彻底批判,从而开启了"后马尔时代"。

18. 有关俄罗斯语言学发展进程中的"借鉴与求新"阶段情况,请见拙文《从学理演变视域看 20 世纪俄罗斯语言学的发展阶段》。(赵爱国 2011:19—26)

19. 俄罗斯的功能语法理论除上述外,还有以泽姆斯卡娅(Е. А. Земская)为代表的"功能社会语言学理论"(теория функциональной социалингвистики)和梅里丘克(И. А. Мельчук)为代表的"意思⇔文本模式"(модели смысл⇔ текст)理论等。但由于前者主要以社会语言学的理论为基础研究语言的功能,后者则以自然语言的自动化处理为要旨,所以在此不作为纯粹意义上的功能语法理论加以专门评介。

20. 世界心理语言学范式主要有奥斯古德(Ч. Осгуд)的"反应心理语言学"或称"新行为主义心理语言学"、乔姆斯基—米勒(Н. Хомский—Дж. Миллер)的"语言学的心理语言学"、韦尔切(Дж. Верч)的"认知心理语言学"等,学界分别将他们称为"第一代""第二代"和"第三代"心理语言学。

21. 有趣的是,索绪尔将自己的符号学说称为"семисиология",而皮尔斯则将其称为"семиотика"。表面上看,这两个术语似乎没有多大的区别,但实际上却蕴含着视阈和方法的不尽相同。

参考文献

[1] Алпатов В. М. История лингвистичкских учений[M]. М. , Языки русской культуры, 1999.

　[2] Березин Ф. М. О парадигмах в истории языкознанияXX в. [A]. // Лингвистические исследования в концеXX в. [C]. М. , ИНИОН РАН, 2000, с. 9—26.

[3] Бондарко А. В. Теория значения в системе функциональной грамматики (на материале русского языка)[M]. М. , Языки славянской культуры, 2002.

［4］Иванов Вяч. Вс. Очерки по истории семиотики в СССР［M］. М.，Наука，1976.

［5］Касаткин Л. Л. Московский лингвистический кружок［A］.//Лингвистический энциклопедический словарь［Z］. Глав. ред. В. Н. Ярцева，М.，Научное издательство «Большая Российская энциклопедия»，2002，с. 318.

［6］Левинтон Г. А. Опояз［A］.//Лингвистический энциклопедический словарь［Z］. Глав. ред. В. Н. Ярцева，М.，Научное издательство «Большая Российская энциклопедия»，2002，с. 347－348.

［7］Поченцов Г. Г. Русская семиотика［M］. М.，Рефл－бук，Ваклер，2001.

［8］Прохоров А. М. Советский Энциклопедический словарь［M］. М.，Советская энциклопедия，1983.

［9］Степанов Ю. С. Семиотика［M］. М.，Наука，1971.

［10］Степанов Ю. С. Семиотика［A］.//Лингвистический энциклопедический словарь［Z］. М.，Научное издательство«Большая Российская энциклопедия»，2002，с. 440－442.

［11］陈勇，篇章的符号学分析：理论与方法［D］，解放军外国语学院，2004。

［12］陈勇，关于20世纪中期前的苏联符号学研究［A］，符号与符号学新论［C］，南京：东南大学出版社，2006。

［13］杜桂枝，莫斯科语言学派百年回溯［J］，外语学刊，2005年第3期。

［14］李肃，洛特曼文化符号学思想发展概述［J］，解放军外国语学院学报，2002年第2期。

［15］王铭玉，语言符号学［M］，北京：高等教育出版社，2004。

［16］徐盛桓，语言学研究方法论探微［A］，语言学——中国与世界同步［C］，外语教学与研究出版社，2003。

［17］赵爱国，洛特曼的文化符号学理论体系［J］，广东外语外贸大学学报，2008年第4期。

［18］赵爱国，20世纪俄罗斯符号学研究的历史分期问题［J］，解放军外国语学院学报，2008年第5期。

［19］赵爱国，从学理演变视阈看20世纪俄罗斯语言学的发展阶段［J］，中国俄语教学，2011年第3期。

［20］赵爱国，20世纪俄罗斯语言学遗产：理论、方法及流派［M］，北京：北京大学出版社，2012。

［21］扎娜·明茨、伊·切尔诺夫，俄国形式主义文论选［C］，王薇生编译，郑州：郑州大学出版社，2005。

［22］什克洛夫斯基等，俄国形式主义一瞥［A］，方珊译，俄国形式主义文论选［C］，北京：生活·读书·新知三联书店，1989。

［23］茨·托多罗夫，俄苏形式主义文论选［C］，蔡鸿滨译，北京：中国社会科学出版社，1989。

［24］雅各布森，序言：诗学科学的探索［A］，俄苏形式主义文论选［C］，茨·托多罗夫选编，蔡鸿滨译，北京：中国社会科学出版社，1989。

第 二 章

俄罗斯符号学研究范式的文化和思想探源

　　俄罗斯百年符号学所取得的成就,并非无源之水,而是建立在深厚的思想传统和理论根基之上的。俄罗斯著名语文学家、符号学家斯捷潘诺夫(Ю. С. Степанов,1930—2012)曾指出,20世纪世界符号学的发展有其深刻的历史渊源,如4—5世纪的布拉热内依·奥古斯丁(Блаженный Августин,354—430)的著作,与当代符号学中"语构学"(синтактика)、"语义学"(семантика)、"语用学"(прагматика)三个分支相对应的中世纪的"三学科"(тривиум)——"语法学"(грамматика)、"逻辑学"(логига)、"修辞学"(риторика),12—14世纪有关"本质"(сущность)、"性质"(качество)、"代入"(подстановка)、"理性意向"(интенция разума)等经院哲学的学说,以及17—19世纪许多哲学家、语言哲学家的相关著述等。(Степанов 2002:441)可见,在学理上审视符号学的历史渊源是对该学科进行科学研究的必要前提。据此,本章将着重对俄罗斯文化和思想遗产中的符号学元素进行必要的发掘和考证,以在学理传承上探究俄罗斯符号学理论学说的文化和思想渊源。

第1节　传统文化和思想遗产中的符号学思想

　　当我们对俄罗斯符号学理论思想追根溯源时,有必要首先把目光投向俄罗斯传统文化及思想遗产中的符号学思想,因为从本质上讲,符号学作为一种方法论既与该民族的文化传统不可分,也与该民族的思想遗产不可分。研究表明,当代俄罗斯符号学中的许多理论学说,其思想成素在古罗斯时期的多神教和东正教学说中就有所体现,并可以在中世纪的宗教哲学的相关理论学说中探寻到些许学理源泉。

1.1　多神教时期和接受基督教后的符号学思想体现

我们知道,古罗斯人信仰的是"多神教"(язычество)。在该原始教义中,众多动植物(如熊、野猪、橡树、白桦树、花楸树等)成为崇拜的对象,并作为特定的某种符号深深地印刻在传统的民族文化中。与之并存的还有所谓的"人变兽"(оборотничество)的说法(例如童话故事中美丽的未婚妻就常常变成天鹅、鸭子、青蛙等形象),从而昭示着人与世界"同一"(тождество)的符号学思想成素。除动植物拜物教外,古罗斯人还相信人与神灵可以分离,因此有对本族祖先的亡灵进行祭拜的习俗,认为亡灵是家宅和家庭的保护神。这样一来,古罗斯人又开始从崇拜动植物逐渐转向相信动植物身上有神灵的存在,从而使动植物拜物教发展成为真正意义的多神教,即信仰多种神魔,如雷神(Перун)、太阳神(Хорс/Дажбог)、风神(Стрибог)、财神(Волос)、万物生长女神(Мокошь)、家宅女神(Рожаницы),以及家神(Домовой)、水怪(Водяной)、林妖(Леший)等。应该说,多神教作为包括罗斯人在内的古斯拉夫人的世界观,集中反映着该民族对人与世界关系的认识,其中人与世界"同一"的思想、动植物具有神灵的思想以及诸神"人格化"的形象等,都无不是原始的或朴素的"人类中心论"(антропоцентризм)思想的生动体现,其中蕴含着极其珍贵的符号学思想成素。我们认为,多神教在古斯拉夫民族中延续了数千年,至公元前1世纪达到鼎盛,因此是我们探寻俄罗斯符号学渊源的"根系"所在。正如俄罗斯研究斯拉夫多神教专家雷巴科夫(Б. А. Рабаков)所说,对多神教进行研究,并不仅仅是为了深入原始时代,而是通向理解该民族文化的必由之路。(Рыбоков 1980:458)

公元988年罗斯接受基督教后,其符号学思想成素就集中体现在对东正教教义的理解和诠释中。众所周知,拜占庭的东正教与罗马的天主教的根本区别在于:一是前者的祈祷仪式可用民族语言,而后者则规定只能用拉丁语、希伯来语和希腊语三种语言;二是在神权问题上,前者规定隶属于皇权,而后者则强调凌驾于皇权之上;三是在教义上,前者只承认圣父为圣灵,而后者则将圣父、圣子同时奉为圣灵。（Замалеев 2012：3－4）语言使用和教义上的分歧，使得东正教自公元 4 世纪起就坚持奉行精神存在主义的宗旨，其核心是带有神秘主义色彩的"宁静主义"（исихазм）。作为东正教精神实践的宁静主义，注重的是人由整体论向本体论超验的转换，认为人类精神过程的最终目的是将人的全部能量与上帝的能量完全化合。而这一精神实践经过几个世纪的传承和升华，逐渐演变成为东正教的精神传统。如此一来，人与上帝的化合的思想便成为东正教教义中"人性"或"人道"（человечность）的集中体现，同时也成为与多神教价值体系共有的契合点。

此外，古罗斯时期的符号学思想成素还集中反映在基辅罗斯有文字后神学家们对宗教著作的注释及其所撰写的众多"纪事"（слово）、"训诫"（поучение）、"寓言"（притча）中，其中大多涉及现实生活中的人和人的苦难、孤独、情感以及上帝对人的恩赐等。如，基辅罗斯时期第一位都主教伊拉里翁·基辅斯基（Иларион Киевский，？—约 1055）就撰写了著名的《法典与恩赐记》（《Слово о Законе и Благодати》）。该纪事对 11 世纪古罗斯神学思想的阐述，就渗透着符号学成素。他写道：上帝祝福时，先用各种记载和法典证明亚伯拉罕无罪，后用自己的儿子（即福音书和洗礼）拯救普罗大众；法典在先，恩赐在后；先有阴暗，后才有真理；先知之法典服从于恩赐和真理，而真理和恩赐服从于来世和永恒。（见 Замалеев 2012：15）这里所说的"法典"和"阴暗"指代的是犹太教，而"恩赐"和"真理"则喻指基督教。在他看来，正是由于基督教废除了先知之法典，才使得整个人类处在真理和自由之中；再如，在至今保存完好的古罗斯时期基里尔·图罗夫斯基（Кирилл Туровский，1130－1182）主教撰写的《蒙难者记》（《Слово о расслабленном》）中，就详细记述了一位患病达 38 年之久的病者的故事，书中对该病者的情况做了如下福音诠释：有一次，该病者躺在浴棚旁，当天使搅动帮他治病的浴水时，他却无法进入浴棚。上帝看到此情景后，便问该病者："你是不是想治好病啊？"病者回答说："是的，主啊，但没有人放我进去。"上帝便说："你站起来吧，拿上你的被褥进去吧。"话音刚落，这位病者便痊愈了。（见 Замалеев 2012：17）不难看出，该文本的整篇诠释是由基里尔·图罗夫斯基围绕一个关键句——"我没有人"（Не имею человека）建构起来的。人尤其是蒙难者的人，在古罗斯文化中占据着相当重要的地位。在基里尔·图罗夫斯基的笔下，福音中的蒙难者并不是普通的病者或受难者,而是一种象征符号——被遗弃的人或不受上帝庇护的人。显然是他的那句"我没有人"的话语感动了上帝。为了帮助他,上帝就"化身为人"(вочеловечение)的形象:"你怎么能说没有人呢! 我是为了你而成为人的……为了你,我放弃了山地王国的权杖……为了你,我向民众显容,因为我不希望把按照我的模样创造出来的人遗弃在灰烬中,而是希望拯救他,把他带入真正的智慧。"(Кирилл Туровский 1997:195)在基里尔·图罗夫斯基看来,东正教的祈祷就是让上帝"化身为人",祈祷的目的是还人在人世间的主导地位。

如上可见,无论是伊拉里翁·基辅斯基笔下的"人的真理"和"人的自由",还是基里尔·图罗夫斯基所描述的"我没有人"以及"上帝化身为人",都是围绕"人"这个核心符号展开的,这成为古罗斯时期宗教哲学思想的基石之一。很显然的是,它的形成又与拜占庭文化传统的影响不无直接的关系。本质上看,拜占庭文化之所以有别于以理性化的自然主义为主要特征的古希腊罗马文化,是因为它兼容并蓄了以非理性化的神秘主义为主要特征的古犹太、波斯和亚美尼亚等民族的文化成素,因此,它"一方面只信奉可感知的有血有肉的圣像,另一方面则倾向于信奉上帝的超验形象"(刘莹 2014:38),其内核就是人——有血有肉的和超验的人的形象。俄罗斯谚语"上帝在天上,沙皇在人间"(Бог на небе,Царь на земле)的说法,就是上述思想的真实反映。

1.2　中世纪宗教哲学中的符号学思想体现

俄罗斯的中世纪指 14—17 世纪,它比西方结束得要晚。这一时期,莫斯科公国在罗斯的中心地位逐渐得以巩固,因此,罗斯教会中传统的拜占庭宁静主义思想与莫斯科罗斯时期兴起的"禁欲主义"(нестяжательство)思潮以及"正教复兴哲学"(философия православного возрождения)就构成了其宗教哲学的基本内容。研究表明,在这三种宗教哲学思潮中无不包含着一定的符号学原理。

1.2.1　宁静主义学说中的相关思想

传统的拜占庭宁静主义学说,其特点主要有二:一是将个性因素加入对上帝的认识实践之中;二是以耶稣的名义祷告。这是独立于希腊教父学所固有的"纯否定"(чистая апофатика)所迈出的重要一步。该宁静主义的代表人物主要有三位:格里戈里·帕拉玛(Григорий Палама ,1296－1359)、格里戈里·西纳伊特（Григорий Синаит，约 1268—1346）、尼尔·索尔斯基（Нил Сорский，1433—1508）等。

格里戈里·帕拉玛依据上帝是灵与肉统一体的认识，对神学否定作出了新的解释。他认为，由于灵魂把自身最强有力的能力——智慧注入了肉体，因此它是被肉体用作工具使用的。智慧的容器是心，因为意由心生。智慧在融入"肉体家园"（телесный дом）后，就为灵魂的三个组成部分——感觉、激情和推理建立起"应有的规则"（должный закон）：感觉确定感知外在事物的控制度，激情将灵魂提升至最优状态——即爱情，推理给灵魂提供"清醒剂"（трезвение），并据此将一切有碍追随上帝的思想从灵魂中清除出去。（Григорий Палама 1995：62）显然，格里戈里·帕拉玛的上述解释具有符号学的意义：它将人的智慧和灵魂的作用喻作具有上帝般超自然的力量，无疑是对自然、人、上帝三者之间关系的最好诠释，其中人的智慧起着认识自然、了解上帝的关键作用。

格里戈里·西纳伊特也对灵魂的激情作出了自己的解释。他认为，激情源自实体以及世人的愿望和意向。"激情的意愿展示着激情的实体……实体本身生成简单的意愿……世上有各种各样的激情：肉体的和灵魂的；淫欲的、刺激的和思维的；智慧的和推理的等。这些激情彼此间的组合各不相同，但它们相互作用，并由此发生着变化。"（Григорий Синаит 1993：191—193）他提出，世上共有八种内省事物：一是上帝——看不见的和不显现的，无冕的，非生来就有的，是一切存在之因以及"三位一体"的统一和化为现实的神；二是智者的礼仪和祈祷；三是获得可见实体的概念；四是治家言说的宽厚；五是普遍的复生；六是骇人的基督二次降世；[1]七是永恒的痛苦；八是天国。前四个是过去的和已经做过的，后四个是将来的和尚未显现的。（Григорий Синаит 1993：213）由此可见，既属于过去、又属于将来、且都是看不见的那些"内省的事物"，就构成了格里戈里·西纳伊特对宁静主义的内涵诠释。在他看来，上帝是不能永驻在现在的，在现实世界中取而代之的是上帝所创造的实体。因此，真正的神学与真实地认识这些实体是同一回事，都是在情感上展现聪慧的上帝。在这里，我们似乎清晰地看到了格里戈里·西纳伊特格外强调对现实认识的重要性，以及客观存在对人的意识所起的决定性作用。

被后人誉为"伟大苦行者"（великий подвижник）的尼尔·索尔斯基是一

位宗教感觉论者。他从灵魂与智慧的关系出发,提出智慧是灵魂的"视觉力"(зрительная сила)的思想,该力既指向上苍,也指向人世。他认为,智慧不仅能将灵魂提升至神的内省,且本身还负载着"心里的争斗、胜利和失败",即人世间的意愿。这些意愿是由感觉生成的,并经历了由"授意"(прилог)→"组配"(сочетание)→"并合"(сосложение)→"折服"(пленение)→"激情"(страсть)等若干发展阶段。授意即简单的意愿或所发生事物的形象,是刚刚被心灵接受的和出现在智慧里的东西,也就是带给人智慧的某思想;组配即与显现的授意进行富有激情的或冷静的对话,换言之,是对带给智慧的某思想进行思考;并合即灵魂对显现的意愿或形象的接受;折服即强制地或不由自主地使心灵服从,或与显现的意愿继续进行组配;激情即长期积蓄在灵魂中的,犹如习惯转变为性情一样。(Нил Сорский 2007:33—38)在尼尔·索尔斯基看来,内省完全是由人对外在实体的感觉生成的,并通过授意、组配、并合、折服、激情等连续过程来实现,这一思想无疑也具有符号学的意义和价值。

1.2.2 禁欲主义学说中的相关思想

禁欲主义思潮源自东正教会"禁欲派"(нестяжатели)的学说,它是由伏尔加河中下游的僧侣们发起的一场无私说教运动所引发、并在与东正教会中的"约瑟夫派"(иосифляне)的辩论和斗争逐渐发展起来的。[2]其核心思想是:人的生命不取决于人的外在世界,而在于内在的人自身;真正符合人的本性的生命是人的精神生命;人的内在精神生命,要求人获得不受外在世界(包括人世间的各种幸福、物质享受、土地、财产等)支配的生命自由。为此,人就要设法完全摆脱外在世界的束缚,以使外在世界不妨碍人的内在禀赋的自我完善等。

在莫斯科罗斯东正教界,坚定推行禁欲主义学说的代表人物有马克西姆·格列克(Максим Грек,1470—1556)、阿尔捷米·特罗依茨基(Артемий Троицкий,? —1571)等。

马克西姆·格列克的禁欲主义学说中的符号学思想主要体现在严格区分"教会内在哲学和神赐哲学"与"外在辩证科学"的关系方面。他将前者喻为"甜言蜜语"(сладкие слова),将后者喻为"苦言涩语"(горькие слова)。"甜言蜜语"是神意阐释者和圣徒们向上帝念诵的经文,而"苦言涩语"则是古希腊人在自己著述里留下的值得敬仰和伟大的东西,即外在科学。外在科学是美好的,为人之生命所需,但也"藏匿着渎神行为和卑鄙龌龊之事",因为它们在"真理和神赐"眼里是智慧的温床。在马克西姆·格列克看来,人的智慧的主要缺陷就在于易被"嫉妒、痛苦和愤怒"所击溃,原因是智慧本身具有局限性,而这一点早就被上帝所预见。为此,上帝把神界和圣界的所有美德都投入于人的智慧之中,如仁慈、慈悲、温顺、真实和爱等,但并没有一下子全部都给了智慧,其目的一是为了使智慧"不飘飘然起来",二是为了使智慧不失去得到其他美德的强烈愿望。(Максим Грек 2007:39)如上可见,一定意义上讲作为都主教的马克西姆·格列克是一位实证主义者,因为相对于神学而言,他更加崇尚外在科学,并用实用主义的态度来对待该科学。这是他从智慧所具有的双重功能——既诉诸世界,又指向对神(上帝)的观察中得出的有益认识。在这里,我们似乎看到了"内在科学"与"外在科学"以及"世界"与"智慧"之间符号学本身所特有的那种关系:"内在科学"预示着真理或神赐,"外在科学"既预示着美好又存有缺陷;"世界"是人之生命一切有益和有害之物的源泉,而"智慧"本身就源自于"世界",因此需要给它筑起一道预防激情的围墙,以使其只保留与真理或神赐不相矛盾的正面意义。

　　阿尔捷米·特罗依茨基的禁欲主义学说中的符号学思想主要体现在他对精神、肉体、激情等关系的诠释中。他认为,如果把激情看作是人性的肉体因素的话,那么言语表达就属于内心的东西。但是,人性的实质并不只包含上述两个部分,还有最重要的第三个部分——精神因素,该因素占据着人性的最高层级。精神因素与"超自然"即上帝有关。就肉体存在而言,人与其他的动物并无区别。然而,上述三个部分的密切关联性并不总会有好的结果,因此保持它们之间和平相处至关重要。为此,"缜密的智慧"(стройный ум)可以助其和谐相处,因为该智慧不受一切谬误的束缚,并可以从圣书中获得。智慧的区别性特征是能够区分善与恶,并能依据对善的认识行事。恶是不会进入"缜密的智慧"界说之中的,因为上帝既没有施恶,也没有造恶,恶只属于"虚无缥缈的智慧"。(Артемий Тройцкий 1878:1233)无疑,阿尔捷米·特罗依茨基在这里对智慧内涵的界说,其核心是"精神高于一切""智慧具有区别性功能"的思想,而这种精神完完全全又是属于东正教的,这就足以说明俄罗斯宗教哲学较之西方传统哲学更加注重人的因素,而俄罗斯符号学理论学说中所彰显的对"人性"的崇尚,显然在学理上与其宗教哲学思想有密切的关联性。

1.2.3 正教复兴哲学中的相关思想

在中世纪的俄罗斯哲学中,不得不提到与正教复兴哲学流派有关的"人的智慧""人的灵魂""人的意志"等理性主义学说[3],其中也不乏具有符号学价值的成素。该流派的代表人物有基里洛·特兰克维利翁－斯塔弗罗维茨基(Кирилло Транквиллион-Ставровецкий,？—1646)、卡西安·萨科维奇(Касиан Сакович,1578—1647)等。

基里洛·特兰克维利翁－斯塔弗罗维茨基的复兴哲学思想,主要体现在他所提出的"四形式世界论"(теория четырехформенного мира)中。他认为,存在着四种不同形式的世界——上帝的世界、上帝创造的世界、人的世界和鬼神的世界。(Кирилло Транквіліон-Ставровецький 1988:212—237)其中最为核心、也最有符号学意义的是他关于对人的世界的界说。他强调,人就其身体属性而言如同上帝创造的世界(由火、空气、水和土等四成分构成)之外的所有其他物质的组合:人的肉体源自土,血源自水,呼吸源自空气,取暖源自火。人的生长能力与树木相似,人的起性和淫欲与不会说话的动物相似,人的指甲和头发与所有无生命的东西相似(因为人剪指甲和剃发并不感觉到疼痛),人的智慧、自由意志以及区分善与恶的能力与理性的和言语表达的实质相似。由此,人被称作小世界。但尽管人的构成成分小,却拥有上帝奇异的卓越智慧。人实际上就是天和地:从肚脐到头是天,下面的部分是地。在上帝所居住的高不可攀的天上,浮现在眼前的是理性的力量——天使;在人的天上,即在头脑中或白色的、无血的大脑中是智慧——灵魂的首要力量……人还拥有理性灵魂的其他力量,如意志、记忆、善、思想、智力、计谋、理想、判断、快乐、爱情等。智慧靠这些力量行事,如同国王靠奴仆行事一样。除这些力量外,人还有听觉、视觉、嗅觉和味觉。如同眼睛能看见世界上的一切美景一样,灵魂中的智慧就是一个多视觉的窗口,它能看见一切看得见的和看不见的东西,可以看见天上和地上的所有美景。(Кирилло Транквіліон-Ставровецький 1988:237)不难看出,基里洛·特兰克维利翁－斯塔弗罗维茨基关于"人的世界"的思想是理性主义的,其中充满着符号所特有的多维性特征。由此,他使训诫式的神学具有了更为抽象和世俗化的性质,即把宁静主义神秘伦中的智慧行事变成了现实的、活生生的人的智慧世界,而现实的人又具有探索真、善、美的能力。

卡西安·萨科维奇生前写有《亚里士多德的论题》,又名《人的本性问题》

（«Аристотелевские проблемы，или Вопросы о природе человека»），以及《灵魂论》（«Трактат про душу»）等著述。他认为，哲学的起点是对人的自我认识，因为"最大的智谋、最高的哲学和最重要的神学就在于认知自我"。（Сокович Касіян 1988：445）他认同亚里士多德（Аристотель，前 384—前 322）提出的"灵魂是自然肉体的形式"的观点，但认为灵魂有"植物的、知觉的和理性的"三种形式：植物的灵魂具有生养、成长、繁殖的特性；知觉的灵魂包含着外部体验和内部体验两种形式——视觉、听觉和触觉属于外部体验，而一般感觉、幻想和记忆等则属于内部体验。据此，他认为知觉的灵魂与植物的灵魂相同，都不是由上帝创造的，而是由物质生成的；理性的灵魂不是由水、火、空气、天和血等形成的，也不是由阳光中的原子和尘土形成的。尽管上述这些物质对人来说是必需的，但它们都是纯物质的东西，不仅变化无常，且相互交织在一起，因此不可能成为人的肉体的形式或灵魂。（Сокович Касіян 1988：450—457）那么，究竟什么是理性的灵魂呢？卡西安·萨科维奇在详细分析了柏拉图（Платон，前 428/427—前 347）和亚里士多德的相关观点后认为，理性的灵魂的作用就在于对人的生命全过程和人的意识进行掌控，这就如同上帝一样：无论是无处不在的上帝，还是永驻在人肉体内的理性的灵魂，它们只是在人的大脑中和心灵里的存在方式不同而已。由此，他得出这样的结论：尽管理性的灵魂具有神的形象性和相似性，但它依然是人的自然属性，并按照人的意愿行事。如上可见，在卡西安·萨科维奇的上述学说中，有关智慧的"三种形式"以及理性的灵魂所具有的"形象性"和"相似性"等思想，已经具有了符号学的意义，它标志着俄罗斯哲学开始摆脱宗教的影响而走向世俗化。

第 2 节　18 世纪"欧洲主义"学说中的符号学思想

中世纪结束后，俄罗斯进入彼得大帝时期，史称"新时代"（новая эпоха）。这一时期占统治地位的学说样式是所谓的"欧洲主义"（европеизм）或"西欧派"（западничество）。从渊源上看，欧洲主义最先源自基督教新教按照纯世俗标准提出的"统一的欧洲"的思想，其首要原则是承认西欧文明发展形式的多样化。但俄罗斯的欧洲主义又与西方的欧洲主义思潮在性质上有所不同，它具有明显的"启蒙主义倾向"，即用先进的西方科学或文明来变革落后的俄罗斯。正是在这种背景下,彼得大帝才欣然接受了德国著名哲学家莱布尼茨(Г. В. Лейбниц,1646—1716)的建议,于 1724 年设立了彼得堡科学院。

　　在俄罗斯 18 世纪的欧洲主义学说中,无论是人文社会科学研究还是自然科学研究,占主导地位的显然是西方的理性主义或唯理主义思潮,它们在学理上为符号学思想的萌芽和生成提供了不可或缺的养料。鉴于此,本节欲对欧洲主义的相关学说中的符号学思想体现做简要的梳理和评介。

2.1　沃尔夫主义学说中的相关思想

　　在 18 世纪的俄罗斯思想界,其欧洲主义思潮中最为盛行的是"沃尔夫主义"(вольфианство),即由德国哲学家克里斯蒂安·沃尔夫(Христиан Вольф,1679—1754)提出的唯理主义哲学思想。[4]俄罗斯第一位具有世界影响的自然科学家、现代俄语标准语的奠基人罗蒙诺索夫(М. В. Ломоносов,1711—1765)对沃尔夫有很高的评价,认为他的学说思想价值甚至高于亚里士多德。从符号学角度看,备受俄罗斯学界推崇的沃尔夫主义学说主要有以下思想体现:

　　1)"一切存在之物必有其存在之理由"定律。该定律的重要意义曾由沃尔夫的老师莱布尼茨所证实:事物之所以能够存在,必定有其充足的理由;而存在之物同时又成为另一事物存在的缘由。这时,该存在之物可称为"本质"。事物的本质就在于:它用一定的方式使事物获得自己的基本特性,即必要性、永恒性和不变性。如果事物的本质发生某种变化,那就不再是原来的事物,因为"事物除了自身的本质以外,不可能获得保留原事物的另一种本质"。(Вольф 2001:242—244)简言之,在沃尔夫看来,存在是事物的本质,而某事物的本质又是不容改变的。

　　2)对"身外之物"(вещи вне нас)和"身内之物"(вещи в нас)的严格区分。沃尔夫认为,当人们看见某"身外之物"(如楼房)时,一方面可以将该事物与人自身区别开来,另一方面又能搞清楚这些事物作为意识(即思维)在我们身内的存在,但意识又不等同于思维。由此,沃尔夫提出,"笛卡尔主义"(картезианство)的追随者们所犯的错误就在于:他们把意识看作是能够构成灵魂全部本质的东西,仿佛只要是人们没有意识到的东西就不可能在灵魂中出现一样。在沃尔夫看来,更为正确的观点应该是:灵魂的本质决定着思维,意识在为思维提供物质的同时，也要靠思维来攫取我们的"身外之物"——现实世界。由此，他得出结论认为：意识是靠外部的事物来调节的，意识对外部事物而言具有派生性，也就是说，意识离开外部事物是不可能独立存在的。（Вольф 2001：260）

　　3）"实验至上"原则。沃尔夫在确定了"身外之物"这一绝对现实的事实后，又遵循"实验至上"原则仔细研究了各种"身外之物"之间的相互关系。该原则规定，对现实世界（自然界）的认识必须要建立在确凿无疑的实验基础之上，否则都将是不可取的。而实验表明，世界上有各种各样的构成物，它们不仅同时存在，且有的先于别的事物而存在，而有的则后于别的事物而存在，从而构成了互为依存的关系。由此，自然界"不会发生突变"，自然界中的"一切都是匀称的，始终保持着相同的力量"。那么，自然界的这种"和谐"究竟来自何处呢？对此，莱布尼茨也曾试图作出解答。沃尔夫认为，这种"和谐"或是自然界自身作用的结果，或是源自于外部，但自然界是不具有独立本质的，这是因为：如果说每一个单独的事物都可以在另一个事物中找到自身理据的话，那么世界上的所有事物就都处在相互依存之中。因此，自然界并不具有独立存在的充足理据。为此，必须还要有另外一种确保自然界能够永存的"本质"，这一独立的本质应该是"空前"和"绝后"的，既史无前例，又无后来者；它既有别于现实的世界，又与我们的灵魂（精神）不同。而具有这一"独立本质"的，只能是上帝。（Вольф 2001：270—280）

　　由此可见，沃尔夫主义有别西方盛行的笛卡尔主义。前者作为形而上学哲学观，强调的是"身外之物"与"身内之物"之间的关联和依存关系，以及人与上帝之间以及事物存在之"本质"与上帝存在之"本质"之间的化合，正是这一点，不仅凸显出应有的符号学思想成素，并与东正教所奉行的精神传统相吻合。因为在东正教传统中，人并不是一个自主的存在物，而是本来就存在于神（上帝）之中的。这就是沃尔夫主义能在 18 世纪的俄罗斯盛行的根本缘由所在。后者作为理性主义哲学观，强调的是科学的目的在于造福人类、使人成为自然界的主人和统治者的思想。笛卡尔（Р. Декарт，1596—1650）提出"我思故我在"原则，强调不能怀疑以思维为其属性的独立精神实体的存在，并论证了以广延为其属性的独立物质实体的存在。（见 Фишер Куно 1994：335）由此可见，笛卡尔主义与中世纪的西方经院哲学并无二致。

2.2　塔季谢夫的相关思想

如上文所说,这一时期俄罗斯的欧洲主义无不具有鲜明的启蒙主义倾向。在这一方面,不能不提到俄罗斯思想家塔季谢夫(B. H. Татищев,1686—1750)为推行欧洲主义所做的贡献。作为彼得大帝推行改革的心腹,他是俄罗斯最早接受并引介沃尔夫主义的哲学家之一。在他的哲学思想中,具有符号学意义的相关学说主要涉及以下几个方面:

1) 对知识"性质"的认识。他认为,科学知识在"性质"上有五种不同的层级,即:(1)"所需的知识"(нужные знанця),如语言学、家政学、医学、劝谕学、法学、逻辑学、神学;(2)"有益的知识"(полезные знанця),如语法学、辩论术、数学、地理学、历史学、博物学或物理学;(3)"雅致的知识"(щегольские знанця),如诗学、音乐、舞蹈、骑马术、绘画;(4)"令人好奇的或虚幻的知识"(любопытные или тщетные знанця),如占星术、面相术、手相术、炼金术;(5)"有害的知识"(вредительные знанця),如各种法术、巫术、占卜等迷信活动。(Татищев 1979:89—94)可见,塔季谢夫对科学知识的分类具有鲜明的人类中心论性质。在他看来,越是与人、人的状态、人的发展接近的科学,就是越有益于人的智力启蒙的科学,其层级和排列也就越靠前。尤其是他把语言学排在第一层级的首要位置,足以说明该门科学在当时的俄罗斯所占据的地位,这从一个侧面证明,自 18 世纪起,语言学就已经成为俄罗斯学界研究"人学"(человековедение)中最为重要的科学之一。

2) 对灵魂与肉体关系的认识。在对待灵魂的阐释问题上,塔季谢夫更倾向于将人归为肉体的英国哲学家霍布斯(Томас Гоббс,1588—1679)的学说,认为灵魂只是一种空洞的称谓,因为"灵魂没有像感觉肉体那样具有自身的工具或力量,灵魂和肉体总是相互作用的。灵魂有智慧和意志,而人最易受到智慧和意志的控制。人的一切幸福都取决于良好的智慧和意志,而一切不幸又是由于缺乏智慧和意志"。(Татищев 1979:53)可以看出,塔季谢夫的观点与古希腊哲学流派中的"毕达哥拉斯派"(пифагорики)、"柏拉图派"(платоники)、"斯多葛派"(стоики)的观点有所不同,后者通常认为灵魂和肉体是两种不同的事物,而塔季谢夫则将人的"本质"与上帝的"本质"视为一体,这与沃尔夫主义学说相吻合。他将人的灵魂归入肉体,显现出人的体验高于一切的思想。

3）对智慧与意志的认识。塔季谢夫认为，人的智慧是借助于想象力、记忆力、猜想力和判断力等四种力量起作用的。智慧与意志处在并列的位置，人的幸福与不幸都取决于人的意志，因此，必须要让人的智慧控制住意志，就像骑马时要驾驭马一样。但是，人仅仅靠智慧还不足以读懂"世界之书"（книги мира），因为智慧本身仅仅拥有"意义"（смысл），即连动物也能领悟的一般性解释。从这个意义上讲，就连最愚蠢的人在本性上也被赋有智慧。（Татищев 1979：55—58）显然，塔季谢夫对人的智慧与意志关系的界说，是建立在上文所论述的对科学知识的认识基础之上的。

应该说，塔季谢夫得出的对以上三个方面的认识都是崭新的，是当时俄罗斯欧洲主义哲学思潮的集中体现，其中蕴含有对现象与本质、本质与本质、中心与外围、思维与现实等一系列关系的哲学思维，因此具有重要的符号学价值。

2.3　罗蒙诺索夫的自然哲学思想

我们知道，尽管罗蒙诺索夫本人并不是一位哲学家，但作为克里斯蒂安·沃尔夫的学生，他的许多自然科学著述却充满着哲理，尤其是他从理性视角提出的有关自然哲学思想，对包括符号学在内的人文社会科学有直接或间接的影响。这些思想包括：

1）关于自然法则和理性法则等同的思想。作为具有西方学术背景的俄罗斯学者，罗蒙诺索夫首先表现出对文艺复兴后的"新欧洲哲学"（новоевропейская философия）的强烈兴趣。所谓新欧洲哲学，即指"唯理论"（рационализм）和"经验论"（эмпиризм）。他认为，科学研究的基础是唯理公理或基本原理，而这些公理和原理又源自哲学，因此，理性法则与自然法则是不矛盾的。例如，"自然界中所拥有的一切在数学上都是精确的、确定的。尽管我们有时会怀疑它的精确性，但我们的无知却丝毫不会降低它的精确性：即使全世界都怀疑'二乘二等于四'，但'二乘二'在所有怀疑者那里得到的都是四"。（Ломоносов 1986a：34—35）罗蒙诺索夫试图从自然科学的一些原理中得出自然界的所有规律，用以解释事物的多样性。例如，他从克里斯蒂安·沃尔夫的唯理主义原理出发，在《数理化学成分》（«Элементы математической химии»）一文中区分出三个逻辑学公理：公理 1. 同一事物不能同时有和没有(矛盾性);公理 2. 没有充足理据任何事情都不会发生(充足理据性);公理 3. 同一事物相等同(等同性)。(Ломоносов 1986b:28)后来,他又在另一篇文章《论物体的不易感觉粒子和个别质的成因实验》(«Опыт теории о нечувствительных частиц и вообще о причинах частных качеств»)中,对上述公理做了补充:公理 1. 没有充足理据万不能相信其有;公理 2. 物体中有以及发生的一切都受到物体本质和属性的制约;公理 3. 相同的效应成于相同的成因;公理 4. 物体中的任何运动如果不受到另一个物体的作用都不可能自然发生。(Ломоносов 1986c:39)罗蒙诺索夫正是依据上述公理对自然科学进行论证的,并认为在所有这些公理中,"充足理据性"最为重要,而自然科学中的理据又与人的理性相等同,从而成为把哲学研究中的理性法则广泛应用于自然学科研究的典范。从这个意义上讲,罗蒙诺索夫可以被视为俄罗斯历史上把人的理性与自然界的规律性(理据性)有机结合起来进行科学研究的第一人。

2) 关于因果关系的思想。罗蒙诺索夫从自然界的统一性、简单性这一基本原理出发,并依据机械论原则,对唯理主义哲学中的因果关系提出了自己独到的见解。他把因果关系视作自然界的普遍特性之一,认为自然界中一切存在必有其存在理由的观点(即莱布尼茨—沃尔夫哲学中的核心思想),实际上提出了要动态地认识自然的重要问题,因为因果可以导致事物的变化。对此,他不仅在自然科学研究中运用因果关系,还在"修辞术"(риторика)研究中强调"结果"的成因。他写道:"物体的属性是活力,由此产生物体的作用力。物体的属性就在于作用力和反作用力。"(Ломоносов 1986c:38—39)在罗蒙诺索夫看来,正是自然界具有的这种因果关系,才能得出另一条原理——运动原理。他认为,运动有三种形式:不易觉察粒子不断地改变位置;或停留在原地旋转;或在不易觉察空间中不停地向不易觉察的时间方向前后晃动。第一种叫"前行运动",第二种叫"旋转运动",第三种叫"晃动运动"。(Ломоносов 2010:269)这三种运动的公式证明,罗蒙诺索夫的科学观具有思辨的性质,即属于哲学唯理主义。这一性质决定着他对人文科学(尤其是语言学)的研究也同样具有唯理主义的色彩。

3) 关于物质属性的学说。从"充足理据"逻辑定律到由因果关系生成的"运动原理",罗蒙诺索夫一步步地走向对"物质"这一自然界基本问题的科学认识。他认为,物质的学说可以揭示自然界的实体方面,犹如运动的学说可以揭示自然界的动态方面一样。那么，究竟什么是物质呢？"物质是物体的构成物和物体本质的决定物"（Ломоносов 1986c:37）；"物体中具有两种物质：化合的（即运动和与所有物体生产组合在一起的）物质和流动的（像河流一样，穿越时间）物质"（Ломоносов 2010:268）。在罗蒙诺索夫看来，物质最基本的属性是离散性，用他的话说，就是"物质在长度上具有不可渗入性，可分解为不易觉察的粒子"，而不易觉察的粒子又可分解为"微粒子"。（Ломоносов 1986a:31—32）

从罗蒙诺索夫的上述自然哲学思想中，我们似清晰地看到了这样的图景：自然界的规律与人的理性保持着高度一致性，只要有"充足的理据"，就可以科学地认识世界；世界存在于因果关系之中，世界的动态性或运动原理源自物体与物体之间的相互作用力，而该作用力又可改变物体的性质；世界是由物质构成的，而物质具有离散性，可分解为粒子，粒子又可分解为微粒子……如此等等。仅此三个方面，不仅仅是对自然科学研究规律的高度概括，同样是对符号学基本特性和规律的高度凝练。或者说，理性、动态性和结构性（或系统性），无疑也是语言符号最为本质的特性。

2.4　阿尼奇科夫"灵魂与肉体"的思想

"人学"作为欧洲主义语境下的核心内容[5]，是 18 世纪俄罗斯人文学界关注的中心之一。在这方面，莫斯科大学教授阿尼奇科夫（Д. С. Аничков，1733—1788）提出的有关人的灵魂与肉体的思想在学界较有代表性。[6]归纳起来，主要有下列内容：

1）灵魂等同于人的认知活动。他认为，认识事物的全部力量和能力不仅都起源于灵魂，也都取决于灵魂，因此，灵魂与肉体的关系就可以进行认识论的阐释。（Аничков 2010a:85）此外，他还认为人的精神生活具有自主性，但这种自主又是与肉体联系在一起的，否则就不可能有认知。他是这样来解释保持灵魂自主性前提下的灵魂与肉体的联系的："人的灵魂和肉体在判断自己的行为过程中不相互依赖的观点是完全错误的，因为精神活动和身体活动概念之间的联系，就如同生产成因与成因的产品之间的联系一样。"（Аничков 2010b:181—182）在这里，不难看出他的这一思想与罗蒙诺索夫提出的"因果关系说"几乎完全一致。

2）灵魂和肉体可分为"内在"和"外在"两个世界。对此,阿尼奇科夫似乎更加强调认知活动中"外在世界"的影响作用,因为他认为成因在"外在行为"中更容易区别,而"精神行为"(душевные действия)则很少具有认知的特性,如"愤怒"的成因就很难知晓,也很难严格确定究竟是"情爱"还是"喜爱"更使人着迷。(Аничков 1952:115)因此,他认为在解释历史事件时就不能够简单地确定其主要成因。

3）灵魂的决定因素是"反射"。尽管阿尼奇科夫认为人的"内在世界"(即精神生活)难以确定,但有一点却使其坚信不疑,那就是人的认知活动总是由人所固有的激情所决定的。但嫉妒、恐惧、奢望、虚荣心、贪欲等激情又无法涵盖人的灵魂的全部内涵,因此他提出,人的精神生活的主要体现形式和决定因素是"反射"(рефлексия),即不仅具有面对自己的能力,还有认识外在世界和愿望域的能力。用他的话说,灵魂不是别的,而是一种"本原"或"始基"(начало),即是人用来思维、认识真理和向善的起点;灵魂就是指"人本身"(самое существо)。(Аничков 2010a:89)阿尼奇科夫用"反射"的概念来解释灵魂,显然是把灵魂视作一种"意义空间",这样一来,灵魂就不仅能够理解外在的实体,还能够理解"非实体的即精神的人",尤其是认识自我。他说:"人的灵魂是没有肉体的或非实体的人,它与肉体的本质完全不同……灵魂是由内在行为所赋予的存在,这种存在是简单的,不能再进行切分的,因为它只有人自身的信息。"(Аничков 2010a:90)

4）灵魂与肉体的关系是"不断的耦合"。阿尼奇科夫认为,灵魂与肉体虽彼此独立,但却互为必须,两者的联合是认知的需要,因为认知只有在肉体器官的参与下才能实现;同样,肉体动作也只有借助于"灵魂的力量"才能进行。他说:"我们的灵魂赋予我们的肉体以力量,不是通过实体的表露,而是通过与肉体的联合方式实现的。因为当灵魂与肉体耦合在一起时,尽管其自身也能够履行自己的行为,但耦合后却不能履行没有肉体的行为;肉体从灵魂从获取力量,为的是成为精神行为的工具。(Аничков 1952:140—141)由上可见,阿尼奇科夫眼中的灵魂与肉体是不可分的偶合体,我中有你,你中有我,形成一体。正如他自己说的那样,"缺乏肉体的灵魂就不会有实体的概念,而缺乏灵魂的肉体也就不会有感觉,灵魂与肉体最牢固的联合和不断的耦合就在于此"(Аничков 1952:142)。

　　显然,阿尼奇科夫的"人学"思想具有重要的认识论意义。一方面,它对"认知是怎样发生的"问题作出了解释,认为其源泉是人的感觉体验和理智;另一方面,它又论证了灵魂对肉体的相对独立性或自主性。显然,这些思想对解释符号尤其是语言符号意义(概念)的生成及理解同样具有一定的说服力,且"灵魂"和"肉体"在这里也完全具有符号学的意义:它们之间的关系既是一对相互对立(内在与外在)的矛盾体,也是一对有"耦合联系"的统一体。

2.5　拉季谢夫"生与死"的思想

　　作为俄罗斯 18 世纪最重要思想家的拉季谢夫(А. Н. Радищев,1749—1802)[7],他的"人学"思想与阿尼奇科夫提出的"灵魂与肉体"思想有所不同,主要集中在对"人"尤其是"生与死"的哲学阐释方面,因此具有那个时代鲜明的存在主义伦理学的性质。该思想主要反映在其于 1792 年写成的《论人、人的死亡和永生》(«О человеке, о его смертности и бессмертии»)这篇哲学论文中,内容包括以下三个方面:

　　1)"人是智力的生物"的思想。在拉季谢夫的哲学思维中,人首先是拥有智力的生物。他认为,人的智力可分为经验和理智两种,智力使人具有认知力,知觉、记忆、认识、思想、判断等都属于认知力。例如,我们会通过记忆想起知觉的更替,有关体验知觉的信息就叫认识。再如,由事物间各种关系生成的我们的概念的更替,就叫做思想。知觉与理智有别,就如认识与思想有别一样。此外,拉季谢夫还认为,人对世界的认知和人的经验都具有双重性。认知双重性是:靠认知力来认识事物产生的变化;认识事物与认知力之间、和事物规律之间的联系。前者成为经验,后者成为判断。而经验也常常是双重性的:知觉经验,即用感觉来认识事物;理性经验,即理性地认识事物之间的关系,如有关我们理智变化的信息就是理性经验。(Радищев 1949:299)

　　2)"精神与世界一体"的思想。谈到人,必然会涉及世界与人的思维之间的关系问题。在拉季谢夫的存在主义伦理学中,世界是统一的和一体的,因此人就与其他生物一起构成一体。用他的话说,物质(世界)或实体是与人的精神紧密联系在一起的,因为"我们看不出一个构成部分与另一个构成部分之间的区别,而看到的总是它们的总和"(Радищев 1949:314-315)。他认为,人所接触到的囊括所有存在物(精神和物质)的概念,都是"存在"(бытие)。所有物体都是由最基本的成分或自然元素(土、水、空气、火)构成的。我们不知道这些成分的自然状态,我们所看见的总是它们相互耦合在一起。(Радищев 1949:330)由此,他得出结论认为,正是这些复杂构成物的统一,才为我们提供了"思维力",而一切复合体又都可以在思维力中找到自己的"起点"。(Радищев 1949:355)总之,在拉季谢夫看来,物质与精神不可分,人的思维力和生命特性不仅是由物质造成的,物质的特性也同样是人的思维力本质造成的,事物的特性即思维力特性,思维力也就是物质的特性。(Радищев 1949:330)

3)关于"死而复原"的思想。拉季谢夫在上述哲学论文中更多地对死亡的概念进行了阐释。关于死亡是预示着"彻底毁灭"(полное уничтожение)还是"破灭"(разрушение),他更加倾向于后者,即死可以复原。他说:"什么是死呢?死不是别的,而是人的状态的自然更替。这种更替不仅与人有关,所有动物、植物和其他生物也是如此。世界上一切有生命的和无生命的东西都会死亡。死亡的征兆是破灭。"什么是"破灭"呢?在拉季谢夫看来,破灭不是消失,也不是不存在,而是有生命的东西进入"诞生前状态"。(Радищев 1949:345)可见,拉季谢夫眼中的生与死是一种相似性的符号。他相信,可以从一个人开始生命的状态中得出其死亡的状态,因为存在主义意义上的生前和死后状态是完全相同的。但生前和死后存在又有其特性。他说,假如我们承认诞生前存在的可能,那么就得承认这不是真正的生命,而只是"半毁灭状态"的存在。无论是"诞生前状态",还是"死后或希冀永生状态",都属于"可能存在域"。按照克里斯蒂安·沃尔夫提出的唯理主义学说,"可能存在"中并没有因果关系,也不包含矛盾。可能性范畴意味着逻辑上的不矛盾性,因此死亡和永生就应该视作没有矛盾的概念。就此,拉季谢夫得出结论认为,人在被孕育之前就已经存在,或者确切地说存在着孕育未来人的精液,但并没有生命……这只是"半毁灭状态"。(Радищев 1949:273—313)拉季谢夫在区分生命和"半毁灭状态"时,指出了两种存在形式:主动的和被动的或积极的和消极的存在。生命具有动态特征,因此是主动的或积极的;而生前死后只属于可能存在,因此是被动的或消极的。(Радищев 1949:283)由上可见,"死亡"和"复活"作为特定的生命符号,实际上要经历从"诞生前状态"到"半毁灭状态"再到"破灭状态"又复始到"诞生前状态"的复杂过程。

应该说,存在主义作为一种哲学思潮,其学理本身就具有极高的符号学价值,拉季谢夫上述三个方面的"人学"思想(包括认知的双重性、精神与世界的一体性以及生与死的相似性等),对我们理解和使用符号尤其是语言符号的意义具有一定解释力。他对生与死概念的理解,更像是从符号学角度作出的一种独特解释,因为在他看来,"死"如同"破灭"而非"彻底毁灭","破灭"即"更替",从而进入"诞生前状态";生前与死后都属于"可能存在",即"生前存在"和"死后存在",它们具有被动或消极的性质,并与"生命"之主动或积极的性质形成对立。

总之,18世纪的欧洲主义学说带有很强的西方理性主义的性质,但俄罗斯的理性主义多少又带有"体验主义"的色彩,这在阿尼奇科夫和拉季谢夫的"人学"思想中体现得尤为明显。他们的思想在一定程度上为19世纪的俄罗斯由欧洲化向民族化(或本土化)的转变起到了承上启下的重要作用。

第3节　19世纪"斯拉夫主义"学说中的符号学思想

19世纪被誉为俄罗斯"经典哲学"(классическая философия)繁荣的世纪,其主要标志是:俄罗斯从这个时期起才开始拥有真正属于自己的"哲学",该哲学的核心内容即"斯拉夫主义"或"斯拉夫派"(славянофильство)。[8]正如俄罗斯著名哲学家什佩特(Г. Г. Шпет,1879—1937)所说,"斯拉夫主义的问题是唯一独创的俄罗斯哲学问题"。(Шпет 1989:53)斯拉夫主义从一开始就是在与18世纪俄罗斯占主导地位的欧洲主义或西欧派的对立中形成的,其核心思想是俄罗斯相对于欧洲的"独特性"(самобытность)。因此,可以肯定地说,斯拉夫主义的形成,标志着俄罗斯完成了由"拿来主义"向实现民族自觉的重大转变。正是这一转变,决定着俄罗斯符号学研究中的许多特点,也彰显出其他国家符号学理论中少有的民族文化特性。

19世纪,学界公认的斯拉夫主义的领袖人物众多,我们在这里仅就与俄罗斯符号学理论在学理上有一定渊源关系的学说思想作必要的评介或批判。

3.1　基列耶夫斯基的相关思想

基列耶夫斯基(И. В. Киреевский,1806—1856)早年推崇欧洲主义,后逐渐转变为斯拉夫派立场。其斯拉夫主义学说主要反映在 1852 年发表的《论欧洲文化的性质及其与俄罗斯文化的关系》(«О характере просвещения Европы и о его отношении к просвещению Росси»)和 1856 年发表的《论哲学新原理的必要性和可能性》(«О необходимости и возможности новых начал для философии»)两篇文章中[9]，其中就不乏符号学的思想成素。

1)"文化区别"论。他通过对俄罗斯和西欧文化传统进行比较后认为，两者之间存在着巨大的文化差异，而造成该差异的根源有二：所走的道路不同和所传承的世界文明的文脉不同。他说，俄罗斯和西方从一开始就选择了不同的道路，"渗透到西欧各民族头脑中的基督教是通过罗马教会的一家学说实现的，而俄罗斯基督教则是在东正教的多座烛台上点燃的"(Киреевский 1979a：288)，因此，基督教在进入俄罗斯时，并没有遇到像在西方那样的巨大障碍。而西方神学与东正教学说之间又存在着诸多不同：前者具有理性抽象性，后者保持着精神的内部完整性；前者的智慧力量是分裂的，后者渴望智慧力量的有机总和；前者通过逻辑概念的组合通向真理，后者通过自我意识的内在提升而追求心灵的完整性和智慧的聚合。(Киреевский 1979a：288—289)此外，基列耶夫斯基还认为，尽管俄罗斯文化的"根系"是在东正教的土壤上形成的，但它并不像西方文化那样展现得如此明显，因此还应该从"希腊教父"所赋予的"基督教哲学"中去寻找"源头"(коренные начала)。他说，在基督教哲学中，"我们不仅丝毫看不出对亚里士多德的偏向，相反只看见对柏拉图的明显偏爱"，这就决定了基督教哲学在思维方式上与西方经院哲学有本质的区别：东方教父更关注"思维人的内心状况的正确性"[10]，而西方神学家更看重"概念的外在联系"，它们是两种完全不同的思辨，不可调和；东方神父成功地将希腊哲学变为基督教文明的工具，而西方神学则把亚里士多德视作不可动摇的权威。(Киреевский 1979a：274)

2)"哲学新原理"学说。该学说是建立在对西方哲学批判前提之上的。他指出，以亚里士多德学说思想为灵魂的西方经院哲学，认为可以依靠独立自我运动的理性力量而达成真理；而以柏拉图的学说思想为内核的东方教父学，则认为只有寻求理性的内在完整性才能达成真理，因为精神的各个方面是一个有机统一体；西方思想家习惯于抽象的逻辑思维，在他们看来，人类的全部知识都有赖于思维对象的形式发展，全部意义也都被思想的表达形式所吞没。

而实际上,理性是一种内在的力量,它是超越逻辑联系的形式对象进行思维运动的,因此它总是伴随着思维,又超越于思想表达。(Киреевский 1979b:307)据此,基列耶夫斯基认为,无论是亚里士多德、黑格尔(Г. В. Гегель,1770—1831)还是谢林(Ф. В. Шеллинг,1775—1854),都不适合用来建立一种新哲学的要求。这是因为:亚里士多德的思想体系割裂了理性自我意识的完整性,将人的内在信念的根转移到道德和美学意义之外,转移到推理理性的抽象意识层面;黑格尔的哲学与前者的思想完全相同,但走的却是另一条路:他进一步发展了人的自我意识的自我发展体系,使逻辑定律达到了彻底的完满度;谢林的学说尽管看上去最适合用来建构俄罗斯哲学的自主体系,但也不完全符合哲学要求,因为他的哲学既不是基督教的,也不是哲学的:它与基督教的不同是其基本原理,与哲学的不同是其认知方式。(Киреевский 1979b:304,331)

"文化区别"论强调的是文化个性或民族个性,这对符号尤其是语言符号和文艺符号本质的理解具有一定的认知价值;而"哲学新原理"凸显的是认识事物内在完整性或统一性的重要意义,这对我们正确把握俄罗斯符号学研究中的些许特点(如对语言符号和艺术符号的研究视角、符号与符号之间关系的认识等)不无帮助。当然,他对西方经院哲学所持的批判甚至完全否定的态度也不可取,因为西方理性主义在俄罗斯包括符号学在内的人文社会科学的发展中扮演着不可替代的重要角色。

3.2　霍米亚科夫的相关思想

彼得堡科学院院士、著名历史学家别斯图热夫—留明(К. Н. Бестужев-Рюмин,1829—1897)曾称霍米亚科夫为"有大智慧的人",认为在俄罗斯思想界可以与其齐名的只有罗蒙诺索夫和普希金。(见 Замалеева 2012:154)的确,作为哲学家、文学家和史学家的霍米亚科夫,对斯拉夫主义学说的形成曾作出过决定性的贡献。他于 1839 年撰写的文章《论旧与新》是斯拉夫派兴起的奠基之作,而生前没有完成的巨作《世界史札记》(《Записки о всемирной истории》)则是斯拉夫派历史哲学观的集中体现,成为后人学习和仿效的经典。从符号学角度看,这两篇著述更像是对社会和历史现象所做的符号学分析。

《论旧与新》一文反映的是霍米亚科夫对"旧"的基辅罗斯(Киевская русь)

和"新"的莫斯科罗斯（Московская русь）两个不同国家形态的基本看法，从而深刻折射出他对保持俄罗斯民族传统和反对西欧化的坚定政治主张。其主要内容有：一是对基辅罗斯的社会和政治状况予以大力褒奖，认为在古罗斯国度村里有读书声、城里秩序井然、法庭上有真实、生活上富足等，道德、智力和物质等方面都有长足的进步；二是对莫斯科罗斯"罗曼诺夫王朝"（Династия Романовых）以来的社会和政治状况进行了尖锐批评，认为"新"不如"旧"，俄罗斯已经不存在善、高尚和值得敬佩的东西，处处呈现出没文化、不真实、敲诈勒索、叛乱、人身攻击、压迫、贫困、混乱、愚昧、道德败坏等乱象；三是认为彼得大帝的改革以及此后历代沙皇所施行的政策割裂了俄罗斯民族的历史，使俄罗斯丧失了原本的基础，从而改变了俄罗斯的发展道路。（见 Хомяков 2004：112—129）不难看出，"旧"与"新"在霍米亚科夫的文章中成为一种特定的社会符号，前者代表着"好""进步""富足""文明"，后者则代表着"坏""倒退""贫穷""愚昧"。这些符号与人们通常认为的"旧"不如"新"的一般性认知完全相反，从而折射出该文所特有的符号学价值。

《世界史札记》被收录在 1900—1904 年出版的霍米亚科夫八卷本《作品全集》（«Полное собрание сочинений»）中，并占据其中的 5—7 卷的篇幅。贯穿该著作的核心思想是斯拉夫主义意识，因此它不仅被认为是作者本人哲学思想的核心内容，更是斯拉夫派历史哲学观的重要组成部分。该著作中具有符号学价值的相关思想主要体现在以下几个方面：一是把世界民族区分为两种相互对立的宗教类型——"伊朗型"（иранский тип）和"库希特型"（кушитский тип）。他认为，上述两种不同类型的宗教并不是礼仪和诸神的不同，而在于不同的精神原则：前者起源于农耕传统，是一种承认上帝为创世主并具有精神自由、责任和道德的部族世界观；它包括古波斯拜火教、旧约学说和东正教等。后者代表的是征服者民族的生活样式，是一种承认泛神论基础上的神的部族世界观；它包括印度教中的湿婆教和佛教，以及亚里士多德学说、天主教和新教等。前者崇尚精神自由，提倡通过口头言语、文字、祷告以及对肉体的蔑视等来传承文化；后者主要是通过建筑术、象征文字、念经诅咒和崇尚肉体来传承文化的。二是对基督教和理性主义的本质进行了阐释，认为基督教是伊朗型宗教精髓的最高表现形式，它充满着自由创造之上帝的思想，使人感到精神的亲近。上帝化身为耶稣，它宣扬博爱而蔑视财富和权势，把一切幸福留给信徒;而罗马则歪曲了基督教的精神,变基督教为一种契约性宗教。于是,信仰变成了法律,教会也变为了一种世俗和社会现象,精神的自由被披着法律外衣的理性主义所摧毁。三是对俄罗斯的基督教以及由此生成的俄罗斯精神作出深入分析,认为俄罗斯正统地继承了基督教的精神实质,完好地保留了圣徒教会的核心思想——"聚和性"(соборность);俄罗斯精神不仅构建起广袤无垠的俄罗斯精神家园,确立了"米尔"(мир)村社这一共同生活的最好形式,把家庭视作整个社会大厦最稳固和最纯洁的基础,还培养出民众的道德力量、对神圣真理的信仰、坚强的耐力和绝对的克制力。四是阐发了世界文明样式具有多样性的观点,认为以黑格尔(Г. В. Ф. Гегель,1770—1831)为代表的德国历史哲学推行的是一种"单原质民族"理论(теория «одностихийных народов»),该理论提出每一个古代民族都是由一个原质构成的,都属于人类大家庭,只有包括德意志民族在内的"优秀民族"(избраные народы)才能够推动和引领世界其他民族的发展。但事实上,人类文明绝不只有德意志一种样式,世界其他民族的贡献也很多、很大,如斯基泰人的军事术、埃及人的建筑术、腓尼基人的航海术、中国人的建国策等。因此,仅仅用德意志的文明与俄罗斯的文明状况进行比较是有失公正的,俄罗斯也为提升世界文明作出了自己的贡献。(Хомяков 1900—1904)霍米亚科夫正是从上述诸方面来阐释他本人的斯拉夫主义思想,并由此得出俄罗斯和西欧都具有各自独特性结论的。从符号学角度看,贯穿该历史哲学观的是"对立统一"的辩证思想:两种宗教类型就如同两个不同的宗教符号,分别代表着精神自由和精神契约。在此基础上,他格外强调了人类文明具有"多样性"、民族发展具有"多源质性"以及俄罗斯精神具有"聚和性"等基本特质,这些特质也就成为人们认识人类文明、民族发展以及俄罗斯精神的特定文化符号。

3.3　小阿克萨科夫的相关思想

　　作为斯拉夫派领袖之一的小阿克萨科夫(И. С. Аксаков,1823—1886),在许多方面继承和发展了其胞兄大阿克萨科夫(К. С. Аксаков,1817—1860)的相关学说思想。[11]但就其具有符号学价值的思想而言,则比较集中地体现在他所提出的东正教会精神统治下的"民众"(земля)、"国家"(государство)、"社会"(общество)三位一体的原则方面。他认为,民众不能随意地听命于沙皇

（国家的化身），而应该有自己的权利，尤其是表达个人意见的权利。为此，他坚定地践行斯拉夫派所奉行的"把说话权交给民众，把政权交给沙皇！"（Силу мнения—народу，силу власти—царю！）这一基本准则。但由于当时的政府也时常利用所谓的民意来从事实质为反民意的勾当，因此，小阿克萨科夫又在斯拉夫主义有关"民众"和"国家"的学说中添加了第三种成分——"社会"。在他看来，所谓社会，就是"用民族的全部精神力量创造、能够培养民族自觉并进行自觉智力活动的人群"，或"民族发展的第二阶段、第二要素，是具有自觉意识的民族"，"是民族自觉的活动，它的不断增长和发展，使民众接近最终目标——自觉"。（Аксаков 1891：36，42）。而俄罗斯缺乏的正是社会的力量，"我国的内部生活和社会生活不足，坚信程度不足，独立性不足，社会力量不足！"于是，他呼吁俄罗斯社会要清醒过来，认为俄罗斯要做的就是"唤起和创造社会力量"。（Аксаков 1891：30—31）不难看出，小阿克萨科夫已经赋予"民众""国家"和"社会"以特定的符号内涵，尤其是后者，既指具有民族自觉意识的社会精英，又指民族自觉的社会活动。为此，他曾多次疾呼"该回家了！"（Пора домой！），他所说的这个"家"，可以换喻为"原有的罗斯"（исконная Русь）。

3.4　达尼列夫斯基的相关思想

达尼列夫斯基（Н. Я. Данилевский，1822—1885）是 19 世纪俄罗斯著名的社会学家、文化学家和政论家，泛斯拉夫主义的代表人物之一。他在 1868 年出版的《俄罗斯与欧洲》（《Россия и Европа》）一书中提出"文化—历史类型"论（теория культурно-исторических типов）[12]，修正并发展了霍米亚科夫关于人类历史文明的相关思想。该学说主要包含下列思想：一是不同时代有不同的文明类型。他依据达尔文的进化论学说，认为地球上的一切生物，无论是植物还是动物，也无论是个体还是整个部族，其生命都是"有定数的"，人类文明也不例外。（Данилевский 1991：74）据此，他得出结论认为，根本就不存在所谓单一的、对世界所有民族来说统一的文明，构成人类历史活动的"场"（поле）源自于不同的方向，因此，不同时代生成不同的文明，如埃及文明、中华文明、古闪族文明、印度文明、伊朗文明、犹太文明、希腊文明、罗马文明、阿拉伯文明、日耳曼—罗曼文明（欧洲文明）等。以上所有的文明都属于某一语系，从而构成自主的民族语支。(Данилевский 1991:113)他认为,以上每一种文明都会体现出反映该文明本质的相关民族思想。例如,日耳曼—罗曼文明是靠自然科学的发展实现的,希腊文明的主要成果是艺术,罗马文明的标志是法律和国家政治组织,而犹太文明则主要由统一的上帝这一宗教思想的发展来体现等。(Данилевский 1991:128)达尼列夫斯基将这些反映民族特性的文明称为"文化—历史类型"。二是对文化—历史类型的转换机制和规律进行分析。在达尼列夫斯基看来,人类所有的文明都要服从于五种基本规律:部族或族群交际语言的同一性或近似性;政治的独立性;一种文化—历史类型的文明之源难以移栽给另一种文化—历史类型的民族;在保留民族成分条件下,应该展现其在联邦政治体制范围内的一定的独立性;持续增长的不确定性及繁荣期和结果期的相对短暂性。(Данилевский 1991:91—92)据此,他认为包括西方文明在内的人类一切文明或迟或早都会消亡,而不可能像霍米亚科夫等学者提出的那样会解决任何全人类的使命。三是对斯拉夫文化—历史类型的形成理据和特点作出界说。确定世界文明的类型会发生更替和消亡,并不意味着达尼列夫斯基否认不同文明(尤其是基督教文明)之间存在着某种传承性。恰恰相反,他认为新的文明在替代旧的文明过程中,会保留旧文明中有益的部分或将来具有历史意义的部分。他坚信,能够替代西方文明的只有斯拉夫文化这个历史类型,主要依据是:斯拉夫人属于雅利安族群[13],该族群中的五个民族已经创造出"完整程度不等和完全独立的文明";多数斯拉夫人(不少于三分之二)在政治上形成了独立的整体——大罗斯国,这足以彰显出斯拉夫的文明力量。(Данилевский 1991:124)达尼列夫斯基由此得出结论认为,俄罗斯与欧洲所走的道路早就不同,但俄罗斯在政治和艺术方面却丝毫不逊色于欧洲,以它为代表的斯拉夫文化—历史类型具有"四元性",即雅利安类型文明所著称的"四大原质"的组合。[14]

以上"文化—历史类型"论是将人类历史视作某种特定的文化符号来审视的,它将该符号的生成、转换、构成等置于一定的文化历史空间,并作出了符合斯拉夫主义的阐释。当然,这样的解释也难免有"大俄罗斯主义"(великорусизм)或"亲俄主义"(русофильство)的倾向,但其审视问题的方法却有一定的符号学意义,因此被当代"塔尔图—莫斯科符号学派"(Тартуско-московская семиотическая школа)的许多学者在对俄罗斯历史进行文化符号学分析时所借鉴。

3.5　列昂季耶夫的相关思想

列昂季耶夫（К. Н. Леонтьев，1830—1890）的斯拉夫主义思想，主要体现在其提出的"俄罗斯拜占庭主义"（русский византизм）学说中。该学说是在与"泛斯拉夫主义"（всеславизм）的对立中生成的。在他看来，泛斯拉夫主义仅仅是一种模糊不清、自发和松散的概念，而拜占庭主义则与之相反，看起来像一座宏伟大厦，它是由宗教的、国家的和道德哲学的若干思想融合而成的。他在《拜占庭主义与斯拉夫人》（«Византизм и славянство»）一文中写道：我们知道拜占庭主义在国家中代表着君主专制，在宗教中表示与西方教会、犹太教和分裂教派有别的东正教。[15]在道德界我们知道，拜占庭理想并没有像被日耳曼封建制度载入史册的人类至高无上的概念那样崇高，我们知道拜占庭道德理想倾向于对人间的一切都无不失望，包括幸福、我们自身纯洁的稳定性、我们对道德完善的能力（这里指天职）等。我们知道，拜占庭主义拒绝一切人民过幸福生活的期望，它是对全人类一律平等、人世间完全自由、人类完美无缺和人人满意等思想最有力的反叛。（Леонтьев 1991：171—172）此外，列昂季耶夫还认为，人类社会的发展无一例外地都要经历三个阶段——初始简约阶段、繁荣复合阶段、再度调和简化（毁灭）阶段。这是一个"三位一体过程"（триединый процесс），它不仅为有机世界所固有，也为时空中存在的一切事物所固有，甚至为天体及其演化史和人性所固有，并在艺术、绘画、音乐、建筑风格中，以及哲学体系、宗教历史、部族生活、国家机构和整个文化世界中彰显出来。（Леонтьев 1991：253）根据他的计算，一个国家的历史通常不会超过1000—1200年（尽管中国是例外，但他按国家形态将其分解为若干个千年史），欧洲的历史最为典型。比如，欧洲的国家体制发端于9—10世纪，15—18世纪处在"繁荣复合"阶段，然后"复合开始褪色"，社会再次出现"调和"，其标志是：宗教对立减弱，所有区域和国家越发趋同，等级制度开始消失，不同的观点、教育、性格等变得失色。西方已无可挽回地接近"调和简化"阶段，正在丧失自己的历史文化意义。（Леонтьев 1991：277）列昂季耶夫正是从上述"欧洲不会长久"的结论中看到了俄罗斯的未来和希望：俄罗斯不应该屈服于欧洲，而应该坚持自己的独立性；少考虑"幸福"而多想想"力量"，只要有"力量"就会有"幸福"和其他的一切。

在列昂季耶夫的上述学说中,拜占庭主义成为一种特指符号,它不仅代表着俄罗斯本身,更隐喻为一座由宗教、国家和道德组成的"大厦";西方正在由繁荣复合走向调和简约,而这座属于俄罗斯人的大厦正在走向繁荣复合。但问题是,既然人类的发展会"周而复始",那么俄罗斯拜占庭主义就能"永葆青春"了吗? 对此,列昂季耶夫并没有作出回答。

3.6 索洛维约夫的相关思想

如果说列昂季耶夫的"俄罗斯拜占庭主义"实现了斯拉夫主义转向的话,那么该转向后的顶点则是由索洛维约夫(В. С. Соловьёв,1853—1900)来完成的。作为俄罗斯历史上最重要的哲学家之一,索洛维约夫开创了俄罗斯哲学史上的"第一个哲学体系"——"万物统一"(всеединство)哲学,其内容几乎包括了一般哲学的所有领域,它不仅为 20 世纪初俄罗斯宗教哲学的复兴提供了思想源泉,也对整个 20 世纪俄罗斯自然科学和人文社会科学的发展产生了重大影响。索洛维约夫学说中的符号学思想体现,主要集中以下几个方面:

1) 提出"世界三种力量"的思想。他在 1877 年发表的《三种力量》(«Три силы»)一文中将人类文化分为三种类型——穆斯林的东方、西方文明和斯拉夫世界。他认为,第一类文化的特点是对宗教统一原理的绝对服从,否认形式的多样性和任何个性的自由;第二类与第一类相反:如果说穆斯林的东方只肯定"不信人的上帝"(бесчеловечный Бог)的话,那么西方文明追求的首先是对"不信神的人"(безбожный человек)的绝对肯定。(Соловьёв 1990a:47—53)但索洛维约夫认为,人类历史的发展不应由上述否定的结果而终结,还应该有新的历史力量登上舞台:该力量不仅能够用"高级调和机理"来激活和升华原先的两种成分,还能为其提供一般性质的必要内容,从而使其摆脱绝对的自我肯定和相互否定。这就是"第三种历史力量"(третья историческая сила)——斯拉夫人和俄罗斯人,因为只有他们处在"不受这两种低级潜在力的控制之中",进而"可以成为第三种力量的历史向导"。(Соловьёв 1990a: 56—58)

2) 提出"自由神智"学说。他认为,宗教信仰是自由创造性探索的结果,而不是盲目仿效传统或权威的结果。为此,他提倡采用一种新的"自由神智学"(свободная теософия)来替代传统神学,其基础是一切存在之泉的万物是统一的。在他看来,神学的本原是"自在物"(Сущее)和"统一物"(Единое),即某"绝对物"(безусловное),在哲学中等同于"乌有"(ничто)的概念。"乌有"不是随便什么事物,也不是某确定物,而是高于一切和摆脱一切的事物。"摆脱一切存在的事物"(肯定的乌有)不是"剥脱一切存在"(否定的乌有);神之本原就是摆脱一切存在,从而是一切存在的肯定力量;神之本原即万物。(Соловьёв 1989a:47)那么,"乌有自在物"如何变成万物,"统一物"又如何变为多样物呢?索洛维约夫提出可以在"本原"中分出第二极——"存在极"(полюс Бытия)或"逻各斯"(Логос)。自在物与逻各斯相互关联,如同人的"个性"(личность)与"思想"(мысль)相关联一样。(Соловьёв 1989a:67)这样一来,自在物与存在、统一物与逻各斯、个性与思想,相互间不相等同,但又不能单独予以认识:没有思想的自在物是乌有,而没有自在物的思想只是纯抽象概念。在本原中区分出两极——自在物与存在、统一物与多样物之后,索洛维约夫又推测出第三极——"多样物中的统一物"(Единое во Многом)和"存在中的自在物"(Сущее в Бытии),他将该极称为"精神"(Дух)。这样,索洛维约夫提出的"自由神智"学说中的本原就由三成分构成:自在物、存在、精神。该三成分对应于基督教的"三位一体"(Троица)——圣父、圣子、圣灵。

3) 提出"智慧"说。"智慧"(софия)一词是索洛维约夫"万物统一"哲学中的一个核心概念。他把"智慧"视作一种最完美的、精神化了的人类形象和永恒的美丽女神,认为它不仅是世界历史发展的目的所在,也同样是基督的世俗本质,基督就是逻各斯和智慧:作为逻各斯,基督是"三位一体"中的第二体"圣子",从而拥有全部的神之本质;作为智慧,基督又是人类之子,从而拥有全部的人之本质。逻各斯和智慧的统一,就构成了神人合一的本原。(Соловьёв 1990b:577)上述"智慧"并不是一般意义上的智慧,而是最高级的"神的智慧",强调的是逻各斯即理性主义的作用,从而体现出强烈的西方人文主义思想。索洛维约夫的"智慧"说,后来被 20 世纪初的俄罗斯哲学家布尔加科夫(С. Н. Булгаков,1871—1944)和弗洛连斯基(П. А. Флоренский,1882—1937)所继承和发展。

4) 提出"人类统一整体"说。1888 年,在泛斯拉夫主义的代表人物达尼列夫斯基出版《俄罗斯与欧洲》(1868)20 年之后,索洛维约夫在《欧洲学报》

（«Вестник Европы»）杂志上发表《俄罗斯与欧洲》的同名文章，对达尼列夫斯基的"文化—历史类型"论进行了批判。他认为，达尼列夫斯基学说的本质，是以文化—历史类型的多样性来取代人类的统一性，以文化—历史类型的孤立发展来取代世界历史发展的普遍性。在索洛维约夫看来，人类是一个活的整体，人类对它的种族或民族关系不是类对种的关系，而是整体对部分的关系，是实在的活的有机体对自身器官或肢体的关系。这种有机整体的观念就是基督教观念，是神的启示，其本质是全人类的观念和超民族的观念。（索洛维约夫 2002:158）索洛维约夫对达尼列夫斯基学说的批判，并不是要否定文化的多样性和民族精神的存在，而是坚持普世真理的存在，即高于民族个性的人类共性的意义，以防止用"民族利己主义"（национальный эгоизм）来替代人类的共同理性和良知。（Соловьёв 1989b:229）

　　不难看出，索洛维约夫不仅在上述一系列问题上都发展和完善了斯拉夫主义的基本学说，同时也在方法论上为研究符号的生成、运作和发展机理提供了重要的理论支撑。如，从 15 世纪的"第三罗马"学说以及 16 世纪的"圣神罗斯"思想发展而来的"第三种力量"说中，我们看到了由"救世主义""正教精神"到"高级调和机理"的内在逻辑；"自由神智"学说就其本质而言是科学、哲学、神学完整知识的统一，其宗旨是要建立一种既包括世界的理想模式、又包括人的行为准则的完整世界观；建立在"万物统一"哲学基础上的神学本原既是自在物、又是"逻各斯"的思想表明，神学中既包含万物，也包含纯精神的东西——人的理性，这就变传统斯拉夫主义对理性主义的否定为肯定。此外，神学之本原由三极构成的思想也与经典斯拉夫主义有很大不同。该思想并不是一味地强调东正教与天主教的区别，甚至也不赞成带有多神教特征的东正教信仰，而是积极吸收包括天主教在内的西方基督教的合理部分；"人类统一整体"说较之传统斯拉夫主义强调的民族主义思想，主张的是一条"人类大同"之路，这无疑是认识论上一次质的飞跃。

　　总之，从宏观上看，斯拉夫主义学说具有自己鲜明的学理特点：从学理生成背景看，它是在与欧洲主义的争论中发展起来的，因此具有与欧洲主义的"抗衡性"；而从学理构成看，它已形成比较完整的思想体系，并具有鲜明的"东方"哲学的性质。所有这一切，都对包括俄罗斯符号学在内的人文社会学科的发展起着不可估量的巨大影响。此外，再从微观即符号学视阈看，斯拉夫主义有关语言哲学的学说则具有形式主义的性质。追随该学说的许多学者将语言视为民族精神的体现形式和民族文化的表现手段,他们所提出的关于语言的本质、语言与民族意识同一性以及词语对民族意识、人的认知中的作用等一系列思想,为之后俄罗斯语言学研究中的形式主义流派的生成奠定了基础,这一点在"莫斯科语言学派"(Московская лингвистическая школа)的奠基人福尔图纳托夫(Ф. Ф. Фортунатов,1884—1949)的形式主义语言学理论学说中得以充分展示。

注释

1. "基督两次降世"的说法喻"永远不可能发生的事"。

2. 所谓"约瑟夫派",即以沃洛克拉姆斯克男修道院院长约瑟夫·沃洛茨基的名字命名的宗教政治运动,流行于 15—16 世纪,与当时的禁欲派思想相对立。该派别坚持宗教教义的稳固性、教会的利益不受侵犯性以及教会凌驾于国家之上等主张。

3. 众所周知,俄罗斯并没有真正经历过西方的文艺复兴时期(14—17 世纪),原因是多方面的,其中主要与俄罗斯文化完全依附于正教传统和拜占庭遗产有关。但没有经历文艺复兴,并不代表不受到该强大思潮的影响,其中影响较深的是东正教界,由此便生成了这一时期俄罗斯哲学的一个新兴流派——正教复兴哲学。

4. 德国唯心主义哲学家克里斯蒂安·沃尔夫被学界公认为欧洲理性主义的杰出代表,他将莱布尼茨(Г. В. Лейбниц,1646—1716)的哲学思想系统化和普及化,因此也称"莱布尼茨—沃尔夫哲学"。这一哲学理论在康德之前的德国一直占据着统治地位。1725 年,沃尔夫被选为彼得堡科学院外籍荣誉院士,其学说思想在俄罗斯影响深远。

5. 18 世纪的俄罗斯尚未出现"人学"(человековедение)这一术语,该术语是当代的产物。第一位在语言研究中关注人的问题的,当属 20 世纪俄罗斯最伟大的语言学家维诺格拉多夫(В. В. Виноградов,1894/95—1969),他在 1946 年发表了《19 世纪中叶前俄语中 личность 一词史考》(«Из истории слова личность в русском языке до середины XIX в.»)一文。

6. 此处的"灵魂"(душа)并非宗教的概念,而是泛指"精神"。由于它常与"肉体"(тело)连用,故约定俗成为"灵魂"。

7. 作为俄罗斯 18 世纪末期最著名的思想家之一的拉季谢夫,其最有名的著作是 1790 年在其自己的印刷厂出版的《从彼得堡到莫斯科游记》(«Путешествие из Петербурга в Мокву»),因该书而被当局判处死刑,后改判流放至西伯利亚,正是在那里他写就了经典之作《论人、人的死亡和永生》。

8. 关于俄罗斯哲学的历史究竟从何时开始的问题,学界有较大争议。但比较公认的看法是发端于 19 世纪的斯拉夫主义,因为只有斯拉夫主义才是贴有俄罗斯民族意识标签的哲学。

9. 俄语词汇 просвещение 一词有"教育""教化""启蒙"的意义,但此处译成"文化",是因为当时社会大众还不熟悉 культура 一词,所以很多学者就沿用 просвещение 一词来代表"文化"的概念。

10. 在"斯拉夫派"与"西欧派"的争辩中,俄罗斯学者通常把俄罗斯称为"东方",这是相对于"西方"的概念。此处的"东方教父"即指东正教哲学神学家。

11. 大阿克萨科夫的斯拉夫主义思想主要体现在"俄罗斯民族的非国家性"方面,即把国家政权和政治权力归于君主制政府,而把完全的道德自由、生活自由和精神自由归于民众。(见 Аксаков 1861:72—91),对此,小阿克萨科夫不仅全面继承了其胞兄的思想,并提出"俄罗斯的使命是拯救整个斯拉夫"的政治主张。(见 Аксаков 2008:50)

12. 该书对当时俄罗斯知识界和思想界影响颇大,被誉为斯拉夫派最出色的著作之一。

13. 雅利安人(арийцы)属于印欧语言共体。在 19 世纪的种族史文献中,该族群(主要是日耳曼人)被世界第一位提出种族概念的法国社会学家戈比诺(Ж. А. Гобино,1816—1882)称为"高贵的种族"(высшая раса)。他将人类种族区分为"高贵"和"低下"两类,认为只有"高贵的种族"才能够创造出文明。

14. 此处的"原质"(стихия)指希腊哲学中构成万物的"火、水、气、土"四大元素,达尼列夫斯基认为俄罗斯人就是具有这四大元素的"高贵民族"。

15. "分裂教派"(раскол)指 17 世纪中叶从俄罗斯东正教会分裂出来的派别,它们不承认当时施行的宗教改革,主张保留旧礼仪,因此也称"旧礼仪派"(старообрядчество)。

参考文献

［1］ Аксаков И. С. Сочинения И. С. Аксакова. Т. II: Славянофильство и западничество. 1860—1886. Статьи из «Дня», «Москвы», «Москвича» и «Руси»［C］. 2—е изд. СПб., Типография А. С. Суворина, 1891.

［2］ Аксаков И. С. Наше знамя-русская народность ［M］ М. ,Институт русской цивилизации, 2008.

［3］ Аксаков К. С. О внутреннем состоянии ［А］. // России)Полное собрание сочинений ［С］. Т. 1. М. , тип. П. Бахметева, 1861, с. 72—91.

［4］ Аничков Д. С. Рассуждение из натуральной богословии о начале и пришествии натурального богопочитания ［А］.//Избр. произв. рус. мысл. втор. пол. XVIII века. В 2 т. Т.1.［С］. М. , Госполитиздат, 1952.

［5］ Аничков Д. С. Слово о невещественности души человеческой и из оной происходящем ее бессмертии ［А］.// Общественная мысль России XVIII века. В 2 т. Т. 1 ［С］. М. , РОССПЭН,2010a.

［6］ Аничков Д. С. Слово о разных способах, теснейший союз души с телом изъясняющих ［А］.// Общественная мысль России XVIII века. В 2 т. Т. 1 ［С］. М. ,

РОССПЭН，2010b.

［7］Вольф Х. Разумные мысли о Боге，мире и душе человека，а также о всех вещах вообще ［А］.//Христиан Вольф и философия в России ［С］. СПб.，Изд-во Рус. Христиан. гуманит. ин-та，2001.

［8］Григорий Палама. Триады в защиту священно-безмолвствующих ［М］. М.，Канон，1995.

［9］Григорий Синаит. Главы о заповедях и догматах ［А］.// Добродолюбие ［С］. Свято-Троицкая Сергиева лавра，1993.

［10］Данилевский Н. Я. Россия и Европа. Взгляд на культурные и политические отношения славянского мира к германо-романскому ［М］. М.，Мысль，1991.

［11］Замалеев А. Ф. История русской философии ［М］. СПб.，СПбГУ，2012.

［12］Киреевский И. В. О характере просвещения Европы и о его отношении к просвещению России ［А］.//Киреевский И. В. Критика и поэтика ［С］. М.，Искусство，1979а.

［13］Киреевский И. В. О необходимости и возможности новых начал для философии ［А］.// Киреевский И. В. Критика и поэтика ［С］. М.，Искусство，1979b.

［14］Кирилл Туровский. Слово на антипасху［А］.// Хрестоматия по истории русского языка ［С］. М.，Просвещение，1990.

［15］Кирилло Транквіліон-Ставровецький. Зерцало Богословія ［А］.// Пам,ятки братських шкіл наУкраїні. Кінець Х Ⅵ-почоток Х Ⅶ ст. Тексти і дослідження ［С］. Київ，«Наукова думка»，1988.

［16］Леонтьев К. Н. Византизм и славянство ［А］.//Россия глазами русского：Чаадаев，Леонтьев Соловьёв ［С］. СПб.，Наука，1991.

［17］Ломоносов М. В. Заметки по физике и корпускулярной философии ［А］.//Избр. произв. В 2 т. Т. 1 ［С］. М.，Наука，1986а.

［18］Ломоносов М. В. Элементы математической химии ［А］.//Избр. произв. В 2 т. Т. 1 ［С］. М.，Наука，1986b.

［19］Ломоносов М. В. Опыт теории о нечувствительных частиц и вообще о причинах частных качеств ［А］.//Избр. произв. В 2 т. Т. 1 ［С］. М.，Наука，1986с

［20］Ломоносов М. В. Размышление о причинах теплоты и холода ［А］.//Общественная мысль России ХVIII века. В 2 т. Т. 2 ［С］. М.，РОССПЭН，2010.

［21］Максим Грек. Слова и поучения ［М］. СПб.，Тропа Троянова，2007.

［22］Радищев А. Н. О человеке,о его смертности и бессмертии ［А］.// Избр. Филос. соч. ［С］. М.，Гослитиздат，1949.

［23］Рыбаков Б. А. Язычество древних славян ［М］. М.，Наука，1980.

［24］Сокович Касіян. Трактат про душу ［А］.// Пам,ятки братських шкіл на Україні. Кінець

ⅩⅥ-почоток ⅩⅦ ст. Тексти і дослідження [С]. Київ, «Наукова думка», 1988.

[25] Соловьев В. С. Чтения о Богочеловечестве [А]. //Соч. В 2 т. Т. 2 [С]. М., Правда, 1989a.

[26] Соловьев В. С. Русская идея [А]// Соч. В 2т. Т. 2 [С]. М., Правда, 1989b.

[27] Соловьев В. С. Три силы [А]. // Избранное [С]. М., Советская Россия, 1990a.

[28] Соловьев В. С. Идея человечества у Августа Канта [А]. //Соч. Изд. 2—е. В 2 т. Т. 2 [С]. М., Мысль, 1990b.

[29] Степанов Ю. С. Семиотика [А]. //Лингвистический энциклопедический словарь [Z]. М., Научное иззательство«Большая Российская энциклопедия», 2002.

[30] Татищев В. Н. Разговор дву приятелей о пользе науки и училищах [А]. // Избранные произведения [С]. Л., Наука, 1979.

[31] Фишер Куно. Итстория новой философии. Декарт: Его жизнь, сочинение и учение [М]. СПб., Мифрил, 1994.

[32] Хомяков А. С. Записки о всемирной истории [А]. //Полное собрание сочинений(Т. 1—8) [С]. М., Типография П. Бахметьева, 1900—1904.

[33] ХомяковА. С. О старом и новом [А] //Русская идея : сб. произв. рус. мыслителей [С]. М., Айрис Пресс, 2004, с. 112—129.

[34] 刘莹,普京的国家理念与俄罗斯转型[M],北京:北京大学出版社,2014。

[35] 徐凤林,俄罗斯宗教哲学[M],北京:北京大学出版社,2006。

第 三 章

俄罗斯语言学传统中的符号学思想

俄罗斯对语言学的研究有着悠久的传统，几乎可以追溯到有文字记载以来的俄罗斯民族史和国家史之初。但学界公认，真正具有科学性质的语言学研究则发端于 18 世纪中叶，其标志是俄罗斯第一位世界级科学家罗蒙诺索夫（М. В. Ломоносов，1711—1765）于 1757 年出版《俄语语法》（«Российская грамматика»）。[1]该著作的问世，同时也标志着语言学在俄罗斯已成为一门独立的学科。因此，本章对俄罗斯语言学传统中符号学思想的审视，也主要从 18 世纪中叶开始，并迄 20 世纪初俄罗斯符号学"创建期"止，以简要梳理俄罗斯语言学研究中带有符号学性质和视角的相关理论学说和思想，为全面揭示俄罗斯符号学研究范式的学理内涵提供必要的理论依据。

由于符号学与语言学之间存在密不可分的关系，因此，我们不妨把这一时期称作俄罗斯符号学的"史前阶段"（доисторический период），以与其随后的"历史阶段"（исторический период）中的"创建期""过渡期"和"成熟期"等构成完整体系。

第 1 节　18 世纪中后叶语言学研究中的符号学思想体现

18 世纪中后叶是俄语标准语建立规范并得到迅速发展的时期。从历史背景看，18 世纪又是俄罗斯欧洲主义盛行的时期，因此，西方的唯理主义（如沃尔夫主义）在俄罗斯大行其道，它们与俄罗斯传统的人文精神以及具有那个时代特色的"人学"（наука о человеке）思想结合在一起，构成了 18 世纪后半叶俄罗斯启蒙时代的主旋律。上述沃尔夫主义思想在该时期的语言学（尤其是语法学）研究中有比较鲜明的反映。

1.1　罗蒙诺索夫《俄语语法》中的符号学思想

在上文第二章中，我们已经就罗蒙诺索夫在自然科学研究中的符号学思想体现做了简要审视。罗蒙诺索夫曾把自然科学研究的基本特性归纳为"三性"——理性、动态性和结构性（或系统性）。应该说，这不仅是他对自然科学研究基本规律的认识，同时也是包括俄语语法学在内的人文科学研究的基本视角。他所撰写的《俄语语法》就是如此，无不体现出理性、动态性和结构性（系统性）等基本精神。从符号学角度看，该语法有以下特点：

1）坚持唯理主义语言观，将自然科学研究中的理性方法运用到对俄语语法的研究之中。罗蒙诺索夫在《俄语语法》的"第一篇""第一章""第一节"中就鲜明地提出了语言哲学最基本的问题——语言与思维的关系及相互作用问题。他写道：人优于其他动物最珍贵的才能是"理智"（разум），而赋予人与其他人交流思想的最基础的单位是"句子"（речь）。[2] 句子的作用很大，它使得人类社会的知识源远流长到现在。如果每个人把通过感觉获得的概念都秘藏在自己的头脑里，那么人类的知识就会十分有限……如果每个人不能向他人解释自己见解的话，那么我们就会失去靠各种不同思想的聚合而成就的共同事业，甚至还不如生活在森林和荒漠中的野兽。（Ломоносов 1952:394）以上表述说明，罗蒙诺索夫的语言观是唯理主义的，那就是：语言存在于社会中，语言的基本功能是交际和认知功能，因为人是通过对外部世界的感觉获得概念，并把该概念传递给他人的。再如，他在论述语法形式和词类范畴时，还对人的思维的逻辑发展与语言的关系进行了阐释。他说：所有事物起初都是由少开始的，然后逐渐补充增多。人们的词汇也像人们熟知的概念一样，开始都是有限的，用词来表达也是极其简单的，但随着概念的增多，就用派生和合成的方式增加新词：派生使词的结构扩大……合成将两个或者更多的词联合在一起。（Ломоносов 1952:409—410）

2）运用唯物主义方法对实词进行界说。[3] 他在该著作的第四章中写道：我们在实词中可以发现两种存在——一种是明显感觉到的事物，另一种是该事

物的不同行为；静词是事物的词汇写照，动词是现实行为的写照；用来对属于
事物或变化状态进行表义的前置词是分别由静词和动词提供的……连接词对
概念进行连接。(Ломоносов 1952：405—406)该段话表明，前置词和连接词在
词类中也具有反映现实的功能。

　　3）坚持对语言现象进行动态的系统描写。首先，与其他语法所不同的
是，《俄语语法》中所使用的语料大多是鲜活的言语，其中除了书面语以外，还
使用了大量的口语和民间语言，从而保证了该语法与社会现实之间的有机联
系。[4]再如，他对词类的句法语义阐释就关注到"语境"(контекст)的作用。他
说：概念集以及将概念快速和扼要传递的方法使人难以觉察，就如压缩了自己
的话语和删除了一个词组的枯燥重复一样。该方法就是实词中代词、副词和
感叹词的方法，它们聚集着若干不同的意义：代词替代静词，副词描写状态，感
叹词是人简短的精神活动。(Ломоносов 1952：406)在罗蒙诺索夫看来，词类
的紧缩是通过代词、副词和感叹词的使用来实现的。最后，他对句子的解释依
然具有动态性：事物应该首先有自己的存在，然后才有行为，句子 *Земля
тучнеет*(土地变得肥沃起来)就是如此；实词或词的合并生成句子，句子通过
解释各种概念来表达意思。(Ломоносов 1952：418)这表明，罗蒙诺索夫把句
子看作是一种"判断"(рассуждение)，这与现代语言学对句子本质特征的界说
几乎完全一致。

　　由上不难看出，罗蒙诺索夫的《俄语语法》具有里程碑的性质：它以唯理主
义语言观为哲学基础，采用唯物主义的方法，对俄语语法进行了系统而全面的
研究，从而奠定了作为科学的语言符号学的学理基础，他提出的有关语言与思
维关系的思想也成为俄罗斯语言哲学诞生的重要标志。此外，该语法的里程
碑意义还集中体现在所选语料的鲜活方面。19世纪末至20世纪初俄罗斯著
名语言学家布里奇(С. К. Булич，1859—1921)在其出版的《13—19世纪俄罗
斯语言学史纲》(《Очерк истории языкознания в России XIII—XIX вв.》)一书
中曾这样评价《俄语语法》：作为俄罗斯历史上第一部俄语标准语的完整语法，
罗蒙诺索夫在语料的选择和对语料的系统化加工方面显现出他的才华。
(Булич 2010：213)从学理上看，该语法是对当时盛行的形而上学语言观的超
越，它从语言的属性、语言的结构、语言的功能、语言的意义等视角对俄语语法
学的一系列基本问题进行了科学的描写和分析。该语法中有几个关键词尤为

引人注目,如理智、交际、思想、概念、精神活动、行为、判断等,这些术语无不是对作为符号的语言本身以及该符号的主体"说话的人"(человек говрящий)所进行的理性分析和界说,因此具有重要的符号学价值,它为以后的俄罗斯符号学研究树立起不朽的典范。正如 20 世纪俄罗斯最杰出的语言学家维诺格拉多夫(B. B. Виноградов,1894/95—1969)所说,19 世纪 20—30 年代以及沃斯托科夫(A. X. Востоков,1781—1864)的《俄语语法》(«Русская грамматика»)和格列奇(H. И. Греч,1787—1867)的"语法指南"(грамматические руководства)出现前的俄语句法研究的整个历史时期[5],都应该被称作"罗蒙诺索夫时期"(ломоносовский период),这一时期的所有句法学著作都是以罗蒙诺索夫语法学及修辞学为基础的。(Виноградов 2005:77)

1.2　拉季谢夫语言哲学中的符号学思想

我们在上文第二章第 2 节中已经对拉季谢夫(A. H. Радищев,1749—1802)的"人学"思想中的相关符号学思想成素做过评介,即该学者在巨篇哲学论文《论人、人的死亡和永生》(«О человеке, о его смертности и бессмертии»)中所阐释的存在主义伦理观。[6]其实,作为俄罗斯唯物主义的鼻祖和 18 世纪俄罗斯著名哲学家,他在该论文中所论及的一系列语言哲学思想也颇有影响,且具有很高的符号学价值。

1)物质与精神关系。物质与精神的关系是哲学本体论中的核心问题。拉季谢夫在文章中用大量篇幅论证了物质的基本特性,并就物质与精神的关系作出了唯物主义的回答。他认为,世界的物质性具有"无法洞察性"(непроницательность)、"延伸性"(протяженность)、"形象性"(образ)、"可分解性"(разделимость)、"固定性"(твердость)和"消极性"(бездействие)六大基本特性,而精神实质则具有"思想"(мысль)、"知觉性"(чувственность)、"生命力"(жизнь)等特性。但精神的这些特性是通过物质(尤其是看得见的行为或现象)的特性而获得的。(Радищев 1941:74)那么,物质性会不会有自己的生命力、知觉性和思维性,或精神实质是否也有无法洞察性、形象性、可分解性、固定性和消极性呢? 对此,拉季谢夫给予了否定,认为物质与精神是"完全对立的两种存在"。他说,物质性是或应该是知觉和理性的对象的那个生物。如果说那个生物现在还不具有物质性的话,那么它则是由细小的生物生成的,而不是自然本身的结果。(Радищев 1941:74—75)他提出,人是从两种途径来认知事物的:一是通过使事物发生转变的认知力;二是通过对事物与认知力规律和事物规律之间的联系的认识。前者是经验,后者是判断。而经验又具有双重性:一是由概念的力量所产生的知觉认识事物,称为知觉性,而由此发生的转变就是知觉经验;二是认识事物之间的相互关系,称为理性,而理性转变的信息就是理性经验。所经历的知觉信息叫"认识"(представление),由事物之间相互关系生成的概念的转变称为"思想"。知觉与理性的差异与认识与思想的差异一样……然而,人的各种认知力虽无区别,但它却是统一的和不可分的。(Радищев 1941:61)由上可见,拉季谢夫是秉承唯物主义哲学观对物质与精神这一核心哲学命题作出界说的。在他看来,物质的世界无疑是第一性的,而人的精神是在第一性的基础上形成的,因此具有第二性的性质;但物质与精神又不可分,它们构成了一个整体。应该说,这不仅是拉季谢夫所有哲学思想的基点,也是其对语言与思维问题作出唯物主义界说的出发点。

2)语言与思维关系。关于语言与思维的关系,我们在罗蒙诺索夫的《俄语语法》中已经有所领略,但对该问题进行深入的阐释,显然作为职业哲学家的拉季谢夫更为在行。他在论述有关人的智力问题时说:思想只是由人的声音表达的事物的符号。我们可以从语言中获得一个有关灵魂的无实体性的最强有力的证据,语言是我们思想最好的和唯一的"组织者"(устроитель),没有语言,我们与动物就没有任何区别。难道把声音和话语视为同一的人,会说语言是肉体的吗?灵魂与肉体的区别就如声音与话语的区别一样。声音是话语的标志,话语激发思想;声音是敲击听觉器官鼓膜的空气运动,而话语是鲜活的,不触及我们的肉体;话语通向灵魂,而声音则在听觉中消亡……只有说出的或写出的话语才能激发起思想的波浪。(Радищев 1941:119—121)不难看出,拉季谢夫关于语言与思维的思想与 18 世纪德国哲学家赫尔德(И. Г. Гердер,1744—1803)提出的"语言是人类之本源"的论断十分相近[7],他在《论人、人的死亡和永生》的哲学论文中曾多次提到赫尔德的有关论述。

3)语言的特性和功能。他指出,对我们来说没有什么比我们所说的语言更为平常和简单的了,但事实上我们的语言是最令人惊讶和最为奇特的。快乐、忧伤和痛苦都可以用声音表达,但声音的模仿只会导致发明音乐,而不会导致发明语言……如果说声音(即空气的运动)和任意的声音可以描绘眼睛所见到的、舌头品尝到的、鼻子所嗅到的、耳朵所听到的、身体所触摸到的话,如果说声音不仅可以表达我们的一切知觉、情感和思想,还可以激发思想和展示一切知觉的思维能力的话,那么事物的其他方面看起来就完全是荒诞的和不可实现的了,这是因为:人们更为专注的是语言的功用。(Радищев 1941:131)他还说:是谁把人召唤出丛林群体而居,是谁建立起人与人之间的联系,是谁在对人进行着管理,难道是法律吗? 又是谁教会人摒弃恶习,是美德吗? 不是,是语言,是话语。没有语言,人不会言语的知觉和停顿的思维能力永远是不起作用和半死不活的,就像种子和谷物一样……但是,一旦万能的语言赋予了舌头,一旦人说出完整的话语或将事物的形象变为声音,声音就服务于思想,或将思想变为"黑嘴的(鸟类的)咿呀声"(черноносное лепетание),仿佛是黑暗降落在浓密的黑色中,双眸看见了光亮……语言只描绘名称,而不描绘事物,因为人的理性不知晓事物,但却知晓语言描绘过的事物特征。人类科学就是描绘事物的特征,就是话语的描述……你的知识,你的学识是你的语言结出的果实。(Радищев 1941:132—133)

总之,在哲学家拉季谢夫眼里,语言不仅可以表达思想,还可以激发出新的思想。也就是说,语言不仅具有交际功能(建立起人与人的联系)和组织功能(对人进行管理),而且还具有指导功能(教人摒弃恶习)和认知功能(语言是思想的组织者,思想是语言结出的果实)。这些思想即便在今天也同样具有重要的现实意义:它对语言符号的能指和所指之间关系以及语言符号与思想(思维)、现实之间的关系进行深刻和辩证的描述,因此具有极高的语言符号学价值。

第 2 节　19 世纪形式主义语言学方向上的符号学思想体现

进入 19 世纪后,世界语言学进入了一个崭新的时代:在人类历史上第一次开启了"历史比较范式"(сравнительно-историческая парадигма)的进程。对于俄罗斯来说,上文已经提到,19 世纪不仅是其"经典哲学"繁荣的世纪(俄罗斯正是从这个时期起才开始拥有真正属于自己的"哲学"体系的),也是俄罗斯经历了欧洲主义后开始转向斯拉夫主义的世纪。所有这一切,都无不预示并决定着 19 世纪俄罗斯语言学的发展轨迹和学理指向。从俄罗斯语言学研究的总体态势看,19 世纪是斯拉夫主义与欧洲主义抗衡和并存,或者说经验主义与理性主义相互争斗和交织的世纪,在发展走向上呈现为两面朝向的"雅努斯"(Янус)。从俄罗斯语言学研究所展示的学理形态看,则主要呈现为形式主义方向。

在语言学领域,形式主义是与功能主义相对立的语言哲学范畴。19 世纪初期,俄罗斯语言学家开始将植根于西方语法学理论的俄语语法研究转向俄罗斯本土,以构建起具有本民族特色的俄语语法体系。在这场所谓"世界主义"(如形式－逻辑语法)与"民族主义"(如历史语法等)的尖锐争斗中,最受学界追捧的语言学样式是形式主义,即俄语语言的形式研究,这是受世界语言学兴起的"历史比较范式"这一大趋势的影响所致。理论上讲,该语言学研究范式还不能称作形式主义语言学[8],而只是语言学研究中显现出的一个主流方向。在我们看来,19 世纪俄罗斯语言学研究中的形式主义方向按其学理指向可分为三大流派:崇尚欧洲主义的普遍唯理语法流派、崇尚斯拉夫主义的逻辑语法流派(也称形式逻辑语法流派)、历史比较流派。应该说,该三大流派程度不同地都具有语言符号学的性质,都为作为独立学科的俄罗斯符号学的创建奠定了必要的理论基础,因此,对它们的审视具有重要的学术价值。

2.1　普遍唯理语法流派

"唯理主义"(рационализм)也称"唯理论",是欧洲的人文主义传统,其思想根源可以追溯到古希腊哲学家们对语言的逻辑分析方法,即经院哲学,并在欧洲文艺复兴时期得以发扬光大和最终形成。总体上看,基于语言逻辑分析的普遍唯理语法有以下几个特点:审视认识论问题;揭示语言的普遍特性;制定对语言分析的统一原则;采用共时的方法;主要研究句法(句子)和语义;偏重语言范畴的内容研究;依照语法与逻辑的普遍关系来界说语法范畴;假设有逻辑模式推导出来的句子隐形成分。(Арутюнова 2002:273)可见,普遍唯理语法流派崇尚的是欧洲主义传统,该传统的学理内核是"逻各斯"(логос),即强调语言的普遍规律、理性和绝对精神,因此,它是语言符号学研究的重要分支之一。

19 世纪初期,在俄罗斯语言学研究中占主导地位的是普遍唯理语法,即采用欧洲普遍逻辑语法传统对俄语语法进行研究,相继有一批相关语法著作问世,如尼古里斯基(А. С. Никольский,1755—1834)的《俄语语文学科基础》(«Основания российской словесности»)(1809)[9]、季姆科夫斯基(И. Ф. Тимковский,1773—1853)的《哲学认知俄语经验之法》(«Опытный способ к философическому познанию российского языка»)(1811)、雅科布(Л. Г. Якоб,1759—1827)的《普通语法教程》(«Начертание всеобщей грамматики для гимназий Российской империи»)(1812 年)等。从符号学角度看,这一流派中将语言作为符号研究的代表人物有里日斯基(И. С. Рижский,1755—1811)、格列奇(И. Н. Греч,1787—1867)、别林斯基(В. Г. Белинский,1811—1848)、别列夫列斯基(П. М. Перевлесский,1815—1866)等。因此,本节中着重对他们的普遍唯理语法理论和思想进行评析。

2.1.1 里日斯基的"人的话语"思想

作为哈尔科夫大学的第一任校长,里日斯基中学生时代起就受到欧洲主义尤其是沃尔夫主义的熏陶,他是 19 世纪俄罗斯普遍唯理语法的代表人物之一。他在语法学方面的学说思想主要体现在逻辑学、修辞术两个领域,如在 1806 年出版的《语文学科导论》(«Введение в круг словесности»)一书中,就从唯理主义角度阐发了对"人的话语"(человеческое слово)这一主题的基本认识。他在书中写道:人的话语是一个自然的过程,语言是人的智力的产物。话语的这一自然过程与我们的思维过程完全吻合。因此,语言起初是由人们最熟知的和最能触动人情感的事物名称组成的,如事物的特性、行为等。现有事物的概念是根据人的认识生成的,并首先受到一般概念或抽象概念属性的制约。语言的这些"最先要素"(первенцы)就构成了我们的基本话语或话语的根。(见 Булич 2010:527—528)在谈到理论语法问题时,里日斯基认为它是"能够囊括所有语言规律和人的话语所有时期的规律"的语法,因为话语是人的思维符号,思维的特性就应该在话语中表达。因此,一切本质上和永远属于思维的东西,实际上也必定会存在于我们的话语中。(见 Булич 2010:534)里日斯基正是依据上述对理论语法的认识给词类作出界说的。他提出,静词可以对一切事物称名,包括现实存在的事物,也包括抽象的事物;副词描写补充的概念,它与各种状语发生联系;前置词表示处在一个概念前并受制于另一个概念的状态,因此是两个关联概念之间的纽带;连接词是表示人的思维的各种联系……(等见 Булич 2010:535)总之,里日斯基语言观的核心是人的话语,彰显的是唯理主义思想。尽管他的该部著作在不少学者看来还缺少科学性，内容也比较空洞，但却代表了当时学界对语言符号的认知维度和水平。

2.1.2 格列奇的语言研究"双面观"

作为普遍唯理语法的代表人物之一，格列奇先后出版了《俄语实践语法》（«Практическая русская грамматика»）（1827）、《俄语详解语法》（«Пространная русская грамматика»）（1827）、《俄语语法基本规则》（«Начальные правила русской грамматики»）（1828）等著作。格列奇主要是依据德语和法语语法来研究当时的俄语标准语的。他本人承认，研究的目的是要"创建一种新的、普世的、西欧语言型的俄语语法"（Греч 1830：256）。但他对俄语语法的研究又是建立在其对语言的基本认识基础之上的。他把语言理解为一种系统，并将语言研究分为互为补充的两个方面：一是"语言的哲学方面"（философский аспект языка），即把语言作为一个整体或一个相互联系的体系来研究，以确立"思想表达"（изображение мыслей）和"说话声音"（звуки голоса）之间的关系；二是"语言的历史方面"（исторический аспект языка），即研究语言的起源及其形成、发展过程。每一个方面又可以从两种视角来研究语法——揭示所有语言的普遍规律和揭示每一种语言的个别规律。前者为"普遍语法"，后者为普遍语法的不变规则领属之下的"个别语法"。（Греч 1827a：53—54）在解释语言现象时，格列奇的出发点是逻辑范畴。例如，他对词类的界定就是完全以逻辑语义为标准的，认为名词是表示事物或生物的词类，人所思维的事物或生物有如下几类：可感觉的物体，如动物名词、非动物名词等；意识中的事物（内部感知理解的或者在人脑海中表象的物体）；抽象物体（以物体形式表现出来的事物特征或动作）。此外，格列奇还按照逻辑范畴来界定句子，认为用词所表示的判断就是句子。对事物的判断，就是脑子里给予该事物或消除该事物的某些特质，因此，句子应该包括事物的概念、关于事物从属的概念以及事物中从属概念的存在或缺失等。（Греч 1827b：26）尽管今天看来格列奇的语法理论还有不少缺陷，但它仍然是19世纪初期俄罗斯普遍唯理语法研究的重要成果之一。尤其是他提出的"语言的哲学方面"由"思想表达"和"说话声音"两部分构成的思想，较之现代语言学鼻祖索绪尔（Ф. Соссюр，1857—1913）的"所指"和"能指"学说早了近100年时间；而"语言的哲学方面"和"语言的历史方面"又构成了索绪尔语言学哲学中"共时"（синхрония）与"历时"（диахрония）的对立。

2.1.3 别林斯基的"普遍唯理"思想

别林斯基是 19 世纪上半叶俄罗斯著名思想家,西欧派的代表人物之一。他在语言学方面的相关思想,集中体现在 1837 年出版的《俄语初级语法基础》(《Основания русской грамматики для первоначального обучения》)一书中,该书曾被称为俄罗斯语言科学中"最优秀的书籍"。(Аксаков 1875a:5)别林斯基的普遍唯理语法思想主要反映在其对俄语语法的基本认识方面,即从语言与思维的关系出发来考察语言单位,尤其是"词"(слово)。他在该著作的第 1部分第 1 章中就从唯理主义原理出发阐发了对语法基本概念的认识。归纳起来,主要有以下论断:人是通过词或语言获得思维能力和表达思想能力的;思维能力即理智,因为思维是行为或"理智的行为"(акт разума),而该行为的结果就是判断。表达思维判断的能力,或通过不同声音的变化和声音的组合把判断传递给他人的能力称作词;思想属于词就如灵魂属于肉体,而词属于思想就如肉体属于灵魂,即词是覆盖物、衣服、形式、思想的表达,而思想是含义、理智和词义;思维科学称作逻辑学,而词的科学或语言的科学就是语法学;语法学是人的话语的科学,或者说是对人的话语的系统描述,原因是:词与思想紧密关联,语法学就与逻辑学紧密关联,或语法学就应该建立在逻辑学基础之上;人们不是用一种语言来说话的,因为每一个民族都有自己独特的语言。尽管世界上所有的语言都有自己的特点,但都建立在同一种规律之上,与此同时,每一种语言又会有自己的规律;语法可分为普遍语法和个别语法;普遍语法是人的话语的科学,它描述世界所有语言的规律;个别语法对某一种语言的特性和特点作出解释;俄语语法是关于俄语词或俄语的规律和特性的科学,它依据俄语的基本规律、总的使用情况或通行习惯来教授用俄语说、读和写;语言是由无数单个的词构成的。当我们发出某词的音时,就在我们的头脑里把该词与某事物的概念连接起来;语法可分为两个重要部分:分析语法和综合语法。分析语法研究的是作为表示单个概念的单个词,综合语法则研究表达判断的词的总和;单个的词表达概念,有确定意义的词的总和表达判断……(见Белинский 1953:3—15)不难看出,别林斯基对俄语语法作出的上述"论断",主要是受西方普遍唯理语法学派的影响而得出的,其中的许多表述,如理性行为、思维能力、人的话语、词表达概念、句子表达判断等,具有鲜明的符号学性质。

2.1.4　别列夫列斯基的"逻辑语义方法"

别列夫列斯基曾出版过多部俄语语法著作,如《复合句和诗体实践句法学》(«Практический синтаксис сложного предложения и стихосложение»)(1842)、《俄语句法学教程》(«Начертание русского синтаксиса»)(1847)[10]、《旧斯拉夫语文献考》(«Памятники старославянского языка»)(1854)以及《俄语实践语法》(«Практическая русская грамматика»)(1854—1855)等,但其中最能代表其学术思想的是《俄语句法学教程》一书。该教程采用逻辑语义方法对俄语句法现象进行了分析,且在很大程度上受德国和荷兰哲学家贝克尔(Б. Беккер,1634—1698)的逻辑学思想的影响。该教程所反映的具有符号学价值的思想主要有:句法学的任务就是解释句子语法形式的意义和运用;"普遍语法"和"母语精神"(дух родного языка)是确定俄语句法学的基本原则。如,他把句子称为"判断"(суждение),把圆周句称为"三段论"(силлогизм),把词的语法形式称作句子中的"概念关系"(отношение понятий)和句子组合的"思维关系"(отношение мыслей)等;句子是用词表达的判断,构成判断的"质料"(материя)在句中又被称为词。表示判断的事物概念的词在句中被称为主语,表示属于某一事物特征的概念的词被称为谓语;句子由四种语法成分构成,分别是主词、谓词、限定词、补语词,它们与逻辑学中的两个成分"主项"和"谓项"形成对立;解释说明和替代另一个句子成分的句子称为副句;副句在语法上取决于主句并像一个成分一样依附于主句;副句和主句在逻辑上都是一种"简单判断",而非复杂判断。(Перевлесский 1847:3—193)。他的上述句法学思想尤其是对复合句的分类,不仅成为现代俄语句法学的基础,也成为那个时代为数不多的"从意义到形式"研究俄语句法的样板之一。他走的是一条与传统语义学"由形式到意义"相反的路。这种以意义为出发点来探讨其语法形式的句法学研究方法,凸显的是"意义中心主义",这正是当代语言哲学所倚重的研究方法。

2.2　逻辑语法流派

理论上讲,逻辑语法流派与普遍唯理语法流派同属语言学研究中的形式主义方向,学理构成较为相似,但学理渊源和学术指向却不尽相同。逻辑语法流派主要形成于斯拉夫主义学说,但又借用了西方逻辑学的基本原理,比较侧重语言的历史性、系统性和自主性研究,强调斯拉夫语言尤其是俄语语法的独特性,反对把语法范畴等同于逻辑范畴。因此,该流派的符号学思想重点体现在"人说的语言"(язык в человеке)这一方面,重视通过俄语语言对俄罗斯人的思维规律和特点作出解释。该流派的代表人物主要有布斯拉耶夫(Ф. И. Буслаев,1818—1897)、大阿克萨科夫(К. С. Аксаков,1817—1860)等。

2.2.1 布斯拉耶夫的"逻辑语法观"

布斯拉耶夫先后于 1844 年和 1858 年出版了《国语教学论》(«О преподавании отечественного языка»)、《俄语历史语法初探》(«Опыт исторической гармматики русского языка»)两部著作[11],从形式逻辑的视角并采用历史比较的方法对俄语语法进行了比较系统的研究,从而成为 19 世纪中叶俄罗斯逻辑语法流派的杰出代表之一。布斯拉耶夫逻辑语法的特点之一是重视对本国语言史的研究,因此,"历史主义"(историзм)是贯穿其语法理论的一条主线。正如维纳格拉多夫所说,理解和评价布斯拉耶夫的句法观,离开"历史"这一背景是困难的。(Виноградов 2005:111)布斯拉耶夫并不满足于"哲学语法"(философская грамматика)所取得的成就[12],尽管他也曾归纳出该语法的若干长处,如将语言视作人类精神有机的、鲜活的和完整的产品;承认词法学和句法学之间的密切联系;对词类作出精确的界说;对句法有系统研究等。但他认为,哲学语法对语言现象的阐释和总结是片面的,因为它只把语言视为一种逻辑,而忽视了完整和多面的民族生活。(Буслаев 1844:3—8)于是,他推崇罗蒙诺索夫以来的俄罗斯语言学传统,尝试结合逻辑学对俄语语法进行历史比较研究。归纳起来,布斯拉耶夫具有符号学意义的历史语法学思想主要包括以下几个方面:

1)对语言与言语的关系作出界说。他从语言本体论出发,最先在俄罗斯语言学史上对语言的存在形式问题即语言与言语的关系问题提出了自己的观点。在他认为,语言与言语的内涵近似于通用语言中的那些"单独意义"(отдельные значения):言语就是所说的,以及"组合句子列"(ряд соединенных предложений);语言就是人类区别于动物的"话语能力"(дар слова)。这是一种社会现象,是严格按照规律组织起来的"整体"(целое)。但只有言语才能明显地显现出语言的"系统性"(системность)。(Буслаев 1959:

21—22)他在论述语言的系统性时进一步指出,语言的结构,从独立的语音到句子和句子的组合,给我们展示的是相互补充并构成统一整体的独立成分之间的鲜活联系。这种整体又赋予每一个成分以意义。在言语中,可以将部分和整体之间构成的这种相互关系称之为"语言机体"(организм языка)。(Буслаев 1959:22)在这里,布斯拉耶夫对"话语能力""整体""系统性"等术语的理解,完全是现代语言学的概念,这在 19 世纪中叶的世界理论语言学中并不多见,其学说价值可见一斑。

2)提出语法学既要重视规则、也要研究语言规律的思想。他认为,理论语法只规定了书面语和口头语的使用规则,而并没有研究语言的规律;而历史语法则将俄语研究与教会斯拉夫语研究紧密结合在一起,它不只局限于俄语书面语,因为不对口头语作出详细的判断,就不能对书面语的所有语法现象作出解释。历史语法详细分析语言的词法形式,目的是为了在理论上抽象出概念上令人信服的语法规律。(Буслаев 1959:565—576)

3)提出历史句法的基本任务和步骤。他认为,历史语法的句法部分首先要从界定语法形式与思维规律的关系入手,即要划定逻辑与语法的界限,这一点普遍唯理语法或理论语法的划界并不准确;然后要对句子成分及词类意义的一般概念作出界定,以便使其归入句法范畴;最后要审视词组,因为它不仅是句法研究中句子的组成部分,也是动词态、体和时等语法形式的组成部分。(Буслаев 1959:579—580)

4)在语言与思维关系问题上划分出语言发展的两个阶段——古代阶段和近代阶段。他认为,前者是语言史中最有意义、最有益于学术和实践的阶段。那时,思想的表达完全服从于生动的展现和口头语的特性,思想与词法形式紧密结合在一起,所以词的句法使用是建立在词法形式基础上的;后者则与前者相反,交际中人物间的最初生动展现及关系的表达是由一般抽象概念的意义给予的。(见 Буслаев 1850:45,1959:266)

5)反对将句法范畴视作逻辑范畴的直接反映。尽管他尝试用逻辑学方法来研究语言的"规律",但反对极端主义的逻辑语法研究。他认为,语言与思维之间不仅具有平行性和相互作用性,还具有矛盾性,这是由语言本身的特性决定的:语言形成于远古时期,与整个人类的智力活动紧密相关,它不依赖于某个人或某些人的个体思维;语言除逻辑特性之外,还有"创造性想象力"

（творческая фантазия），非动物事物的生命正是由创造性想象力赋予的。由此，语言作为凭借清晰语音表达思想的独特系统有独立于逻辑的自身规律……语言将超出逻辑所确定的思维规律隶属于表达自身的规律，即清晰语音的组合规律。语言依照自身的规律来表达思想，有时会与逻辑规律产生矛盾；句法学研究的任务，一方面是要揭示语言中、语法中和词组形式中的普遍逻辑规律，另一方面还要揭示语言本身所固有的、常常与逻辑规律相矛盾的表达方法方面的内在独特性——"语言的内部规律"。（Буслаев 1959：263—267）

6）提出判断是逻辑运作基本的综合行为的思想。他认为，由词语表达的判断是句子，所有的判断力都包含在谓语中，没有谓语就不可能有判断，这便是为什么俄语中只有谓语组成的句子，而没有主语组成的句子。因此，句子中的两个主要成分——主语和谓语中，最主要的并不是主语，而是谓语（Буслаев 1959：271）。

总之，布斯拉耶夫的逻辑语法蕴含着丰富的符号学思想。一方面，他从斯拉夫主义的立场出发，反对采用源自西方的普遍唯理主义来研究俄语语法；另一方面，他又推崇罗蒙诺索夫以来形成的语言学传统，将理性主义的逻辑学方法运用于对俄语历史语法的研究。因此可以认为，该逻辑语法是既借鉴了西方理性主义、又散发着俄罗斯斯拉夫主义思想的产物。他对语言与思维、句法单位与思维逻辑的关系的理解就是理性主义的，而对语言具有"创造性想象力"以及"内部规律"的界说又是斯拉夫主义的。

2.2.2 大阿克萨科夫的"语言哲学观"

大阿克萨科夫不仅是早期斯拉夫主义的领袖之一，同时还是一位在俄罗斯学界享有较高声望的语文学家。他在语言学方面的著述主要有《语法发凡》（«О грамматике вообще»）（1839）、《俄罗斯文学和俄语史中的罗蒙诺索夫》（«Ломоносов в истории русской литературы и русского языка»）（1846）、《俄语语法初探》（«Опыт русской грамматики»）（1860）等。[13] 这些著述不仅使他享有"语言哲学家"的声誉，同时也使他成为语言学界捍卫斯拉夫主义学说的主将之一。大阿克萨科夫的语言哲学观主要包括以下内容：

1）对俄语特性提出独到的认识。他认为，相对于教会斯拉夫语以及其他斯拉夫语而言，俄语是一门独立的语言。该语言的特性是时空上的自由性和存在性。自由性是由俄罗斯民族的深刻本质所决定的,因为没有俄罗斯民族精神的自由,就不会有语言与思维的永恒运动。发展以自由为条件,而没有发展又谈不上自由,俄语就是这样一个发展中的整体:它的每一个字母都不是停止的,每一个发音都有生命并变化着;存在性是一个带有自身符号的、意识和理智可以等同于自然存在的特殊世界。语言世界与自然界一样,是在时空中获得生命和发展的。时空是存在的必备形式,语言通过时空发挥功用并得到发展,按照所表达的性质、行为或关系来配置词类。语言的这些特性在逻辑上来源于民族语言生存的具体历史环境。(Аксаков 1875a:6—13)

2)注重语言和词的形式的功能和作用。他认为,语言与思维的关系以及实现民族语言存在和解释语言"精神"的方法,主要是靠词的形式这一基本特征来表示的。但词的形式又不是自给自足、独自存在的……语言中,由词根表示的词的意义只有通过其形式才能进入语言范畴系统之中。如果说语言是一种无意识地赋予民族的理性形式的话,那么词就是人自己创造的(Аксаков 1875b:327);与人的本性相联系的词,在物质上具有与人发展中的精神相似的客观性。词充满着精神,思想由精神照亮。词赋予思想具体的存在、表达和形式,词是思想的躯体(Аксаков 1875a:4);语言是思想本身得以完整体现的形式,思想永远存在于语言中(Аксаков 1875b:296);思维作为知识中的事物表达,不可能脱离开相应的语言而独自存在。语言是理性的必备属性,词是认知理性的"喉舌"(голос),语言与思维彼此不可分割,因为语言或思维都要靠对方来表达。(Аксаков 1880:1)

3)对动词的民族文化特点作出阐释。他在俄语研究中特别注重对动词的形式和意义进行阐释,认为只有通过动词才能够发现俄语的民族性。他提出,俄语动词系统与其他语言的动词不同,它最突出的是行为特质和程度,这是构成俄语动词系统的完整性和统一性的根源所在。动词区分出表达行为的三种方式或三种体:一次性方式、不确定方式和多次性方式。同一个动词的所有体的形式并不是时间形式,而是行为特质的形式。时间的概念是由行为特质衍生出来的。因此,俄语动词的特点具有独特的心理色彩。(Аксаков 1875c:417)他还说,俄语动词表达行为本身及其实质……俄语关注的是行为的内部方面或特质,而时间则是由该特质引发的。特质回答 как(怎样,如何)的问题,是内在的,关注的是行为本身的实质;而时间回答 когда(什么时候)的

问题,是表层的,关注的是行为的外在体现。(Аксаков 1875c:414,416)

以上可以看出,大阿克萨科夫的语言哲学法观,首先强调的是俄语与其他语言的不同,这是斯拉夫主义固有的观点。其次,他格外注重语言形式对思维或思想的作用,认为形式是思维或思想的具体存在或载体。他的这一思想不仅是对布斯拉耶夫形式逻辑语法的一种反叛,更代表着俄罗斯形式主义语法流派的发展现状。其三,他把动词不仅视作是俄语语法的核心,且看作是最能体现民族思维和行为特性的一种词类。

2.3　历史比较流派

19 世纪是历史比较语言学盛行的世纪,俄罗斯也不例外。在该流派中,俄罗斯有数十位知名语言学家从事不同方向的科学研究,领域涉及斯拉夫语族之间的对比、斯拉夫语与俄语的对比、俄语与西欧语言的对比等,不仅给世人留下了十分丰富的理论遗产,且在理论建构和研究方法等许多方面走在世界学界的前列。在这一时期出现的众多语言学家和语法学家中,沃斯托克夫(А. Х. Востоков,1781—1864)、斯列兹涅夫斯基(И. И. Срезневский,1812—1880)、福尔图纳托夫(Ф. Ф. Фортунатов,1848—1914)、博杜恩·德·库尔德内(И. А. Бодуэн де Куртенэ,1845—1929)、克鲁舍夫斯基(Н. В. Крушевский,1851—1887)等学者的语言学(语法学)理论最为著名。他们的学说思想不仅受到学界的高度评价,且在继承和弘扬俄罗斯语言学传统方面颇有建树,为20 世纪俄罗斯语言符号学的发展奠定了基础。

2.3.1　沃斯托克夫的"语法学方法"

沃斯托克夫被学界公认为俄罗斯语言学研究中历史比较流派的奠基人之一。他于 1831 年和 1863 年相继出版了俄语语法史上具有里程碑意义的两部著作——《俄语语法》(«Грамматика русского языка»)和《教会斯拉夫语语法》(«Грамматика церковнославянского языка»),从而奠定了其在俄罗斯历史比较语言学界的崇高地位。尤其是第一部《俄语语法》,堪称是罗蒙诺索夫《俄语语法》以来最具俄罗斯特色的语法经典,它不仅继承了由罗蒙诺索夫开创的语法研究传统,且为发展俄语语法的独立体系作出了巨大贡献,此外,他还用历史比较的方法开创了斯拉夫语历史语法研究的先河。在这里,我们无意过多地论述该语法的具体内容及方法,仅就最能体现其符号学思想的若干学说片断作出评介。

1）继承罗蒙诺索夫传统，坚持以研究俄语的语言事实和发现俄语的特点为主旨。我们知道，罗蒙诺索夫的《俄语语法》是以唯理主义语言观为哲学基础，并采用唯物主义的方法，对俄语语法进行动态和系统研究的。而沃斯托克夫所处的时代，正值普遍唯理语法和形式逻辑语法盛行，但他却坚持斯拉夫主义的立场，坚定地用唯物主义的方法来研究鲜活的俄语语言。正如维诺格拉多夫所作的评价那样，沃斯托克夫的《俄语语法》"无论在语法的结构上，还是在鲜活的民族言语现象利用的广度和深度上，以及在解决个别问题上，都是罗蒙诺索夫语法学说的继续和发展"。（Виноградов 1958：165）

2）摒弃普遍唯理主义和形式逻辑的分析方法，探索适合俄语特点的语法学理论体系。普遍唯理语法和形式逻辑语法强调的是语法中的普遍唯理基础和逻辑关系，而沃斯托克夫则认为，句法学的任务是确立言语中词的组合规则。[14] 用来表达思想的词的组合称作"言语"（речь）。对词的选择产生言语，它包括"高雅语"（书面语）、"平民语"（俗语）和基于上述两者之间的"日常语"（口语）。（见 Виноградов 2005：85）这样，沃斯托克夫就将俄语标准语分为三种变体，这与罗蒙诺索夫提出的"高雅""中立""低俗"三种语体已经有本质的区别。也就是说，沃斯托克夫把罗蒙诺索夫的相关学说思想直接运用到俄语语法的研究之中，并试图在句法研究中来区分这三种不同的言语。

3）在句子成分的界说上，坚持"双成分"法。我们知道，普遍唯理语法和形式逻辑语法采用的是"三成分"法——主语、谓语和系词[15]，而沃斯托克夫在分析了俄语简单句的结构后则得出结论认为，典型的俄语简单句结构具有双成分性——主语和谓语，主语是所讲的事物，谓语是动词及其所说的有关事物，而系词（辅助动词）есть 属于谓语范畴。（见 Виноградов 2005：86—88）沃斯托克夫对句子成分的这一划分具有重大的现实意义：它突出强调了俄语句法的特殊性，而不是按照西方形式逻辑语言学理论提出的"共性"方法生硬地套用在对俄语句子的分析中。

4）开创斯拉夫语历史比较研究的新方法。沃斯托克夫从 1820 年开始就矢志用历史比较的方法编写一部《斯拉夫语语法》，并于当年发表了《论斯拉夫语：斯拉夫语法导论》（«Рассуждение о славянском языке, служащее введением к грамматике сего языка»）专题论文。该论文被视作斯拉夫学研究领域的一次重大转折,并在语言学领域第一次确定了历史比较的方法。(见Колесов 2003:169—172)此后,他又相继发表了多篇有影响的历史比较方面的学术论文,直到 1861 年才完成并出版了《教会斯拉夫语语法》(«церковнославянская грамматика»)一书。有学者认为,采用历史比较的方法对斯拉夫语进行研究,是沃斯托克夫坚持在"人学"(наука о человеке)领域探索本国道路的必然结果,从而在语言学史上可以与葆朴(Ф. Бопп,1791—1867)、拉斯克(Р. К. Раск,1787—1832)、格里姆(Я. Гримм,1785—1863)等西方历史比较方法的奠基人齐名。(Колесов 2003:162—163)也就是说,沃斯托克夫开创的斯拉夫语研究的历史比较方法,其宗旨是揭示斯拉夫语不同于西欧语言的个性,因为作为"人学"中最重要组成部分的语法学,离开了个性,也就无所谓共性。这便是沃斯托克夫《俄语语法》和《教会斯拉夫语语法》两部作品所要强调的并贯穿其始终的语法学精髓所在。

2.3.2 斯列兹涅夫斯基的"俄语史"思想

斯列兹涅夫斯基是俄罗斯著名的斯拉夫语文学家、民族学家、古文字学家,曾任圣彼得堡大学历史语文系主任和彼得堡科学院院士等职。他曾受教于历史比较语言学的奠基人之一葆朴,在斯拉夫语言(尤其是小罗斯语和大罗斯语)的历史比较方面有很深的造诣。[16]斯列兹涅夫斯基在语言学方面的主要著作有《思维与札记》(«Мысли и заметки»)(1831)、《俄语史的思考》(«Мысли об истории русского языка»)(1849)、《古俄语字典语料》(«Материалы для словаря древнерусского языка»)(1893—1903)等,其中《俄语史的思考》一书最为著名,它集中反映着该学者对俄语史研究诸方面的哲学思考,其主要思想有:

1)语言与民族密不可分。他在该著作的第 1 章节中就鲜明地指出,一个民族只有在母语中才能更加完整和正确地展现自己,民族与语言缺一不可,否则将难以想象。民族与语言在意义上有时可以视作同一种称谓,就如俄罗斯人与其他斯拉夫民族是靠"语言"这一词语联系在一起的一样。因此,俄语研究应该在俄罗斯科学中占有一席之地。(Срезневский 1849:Ⅰ)

2)语言反映民族的智力和活动。他说,一个民族的活动是由其智力掌控的,而民族的智力和活动又反映在该民族的语言中。活动是运动,一系列的运动就是一系列的变化,而发生在民族智力和活动中的变化也同样在语言中反

映出来。因此,民族的变化也会引起语言的变化,而语言史的任务就是要解答这一问题。(Срезневский 1849:Ⅰ)

3) 语言史与民族史紧密关联。他在深入研究了乌克兰人和其他民族的方言后指出,地方方言是一个民族的语言变体,同一支脉的不同语言是用词语表达情感和概念的同一种方法的变体。因此,语言的多样性可以按照不同的民族进行审视,即依据部族对语言进行分类和根据语言的特性对部族进行分类,从而区分和确定出不同语言的相似性和近似性特征;所有语言就其结构而言都可分为两类:不严谨和严谨的。前者的物质不隶属于形式,而后者的物质和形式融合在一起。[17](Срезневский 1849:Ⅰ)

4) 语言史与民间文学作品发展紧密相关。他提出,语言的命运与文学的命运从来都息息相关。民间文学作品是民族生活的必要组成部分,那些保留在人们的记忆里的、没有文字记载的民间传说与语言和民族不可分离。因此,民间文学作品的发展如果离开对该民族语言史的考察从来都是片面的,它只能提供时间上的先后顺序,而不能提供全部意义。罗斯时期的基督教文字、书面文学和民间文学作品内容的丰富性和表现力,是与当时语言具有的丰富性和表现力相一致的。(Срезневский 1849:Ⅶ)

由上可见,斯列兹涅夫斯基眼里的俄语史,是与俄罗斯民族、俄罗斯民族史、俄罗斯民族的智力活动以及俄罗斯民间文学发展史等不可分割的,这不仅是斯拉夫主义所秉承的一贯思想,也是俄罗斯语言学传统中历史主义原则的集中体现,它在本质上与 17—18 世纪意大利著名哲学家维柯(Дж. Вико,1668—1744)的历史主义思想一脉相承,并对俄罗斯"哈尔科夫语言学派"(Харьковская лингвистическая школа)理论学说的形成产生过重大影响。

2.3.3 博杜恩·德·库尔德内的"历时—共时方法"

博杜恩·德·库尔德内是 19 世纪末至 20 世纪初俄罗斯最伟大的语言学家之一。作为"喀山语言学派"(Казанская лингвистическая щкола)的创始人,他在语言学的许多领域都曾取得过领先于世界水平的重要成果,如语言与言语的学说、语言研究的静态与动态思想、语言符号系统观以及音位学理论等,因此被誉为现代语言学的先驱和结构主义语言学的奠基人之一。[18]总体看,博杜恩·德·库尔德内的历时—共时方法主要包括以下几个方面的内容:

1) 实现语言学研究的转向,即由历史主义转向鲜活的言语——人的言语活动。他认为,语言的本质在于言语活动和言语功用之中,因此语言学的首要原则就是要研究鲜活的人类语言,只有这样,语言学才能够证明语言的生命及其发展规律。他说,研究现存的能够观察到的鲜活语言,特别有利于对语言生命的诸方面作出解释,这比研究已不存在的、只能通过书面文献了解的语言更有裨益……只有对鲜活语言有全面了解的语言学家,才能够使自己对已经消亡的语言特点作出推断。因此,研究鲜活的语言应该先于研究已经消亡的语言。(Бодуэн де Куртенэ 1963a:137,349)他的这一思想与19世纪下半叶兴起的"青年语法学派"(младограмматизм)的观点非常接近,标志着俄语和斯拉夫语的研究开始由历史主义转向社会现实中的语言,即历时—共时方法的诞生。所不同的是,青年语法学派转向鲜活的语言主要是为了确定语言的过去成分及痕迹,而博杜恩·德·库尔德内的目的是为了更加科学地认识语言发展的规律和语言与方言之间的相互作用规律。

2)对语言存在形式问题作出解释。作为理论语言学家,博杜恩·德·库尔德内对语言存在形式即语言与言语的关系问题十分关注,并从历时—共时方法视角出发提出了自己独特的见解。他是从"个体心理主义"(индивидуальный психологизм)角度来解释语言的,认为语言只存在于个体的大脑中,只存在于构成该"语言社会"(языковое общество)的个体心理中。(Бодуэн де Куртенэ 1963b:71)据此,他举例说道:所谓俄语,它与其他部族和民族语言一样是根本不存在的。存在的全部是作为心理学现实的个体语言,确切地说是个体的"语言思维"(языковые мышления)。(Бодуэн де Куртенэ 1963b:250)此外,他还将语音从语言中剥离出来,认为语音最多不过是用来传递思想这一介质的外在成分。(Бодуэн де Куртенэ 1963b:269)学界公认,博杜恩·德·库尔德内对语言与言语的界说远远早于现代语言学的奠基人索绪尔(Ф. Соссюр,1857—1913),正因为如此,我们从后者提出的相关学术中也能窥见前者所表述的上述思想。

3)摒弃"词语中心主义",开创"语句中心主义"研究先河。"词语中心主义"(словоцентризм)起始于古希腊罗马语言学传统,它将语言学的研究对象集中于对"词"这一单位进行描写和分析方面。而博杜恩·德·库尔德内在研究中提出"语感"(языковое чутье)的概念,并在这一概念基础上构建起"语句中心主义"(фразацентризм)理论。他认为,现实中不只是词才发出声音,词只是事实上发出声音的寻常部分,而"语句"(высказывание)才是语言学分析的基本单位。而该语言学单位又可以一分为二:从语音学角度切分为"语音句"(фонетическая фраза)、语音词、音节和音位,从形态学角度切分为"复杂句法单位"(сложные синтаксические единицы)、简单句法单位和词素等。(见Алпатов 1999:121—122)尽管博杜恩·德·库尔德内的语句中心主义思想并不是以意义为中心的,但却在客观上强调了对语言内容层面(思想性)的研究,同时也开创了语言学史上的语句中心主义范式,因此具有十分重要的认识论和方法论意义。同时,他的这一思想以及语言学实践也为 20 世纪 50 年代后语篇/篇章语言学的兴起奠定了基础。

4)强调语言的社会属性和交际性。作为俄罗斯历史上第一位关注语言的社会区分问题的语言学家,博杜恩·德·库尔德内在自己的研究中特别强调语言的社会属性和交际性问题。他认为,只有人类社会才可能有语言,因此语言学的原理不仅包括个体心理学,还包括社会学。(见 Щерба 1974:385)他在研究方言尤其是俚语的变化时这样来揭示语言变化的社会成因:当下语言学理论的必要条件是人与人之间交际的连续性。同时代生活的人会彼此影响。任何新的一代,不管是已经成年的还是正在成长的,必定会以个别代表的面貌与老一代的代表发生不间断的联系,从而形成所谓的"当代人"。如果相互间的联系断线,社会的历史以及语言的历史也就会中断。(Бодуэн де Куртенэ 1963a:224)此外,他在强调语言变化的社会成因时,还提出人对语言"有意识的干预"(сознательное вмешательство)这一重要因素。他说,语言既不是封闭的机体,也不是不可侵犯的神像,语言是工具和活动。因此,人不仅有权利以其社会责任来改善这一工具,以使其符合使用之目的,甚至可以用更好的工具来替代之。语言与人不可分,人应该更加全面地掌握语言,使其越来越依赖于人的有意识干预。(见 Алпатов 1999:127)由上可见,个体心理、社会、交际、人的意识等无疑是博杜恩·德·库尔德内语言观的重要内容。

5)提出音位即心理单位的观点。音位学理论是博杜恩·德·库尔德内对世界语言学发展作出的主要贡献之一,是他从共时角度奠定了音位研究的形态化和语义化学说。而奠定该学说的理论基础就是把音位理解为能反映某思想实质的心理单位。他认为,音位是最小的心理学单位,虽然不同人的语音表征可能不相等同,但它是客观存在的;音位属于语音世界的表象,它是由同一声音所获得的表象融合在心灵里所产生的，是语言声音的心理等值物。（Бодуэн де Куртенэ 1963a:271—272）应该说，尽管博杜恩·德·库尔德内把音位归属个体心理学的种种界说具有一定的片面性（如很难对该单位进行客观描写等），但却鲜明地反映出其在语言学研究中的心理主义原则。

2.3.4 克鲁舍夫斯基的"符号系统观"

克鲁舍夫斯基（Н. В. Крушевский，1851—1887）是俄罗斯（和波兰）著名语言学家，喀山语言学派的主要成员之一。他的学说尤其是关于语言符号"系统观"，曾对俄罗斯语言学和符号学理论作出过重要贡献。他在 1883 年出版的《语言科学概要》（«Очерк науки о языке»）一书中曾写道：我们说的句子并不是一个思想而是整整一组思想的替代物；如果一个人只能想象出一些零散的词语，那就谈不上掌握和使用语言，词是靠"相似联想"（ассоциации по сходству）和"相近联想"（ассоциации по смежности）相互联系着的，由此生成词族或词系以及词列；语言不是别的，而是符号系统。（Почепцов 2001:24；Алпатов 1999:118—119）从克鲁舍夫斯基的上述两种联想的论述中，我们已经清晰看到现代结构主义语言学关于"聚合关系"（парадигма）和"组合关系"（синтагма）的重要理论，他的关于"语言是符号系统"的论述也比索绪尔在《普通语言学教程》（«Курс общей лингвистики»）中作出的相同论断要早整整 25 年！他把语言分成三个子系统——语音、语义和形态，并以语音和形态材料来证明语言的系统问题。此外，他还和自己的老师、喀山语言学派的奠基人博杜恩·德·库尔德内一起，为建立音位结构单位的理论和方法以及区分音位学与语音学等作出了贡献，从而为 20 世纪上半叶语言学研究中的结构主义方法奠定了重要基础。

2.3.5 福尔图纳托夫的"形式主义"学说

作为"莫斯科语言学派"（Московская лингвистическая школа）的创始人，福尔图纳托夫在历史比较语言学、普通语言学以及俄语语音学、词汇学、句法学、形态学、词源学等领域都有自己独特的见解和思想，对俄罗斯语言学"走在西欧语言学的前面"作出了杰出贡献。有关福尔图纳托夫形式主义理论学说，可以归纳为以下几个方面：

1）语言具有社会属性。他认为，语言是一种社会现象，语言的历史同社会的历史是有机联系在一起的，因此，只有通过历史比较的方法才能对共同印欧语进行卓有成效的研究。据此,他把语言的发展分为外部历史和内部历史,认为前者是由语言与社会及操该语言的民族所决定的。社会的分化必然伴随着语言分化为方言的过程,而语言分化、消亡时,方言又会发展成为独立的语言。正是由于原始社会地域间缺乏联系,才促使方言发展成为独立的语言;而随着社会的发展以及文字和标准语的出现,又促使地方方言联合成统一体。(见赵爱国 2012:162)

　　2) 语言具有系统性。他把语言看作是一个系统,认为语言的"系统性"(системность)主要体现在"语言作为符号系统"(язык как знаковая система)方面。具体是:(1)语言是符号的总和。他认为,语言作为符号的总和,主要是用来思维并在言语中表达思想的。此外,语言中还有一种用以表达情感的符号。也就是说,在他看来,语言包含着各种符号:有物质或现实意义的符号,如词等;有形式意义的符号,即在与有物质意义的符号连用时能够使其发生变体的符号,如词素。而具有物质意义和形式意义符号的组合,就构成了包含着所谓形式的"语言符号"(знаки языка)。此外,可以充当符号的不仅是词和词缀,还有可以使语言符号的意义发生变化的"言语符号"(знаки речи),即言语过程中的发音变体,如声调、语调变化(疑问、祈使和感叹语调)等。而"感觉符号"(знаки чувствования)则与"思维符号"(знвки мысли)构成一体,并在言语中相互作用。属于感觉符号的是"感叹词"(слова-междометия),而属于思维符号的除上述以语音为物质的词、词缀以及语调外,还有身势语。(Фортунатов 1956:111—120)当然,他还认为,语言学家的研究对象应该主要集中在"词语符号"(знак слов)方面,即作为符号的词,因为在上述符号中,较之身势语而言,只有词才是更加完全的符号。(Фортунатов 1956:125)(2)语言系统与思维有着密切的联系。他认为,语言不仅是文化的组成部分,也是表达说者思想和感知的工具;言语是思维的表现,是体现为声音和词的表现,从而形成"言语句"(речевые высказывание)或"心理句"(психические высказывания)。言语句是判断的表现形式,因为人们在现实思维过程中是无法区分判断和言语句的。但从语法角度分析的句子与从心理角度分析的判断并不吻合。"因为在心理判断中可以发现两个成分:心理判断的第一部分和用思想打开的第二部分。第一部分为心理主语,第二部分为心理谓语。"(Фортунатов1957:451)不难看出,福尔图纳托夫对句子的研究,注重的是人的心理判断和突出了人的心理因素。这一重要思想客观上为当时学界完整而全面地认识语言学的性质、任务、对象和范围等指明了方向,因此具有十分重大的现实意义。正如其学生波尔热津斯基(B. K. Поржезинский,1870—1929)在强调语言符号与思维、心理等关系时所说:不难理解的是,词的语音对人类智力的发展具有多么巨大的意义。对词的语音方面的表征,对我们来说是容易生成的思维符号,它属于精神现象范畴,很难或根本不可能按照物理原因而复制。(Поржезинский 1916:13)

3)语言具有形式功能。尽管福尔图纳托夫对俄语语法的研究大多集中在词形和词的语法类别以及词组形式、句法形式等方面,但他的语法形式观却是以语言与思维的关系为出发点的。例如,他将词分为完整词、部分完整词和非简单词等,以及提出要研究词的现实意义和形式意义的思想,就无不隐含着对人的思维因素的考量。这就决定了他的语法形式观带有一定的形式功能的性质。再例如,他从建立在语法聚合体基础上的形式功能思想出发,不仅区分了语言结构中的现实范畴和形式范畴,还将构形范畴和构词范畴视作有助于实现语言交际功能的语法结构的微系统,从而在根本上将自己的形式语法观具有了历史功能主义新型语言观的性质。[19](见郅友昌 2009:130)从这个意义上讲,福尔图纳托夫的形式功能思想,不仅是对其导师布斯拉耶夫的形式逻辑思想的发展,也是对斯拉夫主义一贯秉承的历史主义原则的发展。

由上可见,福尔图纳托夫在语言学研究中致力于探索语言本身的、适合于语言学所有领域的"形式"标准,即在形态学上倾向于心理学,在语音学上倾向于生理学,在句法学上倾向于逻辑学,在词汇学上倾向于民族史。(ЛЭС 2002:317)他的主要学术思想,我国学者杜桂枝在《莫斯科语言学派百年回溯》一文中做了详细而有见地的总结,主要有:语言是一个特殊的符号系统,语言是一种关系,语言的标记性/非标记性,语言交替规则、语法形式等。(杜桂枝 2005:22—30)理论上讲,福尔图纳托夫的这些学说思想是对斯拉夫主义相关理论的继承和发展,或者说是将斯拉夫主义的相关理论具体运用到对俄语的研究之中,并用大量语言事实论证了语言形式对于民族精神及其思想形成的机制问题。因此,可以得出这样的结论:如果说斯拉夫主义提出了语言是表达民族意愿和唤起民族自我意识的唯一手段和方式的话,那么福尔图纳托夫则用语言学特有的方法科学地印证了语言在社会文化形成过程中不可替代的重要作用。也正是从这个意义上讲,福尔图纳托夫对俄罗斯符号学的形成作出了独特的贡献：他使语言学研究彻底摆脱了传统的形式逻辑的束缚，从而使语言学成为一门真正独立的知识领域。

　　总之，形式主义方向的语言学研究在学理上与符号学已经十分接近。就学理内涵看，普遍唯理语法和逻辑语法流派推崇的是西方语言研究中的理性主义传统，其研究的核心内容是思维的语法形式问题。但俄罗斯的理性主义与西方的理性主义又有些许不同，它更多还带有历史主义和"人类中心论"（антропоцентризм）的性质，这是俄罗斯的"欧洲主义"（европеизм）和"斯拉夫主义"（славянофильство）在语言学领域相结合的产物。

第3节　19世纪后半叶心理主义方向上的符号学思想体现

　　如果说19世纪俄罗斯形式主义语言学方向上的各流派学说中已经浸透着符号学思想的话，那么在心理主义方向上则更加突出语言中的人和人的思维活动的作用，充分展现出追求理性、崇尚精神的人类中心论思想。这一时期，心理主义方向的代表人物是哈尔科夫语言学派的奠基人波捷布尼亚（А. А. Потебня，1835—1891）及其学生和追随者奥夫夏尼克－库利科夫斯基（Д. Н. Овсянико-Куликовский，1853—1920）。下面，我们将着重对这两位学者语言学理论和学说中的符号学思想进行分析和评介。

3.1　波捷布尼亚的符号学思想

　　波捷布尼亚在俄罗斯语言学史上占有十分特殊和显赫的地位：他不同于此前的所有前辈，不仅开创了俄罗斯语言学史上心理主义范式，而且在语言的起源与发展、历史语法、语义学、诗歌学、民族学等一系列领域都不乏创造性的成就，特别是关于语言与思维之关系的思想，对20世纪俄罗斯语言学各学科（尤其是普通语言学、语义学、词汇学、心理语言学等）的发展都起到了十分重要的引领作用。作为语言学思想家，他从人类语言和思维的普遍演化视阈来审视俄语及其历史，因此较之其众多的学术前辈，其理论视角更具人文性（心理性）和理性。波捷布尼亚的主要著作有《思维与语言》（«Мысль и язык»）（1862）和《俄语语法札记》（«Из записок по русской грамматике»）（1874—1899）等。[20] 尽管波捷布尼亚没有就语言符号问题发表过专门的著述，但在他的科研实践和理论思维中依然是将语言作为符号系统来看待的,尤其是将词作为语言的核心单位。归纳起来,他提出的有关语言符号的主要思想或观点有:

1）语言是历史现象和言语思维活动的思想。波捷布尼亚在对语言与思维、语言与民族、语言学与心理学、感知与统觉、情感语言与思维语言、认识与判断和概念等一系列关系进行详细阐述后,提出语言可以形成思想、语言是产生思想的机制的重要观点。他认为,语言不是表达现成思想而是创造思想的手段,语言不是对已形成的世界观的反映,而是正在形成这种世界观的活动。（见 Алпатов 1999：86）上述思想还体现在语言是民族的"直接创造物"（непосредственные создания）方面。他认为,民族语言史研究在揭示人类言语形成和演化的普遍规律中具有重要作用,因为民族是人类群体的组织范畴,而语言从来就具有民族形式,因此是民族的直接创造物。（见 Виноградов 2005：143）此外,言语活动与思维的关系方面,他认为言语活动是语言、说话人的知识以及说话人想要表达思想之间的相互作用,而语言学的根本任务就是揭示思维与言语之间的这种作用等。

2）语言具有系统性的思想。语言的系统性问题,是波捷布尼亚开展学术研究的方法论之一。早在其学术活动的初期,他就提出了语言中有"系统"（система）和有"规范"（правильность）的重要论断。（见 Потебня 1913：16）后来,他将这一原则始终贯穿于整个学术生涯。他在 1910 年发表的一篇论文中写道:研究某一词语,必须要关注到各种各样的现象。这表明,"语言系统"（язык-система）是有序的,这一系统中的任何一个现象都处在与其他现象的联系之中。语言学的任务就在于捕捉到这种联系,因为这种联系仅在不多的情形下才能显现出来。语言的确是一个系统,对此可以直接用我们自己的语言予以证实。在如俄语、德语等一样丰富的语言中,目前研究者找到了多达 10 万—20 万词,而这只是现有语言资源的一部分,因为这里关注的仅仅是某一词语的语言形式问题。有材料证明,莎士比亚使用了 1.3 万—1.5 万个词。我们自然在这个方面不能与莎士比亚相提并论,只掌握 500—1000 个词。数以万计的词我们连听都没听说过,但是却可以说,只要知晓了我们所使用的这 500—1000 个词,就可以明了那些我们从来没有听说过的词的一半。不禁要问,如果我们不掌握未知词语的钥匙,如果语言不是由一定序列和一定规律构成的和谐系统,这怎么可能呢?(Потебня 1973:243)事实上,波捷布尼亚在研究实践中正是按照上述对语言系统性的理解来处理语音与意义、个别现象与普遍现象以及语言的整体变化与部分变化等一系列关系的。最后,他得出结论认为,观察的手段越完善,我们就越发坚信语言各个独立现象之间的联系比想象的要更加紧密。(Потебня 1959:45)

3)语言符号具有多种功能的思想。波捷布尼亚认为,语言符号不仅能够保障人们的交际,其基本的功能在于使人们对现实事物的观察、认识和分析变为可能。语言符号不仅能够表达看得见的现实事物,还可以表示这些事物的性质、特性和关系——当我们说 A 表示或代表 Б 时,如当我们看到远处有炊烟时就会断定那里在烧着火;这就是通过 A 事物来知晓 Б 事物,A 就成为 Б 的符号,Б 是 A 的"所指"(означаемое),也就是意义。符号对我们来说十分重要并非在于符号自身,而是在于使其所指变得更加简明易懂,因此,符号是拉近所指的工具,这正是我们思维的真正目的。所指相对于符号而言总是遥远的、隐秘的和难以认识的。(Потебня 1959:16)以上话语表明,波捷布尼亚对符号功能的认识,注重的是其表义即所指方面。

4)语言存在形式的思想。关于语言的存在形式即语言与言语的关系问题,波捷布尼亚在相关著述中表达了下列观点:所谓"一般语言"(общий язык),或多或少带有任意的性质。最现实的存在是"个体语言"(личный язык)。部族和民族的语言是"抽象物"(отвлечения),就像其他抽象物一样,都归属于任意的范围。(Потебня 1976:418)他对语言的理解与博杜恩·德·库尔德内等语言学家的界说不同,认为词确实只有在发出该词语音的时候存在,词的现实生命只存在于言语中。因此,语音是语言最重要的和不可分割的方面,它是由思想形成的。(Потебня 1976:105,176)上述话语表明,波捷布尼亚赋予了言语以特殊意义,即将其视为准确理解说话人的思想所不可或缺的语言的现实化片断或语境。这与现代语用学中的相关观点相一致。

5)语法范畴与逻辑范畴不相等同的思想。波捷布尼亚认为,该两个范畴不等同的原因有二:其一是语法范畴和语法形式要比逻辑范畴大得多;其二是语言与语言之间存有差异,因此只有在语言历史以及言语行为的心理分辨中才能找到对其作出解释的途径。(Потебня 1927:142—169)据此,他特别强调语法范畴的重要性,认为语法范畴能给思维范畴的发展提供条件,而句子的构

造就可以看作是观念范畴的相互作用。(见 Ушаков 2003:359)

　　6)"词的内部形式"学说。波捷布尼亚把洪堡特的"语言的内部形式"(внутренняя форма языка)的思想具体地运用到对词的研究中,比较系统地提出了关于"词的内部形式"(внутренняя форма слова)的学说。在他看来,词的内部形式展示着说话人的思想,词所反映的并不是其内容的全部思想,而仅仅是其思想的一种特征;词的内部形式就是该词最近的词源意义,它是从词的形态结构中推断出来的;词的内部形式表明,人是这样来表述自己思想的,用它可以解释为什么同一种语言中可以有许多词表达同一个事物的意义,而一个词可以完全根据语言的要求来表达不同事物的意义。(Потебня 1913:136—142)上述关于词的内部形式的精辟论述,被后人用术语"指称对象"(денотат)来区分词的意义及其含义。

　　7) 词的"近义"和"远义"思想。波捷布尼亚在多卷本的《俄语语法札记》中运用心理学的方法对词的"近义"(ближайшее значение)和"远义"(дальнейшее значение)进行了详细阐述。他认为,词的近义是民族的,是操同一种语言的人都能理解的意义,但只有一种近义才构成说话时的思想内容;而词的意义本身是取之不尽的,这种取之不尽只是针对与科学和百科知识信息相关联的远义而言的,而对不同的个体联想和操不同语言的人而言,其远义是不同的;词的所有远义在形式上对所有人都是一样的,与此同时,它又可分为实体(词汇)意义和语法(形式)意义,该两类意义可以构成一个"思想行为"(акт мысли)。(Алпатов 1999:89)在波捷布尼亚看来,"近义"即词的基本意义或概念意义,它构成词语发音时的现实思想内容;而"远义"是建立在世界知识基础上的引申意义,即由联想生成的各种伴随意义。另外,他还在《语文学科理论札记》(《Из записок о теории словесности》)一文中对词语及诗歌和神话思维等进行了深入分析,其阐发的独特思想"表现出巴赫金对话理论的萌芽"(王铭玉、陈勇 2004:160),从而使其成为 19 世纪后半叶俄罗斯语言符号学研究的一面旗帜。

　　总之,波捷布尼亚关于语言与思维关系的思想是深邃的。他试图从人类语言和思维共同进化的角度对语言现象作出阐释,奉行的西方理性主义(欧洲主义)和俄罗斯经验主义(斯拉夫主义)相结合的原则。其学说的哲学基础,与德国哲学家康德(И. Кант,1724—1804)、谢林(Ф. В. Шеллинг,1775—1854)、黑格尔（Г. Ф. Гегель，1770—1831）以及理论语言学家洪堡特（В. Гумбольдт，1767—1835）等的理性主义思想和观点有紧密关联。正如维诺格拉多夫评价的那样：对于曾受到德国康德、谢林、黑格尔、洪堡特的唯心主义强力影响的波捷布尼亚来说，语言与其说是表达现有真理的手段，不如说是"揭示原先未知真理的手段"（洪堡特语），波捷布尼亚完全接受了这一观点。（Виноградов 2005：142—143）但波捷布尼亚既把语言视作思维和认知世界的基本方法，又将语言看作能够形成思想的创造性活动，这显然又是西方理性主义和俄罗斯经验主义语言观相结合的产物。这是因为：在西方理性主义学说中，所谓思维或意识，就等同于语言思维或语言意识，但波捷布尼亚显然又不完全赞同于该观点，而是将语言与思维视作既密不可分、又有区别的不同事物。如，我们仅从《思维与语言》的著作名称中就能看到语言与思维在其学说中所具有的不同特质；再如，他所强调的语法范畴与逻辑范畴不相等同以及词具有"近义"和"远义"等思想，又将理性主义与经验主义进行了必要区分。当然，有关"语言是历史现象"、民族是语言的主要创造者和改革者"以及词的"内部形式"等一系列思想，就完全是斯拉夫主义方法论性质的了。对此，我们可以从洪堡特的"民族心灵"论（дух народа）和"语言世界观"（языковое мировидение）理论中比较清晰地看到其根系所在。在我们看来，也正是基于理性主义和经验主义的有机结合，波捷布尼亚才有可能对俄语史和俄语语法作出不同于其前辈的全新解释，才有可能展示鲜活的言语和民间口头创作在语言学研究中的特殊价值。

3.2　奥夫夏尼克－库利科夫斯基的符号学思想

作为波捷布尼亚的学生，奥夫夏尼克－库利科夫斯基在语言学方面的主要著作有《语言科学概论》（«Очерки науки о языке»）（1896）、《俄语句法》（«Синтаксис русского языка»）（1902）等。但他的语言学思想却不是按照导师的方向发展的，而是走向了另一面——唯意志论的心理学方向：强调语言（语法）与逻辑之间的密切关联性。他认为，波捷布尼亚与18世纪遗留下来的唯理论、先验论残余的斗争已经结束，因此有必要回归到思维的语法形式属于逻辑这一主题上去。（Овсянико-Куликовский 1896：3）另外，他认为传统上把语法分为逻辑语法、心理语法和形式语法三种流派不仅是片面的，甚至是错误

的,因为逻辑和语法思维的过程和形式尽管有差异,但却无法怀疑它们具有
"同源性联系"(генетическая связь)。(Овсянико-Куликовский 1912: XII)尽管
如此,从人文主义角度看,奥夫夏尼克－库利科夫斯基的下列符号学思想依然
具有重要的价值。

　　1)词是言语思维单位的思想。他认为,实体、固有属性、效果、状态等逻
辑概念是在相应的语法范畴下逐渐发展起来的,"语法句"(грамматическое
предложение)的分析和综合过程演变为逻辑句时也是如此。语法句为逻辑句
提供生命。逻辑生成于语法思维的深处,并长时间与其紧密结合在一起,只有
在一定的高度上才或多或少地脱离开语法范畴的束缚,开始建立在语言之上。
因此,语言与逻辑之间存在着某种模态。[21](Овсянико-Куликовский 1912:
XIV－XV)在他看来,单个词的属性也是一样。词作为独立的"言语思维单
位"(единица «речи-мысли»),与其称名功能的扩展有关。词在句子中总是被
归属为某种具体的意义,但当它脱离开句子后,就具有了动态性以及表达和概
括知识的能力,从而使其自身成为一种价值,变成可兑换的和流行的言语思维
硬币;词一旦挣脱开述谓和表达情感的重负,就会将语法形式划归潜意识域,
这是储蓄和释放能量的过程,从而走向逻辑思维的创建。(Овсянико-
Куликовский 1912:XXX)可以看出,波捷布尼亚是用遗传学的方法来审视语
法思维问题的,而奥夫夏尼克－库利科夫斯基则用心理的过程分析(即伴随有
对语言的理解行为)来研究语言的形式。前者更具人文性,而后者更具理性。

　　2)语法形式是逻辑结果的思想。他提出,语法形式是一种特殊的思维做
工,它是在离意识界限不远的无意识域中自动进行的,是用语法范畴对词汇内
容进行的统觉;语法形式的概念相当于"词类",因为每一种词类都可以界说为
一种特殊形式,即特殊的思维做工。(Овсянико-Куликовский 1912:7,32)

　　由上可见,在奥夫夏尼克－库利科夫斯基的语言学思想中特别强调逻辑
思维的作用,无论是俄语的词还是语法,他都将其视作与人的逻辑思维过程紧
密相关,前者是逻辑思维的单位,后者是逻辑思维的结果。这些思想突显的是
符号中人的因素。

　　毫无疑问,上述"史前阶段"俄罗斯符号学思想已经为作为独立学科的符
号学的"创建"活动奠定了相当厚实的方法论基础,其中尤以波捷布尼亚、博杜
恩·德·库尔德内、福尔图纳托夫的相关学说的贡献最大。这是因为,我们从

历史比较流派中已经清晰地看到了由"历史比较方法"（波捷布尼亚）向"历时—共时方法"（博杜恩·德·库尔德内）再向"共时方法"（福尔图纳托夫）的转进。这种转进不仅标志着俄罗斯语言学已经走在了世界的前列，更孕育着世界范围内新的范式——结构主义的诞生。由此可以得出这样的结论：尽管俄罗斯符号学的"史前阶段"在时间上延续了近一个半世纪（即从罗蒙诺索夫到 20 世纪初），但其中最为显著的成就是在 19 世纪后半叶的 30—40 年内取得的，这个阶段被学界称为符号学的"前夕史阶段"（период предыстории）。（Почепцов 2001：15）。尽管该阶段的研究依然比较零碎，没有构成完整的理论体系，但却为 20 世纪俄罗斯符号学的诞生研究提供了思想、理论和方法论等诸方面的准备，也为其之后的发展确立了基本方向。

　　当然，俄罗斯符号学"前夕史阶段"的学说成果不能只局限于上述语言学领域，还包括其他学科，尤其是形式主义文艺学领域。事实也是如此。例如，我们在俄罗斯历史比较文学家，历史诗学的奠基人维谢洛夫斯基（А. Н. Веселовский，1836—1906）的相关学说中就看到了形式主义文艺符号学的雏形。作为最先在俄罗斯历史比较文学研究领域摈弃个别具体观察而走向整体理论思维的学者，他在分析希腊抒情诗中的人物时首先采用了"行为符号化"（семиотизация поведения）的方法，该方法在 20 世纪中后期著名语言学家维诺库尔（Г. О. Винокур，1896—1947）以及具有世界影响的"塔尔图—莫斯科符号学派"（Тартуско-московская семиотическая школа）领袖洛特曼（Ю. М. Лотман，1922—1993）等对人物传记和十二月党人的分析中得到进一步发展。维谢洛夫斯基对俄罗斯符号学研究最大的贡献莫过于其对"动机"（мотив）和"情节"（сюжет）两个概念所做的区分。在他看来，比较文学具有"基本的叙事结构性质"，可以划分为"图式"（схема）、"成分"（элемент）和"量子"（квант）三个不同层次。动机只是该结构中的一个"式子"（формула），是"最简单的叙事单位"；而情节则是"贯穿于动机中的各种主题论旨"。（Почепцов 2001：22—23）上述思想分别为后来的俄罗斯"形式主义学派"（формальная школа）以及"情景语法"（грамматика сюжета）的形成提供了方法论基础，其中情景语法后来成为俄罗斯符号学思想的重要组成部分，并经什克洛夫斯基（В. Б. Шкловский，1893—1984）、普罗普（В. Я. Пропп，1895—1970）、托马舍夫斯基（Б. В. Томашевский，1890—1957）等学者的努力而得到进一步完善。

　　总结俄罗斯符号学史前阶段的学术成果,我们认为上述学者的科学研究至少在以下三个方面具有重要意义:一是理论性。尽管他们还没有提出比较系统的理论体系,甚至没有对符号以及符号学做过明确的界说,但他们的相关思想却为后人提供了比较科学的方法论。二是引领性。他们分别在语言学、语文学以及文艺学等不同领域所做的探索,尽管是初步的,甚至是零碎的,但在一定程度上确定了俄罗斯 20 世纪符号学研究的基本走向。正如王铭玉所说,他们的研究"提出了决定未来符号学发展的两个基本方向——借鉴和改进语言学方法,关注作为符号学基本研究对象的文学文本"(王铭玉 2004:468)。三是前沿性。与同时期世界其他国家的同类研究成果相比,他们处在明显的领先地位。如杜桂枝在总结莫斯科语言学派创始人的成就时就指出,福尔图纳托夫的理论观点和研究,"不仅领先世界先进水平",而且"极具前瞻性和创造性"。(杜桂枝 2005:23)正是由于他们的学术成果,才为之后的俄罗斯符号学研究在世界上争得重要的一席之地。基于以上三点,我们得出的结论是,所谓俄罗斯符号学的"史前阶段",实质上是"理论准备期",即在思想和方法上为俄罗斯符号学的学科式"创建"提供必要的理论铺垫。

第 4 节　"史前阶段"俄罗斯符号学思想传统的学理内涵

　　我们从上文中可以清晰地看出,俄罗斯"史前阶段"的符号学思想传统已经具有了明显的"雅努斯"特质[21],学理上是由俄罗斯"欧洲主义"与"斯拉夫主义"合二为一的结果。因此,理论上讲,我们在许多情况下已经很难从该特质中分辨出哪些是欧洲主义的,哪些又属于斯拉夫主义的了,因为它呈现在我们面前的是一个"混合体"——西方理性主义和俄罗斯经验主义的有机结合。那么,上述传统在学理上又有哪些特定的内涵呢? 这是本节需要回答的问题。

　　在我们看来,审视俄罗斯"雅努斯"符号学思想传统特质,采用辩证的思维即"对立统一"的方法较为合适,因为作为"雅努斯"本身就是一个"对立统一体"。研究表明,"史前阶段"的俄罗斯符号思想传统至少在以下几个方面在学理上构成了对立统一的辩证关系:

4.1　看待世界的方式

在看待世界的方式问题上,它融合了形而上与形而下的双重视角。语言与世界的关系即"言物关系",是语言学研究的永恒主题之一,这是因为:语言学作为语言的科学,其根本任务并不是提出一种新的哲学来重新解释世界,而是从语言学的视角提出对语言符号与世界关系的解答。对此,西方理性主义的解答是:依赖语言来揭示理性,依赖理性来认知世界;而俄罗斯符号学方法论传统是融理性主义与经验主义为一体的,因此,它对"言物关系"的解答是:世界既具有理性,又具有体验性,即世界可分为"形上"和"形下"两个世界。形上即唯心论,它集中体现为世界具有语言性;形下即唯物论,它集中体现为世界具有生活性。唯心论和唯物论的结合,应该就是俄罗斯符号学传统看待世界的独特方式。对此,我们从上文俄罗斯18中期至19世纪末期俄罗斯学者的符号学思想中清晰地看到了这种方式。

4.2　对待语言的性质

在对待语言的性质问题上,它既体现为西方的"本体论",也表现为东方的"载体论"。语言究竟是意识或思维的"本体"还是"载体",这是东西方语言哲学的基本分野之一。在西方理性主义传统中,语言历来被看作"实在的反映"和"思想的表达"。[22]如,柏拉图(Платон,公元前427—前347)就曾提出"借助于语言来研究事物的真理"的主张,因为在他看来,只要人们理解了语言的结构,便能够理解"实在"的结构。后来,这一思想从整个中世纪一直延续至近代。19世纪末起,尤其是20世纪初哲学实现"语言学转向"后,"语言本体论"在语言学研究中就真正确立起主导的地位。在此背景下,西方理性主义提出了语言决定思想,语言决定世界观,语言是思维的物化等一系列的理论和学说,其中最为著名的有洪堡特的"语言世界观"学说、康德的"思想构建论"等。应该说,这些理论学说在俄罗斯符号学传统中占有一定的优势地位。然而,俄罗斯符号学方法论传统中还有明显的"载体论"思想,即只将语言视为表达思想的手段,其最为突出的是"语言工具论"思想,以及在强调"人说的语言"的同时注重对"语言中的人"(человек в языке)或"说话的人"(человек говорящий)作出解释。也就是说,俄罗斯符号学传统中的语言,同时还包含着语言的客体和语言的交际主体两个维面,这是其区别于西方理性主义的重要特征之一。从认识论角度看,"本体"与"载体"之争,其本质是语言与意识孰先孰后的问题:前者认为是语言铸就了意识活动的形态和功能,语言决定了人们认知世界的方式;后者认为意识先于语言,意识驱动言语表达。而在俄罗斯符号学思想传统中,语言与思维的关系则更多地体现为既密不可分又彼此有别的对立统一体。

4.3　评价语义的功能

在评价语言的功能问题上,它既奉行西方的"言尽意",也看重东方的"言不尽意"。应该说,东西方传统在语言功能问题上的分歧十分明显,集中体现为"不尽意"与"尽意"的纷争。西方理性主义一贯倾向于从积极的方面来评价语言的功能,并想方设法地促使语言达成"尽意"之完善程度。其共同特点是极力从理性视角来证实语言与思维具有"内在同一性",即"言意关系"的整体性。显然,西方理性主义传统中的"言尽意"思想带有"语言绝对论"色彩。俄罗斯符号学思想传统除具有上述特点外,也十分看重日常生活经验的"体验性"和语言的社会属性及文化特性研究等。这一点,在上述俄罗斯许多学者的符号学思想中体现得较为明显,其中,大阿克萨科夫、博杜恩·德·库尔德内、福尔图纳托夫的相关形式与功能的思想就是典型代表。

4.4　解决"言意关系"的方法

在解决"言意关系"的方法问题上,它既追求"不断完善"的方法,也重视"有限超越"的定势。"言意关系"即语言与意识的关系问题,它是语言哲学关注的核心内容之一。对于"言意关系"之间出现的矛盾,俄罗斯符号学思想传统所采取的解决方式是东西方传统的对立统一。西方理性主义解决"言意关系"矛盾的基本取向不是"超越",而是"完善",即从语言本体论出发,采取多种方法来不断完善语言之功能,并依此来协调语言与思维之间的关系。"完善"的方法很多:方法之一是语义分析,力求通过语义的辨析或逻辑分析,使语言的表述逐步走向精密化,以此来消除意义和逻辑上的歧义;方法之二是阐释,把交际对象引入语言意义的重构活动之中,通过不同对象的反复解读(或同一对象的反复解读),使原有文本的意义不断生成出新的意义,从而拓展语言的表意功能；方法之三是解构，即与阐释相反，通过拆解语言符号或文本的结构，以消解或颠覆语言系统原有的中心意义。俄罗斯符号学思想传统就是在上述理性主义所推崇的"不断完善"的方法基础上，力图对语言符号本身实现"有限超越"的。具体体现在：它不是单纯地依仗概念化的词语来表达思想，而是采取多样化的手段或手法使人得以启悟；它不单单满足于对言辞表层意思的理解，而是以此为阶梯，去领悟语言符号深层的思想意境。在这一方面，贯穿"史前阶段"俄罗斯符号学思想传统始终的"历史主义"思想，以及逻辑语法流派提出的句法范畴与逻辑范畴、语言与思维具有矛盾性的思想等，都是有力佐证。

　　由上可见，具有"雅努斯"特质的俄罗斯符号学思想传统，至少在上述四个方面展现出其特有的学理内涵。如果用一句话对该特质作出概括的话，则可以表述为：它在哲学上体现为辩证唯物主义的"对立统一"观，学理上展现为"欧洲主义"与"斯拉夫主义"的综合体，构成上显现为"理性主义"与"经验主义"的有机融合。

　　最后需要说明的是，我们总结"史前阶段"俄罗斯符号学思想传统中所体现出的"雅努斯"特质，是要强调该特质对俄罗斯符号学尔后发展的巨大影响和引领作用问题。我们知道，语言学研究中的俄罗斯符号学思想传统起始于18 世纪中期，至 19 世纪末和 20 世纪初才最终形成，迄今已有百余年的历史，其间经历了社会制度、意识形态、思想潮流等方面的重大变革，但就其基本学理而言并没有在 20 世纪符号学的发展进程发生根本性的改变，而只是随着时代的变迁、理念的更新和方法论的更替等而得到相应的修补和完善，使其在学理上变得更富有张力，更符合世界发展的趋势，特色也更为鲜明。这就是我们对俄罗斯百年符号学史进行系统审视和批评的基本立论依据所在。

注释

1. 罗蒙诺索夫的《Российская грамматика》一书，以往国内学界大多将其翻译为《俄罗斯语法》，实际上，定名为《俄语语法》更为科学和贴切，理据有二：一是在"语法"属语言学术语，而不属社会学术语，因此在"语法"这一术语前冠以某国家名显然不符合语言学规范，我们不能说这是"中国语法"，那是"法国语法"等；二是罗蒙诺索夫所处的时代，"俄语"这一术语并不是用现当代通行的 русский язык 来表示的，而用的是 российский язык，因此，所谓 российская грамматика 就理应翻译为"俄语语法"。

2. 在 18 世纪的俄语语法研究中，"句子"这一术语常用 речь 表示，而在更早的 13—17 世纪，则

还用 слово 来表示。如在斯莫特里斯基（М. Г. Смотрицкий，1578—1633）于 1619 年编撰的《斯洛文语法》（«Грамматики словенския правильное синтагма»）中就用 слово 一词，而在罗蒙诺索夫的《俄语语法》书中则用 речь 一词。

3. 罗蒙诺索夫的《俄语语法》把实词分为 8 类：静词、代词、动词、形动词、副词、前置词、连接词、感叹词，并把实词分为"主要实词"（静词和动词）和"辅助实词"（其他 6 类）。这与现代俄语的词类划分不同。

4. 在罗蒙诺索夫之前的语法学研究中，标准语仅限于书面语的范畴内，而《俄语语法》的研究对象则将标准语扩展到所有体裁，包括所有口语体裁的文学作品。

5. 这里所说的格列奇的"语法指南"只是一种笼统的说法，实际上是该学者出版的几部语法学著作的统称，包括《俄语实践语法》（«Практическая русская грамматика»）（1827）、《初级俄语语法》（«Начальная русская грамматика»）（1828）、《俄语讲座》（«Чтения о русском языке»）（1840）等。

6. 该哲学论文篇幅很大，在 1941 年出版的三卷本的《作品全集》第 2 卷中占据了 100 多页。

7. 德国哲学家赫尔德曾于 1770 写就《论语言的起源》（«О происхождении языка»）一书，提出"语言是人的本质所在，人之所以为人，就因为人有语言"的著名论断。由此，该书获得普鲁士科学院奖。

8. 学界通常把 20 世纪美国语言学家乔姆斯基（А. Н. Хомский）的"转换生成语法"视为"形式主义语言学"的标志，以与西方的功能主义语言学相对立。

9. 当时的"语文学科"用 словесность 一词，包括语文学、修辞学、文艺学等。

10.《俄语句法学教程》是由《复合句和诗体实践句法学》在 1847 年再版时改名而来的。

11. 后一部著作在 1863 年再版时改名为《俄语历史语法》（«Историческая грамматика русского языка»），成为俄罗斯历史上第一部研究俄语历史的语法学著作。

12. 此处的"哲学语法"也称"理论语法"（теоретическая грамматика），主要指格列奇等人的普遍唯理语法。

13. 这些著述分别被收录在 1875、1880 年出版的大阿克萨科夫《作品全集》中。

14. 在沃斯托克夫的《俄语语法》中，"句法"这一术语是用俄语"словосочетание"一词来表示的，意为"词的组合"，有时他还用"соединение слов"来表示。

15. 形式逻辑语法历来把任何判断都归结为下列一种限定公式：собака бежит＝собака есть бегущая，спит＝есть спящий，所以句子由主语、谓语和系三成分构成。

16. 小罗斯语和大罗斯语是现代乌克兰语和俄语的历史称谓。

17. 此处的"物质"是根据原文 материя 一词定名的，究其内涵而言，物质即"内容"的意思。

18. 就语言学研究方法而言，博杜恩·德·库尔德内依然完全没有摆脱历史比较主义，且他本人也有许多著述涉及历史比较研究，如硕士论文《论 14 世纪之前的古波兰语》（«О древнепольском языке до XIV столетия»）（1870）和博士论文《列济亚口音语音学初探》

（《Опыт фонетики резьянских говоров》)（1875）就是研究斯拉夫语的,带有明显的历史比较主义性质。因此,将该学者的相关语言学理论放在"历史比较流派"中加以审视是合适的。

19. "历史功能主义"之所以称为"新型语言观",是针对 19 世纪后半叶"青年语法学派"(младограмматизм)提出的"历史主义"原则而言的。

20. 国内学界习惯把波捷布尼亚的著名著作 《Мысль и язык》翻译成《思想与语言》,其实,定名为《思维与语言》更为贴切,理据有三:一是 мысль 一词本身就有思想过程即思维的意思;二是从该著作的主要内容看,讲的也是思维与语言的关系问题;三是在俄语文献中,мысль 与 мышление 经常互用,意义相同,这在 19 世纪以前的文献中尤是如此。

21. 此处借用"雅努斯"这一名称对俄罗斯符号学传统的特质作出概括,意指俄罗斯符号学方法论的学理渊源既有欧洲主义的,也有斯拉夫主义的。尽管"雅努斯"分别朝向两个不同方向,但却构成一个整体。

22. 如柏拉图就提出过"名称表现事物"的思想,此处的名称就是指语言;亚里士多德则认为,"口语是心灵的经验的符号"等,这些都是"语言本体论"的哲学渊源。当然,柏拉图和亚里士多德分别是"唯名论"和"唯实论"积极维护者,两者的学术主张并不完全相同。亚里士多德的思想是在反对柏拉图"唯名论"思想基础上形成并发展起来的,他并没有把词语与事物等同起来,而是认为"心灵的经验"反映着事物。但无论是"唯名论"还是"唯实论",它们都是语言本体论思想的根系所在。

参考文献

[1] Аксаков К. С. О грамматике вообще [A]. //Полн. собр. соч. В 3 т. Т. 2. Ч. 1. [C]. М., Литературная критика, 1875a.

[2] Аксаков К. С. Ломоносов в истории русской литературы и русского языка [A]. //Полн. собр. соч. В 3 т. Т. 2. Ч. 1. [C]. М., Литературная критика, 1875b.

[3] Аксаков К. С. О русских глаголах [A]. // Полн. собр. соч. В 3 т. Т. 2. Ч. 1. [C]. М., Литературная критика, 1875c.

[4] Аксаков К. С. Опыт русской грамматики [A]//Полн. собр. соч. В 3 т. Т. 3. Ч. 2. [C]. М., Литературная критика, 1880.

[5] Алпатов В. М. История лингвистических учений [M]. М., Языки русской культуры, 1999.

[6] Арутюнова Н. Д. Логическое направление в языкознании [A]. //Лингвистический энциклопедический словарь [Z]. М., Научное издательство «Большая Российская энциклопедия», 2002, с. 273—275.

[7] Белинский В. Г. Основания русской грамматики для первоначального обучения [M]. М., АН СССР, 1953.

［8］ Бодуэн де Куртенэ И. А. Избранные труды по общему языкознанию Т. 1 ［М］. М. ，АН СССР，1963a.

［9］ Бодуэн де Куртенэ И. А. Избранные труды по общему языкознанию Т. 2 ［М］. М. ，АН СССР，1963b.

［10］ Булич С. К. Очерк истории языкознания в России XIII—XIX вв. ［М］. М. ，Книжный дом «ЛИБРОКОМ»，2010.

［11］ Буслаев Ф. И. О преподавании отечественного языка，ч. 1—2 ［М］. М. ，Унив. тип. ，1844.

［12］ Буслаев Ф. И. （Рецензия на）Мысли об истории русского языка И. И. Срезневского ［J］. // Отечественные записки，1850，№10.

［13］ Буслаев Ф. И. Историческая грамматика русского языка ［М］. М. ，Учпедгиз，1959.

［14］ Виноградов В. В. Из истории изучения русского синтаксиса ［М］. М. ，МГУ，1958.

［15］ Виноградов В. В. История русских лингвистических учений ［М］. М. ，«Высшая школа»，2005.

［16］ Греч Н. И. Практическая русская грамматика ［М］. СПБ. ，Тип Императорского Санкт-Петербургского воспитателя Дома，1827a.

［17］ Греч Н. И. Пространная русская грамматика Т. 1. ［М］. СПб. ，Тип. Издателя，1827b.

［18］ Колесов В. В. История русского языкознания ［М］. СПБ. ，Изд-во С. -Петербургского университета，2003.

［19］ Ломоносов М. В. Полн. собр. соч. ，т. 7 ［С］. М. -Л. ，АН СССР，1952.

［20］ ЛЭС（Лингвистический энциклопедический словарь）［Z］. //Под ред. В. Н. Ярцекой. М. ，«Большая Российская энциклопедия»，2002.

［21］ Овсянико-Куликовский Д. Н. Очерки науки о языке ［J］. // Русская мысль，XII. 1896，с. 1—32.

［22］ Овсянико-Куликовский Д. Н. Синтаксис русского языка（Изд. 2）［М］. Спб. ，издание И. Л. Овсянико-Куликовской，1912.

［23］ Перевлесский П. М. Начертание русского синтаксиса ［М］. Москва. ，Унив. тип. ，1847.

［24］ Поржезинский В. К. Введение в языковедение ［М］. М. ，типо-лит. т-ва И. Н. Кушнерев，1916

［25］ Потебня А. А. Мысль и язык ［М］. Харьков，Тип. «Мирный труд»，1913.

［26］ Потебня А. А. Из записок по русской грамматике. Т. 1—2. ［М］ М. ，Учпедгиз，1958.

［27］ Потебня АА. Психология поэтического и прозаического мышленият（Сущность слова；язык как система）［А］. //Хрестоматия по истории русского языкознания ［С］. М. ，«Высшая школа»，1973，с. 239—252.

［28］ Потебня А. А. Из записок по русской грамматике，Часть 1. ［М］. М. ，Просвещение，1927.

［29］Потебня А. А. Эстетика и поэтика［С］. М. ，Искусство，1976.

［30］Потебня А. А. Из записок о теории словесности［А］.//Слово и миф［С］. М. ，1989，с. 249－260.

［31］Поченцов Г. Г. Русская семиотика［М］. М. ，Рефл-бук，Ваклер，2001.

［32］Радищев А. Н. О человеке, о его смертности и бессмертии［А］.//Полное собрание сочинений в 3 т.［С］. М. -Л. ，Изд-ство АН СССР，1941. Т. 2，с. 39—141.

［33］Срезневский И. И. Мысли об истории русского языка［М］. СПб. ，тип. воен-учеб. заведений，1849.

［34］Ушаков Д. В. Психология X XI века：Учебник для вузов［М］. М. ，ПЕР СЭ，2003.

［35］Фортунатов Ф. Ф. Избранные труды，т. 1［М］. М. ，Учпедгиз，1956.

［36］Фортунатов Ф. Ф. Избранные труды，т. 2［М］. М. ，Учпедниз，1957.

［37］Щерба Л. В. Языковая сичтема и речевая деятельность［С］. Л. ，Наука，1974.

［38］杜桂枝,莫斯科语言学派百年回溯[J],外语学刊,2005 年第 3 期。

［39］王铭玉,语言符号学[M],北京:高等教育出版社,2004。

［40］王铭玉、陈勇,俄罗斯符号学研究的历史流变[J],当代语言学,2004 年第 2 期。

［41］赵爱国,20 世纪俄罗斯语言学遗产:理论、方法及流派[M],北京:北京大学出版社,2012。

［42］郅友昌,俄罗斯语言学通史[M],上海:上海外语教育出版社,2009。

第二篇

"创建期"的俄罗斯符号学研究范式

第 四 章

形式主义范式

我们在本著第一章第 1 节中就曾提到,俄罗斯符号学的"学科式创建"活动首先是从文艺学和语言学研究中的形式主义范式发端的。俄罗斯著名语文学家、符号学家斯捷潘诺夫(Ю. С. Степанов,1930—2012)在综述世界符号学发展概况时也曾明确指出,奠定 20 世纪 20—30 年代世界"语言和文学符号学"(семиотика языка и литературы)基础的主要是欧洲结构主义:一是"布拉格语言学派"(Пражская лингвистическая школа)和"哥本哈根语言学小组"(Копенгагенский лингвистический кружок)[1],其代表人物是特鲁别茨科伊(Н. С. Трубецкой,1890—1938)、雅各布森(Р. О. Якобсон,1896—1982)、穆卡尔佐夫斯基(Я. Мукаржовский 1891—1975)、叶尔姆斯列夫(Л. Ельмеслев,1899—1965)、布廖恩达利(В. Брёндаль,1887—1942)等;二是"俄罗斯形式主义学派"(Русская формальная школа)[2],以特尼亚诺夫(Ю. Н. Тынянов,1894—1943)、什克洛夫斯基(В. Б. Шкловский,1893—1984)、艾亨鲍姆(Б. М. Эйхенбаум,1886—1959)为代表;三是不依附任何学派的别雷(А. Белый,1880—1934)、普罗普(В. Я. Пропп,1895—1970)等。(Степанов 2002:441)他的这段概括性很强的话语为我们审视俄罗斯符号学的发端提供了有力佐证,即:具有真正学科性质的俄罗斯符号学研究滥觞于俄罗斯"形式主义范式"(формальная парадигма),也可称其为"形式符号学"(формальная семиотика)。

然而,斯捷潘诺夫对"俄罗斯形式主义"(Русский формализм)概念的理解是狭义的,即仅限定在文艺学领域。在我们看来,俄罗斯形式主义是作为术语还是作为范式,其概念内涵是有区别的。作为术语,它通常指 20 世纪初期文艺学界盛行的一种理论样式或批评思潮[3];而作为范式,它指上述历史阶段学界所提出的有关形式主义的研究方式及思想和知识体系的总和。显然,前者在概念上具有"单一性",它特指该时期文艺学领域以"革命的三驾马车"(ревтройка)——什克洛夫斯基、特尼亚诺夫、艾亨鲍姆为代表的形式主义文艺理论学说[4];后者在概念上则具有"整合性",它泛指该时期人文社会学科(主要是文艺学和语言学)研究中注重语言表现形式并将其作为独立研究对象的所有理论思维和学说样式。

研究表明,范式视角的俄罗斯形式主义并不只限于以往学界"认识定型"上所指的"文艺学"流派,其在理论构成上不可或缺的还有形式主义语言学流派和形式—功能主义流派。本章即从范式视角出发对上述三大流派的符号学理论思想进行综合审视和评介。

第 1 节　形式主义范式的形成及发展

作为俄罗斯符号学史上最初的研究范式,"俄罗斯形式主义"的出现并非偶然,不仅有着深刻的学术背景,且标志着文艺学批评领域的一场深刻变革;它的影响超出了国界,不仅对布拉格语言学派、"捷克结构主义"(Чешский структурализм)、"法国结构主义"(Французский структурализм)、"英美新批评思潮"(Новая критика в Англии и Америке)、"后结构主义"(постструктурализм)等产生过重大影响,且为本国之后的符号学各流(学)派的形成和发展奠定了方法论基础。

在我们具体审视俄罗斯形式主义范式各流派及其理论学说之前,有必要对该范式的学理基础、发展进程等作一番简要总结和分析,以为在整体上准确把握该范式的符号学意义和价值提供依据。

1.1　形式主义范式的学理基础

目前,学界对俄罗斯形式主义范式学理成因的认识似乎已有"定论",普遍认为它的形成是外因、内因双向作用的结果:外因如胡塞尔(Э. Гуссерль,1859—1938)的现象学(强调用实证主义的方法考察所有现象,反对一切主观武断、因果推断和一切未经考察的假设)、德国和法国的形式主义诗学(注重艺术的自主性及其发展的内在规律性)的影响;内因主要源自现代主义文艺学中的"象征主义"(символизм)、"阿克梅主义"(акмеизм)、"未来主义"(футуризм)等流派的影响。对此,国内外研究文献似乎有高度的认同性。如,在学界颇有影响的由方珊(1989)、王薇生(2005)翻译出版的《俄国形式主义文论选》中,以及俄罗斯学者苏希赫(С. И. Сухих)(2001)在《形式主义学派的工艺诗学》(«Технологическая поэтика формальной школы»)的著作中,都是如此来评析和界说的。

我们对上述观点难以苟同。理由是:(1)上述观点混淆了形式主义范式的"学理成因"与"学理基础"两个不同的概念。前者指形式主义方法的形成是从先前的哪些理论学说中汲取了有益的养料或有用的成分的,后者指形式主义方法的形成是建立在何种理论基础之上的;前者是学理演变性质的历时性成素分析,而后者是方法论性质的共时性理论阐释;(2)从范式视角看,俄罗斯形式主义不仅仅是"文学符号学",也同样是"语言符号学"的最初样式。(Степанов 2002:441)如,我们在上文中提到的形式主义范式的三大流派所关注的并不是文学作品的形式本身,而是文学作品的语言(形式主义文艺学流派也是如此,它所推崇的"形式",显然不是指"诗歌形式",而是"诗歌语言")。因此,在我们看来,讨论俄罗斯形式主义范式的学理基础,不能仅仅从文艺学一个领域去"追根溯源",还必须从语言学视角对其作出阐释;不能把研究的重心仅仅放在知识和运作层面上的有哪些流派或学说对其产生了何种影响的方面,而应该更多地关注哲学层面即范式所特有的方法论方面。这就是我们探析俄罗斯形式主义范式学理基础的视角所在。

研究表明,俄罗斯形式主义范式主要是在文艺学和语言学领域生成的,其研究视阈和研究对象也都是语言学的,因此,对其学理基础的审视应该主要建立在语言学和哲学两大方法论之上。

1.1.1 语言学基础——历史比较主义和结构主义方法

以往学界在审视俄罗斯形式主义范式的学理基础时,大多只关注到发端于20世纪初语言学研究中的结构主义方法对其产生的影响,主要是索绪尔有关"语言"(язык)和"言语"(речь)的学说。(见方珊,1989:8—9;王薇生,2005:3)然而在我们看来,这样的认识是有失全面的。我们知道,俄罗斯形式主义致力于文艺作品(诗歌语言)的形式及表达手段的研究,本质上是一种剥离语言的内容而单独对语言结构系统的美学追求,尤其注重对诗歌的"语言列"(словесный ряд)和"语音列"(фонетический ряд)的描写和分析。因此,审视其语言学基础,就只能从具有普通语言学性质的相关理论学说中加以分析。研究表明,无论从俄罗斯形式主义范式生成的历史渊源看,还是从其学理内核看,语言学研究中的历史比较主义和结构主义方法都是其不可或缺的重要理论源泉。

语言学研究中的历史比较语言学起源于18世纪末期的欧洲,流行于整个19世纪,其研究对象主要是印欧语系的语音演变规律。我们知道,自公元1453年东罗马帝国灭亡后,欧洲已经没有了统一的拉丁语。面对多样性的世界语言,经验主义者开始寻找不同语言的特殊性,而理性主义者则试图从千差万别的语言中探索其普遍性。应该说,18世纪以来的欧洲语言学就是在语言的特殊性(个性)和普遍性(共性)探索中向前发展的,其中,占主导地位的是语言的普遍性研究。历史比较主义方法就属于后一种研究样式。

讨论历史比较主义方法,不能不提到以下众多学者在不同阶段对其作出的贡献:

1)历史比较主义方法的四位先驱者。他们是:(1)意大利哲学家维柯(Дж. Вико,1668—1744),他所提出的新科学原理"包含着历史比较语言学的萌芽"(Маркс, Энгельс 1955—1981:512);(2)德国哲学家赫尔德(И. Г. Гердер,1744—1803),他用"历史主义"方法对"语言是人的本质"的思想作出阐释(赫尔德1998:21);(3)英国东方学者琼斯(У. Джонс,1746—1794),他于1786年提出了梵语与拉丁语、希腊语之间存在着系统对应性关系的著名论断,从而开启了印欧语系历史比较语言学研究的序幕;(4)德国语文学家施莱格尔(Ф. Шлегель,1772—1829),他于1808年在其发表的《论印度人的语言与智慧》(«О языке и мудрости индейцев»)论文中,首次使用了"比较语法"(сравнительная грамматика)这一术语(Топоров 2002:486)。上述四位学者有关历史比较语言学的思想是在当时启蒙运动和浪漫主义、理性主义等思潮的影响下提出来的。在此大背景下,许多学者开始把目光投向过去,着力探索民族史、史前史与民族语言之间的关系,如,语言的起源和发展研究就成为当时最为重要的方向之一。但从整体上看,18世纪对语言的历史比较研究还是相对孤立的和零碎的。也就是说，上述学者从历史比较主义方法的"序幕开启"到"术语使用"，只是吹响了进军历史比较语言学研究的"集结号"，而并没有形成统一的范式。

2）历史比较主义方法的四位奠基者。他们是：（1）德国学者葆朴（Ф. Бопп，1791—1867），他将历史主义与比较方法结合起来，在寻找古印欧语之间"有机性"（органичность）的过程中发现了历史比较主义方法；（2）丹麦学者拉斯克（P. Раск，1787—1832），他提出了亲属语言比较的方法论原则——形态对比原则和对应词规律性原则（见 Алпатов 1999：58—59）；（3）德国学者格里姆（Я. Гримм，1785—1863），他将葆朴和拉斯克提出的历史比较方法和原则具体运用到对日耳曼语的语音变化研究之中，进而创立了相应的"音变学说"，史称"格里姆定律"（закон Гримма）；（4）洪堡特（В. Гумбольдт，1769—1859），他在葆朴、拉斯克、格里姆提出历史比较语言学的方法、原则、定律之后，从理论高度将历史比较语言学作为一门独立的语言学科来加以审视，并提出了语言的比较研究只有在语言成为独立的研究对象并有自身的研究宗旨和遵循自身的研究目标的前提下才能得出正确和本质的结论的重要思想。

3）青年语法学派（младограмматизм）对历史比较主义方法的发展。该学派的代表人物有莱斯金（А. Лескин，1840—1916）、奥斯特霍夫（Г. Остхоф，1847—1909）、布鲁格曼（К. Бругман，1849—1919）、保罗（Г. Пауль，1846—1921）、德尔布吕克（Б. Дельбрюк，1842—1922）等。他们的学说思想主要体现在以下三个方面：（1）主张"实证主义"（позитивизм）方法，反对以印欧语言的重构作为历史比较语言学的主要任务和目标，推崇观察、记录和总结第一手的语言事实，摒弃一切对未被观察和未被证实的事实做任何理论上的假设；（2）提出新的语言定律，即两大"音变原则"——"无例外原则"和"类比原则"；（3）崇尚语言学研究的历史主义和心理主义，主张对鲜活的语言（言语）进行观察和总结，开创了语言的共时研究与历时研究相结合的先河。（见 Алпатов 1999：94—107，刘润清 1995：68—75）

当然，在历史比较主义方法的形成过程中，俄罗斯语言学家也作出了自己的独特贡献。特别是沃斯托科夫（А. Х. Востоков，1781—1864）、斯列兹涅夫斯基（И. И. Срезневский，1812—1880）、福尔图纳托夫（Ф. Ф. Фортунатов，1848—1914）、博杜恩·德·库尔德内（И. А. Бодуэн де Куртенэ，1845—1929）

等学者提出的相关学说,在理论和方法上填补了印欧语系中俄语与斯拉夫语族进行历史比较研究的空缺,从而成为历史比较主义方法遗产中不可或缺的重要方面。[5]

由上不难看出,流行于整个 19 世纪的历史比较主义方法注重的是语言形式(包括语音、音位、词素等)的历时研究。它以探索印欧语系诸语言之间起源上的共性为出发点,以重构同一语系中各语族、语支的"源语"(праязык)为目标,以"实证主义"(позитивизм)为方法论,对该语系中的主要语言进行了全方位的考察和描写,从而建构起人类历史上第一个具有真正科学性质的语言学研究范式——"历史比较范式"(сравнительно-историческая парадигма)。该范式作为一种方法论,包含着若干具体的比较方法和运作机理,如:确定不同语料的谱系属性,在不同语言层级上建立所比较语言的异同系统,对起始源语形式进行模式化等。(Нерознак 2002:485)上述方法和步骤都是建立在对语言形式进行系统性描写基础上的,因此对科学研究具有普遍的意义:它不仅可用于对印欧语系的研究,也同样可用于对其他语言的研究;不仅适用于语言科学的研究,也同样适用于其他人文社会学科的研究。20 世纪初在俄罗斯文艺学和语言学领域生成的形式主义范式也同样是建立在该历史比较主义方法之上的,这是因为:(1)重形式的描写而轻内容的分析,不仅是历史比较主义和形式主义所追求的学理共性所在,更是后者理论建构和发展的主要依据;(2)历史比较范式对印欧语言源语所进行的历时研究方法,"更多适用于形态学和语音学研究"(Звегинцев 1962:87),这也正是俄罗斯形式主义范式中文艺学和语言学研究最为集中的两大领域;(3)俄罗斯形式主义范式对诗歌语言的描写不仅仅是共时层面的,也同样涉及诗歌语言的词源考证等历时层面,这与历史比较主义方法有高度的契合性(这也同时表明,以往学界把形式主义范式视作纯共时或纯静态研究的看法是有失全面的)。

除上述历史比较主义方法外,以索绪尔为代表的现代结构主义语言学对俄罗斯形式主义范式的形成所产生的影响也是不言而喻的。结构主义将语言视作一个具有自主性的完整符号系统,它不仅界定了语言与言语的两种不同属性,还区分了语言的形式与内容、外部要素和内部要素等不同特性,更为重要的是它采用共时分析的方法来取代历史比较主义的历时方法,所有这些都是俄罗斯形式主义范式所借鉴和倚重的重要原则。例如,俄罗斯形式主义范式所标榜的文学作品本身具有自主性,文艺学(诗学)语言有别于日常言语,艺术内容不能脱离艺术形式,文艺内部结构及其层次的分析优于内外要素的审视以及共时研究反映群体意识并构成逻辑系统性等一系列思想和主张,都与结构主义方法有某种相似性或一致性。

　　需要特别指出的是,学界在俄罗斯形式主义范式的语言学基础问题上的看法并非一致。例如,形式主义文论家恩格尔卡尔德(Б. М. Энгельгардт,1894—1941)和苏西赫就认为,交际语言学(коммуникативная лингвистика)或语言的交际理论(коммуникативная теория языка)才是其语言学基础。(见Энгеньгардт 1927,Сухих 2001)在他们看来,世界语言学的发展轨迹是按照两种不同的语言观来实现的:第一种视语言为思维的工具,注重的是语言的认知功能,其代表人物除了德国语言学家洪堡特外,还有俄罗斯语言学家波捷布尼亚;第二种视语言为交际的工具,注重的是语言的交际功能。该两种语言观都对文艺学理论有着重大影响,因为在文艺学研究中历来就有与之相对应的两种美学观和两种诗学理论。但长期以来,占主导地位的是第一种(即建立在语言的意义构建功能或认知功能基础上的文学观),而俄罗斯形式主义范式遵循的却是后一种。(Сухих 2001:24—25)那么,如何来理解"交际"(сообщение)的概念呢?对此,恩格尔卡尔德认为,"交际"本身就包含着"二元对立"的两层不同意思——既指"交际内容",也指"交际手段",而交际视阈的文艺学研究应该偏重"交际手段"这一层面,理由是:话语本身作为声音综合体及其"物质上确定的列"(вещно-определенный ряд),是不可能作为"交际内容"来审视的;尽管语言综合体中的一些成分也属于交际内容,但它们被看作是语言综合体之前和之外的存在物,只能借助于话语来表达。因此,在语言交际观视阈下,应该把作为物质上确定结构的"语言列"(即文学作品本身)作为交际手段来审视。(Энгельгардт 1927:69—71)在我们看来,上述思想与我们所说的历史比较主义和结构主义方法并不矛盾,因为所谓的"语言列"或"物质上确定的列",指的正是文学作品的语言系统,甚至具体指诗歌语言的声音系统。从这个意义上讲,他们所谓的交际语言学,实质上也就是语言学研究中的历史比较主义和结构主义方法。

　　综上所述,我们似可以得出这样的结论:从符号学视角看,在俄罗斯形式主义的学理基础中,语言学基础是其最为主要的来源之一:俄罗斯形式主义者正是从语言学中汲取到相应的方法论对文艺学语言(尤其是诗歌语言)的属性和特点进行研究的。正如形式主义语言学流派中的著名学者日尔蒙斯基(В. М. Жирмунский,1891—1971)所说,理论诗学这一特殊章节可以对应于语言科学的每一章节。(Жирмунский 1977:28)但是,就该基础中的历史比较主义和结构主义两大方法而言,它们在构建俄罗斯形式主义范式中所起的作用却是不相同的。在我们看来,该范式从历史比较主义中汲取的主要是哲学层面的方法论,即实证主义。从这个意义上讲,俄罗斯形式主义范式亦可称之为"新实证主义"(неопозитивизм);而从结构主义中所汲取的主要是具体的研究方法和分析手法,即从结构主义所固有的"二元对立"中找到了文艺学(诗学)和语言学研究的突破口和路径。

1.1.2 哲学基础——普通美学理论

尽管俄罗斯形式主义者常常声称,他们无论在形式主义理论的建构中,还是在具体的分析中,都不会设定任何的哲学或美学先决条件,而遵循的是对事实的客观科学态度。如,俄罗斯形式主义范式奠基人之一的艾亨鲍姆就曾说,形式主义者所特有的科学实证主义的新热情就在于拒绝哲学的先决条件、拒绝心理学和美学的阐释。(Эйхенбаум 1927a:120)但是,事实上任何一门新科学的生成都是建立在一定哲学基础之上的,俄罗斯形式主义范式也不例外。研究表明,就方法论而言,俄罗斯形式主义范式的学理基础之一就源自于"普通美学"(общая эстетика)理论。

我们知道,在俄罗斯形式主义范式的文艺学研究中有一个核心概念贯穿始终,那就是"文学性"(литературность)。所谓文学性,是指能够使某作品成为文学作品的那些特殊成分或特质,即文学作品的"艺术性"(художественность)或"美学性"(эстетичность)。因此,理论上讲,评价某文学作品是否具有文学性,可以有三种不同的视角:第一种是文学性属于文学作品的整体构成视角,即把文学作品中的一切(既包括其成分构素,也包括作为整体的作品本身)都视作具有美学性。例如,当我们提出"文学作品整体有哪些特点或特性"这样的问题时,实际上所聚焦的是该作品的美学价值。第二种是文学性并非属于文学作品的整体构成视角,而只将文学作品的某些成分或特质视作具有美学性。或者说,在文学作品的构成中,既有美学上积极的成分,也有美学上中性的成分,甚至还有非美学的成分。在这种情形下,我们所提出的问题就与第一种情形的不同，变成了"文学作品成分中的哪些构素具有美学价值（或"哪些没有美学价值）"。第三种视角注重的并不是文学作品美学性特质的整体或构素，而是文学作品特有的美学效果，提出的是"文学作品（无论是作为整体的还是作为成分的）的哪些特质具有引发美学效果的能力"，或者说，"哪些特质可以理解为文学作品的文学性"。[6]显然，前两种视角只涉及美学特质的体现者或载体（是文学作品的全部还是部分体现着美学价值）问题，它属"个别美学"（частная эстетика）或理论研究的任务，而只有第三种视角是属于普通美学的，因为其答案只有从普通美学的原理中才能够找到。俄罗斯形式主义范式奉行的正是第 3 种视角，它所关注的核心是文学作品的美学效果或特质。

从学理上看，与俄罗斯形式主义范式哲学基础中的普通美学观较为接近的是德国哲学家哈曼（Р. Гаман，1879—1961）提出的相关思想。他在 1911 年出版的《美学》（《Эстетика》）小册子（1913 年出版俄文译本）中提出，某对象的美学价值首先是该对象的"自价值"（самозначимость），即某对象的美学内容（功能）不仅要从感知者意识的角度、还要从被感知的对象特性角度加以审视。（Гаман 1913：29—31）这一思想与俄罗斯形式主义者对美学对象的理解具有高度的契合性，因为在后者看来，文学作品的首要特性是"作品"（вещь）本身，它就是俄罗斯心理主义流派的奠基人波捷布尼亚所说的"活动的产物"（продукт деятельности），而不是德国著名语言学家、哲学家洪堡特所指的"活动"（деятельность）本身。该"作品"的存在作为一种客观现实，它完全独立于某作品的创造者和感知者的意识而具有哈曼所说的"自价值"。当然，哈曼的普通美学思想又是源自于德国古典哲学的鼻祖康德（И. Кант，1724——1804）提出的"物自体"或"自在之物"（вещь в себе）理论中的美学观。

总之，上述两大学理基础在哲学层面缺一不可，它们共同构成了俄罗斯形式主义范式的方法论基础：如果说语言学基础为形式主义者提供的主要是"实证主义"和"二元对立"的方法论的话，那么普通美学则进一步为其输送了认知文学作品特性（是"作品"）和特质（具有自价值）的审美方法，从而为形式主义者所极力推崇的文学作品的"文学性"和"陌生化"理论奠定了理论基础。

1.2　形式主义范式的发展历程

作为范式的俄罗斯形式主义从创建至消亡大致只有 20 余年的时间。虽然时间不长,但却在俄罗斯乃至世界文艺学和语言学史上留下了浓墨重彩的一笔。

1.2.1 形成标志

学界公认,俄罗斯形式主义范式形成的标志是什克洛夫斯基于 1914 年出版的《词的复活》(《Воскрешение слова》)小册子。1913 年 12 月和 1914 年 4 月,什克洛夫斯基应邀在"流浪狗"(Бродячая собака)艺人酒吧和杰尼舍夫学校(Тенишевское училище)做了两场学术报告,题目分别为"未来主义在语言史中的地位"(Место футуризма в истории языка)和"论作品的复活"(О воскрешении вещей)。报告在听众中引起的强烈反响甚至可以用"休克"(шок)来形容。如,艾亨鲍姆就把什克洛夫斯基的报告评价为"疯子说的话"(Эйхенбаум 1987:12);博杜恩·德·库尔德内也认为,听这样的报告"应该有精神病医生在场"(见 Чудокова,Тоддес 1987:137)。从两位学术大家的评说中,足以见得该报告在内容上与传统的观点是多么不同。上述两场报告的主要内容于 1914 年以《词的复活》小册子出版发行。在该小册子中,什克洛夫斯基对形式主义学说的基本原理进行了论证和界说,并阐发了下列基本思想:词是在不断发展和变化的。词在刚刚生成时,它是生动的和形象的,但随着时间的推移会渐渐"石化"(окаменение),从而失去其原有的鲜活性和形象性。这时,就必须采用各种方法使词"复活",如把词拆散,使其变形,或造新词,或用阴性词来替代阳性词等。这些方法可使词变得有新颖性、刺激性和可感性;艺术的感知主要是形式的感知。尽管词失去形式可以减轻思维的负担,也是科学存在的必要条件,但却不符合艺术的要求;诗歌语言不是"易懂的语言"(язык понятный),而是"似懂非懂的语言"(язык полупонятный),宗教诗歌从来都是用"似懂非懂的语言"(如教会斯拉夫语、拉丁语等)写成的。因此,必须创造出一种新的、"视觉上不爽的语言"(тугой на видение язык);词的复活并不是使其回归到"死前生命"(досмертная жизнь)状态,而是使其获得新的生命,复活是另一种生命的开始。(见 Шкловский 1914)如上表明,什克洛夫斯基所要强调的中心思想是:词的形式对艺术而言具有头等的重要性,因此,所谓"词的复活",实际上就是赋予日常语言以新的、符合艺术特性的语言形式。这与 20 世纪初欧洲文艺学艺术研究中未来主义流派提出的"词具有自价值"的观点相近似,同时也成为他于 5 年后(1919 年)提出的"陌生化"(остранение)理论的雏形。[7]由此可以得出这样的结论:《词的复活》并不是一般性质的学术论文,而是俄罗斯形式主义范式的宣言和纲领,它标志着俄罗斯现代主义文艺学历程由原先的象征主义、阿克梅主义、未来主义正式走向带有革命性意义的形式主义。

1.2.2 组织形式

在俄罗斯语言学和文艺学史上,"莫斯科语言学小组"(Московский лингвистический кружок,МЛК)和彼得格勒"诗歌语言研究学会"(Общество по изучению поэтического языка,ОПОЯЗ)无疑具有不可小觑的重要历史地位,因为它们的成立,标志着俄罗斯形式主义范式组织构架的形成。当然,除上述两大民间学术组织外,还有一个官方性质的形式主义研究基地,那就是"国立艺术史研究所"(Государственный институт истории искусства,ГИИИ)。

莫斯科语言学小组成立于 1915 年,1924 年起停止活动。它于 1920 年时达到鼎盛,有正式成员 34 名,几乎囊括了莫斯科当时从事语言学(包括文艺学和民俗学的语言问题)研究的所有青年学者,如博加特廖夫(П. Г. Богатрёв,1893—1971)、布 里 克(О. М. Брик,1888—1945)、别 什 科 夫 斯 基(А. М. Пешковский,1878—1933)、波利万诺夫(Е. Д. Поливанов,1891—1938)、托马舍夫斯基(Б. В. Томашевский,1890—1957)等。另外还有三名荣誉成员,他们是著名语言学家杜尔诺沃(Н. Н. Дурново,1876—1937)、波尔热津斯基(В. К. Поржезинский,1870—1929)、乌沙科夫(Д. Н. Ушаков,1873—1942)。历任该小组主席的是雅各布森(1915—1919)、佩捷尔松(М. Н. Петерсон,1885—1962)(1920)、维诺库尔(Г. О. Винокур,1896—1947)(1922—1924)。该小组中的多数学者后来又都成长为由福尔图纳托夫(Ф. Ф. Фортунатов,1848—1914)创立的莫斯科语言学派(Московская лингвистическая школа)中的第一代和第二代成员。(杜桂枝 2005:25—26)小组的宗旨是普及语言学知识和方法,目标是收集新的语言材料,并采用新的方法对原有材料进行研究,其中最主要的方向是诗歌语言研究。小组于 1924 年解散后,其研究传统被"布拉格语言学派"(Пражская лингвистическая школа)所继承,小组的有些人员(如雅各布森等)也转入该学派继续从事相关课题的研究。小组取得的主要成就有:一是与诗歌语言研究学会的成员一道,把语言学研究与文艺学研究紧密结合起来,提出了文学作品分析中严格的形式主义原则。所不同的是,诗歌语言研究学会是从文艺学理论角度来研究诗歌语言的,而莫斯科语言学小组则是从语言学理论角度对诗歌语言进行形式分析的。二是认为诗歌语言"具有特殊的美学功能"。三是对方言进行了考察,不仅收集了许多新的民间口头文艺学和民族学语料(如壮士歌、童话故事、笑话、咒语、传说、民间歌曲等),还进一步廓清了俄语方言的分类以及分布情况。四是采用新的方法和视角对民间口头文艺学进行研究,其中包括类型学的分类、构拟文本等。(见 Касаткин 2002:318)

诗歌语言研究学会创立于 1916 年,解体于 30 年代初。主要成员有什克洛夫斯基、雅各布森、特尼亚诺夫、艾亨鲍姆、托马舍夫斯基、波利万诺夫、布里克、伯恩斯坦(С. И. Бернштейн, 1892—1970)、帕斯捷尔纳克(Б. Л. Парстенак, 1890—1960)、马雅可夫斯基(В. В. Маяковский, 1893—1930)[8]、雅库宾斯基(О. П. Якубинский, 1892—1945),以及日尔蒙斯基(В. М. Жирмунский, 1891—1971)、维诺格拉多夫(В. В. Виноградов, 1894/95—1969)、谢尔巴(Л. В. Щерба, 1880—1944)等。[9]其中,雅各布森、托马舍夫斯基、波利万诺夫、布里克四位学者同时也是莫斯科语言学小组成员。什克洛夫斯基、特尼亚诺夫、艾亨鲍姆三位学者是学会的核心成员,他们都是从彼得堡大学于 1908 年开办的"普希金研习班"(Пушкинский семинар)成长起来的,曾被喻为"革命的三驾马车"。普希金研习班主要学习和研讨诗歌的语体、节律、韵律、修饰语以及主题、手法等,可称之为形式主义文艺学流派的摇篮;谢尔巴、波利万诺夫、托马舍夫斯基、雅库宾斯基等学者,则是博杜恩·德·库尔德内开创的"彼得堡语言学派"(Петербургская школа в языкознании)的主要成员,因此他们尤其擅长于对语言的系统性研究。诗歌语言研究学会与先其一年成立的莫斯科语言学小组在研究目标和方法上十分相近[10],被公认为 20 世纪初期俄罗斯诗歌研究中最为重要的形式主义流派。学会的主要出版物为 1916—1917 年出版的《诗歌语言理论文集》(«Сборник по теории поэтического языка»),1919 年出版的两集《诗学:诗歌语言理论文集》(«Поэтика：Сборник по теории поэтического языка»),以及彼得格勒国立艺术史研究所出版的《文艺学部学报》(«Временник Отделения словесных искусств»(1926—1929)和文艺学部出版的不定期刊物《诗学问题》(«Вопросы поэтики»)等。该学会在最初阶段主要研究诗歌言语的声音组织,以区别诗歌言语与实用言语的不同。

但是,该学会与莫斯科语言学小组对诗歌语言研究的着眼点却不尽一致:它并没有将诗歌语言的研究看作是语言学的任务或发展语言学理论的需要,而是为了解除文艺学艺术的束缚而研究语言的。诗歌语言研究学会取得的主要成就有:一是对诗歌语言与实用语言加以区分,对语言学、修辞学与诗学的界限和相互关系等作出了解释,对诗歌言语体裁的特点进行了系统描写,提出了诸如"玄妙的语言"(заумный язык)等学说;二是在诗学研究中首次提出"新音位学原理"(положения о новой фонологии),即将俄语的元音和辅音的音位整体上划分为十二种特征(见 Якобсон 1923),从而为布拉格语言学派的音位学研究奠定了学理基础;三是较为系统地研究了诗歌句法学、诗歌语义学、韵律学等问题,其中对词在诗歌、政论散文语境中的语义研究超出了诗学的范畴,为俄语词义学的形成与发展作出了贡献。(见 Тынянов 1924)

国立艺术史研究所成立于 1912 年,承担着艺术史的研究和教学任务,创立者为苏联著名哲学家、科学史学家、艺术史学家祖博夫(В. П. Зубов,1900—1963)伯爵。该院曾多次易名:艺术史研究所(1912—1920)、俄罗斯艺术史研究所(1920—1924)、国立艺术史研究所(1924—1931)、国立艺术科学院列宁格勒分院(1931—1933)、国立艺术科学院(1933—1937)等,1992 年至今正式定名为"俄罗斯艺术史研究所"(Российский институт истории искусства)。在该所的科研人员中,有不少同时是莫斯科语言学小组和彼得格勒诗歌语言研究学会的成员,如特尼亚诺夫、艾亨鲍姆、日尔蒙斯基、托马舍夫斯基、维诺格拉多夫等。该所出版的学报及不定期刊物,也成为发表形式主义著述的重要平台。

由上可见,莫斯科语言学小组和彼得格勒诗歌语言研究学会的成立,不仅标志着俄罗斯形式主义有了自身的组织机构,更为重要的是标志着有别于西方形式主义的一个崭新流派的诞生。尽管俄罗斯形式主义与西方形式主义在许多方面有相似之处,如实证主义的方法和对艺术内在规律的理解等都无实质性差异,但究其生成背景和学理指向而言却别具一格,称得上是世界形式主义范式中的一个崭新流派。如,相对于西方形式主义而言,俄罗斯形式主义更加注重实验语音学、文论和纪事文艺学的研究,尤其注重对文艺形式、特质、手法和规律的探索。

1.2.3 发展阶段

俄罗斯形式主义范式不仅代表着一个相当大的科学群体,更是文艺学和语言学领域开展的一场声势浩大的文化运动,因此,有必要对它的发展阶段作简要审视,以从中窥视出该范式发展、演变的些许特点和规律。

以往学界对俄罗斯形式主义的历史阶段问题似乎已有"定论":如,1998 年出版的《20 世纪文化学:百科全书》(«Культурология XX век. Энциклопедия.»)将其界定为"20 世纪 10—20 年代"的文艺学流派,组织形式存在于 1916—1926 年间;再如,巴赫金于 1928 年才出版的《文艺学中的形式主义方法》(«Формальный метод в литературоведении»)一书,就把它划分为两个阶段:第一阶段(1915—1919),第二阶段(1920—1921)。(Бахтин 1928:4—8)我们的研究表明,作为范式的俄罗斯形式主义经历了下列三个不同阶段——创建期、兴盛期和衰亡期,时间跨度远非学界以前所"认定"的不足 10 年,而是延续了20 余年,即从 1914 至 1936 年。[11]

1) 创建期——语文学方法时期(1914—1920)。在时间节点上,该阶段分别以作为俄罗斯形式主义旗手的什克洛夫斯基的两篇文章为标志:即于 1914 年出版的《词的复活》小册子为起始标志,以 1919 年发表《作为手法的艺术》一文提出著名的"陌生化"理论为结束标志。

其间,什克洛夫斯基、艾亨鲍姆、雅各布森等青年学者对形式主义文艺学和语言学研究进行了理论上的建构和方法上的探索,不仅提出了一系列新的思想和观点,同时也建立起与形式主义相对应的术语系统。这一时期发表或出版的主要著述有:什克洛夫斯基的《论诗歌和玄妙的语言》(«О поэзии и заумном языке»)(1916)、《作为手法的艺术》(«Искусство как приём»)(1919),艾亨鲍姆的《果戈理的"军大衣"是如何写成的》(«Как сделана "Шинель" Гоголя»)(1919),布里克的《音的重复》(«Звуковые повторы»)(1919),日尔蒙斯基的《诗学之任务》(«Задачи поэтики»)(1919);波利万诺夫的《关于日语中的"声音动作"》(« По поводу звуковых жестов японского языка»)(1919)等。这一时期的论著在数量上还不是很多,其主要任务是建立文艺学研究的新范式,即摆脱传统的"折衷主义学院派"(эклектический академизм)以及"象征主义印象派"(символистский импрессионизм)的影响,采用全新的"语文学方法"(филологический метод)来审视文艺作品,即语言与文学的混合视角。为达成上述任务,形式主义者们不惜采用夸张、标新立异等手法,力求克服和超越象征主义所固有的"朴素形式主义"(наивный формализм)的局限性,以实现文艺研究的非政治化和纯形式化(即摒弃思想内容的分析)之目的。然而,从方法论看,这一时期的形式主义并没有完全超越未来主义和历史比较主义的界限,它对文艺形式的理解和认识依然具有一定的单面性,对形式主义范式的建构也主要集中在诗歌的语音方面,这与莫斯科语言学小组以及后来的布拉格语言学派所坚持的诗歌研究不能脱离语言学的方向并不完全吻合。

2) 兴盛期——语言学方法时期(1920—1929)。[12] 在时间节点上,以 1920 年雅各布森移居布拉格后"革命的三驾马车"成为诗歌语言研究学会的实际领袖为起始标志,以形式主义于 1930 年遭到首次系统批判前夕为结束标志。

20 年代初起,俄罗斯形式主义的发展开始发生某些"质"的显著变化,其主要标志体现在以下三个方面:(1)诗歌语言研究学会的纳新及其学术研究的转向。众所周知,1918 年和 1919 年艾亨鲍姆、特尼亚诺夫先后被吸纳为诗歌语言研究学会的正式成员。他们的加入不仅极大地增强了学会的"战斗力"(使学会的领袖人物由原先的什克洛夫斯基、雅各布森两人增加到四人),也在 1920 年雅各布森告别俄罗斯而移居布拉格后形成了以"革命的三驾马车"为首的领袖阵营。但由于艾亨鲍姆、特尼亚诺夫的学术视角更接近于莫斯科语言学小组成员,尤其与雅各布森、维诺库尔的观点相近似,因此,学会的研究方向发生了由语文学向语言学的重大转向。更为重要的是,1921 年,《诗歌语言理论文集》刊发日尔蒙斯基的长篇论文《抒情诗的结构》(«Композиция лирических стихотворений»),他在文中再次强调了 1919 年发表的《诗学之任务》一文中把诗学归入语言学的有关观点,即理论诗学的每一门学科都应该对应于语言学学科的思想。[13](Жирмунский 1921:62)这对学会实现由"创建期"主要以诗歌的语音研究转向语言学的其他领域起到了积极的推动作用。(2)雅各布森提出"文学性"理论。1921 年,雅各布森出版《当代俄罗斯诗歌:第一次素描——走进赫列勃尼科夫》(«Новейшая русская поэзия. Набросок первый: Подступы к Хлебникову»)一书,并在该书中第一次提出文艺作品的"文学性"这一重大理论问题,从而把什克洛夫斯基的"陌生化"学说上升到哲学美学的高度,它标志着俄罗斯形式主义的方法开始走向成熟。(3)对诗歌的研究已经不是仅局限于语音方面的"单面性",而是将其视作由所有成素构成的复杂统一体,从而广泛涉及诗歌的形态学、句法学、风格学(修辞学)、词汇学、语体学问题以及情节、节律、格律等相关论题。这一时期,形式主义者们开始致力于揭示诗歌一系列相似特性的研究,提出了诸如"辅音的聚集""同语反复""结构和情节单位的排比""纯语主义"等许多新思想,从而"在经验上证实了形成文学作品规律的相同性"。(Шкловский 1926:6)上述三个方面构成了这一时期形式主义范式发展的主旋律。在此背景下,俄罗斯形式主义的发展如"狂飙突进",展现出一派兴盛的局面。可以这样说,俄罗斯形式主义范式的主要理论、学说、思想等大多是在这一时期出现的,因此,其著述无论在数量上还是质量上都是"创建期"无法比拟的,其中影响广泛的著述主要有:什克洛夫斯基的《情节的展开》(«Развертывание сюжета»)(1921),《罗扎诺夫》(«Розанов»)(1921),《文学与电影》(«Литература и кинематограф»)(1923),《论散文理论》(«О теории прозы»)(1925),《奥妙的故事》(«Новелла тайн»)(1925),《第三工厂》(«Третья фабрика»)(1926);雅各布森的《作为特殊形式的民间口头创作》(«Фольклор как особая форма творчества»)(1921),《论艺术现实主义》(«О художественном реализме»)(1921),《勃留索夫的诗歌学与诗歌科学》(«Брюсовская стихология и наука о стихе»)(1922),《论捷克语诗歌与俄语诗歌对比》(«О чешском стихе преимущественно в сопоставлении с русским»)(1923),《文学和语言学研究问题》(«Проблемы литературных и лингвистических исследований»)(1928);特尼亚诺夫的《陀思妥耶夫斯基与果戈理》(«Достоевский и Гоголь»)(1921),《诗歌语言问题》(«Проблема стихотворного языка»)(1924),《善辩者列宁的词汇》(«Словарь Ленина-полемиста»)(1924),《论文学演变》(«О литературной эволюции»)(1927),《语言与文学研究问题》(«Проблема изучения языка и литературы»)(1928,与雅各布森合作),《仿古者与革新者》(«Архаисты и новаторы»)(1929);艾亨鲍姆的《俄语抒情诗的旋律》(«Мелодика русского лирического стиха»)(1922),《穿越文学:文集》(«Сквозь литературу: Сб. статей»)(1924),《关于"形式主义者"的问题》(«Вокруг вопроса о "формалистах"»)(1924),《莱蒙托夫:文学史评价初探》(«Лермонтов. Опыт историко-литературной оценки»)(1924),《形式主义方法理论》(«Теория формального метода»)(1925),《文学、理论、批评、争论》(«Литература. Теория. Критика. Полемика»)(1927),《文学与文艺学生

活方式》(«Литература и литературный быт»)(1927);日尔蒙斯基的《论形式主义方法问题》(«К вопросу о формальном методе»)(1923),《押韵及其历史和理论》(«Рифма，ее история и теория»)(1923),《格律学导论:诗歌理论》(«Введение в метрику：Теория стиха»)(1925),《文学理论的几个问题》(«Вопросы теории литературы»)(1928);托马舍夫斯基的《俄语诗作法》(«Русское стихосложение»)(1923),《提纲的结构(列宁的语言)》(«Конструкция тезисов (Язык Ленина)»)(1924),《形式主义方法》(«Формальный метод»)(1925),《文学理论:诗学》(«Теория литературы. Поэтика»)(1925),《诗论》(«О стихе»)(1929);维诺格拉多夫的《自然主义的怪诞手法:果戈理小说"鼻子"的情节与结构》(«Натуралистический гротеск. Сюжет и композиция повести Гоголя "Нос"»),《论自然语体的形态学问题》(«К морфологии натурального стиля»)(1922),《果戈理语体专论》(«Этюды о стиле Гоголя»)(1926),《论诗歌语言的理论建构》(«К построению теории поэтического языка»)(1927);维诺库尔的《诗学新文献》(«Новые литературы по поэтике»)(1923),《诗学、语言学、社会学》(«Поэтика. Лингвистика. Социология»)(1923),《论纯语主义》(«О пуризме»)(1924),《诗学与科学》(«Поэтика и наука»)(1925),《语言素养》(«Культура языка»)(1925),《诗歌文本批评》(«Критика поэтического текста»)(1927);布里克的《名为"形式主义的方法"》(«Так называемый "формальный метод"»)(1923),《节律与句法》(«Ритм и синтаксис»)(1927),以及伯恩斯坦的《朗诵理论的美学前提》(«Эстетическая предпосылка декламации»)(1927),波利万诺夫的《论汉语诗体的格律性质》(«О метрическом характере китайского стихосложения»)(1924)等。更为重要的是,除上述彼得格勒诗歌语言研究学会和莫斯科语言学小组成员的大量著述外,还有一大批不属于任何派别的学者也纷纷加入形式主义范式下进行学术研究,并取得一系列重要成果,从而为该范式走向兴盛作出了自己的贡献。在这里,我们不能不提到下列几位著名学者及其主要著述,因为他们的学说思想是俄罗斯形式主义范式不可或缺的重要组成部分。如:阿萨菲耶夫(Б. В. Асафьев,1884—1949)的《俄罗斯音乐中的俄罗斯诗学》(«Русская поэзия в русской музыке»)(1921),《作为过程的音乐形式》(«Музыкальная форма как процесс»)(1930);叶夫列伊诺夫(Н. Н. Евреинов,1879—1953)的

《肖像画家的原景物——论艺术中的主观主义问题》(«Оригинал о портретистах (к проблеме субъективизма в искусстве)»)(1922);什佩特(Г. Г. Шпет,1879—1937)的《赫尔岑的哲学世界观》(«Философское мировоззрение Герцена»)(1921),《词的内部形式》(«Внутренняя форма слова»)(1927);巴赫金(М. М. Бахтин,1895—1975)的《陀思妥耶夫斯基的创作问题》(«Проблемы творчества Достоевского»)(1929);恩格尔卡尔德(Б. М. Энгельгардт,1887—1942)的《文学史中的形式主义方法》(«Формальный метод в истории литературы»)(1927);普罗普的《童话形态学》(«Морфология сказки»)(1928),《神话故事的嬗变》(«Трансформация волшебных сказок»)(1928);什米特(Ф. И. Шмит,1877—1942)的《艺术:理论与历史的几个基本问题》(«Искусство：Основные проблемы теории и истории»)(1925),《艺术学方法论问题》(«Проблемы методологии искусствоведения»)(1926);亚尔霍(Б. И. Ярхо,1889—1942)的《科学文艺学界限》(«Границы научного литературоведения»)(1925),《形式分析基本原理》(«Простейшие основания формального анализа»)(1927)等。从上述著述中不难看出,相较于"创建期"而言,这一时期的研究规模更加宏大、研究视阈更加宽阔、研究内容也更加深入。许多在"创建期"启蒙的思想或提出的方法,都在这10年不长的周期内得到长足的完善和发展。从学理上看,这一时期的形式主义呈现为三大特点:(1)文艺学和语言学研究的"并轨"趋势明显,两大学科基本是在"语言学的轨道上"相向而行的,这为俄罗斯符号学(尤其是语言符号学)的发展提供了充足的养料;(2)形式主义文艺学和语言学理论日臻成熟,许多学说不仅成为世界形式主义理论宝库中不可多得的思想遗产,更为从形式主义走向结构主义(比如雅各布森)和结构功能主义(比如布拉格语言学派)奠定了基础;(3)纯文艺形式的研究开始与文艺内容或功能研究相结合,在一定程度上展现出当代文艺学研究的新趋势。

　　3)衰亡期——"悔过自新"时期(1930—1936)。在时间节点上,分别以1930年和1936年什克洛夫斯基在《文学报》(«Литературная газета»)和《文学家的列宁格勒》(«Литературный Ленинград»)杂志发表"悔过书"(раскаяния)和"自谴文"(самобичевания)为开始和结束标志。

　　尽管俄罗斯形式主义范式经过10余年的发展形成了比较完整和独特的理论体系,也对世界符号学的发展产生重大而深远影响,但其盛况并未延续多久,便很快进入事物发展的最后阶段——衰亡期。究竟是何原因导致俄罗斯形式主义如此迅速地由喧嚣尘上的"天堂"走向偃旗息鼓的"地狱"的呢? 对此,学界有各种不同的看法。总体上看,进入 30 年代后,俄罗斯形式主义范式的生态环境开始急剧恶化。具体表现在:(1)受到来自苏联主流意识形态的批判。众所周知,从 20 世纪 20 年代末期起,在俄罗斯人文社科领域占统治地位的是所谓的"马尔主义"(марризм),即由苏联科学院副院长、著名语言学家和东方学家马尔(Н. Я. Марр, 1864/65—1934)提出的"语言新学说"(новое учение о языке)或称"雅弗学理论"(яфетическая теория)。该学说认为,语言学研究中的历史比较方法是唯心主义的产物和资产阶级的学说,必须与之进行不懈的斗争;语言属于建立在生产关系基础之上的意识形态领域,因此语言具有阶级性:它不仅是政权的工具,也是阶级统治的工具。显然,马尔主义是将语言打上了意识形态的烙印,而这与俄罗斯形式主义范式所追求的"陌生化"和"文学性"的宗旨是背道而驰的。因此,俄罗斯形式主义受到以辩证唯物主义和历史唯物主义这一主流意识形态的批判和打压就不足为奇了。也正是出于上述原因,俄语中"形式主义"一词在苏联的主流意识形态中才被界说为"只注重事物外部形式而不看重事物本质的思想方法"。事实也正是如此:20 年代末,形式主义就遭到来自主流意识形态的第一轮批判,什克洛夫斯基不得不在 1930 年 1 月 27 日的《文学报》上发表《科学谬误的明证》(«Памятник научной ошибке»)"悔过书";30 年代中期,苏联文艺学界又开展声势浩大的反对形式主义和"异端美学"的第二轮声讨运动,以时任苏联作家协会主席的高尔基(М. Горький,1868—1936)为代表的官方学界对形式主义进行了彻底批判和清算;1936 年初, 作为主流意识形态"喉舌"(глашатай)的《真理报》刊登编辑部系列文章——《用胡言乱语来替代音乐》(«Сумбур вместо музыки»)、《芭蕾舞艺术的虚伪》(«Балетная фальшь»)、《论拙劣画家》(«О художниках-пачкунах»),对音乐、舞蹈、绘画等艺术领域的形式主义进行了全面围剿。在此背景下,什克洛夫斯基再一次被迫于 1936 年在《文学家的列宁格勒》杂志的第 2 期上, 发表了题为《论形式主义》(«О формализме»)的自我谴责文章。在我们看来,该文可被视作俄罗斯形式主义作为一种范式从此退出历史舞台的标志。(2)"矫枉过正"的些许观点和做法受到学界的批判。在创建形式主义范式的过程中,形式主义者效仿"逆历史潮流而动"的先锋派和未来派的做法,过分地强调形式分析对文学作品的重要性和唯一性,有意凸显诗学研究中的客观主义态度和方法,断然否认形式与内容的辩证统一,极力主张分析文学作品的去内容化和去意识形态化,完全否定象征主义流派的学说价值,如此等等,这不仅使其他流派的学说思想受到巨大冲击,也在一定程度上割裂了俄罗斯的人文主义传统。为此,学界早就有不同的声音,来自各方的批评和批判几乎从未间断过。例如,早在1922年,日尔蒙斯基就形式主义方法问题与艾亨鲍姆发生过争论,争论的焦点是坚持形式与内容的有机统一还是只要形式而剔除内容问题;1924年,形式主义又遭到文艺学领域社会学流派的批判:苏联国务活动家、著名作家和批评家卢纳察尔斯基(А. В. Луначарский,1875—1933)在1924年第5期的《报刊与革命》(«Печать и революция»)杂志上,发表了题为《艺术科学中形式主义》(«Формализм в науке о искусстве»)的文章,对艾亨鲍姆提倡的形式主义方法提出尖锐批判;1925年和1927年,苏联学界又分别开展两次专题辩论会,主题分别围绕"艺术与革命"(Искусство и революция)和"形式主义方法(формальный метод)展开;1928年和1934年,巴赫金(梅德韦杰夫)分别出版《文艺学中的形式主义方法》(«Формальный метод в литературоведении»)和《形式主义与形式主义者》(«Формализм и формалисты»)两部著作[14],对形式主义方法和形式主义者的基本主张和观点进行了较为全面的批判。(3)新兴的结构—系统范式对其形成"不可逆"的巨大冲击。我们知道,在世界语言学范围内,19世纪是历史比较范式一统天下,而到了20世纪初,以索绪尔为代表的一种崭新的、带有革命性意义的范式——结构—系统主义范式开始形成。特别是1926年由原彼得格勒诗歌语言研究学会骨干成员雅各布森等参加的"布拉格语言学派"宣告成立后,对俄罗斯形式主义所形成的直接冲击日益增大。新的结构—系统范式标志着世界语言学界新的生命体已经诞生,其旺盛的生命力正以"星火燎原"之势不仅替代了历史比较范式长达一个多世纪的统治,同时也将刚刚燃起不久的俄罗斯形式主义的焰火湮灭。这应该是形式主义范式未能在俄罗斯长久延续的主要原因之一。这就如同世界语言学术史上洪堡特的"民族心灵"学说的命运一样,它的光芒本应该长久照亮世界语言学发展历程的,但却被来势凶猛的历史比较范式所湮灭。关于这一点,学界也有比较一致的看法,但表述的方式却不尽相同。学界普遍认为,尽管俄罗斯形式主义范式在世界文艺学和语言学发展史的长河中只是"昙花一现"，但随着以雅各布森为代表的一些学者向国外的转移，它不仅成就了布拉格语言学派，同时也促成了西方文艺理论的革命性变革。

正是在上述政治生态、学术生态、国际生态"三大因素"的综合作用下，俄罗斯形式主义范式才开始走向"衰亡"之路的。这一时期，确切说是自 1930 年什克洛夫斯基第一次发表"悔过书"后，"悔过自新"或"转入地下"成为俄罗斯形式主义者们必选其一的生存法则。如，什克洛夫斯基、布里克（О. М. Брик）等从此不再从事文艺学研究，艾亨鲍姆、特尼亚诺夫等学者开始转向文艺学研究的历史或社会文化领域，而那些原本从事形式主义语言学研究的学者则大多转向语言学的其他领域，如音位学、语法学等。然而，尽管俄罗斯国内的报章杂志开始鲜有形式主义的文章出现，但仍有少量的著作出版，如：维诺格拉多夫的《论艺术性散文》（«О художественной прозе»）（1930）和《普希金的语言》（«Язык Пушкина»）（1935）[8]，库格利（А. Р. Кугель，1864—1928）的《俄罗斯剧作家：戏剧评论家概论》（«Русские драцатурги. Очерки театрального критика»）（1933）等，这些著作整体上采用的仍然是俄罗斯形式主义惯用的视角和手法。这充分证明，形式主义范式并没有在 1930 年后彻底根绝。尤其值得一提的是，早年移居国外的雅各布森并未受到国内政治生态和学术生态的影响，而始终坚持用形式主义（后转为结构主义）的方法从事语言学和文艺学的相关研究，这在一定程度上为俄罗斯形式主义得以在 30 年代后延续提供了强有力的支撑。

最后需要强调指出的是，30 年代中期以后，虽然形式主义作为一种范式已不复存在（被结构—系统主义所替代），但作为方法或手法的形式主义却并没有退出历史舞台，而是一直延续了下来。从国际影响看，正如上文中所说，随着以雅各布森为代表的一些学者向国外的转移，形式主义方法先后对布拉格语言学派、捷克结构主义、法国结构主义、英美新批评思潮、后结构主义等生成和发展都产生过重大影响；从国内传承看，它不仅生成了以古科夫斯基（Г. А. Гуковский，1902—1950）、金兹布尔格（Л. Я. Гинзбург，1902—1990）、布赫什塔布（Б. Я. Бухштаб，1904—1985）等为首的"青年形式主义学派"（младоформалисты），还在 60 年代兴起的"塔尔图—莫斯科学派"（Тартуско-московская школа）的符号学理论学说中得到进一步的发扬和光大。

通过上述对俄罗斯形式主义范式的形成与发展状况的简单梳理,我们至少在以下几个方面深化了对该范式学术价值和理论特质的认识:(1)该范式作为俄罗斯为数不多的具有世界影响的原创性理论之一,国内外学界对该范式学术思想的发掘仍有空白之处,对其方法论意义的认识仍有深化的空间;(2)该范式的形成不仅是俄罗斯符号学的发端标志,同样也是世界符号学的最初样式,因此,从世界符号学的生成、演化和发展的角度对其做一番新的审视,可能会有新的发现;(3)该范式本质上是一场捍卫文艺学本体论的运动,即让文艺学回归到"以语言文字为工具形象化地反映客观现实"的本真状态,尽管这种回归多少具有"矫枉过正"或"极端化"的性质,但究其本身的学术价值及方法论意义而言却是毋庸置疑的;(4)从该范式的形成路径看,正是基于对文学作品"语言艺术"(словесное искусство)的矢志追求,才促使形式主义者们转向文艺学内部规律的探究,从而在研究路径上走出一条颇具俄罗斯特色的符号学创建之路,即由文艺学走向"作品"(вещь)、再由作品走向"形式"(форма)、最终由形式走向"语言"(язык)。总之,就俄罗斯形式主义范式对世界文艺学和语言学发展所产生的影响和作用而言,它丝毫不比索绪尔的结构主义符号学理论逊色。在我们看来,索绪尔所奉行的符号学原则与俄罗斯形式主义范式的并无二致:一个是"就语言为语言而研究语言",另一个是"就形式为形式而研究形式"。况且,索绪尔所谓的"语言"实际上也只局限于"语言的形式",而俄罗斯形式主义者所追求的"形式"却不仅包括了"文艺的形式",也包括了"语言的形式"甚至"文化的形式"。

第 2 节　形式主义文艺学流派

从本节起,我们将从符号学史的"意义"角度对俄罗斯形式主义范式所呈现的"三大流派"的理论学说或思想做具体的评介和缕析。

形式主义文艺学流派(формально-литературоведческое направление)无疑在俄罗斯形式主义范式中占据着主导和独特的地位。原因很简单,正如我们在本书第一章"总论"中所提到的那样,俄罗斯符号学与西方主要国家的最大区别就在于其进入符号学领域的"路径"上:它主要是从文艺学研究中的形式主义范式开始进军符号学世界的。对此,可以作为佐证的是:该范式中的所谓

"革命的三驾马车"都是从事文艺学研究的,其他形式主义者(无论是莫斯科语言学小组成员,还是彼得格勒诗歌语言研究学会或俄罗斯国立艺术史研究所成员)也大多为青年文论家、文学家或艺术家。此外,从符号学角度看,文艺学与符号学之间也有着某种自然的"内在关联性",因为其本身就具有跨学科或跨文化的性质,这与符号学的本质特性相当吻合。正如有学者指出的那样,"所谓符号学实际上就是文艺符号学"。(李幼蒸 2016:117)这也同时表明,形式主义范式在学理形态上具有符号学的性质。

从俄罗斯形式主义流派的研究领域及其提出的理论或学说样式看,大致又可分为文论研究和散文、戏剧、音乐研究两大方向。

2.1　文论研究

文论作为"文艺学理论"的简称,主要指对文艺学规律进行探索,对文学作品做具体评判,对文艺新潮流予以倡导、推动等方面的理论活动。其研究范围涉及文艺学与社会的关系、文学作品的内部规律、文学作品创作与鉴赏的基本方法、主体创作和鉴赏文学作品的心态等内容。由此不难看出,文论研究无疑是俄罗斯形式主义者的主战场,其理论成果成为俄罗斯形式主义范式中最为重要和最具学术价值的部分。

从事俄罗斯形式主义文艺学理论研究的学者较多,除上文提到的形式主义的"三驾马车"什克洛夫斯基、特尼亚诺夫、艾亨鲍姆外,还有恩格尔卡尔德、托马舍夫斯基(Б. М. Томашевский, 1890—1957)、古米廖夫(Н. С. Гумилев, 1886—1921)、布里克(О. М. Брик, 1888—1945)、亚尔霍(Б. И. Ярхо, 1889—1942)、什米特(Ф. И. Шмит, 1877—1942)等著名学者。限于篇幅,我们在这里不可能对上述学者的所有文艺学理论思想进行面面俱到的审视,而只能紧扣俄罗斯符号学史的"意义"这一主题,从上述学者的众多理论学说中汲取出最有代表性同时也最具符号学价值的学说思想予以评介。[15]鉴于此,我们拟对每一位学者的相关理论学说加以高度概括,并冠以一个最能反映其学说特质的称谓,以最大限度地聚焦其在符号学方面的理论价值。

这里需要特别指出的是,参与彼得格勒诗歌语言研究学会活动的有些学者也从事文艺学理论研究,但由于他们的基本立场和观点与形式主义的方法相左或相悖,如日尔蒙斯基、巴赫金等,因此就无法将他们的学说或思想在本节中加以评介。[16]

2.1.1 什克洛夫斯基的"陌生化"学说

作为彼得格勒诗歌语言研究学会的奠基人之一和文艺学领域俄罗斯形式主义范式的实际领袖,什克洛夫斯基的理论学说在学界起着标杆或风向标的作用。他的许多思想被奉为学术经典,在世界学界广为流传。其中,最受学界称道的是被誉为俄罗斯形式主义理论内核的"陌生化"学说。

"陌生化"一词最早出现在什克洛夫斯基于 1914 年出版的小册子《词的复活》中。从词源上看,остранение 一词源自 странный,意为"奇异""奇怪""古怪"。1919 年,他在长篇论文《作为手法的艺术》一文中[17],对"陌生化"作了较为系统的论述和分析,从而将术语"陌生化"由原先的概念层面上升为一种理论学说。

1)对"陌生化"学说的建构。这种建构主要是建立在对传统文艺理论进行批判基础上的。他认为,以往心理主义和象征主义流派极力推崇的定义是:艺术即用形象来思维,诗歌作为思维的一种特殊方式,也同样要用形象来思维。[18]但事实上,形象几乎是"固定不变的":从一个世纪转到另一个世纪,从一处转到另一处,从一位诗人转到另一位诗人,都没有变化。形象"不属于任何人",而"只属于上帝"。"你对时代认识得越多,就越发会相信,你认为是这位诗人创造的形象,其实不过是他从别的诗人那里几乎原封不动借用来的。"由此,什克洛夫斯基得出这样的结论:形象思维在任何情况下都不能涵盖艺术的所有种类,甚至都不能涵盖语言艺术的所有种类,并非将形象改变了就可以构成诗歌艺术发展的本质。(Шкловский 1919:60)

2)对诗学以及诗歌语言的特性作出详细分析。他认为,诗歌形象尽管是营造最强烈印象的方式之一,但究其任务而言,它与诗歌语言的其他手法相等同,与普通的否定和平行的否定相等同,与比较、重复、对称、夸张等修辞格手段相等同,也与所有夸大对作品的感受方式相等同。诗歌形象是诗歌语言的手段之一,散文形象则是一种抽象的手段。这就是思维,但这种思维与诗学毫无共同之处。(Шкловский 1919:61)至于诗歌语言的特性,在什克洛夫斯基看来,则需要从人的感知的一般性规律中加以分析。他提出的一个重要思想是:动作一旦成为习惯,就会变为自动化。他说:我们的所有习惯性反映就是这样进入"无意识—自动化域"(среда бессознательно-автоматического)之中的。比如,散文语言的规律是结构上不完整的句子和欲言即止,其成因就在于这一自动化过程。这一过程的理想表达是代数,因为代数中所有事物都可以被符号所替代……这一思维的特性不仅提示着代数的方法,同样也提示着对符号(开头的字母符号)进行选择……在作品代数化和自动化的过程中,感知力可以得到最大程度的节省:尽管作品并没有在意识里出现,但却会以其某一特点或如公式一般地显示出来。(Шкловский 1919:63)显然,在什克洛夫斯基眼中,那种"习惯成自然"的自动化过程与诗歌语言的特性是格格不入的,因为无意识并不存在,而诗歌语言作为一门艺术却是活生生的一种存在。

3) 对"陌生化"艺术手法进行了深入阐释。他认为,艺术就是为了找回人们对生活的感觉和感知到作品,就是为了使石头成为石头;艺术的目的是将作品感觉为所见,而不是认同;艺术的手法是作品的"陌生化"手法以及增加感知难度和长度的难解形式的手法。这是因为:艺术中的感知过程就是目的本身,理应延长这一感知过程;艺术是体验作品创作的方式,而艺术制成品本身并不重要。(Шкловский 1919:63—64)在什克洛夫斯基看来,俄罗斯著名作家托尔斯泰(Л. Н. Толстой,1828—1910)就习惯使用一种"陌生化"手法:只写其本人所见,并写尽其所见而从不改变。比如,托尔斯泰不会用事物本来的名称去指称事物,而会像第一次所见到的事物那样去描写它;对于事件,也会像第一次发生的那样去描写。此外,他在描写事物时,不会使用该事物习以为常的那些名称,而是用其他事物中相应部分的名称来称谓。如在《战争与和平》(«Война и мир»)这部小说中,托尔斯泰就大量使用了这种"陌生化"的手法来描写每一次交战,因此,所有的这些交战给人的最先感觉就是奇特的或陌生的;而在《复活》(«Воскрешение»)中,托尔斯泰也是用同样的手法来描写城市和法庭的。最后,什克洛夫斯基得出这样的结论:这种"陌生化"的手法并非托尔斯泰所专有,大凡有形象的地方就有"陌生化";"陌生化"并不仅仅是"色情谜语"(эротическая загадка)——委婉语的一种手法,也是一切谜语的基础和唯一意义。(见 Шкловский 1919:64—69)

从符号学角度看,什克洛夫斯基的上述"陌生化"学说至少在以下几点上具有重要的思想价值:一是艺术(诗歌)不是对外部事物的模仿,而有其内在的规律。因此,研究文学作品,不能只研究其形象性,而应注重其内在的形式或结构。二是"陌生化"是文学作品的美学本质,是审美上新鲜感或奇特感的需要。它是在"去自动化"的基础上，以增加对艺术形式感受的难度，拉长审美欣赏的时间而达成的。三是"陌生化"手法主要指语言表达形式、表达方式上的新奇和奇特，而不是其素材、情节和构造等。四是所谓"陌生化"的语言表达形式，本质上是一种变形的、被扭曲的语言或理解上有难度的语言，也就是被"陌生化"的语言。换言之，文学语言本质上就是"被陌生化"的语言。这种语言与日常语言最大的不同就在于：它通常只有语音、词汇排列组合等"能指"系统，而没有"所指"的语义系统。正如什克洛夫斯基在论述诗歌语言的"陌生化"问题时所说，无论是研究诗歌语言的语音和词汇构成，还是词的排列及其意义系统，都随处可见这种"陌生化"艺术性特征，即：故意创造出艺术性以摆脱感知的自动性；艺术性中的所见展现着创作者的目的，这也是"人为"构建的，以使感知在所见上滞留，使其达到最大的力度和长度；作品不是在其空间性上而是在其不间断性上被感知的，诗歌语言就符合这些条件。（Шкловский 1919：71）。

　　最后需要强调指出的是，作为俄罗斯形式主义"旗手"的什克洛夫斯基，其形式主义的理论学说不仅仅体现在上述"陌生化"方面，同样也体现在小说、诗歌、散文的理论研究方面，其奠定了形式主义方法论的基础，因此具有重要的符号学价值。如，他在 1916 年发表的《论诗歌和玄妙的语言》的文章中集中讨论了诗歌语言的形式即所谓的"声音象征主义"（звукосимволизм）问题。他赞赏波捷布尼亚关于诗歌词语多义性的观点，认为每一件艺术作品都隐含着作者想述说的思想，它的"内部形式"是形象，"外部形式"则是诗歌中的词，而诗歌艺术的价值正是体现在其形象的象征性以及词的多义性两个方面。但什克洛夫斯基并不赞成波捷布尼亚不区分诗歌语言和散文语言的观点，认为该两种语言的形象是不一样的：在散文中形象是将事物组合成群，而在诗歌中形象只是加深印象的一种手段。（见 Шкловский 1919）再如，他在彼得格勒诗歌语言研究学会 1921 出版的《罗扎诺夫》小册子里就第一次提出了形式主义方法论问题。他指出，文学作品是纯形式的，它既不是一个事物，也不是一件材料，而是许多材料的关系。这是一种"零量度"（нулевое измерение）的关系，因此作品的规模大小和数量多少都不重要，重要的是关系。他坚持认为，文学作品是由许多代码组成的，用不同材料建构起来的作品其规则都是相同的，因此可以用同一种方法对其进行解构。（Шкловский 1921：4）上述这些观点、思想和方法无疑都具有符号学的性质。应该说,从代码角度来创作和分析作品,是什克洛夫斯基理论的一大特点。但就其所有理论学说的内核而言,无疑都是建立在上述"陌生化"学说基础之上的,即把小说、诗歌、散文等形式看作是一种"艺术手法"。(见 Шкловский 1925)从这个意义上讲,什克洛夫斯基眼中的艺术手法具有一维性,即"陌生化"。

2.1.2 特尼亚诺夫的"文学系统性"学说

在俄罗斯形式主义文艺学流派中,作为"革命的三驾马车"之一的特尼亚诺夫的学说思想占据着十分重要而特殊的地位。说其重要,是指他的文艺学理论思想体现出由最初的"公式化"渐渐向"个性化"过渡的特点。比如,他早期的学说思想与诗歌语言研究学会的基本学说并无二致,即奉行的是什克洛夫斯基提出的"艺术是一种手法"的基本公式。这正是他于 1921 年出版的第一部著作《陀思妥耶夫斯基与果戈理:谈语体理论》)(《Достоевский и Гоголь:к теории пародии》)所反映的主旨思想。在该部著作中,特尼亚诺夫把构成现实文学的复杂过程都归结为语体学(如体裁和修辞学)现象。他在详细对比了两位作家在修辞上的差异后得出结论认为,"抛弃原则"(принцип «отталкивания»)是文学发展的基础和客观规律。(Тынянов 1977a:198)这一观点是特尼亚诺夫在从事文论研究和历史文学研究中始终遵循的核心思想。但在尔后出版的著作《诗歌语言问题》(1924)[19],以及发表的论文《文学事实》(《Литературный факт》)(1924)、《论文学演变》(1927)中[20],他开始关注被形式主义者完全忽视或摒弃的艺术和文学结构的"意义"问题,将文学演变的历史和文学事实等与文学形式一并加以考察。在我们看来,特尼亚诺夫正是在这一点上有别于其他形式主义者,或者说这正是其对俄罗斯形式主义文论所做的特殊贡献所在:他从视艺术为一种手法的"公式"走向了文学系统观。

归纳起来,特尼亚诺夫的"文学系统性"学说,主要体现在以下三个方面:

1) 文学形式具有"动态感"的思想。特尼亚诺夫在《诗歌语言问题》一书中,在揭示诗歌与散文之间固有差异的基础上,对文学形式的本质提出了自己独到的见解。他认为,文学作品形式的本质就在于其"动态感"(динамизм)。该动态感主要体现在两点——结构原理的概念和对文学形式的感觉。前者指不是词的所有因素都具有等同价值,动态形式的构成并非源自因素的组合或融合,而是源自因素的相互作用:一组因素的凸显是靠另一组因素来实现的,凸显的因素可以使其他从属的因素变形；后者指对文学形式的感觉历来都是对主导因素（结构因素）与从属各因素之间相互关系变化的体察。（Тынянов 1965:28）

在他看来，每一行诗歌和散文的结构原理都具有"同化力"（ассимилятивная сила）：它能使另一行诗句隶属于自己和变形。例如，散文中的节律会被散文的结构原理（即语义效能优势）同化，这时，该节律可以起到或积极的交际作用——强调和强化"语构—语义的统一性"（синтатико-семантические единства），或消极的交际作用——转移、迟滞的作用等。（Тынянов 1965:70）此外，在分析诗歌和散文的差异时，特尼亚诺夫还从文学系统性出发，发现并解释了"诗行"（стиховой ряд）与"散文行"（прозаический ряд）两者之间的某些"过渡现象"（промежуточные явления）。[21]他提出，诗歌向散文方向发展，是将诗行的"一致性"（единство）和"紧凑性"（теснота）建立在"不寻常对象"（необычный объект）上。这非但不会削弱诗歌的实质，反而会有力凸显其实质——凸显诗歌的结构原理；任何一种散文元素一旦导入诗行，就可以在诗歌中转向另一面——功能上凸显的一面，并生成出两种因素：被强调的结构因素（诗歌因素）和非寻常对象的变形因素；如果在散文中导入诗歌元素，也会发生类似现象。（Тынянов 1965:72）

2）诗歌语义具有"动态感"的思想。特尼亚诺夫对"动态感"的解释不仅仅是从文学形式的角度作出的，同样也涉及对诗歌语言意义的界说。他在《诗歌语言问题》一书中曾专门辟出一章来讨论"诗歌中词的意义"问题，并表达了下列基本思想：诗歌中的词是变色龙，从来都没有一个确定的意义；词不仅有不同的意思，有时还有色彩；句子以外的词是不存在的，一个词由于不同的使用而获得不同的意义；词的使用既可以其基本特征，也可以依据其次要特征。基本特征的概念与词的实质部分概念相吻合，它不同于次要特征概念与形式概念的吻合；在词的意义发生模糊的情况下，词愈加鲜明地表现出因其属于一定的语境而产生的一般性色彩；诗行的韵律序列是一个完整的条件系统，这些条件对意义的基本特征和次要特征以及波动特征的出现都有独特的影响。（见特尼亚诺夫 1989:41—60）上述话语表明，诗歌中词的意义具有鲜明的"动态感"特征，它集中体现在词义的"基本特征""次要特征""波动特征"以及"语境""序列"等的使用和选择方面。此外，特尼亚诺夫还引入"语义界限"

(семантический порог)的概念来研究诗歌和散文,以凸显那些"玄妙的语言"(заумный язык)的语义成分,深化对意义的认识。(Тынянов 1977b:53)

3)文学体裁具有"动态感"的思想。在特尼亚诺夫的"文学系统性"学说中,"动态感"不仅体现在文学形式方面,同样也体现在作为"文学事实"(литературный факт)的体裁以及文学史的演变方面。对此,他于 1924 年和 1927 年发表的两篇论文《文学事实》和《论文学演变》就集中表达了上述思想。他认为,不能静态地对体裁作出界定,因为体裁在变化之中;体裁作为一个系统具有不确定性,作为某一种手法的体裁功能并不是一成不变的,体裁意识的生成是与传统体裁碰撞的结果;不同时期的文学事实也不相同。比如,故弄玄虚自古有之,儿童语言中也有,但只有在当代才成为文学事实。(Тынянов 1977a:257—276)此外,特尼亚诺夫还把动态元素用于对文学演变的阐释。在他看来,文学演变中的最重要原则,就是"文学作品是系统,文学也是系统"。(Тынянов 1977a:272)他把功能重新界定为某一元素与其他元素以及作为整体的系统之间的关系,同一种元素的功能在该元素进入不同系统后就具有不同的性质。比如,古旧词在某情形中可能提升其语体,而在另一种情形中则可能成为幽默词语。文学事实也会发生同样的情景:在一个时代它可以是日常生活事实,而在另一个时代则成为文学事实。比如,文字、回忆录、日记的文学性与非文学性等。因此,离开系统甚至无法界定体裁的属性:系统外孤立的作品根本不可能对其体裁作出界说,这是因为在 19 世纪 20 年代称谓的体裁,并不是根据罗蒙诺索夫时代的那些特征来命名的。(Тынянов 1977a:275)

由上不难看出,特尼亚诺夫的"文学系统性"学说是建立在文学形式、文学语言、文学体裁三位一体的"动态感"基础上的:他所提出的诗歌在形式上具有"一致性"和"紧凑性"的思想,凸显的是诗歌的结构原理即诗歌的功能性;他所强调的诗歌与散文因素的相互作用,依据的是文学形式的系统性特征;他对文学事实和文学演变的审视,其出发点是动态的语言结构系统;他对体裁问题的描述,不仅仅看到词的外在符号,还深入词的意义领域。总之,"文学系统性"学说的最显著标志就是其"动态感"。他对文学作品"意义"(主要是语言意义)表现出的偏好,无疑为形式主义与当代文艺理论沟通架起了一座桥梁。从符号学角度看,特尼亚诺夫的"文学系统性"学说较之什克洛夫斯基的"艺术是一种手法"的思想具有更高的学术价值,因为符号学更注重文学符号的系统性、多维性研究,尤其关注符号意义层面。他所提出的"文学事实""文学演变"以及"诗行""散文行"和"语义界限"等学说思想,无疑具有更加系统和多维的性质,由此他被称为"系统主义者"(системщик)。

2.1.3 艾亨鲍姆的"形式主义方法"论

艾亨鲍姆的学术风格与"革命的三驾马车"中的什克洛夫斯基、特尼亚诺夫相比,更具有学院派的色彩。作为当时俄罗斯为数不多的语文学博士之一,他对俄罗斯文学史有较深入的研究,尤其擅长文学批评理论。例如,他于1924年出版的第一部学术著作就是纯文论性质的,题目为《莱蒙托夫:历史文学评价初探》(«Лермонтов. Опыт историко-литературной оценки»)。艾亨鲍姆在该著作中把"强烈的感染力"视为"莱蒙托夫现象"(феномен Лермонтова)。他写道:莱蒙托夫把情感的"公式"(формула)由一件作品转换到另一件作品中,全然不顾语体和体裁的不同;在莱蒙托夫诗歌中根本不存在真正的有机的结构性,取而代之的是强烈的抒情表达辞令。(Эйхенбаум 1924:20)在这里,艾亨鲍姆用"公式"来替代"符号",鲜明地显露出其形式主义的分析视角。然而,艾亨鲍姆对形式主义文论最大的贡献并不在于对文学史、文学事实的批评方面,而是其提出的"形式主义方法"论。

1926年,艾亨鲍姆用乌克兰语发表了《"形式主义方法"理论》(«Теория "формального метода"»)一文[22],对当时盛极一时的俄罗斯形式主义方法论的形成背景、演变过程、内涵本质及研究任务等作了比较全面和系统的回顾和总结,形成了他的所谓"形式主义方法"论。该论文的主要观点有:

1)形式主义方法不是僵死的教条。艾亨鲍姆认为,在形式主义方法史上,演变的因素十分重要。对此,反对我们的人和我们的许多追随者都视而不见。我们被折衷主义者和机械模仿者所包围,他们把形式主义变为某种稳固不动的形式主义系统,并将该系统用作术语的制定、图式的绘制和分类等。这样的系统只适用于批评,而绝不是形式主义方法的特点。我们过去没有、现在也没有任何现成的系统或学说。在科研中,我们所看重的理论只是作为一种研究用的假说,以借此来发现和搞清楚事实。因此,我们不会像追随者热切期盼的那样去对形式主义作出界定,也不会像反对者热衷的那样去建构形式主义的普遍理论。我们确立并遵循某些能够用材料证实的些许原则。如果材料要求将这些原则复杂化或变更,我们就将其复杂化和变更。从这个意义上讲,我们有足够的不受理论本身束缚的自由。科学就应该是自由的,因为理论与见解之间有差异。现成的科学是不存在的。科学不是为了确立真理,而是为克服谬误。(Эйхенбаум 1927b:1)这显然是艾亨鲍姆一贯坚持的对形式主义理论属性的基本定位。它表明,作为方法论或范式的俄罗斯形式主义,从其诞生第一天起至最后衰亡并无"硬性"的纲领或定规,而只有形式主义者"柔性"依循的某些原则。也就是说,形式主义者的研究兴趣和所遵循的方法论大致相同,但具体方法和见解却可以不尽一致。这应该是包括形式主义在内的所有科学范式的基本特点,也同样是任何一门新兴学科得以发展的普遍规律。事实也是如此:中后期的形式主义与早期的形式主义相比,其在研究方法和观点上就有所不同。

2)形式主义是一门独立的学科。在艾亨鲍姆看来,俄罗斯形式主义者是在诗歌语言研究学会内生成的派别,其研究对象主要是诗歌语言。他认为,在这门科学中,可以发展各种不同的方法,但核心依然是所研究材料的特殊性;形式主义者从一开始就致力于与旧传统作斗争,其确立的"形式主义方法"(формальный метод)的称谓在理解上具有约定俗成性:它是一个历史术语,而不能看作现行的界定;对我们来说,形式主义既不是一种美学理论,也不是作为完整科学体系的方法论,而仅仅是在文学材料的特殊基础上创建一门独立的文学科学;我们只需要在理论上和历时上认清语言艺术的事实。(Эйхенбаум 1927b:2)

这一段话语对形式主义的学科性质和研究对象进行了阐释。显然,这与学界通常的界说有较大出入。他所认定的形式主义既不是美学理论也不是方法论的观点,显然与形式主义的学理内涵不相吻合。在我们看来,形式主义之所以能够对世界文艺理论产生如此重大的影响,恰恰就在于它是一种崭新的美学理论和方法论。

3)形式主义是范式更替的结果。艾亨鲍姆从形式主义者观点演变的角度出发,论述了形式主义作为一种范式的历史必然性。他认为,形式主义者历史上是与未来主义相联系的,由于纯理论的文艺处于死亡状态,因此理论科学的威信和影响开始由所谓的"杂志科学"(журнальная наука)所取代。我们所见到的是范式的更替——首先是诗歌的分类学被更换,一个学派替代另一个学派,象征主义让位给未来主义;后来借助于研究诗歌语言又发生了科学方式的更替等。艾亨鲍姆对上述范式更替和观点演变过程进行了详细论证和分析。(见 Эйхенбаум 1927b:3—26)在他看来,形式主义方法的演变主要包含以下几个方面:(1)由简单的实践语言与诗歌语言的对立,走向区分实践语言的不同功能(如雅库宾斯基)以及区分诗歌语言和情感语言的方法(如雅各布森);(2)由形式的一般概念走向手法概念以至功能概念;(3)由诗歌节律和音步的对立走向把节律看作诗歌的结构因素,从而把诗歌视作具有自身特殊语言(句法、词汇和语义)特质的言语形式;(4)由把情节看作结构走向把材料视为参与建构形式构成主要部分的元素;(5)由对不同材料采取统一手法(如什克洛夫斯基)走向按照功能区分手法,并由此走向区分形式的演变——文学史研究问题。(Эйхенбаум 1927b:27—28)

　　显然,所谓"形式主义方法"论,实质是艾亨鲍姆对 1916—1926 年间俄罗斯形式主义方法演变所做的高度概括和总结。它不仅描绘了形式主义生成和演变的学理由来,还详细论述了形式主义的方法特点和发展走向,从而为我们准确把握其学理本质提供了较为完整的理论依据。但在我们看来,他的有些观点多少带有"悖论"的性质,如:他所说的形式主义不是美学理论和方法论的观点;他多次宣称形式主义者从事学术研究不需要任何科学前提,也不需要作任何心理学的和美学的阐释,形式主义者只主张追求事实,将科学变得更加具体,这种观点不仅与形式主义的学理本质有出入,也与作为独立的"文学科学"的生成条件不相符。实际上,俄罗斯形式主义方法究其本质而言就是追求文学作品的"文学性",手法上追求"陌生化",因此它是一场新的美学运动;形式主义作为一门独立学科,从它的生成表象上看是一种范式走向了另一种范式,但范式的更替是有其深层动因的,那就是其赖以生长的土壤——理论基础发生了变化。从这个意义上讲,艾亨鲍姆的"形式主义方法论"在理论上仍存在着一定的不足或片面性。

2.1.4 托马舍夫斯基的"诗学系统性"思想

　　在俄罗斯文艺学界,托马舍夫斯基被公认为是"普希金学"(пушкиноведение)和"语篇学/文本学"(текстология)的奠基人之一。[23]他同时还是一位文韵学家和文学理论家,并在形式主义文论方面有自己的思想建树,其中最具符号学价值的应该是其提出的"诗学系统性"思想。

　　托马舍夫斯基的"诗学系统性"思想比较集中地反映在论文《貌似科学的:

试论艺术语言的节律研究》(《Наукообразные • Опыты подхода к изучению ритма художественной речи》)(1921)[24]、专著《文学理论：诗学》(1925)以及文集《诗论》(1929)等著述中。[25]该思想主要包含以下观点：

1) 诗学有特定的对象和任务。托马舍夫斯基在《文学理论：诗学》一书中对"诗学"这一术语进行了界说。他认为，诗学的对象是文学作品，而诗学之任务就是研究文学作品的构造方式，研究方法则是对现象进行描写、分类和阐释。在他看来，文学作品具有两种特性：一是独立于偶然的日常发音条件；二是被文本的不变性而固定化，因此，文学是具有"自价值"(самоценность)和被记录的语言。(Томашевский 1925:1—4)他与其他形式主义者一样，习惯将艺术语言与实用语言对立起来进行审视，认为实用语言注重的是所述内容，而对于语言表达则少有关注。他认为，上述两种语言的区别体现在"意向"(устремление)上的不同：前者的目标意向是表达，而后者的目标意向是信息；而在目标意向为信息的实用语言中，可能发生完全对等的符号代码的相互替代：表达本身是临时的和偶然的，所有注意力都指向信息，语言只是信息的偶然伴随物；然而，当信息可以用面部表情或身势语来传递时，我们就会使用这些与词语地位相等的手段。他由此得出结论认为，文学作品不但能体现独特的表达素养，也特别关注词语的选择和排列顺序，它对表达的关注度远比日常实用语言要高得多。表达是文学作品信息不可分割的组成部分，这种对表达关注度的提升被称为"表达定向"(установка на выражение)[26]；在感知这种语言时，我们会不由自主地意识到表达，即去关注词语的表达及其相互排列顺序。表达在一定程度上成为"自价值"；具有表达定向的语言是艺术语言，它与没有表达定向的实用语言有别。(Томашевский 1925:9—10)

2) 艺术语言需要系统性研究。托马舍夫斯基在论述"艺术语言"(художественная речь)的性质时，首先对象征主义的代表人物别雷(А. Белый，1881—1934)的诗学思想进行了批判。他认为，艺术语言研究必须要对科学和技术进行区分：科学的任务是认知，而技术的任务是创造，科学和技术是两种不同的"原质"(стихия)。而别雷的观点则有一个典型特点，那就是不把客观观察与实际规范区分开来，也不把事实与规则以及科学和技术区分开来。(Томашевский 1977:116,123)据此，他对艺术语言提出了自己的观点。他指出，由于艺术语言是一种特殊的变化系统，因此，研究该语言时必须要对什么是词的自然的和实用的构思意图、何处开始艺术的语言构思等作出解释。只有在搞清楚这一"强制组织起来的语言"（принудительно организованная речь）在感知上能够获得艺术节律特质的条件下，科学才能够开始对艺术节律的体现形式进行系统性研究。（Томашевский 1977:124）显然，托马舍夫斯基所说的"艺术语言"，是指诗歌语言。在他看来，艺术语言与实用语言的最大区别就在前者属于"强制组织起来的语言"，因而对该语言的研究无论在理论层面还是观察层面都应该采取系统的方法，以避免零散地、不系统地进行业务爱好者式的试验。（见 Почепцов 2001:429）上述"强制组织起来的语言"作为术语，在含义上就相当于俄罗斯形式主义者们极力推崇的"艺术组织起来的词"（художественно организованное слово）的同义词。

　　3）诗学研究有其规律性。托马舍夫斯基在 1929 年出版的文集《诗论》中对俄语诗学的特点和规律提出了自己的见解：诗学研究作为一门科学，它应该经过一个实验阶段；要揭示俄语诗的规律，就必须要克服象征主义所推崇的一般性观察或主观想象；诗学研究应该是描写性的，因为它与直接的"材料考察"（обследование материала）有关；材料考察就是积累事实、描写事实和使事实系统化；诗学以两种不同的方式提出材料问题：一方面将其作为准备研究的材料总和来审视，即选择作为研究依据的艺术作品问题，另一方面探讨艺术作品的研究范围问题。（见 Томашевский 1929）尽管托马舍夫斯基并没有在该书中详细论述诗学究竟有哪些自身的特点和规律，但上述话语表明，诗学研究不能注重其表意层面，而应该用描写的方法对诗歌的语言材料进行考察。这一点正是俄罗斯形式主义者所追求的目标。

　　由上不难看出，托马舍夫斯基"诗学系统性"思想包含着这样几个核心要素：(1)艺术语言有别于日常实用语言，本质特征是"强制组织起来的语言"；(2)艺术语言的意向是"表达定向"，表达本身具有系统性和自价值；(3)诗学的基本任务是探索文学作品的构造方式，因此采用的是描写而不是阐释的方法；(4)诗学描写不是一般性的观察和主观臆想，而是基于对诗歌语言材料的直接考察。总之，尊重艺术语言自身的特点和规律、注重诗歌语言的表达形式、将诗学视为具有自价值的自主系统予以研究，应该是托马舍夫斯基"诗学系统性"思想的旨意所在。然而，值得一提的是，上述思想并不是托马舍夫斯基在其近半个世纪的学术生涯中所坚持如一的。研究表明，30 年代之后，他的诗学思想开始发生重大转变,由先前的只注重形式转向把诗歌语言的形式和内容作为一个不可分割的整体予以审视。[27]

2.1.5 布里克的"节律—句法"学说

作为彼得格勒诗歌语言研究学会的重要成员,布里克无疑是形式主义方法的积极倡导者和践行者。他在 1923 年发表的《名为"形式主义的方法"》一文中,就对形式主义的方法论意义予以高度概括和积极评价。他认为,彼得格勒诗歌语言研究学会所倡导的形式主义在以下三个方面可以对俄罗斯当时的文化建设提供借鉴:(1)以科学系统替代杂乱无章的事实和个人观点的堆积;(2)以创作个性的社会评价替代对"神的语言"的偶像式崇拜;(3)以深谙作品生产规律替代对创作奥秘的"神秘"洞察。(Брик 1923:214)然而,究其本人在形式主义文论方面的学术成就而言,影响最为广泛应该是其于 1927 年提出的"节律—句法"学说。该学说对艺术作品(确切说是诗歌)结构的基本原则进行阐释,对诗歌语言重要特征之一的"节律"(ритм)与句法学之间的关系进行了分析,从而成为当时诗歌语言研究领域颇有影响的力作之一。该学说的核心思想可以用一句话加以概括,那就是诗歌语言与普通语言(如散文语言)的结构不同,它是按照两种不同的规则——节律规则和句法规则组合起来的。对此,布里克作有如下表述:诗歌不仅要按句法规则,也要按照节律句法的规则进行组合,即诗句中的一般句法规则会由于节律的规则而变得复杂化;第一行诗句是一个词组,词在该行诗句中是按照一定的节律规则组合起来的,但这些词同时也要按照散文句法构造的规则进行组合;一定数量的词按照两种规则共存的事实本身,就构成了诗歌语言的特点,我们在一行诗句中可以看到节律—句法词组的结果;节律—句法词组与普通句法词组的区别就在于词被列入一定的节律单位(诗行),而与纯节律组合的区别则在于词不仅要按照语音特征,还要按照语义特征进行组合。(Брик 1927:32—33)

应该说,布里克提出的上述"节律—句法"学说,在当时还是具有创新意义的。我们知道,俄罗斯形式主义文艺学流派中的几位代表人物,如艾亨鲍姆、托马舍夫斯基、雅各布森等,都认为诗歌语言与散文语言是有严格区分的,前者具有"超语法"的性质。[28]而布里克则认为,可以将诗句视作节律句法单位,因为诗歌语言并未脱离散文句法的基本规律。(Брик 1927:31)当然,布里克在这里所说的句法,并不是一般意义上的句法规则,而是与诗句结合起来的

"节律句法"。也就是说,在布里克看来,俄语诗句既要考虑到自身的节律问题,同时也要考虑到诗句特有的句法语义问题,这一观点与纯形式主义的文艺理论又有所不同。也正因为如此,他的"节律—句法"学说后来逐渐被俄罗斯诗学界所普遍接受。

2.1.6 亚尔霍的"精确文艺学"理论

尽管亚尔霍既不属于彼得格勒诗歌语言研究学会的成员,也不是莫斯科语言学小组的成员,但他却在俄罗斯形式主义文艺学史上留下了重要遗产,那就是他提出的"精确文艺学"(точное литературоведение)理论思想。该理论思想发端于他于 20 年代起对文艺学方法的不懈探索,最终形成于 30 年代中期。如,1925 年,他发表了《科学文艺学的界限》一文[29],用形式主义的方法对该理论思想作了初步论述;1935 年完成了《精确文艺学方法论》(«Методология точного литературоведения»)书稿,对精确文艺学理论进行了较为全面和深入的阐释。[30]

所谓"精确文艺学",就是用数学的方法来研究文艺学,因为在亚尔霍看来,文艺学本身就具有精确科学的性质,它不但与社会科学中的历史学、法学、语言学相关联,更与自然科学中的数学、生物学、人学、心理学、人类学等密不可分。据此,他认为撰写《精确文艺学方法论》的目的,是为了"以统一体系的形式来解释对各种文学材料研究所得出的结论,并开创新的文艺学——在崭新的方向上推动一系列富有成果的探索"(Ярхо 2006:6)。归纳起来,该理论主要有下列内容构成:

1)用连续归纳法来取代直觉演绎理论。他认为,世界(自然界)并非是人们凭直觉想象的那个样子,而是具有"多集性"(множественность)、"不间断性"(непрерывность)、"无限性"(бесконечность)、"多变性"(изменчивость)等特征,因此,仅用理性的方法(如区分、比较、演绎等)只会对我们精确认识世界造成障碍。(Ярхо 2006:22—24)为此,他提出应该依据建立在语文学文字分析法基础上的"连续归纳法"(последовательно индуктивный подход)对文学作品的文本结构进行研究,以取代传统的"直觉演绎理论"(интуитивно-дедуктивные теории)。在他看来,自然科学研究中的观察法、实验法和统计法等就完全适用于对文学作品进行定量分析。比如,运用统计法,不但可以解决那些与文学作品的修辞、主题和结构、思想和情感以及体裁等有关的大量问题,还可以把文学作品的起源、演化、类型化、文学流派等问题等值翻译成"数字的语言"(язык цифр)。关于文学作品的方法和手法问题,亚尔霍认为应该将其置于规范研究的"连续性"中加以审视,即由"分析"(区分出作品的本质特质)到"综合"(对综合数字指标进行统计)再到"得出结论"(总结所研究现象发展和功用的规律性)。(Ярхо 2006:28—29)

2) 对文学作品的结构进行分类和阐释。他认为,文学作品可以分为"个别结构"(частная конструкция)和"一般结构"(общая конструкция)两类:前者如语音结构、修辞结构、诗歌结构等,体现为每一个形式阈内部的各种联系;后者为组合性结构,由不同形式阈间的各种联系构成。在他看来,尽管上述联系问题时常被提出,但迄今并没有对其作出科学的解释。(Ярхо 2006:48)为此,他坚持在《形式分析的基本原理》一文中所提出的观点,认为文学作品的统一性源自其结构化,即生成于"演替性"(сукцесивность)——即不同阈形式的快速更替、组合列的结构层面及不同阈之间的关系、某一阈内的性质一致性等,而完整的统一性(即采用一种原理将自然界的所有形式联成一体)是不存在的。(Ярхо 1927:7—28)他认为,体裁学说是结构理论中最令人棘手的问题,学界对体裁的界说、分类和描写方面都毫无系统性。为此,他提出应该按照形式阈的数量来对体裁作出分类,如可分为语音结构体裁、语音修辞体裁、语音诗歌体裁等;而对于体裁的层递问题,他建议采用自然科学中通行的术语——种、属、目、系等加以界定。(Ярхо 2006:50)

3) 对精确文艺学方法论进行构建。亚尔霍在该著作中,从数学及统计学等角度对精确文艺学方法论进行了建构。该建构分为两大部分:一是文学作品的分析,二是对文学作品的综合。分析部分的内容有:分析基础、性质分析、数量分析、顺序分析等;综合部分的内容有:共时综合(包括特征的比例、特征的联系)、历时综合(包括起源、演化)。(Ярхо 2006:66—349)可见,该方法论首先是共时与历时相结合视阈下的文学形式的研究,即通过语言的表达通向作品的内容。由此,他本人也承认自己是形式主义者。但与彼得格勒和莫斯科的形式主义者所不同的是,他极力追求的是语言科学的数学化或生物化研究,因为在他看来,包括文艺学在内的语文科学的精确性只有用自然科学的方法才能达成。

总之,亚尔霍的精确文艺学理论是俄罗斯形式主义文论中不可多得的重要学说之一。尽管它是俄罗斯文艺学研究中形式主义化的产物,但其学术影响和理论价值却远远超出了形式主义的范围:它不仅开创了俄罗斯文艺学研究的数学化先例,为世界文艺学的形式化研究提供了有益借鉴,同时也极大地丰富了现代人文科学和社会科学的方法论,因此被学界公认为语文学经典中科学文艺学的宝贵遗产之一。迄今为止,他依然是世界文艺学界唯一一位能够在数理文艺学、生物文艺学领域作出如此精细研究的学者。正如他本人在《精确文艺学方法论》一书的结尾中所写的那样:一个能够用数学论据的方法为我们展示文学潮流恢宏图景的人,就是奠定精确文艺学基础的人。

2.1.7 古米廖夫的"整体诗学"理论

古米廖夫是俄罗斯"白银时代"(Серебрянный век)的著名诗人、文学理论家和批评家,"阿克梅派"(акмеизм)的奠基人之一。尽管他不属于诗歌语言研究学会成员,但其在形式主义文论方面却有所建树:在诗歌研究中提出了著名的"整体诗学"(интегральная поэтика)理论思想。

作为文学评论家,古米廖夫曾于1909—1916年间在圣彼得堡的《阿波罗》杂志(журнал «Аполлон»)的"俄罗斯诗歌笔谈"(Письма о русской поэзии)栏目上发表系列文章,对同时代多位诗人的创作思想和手法等作了深入的分析和评论,从而为其提出"整体诗学"理论思想构想奠定了思想基础。1918—1920年间,古米廖夫曾在"口语研究所"(Институт живого слова)从事诗歌创作和教学工作[31],并在"艺术之家"(Дом искусства)、"俄语爱好者协会"(Общество русского слова)、"诗人坊"(Цех поэтов)等学术组织中开设系列讲座,其间就开始计划以自己先前发表的有关论文及演讲稿等为基础撰写一部诗学理论著作,他将该著作的定名为《整体诗学理论》(«Теория интегральной поэтики»)。也就是说,所谓"整体诗学"理论思想,并不是由一本专著加以论述的,而是洒落在古米廖夫多年积累起来的多篇论文以及讲座、报告里的[32],其核心思想集中反映在《诗行的生命》(«Жизнь стиха»)、《读者》(«Читатель»)、《诗的剖析》(«Анатомия стихотворения»)、《诗歌翻译问题》(«О вопросах поэтического перевода»)等论文中。[33]具体说,古米廖夫的"整体诗学"理论思想主要由以下两部分内容构成:

1)诗歌理论。古米廖夫的"诗歌理论"(теория поэзии)最为鲜明的特点是由"四成分结构"(кватернерные /четырехэлементные структуры)组成,即"语

音学"（фонетика）、"修辞（风格）学"（стилистика）、"结构学"（композиция）和"形象学"（эйдолология）。[34]语音学研究诗行的发音方面及节律（即提高声音和降低声音的替换）、选音配韵（音质和不同音之间的联系）及结尾和押韵等；修辞学审视词（如词的起源、年轮、语法范畴属性、在句中的位置等）、词群（如由比喻、隐喻等构成）的生成系统；结构学与诗的思想性单位有关，不仅研究诗中的思想、情感和形象的强度及其更替，还研究对诗人的思想过程有重大影响的"诗节"（строфа）；形象学对诗歌的主题及其诗人对该主题的可能态度等作出总结。（Гумилев 1991:26—27）由上可见，在古米廖夫所推崇的四成分结构的诗歌理论中，诗歌语音学实际上包含着除诗节以外的"文韵学"（стиховедение）的全部内容，诗歌修辞学研究的是艺术文本的词汇和句法组织系统，诗歌结构学中最为重要成分是"诗节学"（строфика），而诗歌形象学的研究对象是诗歌的形象系统。在他看来，诗歌研究中的上述四成分之间无法也没有必要划出分界线，可以从一个成分不知不觉地转入另一个成分，即实现由语音学→修辞学→结构学→形象学的连贯转换。事实上，世界上几乎所有伟大的诗歌作品都是注重四成分的，如《荷马史诗》（«Поэма Гомера»）、《神曲》（«Божественная комедия»）等就是如此。（Гумилев 1991:27—28）可以说，古米廖夫的上述诗歌理论在世界文艺学史上显得较为独特。暂且不论其具有多高学术价值，仅从文艺符号学角度看，它完全是按照形式主义的模式建构起来的，因此它是俄罗斯形式主义文艺理论中不可或缺的组成部分。

　　2）诗歌心理学理论。尽管古米廖夫在其"整体诗学"理论中并没有对"诗歌心理学理论"（теория поэтической психологии）作出专门或详细的论述，但却明确地提出了"诗歌心理学"的概念，并列出了艺术作品的心理学类型。因此，诗歌心理学理论完全可以被视为其"整体诗学"理论中的一个组成部分。他认为，诗歌心理学与上述"四成分结构"中的第四个层级"形象学"紧密相关，是用来对艺术作品创作和感知的心理学问题作出解释的。（Гумилев 1991:27）他在《诗行的生命》一文中曾这样来解释诗歌的形象性问题：形象的世界与人的世界紧密联系在一起，这与人们通常认为的并不相同。艺术并不像生命那样具有我们所过的那种"生活"（бытие），不能为我们提供与其他现实事物之间的情感交流。哪怕是能洞察幽灵的人在迷睡状态写出的诗，也只有在被视为是好诗时才有其意义。但好诗会如同鲜活的人一样进入我们的生命圈，它时而教诲,时而呼唤,时而祝福。在好诗中,有天使的守护者、英明的领袖、魔鬼的诱惑者和贴心的朋友。[35]人们在这些好诗的影响下去爱、去恨和去死。(Гумилев 1990:49)可见,所谓诗歌心理学理论,实际上是对诗歌作品的生命力作出的一种心理评价。在古米廖夫看来,缺少最后一个评价环节的诗歌研究是不完整的,或者说,没有诗歌心理学这最后一个部分就构不成"整体诗学"理论体系。从这个意义上讲,诗歌心理学理论的构想就成为"整体诗学理论"的归结点。

由上不难看出,古米廖夫的"整体诗学"理论的核心是关于诗学的"四成分结构"说。他本人在相关论文中也曾对诗歌各层面的"四成分结构"做过详细的论述和分析。如,在他看来,诗歌发展的类型有"法国象征主义""德国象征主义""俄罗斯象征主义""阿克梅主义",诗歌的流派有"粗俗诗体派""浪漫诗体派""古典诗体派""亚历山大诗体派"[36],创作的诗歌—心理类型包括"唱""说""写""为"等,这些都无不具有"四成分结构"的性质。应该说,该"四层分结构"实际上是古米廖夫反复强调的诗歌的逻辑方法论结构——"论题"(тезис)、"反论题"(антитезис)、"综合"(синтез)、"整体化"(интеграция)的不同变体。显然,在该逻辑方法论的"四成分结构"中,古米廖夫特别倚重的是最后一个成分——"整体化"。如果说"综合"标志着诗歌形式的生成的话,那么诗歌形式的终结就是其"整体化"。这便是古米廖夫"整体诗学"理论的学理内涵所在。

2.1.8　恩格尔卡尔德的"文学形式主义方法"说

恩格尔卡尔德毕业于彼得堡大学历史语文系(1911—1914),1920—1930年间曾担任国立艺术史研究所文学系教授,讲授"文学史方法论"课程。正是在这期间,他直接参与了俄罗斯形式主义方法论原则的讨论,并于1927年出版了《文学史中的形式主义方法》一书,从方法论视角对当时盛极一时的形式主义方法提出了自己的见解和批评性审视,从而形成了其别具一格的"文学形式主义方法"说。该学说主要由以下一些思想或观点构成:

1) 语言符号的两面性思想。如何看待文学语言的本质属性问题,恩格尔卡尔德与其他形式主义者的观点有所不同。在他看来,语言不仅是一个意义表达系统,且本身就是意义。用他的话说,"语言是个性内部生活事实的表达手段系统或信息系统"。(Энгельгардт 1927:61)这一观点把语言的形式与内容视为不可分割的一个整体,这与索绪尔所说的语言符号具有"能指"和"所指"两个方面的学说具有相似性。据此,他在分析了形式主义学说的基石之一——"玄妙的语言"概念后指出:"玄妙的语言"的概念仅仅表达了适用于审视诗歌作品的一种观点。语言作为纯粹的表达手段系统,其"玄妙性"所展现的是一种各种表达手段中的"极限形式"(предельная форма),因此,作为理论对象的"玄妙性"是在形式主义语言学方法的基础上生成的……显然,在被剥夺了目的意义的词中,在作为自身目的表达手段的词(即纯符号)中,"声音形式"(звуковая форма)就获得了独一无二的意义。在实用言语中,被所传递内容的重要性变得模糊的语音结构凸显了出来,并被描绘得如此清晰和分明,以至于研究者立刻就能发现其中的基本组织原则。形式主义者表现出的对诗歌语音方面的极大兴趣就源自于此。(Энгельгардт 1927:76)由上可见,恩格尔卡尔德并不是反对形式主义者把语言看作是纯粹的表达手段,也不反对把文学语言视为"玄妙的语言",而是对形式主义方法的界限和潜能提出了质疑。在他看来,形式主义方法仅仅提供了对事实进行形态分类或历史比较的一种方法,该方法对文学作品的分析可能是适用的,但并不适用于其他领域。

2)美学结构的思想。恩格尔卡尔德认为,从交际视角看,诗歌作品作为美学上有意义的结构是各种表达手段的复杂统一体。诗歌的美学结构与用来表达该结构的材料有关,但并不是所有材料都适用于可视系统的现实化。比如,在青铜器上很容易客体化的可视系统就不可能在大理石或蜂蜡上客体化,反之亦然。每一个可视系统都有一定的材料与之相对应,否则,材料与可视系统之间就会产生具有负面美学作用的分歧。(Энгельгардт 1927:82)基于以上认识,恩格尔卡尔德极力反对那种认为不同艺术的作品具有统一结构的思想。他写道:在音乐作品中未必能够找到与大理石光学特征类似的东西。诗歌材料与造型艺术之间的类似性应该视为是完全相对的。在艺术作品的材料问题上,起重要作用的是如何对其时间和空间的形式作出界说。(Энгельгардт 1927:83)以上表明,在恩格尔卡尔德眼里,不同艺术的美学结构是不尽相同的,这主要取决于所采用的材料;不同艺术的原理不同,其材料问题的解决方案也就有别。

3)材料与内容对立的思想。恩格尔卡尔德在《文学史中的形式主义方法》一书中,对材料与内容的概念作了严格的区分。他认为,内容是在确定表达手段系统时作品所反映的事物,而材料则是手法展现的现实基础,是由该展现的内在规律所决定的。内容脱离开具有普遍文化意义的独立历史事实的表达手段很容易观察到,而艺术作品的材料离开手法系统就无法进行研究。材料是作为某手法展现的现实理据即该手法现实化的物质进入艺术作品中的。(Энгельгардт 1927:84)显然,这里所说的材料与上文中提到的蜂蜡之类材料的概念完全不同,而是被视为对手法具有高度抵御能力的客体。也就是说,在恩格尔卡尔德眼里,不是任何一种手法都可以使用在某特定材料上的。在这里,我们似乎看到了《文学史中的形式主义方法》一书最为核心的要旨所在,那就是:艺术作品是作为美学上有意义的结构及"超美学列"(вне-эстетический ряд)——材料的统一体展现出来的。正如他所说:美学上有意义的结构是一种自我封闭的手法系统或自我表义的表达手段系统。而材料则是统一完整的意义系统,或者说是一种反向的交际。在该交际中,交际手段是主导性目的,而内容则是交际手段得以展现的基础。(Энгельгардт 1927:85)

由上可见,恩格尔卡尔德的"文学形式主义方法"思想的最大特点,就是在对待艺术作品的形式与内容的关系问题上与当时主流的形式主义学说略有不同:后者注重对艺术作品的"玄妙的语言"作出分析,把艺术手法捧为法宝;而前者则认为,尽管形式在艺术作品的分析中起着主导性的作用,但内容的作用依然不可忽视。在恩格尔卡尔德看来,"标准的交际"(стандартная коммуникация)不需要对表达手段有感知度,因为它注重的是交际的内容(信息);而"艺术的交际"(художественная коммуникация)则与标准的交际具有"翻转性"(перевернутость)区别,起主导性作用的恰恰是其表达手段的感知度,因此其内容就丧失了主导性地位。但是,反过来讲,如果一味地追求表达手段感知度的最大化,也会有碍于交际目的的达成,从而造成对艺术作品的内容理解上的困难。(Энгельгардт 1927:89)

2.1.9 什米特的"艺术周期演化发展"说

作为俄罗斯著名的文化和艺术历史学家,什米特曾于1924—1930年担任国立艺术史研究所所长职务,但由于其被指控坚持"反科学的资产阶级形式主义"立场,于1933年遭到逮捕并被流放到哈萨克斯坦,1937年未经审判即被秘密处决。早在1915年,什米特就开始撰写酝酿已久的"艺术进步周期发展理论"(Теория прогрессивного циклического развития искусства),但其手稿直到 1927 年才完成,这就是他生前出版的最有影响的学术著作《艺术:理论和历史的几个基本问题)》(«Искусство. Основные проблемы теории и истории»)。在该著作中,他从辩证的视角出发较为系统地阐述了艺术史发展演化的些许基本规律,从而形成了著名的"艺术周期演化发展"说。概括起来,该学说主要包含有下列思想:

1) 艺术史演化的周期律。他认为,世界艺术史究其本身而言可以划分为不同的"演化周期"(эволюционные циклы)。这是一种历史的规律即"周期律"(закон периодичности),它不是由任意选择或部分观察得出的,而是从辩证法的一般规律中得出的。当某一历史周期内的内部发展储备资源耗尽后,艺术在一定时期就会遭到破坏,以便在新的层级上得到进一步的发展。从一个周期向另一个周期的过渡,并不是演化,因为周期与周期之间会发生"休眠"(перерыв),艺术需要"喘息"(отдыхать)。这看上去像是对原有艺术的一场灾难、崩塌和颠覆,但新的艺术风格成分却在渐渐形成。这种间隙式的周期性发展是从建立普遍认识到唯一认识、从建立客观风格到主观风格开始的……艺术演化的这种周期律,为我们提供了对艺术作品进行精确的修辞(艺术特征)分类的可能性。(Шмит 2012:87—88,415—456)另外,在什米特看来,上述艺术史演化的周期律本质上是一种"进步律"(закон прогресса),这种进步是从对不同周期中同类成就的比较中得出的……但这种进步律并不是周而复始的,而是在解决问题上的向前"推进"(продвижение),这种"推进"在拉丁语中称为"进步"(прогресс)。(Шмит 2012:91)显然,什米特对世界艺术史演化周期律的认识,是建立在他对艺术的本质和属性的基本认知基础上的。在他看来,艺术无论在内容上还是形式上,无论在材料上还是在技术手法上都是不断演化或变化的,这完全取决于艺术的任务。既然艺术是社会事实和具有社会约定性,那么艺术的整个演化就不可能不受到整个历史进程的制约,即完全由准则和规律来确定。(Шмит 2012:10)

2) 艺术史演化中周期及风格的分类。他认为,世界艺术史演化大致经历了以下五个周期:(1)旧石器时代周期。该演化周期只有人类的动物祖先经历过,人类在造型艺术方面对其有少量描述,如欧洲旧石器时代艺术的残片等。(2)新石器时代周期。至今留存有大量史前的非造型风格和造型艺术的遗迹,如"苏美尔人"(шумеры)的艺术以及古埃及王朝前时期和"野蛮"部落所创造的艺术等。(3)有史记载的周期。这一周期的代表是美索不达米亚的"亚述巴比伦艺术"(ассиро-вавилонское искусство),以及古埃及、古印度、古中国时期的艺术等。(4)古希腊周期。高度发达的线性节奏感和造型感以及新石器时代留下的艺术遗产等在该周期中得到完美结合。(5)希腊化周期。在该周期,古希腊艺术超越国界而传播到大西洋和印度洋,并在早期中世纪新旧艺术成分的结合中诞生出一门新的艺术——欧洲艺术。(Шмит 2012:93—169)显然,上述划分具有辩证唯物主义方法论的性质。在此基础上,什米特还对每一个周期中的艺术特性进行了具体分析。他认为,在每一个周期中,都会产生六种不同的风格或基本的艺术问题:(1)"非现实主义"(ирреализм)——提出艺术的节奏成分问题;在认知上缺乏独立的事物范畴;(2)"唯心主义"(идеализм)——提出艺术的形式问题,具有完整的事物范畴概念;(3)"自然主义"(натурализм)——提出艺术的结构问题,艺术形象靠客观现实来矫正,并由对鲜活自然界的直接观察所获得的特征来丰富;(4)"现实主义"(реализм)——一般形象与统一形象相一致,追求艺术的客观性和现实性;(5)"幻想主义"(иллюзионизм)——统一形象战胜一般形象,艺术的客观性开始消退;(6)"印象主义"(импрессионизм)——追求艺术的主观印象。(Шмит 2012:72—73)在什米特看来,每一种风格在替代先前的风格时,并不仅仅是一种否定,同时还是一种自然的发展和补充,而演化中的所有风格正是人的形象思维不断渐进的真实反映。此外,他还提出对应于上述五个演化周期和六种不同风格的六个艺术修辞问题——"节奏"(ритм)、"形式"(форма)、"结构"(композиция)、"运动"(движение)、"空间"(пространство)、"光线"(свет),对不同艺术风格的核心要素和特征进行详细论述和评介,成为"艺术周期演化发展说"中不可或缺的重要内容。由上不难看出,尽管什米特提出的"艺术周期演化发展说"具有鲜明的时代特征,如受到苏联时期辩证唯物主义和历史唯物主义意识形态的影响等,但其基本的研究视阈依然集中在艺术史周期更替对艺术类别、体裁、情节及艺术风格变化的影响等诸多方面,因此,该说学的研究方法是属于文化历史视角的,但主要内容则聚焦于不同周期内艺术风格的演化、艺术修辞(艺术形式)的对象及其特性等诸多方面。[37]从该学说的理论渊源看,意大利哲学家维柯(Д. Вико,1668—1774)的"历史主义"(историзм)学说、英国自然科学家达尔文(Ч. Р. Дарвин,1809—1882)的"进化论"(теория эволюции)思想等对其的影响是显而易见的。从符号学角度看,什米特的"艺术周期演化发展"说直至今日依然具有很高的学术价值。

2.2 散文、戏剧、音乐研究

作为形式主义文艺学流派的重要组成部分,俄罗斯形式主义者在散文、戏剧、音乐等领域的研究也颇具特色,涌现出一批有影响的学者,如扎米亚金(Е. И. . Замякин,1884—1937)、梅耶霍德(В. Э. Мейерхольд,1874—1940)、库格利(А. Р. Кугель,1864—1928)、林茨巴赫(Я. И. Линцбах,1874—1937)、叶夫列伊诺夫(Н. Н. Евреинов,1879—1953)、阿萨菲耶夫(Б. В. Асафьев,1884—1949)等。下面,我们将对这些学者的主要学说思想或观点作简要评介。

2.2.1 扎米亚金的"艺术性散文技巧"学说

作为俄罗斯著名作家、评论家,扎米亚金生前不仅发表过大量小说(长篇、中篇小说及短篇小说集等),还写过多篇有影响的评论和政论文章。1919—1920年间,他曾在彼得格勒"艺术之家"(Дом искусства)给青年作家开设了"艺术性散文技巧"(Техника художественной прозы)系列讲座,因此与同在"艺术之家"开设讲座的古米廖夫在思想上较为接近(他们最大的不同是研究领域有别:前者喜好散文,后者偏爱诗歌)。扎米亚金的每一次讲座都有不同的主题,如"当代俄罗斯文学"(«Современная русская литература»)、"论语言"(«О языке»)、"论对话语言"(«О диалогическоя языке»)、"论叙述事件"(«О событии рассказывания»)、"论词的分布"(«О расстановке слов»)、"论风格"(«О стиле»)、"论情节和故事情节"(«О сюжете и фабуле»)、"论选音配韵"(«О инструментовке»)等,从而形成了与之相关的较为系统的"艺术性散文技巧"学说。在我们看来,该系列讲座中有两种思想对形式主义文艺学流派来说最具新意,也最具符号学价值,它们是:

1)有关新现实主义的思想。何为"新现实主义"(неореализм)?在扎米亚金看来,这不仅是与"现实主义"(реализм)对立的一个新范式,更是俄罗斯文学由现实主义走向"象征主义"(символизм)再走向新现实主义的必然结果。他认为,19世纪末至20世纪初,在俄罗斯文学中占统治地位的是现实主义流派[38],现实主义者笔下的人物都是有血有肉、脚踏实地和源于生活的,他们是照向大地的一面镜子,其创作目的就在于从镜子的小碎片中——书籍中和小说中正确地反映出最为鲜亮的某一地块。"大地"(земля)是他们的宗教,"人"(человек)是他们的神。然而,从 20 世纪初起,俄罗斯文学中又出现了与现实主义相对立的象征主义流派。[39] 该流派的作家脱离大地,与日常生活格格不入;爱情与死亡是他们笔下永恒的悲剧;他们不相信人间有幸福,也找不到解决悲剧的任何方案,从而走向宗教。由此,扎米亚金得出结论认为:如果说现实主义作家的手里都有一面现实的镜子并把一切都落实在人间的话,那么象征主义作家则手里拿着的是一部 X 光机并把人间一切没有的东西作为研究对象。(Замятин 1984:149—152)正是在上述背景下,新现实主义流派诞生了。[40] 扎米亚金认为,新现实主义是在象征主义影响下生成的,它既否定生活,但又为美好的生活而斗争,因此,它在许多方面与象征主义和现实主义既有联系又有不同。比如,一起去山顶观云,现实主义者看到的是现实的云(彩云或乌云等),象征主义者看到的只是雾,新现实主义者看到的即便也是雾,也会在下山后说"看到雾也很快乐"。(Замятин 1984:154)那么,新现实主义流派又有何种基本特征呢? 对此,扎米亚金做了如下概括:新现实主义流派将互为对立的两个流派——现实主义和象征主义结合在一起,是一个反宗教的流派。新现实主义者把生命的悲剧仅视为一种"嘲讽"(ирония),他们回归到对生命、肉体、生活的描绘。尽管他们使用的材料(即日常生活)与现实主义者的相同,但所描绘的维面却与象征主义者的一致。新现实主义的典型特点是:(1)人物和事件假拟的离奇性以及揭示真实的现实性;(2)用一种特别典型的印象来传递形象和情绪;(3)采用强烈的、常常是夸张的明快色彩;(4)通过描绘日常琐事来展现偏僻乡村的生活;(5)言简意赅;(6)注重展示而不是叙事;(7)使用民间和地方方言;(8)话语有乐动感。(Замятин 1984:161)不难看出,扎米亚金眼中的新现实主义无疑是俄罗斯形式主义范式的先导思想之一。从逻辑学角度看,如果说扎米亚金眼中的现实主义"论题"(тезис)的话,那么象征主义就是"反论题"(антитез),而新现实主义则把"论题"和"反论题"合二为一,生成为"合题"(синтез)。这就是俄罗斯艺术性散文范式更替的基本规律。对此还可提供佐证的是:紧随新现实主义之后,又出现了"未来主义"(футуризм)流派。该流派否定新现实主义的合题而再一次走向新的命题——极端形式主义。

　　2）对话语言的思想。扎米亚金从美学视角在《论对话语言》的讲座以及相关论文中阐发了他对文艺语言的基本认识,认为文艺语言的最大特点就在于其具有"对话性"(диалогичность)。应该说,他的对话语言思想具有下列多种涵义:(1)为体现出新义,作者语言中会包含不同文化的语言的对话,并由此形成语言的二元对立:口语/书面语,民间语/正式语,口头创作语/笔语,传统语/现代语,对话语/独白语,本国语/他国语等;(2)艺术语言中的对话立场可形成作者与读者的"共同创作"(сотворчество)。他说,创作、体现、领会是三个不同方面,它们在戏剧中是区分的,但在艺术性话语中是合为一体的:作者就是演员,观众是半个作者(Замятин 1988:90);(3)在作者和读者的共同创作中,还有一种对话关系——外部语言/内部(思维)语言。他说,在形成这种胚胎的思维语言时,作者能够给读者提供的仅仅是最初的脉动,促使读者本人把这些单独的思想标记用联想中间环节串联起来。作者用记录在纸上的标记掌控读者,不让读者偏离方向;但与此同时,标记间未写满的空隙又为作为作品共同参与者的读者本人的局部创作提供了自由(Замятин 1988:87);(4)与读者的对话预示着叙事交际链的完结。在扎米亚金看来,作者即演员(叙述者、讲故事者、人物),而读者则是共同作者。而此处作为最重要一环的"演员",可以用戏剧的语言来生成出新的改变文化的语言的能力。正如扎米亚金所说,新现实主义者不是在叙事,而是在展示,因此,应该把他们的作品称之为"展品"(показы),而不是"讲述"(рассказы)。(Замятин 1988:91)显然,扎米亚金眼中的"展示",不仅仅是主题式的行为或错综复杂的情节,而是作者在角色、化装、面具中的行为(作者——演员)。由此可以看出,扎米亚金的对话语言的思想与巴赫金(М. М. Бахтин,1895—1975)的对话主义理论比较接近,强调的不仅仅是作者与读者之间对话,还有作者本人角色的转换,以及不同文艺体裁的语言形式的特点等。总体上看,扎米亚金的"艺术性散文技巧"学说与当时俄罗斯形式主义文学流派的思想和观点是一致的,但也有些许不同之处。比如,在对艺术作品的界定问题上,形式主义将艺术作品视为具有自主性的对象,而扎米亚金则坚持认为艺术作品具有逻辑推理的属性,即艺术作品是发出行为(作者)与接收行为(读者)创造的。正是对作者与读者之间关系的高度关注,才使扎米亚金进入对话语言的思想空间,生成出散发着时代气息的独特美学观。

2.2.2 梅耶霍德的"戏剧符号学"思想

在俄罗斯形式主义文艺学界,最早把戏剧当作符号学来研究的是俄罗斯著名导演兼演员、戏剧教育家梅耶霍德。他曾在戏剧研究中创建"生物力学"(биомеханика)方法论,运用"构成主义"(конструктивизм)原则来指导艺术实践活动。他对戏剧形式所做的一系列新的思考和尝试,使其成为 20 世纪初期俄罗斯戏剧符号学研究领域的重量级学者。

梅耶霍德的"戏剧符号学"思想,集中体现在以下三个方面:

1) 对"程式化戏剧"的概念作出新解释。[41] 他认为,在"第四创作者"(четвёртый творец)戏剧中拟采用"程式化方法"(условный метод),即在作者、演员、导演之后还有作为"第四创作者"的观众。为此,他用下列直线来表达上述顺序:作者 → 导演 → 演员 → 观众。他提出,这种"程式化戏剧"(условный театр)要这样来改编剧本:观众要有机会用自己的想象并创造性地利用舞台所提供的各种暗示描写完。所谓程式化戏剧,就是观众时刻都不忘记在他们面前表演的是演员,而演员时刻不忘记自己面对的是满大厅的观众、脚下是舞台、两侧是布景。就像在画面中一样:只要看见它,就一刻也不会忘记这是什么,如色彩、画布、画笔等,并由此获得高尚而透亮的生活感。常常是画面越多,生活感就越强烈。(Мейерхольд 1907:95)由上可见,在梅耶霍德的程式化戏剧观中,突出了"观众"(зритель)这一要素,观众的创造性想象成为戏剧成败的关键,而体现在布景、服装、化妆中的观众形象也成为程式化戏剧的主要美学手段。他的这一思想,后来成为以洛特曼(Ю. М. Лотман,1922—1993)为领袖的塔尔图—莫斯科学派的理论基础之一。

2) 对戏剧要素间的关系进行符号化审视。梅耶霍德从符号学的基本原理出发,对戏剧与话语、戏剧与作者、戏剧与舞台造型、听与说等一系列关系作出符号化解释。其主要观点有:(1)将戏剧与话语相区别,变戏剧为对作者话语的说明。他认为,当演员说"我听见狗又在叫"的话语时,戏剧中一定要仿造出狗叫声;当观众听到"离去"的话语时,戏剧中不仅要有远去的铃铛声,还应该有马蹄过木桥时的敲击声(Мейерхольд 1913:24)。(2)将戏剧与作者相区别,赋予戏剧语言符号学以"第二性意义"(вторичное значение)。他强调,为了把剧作家变成话剧家,最好迫使其写几本哑剧脚本,这是对滥用话语的最好"反响"(реакция)。初露头角的作者不必为永远失去舞台上说话的机会而担心。只有作者在完成动作脚本时,他才被允许为演员提供话语。是否不久就可以在戏牌上写上这样一条规则:戏剧中的话语只是动作基础上的点缀。哑剧封住了演说家的嘴,只有在讲台上、而不是戏剧里才有演说家的位置。而手技演员则表现出独特的演技……哑剧可以为演员和导演展示出面具、手势、动作、情景等"第一性成分"(первичные элементы)的所有魅力(Мейерхольд 1913:149—151)。(3)将话语与造型艺术相区别,赋予舞台造型独特的功用内涵。他认为,人体以及人体周围的点缀部分——桌子、椅子、床铺、橱柜等都有"三维"(три измерения),因此,在演员是主体的戏剧中应该依据的是从"造型艺术"(пластическое искусство)而不是"绘画艺术"(живопись)中得来的东西。对演员来说,造型雕像性应该是基础。在戏剧中话语并不能说明一切。舞台上需要有动作的画面,以便让观众易于观看,并把两位交际者提供给"第三观察者"(третий наблюдающий)的材料交到观众手里,观众便可以依据这些材料揣摩出剧中人物的内心感受。话语是用来听的,而造型艺术是用来看的。观众的想象力同时受作用于视觉和听觉的双重压力。新戏剧与旧戏剧的不同就在于:其造型艺术和话语都服从于各自的节奏,它们有时会相互抵触(Мейерхольд 1913:45—47)。(4)将"听觉渠道"(слуховой канал)与"视觉渠道"(зрительный канал)相区别,把"节奏"(ритм)视为戏剧语言的重要构素。他认为,歌剧艺术的基础是"程式化"(условность)——歌唱,因此不应该把自然的成分带到歌唱中去,这是因为:程式化会立刻成为与现实(自然)的不协调,从而显现出自身的"贫困"(несостоятельность);而音乐剧的表演应该让听众一刻也不会产生这样的问题:为什么演员要在该戏中歌唱,而不是说话。音乐的节奏与日常的节奏不同,舞台节奏的全部实质就在于它是现实日常生活的"对极"(антипод)。舞蹈对于我们的身体犹如音乐对于我们的知觉一样,都是人工造就的、不寻求认知共同参与的形式。(Мейерхольд 1913:58—63)。(5)将情节与故事情节相区别。在如何界说戏剧艺术中"情节"(сюжет)与"故事情节"(фабула)的概念问题上,梅耶霍德的观点与扎米亚金的基本一致。他写道:自然主义学派提出的口号是"像生活本身那样去描绘生活",这实际上混淆了艺术中的两个不同的概念:思想的概念和形式的概念(Мейерхольд 1913:163)。这表明,在梅耶霍德看来,戏剧艺术中的"情节"是其思想方面,而"故事情节"则是其形式方面。

　　3）对戏剧符号的特性进行界说。梅耶霍德在对戏剧要素进行符号化的同时,也对戏剧符号学的基本特性做了如下必要界说:(1)戏剧符号具有双重性和矛盾性。他说:演员在掌控手势和动作艺术时,会这样来变换面具:不仅使观众能够清晰地感知到,还要在观众面前显露出有点傻头傻脑的厚道人的形象。这就是隐藏在不嬉笑的丑角个性下的反复无常,它能够赋予戏剧一种令人迷醉的光与影的效果。(Мейерхольд 1913:159)另外,梅耶霍德提倡的戏剧的"怪诞手法"(гротеск)也可归入此类。他认为,怪诞手法艺术是建立在内容与形式相互对立基础上的,它力图使内容(心理主义)从属于形式(装饰),这就是为什么在所有充满怪诞手法的戏剧中都突出装饰的一面的原因。因此,不仅陈设、舞台建筑和剧院本身要装饰,演员的面部表情、身体动作、手势、体态等也都要装饰。只有经过了装饰,所有上述的一切才富有表现力,这也是为什么舞蹈元素要融化在怪诞手法中。(Мейерхольд 1913:172)(2)戏剧符号具有多集性。他认为,既然音乐剧中的手势源自舞蹈,那么歌剧演员就应该向舞剧编导而不是演员学习手势。在话语失去表现力的地方,舞蹈语言就开始起作用了。例如,在旧日本戏剧中,演员必定是与舞蹈者一起出场的。(Мейерхольд 1913:63)

　　总之,梅耶霍德认为戏剧具有"符号性"。他把戏剧的各种要素看作是语言符号以外的另一种符号系统,并试图对两种符号之间的诸多关系作出新的解释。他的这些观点,为形式主义文艺学派的形成以及现代戏剧符号学中的二元对立学说(如话语与沉默、动作与姿势、视觉与听觉、肢体语言与口头语言的对立等)建立作出了贡献。此外,他还曾提出要把不同符号的语言整合为统一结构的思想,这与洛特曼的相关思想相吻合。[42]

2.2.3 库格利的"戏剧批评"思想

　　作为俄罗斯著名的文艺批评家,库格利于 1897—1918 年间曾长期担任《戏剧与艺术》(《Театр и искусство»)杂志的主编,并亲自创办了俄罗斯戏剧史上大名鼎鼎的"哈哈镜剧院"(Театр «Кривое зеркало»)。他曾用假名在《彼得堡日报》(«Петербургская газета»)、《罗斯报》(«Русь»)等报纸上发表多篇戏剧评论文章,还先后出版了《戏剧论点》(«Утверждение театра»)(1923)、《戏剧肖像》(«Театрадьные портреты»)(1923)、《戏剧特点》(«Профили театра»)(1929)、《俄罗斯剧作家:戏剧评论家概论》«Русские драматурги. Очерки театрального критика»(1933)等著作,从而奠定了他在俄罗斯文艺学界的重要地位,也形成了其有影响力的具有形式主义即符号学性质的"戏剧批评"思想。该思想涉及的范围和内容较广,但具有鲜明形式主义或符号学性质的主要包括以下三个方面:

1) 关于戏剧的幻想成分问题。库格利在《戏剧论点》一书中对戏剧与宗教祈祷仪式进行比较时认为,对于中世纪的观众来说,有关古斯拉夫魔法师以及耶稣诞生的传说"不仅仅是一种诗歌创作上的构思,还同样是一种真正的、准确无误的事实。任何祈祷仪式最终都要加入相当多的、真正意义上的戏剧成分。戏剧离自身的伟大作用越远,留存在戏剧中的信仰的残余就越少"。(Кугель 1923a:124)在他看来,对戏剧来说最为重要的是加入观众所特有的"幻想成分"(элемент иллюзии)。因此,每一个时代都会培育出各色各样的这种幻想关系,以确保最大限度地加以利用。例如,高尔基(М. Горький,1868—1936)是善于掌控瞬间悲剧成分的时代之子。他的禀赋具有当代性,即易逝性。一份日常的报纸就足以培养出我们的异常轻松的兴奋以及作出快速反应的强力愿望。我们的全部心理不仅要求有不间断的兴奋,还要求建立在对印象的快速兴奋基础之上。然而,旧的形式宛如祖辈们沉重的盔甲一样始终高悬着,它迫使当代作家的艺术禀赋强制自己去机械地抻长和扩大作品,以使其适应旧式的服装。(Кугель 1923a:153—154)此外,演员的演技也能生成出这种带有符号学特性的幻想来。他说,所谓演员的才华,就体现在幻想成为完美、演员将我们说服的那一刻。完美的和能够使我们信服的幻想,并不是客观现实,而是能够穿透现实的情绪提供的,这就是艺术作品所散发出的那种使人兴奋的、令人陶醉的、让人入迷的东西以及笼罩着神秘烟雾的东西。较之从事其他艺术的人而言,演员更需要有感染人、使人激动和令人着迷的才华。演员犹如神通广大的魔法师一样被置身于诗歌作品与观众之间,其本人首先要融入诗歌的幻想,以便用自身的感受、自身的欣喜和自身的狂热去说服观众,迫使观众接受幻想并被幻想所陶醉。(Кугель 1923b:25—26)表面上看,库格利在这里涉及的似乎只是戏剧的幻想成分问题,但实际上他提出了一个新的符号学假设——通向演员与交际渠道的对应性问题,即演员本身的符号学性质来自何处又通向何方的问题。在他看来,观众和演员都可以生成出幻想成分,这也是戏剧所特有的魅力所在。

2) 关于艺术节奏的问题。应该说,作为文艺评论家的库格利,他对"艺术节奏"(ритм искусства)问题有自己独到的理解和认识。他是从以下几个角度来解释节奏问题的:第一,在他看来,艺术节奏与现实生活息息相关。他说,了解生活是为了捕捉到生活的节奏,这便是艺术的任务。因此,需要从生活中汲取出生活的节奏,而不是臆想出某种节奏,然后再将生活纳入该节奏之中。从生活中抽象出节奏并无任何玄妙之言。艺术是用综合的色彩、有时是用综合的概念来为我们描绘生活的,艺术必定要走向综合:用综合的和有节奏的笔墨来刻画日常风习和生活。(Кугель 1923a:170—171)第二,他把节奏视为由艺术来概括生活的新方法。他说,"我看到的是真实的生活——时而悲伤、时而欢快的生活,有时带着概括性声响、有时有带着概括性话语的生活。于是,我就想沿着异常细致才能观察到的节奏的线路对过去、现在和将来作出猜想。我懂得,什么是沉默、开会、喝茶、情爱缠绵、务实合作等的节奏。所有的这一切现在就用在了舞台上,只不过增加了大量的解释性话语和细节而已"。(Кугель 1923a:172)第三,他认为节奏是大众或群体的"话语"。他说,当作为个体的主角使用日常话语登台表演时,群体主角就在节奏中显现出来了;戏剧主角的寻常表达形式是话语,但对群体主角来说几乎从来就不用话语,它需要一种特殊的语言和一种特殊表达形式。戏剧的任务(指群体主角)就是凸显节奏、发现节奏和把握节奏的特性。把握节奏,就意味着要找到观察点和焦距,如同摄影师那样找到照相的焦距。(Кугель 1923a:174—175)第四,节奏在他眼里是在任何表演的"对称感"(чувство симметрии)中实现的。他在引用俄罗斯著名戏剧家沃尔孔斯基(С. М. Волконский,1860—1937)的话语时写道:所有珍贵的、令人敬重的和宗教的东西,都是在群体的对称运动中表现出来的。聚会、游行、送别、任何一种仪式和任何一个场景等,都要服从于对称。节奏感和对称感总是形影不离。在个人的面部表情中,放弃自我而服从于更高级的、身体之外的某个原理是在平行中表达的(这种平行也同样是一种身体运动的对称);而在大众的心理中:社会心理的运动是由对称来表达的。(Кугель 1923a:173)应该说,在 20 世纪初的文学批评中,面部表情和身势语通常被认为是戏剧式的和缺乏美感的,但库格利却从中寻找到了另一种特质,那就是对称感。在他看来,只要是对称的,就是有节奏的,因此也就是所有戏剧所必须的。

3）关于戏剧语言的特性问题。在库格利的"戏剧批评"思想中,对戏剧语言特性的认识始终是其核心内容之一。在他看来,不同于日常语言的戏剧语言具有下列显然的特性:(1)舞台性。他以果戈理(Н. В. Гоголь,1809—1852)的作品来说明戏剧语言的舞台性特征。他说,果戈理喜爱用类比的词语,以便在逻辑的跌宕中找到一种喜剧的魅力。我看到了舞台上的"狂人日记"(Записки сумасшедшего)[43],它们与所阅读的文本完全不同。舞台上的"狂人"不能被看作是滑稽可笑的。戏剧用一种特殊的力量提出了逻辑的塌陷问题。阅读文本时,你享受到的只是话语的俏皮性和对比的生动性;而看戏时,你就不能不对那位试图挣脱逻辑枷锁的不幸者表现出同情。这可是视觉上的狂人波普里欣。[44]视觉上的狂人是光着头的,视觉上人们往他的光头上浇着凉水,这比"阿尔及利亚总督面临灾难"的场面要强烈百倍。[45]舞台表演具有那种非同寻常的、在我看来是化学反应的力量(Кугель 1933:44—45)。(2)压缩性。他认为,戏剧语言的符号学特性还集中体现在言语功用的剧烈压缩性方面。缺少描写手法支撑的戏剧诗歌作品,是靠强化说话的感染力来填补这一空白的。这种集中各种艺术手段的方法是艺术的最高水准(Кугель 1933:19)。(3)沉默性。他认为,戏剧中不仅所说的话语具有符号学性质,沉默也同样如此。在当今戏剧中起着重要作用的"停顿艺术"(искусство паузы)并不是被肯定的话语形式,而多半是被否定的话语形式。因此,"沉默艺术"(искусство молчания)不仅是舞台创作中最难的,同时也是最为有效的形式,这犹如人在生命的最悲惨时刻说话最少一样(Кугель 1933:149)。(4)形式性。他提出,戏剧中首先必须摒弃的是具有吸收性、绝对性和专制性的"话语崇拜"(культ слова)。这句话显然是建立在其对戏剧的交际性作出重新定位基础上的。他说,在书籍中,我可以关注思想和纯粹的逻辑;在办公室,我可以关注办公桌。然而,这在戏剧中是绝对不可能做到的:戏剧要求有各种不同的戏剧形式。(Кугель 1923a:89,151)由上可见,库格利的戏剧语言观,与俄罗斯形式主义者的观点已经有较大的不同:他在这里所强调的形式,并非只是语言的形式,同时也包括戏剧本身的其他表达形式。

从库格利的上述"文艺批评"思想中不难看出,戏剧在他眼里是一个具有多重性质的符号集:戏剧不仅具有文学性和表演性,也具有象征性和思想性。应该说,这与符号学的基本特性相一致,只是在有关象征性与思想性问题上与俄罗斯形式主义者的相关观点有较大出入。也正因为如此,他的上述思想在我们看来才具有不同于一般的特殊价值。

2.2.4 林茨巴赫的"视觉符号"思想

林茨巴赫既不是职业文艺学家,也不是职业语言学家,但他对语言符号尤其是视觉符号有独到的认识和研究,所提出的"视觉符号"思想不仅成为 20 世纪初期俄罗斯符号学研究的重要组成部分,而且在学理上对 20 世纪后半期的俄罗斯符号学的发展产生了一定的影响。

1916 年,林茨巴赫出版了生前唯一的一部著作《哲学语言诸原则:精确语言学初探》(《Принципы философского языка:Опыт точного языкознания»)。[46] 正是在该部著作中,他从符号学角度较为系统地提出了自己对语言的独特理解,即语言研究应该遵循的七大原则:理想文字的"缩减原则"(принцип сокрощения)、理想语言的"简化"原则(принцип упрощения)、理想展现的"不间断性原则"(принцип непрерывности)、理想概念的"间断性原则"(принцип прерывности)、理想符号的"调整原则"(принцип упорядочивания)、理想表达的"适应性原则"(принцип приспособления)、理想文化的"通达原则"(принцип достижения)。应该说,林茨巴赫在该著作中阐发的许多思想时至今日仍有现实的语言学或语言哲学意义,但由于本章只涉及俄罗斯形式主义文艺学流派的内容,因此只对其中的有关"视觉符号"的思想进行审视和评介。总体看,该思想主要由下列具体内容构成:

1) 对电影艺术语言的"语法特性"作出界说。如果说曾系统提出"戏剧符号学"思想的梅耶霍德对电影艺术的发展前景还持有怀疑态度的话,那么林茨巴赫则对该艺术的未来充满着期待和信心。他认为,电影艺术语言从外部看是十分复杂的,但其内部结构却非常简单,该语言的原理正是从其外部得以充分体现的。因此,尽管电影艺术语言没有任何的语法可言,但该语言中的所有语法所固有的各种逻辑关系却比日常语言中体现得更为充分和完善,它已经溶解在只有靠艺术才能再现的直接描绘之中,因为在这种语法中,前置词、连接词、前缀和词尾等都是靠直接的画面来表达的。(Линцбах 1916:69—70)当然,林茨巴赫同时也看到了电影艺术语言的"软肋"方面,认为它唯一不能进行描写的一种艺术作品是"我们的推理"和"我们的思维过程本身",原因是照片无法企及这一过程。(Линцбах 1916:70)

　　2) 电影艺术语言如何来展现人的思想问题。电影艺术无法对人的思想进行描写,但是否可以运用自身的技术来开展现思想的过程呢? 对此,林茨巴赫的回答是肯定的。他说,既然思想的过程可以在外在的动作中找到其表现形式,那么这一过程就可以像任何一种现象那样成为电影展现的对象。例如,电影艺术可以展现出文字的缩减,因为词语某一部分的缺失可用一种渐进式的、不间断的变化予以展现,如同可以将图片逐渐放大、改变由若干图片构成的图式直到获得完整的画面为止。只有一点是不同的,那就是人们不得不在思想和想象领域中自己编写出相应的展示程序,但这已经不是对外部事物进行展示的物理电影艺术了,而是一种展现我们思想生命的电影图式。在编写这种电影图式时,只要模仿外部的物理电影图式,就有可能用理想的方式把我们的思想展现得如物理电影那样明了和易懂。(Линцбах 1916:70—71)

　　显然,林茨巴赫提出的有关电影艺术语言的思想具有鲜明的符号学性质。但与这一领域的俄罗斯形式主义者有所不同的是,他是从语言学(确切说是语言哲学)的角度来审视电影艺术这一特定的语言或符号的,因此在很大程度上又具有语言符号学和技术符号学的叠加性质。除此之外,他还在该著作中提出了一些值得当代符号学借鉴的重要思想。例如,他认为,电影艺术语言从数学意义上看是一种“多语性”(многоязычие),因此,我们只有用多种语言武装起来之后,才能得出更加详尽和明确的科学世界观;多语性不仅开启了科学世界观,也为用“直觉”(интуиция)可以通达的方法对与思维活动有关的世界图景作出解释提供了可能。(Линцбах 1916:199)“多语性”作为符号学的本质特征之一,不仅在俄罗斯现代功能主义语言学代表之一的梅利丘克(И. А. Мельчук)所构建的“意思⇔文本”(смысл⇔текст)模型中得以具体体现,也在当代俄罗斯符号学大师洛特曼的相关理论中得到进一步发展。[47]最后值得一提的是,林茨巴赫还在论述“多语性”的基础上,从时间维度视角对“言语文本”与“视觉文本”、“言语思维”与“视觉思维”的相互关系进行了深入的分析,以试图寻找出它们之间的原则性区别。他认为语言具有一维的性质,但对各种线条造型图形来说至少需要两维空间。应该说,从时间和空间等角度来审视语言和文学艺术,是俄罗斯符号学形成初期的一大特色。对此,列夫金(И. И. Ревзин,1923—1974)在评价上述符号学思想时曾指出,与索绪尔试图建立语言符号学完全不同的是,林茨巴赫提出了建立“普通符号学”的纲领。(Ревзин

1965:341—344)

2.2.5 叶夫列伊诺夫的"戏剧性"理论

　　作为俄罗斯著名戏剧家和戏剧艺术理论家的叶夫列伊诺夫,一生中有大量的戏剧作品问世,但就学术成果而言,最为出名的是他于十月革命前创立的所谓"戏剧性"理论(теория театральности)。他对戏剧的研究超出了舞台艺术本身的范围,将角色、仪式、场景尤其是生活等列入其中,从而极大地拓展了原有戏剧的概念。应该说,20世纪戏剧美学和导演方法论证明了他所提出的戏剧界限的迁移性或相对性。因此,所谓"戏剧性",实际上是一种"戏剧的纯粹形式"(чистая форма театра)或"超现实主义戏剧"(сюрреалистический театр),这与20世纪下半叶西方先锋派所追求的即兴表演、总体戏剧等形式十分相似。

　　应该说,在叶夫列伊诺夫的"戏剧性"理论中,最具符号学价值的是他对"视觉的语言"(визуальный язык)所阐发的有关思想。该思想集中反映在他于1922年出版的《肖像画家的原件》(《Оригинал о портретистах》)一书中。[48]叶夫列伊诺夫在该书中运用"戏剧性"理论对不同画家所画的人物肖像的特点和手法进行了具有符号学意义的阐释。归纳起来,有关人物肖像的"戏剧性"思想主要体现在以下几个方面:

　　1) 肖像的离奇性。他认为,家里挂着的著名画家列宾(И. Е. Репин,1844—1930)、库尔宾(И. Н. Кульбин,1868—1917)等所作的"叶夫列伊诺夫"的肖像画并不是原件,而是复制品:它们都是母亲在他15岁之前从不同的出版物或自己的收藏品中剪辑而来的,这或许是因为他母亲觉得有这么多画家给自己的儿子作画很骄傲。这些画的艺术手法都很接近,甚至在细节方面都彼此相像⋯⋯"当我看着自己的这些肖像时,产生了一种离奇的交错情景,眼前浮现出不同画家笔下的一系列我的'自画像'(автопортрет):我贴身穿的衬衫⋯⋯所有这一切都是我、我、我,还是我;但第二次再看时,这仅仅是我吗?好像哪个地方又不是我;我突然发现,仔细辨认后清晰地看见,这不是我的肖像,不是照着我的长相所画的肖像,我在肖像中仅仅是一种手段、一个材料、一个轮廓、一个跳板和一条路径。我的脸只是个画框,画框里塞进了另一个人,与我不同、但又多少有点熟悉的人⋯⋯所有这一切就是自画像。从艺术角度看,不应把它看作相片、图纸或移印画,而应看成'精神相片'(душевный

снимок)。"(Евреинов 1922:14—16)在他看来,上述这些自画像与他本人并不相符,而是叶夫列伊诺夫形象的戏剧性再现,构成了异常戏剧性的、涂脂抹粉的、故作姿态的、怪诞的、半开玩笑和半神圣的、令人惊叹的、古怪的、向上发出挑战的叶夫列伊诺夫。(Евреинов 1922:18)这不仅表明了自画像的些许艺术特点,同时也印证了绘画的戏剧性手法的多变性,对此,叶夫列伊诺夫在《肖像画家的原件》一书的第 2、4 章中,从艺术理论和艺术史角度进行了深入和全面的论证。

2)肖像的相似性。在肖像艺术中,古往今来的艺术家们大多都承认肖像的"相似性"(сходство)是其最重要的或不可缺的要素。但叶夫列伊诺夫却认为,艺术家与照相师不同,因此不能以相似性作为艺术作品的准则。他说,画家们的所见不尽相同,神父、法官、士兵、商人、教师等每一个人都有自身的职业形象;如果我们严格遵循肖像与原件(人物)的绝对相似性准则,那么许多肖像画家的作品就应该立刻停止在博物馆中展览了,那些没有亲眼见过基督耶稣的画家也就没法来为其画像了。在他看来,画家的工作是无比幸福的,因为艺术作品的全部含义就在于画家能够怀揣自己的梦想,并整天与所画的人物相守在一起,将自己的梦想再现在画布上。(Евреинов 1922:34—35)可见,叶夫列伊诺夫是反对肖像与原件的相似性观点的,但他并没有就此停止自己的艺术思维,而是进一步论述了肖像的相似性本质问题。对此,他赞成德国文学评论家施莱格尔(А. В. Шлегель,1757—1845)和哲学家黑格尔(Г. В. Ф. Гегель,1770—1831)的观点,认为模仿或复制自然的艺术,永远也不会超越自然本身;但如果画家能够超越自然,那么其笔下的肖像就会比所画人物显得更为真实和相像。(Евреинов 1922:38)这表明,在叶夫列伊诺夫看来,画家追求肖像与原件(人物)的相似性是不可取的,因为这样的肖像画并不是真正的艺术作品;但另一方面,追求真正艺术的每一位画家所画的肖像又是最为逼真的,这就是艺术尤其是肖像画艺术的独特魅力所在。

3)肖像的精神性。俗话说,画是画家的"孩子"(детище)。对此,叶夫列伊诺夫有深入的理解。他把这个"孩子"隐喻为只有古钱币学家才能确定其价值的"磨损了的钱币"(стертая монета),要读懂古钱币上磨损了的词语,只有把烧红了的铁棒移到离钱币半厘米的距离上烘烤,被烤热的钱币才会显露出昔日的字母和词语。而钱币一旦冷却,上面的字母和词语又会消失得无影无踪。（Евреинов 1922：91）在他看来，肖像画家的艺术创作，就如同母亲生孩子一样，需要经过 coitus（交媾）、怀孕、分娩等复杂和痛苦的过程。因此，同一个画家的不同作品就如同一个父亲的孩子一样，彼此间具有亲属关系。所不同的是，画家与自然的交际是一种"精神的交媾"（духовный coitus），画家从原件（人物）身上而不是原件（人物）从画家身上获得具有勃勃生机的种子。从这个意义上讲，原件（人物）就是父亲，而画家就是母亲。（Евреинов 1922：93—94）由上可见，叶夫列伊诺夫眼里的肖像，实际上是画家精神活动的产物。他形象地把画家的创作隐喻为母亲的受孕、怀孕和分娩过程，把艺术作品尤其是肖像作品的发展比作胎盘的发育过程，而对于这样精雕细琢的精神产品，也只有像古钱币学家在鉴别古钱币时那样才能发觉其价值所在。

　　总之，叶夫列伊诺夫的"戏剧性"理论涉及戏剧思想及其表现手法的方方面面，其中有对婚礼和葬礼行为的戏剧性阐释，有对色情戏剧和休闲细节的戏剧性描写，有对上流社会和家庭日常行为的戏剧性观察，还有从语言行为角度对学校、乡村、军营、教堂、监狱、墓地的戏剧性描述等。（见 Почепцов 2001：130—131）它们大多都具有符号学的性质。上述对肖像所阐发的戏剧性特征，在我们看来就是对戏剧符号尤其是视觉符号的最好诠释。

2.2.6 阿萨菲耶夫的"音乐形式"学说

　　作为苏联音乐学的奠基人之一，阿萨菲耶夫生前曾有大量音乐作品问世，包括歌剧、芭蕾舞、钢琴曲、室内乐作品、协奏曲、声乐练习曲等。但他同时又是一位著名的音乐理论家，对世界许多经典音乐家的作品有很深的研究，尤其对俄罗斯的音乐传统和创作风格有独到见解。1919—1930 年间，他曾在国立艺术史研究所从事科学研究工作（1925 年起还兼任列宁格勒音乐学院教授），出版了几部有影响的学术著作，如《俄罗斯歌剧和芭蕾舞剧笔谈》（«Письма о русской опере и балете»）、《19 世纪初以来的俄罗斯音乐》（«Русская музыка от начала 19 столетия»）、《作为过程的音乐形式》（«Музыкальная форма как процесс»）等[49]，其中，后一部著作不仅是其阐发"音乐形式"学说思想的主要载体，也是当时音乐领域颇有影响的音乐符号学的代表作之一。

　　阿萨菲耶夫的"音乐形式"学说主要包含下列思想或观点：

　　1）衡量音乐的尺度是听觉。从何种视角来看待音乐形式？对此，阿萨菲耶夫与以往的教条主义和经院哲学的认识有很大不同。他认为，"听觉"

（слух）是衡量音乐的唯一尺度,离开听觉感知,就不可能对音乐现象作出任何的分析。因此,音乐中的定义没有一个是从那些无声的、抽象的和超出音乐材料的前提中生成的,而只能从对音响的具体感知中生成。（Асафьев 1971：198）在这里,阿萨菲耶夫强调了音乐旋律组织是生成和感知音乐主导因素的思想,这是其提出的"音乐形式"学说的学理基础所在。

　　2）音乐形式具有动态感。他提出,靠听觉（有时甚至是几代人的听觉）来检验的音乐形式首先具有"时间的性质"（временной характер）,这就是所谓的音乐的"过程方面"（процессуальная сторона）,即"作为过程的形式"（форма как процесс）；但作为过程的音乐形式并没有解决"过程的结果"（следствия процесса）问题,因此,音乐还有另一种形式——"晶体化图式"（окристаллизовавшаяся схема）,即"作为结构的形式"（форма как конструкция）。这就是同一现象（音乐）的两个方面。（Асафьев 1971：23）这表明,阿萨菲耶夫是从动态和静态的辩证角度对音乐形式作出解释的,但他推崇的是动态感形式：他否定对音乐形式采取静态分析的方法,认为音乐形式并非是无声图式独立自在演化的结果,而是一种"音调生成过程"（интонационный процесс оформления）和社会发掘音乐的一种手段。（Асафьев 1971：179）正如阿萨菲耶夫本人在书中所说：我写该书的首要的目的是揭示音乐生成的过程本身,所阐述的并不是完整的结果,而是对该结果的观察进程。（Асафьев 1971：97）

　　3）音乐有"过程"和"图式"两种形式。阿萨菲耶夫对音乐形式的分类依据的是所谓"发展原则"（принцип развития）,而非"最终结构"（итоговые конструкции）。他认为,音乐形式的系统化如果只关注其"纯结构关系"（чисто конструктивное отношение）而不考虑"音调"（музыкальная интонация）形成的过程,就无法揭示音乐艺术的基本规律,并最终会走向形式主义。这是因为：形式离开音调,将会使形式与内容的二元论陷入荒谬。（Асафьев 1971：60）也就是说,阿萨菲耶夫所倚重的"发展原则",是建立在动态的"过程—形式"（форма-процесс）与静态的"图式—形式"（форма-схема）相对立基础之上的,因此他在著作中格外关注制约音乐发展的"能量"（энергия）或"作用力"（действующие силы）问题。在他看来,在音调化过程中所形成的能量或作用力并非虚构,而是与音乐的"发声物质"（звучащее вещество）密切相关,如制约音乐作品音调发展的内部刺激、内部成因等。（Асафьев 1971：52）据此,阿萨菲耶夫将音乐的"过程－形式"分为两类：按照"等同原则"（принцип тождества）建构起来的形式和按照"比照原则"（принцип контраста）建构起来的形式。他认为该两种形式作为音乐的两大因素，其总和及其相互关系就成为音乐发展的主要成分，因为在他看来，只有在具备等同成分时才能够感觉到比照，音乐形式的形成全过程就是相互对立共存的辩证过程。（Асафьев 1971：127）

4）音乐空间是一种特殊的音乐形式。阿萨菲耶夫认为，"音乐空间"（музыкальное пространство）与建筑空间之间有必然的关联性。音乐与其占据的空间，不仅仅是纯音响性质的现象，街道、广场、花园或街心公园等也都是特殊的音乐形式。比如，乡村的四句头顺口溜也可以在音乐厅演唱，但它的形式依然要由乡村的街道来确定；军队进行曲可以在室内的钢琴上演奏，但其真正的形式应该是在广场上、大街上或公园里的军乐队。（Асафьев 1971：187）由上不难看出，阿萨菲耶夫把音乐空间视为一种特殊音乐形式的思想具有鲜明的社会性质，即：他不仅仅把音乐视作一个创作过程，也同样把音乐看作是一个理解过程，而且，他更看重的是后一个过程。正如俄罗斯著名符号学家波切普佐夫（Г. Г. Почепцов）所说，阿萨菲耶夫所理解的"形式"是社会性质的，它带有鲜明的"社会衬里"（социальная подкладка）。（Почепцов 2001：301）

综上所述，阿萨菲耶夫的"音乐形式"学说实际上是一种具有音乐符号学性质的"音调理论"（интонационная теория），该理论所倚重的所谓"过程—形式"，就是欲通过动态的音调来展示音乐的本质。事实上，音调作为核心概念或关键词贯穿于《作为过程的音乐形式》的整部著作。在我们看来，该学说在本质上与形式主义范式所标榜的思想和手法有所不同，因为它所强调的并非是静态的纯音乐结构形式，而是其动态感，即音乐形式的内容一面——音调及其变体。因此，它是形式与内容相结合的产物。

最后需要指出的是，当我们全面梳理、总结和评介俄罗斯形式主义文艺学流派的相关成果时，还有必要从世界文艺学的发展脉络出发给该流派的性质作出一个定性评判。我们知道，作为一门科学的世界文艺学研究历来是在"三棵松"（три сосны）之间摇摆不定的，即美学、社会学和心理学三种不同的流派方法，而俄罗斯形式主义文艺学流派无疑是属于美学性质的，且在一定程度上讲是极端性质的美学方法。该流派与其他流派或方法的最大不同就在于：它被认定是在俄罗斯土壤上生成的,而其他流派则是建立在西方相关哲学或文艺理论基础之上的。正是这一点,才使得该流派不仅贴上了俄罗斯的标签,也同时赢得了世界的意义和价值。

第3节　形式主义语言学流派

"形式主义语言学流派"(формально-лингвистическое направление)与形式主义文艺学流派的最大不同就在于:该流派的成员大多是语言学家而非文论家或文学家,因此,他们是从语言学视角对语言或文艺作品的语言结构或形式直接作出描写的,而形式主义文艺学流派则是从"作品"(вещь)走向"形式"(форма)再走向"语言"(язык)的。从这个意义上讲,形式主义语言学流派对语言结构或文艺作品(主要是诗歌)语言的研究,在方法上更符合俄罗斯形式主义范式的宗旨,这也是形式主义文艺学流派要从"创建期"的"语文学方法时期"向"兴盛期"的"语言学方法时期"发展的根本动因。

从该流派的人员构成看,他们大多来自莫斯科语言学小组和彼得格勒诗歌语言研究学会,也有少数不属于任何派别的学者,如电影理论家爱森斯坦(С. М. Эйзенштейн,1898—1948)等。从该流派所涉及的研究领域看,其主要分为诗歌语言研究、修辞研究、话语及句法形式研究三大方向。

3.1　诗歌语言研究

在俄罗斯形式主义范式中,从事诗歌语言研究的学者较多。对诗歌语言的理解,按照言语生成和感知过程中有无"机械性"或"自动性"(автоматизм)这一要素来划分,当时的学界就有狭义、宽义和广义三种不同的理解:狭义指纯粹的诗歌语言,宽义指文艺作品的语言,而广义指美学上有意义的创作的语言。显然,俄罗斯形式主义范式中的文艺学流派属于宽义派或广义派,而语言学流派则主要是狭义派。从从事诗歌语言研究的学者数量看,宽义派和广义派为多数,而从语言学角度来审视诗歌语言的狭义派只占少数,他们就是上文提到的莫斯科语言学小组和彼得格勒诗歌语言研究学会的成员、后来成为著名语言学家的雅各布森、维诺库尔、日尔蒙斯基等。下面,我们就对上述学者有关诗歌语言结构的主要学说或思想作简要评介。

3.1.1 雅各布森的"诗歌语言结构"学说

在俄罗斯形式主义语言学流派中,雅各布森的地位可谓"首屈一指":他不仅是彼得堡诗歌语言研究学会的创始人之一,也同样是莫斯科语言学小组和"布拉格语言学小组"(Пражский лингвистический кружок)的奠基人之一。[50]尽管他的学术研究涉及文艺学、语言学和符号学的许多领域,但却起端于对诗歌语言的兴趣,因此在诗歌语言结构的研究方面颇有建树,为俄罗斯形式主义范式的创建和兴盛作出了自己应有的重要贡献。正如恩格尔卡尔德所说,雅各布森是"形式主义方法最杰出的代表"。(Энгельгардт 1927:65)

雅各布森的有关"诗歌语言结构"学说,并非是在某一部著作或某一篇论文中集中阐发的,而是散落在那个时期他所做的学术报告以及发表或出版的许多著述中。归纳起来,该学说大体由以下一些具体的思想或观点构成:

1)"结构"就是"文学性"的思想。1921年,雅各布森出版《当代俄罗斯诗歌:第 一 次 素 描——走 进 赫 列 勃 尼 科 夫 》(« Новейшая русская поэзия. Набросок первый: Подступы к Хлебникову»)一书,对俄罗斯著名诗人、"俄罗斯先锋派"(русский авангард)奠基人之一的赫列勃尼科夫(В. В. Хлебников,1885—1922)的结构诗学思想进行了系统的评析,并提出了诗歌语言的"文学性"的重要思想。他说,如果把造型艺术视为直观表象的"自价值材料"(самоценный материал)的成形,把音乐视作自价值声音材料的成形,而把舞蹈艺术视作自价值手势材料的成形的话,那么诗歌就是自价值词语的成形。诗歌是语言美学功能中的语言。因此,文学科学的对象并不是文学,而是其文学性,即能够使该作品成为文学作品的东西。(Якобсон 1921:10)显然,雅各布森此处所指的"文学性"有三层含义:一是诗歌(文学作品)语言不同于日常语言,它具有独特的美学功能;二是诗歌语言具有"自价值"(самоценность),可以成为单独的研究对象;三是诗歌语言的美学功能或自价值并不在于其表达的"情感"(эмоции)或"精神感受"(духовные переживания),而在于其"成形"(формовка)。[51]这里的"成形"即指诗歌语言的"结构"(структура)。换句话说,诗歌语言的结构才是构成其文学性的关键所在。

2)民间口头创作具有"诗歌结构"的思想。早在1915年,雅各布森就与莫斯科语言学小组成员一起开始关注"民间口头创作"(фольклор)的结构问题,尽管当时他们并不知晓索绪尔提出的结构主义语言学理论。事实上,雅各布森也正是从研究民间口头创作诗中寻找到诗歌语言艺术所特有的表现力形式并最终走向结构主义方法的。他认为,尽管人们都熟知谚语等民间口头创作的语言,但却无法深谙由语言代码所决定的"意思"(смысл),原因就在于:"谚语是我们言语中所见到的最大的代码化单位,也是最短的诗歌作品",因此,"民间口头创作是最为精确化和定型化的诗歌形式,对其最适合做的是结构分析"。(Якобсон 1975:218)这表明,在雅各布森看来,以谚语、俗语、谜语、四句头歌、咒语等为主要表现形式的民间口头创作具有诗歌的性质,对它们的理解只有通过对其结构分析才能有效达成。正因为如此,雅各布森在自己数十年的学术生涯中自始至终都对俄语民间口头创作中的"玄妙的语言"表现出极大的兴趣。

　　3)"结构"具有"完整性"的思想。1935年,雅各布森曾在一次学术报告中把俄罗斯形式主义的发展分为三个阶段:文学作品声音方面的分析阶段、诗歌作品结构内部的意义阶段、声音与意义联合为不可分割的整体阶段,并将"第三个阶段"称之为掌控、决定、改变着其他成素以及保障其结构完整性的"主导成素"(доминанта)。他说,诗作为一个价值系统,它与任何一个价值系统一样,会形成高级和低级的等级系统,处在该价值系统首位的是其基本成分——主导成素。诗缺少主导成素就无法理解,也无法评价。(Якобсон 1996:119)由上可见,雅各布森所说的诗歌语言结构的"完整性"(целостность),并非是纯结构性质的,而是指其结构与意义的完整统一,这与其一贯追求的语言的系统性思想相一致。如,早在1919年,他就在莫斯科语言学小组召开的一次会议上指出,不能将诗歌语言看作是语言单位的一种机械组合,也不能去探寻"诗歌的原子"(поэтические атомы);不能在音韵学中凭单个的音而得出结论,因为诗歌事实只有在组合中才能获得。诗歌语言具有很强的系统性,就如"格式塔理论"(теория гештальта)一样,整体的意义大于任何成分的意义。(见Почепцов 2001:353)

　　不难看出,雅各布森的"诗歌语言结构"学说有以下特点:一是它与俄罗斯形式主义文艺学流派一脉相承,强调的是"语言形式"对审视文艺作品的重要性,甚至提出文学科学要成为一门科学就必须要把"手法"视为唯一"主人公"(герой)的思想(见 Якобсон 1921:11);二是它的确又与俄罗斯形式主义文艺流派的观点有所不同,其中最为明显的就是用语言学的术语"结构"替代文艺

学的术语"形式"。这一改变不仅仅是视角或方法的变化,更强化了诗歌研究
的语言学方向,标志着俄罗斯形式主义发展中新的阶段——由语文学向语言
学的转变;三是雅各布森所说的"结构",已经具有全新的概念内涵:它不仅指
诗歌语言的"文学性",也指其结构与意义相统一的"整体性"。雅各布森正是
用"结构"这一概念,将自己的学说与布拉格学语言学派、俄罗斯形式主义、索
绪尔的结构主义语言学以及胡塞尔的现象学等有机地连接在一起,从而成为
世界语言学、文艺学、符号学不可多得的共同思想财富。

3.1.2 维诺库尔的"科学诗学"思想

作为 20 世纪俄罗斯著名的语言学家,维诺库尔在俄语史、历史语法、诗歌
语言以及普通语言学、修辞学等领域都有不俗的建树。但作为莫斯科语言学
小组的核心成员(1922—1924 年曾任该小组主席),他曾在 20 年代先后在《左
翼文艺阵线》(«Леф»)和《偶数与奇数》(«Чет и нечет»)发表了多篇研究诗学
和诗歌语言的论文,如《诗学新文献》(« Новая литература по поэтике »)
(1923)、《何谓"科学诗学"》(«Чем дожна быть научная поэтика»)(1923)、《诗
学·语言学·社会学》(«Поэтика·лингвистика·социология»)(1923)、《诗歌
与科学》(«Поэзия и наука»)(1925)[52],从语言学家特有的视角对诗学及诗歌
语言的概念、性质、对象、任务等进行了审视,从而形成了在学界有一定影响的
"科学诗学"(научная поэтика)思想。该思想主要包含以下观点:

1) 科学研究应具有"客观性"。他认为,任何值得进行科学研究的现象,
从来都不是孤立呈现的。因此,如果要对所观察的事实进行客观分析,其首要
任务就应该确定该事实在哪个方面有别于其他事实。也就是说,研究某现象
时,在没有搞清楚该现象的各种关系以及没有确定所观察现象之不同维面的
功能之前,是无权从统一方法出发来分析该现象所客观呈现的各维面之总和
的。(Винокур 1990:7)在他看来,评论家和艺术家的使命是不同的:前者是
按照个人的或公认的美学视角来评价事物,后者则想搞清楚所观察的事物的
特性、成分构成和组合规律等。这就是科学与批评(评论)的根本区别,也是从
事科学研究的基本原则。(Винокур 1990:8)以上话语表明,维诺库尔眼中的
科学研究无疑具有"客观性"的特征,而评论家作出批评则具有一定的"主观
性"特征。

2) 艺术离不开其表达"形式"。他认为,诗歌、绘画等作为艺术,其区别于

"非艺术"（не-искусство）的本质特征就在于"表达"（выражение）和"描绘"（изображение）。如,诗人、画家等都拥有自己的用来表达和描绘的"材料"（материал）,但只有赋予材料以"某种形式"（определенная форма）,即把材料做成某作品,才能创造出艺术品。（Винокур 1990:9）在维诺库尔看来,学界有关艺术形式与内容的争论是没有任何意义的,因为与"形式"这一术语通常构成对立的"艺术中的内容"（содержание в искусстве）的术语并不具有任何内涵。除了艺术作品外,随处可见的作品都可以被理解为"艺术中的内容",如图画中的房屋、街道,诗歌中的思想等。然而,图画不是房屋和街道,而是对房屋、街道的描绘;诗歌也不是思想,而是思想的表达。离开表达,就谈不上艺术。"形式"是将材料制成作品的结果。（Винокур 1990:10）

3）科学诗学具有"语言学"的性质。诗学作为一门艺术究竟应该从何种角度来研究呢？对此,维诺库尔有自己独到的认识。在他看来,传统的研究方法是普通心理学的,用来揭示艺术材料的形成过程和创作过程,但也可以研究艺术材料形成过程中的"手法"（приемы）本身,也就是艺术的内部结构。由于不同艺术领域的手法具有共同的或相似的元素,因此研究手法的任务就要靠普通艺术理论来解决。（Винокур 1990:12）由于决定诗歌艺术性质的基本维面是表达,而表达又是在语言中实现的,因此,语言是诗歌的材料。"语言是思想的表达"这句话把语言与思想等同了起来,或者说语言除了交际功能之外再无别的其他功能。实际上,语言不仅可以用作传递思想,还可以作为表达本身来使用,即完全不用考虑到思想信息而用作"表达定向"（установка на выражение）,正是这种表达定向决定着语言是诗歌的材料。[53] 如果说我们在"实用语言"（практический язык）中不注重表达本身的话,如果使用实用语言的首要目的是给听者传递自己的思想的话,那么"诗歌语言"（поэтический язык）除了注重表达之外就没有任何其他目的了。（Винокур 1990:14）基于以上认识,维诺库尔最后得出结论认为:所谓文学史,就是一部与用语言做成的文艺作品有关的历史。它与"表达的内容"无关,而与"如何表达"的有关,而这个"如何"完全是由语言来决定的。因此,文学史就成为"诗歌语言学"（поэтическое языкознание）。诗歌语言学与"实用语言学"（практическое языкознание）一样,都包括语音学、语法学、语义学、词汇学等分支,但它们的视角不同:尽管诗歌可以用语言学方来构建,但必须与普通艺术理论紧密融

合。(Винокур 1990:16)

综上所述,维诺库尔有关"科学诗学"思想的三个方面值得关注:一是将"客观性"视作包括艺术在内所有学科进行科学研究的基础。这一观点与象征主义所追求的完全相反。二是确定艺术研究的核心是其表达形式,而非其内容或思想。这一观点与波捷布尼亚所倡导的心理主义流派的观点不同。三是将语言视为诗歌的材料,从而将科学诗学的性质规定为语言学的,而非文艺学或心理学的。这一观点坚持的是"语言诗学"(лингвистическая поэзия)方向,它与日尔蒙斯基提出的"诗歌语言学"(поэтическая лингвистика)、与雅各布森提出的"诗歌方言学"(поэтическая диалектология)的方向完全一致。值得一提的是,维诺库尔曾在另一篇文章《诗学·语言学·社会学》中提出"诗学仅仅是修辞学的一个部分"的观点(见 Винокур 1923:109),从而进一步精确和细化了其"科学诗学"的思想。

3.1.3 日尔蒙斯基的"抒情诗结构"说

在彼得堡诗歌语言研究学会成员中,日尔蒙斯基是少数几位始终坚持以语言学方法来审视诗歌语言的学者之一。早在 1919 年,他就在《诗学之任务》(«Задачи поэтики»)一文中提出了要把诗学归入语言学的思想,该思想与在 1921 年发表的长篇论文《抒情诗的结构》(«Композиция лирических стихотворений»)一文中再次得到强调。(见 Жирмунский 1921:62)下面,就让我们对该学者提出的"抒情诗结构"说做一番评价。

总体看,日尔蒙斯基的"抒情诗结构"说包含下列具体的思想:

1)"结构"是理论诗学的组成部分。他认为,在语言艺术手法的所有分类中,在所有的理论诗学中,都可以划分出三类现象或三个基本分支:"修辞学"(стилистика)、"主题学"(тематика)和"结构"(композиция)。修辞学是狭义的诗歌语言的学说,像"诗歌语言学"(поэтическая лингвистика);主题学研究诗歌的主题,也就是诗歌中所说的内容;而结构研究艺术材料的建构情况(分配、配置)。结构与主题一样,植根于言语材料自身的些许特性之中。所有的言语材料都要建构为某种"连续性"(последовательности),分布为一定的"列"(ряды)。(Жирмунский 1921:5)在日尔蒙斯基看来,语言艺术作品中的结构是语言材料配置的规律,该语言材料是根据美学原则艺术地切分出来和组织起来的整体……在抒情诗里,语言材料自身结构的有序性显得尤为明显……

抒情诗的结构要求对语音、句法和主题材料同时作出有规律的切分。（Жирмунский 1921:8）应该说，在研究诗歌语言的所有学者中，日尔蒙斯基是最先把结构作为理论诗学的一个组成部分来系统审视的。

2）诗行的结构就是其"韵律"。基于上述对"结构"的基本认识，日尔蒙斯基对抒情诗的诗行结构进行了具体分析。他认为，作为韵律整体组成部分的每一个单独的"诗行"（стих）在结构上被建构起来，因为在诗行里，人类语言的语音材料是经过艺术调整的，以使其适应于一定的"韵律规律"（ритмический/метрический закон）。而在作为语言艺术的诗歌中，韵律规律是靠强、弱音节的统一交替来实现的，以组合成不断回环的"语音列"（фонетические ряды）——诗行。我们可以用某种"韵律图式"（метрическая схема）来表示这种交替规律，而诗行的现实韵律与该图式是相背离的，这就如同艺术的规律性通常也不能在任何地方转换为数学上正确的规律一样。（Жирмунский 1921:9）在他看来，"韵律规律"仅指音响构造或语音结构，这一结构是由强弱（重读与非重读）音节有规律和有序的配置来表示的。但是，韵律的这种有序性与语言材料其他成分的结构分布紧密关联，因为主要的韵律冲动或规律会以自身的动作来统领艺术言语的所有方面，从而赋予那些无形式的和杂乱无章的材料以结构上的条理性和协调性。（Жирмунский 1921:9）由上不难看出，日尔蒙斯基把韵律视为抒情诗的诗行结构，因为正是韵律这一结构对诗行的语言材料肩负着组织功能的作用。

3）诗节的结构有其句法构造。日尔蒙斯基不仅对抒情诗的诗行结构进行了分析，更对"诗节"（строфа）的句法构造有深入的研究。他认为，诗行的韵律图式组成"诗行群"（группа стиха），它孕育着"句法切分"（синтаксическое членение）。这是因为：句尾和诗行尾的吻合之处正是"韵律—句法圆周句"（ритмико-синтаксический период）的结束之处。圆周句的长短不一（二至六个诗行不等），大的圆周句可以切分为若干规模更小和不同长短的诗行群，构成这些诗行群的句子在意义和句法方面独立性较小（通常用分号、冒号，偶尔也用句号），因而相互关联。圆周句就是由这些独立性较小单位构成的较大单位。（Жирмунский 1921:11—12）在他看来，通过分析"韵律列"（ритмические ряды）这一"不可切分群"（нерасчлененная группа）[54]，分析该群的结构切分和韵律的条理性，就可以复原一般的、带有交替韵脚的四行诗节的艺术形成过程。(Жирмунский 1921:14)可见,在日尔蒙斯基的"抒情诗结构"说中,诗节的结构被看作是韵律结构的基础,其基本结构就是句法圆周句。

需要特别指出的是,从上述日尔蒙斯基的"抒情诗结构"说看,似乎可以认定他是一位坚定的形式主义者。如,他将抒情诗中强弱音节的交替视为构成韵律的基础,将诗行的韵律视作抒情诗所特有的结构,再将诗行不断回环的诗行群视为诗节,最后又把诗节的结构视为韵律—句法圆周句,如此等等,无疑为我们清晰地勾画出他对抒情诗结构的基本认识。但实际上,作为语言学家,他是反对用纯形式主义的方法来审视诗歌语言或文学语言的。如,1922 年他在评论艾亨鲍姆的《诗的旋律》(«Мелодия стиха»)而撰写的同名长篇文章中,就对艾亨鲍姆只要形式而剔除内容的纯形式主义方法提出尖锐批评,认为形式与内容的有机统一才是诗歌研究的正确方法。(见 Жирмунский 1977:56—93)再如,1923 年他又在《论形式主义方法问题》一文中,对俄罗斯形式主义文艺学方法所倡导的四个核心观点——"作为手法的艺术""历史诗学和文学史""主题与结构""语言艺术与文学"等提出过不同意见。(见 Жирмунский 1923)

3.2　修辞研究

研究诗歌语言或广义上的文艺作品,势必会涉及作为符号学重要领域的修辞学的一些相关理论和实践问题。在俄罗斯形式主义范式中,文艺学流派的很多学者都对文学语言的修辞问题有过研究,其中包括该流派中被誉为"革命的三驾马车"的什克洛夫斯基、特尼亚诺夫、艾亨鲍姆。但从语言学视角对修辞问题有系统和深入研究的并不多,其中,维诺格拉多夫和爱森斯坦则是该领域的杰出代表,他们所提出的"语体与修辞"和"视觉修辞"的有关思想在学界有广泛的影响。

3.2.1　维诺格拉多夫的"语体与修辞"思想

作为 20 世纪俄罗斯最杰出的语言学家(确切说是语文学家),维诺格拉多夫在语言学、文艺学等领域都有一系列重要建树。从其学术生涯看,他是从研究文学语言或艺术言语的"语体"(стиль)起步的。20 年代,他先后发表了《论修辞学之任务》(«О задачах стилистики»)(1922)[55],《论自然语体的形态学问题》(«К морфологии натурального стиля»)(1922),《论文学语体理论》(«О теории литературных стилей»)(1925),《修辞学中的民间故事体小说问题》

（《Проблема сказа в стилистике》）（1925），《论阿赫玛托娃的诗歌》（《О поэзии Анны Ахматовой》）（1925），《果戈理语体专论》（《Этюды о стиле Гоголя》）（1926），《论诗歌语言的理论建构》（《К построению теории поэтического языка》）（1927）等多篇有关语体和修辞方面的论文。在这些论文中，维诺格拉多夫从语言学视角阐发了他本人对语体与修辞问题的独到见解。

1）对文学语体理论的构建。维诺格拉多夫在1925发表的《论文学语体理论》一文中比较集中地阐发了这一思想。他认为，修辞可分为"方言学修辞"（диалектологическая стилистика）和"个体言语修辞"（стилистика индивидуальной речи）两类：前者用以研究对一定语境中思想表达的各种形式作出选择和评价的美学准则，因为只有在这些言语群体或体裁的修辞准则基础上才会显现出个体的差异；后者用以研究个体言语倾向和克服群体修辞成规的方式。方言修辞学可以与方言学研究结合起来，成为对方言进行系统研究和历史研究的有机组成部分；个体言语修辞学则可以随着时间的推移而成为诗歌语言科学的导论。（Виноградов 1980:240）在他看来，文艺作品语言与诗歌语言并不等同，诗歌的构词和词组成分只是文艺作品语言的"点缀"（вкрапления），它们只有在分析作品的结构时才能够被发现。因此，在研究诗歌语言的修辞之前，有必要创立一门"文艺作品语言结构科学"（наука о словесной структуры художественных произведений）。（Виноградов 1980:241）据此，维诺格拉多夫对这门被称为"文学语体理论"（теория литературных стилей）的新兴学科的对象、任务进行了详细论证。他认为，文学语体理论作为一门理论学科，其基本任务应该包括：（1）要从语言学视角对文艺作品语言的"体裁变体"（жанровые модификации）作出原则上的区分；（2）要揭示散文形式语言组织在手法上的规律性；（3）要对艺术言语的"象征意义"（символика）问题进行研究。他对象征给出的界说是：象征的属性独特，它不隶属于决定和限定词位属性的历史文化准则和认识论准则；象征的基本问题是意义问题；象征是诗歌作品中在美学上修饰过的和艺术上受到限制的言语单位；象征应该作为文学语体理论的一个分支来加以研究；象征的概念不是静态的，而是动态的，等等。（见 Виноградов 1980:242—249）总之，维诺格拉多夫通过上述审视，不仅对文学语体和诗歌语体作出了区分，更为重要的是为将文艺作品语言的研究作为一门独立的语文学科奠定了学理基础。在他看来，对文艺作品语体的研究,应该构成近似于又不同于语言学和文艺学的语文科学的特殊对象。(Виноградов 1959:3—4)

2)对诗歌语言修辞学的构建。1922 年,维诺格拉多夫发表的《论修辞学之任务》一文被学界视为现代俄语修辞学的奠基之作,他在文中所阐发的有关诗歌语言修辞学的观点,成为当时诗歌语言研究中的思想经典。他认为,修辞学的构建不外有两种:(1)口笔语修辞学,由口笔语所有的目标变体及其类型构建;(2)诗歌语言修辞学,由组织文艺作品的语言构建。(Виноградов 1923:201)在他看来,日常言语修辞学及其各种功能是人们感知诗歌语言创作之独特性的基础。为此,他对诗歌语言修辞学作出如下理论上的构建:(1)从诗歌个体与群体交替的角度需要区分出两类不同的诗歌语体——"个体诗歌语体"(индивидуально-поэтический стиль)和"文学派语体"(стиль "литературной школы");(2)诗歌语言"历时修辞学"(историческая стилистика)有三大任务:阐明诗歌语体转换的本质和方式,在历时继承即在普通语言史和语言学兴趣的背景下研究个体诗歌语体;通过对同类特点的抽象将诗歌语言语体按学派进行分类,指出各学派语体研究的重心;对各学派语体的分解过程及其转变为语言成规的列进行观察;(3)对诗歌语言修辞学任务的界说提出两点重要补充:首先,诗歌个性常常不会容纳在一个文学学派之中,因为诗歌个性总是追求不同的言语建构手法。其次,必须在各种修辞组合中考虑到受结构切分形式和文学体裁差异制约的诗歌语言的功能变体问题,如,故事语言、戏剧对话语言、抒情诗语言等;(4)诗歌语言变体之间的区别,包括词汇的选择、象征的分布及其句法组合、语义特征的变化等,只有在对宏观材料分析的基础上才有可能。(Виноградов 1923:202—205)。

可以说,维诺格拉多夫在 20—30 年代的学术活动主要是围绕语体和修辞两大问题展开的,这为他于 40—50 年代创建两门既相互关联又各自独立的语文学科——文学修辞学和诗歌语言修辞学奠定了基础。语体的研究主要包含文艺作品的"象征"(символ)和"结构"(композиция)两大主题,而修辞研究则更多关注到诗歌语言的功能变体问题。需要特别指出的是,尽管维诺格拉多夫是 20—30 年代俄罗斯形式主义范式的积极参与者,但他的学术思想多少带有学院派的"怀疑主义"(скептивизм)色彩。他反对形式主义者所推崇的把文艺学的对象简单化的做法,而更倾向于采用"历史主义"(историзм)的方法对语体和修辞问题作出全面解释。如,他在 1925 年出版的《论阿赫玛托娃的诗歌》一书中,就对形式主义文艺学流派的代表人物艾亨鲍姆所写的《安娜·阿赫玛托娃》(«Анна Ахматова»)一书曾作有这样的评价:"从方法论视角看,该书中的解释太过简单了:按照粗糙的形式主义范畴建构起来并对功能差异不加区别的所有现象,似乎都适合于臆想出来的"主导思想"(доминанта);从语言学视角看,该书揭示了作者在句法学、语义学和语音学问题上的贫乏;从文艺批评角度看,该书又在目标"定向"和基本理论问题的解释上过于标新立异。(Виноградов 1976:369)这充分表明,维诺格拉多夫的研究视阈已经超越了俄罗斯形式主义文艺学流派的界限,而是将文艺作品的形式(结构)、意义(象征)、功能(变体)等有机地结合在一起加以整合性审视。这正是他在学术研究中体现出的最大特点之一。他在 20 世纪中叶所创建的语言学派,也正是沿着这一路径前行并取得卓越成就的。

3.2.2 爱森斯坦的"视觉修辞"思想

爱森斯坦并非是职业语言学家,而是一位杰出的戏剧、电影导演和艺术理论家。1935 年曾获俄罗斯联邦加盟共和国"功勋艺术活动家"(заслуженный деятель искусства)称号,1941 年和 1946 年两次荣获"斯大林奖金"(Сталинская премия)。1923 年,他首创戏剧表演中的"特技蒙太奇"(монтаж аттракционов)方法,并于 1924 年起将该方法运用于电影的剪辑,获得巨大成功,从而成为当时名震艺术界的世界级电影导演。在艺术理论领域,他基于"特技蒙太奇"方法而提出的"视觉修辞"(визуальная риторика)思想影响颇大,无论从符号学还是修辞学角度看都具有特殊的学术价值。归纳起来,该思想主要体现在下列几个方面:

1) 关于电影蒙太奇手法问题。1929 年,他在《艺术的生命》(«Жизни искусства»)杂志第 34 期上发表了《电影中的第四维度》(«Четвертое измерение в кино»)一文[56],以日本电影艺术为借鉴,并从视觉修辞的角度阐释了他对电影蒙太奇手法的基本看法。他认为,日本人并不把每一个戏剧实验看作是对感觉器官有不同影响作用的毫无共通性的单位,而是视戏剧为一个整体单位。因此,电影应该将各种"片段"(кусок)相互组合,施行"主导特征蒙太奇"(монтаж по доминантам)的手法,例如速度蒙太奇、主镜头蒙太奇、长度蒙太奇、前景蒙太奇、色调蒙太奇等。但主导特征本身又可以切分成片段(就如同音乐中存在着"泛音"一样),这样,片段的总体特征就可以被理解为由单个片段刺激物的冲突和组合而生成的整体。(Эйзешнтейн 1964:45—49)据此,爱森斯坦按照电影蒙太奇的发生过程详细论述了几种不同的蒙太奇手法或范畴,如"节拍蒙太奇"(метрический монтаж)、"节律蒙太奇"(ритмический монтаж)、"音频蒙太奇"(тональный монтаж)、"泛音蒙太奇"(обертонный монтаж)、"智力蒙太奇"(интеллектуальный монтаж)等。在他看来,节拍蒙太奇具有粗糙的感染运动机能的特点,它能够将观众带入某种外在的运动状态;节律蒙太奇可称之为简单的情感蒙太奇,它较之节拍蒙太奇更注重动作的细腻性;音频蒙太奇可称之为旋律上的情感蒙太奇,动作在该范畴中转入颤动状态;泛音蒙太奇是音频蒙太奇的进一步发展,其特点是考虑到所有片段的刺激总和,因此,它能够摆脱旋律情感的感知而进入直接的生理感觉状态;智力蒙太奇不是粗糙的生理泛音音响,而是智性质的泛音音响,也就是将智力上的所有伴随效果进行彼此间的冲突性组合。(Эйзешнтейн 1964:49—59)在上述蒙太奇手法中,爱森斯坦将泛音蒙太奇视为"迄今为止一系列蒙太奇过程中的新范畴",因为视觉泛音是电影艺术"第四维度"的真正片段和真正成分。(Эйзешнтейн 1964:52)由此可见,他所注重的并不是电影中某一个部分或片段的范畴,而是带有刺激总和性质的泛音范畴。这与其一贯推崇的电影主导特征的思想别无二致。俄罗斯当代语言学家、符号学家伊万诺夫(Вяч. Вс. Иванов,1929—2017)认为,爱森斯坦创作的主导特征是蒙太奇,他把蒙太奇视为文本(作品)内符号之间关系的句法目标。(Иванов 1988:132)的确,电影的宏大场景不可能关注到每一个片段或细节,而只有靠蒙太奇这一视觉修辞手法才能实现。

2)关于电影脚本的形式问题。1929 年,爱森斯坦发表《论电影脚本的形式》(«О форме сценария»)的文章,集中论述了他对该主题的基本思想。在该文中,他首先对电影脚本的特征做了如下形象描述:(1)它只是以期实现视觉形象堆积的情感跌宕的速记记录;(2)它是皮鞋穿用之前用以临时支撑其形状的鞋楦;(3)它是一只能让瓶塞喷出和酒的泡沫涌入喝酒者咽喉时所需要的酒瓶;(4)它是将激情传递给他人的密码。在他看来,作者们是以自己的方式将其观念的节律镌刻在脚本中的,而导演则将该节律转换成自己的语言和"电影语言"(киноязык),以寻找出适合于拍电影的文学表述的等价物。

（Эйзешнтейн 1964:298—299）爱森斯坦在探索电影脚本的叙述方法时,对"短故事片"（кинононовелла）的形式问题进行了具体分析。他认为,短故事片要能够抓住人,就应该在"吸引力"和"让人兴奋"两个方面来展示其材料。有时,脚本中纯文学的话语配置越多,人物表情的细节性描写就可以越少。如,在电影《战舰波将金号》（«Потемкин»）的脚本中有一句"空气中弥漫着死一般的寂静"的话语,这是脚本对战舰起义前笼罩着的氛围所提出的一种情感要求,而实现这一要求则是导演的任务。也就是说,脚本作者和导演都会用自己的语言对这一话语作出解释。导演要在银幕上再现这一话语,其解决方案是可以设置一个巨大镜头——战舰头部在寂静和昏暗中摇曳,圣安德烈军旗在拂动,还可以是海豚在跳跃,或海鸥在低飞。（Эйзешнтейн 1964:299—300）由上可见,爱森斯坦所谓的电影脚本形式,其实是脚本的叙述方式,也就是如何将脚本文本转换成视觉上可触摸的电影语言（镜头）。这种转换无疑具有符号学的性质,也是爱森斯坦所推崇的视觉修辞的重要方面。

　　3）关于电影语言的纯洁性问题。在爱森斯坦的学术著述中,关于电影语言的论述很多。1934 年,爱森斯坦还曾就电影语言问题发表过研究性论文,阐述了他对电影语言以及如何保持电影语言纯洁性的独特认识。他认为,十月革命后,文化开始全面复兴,博物馆、图书馆等到处都有参观者和阅读者,报告会和讲座也人满为患,但电影业的发展却相对滞后,原因是其过分地追求时髦而忽视了电影艺术的文化性。于是,镜头里充斥着胡诌,画面胡乱拼凑,蒙太奇也公然地恶意挖苦,电影在许多人眼里变成了有声的而非视觉的艺术。还有人在唱衰蒙太奇。在许多人看来,电影蒙太奇与形式主义是同义词。然而,在爱森斯坦眼里,蒙太奇不仅是体现电影情节最有力的结构表达手段,也是正确建构每一个单独画面片段的句法系统,更是电影艺术的基本规则。（见Эйзешнтейн 1964:81—84）据此,爱森斯坦列举了大量其拍摄的多部电影中的实例,来论证如何运用蒙太奇来保障电影语言的纯洁性问题。最后,他得出结论认为,电影语言在形式和书写上的要求极为严格,电影要为每一个镜头负责,其蒙太奇的连续性应该像诗歌的每一行诗那样严谨,因此,对电影结构的要求丝毫也不逊于对文学和音乐相关分支学科的要求。（见 Эйзешнтейн 1964:86—91）

　　由上不难看出,爱森斯坦的"视觉修辞"思想的核心内容是蒙太奇手法,该手法既是电影脚本特有的叙述方法，也是保持电影语言纯洁性不可或缺的重要手段。因此，他所谓的脚本形式和电影语言，实际上就是将电影文本（语言材料）转换成电影的结构，这无疑是艺术学领域的视觉修辞问题。他所采取的转换手段，在学理上与俄罗斯形式主义范式所推崇的思想和方法具有相当的一致性。

3.3　话语及句法形式研究

如果说在俄罗斯形式主义范式的语言学流派中，诗歌语言研究和修辞研究或多或少还与文学或艺术有所关联的话，那么话语及句法形式研究就属于该流派中纯语言学（确切说是纯语言符号学）性质的了。尽管在这一领域耕耘的学者并不多，但他们却是彼得格勒诗歌语言研究学会或莫斯科语言学小组中真正的语言学家，他们在研究方法上与俄罗斯形式主义相似或相近，因此其成果也成为形式主义范式中不可或缺的重要组成部分。下面，我们将集中对该方向的三位著名学者雅库宾斯基、佩捷尔松、伯恩斯坦的相关学术思想作简要评介。

3.3.1　雅库宾斯基的"对话言语"思想

雅库宾斯基于 1916 年加入彼得格勒诗歌语言研究学会，不仅是该学会"元老级"的成员，也是该学会中少数几位真正意义上的语言学家之一。他的学术活动涉及诗歌语言、古俄语、斯拉夫语以及历史比较语言学、普通语言学、社会语言学、言语素养学等多个领域，但由于在 20—30 年代曾追随"马尔主义"（марризм）学说[57]，因此其许多学术思想都被打上了当时主流意识形态的烙印。尽管如此，他在形式主义语言学或符号学领域还是作出了自己的贡献，尤其在诗歌语言研究方面有所建树，提出了颇有影响的"对话言语"思想。该思想在他发表的《论诗歌语言的声音》（«О звуках стихотворного языка»）（1916）、《论对话言语》（«О диалогической речи»）（1923）等文章中作了比较充分的阐释。

1）对诗歌语言与实用语言做出功能区分。雅库宾斯基最早在《论诗歌语言的声音》一文中，阐发了诗歌语言与实用语言在功能上对立的思想。（见Якубинский 1986а:163—175）但与诗歌语言研究学会其他成员所不同的是，他在对两种不同语言作出区分时，所关注的重点并非诗歌语言本身，而是诗歌语言的功能变体问题。他认为,词的"意义一面"比"音的一面"在实践语言中起着更为重要的作用,因此发音的各种细节与其说可以进入人的意识,还不如说它们可以在意义上对词进行区分。但这在诗歌语言中正好是相反的情景。可以断定,诗歌语言中的音迸发到意识的"透明一面"(светлое поле),而人们的注意力也正好集中在这一面。(Почепцов 2001:135)由此他得出这样的结论:不存在"普遍的语言"(язык вообще),而只有"不同的语言"(разные языки);适用语言是一系列在功能上不同的构成物,包括口语和科学语;在诗歌作品中我们不仅有诗歌语言,而且还有复杂的各种言语功能变体的混合物。(见 Леонтьев 2003:170)从上述论述中可以看出,雅库宾斯基对诗歌语言的认识,其侧重点已经不是在讲诗歌语言与实用语言之间有什么不同,而是从功能角度在讲诗歌语言是一种"不同的言语体"。这一思想后来被布拉格语言学派提出的音位的功能变体学说所借鉴。

2) 对交际形式的独特认识。应该说,雅库宾斯基是从"交际形式"(форма общения)中发现了诗歌语言与实用语言之间的功能区别的。在他看来,言语表述的目的是交际形式中最重要的因素。为此,他试图从交际者的"视觉感知"(зрительное восприятие)和"听觉感知"(слуховое восприятие)两个不同的层面来审视交际,认为由交际者的所有表情、手势、体态等构成的视觉感知在交际中有其自身的意义,犹如诗歌语言中的声调意义一样,能以一定的方式来使词的意义发生变异。(Якубинский 1986b:27)更值得一提的是,雅库宾斯基不仅区分了上述两种不同的感知形式,更认为它们彼此间密切关联。他说,用望远镜看戏,不仅能看得更清楚,而且还能听得更清楚,因为当观察到演员的表情和手势时,就能够更加明了剧情;听报告也是如此。报告人的绝佳位置会既能够让人清楚,也能够让人看得见;当你用望远镜听报告时,也能听得更清楚。(Якубинский 1986b:28)

3) 对对话生成机理的独特解释。对话作为言语交际的基本形式,雅库宾斯基在《论对话言语》的长篇文章中进行了比较深入论述和解读。他首先对同为彼得格勒诗歌语言学会成员的语言学家谢尔巴(А. В. Щерба,1880—1944)有关对话和独白的相关思想作出了回应。谢尔巴认为在现实交际中很难找到独白形式,因为独白是一种"人为形式"(искусственная форма),而语言只有在对话中才能发现自身的真正存在,因为对话是语言的"自然形式"

(естественная форма)。（见 Якубинский 1986b：31）雅库宾斯基则认为，人们的任何活动本质上都是相互作用的，因此，人们会极力避免单向性而实现双向性及对话性。但任何单向性的影响也会引起或多或少的强烈反应，其中有三个因素在起作用：（1）人的机体总会对任何影响作出反应；（2）人的认识、判断、情感等与言语表露之间联系紧密；（3）言语行动能力能引起言语反应，这种反应常常具有反射的性质。（Якубинский 1986b：32）那么，对话机理又是如何形成的呢？对此，雅库宾斯基的解释是：由于思想和说话之间存在着不断的联想，所以会生成出"对答"（ответ）。无论言语的刺激在时间上是否足够长，都会引起思想和情感的反应，也会激发人的机体去作出言语反应。（Якубинский 1986b：32—33）也就是说，在雅库宾斯基看来，对话是由回答问题而自然生成的，其性质是人的机体在受到言语刺激后的自然反应。因此可以说，他提出的对话言语思想主要是建立在人的生理或生物机制基础上的。需要补充说明的是，雅库宾斯基并没有停止在对话的生成机理上，而是用"人的言语活动"（речевая деятельность человека）这一术语对言语的功能多样性作出了进一步的解释，尤其对谢尔巴认为的"人为形式"的独白进行了具体的分析。在他看来，独白不仅指表达手段与心理状态之间的吻合性，还指对言语单位进行某种独立的配置。按照纯言语关系，可以用"连贯""流畅""不流畅""同一个词在短距离上的重复""关系代词太多""词序不正确"等对独白作出评价。（Якубинский 1986b：37）显然，雅库宾斯基在这里对独白所作出的解释是美学角度的，因为他使用的评价用语在实用语言中并无相应的概念。另外，他还认为独白话语与声望、仪式和礼仪紧密相关，因为它们决定着是否可以对独白口语或言语尤其是对话言语的呈现施加影响。这一点对于语言的谱系研究也同样重要。有时候，独白话语是由话语内容的趣味性和引人入胜来实现的。当所有人目瞪口呆、沉默不语时，就能引起惊讶的反应。（Якубинский 1986b：33—34）

　　由上不难看出，雅库宾斯基的对话言语思想突出强调了言语活动或言语交际在诗歌语言研究中的重要性，这较之其他形式主义者所一贯强调的诗歌语言与实用语言有别的思想又前进了一大步。在俄罗斯语言学史上，他不仅是最先使用"言语活动"这一术语的学者，也是最早将表情、手势等视为语言交际重要手段的学者之一。他的对话言语思想无疑对俄罗斯符号学的发展尤其对巴赫金的对话主义理论有重要影响,他所秉承的语言学研究要注重语言交际形式即言语的思想,在当时世界语言学研究范式中也具有一定的超前性。俄罗斯心理语言学的奠基人列昂季耶夫(А. А. Леонтьев,1936—2004)对雅库宾斯基的"对话言语"思想给予高度评价,认为后者在《论对话言语》的论文中首次将"人的言语活动"(речевая деятельность человека)作为专门术语来使用,比谢尔巴使用该术语整整早了 7—8 年时间;他提出的关于语言外因素、人的言语是语言外因素的功能以及言语的功能多样性等思想,尽管现在看来已经过时,但提出这些问题的本身则具有重要意义。(Леонтьев 2003:170—172)

3.3.2 佩捷尔松的"形式句法"思想

作为"莫斯科语言学派"(Московская лингвистическая школа)的创始人福尔图纳托夫(Ф. Ф. Фортунатов, 1848—1914)的得意门生[58],佩捷尔松不仅是莫斯科语言学小组的骨干成员,还曾于 1920 年接替雅各布森担任过该小组主席的职务,可见,他在当时的俄罗斯语言学界是一位响当当的重要人物。他的"形式句法"思想是在其老师福尔图纳托夫的形式主义语言学理论的影响下形成的,因此,我们将其归入形式主义语言学流派中的话语及句法形式方向加以审视。1923 年,佩捷尔松出版《俄语句法概论》(《Очерк синтаксиса русского языка»)一书,集中对"形式句法"思想进行了论述,该思想也奠定了其尔后相关学术研究的基础。归纳起来,他的"形式句法"思想主要包含以下内容:

1) 对句法的对象作出定位。佩捷尔松是在系统总结俄罗斯传统语法的性质和特点基础上对俄语句法的对象作出定位的。他在该书的"引论"中首先对当时颇为盛行的几种句法理论进行了回顾。他认为,布斯拉耶夫(Ф. И. Буслаев,1818—1897)的俄语语法学说是建立在句子的逻辑理论基础之上的,如他的《俄语历史语法》(«Историческая грамматика русского языка»)一书就详细地描写了思维的逻辑关系:先讲范畴,再讲这些范畴在语言中的表达;波捷布尼亚在《俄语语法札记》(«Из записок по русской грамматике»)一书中所反映的语法学说是建立在心理学基础之上的,因此是"先验论"(априоризм)的。该学说重视语义的一面,但并没有从形式的一面对语义的特点作出区分;福尔图纳托夫的句法理论与波捷布尼亚的完全不同。他不仅对句子和词组的语法范畴和心理范畴进行了严格的区分,还对词、词组的语法形式作了详尽的

界定和分析；别什科夫斯基（А. М. Пешковский，1878—1933）于 1920 年再版
的《俄语句法的科学阐释》（«Русский синтаксис в научном освещении »）一书
具有双重性：它一方面试图符合波捷布尼亚的学说系统，另一方面又不想与福
尔图纳托夫学派的基本学理相对立。这种试图"合二为一"的做法显然是行不
通的，因为它们属于两个不同的系统。（见 Петерсон 1923：3—22）通过以上简
要分析，佩捷尔松得出结论认为，尽管以福尔图纳托夫为代表的俄语句法学理
论找到了句法学的研究对象——词组的解决方案，但如同德语语法学中也有
同样方案一样，并没有付诸实施。（Петерсон 1923：23）据此，佩捷尔松赞同福
尔图纳托夫提出的"关于单个词的形式的学说"和"关于词的组合形式的学说"
分类方法，将词组或词的组合确定为句法所要研究的基本对象。

　　2）对词组及其组合作出界说和描写。佩捷尔松认为，句法应当被确定为
关于词组的学说，而非关于句子的学说。传统语法将"并列"（паратаксис）和
"主从"（гипотаксис）关系归入句子的学说，但实际上句子有不同的构成：既可
用一个词来表示，也可以用一个词组来表示，还可以用词组的组合来表示；同
一个词组既可以成为一个句子，也可以不成为一个句子；句子的概念是变化
的，但尽管如此，句子有一个恒常特征，那就是能够形成统一的语调。因此，句
法作为关于词组的学说，就根本不存在所谓的并列和主从问题，句法只讨论词
组的组合及其功能问题。（见 Петерсон 1923：28—33）根据以上界说，佩捷尔
松对俄语中的词组及其组合形式进行了详细描写。他剔除了复合句中的并列
和主从关系，无论是简单句还是复合句，都从"词组及其功能的组合方式"视角
予以审视。其中，词的组合（词组）就包括下列各种关系：由示人称词尾表达的
词之间的关系，由示性词尾表达的词之间的关系，由示性和格词尾表达的词之
间的关系，由同格的两个静词表达的词之间的关系，由示格词尾或示格词尾和
前置词表达的词之间的关系；词组的组合包括：无连接词的词组组合、通过连
接词的词组组合、通过关系词的词组组合、功能的词组组合等类型。（见
Петерсон 1923：88—122）

　　3）对形式与功能的关系作出解释。在形式与功能问题上，佩捷尔松的观
点与他老师的思想几乎一样。在他看来，形式作为心理联想的结果，是由外部
形式和内部形式两个成分构成的；外部形式即语音形式；有的语音差异并不构
成形式，有的意义上的差异也不构成形式；既然与词的语音方面相关联的可以

有几种意义,那么与形式的语音方面相关联的也同样有几种意义,因此可以说,形式可以用于几种不同的意义;形式在功能上是使用过程中的各种意义的总和,形式的语音方面就与这些意义产生联想;词组的功能是句子中词组的语义承载,词组功能的改变要取决于词在同其他词的组合中意义的变化。(Петерсон 1923:33—35)由上不难看出,佩捷尔松是从心理判断的角度来看待句子功能的。

总之,佩捷尔松从形式主义语言学的立场出发,将句法视为关于词组的学说。他是俄罗斯语言学界第一位采用统计学的方法对词组形式进行分类和描写的。在他看来,对语言进行句法描写的主要任务在于:一是对词组的所有类型作出描写;二是确立词组类型的生成和功能,并对这些功能的演化情况作出描写。前者属于描写句法,后者则是历史句法。正是由于佩捷尔松在对待词和词组的形态分类问题上,注重的不是其语义和语法特征,而是一味地强调词和词组的形式意义问题,因此,学界才将其学说归入形式主义流派。[59]

3.3.3 伯恩斯坦的"口头交际符号"思想

作为彼得格勒诗歌语言研究学会的创始人之一,伯恩斯坦的研究兴趣主要集中在语音、口语、艺术言语等领域。1919 年,他曾在"口语研究所"(Институт живого слова)中创建语音实验室;1923 年,又在艺术史研究所创立"艺术言语研究室"(Кабинет изучения художественной речи);1920—1930 年间,他亲自录制了大约 100 位当代俄罗斯诗人(其中包括白银时代的代表人物)的声音资料以及 800 多位演员的朗诵资料,以经验主义的方式来研究诗歌语言及艺术语言的发音和诵读问题。[60]就具有形式主义或符号学色彩的思想而言,他在《勃洛克的嗓音》(«Голос Блока»)(1921)[61]、《对韵脚进行语音学研究的方法论意义》(«О методологическом значении фонетического изучения рифм»)(1922)、《有声艺术言语及其研究》(«Звучащая художественная речь и её изучение»)(1926)、《诗歌与朗诵》(«Стих и декламация»)(1927)、《朗诵理论的美学前提》(«Эстетические предпосылки теории декламации»)(1927)等多篇文章中比较集中地阐发了"口头交际符号"的思想。归纳起来,该思想主要涉及诗歌朗诵、有声艺术言语、广播语等若干方面。

1)关于诗歌朗诵问题。伯恩斯坦在《诗歌与朗诵》一文中就两者之间的关系进行了阐释。有学者断言,对诗歌文本作全面的审视,只能集中在其语音方面;也有人坚持认为,对诗歌文本的分析有时也可以限定在其书面形式方面。对此,伯恩斯坦通过自己的研究得出了"两种观点都正确"的结论。而这一结论的得出是建立在他与多位诗人的直面交流与密切合作基础之上的。在他看来,尽管没有哪位诗人会漠视诗歌的语音问题,但并不是所有诗人都一定会关注如何完整地呈现语音。如,勃洛克(А. А. Блок,1880—1921)就断然拒绝大声朗诵自己创作的某些诗作,而宁愿倾听别人的朗诵,因为他本人并不清楚其所写的诗应该怎样去朗诵;与勃洛克不同的是,多数诗人都是"音响师"(звуковики)。他们作诗必须要与诗歌的语音联系在一起。对他们来说,诗歌只有在朗诵中才能完整呈现。(Бернштейн 1927:15)伯恩斯坦正是通过所描写的诗人的不同特征对语音学和音位学作出独特区分的。在他看来,对那些重视诗歌语音的诗人来说,语音学是第一位的,每一个音的色差都有意义;而对于勃洛克一类的诗人来说,重要的只是声音单位的主要特征和音位学构架,语音的完整呈现则是第二位的。(Бернштейн 1927:24—25)对于诗歌的朗诵问题,伯恩斯坦极力主张建立一门新兴的学科——朗诵学。他认为,朗诵是诗歌艺术中的一门特殊艺术,因此,需要有一种专门的理论加以研究,但到目前为止该理论还是残缺不全的。(Бернштейн 1927:41)需要指出的是,伯恩斯坦对朗诵艺术的研究是从语言学视角出发的。他在《勃洛克的嗓音》一文中写道:勃洛克研究美学现象并非是语言学视角的,但却是依据语言学资料和语言学方法的。这一点对于研究语言材料结构的每一位研究者来说都是必需的。(Бернштейн 1972a:457)

2) 关于有声艺术言语问题。伯恩斯坦在自己创立的艺术言语研究室(1923—1930)对该问题进行了大量的"经验主义研究"(эмпирическое изучение),其基本观点发表在《有声艺术言语及其研究》一文中。他认为,有声艺术言语问题是在 1918 年艾亨鲍姆所做的《诗的旋律》的系列报告中引发的:使人们开始关注起诗歌的物质声响,并从诗学角度来研究诗歌的美学和方法论价值。但学者们对有声艺术言语有不同的兴趣:有的注重美学和文学理论层面;有的把朗诵艺术的教学作为主要任务,因此聚焦的主要是技术和操作层面,但在实践中会关注到诗歌发音艺术的美学阐释和理据问题。(Бернштейн 1926:41)显然,伯恩斯坦对有声艺术言语的兴趣主要在后一个层面,即在实践中对诗歌的发音作技术上的分析。在他看来,对有声艺术言语进行研究是时代的需要,因为任何一场革命不仅伴随着"演讲言语"(ораторская речь)的广泛开展,也会推出一批演讲大家,更需要普通的演讲者。但演讲艺术是需要经过专门训练才能掌握的,不具备演讲天赋,又不对自己进行理性和科学训练的演讲者是不可能打动听众心灵的。而演讲艺术与美学意义上的艺术又不同,它们之间只有部分的吻合:没有艺术性特征的演讲言语也可以达成感染听众的目的。关键就在于如何来看待演讲艺术。艺术言语和演讲言语的发音规律在很多方面是相同的,因此,需要有一种专门研究演讲言语尤其是政治鼓动言语的理论,因为我们的时代需要一种更为普遍的、同时适用于演讲言语和艺术言语发音的科学研究。(Бернштейн 1926:44)他认为,当时俄罗斯形式主义流派的代表人物艾亨鲍姆对有声艺术言语的研究与西方理论有密切的关联性,即在有声言语的研究中设法超越传统语音学的老路去探寻新的路径,并取得了显著成绩。他本人所领导的语音实验室就对数百位诗人、朗诵者声音进行录制,并对他们的艺术言语的发音状况作了具体的经验主义分析。

　　3)关于广播语言问题。伯恩斯坦坚持认为,不同的交际条件可以引发出不同的符号学。比如,在广播讲座中,交际是在看不见的讲课者和看不见的听众之间进行的。技术可以跨越口语的两个"狭窄地"——时间和空间;但在听众数量急剧增加的情况下,纯语音的因素作用就会提高。口语与书面语的区别就在于它不仅定位于音响,同时也定位于说者生动的具体个性。(Бернштейн 1972b:119—120)他还提出,口语是广播语的基础,但前者的规范不能简单地移植到后者来,因为在广播听众的感知中,播送的内容不可避免地要通过声音这个棱镜折射出来,再通过富有情绪和个性色彩的播音员的形象反映出来……如果听众能用听觉轻而易举地辨别出播音员在照本宣读,那势必会降低广播语的感染力;朗读的语调具有某种机械性,因而难以激活听众注意力;朗读的速度并不反映着言辞所表达的思想的难易程度;朗读任何东西都不费劲,朗读者的语流便会变得平稳和机械。(Бернштейн 1977:34—36)

　　不难看出,伯恩斯坦在相关著述中阐发了"口头交际符号"的思想无疑具有形式主义的性质,这与当时文艺学和语言学研究的主流是相吻合的。与其他形式主义者有所不同的是,作为语言学家,他关注的视阈主要集中在诗歌语言的朗诵、发音艺术言语的描写与分析以及广播语与口语的特点等方面,这正是其他形式主义者少有涉及的领域,因此,其研究成果不仅成为当时形式主义语言学流派中的一个亮点,也为俄罗斯现代传媒学、播音学、交际学等学科的形成与发展提供了有益视角。

第4节　形式—功能主义流派

俄罗斯形式主义范式中的第三个流派是所谓的"形式—功能主义流派"（формально-функциональное направление）。相较于其他两个流派而言,形式—功能主义算不上该时期的主流样式,但却是俄罗斯形式主义范式中不可或缺的重要方面,一定意义上讲,其重要性甚至远超过该流派之理论学说价值本身,因为正是它孕育着俄罗斯符号学研究中一种崭新范式——"结构—功能主义范式"（функционально-структурная парадигма）的诞生。应该说,在20世纪初期的世界文艺学界,形式—功能主义的样式并不多见,因此,俄罗斯的形式—功能主义流派的出现就具有特殊的理论意义和思想价值。只是限于时代的局限性,能够从形式—功能主义视角来分析文艺作品的学者并不多。本节主要对沃利肯斯坦（B. M. Волькенштейн,1883—1974）的"结构美学"思想和普罗普的"童话形态学"学说进行一番评价。

4.1　沃利肯斯坦的"结构美学"思想

作为俄罗斯诗人、戏剧家、戏剧评论家,沃利肯斯坦在戏剧研究方面秉持的是形式主义的立场,他在《戏剧理论 · 戏剧作品研究方法》（«Драматургия. Метод исследования драматических произведений»）(1923)、《戏剧创作规律》（«Закон драматургии»）(1925)、《现代美学初探》（«Опыт современной эстетики»）(1931)等著作中提出了具有形式—功能主义性质的"结构美学"（конструктивная эстетика）思想。该思想不仅对戏剧理论或戏剧创作的一般性问题进行了审视,更为重要的是加入了技术现象、数学公式和象棋比赛等元素对戏剧作品的结构进行美学分析,从而凸显出形式—功能主义的符号学性质。

沃利肯斯坦的形式—功能主义"结构美学"思想,主要由下列内容构成:

1) 提出艺术结构的几何化公式。沃利肯斯坦在文艺学研究中采用"几何化"（геометризм）的方法来化解艺术作品所固有的复杂成分问题,从而达到简化的理想效果。他认为,从法国画家塞尚(П. Сезанн,1839—1906)到当代形形色色的画派,几何化几乎渗透在所有的新写生画之中,如升降机以及各种结构化的、由两层平行六面体覆盖的圆柱体等工程建筑设施,就属于几何图形的复杂组合,更不用说飞机的复杂组成了。(Волькенштейн 1931:37—38)为此,他把艺术作品与机器进行比照,试图找出它们之间的差别。在他看来,文艺作品与机器的最大差别就在于情感表现力。这种差别主要体现在两个方面:(1)艺术结构具有多层面性。如诗歌就有语音层面、节律层面、形象层面、意义层面等;绘画有色彩(颜色)层面、素描(成形)层面和意义(表现力)层面。每一个层面都可以看见其结构,每一个结构都有情感表达。即便把绘画作品中的整个结构抹去,也抹不掉它的情感表现力。(2)单个结构的细腻化。艺术作品不仅有"乐音"(тон),还有"泛音"(обертон)以及"泛音的泛音"(обертон обертонов),它们所起的作用是我们意识不到的。然而,由单个精细结构的相互作用而构成的具有复杂结构的艺术作品,必定会保留着未被区分的残迹,令人神往的正是去辨别我们的意识无法抵达的这些特点;而机器既不会有未被区分的残痕,也不会有未经充分考虑的事情发生。(Волькенштейн 1931:70)但这并不表明,艺术作品与机器就没有相近或相同之处。在沃利肯斯坦眼里,艺术形式与机器结构的差别主要是体现在多层面性和意识无法企及的细腻性方面。艺术的目的是要激发人的思想情感,因此要有复杂的结构。而机器或结构大厦也可以具有艺术的特点。(Волькенштейн 1931:80)由上不难看出,沃利肯斯坦所说的几何化公式,与洛特曼后来在"文化符号学"(семиотика культуры)中所论证的符号的"多语性"(многоязычие)、"多代码性"(многокодовность)的思想十分接近。

2)对音乐、绘画及戏剧的语言作出描述。沃利肯斯坦认为,如果说悦耳及和谐的音乐不需要依据什么就可以构建自身结构的话,那么想成为一名艺术家而非摄影师的写生画家就必须先打破其周围的世界,并将世界拆解成初始的造型色素,然后才可以着手创作活动。音乐是一种结构,而绘画是一种受画家意识制约的重构。(Волькенштейн 1931:116—117)正是基于上述认识,沃利肯斯坦对音阶规则的严密性与画家之调色板的开放性进行了比较。在他看来,新的绘画总是试图复制音乐的尝试,并由此生成"无景物绘画"等样式;也有人试图将音乐与颜色结合起来,如音乐象征主义者斯克里亚宾(А. Н.

Скрябин，1871—1915）等。但现有的艺术分析方法依然具有局限性，因为一切试图将艺术简化的尝试都注定会失败。艺术是质朴的，而非粗简的。（Волькенштейн 1931：144—145）为此，他区分出三种艺术结构或手法——"重复"（повтор/повторение）[62]、"对比"（контраст）、"变色"（модуляция），并对该三种结构进行了具有符号学性质的详细分析。关于戏剧的语言问题，沃利肯斯坦则认为它具有"言语行为性"（перформативность）特征。他说，戏剧中的话语即戏剧对白，它首先具有行为意义：简短的命令或请求，直接的提问以及简单的"我想"或"我不想"话语等，都是以粗简的直接形式在"以言行事"（слово-действие），因此，这样的话语大多可称之为"行为话语"（действенное слово）。（Волькенштейн 1923：76）他的这一思想无疑具有重要的符号学和语用学价值，因为它比西方的"言语行为理论"的提出早了整整 40 年的时间。

　　3）对戏剧的研究方法、规律及形式作出阐释。首先，沃利肯斯坦将戏剧视为"统一动作过程"（процесс единого действия），认为一个行动只有在遇到某阻碍时才可以展开，因此作者会对戏剧作出第二次描述，这就是既阻碍主角同时又点燃主角愿望的情形和事件的戏剧焦点。（Волькенштейн 1923：19）依据这一参数，他提出可以将剧中人物区分为有助于主角的人和阻碍主角的人。主角在自己的斗争中也有两项任务：或者使自己的对手无作为；或者迫使对手与自己一道行动。（Волькенштейн 1923：55—56）此外，沃利肯斯坦还引入"次要路线"（побочная линия）的概念，认为戏剧中的"中心路线"（центральная линия）越鲜明，次要路线就越发达。罗密欧和朱丽叶式的两个剧中人物可以同时充当戏剧的中心路线，但次要路线应该强化戏剧斗争中的中心路线。（Волькенштейн 1923：29—37）其次，关于戏剧规律，沃利肯斯坦认为戏剧作品在结构上由三个平行的"节律列"（ритмический ряд）构成，即：体现在语言节律形式中的意志力和动作列，体现在外部动作中的意志力、动作列、表情列等，并认为这些列的连续性就构成了戏剧的规律。在他看来，语言列最具有间隙性，外部动作可以填补语言的停顿，面部表情最具有不间隙性；不同的节律体现在不同的场景中：激烈冲突时用快节奏，打探和追踪时用慢节奏。（Волькенштейн 1923：94—97）最后，关于戏剧形式问题，沃利肯斯坦在相关的著述中多有涉及，并在《现代美学初探》一书中进行了归纳和总结。他认为，严格的戏剧作品形式与纪事作品和戏剧小品不同，它是由一系列舞台场景及其变体的多次(三至五次)重复(每一次重复都使情境的尖锐程度得以强化)和多次的变色等构成的。如,在莫里哀(Мольер,1622—1672)的三幕喜剧《乔治·唐丹》(《Жорж Данден》)中,"情境复综合体"(комплекс ситуаций)就出现过三次增长式的重复:乔治·唐丹试图揭穿妻子的不忠;妻子进行反抗并提出抗议;乔治·唐丹认错。(Волькенштейн 1931:128)不难看出,沃利肯斯坦在这里所谓的"戏剧形式"与上文所提到的"艺术结构或手法"在概念内涵上基本相同,其区别仅在于:前者仅限定于戏剧,而后者则涵盖所有的艺术门类。

　　总之,沃利肯斯坦的"结构美学"的基本思想是建立在戏剧的形式—功能基础之上的。因此,他的许多观点与当时的俄罗斯形式主义文艺学流派之代表人物的思想是基本一致的,有所不同的是,他更加注重的并不是艺术结构或戏剧形式的本身,而是侧重于对艺术结构或戏剧形式所特有的美学功能作出具体分析和阐释,因此,他的思想在俄罗斯戏剧理论的发展史上具有重要的地位。

4.2　普罗普的"童话形态学"学说

　　普罗普作为俄罗斯著名的文学家和民俗学家,是俄罗斯形式主义范式中形式—功能主义流派中最杰出的代表。他一生著述颇丰,先后有 118 篇(部)著述问世,但其中最有影响的是有关童话形态学研究。他的著作《童话形态学》(《Морфология сказки》)出版于 1928 年(1969 年再版),这是一部具有世界影响的形式—功能主义代表作,其中所阐发的相关思想曾在 1927 年其发表的《俄罗斯魔幻童话形态学》(《Морфология русской волшебной сказки》)论文中作过具体的审视。他在对大量俄罗斯魔幻童话的结构形态进行仔细分析后得出结论认为,形形色色的童话人物在各种不同的童话中都施行有相同的行为,比如,无论是老妖婆、林妖、熊,还是遇见的小老头,都可以考验和奖赏主人公;童话中角色标志物的变化,预示着其实现功能的方式变化(如考验方式不同等),但就其功能本身而言却是相同的;在各种不同的情节中可以看到相同的功能;他提出,童话中不外乎六种角色:坏人、调解人、主人公、赠予人、施助的人、要寻找的人。(见 Почепцов 2001:485)1928 年,他还在《诗学》(Поэтика)杂志发表的《魔幻童话的转换》(《Трансформации волшебных сказок》)一文中,用"生物学类比的方法"对童话的结构进行了比较。他认为,童话的结构值得进行对比,犹如动物学中脊椎与脊椎、牙齿与牙齿的对比一样。但动物的生理构型与童话结构之间存在着一个重大区别:前者某一特征的变化可以引起另一特征的改变,而后者则每一部分都可以独立地发生变化。(见 Почепцов 2001:485)上述两篇论文的基本观点又都在《童话形态学》著作中得到更加系统和详细的论述。归纳起来,普罗普的"童话形态学"学说主要由下列思想构成:

1) 关于童话的形式—功能思想。普罗普在《童话形态学》中总结了童话结构的几种规律:(1)童话的不变成分是角色的功能;(2)这些功能的数量是有限的;(3)功能的序列总是相同的;(4)所有魔幻童话的结构类型都相同。(Пропп 1928:31—33)普罗普把文学作品中"角色的行为"理解为功能,且不管该行为由谁来实施。他在分析了俄罗斯大量童话素材的基础上,总结出 31 种基本功能,它们分别是:一个家庭成员离家出走(离开);禁止向主人公打招呼(禁止);禁止被打破(违反);敌手试图侦察(打探);有人向敌手提供受害者信息(出卖);敌手企图欺骗受害者(圈套);受害者被蒙骗后不得已帮助坏人(帮凶行为);敌手给一个家庭成员带来危害或损失(破坏行为);一个家庭成员感觉不够,他还想得到更多(不足);不幸发生,向主人公求救(调解);主人公离开家(出发);主人公历经试探和多方打听,受到攻击(显示赠予者的首要功能);主人公对赠予者的行为作出反应(反响);主人公获得神奇方法(提供和获得神奇方法);主人公历尽艰辛抵达要寻找人的目的地(两个王国之间的空间转换);主人公与敌手展开搏斗(交战);给主人公打上标记(标志);敌手被降伏(胜利);初始的灾难或不足被消除(灾难解除);主人公返回(回家);主人公受到追击(追捕);主人公摆脱追击(获救);主人公回到家中或来到别的国家完全变了模样(变换模样抵达);伪主人公贪得无厌(贪婪);给主人公发难(出难题);难题顺利解决(解脱);人们认出主人公(相认);伪主人公或敌手被揭露,主人公获得新面貌(揭穿、转换);敌手受到惩罚(惩处);主人公结婚并登记(婚礼)等。(Пропп 1928:35—72)如上就是普罗普列举的带有普遍性的童话"形态"或"结构",即在所有童话中其角色所展现的行为样式。应该说,尽管他提出的"形式—功能观"曾引起学界的争议甚至批评,但几乎所有学者又都无不为其精致和独到的分析而发出由衷的赞叹。有学者评论说,普罗普提出形式—功能观,"在于为俄国童话故事找出深层结构和转换规则,其做法是将自然科学和语言学的方法运用到童话故事的分析中,试图以此揭示出童话故事的结构和类型"(王铭玉 2004:472)。

2)关于童话的结构和情节思想。普罗普不仅对童话的形式－功能作了全面的论述和分析,还在相关著述中对童话的结构和情节进行了区分。他认为,在童话中,一个结构可以成为许多情节的基础,或者相反,许多情节也可以具有同一种结构。结构是一种"稳定因素"(стабильный фактор),而情节则是一种"可变因素"(переменный фактор)。如果不担心将来术语使用上的困惑,不妨将情节和结构的总和称之为"童话结构"(структура сказки)。如果实物世界中不存在一般性概念,结构在现实中也就不存在了。一般性概念只存在于人的意识中,我们正是依据这些概念来认知世界,揭示世界之规律并掌控世界。(Пропп 1998:220)在这里,普罗普不仅明确地指出了结构和情节密不可分的关系,更为重要的是将童话的结构视同于实物世界中的一般性概念,这似乎在昭示着这样的道理:要认识童话世界,就必须从具有一般性概念性质的结构出发才能实现。此外,普罗普在情节、内容、结构的关系问题上也有自己的见解。他认为,从民族美学角度看,情节就构成了作品的内容。如,有关"火鸟"(жар-птица)的童话内容就在述说这样一个故事:火鸟如何飞进国王的花园开始偷吃金苹果;王子如何去寻找火鸟,回归时不仅带回了火鸟,还带回了马和漂亮的未婚妻等。如果情节可以称之为内容,那么结构是无论如何也不能称为内容的。这是因为:结构属于散文作品的"形式阈"(область формы)。从这个角度讲,一个形式中可以装进各色各样的内容。(Пропп 1998:223—224)由此可见,普罗普对童话结构、情节和内容的界说,是将形式与内容融为一体的,即将结构视为形式,将情节视为内容,这与俄罗斯形式主义范式中文艺学流派的主流观点有别。

3)关于童话的历史渊源思想。普罗普在《魔幻童话的历史根源》(«Исторические корни волшебной сказки»)一书中集中审视了许多童话所述对象的原始意义。该著作共有十个章节,包括引子、发端、神秘的森林、大房子、魔幻礼物、转换、火河旁、遥远的国度、未婚妻、作为整体的童话等主题。如,他在探寻小木屋的根源时写道:摇摇欲坠的小木屋处在活人和死人这两个世界的交汇处。进入祖先的世界,是仪式的本质特点,而进入小木屋的复杂程序即与此相关联:要进入小木屋,主人公应该知晓说什么,知晓名称,门才会打开。这种话语魔法比祭祀仪式的魔法更加古老。(Пропп 1946:49)再如,关于人的气味,他认为死人、无形体的人是无味的,只有活人才会有气味,死人能按照气味认出活人。活人的气味在最高程度上与死人相对立。显然,这是将活人世界的关系以相反的符号转换到了死人的世界。活人的气味令死人厌恶和恐惧,就像死人的气味同样也令活人厌恶和恐惧一样。(Пропп 1946:52—53)总之,在该著作中这样的例子举不胜举。普罗普欲通过该著作阐发这样的一个思想,即:几乎所有的童话故事都是历史根源所追溯的,这些故事与古老的神话结构相吻合,它们在给许多民族的雕刻艺术和图案装饰提供源泉时,奠定了造型艺术的基础。这表明,童话大多是由神话生发的:没有神话,就没有具有魔力的部落;而当神圣的情节成为世俗时,便生成了童话。

　　应该说,普罗普的"童话形态学"学说不仅对俄罗斯形式主义文艺学流派的创立有重大的建树,并对"过渡期"和"成熟期"的俄罗斯符号学尤其是文化符号学的发展产生了重要影响。俄罗斯符号学大师洛特曼曾把他的成就与巴赫金相提并论,认为普罗普的思想之所以能够在 20 世纪 50 年代后期引起俄罗斯符号学界的广泛关注,就因为它起到了承上启下的作用。正如洛特曼所说,"符号学的继承与拓展,应该归功于俄罗斯形式主义遗产以及普罗普和巴赫金的著作"(Лотман 1996:7)。

注释

1. 此处的"布拉格语言学派"与"布拉格语言学小组"是同一个概念,即 20 世纪初结构主义语言学的一个重要学派。该学派的学术活动的基础即创建于 1926 年的布拉格语言学小组。同样,"哥本哈根语言学小组"也称"哥本哈根语言学派"。

2. 国内文艺学界习惯将"俄罗斯形式主义学派"(Русская формальная школа)中的"俄罗斯"称作"俄国"或"俄苏"。对此,本著作不作区分,统一称作"俄罗斯"。另外,作为术语的"俄罗斯形式主义"(Русский формализм)中的 Русский 一词语通常要大写,特指有别于西方形式主义流派;在英语中,西方文艺批评家们还习惯将俄罗斯形式主义中的"Formalism"一词大写,以区别于一般的形式主义。

3. 事实也是如此。无论在俄罗斯学界还是在国内学界,一提起"俄罗斯形式主义",人们首先想到的便是 20 世纪初期俄罗斯文艺学领域掀起的那场轰轰烈烈的形式主义运动,而不可能联想到其他领域是否也同样有形式主义的理论样式。

4. 关于俄罗斯形式主义发端和衰亡的时间,学界颇有争议,莫衷一是。有的认为是 1913 至

1930 年,即把什克洛夫斯基于 1913 年 12 月在"流浪狗"(Бродячая собака)艺人酒吧所做的"未来主义在语言史中的地位"(«Место футуризма в истории языка»)的报告(该报告 1914 年以《词的复活》的小册子出版)视作其起端,而将彼得格勒诗歌语言研究学会于 30 年代初解体作为其结束的标志;也有的认为其发端是 1914 年,即什克洛夫斯基出版《词的复活》小册子为标志;更多的认为应该以莫斯科语言学小组和诗歌语言研究学会的成立作为标志。但学界对该两个组织成立的确切年代问题又有不同的说法。据雅各布森自述,前者建立于"1914 年至 1915 年冬",后者成立于"1917 年初"(见雅各布森 1989:1);而据什克洛夫斯基的回忆,后者则建立于 1914 年(见方珊 1989:1)。对于上述说法,《俄罗斯大百科全书》科学出版社出版的《语言学百科辞典》并不认同,而是将该两个组织的诞生年份分别确定为"1915 年"和"1916 年"(见 Касаткин 2002:318;Левинтон 2002:347)。本文即采用该权威说法。至于俄罗斯形式主义衰亡的时间,本文并不赞同以诗歌语言研究学会解体的时间为标志的说法,而是将其确定为 1936 年,即以什克洛夫斯基于 1936 年在《文艺学家的列宁格勒》(Литературный Ленинград)杂志第 2 期上发表题为《论形式主义》(«О формализме»)的自我谴责文章为标志。

5. 具体内容详见第三章第 2 节的有关论述。

6. 该文学性相对于其他体裁而言,就是体现艺术作品的"艺术性"(художественность)、绘画作品的"绘画性"(живописность)、音乐作品的"音乐性"(музыкальность)等。

7. остранение 一词有"奇怪""奇异""奇特"等意思。但作为科学术语,学界有多种译名,如"陌生化""异特化""意外情节"等。本著作采用国内学界认同度较高的"陌生化"的定名。

8. 作为苏联著名诗人的马雅可夫斯基与莫斯科语言学小组和彼得格勒诗歌语言研究学会都有较为密切的联系。他于 1923 年创立"左翼文艺阵线"(Левый фронт искусства,ЛЕФ),上述两个组织的许多成员后来都曾加入该阵线。

9. 有资料显示,日尔蒙斯基、维诺格拉多夫、谢尔巴等学者并没有正式参加该学会,但由于观点比较接近,并经常参与该学会的活动,故也常被学界视作该学会成员来对待。

10. 雅各布森、布里克、托马舍夫斯基等学者同时是莫斯科语言学小组和诗歌语言研究学会的成员就是佐证。

11. 迄今,学界对形式主义发展阶段的认识并不一致。我们是依据形式主义范式视角来划分的,注重的是范式的历史意义,即形式主义理论学说中那些有符号学价值的、能构成形式主义完整体系的学术材料,因此,该划分与社会学或历史学或文艺学视角的划分不尽相同。

12. 我们把"兴盛期"确定为 1920—1929 年,与学界通常的划分不一致。俄罗斯和国内文艺学界普遍认为,莫斯科语言学小组和诗歌语言研究学会分别在 1924 年和 1930 年就停止了有组织的活动,因此"兴盛期"应该是该两个组织停止活动之前,比如 1925 年等。我们认为,评价形式主义是否进入"兴盛期",不能单纯看其组织形式的存在时间,而是主要看其学术体系的建设情况。

13. 日尔蒙斯基在《诗学之任务》一文中,将诗学研究分为对应于语言学的五个学科:诗歌语音学、诗歌词法学、诗歌句法学、诗歌语义学、诗歌词汇学。

14. 学界比较倾向性的意见认为,这两部著作出自巴赫金之手,是巴赫金以其好友、苏联著名文艺学理论家梅德韦杰夫(П. Н. Медведев,1892—1938)的名字出版的。

15. 本著作特定的研究对象及视阈,决定了我们的研究不同于纯文学理论的性质。某一种文艺理论是否具有符号学的意义或价值,才是我们关注的核心内容。

16. 相比之下,日尔蒙斯基和巴赫金还略有不同:前者既是形式主义的追随者,又是形式主义的批判者。如,他发表的《诗的旋律》(《Мелодия стиха》)、《抒情诗的结构》(《Композиция лирических стихотворений》)等论文就是基于形式主义方法的,但其他大量著述则是基于批判形式主义视角的,如《论形式主义方法》(《К вопросу о "формальном методе"》)、《诗学之任务》(《Задачи поэтики》)、《关于诗歌语言研究学会的"诗学"研究》(《Вокруг "Поэтики" Опояза》)、《格律学导论:诗歌理论》(《Введение в метрику: Теория стиха》)、《文学理论问题》(《Вопросы теории литературы》)等;后者反对形式主义的立场则是一以贯之的(详情见本章第 1 节中的有关内容)。

17. 该文写于 1916 年,发表于 1919。不少文献将"陌生化"学说形成的时间确定为 1916 年即源于此。本著作则以该文正式发表的时间为参照。

18. 如,俄罗斯心理主义流派的奠基人波捷布尼亚就曾提出"没有形象就没有艺术,也没有诗歌"的论断。

19. 该书写于 1923 年,书的原名为《诗的语义问题》(《Проблема стиховой семантики》),1924 年出版时改为现名。由此可见,该书的内容已经涉及文学作品的"意义"方面。该书于 1965 年再版。

20. 这两篇文章(包括上文所说的《陀思妥耶夫斯基与果戈理》)都被收录在 1977 年出版的《诗学·文学史·电影》(《Поэтика. История литтературы. Кино》)文集中。(见 Тынянов 1977a)

21. ряд 是特尼亚诺夫在 1924 年出版的《诗歌语言问题》一书中提出的术语,包括他本人在内的其他学者并没有对此术语做过界定。在我们看来,此处的 ряд 即"一行"(строка)的意思。

22. 该文被艾亨鲍姆于 1927 年收入文集《文学:理论、批评、争论》(《Литература: Теория. Критика. Полемика》)(116—148 页),1987 年又被其收入文集《论文学》(《О литературе》)(375—408 页)。

23. 他曾出版《论普希金》(《Пушкин》)(1956)和《作者与书:语篇学概要》(《Писатель и книга. Очерк текстологии》)(1959)等专著,为这两门学科的形成作出了自己的贡献。

24. 该文是托马舍夫斯基于 1921 年所做的一次学术报告,被收录在 1977 年出版的塔尔图—莫斯科符号学派的期刊《符号系统研究》(«Труды по знаковым системам»)中。

25. 《文学理论：诗学》这部著作自 1925 年出版后，至 1931 年间曾再版五次，足以证明该著作当时的影响力。该著作于 1996、1999、2001、2002 年又四次再版，被学界公认为诗学研究的优秀指南之一。

26. 这里涉及俄罗斯形式主义文艺学流派的两个重要概念：一是"定向"(установка)，指"作者的创作意图"(творческое намерение автора)（见 Тынянов 1977a：278）；二是"表达定向"，指艺术语言的"自价值"(самоценность)，源自雅各布森《当代俄罗斯诗歌》(«Новейшая русская поэзия»)一文。雅各布森认为，诗歌不是别的，而是带有"表达定向"的表述；诗歌由内在规律来运作，实用语言和情感语言所特有的交际功能在诗歌中降到最低程度。(Якобсон 1921：10)

27. 这一转变，一方面与苏联文艺学发展的阶段有关，更与形式主义范式受到第一次全面批判的大环境有关。1931 年，他因坚持形式主义观点而被解除了在列宁格勒大学的教职，而不得不转入莫斯科道路交通学院从事应用数学的教学工作，这对他的学术生涯影响极大。直到 1937 年，在普希金逝世 100 周年之际，他因其在普希金学研究领域所取得的突出成就，才得以重返语文和文学教学岗位。

28. 如，艾亨鲍姆指出，诗行和诗节可同时进行节律的、句法的和旋律的切分，因为也正是在这一点上可以看到它们的对比关系。(Эйхенбаум 1969：340)托马舍夫斯基曾说，诗歌与散文的区别就在于它具有切分成结构单位的超句法手段，这些手段可以是音步、韵脚等其他许多许多。(Томашевский 2008：293)

29. 该文作者曾与当时的俄罗斯哲学家什佩特(Г. Г. Шпет，1879—1937)就俄罗斯文艺学问题发生一场论战，后者也发表了同名的文章。两者的观点相左：前者捍卫形式主义的立场，而后者则坚持当时意识形态领域中占主导地位的辩证唯物主义立场。

30. 该著作写于 1935 年 8 月，手稿成于 1936 年 10 月，其间亚尔霍因参与编撰《德俄大字典》(«Большой немецко-русский словарь»)而被捕入狱，并被流放至托木斯克。该著作曾于 1967、1976、1984、1990、2000 年分别出版或发表过"片断"，完整版直到 2006 年才首次以《文集》的形式推出。

31. "口语研究所"由俄罗斯著名演员、戏剧家弗谢沃洛茨基—格尔恩格罗斯(В. Н. Всеволодский-Гернгросс，1882—1962)于 1918 年 11 月创立，1924 年改称为"言语素养研究所"(Институт речевой культуры)。许多著名文学家、语言学家，如艾亨鲍姆、恩格尔卡尔德、梅耶霍德、雅库宾斯基等，都曾在该研究所从事过科研和教学工作。

32. 相关的论文、讲座、报告等都被收集在 1991 年出版的古米廖夫三卷本《文集》(«Сочинения»)。

33. 后三篇论文是古米廖夫为 1920 年出版的、由丘科夫斯基(К. И. Чуковский，1882—1969)担任主编的文集《艺术翻译诸原则》(«Принципы художественного перевода»)所撰写的文章。

34. 此处的 эйдолология 一词在俄罗斯文艺学理论中较为鲜见,它属于"阿克梅派"的一个专用术语,意为"形象的学说"。

35. 这就是古米廖夫眼中的具有"四成分结构"的艺术作品心理学类型。

36. 此处的"亚历山大诗体派"指六音步抑扬格、每隔三音步有一停顿的诗体流派。

37. 从这个意义上讲,什米特的"艺术周期演化发展"说的研究内容是形式主义的,他的许多观点与当时盛行的形式主义文艺学流派并行不悖,如他对后者提出的"玄妙的语言"思想就持积极的评价立场。

38. 属于现实主义流派的是以日常生活为题材的作家和艺术家,代表人物有高尔基(М. Горький,1868—1936)、库普林(А. И. Куприн,1870—1938)、契诃夫(А. П. Чехов,1860—1904)、布宁(И. А. Бунин,1870—1953)、阿尔采巴舍夫(М. П. Арцыбашев,1878—1927)等。

39. 该流派的代表人物有别雷(А. Белый,1884—1934)、勃洛克(А. А. Блок,1880—1921)、勃留索夫(В. Я. Брюсов,1873—1924)等。

40. 属于新现实主义流派的主要是"现代派艺术家"(модернисты)和"阿克梅主义者"(акмеисты),代表人物有克柳耶夫(Н. А. Клюев,1887—1937)、叶赛宁(С. А. Есенин,1895—1925)、阿赫玛托娃(А. А. Ахматова,1889—1966)等。扎米亚金本人也自喻为"新现实主义者"(неореалист)。

41. "程式化戏剧"作为戏剧创作中的一个流派,是对立于现实主义尤其是自然主义流派而出现的,它在学理上与象征主义有密切的关联性。程式化戏剧强调对戏剧各要素之间的符号学化运作和研究,与导演这一新职业的出现有关。

42. 洛特曼也曾对戏剧做过评论。如,他将演员的方式完全视同于雕刻家的方式,认为演员的每一个手势、每一次转头、每一个动作,都是雕刻肖像的形式和线条。(见 Мейерхольд 1913:73)

43. 《狂人日记》是果戈理于 1834 年写就的一部著名中篇小说。小说讲述了一位彼得堡小官吏如何博得上级官吏的赏识和如何设法升官的离奇而荒诞的故事。

44. 波普里欣是《狂人日记》中的主人公的姓。

45. "阿尔及利亚总督面临灾难"这句话,是果戈理《狂人日记》小说中的最后一句话,意为"不可避免的惨烈场景"。

46. 该著作在当时并没有引起学界的重视,直到 1965 年才引起塔尔图—莫斯科学派中的学者列夫金(И. И. Ревзин,1923—1974)的关注。他在当年出版的《符号系统研究》(«Труды по знаковым системам»)文集中对该著所体现的思想予以高度评价。

47. 可以认为,洛特曼的文化符号学理论思想正是建构在历史文化的"多语性"这一本质特征基础之上的,而林茨巴赫能够在 20 世纪初就提出"多语性"思想,时间上比洛特曼早了整整半个世纪,这充分说明,林茨巴赫对俄罗斯符号学的发展作出了自己独特的贡献。

48. 这是叶夫列伊诺夫在俄罗斯出版的最后一部著作,因为从 1925 年起他就开始侨居国外直至去世。该著作在叙事方式上被视为"纯符号学作品"（чисто семиологическая работа）。（见 Почепцов 2001:122）

49. 《作为过程的音乐形式》一书共上、下两册。上册写于 1925 年,出版于 1930 年;下册写于 1942 年,出版于 1947 年。1971 年出版的同名著作,同时囊括了上、下册的内容。应该说,阿萨菲耶夫有关音乐形式的学说思想主要是在该书上册中阐发的。

50. "布拉格语言学小组"与"布拉格语言学派"是同一个概念。

51. 在雅各布森看来,尽管情感和精神感受世界是诗歌语言最惯用的方法之一,但由于它包罗万象,因此就不能证明是正确的,实际使用中也不可能是理性的。（Якобсон 1921:11）

52. 其中《何谓"科学诗学"》和《诗学·语言·社会学》两篇文章被收录在 1990 年出版的维诺库尔文集《语文学研究:语言学与诗学》（«Филологические исследования:Лингвистика и поэтика»）之中。

53. "表达定向"这一术语,托马舍夫斯基和雅各布森等学者都曾在自己的研究中使用过,见"注释 26"的相关内容。

54. 这里所说的"韵律列"即上文中提到的"语音列",也就是"诗行"。

55. 术语 стилистика 在语言学中称为"修辞学",在文艺学研究中也有学者将其定名为"风格学"（见明茨、切尔诺夫 2005:44）。在我们看来,维诺格拉多夫使用该术语对文学作品的语体和修辞进行研究,应该属于语言学而非文艺学的视角或范畴,因此我们依然采用"修辞学"的定名。

56. 该文被收录在 1964—1971 年出版的爱森斯坦六卷本"文集"中。

57. 即由苏联时期著名语言学家、"雅弗学理论"（Яфетическая теория）的倡导者马尔（Н. Я. Марр,1864/65—1934）提出的"语言新学说"（новое учение о языке）,史称"马尔主义"。

58. "莫斯科语言学派"由福尔图纳托夫于 1876—1902 年在莫斯科大学创建,因此又称"莫斯科福尔图纳托夫学派"（Московская фортунатовская школа）、"形式主义语言学派"（Формальная лингвистическая школа）。

59. 当然,他的这一思想也引起学界的激烈争论。因为在 20—30 年代,苏联语法学界有"科学语法"（научная грамматика）和"学校语法"（школьная грамматика）之争,由此也形成了不同的学派。以福尔图纳托夫为首的学派即为后者,因此佩杰尔松秉承的同样也是形式主义的立场。他们的学说思想自然会引起遵循"科学语法"原理的学者的不同看法。

60. 在苏联 30 年代开展的反形式主义的浪潮中,伯恩斯坦所做的这些录音资料曾受到批判,他本人也受到"企图用录音资料来研究阶级脸谱"的指控。

61. 该文写于 1921 年,但正式发表则是在作者去世后的 1972 年,即被收录在当年出版的《勃洛克纪念文集》（«Блоковский сборник»）第二集中。

62. 应该说，沃利肯斯坦在论述该问题时所使用的术语并不一致，即在相关著作中时而用
повтор，时而又用 повторение，故我们在此处将该两个术语词一并列出。

参考文献

［1］Алпатов В. М. История лингвистических учений［М］. М. ，Языки русской культуры，1999.

［2］Бахтин М. М.（Фрейдизмд）Формальный метод в литературоведении. Критическое введение
в социологическую поэтику［М］. Л. ，Прибой，1928.

［3］Бернштейн С. И. Звучащая художественная речь и её изучение［А］. // Поэтика.
Временник Словесного отдела Государственного института истории искусств. Вып. I. ［С］.
Л. ，Academia，1926，с. 41—53.

［4］Бернштейн С. И. Стих и декламация［J］. // Русская речь：Сборники. Новая серия. Вып.
I. Л. ，Academia，1927. с. 7—41.

［5］Бернштейн С. И. Голос Блока［А］. // Блоковский сборник II：Труды Второй научной
конференции，посвященной изучению жизни и творчества А. А. Блока［С］. Тарту，
Тартуский государственный университет，1972a，с. 454—525.

［6］Бернштейн С. И. Языковая сторона радиолекции［А］. // Речевое воздействие. Проблемы
прикладной психолингвистики［С］. М. ，Наука，1972b，с. 114—127.

［7］Бернштейн С. И. Язык радио［М］. М. ，Наука，1977.

［8］Брик О. М. Так называемый «формальный метод»［J］. // Леф，1923，№ 1，с. 213—215.

［9］Брик О. М. Ритм и синтаксис［J］. // Новый Леф，1927，№ 3—6，с. 15—20，23—29，
33—39，32—37.

［10］Вико Дж. Основания новой науки об общей природе наций［М］. Л. ，Гос. Издательство
"Художественная литература"，1940.

［11］Виноградов В. В. О задачах стилистики. Наблюдения над стилем Жития протопопа
Аввакума［А］. // Русская речь：Сборники статей［С］. Пг. ，Издание фонетич. ин-та
практич. изучения языков，1923，с. 195—293.

［12］Виноградов В. В. О языке художественной литературы［М］. М. ，Гослитиздат，1959.

［13］Виноградов В. В. О поэзии Анны Ахматовой（Стилистические наброски）［А］. //Поэтика
русской литературы［С］. М. ，Наука，1976，с. 368—459.

［14］Виноградов В. В. К теории литературных стилей［А］. // Избранные труды. О языке
художественной прозы［С］. М. ，Наука，1980，с. 240—249.

［15］Винокур Г. О. Поэтика. лингвистика. социология（Методологичкская справка）［J］. //
Леф，1923，№ 1，с. 104—118.

［16］Винокур Г. О. Филологические исследования：Лингвистика и поэтика［С］. М. ，Наука，

1990.

［17］Волькенштейн В. М. Драматургия. Метод исследования драматических произведений ［M］. М. ，Новая Москва，1923.

［18］Волькенштейн В. М. Закон драматургии ［M］. М. ，Л，. Модник，1925.

［19］Волькенштейн В. М. Опыт современной эстетики ［M］. М. ，Л. ，Academia，1931.

［20］Гаман Р. Эстетик(Пер. с нем. Н. В. Самсонова)［M］. М. ，Изд-во«Проблемы эстетики»，1913.

［21］Гершензон М. О. Видение поэта ［M］. М. ，ГИЗ，1919.

［22］Гумилев Н. С. Письма о русской поэзии ［C］. М. ，Современник，1990.

［23］Гумилев Н. С. Сочинения. В 3—х т. ［C］. М. ，Художественная литература，1991.

［24］Евреинов Н. Н. Оригинал о портретистах ［M］. М. ，Государственное издательство，1922.

［25］Жирмунский В. М. Композиция лирических стихотворений ［A］. // Сб. по теории поэтического языка ［C］. СПб. ，ОПОЯЗ，1921，с. 4—109.

［26］Жирмунский В. М. Задачи поэтики ［J］. //Журнал истории литературы и истории общественности. 1921，№ 1，с. 51—81.

［27］Жирмунский В. М. К вопросу о «формальном методе» ［A］. //Проблема формы в поэзии ［C］. Пг. ，Academia，1923，с. 5—23.

［28］Жирмунский В. М. Введение в метрику. Теория стиха ［M］. Л. ，Academia. 1925.

［29］Жирмунский В. М. Вокруг «Поэтики» Опояза ［A］. // Вопросы теории литературы ［C］. Л. ，Academia，1928，с. 80—94.

［30］Жирмунский В. М. Теория литературы. Поэтика. Стилистика ［C］. Л. ，Наука，1977.

［31］Замятин Е. И. Современная русская литература ［J］. //Вестник русского христианского движения，1984，№141，с. 147—163.

［32］Замятин Е. И. Техника художественной прозы ［J］. //Литературная учеба，1988，Кн. 6. с. 79—140.

［33］Звегинцев В. А. Очерки по общему языкознанию ［M］. М. ，МГУ，1962.

［34］Звегинцев В. А. История языкознания XIX—XX вв. в очерках и извлечениях ［M］. М. ，Просвещение，1964.

［35］Иванов Вяч. Вс. Монтаж как принцип построения в культуре первой половине XX века ［A］. //Монтаж：Литература. Искусство. Театр. Кино ［C］. М. ，Наука，1988，с. 119—148.

［36］Касаткин Л. Л. Московский лингвистический кружок ［A］. // Лингвистический Энциклопедический словарь ［Z］. М. ，Научное издательство «Большая Российская энциклопедия》，2002，с. 318.

［37］Кугель А. Р. （Homo Novus）. Утвеждение театра［М］. М. ，Театр и искусство，1923а.

［38］Кугель А. Р. Театральные портреты［М］. П. -М. ，Петроград，1923b.

［39］Кугель А. Р. Русские драматурги. Очерки театрального критика［М］. М. ，Мир，1933.

［40］Левинтон Г. А. ОПОЯЗ （Общество по изучению поэтического языка ［А］.// Лингвистический Энциклопедический словарь［Z］. М. ，Научное издательство 《Большая Российская энциклопедия》，2002，с. 347－348.

［41］Колесов В. В. История русского языкознания［М］. СПБ. ，Изд-ство С. -Петербургского университета，2003.

［42］Леонтьев А. А. Лев Петрович Якубинский［А］.//Отечественные лингвисты XX века. Часть 3［С］. М. ，ИНИОН РАН，2003. с. 158－174.

［43］Линцбах Я. И. Принципы философского языка：Опыт точного языкознания［М］. Пг. ，Новое время，1916.

［44］Лотман Ю. М. Внутри мыслящих миров. Человек—текст—семиосфера—история［М］. М. ，Языки русской культуры，1996.

［45］Маркс К. ，Энгельс Ф. Сочинение （второе изд. ），т. 30［М］. М. ，Государственное издательство политической литературы，1955—1981.

［46］Мейерхольд В. Э. Из писем о теотре［J］.//Весы，1907，№6.

［47］Мейерхольд В. Э. О театре［С］. СПб. ，《Просвещение》，1913.

［48］Нерознак В. П. Сравнительно-исторический метод ［А］.// Лингвистический Энциклопедический словарь ［Z］. М. ，Научное издательство 《Большая Российская энциклопедия》，2002.

［49］Петерсон М. Н. Очерк синтаксиса русского языка［М］. М. ，СПБ. Госиздат，1923.

［50］Почепцов Г. Г. Русская семиотика［М］. М. ，Рефл-бук，Ваклер，2001.

［51］Пропп В. Я. Морфология сказки［М］. Вопросы поэтики. Выпуск XII. Л. ，Academia，1928.

［52］Пропп В. Я. Исторические корни волшебной сказки［М］. Л. ，Изд-во Ленингр. гос. Ордена Ленина ун-та，1946.

［53］Пропп В. Я. Поэтика фольклора［С］. М. ，Лабиринт，1998.

［54］Ревзин И. И. О книге Я. Линцбаха 《Принципы философского языка》［А］.//Труды по знаковым системам. Т. 2.［С］. Тарту，Изд-во Тарт. гос. ун-та，1965.

［55］Степанов Ю. С. Семиотика［А］.//Лингвистический энциклопедический словарь［Z］. М. ，Научное издательство 《Большая Российская энциклопедия》，2002，с. 440－442.

［56］Сухих С. И. 《Технологическая》 поэтика формальной школы［М］，Нижний Новгород，

Издательство «КиТиздат», 2001.

[57] Томашевский Б. В. Теория литературы. Поэтика[М]. М. -Л., Госиздат, 1925.

[58] Томашевский Б. В. О стихе. Статьи [С]. Л., Прибой, 1929.

[59] Томашевский Б. В. Формальный метод (вместо некролога) [А]. //Хрестоматия по теоретическому литературоведению [С]. Тарту, Изд. Подгот, 1976, с. 148—152.

[60] Томашевский Б. В. Наукообразные (Опыты подхода к изучению ритма художественной речи) [А]. //Труды по знаковам системам. Вып. 9 [С]. Тарту, Изд. Подгот, 1977, с. 115—124.

[61] Топоров В. Н. Сравнительно-историческое языкознание [А]. //Лингвистический Энциклопедический словарь [Z]. М., Научное издательство «Большая Российская энциклопедия», 2002, с. 486—490.

[62] Тынянов Ю. Н. Достоевский и Гоголь (к теории пародии) [М]. Пг., Жизнь искусства, 1921.

[63] Тынянов Ю. Н. Проблема стихотворного языка [М]. Л., Academia, 1924.

[64] Тынянов Ю. Н. Словарь Ленина-полемиста [J]. //ЛЕФ, 1924, № 1.

[65] Тынянов Ю. Н. О литературной эволюции [J]. // Новый Леф, 1927, № 4.

[66] Тынянов Ю. Н. Проблема стихотворного языка [С]. М., Сов. писатель, 1965.

[67] Тынянов Ю. Н. Поэтика. История литтературы. Кино [С]. М., Наука, 1977a.

[68] Тынянов Ю. Н. О композии «Евгения Онегина» [А]. //Поэтика. История литтературы. Кино [С]. М., Наука, 1977b, с. 52—78.

[69] Тынянов Ю. Н. Проблема стихотворного языка [А]. // Тынянов Ю. Н. Литературная эволюция. Избранные труды [С]. М., Аграф, 2002, с. 30.

[70] Чудокова М. О., Тоддес Е. А. Страница научной Биографии Б. М. Эйхенбаума. //Вопрос литературы, 1987, № 1, с. 136—139

[71] Шкловский В. Б. Воскрешение слова [М]. СПб., тип. З. Соколинского, 1914.

[72] Шкловский В. Б. О поэзии и заумном языке [А]. //Поэтика. Сборники по теории поэтического языка [С]. Пг., 18-ая Государственная Типография, 1919, с. 13—26.

[73] Шкловский В. Б. Искусство как прием [А]. //Поэтика. Сборники по теории поэтического языка [С]. Пг., 18-ая Государственная Типография, 1919, с. 58—72.

[74] Шкловский В. Б. Рязанов [М]. Пг., ОПОЯЗ, 1921.

[75] Шкловский В. Б. О теории прозы [С]. М., Л., Круг, 1925.

[76] Шкловский В. Б. Третья фабрика [М]. М., «Артель писателей "Круг"», 1926.

[77] Шмит Ф. И. Избранное. Искусство: проблемы теории и истории [С]. СПб, Центр гуманитарных инициатив, 2012.

[78] Шпет Г. Г. История как предмет логики[А]. //Научные Известия. Сборник 2. [С]. М.,

ГИЗ,1922,с. 1－35.

［79］Эйзентейн С. М. Избранные произведения：В 6 т. //. М. ，Искусство，1964. Т. 2.

［80］Эйхенбаум Б. М. Лермонтов. Опыт историко-литературной оценки ［М］. Л. ，Гос. Издат. ，1924.

［81］Эйхенбаум Б. М. Литература：Теория. Критика. Полемика ［С］. Л. ，Прибой，1927a.

［82］Эйхенбаум Б. М. Теория «формального метода» ［А］. //Литература：Теория. Критика. Полемика ［С］. Л. ，Прибой，1927b，с. 182－207.

［83］Эйхенбаум Б. М. О литературе ［М］. М. ，Советский писатель，1987.

［84］Энгельгардт Б. М. Формальный метод в истории литературы ［М］. Л. ，Academia，1927.

［85］Якобсон Р. О. Новейшая русская поэзия. Набросок первый：подступы к Хлебникову ［М］. Праг，Типография Политика，1921.

［86］Якобсон Р. О. О чешском стихе преимущественно в сопоставлении с русским ［А］. //Сборник по теории поэтического языка ［С］. Берлин-Москва，ОПОЯЗ-МЛК，1923.

［87］Якобсон Р. О. Лингвистика и поэтика ［А］. //Структурализм："за" и "против" ［С］. М. ，«Прогресс»，1975,с. 193－230.

［88］Якобсон Р. О. Язык и бессознательное ［М］. М. ，«Гнозис»，1996.

［89］Якубинский Л. П. О звуках стихотворного языка ［А］. //Избранные работы. Язык и его функционирование ［С］. М. ，Наука，1986a，с. 163－175.

［90］Якубинский Л. П. О диалогической речи ［А］. //Избранные работы. Язык и его функционирование ［С］. М. ，Наука，1986b，с. 17－58.

［91］Ярхо Б. И. Простейшие основания формального анализа ［А］//. Ars Poetica ［С］. М. ，1927，［Вып. I. ］с. 7－28.

［92］Ярхо Б. И. Методология точного литературоведения：（Набросок плана）［А］//. Избранные труды по теории литературы ［С］. М. ，Языки славянскоцй культуры，2006，с. 6－349.

［93］方珊,俄国形式主义一瞥［A］//俄国形式主义文论选［C］,方珊等译,北京:生活·读书·新知三联书店,1989。

［94］赫尔德,论语言的起源［M］,姚小平译,北京:商务印书馆,1998。

［95］杜桂枝,莫斯科语言学派百年回溯［J］,外语学刊,2005 年第 3 期。

［96］李幼蒸,中国符号学与国际符号学的理论互动关系［J］,语言与符号,2016 年第 1 辑。

［97］刘润清,西方语言学流派［M］,北京:外语教学与研究出版社,1995。

［98］扎娜·明茨、伊·切尔诺夫,俄国形式主义文论选［C］,王薇生编译,郑州:郑州大学出版社,2005。

［99］特尼亚诺夫,诗歌中词的意义［A］,//俄国形式主义文论选［C］,方珊等译,北京:生活·读

书·新知三联书店,1989。

[100] 茨·托多罗夫,俄苏形式主义文论选[C],蔡鸿滨译,北京:社会学科出版社,1989。

[101] 王铭玉,语言符号学[M],北京:高等教育出版社,2004。

[102] 王薇生,导言:俄国形式主义学派的缘起和发展[A],//俄国形式主义文论选[C],王薇生编译,郑州:郑州大学出版社,2005。

[103] 雅各布森,序言:诗学科学的探索[A]//俄国形式主义文论选[C],蔡鸿滨译,北京:中国社会科学出版社,1989。

[104] 赵爱国,20 世纪俄罗斯语言学遗产:理论、方法及流派[M],北京:北京大学出版社,2012。

第 五 章

结构—系统主义范式

众所周知,自作为独立学科的符号学诞生之日起,"结构主义"(структурлизм)或"系统主义"(систематизм)就被学界公认为符号学最基本的方法之一,其对符号学基本学理构建的重要作用是其他方法无法替代的,一定意义上讲其至可以与符号学相提并论,或者说,脱离开结构主义或系统主义方法的符号学分析,理论上讲是难以成立的。

在俄罗斯符号学的"创建期",与"俄罗斯形式主义"(Русская формализм)并行的范式还有所谓的"结构—系统主义"(системно-структурализм),从而构成了符号学研究中的"结构—系统主义范式"(системно-структурная парадигма),亦称"结构—系统符号学"(системно-структурная семиотика)。

在俄罗斯语言学传统中,其结构—系统主义思想最早可以追溯到 19 世纪末"喀山语言学派"(Казанская лингвистическая школа)的奠基人博杜恩·德·库尔德内所提出的历时—共时方法,以及莫斯科语言学派(Московская лингвистическая школа)的创始人福尔图纳托夫所创立的共时方法(详见第三章的有关内容)。也就是说,俄罗斯的结构主义方法早在 19 世纪末就已经形成,这比索绪尔所建立的结构主义符号学范式还要早 20 余年的时间。

进入 20 世纪后,俄罗斯符号学研究中的结构—系统主义范式曾在很大程度上受到"马尔主义"(марризм)的冲击[1],但多数俄罗斯学者依然坚守着莫斯科语言学派和喀山语言学派所秉承的结构—系统主义传统,并在继承与发展该传统过程中取得新的进展。其主要标志:一是彼得堡语言学派

（Петербургская школа в языкознании）在喀山语言学派奠基人博杜恩·德·库尔德内的直接参与下宣告成立。该学派在语言的结构和系统研究方面提出一系列新的学说和思想，对俄罗斯语言学的发展产生重大影响；二是原喀山语言学派和莫斯科语言学派的追随者继往开来，在学术上秉承各自学派创始人的相关学说和思想，在完善结构—系统主义方面不断求索并取得新的学术成果。因此，本章的研究视阈主要聚焦于上述三大学派，并对其代表派人物在语言结构和系统研究方面的相关学说和思想作出系统审视。

第 1 节　莫斯科语言学派

莫斯科语言学派又称莫斯科福尔图纳托夫学派（Московская фортунатовская школа）、形式语言学派（Формальная лингвистическая школа），是由该学派的奠基人福尔图纳托夫于 1876—1902 年在莫斯科大学任教期间所创立的。福尔图纳托夫与国内外从事历史比较语言学研究的其他学者的最大不同在于：他更加关注语言发展进程中的因果联系问题、语言与思维的相互关系问题，以及语言的内容与形式在语言单位中的各种关系问题等。（Головин 1983：214）他从语言及语言单位的形式出发，对印欧语系中古斯拉夫语的重音学、形态学、词源学、词汇学等领域进行了卓有成效的研究，不仅创立了词的形式、词组、句子和词类等相关理论学说，还创立了语言符号系统、语言关系、语言的共时方法和语言的交替原则等一系列重要思想，以及语言的标记性与非标记性、语法形式等诸多重要概念，其学术成果不仅处在当时世界领先的地位，同时也标志着印欧语的历史比较研究和俄语语法理论研究进入一个崭新的发展阶段。

20 世纪初，莫斯科语言学派的代表人物主要有沙赫马托夫（А. А. Шахматов，1864—1920）、别什科夫斯基（А. М. Пешковский，1878—1933）、杜尔诺沃（Н. Н. Дурново，1876—1937）、奥勃诺尔斯基（С. П. Обнорский，1888—1962）、维诺库尔（Г. О. Винокур，1896—1947）等。他们分别在语言的结构（形式）和系统研究方面作出了自己的贡献。下面，就让我们分别对上述学者的相关思想作出简要评介。

1.1　沙赫马托夫的相关学术思想

在 20 世纪初期的俄罗斯形式主义语言学领域,沙赫马托夫的学术思想代表着俄罗斯的最高水平,因此他的名字经常与福尔图纳托夫并列而成为莫斯科语言学派的代名词。作为福尔图纳托夫的学生,沙赫马托夫在一系列问题上继承并发展了福尔图纳托夫的形式主义语言学理论,特别在俄语史学和俄语句法学等领域有重大建树。

在俄语史学领域,沙赫马托夫继承俄罗斯语言学的传统,始终把俄语史研究与俄罗斯民族和文化的历史结合起来加以全面考察,出版了多部有影响的著作,并提出了创立现代东斯拉夫语言理论的主张。他认为,东斯拉夫民族和语言的起源与发展史研究不应该仅局限于现有的俄语、乌克兰语和白俄罗斯语等三种语言的史料,而应该复原普鲁士语和古斯拉夫语的形式,并在印欧源语中揭示其相似性。他注重对各种语言的事实进行对比分析,以揭示亲属语言间所具有的共性成分,探明这些语言在发音、词语变化及语法范畴发展方面的普遍规律性。在此基础上,他还对东斯拉夫语的形成过程提出了科学假说,即著名的"南部方言"(южное наречие)和"北部方言"(северное наречие)说。虽然该假说还有不完善之处,但作为俄罗斯语言学史上最早研究东斯拉夫语起源和发展历史的理论假说,依然具有很高的学术价值。之后,特鲁别茨科伊(Н. С. Трубецкой,1890—1938)、菲林(Ф. П. Филин,1908—1982)等著名学者正是在沙赫马托夫提出的理论假说基础上不断深化对东斯拉夫语历史的研究的。有学者在评价沙赫马托夫在俄语史研究方面的成就时认为,他的最大功绩就在于提出了语言现象研究的"综合性方法"(комплексный метод),把语言本身的研究与民族迁徙、民族历史和民族文化等联系起来进行考察,其最终目的是为了详尽和准确地复原共同罗斯源语这一鲜活的语言。(Березин 1979:185—189)

在俄语句法领域,沙赫马托夫的结构—系统主义语言学思想主要体现在出版于 1925—1927 年的两卷本《俄语句法学》(«Синтаксис русского языка»)中。这是一部具有划时代意义的著作,因为此前俄罗斯还未曾有过对句子进行如此丰满和细腻研究的句法学著作,它所包含的基本思想对整个 20 世纪的俄语语法学研究都有重大而深远的影响。其核心思想包括:(1)关于语法范畴和词类的思想。他认为,语法范畴或语法概念、语法意义的定义应该对应于现实的词的意义:语法范畴是在该语言中找到词法或者句法所反映的"伴随意义"(сопутствующее значение);伴随意义是各种现实意义对另一种现实、抽象意义的态度反应。如,对人称、性、对动物名词和非动物名词、对时间、对质量、对事件、对存在、对数量、对意愿等的态度等。此外,他还把语法形式称作"语法概念的形态表达"。沙赫马托夫正是在上述语法范畴的基础上构建词类体系的。他认为,词类是由词的基本意义对其伴随的次生语法语义的关系构成的词的组合。因此,研究词类的句法学任务就在于搞清楚语法形式中伴随意义的本质。(Шахматов 1941:499)在沙赫马托夫看来,每一种语法范畴又都会进入心理的过程,因为语法范畴和句子类型是以语言交际为目的的,并且是经过人类思想加工而形成的固定模式(Шахматов 1941:428)。(2)关于句子之本质的思想。沙赫马托夫对句法学的研究是从对句子的界说开始的。在他给句子所下的定义中,句子是言语单位,是被听者和说者所接受的语法整体,是服务于意识单位的词汇表达。因此,句法学研究的核心是作为思维单位的词语表达的句子,语言与思维的联系正是通过句子来实现的,语言的所有成分也是由句子生成和发展起来的,因为句子是揭示词语中思维的唯一方法。(Шахматов 1941:5)以上界说揭示了沙赫马托夫对句子本质的基本认识。在他看来,句子是包含着形式—语法、心理行为、社会—目的等诸多特征的一个综合系统。(3)关于语言与思维关系的思想。沙赫马托夫认为,语言与思维是不可分割的,语言作为思维的工具,不能也不可能成为思维的对象和范围,因为人是用话语即语言的成分来思考的。而思维的心理基础是"认识储备"(запас представлений),它为我们提供先前的经验,并靠现代人的经历而得到不断的丰富。句子的心理基础正是这些认识在交际这一特殊思维行为上的组合。(4)关于内部言语的思想。他提出,在交际与句子之间起中介作用的是"内部言语"(внутренняя речь)——一种体现为听觉的及部分视觉的思想符号,它可以使交际中组合起来的复杂和模糊的形象具体化。(Березин 1979:189—192)由上不难看出,沙赫马托夫的句法学理论是建立在"心理交际"(психологическая коммуникация)这一核心概念上的。在他看来,交际是一种心理行为,其概念比逻辑学中判断的概念要宽泛得多,是构成从属和因果联系的认识组合,而判断只包含肯定和否定。他把与内部言语紧密关联的交际看作是言语思维范畴,以揭示言语思想复杂的生成和连贯形成过程,并由此来证明语言与思维的相互联系。应该说,尽管他的思想还有相互矛盾之处,但这样的句法学研究思路是具有创造性意义的。

1.2　别什科夫斯基的相关学术思想

　　别什科夫斯基作为莫斯科语言学派中的一位重量级学者[2],他的结构—系统主义思想主要反映在 1928 年第三次修订版的《俄语句法的科学阐释》(«Русский синтаксис в научном освещении»)一书中。该著作首次面世于 1914 年,这正是以福尔图纳托夫为代表的莫斯科语言学派、以布斯拉耶夫(Ф. И. Буслаев,1818—1897)为代表的逻辑语法学派以及以波捷布尼亚(А. А. Потебня,1835—1891)为代表的心理语言学派在方法论及教学论上产生严重分歧的时期。由于当时盛行的语法理论研究大多以古俄语文献为语料而很少吸收鲜活的日常言语作为研究对象,因此无法满足时代发展的需要,《俄语句法的科学阐释》的出版正好弥补了上述不足。该书曾于 1920 年第二次再版。如果说该著作的前两版在方法上主要是继承了莫斯科学派的语言学传统的话,那么第三版就有了崭新的内容——引入波捷布尼亚的句法学思想并将其与福尔图纳托夫、沙赫马托夫的句法学说融合在一起,从而被学界誉为结构—系统句法学的典范。

　　别什科夫斯基的结构—系统思想主要体现在以下几个方面:(1)在研究方法上坚持心理主义与形式主义对立统一的原则。在别什科夫斯基看来,具有鲜明心理学流派性质的波捷布尼亚的句法学理论与莫斯科学派的形式主义语言学并不是完全对立的体系。因此,在他的句法理论里,阐释的核心并不是句子,而是"词组形式"(форма словосочетания)。而他所说的"词组形式"并非福尔图纳托夫的形式主义的概念,而是在填补句子与词之间的"缺口"(брёшь)并在句法层面对词类进行界说的结构单位。这一思想可以说颠覆了福尔图纳托夫形式主义语言学理论所体现的那种"虚幻的完整性"(призрачная цельность)。(2)在语法形式问题上反对狭隘的形式主义观。他提出,语法学与语言学的其他学科一样,不能仅局限在词的形式上,更不能把形式与意义机械地割裂开来。为此,他推崇波捷布尼亚提出的"形式是意义的功能"的思想,主张对语言形式尤其是词组形式的句法意义进行深入描写和研究,并提出了语法(形式)范畴作为核心语法概念的思想。正如维诺格拉多夫(В. В. Виноградов,1894/95—1969)所评价的那样,对别什科夫斯基来说,重要的并不是形式与内容内在的辩证统一,而是形式的语法意义的外在体现。(3)关于"句子是思想的表达"的观点。尽管别什科夫斯基的句法理论的核心概念是"词组形式",但并不是说他反对研究句子,而是对句子有新的界说。在 1914 年出版的第一版著作中,他从逻辑学范畴对句子进行了界定,认为句子是表达思想的词或词的组合,句子是反映"思想范畴"(категория мысли)的语法特征[3],述谓性是最主要的范畴等。而在第 3 版著作中,句子被界定为具有谓语或有一个谓语构成的词组。这种界说更接近波捷布尼亚的学说(见 Клименко 2003:69—95)。(4)提出语法"形式范畴"(формальная категория)的概念。他认为,所谓形式范畴,就是形式不同但语法意义相同的构型列;词的形式范畴是联系意义的形式列,其特征就彰显在由形式组成的那部分中。(Пешковский 1958:57)

　　总之,别什科夫斯基对句法学的阐释是融心理学传统与形式主义方法为一体的学说,其句法学说超越了形式主义句法的界限,走的是一条语言与思维辩证统一的语言学建构之路,或者说是一条既重视语言形式又不忽视语言内容或意义之路,因此而具有普通语言学的性质。他把心理主义与形式主义结合起来,开辟了语言学尤其是句法学研究的新方向,由此也引发了俄罗斯学界对形式语法的一场大讨论;他推崇句法优先原理,认为词法与句法并不是语法的两个不同领域,它们在本质上具有相同的研究对象,只是各自的解释不同而已,因为言语的词汇—形态面(词)履行着句法功能等。这些思想在今天依然没有失去其重要的学术价值。

1.3　杜尔诺沃的相关学术思想

　　作为福尔图纳托夫和沙赫马托夫的学生,杜尔诺沃并不是一味地秉承其导师的学术思想,而是在许多方面都有自己的独特见解。他对语言现象的观察彰显出两大特点:一是共时与历时相结合;二是系统性。应该说,他之所以能够在俄语史和方言学等领域取得学界公认的重要成果,就因为上述两大特点所致,因为他的研究视阈和方法与当时的多数语言学家们所秉持的并不相同。

在语言史研究方面,坚持共时与历时并举的原则。早在 1927 年,他就曾在其出版的《俄语史导论》(«Введение в историю русского языка»)一书中提出,索绪尔的语言共时描写不仅可以提供对语言系统的认识,语言的历史发展同样也体现着系统性。没有共时研究,对语言系统的认识将是不完整的,而语言变化研究看上去似乎只是单独的、零散的现象,但实际上却与系统性紧密关联。因此,语言史并不是一门关于语言单独变化的科学,而是作为系统的语言自身变化的科学,其重要性并不逊于语言的共时研究,因为共时和历时都把语言当作一个系统来进行运作。(Дурново 1969:10)杜尔诺沃正是秉承上述"历史主义原则"(принцип историзма)来研究俄语系统从古斯拉夫时期到现代的演变发展过程的,并取得了一系列公认的成果。他认为,作为"静态语法"(статическая грамматика)的共时研究,无法对先前阶段的语言发展状况作出解释。如,它或许可以说明为什么新近借入的外来名词要按原生的俄语名词进行变格,但却不能说明为何现代俄语中的名词变格(包括动词变位)会有如此复杂的形式。要用事实来说清楚这一问题,只有语言史即语言的历时研究才能完成。(见 Опарина 2002:150—151)

在方言学研究方面,坚持语言系统发展与社会历史条件相结合的原则。如,杜尔诺沃在 1931 年发表的《论共同斯拉夫语解体的时间问题》(«К вопросу о времени распадения общеславянского языка»)的论文中,首先从内部(语言)与外部(社会历史)因素角度分析了统一古斯拉夫标准语在整个斯拉夫世界普及的历史成因,认为语言的统一是由当时文化领域出现的强大联合趋向决定的;再如,他力求从语言变化内外因素的系统联系角度来研究古代东斯拉夫语手稿,内容涉及语言内部的演化、社会政治和文化进程、方言的分化、地域传统、标准语规范与口语的相互关系等,其成果发表在布拉格语言学小组出版的第 1 卷著作(1929 年)中,以及 1933 年的《10—12 世纪斯拉夫语正字法》(«Славянское правописание Ⅹ—Ⅻ вв.»)论文中。他提出了有关古文献与古俄语语音正字法之间相互关系的许多新思想,如鲜活语言的语音特点在古文献文本中的反映并不是直接的,而是偏离正字法规范的,正字法规范在不同的文献中并不一致等,奠定了东斯拉夫方言学的分类方法及学理基础,这些迄今依然是该领域宝贵的思想遗产。(见 Опарина 2002:144—162)

有学者在评析杜尔诺沃的学术成就时指出,杜尔诺沃对其所处时代的语言学发展状况十分在行,对结构主义生成动因的所有问题了如指掌,因此他丝毫不会否定结构研究的潜能。然而,他在方言学研究和语言学史研究方面比那些年轻的创新者们具有更为丰富的经验。为了将自己的兴趣绝对集中在语言的内部研究方面,他对语言习惯用法的社会变体和历史变体表现出极大的兴趣。(Живов 2002:20)

1.4　奥勃诺尔斯基的相关学术思想

奥勃诺尔斯基的研究领域与杜尔诺沃基本一致,都属于斯拉夫语文学和俄语史方面的专家。他对结构—系统主义的贡献主要体现在对俄语标准语起源问题的文献考证和方法论创新上。

早在学生时代,奥勃诺尔斯基就对俄语史问题表现出极大的兴趣。他于1912年起开始发表研究古俄语文献的相关论文,从而为其此后在学术上的发展积累了丰富的史料。

奥勃诺尔斯基倾心于俄语史学研究,其中的一个问题始终是其关注的核心,那就是俄语标准语的起源问题。该问题最先由斯拉夫语历史比较流派的奠基人沃斯托科夫(A. X. Востоков,1781—1864)在19世纪20年代提出。在该学者看来,不管教会斯拉夫语最初属于哪一种方言,它都是由俄罗斯人自己创立的。俄罗斯人不仅比其他斯拉夫人更懂得该语言,也比其他人更会用该语言来丰富和净化自己的民族方言。(Востоков 1820:32)对于沃斯托科夫提出的上述观点,在俄语史学界形成了截然对立的两种观点:一种认为俄语标准语是原生的,只是在后来才受到教会斯拉夫语的影响;另一种则认为教会斯拉夫语是伴随着教会书籍的流入而成为古罗斯标准语的,只是随着时间的推移才受到来自民间的鲜活俄语的影响。20世纪初,当时的学界权威、奥勃诺尔斯基的老师沙赫马托夫就持后一种观点,即俄语标准语起源于教会斯拉夫语,史称"教会斯拉夫语起源说"。他的这一观点显然在学界占据着上风。奥勃诺尔斯基起初也赞同其老师的观点,但在30年代初,他运用共时与历时的方法对古俄语文献进行详细考证后发现,原先的观点对古罗斯时期标准语中的纯俄语成分的作用估计不足,因而提出了关于古俄语标准语起源于东斯拉夫语基础的学说。该研究成果于1934年发表在《作为俄语标准语古文献的罗斯法典》(《Русская Правда как памятник русского литературного языка》)一文中。

此后,他又先后发表了《作为俄语标准语古文献的伊戈尔远征记》(«Слово по полку Игореве как памятник русского литературного языка»)(1939)、《罗蒙诺索夫与俄语标准语》(«Ломоносов и русский литературный язык»)(1940)等论文,从不同视角对俄语标准语发展、演化的完整历史进行了系统的审视。在他看来,《罗斯法典》和《伊戈尔远征记》等古文献不仅仅是旧时期的俄语样式,更是旧时期俄语的标准语典范。上述论文的基本观点在 1946 年出版的《旧时期俄语标准语史概要》(«Очерки по истории русского литературного языка старшего периода»)的著作中得到系统的梳理和阐释,被学界公认为苏联时期语言学研究的标志性成果之一。[4](见 Обнорский 1946)后来,维诺格拉多夫正是依据该理论提出了古罗斯民族的"书面语三类型说"(три типа письменного языка)。奥勃诺尔斯基的上述新理论推翻了其老师的权威观点,引起学界广泛的关注,从而在客观上极大地推动了对斯拉夫语史及其文化的研究。有专家认为,奥勃诺尔斯基对俄语史研究的最大特点是其深刻的洞察力和独特的描写方式,从而在俄语言语成分的起源问题上获得了共时与历时的统一。(Добродомов 2003:28)

　　显然,奥勃诺尔斯基之所以能够在俄语史学领域取得举世公认的重大成就,这与他一贯秉承的共时—历时方法密不可分,也与其推崇的结构—系统主义方法论有直接的关联性。事实也是如此:不采用共时与历时相结合的方法,不从结构和系统的独特角度对俄语标准语的生成与发展的完整历史作系统和仔细的观察,就不可能会有上述新的发现和学术上的创新。

1.5　维诺库尔的相关学术思想

　　维诺库尔属于"十月革命"后成长起来的年轻一代语言学家,其学术成就主要集中在普通语言学、俄语史、构词学以及言语素养、诗歌语言等研究领域。我们曾在上一章"形式主义范式"的"语言学流派"中对其提出的"科学诗学"思想作过评介。应该说,这一思想并不能涵盖他的全部学术成就,更不能就此断定他只是形式主义范式的追随者或推崇者。事实上,他除在理论诗学领域有所建树外,在结构—系统主义领域同样作出过自己的贡献。

　　就维诺库尔的基本学术思想而言,他与同时代的多数俄罗斯语言学家的立场和方法既有相同之处,也有不同的观点:相同之处主要体现在对俄罗斯语言学传统的继承,即坚持喀山语言学派和莫斯科语言学派的基本观点,将语言的共时研究与历时研究结合起来;不同之处是,他一方面赞同索绪尔所提出的语言系统论学说,另一方面又坚决反对把共时与历时严格对立。他坚持认为,现代语言也是历史,而语言史研究也应该是静态的,而不是历时的。(Алпатов 1999:242)因此,维诺库尔是语言学研究中结构—系统主义范式的坚定维护者和践行者。他的相关学术思想主要体现在以下几个方面:

1)关于语言学分类的思想。在普通语言学领域,提出语言学分类思想。他认为,语言学应该分为"语言科学"(наука о языке)和"个别语言科学"(наука об отдельных языках)两类。前者是普通语言学,其研究的对象是世界各种不同语言的事实,以确定把握语言生命的普遍规律,研究的目的是了解所有语言中有什么、不同语言以怎样的不同方式来体现相同的事物等;后者的研究对象是某一种语言或在起源和历史文化方面有相互联系的某一语支,如印欧语言学就是一种语言的科学。这种研究要确定的并不是什么是可能的、常有什么、常发生什么等,而是现在怎样、过去怎样和发生了什么等问题。(Винокур 1959:214—217)不难看出,维诺库尔对语言学的分类是建立在共时—历时基础上的:普通语言学是共时的(确切说是超越时间的),因此,该学科的研究不应该有任何考古和民族的界限,即可以脱离历史进行研究;而个别语言的研究就不该受到其他辅助的和服务的目标的限制,因为语言作为人类文化的产物,对它的研究不可避免地要把该民族的文化作为对象,所以研究个别语言也就是语言史的研究。乍看起来,维诺库尔的观点似乎与青年语法学派(младограмматизм)中的保罗(Г. Пауль,1846—1921)的思想相一致。其实,他把对现代语言的研究也纳入了语言史学的范围,始终坚持语言现状的研究本质上就是历史研究的观点。他提出,我们只有在把语言看作是完整系统的条件下,才能够把语言过去的状况当作鲜活的历史现实加以审视;在语言系统中,每一个独立的成分只有与其他相关的成分一起才能履行相应的功能。(Винокур 1959:214)

2)关于词语切分"新原则"思想。在构词学领域,提出词语切分的新原则。他在《俄语构词学札记》(«Заметки по русскому словообразованию»)一文中指出[5],在现代俄语构词学中,人们通常不关注如何将词干切分为词素的原则问题,也不说明为什么词干可以切分为这些词素而不是别的词素的问题。

为此，维诺库尔尝试采用新的原则对词语进行切分。在他看来，词干中的词缀应该按照词义之间的关系进行切分。而以前的那些观点是不正确的：似乎对词干的形态分析是机械进行的，对词的语音形式的切分要按照"语音等同"（звуковое тождество）原则等。实际上，把词 рамка 切分为 рам-ка，不仅仅是因为在 рама，подрамник，обрамление 等词中可以找到与该词前一个词素的相同的音，也可以在 ручка，ножка，шейка 等词中找到该词后一个词素的相同的音，而是因为 рамка 一词中的 рам 就表示 рамка 的意义，这与其他词列中的 рам 的意义一样。因此，рамка 一词是 рама 词义的某种意义变异。（Винокур 1959：423）维诺库尔的上述思想得到学界高度的评价，它第一次关注构词结构中的形式与意义之间的联系问题，从而奠定了现代俄语构词学的基础。

3）关于"语言素养"的思想。在语言素养领域，提出语言学研究之任务。维诺库尔在 1929 年再版（1924 年曾出第一版）的《语言素养》（«Культура языка»）一书中，首先审视了索绪尔的语言学理论对俄罗斯语言学研究者所提出的新任务，并从新的视角对青年语言学派的学说进行了批判。他认为，在索绪尔的两种语言学系统中，属于"历史语言学"（историческая лингвистика）研究的份额也只有语音问题[6]，历史语言学的"历时性"（историчность）依然被理解为外在演化的意思。但与此同时，在索绪尔的语言学科分类中却根本找不到"说话科学"（наука о говорении）。为此，维诺库尔提出，应该有两种语言学：一种是静态语言学，用以研究语言系统中的语言；另一种是历史语言学，用以研究真实和具体存在中的作为社会生活实际事实的语言。（Винокур 1929：32）接着，维诺库尔在该书中集中讨论了俄语的实用修辞问题，包括报刊和印刷厂的语言、新经济政策和未来主义派的语言、阅读素养等，从而将语言的功能、语言的使用问题提高到言语素养的高度加以审视。在他看来，语言的使用问题与语言的构造问题同等重要，因为语言只有在使用中才能称之为语言，语言的构造也只有在语言使用的某种形式中才得以显现。（Винокур 1959：221）维诺库尔的上述思想，对当代俄罗斯语言学研究中的语用学理论、言语行为理论以及功能语体学理论等都有一定的指导意义。

4）关于诗歌语言研究的思想。在诗歌语言领域，提出对该语言进行多维阐释的思想。作为莫斯科语言学小组（Московский лингвистический кружок）成员（1922—1924 年间还曾担任过该小组主席），维诺库尔从青年时代起直至去世,始终对诗歌语言研究表现出高度的关注度和洞察力。在他发表的《论文学作品语言研究》(《Об изучении языка литературных произведений》)和《诗歌语言的概念》(《Понятие поэтического языка》)等相关文章中,比较集中地阐发了他本人对诗歌语言结构的独特认识。他认为,诗歌语言研究要重视对"诗歌词"(поэтическое слово)的分析,诗歌词与普通词汇一样,理应也有其"内部形式"(внутренняя форма),即拥有某种特定的内涵价值。而语言学对诗歌语言研究的任务就是要确定两种词义类型——直接意义和诗歌意义的关系;而对诗歌词汇的分析应该建立在普通词汇学的原则基础上,词的诗歌意义要从其直接意义中加以审视。它们之间关系可以是一般与个别、抽象与具体、整体与部分、一种变体分解为另一种变体等的不同对立。(Винокур 1959:248)在他看来,艺术语言中的诗歌意义并不是体现在每一个词或每一个语法事实中的,但作为系统的诗歌语言有其区别性特征,那就是内部形式。(Винокур 1959:251)不难看出,维诺库尔眼中的诗歌语言之特性,已经与俄罗斯形式主义范式中代表人物的观点有很大不同:前者将其视为普通 词汇,而后者将其看作"玄妙的语言"(заумный язык)。据此,维诺库尔进一步提出对诗歌语言研究应该有三种不同的视角:(1)作为语体的诗歌语言;(2)作为具有特殊诗性表现力的语言;(3)提升为艺术层次的语言即形象语言。(Винокур 1991:25—31)

　　由上不难看出,维诺库尔的语言学思想对这一时期的俄罗斯结构—系统主义范式是作出自己的应有贡献的。尽管他的学术活动涉及语言学的多个领域,但始终有一条红线贯穿其中,那就是:共时与历时相结合,结构与系统不分离。这种具有对立统一的辩证视角,无疑具有语言符号学的特质和意义。直至今日,他在语言学领域的许多思想和观点依然被视为具有重要的学术价值。

第 2 节　彼得堡语言学派

　　彼得堡语言学派形成于 20 世纪初,是世界语言学领域由"历史比较主义范式"转向"结构—系统主义范式"最早的学派之一,因此被学界公认为结构主义语言学的先驱者。该学派早期的学说研究是基本围绕博杜恩·德·库尔德内的语言学理论展开的,即把语言视作集体思维的过程和语言活动,因此在方法论上具有心理学的性质。20 年代中期起"开始转向社会学方面"。（Леонтьев 2002:373）该学派早期的成员大多为博杜恩·德·库尔德内的学生——谢尔巴（Л. В. Щерба，1880—1944）、波利万诺夫（Е. Д. Поливанов，1881—1938）、雅库宾斯基（Л. П. Якубинский，1892—1945）等。后来，他们的学生——伯恩斯坦（С. И Бернштейн，1892—1970）、尤什曼诺夫（Н. В. Юшманов，1896—1946）、德拉古诺夫（А. А. Драгунов，1900—1964）等又继承和发展了先辈们的学术思想。该学派把"语言的社会方面"（социальный аспект языка）归属心理学，并大力倡导语言学研究中的"社会学视角"（социологический подход）；他们详细区分了语言思维中的"有意识"（сознательное）与"无意识"（бессознательное），并对诗歌语言、实用语言以及历史语言学和描写语言学等作过深入研究，从而为 20 世纪 20—50 年代世界著名的结构主义学派——布拉格语言学派（Пражская лингвистическая школа）的兴起奠定了学理基础。

以上表明，彼得堡语言学派所遵循的语言学方法论是所谓的"博杜恩主义"（бодуэнизм），即 19 世纪末至 20 世纪初由喀山语言学派的奠基人博杜恩·德·库尔德内所创立的共时—历时方法。因此，该学派的理论学说具有鲜明的结构—系统主义性质，从而成为俄罗斯符号学"创建期"阶段中不可或缺的重要方面。

鉴于本节章节内容所限定的结构—系统主义范式，我们在这里仅就谢尔巴、波利万诺夫两位学者的相关思想作出评述。

2.1　谢尔巴的相关学术思想

作为 20 世纪初期俄罗斯语言学界最杰出的代表之一，谢尔巴曾参加彼得堡诗歌语言研究学会的活动，在彼得堡语言学派的奠基人博杜恩·德·库尔德内去世后，成为该学派的实际领袖。他在语言学的一系列领域——语文学、音位学、语法学、词汇学和普通语言学等都有开创性的重要建树。其中，具有结构—系统主义性质的学术成果尤其令学界瞩目。这些成果集中收录在 1974 年出版、2004 年再版的《语言系统与言语活动》（«Языковая система и речевая деятельность»）文集中。归纳起来，主要有下列思想：

1）关于语言学方法论的思想。他在 1909 年发表的《语音学中的主观和客观方法》(《Субъективный и объективный метод в фонетике》)论文中,着重阐述了语言学的基本任务和方法问题。他提出,主观方法是语音学的唯一方法,因为我们时刻要面对说该语言的个体的意识问题。主观方法的基本要求是要记录说该语言的人的"意识事实"(факты сознания)。为此,他认为语言学家要不断地训练拓展自己的"意识场"(поле сознания)的能力,将客观存在的广阔世界转变到自觉的主观存在领域。(Щерба 1974:138—139)

2)关于语言现象"三层面"的思想。这是谢尔巴对语言系统研究提出的最为著名的学术思想。1931年,为纪念博杜恩·德·库尔德内,谢尔巴专门撰写了一篇题为《论语言现象的三层面和语言学中的实验》(《О трояком аспекте языковых явлений и об эксперименте в языкознании》)长篇论文,其主旨是从博杜恩·德·库尔德内的理论学说角度对索绪尔提出的语言与言语对立说作出自己解释。他认为,语言现象并不是如索绪尔所说的语言和言语的两个层面,而是有三个层面:即"言语活动"(речевая деятельность)、"语言系统"(языковая система)和"语言材料"(языковой материал)。(1)所谓言语活动,指受个体的心理生理言语组织制约的、具有社会性质的说话和理解的过程,是一种复杂的、综合的活动。它与索绪尔的"言语"相关联,但又不完全相同;语言系统指词汇和语法,这些词汇和语法与其说是现实存在的,还不如说是对该语言知识来说应该穷尽的某种理想的描写;(2)所谓语言材料,指言语活动的结果,即某社会团体在某时代的一定的具体环境中所说的和所理解的总和,对语言学家来说就是体现在话语/篇章中的词汇和语法。该概念在索绪尔的学说中并没有对应物;(3)所谓语言系统,指一种社会现实,是该社会群体生活条件下的一种客观感知物,也是该社会群体所有成员都必须遵循的规则。语言作为系统,既包括构成该语言的复杂的词汇,也包括构成各种语言统一体的语法规则。语言系统并不是"学说抽象物"(учёная абстракция),而是人们在词汇和语法中使用的人脑中的"心理数值"(психические величины)。这些数值作为"观念"(концепты),用心理的和生理的直接实验是不可能获得的,而只能从语言材料中抽取,因为只有语言材料的同一性才能保障语言系统的统一。(Щерба 1974:24—39)此外,谢尔巴还从语言系统中区分出言语,认为发生在个体身上的说话人的话语和听话人的理解过程均属于言语范围。由上不难看出,谢尔巴提出的语言现象"三层面"说,无疑是对博杜恩·德·库尔德内的语言系统思想的进一步发展,而其中的语言系统思想,主要指语言的词汇和语法,这就在一定程度上摆脱了博杜恩·德·库尔特内对语言现象的心理阐释,寻找的是语言本身具有的其他特征。

3)关于句段的思想。基于语言现象"三层面"的特性,谢尔巴在其中的"言语活动"层面重点研究了"句段"(синтагма)问题。他认为语法研究的中心不是句子,而是句段。他在《法语语音学》(«Фонетика французского языка»)一书中对句段理论进行了全面论述。他承认,"句段"这一术语是从其老师博杜恩·德·库尔德内那里引用过来的。然而,博杜恩·德·库尔德内用该术语通常表达作为句子组成成分的实词,而谢尔巴则不把句段看作语言单位,而是言语活动单位。他认为,句段是一个语言统一体,在言语思维过程中表达一个完整的意思,可以由一个词、一个词组、甚至一个词组群组成。例如:Вокруг нас / все цвело, / благоухало / и радовало взор(我们周围/到处在开花/香气袭人);Приятно / сидеть в уютной комнате / и слушать хорошую музыку(很惬意地/坐在舒适的房间/听着悦耳的音乐)等都是句段;词和句段主要的区别是功能上的,词表达的是在某情景中产生并只存在于该思维行为中的概念,而句段则要经过加工后才能固定下来,它存在于相应的集体思维中并有相对固定的表达形式;句段从量上看是复杂句子统一体的最大意义成分,是"语句"(фраза)中分解出来的最基本和最小的单位;语句为句段的最高层次。他还认为,语句是意思上完整的一个整体,可由句段群组成,也可只由一个句段组成。这一整体在形式上的特点是结尾部分一定用降调。(Щерба 1937:153)

4)关于语言变化的思想。谢尔巴从语言"三层面"说理论出发,对语言变化的原因作出了自己的阐释。他认为,语言的变化只有在言语活动中才能发现,它受到语言外诸因素即该社会团体生存条件的制约,而言语活动又同时作为语言材料,本身就承载着语言系统的变化。有学者在评介谢尔巴的上述观点时认为,这显然是受到20年代苏联在人文科学中流行的"社会学派"(социологизм)思想的影响而得出的。(见 Алпатов 1999:236)

谢尔巴一生的著述并不算多,但他却被喻为代表着苏联语言学史上"完整的一个时代"(целая эпоха)。(Аванесов 1981:3)维诺格拉多夫则将其称为像博杜恩·德·库尔德内、波捷布尼亚一样总是把语言学的普遍问题摆在首位的语言学家。(Виноградов 2005:236)从20世纪30年代中期起,谢尔巴越来越趋向于语言的唯物主义哲学观,趋向于对语言研究的辩证唯物主义方法。他在学术研究中特别注重用第一手资料对语言材料进行分析;他在对具体语言材料的分析对比中重视客观方法,以避免主观偏见。应该说,他的结构—系统主义思想,尤其是"言语活动"论和"语言系统"论,对 20 世纪后半叶的俄罗斯普通语言学和心理语言学的研究产生了巨大影响。此外,除上述结构—系统主义思想外,他在音位学和语法学的研究中还偏向于结构—功能主义,对此,我们将在下一章中加以具体审视。

2.2　波利万诺夫的相关学术思想

作为博杜恩·德·库尔德内的学生,波利万诺夫与谢尔巴一样,都曾是彼得堡诗歌语言研究学会的正式成员,同时也是彼得堡语言学派中不可或缺的著名学者。作为一名杰出的东方学家(通晓日语、汉语、乌兹别克语、东干语等 18 种语言),波利万诺夫在理论语言学尤其是音位学研究方面有很高的造诣。他秉承其老师博杜恩·德·库尔德内的相关学术思想,在语言系统论、音位学、马克思主义语言学等领域积极探索结构—系统主义方法,其相关思想集中反映在《历史语言学和语言政策》(《Историческое языкознание и языковая политика》)(1960)、《普通语言学论文集》(《Статьи по общему языкознанию》)(1968)等著述中。

1) 关于语言的特性。在语言特性的认识方面,波利万诺夫的观点反映出时代的特色。一方面,他视语言为一个完整系统,试图从该系统中的各种联系来研究语言现象,研究话语的准确性和精确性表达,并承认共时研究的合理性;另一方面,作为其老师博杜恩·德·库尔德内所奠定的语言学理论的继承者,他对索绪尔的语言观进行了批判性地重新审视。他写道:可以断定的是,索绪尔身后出版的那本曾轰动一时的书[7],与我们所知的博杜恩·德·库尔德内的学说相比并没有任何新原理。(Поливанов 1968:185)据此,波利万诺夫坚持并试图发展博杜恩·德·库尔德内的语言观,用语言的静态和动态研究来替代索绪尔所提出的并没有内在相互联系的共时和历时研究。他认为,语言的静态研究是合理的,也是必要的,但它缺乏语言的动态研究和发展研究则是不全面的;他并不认同博杜恩·德·库尔德内曾提出的历时研究具有非系统性的观点,而是试图通过对日语北方方言演变的具体考察,来揭示语言变化的系统性以及一种变化与另一种变化之间相互制约的规律性等。

　　2）关于语音变化。在对语音变化的研究中，波利万诺夫秉承博杜恩·德·库尔德内的心理学思想[8]，提出"音位趋异"（дивергенции）和"音位趋同"（конвергенции）的重要思想。他将音位系统的变化视为一种"离散性变化"（дискретные изменения），并将其称为"突变性变化"（мутационные изменения）。这种变化过程可以导致不同的结果：仅对个别音位的质量产生影响而不涉及整个系统的变化；可以对整个音位系统的构成本身产生影响并决定该系统成分数量的变化。后者又可分为两种：（1）音位趋异——导致音位成分数量的增加；（2）音位趋同——导致音位系统的成分数量减少。对于音位趋同，他认为这是历史语音变化中最重要的特征，而"音位趋异"往往只是其附属的伴随特征（Поливанов 1968：98—99）。至于是什么原因导致了音位的趋同，波利万诺夫认为主要是"为减少劳动能量的消耗"，即节省体力，因为这是人类各种劳动的共同特点。（Поливанов 1968：81）应该说，这一思想对雅各布森的语言观以及法国语言学家马丁内（A. Мартине，1908—1999）后来提出的"语音变化中的经济原则"等产生过一定影响。不难看出，在波利万诺夫眼里，语音的最大变化显然不是"音位内部列过程"（процессы внутрифонемного порядка），而是音位趋同和音位趋异。此外，波利万诺夫在研究中还涉及语言变化的成因问题。他坚持认为，对语言变化和发展起主要作用的是"语言内部原因"（внутриязыковые причины），而社会经济因素的影响作用只是间接的。（Алпатов 2003：103）这一观点与当时占统治地位的马尔提出的"语言新学说"是背道而驰的，因此而受到迫害。[9]如，他在谈到十月革命后俄语的变化时曾强调指出，俄语本身并没有像那些马克思主义者所断定的那样发生任何的革命，只能说操我们共同标准语的人数发生了重大变化：由原来少数知识分子阶层或派系所说的语言，变成了在地域、阶层、民族意义上的最为广泛的语言。（Поливанов 1968：189）

　　3）关于语言学理论。在对待语言学理论方面，波利万诺夫在发展博杜恩·德·库尔德内语言学思想的同时，坚持用马克思主义的观点来指导对语言的研究。马克思主义对他的语言观的形成之现实影响主要体现在"对语言的社会特征的详细分析"以及"探索语言史的规律性"两个方面。（Алпатов 2003：102）1931 年，波利万诺夫出版《为马克思主义语言学而斗争》（«За марксистское языкознание»)一书,集中阐发了他的马克思主义语言观。他认为,语言学家是由下列组成的:(1)由现代语言文化的现实建设者组成,为此,需要研究语言的当代现实,需要有对该现实有独立自在的兴趣乃至爱;(2)由语言政治家组成,以能对语言的未来发展作出哪怕是有限的实用语言建设的预测,即充当未来的一种"社会工程师"(социальная инженерия)[10];(3)由普通语言学家尤其是语言史学家组成,语言学研究的哲学意义就在普通语言学中;(4)由文化史学家和具体的民族文化学家组成。(Поливанов 1960:271—272)在波利万诺夫看来,马克思主义语言学研究的语言,会涉及语言的方方面面,而索绪尔及其追随者们研究的语言,不仅完全抛弃了上述四项任务中第2和第4项,对其他两项的研究也显得十分狭窄,使语言的现实研究与解决实际任务相脱离。

　　总之,波利万诺夫对俄罗斯符号学领域的结构—系统主义理论是作出自己应有贡献的。他的学术思想的可贵之处在于在坚守传统中力求创新。他一方面继承博杜恩·德·库尔德内的语言系统观和心理学方向,另一方面又对语言系统作出符合现实的解释;他一方面承认共时研究的合理性,另一方面又提出静态研究与动态研究的不可分割性;他一方面站在马克思主义的立场上对历史语言学方法作出全面和客观的评价,另一方面又对索绪尔的结构主义语言学理论作出自己的修正。可以说,与多数索绪尔学说的追随者所不同的是,波利万诺夫在学术活动中关注更多的是语言对社会的功用问题以及操语言者的社会心理问题。

第3节　喀山语言学派

　　喀山语言学派形成于 19 世纪 70 年代的喀山大学(Казанский университет),故名。其奠基人是俄罗斯著名普通语言学家、历史比较语言学家博杜恩·德·库尔德内。他最先在学术研究中将"历时—共时方法"结合在一起,从而使该学派的理论学说处于当时世界语言学研究的领先地位。此后,他又于 19 世纪末和 20 世纪初创建了"彼得堡语言学派",其学术思想对尔后的俄罗斯语言学发展产生了深远和重要影响。

3.1　语言观概说

喀山语言学派被认为是 19 世纪末期世界主要的语言学派之一,其语言学理论在许多方面与德国的青年语法学派(Младограмматизм)比较接近,如提出心理主义的语言观,区分言语的口头形式和书面形式,分析语言中的心理方面和生理方面的相互关系,重视对活的语言的研究等。但是该两个学派的观点并不完全一致。如:青年语法学派的语言观是完全建立在个人心理联想的基础上的,而喀山语言学派则在采用这一学说的同时,又吸收了民族心理学的合理要素;青年语法学派偏重历史主义(语言的历时研究),而喀山学派则主张结构—系统主义,将语言的静态(共时)研究和动态(历时)研究有机结合起来。

应该说,世界语言学界是很少将喀山语言学派列入 20 世纪的语言学研究进程中加以考察的。但实际上,该学派的奠基人博杜恩·德·库尔德内的很多重要著述都是在 20 世纪初完成的,他本人不仅被世界学界公认为现代语言学的奠基人之一,其著述也成为 20 世纪俄罗斯语言学发展中的理论源泉和学理根系所在。由于在本书第三章中已经对博杜恩·德·库尔德内的相关语言符号学理论和思想作过专门的评介,因此,本节只对该学派中的另一位重要学者——博戈罗季茨基(В. Г. Богородицкий,1857—1941)的结构—系统主义思想进行一番审视和评介,原因很简单:作为喀山语言学派的主要继承人[11],他不仅是"跨世纪"的人物,更重要的是其核心思想和方法是在 20 世纪前半期内形成的,且"对喀山学派理论的发展有着特殊的贡献"。(郅友昌 2009:153)

3.2　博戈罗季茨基的相关学术思想

博戈罗季茨基的具有符号学性质的结构—系统主义学说散落在 20 世纪初出版的几部重要著作中,如《语言学和俄语概要》(«Очерки по языкознанию и русскому языку»)(1901)、《俄语语法普通教程》(«Общий курс русской грамматики»)(1904)、《普通语言学讲义》(«Лекции по общему языкознанию»)(1911、1915)、《雅利安人语的比较语法概要》(«Краткий очерк сравнительной грамматики ариоевропейских языков»)(1917)、《鞑靼语言学导论》(«Введение в татарское языкознание»)(1934)等。其主要思想包括:

1) 关于语言本质属性的思想。博戈罗季茨基在上述著作中对语言的起源、语言的属性、语言与思维的关系、语言的变化等语言哲学的一系列基本问题都作了比较系统和深入的解答。关于语言的起源问题,博戈罗季茨基认为最重要的是社会的因素,因为语言只有在社会的土壤中才能生成。语言作为社会环境活动的产物,在自身的发展中同时又反映着社会的经济、政治及智力的状况。他对语言发展的认识大体与波捷布尼亚的理论相一致,认为初始的语言是由各种激情引起的"下意识的喊叫声"(инстинктивные крики),这些语言声音渐渐变成了对某事物或现象进行表义的"发音—听觉象征符号"(артикуляционно-слуховые символы)。加入喊叫声的还有对各种声音的模仿,并伴随有身势和面部表情活动。用声音来表达的思想起初是十分简单的,甚至无法区别事物;在最初的语言中,名词和动词是不加区分的,后来思想才逐渐变得复杂和精确起来,声音象征的发展始终伴随着这个过程。关于语言的属性及其与思维的关系问题,博戈罗季茨基提出,语言不仅是用来表达思想的,很大程度上也是思维的工具,因为语言成分体现着语言认知活动的成果,同时也表明着对思维的发展有影响作用;语言是大脑分类活动成果的显示器;思维和言语的全部活动是按照辩证法的规律对我们的认识进行分类的,思维的发展及其在言语中的表达受到外部现实的制约。关于语言变化问题,他提出了著名的"世代论"(Generation theory),即突出语言变化中的时空因素,认为人的辈代之间的更替是引起语言变化最重要的文化社会因素。为此,他直接观察并认真研究了儿童语言的形成和演变情况,以揭示人类语言能力的逐渐形成过程。(Березин,1979 202—204)由此不难看出,博戈罗季茨基的语言观,已经不是喀山语言学派固有的心理学传统,而具有明显的民族学或人类学的性质。

2) 关于语言感知的思想。作为世界上最早的实验语音学实验室(1884年)的创立者,博戈罗季茨基对俄语语音学有系统和深入的研究,提出了具有普通语言学意义的区分说者和听者语言感知的重要思想。他认为,对说者而言,言语是思想功能,因为说者表达思想需要从记忆中储存的词语和短语库中寻找出相应的词汇表达;而对听者来说正好相反,思想是言语的功能,或者确切地说是由所听言语引起的听觉认知的功能。简言之,在言语过程中说者的思想引导出话语,而听者则是在话语的影响下形成思想。(Березин 1979:208)从以上论述中可以看出,博戈罗季茨基是从心理学层面来审视说者和听者的思维活动过程的,这与博杜恩·德·库尔德内的语言观相一致,但他把人的思维活动解释为"想象的创造力"(творческая сила фантазии)、"精神能量的有力提升"(сильный подъём душевной энергии),这一观点又无疑是对博杜恩·德·库尔德内相关思想的发展,也为而后在西方学界形成的"说者语言学"(лингвистика говорящего)和"听者语言学"(лингвистика слушающего)的学理所借鉴。

　　3)关于词的形态结构变化学说。博戈罗季茨基在《俄语语法普通教程》中从语法学与逻辑学的辩证角度出发,创建了属于自己的关于词的形态结构变化学说。他提出,词在语言史的发展过程中,其形态结构变化主要有四种类型:(1)"简化"(опрощение)——词失去了自身单个的形态部分而演变成简单的词。如 кольцо,пояс 等词语,现在已经不被视作是由词根 коло-和 jac-加一定的词缀构成的复杂词了。这类词的初始或起源意义只有在词源分析中才能够获得。(2)"类推"(аналогия)——一个词素被另一个词素所替代而产生的形态变化。如 ходят 被 ходют 的形态替代,即由动词第一变位法类推而成;печёшь,печёт 被 пекешь,пекет 形态替代,只是由动词 печь 的单数第一人称和复数第三人称形式类推出来的等。(3)"分化"(дифференциация)——由追求语音表现力而产生的形态变化。如,以-а 和-у 结尾的名词单数第二格形式通常具有区分意义细微差别的功能:цвет снега 与 много снегу 相比较,以-у 结尾的形式可以表示数量意义。(4)"再分解"(переразложение)——由于某一代人个体意识中的词引起的联想与该词在前代人意识中引起的联想不相吻合,致使词的形态成分界限发生变化。如:женам,женами,женах 的形式,由于元音-а 最初属于词干——жена-м,жена-ми,жена-х,而现在的词干则是жен——жен-ам,жен-ами,жен-ах。除上述外,博戈罗季茨基还对引起词形态结构变化的成因进行了具体分析,认为后三种变化属于语言的外部变化,而前一种则属于语言的内部变化。他的这些理论思想已经成为俄语语法学学术宝库中的重要遗产。

　　由上可见,博戈罗季茨基对语言本质属性、语言感知以及词的形态结构等的认知,虽在学理上多少带有哈尔科夫语言学派(Харьковская лингвистическая школа)奠基人波捷布尼亚的心理主义色彩,但其方法论却与喀山语言学派的创始人博杜恩·德·库尔德内的理论学说相当一致,遵循的是共时与历时相结合的结构—系统主义。也正是在这一点上，他的学说思想才成为喀山语言学派不可分割的重要组成部分，也为俄罗斯语言符号学的发展作出了自己的贡献。

注释

1. "马尔主义"以马尔（Н. Я. Марр，1864/65—1934）、梅夏尼诺夫（И. Н. Мещанинов，1883—1967）为代表，是所谓"语言新学说"（новое учение о языке）或"雅弗学理论"（Яфетическая теория）的倡导者和推行者。马尔标榜自己的学说为"语言学中的马克思主义"（марксизм в языкознании）。其学理的基本出发点是：历史比较主义语言学是唯心主义的产物，是资产阶级的语言学说，必须与之进行不妥协的斗争，原因是西方的印欧语言学研究从民族和语言的种族不平等理论出发，致使有关构拟"源语"（праязык）的种种企图陷入了"绝境"。据此，马尔等提出了诸如"语言具有阶级性""语言不仅是政权的工具，也是阶级统治的工具""语言的发展由于社会发展阶段的更迭而具有阶级性"等一系列主张和观点。

2. 别什科夫斯基出生于莫斯科，但却在克里米亚度过了幼年时代，1897 年以优异成绩考入莫斯科大学数理系学习自然科学。因参加学生运动而被校方开除后赴柏林大学自然系学习，1901 年又返回俄罗斯进入莫斯科大学历史语言系学习，次年再次因参加学生运动而被除名并被关押了半年之久，后又再一次恢复学籍继续学业。莫斯科大学毕业后，他先在莫斯科中学教授俄语和拉丁语，后在外省大学教书，1918 年在第聂伯罗彼得罗夫斯克大学获得教授职务。1921 年返回莫斯科，先后在莫斯科大学、莫斯科列宁师范学院讲授语文学。出版学术著作、教学法及教材等 20 余部，发表语言学和俄语教学法方面的论文 40 余篇。

3. 此处的"思想"与逻辑学中的"心理判断"为同义词。

4. 该著作曾于 1947 年荣获斯大林奖金。

5. 该论文被收入 1959 年出版的维诺库尔《俄语文集》（«Избранные работы по русскому языку»）。

6. 这里所说的"两种语言学"，指索绪尔的"共时语言学"（синхроническая лингвистика）和"历时语言学"（диахроническая лингвистика），后者也称"历史语言学"（историческая лингвистика），与 19 世纪盛行的语言学研究范式"历史比较语言学"中的"历史语言学"的称谓相一致。

7. 这里指索绪尔身后出版的《普通语言学教程》（«Курсы общей лингвистики»）一书。

8. 波利万诺夫始终将"心理语音学"（психофонетика）视为"音位学"（фонология）"语音表征"（звукопредставление）的同义术语，就是例证。

9. 波利万诺夫由此被宣布为"人民的公敌"，并于 1938 年遭到迫害。

10. 波利万诺夫在这里所指的是"社会工程师"性质的语言政策研究专家。

11. 喀山语言学派与莫斯科语言学派的传承情况有所不同：前者的继承者随着其创始人博杜恩·德·库尔德内的离去（赴彼得堡）以及克鲁舍夫斯基（Н. В. Крушевский，1851—1887）的离世而只剩下博戈罗季茨基一人，而在他之后则再无实际传人。其语言学传统后来部分地由彼得堡语言学派的代表人物所继承；后者则一直延续了下来，"迄今也已经发展到了第四代"。（杜桂枝 2005：22—30）

参考文献

［1］ Аванесов Р. И. О встречах с Львом Владимировичем Щербой［А］.//Теория языка: Методы его исследования и преподавания［С］. Л.，Наука，1981，с. 3—14.

［2］ Алпатов В. М. История лингвистических учений［М］. М.，Языки русской культуры，1999.

［3］ Алпатов В. М. Евгений Дмитриевич Поливанов［А］.//Отечественные лингвисты ХХ века（Часть 2）［С］. М.，ИНИОН РАН，2003，с. 97—110.

［4］ Березин Ф. М. История русского языкознания［М］. М.，Высшая школа，1979.

［5］ Виноградов В. В. История русских лингвистических учений［М］. М.，Высшая школа，2005.

［6］ Винокур Г. О. Культура языка［М］. М.，«Федерация»，1929.

［7］ Винокур Г. О. Избранные работы по русскому языку［С］. М.，Учпедгиз，1959.

［8］ Винокур Г. О. Понятие поэтического языка［А］.//О языке художественной литературы［С］. М.，Высшая школа，1991，с. 24—31.

［9］ Востоков А. Х. Рассуждение о славянском языке［А］.//Труды Общества любителей российской словесности［А］. М.，при Университетской тип.，1820，Ч. 17，с. 5—61.

［10］ Головин Б. Н. Введение в языкознание［М］. М.，Высшая школа，1983.

［11］ Добродомов И. Г. Сергей Петрович Обнорский［А］.//Отечественные лингвисты ХХ века（Часть 2）［С］. М.，ИНИОН РАН，2003，с. 18—28.

［12］ Дурново Н. Н. Введение в историю русского языка［М］. М.，Наука，2—е изд.，1969.

［13］ Живов В. М. Н. Н. Дурново и его идеи в области славянского исторического языкознания［А］.//Дурново Н. Н. Избранные работы по истории русского языка［С］. М.，Языки славянской культуры，2000，с. 7—36.

［14］ Клименко О. К. Александр Матвеевич Пешковский［А］.//Отечественные лингвисты ХХ века（Часть 2）［С］. М.，ИНИОН РАН，2003，с. 69—96.

［15］ Леонтьев А. А. Петербургская（Ленинградская）школа в языкознании［А］.//Лингвистический энциклопедический словарь［Z］. М.，Научное издательство «Большая Российская энциклопедия»，2002，с. 373—374.

[16] Обнорский С. П. Очерки по истории русского литературного языка старшего периода [M]. М. ,Л. , Изд-во АН СССР，1946.

[17] Опарина Е. И. Николай Николаевич Дурново [A]. //Отечественные лингвисты XX века (Часть 1) [C]. М. , ИНИОН РАН，2002，с. 144—164.

[18] Пешковский А. М. Русский синтаксис в научном освещении [M]. М. , Просвещение，1958.

[19] Поливанов Е. Д. Историческое языкознание и языковая политика [A]. //История языкознания в XIX и XX веков в очерках и извлечениях [C]. М. , 1960，Ч. 2. с. 263—278.

[20] Поливанов Е. Д. Статьи по общему языкознанию [C]. М. , Наука，1968.

[21] Шахматов А. А. Синтаксис русского языка [M]. М. -Л. , Учпедгиз，1941.

[22] Щерба Л. В. , Фонетика французского языка: Очерк французкого произношения в сравнении с русским. [M]. М. , Высшая школа，1937.

[23] Щерба Л. В. Языковая система и речевая деятельность [C]. Л. ,Наука，1974.

[24] 杜桂枝,莫斯科语言学派百年回溯[J],外语学刊,2005 年第 3 期。

[25] 郅友昌,俄罗斯语言学通史[M],上海:上海外语教育出版社,2009。

第 六 章

结构—功能主义范式

在俄罗斯符号学的"创建期",与"结构—系统主义范式"(системно-структурная парадигма)有"近亲关系"的是所谓的"结构—功能主义范式"(функционально-структурная парадигма)。之所以说它们之间有近亲关系,是因为从符号学角度看,结构—功能主义范式在学理上是"形式主义范式"(формальная парадигма)中的"形式—功能主义流派"(формально-функциональное направление)与结构—系统主义范式"合流"的产物,因此,也可称其为"结构—功能符号学"(функционально-структурная семиотика)。这似乎昭示着这样一个事实:符号学在不同领域有不同的体现形式。如果说形式—功能主义主要呈现于形式主义文艺学研究领域,而结构—系统主义偏重于语法学研究领域的话,那么这一时期出现的结构—功能主义范式则主要体现在"音位学"(фонология)研究领域。

我们知道,自19世纪末期起,俄罗斯学界对作为符号的音位研究就开始走在世界的前列。为此,"喀山语言学派"(Казанская лингвистическая школа)的奠基人博杜恩·德·库尔德内、克鲁舍夫斯基等学者作出了不可磨灭的贡献。20世纪10—20年代,在上述学者音位学理论学说的影响下,在俄罗斯学界先后诞生了两大音位学派——"列宁格勒音位学派"(Ленинградская фонологическая школа/ЛФШ)和"莫斯科音位学派"(Московская фонологическая школа/МФШ),它们与"布拉格语言学派"(Пражская лингвистическая школа)中的俄罗斯学者特鲁别茨科伊、雅各布森等学者一道,共同构建起世界符号学历史上最早的结构—功能主义范式。理论上讲,上述音位学研究中所体现的结构—功能主义,与西方流行的"功能语音学"(функциональная фонетика)有很大的区别:它关注的核心是语言中的等级构造或层级结构问题,而不是整个语言或语音的功能问题,因此,它具有结构—功能主义的性质。从学理上看,20 世纪初期俄罗斯音位学派对音位学所做的学术研究,不仅是对喀山语言学派音位学理论的继承和发展,一定程度上也是对索绪尔结构主义语言学(具体说是有关"语言"与"言语"的学说)给予的一种旁证[1],从而具有鲜明的时代性和创新性,是一种贴有俄罗斯标签并在俄罗斯语言学特定领域——音位学研究中生成的符号学样式,它为俄罗斯乃至世界符号学史留下了浓墨重彩的一笔。

鉴于此,本章将大致按照列宁格勒音位学派、莫斯科音位学派以及布拉格语言学派的顺序,对上述学派在音位学研究中所体现出的结构—功能主义特质,以及上述学派中一些学者所提出的具有结构—功能主义性质的符号学思想等分别作出评述。

第 1 节 列宁格勒音位学派的结构—功能主义思想

列宁格勒音位学派形成于 20 世纪初的 1912 年,其创始人是博杜恩·德·库尔德内的学生、同时为"彼得堡语言学派"(Петербургская школа в языкознании)领袖之一的谢尔巴。该学派的继承者大多为谢尔巴的学生,如马图谢维奇(М. И. Матусевич,1885—1979)、伯恩斯坦(С. И. Бернштейн,1892—1970)、戈沃兹杰夫(А. Н. Гвоздев,1892—1959)、津捷尔(Л. Р. Зиндер,1904—1995)、邦达尔科(А. В. Бондарко,1930—2016)等。

1.1 音位观概说

列宁格勒音位学派在音位学研究中所遵循的基本原理是:把音位的语言学属性或社会属性与音位在人的言语活动中的作用联系在一起;音位作为最小的语言单位,是唯一能够用材料(生理的和声学的材料)来构建有意义的语言单位的单位。它不仅能够对词和词的形式进行分类,从而构成"音位—词素—词—语段"(фонема—морфема—слово—синтагма)等级的基础,同时也为语言的表义单位提供着物质保障;音位不同于音色,后者没有区分功能;音位与意义有潜在的本质联系。应该说,正是由于该学派重视音位与意义的潜在联系,才决定着它对语音单位的物质特性的兴趣以及对实验语音学的特别关注。(Колесов 2002:264)研究表明,该学派音位学理论的最大特点,是认为某种语言的音位系统并不是逻辑构造出来的,而是用以确保操该语言的每一位成员都拥有对任何言语信息的生成和感知能力的语音单位的"现实组织"(реальная организация)。这也是为什么该学派对言语活动和语言材料研究中所展现的语音单位的功能产生兴趣。而关注语音单位的功能,客观上促使该学派要对各种音位系统作出详细的语音学描写,侧重对"词的语音面貌"(звуковой облик слова)进行研究,并对言语活动中的不同语体作出科学解释以及制定出相应的音节、语调理论等。正如有学者指出的那样,该学派对音位学理论的贡献就在于科学地阐明了音位的本质特征是它们在具体语言中的功用,解释了为什么生理、音响近似的音在此种语言里作为不同的单位,而在彼种语言里却作为一个单位。(王超尘等 1963:20)

除上之外,该学派的音位学理论还对外语教学具有重要的指导意义:只要掌握一定的音位知识,熟悉音位的辨义功能,就可以有效避免发音错误,以准确表达自己的思想。事实上,20 世纪后半期以来,世界多数国家的俄语教学所采用的语音教学方法和内容就是该学派的。

1.2　谢尔巴的音位学思想

如上文所说,列宁格勒音位学派的奠基人是俄罗斯著名语言学家谢尔巴。下面,就让我们对其音位学的相关思想作一番具体审视和评述。[2]

我们在上一章"结构—系统主义范式"中曾对谢尔巴的相关学术思想作过评介。作为彼得堡语言学派的领袖之一,谢尔巴有关普通语言学、俄语史学等方面的理论学说无疑具有结构—系统主义的性质;但作为列宁格勒音位学派的奠基人,他在音位学方向上提出的相关学术思想又具有结构—功能主义的性质。这不仅证明了谢尔巴研究兴趣的广泛性,更从一个侧面再次佐证了结构—系统主义与结构—功能主义在语言学或符号学研究中的"近亲""关系。

应该说,谢尔巴的音位学思想在俄罗斯乃至世界音位学界是独树一帜的,且影响深远。他早期的音位学思想主要见于 1912 年硕士论文《俄语元音的音质与音长》(«Русские гласные в качественном и количественном отношении»)中，后期的观点主要反映在 1937 年出版的《法语语音学：法语与俄语发音比较概论》(«Фонетика французского языка：Очерк французского произношения в сравнении с русским»)等著作中。他在音位学研究中，注意汲取其老师博杜恩·德·库尔德内提出的音位学说的合理部分，并逐渐摆脱心理学视阈的研究样式，用辩证唯物主义的观点来确定音位的辨别功能及其在语音研究中的重要地位，从而奠定了列宁格勒音位学派的理论基础。

审视谢尔巴的音位学思想，我们认为以下三点在学界的影响最大，也最能代表列宁格勒音位学派的理论特色：

1）关于音位辨别功能的思想。谢尔巴认为，研究语音的物理属性、人类的发音方法、语音感知的生理过程等是属于语音学的范畴，而研究一种语言有多少个不同的音、这些音彼此之间有什么区别和关系等则属于音位学的研究范围。换句话说，语音学中专门研究"音位"(фонема)的科学就称为音位学。他在《俄语元音的音质与音长》论文中曾给音位下了两个定义：(1)初步定义：音位是该语言中"普通声学表征"(общее акустическое представление)的最短成分，它能够在该语言中与"意义表征"(смысловое представление)联系在一起；(2)最终定义：音位被称为该语言普通语音学表征，它能够在该语言中与"意义表征"联系在一起并对词进行区分，它在言语中被区分出来并不会对词的语音组成产生曲解。(Щерба 1974：116，121)不难看出，上述第一个定义只表明音位是语言中能够表达某种意义的单位，并没有显示出音位的功能；而第二个定义则强调了音位的"辨别功能"(различительная функция)，即将语义便准引入对音位的界定之中。可见，谢尔巴眼中的音位强调的是音位所具有的辨别功能，而这种功能又是由音位与意义的潜在联系所凸显的。这一思想，显然是谢尔巴与老师博杜恩·德·库尔德内相关思想的重要区别之一。

2）关于音品的思想。谢尔巴把同一音位的不同实体（在各种语音条件下实际发出的音）称为"音品"(оттенок фонемы)，认为音品的数量难以计算，没有统一的尺度加以衡量。理论上讲，一个音位能够在多少语音条件下使用（包括音的组合、音在词和音节里的位置、与重音的关系等），就有多少个音品，但每一种语言里的音位通常不超过几十个。按照谢尔巴的观点，俄语共有 42 个音位，其中元音音位 6 个，辅音音位 36 个。这些音位可以衍生出许许多多个音品。人们在说话时发出来的具体音向来就是一定音位的音品。音位是在同类音品的基础上归纳出来的。它概括了其本质的共性特征，而除去了其个别特征。因此，任何一个音位都会有各种音品形式，但它并不等于某一个具体的音品。（见 Пищальникова，Потапов 2003：138）学界普遍认为，谢尔巴对"音品"概念所作的深入描写和阐释具有里程碑的意义，是其音位学思想中与博杜恩·德·库尔德内以及莫斯科音位学派相关思想的重大区别之一。如，博杜恩·德·库尔德内把音品解释为"音位分裂体"（дивергенты фонемы），其概念太宽泛：它还包括着人们受词源知识影响所理解的在一种情形下相同、而在另一种情形下不同的音位变体概念。如，在博杜恩·德·库尔德内看来，在 xoда—xoд/xoda—xot 中的辅音 d 和 t 属于同一个音位的分裂体；而 xoда—poma/xoda—rota 中的辅音 d 和 t 则属于不同的音位。谢尔巴则认为并不是所有的分裂体都是音品。音位和音品之间的关系表现为共性和个性、一般和个别的辩证关系。在每一个音位的不同音品中，可以区分出一个典型代表性音品，它就是"基品"（основной оттенок）。如俄语中单发的/a/，/i/，/u/等音就是音位/a/，/i/，/u/的基品。谢尔巴指出，只有掌握基品，才能算得上掌握了正确的外语发音；基品还有助于对言语链中的相关环节进行音位识别。（Щерба 1983：19—20）总之，在谢尔巴看来，音位是那些最少受到对外部条件制约的音品，因此，人们常说的音位，并不是指其所有的音品或变体，而是指它们中的那个典型代表性音品——基品。

　　3）关于音位系统的思想。谢尔巴是在对语音交替研究中提出有关音位系统思想的。关于语音交替问题，谢尔巴与其老师博杜恩·德·库尔德内的观点有所不同。谢尔巴在 1915 年出版的《东卢日支方言》（«Восточнолужицкое наречие»）一书的第 1 章中，对构成音品的语音条件进行了具体分析，其思想大致与其老师博杜恩·德·库尔德内提出的有关音位分裂体的观点相一致；但在该书的第二章中，在分析音位的"历时交替"（историческое чередование）和受语音制约的"现时交替（живое чередование）问题上[3]，就表达了与博杜恩·德·库尔德内不同的观点。如，博杜恩·德·库尔德内把历时交替视为不同音位的交替，把现实交替视为同一音位的分裂体；而谢尔巴则认为，音位具有"自主性"（автономность），同一个语调会从其具体的实现情境中独立出来，从而获得自主性特征。这是因为：语调不仅具有一定的声学特性，还在任何情形下与说话人意识到的内容有关。因此,在谢尔巴看来,由于/p/音位的自主性,尽管它在 *лоб/lop/* 一词中与 *лба/lba/* 一词中发生了"随位交替"(позиционное чередование),但/p/依然是/b/相对立的音位。这样,/b//p/就是音位的现时交替,而不是同一个音位的音品交替。(见 Пищальникова, Потапов 2003:140)应该说,谢尔巴正是在音位的现时交替中发现了将音位构成系统的决定性因素。为此,他在《东卢日支方言》一书的第 6 章"音位的联系"中,对东卢日支方言中的辅音系统进行了具体的分析。(见 Щерба 1915)总之,在谢尔巴的音位学思想中,俄语音位如同其他语言的音位一样,是一个彼此对立的完整系统。这一系统是历史形成的,带有鲜明的民族特点。

我们知道,音位学理论在西方的推广直到 20 世纪 30 年代才得以开始。因此,我们有理由认为,列宁格勒音位学派的奠基人谢尔巴的音位学思想在当时是有广泛影响的。尽管他的许多观点源自其老师博杜恩·德·库尔德内的有关学说,但就以上三点而言,无疑是对喀山语言学派音位学理论的进一步深化和发展。他的学术思想不仅为布拉格语言学派的雅各布森、特鲁别茨科伊等的音位学研究提供了有益借鉴,也为结构—功能主义语言学的生成和发展奠定了基础。

最后值得一提的是,就结构—功能主义范式而言,谢尔巴不仅在音位学研究中有所建树,在语法学研究方向上也有闪光的思想体现。如,他在 40 年代撰写的《语言学当前的问题》(«Очередные проблемы языкознания»)的论文中,就提出了所谓"积极语法"(активная грамматика)的重要思想。他认为,"消极语法"(пассивная грамматика)是从形式到意义,而积极语法则是审视思想是如何表达的,采取的是从意义到形式。他认为两种语法都十分重要,都是语法的组成部分。但考虑到人的言语交际需要,就应该同时审视句法范畴和思想内容的表达手段问题,如述谓性、否定、质量限定、逻辑判断等。(Щерба 1947:88)显然,他的这一思想是基于语言的结构—功能视阈的,它比美国和西方提出的积极语法观早了近 10 年的时间。后来,这一思想被"莫斯科语义学派"(Московская семасиологическая школа)以及邦达尔科的"功能语法理论"(теория функциональной грамматики)所继承和发展。

第2节 莫斯科音位学派的结构—功能主义思想

莫斯科音位学派创建于20世纪20年代末,其代表人物有阿瓦涅索夫(Р. А. Аванесов,1902—1982)、列福尔马茨基(А. А. Реформатский,1900—1978)、库兹涅佐夫(П. С. Кузнецов,1899—1968)、西多罗夫(В. Н. Сидоров,1903—1968)等。他们都毕业于莫斯科大学,大多在当时的苏联科学院语言学研究所和俄语研究所工作过,因此,也可以视为由福尔图纳托夫所创立的"莫斯科语言学派"(Московская лингвистическая школа)的一个分支,因为他们基本属于该学派的第二代学者。

该学派源起于喀山语言学派创始人博杜恩·德·库尔德内的音位学思想,其核心学说是在确定语言的音位成分时采用所谓的"形态学标准"(морфологический критерий),即"随位理论"(теория позиции),这是该学派与以谢尔巴为代表的列宁格勒音位学派的根本区别所在。如果说列宁格勒音位学派的最大特点是重视音位与意义的潜在联系的话,那么莫斯科音位学派则依照语言的形态学标准来确定语言的音位构成。也就是说,对于不同音素是否属于同一个音位,莫斯科音位学派认为主要是依据其在同一词素(确切说是"形素")中所处的位置来作出判断的,因为音位是位置上交替的"音素集"(множество звуков),进入该集的可能是各种各样的音素。基于上述学说,该学派成员对随位理论(如音位的使用条件、言语中音位的区分等)进行了详细研究,提出了诸如"强位"(сильная позиция)与"弱位"(слабая позиция)、"平行列"(параллельный ряд)与"交错列"(пересекающийся ряд)等重要思想,并运用这些原理对重音、语调、元音等进行具体的分析,取得了一批重要成果,代表着世界音位学研究的最高水平。

莫斯科音位学派属于典型的形式主义派别,它的学说带有鲜明的结构—功能主义的特征。可以这样说:对喀山语言学派的继承,对国外音位学理论的批判吸收,以及对解决实际任务(主要是语言教学)的求索,正是在这三条线路的交叉点上成就了莫斯科音位学派。(Виноградов,Никитина 2003:119)在该学派看来,音位有两种基本功能:"知觉功能"(перцептивная функция)和"所指功能"(сигнификативная функция):前者促使表义单位的等同,即说话者对不同语境中出现的、由不同的语音所体现的词以及词素作出识别和等同,不仅可由意义单位,也可由音位构成单位来实现;后者促使词与词素表义单位的区分,即将在一个词素中出现的、并不参与对意义进行区分且随位交替的语音归入一个音位。(Касаткин 2002:316)

下面,我们将对该学派中三位学者——阿瓦涅索夫、列福尔马茨基、库兹涅佐夫的相关学说或思想作出简要评述。[4]

2.1 阿瓦涅索夫的音位学思想

阿瓦涅索夫是莫斯科音位学派的组织者和杰出代表。他于 1925 年毕业于莫斯科大学,1937—1982 年间曾担任莫斯科大学教授,一生致力于方言学、语音学、音位学等方面的研究,1944 年起担任苏联科学院俄语研究所语言史和方言学室主任,1958 年被选为苏联科学院通讯院士。他的音位学理论形成于 20 世纪 20 年代末至 30 年代初。其基本观点反映在与西多罗夫合著的《现代俄语标准语语法概要》(«Очерк грамматики современного русского литературного языка»)(1945)以及他个人独著的《现代俄语标准语的语音》(«Фонетика современного русского литературного языка»)(1965)等著作中。他的音位学思想与喀山语言学派的奠基人博杜恩·德·库尔德内以及列宁格勒音位学派的奠基人谢尔巴的音位学理论学说都不尽相同,不仅代表着当时世界音位学研究领域的最高水平,也对俄罗斯科学院 1980 年出版的《俄语语法》(«Русская грамматика»)产生重要影响。归纳起来,主要有下列思想:

1)音位及其变体的思想。阿瓦涅索夫把音位定义为"独立的能够成为词的区分符号的音差;而非独立的音差是音位在一定的语音条件下的变体"。音位并不是某一次发音所必须的,但系列发音就构成音位的变体;每一个音位都会体现在一定的变体之中,而每一种变体的发生都有严格的语音条件;一个音位的变体形式会在同一个位置上相互排斥,或者相反,在不同的位置上相互替代。因此,一个音位的变体相对于该音位的另一个变体而言是不可能作为区分词的符号出现的,只有在一个音位的变体相比于另一些音位的变体时才能对词作出区分。(Аванесов,Сидоров 1970:249—250)也就是说,在阿瓦涅索夫看来,音位由于受到不同语音条件的制约而在音质上发生着相应的变化,从而形成一系列的变体。因此,各种语言就形成了各自独特的语音系统；语言中音素的差异有两种类型：一种是独立的，不受语音条件制约的，因此在语言中可用作区分不同词的语音外壳的手段；另一种是非独立的，是受语音制约的，因此不具有区分词的功能：第一种音差构成音位，第二种音差构成音位的变体。

2）强位和弱位的思想。阿瓦涅索夫从音位的随位变体思想出发，进一步阐释了语音位置对变体的强弱程度的影响问题。他认为，音位变体之间的差别是受到"语音位置"（фонетическое положение/фонетическая позиция）制约的。语音位置在每一个具体情形中都决定着音位某一个确定变体的存在。这些变体取决于语音组合的条件（如，音位位置是处在某语音之前还是之后）或音位在词中的位置（如，是处在词的起始位置还是结束位置，是在重读音节还是非重读音节等）；音位变体在不同的位置之上受语音制约的程度有别：有些位置制约的程度大，有些位置制约的程度小。我们把制约程度大的称为"强位"，而把制约程度小的称之为"弱位"。如，俄语中的重读元音在音质上不发生弱化，因此它相对于非重读音节中"弱位"而言属于"强位"；需要补充的是，在重读音节中元音音位的音质会由于相邻的是硬辅音还是软辅音而发生变化。如，音位/a/在 раз，мразь，погряз，грязь 等词中的音质是不同的。据此，阿瓦涅索夫和西多罗夫对俄语元音系统的音位弱化情况进行了详细描写，认为这些音位的弱化变体在语言符号中对词具有区分词的两种功能，从而形成两种不同类别：（1）"变异"（вариации）。这是受位置制约的"基本型音位"（основной тип фонемы）所发生的变化。在此情形下，具体音位的一种发音与另一个音位的发音不相吻合。音位的变异按等同功能（作为区分词的符号）相当于该基本型音位；（2）"变体"（варианты）。这是受位置制约的音位变化，它与另一个或另一些音位由于在音质上相吻合而没有区别。音位的变体起着两个或更多音位替代物的作用，它对相吻合音位的功能不加以区别。（见Потапов 2002：64—65）应该说，上述强位和弱位的思想受到俄语学界的一致认同，俄罗斯科学院 1980 年出版的《俄语语法》中对音位变体类型的论述就是建立在该思想基础上的。

3）音位学系统的思想。阿瓦涅索夫关于音位系统的思想主要体现在下列两个方面：（1）作为语言学的一个分支学科，音位学有其自身的完备系统。他在《论音位》（«К вопросу о фонеме»）一文中指出，语音是语言的"天然物质"

（природный материал），语言没有语音外壳就不可能存在。这就决定了语音
系统在语言结构中的地位。语音学与语法学和词汇学不同，它不是研究表义
成分本身的，而是研究区别词和词素的语音外壳的。因此，语音学不属于语法
学范畴，而是一个特殊的语言学科。（Аванесов 1952：464）据此，他就音位学系
统提出下列观点：音位学并不像有些学者认为的那样与语音学相对立[5]，而是
有着不可分割的历史渊源；音位学与形态学、词汇学有着紧密的有机联系；语
言学有着深刻的历史主义传统，而音位问题在语言学方面的研究还少有人问
津等。最后，阿瓦涅索夫得出结论认为，音位问题属于语言学中最难的理论问
题之一。因此，对它的研究需要实现与生理、声学和功能特征的有机统一，需
要在音位学与形态学、语音系统与整体的语言结构的复杂关系中实现有机统
一。（Аванесов 1952：464—468）由上可见，阿瓦涅索夫的音位学系统观，与当
时流行的列宁格勒音位学派以及布拉格语言学派代表人物的观点并不一致，
它所强调的是音位学作为语言学科一个分支与其他相关学科密不可分的有机
联系；(2)音位系统由元音列和辅音列构成。阿瓦涅索夫在相关著述中区分了
五种元音音位列：其中两个由/и/、/y/构成强音位列。由于它们与其他音位列
不发生交错，因此可以称之为"零音位列"（нулевые фонемные ряды）。这两个
元音音位列出现在受位置制约的变体集中；其余三个由带重音的/e//o//a/ 强
音位构成，它们在不带重音的位置上构成弱音位。对它们的区分并不是按照
声学特征来作出的，而是按照它们是属于哪一个音位列或属于哪一个强音位
来考量的。关于辅音音位列问题，阿瓦涅索夫认为［г］［к］［x］并不属于独立
的音位，而是音位/г//к//x/的随位弱化。[6]由上不难发现，阿瓦涅索夫的音位
学系统思想是由"宏观"和"微观"两部分构成的：宏观上考察的是音位学与其
他相近学科的联系；微观上审视的是俄语元音和辅音音位所构成的音位列。
应该说，这种整体的视角较之谢尔巴的音位系统思想更为全面。

　　总之，阿瓦涅索夫的音位学思想特别强调音位学系统、形态学系统和其
他语法学系统的相互联系，主张通过词素来确定音位，认为音位变体的归属
问题决定于词素的同一性，即同一词素内因语音条件而相互交替的音构成
一个音位，把某个词素内由于语音规律而发生交替的语音视为同一音位的
变体。1956 年，他又在《现代俄语标准语的语音》一书中发展了自己的上述
观点，认为音位在语言中不是孤立存在的，它总是与其他音位一起发挥着自

己的功用。他提出了"强位"和"弱位"以及"音位列"等重要概念,在国际上得到雅各布森等学者的充分肯定,成为莫斯科音位学派在世界音位学界响亮的"名片"。

2.2 列福尔马茨基的音位学思想

作为莫斯科音位学派的奠基人之一,列福尔马茨基早在学生时代起就开始从事学术研究,其研究兴趣涉及诗歌语言、音位学和语言普遍理论等领域,是一位享誉世界的著名语言学家。如,1921 年 22 岁的他就发表了第一篇与形式主义文艺学有关的论文,题目是《论陀思妥耶夫斯基小说的结构》(«О композиции романа Достоевского»)。在该论文中,他遵循"异中求同"的原则,采取整合描写的方法,对陀思妥耶夫斯基的小说进行了形式主义的结构功能分析。"这种分析不是别的,而正是符号学的方法",因此该论文"被认为是俄罗斯现代符号学的开山之作之一"。(Степанов 1983:12—13)在音位学研究方面,列福尔马茨基也卓有成就,他提出的"特征理论"(теория признаков)和"随位理论"(теория позиции)成为该学派音位学说的重要基础。[7]如,他在写于1938 年、发表于 1941 年的《美国语言学中的音位问题》(«Проблема фонемы в американской лингвистике»)的论文中,就对音位的概念、音位的区别特征、强位和弱位等作了比较系统的论述和评介,其主要观点还在他于 1947 年出版的《语言学导论》(«Введение в языкознание»)中进行了深入的具体阐释[8],从而为莫斯科音位学理论的形成起到了重要的奠基作用。下面,就让我们来具体审视一下他在音位学方面有关学术思想。

1) 关于语音学与音位学的关系问题。列福尔马茨基认为,作为研究语音构造的语音学,其最大的难处就在于如何把语音视为社会现象而非物理现象。换句话说,语音学不是把语音作为一种自然现象来加以研究的,而是从社会对语音进行加工的产品和历史的选择视角来审视的,语音学的研究对象是语音的社会表义功能。(Реформатский 1970:242)他指出,音位脱离开在语言的历史发展整个过程中建立起来的语音系统是不可思议的,因此并不存在任何的所谓"全人类音位"(общечеловеческие фонемы)或"世界主义音位"(космополитические фонемы)。音位系统及其成分都具有该民族语言独特性的属性;音位从来都是某语言所特有的语音系统中的成分,每一个音位的内涵都是由它在系统中所处的位置所决定的。对此,需要审视一下语言系统中不同的音位对立类型。(Реформатский 1967:220)由上不难看出,列福尔马茨基对语音学与音位学之间关系的看法,是莫斯科音位学派所固有的,即音位学与语音学并不是像 19 世纪末青年语法学派(Младограмматизм)认定的那样是两个不同的学科,而是两个相互依存的不可分割的整体。

2)关于音位学的理论基础问题。音位研究的性质到底是什么? 音位理论是建立在何种基础之上的? 对此,列福尔马茨基是从历史演化的视角来加以论证的。他指出,自古希腊开始直到 19 世纪中叶前,人们似乎都认为语音与意义之间具有直接的联系;而从 19 世纪下半叶起,另一种观点逐渐占据上风,那就是:语音与意义的存在和发展都是独自进行的,彼此间的联系是受到"组合"(ассоциации)即"机械附着力"(механичнское сцепление)所制约的。[9]这一观点使得语言系统的统一性开始发生分裂:语音学由自然科学来研究,而语音也与其他的自然声音一样,其研究对象就只有声学或解剖生理学的特性了。然而,语言和社会现象是不应该属于自然科学管辖的,语言失去自身的语音物质基础是无法存在的。(Реформатский 1967:211—212)这就又回到了上文中所提到的如何把语音视为社会现象而非物理或自然现象的根本性问题上去了。为此,他认为,为了能够在不割裂语言的统一性条件下研究语言之特性,就应该将语音视为社会现象而非物理现象,而音位理论或音位学就是建立在这一理解基础上的。(Реформатский 1967:213)从以上论述中可以得出这样的结论:将语音作为社会现象来研究,就是研究语音的社会属性;而语音的社会属性研究主要是其功能研究,这一研究的理论或学科就叫音位学。

3)关于音位的特征问题。何为音位? 音位有哪些基本特征? 对此,列福尔马茨基认为学界并无一致的共识,因此有必要加以进一步的论证和界说。应该说,列福尔马茨基在许多著述中都曾对音位的特征问题作过论证和分析,而其中比较系统的论述则是在《美国语言学中的音位问题》一文中作出的。其主要观点是:(1)音位是语言的语音符号。它与视觉符号不同,是专门用于听觉感知的。(2)音位在使用中是一个不可分的、完整保存着该语言发展阶段中的功能表义的语音单位。(3)音位总体上不是物理声音,而是经过社会加工和历史加工的具有语音区别特征的总和。该区别特征是该语言在该发展阶段上的作为现实的潜在的"分差"(дифференциалы)来体现的。(4)音位是音位学系统中的成分,它以自身的分差与同一系统中的其他成分构成对立,并由此获得"区别能力"(различительная способность)。音位在与一些分差相对立和与一些分差相比照时,会进入将这些分差组合起来的群和列之中。(5)音位的区别性能力所区分的是"高级语言单位"(высшие языковые единицы),如实体的和语法的词素及词位。(6)音位在强位上可以自由区分出其"配价"(валентность),而在弱位上则会丧失自身的分差(一定程度上被中性化了),从而变为一种迫不得已的样式。因此,广义上的音位是指由强位上的基本型和弱位上的所有变体构成的列。(Реформатский 1970:247—248)上述有关音位特征的论述,是列福尔马茨基梳理、总结了国内外多个音位学派(尤其是美国音位学派)的相关观点后得出的,因此它不仅具有普通语言学的性质,也成为莫斯科音位学派有关音位特征理论的基石。

4)关于随位理论问题。音位的随位理论与特征理论密不可分,对此,莫斯科音位学派的组织者阿瓦涅索夫已有比较全面的论述。列福尔马茨基对音位学中"位置"(позиция)概念的理解与阿瓦涅索夫的有所不同:如果说后者对未知的理解是指"处在词的起始位置还是结束位置,是在重读音节还是非重读音节"的话,那么前者则将其概括性地界说为"发音条件"(произносительные условия)。他认为,音位在语言中是作为音节、节拍和句子的构成而存在,并进入不同的发音条件之中的。音位按照发音条件进行配置称为"分布"(дистрибуция)。音位在一些发音条件中并不改变自己的音响,而在另一部分发音条件中则要改变自己的音响。如,俄语中的音位/и/,它在重读的词首(ива,ил)、元音后(на иве,наивный)以及软辅音之后(вдоль,избы,мил)等的发音就属于前者;而在 под ивой 的发音中,音位/и/就发成/ы/;此外,在一些发音条件下音位可以对意义作出区分(如重读元音),而在另一些发音条件下则无法区分意义(如非重读元音)。(Реформатский 1967:216)列福尔马茨基在对"位置"的概念即"发音条件"进行上述界说后,又对"强位"和"弱位"以及"变异"(вариации)等的概念内涵作了进一步的解释。在他看来,强位与弱位之分,主要指是否有利于音位履行其功能的位置而言的:前者为强位,后者则为弱位。但是由于音位具有"知觉"和"意指"两种功能,因此,对强位和弱位的概念也需要进行切分。具体是:(1)在知觉功能方面,强位不会受其位置的影响,体现为基本型音位。弱位会由于位置的不同而改变自己的音响,体现为音

位的"音品"(оттенок)或变异;(2)在意指功能方面,强位(主要指那些具有对
应关系的音位)保持着对立,能够对语言的表义单位进行区分。弱位由于对立
的音位具有相同的音响,因此就不会对表义单位作出区分,从而变得中立化。
因此,意指上的强位和弱位并不属于同一个音位,而是属于两个或更多音位的
对立。(Реформатский 1967:218—219)如上不难发现,在列福尔马茨基的随
位理论中,既有莫斯科音位学派尤其是阿瓦涅索夫的相关思想,也不乏列宁格
勒音位学派中谢尔巴的相关思想(如"音品"的概念等)。

　　总之,列福尔马茨基在音位学研究方面可以称之为一位"集大成者",他的
音位学思想不仅积极吸收了美国音位学、法国音位学中的有益养料,更是对本
国喀山语言学派、列宁格勒音位学派以及莫斯科音位学派提出的相关学说和
思想进行了尝试性"改造"或"中和"。因此,他在俄罗斯乃至世界音位学界都
享有很高的声誉,是这一时期俄罗斯音位学研究走在世界前列的杰出代表
之一。

2.3　库兹涅佐夫的音位学思想

　　库兹涅佐夫在音位学研究领域同样也有自己的建树。他 1927 年毕业于
莫斯科大学,曾在苏联科学院俄语研究所工作,1948 年任莫斯科大学教授。
他的研究领域比较广泛,涉及方言学、俄语史、普通语言学和音位学等不同学
科。他的音位学思想集中体现在《论现代法语的音位系统问题》(«К вопросу о
фонематической системе современного французского языка»)(1941)一文中。
此后,他又发表了《论音位的区别特征》(«О дифференциальных признаках
фонем»)(1958)、《论音位学的基本原理》(«Об основных положениях
фонологии»)(1970)等论文,对 1941 年论文中所表述的思想内容作了进一步
的论述。[10]其中,最有价值的当推音位系统论和音位区别特征说,它们被学界
公认为莫斯科音位学派理论宝库中不可或缺的重要内容。

　　1)关于音位系统问题。对此,库兹涅佐夫主要是从学界研究法语音位学
的角度来阐发相关思想的,其目的是想建构起一个现代具体语言的(即法语
的)音位系统。他认为,无论在理论上还是在实践上,语言学家们在构建法语
音位系统方面都存在着重大分歧。要解决这些分歧,就必须搞清楚音位的几
个基本原理问题。库兹涅佐夫将音位界定为"能够用作区分词素唯一手段的

语音"。(Кузнецов 1970:185)在他看来,音位系统中最为重要的是要把语言的语音方面视为表达手段和语音表义成分的体现,因为只有从这种视角出发,才能有效克服语言的语音方面与其他方面之间的分离;但当我们将语言的语音手段视为不同意义的体现时,也不能忘记用来表达意义差异的语音差异,因为语音差异并不是什么抽象物,而是"物质性差异"(различия материального порядка),即由言语器官的动作所生成的空气振动的差异。因此,所谓音位理论,就将音位视为"意义的语音区别器"(звуки-дифференциаторы смысла)。该理论本身就是用来确定"音质的等级"(иерархия звуковых качеств)及其完全不平等地位的,以展示对多样性语音进行区分的必要性——从纷繁的语音中区分出作为区分意义的基础的"基音"(основные звуки)[11];每一种语言中有不同的基音,它们的获得有完全的客观理据,即从某语言的意义区分关系中得出;此外,还必须从功能表义视角来研究语言的物质性差异,尽管语音从物质角度看都是相同的,但在许多情形下物质性差异可以履行相同的功能。(Кузнецов 1970:175—176)由上可见,库兹涅佐夫的音位系统思想实际上有三层含义:(1)语音是"意义区别器";(2)作为意义区别器的语音有物质性的差异;(3)这种物质性差异可以从功能表义角度加以研究。应该说这一思想与我们先前说到的谢尔巴、阿瓦涅索夫的相关观点已经有所不同,可以视为对相关思想的高度凝练或深化。

　　2)关于音位的区别特征问题。对此,库兹涅佐夫主要是从音位的功能关系角度予以考察的。他认为,在功能关系中不可分的"语音区别器"就叫音位;词的每一个表义部分(词素)都由一个音位的"最小位"(minimum)构成,语音都处在最小位和"最大位"(maximum)两种位置之中:在最小位上,体现出音位的变异和变体;而在最大位上,则由不同类型的语音来表达音位;在最大区别位上彼此有别的音位,并不会失去最小区别位上的相互间差异;而具有意义区别器的位置就是最大区分位,也称作强位;其他的位置则为最小位,也称弱位。(Кузнецов 1970:185—186)为此,库兹涅佐夫试图用"超音位"(гиперфонема)这一术语将上述两者组合在一起来加以研究,这就是"功能表义"。不难看出,库兹涅佐夫对音位区别特征所作的分析有两大特点:(1)区别特征主要体现在音位的功能表义方面,而功能表义的区别又是以语音的物质性为基础的;(2)他用"最小位"和"最大位"的概念来替代列宁格勒音位学派和莫斯科音位学派所一致认同并使用的术语"弱位"和"强位",不仅具有新颖性,在我们看来似乎也更具有学术张力,因为它们对弱位和强位的界限作出了更为精确的边界限定。

应该说,库兹涅佐夫的音位学思想是以语音的表义功能为出发点的,这不仅决定了他的研究视阈和所得出的结论有别于其他学者,而且也更具有时代性,一定程度上代表了音位学的发展趋势。

最后需要说明的是,莫斯科音位学派的理论学说并非在上述学者之后就停止了发展。恰恰相反,该学派的许多思想在 20 世纪 60—70 年代又得到进一步的拓展。如,该学派的继承者潘诺夫(М. В. Панов,1920—2001)就将音位学研究拓展到认知领域;戈尔什科娃(К. В. Горшкова)、德米特连科(С. Н. Дмитренко)等学者则提出音位不仅可以构成词形还可以区分词义等重要观点。但由于这些学者的有关学术思想不属于本节所限定的时段范围,因此难以在此赘述。

第3节　布拉格学派中俄罗斯学者的结构—功能主义思想

对这一时期的俄罗斯结构—功能主义范式进行系统审视,不能不提及布拉格语言学派。该学派虽非出自俄罗斯本土,但其闻名于世的结构—功能主义的理论学说则主要是由身处异国他乡的俄罗斯语言学家提出并完成的,且对俄罗斯本土两大音位学派的学术研究影响颇深,所以有必要予以总结和评介。该学派的代表人物除捷克语言学家马泰修斯(В. Матезиус,1882—1945)外,还有当时侨居国外的俄罗斯语言学家特鲁别茨科伊、雅各布森、卡尔采夫斯基(С. О. Карцевский,1884—1955)、博加特廖夫(П. Г. Богатырев,1893—1971)等。[12] 作为 20 世纪初期世界结构—功能主义范式的开创者,布拉格语言学派的学术活动主要以音位学研究为主战场,其学术成果不仅是对索绪尔和博杜恩·德·库尔德内的相关理论学说的继承与发展,还对而后的世界语言学走向产生了诸多实质性影响。如,该学派所创建的音位学理论学说为功能主义范式的生成奠定了学理基础;它所倡导的分析比较法有力地推动了语言类型学和语言共相的研究,而定量分析法又为数理语言学的形成创造了条件;它在语言结构和符号研究领域所取得的成果为机器翻译这一应用学科的兴起提供了学理参照等。

下面,我们将对上述俄罗斯学者的相关学术思想作简要评述。

3.1 特鲁别茨科伊的音位学理论

在布拉格语言学派中,特鲁别茨科伊的学术声望虽次于马泰修斯,但他在音位学领域的研究成果可谓首屈一指,被世界公认为音位学科的奠基人。他1913年毕业于莫斯科大学,1913—1914年曾在德国莱比锡大学留学,1915—1916年任莫斯科大学副教授,1918年起任莫斯科大学和罗斯托夫大学教授,1922年任维也纳大学教授。1930年,他当选为国际语音学会主席,成为世界语音及音位研究领域的领袖人物。从1926年起,特鲁别茨科伊开始潜心研究音位学十余年,对所收集的100多种语料进行深入的对比分析后,最终完成了其"扛鼎之作"《音位学原理》(《Основы фонологии》)一书。[13]该书不仅是布拉格语言学派最具权威性的著作之一,也被视为世界音位学领域的经典之作。

归纳起来,特鲁别茨科伊的音位学理论主要包含以下几个方面的重要学术思想:

1)关于音位的定义及功能思想。有关音位定义问题,特鲁别茨科伊早先受喀山语言学派创始人博杜恩·德·库尔德内的音位学理论影响,曾把音位定义为"语音的心理等价物"(博杜恩·德·库尔德内把音位界说为"心理语音学单位"),后来他发现这种心理学的表述方法并不符合音位的本质特征,并会导致音素与音位之间的界限不清,因为音位是语言学的概念,而不是心理学概念。(见 Трубецкой 1960:38—49)据此,他认为只有从功能角度来定义音位,才能揭示音位的真正本质。他采用索绪尔的"价值"(ценность)概念来解释音位,认为音位本身就是一个价值,它具有价值所具备的一切特征。他采纳了索绪尔关于音位是"对立的、相关的、消极的实体"的观点(见索绪尔 1980:165),认为音位是语音结构中不能再进行分解、又相互连接的区别性单位。他最后给音位下的定义是,"音位是一个语音所含有的音位相关性特征的总和"。(Трубецкой 1960:45)这一定义迄今都没有过时,依然被认为是最经典的界说之一。关于音位的功能问题,特鲁别茨科伊认为音位主要有如下三大功能:(1)顶部构建功能(вершинообразующая функция),即指示高级单位内的低级单位的内容。如，一个词中的元音数量指示着该词的音节数量，重音数量指示着句子中的词的数量等。（2）分界功能（разграничительная функция），即指示高级单位内的低级单位的界限。在许多语言中，有一些音位只有在一定的位置上才能被确定。如，在德语中的音位/h/只能位于音节和词素的首位，而/ŋ/可以位于音节的起始位置，但却从来不会位于词素或词的首位等。（3）辨义功能（смыслоразличительная функция），即与区分音位的"区别性特征"（различительный признак）直接相关的功能，也是音位的主要功能。（Трубецкой 1960:36—37）应该说，在特鲁别茨科伊的音位功能思想中，前两种功能很少在俄罗斯本土学者的音位学研究中出现，这无不凸显出他对音位所固有的物质建构作用的重视和独特见解。

2）关于语音学和音位学区分的思想。特鲁别茨科伊是基于对音位的重新定义而获得对语音学的新认识的。我们知道，第一个对语音学和音位学作出学科区分的是博杜恩·德·库尔德内，他最先把音位和词素的概念引入语言学研究，提出两种不同性质的语音学范畴——生理语音学和心理语音学，前者是用以研究作为物理现象的具体的发音的学科，后者是把具体的发音作为某语言共体内部用于交际目的的语音符号来研究的学科。特鲁别茨科伊从索绪尔提出的"语言"和"言语""能指"和"所指"的基本理论出发，并依据博杜恩·德·库尔德内的上述思想，对语音学和音位学作了更加明确的区分和界说。他认为，语言和言语都有能指和所指，但它们的特性并不相同：如果说言语中的能指和所指是无止境的、各式各样的话，那么语言中的能指和所指就是由有限的数量单位构成的。依照上述观点，那么就可以把语音学界定为研究言语所指（声音）的科学，而音位学是研究语言所指（声音）的科学。（见Алпатов 1999:188—189）也就是说，特鲁别茨科伊把语音学界定为关于人类语音的物质方面的学科，而音位学只是研究那些在语言中履行一定功能的声音的学科。它们的研究方法不同，前者采用的是自然科学的方法，而后者则采用类似于语法系统的研究方法。（徐志民 2005—188）这一思想无疑发展了博杜恩·德·库尔德内的理论，已被世界学界广为接受。

3）关于音位对立学说。在特鲁别茨科伊提出的音位学理论中，最有价值也是最受学界推崇的是其"音位对立"（оппозиция фонемы）学说。他认为，音位学最重要的作用并不是区别音位，而是音位的"辨义对立"（смыслоразличительная оппозиция)。为此,他首先把语言中的语音对立归为两类:一类是"区别性对立"(различительная опоозиция),另一类为"非区别性对立"(неразличительная опоозиция):前者是某语言中能够区别两个词的理性意义的语音对立,后者是则没有该特征的对立。然后,他在对音位对立进行分类时采用了三条区分标准:(1)区别性对立与整个对立系统的关系;(2)对立成分之间的关系;(3)对立的区别能力的大小。依照该三条标准,特鲁别茨科伊在分析了数百种语言的音位系统后,对音位对立进行了详细的分类和论述。在他看来,根据音位对立系统中的相互关系,可将其分为"双项对立"(двучленные оппозиции),如英语中的/p/—/b/的对立;"多边对立"(многомерные оппозиции),如英语中的/t/和/v/的对立;"均衡对立"(пропорциональные оппозиции),如英语中的/t/—/d/的对立;"孤立对立"(изолированные оппозиции),如英语的/v/和/l/的对立。而更具音位对立成分之间的关系,又可分为"否定对立"(привативные оппозиции),如浊辅音和非浊辅音的对立;"分级对立"(градуальные / ступенчатые оппозиции),如英语中的/i/和/e/)的对立;"等价对立"(эквивалентные / равнозначные оппозиции),如英语中的/p/和/t/的对立;"抵消对立"(нейтрализуемые оппозиции),如英语中的/p/—和/b/出现在/s/之后就失去对立;"恒定对立"(постоянные оппозиции),指对立的音位可以出现在一切可能的位置上,但不抵消对立等。(Трубецкой 1960:74—86)对于上述音位对立学说,我国著名学者刘润清教授给予了充分肯定。他认为,特鲁别茨科伊的归类对分析语音特点和音位有很多好处:一是可以描写/p/与/b/的对立分别是双边对立、否定对立、抵消对立的关系;二是可以知道为什么相同的语音对立在不同的语言中有不同的结构。(刘润清 1995:126)我们认为,音位对立学说给我们留下的思想遗产还远不止这些。从符号学角度看,音位对立学说为符号学中的标记理论提供了有力的思想源泉和分析依据。

总之,特鲁别茨科伊在《音位学原理》一书中对音位学所涉及的几乎所有领域都进行了详细论述,包括音位的性质、音位的确定、音位的组合、音位的特征、音位的对立等,从而在世界音位学史上第一次确定了完整的音位学体系。他所提出的许多概念和思想至今仍广为运用,并被推广到词汇、语法、修辞、标记理论等研究领域。

最后需要指出的是,特鲁别茨科伊的音位学理论在很多方面还受益于莫斯科音位学派的有关学说和观点。继承并发展喀山语言学派的基本思想,批判地吸收索绪尔结构主义语言学理论,创造性地挖掘莫斯科音位学派的有益营养,开创结构—功能主义研究之新路,这应该就是对布拉格学派以及特鲁别茨科伊本人学术思想的中肯评价。

3.2 雅各布森的音位学思想

"音位对立"学说作为布拉格语言学派最为重要的理论成果,除了特鲁别茨科伊对此作有系统的建构和详细的描述外,该学派中的其他学者同样也作出了自己的贡献,雅各布森就是其中突出的一位。作为莫斯科语言学小组和彼得格勒诗歌语言研究学会的重要成员,雅各布森是从诗歌语言的语音审视中走向音位学研究之路的。如,早在 1922 年,他在研究捷克诗歌(主要与俄罗斯诗歌进行对比)时就从诗歌语言的语音特征出发提出了著名的"新音位学原理"(положения новой фонологии)的重要思想;1928 年,他与特鲁别茨科伊、卡尔采夫斯基等俄罗斯学者一道联合签署了一份"宣言"(манифест),该宣言发表于在海牙召开的第一届国际语言学家大会的《行动》(«Акты»)文献中,被学界公认为音位学诞生的标志;1929 年,他又与上述俄罗斯学者一起对《布拉格语言学小组纲要》(«Тезисы пражского лингвистического кружка»)进行了新的诠释[14],不仅号召与传统的结构主义语言学彻底决裂[15],还详细分析了语言单位功能的"新目标模式"(новая целевая модель)问题;1938 年,他向布拉格语言学小组报告了将辅音音位归结为若干个"双重区别性特征"(двоичные различительные признаки)组合的初步成果,并在第三届国际语音学大会上做了相关成果的学术报告,首次提出了"语音二分法"(дихотомическая классификация звуков)的科学假设。他在报告中提出,语言中的基本单位(常量)并非音位,而是其区别性特征。正是这一报告奠定了音位的二元对立性质以及在音位学和形态学系统中的"二分法关系"(дихотомическое отношение)。后来,雅各布森又在 50 年代初与方特(Г. М. Фант,1919—2009)、哈勒(М. Халле)合作出版了《言语分析导论:区别性特征及其相互关系》(«Введение в анализ речи:Различительные признаки и их корреляты»),对 1938 年提出的语音二分法假设从数理学和生理学角度进行了新的系统解释,这就是闻名学界的"音位二分法模式"(дихотомическая модель фонемы)。

　　雅各布森提出的"音位二分法模式"将音位分为两大类共十二种区别性特征：（1）元音性（вокальность）；（2）辅音性（консонантность）；（3）鼻音化（нозализация）；（4）紧张度（напряженность）；（5）紧密性/松弛性（компактность vs. диффузность）；（6）停顿性/不间断性（прерванность vs. непрерывность）；（7）刺耳性（резкость）；（8）浊音性（звонкость）；（9）咽音化（глоттализация）；（10）降半音（бемольность）；（11）升半音（диезность）；（12）升扬性（высота）等。前九组为音位的"音响特征"（акустические признаки），后三组为音位的"音调特征"（тональные признаки）。（见 Якобсон 1962：173－230）其中，尽管多数特征并没有列出二元对立的关系，但实际上在论述中却立足于二分法模式，如，元音性/非元音性、辅音性/非辅音性，等等。

　　需要特别指出的是，雅各布森对世界音位学作出的最大贡献，无疑就在于提出了上述音位的区别性特征学说。从学理上看，该学说是建立在特鲁别茨科伊提出的音位对立的各种相互关系基础之上的，尤其是后者提出的有关双边对立、均衡对立、否定对立等思想对其二分法模式的影响最大；从影响力看，该学说在西方学界得到广泛传播，对当代音位学——转换生成音位学（генеративная фонология）的发展起到了重要的促进作用。当然，就某具体语言而言，上文中所列出的十二种区别性特征并不是全部都适用的。正如有学者指出的那样，对俄语而言充其量只有其中的九种特征，即元音性、辅音性、松弛性、非升扬性、降半音、升半音、停顿性、刺耳性、浊音性。（见 Панов 1967：132）尽管如此，从"二元对立"是符号学固有的方法的视角看，上述二分法模式无疑将二元对立方法推向了极致。

3.3　卡尔茨涅夫斯基的"符号不对称二元论"学说

　　作为布拉格语言学派中的一位重量级学者，卡尔茨涅夫斯基的研究视阈与特鲁别茨科伊、雅各布森等俄罗斯学者有所不同。他于 1923 年来到布拉格，创办了《国外俄语学校》（Русская школа за рубежом）杂志，并积极参与了布拉格语言学派的创建工作；1938 年，他迁居日内瓦，在日内瓦大学担任教授之职直至去世。因此，独特的经历决定了他对日内瓦学派（Женевская школа）有关理论学说的高度关注，尤其对索绪尔提出的语言与言语二元对立学说有自己独特的理解，从而形成了在学界颇有影响的所谓"符号不对称二元论"

（асимметрический дуализм языкового знака）学说。由于该学说带有明显的布拉格语言学派所固有的结构—功能主义的性质，因此有必要在此作一番简要的专门审视。

总体看，卡尔茨涅夫斯基的"符号不对称二元论"学说主要包括以下思想：

1）符号与意义的不对称性思想。他认为，符号和意义之间的边界并不是在所有方面都相互吻合的，同一个符号可以有不同的功能，而同一个意义也可以用不同的符号来表达。任何符号同时都是潜在的"同音词"（омоним）和"同义词"（синоним）；作为符号学机理的语言，是在一般与个别、抽象与具体的两级之间运动的。这是因为：语言一方面要成为语言共性所有成员之间的交际工具，另一方面还要成为该语言共性中每一位成员表达自我的工具。因此，如果符号是固定不变的，每一个符号只履行一种功能的话，那么语言就成为"标签"（этикетка）的简单组合；但同时也无法想象符号的过度移动性，以至于使符号在具体语境内失去任何意义……任何符号系统都有一般与个别之特征，它们是作为两个坐标或两列符号表义的相互关系出现的，其中的一个坐标为另一个坐标的区分服务。（Карцевский 1965：85—87）显然，在卡尔茨涅夫斯基看来，上述的"同音现象"（омонимия）和"同义现象"（синонимия）就是两个相互关联的最为重要的坐标，因为它们最具有移动性或灵活性。

2）语言符号具有两个功能对立中心的思想。卡尔茨涅夫斯基从符号与意义的不对称性视角出发，进一步阐发了语言具有"两个符号功能对立中心"（два противоположных центра семиологических функций）的观点。在他看来，该两个中心是分别围绕形式和意义建构起来的，因此可以分别称为"形式表义"（формальные значимости）和"语义表义"（семантические значимости）。作为完全符号的词的形式表义（性、数、格、时等）表征着所有说话人都知晓的、不需要说话者作出任何主观解释的意义成分；而词的语义表义则相反，它具有一定的客观性，因为准确的语义表义的确立只能取决于具体的语境。（Карцевский 1965：88）也就是说，卡尔茨涅夫斯基眼中的语义表义在不同的语境中是会发生"意义迁移"（транспонирование значимости）的，这是由语境决定的。那么，语言的形式表义是否也会发生迁移呢？对此，卡尔茨涅夫斯基同样持肯定的态度。他说，形式表义在用作"转义"（в переносном смысле）时也会发生迁移，语法功能的迁移就是其中的一种。如，命令式表达说者的意愿行为,但该形式也有另一种功能——可以表示"突然性动作"(неожиданное действие)等。(Карцевский 1965:90—91)

　　3) 能指与所指的边界不固定性思想。卡尔茨涅夫斯基认为,能指与所指作为语言符号的两面,它们之间的边界并不是一成不变的,而是沿着"现实的斜面"(наклонная плоскость реальности)移动的。它们中的每一个都会超越各自的界限,以试图表明自己具有自身以外的功能,并用有别于自身的其他手段来表达自己。据此,他得出的结论是:能指和所指的是不对称的,它们处在不稳定的平衡之中。正是由于这种不对称的二元对立,语言系统才可能发生演变:符号的"相同位置"(адекватная позиция)常常会由于为适应具体情境的需要而发生移动。(Карцевский 1965:93)

　　由上不难看出,卡尔茨涅夫斯基的"符号不对称二元论"学说与索绪尔的语言与言语学说的最大不同,就在于它更加强调符号的意义方面。而强调符号的意义,就必要从符号的功能即"所指"出发对语言符号的本质属性作出合理解释。在他看来,正是由于语言符号的能指系统具有不稳定性,才导致了其在语义上的相对性;这种不稳定性和相对性虽有某种因果的关系,但本质上讲它们之间又不是完全对称的。应该说,他的这一学说与 20 世纪上半叶占统治地位的主流思想是完全不同的,因此而具有特殊的符号学价值。

3.4　博加特廖夫的结构—功能方法

　　作为莫斯科语言学小组和布拉格语言学派的重要成员,博加特廖夫于 1918 年毕业于莫斯科大学,1922—1927 年曾在苏联驻捷克斯洛伐克全权代表处工作;1928—1938 年曾在捷克斯洛伐克多所大学任教,并在奥地利、德国、丹麦等国的档案馆工作,其间搜集了大量有关外喀尔巴阡、斯洛伐克民俗学和民族学史料;1939 年返回苏联后,曾先后担任莫斯科大学教授、苏联科学院民族研究所民间口头创作研究室主任等职。主要著作有《外喀尔巴阡地区的魔法行为、仪式和信仰》(«Магические действия, обряды и верования Закарпатья»)(1929)、《斯洛伐克摩拉维亚地区民族服装的功能》(«Функции национального костюма в Моравской Словакии»)(1937)、《捷克人和斯洛伐克人的民间戏剧》«Народный театр чехов и словаков»(1940)等。[16]博加特廖夫在该三部著作中,采用的都是同一种视角来研究民族礼仪和信仰、民族服装及民间口头创作戏剧,那就是闻名于学界的"结构—功能方法"
(функционально-структуральный метод)。此外,他还发表了《结构主义民族
学导论》(«Введение в структуральную этнографию»)(1931)、《波德喀尔巴阡
罗斯的民族学家之任务》(Задачи этнографа в Подкарпатской Руси)(1931)、
《东斯洛伐克的圣诞树》(«Рождественская елка в Восточной Словакии»)
(1931)、《民族学和民俗学的结构—功能方法及其他方法》(«Функционально-
структуральный метод и другие методы этнографии и фольклористики»)
(1935)、《论功能视角的民歌》(«Народная песня с функциональной точки
зрения»)(1936)等多篇论文,对该方法的基本原理作过具体的分析和论述。

博加特廖夫的结构—功能方法散落在上述著述中,归纳起来,大致由下列
思想和观点构成:

1) 民族学和民俗学研究的共时性。早在莫斯科语言学小组期间,博加特
廖夫就与雅各布森等学者一道多次参加了民俗学和民族学的野外考察活动。
他摒弃传统依据史料来研究民俗学和民族学的方法,力图用第一手语料来审
视民俗的社会功能,并在共时层面上对民族传统及其形式与功能的变化情况
进行动态审视;在研究民族文化中,他并不仅仅拘泥于记录事实和仪式本身,
而是设法用当地文化传承者本人的话语对这些事实和仪式作出科学的解释。
如,他在《外喀尔巴阡地区的魔法行为、仪式和信仰》一书中就提出反对各种不
可信的假说的思想,认为研究欧洲人尤其是斯拉夫人的宗教仪式和信仰,早就
应该从无数的古代信仰或仪式的假说中转向对我们能够每天在民间观察到的
事实的实验分析,转向对涉及民族信仰、仪式及魔法行为之当代状况的一系列
最有价值问题的研究。(见 Богадырев 1971:178—179)这表明,博加特廖夫的
结构—功能方法是以转变传统民族学和民俗学的研究方法为目标的,其提出
的民族学和民俗学共时研究的思想,显然又受到了布拉格语言学派所奉行的
结构—功能主义语言学的影响。

2) 民族学和民俗学研究的具体思路。博加特廖夫的"结构—功能方法"
并非抽象的概念,而是有其具体思路或操作程序。他在 1935 年发表的《民
族学和民俗学的结构—功能方法及其他方法》一文中就对结构—功能方法
的研究思路进行了归纳和总结,主要包括:(1)首先研究民族学和民族学的
现状;(2)考虑到"民族世界观"(народное мировозрение)的变化因素,并以此

对民俗事实（功能成分）的当代意义作出解释；（3）对民族、民俗和语言事实作出同时的描写和研究；（4）将民俗事实切分为"基本单位"（элементарные единицы），即结构分析成分；（5）摒弃将不同地域的民俗传统进行外在的相似性对比。（见 Сорокина 1994：9）他自己也承认，他的研究思路与俄罗斯著名民族学家泽列宁（Д. Л. Зеленин，1878—1954）的方法十分接近。从该思路可以看出，博加特廖夫对民族学和民俗学的研究较完整地体现了以下"三种结合"：共时与历时相结合，经验主义与理性主义相结合，结构主义与功能主义相结合。

　　3）对魔法行为的多维分类。博加特廖夫对民族、民俗现象的学术研究，目的是要对该两大学科体系进行完整的描写和分析。为此，他从结构—功能角度对民族学和民俗学中的魔法行为进行了多角度审视，并提出多维分类方法，主要有：（1）按照英国人类学家、民族学家弗雷泽尔（Д. Д. Фрэзер，1854—1941）提出的分类方法，将魔法分为"接触性魔法"（контактная магия）和"交感型魔法"（гомепатическая магия）；（2）按照魔法施行者的解释程度对魔法行为与其结果之间的联系作出分类；（3）按照魔法行为的施行类型分出"积极魔法"（позитивная магия）和"消极魔法"（негативная магия）；（4）按照魔法对结果的影响分出"魔法自身行为"（собственно магические действия）、"占卜行为"（гадания）、"预兆行为"（приметы）等；（5）按照魔法施行者和参与者的数量进行划分；（6）按照固定在某日进行的魔法进行划分；（7）按照魔法施行形式分出"使用套语的魔法"（магия с использованием словесных формул）和"不使用套语的魔法"（магия без использования словесных формул）等。（见 Сорокина 1994：17—18）尽管博加特廖夫在这里只是对魔法的类型进行了多维分类，但很显然的是，这种分类方法同样适用于对整个民族学和民俗学其他现象或事实的描写，因此，它们为我们展示的是该学者的整体描写方法。

　　博加特廖夫的结构—系统方法主要用于对斯拉夫民族学和民俗学的研究，其中成就最为突出的是对民间口头创作诗歌的研究。对此，2006年，俄罗斯首次出版了博加特廖夫关于民间口头创作的研究文集——《民间口头创作的结构—功能研究》（«Функционально-структуральное изучение фольклора»），其内容基本囊括了该学者数十年对斯拉夫民族民间口头创作的所有研究成果；此外，2015 年由俄罗斯科学院高尔基文学研究所和国家艺术学研究所又联合出版了一部文集《当代民间口头创作研究中的博加特廖夫的结构—系统方法》(《Функционально-структуральный метод П. Г. Богатырева в современных исследованиях фольклора»),其中搜集了数十位文学家、语言学家的评论文章,他们对该学者在民间口头创作等领域的结构—系统方法进行了全方位的审视和批评。上述两部文集的出版足以说明,博加特廖夫作为民族学和民俗学研究领域中"结构—系统方法"的创立者和践行者,其学术观点至今仍受到学界的追捧,其学术影响力也已远远超越了他处的那个时代。正如有学者指出的那样:当代不同人文学科的学者对博加特廖夫的思想表现出极大兴趣,如民俗学家、民族学家、戏剧家、民间造型艺术研究者,其中既有俄罗斯学者,也有捷克、德国、法国和美国学者等。(Топорков 2015:12)

注释

1. 这里只能说是一种"旁证",因为事实上,俄罗斯至 20 世纪 50 年代之前并没有接受索绪尔的结构主义语言学理论,也不认同包括其语言与言语学说在内的其他思想。但这并不说明俄罗斯就不承认或不存在结构主义。事实恰恰相反。俄罗斯学者与索绪尔等西方学者走的是同一条路:他们早在 19 世纪末起就开始用共时的方法审视语言,并对语言现象做系统性分析,这在学理上与结构主义是一致的。对此,文艺学领域出现的形式—功能主义、语言学(语法学)领域出现的结构—系统主义以及音位学领域出现的结构—功能主义就是最好例证。

2. 由于该学派的继承人大多为谢尔巴的学生,从学术上看,他们对音位学的研究并没有重要建树;从时间上看,也不符合本著所限定的俄罗斯符号学"创建期"的条件。因此,本节主要对谢尔巴的相关学说进行审视和评介。

3. 此处所说的"现时交替"即"语音交替"(фонетическое чередование)的概念。

4. 由于西多罗夫的主要观点与阿瓦涅索夫的基本一致,且有些重要著述也是两人合作完成的,故在此对该学者的音位学思想不作专门评介。

5. 这里指的主要是布拉格语言学派中雅各布森和特鲁别茨科伊的相关观点,他们把音位学和语音学区分为不同的学科。

6. 阿瓦涅索夫在 1956 年出版的《现代俄语标准语的语音》一书中又提出,上述三个弱化音位有成为独立音位的趋势。

7. 这里的"特征"指"音位区别特征"。

8. 从 1947 年第一版起,该著作又分别于 1955 年、1960 年、1967 年、1972 年、1992 年、1996 年、

2001 年、2005 年、2008 年等印刷出版了九次（其中 1967 年版是作者生前修订过的最后版本），成为教育部推荐的普通语言学领域的经典著作。

9. 此处的 ассоциации 与 присоединения 同义，表示"组合"的意思。

10. 以上论文，全部都收录在由列福尔马茨基于 1970 年担任主编出版的《俄罗斯音位学史》（«Из истории отетечественной фонологии»）文集中。

11. 此处的"基音"即阿瓦涅索夫所说的"基本型音位"的概念。

12. 两次世界大战之间的那段时期，布拉格曾被学界公认为"俄罗斯侨民的科学之都"（научная столица русской эмиграции），有许多俄罗斯文学家、语言学家等都侨居于此从事相关科研活动。

13. 特鲁别茨科伊于 1938 年逝世后，该书由雅各布森整理，于 1939 年发表在《布拉格语言学会论丛》第 7 卷上，最初是德语文本，后来多次用德语和法语再版，并且谈译为英语、意大利语、西班牙语、波兰语、日语等多国文字，广为传播。1960 年，该书俄文版首次问世，书后附有列福尔马尔茨基所写的长达 32 页的后序——《特鲁别茨科伊和他的音位学原理》（«Н. С. Трубецкой и его "Основы фонологии"»），对作者的创作生涯以及著作的主要内容作了详尽的评价。2000 年，该书俄文版再版。

14. "布拉格语言学小组"即布拉格语言学派。前者为该学派的"自称"，而后者则为学界对该组织的理论样式、研究方法及学术成果所形成的派别的称谓。

15. 这里的"传统结构主义语言学"指由索绪尔开创的结构主义方法。

16. 这三部著作依次用法文、斯洛伐克文和捷克文出版。

参考文献

[1] Аванесов Р. И. К вопросу о фонеме [J]. //Известия АН СССР. Отделение литературы и языка.-Т. XI. Вып. 5. М., 1952, с. 463—468.

[2] Аванесов Р. И. Фонетика современного русского литературного языка [M]. М., Издательство МГУ, 1956.

[3] Аванесов Р. И., Сидоров В. Н. Система фонем русского языка [A]. //Реформатский А. А. Из истории отечественной фонологии: Очерк. Хрестоматия [C]. М., Наука, 1970, с. 249—277.

[4] Алпатов В. М. История лингвистических учений [M]. М., Языки русской культуры, 1999.

[5] Богатырев П. Г. Вопросы теории народного искусства [C]. М., Искусство, 1971.

[6] Богатырев П. Г. Функционально-структуральное изучение фольклора [C]. М., ИМЛИ РАН, 2006.

[7] Виноградов В. А., Никитина С. Е. Александр Александрович Реформатский [A]. //

Отечественные лингвисты XX века(Часть 2) [С]. М., ИНИОН РАН, 2003, с. 111—133.

［8］Карцевский С. О. Об асимметричном дуализме лингвистического знака [А]. //Звегинцев В. А. История языкознания XIX—XX веков в очерках и извлечениях [С] М., Просвещение, 1965. 3-е изд. Ч. 2. с. 85—93.

［9］Касаткин А. А. Московская фонологическая школа [А]. // Лингвистический энциклопедический словарь [Z]. М., Научное издательство «Большая Российская энциклопедия», 2002, с. 316—317.

［10］Колесов В. В. Ленинградская фонологическая школа [А]. // Лингвистический энциклопедический словарь [Z]. М., Научное издательство «Большая Российская энциклопедия», 2002, с. 264.

［11］Кузнецов П. С. К вопросу о фонематической системе современного французского языка [А]. //Реформатский А. А. Из истории отечественной фонологии: Очерк. Хрестоматия [С]. М., Наука, 1970, с. 163—203.

［12］Панов М. В. Русская фонетика. М., Просвещение, 1967.

［13］Потапов В. В. Рубен Иванович Аванесов [А]. // Отечественные лингвисты XX века (Часть1) [С]. М., ИНИОН РАН, 2002, с. 51—76.

［14］Реформатский А. А. Введение в языкознание [М]. М., Аспент Пресс Серия: Классический учебник,1967.

［15］Реформатский А. А. Проблема фонемы в американской лингвистике [А]. // Реформатский А. А. Из истории отетечественной фонологии: Очерк. Хрестоматия [С]. М., Наука, 1970, с. 205—248.

［16］Сорокина С. П. Синхронно-функциональный метод исследования фольклорной традиции в трудах П. Г. Богатырева [D]. М., Институт мировой литературы им. А. М. Горького РАН, 1994.

［17］Степанов Ю. С. В мире семиотики [А]. //Семиотика [С]. М., Радуга, 1983, с. 5—42.

［18］Топорков А. Л. Введение [А]. // Функционально-структуральный метод П. Г. Богатырева в современных исследованиях фольклора [С]. М., Государственный институт искусствознания, 2015, с. 9—17.

［19］Трубецкой Н. С. Основы фонологии. Пер. с нем [М]. М., Изд-во иностр. лит., 1960.

［20］Щерба Л. В. Восточнолужицкон наречие [М]. Пг., Типография А. Э. Коллинсъ, 1915.

［21］Щерба Л. В. Языковая система и речевая деятельность [С]. Л., Наука, 1974.

［22］Щерба Л. В. Теория русского письма [С]. Л., Наука, 1983.

［23］Якобсон Р. Я., Фант Г. М., Халле М. Введение в анализ речи: Различительные признаки и их корреляты. Гл. II. Опыт описания различительных признаков: Пер с англ. //

Новое в лингвистике. Вып. II. [С]. М., Изд-во иностр. лит., 1962, с. 173—230.

[24] 刘润清,西方语言学流派[M],北京:外语教学与研究出版社,1995。

[25] 徐志民,欧美语言学简史[M],上海:学林出版社,2005。

[26] 王超尘等,现代俄语通论[M],北京:商务印书馆,1963。

第 七 章

文化—历史主义范式

在俄罗斯符号学的"创建期",除了形式主义、结构—系统主义和结构—功能主义等主流范式外,还有一种与形式主义或结构主义的文艺学和语言学并无直接联系的范式在悄然形成,这就是往往容易被俄罗斯符号学史所忽视而与俄罗斯历史和文化的符号学研究活动有关的"文化—历史主义范式"(культурно-историческая парадигма)。

我们知道,在自古罗斯至今的一千多年历史长河中,"人文主义"(гуманизм)始终是印刻着"俄罗斯思想"(русская идея)标签的一条主线。而在古往今来的俄罗斯人文主义传统中,文化—历史主义又是其不可或缺的重要内容和表现形式;再从俄罗斯符号学史前阶段的思想渊源看,文化—历史主义也有多维度的体现:无论是在多神教中还是在东正教中,也无论是在中世纪宗教哲学中还是在"欧洲主义"(европеизм)和"斯拉夫主义"(славянофильство)的思想运动中,文化—历史主义或如若隐若现的"精灵",或如开山辟路的"旗帜",始终闪耀着哲学和民族思想的光芒。总之,文化—历史主义在俄罗斯思想传统中扮演着其他范式不可替代的重要作用。

符号学研究历来对历史和文化"情有独钟"。究其缘由,不外乎以下几个因素:一是历史与文化从来都具有"多语性"(многоязычие)或"多维性"(многомерность)的特点,这与符号的本质、符号活动的特性以及符号域的范围高度吻合;二是一个民族的历史与文化本身就是一个特殊的符号系统,它们记录着该民族在各个不同时期所特有的历史记忆和文化心理;三是对一个民族历史与文化的阐释或发掘,方法论上属于"重构"(реконструкция)的性质,这种重构活动本质上也是一种符号活动。从上述意义上讲,在俄罗斯符号学"创建时期"所出现的文化—历史主义范式就是"文化—历史符号学"(культурно-историческая семиотика)的代名词,它在俄罗斯符号学百年史中具有特殊的理论意义和学术价值:它对尔后阶段的俄罗斯符号学的演变和发展都有不可小觑的重大影响。如,研究表明,当代俄罗斯符号学研究中的"心理认知主义范式"(когнитивно-психологическая парадигма)和"文化认知主义范式"(когнитивно-культурологическая парадигма)等[1],都在学理上与该范式有着紧密的关联性。(赵爱国 2016:106)

　　俄罗斯符号学在这一时期的文化—历史主义范式,并非如形式主义、结构—系统主义、结构—功能主义等范式那样具有相对固定的组织形式和相对一致的研究方法,而是由该时期具有符号学性质的历史与文化研究领域的相关学术成果搭建起来的。因此,它并无统一的思想标记和方法论指导,并在研究方向上呈现多个流派:以比齐里(П. М. Бицилли,1879—1953)、伊万诺夫(Вяч. И. Иванов,1866—1949)为代表的历史主义流派;以维果茨基(Л. С. Выготский,1896—1934)为代表的心理学流派;以什佩特(Г. Г. Шпет,1879—1937)为代表的阐释学流派;以弗洛连斯基(П. А. Флоренский,1882—1937)、特鲁别茨科伊(Е. Н. Трубецкой,1863—1920)等为代表的宗教哲学流派。[2]他们都在各自研究领域对该范式的形成有所建树,从而为俄罗斯符号学的创建活动及其而后的发展作出了不可或缺的重要贡献。[3]

第1节　历史主义流派中的"象征主义"学说

　　"历史主义"(историзм)作为看待世界的一种方式或原则,在不同的时代以及不同的科学领域有其特定的概念内涵和学术呈现形式。20世纪初期,对俄罗斯符号学而言,其历史主义流派的形成并非易事,当时在学术界占统治地位的意识形态是社会主义(социализм)。

　　在该时期的历史主义流派中,最具符号学性质的思想学说无疑是"象征主义"(символизм),其代表人物是上文提到的历史学家比齐里,以及"白银时代"(серебряный век)的著名象征主义诗人、文学家伊万诺夫。

从词源学角度看，"象征"（символ）一词在包括俄语在内的多数西方国家的语言中都源自希腊语的 σύμβολον 一词，其概念内涵通常包含两种意思：一种表示某概念、思想、现象的"约定符号"（условный знак），如化学符号、代数符号等；另一种表示"象征"，如人文社会科学中作为一种思潮流派的"象征主义"一词就是由其派生而来的。由于"象征"的概念本身是由"符号"的意义衍生而来的，因此，有关象征主义学说的符号性也就不难理解了。下文中审视的比齐里、伊万诺夫的象征主义学说思想就具有这样的性质。

1.1 比齐里的"象征主义"符号观

作为这一时期俄罗斯符号学研究中历史主义流派中的杰出代表之一，比齐里将自己的一生都献给了中世纪史的研究，先后出版了多部有影响的著作，如《西方对罗斯的影响与初始纪事》（«Западное влияние на Руси и начальная летопись»）(1914)、《罗马帝国的衰败》（«Падение Римской империи»）(1919)、《中世纪文化元素》（«Элементы средневековой культуры»）(1919)、《世界史导论》（«Введение в мировую историю»）(1923)、《历史科学理论概要》（«Очерки теории исторической науки»）(1925)、《近代和当代史研究概论》（«Введение в изучение новой и новейшей истории»）(1927)、《欧亚主义的两副面孔》（«Два лика евразийства»）(1927)、《文艺复兴在文化史中的地位》（«Место Ренессанса в истории культуры»）(1934)、《欧洲历史发展中的几个重要阶段》（«Основные вехи в историческом развитии Европы»）(1940)等。[4]在这里，我们无暇完整地领略其对史学尤其是中世纪史学方面的思想风貌和学术建树，而只是从符号学视角对其在史学研究中所阐发的"象征主义"（символизм）符号观作简要评述。

比齐里的"象征主义"符号观集中体现在《中世纪文化元素》一书中，主要包括下列思想：

1) 象征是历史基本参照的思想。比齐里在《中世纪文化元素》一书中用两种基本参数来描写中世纪的世界，那就是"象征主义"和"等级主义"（иерархизм）。他认为，中世纪不仅成就了象征主义的造型艺术和诗歌艺术，也缔造了富有复杂和精细象征意义的宗教祭礼以及用以理解和解释周围现实之象征意义的哲学；中世纪的人在进入法律关系时，其行为具有象征性，其日常生活的多数客体也由象征符号来标记,甚至连"罪恶的硬币"(грешная монета)也会对手拿硬币的人述说起模压在币面上的神秘花纹图案和三个花瓣线条——象征着永恒或完美的"三位一体"上帝或地球的永恒真理。(Бицилли 1919:14—15)在他看来,中世纪的人的象征意义不仅体现在把"创造人"(создание человека)解释为象征,在中世纪思想家眼中,"任何事物"(любая вещь)也和人一样都展现为一种象征。他写道:中世纪的人会把自己所看见的一切都作出象征性解释,似乎周围的一切都充满着特殊意义和神秘色彩,并依据这种象征关系创立起自己的世界观。事物不仅仅可以用作象征意义,也不是我们赋予事物以象征性内涵,而是事物本身就是象征;认识主体之任务就在于揭示这些象征的真正意义。上帝创造人类,就是要使其成为象征和懂得象征。(Бицилли 1919:15)由上可见,对中世纪的人作出象征性解释,是比齐里在研究中世纪史时所依循的基本原则。他把那个时期的每一个人都视为上帝的生动象征,而所有的"象征物"(вещи-символы)又无不印刻着上帝的印记。因此,整个中世纪史也就可以用象征符号来加以诠释了。在这里,象征与其说是一种历史参照,不如说是认识中世纪世界的一种符号工具。

　　2) 象征是对世界结构表征的思想。在比齐里看来,"象征世界"(символический мир)并不是"书本学问"(книжная ученость)所赋予的,而是原本就有的,象征掌控着所有传教士和教徒的思想意识。他写道:传教士只有说象征性词语才能够使人明了,而说其他词语就会使人不知所云。我们看到,传教士在刻意地使用象征词语,以便将某种抽象的思想对普通人作出解释……展示世界的普遍象征性并不仅仅是对世界的统一性无法作出合理解释而发明的一种书本理论,而是用天真幼稚的方式使思维智力对世界不可切分的多样性所作出的生物必要性和本能适应性的结果……世界并不是被想象为象征的,而是被理解为象征的。(Бицилли 1919:87)这表明,在比齐里眼里,象征不仅是认识历史的基本参照,同样也是人们用来认识世界的主要方式。

　　3) 象征具有系统性的思想。在比齐里的"象征主义"符号观中,世界的象征无疑是具有系统性的,该系统性由"中心"(центр)和"边缘"(периферия)构成。他说:中世纪的国家如同中世纪的宇宙一样,拥有自己的"引力中心"(центр гравитации)。对此,王位的更替就是例证。由于抽象思维的能力弱,君主制只有在君主政权"在场"(налицо)时方能存在,而一旦国王去世,所有将该国链接为统一整体的"接口"（узел）都会断裂，所有的保证也都会由此失效。广为流行的惯例是要求在每一次王位更替时恢复"优待证"（льготные грамоты），尽管这些优待证是为新国王本人及其继承人永远或永久使用而颁发的。于是，每一次王位更替都是重复着这种永远和永久，这就是"自由大宪章"（Великая хартия вольностей）[5]；由此也形成了另一种惯例：每一位君主在登基演说中都会要求恢复藩臣的"臣属宣誓"（оммаж）。[6] 而一旦君主政权中断，这种"社会契约"（общественный договор）也就会失效，人们又开始回归到自然状态，这是因为社会与国家之间的任何联系已经不复存在。因此，在理论上把社会切分为官衔、阶级、阶层等，都是一种纯粹的虚构。（Бицилли 1919：111—112）

4）文化具有象征性的思想。比齐里不仅用象征性参数来分析中世纪历史，也同样用它来研究文艺复兴文化。（1）他把文艺复兴艺术视为象征性艺术，认为该艺术是表达艺术家创作个性和个人世界观的手段。如，他提出用不同的原则来解释所谓的"一般的人"（средний человек）和"典型的人"（типичный человек），认为"典型的人"是虚构出来的，是通过对特殊事例的研究而获得的；而"一般的人"则是通过对无数同类微小事实进行整合的结果。而文艺复兴艺术注重的是对"一般的人"的发掘。（见 Бицилли 1996a：167）（2）在研究文艺复兴艺术的基础上，他区分了"文化"（культура）和"文明"（цивилизация）两个不同的概念，认为前者属于"自由创造"（свободное творчество）范畴，后者属于习惯、传统和仿效范畴。在他看来，文化中的每一种现象都具有自身价值和独特性。用他的话说，"文化奇迹"（чудо культуры）都有自身的意义，"文明程度一般的人"（средний цивилизованный человек）看重的是文化对文明——即普遍意义象征系统中的一般认识、一般行为的唯一意义。（Бицилли 1996b：156）（3）他认为文艺复兴文化的最大成就在于"人的开发"（открытие человека），即把人的创造能力视为认识世界的工具，而中世纪看待世界的方式则完全不同，两者构成对立：前者是纯概念的世界，后者是经验主义的世界、个别生活或偶然事物的世界。经验的事物只是概念的成分以及指称这些概念的象征。因此，文艺复兴开创了为艺术家提供自由创造的纯形式世界。他说：中世纪世界与古希腊罗马世界一样，具有"亘古不变"（раз и навсегда）的性质。文艺复兴世界则完全相反，它的每一种形式、每一个思想、每一种类型都是由新的变化来实现的。(Бицилли 1996a：164)(4)他在对比研究了文艺复兴文化和俄罗斯文化后认为，文艺复兴主要是庭院文化、沙龙文化、学院式文化、知识分子文化和与大众生活格格不入的文化，而俄罗斯落后于欧洲并不是在文化方面，而是在文明方面。他说，在文化层面上，人类活动的产品并没有时间的限制：它们具有永恒的价值或完全没有价值；它们属于全人类和全世界。俄罗斯文化就是一种没有"文明"掺杂物的"纯粹的文化"(чистая культура)。(Бицилли 1996b：147)

需要特别指出的是，比齐里除了用象征主义来阐释人类历史以及文艺复兴文化现象外，还善于用极具符号学性质的另一种标尺——"等级性"(иерархичность)对中世纪史作出文化解释。可以说，"象征性"和"等级性"构成了该学者特有的认识世界和建构世界的符号学方式。

1.2　伊万诺夫的"象征主义"符号观

伊万诺夫作为"白银时代"涌现出来的"年轻一代"(молодое поколение)象征主义者，与勃洛克(А. А. Блок，1880—1921)、别雷(А. Белый，1880—1934)等一起被学界公认为"象征主义流派"(символистичекое направление)的杰出代表。但他的研究视阈主要集中在历史文化领域，这就决定了其象征主义学说思想较之勃洛克、别雷等学者而言更具有"文化—历史主义范式"的性质。这也是我们将其列入"历史主义流派"进行审视的理据所在。[7]

伊万诺夫以研究古希腊宗教神话而著称，他的"象征主义"符号观比较集中体现在他对古希腊神话中的葡萄酒神"狄奥尼索斯"(Дионис)的相关研究中。[8]如，他于 20 世纪初就先后发表或出版了《古希腊的苦难神宗教》(《Эллинская религия страдающего бога》)(1904)、《狄奥尼索斯宗教信仰》(《Религия Диониса》)(1905)、《象征主义传统》(《Заветы символизма》)(1910)、《狄奥尼索斯与原始狄奥尼索斯崇拜》(《Дионис и прадионисийство》)(1923)等著述，由此被学界公认为狄奥尼索斯宗教崇拜研究方面的思想家和权威学者。此外，他对古希腊史、中世纪史、拜占庭史等也有独到的研究。可以说，正是古希腊宗教神话和古代历史使其寻找到了所谓"真正的象征主义"(подлинный символизм)。[9]

伊万诺夫的"象征主义"符号观，主要体现在以下几个方面：

1) 对象征和象征意义的独特认识。关于象征和象征意义,伊万诺夫在相关著述中有比较多的论述,其观点具有鲜明的符号学特征。(1)象征并非简单的符号。他说:如果象征是"象形文字"(гиероглиф),那么象形文字就具有神秘性,因为它包含多种涵义。在不同的意识范畴,同一种象征可以获得不同的意义。比如,"蛇"(змея)可以同时对"人间和神的化身"(земля и воплощение)、"性别和死亡"(пол и смерть)、"视觉和认识"(зрение и познание)、"诱惑和圣洁"(соблазн и освящение)等具有称名意义……与蛇有关的所有象征意义,就是一部有关天体演化过程的宏大神话。在这一过程中,"蛇象征"(змея-символ)的每一个方面都可以在"神的万物统一"(божественное всеединство)层面的等级中找到自己的位置。(Иванов 1994a:143)由上不难看出,伊万诺夫眼中的象征,既有别于单义的符号,也有别于反映现实系统性的符号,而是一个反映着宇宙或世界多种涵义的复杂符号。(2)象征是一门艺术。他写道:所谓"象征意义"(символика)即象征系统,而象征主义则是建立在象征基础上的一种艺术。该艺术所确立的原则就是将事物视为象征,将象征视为神话。比如,如果要揭示周围现实事物中的象征(即另一现实的征兆),那么艺术就会赋予其特殊意义。(Иванов 1994b:143)把象征视为艺术的伊万诺夫,还在其他著述中对象征意义作过进一步深入的界说。他说:我把象征意义理解为静态的、如同晶体化符号的、历史上与某教义系统相关的全部知识。神的智慧翅膀、鱼、船等在基督教的象征意义中就是如此。这不单单是一种图形标志或象形文字,而是被赋予了某种意义。比如,鱼不单单是基督的象征,实际上鱼还表示基督的某种奥秘,如圣餐仪式的奥秘等。(Иванов 1994c:168)由上可见,伊万诺夫对象征和象征意义的认识,并非仅局限于原有的概念意义,而是将其置于宗教和神话的特定语境中加以审视,从而把象征概念拓展到对整个宗教和神话世界的理解层面。

2) 对宗教神话的象征主义阐释。伊万诺夫对古希腊宗教神话中的葡萄酒神狄奥尼索斯的描写,显然是从象征主义理论出发并从符号属性的视阈阐发的。(1)对狄奥尼索斯本原的理论思维。伊万诺夫在一系列著述中对狄奥尼索斯及其祭祀活动有精细的论述和描写,但其阐发的所有思想都是建立在对狄奥尼索斯之"本原"(начало)的理论思维基础之上的。他说:狄奥尼索斯的本原具有"二律背反"(антиномия)的属性,对此,可以作多种多样的描写和形式上的界说,但要彻底揭开其本原只能依赖体验,在研究中任何试图探寻其鲜活构成的做法都是徒劳的。狄奥尼索斯既肯定但同时又否定任何一个谓项。在它的概念中,a 并非 a;在它的祭祀中,"牺牲者"(жертва)和"献身者"(жрец)合并为等同体。(Иванов 1994d:29)上述论述表明,伊万诺夫对狄奥尼索斯本原的认识受到德国哲学家尼采(Ф. Ницше,1844—1900)学说的影响,注重的是对客体认知的体验性,具有明显的非理性主义色彩。如,他在 1904年发表的《尼采与狄奥尼索斯》(«Ницше и Дионис»)一文中曾宣称,"尼采把狄奥尼索斯归还给了世界"。(Иванов 1994d:27)(2)对狄奥尼索斯祭祀的"二元论"描写。对狄奥尼索斯祭祀的描写,伊万诺夫采用的手法是超越时间维度的。他把祭祀视为具有双重性质的"行为"(действие):神可以同时做生与死的思维;牺牲者等同于神,酒神节的参与者在狂欢时也等同于神,神等同于献身者。(Иванов 1994b:283)伊万诺夫是借用"双子"(диада)这一古希腊哲学概念来描写狄奥尼索斯祭祀结构的。他认为,"双子艺术"(искусства диады)并非是描写任何一种对抗、任何一种敌对势力斗争的"对抗性艺术"(антагонистическое искусство)……狄奥尼索斯自古以来就被奉为神:它是消极的,其自身面容如同苦难神;它又是积极的,代表着祭祀执行者炙热意志和境遇的祭祀之神。于是,它就被分解为"二律背反身份"(антиномические ипостаси)。只有在狄奥尼索斯的群体中,狂欢祈祷仪式的所有参与者才冠以神的名称。这就是狄奥尼索斯宗教的"双子":它既是牺牲者,又是献身者。(Иванов 1994b:299)在这里,我们不仅能够清晰地看到与巴赫金的"狂欢化"(карнавализация)学说类似的情景和相同的描写手法,更能够真切地领略到符号学中最重要的一条原理——符号的"二元性"(бинарность)。

　　3)对艺术体裁和题材的象征主义描写。对于不同的艺术体裁和题材,伊万诺夫擅长用象征主义的手法进行分析。主要体现在以下几个方面:(1)将艺术置于"典型性"(типичность)和"个性"(индивидуальность)的关系中加以审视,认为绘画较之雕塑而言更具有个性,而诗歌中的长篇和中篇小说承载着更多的个性。(Иванов 1994e:24)(2)采用特殊的"象征性行为"(символическое действо)——类似于当代语言学研究中的"语言行为理论"(теория перформанса)来界说戏剧。在他看来,戏剧的策源地是所有聚集在一起的人直接参与的一种行为;戏剧中"聚和"(соборность)的实现,并不是观众对英雄产生同情而聚集在一起的那个时刻,而是观众沉浸在志同道合的聚集中,所有的聚集用一种统一而完整的意识体验着英雄的英雄行为——超验显现中的内在行为。(Иванов 1974:210—219)(3)力求将象征升华为神话。他认为,在象征主义艺术中,象征是作为一种潜在的和萌芽的神话被自然而然地展现出来的。有机发展的过程将象征主义变为"神话主义文艺创作"(мифотворчество)。象征主义的内在必由之路是命中注定的,并已经被"瓦格纳艺术"(искусство Вагнера)所预言。[10]但神话并非随意的虚构:真正的神话是群体自觉的公设,因此根本谈不上虚构,也完全不是讽喻或虚伪,而是某种本质或能量的实在。(Иванов 1994g:40)在他看来,"神话题材成分"(мифологема)是"自觉象征主义"(сознательный символизм)的产物,它是建立在天真民间信仰基础之上并由宗教仪式所体现的。(见 Поченцов 2001:199)伊万诺夫的上述话语,深刻地表明了象征与神话在学理上的内在联系,从而为用象征主义来研究古希腊神话艺术奠定了思想基础。(4)将"悲剧"(трагедия)理解为英雄叙事的回归。关于悲剧,伊万诺夫在审视古希腊神话中多有论述。他认为,悲剧的形成有两条路径:一条是依据狄奥尼索斯宗教信仰的乡村习俗而下行,另一条是摆脱神秘主义崇拜而上行,但最终要选择后一条路径,因为神秘仪式是用来祭神的,而悲剧则是用来祭奠英雄的,雅典娜(Афина)圣礼生活的组织者所确定的行为分类准则就是如此。[11](Иванов 1994b:252)在他看来,悲剧的产生实际上是回归到人类在早先历史时期所特有的"原始形式"(пра-форма)。他说,宗教仪式比人们心里想象的更为固定不变:它经久不息地持续着,犹如意识中需要活灵活现地重现"原始神话"(пра-миф);然后渐渐减弱,原有的鲜艳和简朴特征差不多暗淡起来和分裂开来。在酒神节的狂欢祭祀中,原始神话和宗教仪式由于其相对的封闭性和特殊的心理而最难以分化,最富有生命力,最坚忍不拔。(Иванов 1994b:270)在我们看来,伊万诺夫所说的回归到"原始形式"或"原始神话",实质上是将悲剧视为英雄叙事的回归,因为神话中从来都是以英雄或英雄的行为为叙事主线的,古希腊神话尤其如此。

　　总之,从符号学角度看,伊万诺夫的"象征主义"符号观不仅蕴含着深邃的思想内涵,更有其独特方法论的意义。他对古希腊神话和宗教仪式的审视,既有俄罗斯思想家和文学家所固有的东方经验主义的体验性,又不乏西方唯理主义的理性。尤其是其在史学研究中所阐发的"象征性行为""自觉象征主义"

"二律背反身份""狂欢化"等思想，不仅代表着那个时期俄罗斯符号学研究中文化—历史主义范式的最高成就，也对当代文艺学、文化学、符号学和语言学研究具有重要的启迪意义。

第 2 节　心理学流派中维果茨基的"文化—历史心理学"理论

在当今世界哲学和人文社会学界，尤其是西方文艺美学、认知学和认知语言学界，被誉为"俄罗斯心理学之父"（отец-основатель русской психологии）的维果茨基的"文化—历史心理学理论"（культурно-историческая теория в психологии）学说可谓"有口皆碑"，甚至享有"如雷贯耳"的崇高学术声誉；而在俄罗斯国内学界，他的上述理论学说则被公认为俄罗斯心理语言学的"三大学理基础"之一。[12] 可见，维果茨基在国内外的学术影响力非一般学者可以比拟，也可以与享有世界声誉的俄罗斯语言学家雅各布森、符号学家洛特曼和文论家巴赫金等齐名。

2.1　文化—历史心理学理论的形成背景及思想特质

维果茨基的文化—历史心理学理论成型于 20 世纪 20—30 年代，这正是苏联人文社会科学发展的繁荣时期，也是马克思主义的意识形态即辩证唯物主义和历史唯物主义在人文社会学科领域占据绝对主导地位的时期。1926—1927 年间，维果茨基在患肺炎住院期间撰写了一篇短文，该文在 1982 年首次发表时冠名为《心理学危机的历史意义：方法论研究》（«Исторический смысл психологического кризиса：Методологическое исследование»），被学界公认为是文化—历史心理学理论的"宣言"。另外还有三部标志性的著作：一部是 1925 年完成的副博士论文《艺术心理学》（«Психология искусства»），另一部是于 1934 年出版的《思维与言语》（«Мышление и речь»），第三部是 1960 年出版的文集《高级心理机能的发展》（«Развитие высших психических функций»）。令学界多少有点匪夷所思的是，《艺术心理学》直到 1965 年才第一次出版，而《思维与言语》也直到 1962 年才第一次被翻译成英文出版。这一境况似乎与维果茨基在国际学术界的崇高地位不相符合。但事实就是如此。可以肯定的是，维果茨基赢得世界性声誉和在俄罗斯国内学界开始享有著名学者身份的时间并非在 20—30 年代,而是在 60 年代以后。这一方面要归因于俄罗斯著名心理学家卢利亚(А. Р. Лурия,1902—1977),是他在各种国际学术会议上以"维果茨基学生"的身份介绍其按照维果茨基的文化—历史心理学理论构想所做的一系列实验成果。现有文献也表明,"文化—历史心理学"的概念和术语并非维果茨基本人提出,而是由学生卢利亚在 1974 年出版的《论认知过程的历史发展》(《Об историческом развитии познавательных процессов》)和 1976 年出版的英文版《认知发展:文化和社会功能》(Cognitive development:its cultural and social foundations)两部著作中最先提出来的,并得到世界学界的一致认可。(见 Лурия 1974,Luria 1976)因此,学界也把文化—历史心理学称为"维果茨基—卢利亚文化—历史心理学"(культурно-историческая психология Выготского-Лирия)(见 Фрумкина 2006)。另一方面还要归因于当代俄罗斯著名符号学家伊万诺夫(Вяч. Вс. Иванов,1929—2017)。他作为具有世界影响的塔尔图—莫斯科符号学派(Тартуско-московская шлола)的代表人物之一,于 20 世纪 60 年代初起,将维果茨基的文化—历史心理学理论视为俄罗斯符号学领域的一个重要方向或流派来加以研究和推广,其成果在 1976 年出版的《苏联符号学史概论》(《Очерки по истории семиотики в СССР》)中有比较详细的论述和评介(见 Иванов 1976)。三是得益于苏联 80 年代初出版并由卢利亚等学者担任责编的六卷本维果茨基文集,它们分别是:《心理学的理论和历史问题》(《Вопросы теории и истории психологии》)(1982),《普通心理学问题》(《Проблемы общей психологии》)(1982),《心理发展问题》(《Проблемы развития психики》)(1983),《儿童心理学》(《Детская психология》)(1984),《儿童缺陷学基础》(《Основы дефектологии》)(1984),《学术遗产》(《Научное наследство》)(1984)。这是俄罗斯心理学史上第一次完整地将维果茨基的文化—历史心理学理论学说整理成卷出版。在这些文集中,不仅收录了已经出版或发表过的相关著述,更有相当数量的著述是维果茨基身前并没有发表的或并未完成的片段,因此,该系列文集的出版具有重大的学术价值,不仅在世界范围内掀起了一股"维果茨基研究热",更让世界学界领略了俄罗斯心理学在初创时期的理论精华和思想特质。

　　"文化—历史心理学"(культурно-историческая психология)也称"人的发

展心理学"（психология развития человека），其学理内核是所谓的"活动论"（теория деятельности）。维果茨基运用马克思主义的唯物史观，一方面对西方古典心理学在方法论上所面临的种种危机进行了深刻的分析和揭示，认为无论是心理分析、行为主义、经验主义还是主观心理学等，都在自身的发展中存在着种种缺陷，无法建构起新的关于"人学"（наука о человеке）的"普通心理学"（общая психология）的有效机制，因此是"没有心灵的心灵学说"（учение о души без души）。其内部的矛盾性集中体现在：一方面描写性的心理学注重的是描写和理解，它把概念的分析作为对象；而解释性的心理学又并非以"精神科学"（наука о духе）为基础，它建构的是具有决定论性质的"刑事法"（уголовное право），而不允许有自由度，也不容忍出现文化的问题；另一方面，维果茨基对苏联心理学在研究方法上的成就及不足进行了全面审视和总结。他在批判地吸收巴甫洛夫（И. П. Павлов，1849—1936）、别赫杰列夫（В. М. Бехтерев，1857—1927）、卡尔尼洛夫（К. Н. Карнилов，1879—1957）等本国心理学家的相关理论后，得出结论认为，心理学研究必须采取辩证的和唯物主义的方法，并只有实现与社会文化发展的土壤相结合，与人的科学认知的普遍条件和规律相结合，与客观现实的要求相结合，才会具有生命力。（Выготский 1982a：292—436）分析和总结世界心理学危机的成因，使维果茨基发现了方法论的重要意义，为此他把自己的研究视角定格在"心理学发展的文化—历史观"（культурно-историческая концепция развития психологии）方面，以区别于当时盛行并陷入危机中的自然主义心理观和生物遗传决定主义心理观。正如有学者指出的那样，维果茨基是以一种特别的视角进入心理学研究领域的，这与当时的多数苏联心理学家的视角不同：他一方面深谙创建一门新的客观心理学的必要性，因此在研究艺术心理学时就特立前行；另一方面，由于他的初始兴趣在于艺术作品的感知所引起的人的高级情感方面，因此对 20 世纪初世界和苏联心理学现实存在的缺陷（行为主义、心理反应学、生理反射学等）难以容忍……心理学客观主义方向上的不足主要在于不能等值地研究意识现象，而维果茨基就是 20 年代苏联心理学界中最为积极主动参与到对意识作出新解释的斗争之中的学者之一。（Леонтьев 1960：15）这表明，维果茨基的文化—历史心理学注重的是关于人的心理发展问题，其思想特质集中体现在从历史和文化的双重角度，对人的意识或精神的形成机制以及艺术作品的心理美学等两个方面作出合乎辩证唯物主义和和历史唯物主义的科学解释。也正是上述两个方面,彰显出维果茨基对人的心理符号和艺术符号的独特理解。

2.2 "人的活动论"中的符号学思想

作为"人的发展心理学",文化—历史心理学理论所关注的根本问题是关于人的心理发展问题,其理论核心是围绕高级心理机能基础上的所谓"活动论"(теория деятельности)展开的,即把言语看作活动的聚合体,并将作为心理学研究对象的"言语事实"(речевой факт)置于活动框架中加以审视。关于人的活动论思想,集中反映在《思维与言语》这部专著以及 1960 年出版的《高级心理机能的发展》(«Развитие высших психических функций»)文集中。主要有以下重要观点:

1)心理是人的机能和特性,人的心理是社会的,因此对人的心理特点,既不能从人的生物学角度,也不能从人的精神的自主规律角度,而只能从人类历史和社会历史视角去探索。

2)人的活动,与直接受环境(世界)制约的动物的行为不同,是通过社会生产的并由具有社会意义的劳动工具系统和心理学工具系统实现的。

3)人与动物的区别,表明人具有一套特殊的行为系统,即受社会、文化、历史发展规律制约的人的高级心理机能。

4)符号作为心理活动的工具源自心理之外,因为对人来说,新的特殊的心理过程结构最初是由人的外部活动形成的,之后才转化为人的内部心理过程结构。也就是说,人的外部行为形成人的意识,意识产生思想,思想的言语表达要经过双重的间接过程:在外部以符号为中介,在内部以意义为中介。

5)意义是人类社会经验和社会实践结晶化的理想的精神形式。社会的整个认识过程、社会的科学以及语言本身等,都是意义系统。人在社会化过程中掌握的是精炼过的意义,这是意义的外部和社会的方面,同时也是心理学现象。每一个词语都是隐含着的概括,从心理学角度看词语的意义首先就是"概括"(обобщение)。

6)词语与思维、言语与思维的关系是动态和变化的过程,意识和思维有两个层级——为了意识的意识和意识中的存在,这就决定了言语同样也具有两个层级——内部语义和外部形态。由于概念的机能及其在高级心理机能中的作用,就形成了"内部言语"(внутренняя речь),即一种心理本质上的特殊形成物和一种特殊的言语活动形式。(见 Выготский 1960,1982b:5—361)

由上不难看出,维果茨基有关人的活动论思想是建立对西方和俄罗斯传统心理学方法论的批判基础上的,并积极吸收和发展俄罗斯的文化传统,试图用意识—文化—行为的"三位一体"假设来替代当时俄罗斯心理学界普遍认同的意识—行为的"两位一体"的反射学理论,从而对俄罗斯心理语言学的最初范式——"言语活动论"(теория речевой деятельности)的学理构建起到了十分重要的支撑作用。尤其是其提出的"内部言语"的思想,不仅符号学的意味十足,同时也鲜明地昭告着文化—历史心理学理论的价值取向就在于揭示人的言语与意识之间存在的内在机制。正如维果茨基所说,《思维与言语》一书要解决的中心任务就是对思想与词语之间的关系进行"发生学分析"(генетический анализ),以在实验研究之前就对思维与言语的发生学根源作出理论解释。(Выготский 1982b:7)应该说,这一思想对俄罗斯心理学的发展走向乃至语言学的研究都颇有影响。把并不具有交际功能的"内部言语",作为审视对象,其实质就是对语言意识形成机理的一种科学探索,因此具有语言认知的性质。当代俄罗斯心理语言学的发展正是朝着这一方向不断前行的,并取得丰硕的理论成果。但维果茨基的上述思想,只是勾勒出活动论的总体框架,其完整的学理体系则是由苏联时期最具盛名的心理学家"老列昂季耶夫"(А. Н. Леонтьев,1903—1979)完成的。[13] 他在维果茨基提出的文化—历史心理学理论的框架内对上述活动论构想进行有效补充和完善,从而使活动论成为举世闻名的俄罗斯心理学的最初范式。

7) 活动是人的个体存在的"克分子单位"(молярная единица),不是存在的成分,而是具有完整系统和多层级组织的单位。任何事物性的活动都有目的,并在动机中得以具体化。真正的也是唯一的活动单位是"活动行为"。人的活动是作为"行动"(действие)或"行动链"而存在的,没有行动,就无任何活动可言。

8) 活动是一个高级动态系统,在该系统中常常发生"转换":活动行为如丧失动机,就转换成了对世界采取另一种态度的行动,即另一种活动;相反,行动可以获得独立的动力而成为活动行为,行动也可以转化为开始实现不同目的的程序等。

9）活动可按其外部特征、物质特征、内部特征、理论特征等分为不同的形式。活动的内部和外部形式是相互关联的，并在"内化"（интериоризация）和"外化"（экстериоризация）过程中实现相互转换。

10）言语活动与劳动、游戏及认知等活动不同，具有一定的抽象性。它存在于单独的言语行动的形式中，并为其他类型的活动提供服务。只有当言语具备自身的价值，只有当除了用言语方式而用别的方式无法实现言语动机的情况下，才能产生言语活动。（见 Леонтьев 2005：61—65）

从方法论看，"老列昂季耶夫"的活动论思想与美国的第一代和第二代的心理学理论并无原则的区别，都是要解决人的心理"决定论"问题。但解决的路径却不相同：美国的新行为主义采取的是"刺激物→主观感受"这样的路径，既"刺激—反应"或"客体—主体"公式，把人的心理表征看作是对外部刺激物的直接反应；而"老列昂季耶夫"活动论的解决路径是"主体—活动—客体"，把心理表征解释成对主体作用的结果，这个"作用"就是把主体和客体连接起来的环节——"活动"。这与维果茨基提出的"意识—文化—行为"心理学模式是完全一致的。

需要特别指出的是，尽管维果茨基提出的人的活动论思想在内容上还不够完整和精细（后经"老列昂耶夫"和卢利亚等学者加以完善补充和实践论证），甚至连使用的术语也与当代心理学的有较大不同，但就其性质而言却可归入"第三代心理学"——认知心理学的范畴，这在时间上较之西方相关新兴学科的诞生早了近 30 年的时间；另外，上述关于人的活动论思想，其审视的核心内容除了文化—历史对人的心理机能的作用外，言语符号对人的思维或意识的建构作用也被摆到了空前重要的位置，因此，该思想又具有鲜明的当代认知符号学的性质。

2.3　"艺术心理学"中的符号学思想

维果茨基的《艺术心理学》完成于 20 世纪 20 年代中期，这不仅是苏联心理学的成型期，也是苏联艺术学的起步阶段。当时，占中心地位的心理学研究由莫斯科大学的心理学研究所主导，该所领军人物的学术思想带有明显的唯心主义的性质。因此，《艺术心理学》在一定程度上是试图用马克思主义的历史唯物主义改造唯心主义心理学说的产物，也是维果茨基本人正式步入科学心理学的殿堂并最终创立起文化—历史心理学派的最初思想构架。

归纳起来,维果茨基的艺术心理学包含着以下几个方面的重要思想:

1) 艺术心理学研究的对象问题。维果茨基认为,语言、风俗、神话、宗教体系等并不是艺术心理学的研究对象,而是社会心理学或民族心理学的研究范围,因为它们都是社会心理活动的结果,而不是其过程。(Выготский 1968:27)换言之,艺术心理学是研究个体的心理活动过程的,因此,其对象应该是能够充分反映心理活动过程的文艺作品,即从心理学角度来审视寓言、小说、戏剧等,以期通过对文艺作品结构特点的分析,来揭示其所引起的普遍心理反应。为此,维果茨基在《艺术心理学》一书中辟出专门的篇幅——"美学反应分析"(Анализ эстетической реакции)来对寓言、短篇小说以及喜剧和悲剧等艺术体裁进行较为深入的心理学分析,内容涉及艺术的结构、风格、手法、情节、功能等诸多方面。

2) 艺术心理学研究的取向问题。应该说,《艺术心理学》一书并没有将注意力集中在当时文艺学界盛行的"形式主义"(формализм)、"象征主义"(символизм)、"未来主义"(футуризм)等流派的争论上,而是"提出了一个带有更具普遍和广泛意义的主要问题:是什么使作品有了艺术性,是什么使作品变为了艺术创作"。(Леонтьев 1968:6—7)可见,该著作确定的研究视阈与俄罗斯形式主义(Русский формализ)的代表人物之一雅各布森的思想有很高的契合性,他于1921年出版的《当代俄罗斯诗歌:第一次素描——走进赫列勃尼科夫》(«Новейшая русская поэзия. Набросок первый: Подступы к Хлебникову»)一书中提出了"文学性"(литературность)的重要思想,该"文学性"指能够使某作品成为文学作品的特殊成分或特质,即文学作品的"美学性"(эстетичность);而维果茨基在本书中所要探讨的"主要问题"也正是基于这一取向,用他的话说,艺术心理学要探讨的是"艺术是否可以对人产生影响的些许心理学规律"。(Выготский 1968:37)

3) 艺术心理学研究的方法问题。维果茨基在《艺术心理学》一书中,对当时学界普遍采用的几种心理学方法进行了集中的梳理和审视。他认为,现代美学的分水岭是心理学,因而可将美学分为"心理学美学"(психологическая эстетика)和"非心理学美学"(непсихологическая эстетика)两种,它们又可分别称为"形而上美学"(эстетика сверху)和"形而下美学"(эстетика снизу)。[14]前者从"灵魂的属性"(природа души)和形而上学的前提或思辨的结构中汲取定律和论据,并将美学归入一种特殊的存在范畴;而后者则变成了许多粗浅的实验,以用来解释最为基础的美学关系。(Выготский 1968:22)在他看来,上述两大美学的科学依据和方法都是错误的,因此已经陷入了深刻的危机之中,而摆脱危机的唯一出路在于彻底改变研究的原则和提出新的方法。据此,他表达了如下观点:一是艺术要成为科学研究的对象,就必须将艺术视为社会生活的功能之一。换言之,不能脱离开艺术与其他社会生活领域的紧密联系以及具体历史条件来谈艺术的研究;二是艺术作为一种十分特殊的意识形态形式,它与"人的心理阈"(область человеческой психики)有关。因此,想要搞清楚艺术的独特性,搞清楚艺术及其活动与其他意识形态形式之间的区别,就必须对艺术作心理学的分析;三是只有马克思主义心理学才能对艺术作出正确和客观的分析,也只有"个体心理学"(индивидуальная психология)才能够成为马克思主义心理学,因为与之对立的"社会心理学"(социальная психология)则是意识形态的"结晶体"(кристаллы);四是艺术心理学研究首先要对艺术的心理学问题之本质及其范围有十分清晰的认识,还需要将艺术的心理学问题和艺术的社会学问题区分开来。而现有的艺术的心理学研究呈现出的两个方向——或者依据作品所体现的心理来研究创作者的心理,或者研究观众、读者对作品的体验等,都是不完善的;五是艺术心理学应该有新的方法,那就是"客观分析法"(объективно аналитический метод),即尝试不是把作者和观众,而是把作品本身作为研究的基本对象。该方法的基本思路是:从文艺作品的形式出发,通过对形式成分和结构的功能分析,来重构美学反应和确立美学反应的一般规律。(见 Выготский 1968:21—40)为此,维果茨基在《艺术心理学》一书中专门辟出篇幅——"美学反应的分析"共四个章节,对寓言、小说、戏剧等结构形式做了功能方面的客观分析。

4)艺术的净化手法问题。在维果茨基的《艺术心理学》一书中,第九章是专门用来讨论艺术的"净化"(катарсик)问题的。维果茨基是将净化作为艺术的一种手法来审视的,这与古希腊哲学家亚里士多德(Аристотель,公元前384—前322)对净化的解释有所不同,因而成为学界关注的热点之一。有关净化手法的思想,主要表达了下列些许观点:一是尽管艺术心理学涉及理论心理学中的三种学说,即"感知学说"(учение о восприятии)、"情感学说"(учение о чувстве)和"想象学说"（учение о воображении），但实际上后两种学说对该学科的影响最大，然而，不无遗憾的是，情感学说和想象学说并没有建立起完备的体系；二是现有的两种美学情感理论（一种认为艺术情感是由外部世界引发的，如蓝色使人安静，黄色使人兴奋等；另一种认为情感是从人的内心深处升起并"移情"（вчувствование）于艺术作品的），都无法解释情感与感知客体之间的内在联系问题，对此，必须依靠对情感与想象（幻想）之间的联系作出解释方能实现；三是艺术情感有别于一般情感，它是由异常强烈的想象（幻想）活动所决定的一种情感……艺术是"中心情感"（центральная эмоция）或主要由大脑皮层决定的情感，因此，艺术情感是"智力情感"（умные эмоции）；四是任何艺术作品（包括寓言、短篇小说、悲剧等）都包含着"激情矛盾"（аффактивное противоречие），都能引起相互对立的"情感列"（ряды чувств），并导致这些情感列发生"短路"（короткое замыкание）和走向毁灭，艺术作品的感染力在于其结构的"逆向情感"（противочувствование）运动，净化的概念即来自于此……所谓净化，是指一种复杂的情感转换，即通过某种舒缓、毁灭等手段使一种激情转变为另一种相反的激情，美学反应本身实质上就归结为这种净化；五是尽管我们对艺术的净化过程尚知之甚少，但可以了解其最为本质的东西，那就是：舒缓神经能量通常是在相反的方向上实现的，艺术就是舒缓神经能量最合适和最重要的手段，而一切艺术作品结构所拥有的矛盾性就构成了上述净化过程的基础；六是任何一个艺术作品都会融化在形式和内容之间的舒缓中，艺术家正是用形式达成了毁灭内容的效果。（见 Выготский 1968：249—274）由上可见，维果茨基所谓的净化，实质是对艺术美学功能的生成和理解所作出的一种心理学假说，这在当时的苏联心理学界无疑是一种全新的设想。

最后需要补充说明的是，维果茨基所构建的艺术心理学，是建立在人的思维能动性基础上的，其目的是想通过对艺术作品的结构特点的分析，来重构由艺术本身引发的美学反应和内部活动结构。在他看来，艺术的本质与功能并非在于其形式本身，因为形式不可能独立存在，也不具备所谓的"自价值"（самоценность），形式的真正意义在于其改造的材料，即在艺术作品的内容上赋予材料以新的生命。从这点上讲，维果茨基的艺术形式思想与"俄罗斯形式主义"的主张完全不同：他对艺术作品结构的分析并非是纯艺术形式的，而是结合艺术内容的。这是因为，在维果茨基眼里，内容并不是艺术作品的材料，也不是故事情节,而是使作品成为艺术性或决定艺术作品特性的东西。从研究对象的"个体心理活动过程"到研究取向的"艺术性",再从研究方法的"功能分析"到研究手法的"净化",几乎每一个方面中的每一个要素都无不充满着把艺术(文艺作品)视为一种特殊的心理符号加以审视(包括定义、定位、描写和阐释)。这便是文化—历史心理学理论本身所蕴含并逐一展示的符号学意义之所在。

第3节　阐释学流派中什佩特的"阐释符号学"思想

什佩特作为一名哲学家,曾任俄罗斯国家艺术科学院副院长(1923—1929),对阐释学、语言哲学、现象学、美学、艺术学等都有较深入的研究。他在斯大林时代曾两次被捕(1935,1937),去世后恢复名誉。作为莫斯科语言学小组成员,他是俄罗斯学界最先使用"符号"(знак)和"符号学"(семиотика)术语的学者,因此,被学界公认为俄罗斯符号学的最早创立者之一。

什佩特对符号学的兴趣,主要源自历史学。他试图用阐释学的方法来构建历史学的完整方法论体系,以使其成为一门精确科学。由于他曾师从于德国哲学家、现象学奠基人胡塞尔(Э. Гуссерль,1859—1938),因此其阐释学思想具有鲜明的阐释符号学的性质。也就是说,作为俄罗斯学界第一位将现象学哲学与阐释学方法结合起来对历史学、文艺学进行研究的学者,他的思想遗产主要集中在对文字史料尤其是"话语/词"(слово)的意义理解和阐释方面。[15]

什佩特的阐释符号学思想主要阐发在 20 世纪 20—30 年代的相关著述中,其中影响比较广泛的有《历史科学逻辑的最初尝试》(«Первый опыт логики исторических наук»)(1915)、《作为逻辑问题的历史学》(«История как проблема логики»)(1916)[16]、《意识与意识的拥有者》(«Сознание и его собственник»)(1916)、《阐释学及其问题》(«Герменевтика и её проблемы»)(1918)、《赫尔岑的哲学世界观》(«Философское мировоззрение Герцена»)(1921)、《俄罗斯哲学发展概论》(«Очерк развития русской философии»)(1922)、《美学片断》(«Эстетические фрагменты»)(1922—1923)、《作为艺术的戏剧》(«Театр как искусство»)(1922)、《现代美学问题》(«Проблемы современной эстетики»)(1922)、《词的内部形式》(«Внутренняя форма слова»)

(1927)、《民族心理学导论》(«Введение в этническую психологию»)(1927)等。20 世纪 80 年代起,俄罗斯学界开始整理出版什佩特的相关哲学著述:有的重新发表,有的以"文集"(«Сочинения»)形式出版(1989)。特别是 1989、1990、1991 年,他一生中最重要的著作《阐释学及其问题》(«Герменевтика и её проблемы»)片段先后在《语境》(«Контекст»)杂志连载[17],在学界引起热烈反响,被公认为俄罗斯阐释符号学的经典之作。

3.1　阐释符号学思想的学理指向

下面,就让我们走进俄罗斯符号学史,简要地领略一下文化—历史主义范式中不可或缺且别具一格的什佩特的阐释符号学思想。

1) 面向历史的"话语"符号思想。早在 1915 年,什佩特就用"符号"一词来称谓"历史性事实"(факты исторического порядка),认为历史研究中的"考察"就是一种"值得阐释的符号"。(见 Почепцов 2001:103)这表明,什佩特是从历史学进军符号学领域的,这不仅与俄罗斯形式主义者从文艺学走向符号学不同,也与索绪尔(Ф. Соссюр,1857—1913)、皮尔斯(Ч. С. Пирс,1839—1914)分别从语言学和逻辑学进入符号学的方法有别。1922 年,什佩特在《作为逻辑学研究对象的历史学》(«История как предмет логики»)一文中尝试用符号的概念对历史学进行阐释。他写道:作为科学的历史学只有一种认识来源——话语。话语是形式,史学家正是在该形式下找到必须对其进行科学审视之现实内容的。因此,话语是史学家走向各自研究对象的符号,历史学对象的特殊内容就构成了符号的意义或意思。(Шпет 1988:302—303)在分析上述原因时,他认为,史学家之所以把话语看作符号,首先是出自对该符号意义的兴趣,因为话语能给史学家提供社会事件、关系、状况和变化等方面的各种"信息"(сообщение)。[18]关于信息,什佩特对该术语的界说也十分精辟。他认为,信息是社会交际的基本事实和条件,研究信息是历史科学的基础;信息的概念表达着一种相互关系,这种关系需要用说者与听者、作者与读者、权威与认可、拓荒者与继承者等相对应的术语来表示。(Шпет 1988:317)不难看出,上述话语完全是阐释符号学性质的,甚至可以被视为现代符号学理论的高度浓缩:我们从上述表述中清晰地看到了当代符号学理论的基本原理,即"符号—事物—说话人—说话人意向"之间的相互关系。此外,我们还发现,雅各布森在 1975

年出版的《语言学与诗学》(《Лингвистика и поэтика》)一书中对上述思想作了进一步的发展,从而构建起基于言语交际的符号学模式。(见 Якобсон 1975：198)

2)面向意义的"词语"符号思想。什佩特的阐释符号学思想,还集中体现在从阐释学角度对词的"意义"(значение)和"意思"(смысл)所作的阐释中。早在 1918 年,他就在《阐释学及其问题》的书稿中提出[19],阐释学的生成只有在有意识地认识到作为交际符号的词的作用时才能实现。(Шпет 1989a：232)在他看来,阐释学有两个基本发展方向:一个是承认阐释的"多义性"(многозначность),另一个是导致阐释的"单义性"(однозначность)。前一个方向将词视作需要解释的符号:词指涉该符号的事物、现象以及事物间的客观关系,而这种关系又与说这些事物的人相关联,这一切都需要通过阐释的方法来揭示;后一个方向词指涉的仅仅是说话人的意向、愿望和认识,因此阐释可以不受约束,甚至可以是任意的,如同说话人可以给自己的话语随意地加入任何一个意思或许多意思一样。(Шпет 1989a：234—235)那么,如何来确定阐释的"单一性"或"唯一性"(единственность)呢?什佩特提出用区分意义和意思的方法来加以解决。为此,他把词典中所记录的某词的"多义集"(многозначный набор)视为意义,而把在一定语境中生成的唯一理解看作意思。他说,当我们看见一个符号有两个意义时,实际上见到的是两个不同的符号(Шпет 1989a：239);词只有在其未被用来表达意义之前,或我们还不清楚用它来表示某意义之前才具有多义性。尽管可以认为,使用同一个词可以达成两个或更多的符号化的目的,但很显然的是,揭示这些目的靠的并不是对意义的分析,而是对作者意图的分析,因为作者意图可以有自己的修辞形式(寓喻、拟人、寓言等)。对词义作出解释是阐释学的任务,因此,不仅要考虑到意义本身,还要关注词的使用形式的多样性,如词使用者的心理等。(Шпет 1990：226)由上不难发现,什佩特对意义和意思的区分是基于阐释学的交际视阈的,这与语义学尤其是文化语义学中对该两个概念的界说有很大不同,甚至完全相反:后者认为词的意义具有客观性和确定性,而意思则具有一定的主观性和不确定性。

3)面向审美的"文化"符号思想。什佩特在 1922 年出版的单行本《美学片断》中[19],从美学角度对交际中话语所体现的文化符号之特性进行了阐释。他指出,话语不仅是自然现象,同样也是"文化原则"(принцип культуры)和

"文化原型"（архетип культуры）；文化崇拜智力，而话语体现智力；话语是一种"独一无二的符号"（знак sui generis）。[20] 但并非所有的符号都是话语，还有征兆、指令、信号、标记、记号等其他符号。（Шпет 1989b：380）在什佩特看来，话语符号与其他符号的最大不同就在于：它在文化中占据着中心的地位，甚至可以等同于文化符号。究其原因，什佩特作了如下论述：在符号学领域，作为符号的话语理论属于形式主义本体论或指称理论的任务。话语可以履行任何其他符号的功能，其他符号也可以担负话语的功能。对任何空间和时间形式、任何体积和长度的感性知觉都可以视为符号，因此，它们也可以被看作"明理性符号"（осмысленный знак）和话语。（Шпет 1989b：381—382）这一段论述表明，正是由于话语所具有的其他符号所没有的阐释功能，才使其成为文化的承载者和体现者。除上之外，什佩特还从结构美学的角度对文化的特质进行了审视。他指出，精神和文化的构成具有结构的性质，甚至可以说精神和文化本身就是结构的；结构应该不仅与复合物（无论是可以具体分割的还是被切分为抽象成分的）有别，也与组合料（可以对其中的任何一个部件进行拆解而不改变其整体性质的复合件）不同。结构只能分解为自我封闭的新结构，对这些新结构进行反向的组合便可以复原初始的结构；话语作为"现存的实在"（сущая данность）并非自身就是审美的对象。应当分析该实在的形式，以在其结构中寻找到符合审美要求的方面。这些方面就构成了话语的审美对象。（Шпет 1989b：382—283）在这里，什佩特不仅把话语看作是一种文化符号，而且还进一步把文化视为结构性单位，认为正是由于话语的形式和文化的结构成分才具有审美的价值。显然，这种从话语的文化功能和文化的审美功能视角所阐发的思想，是阐释符号学的重要特点之一。

4）面向心理的"语境"符号思想。在《美学片断》等著述中，什佩特还从心理学视角将符号尤其是话语符号置于"语境"（контекст）中加以观察，突出语境对符号理解的重要作用。他首先区分了"自然符号"（естественные знаки）和"社会符号"（социальные знаки）的概念，认为人在心理或心理生理上表现出的某种情感（如喊叫、害怕、恐惧等）并不表达意思，而只是心情或状态的一部分，充其量也只是一种征兆，因此它们属于"第二范畴符号"（знаки второй категории）即"自然符号"范畴；他提出符号的理解不能脱离开语境的思想，认为要理解话语，就必须将其置入语境和一定的交谈范围之中。（Шпет 1989b：

427—428)在他看来,孤立的话语严格意义上讲是没有意思的,它并非"逻各斯"(логос)。尽管孤立的话语已经是交际的工具,但它还应该成为交际的话语。(Шпет 1989b:389—390)值得一提的是,什佩特还在 1927 年出版的《词的内部形式》(《Внутренняя форма слова》)一书中将上述"语境"思想升华到"作者个性"(личность автора)的高度加以阐释。他写道:我们想把分析"主体"(субъект)本身作为研究的对象[21],即作为一种客体,也就是"社会事物"(социальная вещь),不是仅仅作为一种手段,而是作为一种符号和"符号携带者"(носитель знака);主体的人是以某表达者、代表、"例证"(иллюстрация)、普遍意义内容的符号以及具有意思的话语(最广义的每一个社会文化现象之原型的象征意义)的形式出现的。如,凯撒就是凯撒主义,列宁就是共产主义的符号、话语、象征和表达者等。(Шпет 1927:189,200)在什佩特眼里,要了解作者个性,只有通过作者的话语才能实现。他在《美学片断》中写道:我们可以透过每一位作者的话语听见其声音、猜出其意思、料想其行为。话语完好地保存着所有意义,但我们所感兴趣的,似乎只是其中的某一个特殊的、具有自身隐秘形式的"隐秘意思"(интимный смысл)。话语的意义伴随着一种"共同义"(со-значение)(Шпет 1989b:470)。此外,他还认为话语符号不仅能够将我们引向客体,同时还具有补充的意义。如,他在 1927 年出版的《民族心理学导论》(《Введение в этническую психологию》)一书中写道:美学心理学的范围可以通过对某符号系统的了解而知晓,因此,其研究对象也只有通过对这些符号的解码和阐释而明了。这些符号不仅是事物的标记,也是事物的信息。可见,相关事物的存在并不会受到纯符号现象的制约,或者说,我们所使用的符号,不仅可以用来指示事物,还可以用来表达其他的意义……该意义不是别的,而是对相关对象及其内容的揭示,这就是通向精确确定美学心理学的对象之路。(Шпет 1989c:514)以上可以看出,什佩特面向心理的"语境"符号思想是将"话语——语境——个性"链接在一起的,语境作为这一链条上的核心,由话语的形式引发,并上升为话语作者的个性。在这里,语境不仅是话语形式存在的必备条件,更是生成话语内容的唯一路径。他的这一思想着重对话语意义生成和理解的条件作出了心理学的阐释,因此与俄罗斯形式主义者只注重形式的思想完全不同,从而为当代的"语言个性理论"(теория языковой личности)提供了借鉴,同时也为塔尔图—莫斯科符号学派(Тартуско-московская

семиотическая школа)创立闻名于世的"文化符号学"(семиотика культуры)
理论提供了方法论。

　　5)面向艺术的"象征"符号思想。什佩特在《美学片断》《作为艺术的戏
剧》等著述中,从阐释学方法论出发对艺术中的象征问题进行了多维度考察。
一是区分了"象征"(символ)与"寓喻"(аллегория)。他在《美学片断》中写道:
寓喻是偏重理性的和虚构出来的,而象征是创造性预言和无止境的;寓喻具有
神智性,象征具有神秘性;尽管象征完全是约定俗成的,但它是"话语意义上
的"(в смысле слова)。作为其他话语符号的符号,该符号可以直接(或隐喻
上)对事物(过程、特征、行为等)进行称名。因此,象征是"独一无二的假设"
(sui generic suppositio)。正因为如此,话语才成为各种艺术的"初始形态"
(прообраз);也正因为如此,象征的结构才那样丰满异常,并成为各种美学的
对象。艺术是现实的态式,而话语则是这一现实的原型。(Шпет 1989b:358)
这是什佩特从美学角度对象征概念所作的界说。显然,这样的界说并不是文
艺学的,而是阐释符号学的。二是对戏剧的"象征性"(символичность)作了具
体分析。首先,什佩特认为戏剧动作与其他现象不同。他把戏剧视为一种"程
式化"(условность)和象征性的动作,一种符号,一种并非自身真实存在的东
西,一件并非简单的复制品。程式化问题其实就是戏剧的问题(Шпет 1989d:
77);其次,他对演员的程式化即作用问题进行了考察。尽管在他看来,剧本的
艺术优长丝毫也决定不了演员表演及一般意义上的戏剧表演的优长,而毫无
艺术优长的闹剧即便有天才的表演也无法成为富有诗意的杰作,然而,演员在
话语表演方面的创造性作用却是毋庸置疑的,因为在写好的剧本中,动作是一
个需要由演员来填补的空白点,在这里演员的艺术并非是次要的或重复性的
动作,而是头等重要的真正艺术。(Шпет 1989d:78—79)他坚持认为,演员在
表演中会在嗓音、语调、朗诵、手势、面部表情、体态、话语等诸方面对其本人的
文本材料进行创作上的定型,这种完型是演员对剧中人物的程式化塑造,而不
是对某现实主体的复制,演员是在创造着自我想象中的人物。(Шпет 1989d:
85—86)总之,在什佩特眼里,戏剧的象征性集中体现在舞台动作上,它并不是
现实的动作,而是一种假设中施行的动作,因为美学现实是一种"与世隔绝的
现实"(отрешенная действительность),而不是自然主义和实用主义的现实。
(Шпет 1989d:88)

6）面向作品的"整体性"符号思想。文艺作品的形式与内容的关系问题，历来是文论研究中所关注的核心问题之一。对此，作为哲学阐释学家的什佩特有自己独到的见解。他从逻辑思辨的视角对文艺作品的形式与内容的关系作了符号学阐释。他认为，作为术语的形式与内容具有关联性，这不仅表明两个术语之间彼此缺一不可，还意味着出自低等级的形式就是为了高等级的内容而存在的，更昭示着我们深入形式越多，内容就会越少，或者相反。在理念上，可以说形式与内容同一。对于一位初出茅庐的研究者而言，其进入的形式系统越复杂，形式积淀得越多，对内容的理解就越深刻。科学的进步就是允许每一个内容进入形式系统；诗学的进步就是允许每一个对象进入关系系统。内容的尺度就像其形式，它决定着我们的分析所要深入的程度。（Шпет 1989b：424—425）以上话语中表明，什佩特对形式与内容之关系所作的逻辑思辨是建立在辩证唯物主义的对立统一基础上的，它体现了符号的整体性思想，这与当时主流意识形态相一致，但与文艺学领域中的形式主义范式学说思想相背离。此外，他对形式与内容的逻辑思辨还集中体现在对"情节"（сюжет）在文艺作品中的核心作用所作出的相关阐释中。总体上看，什佩特对情节问题的认识与俄罗斯形式主义代表人物的思想基本相同，认为情节在文艺作品中的作用举足轻重。他写道：情节在最简单的传播中，其自身就展现着犹如诗歌形式般的"形式把戏"（игра форм）。我们在这里可以见到排比、对比、转换、环节链等。事实上，内容装出一副形式的样子，材料的作用对该形式而言担负着通常可称为情节诗歌中的"主题"（мотив）的作用，而对各种内容、成分而言大致也是如此。用成分来构筑内容的方式，是将"原子"（атом）材料组成"分子"（молекула）的图式。在这一动态过程中，在"事物意识"（предметное сознание）层面上依据的是情感体验、情绪和激动等。[22]当然，如果在"原子"中作进一步的分析，便可发现形式。（Шпет 1989b：475）据此，什佩特赞同俄罗斯文学史专家维谢洛夫斯基（А. Н. Веселовский，1838—1906）的观点，认为文艺作品中不仅有情节的公式和图式，同样也有主题的公式和图式。（见 Почепцов 2001：214）形式与内容作为整体，在情节这一层面上体现得尤为明显：无论是原子构建起分子，还是作为公式或图式的情景和主题，它们在什佩特眼里都属于不可分割的整体性符号。

3.2　阐释符号学的意义及特点

关于什佩特的阐释符号学思想，符号学史专家波切普佐夫（Г. Г. Почепцов）曾将其归纳为四个方面：一是突出作为阐释学基础的交际观，认为交际是理解赖以存在和运作的"意识原质"（стихия сознания），而所交际的内容就是阐释学的研究范围；二是从符号学角度对词做了详尽分析，认为符号学并不等于"词汇符号学"（словарная семиотика），词是一种特殊类型的符号，因此，把符号的基本原理全部归属于词语符号是不正确的；三是提出从符号学角度来看待人，认为在看某一个人（作者）的行为和举止时，并不是看其引发的原因后果，而是将其看作蕴藏着某种意思或主题的符号；四是提出并分析了阐释由多义性向单义性的转换过程，认为词只有在没有被用作传达某意义前，或者在我们还不知道可以用来表达某意义前才具有多义性。（见 Почепцов 2001：208）很难说波切普佐夫的上述归纳有多么全面或系统，在我们看来，他至少遗漏了上文中提到的有关整体性符号、语境符号思和象征符号等重要思想。

系统审视和客观评价什佩特的阐释符号学思想，我们认为最为重要的有两点：一是阐释符号学的本质或意义问题；二是阐释符号学相对于其他符号学而言的特点问题。

对于第一个问题，我们认为阐释符号学的本质或意义集中体现在其方法论价值方面。我们知道，话语/词语以及艺术、文艺作品等历来是符号学研究的重点领地。在俄罗斯符号学的"创建期"，进入话语/词语以及艺术符号学殿堂的有各种范式，如文艺学研究中的形式主义范式、语言学研究中的结构—系统主义范式、结构—功能主义范式等，但什佩特与上述范式的观察阈和活动阈都不同：他是在文化—历史主义范式内展现其应有的思想意义和学术价值的。即便在同一范式内，他与象征主义流派和心理主义流派等又有别：他是用阐释学（确切说是现象学阐释学）特有的方法来建构符号学大厦的，因此，他提出的阐释符号学思想在俄罗斯符号学史乃至文化史中占据着特殊的重要地位。这是因为：阐释符号学把"理解"摆在了其哲学阐释的首位，即把理解问题视为一切人文学科的核心认识论问题。我们从上文中可以清晰地看到，无论是其面向历史的"话语"符号思想还是面向意义的"词语"符号思想，也无论是其面向审美的"文化"符号思想还是面向心理的"语境"符号思想等，可以说其价值取向都是基于"理解"这一关键词的：广义的包括对历史的理解、对文化的理解；狭义的包括对艺术作品的理解以及对话语或词语的理解等。而这种以"理解"为哲学取向的方法论，只能用阐释而非描写的方法才能达成。从这个意义上讲，什佩特阐释符号学的本质是将话语/词语、艺术等视为一种具有潜在逻辑或潜在因果性的"现象"（феномен）即符号，通过回归到原始现象来探究上述符号的本质和运作规律。从对历史文化（包括话语/词语以及艺术）的理解进入符号，再从符号过渡到意思（这种过渡不是经过推理，而是凭对意思初始的或直接的察觉），这就是什佩特阐释符号学思想的本质所在。

　　对于第二个问题，我们认为阐释符号学思想至少在以下两个方面颇具特色：一是对词语意义和意思的区分，它是对洪堡特（B. Гумбольдт，1767—1835）提出的语言的内部形式思想的进一步深化或具体化。所不同的是，洪堡特将语言的内部形式视为对事物进行命名的理据，而什佩特则将词的内部形式视作对事物进行理解（阐释）的一种假设或潜在逻辑。将意义与意思相区分，既有认识论的意义，更有语言学尤其是语义学和语用学的价值，它对尔后的语言符号学发展中进一步区分概念与意义具有重要的启迪作用。二是对文艺作品的形式与内容所作的科学阐释，不仅拓展了现象学原有的研究范围，更超越了俄罗斯形式主义代表人物的固有学术定势，将辩证唯物主义的对立统一方法成功运用于对文艺现象的审视，其得出的结论与巴赫金的相关思想基本一致。形式与内容作为一个整体，从"理解"这一特定视角看，起决定作用的并非形式，而是其内容。这就是阐释符号学在这一论题上所持的基本观点。在我们看来，什佩特的阐释符号学思想正是从上两个方面对俄罗斯后期的符号学，尤其是对雅各布森、洛特曼（Ю. М. Лотман，1922—1993）的相关符号学理论产生了不可小觑的重要影响。

第4节　宗教哲学流派中的符号学说

　　俄罗斯宗教哲学源远流长，从拜占庭传承而来的"宁静主义"（исихазм）和莫斯科罗斯时期盛行的"禁欲主义"（нестяжательство），以及中世纪时期兴起的"正教复兴哲学"（философия православного возрождения）学说等，无不是俄罗斯宗教哲学的思想源泉。

但作为一个独立的流派,"俄罗斯宗教哲学"(русская религиозная философия)正式形成于 19 世纪末期[23],它是在作为俄罗斯历史上第一个真正属于自己的哲学范式——"斯拉夫主义"(славянофильство)的土壤上生根并发展起来的。该流派的代表人物很多,既有国内学者,如索洛维约夫(B. C. Соловьёв,1853—1900)、特鲁别茨科伊(С. Н. Трубецкой,1862—1905)、洛斯基(Н. О. Лосский,1870—1965)、洛谢夫(А. Ф. Лосев,1893—1988)等,也有侨居国外的学者,如布尔加科夫(С. Н. Булгаков,1871—1944)、别尔嘉耶夫(Н. А. Бердяев,1874—1948)、弗朗克(С. Л. Франк,1877—1950)、卡尔萨温(Л. П. Карсавин,1882—1952)等,还有斯拉夫派中的有关学者,如霍米亚科夫(А. С. Хомяков,1804—1860)、基列耶夫斯基(И. В. Киреевский,1806—1856)等。对此,我们已经在本书有关章节(如第二章"俄罗斯符号学的文化和思想探源")中对上述一些学者的符号学思想作过评述。由于本章的主旨是俄罗斯符号学研究中的文化—历史主义范式,因此,我们只能有选择对那些与文化—历史主义相关的宗教符号学思想加以审视。它们分别是:弗洛连斯基(П. А. Флоренский,1882—1937)的"宗教符号"观[24]、特鲁别茨科伊(Е. Н. Трубецкой,1863—1920)的"圣象符号"说等。[25]

4.1　弗洛连斯基的"宗教符号"观

作为俄罗斯著名的宗教哲学家和神学家,弗洛连斯基曾先后毕业于"莫斯科宗教学校"(Московская духовная семинария)和莫斯科大学物理数学系,接受过系统的神学和数学教育,因此,他的学术活动与其具备的数学知识不无关联性。如,他习惯于用"数学的语言"(языки математики)对宗教现象作出解释,从而形成了别具宗教文化主义性质的"宗教符号"(религиозный знак)观。

弗洛连斯基的"宗教符号"观散落在其出版或发表的大量著述中。归纳起来,大致包括以下三个方面:

1) 关于象征符号的思想。关于"象征"(символ)[26],弗洛连斯基在多部著作中都有论述。那么,究竟什么是象征呢?弗洛连斯基从宗教哲学的视角给符号下的基本定义是:"大于存在自身的存在"(Бытие, которое больше самого себя)。他说,象征并非实际本身,而是大于实际并通过实际显现的。象征的本质是其"能量"(энергия)与其他更有价值的能量的融合和共创。

（Флоренский 1990b:287）此外,他在《论神名》(«Об имени Божием»)一文中对象征所作的界说更具宗教性:象征是一种生物,其能量与其他更高级的生物的能量融合在一起,因此可以肯定的是(尽管这看上去有些悖论),象征是大于自身的实在。(Флоренский 1990b:329—330)在谈到"语言"(слово)时[27],弗洛连斯基依然回到上述对宗教符号的界说视角对其作出解释。他说,语言在最高层次上应该隶属于象征的基本公式:语言大于自身。准确地说,对语言的解释要采用象征的本体论公式,即具有与其他能量的本质融合在一起的本质。(Флоренский 1990b:293)借助于上述对象征的界说,弗洛连斯基还对其他概念的符号性特征进行了阐述。如,他在 1914 年出版的第一部神学著作《神柱与真理的确立》(«Столпъ и утвержденіе истины»)中就对"记忆"(память)和"教规"(каноны)等问题作出象征性解释。[28]他写道:记忆是一种"象征性创作"(символотворчество)。这些象征沉浸在过往,在经验层面叫回忆;直面当前可称之为想象力;而面向未来就认为是预见和远见。但无论过去、现在还是将来,只要想给神秘主义的象征留有一席之地,都应该有各自的体验,尽管这种体验在时间上有先后,但从"超时间性"(вечность)角度看都可以同时实现。思维活动在记忆的上述三个方向上都在用"时间的语言"(языки времени)阐释着"超时间性";这种述说行为就是记忆……记忆是思维的创作发端,即思维中的思维和本真的思维。(Флоренский 1990a:202)关于东正教的教规问题,弗洛连斯基将其视为教会的"秩序维持象征"(регулятивные символы)。(Флоренский 1990a:425)在他看来,教规越稳定和越严格,它所反映的全人类的精神需要就越深刻和越纯粹:教规的就是教会的,教会的就是共同的,而共同的就是全人类的。(Флоренский 1993a:72)由上不难看出,弗洛连斯基对象征本质及其功能的认知主要是宗教符号视阈的,但同时又不乏普通符号学的元素。如,他所表述的"象征具有神秘性""象征与其他象征的融合构成了象征本身""象征是由小能量向更大能量的转换,或者说是由小信息负载量向更大信息负载量的转换"思想,显然都是宗教符号性质的;而"象征所承载的信息(内容)大于象征本身(形式)",甚至连"科学"这样的抽象概念也可以作出形式化的象征性描写等思想,又带有普通符号学的性质。总之,弗洛连斯基眼中的宗教象征,是其认识世界、阐释世界最重要的载体和工具。

2）关于语言符号的思想。有关语言符号的思想,弗洛连斯基主要是在

《思维的分水岭》(«У водоразделов мысли»)这部著作中加以审视的,其阐发的观点有:(1)语言的首要特性是其体现的"象征性"(символичность)。首先,他把"科学"(наука)界说为"象征性描写"(символическое описание)。他说,对科学必须有象征性描写,但与此同时也要考虑到象征本身的象征性,也就是说,对科学的描写具有双重性。(Флоренский 1990b:120)其次,他认为任何形象和任何象征,不管它有多么复杂和难懂,都可以用语言将其称名,因为这些形象和象征是以语言而不是别的形式进入描写的。而每一句话语又都可以拓展开来:对形象的描写、对数学符号的解释和界定就是如此。这表明,我们可以用对形象和象征的描写来替代形象和象征本身。(Флоренский 1990b:122)(2)作为象征的语言具有"二律背反性"(антиномичность)。弗洛连斯基在著作中从"客观性与主观性"(объективность и субъективность)、"言语与理解"(речь и понимание)、"自由与必须"(свобода и необходимость)以及"民族与个体"(народ и индивидуум)等视角,对语言的"二律背反性"矛盾进行了较为系统的论述。尤其是从最后一对二律背反的关系中,他推导出语言的"外部形式"(внешняя форма)和"内部形式"(внутренняя форма)之间的对立。外部形式是"音位"(фонема),弗洛连斯基称其为"支撑身躯的骨架"(костяк, сдерхивающий тело),并认为它是"不变的和普遍必须的";内部形式是"意义"(значение),弗洛连斯基称之为"义素"(семема)[29],并认为它是"个体的和时常变化的"。(见 Флоренский 1990b:405—406)不难看出,弗洛连斯基的上述思想与洪堡特、波捷布尼亚的相关思想既有相同之处,又有一定的差异。相同的是使用的术语相同;不同的是术语所包含的内容不同:内部形式在洪堡特和波捷布尼亚的学说中分别表示"语言命名的理据"和"语言的词源意义",而弗洛连斯基则将语言的"意义"(义素)视作内部形式。(3)语言符号不仅可以替代形象和其他符号,而且还具有特殊的认知作用。弗洛连斯基写道:用(语言)符号或通过(语言)符号我们就可以将我们的意识中被割裂的东西连接起来:描述能让我们看见现实,而称名能让我们听见现实。(Флоренский 1990b:344)此外,他还强调了作为符号的语言与世界的关系问题,认为"语言在我们自身心理状态的这一面与世界密切有关"。(Флоренский 1990b:280)对此,有学者评论认为,弗洛连斯基的哲学思想就在于其思想与"物质"(материя)之间不可分割的同一性[28],这一点在其对"圣像术"(иконопись)的研究中体现得尤为明显。尽管只有在圣像中才能展现出本质上只有数学才有的那种共性,但实际上他所描述的圣像是鲜活的生命体。(见 Ростовцев 1990:13)(4)语言具有特殊的"魔力"(магия)。弗洛连斯基认为,语言是处在内部世界与外部世界之间的"两栖动物"(амфибия)。他写道:语言将整个民族的"历史意志"(историческая воля)都聚集在一个焦点上,我可以掌控怎么说,但无力掌控怎么做;语言中义素层级的积淀是非任意的,它们如同一个由民族的坚强意志和无所不包的理智所织成的线团,因此,只有在一些逻辑上更具关联性的方面抓住它的线头,才能引导单个的神灵始终沿着这条线走下去。不管这根线有多长,这个神灵必定会悄悄地出现在线的另一头,出现在线团的中央,出现在神灵根本没想要沉湎于的概念、情感和意愿中。(Флоренский 1990b:263—267)那么语言究竟是如何发挥其魔力的呢?对此,弗洛连斯基认为是语言本身就凝聚有"神灵的能量"(энергия духа)。他写道:乍看起来,女巫医在细声符咒时,似乎连她本人也不明白说的是什么意思;诵读祈祷文的神职人员,好像他们自己也不懂得祈祷文的内容。其实,不可能有如此荒唐的现象。既然要符咒,便就要发声,也就确立了相应的说出咒语的意图。语言与个性之间的联系正是由此建立起来的,这是因为语言本身就是鲜活的机体,它有自身的结构和能量。(Флоренский 1990b:273)在这里,弗洛连斯基所说的"神灵的能量"即是语言的魔力所在。他用"能量"这一术语来替代"作用"(действие)一词,显然是宗教哲学视角的。从学理内涵看,语言具有"魔力"这一思想的提出,与现代"言语行为理论"(теория речекого акта)中的"言外行为"或"以言行事"(иллокуция)思想十分近似,这不能不说具有相当的超前性;而从学理渊源看,他的这一思想又与"喀山语言学派"(Казанская лингвистическая школа)的奠基人博杜恩·德·库尔德内(И. А. Бодуэн де Куртенэ,1845—1929)提出的语音的变化是人对语言的"有意识干预"(сознательное вмешательство)的思想相一致,因为弗洛连斯基所谓的魔力,指的主要是语言的"物质性"(материальность)即"形式",而并非语言的"内容"。此外,还有研究表明,"语言的魔力"思想与俄罗斯"象征主义"(символизм)的代表人物别雷(А. Белый,1880—1934)在 1910 年提出的相关术语也完全一致。(见 Кузнецов 1999:27)[30]这也不足为奇,因为一定意义上讲,弗洛连斯基的宗教哲学就是建立在象征主义学说基础上的,这与别雷的思想和学说完全一致。(5)语言具有交际功能。基于语言是内部世界与外部世界（即主观世界与客观世界）之间的中介的思想，弗洛连斯基还进一步将语言视为具有交际功能的"桥梁"（мост）。他说，语言就是在"我"（Я）与"非我"（не-Я）之间架起的一座桥梁。（Флоренский 1990b：292）以上表明，弗洛连斯基所阐发的语言符号的思想带有鲜明的宗教文化色彩：尽管他强调语言的符号性和物质性，也认同语言符号具有思想（内容）和物质（形式）两个维面，甚至还承认语言的意义在于符号与世界的关系，这一切似乎与现代理论语言学的基本原理相吻合，但实际上，他对语言属性及其功能的认知大都是出自其对宗教文化的认识或服务于宗教文化之目的的。也正是基于这一点，他的上述思想无不具有宗教哲学思维的性质，因此也具有宗教符号学或宗教语言哲学的意义。

　　3）关于艺术符号的思想。另一个能够反映弗洛连斯基的"宗教符号"观的领域是艺术学研究。早在 1922 年，他就在《作为综合艺术的教堂效果》（«Храмовое действо как синтез искусств»）一文中从宗教视阈出发对艺术作品的特性阐发了自己的看法。他说，博物馆中的艺术作品是剥离开其现实功用语境的。如，圣像有闪亮的灯光照射。为了使灯光有闪烁的效果，使每一缕光线都给人以感染，事先就要考虑好用彩色的或带棱的玻璃生成出光束的色彩反射。圣像只有在这样的照射下，才能看上去是所谓的圣像；圣像也只有在这种流动的、不均匀的、脉动式的和棱镜般的光线中才能显得栩栩如生，如同燃烧着的灵魂，散发出芳香。（Флоренский 1993a：297）他认为，教堂中的一切都有其功用，既包括雕塑和神职人员的动作节拍，也包括表演和帷幕褶皱的变幻，还有教堂中弥漫的芳香以及声乐和诗歌艺术等。甚至这样的一些细节，如触摸各种物体的外形、触摸不同材料做成的圣物等等，都会作为一种特殊的艺术和特殊的艺术领域而成为整个戏剧的组成部分，如作为触觉艺术、嗅觉艺术等。没有它们，我们就失去了艺术整体的丰满度和完整性。（Флоренский 1993a：302）关于对艺术的符号学审视，主要体现在弗洛连斯基对造型艺术的时间和空间的分析方面。他在 1924 年完成的《造型艺术作品中的空间性和时间性分析》（«Анализ пространственности и времени в художественно изобразительных произведений»）一书中[30]，就对不同艺术的空间特性进行了较为全面的理论建构和详细的实例分析。[31]具体内容包括：（1）提出一切艺术的共性之处就在于对空间组织进行设计的思想。他写道，诗人提出某空间公式,是按照其本人的意愿向听者或读者来展示具体形象的;戏剧则相反,很少以观众的主动性为前提,也很少允许观众对上演的戏剧在理解上有多样性。因此,这是一门不尊重服务对象的低级艺术;线条画是以运动感觉为基础来组织"运动空间"(двигательное пространство)的。画家在作画时,不是要从世界获取,而是向世界展示。也就是说,画家不是受制于世界,而是去影响世界。画家在建构运动空间时,就是想用对运动的感知来触摸到事物的内部,所以要描绘事物的容量,并在事物内部作想象中的运动。(Флоренский 1993b:62—109)在他看来,如果空间组织的手段以及使用方法没有被刻画出的话,对艺术作品空间的每一次组织就都是独一无二和不可复制的。(Флоренский 1993b:111)(2)引入"结构"(конструкция)的概念对艺术空间作出进一步的阐释。在他看来,没有结构就没有艺术可言,而情节只是结构表层的或外在的方面,其内在的还应该有"初始结构"(перво-конструкция)或"初始情节"(перво-сюжет)等。(Флоренский 1993b:117)他在区分结构与"构图"(композиция)的概念时说,受结构制约的不是作品,而是现实,即作品所描绘的现实,而作品本身要受制于的是构图。结构是现实本身想从作品中获得的东西,而构图是画家想从自己的作品中获得的东西。[32](Флоренский 1993b:121—122)在绘画作品的"正面"(анфас)和"侧面"(профиль)描绘问题上,弗洛连斯基认为正面是对人物面容的描绘,因此可以将所描绘的对象"理想化"或"美化"(идеализация),而侧面描绘所传递的是该人物对外部世界的效果。因此,绘画作品必须对人物的侧面进行描绘,以反映该人物是如何战胜自然的,因为人物的重要性只有在该人物战胜自然的重要性中才能展现。(Флоренский 1993b:144)在这里,弗洛连斯基显然将侧面描绘视为一种不可或缺的重要手段,其最大功能就是增强绘画作品的表现力。另外,弗洛连斯基还强调,画家的最高目标就在于对空间的建构。他说,画家的目标就是对现实的建构,而现实只是一种特殊的空间组织,因此艺术的任务是对空间进行重构,即按照新的方式和自己的方式进行建构。(Флоренский 1993b:71)(3)对艺术作品的时间和空间的关系作出了解释。他说,诗歌(和音乐)在直接组织时间时,是用其自身想象的旨意向读者的想象力提供如何来实现这些旨意的。这时,艺术家将空间的构造从自身移植到读者或听者的身上。戏剧和雕塑(包括建筑)展示着空间中的空间,但这种展示是幻觉的,因为有物体空间之力和该艺术的基质等原因,也就是说,有演

员和布景,或有雕刻物和建筑物作为空间的存在。(Флоренский 1993а:303)

总之,弗洛连斯基的"宗教符号"观主要集中在上述三个方面。其中,对象征概念的认识和阐释成为其对另外两个领域研究的基础,而基于语言符号特性的对"名称"(имя)尤其是名称的魔力的研究则构成了他后来所涉及的"称名哲学"(философия имени)的基础。最后,他在艺术尤其是圣像术的研究中,又创立了关于艺术空间组织的符号学说。他提出的不同艺术中其空间组织在许多方面具有同质性的观点得到学界的一致认同。在我们看来,审视弗洛连斯基的"宗教符号"观,最为重要的并非是其学说本身包含有多么重大的理论意义问题,而在于其学说对当时宗教哲学的理解和阐释有重要的思想价值。正如特鲁别茨科伊所说,弗洛连斯基提供给我们的有价值的东西,首先在于对我们在探索宗教思想过程中所形成的基本对立性作出十分明确和有力的描述:它一方面是对上帝恩宠这一永恒现实的明确而深刻的认识,另一方面又对混沌的罪恶现实作出解释⋯⋯(Трубецкой 1989:114)

4.2　特鲁别茨科伊的"圣像符号"说

特鲁别茨科伊所处的时代,正值俄罗斯文化史或宗教文化史上有名的所谓"俄罗斯圣像发现"(открытие русской иконы)时期。我们知道,俄罗斯圣像作为东正教的一种文化现象自古有之,因此,俄罗斯学界对圣像的研究有悠久的历史。但由于年代久远的原因,许多教堂里的圣像水彩画都被黑色的烟熏层覆盖,或被后来重新画的水彩所替代,难显古代圣像的本真面貌;还有许多画在木板上的古代圣像被镶上"金属衣饰"(оклад-риза)(即遮蔽住圣像上的除手、脸以外各个部位的金属片[33]),从而难以窥见圣像的整体美。因此,在 19世纪中叶前,俄罗斯学者并没有将 18 世纪之前即彼得一世(Петр Ⅰ,1672—1725)之前的古代圣像视为艺术珍品,而通常只将其看作东正教的一种祭祀品。[34]直到 20 世纪初,学界才开始有了"新的发现"——发现在那些被熏黑了的或被镶有金属衣饰的古圣像中隐藏着独特的艺术价值和巨大的文化内涵。正是在上述背景下,作为宗教哲学家的特鲁别茨科伊由先前的关注绘画艺术转向对圣像进行研究。他先后撰写了《色调思辨》(《Умозрение в красках》)(1915)、《古罗斯圣像术中的两个世界》(《Два мира в древнерусской иконописи》)(1916)、《圣像中的俄罗斯》(《Россия в ее иконе》)(1918)等三篇文章(1921年去世后得以正式发表),从宗教哲学视角对作为俄罗斯宗教文化符号的圣像进行了全面的重新审视。

从符号学角度看,上述所谓圣像的新发现,实际上为符号学研究提供了新的视阈或新的"符号学语言"(семиотические языки)。具体说,就是要对古罗斯圣像所蕴含的深层意义或文化代码进行新的解码和重构。对此,特鲁别茨科伊提出了自己的"圣像符号"说,其中不乏新的思考和新的见解,成为那个时期宗教哲学领域颇有影响的重要学说之一。

1)"阅读不对应"原理。解码或重构圣像艺术,一个很重要的方面就是如何能够读懂古旧圣像。对此,特鲁别茨科伊提出了有重要意义的"阅读不对应"(несоответствие прочтения)原理,即对古旧圣像的现代阅读具有不对应性。他写道:当然,读者可以在圣像中寻找到近几年来俄罗斯所经历的灾难性事件的余音。这并非纯粹偶然,因为正是当代的灾难性事件,才能够使人读懂那些诞生于沉重考验岁月并对民族的巨大痛苦作出回应的古代宗教艺术。(Трубецкой 1994:222)上述话语中实际上蕴含着这样一条重要原理,即:对古旧圣像的阅读只有从当代读者的经历(苦难)中才能读懂,这就构成了"现代"(阅读)与"故旧时代"(圣像)在时间维度上的不对应性。这一原理表明:对圣像的理解需要有语境,这个语境就是现代生活,而只有对现代生活这一语境的研究才能够重构人们对圣像信息的真正理解。那么,如何才能实现上述重构呢?在特鲁别茨科伊看来,重构的前提就是重新评价其价值。他说,以前我们从圣像旁走过时是看不见圣像的。在我们看来,圣像就是华丽的金色衣饰中的一个黑点而已;我们也只知道如此这般的圣像。而现在,我们要对圣像的价值作出全面的重新评价。(Трубецкой 1994:245)而重新评价遇到的首要矛盾是两种文本之间的冲突,即新文本吞没了旧文本。他写道:既然圣像被认定不像是宗教经验的艺术灵感,那为何不给它穿上金衣裳,为何不将其变为真正意义上的珠宝艺术品呢?结果是,我们所得到的比将圣像变成一块黑色的、烧焦的木板的情况还要糟糕:诞生于眼泪和祈祷中的绝妙艺术灵感的天赐,被模压的华丽服装以及虔诚的庸俗气所遮盖。(Трубецкой 1994:288)

2)圣像建筑艺术的特点。对于"圣像建筑艺术"(архитектурность иконы)的特点,特鲁别茨科伊是从古罗斯教堂建筑的视角来审视的,认为教堂的建筑对圣像等绘画的类型有重要影响作用。他说,根据教堂的建筑线条,我们看见了人的身形。这线条有时是笔直的,有时是按照教堂拱顶的线条而非自然弯曲的。在又高又窄的圣像壁上,圣像的形象有时显得特别修长:头与躯体相比小得不成比例;而躯体上的肩膀比苦行僧所特有的单薄还要狭窄。用现实主义绘画培养出来的目光看,总感觉这些排列整齐的直线身形聚集在主要形象的周围太过拥挤了。(Трубецкой 1994:233)这显然是从几何学角度审视圣像的身形所得出的结论。而如果从建筑学角度来看圣像的身形,则又是另外一番景象。他写道:没有经验的眼光更难习惯于这些绘画线条的严格对称性。无论在教堂里还是在一些聚集了许多圣徒的单个圣像中,都有其与思想中心相融合的建筑中心。围绕该建筑中心,必定站着数量相等甚至姿势也相同的两排圣徒。而起着建筑中心作用的不是"救世主"(Спаситель)就是"圣母"(Богоматерь)或者智慧神"索菲亚"(София),其四周聚集着形态各异的大教堂。有时,出于对称的需要,最中心的形象可分为两个部分。如,在古老的圣餐仪式描绘中,"基督圣像"(Христос)就是被分为两部分来描绘的:一个在给圣徒面包,另一个在给圣徒圣杯,而奔向基督圣像而去的是两排对称的形象上一样的屈背弯腰圣徒。(Трубецкой 1994:233—234)特鲁别茨科伊用"圣像建筑艺术"这一概念来表示上述一切。也就是说,在他看来,所谓圣像建筑艺术,就是指"教堂绘画"(соборная живопись)。在这里,特鲁别茨科伊将"圣像建筑艺术"换喻为"教堂绘画",不仅赋予了圣像以特有的外在形式,更将作为圣像的"人的面貌"(человеческий облик)、作为圣像建筑艺术的"建筑线条"(архитектурная линия)、作为单个圣像的"个体"(индивидуальное)、作为教堂绘画的"世界"(вселенское)等符号对立了起来。在特鲁别茨科伊眼里,单个的圣像即"人"已经丧失了独立的个性而要隶属于圣像建筑艺术,而由教堂绘画换喻而来的圣像建筑艺术又被进一步隐喻为"聚和思想"(идея собора)即"聚和性"(соборность)。此外,单个的圣像(个体)也要服从于整个教堂绘画(世界)。这是特鲁别茨科伊的"圣像符号"观所包含的深刻哲理之一。

　　3)圣像的象征意义。研究圣像,不可能不涉及圣像的意义尤其是"象征意义"(символика)问题,这在"俄罗斯圣像发现"的历史大背景下更是如此。此外,上文中所反映的"聚和性"思想,客观上也要求对作为文化符号的圣像作进一步的象征性阐释,因为在俄罗斯宗教文化中,"聚和性"并不是用来反映今日的,而是面向未来的。总体看,特鲁别茨科伊对圣像象征意义的阐释,主要反映出以下思想或观点：(1)圣像不能从活生生的人的角度来描绘。他说，圣像不是肖像，而是未来"教堂人类"(храмвое человечество)的原型。而在今日有罪人群的身上，我们暂时还无法看到这个教堂人类，而只能猜想，因此圣像只能作象征性描绘。那么，何谓对圣像的"单薄躯体"(истонченная телесность)作象征性描绘呢？这就是对将满腔血肉升华为绝对戒律的生物主义本身明显表达出的否定。圣像上圣徒们疲惫不堪的面容，与这个不仅充满着"单薄情感"的血肉还充满着生活关系新准则的带血的独立王国相对立。这是一个血与肉不能继承的王国。(Трубецкой 1994：230)上述话语清楚地表明，圣像在特鲁别茨科伊眼里既不是活生生的人，也不是毫无血肉的戒律；圣像的世界既不是充满血肉的"人的世界"(человеческий мир)，也不是按照社会准则来运行的"生活现实"(жизненная действительность)。也就是说，圣像世界完全是另一个世界，对圣像的描绘不能从现实中复制，因为圣像是一个非现实的并需要用"象征性笔法"(символическое письмо)来描绘的"教堂人类"。(2)圣像有其特殊的象征性笔法。关于圣像的象征性笔法问题，特鲁别茨科伊说，圣像的"象征性语言"(символический язык)，血肉之躯无法懂得，物欲之心无法企及，但当人们梦想破灭和坠入深渊时，它却能成为生活，因为那个时候我们能感觉到深渊上有一个稳固的支点。(Трубецкой 1994：242)在谈到圣像上的狮子与现实中的狮子形象不同时，他这样写道：实际上这种不同并非故意，而是完全恰当和允许的，因为这里(圣像上)描绘的对象并不是我们所知晓的那个动物；显然，狮子描绘的是能够感受到自身那种高级的、超级生物信条的新动物：圣像画家的任务就是描绘一种崭新的、我们所未知的"生活系统"(строй жизни)。圣像画家当然可以只用象征性笔法来描绘圣像，这种笔法无论如何都不是从现实中复制而来的，其基调十分鲜明地展现在人类将两个世界直接对立起来的那些圣像中——一个是被罪恶所奴役的古代宇宙世界，另一个是彻底根除了奴役的教堂世界。(Трубецкой 1994：238)可见，对圣像的象征性描绘，其实质是用象征性笔法来描绘一个人们并不知晓的教堂世界。此外，特鲁别茨科伊还对不同时期的圣像象征性问题进行了比照。他认为，14世纪初和中叶的圣像画家还不能称之为俄罗斯人，因为他们笔下的圣像面容是椭圆形的，像希腊人；络腮胡须有时候带点尖细，不像俄罗斯人。甚至罗斯圣徒鲍里斯(Борис)和格列布(Глеб)等[35]，也在彼得格勒的亚历山大三世

(Александр Ⅲ,1845—1894)博物馆内被描绘成不像俄罗斯人,而像希腊人;
教堂的建筑也是希腊式的,或者带有俄式和希腊式过渡阶段的痕迹。教堂的
顶还不是很尖,与希腊教堂的圆顶几乎一样:俄式洋葱头尖顶还没有出现在教
堂建筑中。(Трубецкой 1994:271)而到了 15—16 世纪,在特鲁别茨科伊看
来,民族性的高涨影响到了圣像画家,如在圣像中出现了长着大脸盘、有粗壮
络腮胡的俄罗斯人形象,来替代希腊人的面容。俄罗斯人的特点还呈现在对
典型的俄罗斯圣徒的描绘中……那些先知、圣徒甚至希腊圣者等,通常都长着
俄罗斯人的面容。而在 15—16 世纪的诺夫哥罗德圣像画术中,竟然还大胆地
画出了"俄罗斯人基督"(русский Христос)的形象。(Трубецкой 1994:272)(3)
圣像的色彩具有象征性。在"圣像符号"研究中,特鲁别茨科伊特别重视对圣
像色彩象征意义的揭示,圣像在他眼里无疑具有"悦目"(праздник для глаза)
之功效。他写道:圣象画的神秘首先体现在其最高的、精神意义上的太阳光的
神秘中。无论其他的天色有多么美妙,中午时分的金色阳光则是"色彩中的色
彩"(цвет из цветов)和"神奇中的神奇"(чудо из чудес),而其他的色彩都要从
属于这一金色,从而在其周围形成"一排圣像"(чин)。在金色阳光面前,夜幕
的蔚蓝开始失色,众星的闪烁和夜晚的火光变得暗淡。紫红色的霞光只是太
阳升起的征兆,而彩虹的五颜六色终归要受制于太阳的光线,因为天上和地上
的任何色彩和光亮都起源于太阳。圣像术中的色彩等级就是围绕着"不落的
太阳"(незаходимое солнце)来设置的。圣像术中的这一"上帝之色"
(божественный цвет)有一个特殊称谓叫"在场线条"(ассист)。(Трубецкой
1994:251)(4)圣像的姿态具有象征性。除上述圣像的象征意义外,特鲁别茨
科伊还认为圣像的姿态同样具有鲜明的象征性,他说,在鲁布廖夫(A.
Рублев,约 1360/70—约 1430)所画的壁画中,圣像的手、脚和躯干都是静止不
动的。它们向天堂的行走绝对是用"眼神"(взгляд)来表示的。在它们的眼神
中,感觉不到歇斯底里的欣喜,而只有深邃的内在激情和对达成目标的宁静坚
定。正是这种身体上的静止性,才传递出始终不渝地致力于精神升华的非凡
张力和威力:躯干越是静止不动,就越能感觉到其精神活动的强烈,因为肉体
世界只是其透明的外壳。而用完全静止躯干的一个眼神来传递的精神生活,
就是非凡力量和精神支配着的肉体的象征性表达。(Трубецкой 1994:231)显
然,圣像姿态的静止性与上文提到的圣像不能从活生生的人的角度来描绘有

关。在特鲁别茨科伊看来,圣像是不能用人的面容作为参照系来理解的,而只能用人的某种状态来解释。当圣像充满超人类情感时,它就是静止不动的;相反,处在不美满或美满前状态中的人,或"未静心于上帝的人"或未达成自身生活目标的人,则常常在圣像中被描绘成特别好动。(Трубецкой 1994:232)更为有趣的是,特鲁别茨科伊在描述福音书教徒时,又从上文中的眼神符号转到了另一个符号——"听觉"(слух)。他认为,人的姿态似乎表明,福音书教徒对光的感受不是靠眼神,而是靠听觉,如倾听某种内在的不知从哪里发出的声音,这一声音可能在空间上受到一定的限制,但它始终在圣像术中被描绘成转向了"看不见的世界"(невидимый мир)。(Трубецкой 1994:258)由此可见,在特鲁别茨科伊看来,福音书教徒对眼睛的表达具有非人间性或彼岸性,因为他们认为眼睛是看不见周围世界的。

上述便是特鲁别茨科伊"圣像符号"说的基本内容。他从对圣像符号的解码或重构,到圣像建筑的特点,再到圣像的象征意义,不仅相当成功地对作为"视觉语言"(визуальный язык)的圣像作了详细而系统的分析和阐释,还提出了语境对解码或重构古代圣像有重大影响的积极主张。此外,他提出的圣像的建筑特性、圣像色彩以及教堂洋葱头尖顶的象征意义等,也都是从民族宗教文化的视角出发对圣像所具有的思想内涵及视觉特性作出的具体分析描述,所有这一切都无不具有重要的符号学价值。当然,在特鲁别茨科伊的宗教哲学思想中,具有符号学性质的并非只有上述的"圣像符号"观。研究表明,他在语言领域尤其是对俄罗斯童话的研究同样也显现出足够的符号视阈。如,他在 1922 年出版的著作《另一个王国与其在俄罗斯民族童话中的探索者》(«Иное царство и его искатели в русской народной сказке»)中,就对民族童话提出了几乎所有形式上的描述,从而为尔后俄罗斯形式主义者的研究提供了雏形。(见 Трубецкой 1922, Почепцов 2001:250—252)此外,我们也可以看到,特鲁别茨科伊在"圣像符号观"中所体现的思想或观点,与同为宗教哲学家的弗洛连斯基的"宗教符号观"有许多相似和相近之处。如,后者就曾在《圣像壁》(«Иконостас»)文集中提出,圣像术是一门需要纯表述的艺术,在这门艺术中的所有一切,无论是物体、表层、图画还是整体的用途和直观的条件等,都可以归咎为一点,那就是完整的宗教文化。(Флоренский 1993a:137)据此不难看出,宗教哲学流派中的符号学说,其在实质上就是相同或相近的,那就是从哲学视角出发对所谓的"宗教的语言"（языки религии）诸方面作出文化的分析或阐释。尽管这种分析或阐释更多具有经验主义的性质，但它们对丰富符号学的研究视阈，提升民族文化对宗教现象的解释力，以及深化对俄罗斯民族宗教文化的理性认识等，都具有不可或缺的重要意义。

最后需要特别指出的是，特鲁别茨科伊与弗洛连斯基一样，所处的时代正是所谓俄罗斯历史的"转折点"（переломный момент），其标志主要有三：一是正值俄罗斯文学中所谓"白银时代"的形成期，象征主义文学思潮盛行；二是正如上文中所提到的那样，正值俄罗斯宗教哲学的形成期，这一时期所生成的许多学说随后一直延续并影响到整个 20 世纪的俄罗斯思想界和学界；三是正值社会经历大变革的时期，即"十月革命"时期。社会的巨大变革使俄罗斯的意识形态随之发生重大的转变。从符号学角度看，上述三大"历史时期"所形成的俄罗斯历史的"转折点"，其最大的特点就是作为"宗教的语言"乃至"文化的语言"（языки культуры）的符号较之以往更加显现出鲜明的时代性和厚重的思想性。也正因为如此，作为时代的产物，包括历史主义流派、心理学流派、阐释学流派以及宗教哲学流派在内的文化—历史主义范式，也显得比以往任何时候都色彩斑斓。

注释

1. 这里的"心理认知主义范式"和"文化认知主义范式"，分别指俄罗斯心理学研究和塔尔图—莫斯科学派（Тартуско-московская школа）的相关学术样式及成果。

2. 此处的特鲁别茨科伊是俄罗斯宗教学家和哲学家，他与布拉格语言学派中的俄罗斯学者特鲁别茨科伊（Н. С. Трубецкой，1890—1938）是叔侄关系。

3. 国内有学者将上述中的维果茨基、弗洛连斯基、特鲁别茨科伊等学者的相关学术思想归入"俄罗斯符号学成型期文化学方向"加以集中审视。（见陈勇 2016：58—63）我们认为，这里所指的文化学的概念似乎过于笼统和庞杂。从范式视阈看，该文化学实际指历史文化、文化心理和宗教文化等不同样式。因此，我们将其统一纳入"历史—文化主义范式"加以评介。

4. 由于上述著作出版时并不是全部用的是俄文（有的是保加利亚文），因此，1996 年出版了俄文版的比齐里《语文学选集》（«Избранные труды по филологии»），并将上述大部分著作收录其中。

5. 这里指英国于 1215 年颁发的《自由大宪章》。

6. 中世纪西欧自由人在取得封地时,要对其领主作出臣属宣誓仪式。

7. 事实上,著名符号史学家波切普措夫(Г. Г. Потепцов)在其所著的《俄罗斯符号学》(«Русская семиотика»)一书中,同样也把伊万诺夫的相关符号学思想列入"历史主义视角"(исторический подход)中进行讨论。(见 Потепцов 2001:191—203)

8. 由于"狄奥尼索斯"与罗马人信奉的"巴克斯"(Бахус,Вакх,Вакχos)为同一个神,因此也称"巴克斯"。

9. 此处"真正的象征主义"是针对老一代象征主义学说而言的。

10. 这里的"瓦格纳艺术",指奥地利著名建筑师瓦格纳(O. K. Вагнер,1841—1918)所创立的维也纳"现代艺术派"风格。伊万诺夫曾写有专门论述"瓦格纳艺术与狄奥尼索斯行为"之间关系的文章。(见 Иванов 1994f:35—36)

11. 此处的"雅典娜"指古希腊神话中的战争和胜利、智慧和艺术女神。

12. 通常认为,俄罗斯心理语言学有三大学理基础——心理学基础、生理学基础、语言学基础。详见本书第四篇——"成熟期"的俄罗斯符号学中的"心理认知主义范式"的相关内容。

13. 我们把 А. Н. Леонтьев 称之为"老列昂季耶夫",是相对其儿子、俄罗斯心理语言学的奠基人"小列昂季耶夫"(А. А. Леонтьев,1936—2004)而言的,以示区别。

14. 《艺术心理学》的汉译本作者将上述两种美学分别定名为"自上而下的美学"和"自下而上的美学"(见维戈茨基 2010:5),我们认为这样的译名有些难以理解,故按其内涵定名为"形而上美学"和"形而下美学"。

15. 在什佩特的阐释符号学思想中,"слово"一词是其关注的核心对象。由于该词的概念具有多义性,因此什佩特对该词的理解和界说也并非一致:有时指交际中的"话语"(высказывание,текст),也时又指作为单独符号的"词"。我们只能按照上下文的意义或意思对此作出判断和区分。

16. 该文于 1922 年重新发表时改名为《作为逻辑学研究对象的历史学》(«История как предмет логики»)。

17. 什佩特的这部著作手稿完成于 1918 年,当年他升任莫斯科大学教授。但由于种种原因,手稿一直只能以档案形式保存着(档案号码为 Архив Шпета,ОРГБЛ ф. 718.22.14),直到 1989 年起才陆续被发表。

18. 我们将"сообщение"翻译为"信息",而不赞同王铭玉教授所译的"表述"(见王铭玉 2004:470),理由是:首先,什佩特的这一思想后来在雅各布森的相关符号学理论中得到进一步发挥。我们从俄语文献中发现,对雅各布森于 1958 年提出的"符号学模式"中使用的英文"message"一词语就译为"сообщение"。其次,王铭玉教授本人在论述雅各布森的符号学理论时,同样也把"message"译为"信息"或"话语"(见王铭玉 2004:157)。其三,"表述"的概念在本语境中令人有些费解,不知是指词语、语句或话语这样的语言单位,还是作为一种言语行为。其四,从该段文字的上下文看,上文中已经说到了"词语可以提供哪些信息"(о

чём слово сообщает），因此下文中用"信息"也就合乎情理了。

19. 该文被收录在 1989 年出版的什佩特的《文集》（«Сочинения»）中。

20. 这里的 sui generis 为原文标注，意为"独特的""独一无二的"等。

21. 此处的"主体"即指"作者个性"。

22. 这里所指的"事物意识"，是指某一科目结构及其成分之间各种联系所构成的完整图景。

23. 19 世纪被誉为俄罗斯"经典哲学"（классическая философия）繁荣的世纪，当时兴起的哲学流派以"斯 拉 夫 主 义"（славянофильство）为 代 表，其 他 还 有"十 二 月 党 人 哲 学"（декабритская философия）、"恰 达 耶 夫 哲 学"（философия Чаадаева）、"宗 教 哲 学"（религиозная философия）、"君主主义哲学"（монархическая философия）、"陀思妥耶夫斯基和托尔斯泰哲学"（философия Ф. М. Достоевского и Л. Н. Толстого）、"自由主义哲学"（либеральная философия）等流派或思潮。

24. 弗洛连斯基究竟卒于哪一年，各种文献中的标注并不统一。如，我国出版的《俄汉详解大辞典》（«Большой Русско-китайский толковый словарь»）以及《俄罗斯符号学》（«Русская семиотика»）中标注的是"1943 年"，而维基百科（Wikipedia）俄文版、俄罗斯出版的《大百科辞典》（«Большой Энциклопедический словарь»）标注的是"1937 年"。本书采用权威的百科辞典所标注的年份。

25. 本书中曾涉及三位特鲁别茨科伊家族的学者：第一位是"布拉格语言学派"（Пражская лингвистическая школа）中从事音位学研究的 Н. С. Трубецкой（1890—1938）；第二位是上文中提到的宗教哲学家 С. Н. Трубецкой（1862—1905）；第三位就是提出"圣象符号"说的 Е. Н. Трубецкой（1863—1920）。作为同一家族成员，他们三者的关系是：Е. Н. Трубецкой 是 С. Н. Трубецкой 的胞弟，而 Н. С. Трубецкой 则是 С. Н. Трубецкой 的儿子。

26. 弗洛连斯基在相关著述中对 символ 的概念有很多论述，甚至可以将概念视为其全部学说的关键词。该词源自古希腊语 σύμβολον 一词，原表示"符号"，与 знак，сигнал 的词义相同。但随着 знак 一词的广泛使用，尤其是作为独立学科的符号学的诞生，使作为术语的"符号"通常不会再使用 символ 一词，символ 常用来表示"艺术形象"即"象征"的概念。应该说，弗洛连斯基在宗教哲学研究中使用该词，既有"象征"的成分，也有"符号"的意思（实际上，所谓"象征"，也是由该词的词源意义"符号"衍生而来的，因此这两个概念之间有内在的关联性）。考虑到宗教本身的民族文化特性，再参照弗洛连斯基在宗教艺术研究中又使用到该概念，因此，我们倾向于在此将该术语定名为"象征"。

27. 弗洛连斯基在论述"语言"时，多用 слово 一词，有时也用 язык 一词，因此，前者并非"词"的意思，而是通指"语言"。

28. 该著作在 1914 年出版时就用当时教会的字母，而在 1990 年第四次再版时，其中的 истина 就变为 Истина，即第一个字母大写了。另外，1990 年版由两卷组成，第一卷为"神柱与真理的确定"，第二卷为"思维分界线"（«У водоразделов мысли»）。

29. 这里所说的"义素"即指弗洛连斯基眼中的语言的"意义"（значение）。也就是说，作为非职业语言学家的弗洛连斯基在研究语义时，并没有使用语言学中通用的术语"意义"，而是从宗教哲学视角将"意义"称为"义素"。

30. 该书写于 1924 年，是弗洛连斯基于 1921—1924 年间在其于莫斯科的"高级文艺技术工作室"（Высшие художественно технические мастерские，ВХУТЕМАС）所做的讲座基础上完成的。1993 年首次正式出版。

31. 需要说明的是，尽管该部著作的名称涵盖到艺术作品的"空间"和"时间"问题，但实际上，他对时间的论述很少，而主要是对空间组织的论述。

32. 可以看出，弗洛连斯基在这里在概念上对结构与构图所作的区分，与那个时代"俄罗斯形式主义"（Русский формализм）范式中的文艺学流派代表人物对艺术作品的"情节"（сюжет）与"主题"（фабула）的区分都出自相同的理据。

33. 在古罗斯宗教文化中，用金属衣饰来装饰圣像被认为是一种友善和虔诚的行为。

34. 在 18 世纪以前，俄罗斯东正教属于所谓的"旧教礼仪派"（старообрядчесиво），其圣像艺术与之后的彼得一世后的不同。

35. 鲍里斯（？ —1015）和格列布（？ —1015）分别是古罗斯时期的罗斯托夫公和穆罗姆公。

参考文献

［1］Бицилли П. М. Элементы средневековой культуры［M］. Одесса，Гнозис，1919.

［2］Бицилли П. М. Место Ренессанса в истории культуры［M］. СПб.，Мифрил，1996a.

［3］Бицилли П. М. Трагедия русской культуры［A］. Бицилли П. М. Избранные труды по филологии［C］. М.，Наследие，1996b.

［4］Выготский Л. С. Развитие высших психических функций［C］. М.，Изд-во АПН，1960.

［5］Выготский Л. С. Психология искусства （Издание 2-е）［M］. М.，Издательство «Искусство»，1968.

［6］Выготский Л. С. Исторический смысл психологического кризиса［A］.//Л. С. Выготский. Собрание сочинений в 6—ти т. Т. 1［C］. М.，Педагогика，1982a，с. 292—436.

［7］Выготский Л. С. Мышление и речь［A］.//Л. С. Выготский. Собрание сочинений в 6—ти т. Т. 2［C］. М.，Педогогика，1982b，с. 5—361.

［8］Иванов Вяч. Вс. Очерки по истории семиотики в СССР［M］. М.，Наука，1976.

［9］Иванов Вяч. И. Собрание сочинений. Т. 2［C］. Брюссель，Издательство «Foyer Oriental Chrétien»，1974.

［10］Иванов Вяч. И. Родное и вселенское［C］. М.，Республика，1994a.

［11］Иванов Вяч. И. Дионис и прадионисийство［M］. СПб.，Алетейя，1994b.

［12］Иванов Вяч. И. Ответ на статью «Символизм и фальсификация»［J］.// Новое литературное обозрение. 1994c, №10, с. 165—173.

[13] Иванов Вяч. И. Ницше и Дионис [A].//Родное и вселенское [C]. М., Республика, 1994d, с. 26—34.

[14] Иванов Вяч. И. О типичном [J]. // Новое литературное обозрение. 1994e, №10, с. 21—26.

[15] Иванов Вяч. И. Вагнер и Дионисово действо [A].//Родное и вселенское [C]. М., Республика, 1994f, с. 35—36.

[16] Иванов Вяч. И. Предчувствия и предверсия. Новая органическая эпоха и театр будущего [A].//Родное и вселенское [C]. М., Республика, 1994g, с. 37—50.

[17] Кузнецов С. О. Слово и язык у Павла Флоренского [A].//Современная философия языка в России [C]. М., Институт языкознания РАН, 1999,с. 7—31.

[18] Леонтьев А. А. Основы психолингвистики [M]. М., Смысл, Academa, Издание четвёртое, 2005.

[19] Леонтьев А. Н. Предисловие [A].// Психология искусства (Издание 2-е)[M]. М., Издательство «Искусство», 1968, с. 5—12.

[20] Лурия А. Р. Об историческом развитии познавательных процессов [M]. М., Наука, 1974.

[21] Поченцов Г. Г. Русская семиотика [M]. М., Рефл-бук, Ваклер, 2001.

[22] Ростовцев Ю. Л. ,Флоренский П. В. Флоренский П. А. по воспоминаниям Алексея Лосева [J]. Контекст:Литературно-теоретическое исследование, 1990,с. 6—24.

[23] Трубецкой Е. Н. Иное царство и его искатели в русской народной скаске [M]. М., Издание Г. А. Лемана, 1922.

[24] Трубецкой Е. Н. Свет Фаворский и приображение ума [J].//Вопросы философии, 1989, №12, с. 112—129.

[25] Трубецкой Е. Н. Смысл жизни [M]. М. ,Республика, 1994.

[26] Флоренский П. А. Столп и утверждение Истины(Т. 1)[M]. М. ,Правда, 1990a.

[27] Флоренский П. А. У водоразделов мысли(Т. 2)[M]. М. ,Правда, 1990b.

[28] Флоренский П. А. Иконостас. Избранные труды по исскуству [C]. СПб. ,Мифрил, 1993a.

[29] Флоренский П. А. Анализ пространственности и времени в художественно-изобразительных произведений [M]. М., Погресс, 1993b.

[30] Фрумкина Р. М. Культурно-историческая психология Выготского-Лурия [M]. Препринт WP6/2006/01. М. ,ГУ ВШЭ, 2006.

[31] Шпет Г. Г. Внутренняя форма слова [M]. М. ,ГАХН, 1927.

[32] Шпет Г. Г. История как предмет логики [A].//Историко-философский ежегодник—1988 [C]. М., Наука, 1988, с. 290—319.

［33］Шпет Г. Г. Герменевтика и ее проблемы ［А］.//Контекст. Литературно-теоретические исследования，1989［С］. М.，Наука，1989a，c. 231－267.

［34］Шпет Г. Г. Эстетические фрагменты ［А］.//Сочинения ［С］. М.，Правда，1989b，c. 345－474.

［35］Шпет Г. Г. Введение в этническую психологию ［А］.//Сочинения ［С］. М.，Правда，1989c，c. 475－574.

［36］Шпет Г. Г. Театр как искусство ［J］. Вопросы философии，1989d，№11，c. 71－91.

［37］Шпет Г. Г. Герменевтика и ее проблемы ［А］.//Контекст. Литературно-теоретические исследования，1990 ［С］. М.，Наука，1990，c. 219－260.

［38］Шпет Г. Г. Герменевтика и ее проблемы ［А］.//Контекст. Литературно-теоретические исследования，1991 ［С］. М.，Наука，1991，c. 215－255.

［39］Якобсон Р. О. Лингвистика и поэтика ［А］.//Структурализм：за и против ［С］. М.，Прогресс，1975，c. 193－230.

［40］Luria A. R. *Cognitive development*：*its cultural and social foundations*. Cambridge ［M］，Mass.，Harvard University Press，1976.

［41］陈勇,俄罗斯符号学成型期文化学方向的研究[J],中国俄语教学,2016 年第 3 期。

［42］王铭玉,语言符号学[M],北京:高等教育出版社,2004。

［43］维戈茨基,艺术心理学[M],周新译,天津:百花文艺出版社,2010。

［44］赵爱国,俄罗斯符号学研究范式的百年嬗变[J],俄罗斯文艺,2016 年第 4 期。

第三篇

"过渡期"的俄罗斯符号学研究范式

第 八 章

系统—结构—功能主义范式

进入 20 世纪 40—50 年代后,其间由于第二次世界大战以及马尔(Н. Я. Марр,1864/65—1934)的"语言新学说"(новое учение о языке)的统治所造成的影响等原因,俄罗斯符号学研究也与其语言学等其他学科一样,曾经历过短暂的"低潮"阶段。其主要标志为:一是不少著名学者在 30 年代被扣上"反革命"或"资产阶级学术权威"的帽子,或被流放,或被剥夺工作权利,或被折磨致死;二是第二次世界大战期间,有很多学者被疏散到偏远山区或后方,无法进行有效的研究工作;三是由于各种原因,俄罗斯学界尤其是语言学研究有近 15 年(约 40 年代初至 50 年代中期)的时间基本处于与世隔绝的状态,很少引进世界其他国家尤其是西方国家的先进理论和思想成果。但上述这一切并没有禁锢住学者们的思想,更没有让学者们放弃对传统的继承和对科学的矢志追求。特别是当时的苏联领导人斯大林(И. В. Сталин,1878—1953)于 1950 年 6 月 20 日在《真理报》(《Правда》)发表《马克思主义与语言学问题:论语言学中的马克思主义》(《Марксизм и проблемы языкознания. Относительно марксизма в языкознании》)署名文章后,包括俄罗斯符号学在内的人文社会学科开始摆脱"马尔主义"(марризм)的影响而进入"后马尔主义"(постмарризм)时代。其最大特点是:意识形态已经不再成为符号学理论发展或演化的决定性影响因素;符号学作为一门独立学科不仅可以按照自身的规律向前发展,且在积极引进西方符号学说方面取得新的突破。如,1955 年俄罗斯首次翻译出版了现代符号学奠基人索绪尔(Ф. Соссюр,1857—1913)的学生巴利(Ш. Балли,

1865—1947)的《普通语言学与法语问题》(《Общая лингвистика и вопросы французского языка»)一书,拉开了借鉴国外先进符号学等理论及思想的序幕。正是在上述这种特殊的历史背景下,俄罗斯符号学研究出现了新的重要转折:形成了别具一格的"系统—结构—功能主义范式"(системно-структурно-функциональная парадигма)以及源于结构又超越结构的所谓"后结构主义范式"(постструктурная парадигма)。[1]

　　本质上讲,系统—结构—功能主义范式即"系统—结构—功能符号学"(системно-структурно-функциональная семиотика)的形成,一方面是俄罗斯符号学在"创建期""结构—系统主义范式"(системно-структурная парадигма)和"结构—功能主义范式"(функционально-структурная парадигма)的必然延续和有机传承;另一方面又是借鉴或批判以索绪尔为代表的结构主义符号学理论的产物。正是在这种传承、借鉴、批判相结合的相互作用下,成就了颇具俄罗斯特色的"过渡期"的符号学范式。该范式最为显著的标志就是于20世纪40—50年代形成并具有世界影响的"维诺格拉多夫语言学派"(Виноградовская школа в языкознании)。[2]该学派奠基人维诺格拉多夫(В. В. Виноградов,1895—1969)提出的相关理论和学说集系统、结构、功能于一体,不仅极大地丰富和完善了俄罗斯原有的符号学理论,也为俄罗斯符号学由现代过渡到当代提供了重要支撑。此外,根植于本国符号学传统,原"莫斯科语言学小组"(Московский лингвистический кружок/МЛК)和彼得格勒"诗歌语言研究学会"(Общество по изучению поэтического языка/ОПОЯС)的奠基人之一雅各布森(Р. О. Якобсон,1896—1982),也从符号本体论视角提出了些许在俄罗斯符号学史上具有标志性意义的重要学说和思想;而另一位学者、莫斯科大学教授和俄罗斯科学院语言学研究所研究员斯米尔尼茨基(А. И. Смирницкий,1903—1954)则在40—50年代的词汇学和普通语言学等领域崭露头角,其在词的概念尤其语言与言语的属性及其关系等方面的思想和观点与索绪尔的语言符号观相左。鉴于此,本章欲从系统—结构—功能范式的统一视角,对上述三位学者的相关符号学理论或学说做一番审视和评析。

第1节　维诺格拉多夫的相关理论学说

20世纪40—50年代在俄罗斯语言学领域兴起的维诺格拉多夫学派，可谓俄罗斯人文科学史上规模极大的学派之一，其参与成员之多、涵盖学科之广泛、学术影响之深远，都是同类学派所无法比拟的。从该学派的组成人员看，大多为维诺格拉多夫的学生及其理论学说的追随者，主要有：奥日戈夫（С. И. Ожегов，1900—1964）、洛姆捷夫（Т. М. Ломтев，1906—1972）、什维多娃（Н. Ю. Шведова，1916—2009）、别洛莎普科娃（В. А. Белошапкова，1917—1996）、什梅廖夫（Д. Н. Шмелёв，1926—1993）、波斯佩洛夫（Н. С. Поспелов，1899—1992）、博尔科夫斯基（В. И. Борковский，1900—1982）、别洛杰特（И. К. Белодед，1906—1981）、索罗金（Ю. А. Сорокин，1936—2009）、格里戈里耶夫（В. П. Григорьев，1925—2007）、科日娜（М. Н. Кожина，1925—2012）、泽姆斯卡娅（Е. А. Земская，1926—2012）、伊万诺夫（Вяч. В. Иванов，1929—2017）以及佐洛托娃（Г. А. Золотова）、拉普捷娃（О. А. Лаптева）、科斯托马罗夫（В. Г. Костомаров）、维列夏金（Е. М. Верещагин）、伊万契科娃（Е. А. Иванчикова）、伊利因斯卡娅（И. С. Ильинская）、科夫图诺娃（И. И. Ковтунова）、科热芙尼科娃（Н. А. Кожевникова）、别尔契科夫（Ю. А. Бельчиков）、奥金佐夫（В. В. Одинцов）、丘达科夫（А. П. Чудаков）、库特娜娅（Л. Л. Кутная）、叶芙根涅娃（А. П. Евгеньева）、洛巴金娜（В. В. Лопатина）、基霍诺夫（А. Н. Тихонов）等。他们中的第一代从20世纪初期就已经出道，而第二代是在50年代后成长起来的，其中很多人迄今仍然活跃在语言学研究的各个领域，引领着俄罗斯语言学的基本发展方向；年轻一代则为学派的继承者，在语言学等许多领域延续并发展着维诺格拉多夫的学术思想。从该学派的研究领域看，几乎涉及传统和当代语言学的各个分支学科，包括普通语言学、历史比较语言学、语义学、构词学、词法学、句法学、词汇学、方言学、口语学、词典学、成语学、修辞学、俄语史学，以及心理语言学、语言文化学、认知语言学等。其中也不乏符号学方面的专家，如上述的伊万诺夫等。

1.1　理论思想概说

作为俄罗斯 20 世纪最杰出的语言学家,该学派的奠基人维诺格拉多夫的学术思想形成于 20 世纪 20 年代。他曾先后师从于"彼得堡语言学派"(Петербургская школа в языкознании)的奠基人之一谢尔巴(Л. В. Щерба,1880—1944)和"莫斯科语言学派"(Московская лингвистическая школа)的主要成员沙赫马托夫(А. А. Шахматов,1864—1920),继承并融合了上述两大学派的优秀传统,并将其创造性地与时代精神结合起来,在理论语言学尤其俄语学的一系列领域开拓创新,从而奠定了其在俄罗斯语言学领域的领袖地位;他倡导创办《语言学问题》(«Вопросы языкознания»)杂志,并从 1952—1969 年间长期担任该杂志的主编;他曾于 1950—1955 年间担任俄罗斯语言学研究最权威机构——科学院语言学研究所(Институт языкознания АН)所长的职位。所有这一切,都印证着他本人及其领导的学派在国内外学界的地位和影响力。

从符号学角度看,在维诺格拉多夫众多的学术成果中,最具符号学价值的主要包括两个方面:一是"风格学"(стилистика)思想[3],二是关于"词的学说"(учение о слове)。其中,他对风格学的研究从 20 年代初一直延续到 60 年代,发表或出版了大量著述,如《彼得堡长诗"双生子"的风格》(«Стиль петербургской поэмы 'Двойник'»)(1922)、《论风格学之任务》(«О задачах стилистики»)(1923)、《阿赫玛托娃的诗歌:风格学素描》(«Поэзия Анны Ахматовой: Стилистические наброски»)(1925)、《风格学中的民间故事体小说问题》(«Проблема сказа в стилистике»)(1926)、《果戈理风格专论》(«Этюды о стиле Гоголя»)(1926)、《莱蒙托夫的散文风格》(«Стиль прозы Лермонтова»)(1941)、《普希金的文体》(«Стиль Пушкина»)(1941)、《作者问题和风格理论》(«Проблема авторства и теория стилей»)(1961)等,其中对"文学符号学"(семиотика литературы)的最大贡献莫过于提出了所谓"作者形象"(образ автора)的概念,从而成为俄罗斯历史上从事"语言个性"(языковая личность)研究的先驱者之一。(见赵爱国 2012:82—83)此外,他还从"历史主义"(историзм)原则立场出发,对"诗歌语言"(поэтический язык)进行比较系统和深入的研究,并在《论阿赫玛托娃的象征意义》(«О символике А. Ахматовой»)(1921)、《论艺术散文》(«О художественной прозе»)(1930)等著述中,对具有

符号学意义的"象征"问题作出了别具一格的界说和分析,认为象征是"诗歌作品中美学上装饰过的和艺术上受到限制的言语单位"。(见 Почепцов 2001a: 512)而其关于"词的学说"则完全与本章的主旨相吻合,其思想内核具有系统—结构—功能主义范式的性质。因此,本节主要对该学说的基本构成及其符号学意义做具体的评价。

1.2　关于"词的学说"

维诺格拉多夫提出的关于"词的学说"思想,集中反映在 1947 年出版的《俄语:词的语法学说》(«Русский язык:Грамматическое учение о слове»)著作中[4],概括起来主要包含有下列符号学思想:

1)关于词的语法形式的思想。他认为,从历史上看,词的语法形式(грамматическая форма слова)是一个多义的概念,既可以指词的语法意义的形态特征,也可以指词结构中语法功能的形态标志,甚至可以指词素。因此,有必要对词的形式的概念进行规范。他本人倾向于把词的形式看作是"附带有词的基本(词汇)意义的各种补充形式意义的总和",因为只有这样,才能纠正以往那些"没有形式的语言"或"没有形式的词"的定论。他的结论是:所有词(包括副词和动词等)都是有形式的或是被形式化了的,因为词都具有某种语法功能,都在语言的语法系统中占据着一定的位置,都会归属于某语法范畴。(Виноградов 1947:34—36)

2)关于词类划分标准的思想。在俄语学界,对词类的划分问题始终存在较大分歧和争议。维诺格拉多夫在总结了前人学术成果的基础上提出,区别词类不仅要依据词的形式特征,还必须依据词的词汇意义、句法的功能、反映现实的不同方法——"情态性"(модальность)等来确定的重要思想,从而将词类的划分同时考虑词的结构和语义两个范畴,即所谓"词的结构语义范畴"(структурно-семантические категории слова)。而从 18 世纪起的传统俄语语法只是把词分为"实词"和"虚词"两种,后来又增加了"感叹词"这一特殊的类别。这样的划分只是一种"平面"的切割,而并没有考虑到词类之间结构上的种种差异。有学者认为,按词的结构语义范畴来划分词的语义语法类别,能最大限度地涵盖所有的词汇语法材料,并顾及了词的语义特性,从而使词的结构语义类别成为与其他具有称名功能的语言单位相对立的特殊类别。

（Бельчиков 2002:108—109）

3）关于词的词汇意义类别的思想。维诺格拉多夫在该著作中,专门辟出很大的篇幅来论述"词的词汇意义类别"（типы лексического значения слова）问题。他认为,无论从词汇中不同意义的联合方式看,还是从词汇使用的规律性看,都可以得出这样的结论:并非词的所有意义都是均质的或同类型的,不同的词汇意义在结构上有本质的差异。原因在于:词属于现实,但词反映现实和表达自身意义时并非是孤立的和脱离开该具体语言的词汇—语义系统的,而是作为该系统的成分而与其紧密联系的。（Виноградов 1947:164—165）据此,他认为俄语中的词（包括与词一样具有称名功能的成语）的意义是一个完整的系统,该系统至少包括以下词汇意义类别:（1）直义（прямые значения）,即直接指向事物的"称名意义"（номинативные значения）;（2）称名派生意义（номинативно-производные значения）,即由基本称名意义派生而来的意义;（3）修辞意义（стилистические значения）,其中还包括"同义表现力意义"（экспрессивно-синонимические значения）等;（4）成语性耦合意义（фразеологически связанные значения）,即由词的固定组合和用法所生成的意义;（5）句法功能意义（функционально-синтаксические значеня）,其中包括"句法功能制约意义"（функционально-синтаксически ограниченные значения）等。（见 Виноградов 1947:162—189）值得一提的是,上述列出的这些意义类别,在语言使用中还有各自的变体形式或者"意义色差"（смысловой оттенок）,且不同的词类属性所体现的意义类别又有所不同。由上可见,维诺格拉多夫在该著作中所归纳的词的意义类别,既包括词的词汇意义,又包括词的语法（句法）意义;既包括字典中所列出的确定意义,也包括语言使用中所呈现的不确定意义。这种集形式与语义、静态与动态于一体的思想,为当代俄罗斯语义学尤其是词汇学的生成与发展奠定了学理基础。

4）关于言语功能的思想。维诺格拉多夫认为,语法学的每一个对象都应该同时从形式和功能的双重角度加以研究,但研究的重心要转向语法语义问题,转向揭示形式和范畴的功能负荷,以及词与句子中其他词的相互关系。（Виноградов 1947:17）他的这一思想对发展现代语言学理论和认识现代俄语的语法规律都起到了十分重要的作用,不失为现代语言学研究中的重大进步。

5）关于句子句法学的思想。维诺格拉多夫在论述词的语法形式和意义、词的结构语义范畴的时候,并不是把词当作一种孤立的现象来分析的,而是将其与句子甚至更大的单位结合起来进行整合性研究。在该著作的最后部分,他从"词的学说"理论出发重点讨论了"句子句法范畴"(синтаксис предложения)问题,认为"句子句法范畴虽然是建立在词和词组的语法根基之上的,但它却超越了词和词组语义的范围,而完全属于另一种语法语义范畴"。(Виноградов 1947:626)为此,他提出了句子句法范畴研究中的"述谓性"(предикативность)和"情态性"学说,该学说成为当代俄语句法学(即苏联科学院颁布的 80 年《语法》)的理论基础。

1.3　"词的学说"的符号学价值

总结维诺格拉多夫对"词的学说"所取得的重大理论成果,有两点值得关注:(1)该学说创造性地总结并继承了俄罗斯近 300 年来(从罗蒙诺索夫到沙赫马托夫、谢尔巴、别什科夫斯基)的语法学理论和思想,并采用独特的视角,即用形式主义与功能语义相结合的方法,分析了现代俄语标准语几乎所有的语法范畴和形式,包括系统内部的以及系统外部的各种复杂关系、联系和相互作用等。其分析的系统性、内容的新颖性以及方法上的创新性等,都是俄语语法研究史上从未有过的,是对传统语法体系具有革命性的一次变革;(2)该学说的提出是基于对"作为语法单位的词"(слово как грамматическая единица)问题的理性思考。他不赞成对词进行所谓"纯形式"的研究。他认为词不仅是一个与语言的其他意义单位相关联的形式和意义系统,而且是具有内部相关意义的统一系统;词的内部统一的实现,不仅是语音和语法成分的统一,而且是词的意义系统的语义统一。此外,他还认为词的结构不单单是由"两面"(即声音和意义)组成的,除此之外还应该有思想和情感上的色彩等。(见Виноградов 1947:14—22)正是以上两点,为维诺格拉多夫提出"词的学说"理论提供了方法论基础。

那么,"词的学说"到底有何符号学价值呢? 在我们看来,尽管该学说的主旨是关于词的语法学说,但它却蕴含着如何看待语言现象,如何确定词与其他语言单位的联系,以及如何将词的词汇意义、语法意义以及语用意义、修辞意义等作为一个整体并对其作出科学解释的重大理论问题,因此,所谓"词的学说",其本质上是集词的系统、结构和功能为一体的方法论,它在思想和实践层面都与符号学的视阈及其特性相吻合。具体为：（1）分析某语言现象，不是从单一视角出发，而是从该语言现象与其他语言现象或语言的其他方面的关系出发；审视语法范畴与词汇、词的属性、词的意义以及词的相关要素紧密结合起来；探索构词规律与词的形态构造规则及其语法范畴联系起来；研究句法不仅在语言层级上对其作出"组合关系评价"（синтагматические характеристики）和"聚合关系评价"（парадигматические характеристики），而且还与词汇及其成语性组合紧密结合在一起，甚至与文学语言、作家的语体（风格）以及全民标准语的历史等一道进行综合考察（即上文所说的"风格学"的有关内容）。所有这一切，既是"词的学说"的基本原则，也同样是符号学的基本属性以及符号运作的本质特性所在；（2）关注语言现象的功能和修辞的分类及其使用范围，也是"词的学说"的重要方面，而这一点也与符号学的视阈相一致；（3）在"历时性共时"（диахроническая синхрония）层面上来分析语言现象，是"词的学说"的最基本方法。它将语言现象置于历史语境中，视语言规范为历史范畴，承认在功能和语义上有区别的语言变体的共存，这一切无疑与索绪尔的符号学思想有重大区别，在学理渊源上显然是遵循并综合了俄罗斯语言学传统中的三大学派——喀山语言学派（Казанская лингвистическая школа）、莫斯科语言学派和彼得堡语言学派的基本方法。以上三个方面足以证明，维诺格拉多夫的"词的学说"，不仅对俄语语义学、词汇学、语法学、修辞学等的发展具有划时代的意义，同时也是对"词语符号学"（семиотика слова）作出的重要贡献，为俄罗斯符号学史上"系统—结构—功能主义范式"的代表性学说之一。当然，从当代词语符号学尤其是词义符号学角度看，维诺格拉多夫的"词的学说"依然具有时代的局限性。

第 2 节　雅各布森的相关理论学说

在 20 世纪 40—50 年代的俄罗斯符号学研究中，雅各布森作为莫斯科语言学传统继承者中的杰出代表，对俄罗斯符号学由现代范式向当代范式过渡起到了决定性的作用。

2.1　理论思想概说

从本著作有关章节尤其是第四章"形式主义范式"（формальная парадигма）中可以看到，早在俄罗斯符号学发展初期（即"创建期"之初），雅各布森就扮演了不可替代的重要角色。作为莫斯科语言学小组、彼得格勒诗歌语言研究学会及"布拉格语言学小组"（Пражский лингвистический кружок）[5]以及"纽约语言学小组"（Нью-Йоркский лингвистический кружок）等多个具有世界性影响的组织的创始人之一，他无疑是形式主义语言学和文艺学研究范式中的代表人物之一。纵观雅各布森走过的 60 余年的学术历程，大体可分为 40 年代前和 40 年代后两个不同的阶段。如果说他在第一个阶段的符号学思想，主要是受索绪尔结构主义语言学影响的话[6]，那么自 40 年代初起移居美国后的 40 余年里，"他对索绪尔语言符号学说中的二元对立理论进行了新的审视甚至批判"，从而形成了自己的符号学理论和思想。（见 Алпатов 1999：301—302）

雅各布森移居美国后，开始关注"语言共性"（универсальность языка）问题，这是他从形式主义（结构主义）逐步走向符号学本体论王国的重要动因。1941 年，他出版《儿童语言、失语症与音位学共性现象》（«Детский язык, афазия и фонологические универсалии»）一书，后又相继发表了《语言共性对语言学的意义》（«Значение лингвистических универсалий для языкознания»）（1959）等论文，对语言共性涉及的语言与思维、语言与能力、语言与文化等问题进行了比较系统的阐释。50 年代起，他又发表多篇论文，如《语言学与诗学》（«Лингвистика и поэтика»）、《语言本质探索》（«В поисках сущности языка»）、《语言的两个方面和失语的两种类型》（«Два аспекта языка и два типа афатических нарушений»）等，从语言共性视角对语言符号学的基本问题进行了全面审视。[7]

2.2　相关符号学思想

总体看，雅各布森的符号学思想可归纳为以下三个方面：

1）符号分类的思想。20 世纪 50 年代初，雅各布森就开始对日益兴盛的符号学产生浓厚兴趣。1952 年，他就"开始强调建立关于符号系统的一般规律的必要性，并经常谈到广泛开展符号学研究的重要性"。（王铭玉 2004：472）我们在其写于该时期的《语言本质探索》论文中，清晰地看到了他对符号及符号学所阐述的深邃思想。他认为，美国学者皮尔斯（Ч. С. Пирс，1839—1914）的学说对建立符号学的普通原理"具有划时代的意义"。皮尔斯在对符号的物质特性——能指和符号的直接阐释——所指进行严格区分基础上，提出了符号所具有的三种基本类型，即"象似符号"（иконический знак）、"标引符号"（индексный знак）、"象征符号"（символический знак）。雅各布森对皮尔斯提出的上述符号类型做了进一步的分析和阐释。他认为，皮尔斯的三种符号是分别建立在能指和所指的"事实相似"（фактическое подобие）、"事实近似"（фактическая смежность）和"约定近似"（установленная смежность）基础上的，但实际上能指和所指之间是否有"相似"和"近似"是区分该三种符号的基础；象征符号在能指和所指之间的约定联系也存在于其他两种符号中；象征中永远包含标引，没有标引就不可能表明象征符号指的是什么。（见 Якобсон 1983：102—217）他在解释象似符号中的象征成分时还说，对绘画和图片的完全理解需要接受初步的教育。任何一种写生画都不会受表意成分和象征成分的支配。三维空间通过任何一种造型配景投射到二维的平面上，都会有添加的特性。如果在一张绘画上画有一高一矮的两个人，我们应该对有一定传统特点的人更加熟悉。根据传统，我们可能会把该人物造型放大，放大的或者是近处的那一个，或者是起到更大作用的那一个，或者是尺寸大些的那一个。（Якобсон 1985：322 ）他的上述认识，无疑是对皮尔斯符号学理论的补充和完善。如果说皮尔斯认为三种符号之间彼此不相关联和具有不同的"指向性"的话，那么雅各布森则认为一切符号都拥有共同的特点，它们的区别仅仅在于符号的某一特征比另一特征更明显些而已。通过对具体语料的分析，雅各布森还进一步得出如下两条重要的结论：一是在上述三种符号之间肯定还存在着过渡型的符号，如象征—象似符号、象似—象征符号等；二是在皮尔斯提出的"事实相似"（象似符号）、"事实近似"（标引符号）和"约定近似"（象征符号）的三种组合之外，还应该有第四种组合——"约定相似"。

2) 隐喻和换喻的思想。雅各布森对"隐喻"（метафора）和"换喻"（метонимия）的符号学分析，源自对儿童"失语症"（афазия）的语言机制研究。他认为，以往心理学和神经学对失语症的研究是不全面的，原因是里面没有语言学家的参与。他从索绪尔提出的"组合"（синтагма）和"聚合"（парадигма）对立学说出发，从交际学角度将其重新定名为"联合"（комбинация）和"选择"（селекция），认为它们可以用来解释如何使失语症者获得相应的语言能力问题。所谓联合，是指任何语言符号都是由符号的成素组成的，但其呈现给人们的只能是与其他符号的联合。这表明，任何语言单位可以同时作为比较简单（低层级）的单位，也可以在比较复杂（高层级）的语言单位构成中找到属于自己的语境结构。因此，任何语言单位的现实联合都可以使其生成为更加复杂的语言单位，直至生成"自在度"（шкала свободы）。例如，在把区别性特征联合成音位时，说者的自在度就等于零，因为此时语言的所有潜能都是由符号硬性约定的；而当把音位联合成词时，自在度就受到极大的限制，因为音位不能自由地构成新词；但当把词联合成句子以及把句子联合成语句时，说者受到的限制就要小得多，此时自在度就可以达到最大值。所谓选择，是指可以用一种符号来替代另一种符号，可以选择对应的符号，也可以选择更好的符号。雅各布森发现，上述语言符号的双重属性，不仅与失语症所表现的"相似错乱"和"近似错乱"有某种内在的联系，而且还与语言符号的隐喻和换喻的功能紧密关联。"相似错乱"表现为"选择能力的缺失"，会导致元语言程序的错乱；而"近似错乱"则表现为"联合能力的缺失"，会导致掌握语言单位层级的错乱。雅各布森认为，隐喻和换喻作为二元对立的典型模式，为语言符号施行的"选择"和"联合"过程奠定了必要基础。由此他提出：言语事实可以沿着两种向度发展：一是按照相似性，二是按照近似性。某一个主题按这两种向度都可以转换成另一个主题，而这两种转换分别又是围绕"隐喻轴心"和"换喻轴心"展开的，因为只有在隐喻和换喻中相似性和近似性才能得以最集中的体现。也就是说，言语交际中话语信息是由"平面"和"垂直"运动结合而成的。前者是词的联合，其过程表现为近似性，方式是换喻的；后者是词的聚合，其过程表现为相似性，方式是隐喻的。（见 Якобсон 1990：110—132）基于以上理论，雅各布森对如何克服失语症进行详细的符号学论证和阐述，并认为该隐喻和换喻的方法可以运用于对文学和艺术作品的分析。

3）语言符号功能的思想。雅各布森在 1958 年发表的《语言学与诗学》的文章中，根据语言所具有的基本功能，提出了言语交际的符号学模式。（见 Якобсон 1975：198）该模式分别由语言功能的六个要素构成：

语境（контекст）

信息（сообщение）

说者（адресант）——————————————— 听者（адресат）

接触（контакт）

代码（код）

不难看出，上述语言功能的六个要素与基于交际的语言的六种基本功能相对应，即"表情功能"（эмотивная/экспрессивная функция）、"意动功能"（конативная функция）、"交流功能"（фатическая функция）、"元语言功能"（метаязыковая функция）、"诗学功能"（поэтическая функция）、"指称功能"（денотативная функция）。这种关联性具体体现为：（1）表情功能与"说者"（адресант）相关联，用以表达其说话的态度，例如，语言中同一个内容仅用不同的语调就可以表达赞许、指责、疑问等情感；（2）意动功能指向"听者"（адресат），例如，俄语中称呼语或呼格和命令式等形式就具备这样的意动功能；（3）交流功能"由"接触"（контакт）来执行，对该功能来说，最重要的并不是传递信息，而是保持交际双方的接触，例如，俄语中常用 *Ты слушаешь?*（你在听吗?）来保持彼此间的接触；（4）元语言功能与"代码"（код）相关联，例如，即使听者没有听懂某一个词语，仍然可以从说者那里得到该词语的意义：说者可以借助于其他词语对该词的意义进行描述，也可以展示实物使对方明白其意义；（5）诗学功能由"信息"（сообщение）来履行，这对"语言艺术"（словесное искусство）来说是最为主要的功能，因为该功能注重的是交际的形式，而非交际的内容，这就与日常言语更多地指向交际的内容有本质的区别；（6）指称功能亦称"认知功能"（когнитивная функция），它与"语境"（контекст）相关联，是对交际中所说客体的一种注解。（见 Якобсон 1975：198—230，Почепцов 2001b：54—57)有学者在评析雅各布森提出的上述交际模式时认为，该模式的核心思想是："信息"不提供也不可能提供交流活动的全部"意义"，交流的所得，有相当一部分来自语境、代码和接触手段，"意义"存在于全部交流行为之中。（王铭玉 2004：158 ）

在我们看来，上述表情功能、意动功能、诗学功能和指称功能，又可分别称之为"说者中心功能"（адресантоцентрическая функция）、"听者中心功能"（адресатоцентрическая функция）、"形式中心功能"（формоцентрическая функция）和"语境中心功能"（контекстоцентрическая функция）。也就是说，雅各布森有关语言符号功能的思想，是建立在交际尤其是言语交际这一基础之上的。正是基于对交际或言语交际的符号学观察和思维，才有可能对语言功能的六个基本要素及其相互关系作出合乎逻辑的界说，并由此得出交际或言语交际的符号学模式。当然，该模式所蕴含的思想并非"一蹴而就"，而是经历了从形式主义到结构主义再到功能主义的递进式嬗变。如，有关诗学功能的思想就生成于形式主义诗学，表情功能和指称功能主要是结构主义的，其他的几种功能则与交际中的上下文语境以及文化语境和民族传统等因素相关联。可以认为，上述六种功能的思想，分别为现当代功能语言学、形式语言学、社会语言学、交际语言学、语义学、文化符号学、以及认知语言学的生成和发展提供了必要的养料和思想基础。

2.3　符号学思想的矛盾性

总之，上述符号分类的思想、隐喻和换喻的思想以及语言功能的思想，都是基于语言符号的基本属性而得出的，显然具有系统—结构—功能主义的性质。当然，纵观雅各布森的符号学思想的发展轨迹，其中也不难窥见些许矛盾性：如，他一方面承认曾分别受到胡塞尔（Э. Гуссерль，1859—1938）的现象学和索绪尔的结构主义语言学的影响[8]，但另一方面又在许多方面表现出与之本质上的不同。按照胡塞尔的观点，外在世界的存在和属性是形而上学的或抽象空洞的，因此不可能讨论语言与现实的关系问题，而雅各布森的符号学思想注重的是交际或言语交际问题，因此又不可避免地要涉及语言与现实的关系；又如，他一方面追随索绪尔提出的"就语言为语言而研究语言"的思想，强调语言的所谓"自主性"（автономность），另一方面又在语言学研究中反复论证语言学与其他学科的交叉性和渗透性；再如，他一方面确认索绪尔提出的"语言是一个符号系统"的正确性，甚至进一步认为一切语言现象——从微小的语言单位到整个语句或语句的转换，都是被"用作符号"和"仅仅用作符号"来发挥功用的，另一方面又反对将不同的学科（我们理解这也包括符号学和语言学）混淆在一起，认为自然语言相较于其他符号系统而言具有独一无二性。

（Якобсон 1985：325—329）如此等等，不能不说雅各布森的符号学思想在学理上还缺乏一定的严谨性和必要的连贯性，因此，其学术价值也并非西方学界所极力推崇的那样具有完全创新的性质。正如有学者所评析的：雅各布森的方法论是自相矛盾的。依照胡塞尔对外在世界的解释，还不足以使他避免类似的矛盾性。他与我们这个时代的唯物主义思想格格不入。与此同时，他喜欢用警句格言让毫无经验的读者震耳欲聋：他时而宣称赫列勃尼科夫为 20 世纪最伟大的诗人，认为"他比所有诗人都强"[9]，时而又说不同科学具体和个别问题的普通研究者在他看来是"天才"（гений）；他时而坚定维护"意义范畴"（категория значения），时而又极力推崇布龙菲尔德的学术思想，从而又坚决和始终不渝地否定语言学中的意义范畴。[10]（Будагов 1988：284）在我们看来，这样的评析总体上是符合雅各布森整个学术思想实际的。

第 3 节　斯米尔尼茨基的相关理论学说

　　作为莫斯科大学的英语教授（1942—1951）和苏联科学院语言学研究所研究员（1950—1954），斯米尔尼茨基生前的著述并不多，但他在普通词法学和普通语言学方面的相关学术思想，却成为 20 世纪 40—50 年代俄罗斯符号学现当代过渡期的重要组成部分，因此，有必要给以专门的关注和评析。

　　归纳起来，斯米尔尼茨基对系统—结构—功能主义范式方面所作出的贡献主要集中在两个方面：一是对词的概念和界限作出新的解释；二是对语言和言语的属性及其关系作出新的界说。

3.1　关于词的概念和界限

　　关于对词的概念和界限问题，斯米尔尼茨基于 1952、1954 和 1955 年先后发表了《论词（词的单一性问题）》（«К вопросу о слове（проблема отдельности слова）»）、《论词（词的同一性问题）》（«К вопросу о слове（проблема тождества слова）»）和《词的词汇意义和语法意义》（«Лексическое и грамматическое в слове»）等论文，从共时视角出发，不仅对词的形式（结构）和功能（意义）进行了深入描写和阐释，还对词的概念作出了不同于传统的界说。他在论述词的单一性问题时指出，现有的对词的界说在很大程度上是不完善或有缺陷的，原因是这些界说只关注到词的单一方面而忽视了同样重要的其他方面。要对"什么是词"作出界说（更确切地说是作出解释），就必须对提出这一问题的本身作进一步说明……词不仅是词汇中的基本单位，同样还是语言中的核心和关键单位。（Смирницкий 1952：182—183）他还说，人类语言常常被称为"词的语言"（язык слов）并非偶然，这是因为：正是词的总和犹如语言的词汇，是任何语言不可或缺的"建筑材料"（строительные материалы）；也正是词在连贯语中按照该语言的语法构造规则进行变化和组合。因此，词在总体上被认定为基本的语言单位，而其他的语言单位（如词素、成语性单位和某语法结构等）在一定程度上都要受到词的制约，所以要以词这样的单位的存在为前提。（Смирницкий 1955：11）关于不同语言中的词的问题，他写道：词在一些语言中或多或少是由精确的语音特征（如重音、元音和谐、词尾规律等）来显现的，而另一些语言中则相反，词的语音特征与我们在其他的构成（如词形构成，或相反，整个词组构成）中找到的相一致。然而，单一语言特点的多样性，丝毫不妨碍我们对词作出界说，因为在该多样性中可以凸显出共同的特点，即词的最本质的特征。（Смирницкий 1952：184）那么，斯米尔尼茨基本人又是如何对词作出自己的解说的呢？他认为，要在连贯语中切分出词，其前提是要有相当精确的"区分度"（выделимость），即区分出词与词的组成部分——词素。在连贯语中，词的区分度并非单靠语义完整性或语音特征来确定（语音特征在具体的语言中可以有本质的不同）。能够成为词的区分度基础的只有一个本质特征，该特征能将词界定为具有两面的、"语法上形式化"（грамматически оформленность）的语言单位，因为只有语法上的形式化才能够将词与其组成部分区别开来（Смирницкий 1952：190—191）如上可见，斯米尔尼茨基对词的界说带有纯结构的性质，而并非要以词的外在表达形式为依据。对此，他在1955年发表的《词的词汇意义和语法意义》一文中对词的上述属性做了进一步说明，确认"一个词即便没有一定的语法形式，其在语法上也有形式化"。（见 Смирницкий 1955：17）最终，斯米尔尼茨基依照"莫斯科语言学派"（Московская лингвистическая школа）的奠基人福尔图纳托夫的有关观点对词作出如下界说：语言中有意义的、在语音上能够与其他词相区别的任何言语语音就是词。在他看来，这一界说的重要性就在于：它指出了言语中某一语音单位之所以能够界说为词，与其说是鉴于该单位本身，不如说是与该单位相组合的单位呈现为独立的词。(Смирницкий 1952:194)此外,斯米尔尼茨基还对词的同一性问题作了深入探讨,并就"词形"(словоформа)与"词的形式"(форма слова)[11]、词的"词汇语义变体"(лексикосемантические варианты)和"音位形态变体"(фономорфологические варианты)等一系列概念及关系作出了解释。(见 Смирницкий 1954а:)我们知道,世界学界对词的概念界说并无一致的看法,俄罗斯学界也是如此。如,索绪尔就认为,词的概念与我们所具有的有关语言的具体单位的认识是不一致的……不应该在词中寻找具体的语言单位。(见 Соссюр 1933:107)而索绪尔的学生巴利(Ш. Балли,1865—1947)则完全否认有词的精确概念,认为词的概念实际上语言学中所见到的最为模棱两可的。(见 Балии 1955:315)再如,"彼得堡语言学派"(Петербургская школа в языкознании)的奠基人之一谢尔巴在谈到词的问题时也认为,词在不同语言中有不同的解释,因此,根本就不存在所谓"词"的概念。(见 Щерба 1944:175)斯米尔尼茨基对谢尔巴的观点持否定态度。他认为,如果词在不同的语言中是不同的单位,那么为何这些不同的单位可以称之为词呢?(见 Смирницкий 1952:183)据此,斯米尔尼茨基坚持认为,词的概念主要是由"语法上的形式化"这一本质特征决定的,因此,他并没有采用当时盛行的索绪尔、巴利以及谢尔巴等学术大家的说法,而是从词的共性特征出发,依照福尔图纳托夫的思想对词作出了新的界说。这表明,他对作为语言符号基本单位的词的审视是共时(系统)视角的,对词的概念界说是集形式(结构)与功能(意义)于一体的,因为福尔图纳托夫本人对词的审视和界说就是如此。

3.2　关于语言与言语的属性及其关系

在对待语言和言语的属性及其关系问题上,斯米尔尼茨于 1954 年出版了一本小册子《语言存在的客观性》(«Объективность существования языка»),对当时学界盛行的一些观点尤其是索绪尔提出的语言与言语的所谓"公理"提出批评和质疑。具体内容包括:(1)对语言与言语区分的语言学价值的肯定。我们知道,在斯大林于 1950 年在《真理报》(«Правда»)上发表《马克思主义与语言学问题》(«Марксизм и вопросы языкознания»)的署名文章后,"马尔主义"(марризм)受到彻底批判和清算。当时,以奇科巴瓦(А. С. Чикобава,1898—1985)为代表的许多语言学家提出要将语言学研究回归到十月革命前的历史比较语言学中去[12]，反对索绪尔提出的语言与言语的相关学说。针对上述情况，斯米尔尼茨基坚决不同意这种做法，认为在语言学研究中有必要对语言与言语进行区分，这不仅是因为现实中语言与言语本身就有很大的差异，还因为如果不考虑到这种差异，语言学就不可能作为一门专门科学即真正的语言科学而存在。(Смирницкий 1954b:12)(2)对索绪尔有关语言与言语学说的批判。在语言与言语问题上，斯米尔尼茨基提出了不同于索绪尔等结构主义语言学家的观点。在他看来，在索绪尔的语言观中不能接受的是关于语言具有心理属性的观点。似乎语言的存在是由操该种语言的人的心理存在所决定的。(Смирницкий 1954b:8)斯米尔尼茨基认为，索绪尔提出的这一观点并非独创，而是 19 世纪末至 20 世纪初所特有的，而且具有矛盾性。其矛盾性就在于区分出语言与言语后，将所有物质的和客观现实的方面都归入言语，而在承认语言社会属性的同时则将语言变成了纯心理的东西。(Смирницкий 1954b:9)那么语言是否具有纯心理的性质呢？斯米尔尼茨基又是如何来看待所这种纯心理及所谓的"大脑现象"(явления мозга)的呢？他承认，大脑现象无疑是客观的，但又认为在人类活动的一般情形下，人对大脑现象的"物质性"(материальность)却无法通过感觉器官直接感知，且大脑现象对建立个体间的接触和个体间的交际也不能发挥实际的作用。(Смирницкий 1954b:9—10)上述话语，实际上指出了索绪尔将语言界说为纯心理的错误所在：索绪尔一方面承认语言的社会属性，另一方面又说语言是纯心理的。而在斯米尔尼茨基看来，尽管大脑现象具有客观性，但由于该现象缺乏被人直接感知的物质外壳，因此就不能被认作是社会现象；斯米尔尼茨基坚持认为心理的就是个体的，因此，索绪尔反对将语言认定为个体现象本身就具有矛盾性。这是因为：既然把语言认作是非个体现象，那么逻辑上就应该认定语言不是心理的。此外，斯米尔尼茨基在批判索绪尔的同时，还对"哥本哈根语言学派"(Копенгагенская лингвистическая школа)代表人物叶利姆斯列夫(Л. Ельмслев, 1899—1965)的相关学说进行了批判。他认为，在叶利姆斯列夫的学说中，语言符号实际上变成了一种脱离任何实体的纯形式和纯关系的组合，语言存在于"何处"(где)以及"如何"(как)存在问题在他的学说中已经失去了实际的意义。(Смирницкий 1954b:12)由此可见，他实际上将叶利姆斯列夫的学说看作是对索绪尔结构主义语言学说的一种倒退：如果说斯米尔尼茨基眼里的索绪尔的学说是唯物主义与唯心主义相结合的产物的话,那么叶利姆斯列夫的学说就是纯唯心主义的了。(3)对语言存在的客观性的新界说。在对索绪尔以及叶利姆斯列夫等结构主义代表人物的相关学说作出否定之后,斯米尔尼茨基得出结论认为,语言是言语的一个组成部分,且是其最重要的组成部分,因为正是语言赋予了言语以有别于其他活动的人的特殊活动的性质。尽管言语的声音物质属于语言,也不可能脱离语言,但还不能说就完全仅仅归属于语言,因为在我们从言语中汲取语言时所获得的"剩余部分"(остаток)中并没有该物质。从语言作为最重要的交际工具这一视角看,言语声音中的一切都是偶然的、次要的或附带的,都属于这个剩余部分,而不属于语言本身。发音中的偶然错误以及嗓音特点就在于此。诗歌语言的特点也一样:言语的"超语言的剩余部分"(сверхъязыковой остаток)既包含着个体成分,也包含着社会成分,与索绪尔所说的完全属于个体现象的"言语"(parole)不同。(Смирницкий 1954b:13—15)在斯米尔尼茨基看来,如果说词在多数情况下属于语言单位的话,那么由一定的词组成的和有一定结构的具体的句子就是言语单位,而非语言单位。但是,语言和言语的结构单位之间并不存在相互的对应性:语言单位具有复现性,而言语单位具有派生性。(见 Смирницкий 1954a:4—6)据此,斯米尔尼茨基坚持要对作为个体意识中反映的"语言知识"(语言)与在言语中的"真正的客观存在"(言语)进行原则的区分。他认为,语言能够履行作为交际的基本工具的使命,只是因为其"外在的一面"(внешняя сторона)具有物质的和声音的表达。但该"外在的一面"在"同一个词形的不同现实化"以及"词在其不同变体而客观化"的扩展性表达中则变得模糊不清。这就给人以这样的印象:语言知识是起始的、第一性的,而它在言语现实发音中的体现则是派生的、第二性的。但是,人能够在自己的言语中使 лошадь(马)一词现实化,因为人预先已经掌握了这个词,因此能够将其作为有别于其他词的语言单位而予以区别。(Смирницкий 1954b:28—29)在此,斯米尔尼茨基进一步强调指出,有意义的发音组合并不像索绪尔说的那样是"简单联想",因为在每一个个体的意识里,发音对意义本身的形成具有一定的作用。正是通过这种发音,群体才能够指向构成语言单位意义的过程,并将自己的及无数先辈们的经验传递给个体。因此,在个体意识里形成的意义本质上并不是个体现象,而是社会现象。(Смирницкий 1954b:27)可以看出,斯米尔尼茨基把言语看作是带有具体语言内容的发音，而语言则是相互关联的语言单位以及语言单位间关系的总和。

3.3　符号学思想的特点

斯米尔尼茨基除在上述语言与言语的关系问题上与索绪尔、叶利姆斯列夫等的观点不同外，还在"共时"（синхрония）与"历时"（диахрония）的关系问题上与他们有原则的不同。他秉持的是俄罗斯语言学传统，即"共时—历时"的综合方法。如，他在《语言存在的客观性》小册子中写道：所谓某一时代的语言，是指时间上存在和发展的语言，以及包含着"历时方面"（момент диахронии）的语言。原则上，对语言作没有时间长度的"横切"（поперечный разрез）是不可能的。因此，即便对语言单位（包括词汇单位）做共时研究，也不可避免地要在时间上进行。这时，一些现象应该显现为发展中的和派生性的，另一些现象则呈现为消亡中的或石化中的，还有一些现象是稳定的。但无论哪种现象，都应该程度不同地归于语言在时间上的发展，即语言的历时方面。（Смирницкий 1954b：9）由上可见，他的这一观点与维诺格拉多夫研究"词的学说"的"历时性共时"视角完全一致。

众所周知，语言的存在形式问题是理论语言学或语言哲学所要解决的基本任务之一。它不仅涉及要对语言、言语和言语活动等基本概念作出科学的界说，同时也要对作为现实现象的语言和作为科学认知现象的语言之间的界限作出规定，还要对说话人或个体的言语与作为群体交际手段的语言之间的关系作出解析。因此，该问题历来是学界关注和争论的重点和热点。但由于上述问题的关键性和复杂性，以及研究者的视阈不同，迄今并没有得出统一的看法。鉴于此，斯米尔尼茨基提出并论证了语言存在的客观性命题，不仅以此来抗衡索绪尔提出的语言的心理本质即语言存在的主观性学说，同时也是对20世纪50年代学界依然盛行"语言是符号系统"论断的一种反叛。在他看来，语言这个符号系统并非是客观存在的，而是结构主义者人为构建起来的。因此，他从当时俄罗斯语言学方法论中占主导地位的辩证唯物主义的立场出发，一方面指出了语言知识与言语中客观存在的语言本身之间具有"同一性"，另一方面又强调在这种同一性中还存在着"非均衡性"（неравномерность）。在我们看来，他反对索绪尔为代表的结构主义者提出的语言纯心理论和语言系统论,并非是对语言系统的断然否定,而是提出了自己对该系统的另外一种认识,那就是"言语系统",即语言是言语组成部分或语言是言语使用中的手段。严格意义上讲,他的这一思想是建立在"言语第一性"和"结构第二性"基础上的,因此是一种新型的系统—结构—功能主义范式。它不仅有利于对语言与语言知识作出更加理性的区分,更为重要的是为当时俄罗斯学界开始兴起的"语言社会学"(социалогия языка)研究热潮提供了理论支撑;从语言符号学研究视角看,同时也为从语言的符号性向语言的社会性的转进起到了一定的推动作用。[13]

注释

1. 后一种范式将在下一章即第九章中予以专门审视。

2. 国内外学界对"维诺格拉多夫学派"的提法有不同的看法。很多学者将其列入彼得堡语言学派,原因是他毕业于当时的彼得格勒大学。但他于1930年起赴莫斯科国立师范大学和莫斯科大学任教,并于1950年起任苏联科学院《语言学问题》杂志主编。在1956—1959年间,该杂志发起了关于结构主义语言学方法和地位的大讨论,吸引众多国内外语言学家参加,从而创立起具有鲜明俄罗斯特色的学派。据此,俄罗斯于2002年出版的《语言学百科词典》(«Лингвистический Энциклопедический словарь»)中,就辟出单独一个词条来专门论述该学派的学术成就。

3. 作为术语的 стилистика 一词,在语言学中称之为"修辞学",而在文艺学中是专门研究文艺作品的文体或风格的,因此通常称为"风格学"。同样,стиль 一词也可界说为"文体""语体"和"风格"。

4. 该书是维诺格拉多夫一生中的最重要著作,曾多次再版,至2001年已出第四版。该书也曾给维诺格拉多夫赢得诸多荣誉,包括1945年在该书未出版前获得莫斯科大学学术委员会授予的罗蒙诺索夫一等奖(Первая премия имени Ломоносова),1951年获得国家奖——斯大林奖(Сталинская премия),后又被授予乌申斯基奖章(медаль Ушинского)以及科学院普希金奖(академическая премия имени Пушкина)等。

5. "布拉格语言学小组"与"布拉格语言学派"是同一个概念,属于结构主义语言学的一个学派,学派的核心即创建于1926年的布拉格语言学小组。因此,在概念上,"布拉格语言学小组"就是"布拉格语言学派"的代名词。

6. 事实上,雅各布森在1920年迁居捷克后才第一次接触到索绪尔的普通语言学理论,并为后者的精辟思想而折服。他从索绪尔的理论中得到灵感,懂得了诗歌语言的研究并不是诗歌或语言本身,而是诗歌中展现的各种关系,只有重视关系的研究才有可能走向文本的结构和系统,也才能在另一套符号系统(如文学、绘画、雕塑、音乐等)中发现带有普遍规律的共性。可以说,俄罗斯早期的符号学理论正是在雅各布森相同的认识中发展起来的。(Почепцов 2001a:349—350)

7. 这些论文分别被收录在俄罗斯出版的《结构主义语言学:"赞成"和"反对"》(《Структурализм: "за" и "против"》)(1975)、《符号学》(《Семиотика》)(1983)、《隐喻理论》(《Теория метафоры》)(1990)等文集中。

8. 雅各布森本人曾多次承认自己是德国哲学家胡塞尔现象学的追随者。(见 Будагов 1988:265)

9. 雅各布森曾在 1921 年出版《当代俄罗斯诗歌:第一次素描——走进赫列勃尼科夫》(《Новейшая русская поэзия. Набросок первый: Подступы к Хлебникову》)一书,对俄罗斯著名诗人、"俄罗斯先锋派"(русский авангард)奠基人之一的赫列勃尼科夫(В. В. Хлебников,1885—1922)的结构诗学思想进行了系统的评析,并提出了诗歌语言"文学性"的重要思想。

10. 众所周知,美国语言学家布龙菲尔德(Л. Блумфилд,1887—1949)是"行为主义语言学"(бихевиоризм)的拥护者,他的理论学说并不重视对语言意义的描写。雅各布森在相关著述中将其称为"伟大的语言学家"(великий лингвист)。(见 Якобсон 1985:351)

11. 研究表明,现代俄语中"словоформа"(词形)、"категориальные формы слов"(词的范畴形式)等术语,就是斯米尔尼茨基最先使用的,并得到学界的一致认可。

12. 奇科巴瓦为斯大林同乡,曾任格鲁吉亚科学院语言学研究所所长等职。他反对马尔提出的"语言新学说",因此向斯大林谏言批判马尔主义学说。另外,他还反对索绪尔提出的结构主义语言学说,极力主张回归俄罗斯语言学传统。

13. 20 世纪 50 年代起,俄罗斯语言学界掀起了"语言社会学"研究热潮;与此同时,世界语言学界也开始由"结构—系统范式"(системноструктурная парадигма)向"社会范式"(социальная парадигма)转进。(见赵爱国 2012:25—26,2015:1)

参考文献

[1] Алпатов В. М. История лингвистических учений [M]. М., Языки русской культуры, 1999.

[2] Балли Ш. Общая лингвистика и вопросы французского языка [M] М., Изд-во. иностр. лит., 1955.

[3] Бельчиков Ю. А. Виктор Владимирович Виноградов[A]. //Отечественные лингвисты XX века(Часть 1) [C]. М., ИНИОН РАН, 2002, с.77—91.

[4] Будагов Р. А. Портреты языковедов XIX—XX вв. [M]. М., Наука, 1988.

[5] Виноградов В. В. Русский язык: Грамматическое учение о слове [M]. Л., М.,Учпедгиз,

1947.

[6] Почепцов Г. Г. Русская семиотика [M]. М., Рефл-бук, Ваклер, 2001a.

[7] Почепцов Г. Г Теория коммуникации [M]. М., Рефл-бук, Ваклер, 2001b.

[8] Смирницкий А. И. К вопросу о слове (Проблема отдельности слова) [A]. // Вопросы теории и истории языка в свете трудов И. В. Сталина по языкознанию [C]. М., Изд-во АН СССР, 1952. с. 182—203.

[9] Смирницкий А. И. К вопросу о слове (Проблема тождества слова) [A] // Труды Института языкознания АН СССР [C]. М., 1954a. Т. 4. с 3—49.

[10] Смирницкий А. И. Объективность существования языка: Материалы к курсам языкознания [M] М., МГУ, 1954b.

[11] Смирницкий А. И. Лексическое и грамматическое в слове [A]. // Вопросы грамматического строя [C]. М., Изд-во АН СССР, 1955, с. 11—53.

[12] Соссюр Ф. Курс общей лингвистики [M]. М., СОЦЭКГИЗ, 1933.

[13] Щерба Л. В. Очередные проблемы языковедения [A]. // Известия АН СССР. ОЛЯ. Т. 4 [C] М., Изд-во АН СССР, 1945. Вып. 5. с. 173—186.

[14] Якобсон Р. О. Лингвистика и поэтика [A]. //Структурализм: за и против [C]. М., Прогресс, 1975, с. 193—230.

[15] Якобсон Р. О. В поисках сущности языка [A]. //Семиотика [C]. М., Радуга, 1983, с. 102—217.

[16] Якобсон Р. О. Язык в отношении к другим системам коммуникации [A]. // Избранные работы [C]. М., Прогресс, 1985, с. 306—330.

[17] Якобсон Р. О. Два аспекта языка и два типа афатических нарушений [A]. //Теория метафоры [C]. М., Прогресс, 1990, с. 110—132.

[18] 王铭玉,语言符号学[M],北京:高等教育出版社,2004。

[19] 赵爱国,20 世纪俄罗斯语言学遗产:理论、方法及流派[M],北京:北京大学出版社,2012。

[20] 赵爱国,当代俄罗斯人类中心论范式语言学理论研究[M],北京:北京大学出版社,2015。

第 九 章

后结构主义范式

在俄罗斯学界,"后结构主义"(постструктурализм)亦称"新结构主义"（неоструктурализм）,其概念原本指 20 世纪 60 年代末至 70 年代初在法国兴起的哲学派别或政治思潮。代表人物大多为原结构主义者,如福柯(М. Фуко,1926—1984)、拉康(Ж. Лакан,1901—1981)、德廖兹(Ж. Делёз,1925—1995)、巴特(Р. Барт,1915—1980)等。从学理上看,后结构主义既是结构主义的延续,也是对结构主义的否定。也就是说,它一方面依然坚持着由索绪尔(Ф. Соссюр,1857—1913)开创的结构主义的基本原则,另一方面又对结构主义追求形而上学、追求世界结构的统一性或单一性本质、追求客观性和理性等传统持批判或否定的态度。

符号学研究中的"后结构主义范式"(постструктурная парадигма),与我们在本书第五、六、八章中所评析的"结构—系统主义范式"(системно-структурная парадигма)、"结构—功能主义范式"(функционально-структурная парадигма)或"系统—结构—功能主义范式"(системно-структурно-функциональная парадигма)等在性质上已经有本质的不同。这是因为:前者是一种超越结构主义并拓展到符号外界因素的崭新学术样式,其本质上具有"新结构主义"的性质,可称其为"后结构符号学"(постструктурная семиотика);而后几种是基于符号结构但与其他相关学术思想相结合的学术样式,因此其本质上依然是属于传统结构主义的。

从俄罗斯符号学的发展进程看,其后结构主义范式的生成较之上述哲学或文艺思潮领域的后结构主义的形成要早 10—20 年的时间,出现在符号学研究进程中的现当代"过渡期"。代表人物是俄罗斯著名哲学家、文论家和符号学家巴赫金(М. М. Бахтин,1895—1975),以及著名心理语言学家任金(Н. И. Жинкин,1893—1979)。他们提出的"对话主义"(диалогизм)、"超语言学"(металингвистика)、"言语体裁"(речевые жанры)以及"言语机制"(речевой механизм)等理论学说和思想,不但在很多方面超越了结构主义的思想界限,更是对结构主义基本原则的否定或批判。

下面,就让我们从符号学角度来具体审视一下上述两位学者的相关理论学说和思想。

第 1 节　巴赫金的相关理论思想

作为俄罗斯现当代著名哲学家、语文学家、文论家和符号学家,巴赫金被世界学界公认为 20 世纪最杰出的思想家之一。他的一生既坎坷又传奇。坎坷在于他曾多次被流放和被捕,年轻时还患有慢性骨髓炎,身心曾遭受巨大的折磨和痛苦,不得不于 1938 年截肢;传奇是指他早期的大部分著述及其思想价值直到 60 年代之后才被"发现",并迅速掀起世界性的研究热潮,以至"巴赫金学"(бахтинология)成为当代的一门"显学"。他在 1924—1929 年间发表和出版的著述大多以圈内人(朋友)的名字署名,如"沃洛什诺夫"(В. Н. Волошинов)——《弗洛伊德主义:批评随笔》(«Фрейдизм: Критический очерк»)(1927)、《马克思主义与语言哲学》(«Марксизм и философия языка)(1929);"梅德维捷夫"(П. Н. Медведев)——《文艺学中的形式主义方法》(«Формальный метод в литературоведении»)(1928)等。学界对此"怪异"做法的成因迄今仍有争议,也有学者把这个时期的巴赫金称作"面具下的巴赫金"。在 30—50 年代,巴赫金撰写了一系列研究小说体裁的论文,如《语句的结构》(«Конструкция высказывания»)(1930)、《小说中的词》(«Слово в романе»)(1935)、《言语体裁问题》(«Проблемы речевых жанров»)(1953)、《文本问题》(«Проблема текста»)(1959)等。[1]60 年代起俄罗斯开始系列出版(或再版)他早年撰写的著作和文集,如《陀思妥耶夫斯基的诗学问题》(«Проблемы поэтики Достоевского»)(1963),《拉伯雷的创作与中世纪和文艺复兴时期的民族文化》(《Творчество Франсуа Рабле и народная культура средневековья и Ранессанса»)(1975),《文学和美学问题》(«Вопросы литературы и эстетики)(1975),《文艺创作美学》(«Эстетика словесного творчества»)(1979),《美学活动中的作者与主人公》(«Автор и герой в эстетической деятельности»)(1979),以及《论行为哲学》(«К философии поступка»)(1986),《马克思主义与语言哲学:语言科学中的社会学方法问题》(«Марксизм и философия языка: Основные проблемы социологического метода в науке о языке»)(1993)等。值得一提的是,俄罗斯"俄语辞书出版社"(издательство«Русские словари»)和"斯拉夫文化语言出版社"(издательство«Языки славянской культуры»)于1997—2012 年间联袂推出了巴赫金六卷(七册)文集,将此前已经出版或发表的作品以及尚未正式发表的大量论文、札记以及讲稿、注释、附录等大致按照年代的顺序和主题分卷(册)出版。[2] 它们分别是:第 1 卷《1920 年代的哲学美学》(«филосовская эстетика 1920-х годов»)(2003);第 2 卷《陀思妥耶夫斯基的创作问题 · 托尔斯泰研究 · 俄罗斯文学史讲座札记》(«Проблемы творчества Достоевского. Статьи о Толстом. Записи курса лекции по истории русской литературы»)(2000);第 3 卷《小说理论(1930—1961)》(«Теория романа(1930—1961)»)(2012);第 4 卷分上、下两册,上册《现实主义历史中的拉伯雷(1940) · 拉伯雷研究书籍材料汇编(1930—1950) · 注解和附录》(«Франсуа Рабле в истории реализма»(1940 г.). Материалы к книге о Рабле(1930—1950-е гг.). Комментарии и приложения»)(2008)[3],下册《拉伯雷的创作与中世纪和文艺复兴时期的民族文化(1965) · 拉伯雷与果戈理(话语艺术和玩笑文化)(1940,1970) · 注释和附录》(«Творчество Франсуа Рабле и народная культура средневековья и Ренессанса» (1965). «Рабле и Гоголь (Искусство слова и народная смеховая культура)» (1940, 1970). Комментарии и приложение»)(2010);第 5 卷《1940—1960 年代初的作品》(«Работы 1940-х—начала 1960-х годов»)(1997);第 6 卷《陀思妥耶夫斯基的诗学问题 · 1960—1970 年代的作品》(«Проблемы поэтики Достоевского. Работы 1960-х—1970-х гг.»)(2002)。[4]

　　由于巴赫金撰写上述著作和论文的时间跨度较长,且出版或发表的日期也与其写作的日期相差较大,因此,本著作将他的符号学理论思想放入俄罗斯符号学史中的"过渡期"加以审视和评析。主要理据是：(1)他的大部分著述是30—60年代之间完成的，而这个时段正好包含着本著作所确定的俄罗斯符号学的"过渡期"即40—50年代；(2)最为主要的是，他在著述中所阐释的基本理论思想具有后结构主义的色彩，而后结构主义恰好是在20世纪中期后生成的，其成因不外有二：一是从语言学角度看，结构主义开始由形式转向内容；二是从哲学角度看，这是哲学研究的语言学转向带来的必然结果。

巴赫金的符号学思想博大精深，深邃中甚至带有些许晦涩。它们集中反映在他对俄罗斯乃至世界哲学、文学、语言学、诗学、美学等众多学科的理论与实践问题的深刻思维中，其中多数理论学说具有后结构主义的色彩，是现当代世界符号学理论宝库中不可多得的思想遗产。其符号学理论学说，概括起来主要包括"对话主义"学说、"超语言学"理论和"社会符号"学说等三个方面的内容。

1.1　"对话主义"学说

巴赫金的"对话主义"学说，既是其美学思想或审美观以及符号诗学思想最为集中的体现，也是其分析文学作品所遵循的基本原则和方法。他在分析陀思妥耶夫斯基(Ф. М. Достоевский，1821—1881)小说时，认为作家笔下的主人公和作者的关系体现了"复调"(полифония)小说的特征。他说，"大量独立的和不相融合的声音和意识、地道的复调的确是陀思妥耶夫斯基小说的基本特点"。(Бахтин 1972:7)在他看来，复调小说与独白小说的区别在于作者与主人公的关系。他用"不相融合的声音和意识""复调"等术语来评价陀思妥耶夫斯基小说的特点，正是使用了他所推崇的"对话模式"。他把复调的实质归结为"对话性"(диалогичность)，提出的观点是：从社会文化各种事物关系的宏观角度看，对话性强调的是人与人、人与世界之间相互关照和和谐协调的文化关系；而从文学作品中人物关系的微观角度看，对话性强调的又是主人公与作者之间、主人公与主人公之间相互平等的对话关系。下面让我们分别从不同角度来审视巴赫金的对话主义学说。

首先，巴赫金认为对话是人类的共性。他在《陀思妥耶夫斯基的诗学问题》中说：对话关系……几乎是一个渗透到整个人类言语以及人类生活所有关系的普遍现象。哪里产生了意识，哪里就有对话。生活中的一切毫无例外的都是对话……对话。（Бахтин 1972：72）这一段话语充分表露了巴赫金对对话实质的认识，即对话是人类具有的共性，对话是一种普遍的文化现象。

其次，巴赫金认为对话是人的本质。他说：对话不是行为的发端，而是行为本身。对话也不是揭示和揭露人的定型性格的手段……人不仅是外在地表露自己，而首先是要成为他自己……人活着，就要进行对话式的交际。因此，对话实质上不可能也不应该终结。（Бахтин 1972：434）这里突显出巴赫金对话思想的两个重要概念，一是他的一句名言"人活着就要进行对话式的交际"，说明了对话具有"永恒性"（вечность）；二是对话的"未完成性（несовершенность）：对话永远是指向未来的，因此对话具有开放的性质。

再者，巴赫金认为对话是所有"言语体裁"的基础。他反对把对话狭义地理解为文学作品中人物之间的"争论"（спор）、"辩论"（полемика）和"浅薄地模仿"（пародия），认为对话应该是对他人话语的信赖、虔敬的接受、虚心好学、探询深层意思、和谐、不断渐进、意思对意思、见解对见解、融合（而不是雷同）、各种不同声音的组合（如同声音走廊）、多一份理解、超越所知，等等。（见Бахтин 1972：300）由此可见，巴赫金眼里的对话，是一切文学人物间"对语"（реплика）中的对话，这种对话包含两层含义：既保留个人的立场，又从对话对方或旁观者的角度，以对话中的问话与答话（反对的、同意的、怀疑的）的判断来使用自己的话语。

以上可以清晰地看出，巴赫金的对话主义学说其实是其所持的一种基本世界观，即对话主义的哲学观。对此，我们似可以从以下几个方面去解读：

1）对话主义是针对陀思妥耶夫斯基的美学思想而言的。巴赫金在分析该作家的美学思想时最先使用了"对话"这一关键词。这里所说的对话，与"意识"（сознание）和"自我意识"（самосознание）以及"个性"（личность）有内在的联系，也与他本人对"思想"（идея）和"概念"（понятие）的理解有关。作为理解个性以及人文思维的基本形式，对话是对陀思妥耶夫斯基小说美学思想的一种美化，并把作家的艺术思维拔高到哲学的高度。可以说，对话本不是乡土派作家陀思妥耶夫斯基本人的思想，而是其小说中所体现出的艺术手法和美学复调主义的思想。

2）对话主义又是针对一般意义上的"文本"（текст）或"言语"（речь）所固有的本质属性而言的。可以说，巴赫金是在对人类言语的所有界说中看到了对话性。在他看来,任何言语只有在对话关系的语境中才能够理解。言语的基本单位是"语句"(высказывание),语句的界限以及语句意思的界限就是另一个人对语的开始,因为语句总是针对答话或新的问话才产生的。在巴赫金眼里,言语既不是独白,也不是语法意义上的句子,更不是索绪尔结构主义语言学中与"语言"(язык)对立的单位,而是"超语言学方法"(металингвистический метод)。[5](见 Бахтин 1972)

3)对话主义是巴赫金本人对小说话语形态的理想化,是对小说原生态统一时空的高度浓缩。在他看来,对话是整个小说作品穿越时空的对话,而不是小说中文本片段的对话。在这里,对话已经超出了具体"言语"的范围,而上升到整个文化的高度,上升到可以预见的不同方言之间的对话的高度。在小说中,一个方言、一个语调以至一个语句,都是说明、解释和提醒着另一个说者的声音、语调和方言,并在他们的相互解释和说明中,也就是在小说的语境中,建立起一种现实的但又是不同方言和话语之间的对话。正是这种带有鲜明民族文化积淀成分的对话,才构成了巴赫金对话主义学说的基础。也就是说,其对话主义的实质是思想的对话和文化的对话。由此,巴赫金把对话主义推向了极致:他不仅把小说人物的言语活动深化为人的内在自我思维的对话,而且把自己具体的研究对象——陀思妥耶夫斯基诗学,扩展为以文化为中心的对话。

4)对话主义是巴赫金对所处时代的一种文化理解或文化诠释。只有在20世纪,人类才能把对话的一切先决条件变成对话的现实;也只有在20世纪,对话才有可能变为人类思维的总体特征。在巴赫金看来,对每一种文化(无论是古希腊罗马的,还是中世纪的,或巴赫金所处时代的)的理解,就是对主体本人和对话参与者的理解。对话是人与另一种文化样式的交际,它能使人获得和形成新的思想和意向。因此,理解"他文化"是对话主义学说的本质所在。

此外,巴赫金对话主义理论中的另一个重要思想就是"狂欢化"(карнавализация)。他在系统研究了中世纪的"愚人节"(Праздник дураков)、"狂欢节"(Карнавал)等节日后发现,在这些节日中出现了有趣的"上下换位"现象,如国王与侍从小丑之间的换位、被斥骂者与受赞扬者之间的换位等。于是,他潜心研究所谓的"节日交际"现象,得出的结论是:"狂欢节是不知道区分谁是演员谁是观众的……舞台可以毁坏狂欢(或者反过来)。人们是不会观察狂欢的,因为所有人都生活在狂欢中,狂欢是全民的。狂欢时,任何一个人都没有别的生活,除了狂欢"。(Бахтин 1990:12)狂欢化实际上是巴赫金用来研究诗学的一种特殊艺术形式,它是对传统文学形式和规则的一种颠覆。正如有学者所说,狂欢节文学是对话形式在新的甚至是错乱的时空范畴内的一种表现:压缩情节拓展的时间流程以及扭曲情节场景的空间特质,将作者、人物、读者置于全新的时空范畴,是他们之间的对话呈现出狂欢的特点。(王铭玉 2004:476)

1.2　语言学理论学说

巴赫金的语言学理论思想主要包括"超语言学理论"和"言语体裁理论"两个方面。他在《马克思主义与语言哲学》《文学和美学问题》《文艺创作美学》《言语体裁问题》等许多著述中,将语言、言语以及言语体裁等置于对话主义的特定语境中加以审视和阐释,提出了许多具有独到见解的思想或观点,成为这一时期后结构主义范式的典范。

1.2.1　"超语言学"理论及其符号学意义

关于"超语言学",巴赫金在《陀思妥耶夫斯基诗学问题》这部著作中做过精辟论述。他认为超语言学研究的是活的语言中超出语言学范围的那些方面;无论语言学还是超语言学,研究的都是同一个具体、复杂而又多方面的现象——语言,但各自研究的方法和角度不同,两者应该互补,而不能混同。此外,巴赫金还在《马克思主义与语言哲学》《文学和美学问题》《文艺创作美学》《言语体裁问题》等著述中,对上述超语言学思想做了进一步的阐释,从而形成了比较完整的超语言学理论。该理论在学理上呈现如下两个特点:

1)浓厚的"后结构主义"色彩。巴赫金所处的时代,决定了其深受马克思主义意识形态甚至马尔"语言新学说"(новое учение о языке)的影响。如,他在《言语体裁问题》的文章中,就把索绪尔的结构主义语言学归入"资产阶级语言学"之列。(见 Бахтин 1979:245—246)再如,他在《马克思主义和语言哲学》一书中,首先用辩证的观点修正了索绪尔提出的"共时语言学"学说,认为要理解话语的含义不仅需要沿着话语之间的关系轴,而且应当放到话语产生的社会语境中才能实现。他说,索绪尔的结构主义语言学的核心是"抽象的客观主义",它割裂了"语言"(抽象规则的组合)和"言语"(在现实语境中实现语言规则的组合),因此,如果用结构主义的方法来解释现实的交际语境,就会产生"负"效应。他对语言属性的基本看法是:语言作为稳定体系,只有用于理论和实践目的才能发挥效益;语言是一个不断创造的过程;语言的形成规律不是个体心理的,而是社会的规律;语言的创作与文学和其他任何形式的思想创作不同。(Бахтин 1993:108—109)对于作为超语言学的核心概念的"语句",巴赫金的理解也同样是后结构主义的。他认为,语句的结构是纯社会的结构;语句是在两种社会定型的人之间建立起来的,如果没有现实的交谈者,它就要给交谈对方预先设定一个形式上的某社会群体代表的身份;语句是针对交谈者这个具体对象的,如是否属于同一社会群体的人、地位的高低(交谈者的官衔等级),是否与说话者本人有某种比较紧密的社会关系(父亲、兄弟、丈夫等)等;抽象的交谈者或者常态中的人是不存在的;社会近况和更大范围的社会环境从内部完全决定着语句的结构。(Бахтин 1993:91—94)我们在巴赫金的许多著述中看到,语言(话语)的"社会性""历史性""交际性"等,是其对语言功能和本质最为集中的认识,这与后结构主义的基本特征是完全一致的。因此可以说,巴赫金的语言观虽然并没有完全脱离语言本体论,但他把文化符码平面和意识形态平面结合了起来,更加关注的是文化符码背后的社会学含义,这对传统的结构主义是一种突破,而且是有意识的突破。对此,王铭玉把他的语言观总结为"社会语言观"(王铭玉 2004:165),我们认为是不无道理的。如果换一种说法,我们可以将巴赫金的后结构主义语言观看作是与结构主义的一种"对话"。

2)鲜明的对话性。对话、对话性和对话主义通常是对巴赫金哲学思想尤其是文艺美学思想的高度概括,其实它同样也是巴赫金超语言学理论中所蕴含的基本思想。因此可以说,对话主义亦是巴赫金的语言哲学观。首先,他把对话主义的基本样式看作交际(包括人与文本、人与人、人与社会、人与历史、人与文化的交际等),始终把文本、语句和词语放在交际的语境中予以审视,使对话显现出动态、开放、永无止境的态势之中。他推崇"我""你""他"以及"它""我们"的交际模式,这比洛特曼(Ю. М. Лотман,1922—1993)提出的"我—他"型(Я—OH)和"我—我"型(Я—Я)交际模式更具有对话性。(见 Лотман 1973:227—244);其次,他认为对话的基本单位是语句。他对语句的理解是:词和句子不属于任何人,只有语句中才有说者和听者的参与;语句作为言语交际的单位,能用问话和答话的形式实现交际;"我"语句与"你"语句、"他"语句形成对话关系,是说者和听者双方的积极言语行为,因此具有评价能力;语句是由特定语境生成的,是交际者意识和自我意识的体现,因此最容易达成"理解"等;再次,他提出理解对话的基础是词的思想。他在《文学和美学问题》一书中写道:对话一定会向语文学渗透,这种渗透揭示着词的新的方面(广义的意义方面);词的意义只有通过对话被揭示后方可物化;词的科学的任何进步都要以对话对词语关系的尖锐化为前提。(Бахтин 1975:164)他还说,对白中的每一个词都指涉事物,同时又对别人说的词产生强烈反应……答话深深地渗透到具有张力的对话的词中。这样的词能容纳和吸收别人的对白。对话中词的语义完全是特别的。(Бахтин 1972:336—337)在巴赫金看来,对话中的词是鲜活的、动态的,是对话交际的可变环境,它从来不满足于一种声音和一种意识;词的生命在于一个人传递给另一个人,在于一种语境转换为另一种语境,在于一个社会群体传达给另一个社会群体,在于一代传一代。(Бахтин 1972:345—346)。巴赫金上述对言语交际对话性实质的揭示和阐释,可以用一句话来概括:对话与对话对象相关,对话与社会语境相关,对话由语句来体现。

1.2.2 "言语体裁"理论以及符号学意义

巴赫金撰写的《言语体裁问题》一文是对斯大林于 1953 年出版的《马克思主义与语言学问题》(«Максизм и проблемы языкознания»)小册子的回应[6],也是对"马尔主义"(марризм)的一种批判。我们知道,从 20 年末代至 50 年代初,马尔提出的"语言新学说"被奉为唯一正确的、马克思主义的辩证唯物主义的语言学,因此,反对马尔新学说就是反马克思主义,几乎所有反对马尔新学说的学者不是遭到批判、解职,就是被流放甚至迫害致死。这一长达 20 年之久的"意识形态化"直到 1950 年 6 月 20 日斯大林在《真理报》(«Правда»)发表《马克思主义与语言学问题》署名文章后才被彻底打破,并在学界掀起一场语言学大讨论。巴赫金正是在上述背景下于斯大林出版《马克思主义与语言学问题》小册子的当年撰写了《言语体裁问题》一文的,因此,其有关言语体裁问题的理论学说无疑印刻着马克思主义语言学的性质。

1)关于体裁。"体裁"(жанр)这一术语原本源于古希腊哲学家亚里士多德(Аристотель,前 384—前 322)提出的"类"的概念。20 世纪初,俄罗斯文学家维谢洛夫斯基（A. H. Веселовский，1838—1906）最先将法语的"genre"这一术语引入文学研究，并用它来划分抒情作品、史诗、戏剧和长篇小说、短篇小说、叙事长诗、童话、寓言等不同文学类型。（见 Веселовский 1989：247—250）巴赫金对体裁的理解与上述传统的概念不同。他将体裁问题从文学拓展到语言学领域，并在"体裁"这一术语前加上"言语"（речевой）限定语，特指言语中的"语句类型"（типы высказывания）。他说，每一个单独的语句无疑是个体的，但使用语言的每一领域却锤炼出相对稳定的语句类型，我们称之为言语体裁；每一个领域（科学、技术、政论、公文、日常生活等）的功能以及由言语交际的条件所生成的体裁，就是语句相对稳定的主题、结构布局和修辞类型。（Бахтин 1979:242）由此可见，巴赫金关于言语体裁问题的理论学说，主要涉及对言语交际、语句的独特理解和界说方面。

2）关于言语交际。巴赫金是将"言语交际"（речевое общение）置入"交际主体间的对话"这一特定语境中加以阐释的，认为言语交际的本质是"言语的相互作用"（речевое взаимодействие），即交际双方的理解活动。他说，听者在接受与理解言语的意义时，同时也要对言语采取积极的应答立场：同意或不同意（完全同意或部分同意），并对言语进行补充、应用和采取行动等。从整个聆听、理解过程一开始，有时从说者说出第一个词开始就形成了听者的应答立场。对活生生的言语、话语的任何理解都具有积极的应答性……任何（对言语的）理解都孕育着应答，而且必定会产生某种形式的应答，因此，听者就成为说者。（Бахтин 1979：247）从上述巴赫金对言语交际的界说中可以看出，他所注重的交际观与传统的洪堡特（B. Гумбольдт，1767—1835）和索绪尔等所推崇的"说者中心主义"交际观有本质的不同，同样强调听者的主体地位，即基于对话主义的"双主体"交际观。

3）关于语句。巴赫金是将语句置入言语交际这一语境中加以审视的，认为传统语言学把句子和语句、语言单位和交际单位混为一谈，许多语言学家以及语言学流派对句子的研究实际上是句子和语句的混合体。他指出，言语交际中人们交流的不是（严格语言学意义上的）词和词组，也不是句子，而是思想，即借助于作为语言单位的词、词组、句子所构建的语句。（Бахтин 1979：245—246）也就是说，巴赫金眼里的语句并非抽象的语言单位，而是用来思想的言语单位。具体说，语句有以下几个重要特征：(1)具有清晰的边界。他指出,言语交际是人类所有活动领域和生活领域中的思想交流。所有语句都具有绝对的起点和终点:语句开始之前是他人的语句,语句结束之后是他人的应答语句。说者结束自己的语句,为的是让他人说话或让位于他人的对语(реплика)。(Бахтин 1979:250—251)在这里,所谓"语句的边界"显然是以交际主体的对话为基础并划定的。在他看来,每一个作为言语交际单位的具体语句的边界,是由言语主体——说者交替所决定的。不管语句有多么简短或多么不连贯,但它都具备特殊的完成性,都表达着说者的某种立场,都可以对说者的立场进行应答。此外,在其他的言语交际领域,包括复杂的有组织的文化交际(科学、艺术的交际)中,语句边界的本质亦是如此。结构复杂的文学作品、专业化的科学作品,即便与对话中对语的性质有所不同,它们仍然是言语交际单位,仍然有清晰的边界,而这个边界同样由主体交替来确定。(Бахтин 1979:251—252)以上论述似可以得出这样的结论:在现实对话中,一个语句等于同某说者的一个对语;而在复杂的交际领域,一个语句即对应着一个作者的一个作品。(2)具有语调。巴赫金所说的"语调"(интонация)有别于语音学意义上的语调,而是具有交际语义性质的引申义。他说,语调是指无法准确分类的各种"色差"(оттенок)的总和。这里的问题既不在于话语的含义方面,也不在于话语的音响方面,而在于声音赋予一定语境中的语句的情感评价、个性评价,这种评价就是通过声音振动来传递的语句的语调。总之,用声音传递的无穷无尽的色差就构成了语句的语调。语调是说话人对言语对象和他人话语的评价态度,是说话人情感意志的重要载体。(Бахтин 1979:264—265)据此,巴赫金将语调称为"情感—意愿语调"(эмоционально-волевой тон)或"表现力语调"(экспрессивная интонация),认为在交际过程中,人们可以感受到说者语气的轻重缓急以及语调中所表现出的情感意愿,从而可以准确把握说者的评价立场。在他看来,没有评价就构不成语句,每一个语句首先是评价的定位。(Бахтин 1979:267)(3)具有完成性。他指出,语句的"完成性"(совершенность)是说者说完(或者写完)此时此刻或此条件下想说的一切。我们在聆听或阅读时,明显感觉到话语的结束,就好像听到了说者的结束语——"我说完了"。(Бахтин 1979:256)在他看来,所谓完成性,其实涉及两个不同的标准:说者的标准和听者的标准。从说者角度看,我们常说"我要说的都说完了""我说完了,该你了""我要讲的就这些,下面想听听您的意见"等等,都是话语完成性的明显标志;从听者角度来看,语句完成性的标准是:领悟到说者意图或意愿了,并可以对它采取应答立场了,就意味获得了完成性。(Бахтин 1979:257)从这个意义上讲,巴赫金眼中的完成性,并不是以语句的形式为参照的,而是以对理解对话的内容为标准的,因此,对话中的不完全语句也同样具有完成性。

从以上评析,我们可以对巴赫金的言语体裁理论的符号学意义作如下总结:

1) 所谓言语体裁,并不是纯粹意义上的语言形式,而是典型的语句或话语形式。它对应着典型的言语交际情景和典型的题材,因此,也就对应着典型条件下的语句的含义。用巴赫金的话说,言语体裁是一种历史记忆,是联系过去与未来、已知与未知、旧的与新的纽带;体裁过着现今的生活,但总在记着过去。(巴赫金 1979:260)传统语言学认为,人们说话时直接面对的是词和句子。因此,语言学的任务之一就在于对词、句子和话语的各种类型及界限作出区分。而在巴赫金看来,语句或话语中还存在一个不可逾越的环节——言语体裁。人们说话、写文章同时要遵循两套规则:一是语言单位的形式,二是言语单位的形式——即作为语句形式的体裁。因此,言语体裁本质上就是话语语用规则的体现。

2)言语体裁在言语中表现为语句或话语模式。人们在讲话时,并不是每次都要临时遣词造句,多数情形下都是采用现成的套语。为此,巴赫金在《言语体裁问题》一文中曾多次使用"我们的言语熔铸到一定的体裁形式"的说法。(见 Бахтин 1979:257,258,260)而作为语句或话语模式的言语体裁,本质上是一种语言定型。因为人们在言语交际时,总是先选择一定的模型,将话语嵌入其中后形成自己的话语。比如,日常交谈中人们使用一种体裁说话,而在正式场合则用另一种体裁说话;写散文是一种言语体裁,写论文又是另一种体裁。正如巴赫金所说,在构建语句(话语)的过程中,我们远不总是从语言系统中选取中态的和词典里所列的(语言)形式,而是通常从其他语句,尤其是体裁相近的语句中遣词造句,因此,我们是根据体裁特点来选词的。(Бахтин 1979:265)

3)言语体裁是语句(话语)存在的自然形态,离开体裁语句(话语)就不复存在。言语体裁是决定语句"完整性"(целостность)的必备要素,它与指物含义的充分性以及说者的"言语意愿"（речевая воля）等密不可分。巴赫金认为，说者的言语意愿首先体现在言语体裁的选择上。言语体裁的选择是由言语交际领域的特点、指物含义构想、言语交际的具体情景以及交际参与者等因素决定的。（Бахтин 1979：257）。为此，巴赫金将繁杂的言语体裁区分为"第一性体裁"（первичные жанры）和"第二性体裁"（вторичные жанры）：前者指在直接言语交际条件下形成的言语体裁，如日常生活中的言语体裁，又称之为"简单体裁"（простые жанры）或"基本体裁"（основные жанры）；后者指在较为复杂的、相对发达而有组织的文化交际（主要是书面交际）条件下产生的言语体裁，又称之为"复杂体裁"（сложные жанры）或"派生体裁"（производные жанры）或"意识形态体裁"（идеологические жанры），即由第一性体裁派生而来的，其中最为明显的是戏剧，最为复杂的是长篇小说。（见 Бахтин 1979：248—268）在这里，巴赫金使用"第一性""第二性"等哲学术语来审视言语体裁问题，使其立论和视角都无不具有了理论符号学或语言哲学的性质。

1.3　社会学符号观

巴赫金的后结构主义符号学思想除体现在上述对话主义学说和语言学理论学说中外，也还体现在他对语言符号作过的相关论述中，这就是所谓的语言科学"社会学方法"（социологический метод）。

作为一名颇有影响的符号学家，巴赫金的社会符号学思想最早形成于 20 世纪 20 年代末，其主要观点在 1929 年第一次出版的《马克思主义与语言学哲学》一书中得以集中阐释。总体上看，他的社会学符号观依然具有上述"对话主义"和"超语言学"的性质，具体由以下几个方面的思想构成：

1）语句符号的思想。他认为，语句中的符号具有符号系统中的符号所没有的多种附加意义。在符号系统中，符号的意义是"所指意义"（денотация），而在语句中的符号则还有"伴随意义"（коннотация）。作为符号的词在成为符号系统组成部分的时候，会在话语的内部附加上由言语行为特点所决定的新的语境意义。可以说，"语句符号"的思想是巴赫金的首创，无疑隐含着"超语言学"的学理。这一思想后来被法国语言学家班维尼斯特（Э. Бенвенист，1902—1976）所发展。

2）符号的交际性思想。巴赫金在强调语句符号思想的同时，并没有完全否定索绪尔的符号学观点,而是将两者有机地结合起来,并运用到对交际中的话语或语句的研究之中,其中最典型的是运用于对言语体裁的分析。他认为,言语体裁是在群体交际中具体的历史条件影响下形成的,因此它在不同的语言和社会中有区别。而对于小说来说,该交际性集中体现为"多语"或"复调"方面。小说中的词被看作是领悟现实的手段,而语言本身则成为叙述的对象。

3)符号的社会属性思想。巴赫金认为符号与社会环境是不可分割的,任何符号都具有社会性。这是因为:符号不可能产生于个体的意识中,而只是产生于多个个体意识之间的相互作用中;任何意识形态的符号的实现,都是由该时代的社会氛围和社会群体所决定的;对任何符号的理解都离不开符号实现的社会环境等。

4)符号的物质性思想。巴赫金认为,一切符号都具有物质性。符号与意识形态是相互依存的关系,一切有符号的地方就有意识形态。他说,任何意识形态的符号不仅是现实的反映和影子,而且还是该现实的物质部分。任何符号的意识形态现象,都会在某物质中体现出来:在声音里、物理量里、颜色里和身体动作里等。在这里,符号的现实完全客观化了,因此也只能用一元论的方法加以研究。但符号本身以及由符号在社会环境中生成的所有效应(如反映、行为和新的符号等),却要在外部经验中得以完成。他提出,意识产生于符号,意识本身只有在符号体现的材料中才能实现自己和成为现实事实。符号的理解需要借助于已知符号,即理解是用符号对符号的回答,这就是意识形态创作与符号运动(符号向符号、符号向新的符号)的链条,它是统一的也是连续不断的:我们因此由一个符号环走向另一个符号环。(Бахтин 1993:15—16)

总之,巴赫金的后结构主义符号学思想广博而深邃,限于篇幅我们难以进行详细评析。总体上看,他的"对话主义"学说和"超语言学""言语体裁"理论影响最广,也最受学界推崇。相比之下,其社会符号观尽管也有较高的学术价值,它的提出在 20 世纪 20—30 年代来说也有一定的超前性,但如果脱离开作为其思想晶核的"对话主义"和"超语言学",对当代符号学而言就没有太多值得借鉴的价值了,而且,它还带有比较明显的苏联意识形态的痕迹。

最后需要强调指出的是,巴赫金的"对话主义"学说和"超语言学"理论对世界范围内的后结构主义的互文性理论的生成有直接的启迪和影响作用,而他提出的语句或话语的"完成性"与对话的"未完成性"思想在本质上是完全一致的，强调的是"对话永远指向未来"这一主旨，因此，该思想又为后结构主义提出的话语开放性理论提供了依据。

第2节　任金的"言语机制"学说

作为俄罗斯著名心理语言学家，任金的许多学说思想都具有语言符号学的性质。更为重要的是，他对语言和言语的理解和所作出的阐释完全超越了结构主义的范畴，在言语或语言能力生成机制的研究领域颇有建树，不仅为作为独立学科的俄罗斯心理语言学最初范式——"言语活动论"（теория речевой деятельности）的形成作出了重要贡献，甚至还有自己的学派[7]，成为俄罗斯心理学奠基人维果茨基（Л. С. Выготский，1896—1934）所创立的"文化—历史心理学派"（культурно-историческая школа в психологии）之后的又一个学术高地。[8]当代俄罗斯心理语言学家谢多夫（К. Ф. Седов）在评析维果茨基和任金的学术成就时曾形象地做了这样的比喻：如果说维果茨基学派的成就所展现的理论高度是一座科学的"勃朗峰"（Монблан）的话[9]，那么任金及其学派所展示的就是科学的"埃佛勒斯峰"（Эверест）的轮廓。[10]可见，任金的学术成就远远超出欧洲的范围而具有世界的影响力。

任金于1916年毕业于莫斯科大学，曾是雅各布森（Р. О. Якобсон，1904—1975）领导的"莫斯科语言学小组"（Московский лингвистический кружок/МЛК）成员，20年代还曾与哲学家什佩特（Г. Г. Шпет，1879—1937）合作研究过哲学问题，但他在学界真正出道却到了40—50年代，也就是在1947年和1958年分别完成副博士论文和博士论文答辩之后。尤其是博士论文《言语机制》（«Механизмы речи»）的出版，使其一举成名。除上述成果外，他还出版有《语法与含义》（«Грамматика и смысл»）（1970）、《作为信息传播工具的言语》（«Речь как проводник информации»）（1982）[11]、《语言·言语·创作》（«Язык. Речь. Творчество»）（1998）等著作；并发表有《论内部言语中的代码转换》（«О кодовых переходах во внутренней речи»）（1964）、《自生言语的心理学特点》（«Психологические особенности спонтанной речи»）（1965）、《语言的内部代码与言语的外部代码》（«Внутренние коды языка и внешние коды речи»）（1967）、《智力、语言与言语》（«Интеллект, язык и речь»）（1972）以及《动物和

人交际的符号学问题》(«Семиотические проблемы коммуникации животных и человека»)(1973)等重要论文。显然,使其成名并被誉为显现科学的"世界最高峰"轮廓的,是他于1959年提出贯穿于其之后学术生涯主线的所谓"言语机制"学说。该学说不仅受到学界的高度评价,也有众多追随者,并成为俄罗斯心理语言学发展中的一个重要研究领域。在我们看来,该学说不仅具有十足的语言符号学的性质,而且还体现出后结构主义的特质。

　　"言语机制"学说的内容看上去十分繁杂和深奥,因为它涉及言语生成、感知和理解的心理学机制问题。但究其符号学价值而言,该学说总体是在"活动"(деятельность)或"交际"(общение)的框架下对语言、言语以及言语机制成分等作出心理语言学界说的,旨在对人的语言能力或智力的生成机理提出一种科学假说和逻辑构建。

2.1　关于语言、言语、智力及其相互作用的思想

　　作为心理语言学家,任金对语言与言语关系的审视既不同于普通语言学家,也不同于哲学家和文艺学家。他是从心理语言学尤其是言语机制的视角来审视语言与言语之间关系的,因此,在他看来,语言和言语只是基于交际需求下的两个心理学"代码"(код),它们与"智力"(интеллект)代码一起,构成了具有相互作用的"统一自我调节系统"(единая саморегулирующая система)。他在《作为信息传播工具的言语》一书的"导言"中写道:近20−30年来,语言与言语问题越来越受到声学家、语言学家、生理学家、心理学家和控制论学家的重视。究其原因,很可能是因为该研究展现出探索人与人之间最佳言语交际方式的前景,尤其是人与计算机交际的前景……我们在研究语言与言语时,处处都会遇到一方面是两者的矛盾性,另一方面是两者的"互补性"(комплементарность),即它们之间的"相互替代性"(взаимозаменимость)和"符号等同性"(семиотическое тождественность)。(Жинкин 1982:3—4)

　　1)语言与言的矛盾性和互补性。语言与言语的矛盾性和互补性究竟体现在哪些方面呢? 在任金看来,矛盾性主要体现在空间与时间"感觉"(сенсор)上。他把语言视为"书面语"(письменаая речь),而把言语视为"口语"(устная речь),认为前者由空间决定的,后者则由时间决定,正是这种"感觉矛盾性"(сенсорная противоречивость)反映在作为符号学信息的言语单位中:空

间是静止的,从一定角度看其特征是恒常的,如同物体的空间形式一样。物体本身并非符号,但可以成为符号阐释的对象;而语音是动态的、在时间上实现的,语音的变化取决于语言单位的功能。(Жинкин 1982:4)关于互补性问题,他认为,尽管语音在进入不同语境时其形式和长度不同,但语音作为词的构成部分时又是自我等同的,这就是为何可以用不变的字母来替代可变的语音的原因。这里体现出语言与言语的互补性——从符号学角度看,音位等同于字母。此外,他还认为语言与言语的互补性还体现在"没有口语就不会有书面语、没有书面语也无法施行交际"的互为条件之中。(Жинкин 1982:5)

　　2)语言与言语的矛盾性调节。在如何调节语言(书面语)与言语(口语)之间的矛盾性问题上,任金得出的主要结论是:在言语动态中可以遇到三种符号单位:离散性单位(字母)、连续性单位(音节中的音位)和混合性单位(在内部言语中)。这是三种由语言的单位向言语动态性的转换,因此可以称之为三种不同的代码——"离散性代码"(дикретный код)、"连续性代码"(непрерывный код)和"混合性代码"(смешанный код)。这些代码是由"人的组织"(устройство человека)决定的。智力通过"分析器"(анализаторы)获取有关周围事物的信息,但如果信息量由此受到限制,分析器就会去适应现实,而不会按照自然的规律和自己的意图去改变现实……这表明,在看得见的事物背后可以找到看不见的、但却是现实存在的事物的联系和关系,而对这些联系和关系的掌控,可以在人对事物进行优化改组的行为中来实现。(Жинкин 1982:6)他认为,上述过程只有在对收取的信息进行改组、保障其内部加工并导出其反向联系的条件下,才符合智力的机能。对收取信息进行改组,是为了将看不见的和感觉上可变的信息成素标记为不变的信息成素。这种在不同语言单位中进行的符号改组,可以构成"聚合关系"(парадигматика),它以具有一定数量的词作为系统结构化的材料为条件。该聚合关系叠加在"组合关系"(синтагматика)上,就像沿着组合关系滑行一样,构成动态的符号系统。被叠加在聚合关系上的词语是一种"准词语"(квазислова)。由此所构成的结构具有基本的特性——它是一种"普遍事物代码"(универсальный предметный код УПК)。(Жинкин 1982:7)也就是说,在任金看来,在人类语言的上述动态机制中,都会发生"感觉信号"(сенсорные сигналы)向"事物结构"(предметная структура)的符号改组,即对现实进行所指反应。而"普遍事物代码",实际上是言语和智力的"接口"(стык),一种隐形的纯思维代码。

3)语言、言语、智力三种代码的相互关系。对此问题,任金曾在《智力、语言与言语》等文章中做过专门论述,表达的主要思想是:(1)语言是一个信息系统。该系统是在人的大脑中和言语交际中形成的,它除了履行建立交际双方之间的对等联系外,并无其他功能,因此,语言形成于言语,而言语提供着有关现实的信息。(2)智力是习得过程中用来储存和使用"正确条件联系"(правильные условные связи)的大脑组织。所谓"条件联系",指能够在整体上保障机体在周围现实中的"定位"(ориентировка)的联系;所谓"正确",指条件联系中按反向联系核准的、作为对外部影响等同回应的反应式回应。智力对整个器官而不是个别器官的联系进行调节,因此,这种联系是后天养成的,尽管大脑对这些联系的加工能力具有先天性。(3)人类语言与动物交际信号相比,是建立在另一套"符号学原则"(семиотический принцип)即"符号/意义原则"(принцип знака/значения)基础之上的。这里的符号,可以理解为任何一种简单的或复杂的物质信号,而意义是指由符号表示的事物、过程、思维对象及其相互关系。符号/意义关系的成分并不是固定不变的,而是自由的、移动的和动态的关系。(4)语言符号是约定俗成的,因此,没有任何理据可以认定某一符号只表示这个或那个固定的意义,但也不能认定符号表义是完全自由的。这种自由是要受到对交际双方来说都相同的规则制约的,而这些规则就存在于语言符号组织的等级系统中。(5)符号是物质结构(如语音或字母结构),而意义是所有现实信息的总和。智力需要言语,因为言语在智力对现实的定位中起到强化和充实的作用;在符号/意义的语义关系中语言单位的等级不仅仅包含在符号的物质成分中。意义作为"纯信息构成物(чисто информационное образование),其确定性只有在对语言物质符号进行"编码"(кодирование)和"解码"(декодирование)的过程中,也就是在"选词"(отбор слова)的基础上才能够获得[12];言语的生成原本应该是从语言单位的中间等级即选词开始的,但实际上这是不可能的,因为语言中的所有词都是相同的,只是它们的使用频率有别。因此,言语的生成在智力中是从作为具有"含义"(смысл)或意图"(замысел)的信息构成开始的。(6)含义作为信息构成,是指向某一现实事物的,也不是由某词表达的。含义是一个词的意义与另一个词的意义相比拟的规则或代数。如,松树比拟于针叶树,白桦树比拟于宽叶树等。(见 Жинкин 2009:186—195)除上之外,任金还在《作为信息传播工具的言语》一书的第 3 章——《语言、言语和语篇》(«Язык, речь и текст»)中对上述论题做过一些必要补充,主要内容包括:(1)语言是一种能够得到完善和人们为了传递现实信息所必需的"组织"(устроитсво)。在这一组织中有两个基本分支——语法和词汇。语法中包含着可以按照一定规则展开的语言单位的等级系统。语言的核心单位是"词形"(словоформа);语法分支是形式的。这表明,同一个词形可以适合于不同的具体词位。在第二个分支中,包含着只在具体句子层级上使用的具体词汇。具体词位的数量是无限的,因为词位在句子中的组合可以构成新的词位。(2)语言是静态的,言语是动态的,但指挥和掌控这种动态的是语言。因此,语言中除了上述两个分支外,还有第三个分支,那就是语言和言语的"操控系统"(система управления)。对语言的掌控是"自我习得"(самонаучение)和"自我支配"(самоуправление);而对言语的掌控则是句子的"含义扩展"(смысловое развертывание)和"含义收缩"(смысловое сжатие)。自我习得就是在言语交际的自然条件下形成语言,自我支配就是作为自动和动态定型的语言演算和形成的习惯性反应。(3)语言与言语的关系是动态的。一方面,语言决定着言语,是因为语言要考虑到交际的条件。语言架设起从智力到现实之间的通达之路,为的是使交际者能够从对现实的主观感知跨越到客观的(同义的)理解中;另一方面,言语决定着语言,是因为交际中的现实和人的需求是变化的,从智力到现实之路也在变化。如果忽视这些需求,言语就变得毫无意义;而如果在从智力到现实之间运动时拒绝规则,语言也就变得毫无意义和无用了。(4)语言与言语的关系比通常想象得要更加复杂。说话的人一般觉察不到这种复杂性。要了解其复杂性,就必须从系统视角将它们的每一个部分以及每一个部分的部分作出审视,因为部分的特点会影响到整体组织,不顾及部分也会导致系统的断裂。(5)言语交际可以被视为人的智力的不可分割特性或需求。这表明,语言和言语本身是由智力来掌控的。语言与言语只是为了掌握信息,以保障对现实的理解,保障对现实进行适应人类需求的改组。要理解的不是言语,而是现实。(6)言语思维活动机制即"内部言语"(внуренняя речь),内部言语不具有集成标准语法规则以及词汇索引的能力。它既不是严格离散性的,也不是完全模拟性的。在思维言语中可以出现空间图式、直观演示、声调的回声和独立的词等。这是一种说话者意识不到的"主观语言"（субъективный язык）。这是一种"中介语"（язык-посредник），在它的帮助下，含义或意图就可以被翻译为每一位交际者都能明了的语言。（见 Жинкин 1982：78—93）

由上可见，在任金看来，语言是信息加工、传递所必需的所有手段的总和，语言将智力与感知联系在一起；语言作为独立系统拥有自身的结构，是言语过程现实化的工具；语言与言语紧密相关，言语是语言的功用范畴，没有语言也就没有言语；语言通过言语而现实化，言语是交际一方给交际另一方传递信息和施加思想影响的一种行为。这种把人的智力因素置入语言与言语的关系中加以审视的视角，无疑是心理语言学所特有的，因此也就具有了符号学研究中后结构主义范式的性质。

2.2　关于言语机制成分的思想

任金的"言语机制"学说的基础部分是在 1958 年出版的《言语机制》一书中提出并作出科学阐释的。该著作除"前言"和"结语"外，共分 3 篇 13 章 40 节，主要内容包括言语研究的方法问题、言语动觉问题、言语过程的病理学问题、言语的声学研究、言语的语音学研究、言语的听觉研究、言语呼吸研究、言语发音过程掌控、词发音机制失调研究等。对我们来说，重要的是该著作中包含着哪些有符号学价值或意义的思想和观点。显然，任金在该著作中所阐释的关于"言语机制成分"（элементы речевого механизма）的思想就具有典型的符号学性质。

关于言语机制成分问题，任金在《言语机制》一书的"结语"部分中专门进行了总结。概括起来，大致由以下思想或观点构成：（1）言语机制是一个自我调节机制。在该机制中，可以找到由"环节"（звено）构成的完整系统，即一个环节决定另一个环节并由此构成一个"整体"（целое），该整体又作为新的环节而进入"新二进制整体"（новое двоичное целое）之中。比如，言语中机制中首要的基本环节就是"接收"（приём）和"释放"（выдача），这是言语运动和听觉分析中的一对关系。（2）听觉接收环节有两个自我调节成素——声学静态性和言语动态性。听觉切分出对操该语言所有人来说都等同的固定单位，从而构成言语静态性；但切分出的单位又只是语音片断，即进入现实发音音节中的一个或数个并非独立的语音特征，这就构成了言语动态系统的单位。（3）构词标志在音节的加强和减弱中会发生变化。这就在动态中形成了词的语音结构，而词的静态系统则保障着这些语音结构的语义等同和区别。在这种情形下，静态与动态这两个环节的自我调节就在于它们共同组成词及其意义的语音外壳。而在听觉接收中，静态和动态这两个成素构成统一的"分析—综合过程"（аналитико-синтетический процесс）。（4）固定的静态成分是靠动态指数提供的。动态指数系统是建立在"声学维度"（акустическое измерение）即语音的不同强度和不同响度的"规律列"（закономерный ряд）之上的。每一个音由于在"动态指数列"（ряд динамических индексов）中所处位置不同，都会在音节动态中按照其强度、长度和高度所织成的单独网络而被量子化。（5）单个音与音节位置（量子）之间的动态指数关系的调节，组成词语音外壳的规范结构。这一结构在不同的动态改组中保持着同一性，因此是很容易在言语感知中辨别的。（6）单个词与进入该句子所有词的音节改组关系之间的调节，可以构成新的固定单位——"调位"（интонема）。调位可以由词汇改动来替代，从而对语调或言语潜台词作出解释。（7）言语声学列与言语发音列相对应。它们之间的转换靠对代码的掌握来实现，即在"言语运动"（речедвижение）和语音特征组配之间求得一致性。（8）言语运动分析器做工最终声学效果的获得，需要同时加入三个系统——发生系统、共振系统和动力系统：声音的发生系统由两个环节来实现和调节——声带和口腔缝隙及阀门，共振系统也由两个环节构成——口腔共振环节和咽部共振环节，而动力系统同样也包括两个环节——外部呼吸机制的自动调节系统和支气管树的反射蠕动机制的自动调节系统。（9）发生、共振和动力三个言语效应系统做工中所揭示的事实，可以建立起神经路径和词语发声过程的中枢掌控层级。（10）在言语运动分析器中形成的"词语定型"（словесные стереотипы）系统，是通过掌握言语运动代码来实现的，而后者又借助于反向联系以及参与发声的所有肌肉的协调做工来引发"内导作用"（афферентация）。这一过程是由人的听觉来掌控的。（11）在内导作用基础上形成的词语定型，受制于早先所接受和掌握词语的控制，并按照统一的"任意冲动"（произвольный импульс）来进行。也就是说，进入词语定型的所有成分（无论是静态的还是动态的）都要受此控制；所有冲动（无论是沿着椎体运动的还是沿着椎体外运动的）也都要受到这种控制。（12）言语掌控分为"任意系统"（произвольная система）和"非任意系统"（непроизвольная система）。这被认作是解决基本实际问题最为重要的方面，如掌握母语和外语以及掌握特殊言语（如病理学言语）等。(13)研究言语缺损（聋哑）和研究词语定型缺损（口吃），都证明把音节视作咽部发音单位来研究的正确性。（见Жинкин 1958:348—352）

　　如上所见，尽管任金的言语机制成分的思想论述主要是有关言语生成、理解等十分专业的心理语言学问题，但在我们看来却极具符号学价值。其中表达的静态与动态、环节与整体（系统）、接收与释放、固定与变化（常量与变量）、分析与综合、加强与减弱、声学列与发音列等一系列的对立，构成了其对言语机制成分进行分析的基本视角和方法，从而展现出作为符号的言语在其生成和理解层面上的基本特点和规律。另外需要特别强调的是，任金对言语机制所做的研究，奉行的是"成分"（элемент）分析原则，这与"莫斯科心理语言学派"（Московская психолингвистическая школа）所遵行的"单位"（единица）分析原则有原则的不同。[13]前者将人的活动或交际切分为成分加以审视，因此是基于结构又超越结构的：基于的是语言符号的音（素）、音节、词、句子等结构，超越的是将结构置于人的活动即言语生成、理解机制这一特定领域进行审视或分析；后者则将人的活动或交际视为一种宏观结构，以揭示构成活动关系的相关特征，因此具有心理认知主义的性质。这也是我们把任金的相关学说思想归入本章研究范围的主要依据之一。

2.3　关于言语机制"两个环节"及其相互关系的思想

　　这里所说的"两个环节"，并非上文中所说的言语机制作为自我调节系统的"接受"和"释放"环节，而是指"由音构成词语"（составление слова из звуков）和"由词构成报道"（составление сообщения из слов）的两个环节。[14]任金认为，言语机制问题作为一个完整系统，对它的研究已呈现出若干种理论学说。但如果把言语机制问题看作是由上述两个环节构成的来审视，那问题就可以得到简化。由于词都进入这两个环节，因此，只要确定词在该两个环节中的作用，就可以寻找到链接它们的中心点。（Жинкин 1958:352）可见，将言语机制如此复杂的问题归结为围绕词这一"焦点"（узел）而展开的研究，不失为一种既简化又实用的方法，其目的是对词汇在言语运动分析器中的形成样式以及分析器如何选词等机制作出合理解释。

关于第一个环节,任金主要提出了下列设想:(1)进入报道的由不同语音构成的不同词可以被区分为最小的、不可再分解的"音位—单位"(единица-фонема),因为只有音位—单位这样的报道才被认作是合乎规范的,也只有该单位的语音音位特征才能获得支撑。这就构成了数量有限的(通常只有30—60个成分)但同时又是极其稳定的"音位格栅"(решетка фонем)。(2)音位按照相互交叉的线路分布:在一些音位中加入一组语音特征;在另一些音位中加入另一组语音特征。音位格栅是静态的,它只是"区分点"(дифференциальные точки),以保障词在语音构成上的区别。但由于每一个音位都是一组准确确定的语音特征,当音位进入词的某一个位置时就决定着它的量子化刻度,因此,音位格栅的每一个成分都会提供"由音组词"时的量子化动态指数。这样一来,音位格栅整体上就可被视为词的成分系统资源,而用以各种报道的词就是由这些成分构成的。(3)如果词脱离音位格栅,那么所选音组中就会出现很多非规范的组合。如,*с*,*т*,*о*,*л* 音(素)除了构成规范的组合 *стол*(桌子)外,还可能出现非规范的 *лотс*,*толс*,*ослт* 等组合。因此,要构成能够组词的一组语音,就必须要新的成分选择规则。(4)假设词不仅可以区分为语音单位——音位,也可以区分为更高一级的单位——词素。这样一来,就可以在"一级成分选择"(первая степень отбора элементов)的基础上构建起新的"二级成分选择"(вторая степень отбора элементов)的区分系统——"词素格栅"(решетка морфем)。(5)词素格栅在成分选择行为中限制着可能脱离音位格栅的语音组合数量,只选择那些能够组成规范表义的词的语音组合。(6)组成音位的语音特征选择规则只保障对语音信号(成分)进行分辨,然而,当按照音位选择规则来组成词素时,就可以将音位的语音特征配套组合起来,构成具有确定事物意义的词的"语音算法"(звуковой алгоритм)。(6)词素格栅较之音位格栅,其结构更加紧密和复杂,成分资源也更加丰富。进入该格栅的不仅是有独立意义的词素,还有纯形式的词素,如连接词、部分语气词等。另外,词素格栅也没有音位格栅所具有的"力指数"(силовые индексы)。(7)从词素格栅中可以获得报道构成中的"完全词"(полное слово)。为此,需要有一系列不同范畴的规则。如:从音位格栅向词素格栅的转换规则,从音位格栅向词素格栅转换的语音或代码替代规则等。(见 Жинкин 1958:352—355)

关于第二个环节,任金主要是从句法、语义、逻辑、语用等多重规则视角对

"由词构成报道"的环节作出具体阐释或设想的。(1)句法规则。由词构成报道的句法规则主要有如下两大特点:一是无论哪一个句法规则都或适用于词的组合,或不适用于词的组合,即依循"全部适用或全部不适用"(все или ничего)的原则。词在句法上的组合图式既不取决于词的语音算法,也不取决于词的具体意义;要正确完成词的句法组合图式,可能需要数个解题过程。这表明,按照句法图式只能对词作出非完全选择。因此,必须要有其他的规则范畴来精确确定报道的词汇构成;在词组合为句法图式的过程中,言语运动代码不起作用,因为句法图式不会对词下达语音连贯性的指令。因此,不妨设定变"向句法规则的转换"为"向新代码的转换",即用简单的、不可切分的信号(成分)替代完全的、可切分的词。二是句法规则不属于一个词,而属于一组词。这样,被组合的每一个词都可以保存在短时间记忆里。原因是:它们中的一些词能够保存住,另一部分词可以得到"在同一时间上合成"(синтез в одновременности)的提醒。(见 Жинкин 1958:355—356)在任金看来,正是上述两大特点决定着"由词构成报道"机制与"由音构成词"环节的截然不同。(2)语义规则。"语义规则"(семантические правила)决定着词按照其意义进行组合。也就是说,只要违背该规则,词的组合就会受到禁止,从而使一些词的组合数量减少(只有一部分词才能进入范畴图式或语法图式),这也使报道变得更加具体。(3)逻辑规则。"逻辑规则"(логические правилы)是由"真假标准"(критерий истинности и ложности)来调节的,它可以使词组合的数量进一步减少。该规则既不属于单个词的语音构成,也不属于词的句法组合和语义组合,而只属于"事物关系"(предметные отношения)。而在选词过程中出现的"事物关系列"(ряд предметных отношений)是无穷尽的,但它也会受到下列因素制约:一是受说者和听者知识范围的制约;二是受报道总体任务的制约。(4)命题规则。在词组合过程中的形式逻辑既不是由语法形式决定的,也不是由完全词的构成决定的,而是由命题决定的,这就形成了"命题规则"(пропозиционные правила)。命题可以由图式或矩阵来替代,词在图式或矩阵中可由任何符号(如字母等)替代,"+"表示"真","-"表示"假"。(见 Жинкин 1958:356—360)

上述两个环节就构成了言语机制中最重要的基本方面。任金认为,处在第一个环节中的词是作为"综合性单位"(синтетическая единица)获得的,而处在第二个环节中的词是作为"分析性单位"（аналитическая единица）获得的。在第一种情形中，获得的是"非完全词"（неполное слово）；在第二种情形中，则开始在整个报道构成中寻找作为分析性成分的词。这时，进入报道的各种信号（包括图式、形象等）就可以成为选词的工具，并随之出现对信号的多次重新编码，最终获得报道构成中的完全词。（Жинкин 1958：361）在他看来，言语过程中编码有两种基本等级：从音位格栅向词素格栅转换和从非完全词的词素格栅向报道构成中的完全词转换。它们是两种不同的编码等级。除此之外，"言语运动代码"（код речедвижений）也可作为言语机制动态性的编码等级，因为贯穿整个言语机制（从言语开始到言语结束）的正是该运动代码。在音位格栅和词素格栅之间的相互关系中，言语运动可以来用来区分口语和书面语之间的差异，而在报道形成过程中用简单的信号来替代完全词又可以捕捉到由内部言语向外部言语的转换。（Жинкин 1958：362）从这些论述中可以清晰地看出，任金的言语机制"两个环节"的思想不仅充满着对各种符号的界说和设想，更对语言符号从音位到词素的编码、解码和重新编码的过程进行了详细的描述和阐释，使我们领略到作为静态的语言符号在动态的心理、生理层面的复杂性和多变性。这正是其学说思想的符号学价值所在。

2.4 "言语机制"学说的符号学意义

总体上看，任金对"言语机制"学说的构建，走的是一条从心理生理学的言语生成和感知的发音器官动作（部位）到声学规律，从音位和形态规律到词义乃至语篇（报道）语义之路。在构建完整言语报道的意义结构中，他从谓词等级的认识出发转向人意识中的信息储存以及知识表征问题，进而对言语思维过程这一十分复杂的编码和解码机制（包括内部言语中的代码转换机制）提出了些许解释或设想。应该说，这与俄罗斯心理学奠基人维果茨基的相关思想相一致，因为后者在 1934 年出版的《思维与言语》（《Мышление и речь》）一书中曾将思维比作"下着词语雨点的浮云"（наившее облако，которое проливается дождем слов）。（Выготский 1996：356)的确，说话人在开始言语过程之前，其意识中就有思维的存在。也就是说，思维先于言语。但言语是由一种特殊的、有别于词语语言的符号材料呈现的，这就是所谓的"思维的语言"（язык мысли）。那究竟什么是思维的语言呢？对此，维果茨基并没有来得及作出回答或找到答案,而任金则提出了自己的设想,那就是我们在上文中提到的"普遍事物代码"(УПК)。这个代码也就是维果茨基所说的"下着词语雨点的浮云"。这表明,"普遍事物代码"是生成词义的"最初记录"(编码),接下来又会在内部言语中从普遍事物图式语言转换为言语语言(重新编码)。此外,我们还发现,任金的上述思想也与巴赫金的相关思想相呼应。巴赫金在1929年出版的《马克思主义与语言哲学》一书中曾写道:什么是心理的符号材料呢?任何一个机体运动或过程,包括呼吸、血液循环、身体运动、发声时的器官动作、内部言语、脸部表情变化以及对光的反应等都是这样的材料,它们都可以获得符号意义……在外部表达过程中,常常发生由一种符号材料(如面部表情材料)向另一种符号材料(如词语材料)的转换,但整个过程不会超出符号材料的界限范围。(Бахтин 1993:34)由上可见,任金提出的"言语机制"学说,与心理学、心理语言学、符号学研究中的俄罗斯传统一脉相承。当然,我们也应该看到,由于受时代的局限性,任金只是对言语的生成过程的些许规律进行了研究,并没有涉及当今流行的对思维程序的具体分析,如词与形象、词与概念、判断与句子、思维进程与语篇的结构等。尽管如此,值得肯定的是,他用独特的视角和方法为我们勾画出了"言语机制"问题研究的总体蓝图。这不仅成为俄罗斯心理语言学发展进程中的一个标志,也为"过渡期"的俄罗斯符号学作出了应有的贡献。

注释

1. 上述论文大多到了60—70年代才正式问世,如:《文本问题》(«Проблема текста»)发表于1961年,《小说中的词》发表于1975年,《言语体裁问题》发表于1979年等。

2. 有趣的是,该七卷本文集的出版日期并非是按照"从前到后"的顺序进行的。如,最先出版的是第5卷(1997),而最晚出版的是第3卷(2012);另外,第4卷还分为上下两册出版,且出版的日期也不是在同一年,分别是2008年和2010年。这种现象的出现恐怕主要与文集的主题以及材料搜集和编辑的难易度有关。

3. 《现实主义历史中的拉伯雷》是巴赫金于1946年在世界文学研究所(Институт мировой литературы)答辩的副博士论文。

4. 可喜的是,巴赫金的六卷(七册)文集已经在我国翻译出版,冠名为《巴赫金全集》。1998年河北教育出版社推出六卷本全集,2009年再版时扩充为七卷本全集。需要说明的是,七卷本全集的中译本内容主要是按照主题来安排的,因此与俄文版的卷(册)及其内容安排并不对应。

5. 巴赫金对"металингвистический метод"中"металингвистика"的解释,并不是国内学界所流行的"元语言"的含义,而是"超出本身界限的语言学"(лингвистика,которая сама выходит за свои пределы)的意思。王铭玉在《语言符号学》一书中,也同样使用了"超语言学"的术语。(见王铭玉 2004:163—165)

6. 该小册子以斯大林于 1950 年 6 月 20 日在《真理报》发表的署名文章《马克思主义与语言学问题:论语言学中的马克思主义》为基础。

7. 任金的学说思想在学界有许多追随者,如俄罗斯当代心理语言学家戈列洛夫(И. Н. Горелов,1928—1999)、齐姆尼亚娅(И. А. Зимняя)、诺维科夫(А. И. Новиков)、伊谢尼娜(Е. И. Есенина)、雅库申(Б. В. Якушин)等。有学者将他们统称为"任金学派"(Школа Жинкина)。(Седов 2009:6)也就是说,尽管任金本人生前并没有正式或非正式地宣称过要成立以自己名字命名的学派,但事实上,其独特的学说思想后来被其追随者继承和发展,可以被认作为"自成一派"。

8. 关于维果茨基及学派的相关理论学说,请参见本著作第七章"文化—历史主义范式"的相关内容。

9. 勃朗峰是阿尔卑斯山脉的最高峰,海拔 4810 米,位于法国和意大利交界处,通常被誉为欧洲的最高峰。当然,真正的地理概念上的欧洲最高峰并非勃朗峰,而是高加索山脉的厄尔布鲁士峰(Эльбрус)。

10. 埃佛勒斯峰即珠穆朗玛峰(Джомолунгма)。

11. 该著作最初的手稿名称为《作为优化智力做工的信息传播工具的言语》(«Речь как проводник информации, оптимизирующей работу интеллекта»)。手稿完成的年月不详,任金去世后第三年即 1982 年正式出版时改为现名称。学界普遍认为,该著作是对"言语机制"学说基本思想的概括和总结。

12. 实际上,在任金有关编码和解码的思想中,还有一个"重新编码"(перекодирования)的程序,即将信息加工为内部言语和事物关系的语言。也就是说,如果说编码是记录信息,解码是理解信息的话,那么重新编码是将信息转换为内部言语。

13. 有关莫斯科心理语言学派的相关符号学理论思想,我们将在"心理认知主义范式"(когнитивно-психологическая парадигма)中予以专门审视和评析。

14. 我们在这里将 сообщение 一词定名为"报道",而不是"信息"。因为从信息论看,该词定名为"报道"似乎更为合适,因为"信息"在信息论中就指"用符号传递的报道"。

参考文献

[1] Бахтин М. М. Проблемы поэтики Достоевского [M]. М., Худож. лит-ра, 1972.

[2] Бахтин М. М. Вопросы литературы и эстетики [M]. М., Худож. лит-ра, 1975.

［3］Бахтин М. М. Проблема речевых жанров ［A］.//Эстетика словесного творчества ［C］. М. ,Ис-во, 1979，с. 237—280.

［4］Бахтин М. М. Творчество Франсуа Рабле и народная культура средневековья и Ренессанса ［M］. М. , Худож. лит-ра , 1990.

［5］Бахтин М. М. （Волошинов В. В. ）Марксизм и философия языка ［M］. М. , Лабиринт, 1993.

［6］Веселовский А. Н. Историческая поэтика ［M］. М. , Высшая школа, 1989.

［7］Выготский Л. С. Мышление и речь ［M］. М. , Лабиринт, 1996.

［8］Жинкин Н. И. Механизмы речи ［M］. М. ,Издательство Академии педагогических наук, 1958.

［9］Жинкин Н. И. Речь как проводник информации ［M］. М. ,Наука, 1982.

［10］Жинкин Н. И. Интеллект, язык и речь ［A］.//Психолингвистика（Избранные труды） ［C］. М. ,Лабиринт,2009,с. 185—204.

［11］Лотман Ю. М. О двух моделях коммуникации культуры ［A］.//Труды по знаковым системам［C］. Вып.. 6. Тарту, Изд-во Тарт. гос. ун-та, 1973, с. 227—244.

［12］Седов К. В. Придисловие. //Н. И. Жинкин: Психолингвистика（Избранные работы）［C］. М. ,Лабиринт, 2009, с. 5—9.

［13］王铭玉,语言符号学［M］,北京:高等教育出版社,2004。

第四篇

"成熟期"的俄罗斯符号学研究范式

第 十 章

功能主义范式

得益于"过渡期"两大范式——"系统—结构—功能主义范式"(системно-структурно-функциональная парадигма)和"后结构主义范式"(постструктурная парадигма)的有力推动,进入"成熟期"的俄罗斯符号学开始全面发力,各种流派和理论学说纷纷登场,呈现出百花齐放、百家争鸣的繁荣景象。"功能主义范式"(функциональная парадигма)就是在此大背景下生成并发展起来的。

在俄罗斯符号学尤其是语言符号学研究中,功能主义有着悠久的历史和传统。俄罗斯著名语言学家波捷布尼亚(А. А. Потебня,1835—1891)、博杜恩・德・库尔德内(И. А. Бодуэн де Куртенэ,1845—1929)、沙赫马托夫(А. А. Шахматов,1864—1920)、谢尔巴(Л. В. Щерба,1880—1944)、维诺格拉多夫(В. В. Виноградов,1894/95—1969)等[1],都在各自的研究领域对功能主义的理论和方法作出过重要贡献。

我们知道,作为符号学研究中的一种范式,功能主义与结构—系统主义范式和结构—功能主义范式的最大不同,就在于它的主旨是研究语言在言语交际中的功能、语言在社会中的作用以及从功能视角出发来考察语言在各个层级上的功用、关系等。因此,该范式也可称之为"功能符号学"(функциональная семиотика)

当代俄罗斯的功能主义范式,主要体现在具有俄罗斯传统的"功能语法"(функциональная грамматика)研究方面。[2]学界公认,当代俄罗斯符号学研究中的功能主义范式,主要由"三大语法理论"组成,它们分别是邦达尔科(А.

В. Бондарко，1930—2016）的"功能语法理论"（теория функциональной грамматики）、佐洛托娃（Г. А Золотова）的"交际语法理论"（теория коммуникативной грамматики）、弗谢沃洛多娃（М. В. Всеволодова）的"功能交际语法理论"（теория функционально-коммуникативной грамматики）。[3]

第1节　邦达尔科的"功能语法"理论

在俄罗斯功能语法领域，最具有影响力的学派是以邦达尔科院士为首的"彼得堡功能语法学派"（Петербургская школа функциональной грамматики）。该学派形成于 20 世纪 70 年代，起端于对俄语动词"时体学"（аспектология）的研究。[4]至今，已出版和发表大量著述，仅由邦达尔科个人撰写或以其为主编的著作就达数十部之多，其中主要有：《俄语动词的体与时：意义和用法》（«Вид и время глагола：значение и употребление»）（1971）、《论句子的实现化特征》（«Об актуализационных признаках предложения»）（1975）、《词法范畴理论》（«Теория морфологических категорий»）（1976）、《语法意义和意思》（«Грамматическое значение и смысл»）（1978）、《语法单位的功能分析》（«Функциональный анализ грамматических единиц»）（1980）、《语法范畴的结构问题》（«О структуре грамматических категорий»）（1981）、《功能语法的建构原理》（«Основы построения функциональной грамматики»）（1981）、《功能语法原则与时体学问题》（«Принципы функциональной грамматики и вопросы аспектологии»）（1983）、《功能语法》（«Функциональная грамматика»）（1984）、《功能语法意义理论与时体学研究》（«Теория грамматического значения и аспектологические исследования»）（1984）等；特别是 1987 年后，先后出版了由其担纲主编的六卷本"功能语法理论"系列著作[5]，即《功能语法理论：引论·时体·时位·时序》（«Теория функциональной грамматики：Введение. Аспектуальность. Временная локализованность. Таксис»）（1987）[6]、《功能语法理论：时制范畴·情态范畴》（«Теория функциональной грамматики：Темпоральность. Модальность»）（1990）、《功能语法理论：人称范畴·语态范畴》（«Теория функциональной грамматики：Персональность. Залоговость»）（1991）、《功能语法理论：主体范畴·客体范畴·确定性范畴和不确定性范畴》（«Теория функциональной грамматики： Субъектность. Объектность. Определенность и неопределенность»）（1992）、《功能语法理论：处所范畴·存在范畴·从属范畴·限制范畴》（«Теория функциональной грамматики：Локативность. Бытийность. Поссесивность. Обусловленность»）（1996）、《功能语法理论：性质范畴·数量范畴》（«Теория функциональной грамматики：Качественность. Количественность»）（1996）。进入 21 世纪后，他又担纲主编了另一系列的"功能语法问题"著作，如《功能语法问题：语句中的词法和句法范畴》（«Проблемы функциональной грамматики： Категория морфологии и синтаксиса в высказывании»）（2000）、《功能语法问题：语义常量与变量》（«Проблемы функциональной грамматики： Семантическая инвариантность/вариативность»）（2002）、《功能语法问题：场结构》（«Проблемы функциональной грамматики： Полевые структуры»）（2005）、《功能语法问题：语义范畴化》（«Проблемы функциональной грамматики：Категоризация семантики»）（2008）等。[7]

　　研究表明，对上述范畴的研究"不仅涉及时间和体貌性、情态性、态性、人称性、所属性等的相互关系，且将时间与空间、性质与数量、确定性和不确定性、主体性和客体性等构成的二元对立关系进行系统研究"。它提出的"对各种语义范畴、语义关系和功能语义场的研究，对各种语法单位的功能规律和规则的分析，加深了人们对语言性质、规律和功能的认识和理解，在各种功能语法学派中独树一帜，受到世界学界的推崇"。（姜宏，赵爱国 2009：63—66）该学派提出的俄语功能语法理论，主要遵循"称名学方法"（ономасиологический подход）的"由里及表"即"由内容到形式"的研究视角，但也重视"由表及里"即"从形式到内容"的研究。正如邦达尔科在《功能语法的原则和时体学问题》一书中所指出的："功能语法不能只局限于以积极语法为基础的原则，即从内容到形式表达手段。从形式到内容的方向是任何一部语法（其中包括功能语法）所必需的，因为语法的体系性统一是靠它来维持的。"（Бондарко 1983：33）他认为，理解他人话语时，其过程是从形式到内容的，即从手段到功能；而如果表达思想，其过程则是从内容到形式，即从功能到手段，这符合思维表达的过程。因为人们在交际过程中首先要对讲的话有想法，然后再去寻找最为恰当的语言形式来表达要说的内容。内容与形式两个方向的相互联系，构成了彼得堡功能语言学派区别于其他学派的显著标志之一。

　　显然,邦达尔科的功能语法理论的研究领域主要集中在俄语功能语义方面,因此,也有学者将由他领导的功能语法学派称为"语义功能主义"。(王铭玉,于鑫 2007:40)该语义功能主义主要由"功能语义场"(функционально-семантическое поле/ФСП)和"范畴情景"(категориальная ситуация)两大学说构成。下面,就让我们从符号学视角简要审视一下这两种学说的具体内容和特点。

1.1　"功能语义场"学说

　　邦达尔科有关功能语义场的基本学说主要是在 1984 年出版的《功能语法》一书中阐释的,此后,又在 1987—1996 年间出版的六卷本"功能语法理论"系列著作中分别审视了俄语中的十六个不同的功能语义场,而在 2002 年出版的《功能语法体系中的意义理论》(«Теория значения в системе функциональной грамматики»)(2002b)一书,又对功能语义场学说等进行了全面的总结。该学说主要包括以下内容:

　　1) 对功能语义场的概念及其内涵作出界说。邦达尔科认为,所谓功能语义场,是指"某一语言不同层级的具有相同语义功能的各种表达方式的集合,是某一确定语义范畴的不同体现"。(Бондарко 2001:17)如,表达时间关系的各种表达方式就构成了功能语义的"时制场"(поле темпоральности),时制场的核心是述谓动词的时态(过去、现在、将来),但其他成分也可以进入时制场,比如没有时态的动词(Уберите деньги!),或没有动词的句子(Ночь.),或用时间状语表达的时间(Завтра уезжаю.)等,只要它们表达"时制范畴"(темпоральность),就构成时制场。在邦达尔科看来,功能语义场是人脑中的语义范畴所确定的,并通过它与具体的语言发生联系,因此功能语义场是语言内容与形式的统一体,即语义—结构综合体。也就是说,功能语义场是某语义范畴的不同意义变体及其所有表达手段的统一体,而这些意义又有着中心的(主要的)和外围的(次要的)表达手段,它们就构成了共同的圆心场——功能语义场。作为语义—结构综合体的功能语义场,可以采用任何语言手段表达:词法手段、句法手段、构词手段、词汇手段以及上述手段的任意组合等。

　　2) 对功能语义场的研究范围和类别作出规定。功能语义场作为一个复杂语义—结构综合体,邦达尔科认为对它的研究应包括如下几个方面的内容:

(1)功能语义场在某一具体语言中的分布情况;(2)功能语义场的中心和外围的构成情况;(3)功能语义场内部成员之间的关系;(4)功能语义场的结构类型(单核心或多核心);(5)某一个功能语义场与其他功能语义场之间的联系。(Бондарко 1984:25)至于功能语义场的研究类别,邦达尔科将其分为述谓、主体—客体、性质—数量、述谓—疏状等四种基本类型,具体是:(1)以述谓为中心的功能语义场。它包括"体—时关系综合场"(комплекс ФСП аспектуально-темпоральных отношений)——"时体场"(поле аспектуальности)、"时位场"(поле временной локализованности)、"时制场"(поле темпоральности)、"时序场"(поле таксиса)等,"情态场"(поле модальности),"存在场"(поле бытийности),"状态场"(поле состояния),"人称场"(поле персональности),"语态场"(поле залоговости)——"主动/被动场"(поле активности/пассивности)、"反身场"(поле возвратности)、"相互场"(поле взаимности)、"及物/不及物场"(поле переходности/непереходности)等;(2)以主体—客体为中心的功能语义场。它包括"主体场"(поле субъектности),"客体场"(поле объектности),"语句交际前景场"(поле коммуникативной перспективы высказывания),"确定场/不确定场"(поле определенности/неопределенности)等;(3)以性质—数量为中心的功能语义场。它包括"性质场"(поле качественности)、"数量场"(поле количественности)、"比较场"(поле компаративности)等[8];(4)以述谓—疏状为中心的功能语义场。它包括"限制综合场"(комплекс ФСП обусловленности)——"目的场"(поле цели)、"原因场"(поле причины)、"条件场"(поле условия)、"结果场"(поле следствия)、"比较场"(поле сравнения)、"让步场"(поле уступки)等,"处所场"(поле локативности)、"所属场"(поле поссесивности)等。(Бондарко 1984,2002b)

3)对功能语义场的结构作出描述。邦达尔科认为,从结构类型看,可以将功能语义场分为两类:"单中心结构"(моноцентрическая структура)和"多中心结构"(полицентрическая структура)。前者的功能语义场只包含一种典型的表达方式,它以一个明确的语法范畴为基础。如,时体场以动词的体范畴为中心,时制场以动词的时态范畴为中心,主动/被动场以动词的语态范畴为中心,这就属于单中心结构。尽管人称场有两个形式系统(动词人称和人称代词),但它依然属于单中心结构,原因是它们是同一种语法范畴的双重体现,而非有两个中心。(Бондарко 1984:62)后者的功能语义场包含有一种以上的典型表达方式,它以某一语义—语法范畴为基础,将语义场可划分为若干个部分,每一个部分又都有各自的中心和外围成分。如,性质场、数量场、所属场、存在场、时序场、确定/不确定场、限制场等,就属于多中心结构。如以性质场为例,它就是一个多中心功能语义场,因为它由限定和述谓两个中心组成。(Бондарко 2002b:308—318)

有学者认为,邦达尔科的功能语义场学说是对传统词汇语义场理论的突破,它的特点主要体现在以下几点:(1)词汇语义场是静态的,而功能语义场研究的是活的话语行为,具有明显的动态性;(2)功能语义场不是以词汇中共同的义素来判定的,而是以具有同一功能的语义范畴来判定的;(3)进入同一词汇语义的是表达该语义的所有词汇,而进入同一功能语义场的是表达该语义功能的所有语言表达手段,包括词、词组、句子甚至语篇。与词汇语义场相比,功能语义场的内容更广泛,结构更复杂。(王铭玉,于鑫 2005:56)

在我们看来,功能语义场学说的上述特点,归根到底都是由其对语义研究的方法论决定的。它与传统语法对语言结构研究最大的不同就在于:它不是按照"词法—句法"的原则建构的,而是以"意义"为核心,按照被区分出来的"语义范畴"建构起来的。因此,功能语义场本身就具有语言符号学的属性,而该学说对功能语义场所做的概念界说、功能分类及其结构描述等,都无不遵循着作为符号的语言在语义范畴这一特定层面的基本特性。在这里,符号的运作是按照"场"的不同来展现其相关功能的。

1.2 "范畴情景"学说

"情景"(ситуация)一词,在语用学中指语言交际的环境,属语言外因素。而邦达尔科在其功能语法理论中使用的情景一词,则指某一概念在语句中的具体体现,是语言内因素。他坚持认为,除功能语义场外,建构功能语法模式的另一个基本概念就是"范畴情景"。作为一种学说,"范畴情景"主要包括以下思想内容:

1) 对范畴情景与功能语义场的关系作出界说。邦达尔科对范畴情景所下的定义是:(1)句子所表达的整体语义的一个方面;(2)建立在特定语义范畴及其相应的功能语义场基础之上;(3)作为类概念,包括了时体情景、时间情景及其他情景等的种概念。(Бондарко 2002b:319)以上定义中包含着以下具体思想:(1)范畴情景是功能语义场在言语中的体现或现实化,或者说功能语义场内的某一表达方式在交际过程中的功能化就体现为一定的范畴情景。用邦达尔科的话说,能将语言系统中的"场"与该场在句子成分、句子表达的情景联系在一起的这个概念就是范畴情景。(Бондарко 2002b:320)(2)范畴情景与功能语义场具有对应关系。由于范畴情景的构成是由该语言的功能语义场决定的,因此,功能语义场的一般特性(语义场的定义、语义场的成分结构——中心和外围、成分等级、场的语义主导成分等)与该语义场的范畴情景的类型、变化和变体形式等之间构成对应关系。(Бондарко 2002b:321)也就是说,一个范畴情景就是一个相应的功能语义场在言语层面投射出的典型结构。在邦达尔科看来,功能语义场集中了同一个语义范畴周围不同层面所有的语言手段,它代表的是一种描写语法手段,而范畴情境意义则以一定的语义范畴和功能语义场为基础,是功能语义场在言语中的表现,是语义范畴在话语中表现的功能形式,即意义变体,如时序、时制、时位等。它不局限于某一个语法形式,而是由不同话语手段表达的典型意义结构,其占主导地位的话语手段常常与一些句子类型的名称相关,如存在句、所有格句、比较句等。范畴情境意义是用来解释语言范畴与其在言语中表达条件之间的关系的,也就是解释语言系统及其言语环境之间的关系。(Бондарко 2003:11—14)(3)从功能语义场与范畴情景意义的关系看,语义范畴是典型的意义结构,它是语义常量,是类概念;而范畴情景意义则是类概念下属的种概念,它更为具体。换句话说,功能语义场是语义范畴在语言系统中的体现,而范畴情景则是语义范畴在言语中的体现。前者表现为抽象,后者表现为具体,如同构成"语言"与"言语"的对立一样。用邦达尔科的话说,功能语义场系统是研究功能语法模式的构成和结构的,用以表达某一语义范畴变体中不同层级的表达手段;而范畴情景反映的则是该语义范畴在言语中的表征关系。(Бондарко 2002b:320)如上可以得出这样的结论:邦达尔科的功能语法理论正是通过范畴情景这个概念把语言的语义系统与言语交际有机结合在一起的。

　　2)对范畴情景的类别作出归纳和描述。邦达尔科从功能语义角度将范畴情景分为下列类别:(1)现实化的范畴情景。指反映当前语句与客观现实以及与交际者之间的关系,如情态(主观情态和客观情态)情景、时制情景、人称情景等；(2)非现实化的范畴情景。指不反映当前语句与客观现实以及与交际者之间的关系，如时体情景、时序情景、语态情景、主体情景、客体情景、所属情景、性质情景、等级情景、条件情景、人称情景等。（见王铭玉，于鑫 2005：69）现实情景是任何一个语句所必需的，而非现实情景则非必需。对上述两种范畴情景，邦达尔科还使用"指称情景"（денотативная ситуация）和"所指情景"（сигнификативная ситуация）两个术语加以界说。前者指具体的言语变体，是现实的语句；后者是从一系列指称情景中抽象出来的概念性内容结构。如果把一个完整的所指情景进行分解，就会得出如时制情景、人称情景、所处情景、性质情景等不同的范畴。

3）提出"主导情景"的思想。所谓"主导情景"（доминирующие ситуации），其概念是针对"总体情景"（общая ситуация）而言的。总体情景是句子所表达的概念（语义）情景，它是范畴情景某些特征的综合；而主导情景是由总体情景区分出来的占主导地位的范畴情景。其他情景只是主导情景的"背景"（фон），它们可以是实现主导情景的必备条件，但在句子内容现实化成素的等级中，其作用相对而言是次要的。（Бондарко 2002b：325）比如，在下列句子中，"存在情景"（бытийная ситуация）是主导情景：(1)在某实体范畴的绝对存在/不存在中。如：*Католикосы не бывают！*（不存在卡多利阿斯）；*Неосведомленность ваша ... Католикосы тоже бывают*（这你就不知道了，也存在卡多利阿斯）[9]；(2)在对立存在的变体中。如：*Есть люди, которые бытуют в нашей жизни всерьез, и есть бытующие нарочно*（我们生活中的有些人很认真，而有些人则装样子）；(3)感知主体观察域内的实体的存在/不存在。如：*В доме было тихо*（屋子里很静）。*—Есть кто？ —крикнул я*（有人在吗？我喊了一声）。（Бондарко 2002b：325—326）上述例句中反映出多种不同的范畴语义成素——情态的、时制的、人称的、处所的等，但只有一个成素是起主导作用的，那就是"存在成素"，正是这个存在成素构成了主导情景。邦达尔科认为，主导情景也可以是一个相互关联的多范畴情景综合体。如，在句子 *Приди он на пять минут позже, я ничего не успел бы сделать*（他如果再晚来五分钟，我就啥也来不及做了）中，其主导综合体成素中包含着下列范畴情景：(1)情态情景（在假设情景的变体中）；(2)与情态耦合的条件情景（在假设情景的综合情景成素中）；(3)前景性情景（在假设行为的时间——晚五分钟——与暗指、先于假设行为的现实行为的时间对比的变体中,以及在两个假设行为的连续中——来得及和来不及);(4)时制情景(主导范畴情景与其环境之间的过渡:相对于话语时刻而言,假设行为整体上对应于过去时层面,而暗指的现实行为对应于话语时刻的时间层面。事实上,"他"来得要早些,而"我"也来得及做了某件事)。(Бондарко 2002b:326—327)上述这些相互关联的范畴情景,在句子内容所包含的其他范畴特征的背景下体现出来,如:话语所指人物的假定行为与说话人的假定行为对比中的人称特征;主动态的语态范畴特征;具体的完整事实的时体范畴特征;确定性特征等。据此,邦达尔科得出结论认为,在范畴情景的形式上,只提供总体情景中那些属于主导成素的层面,而构成"背景"(环境)的那些成素可以看作是范畴语义的成素。另外,作为范畴情景基础的范畴意义特征,可以与该类型的句子名称相对应,如存在句、状态句、领属句、时间句、条件句、因果句、处所句等。(Бондарко 2002b:327—328)

如上所述可以看出,由功能语义场学说和范畴情景学说构成的功能语法理论,在语言和言语两个不同的层面上对俄语语法的内容和形式(意义和结构)进行了新的建构和描写。尽管这种学理上的建构和描写并不是对传统语法的"反叛"或"否定",但在我们看来却在以下三个方面彰显出重要的符号学价值:(1)从研究方法看,它主要采用积极语法的"从内容到形式"的描写方式,但同时也不放弃传统的"从形式到内容"的原则。两者相辅相成,揭示了理解和表达两种言语活动的本质;(2)从研究内容看,功能语法理论一个重要原则就是把传统语法中被分离开的语法学和词汇学紧密地结合在一起进行研究,它把属于不同语言层面(包括词法、句法、构词、词汇等)但统一于相同语义功能的手段看作一个整体;(3)从研究视阈看,功能语法理论同时坚持系统语言观和言语交际观,认为功能语义场与思想—言语行为的表达过程紧密相关。也就是说,结合言语表达系统,综合研究语言系统,这是功能语法理论在阐释语法单位的功能及其与范畴意义关系方面的主要原则之一。

第2节　佐洛托娃的"交际语法"理论

作为俄罗斯著名语言学家维诺格拉多夫的学生,佐洛托娃的学术思想无不打上深深的"维诺格拉多语言学派"(Виноградовская лингвистическая школа)的烙印。学界公认,她在功能语法研究方面最突出的成就,是创立了自己的功能语法学派,其核心理论就是所谓的"交际语法"(коммуникативная грамматика)。[10]早在 1973 年,佐洛托娃就在博士论文(1971)的基础上,出版了《俄语功能句法学概要》(«Очерки функционального синтаксиса»)一书。该书作为俄语学界最早的功能语法研究的标志性著作,奠定了她本人在功能语法学说方面的地位。1983 年,佐洛托娃的另一部专著《俄语句法交际观》(«Коммуникативные аспекты русского синтаксиса»)问世,标志着其语法学思想由功能句法向交际句法的转变。1998 年,她又与自己的两名学生——奥尼宾科(Н. К Онипенко)、西多罗娃(М. Ю. Сидорова)合作出版了《俄语交际语法》(«Коммуникативная грамматика русского языка»)一书,对交际语法学说进行了全面和系统的阐述,使交际语法理论得到进一步的完善。

佐洛托娃的交际语法理论包含着较为丰富的功能主义学术思想。它自成体系,不仅在研究内容、方法方面对传统语法有新的重大突破,且具有较广泛的应用价值。从符号学角度看,该语法理论中提出的有关语言各句法结构及其交际功能的思想,具有独特的学术价值。

2.1 关于"功能句法"的思想

佐洛托娃认为,传统语法的研究对象——词和句子的形式是无法满足语言的基本功能需要的。实际上,语言系统是由"形式—功能—意义"组成的三角关系系统,它们分别回答 как(如何)、для чего(为何目的)和 о чём(所指什么)的问题。因此,只有能够全部回答这三个问题的语法才能算是一部完整的语法。在她看来,语言的基本功能是交际,因此,从功能的观点来研究俄语句法,就是揭示各种语言单位在交际过程中所体现的句法功能。为此,她从句子的交际功能出发,把句法单位的功能确定为它们在构成句子交际单位中所起的作用,因为"功能表现为句法单位与交际单位的关系"。(Золотова 1973:9)

基于以上认识,佐洛托娃提出,句法单位具有三种基本的句法功能:第一句法功能是独立话语的功能,体现这种功能的位置有文章标题、剧本中的情景说明、舞台指示、嵌入作品中对人物和情节的简单交代等;第二句法功能是话语要素的功能,即组词造句时直接用作句子的结构要素。该功能具体体现为:(1)用作述谓对象;(2)行使半述谓功能,使句子复杂化;(3)起述谓作用;(4)用于扩展全句的情景;第三句法功能是话语构成部分中从属部分的功能,具体体现在依附于动词、名词、形容词或副词的位置上。在她看来,任何一个句法单位(词形、词组或句子)在交际过程中都起着三种功能:即第一功能起着独立交际单位的作用,第二功能起着交际单位中构成部分的作用,第三功能起着交际单位中构成部分的扩展成分的作用。因此,学界普遍认为佐洛托娃的功能句法学说是属于结构性质的,可称其为"结构功能主义"语法(见王铭玉,于鑫2005:41),以有别于邦达尔科的"语义功能主义"语法。

2.2　关于"交际功能"的思想

佐洛托娃的功能句法思想并不意味着将功能与意义等同起来。相反,她始终认为功能与意义有别,因此可以说,她所倡导的是交际功能观。在她看来,所谓功能,主要指系统功能和交际功能:系统功能是指语言系统内语言单位构造句子的能力,而交际功能则指表达说话人思想和意图的功能。也就是说,佐洛托娃是以系统功能为基础来研究语言的交际功能,并从交际的意图、过程和模式入手来研究语言的意义和形式的。(见王铭玉,于鑫 2007:105)

以交际功能观为内核的交际语法理论,主要依据"句素"(синтаксема)、词组、简单句、复合句、语篇等层级结构,由微观到宏观、从模型到变体进行系统描写和阐释。也就是说,交际语法的出发点是语言的系统结构,它对每一种结构各种功能的表达手段进行分析。在对上述结构单位进行描写时,佐洛托娃还提出了"句子模型"(модель предложения)、"句法场"(синтаксическое поле)、"交际类型句"(коммуникативный регистр)等颇具符号性质的新概念,从而在学理上奠定了其交际语法的分析基础。下面,不妨让我们对交际功能思想中所涉及的不同层级结构和功能问题做简要评析。

1)句素。"句素"的概念是佐洛托娃依据"词素"(морфема)这一术语最先引入句法领域对交际语法进行研究的。她认为,作为基本交际单位的句子能够分析出的最小句法功能单位是"词的句法形式"(синтаксическая форма слова),即具体句子中的"词形"(словоформа),这就是句素。作为句子的直接构筑单位,句素是俄语中"最小的不可分割的语义—句法单位"。佐洛托娃认为,划分作为构筑句子单位的词形(即句素),应该考虑三方面的因素:(1)该词形的范畴语义(非抽象的词类意义);(2)相应的形态形式;(3)由前两方面因素所决定的可用于某句法位置的功能。由此可见,在佐洛托娃的交际语法理论中,范畴语义特征、形态特征和句子功能被认为是区分句素的重要特征。至于句素在句子中履行的句法功能,佐洛托娃认为主要有以下三种:(1)作为独立的单位使用;(2)作为句子的组成部分使用;(3)作为词组(或者词的组合)的组成部分使用。另外,她还提出,根据句素在句子中所起的句法功能数量的多少,还可将句素分为"自由句素"(свободная синтаксема)、"限制句素"(обусловленная синтаксема)和"黏附句素"(связанная синтаксема)三类,而在"限制句素"和"黏附句素"中又可区分出各种具体的"位"(позиция)。她认为,不只是句子,包括超句统一体、语篇以至话语等更大的语言单位都是由句素组合而成的。(Золотова 1988:4—5)。如此一来,在交际语法理论中,最小的句法单位已不是句法框架里的独立层次,而是句法结构的组成部分,并且首先是交际单位——句子的组成部分。

2)词组。作为句素上一级结构单位的词组,在佐洛托娃的交际语法中被视作"扩展句素"(распросраненные синтаксемы)。她认为,有必要区分出两种不同的词组:第一种是作为交际层次之前的句法单位的词组,第二种是作为交际中句素的组合的词组。前者生成于构句之前,如 *вспоминать войну*(回忆战争)、*заведовать фермой*(管理公司)、*половина урожая*(一半收成)等,其结构不依赖于句子的结构;后者生成于构句过程,是交际单位框架内述谓单位"聚合"的结果,如 *работать агрономом*(担任农艺师)、*избрание его председателем*(选他当主席)等,其中句素 *агрономом* 和 *председателем* 并不取决于词组中的轴心词,而是取决于整个句子的语法结构。在上述词组分类的基础上,佐洛托娃进一步对传统语法中"述谓结构"(предикативная структура)的概念进行了拓展。她认为,不仅主体和述体的组合可以构成述谓结构,且构句过程中生成的词组也能构成该结构。如,*Она работала агрономом*(她任农艺师)这个句子是简单句,具有单一主体,但述体却有两个——*работала*,*агрономом*,它们构成所谓的"同述谓关系"(отношения сопредикативности),而不是传统语法中所说的"支配"与"被支配"的关系。

3)句子。佐洛托娃是用"句子模型"(модель предложкния)概念来分析和描写句子的。所谓模型,是指相互制约的句法形式最低限度的完整组合,这些句法形式是具有一定类型意义的交际单位。(Золотова 1973:25)如,*У меня* сад(我家有花园),*У Маши кошка*(玛莎有只猫)同属一种句子模型。可见,佐洛托娃在 70 年代对句子模型的认识主要是形式(结构)的,而不是语义的。但在 1998 年出版的《俄语交际语法》中,佐洛托娃对句子模型的认识有了进一步发展。她认为,对句子模型进行归纳时,不能只考虑到句子的形态结构方面,因为它无法解决句子结构模型与句子语义之间的联系问题。句子的基本单位是具有实物意义的句素和具有特征意义的句素。当它们进入述谓关系后,就构成具有一定类型意义的句子模型。句子模型是由主体成素和述体成素在其形态的、句法的、语义的特征统一中相互制约形成的。(Золотова 1998:104)在这里,句子的形式和语义构成了统一整体。也就是说,佐洛托娃坚持用整体观来研究句子,提倡对句子进行全方位的分析和研究。她认为,句子的基本构成方式是"主体—述体",如果述体在形式和意义上对称,其构造的句子就是"句子原始模型"(изосемические модели предложений)。在此基础上,她提出了句子的"原始性"(изосемия)和"非原始性"(неизосемия)等概念。(Золотова 1998:108—111)此外,她还在原始性与非原始性的概念的基础上提出了"句法场"(синтаксическое поле)这一重要思想。她说,"句子的句法场围绕着句子的原始结构,它是由其结构的语法变体、结构—语义的变体和同义现象的变换组成的系统"。(Золотова 1973:201)句法场的概念与句法聚合体的概念有所不同,它将某一种类型意义及其所有原始体现的结构—语义变体、同义结构以及非完全的情景体现都集中在同一个句法描述中;句法场可分为中心位置和外围位置。位于句法场中心位置的是语义和交际上完整的原始模型句,它们具有自己的语法形式体系,并首先通过使用动词的形态变化来构建;靠近中心区域的是通过述体和主体的变化而形成的结构—语义模型的变体;位于再远一些区域的是受语篇(交际)限制的变体;再外围一些的是同义结构;最后是建立在该模型句基础上的多述谓结构。佐洛托娃用一组同心圆来形象地表示句法场的结构,它从里到外由六个圆构成:(1)"基本模型"(основная модель);(2)"语法变体"(грамматические модификации);(3)"起始、情态语义—语法变体"(фазисные, модальные семантико-грамматические модификации);(4)"情感、交际变体"(экспрессивные, коммуникативные модификации);(5)"单述谓同义变体"(монопредикативные синонимические вариации);(6)"模型多述谓繁化"(полипредикативные осложнения модели)等。(Золотова 1998:205)

4）语篇。交际语法的另一个重要概念是所谓的"交际类型句"（коммуникативные регистры），即从语言交际功能视角对俄语句子的类型进行划分。我们知道，交际语法理论是围绕"说话的人"（человек говорящий）这一内核构建起来的，因此，说话的人和作为说话的人的言语思维行为产物的"语篇"（текст）就成为该语法的研究中心。这就势必会使研究者关注说话的人的言语生成的整个过程和所有阶段。为此，佐洛托娃用 A、B、C、D 等四个象征性阶段来假定上述整个过程：A 阶段隶属语言系统，句子的语言模型及其构成（述谓单位的结构-语义）都属于这一阶段；B 阶段隶属说话人行为的思维-言语模型，即交际类型句；C 阶段和 D 阶段隶属具体的语篇，分别表示作者具体的意图和策略。可见，交际类型句是用作连接语言和具体语篇的单位，它在本质上是一种感知和反映客观现实的语言模型，即用一定的语言手段来表达说话的人的观点及其交际任务，并且通过特定的语篇片断来实现。据此，佐洛托娃划分出五种言语交际类型句，以与说话的人的交际需要和交际可能性相对应。它们是：（1）"复现类型句"（репродуктивный регистр）。指用语言手段再现、复制能被说话人、受话人的感官直接感受到的，并与他们处于同一确定时间片断和地点的事件。如：*Я вижу，как...*（我看见……）；*Я чувствую，как...*（我感觉到……）等。该类型句还可以再分为"复现-叙述类型句"（репродуктивно-повествовательный регистр）和"复现-描写类型句"（репродуктивно-описательный регистр）。前者复现的是动态行为，后者复现的是静态行为。（2）"信息类型句"（информативный регистр）。用于传达说话人已知的但与具体和确定的时间、空间没有关系的信息。属于该类型的句子还有经常重复的事件、陈述对象的习惯、特征等。如：*Я знаю，как...*（我知道……）；*Известно，что...*（大家知道……）等。该类型句也可以再分为"信息-叙述类型句"（информативно-повествовательный регистр）和"信息-描写类型句"（информативно-описательный регистр）两种。其特点与上述的"复现-叙述类型句"和"复现-描写类型句"相同。（3）"抽象类型句"（генеритивный регистр）。主要用于对生活经验、普世规律、人类知识体系等共性信息加以概括和总结，常以谚语、箴言、推理等形式出现，在时间上不受到任何限制。如：*Просвещение ведет к свободе*（教育通向自在）；*Чтобы рыбку съесть，надо в воду лезть*（不入虎穴，焉得虎子）。（4）"祈愿类型句"

（волюнтивный регистр）。表达说话人的意愿,祈使受话人去实施某行为,通常会使用使役词。如:*Читайте за мной*（请跟我读）。（5）"反应类型句"（реактивный регистр）。用作对言语交际情景有意识或无意识的情感—评价反应。如:—*Иди за меня замуж*,—*сказал журавль*（嫁给我吧,仙鹤说）;—*Как не так*,*пойду за тебя*,*за долговязого*（我才不嫁给又瘦又高的你呢）。可以看出,前一句为意愿句,后一句为反应句。（Золотова 1998:393—396）

　　如上所说,佐洛托娃的交际语法理论的研究范围,连接了语言和言语、形式和意义、意义和功能、词典和语法、规范语法和非规范语法（儿童语言中的创新及文学作品中不规范的语言现象）、系统语言学和标准语诗学等一系列的符号形式和内容。该理论的学理指向与邦达尔科的功能语法理论一样,是将"说话的人"或"交际中的人"（человек в коммуникации/общении）置于优先地位考虑的,因此,用邦达尔科的话说,它们是"说话人的语法",即"积极语法"（активная грамматика）,而传统的语法则是"听话人的语法"即"消极语法"（пассивная грамматика）。（Бондарко 2002b:208—219）从符号学角度看,交际语法理论注重语言的结构性和系统性,但更强调语言的交际性,并在句法层面上对语言与言语、意义与形式、意义与功能等基本问题作出了新的整体性描述和阐释。她提出的有关功能是句法单位与交际单位的关系,以及功能包括系统功能和交际功能的思想,不仅将句法研究的思维活动与言语交际的实际现实结合在一起,更为重要的是将语言结构的功能与语言对社会所履行的功能合二为一,不仅强调了符号活动与符号携带者——"说话的人"以及客观现实和社会之间的固有关系,更彰显出符号运动的一般规律,那就是:符号（语言、言语）的生命源自于交际,符号的意义实现取决于"说话的人",符号的运作模型受到其形态、句法语义等特征的作用和制约。

第3节　弗谢沃洛多娃的"功能交际语法"理论

　　俄罗斯学者在功能语法的研究中,形成了不同性质的学派,有"理论派"和"大学派"之分。如上文中提到的邦达尔科的功能语法理论和佐拉托娃的交际语法理论就属于理论派,也叫科学院派,而以莫斯科大学弗谢沃洛多娃教授为代表的"功能交际语法"理论则属大学派,也称实践应用派。大学派是在长期的语法教学实践中(特别是对外俄语教学的实践中)发展起来的,且形成了自己的理论体系。

弗谢沃洛多娃的功能交际语法理论,集中反映在她于 1988 年发表的论文《俄语实践功能交际语法原理》(«Основания практической функционально-коммуникативной грамматики русского языка»)和 2000 年出版的著作《功能交际句法理论》(«Теория функционально-коммуникативного синтаксиса»)中。她把功能语法与交际教学法融为一体,旨在教学实践中贯彻交际性原则,彰显语言的交际功能,提高学生的交际能力。

弗谢沃洛多娃的功能交际语法理论充分体现出当代语言学研究逐渐走向"整合"的趋势,即围绕语言的交际功能,以言语交际活动对语句和语篇结构的影响为主题,以探索语言交际普遍性机制为目的,将传统语言学分类中的语法学、语义学和语用学等整合在"功能交际语法"的统一模式中加以审视。下面,就让我们对弗谢沃洛多娃功能交际语法理论中所体现的相关符号学思想做简要评析。

3.1 对语言特性的基本认识

弗谢沃洛多娃的功能交际语法理论是建立在认识论基础上的。她认为,作为交际工具的语言主要有以下基本特性:

1)语言的客观性和言语体现的主观性。在她看来,语言是大脑的功能和使用者的心智财富。它是一种客观存在的自然现象;但语言又是一种社会现象,语言是按照其本身的内部规律而发展并发挥自身作用的。每一种语言都提供着对客观事物的不同看法,因此语言又是一种精神现象。不同的词汇对比、不同的词类、不同的语法规则、不同的语义范畴,都为语言学的深度研究提供着不同的启迪。因此,任何语言学理论,都是人工结构,在某种程度上是主观的。然而,语言在言语中的每一种体现的实施者都是操这种语言的具体的人,这样就不可避免地不只是包含了客观的信息,还有说话人对此信息的主观态度等。(Всеволодова 1988:26—36)

2)语言的客观现实能力。弗谢沃洛多娃认为,在操语言者的语言意识中,语言反映着语言外的现实,因此具有反映客观现实的能力,这一能力确定着语言的内容和语言的语义空间。每一种语言的语义空间是以一定的方式结构化的,从而构成"功能语义范畴"(функционально-семантические категории/ФСК)或者叫"功能语义场"。任何语言中都有空间、时间、主客体关系等功能语义范畴。例如,每一种语言都有一年、四季、昼夜、事件的时间持续性等表达手段:*работать три часа*(工作 3 小时);空间的功能语义范畴还可表达说话人所处的空间地理位置:如 *здесь*(这里),*там*(那里),*далеко*(远处),*близко*(近处),*в лесу*(森林里),*у окна*(窗边)等;而另一些范畴则反映着对客观现实的民族主观诠释。诠释性的功能语义范畴的典型例子是斯拉夫语言中的时体学和动词体的范畴,这一范畴没有专门的最小语法单位,但却能生动地描绘行为在一定时间内的过程及其特征,其标志是行为的结果性/非结果性以及动词行为的表达方式。

3) 语言的物质性、实体性及其意念部分。这里的实体性首先指词汇、具体语言的词汇量,而意念部分是指语法和词的意义及语言与思维的不可分割的联系。她认为,语言的表征范畴必然带有民族诠释的烙印。例如,俄罗斯人、英国人、西班牙人是根据各自的民族文化习俗、规则来划分一昼夜的。如在俄罗斯,白昼的 12 点至 17 点为中午,而西班牙人中午 12 点以后就认为到晚上了。中国人对时间的划分是同吃饭的时间相联系的,打招呼也多是问"吃饭了吗"?中国人说前半天是指中午 12 点以前,而俄罗斯人的前半天指的是 13 点以前。俄语动词有时体范畴,运动动词分单向、双向动词;空间范畴分外部和内部区域。因此,研究语言的意义及其表达手段(即从意义到形式)是功能交际语法的重要组成部分——意念语法的研究对象。各种语言之间的区别不只是语法和词汇,而且还有涵义和意义系统。意义是靠语法和词汇表达的。每一种语言独特的语义空间就构成了操该语言者的"语言世界图景"(языковая картина мира)。而学习外语的困难主要是由母语与对象语的世界图景不同所引起的,因此,学习外语也必须要了解操该语言者的语言世界图景。

4) 语言认知的系统性。弗谢沃洛多娃提出,语言是一个系统组织,是人的意识显示的系统反映。语言的系统性在于它的所有层级组成都依赖于其本身各层级的特征,依赖于该层级单位原本就具有的特征。例如,以词形变化的特点和词类为基础的词的分类组合就具有一定的有序性。这些形式上的特点与其内容紧密关联,但并不是任何时候都是直接和单一地表现出来的;再如,词类本身的范畴特征在某种程度上也是有序的：其中一部分在语言外现实中无所指，另一部分却反映着现实世界中的某现象。此外，语言中也有所谓的"反系统区域"。正如米洛夫拉夫斯基（И. Г. Миловлавский）在《俄语简明实用语法》（《Краткая практическая грамматика русского языка》）中认为的那样，在俄语语法系统背景中，构词是根据其自身特征来反映系统的。例如：由城市名称构成的该城市人 Москва-москвич（莫斯科—莫斯科人）、Тула-туляк（图拉—图拉人）、Киев-киевлянин（基辅—基辅人）、Саратов-саратовец（萨拉托夫—萨拉托夫人）等，其构成并没有一定的规则和系统。这种反系统区域存在的原因有二：一是主观因素，我们对它的分析还不够全面；二是此种系统的积极变化因素（客观因素），或者是它们还没有完全形成体系。（见 Миловлавский 1987：95—103）

5）语言的交际性和信息性。在弗谢沃洛多娃看来，语言首要的功能是其交际和信息功能，但语言的多种形式又组成了意义的复杂系统，意义和形式并不是永远单一相连的。如：同一意义的不同格的表达形式：в том мае-в тот май-тем маем（在那个五月）；不同词的不同意义的同一格形式：кистью/ночью рисовать（用笔画/夜里画）；同一词形的不同意义：кистью рисовать/кистью любоваться（用笔画/欣赏绘画）。意义是通过语言手段来表达的，是有结构的。意义既相融合又相互对抗，形成一个认知意义的复杂系统。

6）语言事实的多样性。她认为，语言又是一个多功能系统。因此，它不可能具有一个强大和统一的专门机制来保证解释交际中出现的所有问题。于是，语言就分成了各种不同的研究领域。例如，言语行为意义、言语规范及其表达等，这些都为应用语言学所研究，但同时又与功能交际语法相交叉。语言事实的这种多样性表明，人们在组织言语时既要解决主观愿望与客观语言现实之间的联系，同时需要运用词汇、构词、句法手段、语调以及组成语篇的各种手段。（Всеволодова 2000：8—9）

由上可见，弗谢沃洛多娃对语言特性的认识，既有对语言基本属性的功能性界说，更有对与语言使用或语言教学过程有关的语言功能的阐释，因此在理论和实践两个层面上都展现出语言符号系统的基本特性。

3.2 对功能交际句法表达单位的具体描写

基于对语言特性的基本认识,弗谢沃洛多娃对现代俄语的功能交际句法表达单位进行了详细论证和描写。她认为,功能交际句法中的表达单位由下列成分构成:(1)词的句法形式或句素;(2)名词性句素"名词群"(именная группа)的功能变异;(3)"话语句"(предложение -высказывание)。表达单位还包括词组、语篇以及超句统一体或复杂的句际组合统一体等。这是因为:交际实现依据的并不是一个单独的句子,而是语篇以及更大的单位。语篇具有自身的特点,它的构成有自身的规则。在形式语法中,句法对象的最小单位是由两个"词形"(словоформа)组成的,而功能交际句法的句法单位是"词的形式"(форма слова);词的形式常常在名词群中起作用,它具有不同的句法潜能和参与构建句子的能力,这是句法和词法深层交替的区域之一;话语句与形式语法中的句子的不同之处在于:它不是形式模式的抽象例子(结构单位),而是一定的言语产品,是交际单位;话语句的形式结构只是作者(说话的人)表达交际宗旨的一种手段。因此,在分析话语句前首先要确定它的内容,然后才能确定包括语调在内的内容的表达手段。

关于词组,功能交际句法理论主要关注以下内容:(1)词或词的形式的具体搭配潜力;(2)各种类型的句法转换;(3)句子实义切分时,词组中的次序确定句子的语音图形。弗谢沃洛多娃认为,词组的构成受到句子、语篇等众多因素的影响,也受到语言本身各种因素的制约。

对于语篇,功能交际句法理论也给予应有的重视。对此,弗谢沃洛多娃给出的理由是:(1)语篇是言语存在的唯一形式。语篇具有类型、风格、体裁等多种特征,它们确定了语篇结构的统一性;(2)语篇是话语句借助于上下文或情景发挥其功能的唯一环境。该环境确立了前语境或情景,被交际者视为言语的动因或引子;(3)语篇的某一特征决定着句子的句法结构。此外,语篇的特征(信息或交际语篇)在许多情况下决定着词汇应用的特点和句法结构。例如,语篇与言语时刻的关联性/非关联性;语篇语义与其表达方式的关联性以及与语篇的类型关联性等。正是以上因素,使弗谢沃洛多娃觉得有必要将语篇部分纳入功能交际句法的研究对象之中。

3.3　对功能语义范畴的解释

弗谢沃洛多娃认为,语言的内容层面可以靠各种语法手法来实现,但每一种语言的大部分语义空间又受到词汇的制约,因此,词汇场和词汇语义群是功能交际语义最大的内容单位——"功能语义范畴"的组成部分。该范畴由以下成分构成:

1)义素。在她看来,意义的最小单位是"义素"(сема)。属于义素的有:(1)进入单词意义的词汇义素,如:проработать(工作一会儿)一词表示的"时间的延续"义素是词汇义素;(2)语法义素,即词类所具有的词的形式——语法范畴。例如,проработали(工作了一会儿)一词"过去时"词形中的"复数"义素为语法义素;(3)词汇—语法义素,是词的形式所具有的。例如,в лесу(在森林里)词形中的义素为"名词在空间地理所处位置";в лес(去森林里)中义素为"名词在空间地带运动的方向",в тоске(在忧伤中)词形中为"主体现时状态"义素;в тоску(впадать)(落入忧伤)词形中为进入"名词所指状态"义素,其实质都是词汇—语法义素。

2)涵义。弗谢沃洛多娃认为,句法中可用非述谓和述谓单位来表示"涵义"(смысл)。涵义的"非述谓"可用以下形式体现:(1)兼有词汇和作为词类的词的形式义素:в лесу(在森林里),в лес(去森林里),в тоске(在忧伤中)等。这些涵义并非无序,它们作为意义系统的成分按照严格的组织形式表现出来;(2)词组,有时等同于整个句子:При заключении договора присутствовали X и Y.(出席合同签订仪式的有某某某)＝ Когда заключали договор, присутствовали X и Y(合同签订时,某某某出席了仪式);有时等同一个词:осуществлять сотрудничество ＝ сотрудничать(合作);круглая форма ＝ круглый(圆形);有时组成统一的意义:высокий дом(高楼大厦);идти быстро(走得快)等。

3)典型情景。所谓"典型情景"(типовая ситуация),是指从一系列具体情景中抽象出来的概括性事实,它是由句法中述谓意义或述谓结构所呈现的。如:Мама дала Пете грушу(妈妈给别嘉梨);Дипломы выпускникам вручил декан(系主任授予毕业生文凭);От мамы Петя получил грушу(别嘉从妈妈那里得到梨)等句子,就体现着一种典型情景,即"转交情景";而 Мы едем *завтра в Пекин*（我们明天乘车去北京）；*На пляж мы уже ходили*（我们去过浴场了）；*Татьяна-в лес，медведь-за ней*（塔吉亚娜去森林，熊跟在她身后）的典型情景为主体在地域内的"移动情景"。

4）意义系统。在弗谢沃洛多娃的功能交际语法里，"意义系统"（система значений）是在词类框架内形成的，它是内容层面最大的单位，是功能语义范畴或功能语义场的组成部分。例如，在时间语义场内就可分为若干个语义分场，某意义系统构成了语义分场的中心。具体为：（1）用动词的时的形式构成的意义系统；（2）用表示时间关系的名词形式构成的意义系统；（3）用时间副词构成的意义系统；（4）用各种繁化的（形动词、副词）形式和复杂的（同等动词谓语、时间从句）句子构成的意义系统，表示所描述事件的时间排序关系等。（见 Бондарко 1987）

以上可以看出，功能语义范畴采用语言所具有的各种手段来表达不同的意义。例如，俄语中可用以下手段表示空间关系：（1）词汇。它包括：表示服务于这一意义的特有名词－标记词；（2）语法－词汇。它包括：组成主观空间定向意义系统的方位副词，组成客观定向的名词各格或带前置格的形式等；（3）词法手段，包括以-y 结尾的阳性名词第六格形式；（4）构词手段；（5）句法手段，即句子，包括存在句等。（Всеволодова，Владимирский 1982）

5）语调。弗谢沃洛多娃认为，"语调"（интонация）也是功能语义场中表达意义的重要手段之一。如：*Я взял зонтик Ильи и шапку*（我拿了伊利亚的伞和帽子）和 *С сестрой Нины говорит ее муж*（与妮娜妹妹说话的是妮娜的丈夫）句子中，第一句强调"帽子"是"伊利亚的"，第二句中强调的是"妮娜的丈夫"；而在 *Я взял зонтик Ильи Ильича и шапку*（我拿了伊利亚·伊里奇的伞，还有帽子）和 *С сестрой Нины говорит ее муж*（与妮娜妹妹说话的是妹妹的丈夫）句子中，第一句中强调"帽子"不是"伊利亚·伊里奇"的，第二句中强调的是"妮娜的小叔子"。（Падучева 1985：125）。不难看出，在功能语义范畴中语言各层面的所有手段都可以起到相应的作用。

3.4　对语言机制问题的理解

研究言语结构所体现的语言机制，是弗谢沃洛多娃的功能交际句法的一大特点。语言机制是语言所具有的用来调节言语结构运作的一种机制，它作为语言交际因素相互协调一致的行为,对交际实现所施行的类型方式至关重要。功能交际语法认为,语言机制具有两大保障作用:一是监督言语的正确性;二是监督说话人交际宗旨的体现。调控言语(句法结构和语篇)正确性的语言机制在上述范围内运作,不仅保障话语和语篇的意义得体(意义机制),同时也保障言语形式表达的语法正确(形式机制)。

语言的意义机制要比形式机制更有解释力。例如,在无任何语法的情况下,*мы*(我们)*завтра*(明天)*нет*(不)*ехать*(去)*Пекин*(北京),可以认为完成了实际任务。而意义机制是以语义一致关系为基本规律的,它体现在两个方面:一是配价机制;二是语法连接机制。语义一致关系规律与结构主义的区别在于:结构主义语言学认为,句子最重要的是语法正确,而不是它的意义;而对功能交际句法来讲,句子的基础是它的内容常体,语言的主要功能是交际和传达信息内容。因此,语言机制正是保护语言避免那些毫无意义的、荒谬的东西。语言机制中最基本的是语义一致规律,它主要体现在以下几个方面:

1) 语义一致。所谓语义一致,是指两个或更多成分 M 重复同一称名的义素“a”。加克(В. Г. Гак, 1924—2004)将其图解为:M1(a) = M2(a)。例如:*Самолет летел на юг*(飞机飞向南方);*Машина ехала к вокзалу*(汽车开往车站);*Собака бежала к дому*(狗朝家的方向跑去)等语句,这里同一称名的义素为黑体字:*самолет*(飞机)是空中移动的工具,*лететь*(飞行)为空中移动、运动,*машина*(汽车)为运输工具,*ехать*(行驶)表示在陆地上或水中借助于某一工具来行驶。

2) 语义兼容。语义兼容指合取两个义素,其中之一为广义(a),另一意义较为具体(a+),但它们并不互相矛盾。如:*самолет*(M1a +)*направился / следовал*(M2, a)*на юг*(飞机向南飞去);*Машина*(M2, a+)*направилась*(M2, a)*к дому*(汽车向家的方向开去)。这里的动词 *направляться*(朝……方向去),*следовать*(开往)不同于动词 *лететь*(飞行),*ехать*(行驶),是因为它们不具备运动的方式,为非标记词,是概括动词 *лететь*(飞行),*ехать*(行驶),*бежать*(跑)的关系。图解可为:M1(a+) + M2(a)或相反 M1(a) + M2(a+)。当然,在这些语句中也存在着语义一致关系。如:*направляться на юг / к вокзалу / к своему дому*(朝南方/车站/自家方向)的义素就是作为三个运动方向中的一个义素;*Самолет летел к югу* 句中 *лететь* 和方向 *к югу* 之间存

在非本身一致的关系,而是兼容关系。这是因为:俄语无前缀运动动词不只与表示"方向—终点"的成分连用,而且还与表示"路线"的成分连用。如:*Самолет летел над лесом*——*Где летел?*(飞机在森林上空飞行——在哪里飞行?);*Машина ехала по переулку*——*Где ехала?*(汽车沿着胡同行驶——在哪里行驶?);*Собака бежала по двору*——*Где бежала?*(狗在院子里跑——在哪里跑?);还可以和"方向—起点"成分连用。如:*Самолет летел с юга*(飞机从南方飞来);*Машина ехала из центра*(汽车驶出市中心)等。而"路线"和"方向—起点"成分不能同 *направляться*(朝……方向去)一词连用,如不能说 *Самолет направлялся над лесом / с юга*;*Машина направлялась по переулку* 等。

　　3)语义失调。语义失调的原因至少有两种:(1)义素 a 缺少上下文。如:*С годами читал газету*(随着年龄增长读报)的句子中,*с годами* 表示逐渐义素,而在上下文中这一义素并不存在,只有补足义素,句子才能成立。再如 *С годами читал все больше книг / все более серьезные книги / книги о все более серьезных проблемах*(随着年龄增长,读的书越来越多/读的书越发正经/读的全都正经的书)等句子就是如此。同样,*Самолет направлялся на юг*(飞机朝南飞)可带补足义素,变为 *Самолет направлялся с юга на север*(飞机由北朝南飞)等;(2)意义相悖的义素合取,如(a+)和(a−),当有 M1(a+) ＋ M2(a−)形式时就发生义素合取。如,在 *Все лето он приехал*(他来了整个夏天)的句子中,*все лето*(整个夏天)具有持续义素,而动词则表示一次行为,因此句子是不正确的。此种变体的结果:一是句子语义机能失调,如 *зеленые идеи яростно спят*(绿色的思想使劲沉睡着)的句子意义就失调,因为 *зеленый*(绿色的)的物质义素和 *идеи*(思想)的抽象义素不相一致;二是成分的重新理解,如在 *Перед школой он остановился*(他在学校前停了下来)句中,*перед школой*(在学校前)是由事物名词 *школа*(学校)构成处所词,与具有在空间停止移动的动词 *остановиться*(停下来)在语义上相一致。而 *Перед школой он заболел ангиной*(在学校前他得了咽炎)一句中,缺处所、事物义素,但却有状态义素,这样就可将 *перед школой*(学校前)理解为 *перед занятиями в школе*(学校上课前夕),*перед началом учебного года*(开学前夕),从而赋予该状态以命题意义。

　　由上不难看出,弗谢沃洛多娃的功能交际语法依然是围绕"说话的人"这一核心展开的,因此,它与邦达尔科的功能语法理论、佐洛托娃的交际语法理论一样,都属于"说话人的语法"。从其学理构成看,它主要源自传统的俄语结构语法,但同时也借鉴了佐洛托娃、邦达尔科等学者的相关理论和术语,例如句素、形义对称和非形义对称、功能语义场等。应该说,她对俄语功能语法的发展所做的贡献,使其在国内外的影响日益扩大,尤其在对外俄语教学领域享有很高的知名度。

第4节　功能主义范式的基本特点

综上所述,如果将当代俄罗斯的功能主义三大理论与西方的功能主义理论相比照,便不难发现,它们在生成背景和学理传承等诸方面都有较大的不同。对此,我们曾做过比较深入的对比研究,并得出以下几点结论:

4.1　生成渊源上的"单源性"

从生成渊源看,俄罗斯的功能语法理论呈现为"单源性",而西方功能语言学呈现为"多源性"。前者在学科性质上继承的主要是俄语语法学中的理论学说,在流派上则主要传了俄罗斯结构主义和心理主义中的功能主义思想,如"喀山语言学派"(Казанская лингвистическая школа)、"哈尔科夫语言学派"(Харьковская лингвистическая школа)、"彼得堡语言学派"(Петербургская школа в языкознании)代表人物的理论学说等;后者在学理渊源上结合了语言学、民族学、人类学研究三方面的思想,在学派上主要继承了"伦敦语言学派"(Лондонская лингвистическая школа)、"哥本哈根语言学派"(Копенгагенская лингвистическая школа)和"布拉格语言学派"(Пражская лингвистическая школа)功能主义的思想。

4.2　理论特征上的"本土性"

从理论特征看,俄罗斯的功能语法理论具有鲜明的"本土性"特征,而西方的功能语言学则呈现为"跨域性"特征。前者主要受益于俄罗斯语言学的研究传统,即本国民族文化根基上生成的功能主义,或者说,俄罗斯的功能语法理论是在对俄罗斯结构语法的反思和批判中诞生的,是"消极语法"(пассивная грамматика)发展到一定阶段的必然结果;后者不仅融合了西方功能主义各学派的基本学说,甚至还受到俄罗斯传统中结构－系统语言学思想的影响。

4.3 学术指向上的"改良性"

从学术指向看,俄罗斯的功能语法理论抗衡的主要是俄罗斯语言学研究中的"传统语法"(结构主义),而西方的功能语言学对抗的主要是乔姆斯基(А. Н. Хомский)的"转换生成语法"(形式主义)。因此,前者具有"改良性"特征,后者具有"对抗性"特征。

4.4 学理特性上的"整体性"

从学理特性看,俄罗斯的功能语法理论强调的主要是语言的整体性以及描写方法和手段的整体性,而西方的功能语法学强调的主要是语言的系统性、社会性以及篇章的连贯性等。(姜宏,赵爱国 2014:36—37)我们对上述结论还可以做如下两点补充,即:

4.5 哲学维度上对"说话的人"的倚重性

从哲学维度看,俄罗斯的功能语法理论侧重的是人类中心论范式中的"说话的人"维度,即"语言中的人"(человек в языке),因此具有鲜明的"人文主义"或"体验主义"特性;而西方的功能语言学则更加侧重"人说的话",即"人说的语言"(язык в человеке),具有比较鲜明的理性主义特性。

4.6 研究方法上的"由里及表性"

从研究方法看,俄罗斯的功能语法理论虽侧重"由里及表"的方法,但同时也采用"由表及里"的方法。前者从语义范畴(里)出发,研究和分析该种语义范畴的多种多样的表达手段和方法(表);后者从形式范畴(表)出发,研究、描述该形式范畴的功能、意义和用法(里)。除此之外,俄罗斯功能语法理论的实践性也非常强,直接为俄语外语教学服务的目的性明确。而西方的功能语言学的主要方法是"由里及表",注重的是对语言作为系统的内部底层关系的描写,以及对语言作为交际工具和作为实现各种不同功能的语言系统作出解释。

注释

1. 这些学者都是不同历史时期某一学派的奠基人或代表人物,其语言学理论学说中都无不包含着功能主义的相关思想。

2. "功能语法"的狭义理解即"功能语言学"(функциональная лингвистика),因为此处的"语法"指广义的"语言规则",它在一定程度上包括了语义学和语用学。但由于后者的称谓容易与西方的功能语言学相混淆,且在俄罗斯也更多地把自己的研究样式称为功能语法,因此我们也采用"功能语法"的约定俗成称谓。

3. 俄罗斯的功能语法理论除上述外,还有其他的一些学说。如,以泽姆斯卡娅(Е. А. Земская,1926—2012)为代表的"功能社会语言学理论"(теория функциональной социалингвистики),以梅里丘克(И. А. Мельчук)为代表的"意思⇔文本模式"(модели смысл⇔ текст)学说等。但由于前者主要以社会语言学的理论为基础研究语言的功能,后者则以自然语言的自动化处理为要旨的研究样式,因此在此不作为纯粹的功能语法理论加以专门评析。

4. 作为语法学的一个分支学科,时体学(也称"体学")主要研究动词"体"及其在语言中得到表达的各种意义,包括语法体和时体范畴、时体类别及其行为方式等。而开创时体学研究的正是邦达尔科的导师、俄罗斯著名语言学家马斯洛夫(Ю. С. Маслов,1914—1990)。有研究表明,马斯洛夫的时体学理论思想对邦达尔科创建功能语法理论有着直接的影响。(见姜宏,赵爱国 2014:32—37)

5. 该系列著作主要研究俄语中各种语义范畴和语义关系及其相关语义场。其中,前四个语义范畴(时体、情态、人称和语态)涉及的都是与动词有关的范畴;接下来的四个范畴(主体、客体、确定和不确定)属于句子层面的内容,阐述的是静词词性在句子中的功能;再接下来的四个范畴(处所、存在、所属、限制)指的是某类型的句法结构,即带有处所、存在、所属、限制等疏状意义的句子;最后的两个范畴(性质、数量)分属形容词和数词。

6. 学界对 аспектология 和 аспектульность 术语的译法不尽相同,前者也定名为"体学",后者还定名为"体相"或"体貌",而我们则采用"时体学""时体范畴"的定名。

7. 有研究表明,该系列与前一个系列研究的视角所不同的是:它采用的不是从语法意义到语法形式的途径,而是从个别的语言学问题(如词法与句法范畴的语言和谚语系统之间的联系等)到语言系统模式,包括语篇、语境和文化分析等,因此更加贴近当今世界语言学研究的主流思想。(姜宏 2013:10—11)

8. 按照邦达尔科的观点,"比较场"既可以列入"性质场"中,也可以单独成为一个功能语义场。(见 Бандарко 2002:313)

9. "卡多利阿斯"是亚美尼亚、格鲁吉亚教会首脑的称谓。

10. 佐洛托娃有时也将该交际语法称为"功能—交际语法"(функционально-коммуникативная грамматика)。尽管称谓不同,但并无本质上的区别。

参考文献

[1] Бондарко А. В. Принципы функциональной грамматики и вопросы аспектологии［М］. М.，Наука，1983.

[2] Бондарко А. В. Функциональная грамматика［М］. Л.，Наука，1984.

[3] Бондарко А. В. （отв. ред.）Теория функциональной грамматики： Введение. Аспектуальность. Временная локализованность. Таксис［М］. Л.，Наука，1987.

[4] Бондарко А. В. （отв. ред.）Теория функциональной грамматики：Темпоральность. Модальность［М］. Л.，Наука，1990.

[5] Бондарко А. В. （отв. ред.）Теория функциональной грамматики： Персональность. Залоговость［М］.СПб.，Наука，1991.

[6] Бондарко А. В. （отв. ред.）Теория функциональной грамматики： Субъектность. Объектность. Определенность и неопределенность［М］.СПб.，Наука，1992.

[7] Бондарко А. В. （отв. ред.）Теория функциональной грамматики： Локативность. Бытийность. Поссесивность. Обусловленность［М］.СПб.，Наука，1996a.

[8] Бондарко А. В. （отв. ред.）Теория функциональной грамматики： Качественность. Количественность［М］.СПб.，Наука，1996b.

[9] Бондарко А. В. （отв. ред.）Проблемы функциональной грамматики：Категория морфологии и синтаксиса в высказывании［М］.СПб.，Наука，2000.

[10] БондаркоА. В. Основы функциональной грамматики［М］.СПб，Наука，2001.

[11] Бондарко А. В. （отв. ред.）Проблемы функциональной грамматики： Семантическая инвариантность/вариативность［М］.СПб.，Наука，2002a.

[12] Бондарко А. В. Теория значения в системе функциональной грамматики（на материале русского языка)［М］. М.，Языки славянской культуры，2002b.

[13] Бондарко А. В. Принципы функциональной грамматики и вопросы аспектологии［М］. М.，УРСС，2003.

[14] Бондарко А. В. （отв. ред.）Проблемы функциональной грамматики：Полевые структуры ［М］.СПб.，Наука，2005.

[15] Бондарко А. В. （отв. ред.）Проблемы функциональной грамматики：Категоризация семантики［М］.СПб.，Наука，2008.

[16] Всеволодова М. В.，Владимирский Е. Ю. Способы выражения пространственных отношений в современном русском языке［М］. М.，Русский язык，1982.

[17] Всеволодова М. В. Основания практической функционально-коммуникативной грамматики русского языка［А］.//Языковая системность при коммуникативном обучении ［С］. М.，Русский язык，1988. с. 26－36.

［18］Всеволодова М. В. Теория функционально-коммуникативного синтаксиса ［M］. М.，МГУ，2000.

［19］Золотова Г. А. Очерк функционального синтаксиса русского языка ［M］. М.，Наука，1973.

［20］Золотова Г. А. Синтаксический словарь. Репертуар элементарных единицы русского синтаксиса ［M］. М.，Наука，1988.

［21］Золотова Г. А.，ОнипенкоН. К.，Сидорова М. Ю. Коммуникативная грамматикарусского языка ［M］. М.，Русский язык，1998.

［22］Милославский И. Г. Краткая практическая грамматика русского языка ［M］. М.，Русский язык，1987 .

［23］Падучева Е. В. Высказывание и его соотнесённость с действительностью ［M］. М.，Наука，1985.

［24］姜宏、赵爱国,二元对立视角的俄汉语义范畴对比研究之思考——兼谈空间和时间的二元对立统一关系[J],外语学刊,2009 年第 1 期。

［25］姜宏、赵爱国,功能语法理论与系统功能语言学的生成背景及学理传承[J],外语与外语教学,2014 年第 2 期。

［26］姜宏,俄汉语义范畴的多维研究[M],北京:北京大学出版社,2013。

［27］王铭玉、于鑫,俄罗斯功能语法探析言学[J],现代外语,2005 年第 4 期。

［28］王铭玉、于鑫,功能语言学[M],上海:上海外语教育出版社,2007。

第 十 一 章

交际主义范式

    俄罗斯符号学研究中的"交际主义范式"（коммуникативная парадигма）是以"交际"（коммуникация/общение）或"言语交际"（речевая/вербальная коммуникация）尤其是"跨文化交际"（межкультурная коммуникация）为目标取向的，理论上讲是视交际为一种符号活动的语用学模式，因此，也可称其为"交际符号学"（коммуникативная семиотика）。

    我们知道，当代许多新兴人文学科的生成都源自于交际或言语交际。这不仅是由语言的最重要功能——"交际功能"（коммуникативная функция）所决定的，更是由言语交际所涉及的主体与客体的关系以及交际的内容、方法等决定的，这是因为：尽管我们已经进入所谓的"人工智能"时代，但到目前为止，交际一方依然无法将自己的思想直接从自己的脑海里传输到交际另一方的脑海里，而必须使用专门的符号尤其是语言符号作为工具，并借助于本民族文化内形成的知识代码来实现信息的传输。从这个意义上讲，交际本身就成为催化剂，成为催生一系列新兴学科的动力源泉。而专门研究交际生成、交际方式等诸要素的学说就构成了交际主义范式。

    在俄罗斯符号学的百年历史中，很多范式都会涉及与交际或言语交际相关的内容。如，我们在本著作中审视过的"创建期"中的"形式主义范式"（формальная парадигма）、"结构—功能主义范式"（функционально-структурная парадигма）、"文化—历史主义范式"（культурно-историческая парадигма），"过渡期"中的"系统—结构—功能主义范式"（системно-структурно-функциональная парадигма)、"后结构主义范式"（постструктурная парадигма）以及"成熟期"中的"功能主义范式"（функциональная парадигма）等，其中许多理论学说在学理上与交际或言语交际都有一定的关联性。[1]尤其是在雅各布森（Р. О. Якобсон，1896—1982）、什克洛夫斯基（В. Б. Шкловский，1893—1984）、普罗普（В. Я. Пропп，1895—1970）、巴赫金（М. М. Бахтин，1895—1975）、什佩特（Г. Г. Шпет，1879—1937）等具有世界影响的著名学者的学说中，交际或言语交际已成为其学术考量的重要参数或不可或缺的重要方面。原因很简单，符号学对交际或言语交际的青睐可以说是"与生俱来"的，因为交际或言语交际本身就具有"多语"或"多代码"交织、交汇的特性，不仅最适合符号的生成，也最适合做符号学的分析。但上述这些范式以及相关理论学说的建构并不是以交际或言语交际为最终目标取向的，或者说，并没有赋予交际以符号活动的特性，因此，不能列入交际主义范式的内容范围予以审视。

俄罗斯符号学研究中的交际主义范式，是在 20 世纪 70—80 年代起生成和逐渐发展起来的。究其研究指向而言，大致可分为三大方向：一是交际与符号学研究；二是交际与语用学研究；三是交际与心理语言学研究。需要指出的是，与西方的言语交际或跨文化交际理论生成域有所不同的是，当代俄罗斯的交际主义范式主要是在语用学和心理语言学研究中形成的，并紧紧围绕"说话的人"（человек говорящий）或"交际中的人"（человек в общении）这一内核所展开，因此，交际主义范式的本质是语言/言语符号运作的"人类中心主义"（антропоцентризм）视角。

第 1 节　交际与符号学研究

交际与符号本质上不可分。尤其是言语交际或跨文化交际，其本身就是一种符号活动。可以说，没有交际就没有符号，没有言语交际也就没有现代符号；或反过来说，没有符号就没有交际，没有语言符号也就没有现代交际。交际与符号的关系，就是这样具有"与生俱来"和"共生共存"的特性。

然而，在俄罗斯符号学研究中，多少让我们感到有些意外或不无遗憾的是，专门从交际或跨文化交际视角对交际与符号的关系进行研究的学者并不多，更谈不上在学界有多么重要的影响。究其原因，或许与"跨文化交际学"

（межкультурная коммуникация）或"交际语言学"（коммуникативная лингвистика）等与交际有关的新兴学科并非源自俄罗斯本土有关,也与俄罗斯符号学传统更加注重结构、系统以及文化、历史等因素有关。但尽管如此,我们依然可以从相关学者的著述中窥视到从符号学角度对交际或言语交际的审视,如巴鲁林（Г. Е. Барулин）的"交际符号"说和普里瓦洛娃（И. В. Привалова）的"跨文化与言语符号"说等。

1.1　巴鲁林的"交际符号"说

作为"莫斯科语义学派"（Московская семантическая школа,МСШ）奠基人之一梅里丘克（И. А. Мельчук）的学生,巴鲁林早年从事理论语言学和应用语言学的相关研究,后来转向符号学领域,并从符号学的基本原理出发对交际（主要是言语交际）有比较系统的思考和阐释,形成了颇具特色的"交际符号"（коммуникация как знак）说。该学说的相关思想集中体现在 2002 年出版的两卷本著作《符号学原理：符号、符号系统与交际》（«Основания семиотики. Знаки, знаковые системы, коммуникация»）中。

1) 对交际行为概念及其内涵作出符号学界说。巴鲁林的"交际符号"说,是建立在对"交际行为"（коммуникативный акт）概念的界说基础之上的。[2] 在他看来,交际行为是指两个机体及其组成部分或社会系统之间相互作用的行为,且相互作用所使用的主要工具是"符号系统"（знаковые системы）。交际行为通常伴随有动能、信息和情感方面的交流,并遵循共同的节奏。（Барулин 2002:24）那么,巴鲁林所说的"符号系统"主要指的又是什么呢? 他认为,符号系统包罗万象,但最为主要的是"符号话语"（семиотические дискурсы）。符号话语可理解为一个交际行为或多个连续的交际行为,如信号"发出者"（адресант）为达成某行为目的所采取的被信号"接收者"（адресат）所接收的交际行为,以及指向交际时刻发生的情景、语篇和生物智力条件（语境）的交际行为等。无论是第一种还是第二种交际行为,符号话语由一个交际行为组成,交际行为由一个"符号文本"（семиотический текст）组成,符号文本由一个符号组成。（Барулин 2002:24—25）根据上述界说,巴鲁林对交际行为、符号话语、符号文本以及符号之间的相互关系进行了具体描述。他指出,带有意义的信号本身就是符号文本,尽管该文本只有一个符号组成。语音是符号文本的"能指"（означающее），而信号接收者所领悟的内容则是符号文本的"所指"（означаемое）。这时，符号文本依然只是符号；能指与所指之间是由"代码"（код）来联系的，一个具体的代码只是"代码系统"（кодовая система）中的一个成分，而能指与所指的所有成分就构成了完整的代码系统。此外，符号除了能指与所指外，还有一个"成素"（компонент）——"语符"（синтактика）³，即该符号在语境中的使用规则。（Барулин 2002:26）由上可见，巴鲁林所谓的交际行为，实际上就是符号话语，而符号话语的下属单位是符号文本或符号。在这里，符号文本并非现代的"语篇/篇章"的概念，而相当于"词"的概念；符号既可以等同于符号文本，也可以指某一个具体的行为。这是巴鲁林"交际符号"说中比较独特的概念或新的思想。事实上，他在对交际行为以及符号话语等概念作出界说时，基本上也是以蟋蟀的声音为例来论证信号的发出者与接收者之间关系的。这表明，他所说的符号文本或符号，并非特指语言符号文本和语言符号，而是广义上的符号概念。至于有关能指与所指以及代码、语符等概念或思想，则主要源自索绪尔（Ф. Соссюр，1859—1913）以及"哥本哈根语言学派"（Копенгагенская лингвистическая школа）的相关学说，并无特别的新意可言。

2）对交际接触及其功能作出符号学阐释。将交际视为符号来审视，势必要涉及交际圈或交际世界的形成问题，在巴鲁林的"交际符号"说中，这就是所谓的"交际接触"（коммуникативный контакт）问题。他把交际接触理解为两个主体的状态，其中的一个主体作为"交际发起者"（инициатор коммуникации），从另一主体——"交际伙伴"（партнер коммуникации）那里获得了同意进行交际的信号，或感觉到了交际伙伴准备对交际发起者所发出的符号文本作出的反应；而在有多主体的情形下，该主体所建立起的交际接触可称为"交际共体"（коммуникативное сообщество）。这种共体并非一定要同一类型的，因为交际接触可以在完全不同的主体间（如狼和羊、养蜂人和蜜蜂、狗和主人等）建立起来。（Барулин 2002:33—34）在巴鲁林看来，上述对交际接触所做的界说，实际上蕴含着符号系统的一个最重要功能——保障统一整体各组成部分之间相互协同的"工具功能"（функция инструмента），而这种相互协同又保障着整体的凝聚性、统一性和完整性。（Барулин 2002:34）据此，他以"分子"（молекула）为例来说明交际接触的功能特性，认为上述功能在分子中扮演着"跨分子之力"（межмолекулярные силы）的作用，相当于在行星中的"引力"（гравитационные силы），但已经作为信号工具被锁定在分子系统的笼子里。随着符号层级的不断复杂化，符号构成也会变得愈发复杂起来，并改变着符号自身的物质外壳，但其功能依然保持原样。因此，"交际接触"在巴鲁林眼里就成为符号学研究中的一个"新符号"（новый знак）或"新术语"（новый термин），它是在符号原有的能指与所指之间建立起来的某种一致性契约。（Барулин 2002：35）以上话语表明，他将交际接触中的能指与所指视为与一般意义上的符号的能指与所指不同；或者说，他将交际接触看作是一种有别于符号话语、符号文本的新的符号系统。这在他对交际接触的界说中就可以清晰地看到这一点：如果说"交际接触"这一术语本身展现的是新符号的"能指"的话，那么"两个主体的状态，其中的一个主体作为交际发起者，从另一主体——交际伙伴那里获得了同意进行交际的信号，或感觉到了交际伙伴准备对交际发起者所发出的符号文本作出反应"的话语展现的就是这一新符号的"所指"。在这里，巴鲁林不仅视交际接触为一种新符号，更为重要的是运用符号所具有的能指与所指之间固有的关系对交际接触的这一术语的内涵及其功能作出了纯符号学的解读。

3）对符号和模型及其关系作出符号学解析。我们知道，"模型"或"模式"（модель））一词作为科学术语，最早出现在19世纪70年代的数学领域，后被德国逻辑学家弗雷格（Г. Фреге，1848—1925）和英国哲学家、逻辑学家罗素（Б. Рассел，1872—1970）运用于数理逻辑领域的研究。巴鲁林认为，要引入符号的概念来研究交际，首先要引入"模型"的概念，因为后者对前者而言具有"类概念"（родовое понятие）的性质。（Барулин 2002：38）在巴鲁林看来，引入"模型"的概念来研究符号，其必要性就在于可以用它来替代我们所感兴趣的某一个客体，即我们开始研究或实验的与另一客体有关联的那个客体，以拓展我们对符号的观察。如，当我们不能确定对月球作出的某种判断时，时常会去观察月球的模型。但这种观察只能给我们提供对月球表层的某种认识，也就是说，只有当我们对月球的判断仅涉及其表层时，才会去观察其模型。借助于月球模型，我们可以确认月球上某一客体所处的位置，如"雨海"（Море Дождей）和"静海"（Море Спокойствия）的位置等，但不能勘察出哪里有矿藏。观察地球模型，可以使我们相当准确地得出对月球原型的结论，因为我们知道月球原型与其模型的比例，知道月球表层的每一个点对应于模型的哪个点。（Барулин 2002:38—39）在上述认识的基础上，巴鲁林尝试用所谓的"模型理论"（теория модели）对"客体情境"（ситуации объектов）作出符号学的解析。他写道：当我们接触到某"生物智力"（биоинтеллект）时，现实世界的客体模型与其自身客体的对比并非是直接的，而是通过生物智力模型来完成的。也就是说，先后要构建两个"生物智力参数模型"（БИПМ）——"客体"（О）和"模型"（М）生物智力参数模型，最后才能确立该两种模型成分之间的"对应关系"（соответствия/С）。假设（О）＜＝＝＞（М），即"观察者"（наблюдатель/Н）可以根据对（М）的观察而判断出（О）的特性，那么对于研究（М）并旨在获得（О）信息的（Н）来说，（М）就可称之为（О）。（Барулин 2002:44—45）由上可见，巴鲁林对客体情境模型图式的这种构建无疑具有纯符号学的性质，目的是为研究"交际符号"搭建起一个"语义公式"（семантические формулы）系统。那么，巴鲁林眼里的符号与模型之间又是怎样的一种关系呢？这从他对符号所做的界说中可以找到答案。他说，符号是由某主体（信号发出者）感知上所接收到的 X 客体组成的一种结构（符号的能指），符号被该主体用作模型时并非一定为感知上接收到的 Y 客体（符号的所指）。信号接收者由于能够确立 X 与 Y 之间必然关系（符号的能指与所指之间的代码关系），因此，就可以依据 X 客体来判明 Y 客体，从而作出符合信号发出者主体期待的反应。（Барулин 2002:51）这表明，符号是可以通过模型来认识的，或者说，认识模型比认识符号本身更具有意义，因为某一具体的符号只是模型中的一种变体。这就是巴鲁林要引入模型的概念来研究符号，进而对交际作出解释的缘由所在。

　　4）对交际行为的结构作出符号学分析。在对交际行为的概念作出必要界定，以及对交际接触、交际模型等作出相应的解释或解析后，巴鲁林着重从符号学角度对交际行为的结构进行了分析。他认为，交际行为的结构是一个统一的完整文本，它针对的不是一位信号接收者，甚至也不是一组信号接收者中的每一位，而是针对四组（有时是六组）信号接收者的，对其中的每一组来说都可以展现出各自独立的"亚文本"（субтекст）。文本表达着每一组信号接收者应该完成的指令，并对本组的行为与其他各组的行为进行协调。四个有关的亚文本被分成相同的两对，但一对文本是对另一对文本的否定……所有 4 组亚文本在完成指令时应该是同时的和协调一致的，以让人感觉是一个文本。

（Барулин 2002:75—76）问题是,交际行为有不同性质。如,在巴鲁林看来,"交通信号灯"(светофоры)和"铁路道口栏木"(шлагбаум)就属于不同的交际行为:前者可以释放出不同的符号,而后者对于两组司机来说则是借助于两个不同符号系统的同一个文本。在交通信号灯情形下,A 和－A 的意义成素是同时进入信号灯文本之中的,信号灯如同符号装置,其特性与西方有四副面孔、朝着四个方向的"斯文托维特神"(бог Свентовит)相似;铁路道口栏木展示给我们的只是朝向未来和不同人群的"雅努斯"(Янус)两面神。(Барулин 2002:77)那么,应该如何来解释"铁路道口栏木"这一交际行为的成素呢? 是将其视作一个交际行为还是两个不同的交际行为呢? 巴鲁林更倾向于遇到的是一位复杂的信号发出者,即具有两副面孔的"雅努斯"神和两个发音器官,但提供信号的频道只有一个。这就如同使用麦克风讲话的情境一样,这个麦克风链接着一座楼房上相对立方向上的两个扬声器。听扬声器的是两组不同的人群,但听到的是同一个文本。这样的情境在电视上也同样发生:同一个播音员播报着文本,但每一个房间里听或看其播报的是不同人群,而且还使用着不同的电视机。因此,在巴鲁林看来,"铁路道口栏木"的交际行为系统中,信号的发出者和接收者只有一个人。作为符号系统,"铁路道口栏木"这一交际行为在具体的符号话语中由下列成素构成:A 代表具体信号发出者(如负责该道口工作的某铁路员工等);Б 代表在某一时间上位于某具体地点的道口状况(如某年某月某日处于关闭状况,这就构成了该符号话语交际行为的文本);B 代表处在某状态中(如清醒状态)的具体信号接收者(如驾驶列车的某司机);Г 代表由某司机驾驶的某一列具体的列车(如从莫斯科到杜布纳的列车);Д 代表具体的自然景色、具体的气候条件(包括观察接近列车的距离、获取列车移动的信息等);E 代表信号发出者、接收者及其当事人具体的行为目标。(Барулин 2002:78)而在抽象的符号话语中,上述成素只剩下"铁道口栏木"得以运作的那些一般情景,或者只剩下利于信号发出者和接收者之间的协同行为。也就是说,那些原本具体的信号发出者及其当事人(列车司机)和信号接收者,在抽象的符号话语中只剩下他们所起的作用……这样,无论是信号的发出者及其当事人还是接收者,他们在抽象的符号话语中是由某"典型情景"(типовая ситуация)中人物的"观念模型"(концептуальные модели)来展现的:这些人物有"典型目标"(типовая цель),应该履行与"铁道口栏木"符号系统

相互协同的"典型规则"（типовые правила）。（Барулин 2002：78—79）

由上可见，巴鲁林的"交际符号"说，是建立在广义的交际概念基础之上的，而并非狭义的言语交际的概念。因此，他所使用的"符号话语""符号文本"以及"交际符号""符号""语符""成素"等术语，并非指一般意义上的我们在日常生活中使用的语言或言语符号，而是既具体又抽象的客体符号；他对客体符号系统的审视，综合运用了世界符号学大家的相关学说，并将自己设定的若干个符号文本（如蟋蟀、铁道口栏木等）置入"交际"这一特定语境中加以具体的分析和描写，不仅充分展示出他本人渊博的符号学知识和娴熟的符号学运用技巧，同时也使人对符号学理论所应有的学术张力感到折服。这就是其"交际符号"说的学术价值所在，也是符号学研究本身的学术魅力所在。

1.2　普里瓦洛娃的"跨文化与言语符号"说

作为当代俄罗斯的认知心理语言学家，普里瓦洛娃长期从事"语言意识"（языковое сознание）相关问题的研究，并结合心理语言学研究中无法回避的交际尤其是跨文化交际的主题，从当代认知语言学视角对跨文化交际的基本特性进行全面的审视，提出了具有交际主义符号学性质的"跨文化和言语符号"说。该学说集中体现在她于 2005 年出版的专著《跨文化与言语交际：跨文化交际的认知语言学基础》（《Интеркультура и вербальный знак： лингвокогнитивные основы межкультурной коммуникации》）中。主要内容包括：

1）对跨文化交际的对象作出界说。"跨文化交际"（межкультурное общение/MKO）作为一门独立的学科[4]，既有自己的理论基础，也有自己的研究对象和方法，但至于研究对象中的具体单位却始终存有争议。对此，普里瓦诺娃提出了自己的见解。她认为，当代心理语言学尤其是民族心理语言学的研究对象是"语言意识"，而语言意识研究具有"跨文化本体论"（межкультурная онтология）的性质，这是因为：要揭示和研究"贴有民族标记的语言单位"（национально-маркированные языковые единицы）即语言意识的"言语构素"（вербализаторы），只有在对语言和文化进行对比描写的情形下才有可能，也就是只有将其置入跨文化交际理论的范围内才能进行。（Привалова 2005：11）因此，通过跨文化交际现象来研究语言意识现象就成为当代心理语言学的重要方法之一，其主要理据在于：（1）既然客观现实现象缤纷多样，而人在感知中所获得的知识包含着"观念标尺"（концептуальные эталоны）[5]，那么，这一反映的结果（即所形成的意识形象）也就包含着民族文化特点的成分；（2）跨文化交际是操不同语言和文化者之间的交际，也就是"非同一民族意识"（неидентичные национальные сознания）之间的交际，其基础是语言与文化主体的等同性；（3）跨文化交际的过程是在语言意识交际的形式中进行的，因此，跨文化交际中出现的"不理解"（непонимание）的主要成因并非是语言的差异，而是交际者民族意识的差异；（4）参与跨文化交际行为的人，是能够对本国文化和他国文化的形象差异进行"反射运算"（операции рефлексии）的"语言个性"（языковая личность）；（5）"语言符号体"（тела языковых знаков）是虚拟本质（意识形象）的现实（言语）形式。语言符号在跨文化交际过程中充当着功能单位的角色，同时也是语言意识的"外化形式"（овнешнения），它无论对跨文化交际机制而言还是对语言意识而言都是统一的"信息基地"（база данных）。（Привалова 2005：21）据此，在普里瓦洛娃看来，跨文化交际会同时受到语言—意识—文化"三位一体"成素的制约，其本质是交际者的民族意识问题。因此，跨文化交际的对象不是别的，而是"民族语言文化意识"（этнолингвокультурное сознание）。所谓"民族语言文化意识"，是指与民族文化和民族心理有关并存在于社会意识和个体意识形式之中的"恒常世界形象"（инвариантный образ мира）。其基本功能与"世界图景"（картина мира）的功能一样，是"阐释功能"（интерпретативная функция）和"调节功能"（регулятивная функция），但它大于"语言世界图景"（языковая картина мира），因为民族语言文化意识中不仅包含着意识到的、结构化的和言语化的知识，还包含着意识不到的知识。（Привалова 2005：90）这表明，民族语言文化意识对跨文化交际过程中的世界感知和世界理解行为是以间接的方式表征的，并采用特别功能单位对客观世界的主体形象进行着建构。

　　2）对民族语言文化意识的结构作出阐释。既然跨文化交际的对象是"民族语言文化意识"，那么，我们是否可以对该意识作出语言学的分析呢？这就涉及该意识的结构问题。也就是说，要对具有虚拟性质的民族语言文化意识进行研究，就必须要将虚拟变为现实，因此，构拟出该意识的结构组织就显得格外重要。普里瓦洛娃在系统分析了语言与意识、语言与文化、语言与民族等相互关系，以及世界形象、语言世界图景、语言个性等概念内涵和理论学说后，对民族语言文化意识的结构组织进行了阐释。她认为，民族语言文化意识具有复杂的结构，它由三种空间——"语言空间"（лингвистическое пространство）、"认知空间"（когнитивное пространство）和"文化空间"（культурное пространство）构成，且每一个空间又都有各自的"操作性单位"（операциональные единицы）。如，语言空间的操作性单位有那些"贴有民族标记"的语言手段（национально-маркированные языковые средства），如"语言共性"（языковые универсалии）、"语义雏形"（семантические примитивы）、"民族文化意识的语言标记"（языковые маркеры национально-культурного сознания/ЯМНКС）等；认知空间的操作性单位有参与实施现实范畴化程序的"心智构成物"（ментальные образования），如"认知原型"（когнитивные прототипы）、"观念隐喻"（концептуальные метофоры）、"观念和观念阈"（концепты и концептосферы）、"框架结构"（фрейм-структуры）等；文化空间的操作性单位有"文化单位"（культуремы）、"神话题材成分"（мифологемы）、"仪式"（ритуалы）、"文化定型"（культурные стереотипы）、"标尺"（эталоны）、"象征"（символы）等。（Привалова 2005:21—55）上述这些结构组织的构拟，在理论与实践的结合上对跨文化交际的对象作了进一步的细化，成为该跨文化交际研究对象即"民族语言文化意识"所涵盖的具体科目。

　　3）对跨文化交际的单位进行建构。理论上讲，确立跨文化交际的对象及其结构，还无法对该对象进行有效的心理语言学或认知语言学的研究，原因是：还缺乏对跨文化交际的基本单位的界说。那么跨文化交际的单位究竟是什么呢？对此，普里瓦洛娃作出了明确回答，它就是上文中提到的属于"语言空间"操作性单位的"民族文化意识的语言标记"。她认为，语言所具有的"人类中心性"（антропоцентричность）和"民族中心性"（этноцентричность）这一公理，生成了另一个公理，那就是：语言符号以及由语言符号组成的语言系统贴有民族和文化的标记性。（Привалова 2005:56）据此，她将"民族文化意识的语言标记"界说为：该概念审视的不是一个或单个具有民族文化特点的语言符号，而是某"民族语言文化共体"（этнолингвокультурное сообщество）的代表——语言个性的言语活动成果。"民族文化意识的语言标记"是民族文化意识形象的"言语表征者"（вербальные репрезентанты），是受文化制约并形成参与跨文化交际行为者民族认知基础的"知识量子"（кванты знаний）的"物化者"（объективаторы）。（Привалова 2005：62）由上不难看出，将"民族文化意识的语言标记"作为跨文化交际的单位，不仅可以使其归入当代心理语言学或认知语言学的研究范围，同时也可以使对言语实质的分析更进一步——深入对周围现实的感知、理解和认知过程之中加以解析。因此，普里瓦洛娃将"民族文化意识的语言标记"视为民族文化意识形象的"符号学解释者"（симиотические экспликаторы），认为语言与文化在该解释者看来都是"社会意识的存在形式"（формы существования общественного сознания）。（Привалова 2005：62）

4）对跨文化交际的单位作出分类。将"民族文化意识的语言标记"确定为跨文化交际的单位，并从理论（心理语言学、认知语言学以及语言符学）高度对该单位的概念内涵作出界说，只是完成了构建"跨文化与言语符号"说的第一步。在此基础上，普里瓦洛娃又进一步提出了对"民族文化意识的语言标记"进行分类的思想。她指出，语言、意识和文化在决定论上是相互依存的关系：在符号学代码中反映着具有自身特性及相互作用的文化世界事物的存在形式。作为文化事物的"勘探阈"（сфера нахождения），语言生态环境是一个动态的、变化无常的构成物。语言意识形象就如同语言个性活动的空间特权一样，对主体在言语交际过程中所形成的事物意义和知觉意义作出解释。语言意识形象的民族文化特点受到实际现实的制约，因为语言意识形象是借助于反映语言个性有关现实世界文化事务的知觉知识和观念知识的"语言手段"（языковае средства）建构起来的。（Привалова 2005：69）依据以上认识，并根据俄罗斯学者克拉斯内赫（В. В. Красных）等提出的将语言个性分别界说为"交际个性"（коммуникативная личность）、"言语个性"（речевая личность）的思想，普里瓦洛娃提出这样的假设："语言结构"（структура языка）、"文化事物"（культурные предметы）和"语言生态"（лингвистическая экология）三者之间的"存在—构成物"（существование-образование）及其相互关系就构建起跨文化交际单位——"民族文化意识的语言标记"（以下简称"语言标记"）的不同类型，即：（1）"语言结构型语言标记"（ЯМНКС лингвоструктурного типа）。该类型审视的主要是语言符号代码的结构和组织方式中所反映的实物世界（包括事物特性及其相互关系等）的存在形式问题，它由若干个亚型组成，其中包括：语言系统对比中所呈现观念的语言形式；语法上的性范畴的"语言学结构成分"（лингвистические конструкты）；语法上的确定性/不确定性的语言学结构成分；语法上的人称/无人称语言学结构成分；语法上的构词过程语言学结构成分等。（2）"语言文化型语言标记"（ЯМНКС лингвокультурного типа）。该类型所列举的语言现象最具某民族语言文化代表性语言意识中的民族文化特色，属于翻译中"不可译"（непереводимое）部分。它由七个亚型组成，如：言语接触和语言公式手段；民族语言文化知觉模型的构素，包括表"距离义素"（проксемы）、"动作义素"（кинемы）、"时间义素"（темпоремы）、"数量义素"（нумерологемы）、"颜色义素"（колоремы）的语言手段[6]；特色词语、文化象征词语和先例语言现象（地名、人名和文学典故）的言语及言语化形式；公理性的"观念表达词语"（вербализаторы концепта）[7]；成语性和箴言性单位；言语及言语化的先例现象；完整的文本片段。（3）"语言生态型语言标记"（ЯМНКС лингвоэкологического типа）。该类型主要对语言物质所反映的、发生在语言外部的种种变化作出分析，因此，对民族文化意识进行表征的语言现象都可以归入此类型。如作为"新词化"（неологизация）跨民族过程表征者的新词语；观念借词；"伴随观念借词"（параконцептуальные заимствования）；非观念借词等。（Привалова 2005：69—77）以上三大类型几乎囊括了跨文化交际中所有带有民族文化意识的语言标记，且每一个亚型都有单独的语言单位予以表征，从而构建起"跨文化与言语符号说"研究的具体范围。应该说，上述分类涉及面之广、内容之丰富、表述之独特，都是当代俄罗斯跨文化交际研究领域所不多见的。更为重要的是，该分类是分别建立在语言意识的三大"存在—构成物"——"语言结构""文化事物"和"语言生态"基础之上的，因此，不仅学术性强，也极具操作性，普里瓦洛娃在本著作中专门辟出第1、2、4章对上述三部分内容进行了详细的描述、分析和阐释。

综上所述，普里瓦洛娃提出的"跨文化和言语符号说"有以下几个特点：（1）该学说的研究对象具有虚拟性，即上文中所说的"民族语言文化意识"，但由于采用了"从意义到形式"的研究方法，其落脚点是民族语言文化意识的语言表征手段或方法问题，即言语符号。因此，该学说实际上具有"虚拟现实"的性质，这也是当代心理语言学和认知语言学对语言意识研究普遍采取的一种方法。（2）就该学说的基本学理而言，它是以"跨文化交际"这一语境为前提的。在普里瓦洛娃看来,跨文化交际与其他形式的交际之间的最大区别就在于:它是在"双语—双文化—双意识"驱动下进行的,实际上是操不同语言的人、带着本民族文化代码并受到本民族、本社会意识制约的交际,因此,它本质上是一种"跨意识的交际",这也是为什么跨文化交际要将语言意识尤其是民族语言文化意识作为其研究对象的缘由所在。也正是基于以上原因,当代俄罗斯著名心理语言学家塔拉索夫(Е. Ф. Тарасов)将跨文化交际界说为"语言意识分析的新本体论"(новая онтолога анализа языкового созназния)。(见 Тарасов 1996)。(3)"跨文化和言语符号说"具有重要的符号学价值,这是因为:一是从跨文化交际的单位看,它是建立在语言结构、文化事物和语言生态三大"存在—构成物"基础之上的,这实际上就是把语言(言语)、文化和生态都视为现实存在的符号,而跨文化交际的研究对象——"民族语言文化意识"又是一种虚拟存在的符号;二是从对"民族语言文化意识"的结构建构看,它无疑也是符号学视角的:尽管语言空间、文化空间和认知空间所包含的具体内容不同,但它们都属于符号空间,分别是由语言符号、文化符号和认知符号所建构起来的虚拟形态;三是从该学说所使用的大量术语看,它使用的术语大多与当代心理语言学、认知语言学和语言文化学的相一致。以上三点足以表明,"跨文化和言语符号说"属于交际主义范式中的一种符号学理论学说,只不过它不是一般意义上的符号学说,而是心理认知和文化认知方面的符号学说。

第 2 节　交际与语用学研究

交际不仅与符号本质上不可分,也与符号的使用不可分。因此,审视当代符号学研究领域中的交际主义范式,势必要与俄罗斯语用学的相关研究挂起钩来,以全面系统地展现交际主义范式应有的学术张力。

交际与语用学研究主要涉及语言符号使用中的一系列问题,如交际语境、语篇理解、交际行为策略和交际模式等。尽管学界对作为独立学科的语用学的概念界说不尽相同,但其中有一点却是一致的,那就是它是语言符号使用中关于"人的因素"(человеческий фактор)问题。也就是说,语用学研究的对象是语言符号与"说话的人"(человек говорящий)之间的关系。正如当代俄罗斯著名语义学家帕杜切娃(Е. В. Падучева)所说,语用学研究的是一切与说话的人的意义有关的语用因素——话语起始的前提、意图、意见、情感等。
（Падучева1996:221）可见，交际与语用学本质上都具有"人类中心主义"
（антропоценризм）的特性，即都是围绕"说话的人"或"人的因素"这一核心所
展开的言语活动研究。只是相对于上一节中所述的"交际与符号学研究"而
言，"交际与语用学研究"更侧重于用语用学的理论对言语交际行为及过程作
出分析和阐释，因此所涉及的论题更加具体，对交际尤其是言语交际更具有现
实的指导意义。

　　总体看，在当代俄罗斯交际与语用学研究领域，较有影响的理论学说主要
有福尔玛诺夫斯卡娅（Н. И. Формановская，1927—2016）的交际语用说，阿鲁
玖诺娃（Н. Д. Арутюнова，1923—2018）的言语行动说，维列夏金（Е. М.
Верещагин）、科斯托马罗夫（В. Г. Костомаров）的言语行为策略论等。下面，我
们将在交际主义范式内对上述理论学说的符号学价值作简要评析。

2.1　福尔玛诺夫斯卡娅的交际语用说

　　在俄罗斯学界，福尔玛诺夫斯卡娅是语言学尤其是语用学研究领域的重
量级学者。她结合对外俄语教学长期致力于"功能修辞学"（функциональная
стилистика）、"言语素养学"（культура речи）以及"言语活动"（речевая
деятельность）、"言语行为"（речевой акт/речевое поведение）、"言语礼节"
（речевой этикет）等方面的研究，著述颇丰。其中，在我们看来，最具符号学价
值的理论学说是交际语用说，即基于交际视阈的对语用学相关问题（包括言语
交际行为和言语礼节等）所作的相关审视及研究成果。之所以将其主要学说
定名为交际语用说，主要是依据她出版的两部重要著作，即《交际单位的交际
语用诸方面》（«Коммуникативно-прагматические аспекты единиц общения»）
（1998）和《言语交际：交际语用视角》（«Речевое общение: коммуникативно-
прагматический подход»）（2002）。该学说的基本思想主要体现在以下几个
方面：

　　1）对施为句的研究。众所周知，"施为句"（перфомативы）研究是"言语行
为理论"（теория речевого акта）中的立论依据，对此，国内外学界有大量研究
成果。俄罗斯学界最先对施为句作出分析的是"莫斯科语义学派"的奠基人之
一、俄罗斯科学院院士阿普列相（Ю. Д. Апресян）。[8]他在 1986 年发表的《语法

和词典中的施为句》(«Перформативы в грамматике и в словаре»)长篇论文中,从语用学视角对俄语语法学、词典学中的施为现象进行了审视,对施为句的特点及其形态、句法、语义、语用方面的表现形式进行了系统分析,从而为俄语施为句的研究奠定了学理基础。(见 Апресян 1986)而福尔玛诺夫斯卡娅对施为句的研究则与传统的西方学者和俄罗斯学者有所不同,她主要从交际实际出发,紧紧围绕施为句的两大核心——"意向意义"(интенциональное значение)以及"受话人"(адресат)展开,认为它们是施为句区别于其他语句的主要标志。主要观点包括:(1)施为句必须同时包含"意向"和"受话人"两大要素。她写道:*Я прошу его об этом*(我就这件事请求他)的语句尽管表达了意向意义,但并非指向是受话人的,说话人的目的只是陈述事实而不是请求;与此相反,*Я говорю тебе об этом*(我正给你说这件事呢)语句中的行为虽然指向受话人,但并不表达意向意义。因此,它们都不是施为句。即便是在一些具有施为意义的语句中,按照 *я—ты—здесь—сейчас*(我—你—这里—现在)这一语用公式,说话角色的相互转换(*я—ты* 互换)或者动作时间和地点的改变(不是发生在 здесь—сейчас)都可能使语句原有的语用意义发生变化。如,*Ты просишь меня о невозможном*(你求我了一件做不到的事)表达的不是请求,而是拒绝;*Я целый год прошу тебя об этом*(这件事我求了你一整年)语句表达的是责备而不是请求。因此,她提出要具体情况具体分析,有时还要考虑到语境和词汇意义的限制问题。如,某些动词将来时单数第一人称可以表达同现在时单数第一人称相同的施为意义:*Попрошу мне не мешать* —*Прошу мне не мешать*(我恳求别打扰我);*Пожелаю вам удачи* —*Желаю вам удачи*(我祝你们/您成功);而有些动词则不具备这种能力,如:*Потребую от вас объяснений*(我将要求您/你们作出解释)不等于 *Требую от вас объяснений*(我现在要求您/你们作出解释)。(Формановская 1998:164—165)(2)情态词和施为动词的不定式连用可以构成施为句。她认为,充当情态成素的词通常是 *хочу*(我想):*Хочу вас поблагодарить*(我想谢谢您/你们);*могу*(我可以):*Могу вам обещать*(我可以答应您/你们);*готов*(我准备):*Готов согласиться с вами*(我准备同意您/你们的意见);*рад*(我很高兴)—*Рад вас приветствовать*(我高兴迎候您/你们);*вынужден*(我不得不):*Вынужден отказаться*(我不得不拒绝);*должен*(我应该):*Должен извиниться перед вами*(我应该向您/你们道歉),等等。类似的情况还包括语气词 бы 与上述组合的连用。如：*Я хотела бы извиниться перед вами*（我想向您/你们致歉）；*Я хотела бы вас поблагодарить*（我想向您/你们致谢）。这类施为句的最大特点是无需受话人回答。如，受话人如果对说话人所说的 *Хочу вас поблагодарить*（我想谢谢您/你们）回之以 *Ну, благодарите*（好的，那就谢吧），则显得不合情理，因为这些语句中的"此处—此时"条件已经具备，说话人的注意力集中在施为动词不定式的意向意义上，其意义和用法相当于施为动词现在时单数第一人称 *Благодарю*（我感谢），*Обещаю*（我承诺）等。与此形成鲜明对比的是，如果上述情态词与没有意向意义的非施为动词连用，则受话人的回答纯属正常。试比较：—*Я хочу немного отдохнуть*（我想休息一会儿）—*Ну, отдыхайте, если хотите*（想休息就休息吧）。因为其中的说话人陈述的是想做某事的愿望，其注意力集中在情态词的主观愿望意义上。（Формановская 1998：177）（3）俄语中能够表达施为意义的还有其他手段。如，意向性名词作为主要成分的语句。如：*У меня к вам просьба*（我对您/你们有个请求），*Мой вам совет：не занимайтесь этой проблемой*（我给您/你们一个建议：您/你们别研究这个问题了）；再如，此类名词与 *давать*（给予），*принимать*（接受），*выражать*（表达），*приносить*（带来）等动词的现在时单数第一人称形式连用。如：*Даю обещание*（我答应），*Выражаю протест*（我抗议），*Принимаю на себя обязательства*（我承担责任），*Приношу свои извинения*（我道歉）；又如，借助于省略法（去掉主要动词）将命题部分转化为意向内容的各种固定型常用语句。试比较：*С праздником！—Поздравляю с праздником！*（节日快乐）*Успехов！—Желаю успехов！*（祝成功），*Счастья вам—Желаю вам счастья！*（祝幸福）；再又如，失去命令式意义的动词形式，如 *разрешите, позвольте* 等与施为动词不定式连用：*Разрешите вас поблагодарить*（谢谢您/你们），*Позвольте вас попросить*（请您/你们原谅）等。（Формановская 1998：178—180）由上不难看出，福尔玛诺夫斯卡娅对于施为句式的研究较之西方的研究不仅视角独特，涉及的范围也更为广泛。她不仅对俄语施为句的诸多表现形式进行了发掘，更为重要的是能够结合言语交际的实际从理论高度对施为句学说作出符合俄语实际的阐释，在一定程度上丰富、完善了施为句的研究的内涵与外延。从符号学角度看，这种建立在俄语交际语境中的学术探索，注重的是语言符号意义所传达的"意向",并将"受话人"对说话人意向的认知和理解作为考量参数,这正是语用学的主旨所在,也是福尔玛诺夫斯卡娅的"交际语用"说的重要特点之一。

2)对言语操行规则的研究。我们知道,语用学视角的"言语活动"的概念包含着听、说、读、写四种形式[9],其中说和写两种形式生成话语,而听和读两种形式实现对话语的感知。而语言在言语活动中既包括书面语形式(写和读),也包括口语形式(说和听)。基于以上对言语活动形式的基本认识,福尔玛诺夫斯卡娅在 2002 年出版的《交际素养与言语礼节》(«Культура общения и речевой этикет»)一书中对"言语操行规则"(правила ведения речи)进行了具体的论述和分析。在我们看来,基于言语操行规则本身就附带有言语符号的交际语用意义。福尔玛诺夫斯卡娅认为,社会会对不同形式的言语活动提出一定的规则,即听、说、读、写等形式在何种情形下是符合社会公认规则的,何种情形下则是社会所不允许的。(Формановская 2002b:25)在她看来,对于说话人来说,其言语操行规则主要有以下 8 条:(1)说话人要对交际对方友善,禁止用自己的言语给受话人带来任何损失;(2)说话人在对交际对方友善的同时,要表现出与交际情境(年龄、职业、社会地位等)相吻合的适度礼貌;(3)说话人不能将自己摆在交际关注的中心,自我评价中要谦逊,不能将自己的观点和评价等强加于交际对方;(4)说话人要将受话人摆在交际关注的中心,并要考虑到受话人的社会角色、个性及其对话语主题、言语题目的熟悉情况和感兴趣程度;(5)说话人必须要善于选择适合情景的和受话人感兴趣、听得懂的话语主题;(6)说话人应该按照逻辑来展开话语,要关注到话语的结论与逻辑前因相一致;(7)说话人应该记住,受话人对意义的理解和集中注意力的边界是有限度的。研究表明,口语语句最合适的长度是 5—9 个词之间;(8)说话人应该时常根据受话对象、交际情境(正式或非正式交际等)来选择语言手段,以适应所选择话语的修辞色调。(Формановская 2002b:25—31)而对于受话人而言,其言语操行规则与说话人的规则有明显的不同,主要有以下 6 条规则:(1)与其他形式的言语交际相比,受话人想要与说话人保持行为上的一致性,听是第一位的;(2)在听的时候,必须对说话人表现出友善、尊重和耐心;(3)友善、尊重地听取交际对方说话时,不能打断对方,不能岔开思想,不能插入不恰当的或尖刻的见解;(4)听时,要把说话人及其兴趣摆在交际关注的中心,让说话人在言语中充分展现自己；(5)作为受话人，应该善于对说话人的言语作出评价：赞同或不赞同，回答所提出的问题，用动作和词语对其作出回应等；(6)如果受话人超过两人，其中的一个人不应该回答给另一个人提出的问题，而只能回答针对你本人提出来的问题。(Формановская 2002b：31—33)应该说，尽管上述的所谓言语操行规则看上去并不复杂，但从言语交际视角看，它们确是福尔玛诺夫斯卡娅对言语交际行为作出的语用学分析和阐释，这些分析与言语修辞有关，也与言语礼节有关，因此，它们不仅是言语交际的规则，更是得到社会共体公认的行为准则。这些规则的符号学意义不仅在于其规则本身，同时也在于将说话人和受话人、交际与语境、说与听、读与写等言语活动所涉及的各种形式及相关因素作为一种整体符号——交际符号来进行审视和描写。

3) 对言语礼节的研究。1982 年，福尔玛诺夫斯卡娅同时出版了两部著作——《俄语言语礼节：语言学和方法视角》(«Русский речевой этикет：лингвистический и методический акпекты»)、《俄语言语礼节的应用》(«Употребление русского речевого этикета»)，这标志着其言语礼节理论的形成。她在这两本著作中，从语言学和方法论角度对俄语言语礼节进行了系统描写，审视了言语礼节的功能及其符号学和语用学的本质属性，较全面地揭示了俄语言语礼节单位的语法和语义组织的特点，还讨论了言语礼节的方法和应用问题，如对交际语言单位的界说以及交际语境中如何选择最佳语言单位等。1982 年后，福尔玛诺夫斯卡娅还与多位学者合作，先后发表了数十篇论文，对操俄语者与东西方的主要语言(如越南语、匈牙利语、捷克语、英语、法语、德语、意大利语)交际中的言语礼节问题进行了系列审视，在学界产生广泛影响。特别是 2002 年，她又出版了《言语交际：交际语用视角》和《交际素养与言语礼节》两部著作，进一步从"交际语用"视角对言语礼节理论进行了全面的总结和阐释。归纳福尔玛诺夫斯卡娅的言语礼节理论，主要有以下重要内容：

一是对言语礼节的概念内涵作出界说。福尔玛诺夫斯卡娅认为，礼节是行为规则的总和，它涉及与人的各种关系(包括与周围人交际时的举止，打招呼的形式，在公共场合的行为、风度、穿着打扮等)。礼节具有人类中心主义和对话主义的性质，它反映着人与人关系之间具有事物意义的那部分现实世界；礼节既包括言语部分，也包括非言语部分，它们在交际过程中相互作用；哲学和符号学等学科也研究礼节问题，前者将其纳入美学范围予以审视，后者将其视作符号系统中的"礼节符号"（этикетные знаки）加以描写。但无论是从何种视角研究礼节，言语礼节都是其审视的核心问题。（Формановская 2002a：178—181）按照福尔玛诺夫斯卡娅的解释，所谓言语礼节，是指交际者根据自己在正式和非正式交际场合的地位、角色以及个人关系而建立、维系并结束相互接触的调节性的"言语行为规则"（правила речевого поведения）。该规则为社会所普遍认可，并且具有本民族的特点。（Формановская 1998：240）。换言之，言语礼节是指人们在言语交际活动中共同遵守的、旨在调节相互间关系的言语行为规则，即交际双方如何选用适宜于交际场合、交际者的社会特征和交际内容所需要的言语行为的社会规则等。简单地说，这就是指"由交际双方的相互关系所确定的言语行为规则"。（Акишина，Формановская 1978：3）从以上界说中可以看出，福尔玛诺夫斯卡娅眼中的礼节尤其是言语礼节是以"说话的人"为中心展开的一种对话形式，这种对话不仅具有社会性、审美性和符号性，更具有民族性。这无疑就是研究礼节尤其是言语礼节的学术价值之所在。

　　二是对言语礼节的相关学理作出解释。作为一种理论，言语礼节有其特定的学理内涵，它规定着言语礼节研究的内容及其与其他学科或社会现象的关系。对此，福尔玛诺夫斯卡娅在多年的学术研究中，比较系统地审视了以下内容：言语礼节与礼仪、言语礼节与礼貌、言语礼节与语境、言语礼节与"言语定型"（речевые стереотипы）、言语礼节与社会语言学、言语礼节与符号学、言语礼节与修辞学、言语礼节与文化等。其中，最具符号学价值的是后三种关系，因此有必要做一番具体评析。首先，关于言语礼节与符号学的关系问题，福尔玛诺夫斯卡娅认为，言语行为、对话、语篇中的礼仪符号之间的搭配组合属于符号句法学的研究范围，但从人在社会和交际中的相互作用和相互关系表现为对现实客体的反映这一角度来看，符号语义学无疑是研究礼节符号及其意义的。如果从说话人的角度看，礼节符号在具体语境中如何为受话人选择合适的礼仪符号则属于符号语用学的研究范围。句法学、语义学、语用学三者互为一体，构成了符号学的总体概念。言语礼节无论以何种形式出现，都不可避免地涉及礼节符号的使用。（Формановская 2002a：179）她认为，礼节从远古时代起就作为调节社会生活的规则而存在。礼节规则包括所有的禁忌和允许，从而构成社会的道德规范，如尊老爱幼、呵护妻子、善待他人、不欺负侍从、勤劳、有良心等。此外，礼节符号还拥有社会等级制度等信息。

（Формановская 2002a：180）其次，关于言语礼节与修辞学的关系问题，福尔玛诺夫斯卡娅认为，在言语交际中，交谈双方的相互关系以及他们不同的社会归属、正式的和非正式的交际场合等情况，都会影响言语礼节的语用特点及其修辞问题，因此，言语礼节与修辞学有着密切的联系。按照她的观点，任何一种功能语体都具有自己的规范和程式化的表达方式，依照既定的方式选择词汇与句法单位并将其融入话语结构。（Формановская 1998：246）在非正式交际中，交际双方的对话是在无拘无束的氛围中进行的，口语色彩浓厚，不仅可以省略许多话语成分，而且常常使用一些寒暄语、语气词和感叹词，如 *Как жизнь?*（日子过得怎么样?）*Ну, пока!*（再会!）*Всего!*（一切如意!）*Ах, как красиво!*（哎呀，多么漂亮啊!）等；而在正式的交际场合，语句结构要完整，表达要讲求修辞效果，以此表明对遵守礼仪和高度文明礼貌的重视，因此，*Разрешите поблагодарить вас*（请允许感谢您/你们），*Рад вас приветствовать*（很高兴欢迎您/你们）之类套话广为运用。如，对交际对象的称呼就存在对陌生人还是对熟人两种情况，这样一来，在言语礼节方式和对话结构的选择上都会有所不同。一般情况下，对陌生人宜用小型对话，讲话力求言简意赅，而对熟人则可长可短，不拘形式，用语亦属于不严谨的礼仪公式。再比如，在苏联时代，*товарищ*（同志）一词在称呼中通常表达一定的修辞意义，它与阳性职业名词连用才能构成正式称呼，具有修辞上加强的郑重性质，如 *товарищ преподаватель*（教师同志），*товарищ директор*（厂长同志）等，体现出对对方的尊重。如果上述称呼中缺少了 *товарищ* 一词，则会导致修辞上的贬义，体现出不适宜的亲昵和缺乏教养的粗鲁。随着苏联解体和时间的推移，该词已逐渐被 *господин*（先生）等词所替代，但两者的修辞特点却是共同的。再其次，关于言语礼节与文化的关系问题，福尔玛诺夫斯卡娅认为言语礼节与受民族心理、文化习俗、生活方式影响的言语行为有关。例如，在见面问候与寒暄时，捷克人喜欢自我抱怨，尽管各方面一切正常，却习惯于把自己的情况说得一团糟，牢骚满腹，据说是为了避免说漏了嘴，以防止恶鬼从中作梗。而保加利亚人和波兰人则恰恰相反，无论自己的情况怎样，都喜欢说得很好，且常常故意拔高，据说是为了防范不义之人，不让他们因听到不好的消息而幸灾乐祸。（Формановская 1998：258）根据福尔玛诺夫斯卡娅的观察，亚洲人的问候言语礼仪别具一格。如，蒙古人的问候语取决于季节和牲畜，春夏秋冬各不相同,因为畜牧业是其民族生存之本,季节的变化直接关系到牲畜的饲养状况。如,秋天的礼节性问候中通常少不了 *Жирный ли скот?*(牲畜肥壮吗?)*Хорошо ли проводите осень?*(您秋天过得可好?)之类话语。而中国人过去相互见面时常使用 *Вы сыты?*(您吃饱了吗?)*Вы уже кушали?*(您吃了吗?)之类问候语,无疑与千百年流传下来的"民以食为天"的观念和以前缺吃少穿的生活状况有关。如此等等,不一而足。与此同时,福尔玛诺夫斯卡娅还提出,必须按照人们不同的文化层次与社会角色对言语礼仪进行归类划分,原因是每一种文化中都存在着几种亚文化,因此将言语礼节的表达形式进行社会修辞分类是符合社会群体结构的,如老一代与青年一代,知识分子与文化水平低下者,城里人与农村人等。(Формановская 1998:259)上述观察是福尔玛诺夫斯卡娅多年从事对外俄语教学的经验之谈,它阐明了言语礼节在沟通不同民族文化、不同文化层次的交际以及在外语教学中的重要作用,因此对操俄语者的跨文化交际具有现实的指导意义。

由上不难看出,自 20 世纪 80 年代以来,福尔玛诺夫斯卡娅的学术活动对言语行为理论、言语交际理论和言语礼节理论等都作出了自己的贡献,从而形成了具有符号学价值的"交际语用"说。该学说从最先的对外俄语教学领域的语言教学论,逐步发展成为俄语语用学中的重要组成部分,这在世界同行学界并不多见,无不彰显出当代俄罗斯语言学所特有的具有人类中心论范式性质的学理维度:它突出"说话的人"这一主题,将"交际中的人"的言语行为、言语活动和言语礼节置于俄语交际的具体语境以及俄罗斯传统文化中加以考察和论证,从而在一定程度上丰富了语用学的研究范围,同时也为符号学领域的交际主义范式的形成和发展提供了重要范例。

2.2 阿鲁玖诺娃的"言语行动"说

"言语行动"(речевое действие)新概念的提出,是俄罗斯学者对西方的言语行为理论作出的重要贡献之一。它不仅是言语行为理论的逻辑延伸,更在学理上拓展了言语行为理论的阐释力。在当代俄罗斯学界,从事"言语行动"研究的学者很多,除上文中提到的福尔玛诺夫斯卡娅之外,还有阿鲁玖诺娃、帕杜切娃、瓦西里耶夫(Л. М. Васильев,1926—2015)、布雷金娜(Т. В. Булыгина,1929—2000)、什梅廖夫(А. Д. Шмелёв)、科博泽娃(И. М.

Кобозева)、尼基京（М. В. Никитин）、特鲁法诺娃（И. В. Труфанова）、雷特尼科娃（Я. Т. Рытникова）等一大批学者。其中，阿鲁玖诺娃的研究具有一定的代表性。如，她在 1990 年出版的《语言学百科辞典》（«Лингвистический энциклопедический словарь»）的"言语行为"词条中，对言语行为和言语行动的概念内涵进行了辨析。（见 Арутюнова 1990：412—414）1993 年 5 月，她主持召开了以"言语行动的语言"（язык речевых действий）为主题的学术研讨会，吸引众多国内外语用学研究者参加，并在翌年出版了由她担任主编的文集——《语言的逻辑分析：言语行动的语言》（«Логический анализ языка. Язык речевых действий»，1994），其中收录了帕杜切娃等学者的论文 26 篇，它们代表着俄罗斯学者对这一问题的重新思考和最新研究成果。

总体上看，阿鲁玖诺娃的"言语行动说"主要包含以下内容：

1）对言语行动的本质作出界说。阿鲁玖诺娃认为，西方提出的言语行为理论已经结束。该理论为语言学提供了许多概念，如展现言行关系的施为句概念，与之有关的言说行为、意向行为、取效行为概念等。然而，尽管言语行为作为一种理论已经终结，但其语料并未被穷尽，理论尚有待于进一步发展。而拓展该理论的可行途径之一就是将其作为一种"心智行为"（ментальные акты）模式来分析人的言语活动。（Арутюнова 1994а：3）这里所说的"心智行为"是指通过阿普列相、加克（В. Г. Гак，1924—2004）等语言学家对语言系统描写与分析的"心智场"（ментальное поле）所体现的言语活动与现实生活之间的认知行为。心智场由核心、围绕各个思维参数形成的扇面、思维变态、双向智力活动、情感性认知、近邻与远邻等组成：核心为 думать（想），мысль（想法），英语词为 *to think*，*thought*，*idea*，法语词为 *penser*，*pensee*，*idée* 等。核心词的各个义项大部分体现为扇面中的主要词项和短语等。不难看出，该语义场中丰富多样的词项或短语所表达的命题内容可以反映人们在言语交际中的不同心智活动，为现代语用学的认知研究提供了重要参数。

2）对言语行动的语用特征作出阐释。阿鲁玖诺娃认为，言语行动最重要的语用特征是其"指向性"（адресованность），即该言语行动总是指向"另一个人"的，从而进入个人之间或社会之间的人际关系氛围之中，因为漫无目标的"放空炮"的言语不能称其为行动。另一方面，言语行为与言语行动之间存在着反向联系：语句的特性影响着行为反应活动模式的形成，赋予其针对性和符号性;人与人之间的关系按照言语相互作用的模式形成一定的结构,指向"另一个人"的语句通常表达一定的行为反应活动,而由于该活动旨在了解"另一个人"的感知和反应情况,所以用符号表达是必不可少的。此外,阿鲁玖诺娃还指出,区分言语行动与非言语行动的一个最为重要的本体特征是:言语行动中存在着完全的或部分的作为行动'武器'的命题内容,语势与其密切相关;如果说言语行动与非言语行动的共性特征是目的性,那么它与心智行为的共同点则在于命题内容。如此一来,言语行动便在人的心智活动和现实活动之间充当着中介的角色,并与之构成统一的整体。(Арутюнова 1994a:4—5)

3)对作为言语行动的"沉默"作出分析。阿鲁玖诺娃将"沉默"(молчание)视作交际活动的最高形式,是表达或者传递心理感受和感情的纯粹方式,该方式不受词缀和词干的假定意义的困扰。她说,学界通常把沉默分为两类:交际者自己愿意身体力行的"自愿型",受迫于对话方的"强迫型"。实际上还有第三类沉默,即"自愿强迫型",即说话人按照自己的意愿注定要保持沉默,但却受到外部因素的影响,尽管没有任何人告诉他,让他沉默。(Арутюнова 1994b:178)为了说明这一问题,阿鲁玖诺娃列举了女人对男人的言语行动的影响,认为这种影响如同她对他的其他活动形式的影响一样,带有辩证的对立性质。一方面,女人全力促进男人的言语活动,因为一种说法认为世界上最好听的话都是说给女人或者有关女人的,但是,最猛烈的话也同样是由女人说出或者是说给女人的;另一方面,女人千方百计想束缚男人的言语活动,总想让其保持沉默。为达此目的,女人会使用多种手段,如设法促使男人爱上她,而一旦成为事实后,便让男人在看到自己的其他激情对象时给嘴里灌上水,说不出一句话来。(Арутюнова 1994b:178—179)此外,她还认为沉默是一种有意义的"空缺言语行为"(нулевой речевой акт),对它的描述离不开语境,只有在交际双方直接对话的过程中,才有沉默可言。如果仅仅研究词汇意义,俄语动词 молчать(沉默)的内涵等同于无标记的动词否定特征 не говорить(不说话),沉默的意义就无研究可言;但如果从言语行为角度分析,молчать 和 не говорить 就有很大的区别:尽管沉默是以说话为前提的,但说话不一定都发生在沉默之前,没有言语并不都是沉默,沉默并不都意味着没有言语活动,也不等同于不说话。也就是说,沉默这一言语行为并不表示"没有语言能力"。(见 Арутюнова 1994b:179—183)沉默除有以上的"对话性沉默"

(диалогическое молчание)的特征外,也有"社交性沉默"(светское молчание)。后者指在社团交流和人际关系以及家庭关系中的沉默,具体表现为不参与对话、不交换意见、不参加活动等。例如:*Все пели, а он молчал*(大家都在唱歌,而他却默默无声);*В обществе он больше молчал*(他在公众场合更多的时候是保持沉默)等。在阿鲁玖诺娃看来,沉默作为一种取决于上下文的言语行为或拟言语方式,可能成为一种心境不顺的征兆,其后果是:人们为了达到直接的认知而拒绝尘世间的林林总总。在美妙的精神世界和自然世界面前,词语的苍白无力导致了沉默的产生。(Арутюнова 1994c:117)

总之,阿鲁玖诺娃的"言语行动说"包含着十分丰富的思想内涵,尤其是她将言语行动视为"心智行为"的观点,为当代俄罗斯语言学中的"观念分析"(концептуальный анализ)提供了新的视阈和语料;而她以沉默为切入点所提出的"空缺言语行为"的思想则将该言语行动视为一种文化符号,对它的深入审视不仅可以拓展语用学的研究范围,更为重要的是可以通过这一文化符号而进入俄罗斯民族的心智行为中去,从而揭示俄罗斯人对沉默这一言语行动的认知模式及其特点。

2.3　维列夏金、科斯托马罗夫的"言语行为策略"论

众所周知,维列夏金、科斯托马罗夫是当代俄罗斯"语言国情学"(лингвострановедение)的创始人,由他们合著的《语言与文化》(«Язык и культура»)(1973)一书[10],成为所谓的"词汇背景理论"的奠基之作。然而,在语言国情学的发展过程中,曾遭到来自国内外学界的种种批评和质疑,其中最为集中的是关于词汇背景理论研究的科学前景问题,因为词语文化背景的描写和发掘从数量上讲是有限的,且这样的描写和发掘并不能有效解决言语活动中由具体的语境而产生的文化因素问题。在此背景下,维列夏金、科斯托马罗夫开始探索新的学科发展途径,并于 1988 年适时提出了"言语行为策略"(рече-поведенческие тактики/РПТактики)理论,从而补充和完善了语言国情学的理论体系。在我们看来,如果说词汇背景理论是对词的民族文化语义的静态描写的话,那么言语行为策略理论则是对言语交际过程中言语活动的动态性阐释。

总体看,维列夏金、科斯托马罗夫的"言语行为策略"论主要由以下内容

组成：

1）对言语行为策略作出具体的描述。理论上讲，言语行为策略理论是英国哲学家奥斯汀（J. L. Austin, 1911—1960）的"言语行为理论"（теория речевого акта）提出来的，指在一定的言语行为情景中为取得"战略性言后效果"（стратегический перлокутивный эффект）而实施的一系列言语行为的原则和手段。也就是说，言语行为策略是为"言语行为战略"（рече-поведенческая стратегия）服务的，战略规定着言语行为的任务、意向和目的，策略则是为实现战略目的而采取的手段和方法。如，在维列夏金、科斯托马罗夫看来，当交际者 1 想帮助解除交际者 2 陷入的不幸时，要实现的战略性言后目的是"安慰"，即缓解后者的精神压力，使其恢复正常的心境。这时可实施一系列不同的言语行为策略：

策略 1（РПТ－1）——"不夸大不幸"策略。如：*Невелика беда！*（这是多大点的事么！），*Что за горе！*（痛苦算啥呢！），*Это ли горе！*（这也算痛苦呀！），*Это ещё полбеды！*（这算不了什么！），*Ничего страшного не произошло！*（任何可怕的事情也没有发生！），*Такое ли бывает！*（这是常有的事！），*Ты ещё настоящего горя не видел！*（真正的痛苦你还没见过呢！），*Нашёл чего горевать！*（有什么好痛苦的呢！）等；

策略 2（РПТ－2）——"生活还要继续"策略。如：*Это не конец света！*（这不是世界的末日！），*Жизнь идёт своим чередом！*（生活还要照常继续！），*Завтра новый день будет！*（明天又会是新的一天！），*Встретишь ещё человека！*（你照样还会见人的！），*Время залечит раны*（时间能治愈所有伤痛！），*Забудешь и думать！*（别再想不幸的事啦！）等；

策略 3（РПТ－3）——"无能为力"策略。如：*Ничего поделаешь！*（毫无办法啦！），*Ничего попишешь！*（有什么办法呢！），*Потерпи, дружок！*（忍着吧，朋友！），*Такая судьба！*（认命吧！），*От судьбы не уйдёшь*（命该如此啊！），*Выше головы не прыгнешь！*（这是无能为力的事情啊！）等；

策略 4（РПТ－4）——"别担心"策略（通常对男性）。如：*Не плачь！*（别哭！），*Не горюй！*（别难过！），*Не так грустно！*（别这样愁眉苦脸的！），*Нельзя так распускаться！*（不要这样情绪消沉！），*Что ты нос повесил！*（干吗垂头丧气！），*Не падай духом！*（打起精神来！），*Плачем горю не поможешь!*（光哭有什么用啊！），*Не унывай!*（别泄气！）等；

　　策略 5（РПТ－5）——"放纵情感"策略（通常对女性）。如：*Ничнго, поплачь-поплачь!*（不要紧的，哭吧哭吧！），*Не держи слёз-то!*（别忍着眼泪啦！），*Поплачь, милая!*)（哭出来吧，亲爱的！），*Поплачь-поплачь, легче станет!*（哭出来就轻松啦！），*Что ты как каменная!*（干吗这样无动于衷啊！）等；

　　策略 6（РПТ－6）——"终究会好的"策略。如：*В следующий раз получится!*（下一次会成功的！），*В другой раз будет лучше!*（下一次会更好！），*Будет и на нашей улице праздник!*（喜事也会轮到我们的！），*Потерпи, всё пройдёт!*（忍一忍吧，一切都会过去的！），*Будет и радость!*（快乐会有的！）等；

　　策略 7（РПТ－7）——"诉求他人经验"策略。如：*С кем не бывает?*（谁不发生这种事呢？），*С каждым может случиться!*（每个人都会有这种事的！），*Не ты первый, не ты последний!*（你不是第一个，也不是最后一个！）等；

　　策略 8（РПТ－8）——"不幸也有益"策略。如：*Впредь будешь умнее!*（将来你会变得聪明些的！），*Это тебе наука!*（这使你长学问啊！），*На ошибках научимся*（吃一堑长一智啊！），*Жизнь-то, она научит!*（生活使我们聪敏起来！）等；

　　策略 9（РПТ－9）——"借酒消愁"策略。如：*Что за горе? Плюнь, да пей!*)（什么痛苦啊，呸，喝酒吧！），*Топи тоску в море!*（喝醉解愁吧！）等等。（见 Верещагин, Костомаров 2005：524—527）

　　上述言语行为策略的使用，至少表明以下几个特点：一是言语行为策略并不是单独使用的，而可以交替运用直至取得"言后效果"；二是言语行为策略并不是单靠言语手段来实现的，也可以采用非言语的手段来完成；三是言语行为策略的使用，不仅受制于战略性策略的规约，也取决于具体的言语行为情景；四是从表层看，言语行为策略中使用的话语大多是"程式化的话语"或"半程式化的话语"。前者指完全可以在记忆里再现的，如谚语、成语、俗语、名言警句等；后者为话语中包含有上述程式化话语的片断或变体形式。如上述策略中使用的话语就是俄语中最常见的有关"安慰"情景的程式化言语表达，是一种

"语言信息单位"（логоэпистема），即"具有不同层级的语言国情价值的语言单位，是操语言者对外部刺激所作出的语言反映的标准类型"（Костомаров，Бурвикова 1999：88—96）；五是从深层看，言语行为策略的使用会受到民族心理和相应文化的影响和制约。

2）对言语行为策略的本质属性作出界说。基于以上认识，维列夏金、科斯托马罗夫得出结论认为，不同的语言文化群体在同一言语行为情景中施行言语行为时，其采取的行为策略是有差异性的。这种差异性从本质上讲是由言语行为策略的"社会属性"（социальная природа）和"民族文化特点"（национально-культурные особенности）决定的。

所谓言语行为策略的社会属性，首先指在特定的言语行为情景中，交际者使用的话语虽然可以源自记忆中的程式化表达，也可以是说话者自己创造出来的，但言语行为策略本身则无疑属于社会现象，这种策略是操俄语的全体民族文化群体所接受的，而不仅仅是个别成员的行为。话语的程式化体现着言语行为的社会方面，而不同的个体采用不同的话语组合将程式化话语用于具体的情景，则是言语行为的个体方面。其次，言语行为策略本身是属于非言语的，但却是由多种"言语行为"（вербальные/речевые акты）组成的。在深层即人的心智层面，言语行为策略是凝聚起来的整合性的"意思—意向"（смысл-интенция），而在表层则体现为话语。如果从时间顺序上看，言语行为策略在先，为言语行为的先决条件；而话语在后，是策略的具体实现。再次，话语本身也具有双重性：既有区分性意义或直义，也有整合性意义或抽象意义。（Верещагин，Костомаров 2005：526—527）如上述列举的九种言语行为策略，就"策略"层面而言无疑具有整合性意义，因此它们是属于社会的。但是，每一种策略又都是由若干形式的话语组成的，这些不同的话语又具有区分性意义，是属于个体的。

所谓言语行为策略的民族文化特点，这是不言而喻的，因为言语行为受到民族文化的制约。当然，这种制约也可能使言语行为策略出现两种情况：一是在两种"民族文化和语言共性"（национально-культурная и языковая общность）中可能是吻合的；二是有可能不吻合，双方都表现出各自的特性，即体现为个性。例如，在"安慰"情景中，俄罗斯人与英国人可能使用相同的言语行为策略——"无能为力"的策略（如上述策略 3）。如：

—*Ой*, *порезал пальчик！I've hurt my figer！*（啊，把手指刺疼啦！）

—*Да ничего！Дай подую！Never mind．I'll kiss it better．*（没关系，我给你吹吹！）

—*Снова провалился？Что ж，жизнь——не сплошной праздник！Sorry to hear you've failed your exam again，but that's the way the cookie crumbles．*（又没考及格？没关系，生活不会总是十全十美的！）

但也会使用不相吻合的策略。如上述策略4——"别担心"策略（He поддавайся печали！Don't worry！）。由于英美文化中讲究礼仪和体面，会极力不让别人看出自己遭受到了不幸，因此会施行"保持微笑"策略，而俄罗斯人会说"你干脆微笑一下吧！"（Да улыбнись ты，наконец！），先宽慰对方的心，然后才是让对方微笑一下，属于"不要过分悲伤"策略。从这点上看，英美文化崇尚的是"成功哲学"理念，只要能够成功，可以付出任何代价；而俄罗斯传统文化提倡"同情哲学"，因此俄罗斯人愿意帮助陷入困境中的人。（Верещагин，Костомаров 2005：527—529）维列夏金、科斯托马罗夫认为，带有民族文化成分的言语行为策略的总和，在"语义"和"动机"两个方面可以用来解释那些触摸不到但又是现实存在的诸多现象，如"俄罗斯精神"（русский дух）、"民族心理"（национальная психология）、"民族心灵"（дух народа）等。可以假设，民族精神文化（哪怕是其中的某些片断）是可以用语言学分析的客观方法加以研究的，尤其是可以"通过言语行为策略的推演"进行研究。

3）对言语行为情景和言语行为策略的结构作出建构。在维列夏金、科斯托马罗夫看来，所谓"言语行为情景"（рече-поведенческая ситуация），是指反复出现的典型的社会生活场景，如问候、致谢、同情、不满、建议、禁止等。情景又可分为两类：一是现实情景，二是历史情景。他们认为，从"消除过错"这一现实情景看，可能出现如下六种情景：（1）交际者1可能认识到自己的过错；（2）交际者1可能没有认识到自己的过错，此时交际者2有可能采取"劝导"策略（РПТактика вразумления）；（3）交际者1认识到自己的过错，准备道歉；（4）交际者1认识到自己的过错，不准备道歉，此时交际者2可能采取"劝导"策略；（5）当交际者1道歉后，交际者2接受道歉；（6）当交际者1道歉后，交际者2不接受道歉，此时，交际者1可能采取"恳求"策略（РПТактика упрашивания），而交际者2可能采取"惩罚"策略（РПТактика наказания）等。（见 Верещагин，

Костомаров 2005:532)由于进入言语行为情景的言语行为策略以及实现该策略的话语很多,无法列举穷尽,因此维列夏金、科斯托马罗夫只对情景(1)(2)(5)做了具体分析。他们首先从"典型性话语"(показательные изречения)的角度来审视言语行为策略的"话语现实化"(речевая реализация)问题。所谓"典型性话语",是指能够在操语言者(即经历了现代俄罗斯社会化的、具有该社会全体成员背景知识或文化预设的操俄语的人)的头脑中"轻而易举地再现具体言语行为情景"的话语。它们源自日常生活,多为程式化或半程式化的话语,即带有"先例文本"(прецедентный текст)的话语。分析表明,作为名词的"过错",可以将其"隐喻"为一种事物,也就是说,过错既可有"尺码"(размер),也可有"重量"(вес),如俄语中就有 *маленькая вина*(小过错)、*крохотная вина*(微小过错)、*большая/великая вина*(大过错)、*огромная вина*(特大过错)、*гигантская вина*(极大过错)以及 *лёгкая вина*(轻微过错)、*тяжёлая/тяжкая вина*(重大/严重过错)、*невыносимая вина*(难以承受的过错)等隐喻式的"语言定型"(языковые стереотипы)或固定搭配;再从"过错"给人带来的影响以及操俄语的人对待"过错"的态度看,它可以"压抑心灵"(давить/тяготить душу)、"被过错压垮"(сгибаться под тяжестью вины)、"成为人的一块心病"(лежать камнем на сердце)、"玷污人的名声"(запачкать/запятнать человека),也可以"承担过错"(брать на себя/нести на себе вину)、"推卸过错"(снять с себя вину)、"嫁错于他人"(перекладывать/ возлагать/навешивать вину на кого)等等,这些搭配也都具有语言定型的性质,并与上述把"过错"隐喻为事物有关。(Верещагин, Костомаров 2005:533—534)由上可见,尽管言语行为策略是非言语的,既看不见也摸不着,但它绝不是虚幻的,而是存在于现实的言语中。一种言语行为策略可以通过在意义上具有统一意向的无数的话语链来实现。

　　基于以上认识,维列夏金、科斯托马罗夫根据具体策略名称区分意义的抽象程度对"言语行为策略结构"(конструкты РПТактик)进行了构建。他们认为,言语行为策略的逻辑结构应该有以下三个层级:

　　1)抽象第一层级(最底层级)——把具体的言语行为策略区分为"描写单位"(единица описания)。在该层级中,策略本身是由言语行为的语言材料即典型性话语来证实的;

2）抽象第二层级（中间层级）——按照比第一层级更为抽象的标准把具体的言语行为策略合并为"组"（группа）；

3）抽象第三层级（最高层级）——按照比第二层级更为抽象的标准把多个策略组合并为"群"（совокупность）。

不难看出，言语行为策略结构的构建，第一步是从同类的言语行为表达中通过抽象出某种共有的意义来完成的，即将这些意义合并为统一的具体策略单位；第二步是将同类的具体策略合并为策略组；第三步是把同类组合并为策略群。如果进一步合并策略群，就会改变研究对象的性质，因为策略群的组合就构成了言语行为战略。

从言语行为理论看，施行言语行为的战略目的是为了达成一定的言后效果，因此其中还包括着一系列附加的"言后目的"（иллокутивная цель）。如以"消除过错"战略为例，这些"言后目的"就包括着"领受性目的"（ассертивная цель）——*Вот как на самом деле обстояло дело！*（事情的确就是这样！）；"承诺性目的"（комиссивная цель）——*Больше такого не повторится！*（这种事情绝不能再犯啦！）；"指示性目的"（директивная цель）——*Ну，так ты меня извинишь или нет？*（你究竟原谅还是不原谅我呢？）；"宣告性目的"（декларативная цель）——*Ну，так мир！Но чур об этом не поминать！*（和解吧！说好啦，再别记恨啦！）；"表情性目的"（экспрессивная цель）——*Ах，я просто убита！*（哎呀，我太沮丧啦！）等。（Верещагин，Костомаров 2005：535）

在上述理论思辨、结构建构和思想阐释的基础上，维列夏金、科斯托马罗夫就"消除过错"战略中具体的言语行为策略组和策略群的话语体现问题，用大量翔实而典型的语料，按上述的六种情景分别进行了深入而有说服力的分析，从而在理论与实践的结合上论证了言语行为策略理论的语言国情学价值。从符号学角度看，维列夏金、科斯托马罗夫提出的"言语行为策略说"，无论是对言语行为理论的解释方面还是对言语行为策略的具体运用方面，以及从结构、文化视角对言语行为策略所做的层级描述和心理分析方面，无不具有符号学的意义，因为语言符号正是在言语交际尤其是跨文化言语交际的语境中显现出其应有的战略和策略意向的。从这个意义上讲，"言语行为策略"就成为符号学研究中交际主义范式不可或缺的重要组成部分。

第3节　交际与心理语言学研究

我们知道,俄罗斯心理语言学的最初样式是所谓的"言语活动论"(теория речевой деятельности),它形成于 20 世纪 60 年代末。也就是说,自作为独立学科的俄罗斯心理语言学诞生的第一天起,就与言语活动的有关理论学说密不可分。因此,从心理语言学视角来审视言语交际尤其是跨文化交际,就成为俄罗斯心理语言学尤其是民族心理语言学研究的传统之一。当然,心理语言学所研究的言语活动,其主旨是揭示言语生成和理解过程中的心理机制问题,因此,并未将言语交际或跨文化言语交际作为其主要的研究对象,或者说,言语交际或跨文化言语交际只是俄罗斯心理语言学研究中所依托的一种"视阈"或"背景"。但随着心理语言学的不断发展,学界开始将言语交际尤其是跨文化交际视为心理语言学研究的"新本体论"(новая онтология)。(见 Тарсов 1996)对此,我们在上文有关普里瓦洛娃的"跨文化与言语符号说"中做过论述。总体看,在交际与心理语言学研究领域,具有交际主义范式性质并在学界有较大影响的理论学说主要有三位学者的研究成果,它们是索罗金的"空缺论"、德里泽的"符号社会心理交际说"、克拉斯内赫的"交际行为模式说"。

3.1　索罗金的"空缺论"

"空缺"(лакуны)作为一种现象,是多学科研究的对象。但作为心理语言学的术语,最先研究该现象并取得学界公认成果的是俄罗斯当代心理语言学家索罗金。从 1977 年起,他就先后发表多篇文章,对语篇解读中及跨文化交际中的空缺现象进行论述和分析,如:《空缺作为揭示地域文化特点的方法之一》(«Метод установления лакун как один из способов выявления специфики локальных культур»)(1977),《空缺作为语言文化共性特点的信号》(«Лакуны как сигналы специфики лингвокультурной общности»)(1982),《试论语言和文化空缺的系统化:方法论和方法视角》(«Опыт систематизации лингвистических и культурологических лакун: Методологические и методические аспекты»),《"异"文化理解问题与克服语篇中空缺的方法》

(《Проблема понимания 'чужой' культуры и способы устранения лакун в тексте》)(1987)等。2003 年,他又主编了《语言与言语中的空缺》(《Лакуны в языке и речи》)文集,并在该文集中发表了《空缺:又一个审视的缩影》(《Лакуны: ещё один ракурс рассмотрения》)的论文。索罗金在上述这些著述中,在学理上和方法上构建起了比较系统的"空缺"学说。

　　所谓"空缺",在索罗金看来,就是语言个性结构成素中的某种空白点,或者说某"语言文化共体"(лингво-культурное сообщество)相对于另一语言文化共体而言的"经验的冗余或不足"(избыточность или недостаточность опыта)。他发现,语篇中常常存在着一些与受话人(读者)的经验不同的事物、过程和状态,它们作为某一语言文化共体特点的基本成素,常会给非本民族文化的个性造成理解或交际障碍。这就是语言和意识中的"空白点"(белые пятна)。语言与文化中的这种差异和非对应性,就是"空缺"。而研究"空缺"的基本方法是进行对比,即对比两个或数个地域文化的概念范畴和语言情感范畴,从而得出某一地域文化的言语行为与另一地域文化的差异。(Сорокин 1977:122—135)

　　"空缺"作为一种语言文化现象,受到俄罗斯众多语言学家尤其是心理语言学家的关注,学界先后提出了"空缺化"(лакунизация)、"空缺性"(лакунарность)等概念。索罗金认为,"空缺化"或"空缺性"的过程起先指"跨个性交际"(межличностное общение),尤其是交际参与者的"人体学形象"(соматологический образ),即"人体图"(карты человеческого тела),从而造成交际一方不接受或不喜欢另一方的直接原因。后来,在言语和非言语交际中由于文化行为尺度的非一致性而导致了"空缺化"或"空缺性"的出现。它们不仅反映在语言中,也反映在文化中,尤其集中体现在不同语言文化共体的心理意识层面。如,俄汉语中的习惯用语和成语等的理解和翻译由于存在"空缺"而显得十分困难:对"生米做成熟饭"(Сырой рис превратился в кашу)、"绣花枕头"(расшитая цветами подушка)等汉语熟语,俄罗斯人就很难理解其中的奥妙,只能翻译成"事情已经做成,火车开了"(Дело уже сделано, поезд ушёл)和"长着孔雀翅膀的乌鸦"(ворона в павлиньих перьях)。为解决语言与文化的"空缺",索罗金认为最主要的是要有"文化储备"(культурный фонд)以及语

言的"背景知识"(фоновые знания)等。为此,他提出用"语源"(семиогенез)和
"语符"(семиозис)的两个概念来分别解决文化经验和交际经验的积累问题。
(Сорокин 2003:3—10)

为消除语篇及跨文化交际中的"空缺",索罗金提出了如下几种方法:

1)"空缺填充法"(способ заполнения лакуны)——通过揭示异文化概念
或词语的含义来填补母语文化的空缺。填充可以有不同的深度,这取决于"空
缺"的性质、语篇的类型及交际对象的特点。其中使用最多的方法是保留陌生
文化的"原味",以有助于深刻理解它文化的特点。

2)"空缺注释法"(способ комментария к лакуне)——通过对语篇中异文
化成分的注释来实现填补"空缺"的方法。其具体方法可分为百科全书式的注
释和语言国情式的注释两种:前者注重提供具体和准确的信息,后者用以揭示
感知语言外事实的民族特点。

3)"空缺补偿法"(способ компенсации лакуны)——从译语语篇角度导入
交际受体文化成分的方法,以消除交际受体的文化障碍。如,可以在语篇中导
入与源文化相似的成分和准相似的成分。具体方法有:借用交际受体熟悉的
相似物;使用泛义词替代,语境替换等。(Сорокин 1987:160—168;1988:11—
18)

目前,俄罗斯心理语言学界对"空缺"的研究,已经形成了比较完整的理论
体系,内容几乎涉及交际尤其是跨文化交际的所有领域,提出了一系列的研究
课题和方向,诸如:"语言空缺"(языковые лакуны)——包括"词汇空缺""语法
空缺""修辞空缺"等;"民族主体空缺"(субъективно-национальные
лакуны)——由交际者民族心理类型不吻合造成的"空缺",如颜色、数字的象
征意义等;"交际活动空缺"(деятельностно-коммуникативные лакуны)——由
不同民族的典型活动类型不同产生的"空缺",如表情、身势语的行为定型等;
"语篇空缺"(текстовые лакуны)——由作为交际工具的语篇的特点造成的
"空缺",如交际时空的非对应性等;"文化空间空缺"(лакуны культурного
пространства)——由不同语言文化共体对文化空间和文化装饰的评价不吻合
造成的"空缺",如生活方式、世界知识、文化储备等。

无疑,上述"空缺论"对正确认识和把握言语交际尤其是跨文化言语交际
的特点有现实的指导作用。它是继语言教学论视角提出"词汇背景理论"

（теория лексических фонов）之后，从民族心理语言学角度对语篇层面的民族
文化语义所作出的一种阐释，因此具有重要的认知意义和实践意义。从符号
学角度看，"空缺"既是一种语言符号的缺失，也是一种文化符号的不对应，它
们在本质上是跨文化交际背景下的民族语言个性或语言意识的具体体现。因
此，讨论和研究"空缺现象"具有重要的符号学价值。

3.2　德里泽的"符号社会心理交际说"

作为莫斯科心理语言学派的主要成员之一，德里泽以研究语篇以及"社会
心理学"（социальная психология）而著称。1980 和 1984 年，她先后出版了《语
言与社会心理学》（«Язык и социальная психология»）和《社会交际结构中的
语篇活动》（«Текстовая деятельность в структуре социальной коммуникации»）
两部著作，标志着心理语言学的一个重要分支学科——"符号社会心理学"
（семиосоциопсизология）的诞生。符号社会心理学亦称"语言社会心理学"
（лингвосоциопсихология）[11]，主要用以研究"语篇/话语"（текст）在社会中的功
用过程。[12]它关注的并非是交际行为（即语篇）的内容方面，而是语篇的"动
机—目的结构"（мотивационно-целевая структура），从而使心理语言学研究深
入人与环境相互作用（协同）的语境层面。

"符号社会心理交际"的立论依据是：符号社会心理交际作为一种活动，它
不仅要依靠人所积累的有关语言的科学知识，还要依靠作为活动主体的有关
人的知识；符号社会心理交际活动主体在进入"交际协同"（взаимодействие
общения）时，不仅要认识周围的世界，还要构建其周围的世界；符号社会心理
交际活动不仅与人的其他活动相伴随，而且可以构成一种独立的和有针对性
的"事物活动"（предметная деятельность），从而影响着人的生活方式及社会化
过程。

总体看，德里泽"符号社会心理交际"说主要包含下列重要思想或观点：

1）作为活动的交际是符号社会心理学基础的思想。德里泽在《语言与社
会心理学》一书中，首先对符号社会心理学的学理渊源、研究对象、研究方法及
基本概念等问题进行了界定和缕析。她认为，符号社会心理学用以研究"语篇
活动"（текстовая деятельность）在其他社会活动中的地位问题；研究社会关系
现实化过程中各种活动交换条件下的语篇的作用和地位；研究将智力的"符

号—思维活动产品"(продукт знаково-мыслительной деятельности)转化为社会实践、文化和社会意识的路径和机制。(Дридзе 2009:20)在她看来,符号社会心理学所关注的焦点是"语篇—阐释者"(текст-интерпретатор)的交际关系问题,因为语篇既是有关"语篇外活动"(затекстовая деятельность)的含义信息源泉,也作为语篇主体——能动的阐释者,该主体对语篇所做的行为以及生成语篇时的行为具有动机性、情景性和目的性。(Дридзе 2009:21)基于以上界说,德里泽进一步提出了交际是符号社会心理学基础的重要思想。具体内容包括:(1)活动与行为不同。她认为,"活动"(деятельность)是一种"自觉的能动性"(осознная активность),即自觉的、有动机的、直观的、有目的的和社会上有严格规定的能动性;而"行为"(поведение)则是非自觉的或少有自觉的能动性。因此,语篇活动和语言(言语)行为也有别,它们是两种不同的人的交际能动性。(Дридзе 2009:25)(2)尽管人类活动系统的分析单位较为复杂,但都可以加以揭示和研究,如活动的主体,主体的特征(参数)及功能;活动的客体(对象);活动的动机和目的;活动的过程、种类和范围;活动的工具(手段);活动的产品和结果;活动的外在条件(尤其是自然的、技术—经济的和社会—文化环境的条件);活动的内在条件,等等。总之,"活动的交换"(обмен деятельностью)即人与人之间的"协同"(взаимодействие)是一切社会性的基础。(Дридзе 2009:26)(3)可以将作为活动的交际视为"社会协同机制的一个成素"(компонент механизма социального взаимодействия),而对该成素的研究可以观察到规范制定的路径以及人的活动和行为固定评价的生成、维持、变化情况。"认识"(познание)是在交际过程中实现的:交际中发生着知识和情感的交换;交际中建立、维持和改变着对人们的生活方式有影响的习俗、仪式和传统。(Дридзе 2009:30)(4)作为社会机制成素的交际体现在社会组织的各个层级上,它可以表示:(a)由语篇生成和阐释行动的黏合而形成的"交际—认知过程"(коммуникативно-познавательный процесс);(b)主要是在语篇活动基础上体现的"交际—认知活动"((коммуникативно-познавательная деятельность),包括受交际目的和直接交际意向制约的"伴随物质—实践活动"(сопутствующая материально-практическая деятельность),以及带有自身动机、对象和产品的独立活动等;(c)交际—认知活动过程中由语篇的"含义焦点"(смысловые фокусы)所形成的"含义接触"(смысловой контакт)。(Дридзе

2009：33）由上可见，德里泽对交际的解释主要是依照社会—符号活动的基本种类所作出的，这与传统的交际图式"（信息）来源——渠道——接收者"不同，而与俄罗斯著名语言符号学家雅各布森所提出的交际图式（由信息、发出者、接收者、代码、语境、接触六个成素构成）有相似之处。（见 Якобсон 1975：198）也就是说，被德里泽视为符号社会心理学基础的交际，不仅是一种活动，而且是一种"作为社会交际结构中的语篇活动"（见 Дридзе 1984：54—71），这一活动构成了体现含义信息形式与交际意向的社会协同机制，而语言符号不仅对理解上述交际—认知过程起着关键作用，其交际行为即"符号交际"（знаковое общение）也是"社会心理学的形成因素"（фоктор формирования общественной психологии）。（见 Дридзе 1984：14—16）

　　2）作为含义信息源泉的语篇及语篇分析的思想。何谓"语篇"？对此，德里泽将语篇视为"含义信息的源泉"（источник смысловой информации）。她对语篇曾作出如下界说：语篇是一个完整的交际单位，是交际成分的某一系统，功能上是由普遍观念或意图（交际意向）联合而成的统一的和封闭的"等级语义—含义结构"（иерархическая семантико-смысловая структура）。（Дридзе 2009：49）这段界说表明，在德里泽看来，正是语篇的含义信息流才构成了语篇的基本内容，但该语篇既是一个封闭的系统，也是一个等级系统。也就是说，所谓"语篇关系"（текстуальные отношение）[19]，首先指的是"等级语义—含义关系"（иерархические семантико-смысловые отношения）。该等级关系将语篇分为"宏观结构"（макроструктура）和"微观结构"（микроструктура）两类：前者可表征为"不同等级含义块"（разнопорядковые смыловые блоки）即不同的"述谓关系"（предикация）等级；后者表征为"语篇内关系的组合"（набор внутритекстовых связей），由语篇的"含义支点"（опорные смысловые узлы）组成。（见 Дридзе 2009：62—63）至于语篇分析，她认为有两种基本方法：一种是纯语义分析视角，另一种是语用分析视角。前者的语篇由"指称物"（денотаторы）或"所指物"（десигнаторы）来运作，因此可称为"指称性语篇"（денотативные тексты）、"所指性语篇"（десигнативные тексты）以及混合型的"指称—所指性语篇"（денотативно-десигнативные тексты）三种；后者是从对语篇进行阐释性界说视角出发的，因此，可以将语篇的含义信息视为有动机和有目的的交际—认知活动的不同阶段。（Дридзе 1984：77—78）显然，德里泽是采用语用分析方法对语篇的含义信息作出分析的。它表明,所谓语篇的"信息性"(информативность),首先指语用信息性;受话人对发话人所发出的信息意图、目的以及交际意向的阐释是否等同,就构成了对语篇语用信息的评价;而揭示语篇的真实信息性只有靠实验来检验,或靠导出某一语篇的"假设信息性系数"(гипотетический коэффициент информативности)来实现。(见 Дридзе 2009:58—60)根据以上对语篇特性及语篇分析方法的界说,德里泽尝试用"假设信息性系数"的方法对不同语篇作出符号社会心理学分析。她认为,一般的语篇分析可采用下列步骤:(1)属于一级述谓关系的"信息目的"(цель сообщения)[20];(2)"总内容成分"(элементы общего содержания),包括属于二级述谓关系的"主要成分"(основные элементы)——基本论题、情景分析评价等,"次要成分"(второстепенные элементы)——三级述谓关系成分、四级述谓关系成分等。(见 Дридзе 2009:66—67)在语篇分析中,还有一个如何对"大块语篇"(текстовые массивы)进行信息分析的方法问题,对此,德里泽提出如下观点:(1)采取"内容分析方法"(контент-анализ),以揭示显性和隐性的史料、意图及特点等;(2)"信息—目的分析方法"(информационно-целевой анализ),主要用于对语篇的"二手信息性"(вторичная информативность)进行分析;(3)"关键词分析方法"(метод выяленения ключевых слов),主要用于对文献信息的检索。如,首先根据词频分析揭示出关键词和信息检索词,然后揭示出"信息检索语汇"(информационно-поисковый тезаурус)。(见 Дридзе 2009:96—97)关于上述"信息—目的分析方法"的术语,德里泽在 1984 年出版的《社会交际结构中的语篇活动》一书中又将其称为"动机—目的分析方法"(мативационно-целевой анализ),由此可见,这里所说的"含义信息""信息性"等概念,主要针对交际动机或交际意向而言的,也就是说,德里泽提出的语篇和语篇分析的思想也完全是建立在交际这一基础之上的。

　　3)作为语篇活动功能基础的个体意识的思想。在《语言与社会心理学》和《社会交际结构中的语篇活动》两部著作中,德里泽都对"个体意识"(индивидуальное/личностное сознание)问题做了符号社会心理学的阐释。[21]对此,她主要从不同的"场"(поле)或"阈"(сфера)的视角出发,来探索个体"言语思维活动"(речемыслительная деятельность)或"智力—思维活动"(интеллектуально-мыслительная деятельность)的特点。她认为,人的言语思维活动是在"一级符号系统"（первичная сигнальная система）和"二级符号系统"（вторичная сигнальная система）的统一体基础上实现的，一级符号系统通过"言语功能基础"（функциональный базис речи）这一"中间层级"（промежудочный уровень）间接表示着二级符号系统的活动。[22]（Дридзе 2009：111）据此，她得出如下两点结论：（1）在人的心理器官中有"言语功能基础"的存在，这是一个作为语言能力基础和解决对客观现实"言语前理解"（довербальное осмысление）之任务基础的系统。该基础可以形成"概念雏形"（протопонятие），并保障从"言语前符号活动"（довербальная знаковая деятельность）向"言语符号活动"（вербальная знаковая деятельность）的过渡；（2）言语功能基础的存在，在人的心理器官中又以更为宽泛的功能基础——智力—思维活动的存在为前提，该基础不仅可以生成概念雏形，还可以形成"感觉形象"（чувственный образ），而动机就生成于该感觉形象。（Дридзе 2009：112）那么，如何对作为言语功能基础的个体意识进行模式化呢？德里泽认为，可以在意识框架内的三个抽象层级即三个不同"场"的角度来审视个体意识，它们分别是：（1）"感觉意识场"（сенсорное поле сознания），其功能是对"感觉代码"（сенсорный код）进行校读，并从感觉器官机体内外的"能量流"（поток энергии）中通过抽取其"常量"（инвариант）而将其转化为"形象"（образ）。换句话说，感觉意识场不仅对通过感觉器官进入的信息进行加工，还对情感过程的"形象表征"（образные представления）作出展示。感觉意识场的内容是感觉形象，以及与感觉形象有关的结果表征。而感觉—直觉思维活动属于意识的一级知觉活动，它与由直接的外部或内部成素所生成的感觉加工有关；感觉意识场的内容是非自由的，它直接依赖于沿着"内外感受器"（экстро-и интерорецептор）而进入的信息。（见 Дридзе 1984：106—107，2009：113—114）（2）"联想意识场"（идеаторное поле сознания），其功能是对概念雏形和联想结构中的形象表征进行展示，并在言语思维交际活动结构中对联想结构作出第二次展示；言语思维交际活动结构即语言符号和象征符号。该两种符号作为联想结构的替代工具，它们的"智力作业"（интеллектуальные операции）并非是在物体和情景的直观形象上进行的，而是在物体和情景的含义替代物上实施的。也就是说，智力作业是在联想意识场基础上实现的。从这个意义上讲，现有的关于形象思维与抽象逻辑思维有别的说法是有条件的，它多半是对"言语—语言结构"（рече-языковые структуры）即"符号—象征结构"（знаково-символические структуры）进行形式语言学和形式逻辑学分析的结果；联想意识场的内容可以在两个抽象层级上进行审视，它们对应于智力—思维活动的两个层级：一是作为"言语外智力—思维活动"（внеречевая интеллектуально-мыслительная деятельность）的结果，感觉思维场的表征和形象在联想意识场的"含义层级"（смысловой уровень）上被列入概念雏形和联想结构之中；二是作为"言语智力—思维活动"（речевая интеллектуально-мыслительная деятельность）的结果，感觉思维场的表征和形象在联想意识场的"语言层级"（языковой уровень）上被列入具体的范畴、概念和"言语—联想结构"（рече-идеаторные структуры）之中。（见 Дридзе 1984：107—109，2009：114—115）

（3）"动机意识场"（мотивационное поле сознания），其功能是在智力—思维活动和交际—认知活动中刺激、组织和调整感觉意识场和联想意识场之间的协同，并通过"定向机制"（механизм установки）负责对"形象—联想活动"（образно-идеаторная деятельность）和"言语—交际活动"（рече-коммуникативная деятельность）进行掌控。换句话说，有目的的言语思维活动是以对其进行组织的动机为前提的，而动机及其性质和强度则是由心理过程的内容筛选和动态面所决定的；"动机阈"（мативационная сфера）的性质和结构受制于情境因素，包括客观情景及其主观形象。在每一个具体的情景中，占主导的自觉的活动动机会对自身进行校正和现实化。（见 Дридзе 1984：109—111，2009：115—116）由上不难看出，德里泽对个体意识的阐释是建立在维果茨基、卢利亚、小列昂季耶夫等人的相关学术思想基础之上的，有所不同的是她的符号社会心理学视角，因此，她并没有像其他心理语言学家那样将"动机"作为言语生成和言语感知的起点，而是作为语言社会心理交际中的智力—思维活动或言语—交际活动的"第三层级"予以审视，这在一定意义上深化了对语言意识的认识。这是因为：德里泽眼中的个体意识不仅是智力—思维活动的基础，也是交际—认知活动的基础。

如上所述，德里泽对符号社会心理学的基本学理进行了全面的理论和实践建构，并由此生成出"符号社会心理交际说"。尽管该学说是俄罗斯心理语言学研究领域第一个标明"符号学"视阈的学说，但究其基本学理而言与莫斯科心理语言学派所倡导的言语活动论理论思想可谓"一脉相承"，其聚焦的是作为各种活动基础的交际。这也从一个侧面表明,俄罗斯心理语言学具有鲜明的"心理符号学"(психологическая семиотика)的特性。当然,所不同的是,德里泽将"言语活动"的概念进一步具体化到了"语篇活动"的范围内进行审视,因此就涉及了包括"言语思维活动""言语—交际活动""智力—思维活动""交际—认知活动"等在内的所有意识活动的层面。她对上述活动形式和内容所作的深入阐释,是符号学、心理学、社会学三门科学相互交叉的结果,因此就成为俄罗斯当代心理语言学领域的一个独特方向,对此,莫斯科心理语言学派的奠基人小列昂季耶夫给予很高的评价。他认为,德里泽的符号社会心理学在理论和方法上都有其独创性和成效性:它对言语交际中语篇功能的审视并非是言语的形式结构,而是语篇构成的内容结构即信息—含义结构;它所聚焦的并非是具体个体之间的言语交际过程,而是语篇这一信息—含义单位的功用问题。(见 Леонтьев 2009:3—4)当然,由于语篇是一个十分复杂的形式和意义系统,因此,语篇分析可以有不同的视角和方法,且这些视角和方法也都有各自的优长和不足。从这个意义上讲,德里泽所做的语篇分析(主要是"信息—目的分析")也只能解决语篇的某一个问题,而不是全部问题。在我们看来,她所提出的学术思想及其分析方法起码对语篇的含义感知(无论是读者的还是听者的)有重要的理论和实践意义。

3.3 克拉斯内赫的"交际行为模式说"

作为莫斯科大学教授,克拉斯内赫在心理语言学、民族心理语言学、认知语言学、语言文化学、跨文化交际学等方面有很深的造诣。2001 年,她在原系列讲座稿的基础上出版了专著《心理语言学基础与交际理论》(«Основы психолингвистики и теория коммуникации»),从心理语言学的"语篇生成和感知"(порождение и восприятие текста)视角阐发了对言语交际中的"交际行为模式"(модель коммуникативного акта)的基本认识,形成了比较完整的"交际行为模式"学说。下面,我们将对该学说作简要评述。

关于语篇生成问题。克拉斯内赫认为,语篇生成的起点是"观念"(концепт),该观念预先决定着语篇的"含义/语义构造"(смысловое/семантическое строение),并通过该含义构造确定着语篇的"逻辑构造"(логическое строение)。此外,观念在反映语篇作者的意向并通过意向间接地反映语篇生成的动机时,会向逻辑构造提出"交际目的性"(коммуникативная целенаправленность)——交际或美学方面的影响作用。逻辑构造和交际目的性再提出会对语篇生成时实际使用的全部"语言手段"(языковае средства)进行选择。(Красных 2001:225)这样,上述关系就可以用下图来表示:

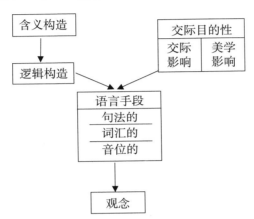

关于语篇感知问题。克拉斯内赫认为,语篇接收者在感知语篇时是反向的,即从语篇到观念。这时,下列因素对观念的等值感知至关重要:在表层,是广义的"小语境"(контекст)[17],包括微观语篇、宏观语篇和"影子—语境"(контекст-тень);在深层,是语篇的作者和接收者的知识储备或"预设"(пресуппозиция)。(Красных 2001:226)可见,在克拉斯内赫看来,语篇的等值感知和理解主要取决于语篇的作者和接收者阐释之间的对应性,这在理论上是成立的。但实际上,每一个语篇可能有"多种预设",在这种情形下如何做到阐释的对应性呢?克拉斯内赫认为,操同一种语言的人所具有的相同的"认知基体"(когнитивная база)是相同的,它作为"预设常量"(пресуппозиционные инварианты)可以保障对语篇内容感知和理解的完全对应。(Красных 2001:232—233)

但问题是,每一位交际者(无论是语篇的作者和是接收者)都有自己的"个体认知空间"(индивидуальное когнитивное пространство/ИКП),只有在"个体认知空间"的交叉点上才有可能形成共同知识和认识的某区域,克拉斯内赫将该区域称作"预设"(пресуппозиция)。她认为,预设在语篇生成时,可以在一定程度上预先确定语篇的含义构造和交际目的性；在语篇感知时，对语篇的理解起着极其重要的作用。引发语篇生成和个体认知空间生成的"情景"（ситуация）作为预设的基础，对语篇的观念而言属于同一层级的现象，它们之间形成相互制约的关系，即：情景建立起某种动机，并确定着语篇生成的某种意向，以适应各种认知空间。认知空间一方面制约着对情景本身的感知，另一方面又预先确定着动机和意向的性质。这样，有两种因素对语篇观念的形成产生影响：情景和语篇作者的个体认知空间（或者说"作者的知识储备"）。此外，语篇作者的个体认知空间也会通过预设影响到语篇的含义构造和交际目的性。（Красных 2001:238）上述关系可用下图来表示：

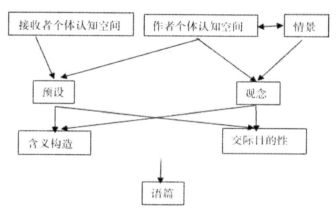

以上图示表明，情景对语篇生成的各个阶段——观念形成阶段、语言手段的选择阶段以及对选择进行检查或校正的阶段等，都起着十分重要的作用。但情景除"小语境"外，还有所谓的"大语境"（консиуация）。克拉斯内赫认为，它们都可以激发言语活动（语篇生成）的动机和意向。意向需要靠语篇深层的、展开的含义构造——观念来实现。在语篇生成过程中，意向会对观念进行"扫描"（сканирование），扫描的结果就是将观念展开为表层的含义构造（非线性的），并确定语篇或语句的交际目的性。（Красных2001:240）最终，便获得语篇感知的下列图式：

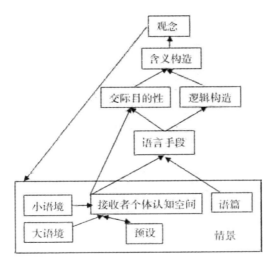

这样一来,克拉斯内赫提出,实际上在语篇感知过程中有三个意义层级,即语篇理解的三个层级:(1)表层——形式感知,直义理解(感知);(2)深层——非直义理解,补充的意义模态和言外之意的理解;(3)意义——意义的理解,观念的感知(阐释)。(Красных 2001:243—245)

由上不难看出,克拉斯内赫对上述语篇生成和感知的认识与其他学者有很大不同。她是从语言认知的视角对语言感知和理解作出阐释的,而其他学者则是从心理认知视角进行审视。因此,克拉斯内赫学说的理论起点并不是心理语言学的"动机",而是语言意识或思维的单位——"观念"。为什么观念可以作为语篇感知和理解的起点呢? 这是因为:动机与语篇的联系并不是直接或直线的。动机作为创建言语作品(语篇)的"脉冲"(импульс),就体现为所生成语篇的观念。克拉斯内赫认为,语篇的观念是一种"思维块"(мыслительный сгусток)——一种最大限度压缩的深层含义构造,该构造只有在语篇生成过程中才能展开。因此,观念是语篇直接生成的起点。(Красных 2001:233)从观念出发来审视语篇的生成和感知(理解),这正是该理论的意义所在。它更加直接地与人的思维或意识关联在一起,并与人的认知特性和规律相关联,因此更具有以"说话的人"为中心的交际主义范式的性质。

关于交际行为模式问题。克拉斯内赫正是在对语篇生成和感知的独特认识基础上,推导出交际行为模式的。她认为,交际行为的核心是"独白语篇"(текст-монолог),而在对话的情形下,当语篇由多位交际者生成时,交际的角色就会时常发生变换,从而形成"循环图式"(схема цикла),即语篇片断的接收者充当语篇片断的作者。(Красных 2001:245)这样,就可以展示出交际行为模式的下列图式(Красных 2001:246):

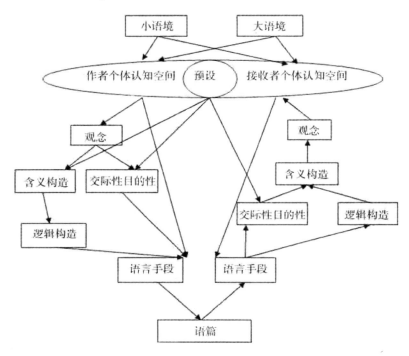

由上不难发现,克拉斯内赫对交际行为模式的建构充分考虑到了制约交际的一系列因素,其中主要是"作者—语篇—接收者"之间的"三位一体"关系因素。此外,该模式的交际行为结构由四种成素构成:大语境、小语境、预设和言语,它们预先决定着任何一个交际行为的两个构素——情景和话语。

总之,克拉斯内赫"交际行为模式说"是建立在对语篇生成和语篇感知模式基础上的,因此,该模式最大的特点就是三种模式的"一体化",即语篇生成、语篇感知和交际行为模式构成一个整体。从符号学角度看,该模式的运行具有双向性,即从作者认知空间出发到语篇,再从语篇出发到接收者的认知空

间;前者是从虚拟到现实,后者从现实到虚拟。这种双向的运行机理以及在虚
拟和现实之间的转换,不仅揭示着语篇生成和语篇感知的规律,同时也揭示着
作为符号的交际行为的规律。

注释

1. 实际上,在俄罗斯符号学"成熟期"的研究范式中,还有其他范式与交际有关,如"心理认知主义范式"(когнитивно-психологическая парадигма)、"文化认知主义范式"(когнитивно-культурологическая парадигма)和"观念认知主义范式"(когнитивно-концептуальная парадигма)等。这些范式将在之后的章节中加以专门分析和评析。

2. 关于"交际行为"的俄文表述,不同的学者使用不同的术语,如 коммуникативное поведение,коммуникативный акт 等,但就各种表述的内涵而言,并没有大的区别。

3. 显然,巴鲁林在这里使用的这个术语源自美国逻辑学家、现代符号学的奠基人之一莫里斯(Ч. У. Моррис,1901—1979)的符号学说,但后者是将该术语当作与语义学、语用学并列的"语符学"来使用的。

4. 在俄罗斯学界尤其是心理语言学界,术语"跨文化交际"的俄语表述既用 межкультурная коммуникация,也用 межкультурное общение,两者作为同义词,意义上并没有区别,且年长一些的学者更习惯使用后者。

5. 此处的"观念标尺"意为"受文化制约的标尺"(культурнообусловленные эталоны)。

6. 上述"义素"多为心理学领域与知觉有关的专有术语。

7. 该概念相当于观念分析中的"观念称名词"(номинирующий концепт),简称"观念词"。

8. "莫斯科语义学派"创立于 20 世纪 60 年代,并一直延续至今。该学派主要将语义理论用于对"机器翻译"(машинный перевод)系统的研究,其取得的成果在世界学界具有影响力。该学派的创始人除阿普列相外,还有梅里丘克(И. А. Мельчук)、若科夫斯基(А. К. Жоковский)等。

9. 这一概念与索绪尔(Ф. Соссюр,1857—1913)所说的"言语活动"以及心理学或心理语言学所说的"言语活动"的概念完全不同。

10. 该书出版后曾多次再版,2005 年推出新的第五版,内容较之原著作有很大的增加。

11. 德里泽在 1980 年出版的《语言与社会心理学》一书中,将该学科称为"语言社会心理学",但在 1984 年出版的《社会交际结构中的语篇活动》又将其改称为"符号社会心理学"。

12. 学界对俄语中对 текст 这一术语的定名并不一致,有"文本""篇章""语篇""话语"等。我们在这里采用"语篇",以便保持在心理语言学领域对该术语使用的统一。

13. 在相关著作中,德里泽对用作形容词的"语篇"一词的使用并不一致,текстовой 和 текстуальный 互用。

14. 德里泽在相关著作中把 текст 与 сообщение 等同使用。考虑到她推崇雅各布森提出的交际图式，因此我们把此处的 сообщение 定名为"信息"，即雅各布森所用的含义。

15. 在该两部著作中，德里泽分别用 индивидуальное сознание 和 личностное сознание 来标注术语"个体意识"，因此，它们应该属于同义。

16. "言语功能基础"亦称"语篇活动功能基础"。（见 Дридзе 1984:106）

17. 此处的"小语境"即"上下文语境"，是相对于另一个概念相近的术语"大语境"（конситуация）而言的。

参考文献

[1] Акишина А. А. ,Формановская Н. И. Русский речевой этикет(второе издание) [M]. М. , Русский язык，1978.

[2] Апресян Ю. Д. Перформативы в грамматике и в словаре [J]. //Известия АН СССР. Серия литературы и языка，1986，№3，208—223.

[3] Арутюнова Н. Д. Речевой акт [A]. //Лингвистический энциклопедический словарь [Z]. М. ,УРСС，1990，с. 412—414.

[4] Арутюнова Н. Д. От редактора [A]. //Логический анализ языка. Язык речевых действий [C] М. ,Наука，1994а，с. 3—6.

[5] Арутюнова Н. Д. Молчание и чувство [A]. //Логический анализ языка. Язык речевых действий [C]. М. , Наука，1994b，с. 178—183.

[6] Арутюнова Н. Д. Молчание: контексты употребления [A]. // Логический анализ языка. Язык речевых действий [C]. М. , Наука，1994с，с. 106—117.

[7] Барулин А. Н. Основания семиотики. Знаки, знаковые системы, коммуникация. Часть 1 [M]. М. , Спорт и культура —2000，2002.

[8] Верещагин Е. М. , Костомаров В. Г. В поисках новых путей развития лингвострановедения: концепция рече-поведенческих тактик [M]. М. , ИКАР，1999.

[9] Верещагин Е. М. , Костомаров В. Г. Язык и культура [M]. М. , ИНДРИК，2005.

[10] Дридзе Т. М. Текстовая деятельность в структуре социальной коммуникации [M]. М. , Наука，1984.

[11] Дридзе Т. М. Язык и социальная психология [M]. М. , Книжный дом «ЛИБРОКОМ»，2009.

[12] Красных В. В. Основы психолингвистики и теория коммуникации [M]. М. , Гнозис，2001.

[13] Леонтьев А. А. От ректоктора [A]. // Язык и социальная психология [M]. М. ,Книжный дом «ЛИБРОКОМ»，20096，с. 3—5.

[14] Привалова И. В. Интеркультура и вербальный знак (лингвокогнитивные основы межкультурной коммуникации)[M]. М. , Гнозис, 2005.

[15] Сорокин Ю. А. Метод установления лакун как один из способов выявления специфики локальных культур [A]. //Национально-культурная специфика речевого поведения [C]. М. , Наука, 1977, с. 120—136.

[16] Сорокин Ю. А. Лакуны как сигналы специфики лингвокультурной общности [A]. // Национально-культурная специфика речевого общения народов СССР [C]. М. , Наука, 1982, с. 22—27.

[17] Сорокин Ю. А. , Марковина И. Ю. Опыт систематизации лингвистических и культурологических лакун: Методологические и методические аспекты [A] // Лексические единицы и организация структуры литературного текста: Сб. научных трудов [C]. Калинин, 1983, с. 35—52.

[18] Сорокин Ю. А. , Марковина И. Ю. Проблема понимания "чужой" культуры и способы устранения лакун в тексте [A]. //Русское слово в лингвострановедческом аспекте [C]. Воронеж, Изд-во Воронежского ун-та, 1987, с. 160—169.

[19] Сорокин Ю. А. , Марковина И. Ю. Культура и её этнопсихолингвистическая ценность [A]. //Этнопсихолингвистика [C]. М. , Наука, 1988, с. 6—19.

[20] Сорокин Ю. А. Лакуны в языке и речи [C]. Благовещенск, Изд-во БГПУ, 2003.

[21] Сорокин Ю. А. Лакуны: ещё один ракурс рассмотрения [A]. //Лакуны в языке и речи. Сб. науч. трудов [C]. Благовещенск, Изд-во БГПУ, 2003, с. 3—6.

[22] Формановская Н. И. Коммуникативно-прагматические аспекты единиц общения [M]. М. , ИКАР, 1998.

[23] Формановская Н. И. . Речевое общение: коммуникативно-прагматический подход [M]. М. , Русский язык, 2002a.

[24] Формановская Н. И. Культура общения и речевой этикет [M]. М. , Издательство ИКАР, 2002b.

[25] Тарасов Е. Ф. Межкультурное общение—новая онтология анализа языкового сознания [A]. // Этнокультурная специфика языкового сознания [C]. М. , ИЯ РАН, 1996, с. 7 —12.

[26] Якобсон Р. О. Структурализм «за» и «против» [C]. М. , Прогресс, 1975.

第 十 二 章

语义中心主义范式

所谓"语义中心主义"(семантикоцентризм),指以符号(主要是语言符号)的意义或语义为核心的研究视阈,因此,亦可称其为"语义符号学"(семантическая семиотика)。

理论上讲,"语义中心主义范式"(семантикоцентрическая парадигма)作为一种方法论,并非像"功能主义范式"(функциональная парадигма)或"心理认知主义范式"(когнитивно-психологическая парадигма)等那样是由某一个或几个学派组成的[1],而主要是由专门从事语言符号意义研究的众多学者所创建的。在这些学者中,有的属于某一学派,如阿普列相(Ю. Д. Апресян)是"莫斯科语义学派"(Московская семантическая школа/МСШ)的创始人及领袖之一;而大部分学者则并没有贴上学派的标签,只是在各自的语义学研究中提出了具有符号学意义的相关理论或学说。

我们知道,俄罗斯学界对语言意义研究的历史源远流长,并以擅长语义尤其是词汇语义研究而著称于世。从历史渊源看,最早对语义进行系统研究的是"哈尔科夫语言学派"(Харьковская лингвистическая школа)的奠基人波捷布尼亚(А. А. Потебня,1835—1891)。他在《思维与语言》(«Мысль и язык»)(1862)和《俄语语法札记》(«Из записок по русской грамматике»)(1874—1899)两部著作中提出了"词的内部形式"(внутренняя форма слова)学说和关于词的"近义"(ближайшее значение)和"远义"(дальнейшее значение)的重要思想。[2]19 世纪末至 20 世纪初,学界公认对语义研究有贡献的学者是波克罗夫斯基(М. М. Покровский,1868—1942),他于 1895 年在莫斯科大学答辩通过的硕士论文《古代语言领域中的语义学研究》(«Семасиологические исследования в области древних языков»),可谓是俄罗斯语言学史上第一篇以"语义学"(семасеология)为研究对象的学位论文。对此有学者指出,波克罗夫斯基在该论文中引经据典,为研究印欧语系近亲语言的语义变化的复杂过程开辟了新的途径,即从 19 世纪后期国外语言学界对孤立词的意义的研究,到确定语义变化的原因和分类,最终表明当时俄罗斯语义思想的特点表现在对词汇意义的实质进行深入理论阐释方面,并且顾及词的语义联系的系统性问题。(Кобозева 2000:24)20 世纪初期,"莫斯科语言学派"(Московская лингвистическая школа)代表人物之一的沙赫马托夫(А. А. Шахматов,1864—1920)在研究语法范畴和词类时提出,语法范畴或语法概念、语法意义的定义应该对应于现实的词义:语法范畴是在该语言中找到词法或者句法所反映的"相伴意义"(сопутствующее значение)[4];相伴意义是各种现实意义对另一种现实、抽象意义的态度反应。(Шахматов 1941:499)他的这一思想为俄语句法语义研究奠定了一定基础。俄罗斯哲学家、阐释符号学家什佩特(Г. Г. Шпет,1879—1937)也曾在《思维与话语》(«Мысль и слово»)一书中对词汇语义问题作过研究。他指出,词不仅仅是符号,在其行为中也不应仅仅被界说为具有表义性。词还是事物,因此还可以界定为本体论符号。词在理念归属上具有双重性:意指和直指……逻辑形式中的词的意义就是事物间的关系。(Шпет 2005:406)

　　20 世纪 40—50 年代起,随着结构主义语言学由"形式"(форма)向"内容"(содержание)的转向,俄罗斯学界对语言研究的重点开始转向词汇语义领域,并取得举世瞩目的丰硕成果。如,在具有世界影响的"维诺格拉多夫语言学派"(Виноградовская школа в языкознании)的奠基人维诺格拉多夫(В. В. Виноградов,1894/95—1969)提出的"词的学说"(учение о слове)中,就涉及词的词汇意义类别问题,维诺格拉多夫将其概括为"直义"(прямые значения)、"称名派生意义"(номинативно-производные значения)、"修辞意义"(стилистические значения)、"成语性耦合意义"(фразеологически связанные значения)、"句法功能意义"(функционально-синтаксические значеня)等。(见 Виноградов 1947:162—189)这一思想为俄语"词汇语义学"(лексичнская

семантика)的生成奠定了学理基础。除上之外,在本著中所审视的其他范式中,也或多或少地涉及语言符号的意义问题,如"结构—系统主义范式"(системно-структурная парадигма)、"结构—功能主义范式"(функционально-структурная парадигма)、"文化—历史主义范式"(культурно-историческая парадигма)、"系统—结构—功能主义范式"(системно-структурно-функциональная парадигма)、"后结构主义范式"(постструктурная парадигма)等。但由于这些范式并不是围绕"语义"这个核心所展开的,而只是作为研究对象的"组成部分"或"非核心内容"来对待,因此不属于本章审视的内容和范围。

应该说,20世纪60—70年代是俄罗斯语义学研究发展最为重要的时期。在20世纪50年代形成的"现代词汇学"(современная лексиология)的基础上,这一时期开始对词汇学展开了全面而系统的研究,义素分析法、转换生成法、分布分析法、话语分析法等对词汇语义成分进行分类研究的研究方法相继问世,并出现了词汇语义群、语义场等理论,不仅使词汇语义学研究取得突破性进展,更将其发展为一门独立的学科。正是在上述背景下,诞生了具有世界影响的莫斯科语义学派。这与世界范围内语义学成为一门独立学科的发展进程基本吻合。[5]因此,本章主要从范式角度来审视这一阶段以来的俄罗斯语义学的研究成果。具体内容可分为三个方面:一是莫斯科语义学派的学术研究;二是词汇语义研究;三是语言符号学意义研究。我们的基本观点是:当代符号学研究主要是围绕"符号的意义"这一核心展开的,因此,对俄罗斯符号学研究中语义中心主义范式进行全面审视,不仅可以揭示俄罗斯符号学在语义研究方面的理论成果和学术价值,更可以为世界其他国家的符号学语义研究提供有益借鉴。

第1节　莫斯科语义学派的研究

莫斯科语义学派形成于20世纪60年代,其前身是以"莫斯科国立外国语师范学院机器翻译实验室"(Лаборатория машинного перевода МГПИИ)为中心组建起来的一个语言学研究团队。该团队以构建多层级的"意思⇔文本"(Смысл⇔Текст)转换模式为目标,对语言进行整合性的形式化描写。由于该团队提出的语义学思想独树一帜,其取得丰硕研究成果,被学界称为"莫斯科语义学派"。

从该学派的人员组成看，他们主要以阿普列相、梅里丘克（И. А. Мельчук）为领袖，成员大多为"俄罗斯科学院俄语研究所"（Институт русского языка РАН）的研究人员，包括阿普列香（В. Ю. Апресян）[6]、若尔科夫斯基（А. К. Жолковский）、列昂季耶娃（Н. Н. Леонтьева）、沙梁宾娜（З. М. Шаляпина）、巴巴耶娃（Е. Э. Бабаева）、博古斯拉夫斯卡娅（О. Ю. Богуславская）、加拉克季奥诺娃（И. В. Галактионова）、格洛温斯卡娅（М. Я. Гловинская）、格里戈里耶娃（С. А. Григорьева）、伊奥姆金（Л. Л. Иомдин）、伊奥尔丹斯卡娅（Л. Н. Иорданская）、克雷洛娃（Т. В. Крылова）、列翁吉娜（И. Б. Левонтина，）、普坚措娃（А. В. Птенцова）、萨宁科夫（В. З. Санников）、乌雷松（Е. В. Урысон）等近四十位语义学方面的研究学者。下面，我们将从研究方法和原则、研究目标和内容、"意思⇔文本"模式的基本原理三个方面来具体审视该学派的语义学理论。

1.1 研究方法和原则

从研究方法看，该学派主要继承了谢尔巴（Л. В. Щерба，1880—1944）、维诺格拉多夫等的相关学术思想，积极吸收了美国语言学家卡茨（J. Katz，1932—2002）、福德（J. Fodor，1935—2017）和莱考夫（G. Lakoff）等的生成语法理论和认知语言学理论学说，并借鉴了波兰语义学家韦日比茨卡娅（А. Вежбицкая）的语义注释方法，以梅里丘克等人提出的"意思⇔文本"模式为基础[7]，在语言学的宏观领域和微观领域，包括语义学、词典学和机器翻译等学科，提出了一系列具有革命性的研究方法与描写原则。他们将词汇的语义研究与词典学研究紧密结合起来，对同义词、多义词、同音异义词以及成语中的各种词汇语义进行了系统的分析，逐步形成了颇具特色的语义学思想和研究风格。至 20 世纪 70 年代中期，该学派的"意思⇔文本"模式的基本学理已经形成，其主要思想和观点集中反映在梅里丘克的专著《"意思⇔文本"语言学模式理论初探》（«Опыт теории лингвистических моделей "Смысл ⇔ Текст"»）(1974)，阿普列相的专著《词汇语义：语言的同义手段》（«Лексическая семантика. Синонимические средства языка»)(1974))，以及若尔科夫斯基与梅里丘克合写的论文《关于构建语言的"意思⇔文本"模式》（«К построению действующей модели языка "Смысл⇔Текст"»)(1969)等相关成果中。

从研究原则看,该学派遵循的基本原则主要有三条:一是共时原则,即对语言单位语义进行共时描写,也就是将现代操语言者的语言意识"模式化"(моделирования);二是语言能力原则,即在人的"语言能力"(языковая компетенция)框架内对人脑中的所有语义信息以及人为建构语句所使用的全部语义信息进行描写,以获得现代语言意识模式和语言能力模式;三是整体性原则,即对语法和词典中的构词、词法、句法、语义、语用等话语行为的各种表现形式进行整体性分析。此外,阿普列相还提出编撰《新编俄语同义词解释词典》的七条原则,它们在一定程度上是对上述原则的细化:一是积极性原则,即词典应该尽可能囊括某一词位的全部信息,这些信息不仅对理解任何一个文本所必须,也对个人言语中的正确使用所必须。这就要求扩充语言信息,以对说话人的语言能力作完整描写。二是系统性原则,即在语义对立的统一框架内穷尽语言全部的语义系统。这种对立在词汇上体现为对多次交叉并具有一定共同特性的词位类别(词典学类型)的复杂性作出分析。三是整体性描写原则,即以语义为基础,对词典和语法进行一致描写。此处的语法理解为所有关联语句的建构规则,包括语义规则、语义组合规则等,而词典中就应该最大限度地提供这种语法信息。四是反映"天真世界图景"(наивная картина мира)即"语言世界图景"(языковая картина мира)的目标原则,也就是在语义描写过程中搞清楚该语言所特有的对世界的总体看法。五是使用"元语言"(метаязык)描写词位所有本质特性原则,即始于词位的语义特性的描写,终于词位的词法特性和句法特性的描写。六是语料库词典学和实验语言学的组合方法原则。七是表意符号顺序原则,即词典编撰不是按照字母顺序来编排的,而是按照表意符号的顺序进行的。(见 Апресян 2004b:Ⅷ—Ⅹ)在我们看来,以上原则中最为主要的是"整体性原则""系统性原则"和"天真语言世界图景目标原则",因为本质上讲,对元语言成分的描写本身就要求是整体性的和系统性的。

由上可见,莫斯科语义学派的研究方法强调的是"由里及表",即从意义到形式的描写手法;而研究原则中最重要的是系统性和整体性的描写,这与上述方法的要求完全一致。这也是当代俄罗斯语义中心主义符号学的最显著特点之一。

1.2　研究目标和内容

从该学派的研究目标看,其主要解决两大基本问题:一是理论建构,即用自然语言的大众材料来构建普通语义学理论;二是实践运用,即将构建起的普通语义学理论来编撰词典产品。可以说,两者相互关联和互为条件:前者为后者建构起词典系统描写的方法,后者为理论构建提供大量的现实语料。事实上,这两大任务都已基本完成。如,在理论构建方面,"意思⇔文本"模式已成为该学派标志性的理论学说;在词典编撰方面,1997年出版了由阿普列相担任总主编的《新编俄语同义词解释词典》(«Новый объяснительный словарь синонимов русского языка»)。[8]莫斯科语义学派的主要成员几乎都参加了该词典词条的撰写工作。用阿普列相的话说,该词典的出版得到了语言学界的积极评价,填补了"词语中心主义语言学"(словоцентрическая лингвистика)领域的空白。(Апресян 2004b:Ⅷ)在我们看来,该词典中的很多基础性词条都可以成为一篇独立的文章,不仅所含的信息量巨大,且都把重点放在俄语同义词(包括近义词)的"细微语义"(тонкая семантика)或"意义色差"(нюансы значения)的解释方面。也就是说,在莫斯科语义学派看来,俄语中根本不存在所谓的"完全同义词"(полные синонимы),因为意义"冗余性"(избыточность)并非语言所固有。因此,通常被认作是同义的词语,实际上在修辞意义、伴随意义、使用范围和搭配潜能等方面都存在着差异性。也正因为上述在词典编撰探索所谓"细微语义""意义色差"的原因,学界也将莫斯科语义学派称为"内部语义学派"(Школа внутренней семантики)或"弱语义学派"(Школа слабой семантики)。

关于该学派的研究内容,可以将其初期阶段所涉及的对象概括为以下几个方面:(1)语义学与词典学之间的相互关系研究;(2)规则性多义词和非规则性多义词的构成特点;(3)从词汇的支配模式到"配价"(валентность)的深层句法结构分析;(4)词汇的同义、反义、多义现象及词汇的镜像关系;(5)对作为词汇意义语言成分的"语义元语言"(метаязык семантики)进行注释。这些内容在后来的研究中又得到进一步的补充和完善。例如,阿普列相把研究重点从词汇语义逐步扩展到句法、语用等其他研究领域,对词典中的"句法信息"(синтаксические информации)、"语义信息"(семантические информации)、"语用信息"(прагматические информации)等做整体性分析,并用语义注释的方法对不同配价的动词结构、说话人与客观现实的关系、说话人对听话人以及讲话内容的态度等内容进行系统描写。

1.3　"意思⇔文本"模式的基本原理

莫斯科语义学派的语义学理论是建立在"意思⇔文本"模式基础之上的,因此,搞清楚该模式的基本原理对理解该学派的语义学思想至关重要。

总体看,"意思⇔文本"模式的基本原理集中体现为以下几个方面:(1)语言表达的意义乃是属于人的意识的心智活动,并不属于所描写的世界;(2)语言意义不是世界的片断,而是这些片断在人的意识里展现、反映的方式;(3)要发掘这一无法直接观察的展现方式,必须研究自然语言内部语句之间的关系;(4)语句关系是使用该语言的人在没有顾及现实或者虚拟世界的情况下确立的,具体表现为同义、插入(跟随)、不相容(矛盾)等;(5)语句搭配的特点、语境对语言表达的限制以及分析语句的超音质特征等,并不需要求助于世界本身或者世界模式。总之,该学派认为,对语句及其语义的解释,只需要研究语言内部的各种关系和限制就可达成,即使用"语义语言"(язык семантики)就可以对这些关系和限制作出自然解释。(Кобозева 2000:27)由此可见,被称之为"内部语义学派"或"弱语义学派"的语义观,其着眼点并不是语句与世界的关系,而是同一语言或另一种语言的其他表达方式:语句被译成了"语义语言",并转化为该语言的表达方式。因此,莫斯科语义学派的理论学说具有"转换语义学"(трансляционная семантика)的性质,这不仅与世界多数语义学派的理论学说及研究方向相一致,也与当代形式主义语言学的代表性学说——乔姆斯基(А. Н. Хомский)的"转换生成语法"(трансформационная/генеративная грамматика)的基本方法相一致。

依照上述研究原则和基本原理,莫斯科语义学派把以对象语为基础的元语言作为系统描写语言意义的工具。这种元语言由语义单纯、数量稀少的对象词汇和句法手段构成。词汇和句法手段与语义单位逐一对应,排除任何同义、多义或同音异义现象,不允许产生歧义。换句话说,一种意义只用一个语言单位表达,一种语言单位只表达一种意义,不管它们是在什么释义场合相遇,都应该保持相互间的协调一致。如,假如形容词 узкий(窄的)被解释为

небольшой в поперечнике（直径不大的），而 *широкий*（宽的）被解释为 *большой в поперечнике*（直径大的），那么就不能将 *тонкий*（细的）解释为 *небольшой в поперечнике*（直径并不大的），也不能将 *толстый*（粗的）解释为 *большой в поперечнике*（直径大的），否则就会导致对 *в поперечнике*（直径）意义出现两种不同的理解：对于第一对反义词表示 *в ширину*（宽度），对于第二对反义词则表示 *в толщину*（厚度），从而混淆了 *в поперечнике*（直径）的真正含义。据此，阿普列相认为，这种语言单位与意义一一对应的要求在自然语言词典中难以实现，只有通过尚未问世的理想中的语义语言词典才可达成，因为语义语言词典与自然语言词典的区别表现在两个方面：一是容量小，数量少；二是没有自然语言中俯拾皆是的同义、同音异义现象；三是每一种基本意义完全由同一类别的词来表示。也就是说，在语义语言词典中，没有自然语言中那种典型的构词同义现象。如，俄语中表达原因意义的方式很多，如 *вызывать*（引起），*порождать*（产生），*приводить к*（导致）；*причина*（原因），*основание*（理由）；*из-за*，*от*，*по*（由于），*потому что*，*так как*（因为），*поэтому*（因此）等，而在语义语言中与这些词相对应的只有一个词——*каузировать*（使役）。（Апресян 1995：76—77）元语言的基本词汇单位包括术语名称、事物名称、逻辑连接词和事物变项名称，它们构成各种结构简单、关系明了的句子用于释义，以此与传统语义学理论中的"义素"（сема）概念相区别。后者将义素等同于音位的区别特征，认为它们之间只有并列的关系。（张家骅等 2003：153）

　　按照莫斯科语义学派的观点，句子的语义结构分为两种：民族语义层，即表层结构；跨民族的普遍语义层或通用语义层，即深层结构。自然语言的语义具有民族的特点，具体表现在语句的某些强制性语义因素方面。如，俄语动词的体范畴意义、名词的数范畴意义等就属于强制表达的意义，它们带有鲜明的俄罗斯民族印记。无论在什么场合使用，即便是在无关紧要的上下文里，这些意义也无处不在，无法回避。这些强制性语义因素通常表现在自然语言的表层结构之中；深层语义结构保留的仅仅是构成语句报道内容时所必需的意义成素。莫斯科语义学派将对象语的表层语义结构作为元语言系统的描写对象，正是因为这种语言不是跨语种的通用人工语言，而是通过特定方式调整、浓缩了的对象语，其词汇、形态、结构都取自对象语。据此，阿普列相认为，对于任何一个学派来说，要想真正研究语义并对语言的整体模式有足够的认识，

就必须掌握好自然语言。唯有通晓自然语言,才可以借助于它来完成下列任务:

1) 用该语言构建表达必要意义的文本(说话能力)以及从所理解的文本中汲取意义(理解能力)。如果不善于选择词或者结构用来表达所要求的意义,则会导致出现语义错误。如:*Преступники угнали несколько государственных и собственных машин*(犯罪分子偷了几辆国家的和自己的汽车)一句要么是错的(应该使用 *частных*,而不是 *собственных*),要么是对的,但荒唐至极(犯罪分子偷了自己的汽车)。这个句子的错误就在于说话人把意义虽然近似,但并不一致的两个词混为一谈:*частный* 表示属于"个人的",而 *собственный* 表示属于"自己本人的"。

2) 将某些词按照该语言中形成的、有时很难证实的句法、语义及词汇搭配标准连接起来。如,俄语不能说 *транжирить или мотать деньгами*(浪费或者挥霍钱),而应该说 *транжирить или мотать деньги*(浪费或者挥霍钱财);不能说 *приходить в хандру*(进入忧郁),而应该说 *впадать в хандру*(陷入忧郁),尽管这里没有任何语义错误:第五格形式 *деньгами*(钱)可以具有含义所要求的客体意义,如:*сорить или бросаться деньгами*(挥霍或者浪费钱财),而动词 *приходить*(进入)也可以按照含义表达"开始处于从属名词所表示的状态"之意,如:*приходить в ярость*(陷入狂怒)。

3) 在语句之间建立各种不同的语义关系,其中包括:同义关系,如:*Нет на свете дела , более трудного , чем составление словаря*(世上再没有比编撰词典更难的事了),*Составление словаря ——самое трудное дело на свете*(编撰词典是世上最困难的事);逻辑续进关系,如:*Мальчик вылечился*(男孩病愈)—— *Мальчик выздоровел*(男孩身体复原)——*Мальчик здоров*(男孩很健康)在说话时,这种能力表现在能够使用各种不同的方式对所构建的文本进行复述,不改变其内容或者用严格限定的方式略加改动;而在理解时,这种能力表现在能够看出各种外在不同文本在语义方面的完全相似或者部分相似之处。

4) 确定句子的各种语义特点,其中包括:区分语义正确的和语义不正确的句子;区分语义上有联系和语义上无联系的文本。(见 Апресян 1995:11—12)

应该说,形成上述能力的基础是掌握语言信息(包括词汇和语法信息),而不是掌握百科知识信息（客观现实知识）。但如果一个人仅仅掌握了语言信息，那也很难判定文本在语义上是否有联系。试比较两个句子：*Он проплыл 100 метров кролем за 45 секунд, установив, таким образом, феноменальный мировой рекорд*（他自由泳 100 米的成绩是 45 秒，以此创造了非凡的世界纪录），*Он проплыл 100 метров кролем за 45 секунд, едва выполнив, таким образом, норму третьего разряда*（他自由泳 100 米的成绩是 45 秒，勉强达到三级标准）。第一个句子在那些既懂俄语又熟知世界游泳比赛成绩的人看来是正确的，语义上是有联系的，而第二个句子则是不正确的，语义上没有联系。类似这种句子对于那些只掌握语言信息而不了解客观现实的人来说理解是有困难的。这种通过现实世界来验证句子是否有语义联系的方法与语言逻辑分析方法颇为相似。这表明，莫斯科语义学派在语义研究上既有自己的专长，也吸收了其他方法；既注重语言内部的各种语义关系，又充分顾及现实中的客观事实。

由上可见，"意思⇔文本"模式实际上是语句层面的语义学说，是对自然语言的语法和词典的另一角度的"整合性描写"（интегральное описание）形式，因为人类自然语言就其基本功能而言，乃是特定信息的编码和解码的工具。从这个意义上讲，自然语言本身就与"意思⇔文本"模式相对应。（Мельчук 2012:21）正如有学者指出的那样，"意思⇔文本"模式模拟了人的语言能力的两个重要方面：从"意思"到"文本"的编码能力和从"文本"到"意思"的解码能力。（张家骅等 2003:1）所谓编码能力，是指借助于一系列规则，从数量众多的同义手段中筛选准确表达语义的恰当手段的综合能力；而解码能力则是指借助于另外一系列规则，排除文本的多义性，筛选合适的语义的分析能力。这种编码和解码的任务都要求有一套特殊的、直观的语义语言即所谓的语义元语言来实现，以使每一个思想在使用该语言表达时只拥有唯一的外部形式。编码过程就是把语义语言翻译成自然语言的过程，而解码过程则是将自然语言翻译成语义语言的过程。这不仅可以满足语言意义的一般性描写，而且能够解释词汇单位与其他语言单位以及语句与语句之间的各种语义关系。这表明，"意思⇔文本"模式是用来研究人的大脑思维活动的，其目的是用模式（规则系统）来揭示从思想到语言表达方式以及从语言表达方式到思想的转变过程和机制。而这些模式的构建及其功能一般应符合语言的三种基本功能：（1）

能够用各种不同的方法表达给定的意义，也就是说，能够建立语言的同义句子；(2)能够从给出的句子中抽象出意义，而且能够辨别出外表形式不同的同义现象和外表形式相同的同音异义现象；(3)能够区分出语言关系正确的句子和语言关系不正确的句子。(杜桂枝 2000:134)

需要指出的是，作为一种双向转变机制，"意思⇔文本"模式通常可以划分出语音、词法、句法和语义四个不同层面。这些层面形成一种组合，用来记载句子在各个层面上的概念、表现及其变化。该模式所表达的意义包括"表层语义"(поверхностная семантика)和"深层语义"(глубинная семантика)两个部分。前者是指自然语言句子所表达的全部意义，包括自然语言句子之间的同义关系及同音异义关系；后者指的是所有意义上没有关联的意义以及不同的自然语言句子之间的同义关系。按照阿普列相的说法，"意思⇔文本"模式的作用体现在以下三个方面：(1)它能够按照给定的意义造出正确的自然语言句子或者从给出的句子中抽象出意义；(2)它能够在不改变内容的前提下将这些句子用别的话表达出来；(3)它能够从语义联系的角度评价这些句子并完成其他一系列任务。解决所有这些问题的主要手段乃是用以记录语句内容的专门的语义语言，还有各种词典和规则，借助于它们可以在相互转换的语义语言和自然语言语句之间建立起协调关系。(Апресян 1995:36)

1.4　有关"配价"和"题元"的思想

在莫斯科语义学派的理论学说中，或者说在"意思⇔文本"理论中，有两个重要的概念不容忽视，它们就是"配价"和"题元"(актант)。

应该说，在逻辑语义研究中，配价和题元并非新命题，而是有着悠久的古希腊传统。但是，这两个概念却经常被混淆。对此，莫斯科语义学派进行了大量研究和详尽阐释。按照该学派的观点，"语义配价"(семантическая валентность)主要是一个针对"谓词"(предикат)语义单位而言的。谓词语义单位以情景作为描写对象，其语义必然要反映"语境必需参项"(обязательные участники ситуации)的属性、相互关系以及与之相关的事件等。语境必需参项在相应谓词语义结构中对应的抽象语义参数就是该谓词的语义配价。梅里丘克认为，某一谓词所支配的名词的数量及其语义性质取决于两方面的因素：该谓词所表示的情境中参项的数量和特征、该谓词可能支配的深层"句法题元"(синтаксический актант)的数量和特征。特定数量与类型的一组语义配价是相应谓词语义单位词汇意义的有机组成部分。(Мельчук 1999:134)谓词语义单位的深层语义配价在表层结构中一般通过句法题元体现出来,二者虽然有着密切的联系,但却是两个逻辑性质不同的概念。语义配价与句法题元之间的关系如同鱼钩和鱼的关系,前者是钓竿上的一个鱼钩,后者则是每次钓上来的不同的鱼。一方面,特定类型的语义配价通常都体现为特定类型的句法题元;另一方面,语义配价与句法题元之间没有必然的一一对应的关系。阿普列相认为,语义配价是从词的词汇意义中直接抽取出来的,它将该词评定为具体的有别于其他的词汇单位。(Апресян 1995:120)而对谓词的语义分类也使得对题元语义作用的"清单"(номенклатура)进行重新审视。(Апресян 2007:21)此外,还有"语义题元"(семантический актант)和"句法配价"(синтаксическая валентность)两个概念,它们的区别主要在于句子描写的层面。在句子的语义结构层面上,用来填充谓词语义配价的语义片断称之为语义题元;而在句子的形式结构层面上用来填充谓词语义配价的句法片断则称之为句法题元。同样,句法配价指谓词在句子的形式结构层面上能够联结的必需句法片断,语义配价指的则是谓词在其词汇语义结构内部能够联结的、表示必需情景参项的抽象语义参数。而所谓"多价谓词"(поливалентные предикаты),则是一个歧义概念。从语义配价角度看,多价谓词指的是在谓词的语义结构或释文中有几个必需的变项,它们缺一不可,剔除任何一项都会导致词汇意义的变更或破坏。至于这些配价是否必须在语篇中通过句法题元形式体现出来,以及如何体现出来,则可能有各种特殊的情况出现。而从句法配价角度看,多价谓词指的是使用该谓词构成的句子表层结构可能包含几个相关的句法题元。在莫斯科语义学派的"意思⇔文本"转换模式中,句法题元和语义配价的概念对于描写句法结构深层与表层的相互转换有着十分重要的意义。作为转换系统重要组成部分的《详解组合词典》,对每个谓词语义单位都要以表格形式给出语义配价的类别及其与句法题元形式的对应关系。(见张家骅等 2003:67)。由此可见,该学派对语义配价、句法配价、语义题元、句法题元之间纵横交错的相互关系阐述得十分清晰,这为语义学的深入研究提供了可资借鉴的保障。

　　总之,莫斯科语义学派的理论学说从宏观和微观两个层面概括和解释了自然语言在语义方面的共性特征,其内含的词汇函数和语义元语言等思想,已成为描写自然语言的词汇、语义、语法最重要的工具之一,被广泛运用于对语言学其他学科尤其是计算机语言学的科学研究。有学者认为,该学派的"意思⇔文本"理论学说,使俄语理论语言学研究进入了世界理论语言学的主流行列。(薛恩奎 2006:23)从符号学角度看,"意思⇔文本"理论学说的价值在于:它将语句表述和感知的语言信息所要表达的思想都视为特定的符号,并将其定义为"意思";而把承载信息的物理符号理解为表达思想的形式手段,并定义为"文本";把符号和信息之间相对应的编码体系称作"语法";"语法"就是"意思"与"文本"之间的符号对应关系,而这种对应关系可以用符号"⇔"来表示"意思"与"文本"的转换规则。

第 2 节　词汇语义研究

按照俄罗斯语言学传统,研究词汇语义的有两个不同学科:一是"词汇语义学"(лексическая семантика/семасиология),二是"词汇学"(лексикология)。理论上讲,词汇学作为语言学的一个独立分支,可以成为词汇语义学的上位学科,但词汇语义学同时又可成为语义学的一个分支学科。可以说,词汇语义学与词汇学之间既有紧密的交融性,又有各自的侧重点。对此,科博泽娃(И. М. Кобозева)认为主要涉及三方面的内容:(1)词汇单位的所指;(2)词的同一性问题,即确定以词的变体形式为基础的词的不变式;(3)词汇中的系统关系。尽管两个学科对上述这三个方面都有论述,但其深度和广度不尽相同:对于第一个问题,词汇语义学由于将词汇符号的所指作为研究重点,因此较之于词汇学更能够深刻地发掘其实质,展现其中所含信息的多样性;对于词的同一性问题,词汇语义学仅仅研究它的语义方面,而在词汇学中,词的同一性问题研究的面更广:除了词的语义变体性外,还研究词的语音和形态的变体形式;对于第三个问题,词汇学与词汇语义学的阐释各有千秋,互不相同。如,词汇学不仅研究语言系统中建立在意义基础上的词与词之间的关系,还包括以词的形式吻合度或者相似度为基础的关系,即近音词与同音异义词,而词汇语义学仅仅局限于语义关系,且较之于长期以来将语义关系的多样性归结为同义与反义的传统词汇学研究显得更为细致和深刻。(Кобозева 2000:71—72)

本节所说的词汇语义研究,是结合了词汇语义学和词汇学关于词汇语义研究的综合视角,即不区分由于两个学科对词汇语义的理解差异而形成的相关学术成果。从这一视角看,俄罗斯学界从事词汇语义研究的学者很多,成果也异常丰富。一些著名学者都曾出版过相关论著,如:维诺格拉多夫的《选集:词汇学和词典学》(«Избранные труды. Лексикология и лексикография»)(1977),加克(В. Г. Гак,1924—2004)的《对比词汇学》(«Сопоставительная лексикология»)(1977),诺维科夫(Л. А. Новиков,1931—2003)的《俄语语义学》(«Семантика русского языка»)(1982),福米娜(М. И. Фомина)的《现代俄语:词汇学》(«Современный русский язык. Лексиология»)(2003)等。但从本章的主旨——语义中心主义范式看,上述学者的成果要么偏重于词汇形式,要么倾向于普遍意义上的语言语义,要么已经在有关范式的评析中有所阐述,因此,我们没有将上述学者的有关学术思想列入审视范围。在我们看来,语义中心主义范式视阈中的词汇语义研究,应该侧重于对作为符号的词或词汇的意义在结构、功能以及认知方面的描写或解释。因此,我们筛选出下列几位有影响的学者的学说思想作为重点审视对象:卡茨涅利松(С. Д. Кацнельсон,1907—1985)的“词义和配价类型”思想,乌菲姆采娃(А. А. Уфимцева,1921—1994)的“词汇语义系统”学说,什梅廖夫(Д. Н. Шмелёв,1926—1993)的“词汇语义分析”学说,帕杜切娃(Е. В Падучева)的“词汇语义动态模式”学说等。下面,就让我们从符号学视角对上述理论学说做简要评析。

2.1　卡茨涅利松的“词义和配价类型”思想

作为“列宁格勒语法学派”(Ленинградская грамматическая школа)的代表人物之一[9],卡茨涅利松的主要学术成就并非在词汇语义学研究领域,而是在语法学、类型学、语言哲学等领域,这从他出版的下列著作的名称中就可以大致看出端倪:《称名句探源》(«К генезису номинативного предложения»)(1936)、《历史语法研究》(«Историко-грамматические исследования»)(1949)、《词的内容:意义和表义》(«Содержание слова, значение и обозначение»)(1965)、《日耳曼语族比较重音学》(«Сравнительная акцентология германских языков»)(1966)、《语言类型与言语思维》(«Типология языка и речевое мышление»)(1972)、《普通和类型语言学》(«Общее и типологическое языкознание»）（1986）、《语言和思维范畴》（«Категории языка и мышления»）（2001）等。如上可见，其中只有《词的内容：意义和表义》这部著作是与词汇语义研究紧密相关的[10]，当然，《语言类型和言语思维》一书也部分涉及词汇语义问题。我们之所以要对他的词汇语义思想做专门评析，就是因为他提出的有关词汇意义的思想学说，与索绪尔（Ф. Соссюр，1857—1913）和"新洪堡特主义"（неогумбольдтианство）的相关学说有很大不同，因而具有很高的符号学价值。

总体看，卡茨涅利松的"词义和配价类型"思想主要有以下两大特点：

1）对"概念"作出独特理解。我们知道，长期以来，西方学界的经典学说把对词的"概念"（понятие）的界说等同于其"意义"（значение），认为它们都是人的意识中的"事物反映"（отображение/отражение предмета）。但在这两种反映之间是否有区别呢？对此，俄罗斯学界有很大的分歧：一种观点认为，可以将概念与意义等同；另一种观点则反对将其等同起来。当然，当代词汇语义学已经不再采用西方经典的观点，比较一致地认为有必要将词的意义与该词相关的思维内容——概念相区别。也就是说，尽管词的意义和概念都属于思维范畴，但它们对事物的反映在本质上有所不同：概念是人的意识中对现实事物或现象某些特征和属性（当然是主要的特征和属性）的完整反映；而意义记录的只是这些特征和属性的区别性特点。[11]如，进入 река（河流）意义的是那些关于河流的概念特征——водоём（水体）、незамкнутый（非封闭的）、естественного происхождения（自然生成的）、достаточно большого размера（面积相当大）等，以区别于 канал（水渠/运河）、море（海）、пруд（池塘）、озеро（湖泊）、ручей（小溪）等。在卡茨涅利松看来，词汇意义和词汇概念一样，都是一种"智力凝聚体"（умственные концентраты），都是有关周围现实的某种"知识块"（сгустки знаний）的片断或方面，都淹没在用概括和抽象来反映现实的特殊形式中，因此所反映的是隐藏于形形色色的和无限变化的现象之中的那些普遍的、常态的和固定的现象。但是，日常语言的词汇意义对应的并不是科学上有序的那些概念，而是靠日常思维所获得的那些基本概念。因此，不能将词汇意义与词汇概念等同起来。（Кацнельсон 1986：12—13）据此，他把概念称为意义的"观念核"（Концептуальное ядро ядро），认为该观念核被一些附加的具有表现力和修辞特性的"意义色彩"（смысловые оттенки）所包裹着。因此,他认为可以将概念分为"形式概念"(формальное понятие)和"内涵概念"
(содержательное понятие)两类。他用下列图式来表示(见 Кацнельсон 1986:
19—20):

　　这里的形式概念指意义自身的概念,即对区分和辨别事物最为典型的区
别性特征所必需的那些"最低限量知识"(минимум),它与"日常意识"
(повседневное сознание)有关;内涵概念指由前者所引申出的所有其他意义,
包括有关该事物的所有新的方面和与其他事物有关系的知识等,它与科学意
识有关。换言之,形式概念是某语言群体所共有的,它作为"最低限量知识",
是一种普遍的、常态的和固定的现象;而内涵知识则会由于个体经验的不同以
及智力发展的层次不同而有所区别。

　　由上可见,卡茨涅利松有关词义的思想,不仅与索绪尔和新洪堡特主义有
本质不同,也与传统语义学以及词汇语义学的理解有别。可以认为,他更多是
从语言与意识之间辩证关系以及语言类型学的基本特性视角来审视词汇意义
的。在他看来,词汇意义既有"实体特征"(вещественные признаки)也有"语法
特征"(грамматические признаки)[13],因此,对词汇意义的界定就不能脱离开
"句法语义系统"(семакнтико-синтаксическая система)即"句法语义功能"
(семакнтико-синтаксические функции)。(见 Кацнельсон 1972:95—105)正因
为如此,他所说的"内涵概念",很大程度上都属于上述的那些具有表现力和修
辞特性的"意义色彩",即句法语义的部分。从思想根源看,卡茨涅利松对概念
所作出的独特理解,与波捷布尼亚(А. А. Потебня,1835—1891)提出的词的
"近义"(ближайшее значение)和"远义"(дальнейшее значение)思想基本一致。
后者曾在多卷本的《俄语语法札记》(«Из записок по русской грамматике»)
(1874—1899)中指出,词的近义是民族的,是操同一种语言的人都能理解的意
义;而词的意义本身是取之不尽的,这种取之不尽只是针对与科学和百科知识
信息相关联的远义而言的,而对不同的个体联想和操不同语言的人而言,其远
义是不同的。(见 Алпатов 1999:89)从这个意义上讲,卡茨涅利松的思想是

建立在俄罗斯语文学传统基础上的。

2)对"配价类型"作出深入解释。作为俄罗斯学界最早从事配价问题研究的学者之一,卡茨涅利松曾在有关著述中对谓词的语义配价类型问题作过比较系统和深入的解释。(1)对配价进行数量和质量上的分类。他认为,体现在句子中的谓词的配价特性,是谓词本身以"位"(место)的形式提供的,用以填充"空白"(пробелы)。每一个谓词似乎都为填补这些"谓词"(предикандум)的空位而打开了"空位"(вакансии)。谓词取决于潜在的位的数量而分"一位谓词"(одноместные предикаты)、"二位谓词"(двухместные предикаты)和"三位谓词"(трехместные предикаты)等。[14](Кацнельсон 1972:177)正是基于谓词的上述特性及其特殊关系,卡茨涅利松对谓词的"句法语义类别"(семантико-синтаксические типы)进行了区分。在他看来,"一位谓词"和"多位谓词"的不同在这一区分中起着决定性的作用:前者是"绝对谓词"(абсолютные предикаты),后者是"相对谓词"(относительные предикаты)。如 ходить(行走)、стоять(站立)、плакать(哭泣)、гореть(燃烧/发热)等动词都只有一个客体,因此是绝对谓词,它们表示着客体内进行的某事件,因此不需要在其他客体中出现。(见 Кацнельсон 1972:178—179)而相对谓词或多位谓词描写的事件有两个以上的客体参与其中,与"情景"(ситуация)或"事态"(положение дел)参与者的数量并不相干,重要的是构成事件的"角色数量"(число ролей)。(Кацнельсон 1987:25)基于以上分类,卡茨涅利松对配价作出如下定义:配价具有意义的属性,它包含着需要填补的"空位"(пустые места)或"栏目"(рубрики),就像需要填补履历表的栏目一样。而具有配价的词是以其填补能力为条件的。(Кацнельсон 1987:21)由上不难看出,卡茨涅利松的上述界说,一方面是把配价视为词的词汇意义所具有的句法潜能,另一方面又指出了配价必须要用句子中某一类型的词来填补的问题。为此,他还强调指出,不应该把传统语法中的"补语"(дополнение)的概念与用作表征客体的"填补"(дополнение)的概念相混淆,因为空位是由动词来展现的,不仅它可以由客体来填补,主体也可以起到"空格"(пустые клетки)的填补作用。(Кацнельсон 1987:22)(2)对配价进行形式和内容的分类。在上述分类基础上,卡茨涅利松还赞同法国语言学家特奈尔(Л. Теньер,1893—1954)提出的观点,认为配价可分为"形式配价"(формальная валентность)和"内容配价"(содержательная валентность)两类：前者作为语言的形态构造功能，它在不同的语言中是有别的；而后者在所有的语言中都相同。（Кацнельсон 1987：22）这表明，在卡茨涅利松看来，内容配价具有共性，而形式配价则具有个性。

现在看来，卡茨涅利松对配价所做的分类似乎没有多少新意可言，但从当时学界对配价的认识看，无疑是具有重要价值的。尤其是他提出的配价即"填补空位"的思想，将配价问题与句法语义或句法范畴紧密结合在一起，后来被学界广泛采用。另外，从语言共性和个性的视角来审视配价的形式与内容，也同样具有鲜明的符号学意义。

2.2　乌菲姆采娃的"词汇语义系统"学说

我们知道，自古以来学界在词汇语义问题上的争论从未停息过。争论的焦点首先是词汇意义的本体论地位问题，这关系到如何对人类语言的本质属性作出解释。对此，不同的语言学流（学）派有不同的认识或观点。正如乌菲姆采娃所说，"反心智论者"或"反精神第一性论者"（антименталисты）虽然承认词汇意义的存在，但在语言学研究中又排除了词汇意义；"布龙菲尔德主义者"（блумфилдианцы）将词汇意义的概念归属于符号意义生成过程中各成素之间的关系[15]，"新洪堡特主义者"（неогумбольдтианцы）则用概念、语言范畴（思维范畴）来替代词汇意义等。（Уфимцева 1986：3）而乌菲姆采娃本人对词汇语义的研究则与上述流（学）派完全不同：她是从具体语言的本体论地位出发，将词及词汇意义视为认识论上有意义的成分来审视的，或者说是从操语言者世代积累起来的社会历史经验视角来研究词及词汇意义系统的。因此，她的研究具有鲜明的"词语符号学"（словесная семиотика/ семиология）或"词汇符号学"（лексическая семиотика/семиология）的性质。

作为俄罗斯著名的语言学家和语言符号学家，乌菲姆采娃的学术成果主要体现在对作为符号的词及词汇语义的研究领域。她在该领域曾出版数部在学界有较大影响的著作，如《作为系统的词汇研究初探》（«Опыт изучения лексики как системы»）（1962）、《语言词汇语义系统中的词》（«Слово в лексико-семантической системе языка»）（1968）、《词语符号的类型》（«Типы словесных знаков»）（1974）、《词汇意义》（«Лексическое значение»）（1986）等。系统审视这些著作，有一个核心思想贯穿其中，那就是"词汇语义系统"

(лексико-семантичнская система)学说,即从词语符号或词汇符号的本体论出发、围绕词或词汇这一结构组织轴心所展开、涵盖词汇意义所有方面和成素所阐发的学术思想。

1)词语符号意义的思想。如何对词语符号的意义作出科学界说,这是乌菲姆采娃在阐发"词汇语义系统"思想时首先遇到的问题。她在对各种"词汇聚合体"(лексические парадигмы)以及词的各种外部关系进行系统研究后得出结论认为,"词语符号"(словесный знак)的意义主要体现在以下三个方面:(1)词语符号中包含着各种"语义表义性"(семантические значимости),如整个词语类别所共有的语义表义性(与语法意义无关),词语符号的范畴特征、构词意义,构成词语符号的词汇(个体)意义(包括对客观世界作出阐释的意义、人对事物的主观态度以及语用、道德、伦理评价等)。如,учитель(教师)一词就有如下六种意义——词类意义(事物性意义),"动物性"(одушевленность)的语义类别特征,"人"(лицо)的语义范畴特征,"男性"(мужской пол)的语义亚范畴特征,"活动者"(деятель)的构词意义,"教授者"(обучающий)的词汇(个体)意义。(2)从动词特征及其题元和意义关系看,词汇联系类型与其结果有差异。如,在"S—V"(语义主体—主体特征)情形下,相关最低限量组合成分的词汇意义及其所表达的概念处在隐形的关系中,这种语义关系进入所谓的"不完全语义联合"(неполноые семантические соединения)的范畴;在"动词特征与语义客体"情形下,语义客体进入动词特征的符号意义,并对符号意义进行补充并使其具体化。作为特征的形容词与动词一样使自身系统现实化,并在相对现实化符号(即最低限量的词汇组合)范围内构成非系统性的语义表义性,但"名—动词组"(субстантивно -глагольные словосочетания)、"动—名词组"(глагольно-субстантивныесловосочетания)、"形—名词组"(адъективно-субстантивные словосочетания)的三种语义关系有很大差异性。(3)分析词语符号的意义及其表达形式,按照义素构成来确定单个词义的结构表明,属于不同词类的"全义词"(полнозначное слово)都具有"双部性质"(двучастный характер),即"指称—概念性质"(денотативно-сигнификативный характер)或"概念—指称性质"(сигнификативно-денотативный характер)。[16]与虚词"实义化"(семантическая актуализация)紧密关联的词汇意义结构化机制同时指向两大功能——"称名表征功能"(номинативно-репрезентативная функция)和交际功能。(见 Уфимцева 1986：220—222)那么,全义词的词汇语义究竟是靠什么来确定的呢？在乌菲姆采娃看来,主要是由下列参数来确定：(1)构成直接称名意义的"逻辑事物内容"(логико-предметное содержание)。称名意义作为词语对事物、现象类别的表征,不仅是区别性语义特征的集成,同时也是客观世界中事物、人物及其特性所固有的各种关系的缩影。(2)词语的语义结构"图片"(рисунок)或"外形"(конфигурация)、词语的称名地位。(3)语义表义,词组和词语的"可区分性"(выделимость)、"自主性"(автономность)和"自足性"(самодостаточность)及其语境依赖程度。(Уфимцева 1986：222)由上可见,符号学视阈的词语符号的意义并非完全是由符号本身的词汇意义所体现的,其中还包括语法意义(词类意义、组合意义等)以及语用意义(逻辑语义、语境意义等)。显然,这是从"词汇意义系统"思想视角出发所阐发的词汇语义观,它与一般意义上的词语符号意义学说或思想的最大区别就在于集词语符号、语法和语用意义于一体。

2) 词汇描写的符号学方法论思想。乌菲姆采娃在 1986 年出版的《词汇意义》一书中,专门用整整一章(第 3 章)的篇幅集中论述了词汇描写的"符号学原则"(семиологический принцинп)及其内涵问题。她在具体审视这一问题之前,首先对索绪尔提出的符号学理论进行了简要评析,认为该理论既有合理的方面(如符号两面观),也存在着两大局限性：(1)没有在言语中寻找到与语言系统相一致的语言和言语单位的普遍性原则,而只是将语言等同于语言系统；(2)对语言"可切分性"(членимость)过程尤其是结果的界说不够精确,甚至十分模糊,其带有神学色彩的概念修饰很可能是从洪堡特(В. Гумбольдт, 1776—1835)那里借用来的。[17](Уфимцева 1986：62)而与此形成鲜明对照的是,乌菲姆采娃特别推崇法国语言学家班维尼斯特(Э. Бенвенист,1902—1976)对语言的描写视角,认为他从"统一符号观"(единая семиологическая концепция)的视角创立了人类语言的描写理论和方法。[18](见 Уфимцева 1986：64—65)这表明,在乌菲姆采娃看来,无论是索绪尔还是洪堡特,他们对语言属性的描写以及对语言成分的切分等都具有一定的片面性或局限性,而只有采用符号学原则才能对语言符号尤其是词语符号作出系统和完整的描写。问题在于,上述符号学原则的内涵究竟是什么呢？对此,乌菲姆采娃比较认同于俄罗斯著名语言学家、语言符号学家斯捷潘诺夫(Ю. С. Степанов,1930—2012)

提出的下列观点：(1)用符号学方法审视所观察的资料；(2)将符号生成过程视为个体社会交际中的人的语言能力现实化过程；(3)将语言与思维的关系视作"所指系统"(система означаемых)与"能指系统"(система означающих)之间的关系；(4)语言基本的符号学功能是"称名"(номинация)、"述谓"(предикация)和"定位"(локация)；(5)继承传统，即不仅要求语言学研究者发挥自己的主观性，也要充分考虑到对传统的继承；(6)用系统观审视语言及其各种相互关联的原理。(见 Степанов 1976：206—207)在此基础上，乌菲姆采娃对词汇描写的符号学方法论做了概括性阐释。她认为，符号学原则是建立在下列"方法论前提"(методологические посылки)基础上的：(1)语言被界定为社会的、历史形成的"理念—物质构成物"(идеально-материальное образование)，是具有双重结构的符号系统；在表达手段系统中，占据优势的是"称名词语符号"(назывные словесные знаки)，而在言语中是"述谓符号"(предикативные знаки)，因此区分出不构成相互排斥性对立的符号构成的"一级表义词语符号"(словесные знаки первичного означивания)和言语中重新理解的"二级表义词语符号"(словесные знаки вторичного означивания)。(2)词与语言一样有两个基本身份——虚拟的身份和语义上现实化为词语符号的身份。对作为语言"两面单位"(двусторонняя единица)的词进行符号学分析，为实现对词汇意义从虚拟(即语义上不可切分的词——词位)到言语单位构成中对词的完全"实义化"的"贯通描写"(сквозное описание)提供了可能。(3)词之所以被称为词语符号，其主要理据就在于词的特性，即传统语言学对词所做的经典界说：词是意义及表达形式的统一；词语符号作为"两面单位"，是"一级符号构成物"(первичное знакообразование)，并由此建立起一定的语义表义(概念)与某语言表达形式之间的牢固心理联系。(Уфимцева 1986：3—4)由上不难看出，乌菲姆采娃眼中的符号学方法论，其中最为重要的思想是：语言既是一个自主的符号系统，也是一个社会和思想经验系统；既要考虑到符号系统自身的规律(一级符号表义)，也要顾及言语使用的特性(二级符号表义)。这充分表明，她对词汇语义系统的描写和分析具有全方位性和多层级性，这正是符号学原则的价值或意义所在，因为按照世界语言学对词汇单位的描写传统(无论是索绪尔的还是洪堡特的)，都无法做到这一点。

　　3) 词义描写的符号学类别思想。在对词汇描写的符号学方法论进行审视后,乌菲姆采娃又根据上述方法论思想对词的语义描写的符号学类别作了全方位和多层级的具体分析。首先,她认为将词语符号分为符号学类别,必须要考虑到下列因素:(1)语义的性质:是否有成为词语符号意义基础的指称和概念成素及其关联性;(2)绝对意义(系统意义)和相对表义(聚合和组合表义)具有相互关联形式,它们不仅构成词语符号语义变体的基础,也作为两种基本的符号学原则成为其对立及组配的前提;(3)"符号阈"(сфера знака),包括"称名分类阈"(номинативно-классификационная сфера)、"言语思维阈"(речемыслительная сфера)、"交际阈"(коммуникативная сфера)和"语用阈"(прагматическая сфера)等。(Уфимцева 1986:98)基于以上认识,乌菲姆采娃对词语符号的类别进行了较为详细的分类。她认为,词语符号的语义描写可以按照以下类别作出区分:(1)按照成素(指称的或概念的)来描写符号意义;(2)按照"符号类别"(семиологические классы)、"符号次类别"(семиологические подклассы)以及"语义类别"(семантические разряды)、"词汇语义群"(дексико-семантичнские группы)等来区分词汇构成,以保障对词汇语义进行聚合研究;(3)对由词的符号意义类型及其功能和位置所决定的词的线性语义联系类型进行分析,以在最低限量组合或基本命题的范围内揭示词的句法特性及"逻辑语义联系"(логико-семантические связи)类型;(4)按照词典释义和词典学的表述来审视词的词汇意义,以确立分属不同符号类别和语义类别的词的意义结构性质和类型。(Уфимцева 1986:4)应该说,就词语符号的意义而言,从以上四个方面对其作出分类,乌菲姆采娃可谓是俄罗斯符号学界的第一人,不能不说这样的分类具有全方位性。不但如此,她还对事物性名词和特征性形容词的语义类别进行了具体审视,提出了词语符号描写的多层级分析模式:(1)词位层级,即将词作为意义和形式总和的两面单位;(2)词汇语义层级,即将词的语义分为更小的两面单位词的"词汇语义变体"(лексико-семантические варианты ЛСВ);(3)词在词汇语义变体中的言语使用层级,即句子构成中的词的使用。(Уфимцева 1986:224)

总之,乌菲姆采娃的"词汇语义系统"学说包含着十分丰富和深邃的符号学原理,仅就以上三个方面无法囊括其全部内容。在我们看来,系统地、全方位地和多层级地对词的词汇语义进行符号学的描写和分析,既是其学术研究的出发点,也是其学术思想的最大特点所在。当然,上述学术思想的获得,并非是其独创的,而是借鉴了包括符号学大家索绪尔、皮尔斯(Ч. Пирс,1839—1914)、莫里斯(Ч. Моррис,1901—1979)、弗雷格(Г. Фреге,1848—1925)、班维尼斯特的相关理论学说,并积极吸收了本国学者博杜恩·德·库尔德内、福尔图纳托夫以及谢尔巴、维诺格拉多夫、斯捷潘诺夫等的学术思想所致。[19] 从这个意义上讲,它既是东西方词汇语义学或词语符号学思想相结合的产物,也同样是传承与创新的产物。最后需要指出的是,有关"词汇语义系统"学说,乌菲姆采娃还曾在《作为系统的词汇研究初探》和《语言词汇语义系统中的词》两部著作中,以及《语义场理论及其在研究词汇构成中的使用潜能》(«Теории семантического поля и возможности их применения при изучении словарного состава языка»)和《语言符号的语义方面》(«Семантический аспект языковых знаков»)等文章中多有涉及和论述。(见 Уфимцева 1961,1967,1974,1976)应该说,她对词汇语义系统所做的符号学分析不仅得到学界的高度认可,也在方法上深化了以往学界对词语符号语义的基本认识。

2.3　什梅廖夫的"词汇语义分析"学说

作为当代俄罗斯著名语言学家[20],什梅廖夫对理论语义学和俄语词汇学的发展作出了自己的贡献。[21]他在上述领域出版的最有影响的著作有三部,它们分别是:《俄语语义学概论》(«Очерки по семасиологии русского языка»)(1964)、《词汇语义分析问题》(«Проблемы семантического анализа лексики»)(1973)、《现代俄语:词汇学》(«Современный русский язык. Лексика»)(1977)。究其学术思想而言,则以其提出的"词汇语义分析"学说最为闻名。该学说以其 1969 年的博士论文为基础,并在 1973 年出版的与博士论文同名的著作《词汇语义分析问题》中得以集中展现,主要包含下列思想或观点:

1) 关于词的概念及其特征的思想。研究词汇语义,遇到的首要问题是如何对作为词汇学研究对象的词的概念及其内涵作出合理界说。对此,什梅廖夫在《词汇语义分析问题》一书中专门辟出一个独立章节《词的界定问题》(«Проблема определения слова»)进行了全面而深入的审视,并从以下九个方面对涉及词的概念内涵、词的基本特征等进行了系统甄别和论述:(1)学界对词的概念界说存有许多分歧和争议。他指出,尽管学界都一致认为词是词汇学的研究对象,但在如何对词的概念作出界说问题上仍有分歧甚至争议。其原因是多方面的：一方面，词中交织着各种"语言学关切"（лингвистические интересы），包括语音学的、词法学的、词汇学的、句法学的、社会语言学的和民族语言学的，以及当代普通符号学的、信息论的等。这就形成了对词界说的不同视角或方面，从而给词汇学对词的概念作出界说带来困难。在他看来，词作为被说话人（包括语言学家）最直接感知和区分出的语言单位，每一位操语言者都有未被诠释的有关词的认识，因此，对词所做的科学释义不可能完全符合上述认识。（2）在现有对词所作的一些概念界说中，并没有将词的概念视为语言学的概念。有关论断包括：词是用以称名的单位，词是用来传递概念的单位，词是句子中不难区分出的单位，词具有一定的语音学特征等。在他看来，上述所有的界说只涉及词个别的甚至非本质的方面。（3）也有部分学者得出结论认为，对词进行界说时，必须要反映出词的全部的至少是最为本质的特征。如尚斯基（Н. М. Шанский，1922—2005）就认为，词的基本特征就包括"语音形式化"（фонетическая оформленность）、"语义配价"（семантическая валентность）、"不可渗透性"（непроницаемость）、"非双重音性"（недвуударность）、"词汇—语法关联性"（лексико-грамматическая отнесенность）、"音响和意义的恒定性"（постоянство звучания и значения）、"复现性"（воспроизводимость）、"完整性和整体性"（цельность и единооформленность）、"大多使用于词的组合"（преимущественное употребление в сочетаниях слов）、"孤立性"（изолируемость）、"称名性"（номинативность）、"成语性"（фразеологичность）这十二种。在什梅廖夫看来，这些特征有的是语义的，有的则是形式的，因此还有必要去探索词的其他特征。（4）赞成斯米尔尼茨基（А. И. Смирницкий，1903—1954）对词的特征所做的界说，即词的"分解性"（выделимость）和"完整性"（цельность）特征：前者可将词分解为不同的词素，后者则将词有别于词组。（5）对斯米尔尼茨基和潘诺夫（М. В. Панов，1920—2001）分别提出的"词的成语性"（идиоматичность/ фразеологичность слова）标准进行比照，认为两位学者的观点可以相互补充：尽管他们都认为词具有语音和意义两个维度，但前者注重的是词的表达形式，后者则注重的是词的内容形式[22]。（6）对斯米尔尼茨基的"成语性标准"（критерий идиоматичности）作出两点补充：第一，要拓展"语法形式化"（грамматическая оформленность）的概念，而不是将其仅仅理解为"形态形式化"（морфологическая оформленность）；第二，用语法形式化和语音形式化的标准对词进行独立审视未必合理,因为它们彼此间是相互补充的。(7)对每一种语言单位的界说,首先要考虑到该单位的基本功能。词的功能是由下列决定的:音位(意义区分功能),词(称名功能),句子(交际功能)。因此,词是称名单位。此外,语言的每一种"表意单位"(значимая единица)都是"两面单位"(двусторонняя единица):词的形式是其语音表达和语法结构,词的内容是其词汇意义。词具有的分解性特征,一方面表明着词在语音和语法上的"完整形式化"(цельнооформленность),另一方面也在非派生性和完全派生性上表明着"意义的不可预测性"(непредсказуемость значения)及其成语性。在什梅廖夫看来,词的最为本质的特征是:词是具有完整性和成语性的称名单位。(8)语言中既有中心的和边缘的现象,也有彼此严格区分的中间的现象,两者之间并不存在不可逾越的界限,而语言层次划分的基本特点也就在于此。音位与词素、词素与词等都是如此。(9)依照流行的观点,词的界限将向不同的方面移动,这取决于词的哪些特征被认为是具有决定性的。对许多中间的现象,不宜做单义的解释,或用统一的标准进行界说,"不确定性地带"(зона неопределенности)现象总体上也是如此。(见 Шмелёв 1973:53—62)由上不难看出,什梅廖夫对词的概念界说与传统的语义学的界说有所不同,他特别注重词的两大基本特征——词的完整性和成语性:前者指词的语音和语法形式化,两者缺一不可,构成词的形式整体;后者主要指在意义上有别于词组,但却包括着感叹词、前置词、语气词等虚词单位。这是什梅廖夫提出"词汇语义分析"学说的立论基础。或者说,他对词汇语义所作出的系统分析,都是建立在上述对词的概念及特征的基本界说之上的。

　　2)关于词汇多义性思想。众所周知,词的"多义性"(многозначность /полисемия)是世界各语言尤其是印欧语系中各语言的一种普遍现象,因此也就成为词汇语义研究的重要对象。多义性既可以是"语法多义性"(грамматическая многозначность /полисемия),也可以是"词汇多义性"(лексическая многозначность /полисемия)。如,俄语动词单数第二人称就具有语法多义性:*Ты этого не поймешь*(这件事你搞不懂的),*Тут ничего не поймешь*(对此一窍不通)。词汇多义性是建立在语言符号的"非对称性"(асимметричность)基础上的,其本质是用经济的形式手段来表达最大容量的语义内容。那么,什梅廖夫又是如何来解释和分析词汇多义性问题的呢?总体上看,他的考察主要涉及以下几个方面:(1)对词汇多义性的界说。他认为,所谓多义性,首先是指作为词汇单位的词的多义性。词汇多义性是一个词能够用来表示不同事物和现实现象的能力(Шмелёв 1973:38)。(2)对词汇意义的理解方式。他在具体审视现实语篇中的多义现象时发现,在多数情形下,人们并不能单义地将词义归入词典中所列出的某一种意义。如果说在"同音"(омонимия)情形下语篇的理解是靠确定哪一个同音单位为前提的话,那么在多义情形下语句中的词义常常对应于若干个词典意义。如,*новый* 一词在词典中就有 *впервые созданный*(新创立的),*недавно появившийся или возникший*(不久前出现或发生的),*современный*(现代的),*нынешний*(如今的),*теперешний*(现在的),*ранее неизвестный*(先前未知的),*незнакомый*(不认识的),*пришедший на смену прежнему*(替代原先的),*иной*(另一个的)等多种意义。因此,什梅廖夫认为,哪怕是带有该词的最简单和最平常的句子,如 *Это новая книга*(这是一本新书),*На заводе появился новый мастер*(工厂里来了一位不认识的师傅),*У него возникла новая идея*(他又有了别的想法)等句子中,尽管 *новый* 一词看起来并非具有"含糊性"(двусмысленность),但也很难确定该词的具体意义属于上述的哪一种,而这种现象在文学语言中体现尤为突出(Шмелёв 1973:95)。(3)多义词意义具有"模糊性"(диффузность)。他认为,模糊性作为意义兼容的一种潜能,是词汇多义性的基本特性之一。它有别于同音现象,给人一种"语义统一体"(семантическое единство)的感觉。对多义词的词典学描写是将词的不同意义单独列出的,这在一定程度上扭曲了所描写词语的语义结构(Шмелёв 1973:95—96)。(4)多义性与"普遍意义"(общее значение)的关系。他认为,尽管对某些词汇意义的区分有一定难度,但也不能用先验论的原理来否定词的多义性潜能。为此,他对兹韦金采夫(В. А. Звегинцев,1910—1988)的相关论点进行了批判。该学者认为,在一个词中不可能同时出现沿着不同方向运动的若干个不同信息,而只能导致在词中形成若干个词汇意义;词义即词的各种"词汇语义变体"(лексико-семантические варианты)的总和。(Звегинцев 1957:125—126)什梅廖夫指出,将词义界说为各种词汇语义变体总和即"普遍意义""常量意义"(инвариант)的说法,并不能解决多义性问题,而只是用词的"语义多变体性"(семантическая многовариантность)将其取而代之而已。(Шмелёв 1973:70)

换言之,在什梅廖夫看来,词汇学描写的自然对象,并不是上述所说的词的各种词汇意义变体的总和或词的普遍意义,而恰恰是词的"单独词汇意义"(отдельное лексическое значение)。由上不难看出,什梅廖夫对词汇多义性的认识是基于词的称名功能的,这与他对词的概念及其主要特征的界说完全一致;另外,他还特别关注词汇多义性与词义的模糊性和普遍意义的辩证关系,一方面强调词汇学对词义的研究有别于词典学,另一方面又反对采用普遍唯理主义或先验论的原理对词汇意义做概括性的描写,而是提倡结合语篇的语境来确定词的单独词汇意义。这表明,他更多是从经验主义视角对词汇多义性作出审视的。

3)关于词汇语义系统分析方法的思想。基于对词的概念及其内涵的多维思考,立足于对词汇多义性的全面考察,就形成了什梅廖夫对词汇语义进行系统分析的方法,即本节所说的"词汇意义分析"学说。总体看,什梅廖夫的词汇语义系统分析方法主要包含以下内容:(1)建立语言系统所有层级中的聚合和组合关系。他认为,词汇中的系统关系是在词与词之间的具体词汇意义中建立起来的,因此,可在多义词各种不同词汇意义的系统关系基础上建立起"语义层级"(семантические иерархии)。他发现,作为词汇语义单位的词,其"聚合关系固定性"(парадигматическая закрепленность)程度取决于其反向的"组合关系固定性"(синтагматическая закрепленность)程度。也就是说,词在词汇语义聚合关系中的位置越具有确定性,那么其在相反方向即组合关系上的联系就越少;词义对某语境的依赖程度越高,其在词"聚合关系列"(парадигматичесикй ряд)中的位置就越不具有确定性。因此,聚合关系上固定的意义就可被理解为主要的、独立的意义,而组合关系上固定的意义则被视为非独立的、引申的意义。通常情况下,词的"语义结构改变"(перестройка семантической структуры)常常与单独词义的聚合关系和组合关系的固定性变化有关。如,现代俄语中 жажда 一词,желание пить(口渴,饥渴)是其"原生意义"(исходное значение),而 сильное жалание чего-л.(渴望,渴求)则是其"引申意义"(переносное значение)和"隐喻意义"(метафорическое значение)。这是因为:原生意义很大程度上是固定在组合关系上相对自由的聚合关系上的,如 жажда 的初始意义就表示 голод(饥渴,饥饿);而引申意义的特点是具有刚性的组合制约性,如 жажда 只能与指称"希冀客体"(объект желания)的

名词第二格连用——*жажда денег*(渴望金钱) *жажда славы*(渴望荣誉),
жажда власти(渴求权力)等。(见 Шмелёв 1973:184—190,1977:49—65)对
于词汇意义在上述聚合关系和组合关系中语义结构改变的特点,什梅廖夫曾
在《俄语语义学概论》《词汇语义分析问题》和《现代俄语:词汇学》等多部著作
中用大量实例进行了论证。(2)提出词汇语义系统中一种新的变体方式——
"常规关系"(эпидигматические отношения/связи)。[23]他认为,这种常规关系同
样是受到词汇意义称名功能制约的,它的生成既与 词汇的"意义联想"
(смысловые ассоциации)有关,也与 词汇的"构词近似"(словообразовальные
сближения)有关。在他看来,这种常规关系构成了词汇语义继"聚合关系"
"组合关系"之后的"第三维面"(третье измерение)——"常规关系"
(эпидигматика)。(Шмелёв 1973:198)这表明,什梅廖夫将多义词的语义层级
"一分为三",除了聚合关系和组合关系之外,还有另一种层级语义派生关系,
那就是由联想或构词所形成的词义内部结构——常规关系。术语 эпидигма
指历史上形成的多义词层级派生意义的总和,对该意义进行分析,审视的是多
义词的整体性特征和区分性特征,以为确定词汇内部的派生意义提供理据。
显然,他的这一思想后来被阿普列相为首的莫斯科语义学派所继承和发展。
(3)共时与历时方法相结合原则。应该说,什梅廖夫对词汇语义所做的系统分
析是主要建立在共时基础上的,正如他曾指出的那样,词所走过的历程对确定
现代语言中词的地位和功能并无意义。(Шмелёв 1973:23)但与此同时,他对
语言史尤其是词汇语义的发展演化问题也颇有兴趣。他发现,俄语词汇语义
变化中有两种十分有趣的现象:一种是所谓"反向隐喻"(обратная метафора)
现象,即词在历史上的原生意义最初是被当作隐喻意义使用的。如,上文中提
到的 *жажда* 一词,历史上最初的原生意义即现在的隐喻意义,表示"渴望""渴
求";第二种是所谓的"词汇语义错合"(лексико-семантическая контаминация)
现象,即某词的语义是在与其他词源上非亲属词发生"偶然性近似"
(случайное сближение)而生成的。如,在据他考证,*распутный*(淫乱放荡的)
一词的意义,是由 *распутица*(淫乱放荡的女人),*беспутный*(放荡的),
растуститься(放纵)等词的发生词汇语义错合而形成的。(见 Крысин 2002:
11)此外,他还将对词义的历时考察拓展到对整个语法系统。他曾在 1960 年
出版的《现代俄语中的古旧形式》(《Архаические формы современного русского

языка»)一书中对现代俄语中所残存的"语法古旧形式"（грамматические архаизмы）进行了系统考察，并得出结论认为，这些语法古旧形式本质上与"词汇古旧形式"（лексические архаизмы）不同：一些古旧词语随后还可以复活，但语言中消失的语法形式如同发掘出的动物化石一样是不可能复活的，它们只留存着某些石化的痕迹。因此，在什梅廖夫看来，对语法古旧形式的系统描写不仅可以用来解释现代俄语中那些非派生性的语法结构，而且还可以在需要掌握或回想起古俄语形式系统时给人们提供通向已经消失的聚合体的"记忆桥梁"。（Шмелёв 1960:8）应该说，共时中有历时，或共时—历时不可分的方法，是包括语义中心主义范式在内的俄罗斯符号学研究的一大特色。而在这一点上，什梅廖夫表现得尤为出色。

　　从符号学角度看，我们认为什梅廖夫提出的"词汇语义分析"学说的科学价值主要体现在以下三个方面：（1）对词汇语义进行系统分析的视角或方法。他提出，词汇语义分析必须要克服孤立或分散讨论问题的所谓"原子论"（атомизм）思想，因而有必要建构一个统一的词汇学理论，以便对同义现象、多义现象、成语现象、同音现象等作出更为深入的理论解释。（Шмелёв 1973:4—5）这一视角或方法涉及词汇语义研究的"三个维面"——聚合关系、组合关系、常规关系，这种系统分析方法后来被莫斯科语义学派所采纳，并在该学派的词典学研究中得到进一步的发展，这就是阿普列相等学者所提出的对语言进行"整合性描写"（интегральное описание）的思想。（2）对传统语义分析域的突破。我们知道，传统语义分析对象并不包括所有词汇，像 кошка（猫）、роза（蔷薇）、яблоко（苹果）等具体词汇语义被排除在语义分析之外。这在什梅廖夫看来是不可思议的。他认为，对词汇语义分析的对象作出限定只是研究者的兴趣不同而已，而事实上词汇单位的意义一定程度上是由其表示的事物或现象所决定的，因此，所谓具体词汇的概念本身不能一概而论。显然，在许多表示物理事物的词汇中可以发现各种各样的词汇组群，它们是以不同方式组合起来的，相互的关联性也不同。因此，在他看来，上述这些词汇的意义不成为语言学意义上的"意义"才是奇怪的。（见 Шмелёв 1973:32—34）这表明，什梅廖夫对词汇语义的分析域已经囊括了所有的词汇单位，既包括不同词类的同义词、同音词、多义词、成语性单位等，也包括不同意义类别的抽象词汇、具体词汇等，这无疑是对传统词汇学或语义学的一种有意识的突破。（3）词汇语义分析的符号学视阈。尽管什梅廖夫在其"词汇语义分析"学说中并没有使用过"符号学"这一术语,但这并不表明他的视阈就是纯词汇学的或词汇语义学的。无论是在他对词的概念内涵作出的界说中,还是在其所阐发的词汇多义性思想中,以及对词汇语义所做的系统分析方法中,我们都可以比较清晰地窥见到语言符号学(尤其是词语符号学)的视角,词义或词汇语义在他眼里不仅仅是词汇学的,也同样是语言符号学的。否则,他也不可能对词汇语义作出如此细致、深刻和独到的分析。上述三个方面,就是我们对什梅廖夫的"词汇语义分析"学说所做的基本评价。

2.4　帕杜切娃的"词汇语义动态模式"学说

仅仅从"词汇语义动态模式"的字面意义看,就足以表明该学说所具有的符号学意义或价值了:符号的"意义"(значение/семантика)尤其是语言符号的"意义"是符号学审视的核心内容;"模式"(модель)不仅是符号尤其是语言符号赖以存在的方式,也是符号活动本身的基本规律;"动态"(динамика)不仅是符号尤其是语言符号的使用或运作的主要样式,也是人们认识和探索符号本质的基本视阈。

作为当代俄罗斯著名语言学家、语义学家,帕杜切娃在句法学(句法语义学、句法类型学)、词汇语义学、普通语义学、语用学、叙事学以及机器翻译学等领域颇有造诣,发表和出版的著述达数百篇(部)之多。1965 年,她师从著名语言学家、语言符号学家伊万诺夫(Вяч. Вс. Иванов,1929—2017)完成副博士论文答辩,题目为《关于从俄语自动翻译为数理逻辑语言的若干句法问题》(《Некоторые вопросы синтаксиса в связи с проблемой автоматического перевода с русского языка на языки математической логики》),而该年代正值以洛特曼(Ю. М. Лотман,1922—1993)、乌斯宾斯基(Б. А. Успенский)等为领袖的"塔尔图—莫斯科学派"(Тартуско-московская школа)兴起时期。[24] 1982年,帕杜切娃又以高质量的学位论文《语句的指称视角:代词的语义和句法范畴》(《Референциальные аспекты высказывания: семантика и синтаксис местоимённых слов》)顺利通过博士论文答辩。仅从上述两篇学位论文看,帕杜切娃就与语言符号学(确切说是语义符号学)结下了不解之缘。此外,她在该领域出版的有影响的著作（有的与他人合著）还有：《论语言研究的精确方法》（«О точных методах исследования языка»）（1961），《句法语义学：俄语转换语法资料汇编》（«О семантике синтаксиса. Материалы к трансформационной грамматике русского языка»）（1974），《反向定律：思维的计算方法和启发式过程》（«Обратная теорема: алгоритмические и эвристические процессы мышления»）（1978），《语句及其与现实的相关性：代词语义的指称视角》（«Высказывание и его соотнесенность с действительностью: референциальные аспекты семантики местоимений»）（1985），《语义学研究：俄语中的时间和动词体语义学·叙事语义学》（«Семантические исследования. Семантика времени и вида в русском языке. Семантика нарратива»）（2004），《词汇语义中的动态模式》（«Динамическая модель в семантике лексики»）（2004）等。这些著作无疑奠定了帕杜切娃在语言符号学领域的重要地位。

在我们看来，就符号学的学术价值而言，帕杜切娃的"词汇语义动态模式"学说最为著名。该学说以从语言生成观转向语言阐释观为哲学取向，以多义词（动词）的"语义联系"（семантические связи）或"语义衍生"（семантические деривации）机制为研究对象，重点审视了动词"语义成素"（семантические компоненты）和"题元结构"（актантные структуры）与动词语义变化之间的关联问题，即动词的"词汇意义参数"（параметры лексического значения），如"分类范畴"（таксономическая категория Т-категория）、"主题类别"（тематический класс）、"角色配位"（диатеза）、"参项的分类类别"（таксономический класс участника）等的变化对动词语义变化的影响，并从语义变化的动态视角实证了人的语言能力尤其是话语理解的若干机制问题。一定意义上讲，该学说代表着当代俄罗斯语义符号学研究中的最新理论成果。

下面，就让我们来具体审视一下该学说所包含的主要学术思想或观点。

1）由生成观转向阐释观。如何看待或解释语义及其衍生问题，应该说不同的语言观有不同的价值取向。结构主义主要是从符号内部的各种关系视角对多义词的语义衍生规律作出描写的；生成主义改静态描写为动态解释，但依然没有完全摆脱"句子生成与词、词生成与词素"的统一结构模式。据此，帕杜切娃在《词汇语义的动态模式》一书的"前言"中就指出，从（20世纪）50年代末起，在以"乔姆斯基革命"（хомскианская революция）为标志的理论语言学中[25]，"生成取向"（установка на порождение）就占据着主导地位。但在80—90年代一个新的范式占据了上风："阐释"（интерпретация）即"理解"（понимание）成为关注的中心。那么，新的阐释观较之原来的生成观又有怎样的优势呢？帕杜切娃认为，阐释观的优势就在于：它不需要这样一种假设：即语言学家可以在理论上为该语言的任何句子构建出句法结构，而从生成到阐释的转向则可以将单独词语和结构的研究纳入有规律的理论框架之中……尽管说话人生成话语的机制在许多方面仍旧是不解之谜，但这丝毫也不影响对话语阐释过程作出研究（哪怕采用自我观察方法）；我们每个人常常处在需要自己提供有利于话语（母语的或非母语的）理解论据的情形之中。谁掌握的语言知识、世界知识、交际技能和修辞能力等更扎实，就更有机会取得成功……"意思"（смысл）的生变本为寻常之事。总是与形式相伴的意思的初始生成机制至今依然无从知晓，而将其归咎为天赋语言能力的说法并没有丰富我们对该能力构成的认识。（Падучека 2004：13）在我们看来，以上话语虽然不长，但至少表明了以下几个重要观点：（1）阐释观与生成观的哲学取向有别。显然，兴起于80—90年代的新范式与50年代占主导地位的以乔姆斯基为代表的旧范式之间的最大不同，就在于用阐释观替代了生成观：这两种语言观的分野主要在于哲学取向的不同：前者注重的是对话语的"理解"，而后者注重的是话语（句子）"生成"（порождение）本身。或者说，语义学研究中对话语"生成"与"理解"的不同"取向"，呈现为两种不同的语言观。（2）阐释观与生成观的研究方法不同。前者可以自行设计，不受固定模式的制约，而后者需要归入固定的句法结构模式。（3）阐释观与生成观的知识来源有异。前者主要用综合性知识，包括语言知识、世界知识以及交际知识和修辞知识等，而后者主要基于语法知识；（4）生成观较之阐释观缺乏必要的理据性。比如，至今人们对话语生成机制的认识仍不完善，尤其对许多初始生成机制问题还无法作出合理解释，其中包括乔姆斯基（Н. Хомский）的"转换生成语言学"（генеративная/ порождающая лингвистика）也未能有效解决人的话语能力的生成机制问题。显然，帕杜切娃的"词汇语义动态模式"学说就是建立在上述阐释观基础之上的。这是一种全新的词汇语义审视方法。当然，该方法的形成是语义学发展的必然结果。正如帕杜切娃所说，正是语义学的发展才促使语言学家对语言单位的"语言行为"(языковое поведение)作出语义学的解释,这一新方向显然与词汇语义学所取得的成就密不可分。可以认为,词的语言行为(搭配,语法聚合体的不完全性等)本质上是由词的意义所决定的……然而,词通常具有多义性,词的每一种意义都预先决定着词的语言行为潜能。(Падучека 2004:13—14)从这个意义上讲,帕杜切娃的"词汇语义动态模式"学说不仅是对俄罗斯语义学传统的一种超越,也同样是对乔姆斯基的"转换生成语言学"理论的一种反叛,其方法论价值就在于此。

2)确立词汇语义研究的系统方法。要对动词语义变化的词汇语义参数作出合理解释,首先要确立意义研究的"系统方法"(сисемный подход)。在帕杜切娃看来,词语犹如人,无论在意思方面还是在搭配方面以及意义特征方面,彼此都各不相同,而这种不同(个体差异)是由大量词汇中重复出现的各种参数及参数的意义决定的,因此,对词汇语义的研究必须采用系统方法。该系统方法遵循四项原则:(1)词应该对照于"意义公式"(формула значения)或"语义公式"(семантическая формула),以有助于对可以直接观察到的词的行为的各个方面作出预测和解释。如,词与从属词(题元、副题元)的搭配,词与各种范畴的搭配,构词潜力,较细微方面的搭配,句重音的位置等。(2)利用该词与其他词所共有的语义成素和意义参数,可以对大部分搭配限制和其他语言行为特征作出预测和解释。如,在"词典学家"(лексикограф)系统中的语义公式就包括对意义的注释(表征),以用来解释词义中的一组命题结构成素。语义公式记录着词义中不同类型的所有词所共有的一系列参数,如分类范畴、主题类别、角色配位、参项的分类类别等。参数构成语义聚合体。(3)词通常具有多义性。然而,词的各种意义之间常常彼此关联,这些联系可以重复出现。换言之,多义性在一定程度上都是有规律的。而"常规多义性"(регулярная многозначность)可以表征为由一种意义到另一种意义的转换,即意义的变化。只要能为每一个新的意义寻找到相应的转换形式,我们就可以将这些词义并入"联通树"(связное дерево)之中。一旦意义之间的相似联系出现在另一个词中,那么该词两个意义之间的某种联系就符合"语义转换"(семантический переход)……可以将由一个意义转换为另一个意义视为一个意义向另一个意义提供理据。常常在多义词的两个意义中,一个意义自然被认定为"原生意义"(исходное значение),而另一个则是"派生意义"

（производящее значение）。[27]（4）对词义作出区分的成素或参数也可以用来区分各种不同的词。（见 Падучева 2004：25—29）以上四项原则，是帕杜切娃用来对动词词汇意义参数进行系统分析的主要参照。显然，其中的第一项原则最为重要，它是其他三项原则得以成立和运作的前提或基础，因为没有"意义公式"就不可能对词义尤其是多义词的意义作出必要的预测和解释。另外也不难看出，由上述四项原则构成的词汇语义系统方法，与语义学研究中的其他系统方法有很大不同。比如，我们在上文中评析的什梅廖夫的"词汇语义分析"学说中，也同样看到系统方法，但它强调的主要是多维性或多视角性，而帕杜切娃注重的则是同一平面上的纵深性或动态性。这无疑是帕杜切娃的"词汇语义动态模式"学说中的一大亮点。

　　3）对动词语义变化的词汇意义参数作出解释。帕杜切娃在潜心研究语义衍生机制时发现，能够解释动词常规多义性问题的手段之一，就是将"意义参数化"（параметризация значения），并揭示这些容易改变自身意义的参数。（Падучева 2004：30）那么，究竟哪些参数对动词语义的变化产生着影响呢？她认为主要包括以下参数：（1）分类范畴。帕杜切娃指出，在定位于对词进行语义分解的"解释时代"（эпоха истолкования）来临之前，词汇语义分析实际上依据的是分类……长期以来，使用动词范畴的主要领域是"时体学"（аспектология）。[28]但由于动词常规多义性问题，动词范畴又获得了新的运用。分类范畴主要由"行为"（действие）、"活动"（деятельность）、"过程"（процесс）、"状态"（состояние）、"生事"（происшествие）、"趋向"（тенденция）、"特性"（свойство）、"相互关系"（соотношение）、"将要做某事"（предстояние）、"行为倾向"（предрасположение/диспозиция）等不同的范畴组成。其中，"行为"和"活动"属于"施事范畴"（агентивные категории），其他的属于"非施事范畴"（неагентивные категории）。在她看来，分类范畴应独立于主题类别。如，状态范畴可以是物理的、生理的、心智的和情感的等，像 находиться（位于何处）、голодать（饥饿），знать（知道），радоваться（高兴）等动词同属于状态范畴，但却属不同的主题类别。（Падучева 2004：31—33）（2）主题类别。帕杜切娃认为，主题类别将词与在意义结构中占据中心地位的共有语义成素连接起来。可以区分出以下不同的类别："存在动词"（бытийные глаголы）、"阶段动词"（фазовые глаголы）、"拥有动词"（глаголы обладания）、"身体作用动词"

（глаголы физического воздействия）、"运动和客体移动动词"（глаголы движения и перемещения объектов）、"姿势动词"（глаголы принятия положения）、"创造性动词"（глаголы создания）、"补偿行为动词"（глаголы возместительного действия）、"言语和告知动词"（глаголы речи и передачи сообщения）、"感知动词"（глаголы восприятия）、"感觉动词"（глаголы чувства）、"决定动词"（глаголы принятия решения）、"心智动词"（ментальные глаголы）、"声响动词"（глаголы звука）、"使役动词"（глаголы каузации）、"特征动词"（глаголы приобретения признака）等。（Падучева 2004:42）在她看来，作为动词语义参数的主题类别的重要性就在于：首先，同一主题类别的动词在句法上通常有典型的表现，如某类动词通常有典型的（鉴别性的）的参项；其次，同一主题类别的动词通常具有共同的衍生潜力，即具有同一组"语义衍生词"（семантические дериваты）。（Падучева 2004:43—44）此外，帕杜切娃在对主题类别作出区分基础上，还对该类别的"构造成素"（строевые конпоненты）进行了实证分析。这些构造成素包括"使役"（каузация）、"起始"（начинательность）、"否定"（отрицание）、"评价"（оценка）、"时体意义"（аспектуальное значение）、"情态"（модальность）、"知晓"（знание）、"期待"（ожидание）等及其变体形式。（见 Падучева 2004:45—47）（3）角色配位。帕杜切娃将题元的角色配位定义为"语义层级与句法层级单位之间的对应"，或者说是"参项语义角色与其句法位之间的对应"。（Падучева 2004:51）实际上，角色配位如果以动词形式作为标记，那就是动词的"态"（залог）。据此，帕杜切娃在具体审视了情景及其参项的相关内容（包括参项与角色、参项与句法题元、角色的语义依据、内涵参项和参项的交际等级）后，对角色配位的移位和使用范围作了具体分析。她指出，角色配位是一种"题元结构"（актантная структура）或"角色结构"（ролевая структура）。"题元结构"这一术语并非是单义的：它还可以用来表示词位角色的意义组合，这样，角色配位有别的词位可有共同的题元结构。与参项对应的形态句法位的组合，我们将其称为"构型"（конфигурация）。如果发生变化的仅仅是参项的等级，而词的角色和其他方面没有变化，那么构型的变化就是角色配位（等级）的移位。（Падучева 2004:62）关于角色配位的使用范围问题，帕杜切娃认为，随着时间的推移，角色配位的使用范围在逐渐扩大。目前可将角色配位分为"直接角色配位"

（прямая диатеза）、"间接角色配位"（косвенная диатеза）、"带观察者的角色配位"（диатеза с наблюдателем）、"带外在领属者的角色配位"（диатеза с внешним поссесером）、"双重角色"（сдвоенные роли）等。（见 Падучева 2004：66—72）（4）参项的分类类别。帕杜切娃认为，动词语义通常会将一定的限制附加在情景参项的类别上。描写动词语义的参项可以有"物体"（вещество）、"行为"（действие）、"物料"（масса）、"物品"（материальный предмет）、"活生物"（живое существо）、"自然力"（природная сила）、"事件"（событие）、"人"（человек／лицо）等。（Падучева 2004：80—81）此外，她还就参项的分类问题表达了如下观点：动词词位的意义本质上取决于参项类别；各参项之间可以在分类类别上保持一致性；一种类别的参项替代另一种类别可以改变动词的意义；参项分类类别与解释成素之间的关系具有常规性。（见 Падучева 2004：84—88）由上不难看出，帕杜切娃从词汇意义参数视角对动词语义变化所做的解释，既参照了国外的相关理论学说，也综合了彼得堡"功能语法理论"（теория функциональной грамматики）和莫斯科语义学派代表人物的相关学术思想，无疑是目前为止俄罗斯学界对这一命题论述最为全面、论证最为翔实和最具说服力的动词语义研究成果之一。

　　4）对语义衍生的内在机制作出具体分析。语义衍生即语义派生或语义变化，其必然结果就是生成词的常规多义性；或者反过来说，常规多义性作为自然语言词汇的基本属性之一，可以视为词汇语义衍生的必然结果。帕杜切娃认为，语义衍生具有方向性，因此，当常规多义性被衍生模式化的情形下，在多义词的两个意义中，要么其中的一个意义衍生于另一个意义，要么两个意义都衍生于第三个意义。（Падучева 2004：147）对于语言衍生的机制问题，帕杜切娃首先从语言的观念化视角出发，简要审视了当代具有符号学性质的语义结构与"观念结构"（концептуальная структура）的关系问题。她认为，德国逻辑学家弗雷格提出的逻辑语义"三角形关系"（треугольник）奠定了观察语义结构和观念结构差异的基础。按照弗雷格的观点，语篇（语句、词，即形式）相对于意思，"指称对象"（денотат）相对于"观念"（концепт）是同一个本质。见下图式：

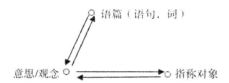

此前不久,语言学研究中只关注形式与意义之间的关系,而构成语言学"指称理论"(теория референции)内容的语句与现实之间的关系则在一定程度上并不属于词汇语义学和句法语义学的研究范围。因此,近些年来的基本样式可用下列图式来展现(C1,C2,C3 表示同一个语句的不同"意思"):

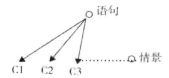

目前的研究样式由下列图式来展示,图式中的 K1,K2,K3 表示与同一现实情境相关的不同"观念",而符号↕表示它们之间的"意思"对应关系:

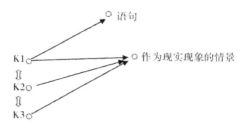

（见 Падучева 2004:155—156）

以上充分表明,目前在俄罗斯学界流行的语义研究样式主要是语篇的语义结构与观念结构的整合性研究。

关于语义衍生的机制问题,帕杜切娃同样也是从阐释观出发进行具体审视的。她认为,语义衍生模式基本上都可以归属于"换喻移位"(метонимический сдвиг)或"隐喻移位"(метафорический сдвиг)两大类别。[29](Падучева 2004:157)据此,她对该两种移位进行具体分析。（1）换喻移位亦称"视焦移位"(сдвиг фокуса внимания)。帕杜切娃认为,动词的衍生潜能很大程度上是由原生词词位的主题类别决定的。主题类别整体上对应于某概括性情景,该情景由该类别的所有词以各种形式加以表达……主题类别的核心部分和动词的原生意义本质上都有一个起始的或基础的观念结构,该结构会发生各种"变形"(модификация);观念结构的变形主要是视焦由一个参项转向另一个参项所致,即角色配位的移位提升了一个参项的等级,降低了另一个参项的等级。这种语义衍生都可以归入"换喻引申"(метонимические переносы)之列。(Падучева 2004:158)(2)隐喻移位亦称"范畴移位"(категориальный сдвиг)。帕杜切娃认为,基础观念结构产生的另一种变形是由参项的分类类别决定的。这是广义上的"隐喻引申"(метафорические перенос)。[30]如,"主体参项"(участник-субъект)分类类别的改变可以导致行为动词范畴类别的变化而成为生事动词(глагол происшествия)。另外,参项的分类类别的变化也可以改变动词的主题类别。如,声响动词的原生意义表示无目的性过程,但如果声响发出者被分类为有目的的主体,那么该声响动词就可以表示该主体的行为,而声响就被用来表示达成某目的。声响动词通常具有符号性目的:施事者发出声响,其目的就在于发出信号或传递信息。(Падучева 2004:158—159)除上之外,帕杜切娃还对换喻引申的类型问题做了实证分析。她认为,以下三种现象都可以被视为换喻引申的三种类型:(1)同一情景的两种观念化是换喻关系。生成于换喻词直义的观念结构是反常规的,即被理解为一种"形象"(образ)和"语义辞格"(троп)。句子的理解需要复原另一个与其有临近关系的情景参项。(2)如果一个意义是由另一个视焦移位获得的话,那么换喻移位可以将词典中记录的两个意义联系起来。视焦移位有两种——情景参项和解释成素。(3)题元配位移位和"裂解"(расщепление)语义可以归结为视焦从一个参项到另一个参项的引申。(Падучева 2004:160—161)在她看来,类型 1 和类型 2 之间的区别理据是:换喻(如同隐喻一样)是鲜活的、偶然的、模糊的,也就是固化在词义中的。类型1 是与能产性的引申规则有关的鲜活的换喻,类型 2 是反映在词典中的模糊的换喻。类型 1 条件下可以发生情景的两种观念化——情景的换喻观念化与直义有关,而情景的直接观念化则需要复原;类型 2 条件下的换喻则不可能发生类型 1 的两种观念化。词典中通常不会记录鲜活的换喻……类型 3 中的角色配位移位与类型 1 有别:其视焦移位有形式上的表达。但同时,类型 1 和类型 3 又有相似之处,它们都可以被用来生成艺术效果。(Падучева 2004:162)

总之,帕杜切娃眼中的换喻和隐喻,涵盖了语言使用所有领域的全部机制。一定意义上说,她提出的"词汇语义动态模式"学说正是建立换喻和隐喻的认识基础之上的,换言之,没有换喻和隐喻就不可能有语义衍生,帕杜切娃也就发现不了语义研究中的动态方法。

评析帕杜切娃的"词汇语义动态模式"学说,我们认为其学说的符号学价值主要体现在以下四个方面:(1)基于"阐释"的哲学视角。该学说与以往语义学说最大的不同,就在于它不是基于句法模式视角的抽象描写,而是基于语义理解的具体分析。因此,本质上讲,它实现了由传统生存观到当代阐释观的转变,这在方法论上是有重要现实意义的,标志着俄语语义学研究进入了新的时期——具有认知性质的阐释时期。(2)基于"动态"的研究方法。首先,该学说从系统方法视角将词汇多义性的本质解释为"由一个意义向另一个意义的转换";其次,该学说侧重于词位在句法中所彰显的各种意义参数对语义变化的各种潜在影响,这与以往静态的句法语义研究有本质的不同;再次,该学说认为语义衍生的基本机制也是一个"多义性的动态模式"。(Падучева 2004:147)(3)基于对"句法语义"和"词汇语义"变化双重对象的考察。建立在分类范畴、主题类别、角色配位和参项的分类类别基础上的语义变化的动态模式,并非只限于对词或词汇的句法语义范畴的实证分析,同样也从功能语义学或语用学视角对动词多义性的生成和理解问题进行详细审视。(4)基于对"换喻"和"隐喻"机制的理据考证。理论上讲,该动态模式的形成离不开对换喻和隐喻机制所做的详细考证。这是因为:语义衍生问题是所有语言的普遍现象,因此,只有从语言中尤其是语言使用中普遍存在的内在机制入手才能对该现象作出合理解释,而换喻和隐喻正是语义衍生最主要的两大机制。从符号学角度看,应该说上述四个方面的学术价值都有特定的符号学意义:(1)对词汇多义性的审视,实现了从生成到阐释的转向,这实际上凸显着从结构符号阈到认知符号阈的转换;(2)动态与静态的对立是审视符号活动特性的基本方法之一;(3)句法语义和词汇语义变化的双重对象正是符号"多语性"的本质体现;(4)对语义衍生中换喻和隐喻形式及其功能的审视,本质上不仅是符号意义(语法意义和词汇意义)的转换或引申,同样也是对语言符号与现实之间的关系所作的符号学考察。除上以外,还有两点值得强调:一是"动态模式"本身就是符号学视阈的产物,因为符号的生成、运作及理解等都是以"模式化"为前提的;二是该学说对词汇意义参数化的分析方法,大多是置于"平行"与"对立"、"转换"与"移位"、"参数"与"成素"、"原生"与"派生"、"分类"与"配位"、"内在"与"外在"等框架内进行的,这同样也是符号学所特有的研究视角。

当然,如果要说"词汇语义动态模式"学说还存在哪些不足的话,那么我们认为这不足主要体现在"动态模式"本身与"阐释观"取向之间具有一定的矛盾性方面。乍看起来,似乎动态的语义变化现象只有用阐释的而非描写的方法最为合适,但实际上,一旦这种变化被"模式化"了,就很难完全摆脱结构尤其是句法结构等生成观的制约。帕杜切娃本人也承认,阐释观与生成观在研究方法上的不同就在于:前者可以自行设计而不受固定模式的制约,而后者则需要归入固定的句法结构模式。然而,某种意义上讲,帕杜切娃在试图跳出语言生成所固有的静态句法结构模式的同时,却又不自觉地踏入了语言理解的另一种模式——语义变化的动态模式。也就是说,在我们看来,理论上凡是模式化的现象(无论是静态的还是动态的)都比较适合采用描写、分析或解构的方法,而不是阐释或解释的方法。

第3节　语言符号意义研究

如果说"语义中心主义范式"中的"词汇语义研究"主要属于词汇语义学或词汇学的研究范围的话,那么"语言符号学意义研究"就属于普通语言学或普通语义学的研究领地。从这个意义上讲,它们两者之间是"部分"与"整体"的关系。这似乎表明这样的道理:一方面,后者的研究成果在一定程度上影响或制约着前者;另一方面,反过来可以说前者的成果也可为后者奠定必要的学理基础。

事实上,俄罗斯学界对语言符号意义的研究是与词汇语义研究并行不悖的,很难说孰先孰后,很多时候甚至都很难清晰地分辨出两者之间的界限,因为大凡从事语义研究的学者,不可能也没有必要被严格限定在普通语义学或词汇语义学的特定范围之内,恰恰相反,几乎所有学者的研究都会涉及诸如词汇语义和语言语义领域的交叉问题。

本著之所以要将词汇语义研究和语言符号意义研究分列开来审视,一是为了易于分类评析,以便更好地彰显出不同层次或不同领域的学说样式和学理特点;二是为了重点审视一下俄罗斯理论语言学家或理论语义学家在"语义中心主义范式"框架下的具体理论成果,因为从符号学角度看,对一般语言符号的意义进行整体上的理论构建和学术阐释,其难度和重要性远远大于仅局限于对词或词汇这一基础层级所作的研究。

依据上述论述,我们从当代俄罗斯数十位理论语言学家或语义学家中遴选出三位学者,他们的语言语义学说不仅最具代表性,且学术指向与符号学的基本学理也最为接近。这三位学者的代表学说分别是:阿鲁玖诺娃(Н. Д. Арутюнова)的"句子意思"学说、扎利兹尼亚克(Анна А. Зализняк)的"语言多义性"学说、斯捷潘诺夫(Ю. С. Степанов)的"语言的三维空间"学说。

3.1 阿鲁玖诺娃的"句子意思"学说

作为当代俄罗斯最杰出的语言学家之一,阿鲁玖诺娃在俄语语义学、语用学、语言逻辑分析等领域有很深的学术造诣,她提出的许多理论学说不仅在本国学界有重要影响力,且在世界学界也享有盛誉。有关她的隐喻和语言逻辑分析学说等,本著作将在第十五章"观念认知主义范式"(когнитивно-концептуальная парадигма)中予以专门评析,此处仅对其提出的具有符号学价值的"句子意思"学说进行简要审视。

阿鲁玖诺娃的"句子意思"学说,比较集中地阐发在其于 1976 年出版的《句 子 及 其 意 思:逻 辑 语 义 问 题》(«Предложение и его смысл:Логико-семантические проблемы»)一书中,此外,她在 1999 年出版的《语言与人的世界》(«Язык и мир человека»)等著作中也多有涉及。概括起来,该学说主要包含以下思想或观点:

1) 关于句子意思研究视角的观点。阿鲁玖诺娃认为,以往学界对句子意思的研究存有很多不足,无论是句子及其构成的意义属性问题,还是句子的语义类型和"主项"(субъект)及"谓项"(предикат)的语义类型,以及句子形式结构与内容结构之间的关系等,都没有成为专门分析的对象。而从 20 世纪 60 年代中期起,句子的语义研究得到迅猛发展,尤其是句子意义的"指称观"(денотативная/референтная концепция)得到语言学家的广泛认同。[31](Арутюнова 1976:5—6)在阿鲁玖诺娃看来,用"指称观"研究句子语义,其目的就在于确定语句与语句所表示的"超语言情景"(экстралингвичтическая

ситуация)或事件之间的关系。而超语言的"指称对象"(референт/денотат)、现实片断、部分事件以及具体语句中所报道的事实等,在许多情形下都可以称之为情景。(Арутюнова 1976:7—8)而研究情景,就不能不涉及句子的主项意义和谓项意义问题,对此,阿鲁玖诺娃指出,主项和谓项在句子中履行着完全不同的功能:主项和其他具体意义的"词项"(терм)在言语中替代着现实事物,即对报道接收者而言等同于现实事物,也就是担负着自身的指称功能;而作为报道目的的谓项则将自身的概念内容或意思现实化。主项的意义是"透明的",通过这种透明而能清晰地看到指称对象。这些差异与句子中主语和谓语位置上的词的组合差异有关。(Арутюнова 1976:10—11)由上可见,阿鲁玖诺娃的"句子意思"学说的视角与传统的语义学或句法语义学的视角不同,它主要是用来研究句子的逻辑语义的,其所使用的概念也都是句子逻辑分析中使用的概念,如"命题"(пропозиция)、"命题关系动词"(глаголы пропозиционального отношения)、"指称"(референция)等;而在句子的组合关系研究中主要关注的是受思维特性制约的"意思链"(цепочки смысла)的形成规律问题。应该说,对上述句子意思结构或组织的揭示,就必须用逻辑的方法,并关注语言事实与超语言或语言外现实之间的关联性问题。从这个意义上讲,用这种视角对"句子意思"进行研究,就将作为语言系统一个层级的句法学归并到语言学研究的永恒主题"现实——思维——语言"(действительность-мышление-язык)三者关系的总体框架之内进行审视,从而彰显出其特定的语义符号学意义,因为语言符号尤其是语义的生成和运作正是在上述三者的特定关系中获得的。

2)关于命题研究的思想。命题本属于逻辑学概念,是"分析哲学"(философия анализа)中广泛使用的术语之一。逻辑学研究命题,即以世界是"事实的总和"(совокупность фактов)这一论断为逻辑基点的,因此,早期的逻辑语义学所关注的核心内容是作为事物符号的"称名语义模式"(модель значения имени)问题[32],后来又转向了研究作为事件符号的句子意思。在阿鲁玖诺娃看来,实现这一转向的代表人物是奥地利哲学家、逻辑学家维特根斯坦(Л. Витгенштейн,1889—1951)。他在《逻辑哲学论文》(«Логико-философский трактат»)一书中曾指出,只有句子才有意思,称名也只有在句子语境中才有意义。(见 Витгенштейн 1958:39)也就是说,早期的逻辑语义分析是静态的,即将句子意义看作是该句子中所有词义的总和;而转向后的逻辑语义分析并没有将词义视为语义上自主的范畴或"意义原子"(смысловой атом),而是将其看作句子意义的功能。(Арутюнова 1976:23)那么,语言学研究中用命题的概念来研究句子的意思究竟有何价值呢? 对此,阿鲁玖诺娃依据德国逻辑学家弗雷格的观点,用"语言单位"(единицы языка)和"现实单位"(единицы действительности)的对比作出了如下解释(见 Арутюнова 1976:25):

语言单位 (词、句子)	现实单位 (事物、事件)
(1)意思(伴随意义、内涵意义)	(3)事物/事件的特性
(2)指称	(4)事物、事件

由上表可见,语言学研究命题,其学术价值就在于将语言单位的意思、指称与现实单位中的事物或事件(或事件特性)对应起来,从而勾勒出诸如真与假、肯定与否定等命题意义。阿鲁玖诺娃认为,有关命题的概念大致经历了以下三个发展阶段:(1)最先,它对应于完整的判断。判断作为某思想形式,是由"肯定态式"(модус утверждения)和"陈述内容"(диктум)构成的。(2)后来,它被确定为客观化的思想内容,该思想内容是从主观情态性中分离出来而与所表示的"事态"(положение дел)直接相关的;(3)最终,它被作为能够与任何"交际目的态式"(модус коммуникативной цели)联合在一起的句子的语义部分或语义结构,成为表示言语行为目的性的动词。(Арутюнова 1976:34)显然,阿鲁玖诺娃对命题的研究,尤其是对命题关系动词的研究就属于后一种,即将命题研究与语用学中的"言语行为理论"(теория речевого акта)结合起来,审视言语行为的逻辑哲学特性。(见 Арутюнова 1976:45—54)最后,她得出结论认为,如果说句子的意思对"分析逻辑学"(логика анализа)而言是一种客观范畴,其真值性不依赖于言语的语用因素的话,那么从句子转向语句、从语言转向言语(尤其是言语行为)、从命题转向命题关系、从世界转向人、从语义学转向语用学等,就导致将"语句的真诚性"(искренность высказывания)主观原则替代了"句子的真值性"(истинность предложения)客观原则。或者说,真值性概念得到了移位:它不是与命题有关,而更多与施行命题的"以言行事

之力"(иллокутивные силы)即意向力的动词相关。(Арутюнова 1976:55)关于命题意义的特点和类型问题,阿鲁玖诺娃表达了下列重要思想:(1)命题"语义阈"(семантическая сфера)可由三个"语义区"(семантическая зона)构成:"过程称名化"(номинализация-процесс)、"事实称名化"(номинализация-факт)和"命题称名化"(номинализация-пропозиция)(见 Арутюнова 1976:70—72)。(2)命题语义具有如下特性:非事物性(抽象性),与时间轴的关联性,对事物和事件的想象性,属于言语意义类,由句子及其变形借助谓项来现实(Арутюнова 1976:78)。(3)命题意义与事件意义(广义的)相对立:它可以将否定引入自身结构,从而保留了句子有别于其他语言单位的本质特征;命题称名中的谓项与简单句中的任何一个成分都不相对应,因此它不可能有客体的、状语的、工具的、受话人的意义。(见 Арутюнова 1999:441)由上可见,阿鲁玖诺娃的"句子意思"学说在命题研究方面与传统逻辑语义学的最大不同就在于:它探索的并不是句子的真值性,而是语句的真诚性,这就在理论与实践的结合上与当代语用学理论融为了一体。应该说,将句子逻辑语义问题研究与语用学结合起来,正是阿鲁玖诺娃对俄语语言学或符号学作出的重要贡献之一。

　　3) 关于句子语义结构规律性的思想。句子语义结构到底有哪些规律可循呢? 对此,阿鲁玖诺娃在《句子及其意思:逻辑语义问题》一书中专门辟出一章作了具体审视。她认为,探讨句子语义结构的规律性,要特别重视对语言构造"中间层级"(промежуточные уровни)的研究,尤其要关注句法结构与其"词汇充填"(лексическое наполнение)的连接问题,因为句法和词汇的"对接阈"(область стыковки)具有特殊的意义,句子的语义基础也正是在该区域中形成的。(Арутюнова 1976:81)据此,她依据相关语义学说具体审视了下列九大问题:(1)词搭配的词汇和词汇语义制约问题;(2)抽象名词(尤其是知觉名词)的非自由搭配特点问题;(3)词搭配的语义制约问题;(4)词义与其句法功能的对应问题;(5)动词及其客体之间的语义关系问题;(6)主谓语之间的语义关系问题;(7)事物意义与命题意义的语境对应问题;(8)人物称名的句法地位问题;(9)使役动词的类型问题。(见 Арутюнова 1976:81—178)在我们看来,阿鲁玖诺娃在对于上述问题的审视中,所阐发的具有语义符号学意义的主要观点有:(1)对词汇搭配的制约既可以是词汇的,也可以是指称层级的,其中最明显的影响体现在对"指称类别词"(слово денотативного класса)的选择方面。(Арутюнова 1976:86)(2)抽象意义名词的搭配构成了相当封闭和固定的语义阈,但研究知觉或心理名词的谓项阈表明,它们对创建民族的"文化—历史知识"(культурно-историческая багаж)作用巨大[32],正是在这一领域生成出对俄罗斯民族心灵世界精细的报道方式,也正是在这一领域形成了报道俄罗斯心灵所需的全部词汇。(Арутюнова 1976:93,111)(3)对动词行为的"形式客体"(формальный объект)进行界定,就意味着通过指称该客体中所表示的事物或事件的特性来确定对动词语义搭配的种种制约。这些制约可以依照不同的参数进行:时间参数,如,过去事件表示回忆、复仇、后悔等,而将来事件则表示希望、期待、担心等。地点参数,如,没有地点表示寂寞,而有地点则表示享受。评价参数,如,不好的评价表示失望、害怕,而好的评价表示骄傲、羡慕、信赖等。(Арутюнова 1976:115)(4)对句子意义偏离"语义标准"(семантический стандарт)的分析表明,"事物—空间范畴"(предметно-пространственная категория)和"事件—时间范畴"(событийно-временная категория)的变动可造成最大程度的偏离。原因是:如果该两种范畴彼此远离,就意味着表示各种关系类型的谓项(主观评价谓项除外)无法将它们联系在一起。由关系谓项连接在一起的名词应该至少有一个共同的语义特征,该特征就构成了事物—空间概念和事件—时间概念所没有的比较理据……第一类偏离可以鉴定为"经验或语用偏离"(эмпирические/прагматические отклонения),它们可表示反常的和与"世界构造"(устройство мира)不相适应的情景;第二类偏离可视为"不合逻辑偏离"(алогичные отклонения),它有两种变体形式:一种是由内在矛盾的句子形成的,另一种则是"语义绝对"(семантический обсолют)和"人类思维不可违背准则"(непреложные нормы человеческого мышления)遭到损坏(即破坏了思维的普遍法则)造成的。[34](Арутюнова 1976:118—119)(5)普遍型的语义规律性的(即符合人类思维结构的或符合语义一致关系普遍规则的)句子反映着三种关系:词义与其句法功能的一致关系;动词意义与题元意义的一致关系;谓项意义与其所界说主项意义的一致关系。该三种一致关系分别建立在不同的基础之上:第一种一致关系的基础区分空间和时间参数,第二种一致关系是区分物质与理念、肉体与精神,第三种一致关系是区分逻辑顺序。(见 Арутюнова 1976:121,147)(6)语义结构的规律性形成了一系列概念上的对立："事物—事件"（предмет-событие），"空间定向—时间"（пространственная ориентация-время），"身体行为—心理行为"（физическое действие-психический акт），"事物的物理特性"—"事件特性和对事件的判断"（физические свойства предмета-свойство события и суждение о событии）。（Арутюнова 1976：147）（7）从参与人物和事件的"使役关系"（каузативные отношения）角度看，可以区分出下列包含"使役性成素"（компонент каузативности）的八类动词：第一类是在两个不可分割事件之间建立起因果关系的"典型使役动词"（классические каузативы），如，обусловить，привести к ...，вызвать）等；第二类是将事件表征为一个人对另一个人的意志施加影响的"个性使役动词"（личностные каузативы），如 уговаривать，просить 等；第三类是将事件表征为某人行为直接结果的个性使役动词，如 сделать так，чтобы 等；第四类是将事件表征为某情景（人称的或无人称的）对行为或状态施事者影响结果的"事件使役动词"（событийные каузативы），如 Дождь вынудил нас вернуться домой 等；第五类是将某主观的、心理的事件表征为受某人刺激的事件的"双人称使役动词"（двуличные каузативы），如 ободрять，убеждать 等；第六类是对两个机械行为施事事件之间的联系进行表征的双人称使役动词，如 раздражать，успокаивать 等；第七类是将某心理事件表征为受施事事件或无人称事件刺激的事件使役动词，如 раздражать，успокаивать 等；第八类是表示两个物理事件联系的"人称使役动词"（личные каузативы），如 гнуть，ломать 等。（Арутюнова 1976：176）不难看出，阿鲁玖诺娃所谓的句子语义结构规律性，本质上具有语义符号学的性质，即把句子逻辑语义的各种关系看作语义符号活动的某种规律，其中既包含着各种各样的对立关系，也不乏形形色色的平行关系；既受物理、身体行为因素的制约，也受心理、精神因素的制约等，从而较为完整地勾画出句子逻辑语义结构的符号学图景。

4）关于句子存在关系的思想。关于句子的"存在关系"（экзистенциальные отношения）问题，阿鲁玖诺娃在《句子及其意思：逻辑语义问题》和《语言与人的世界》两部著作中都做了相关论述，这证明该论题在"句子意思"学说中占有不可或缺的重要地位。综合来看，她提出的关于句子存在关系的思想主要体现在对"存在句"（бытийные предложения）和"存在阈"（область/сфера бытия）的独特而系统的认识方面。[35]

　　首先,提出"存在句"(бытийное предложение)分析的一般原则。这些原则主要包括:(1)存在关系有别于谓项关系。如果依然在存在句中寻找判断的相似物,那么就应该认定世界或世界的某些片断(地点状语)为主项,而把指示某类别(即存在动词和名词的总和)客体世界中的存在视作谓项。这样,存在句的意义切分总体上不应在用形式句法分析来标记存在句的地方来进行。(2)典型的存在句有三个基本成素:规定存在阈或"所处阈"(область пребывания)的成素,指示该阈中存在客体或客体类别的成素,指示存在、处所或有事实的成素。存在句的前两个成素的迁移性极强,经常发生变化,而第三个成素则相对稳定。(3)存在句的交际结构与下列现象密切相关:一是进入句子的名词指称性质;二是选择所报道的表示现实事物的称名;三是组织句子的句法关系类型。(4)俄语存在句的上述每一个成素,都可以现实化,并成为语句交际核心。报道焦点的迁移或者仅反映在语句的现实切分及其交际重音的分配中,或者会引起改变句子逻辑—句法结构的后果。如果存在成素落在交际的焦点上,那么句子就确定着某事物存在于宏观或微观中的思想。(5)存在句的述位可以由进入存在的事物称名来构成。这时,语句的报道被限定在某一"存在场"(зона бытия)的事物类别(或多个类别)中[36]。(6)存在阈以及存在阈中有某事物存在的事实信息,与说话人所依据的"交际预设"(коммуникативная пресуппозиция)有关。报道或涉及事物种类,或将存在事物个体化。(7)存在句的报道内容原则上可以集中在地点或时间状语(即"存在阈")中。但是,此类现实化对于存在句本身而言并不典型:它与其属性本身不相一致:存在句将"方位词"(локализатор)视作所知和已知而予以摒弃。相反的情形是,存在句中的事物称名则没有具体指称。(见 Арутюнова 1976:211—214)上述七个方面,不仅大致勾画出了俄语存在句的基本特征,也为对该句式的分析提供了基本的方法依循。

　　其次,对存在阈的特性作出较为全面的分析。对于极具符号性质的存在阈问题,阿鲁玖诺娃是从现代俄语中存在句的体现形式出发进行详细论证的。她认为,存在阈的范围包括大到世界、宇宙及其抽象的空间和时间界限,小到人的微观世界及其组成部分的广泛区域;存在阈既可以有物质(空间)和理念的性质,还可以被理解为某关系系统或客体的总和(集、类);存在阈类型和"存在事物"(бытующие предметы)类型的交叉,提供着存在句的基本类别,其中许多在离开"存在场"（поле бытийности）时与语句其他的逻辑—句法变体耦合在一起。在她看来,存在阈的极限程度可以缩小到人的微观世界。而人的微观世界又可以作双重解释:可以把它理解为直接的人的外部环境,该环境是由人的各种关系的总和构建起来的;它还可以"人化"（очеловечение）,即理解为确定个性的身体和精神综合体,以及理解为由身体和心理成素所构成的总和。（Арутюнова 1976:233—234）据此,阿鲁玖诺娃主要从"人的因素"（человеческий фактор）视角来审视存在阈,并区分出下列存在句的类型:(1)作为人的外部微观世界的存在阈。主要句子类型包括:有关占有、拥有事物或事物处于某人支配的语句;有关事物空间（相近的）进入人的微观世界的语句;有关人的微观世界"个人成员"（личный состав）的语句;有关人的生活的外部状况或外部（有社会意义的）情景存在的语句等。（见 Арутюнова 1976:234—246）(2)作为人的心理和物理个性的存在阈。主要句子类型包括:有关人的内心世界成素的语句,如心理恒量、性格、习性、行为、个性的一般结构、观点、品味、认识、一时的心理或情感状态、愿望、意向、思想、能力、客体和非客体感觉等;有关人的物理状态的语句;有关人的物理特性的语句等。（见 Арутюнова 1976:246—257）(3)作为"世界片断"（фрагмент мира）的存在阈。主要句子类型包括:确立世界某片断中某些客体——事物、人物、动物、机构等的存在的语句;有关在世界某片断中发生的事件的语句等。（见 Арутюнова 1976:257—264）(4)作为整个世界的存在阈。主要句子类型包括:世界中存在的某些个性客体或客体类别的句子;有关世界中有（无）某些现象、概念和范畴的报道等。（见 Арутюнова 1976:264—269）(5)作为事物总和或类别的存在阈。在该类句子中,存在事物和存在阈一样,构成某总和的统一类别。因此,该类型句子可归入情景,并可以作出双重的逻辑阐释,由此而生成出两种句子类型:带有"现实化展名词区分类型定语"（актуализованное приименное определение выделительного типа）的存在语句;主项由不确定或否定限定成分标记的主项—谓项结构语句。（见 Арутюнова 1976:269—272）(6)作为抽象概念的存在阈。存在句的方位词并不局限于指示具体的空间——世界或世界的片断、个人范围或客体类别,它还可以属于任何抽象范畴,如性质、特性、事物角度、语义"空间",以及知识领域,如理论、思想、判断、事实、观念等;甚至还可用以用来表示个性和非个性事件等。总之,对于抽象范围的句子而言,存在阈和存在事物容量上的差异转变为论断范畴性程度上的差异。[37]（见 Арутюнова 1999：782—785）需要特别指出的是，阿鲁玖诺娃对以上存在句基本类型的划分是建立在大量翔实理据基础上的。事实上，上述每一种句子类型都有多种"交际变体形式"（коммуникативные разновидности），对此，她在上述两部著作中都做了详细而充分的实例分析。

总之，阿鲁玖诺娃的"句子意思"学说具有语言哲学的性质，从而展现出应有的语义符号学的价值。该学说的基本目的在于揭示句子的所谓"逻辑—句法本原"（логико-синтаксические начала），即句子句法范畴中那些与人的思维方式直接有关的各种关系。[38]而这种揭示依据的主要是俄语句子的两大特性：一是"关系项"（термины отношений）的属性[39]，即句子中可以建立起人类思维赖以运作的任何一种本质之间的联系，如语句中由指称对象、内涵意义、能指所表征的事物、概念、称名等；二是关系的方向特性，即人的思想可以在各关系项之间发生任何方向的运动。正是上述两大特性，制约着句子的逻辑—句法联系：关系项的属性可以在名称的指称中被揭示出来，而关系项的方向则反映着句子的交际前景。正如阿鲁玖诺娃本人所说，《句子及其意思：逻辑语义问题》这部著作系统揭示了下列四种逻辑—句法本原：（1）"存在关系"（отношения экзистенции/ бытийности）；（2）"证同或等同关系"（отношения идентификации/тождества）；（3）"称名关系"（отношения номинации/ именования）；（4）"特征化或述谓化关系"（отношения характеризации/ предикации）。[40]（见 Арутюнова 1976：17—18）在我们看来，"句子意思"学说的符号学意义正在于此：它将句子语义各种关系项的研究置于句子符号语义的存在及其运作的一般规律之中加以审视，从而揭示着蕴藏于深层的人的思维结构的些许特点。此外，该学说的另一大亮点是与语用学或交际语境紧密结合在一起，这也正是符号语义赖以生存和运作的土壤或前提所在。可以完全肯定地说，没有语言的使用，没有交际，也就不可能有所谓的"句子意思"及其学说。

3.2　扎利兹尼亚克的"语言多义性"学说

作为当代俄罗斯语义学家，扎利兹尼亚克的研究领域涉及词汇语义学、对比语义学、功能语义学、语义类型学、俄语时体学、语言世界图景理论等。1985

年,她完成副博士论文答辩,题目为《"内部状况"谓词的功能语义:以法语为语料》(«Функциональная семантика предикатов внутреннего состояния (на материале французского языка)»);2003 年,她又顺利通过了题为《语言多义性及其表征方式》(«Многозначность в языке и способы её представления»)的博士论文,从而奠定了她在语义学界应有的学术地位。我们在这里所审视和评析的正是她于 2006 年正式出版的与博士论文同名著作的相关内容。[41]需要说明的是,多义性问题作为语言的一种普遍现象,始终是语言学界关注的核心问题之一,俄罗斯学界同样也有很多学者对该问题作过研究,如本章所提到的阿普列相、卡茨涅利松、乌菲姆采娃、什梅廖夫、帕杜切娃,以及加克、诺维科夫、福米娜等,都曾发表过相关论述。但就认知语义学视角的"语言多义性"(而非单纯的"词汇多义性")问题而言,用一部专著予以审视的并不多见。因此,作为上述学者相关学术思想的继承者和拓展者,扎利兹尼亚克的"语言多义性"学说有其特定的语义符号学价值。

　　总体看,扎利兹尼亚克的"语言多义性"学说主要包括以下思想内容:

　　1) 关于语言多义性研究的方法论思想。扎利兹尼亚克认为,近 30 年来的语义学理论发展所得出一个最为重要的结论是:"多义性"(многозначность)不再被视为偏离规范,而是被看作是语言所有表意单位的本质特性之一,以及自然语言的"构造"(устройство)和"功用"(функционирование)基本特点的必然结果。[42]因此,"多义性现象"(феномен многозначности)从一开始就成为认知语言学研究的核心问题。(Зализняк 2006:15)多义性问题,本质上讲是由语言构造的若干"基本对立"(базовая оппозиция)所引发的,对此,扎利兹尼亚克将其归纳为三种对立:(1)"离散性"(дискретность)与"层递性"(градуальность)的对立[43];(2)"可再生性"(воспроизводимое)与"生成性"(порождаемое)的对立;(3)"客观系统性"(объективно-системное)与"主观诗意性"(субъективно-поэтичнское)的对立。在她看来,由于不同民族"心智方式"(ментальный склад)的差异,使得不同的说话人在掌握语言和使用语言方面存有差异,因此,对上述问题解答难以形成统一的认识。(Зализняк 2006:16—17)为此,她认为,研究语言多义性问题,从理论层面看,莫斯科语义学派和"语言逻辑分析学派"(Логический анализ языка)的观念分析方法[44],以及波兰著名语言学家韦日比茨卡娅(А. Вежбицкая)的著作等[45],都可以成为其思想源泉。至于相比在美国等西方国家兴起的认知语言学方法,扎利兹尼亚克坚持认为,俄罗斯语言学在本质上从来就具有认知的性质。(见 Зализняк 2006:18—19)由上不难看出,扎利兹尼亚克对语言多义性问题的审视,其方法论与传统的结构主义语义学有很大不同:她主要探索的是语义共性问题,即由传统的语义"殊相/个性"(частность)研究走向了"共相/共性"(общность)研究,这就使其"语言多义性"学说具有了当代认知主义的性质。正是基于上述方法论原则,她对语义学研究中具有同义性质的三个术语——*полисемия*,*многозначность* 和 *неоднозначность* 的概念进行了甄别和区分。在她看来,前两个术语的区别还是比较明显的:首先,第一个术语表示的主要是词汇语义的多义性,而第二个术语就不被局限在词汇语义方面,它还可以表示语句意义的多义性;其次,第一个术语通常被理解为纯聚合关系,而第二个术语还可以表示组合关系。至于第三个术语,扎利兹尼亚克认为与第二个术语所表示内涵比较接近,但它本身又有两种类型——"语言多义性"(языковая неоднозначность)和"言语多义性"(речевая неоднозначность):前者表示词汇多义性和句法多义性,即词和表述或结构所具有意义的能力或特性;后者表示语言多义性特性在具体语句中的现实化,因此,它在不同的艺术文本中可能有不同的体现形式。如,诗歌文本的多义性具有不同的属性——既可以是单个词的多义性,也可以是真个文本的多义性;再如,诗歌文本多义性的来源既可以是其"内部形式"(внутренняя форма),也可以源自作者的评价和立场等。此外,她还要将"日常多义性"(бытовая неоднозначность)和"诗歌多义性"(поэтическая неоднозначность)以及"语言游戏"(языковая игра)等区分开来。(见 Зализняк 2006:20—26)基于以上考察,扎利兹尼亚克倾向于采用第二个术语来研究语言多义性问题更为合适:它既可以是词汇层面的,也可以是语句层面的;既可以是聚合关系的,也可以是组合关系的。当然,最为主要的是该术语将多义性研究限定在"语言多义性"的范围之内,从而避免了由于语用等因素所造成的语义无边界性的难题。

2)关于非双关语意义兼容类型的思想。关于"双关语"(каламбур)的"意义兼容"(совмещение значений)问题,学界一直存有争议。而研究语言多义性问题,又避不开对这一问题作出合理解释。对此,扎利兹尼亚克认为,双关语意义兼容与非双关语意义兼容是两个完全不同的现象:如果前者是由同音同形词、同形异重音词等其他外在物质所造成的话,那么后者则正好相反——它是将多义词的各种意义联合在一起。因此,只有非双关语意义兼容问题对语言多义性的考察具有现实意义。(Зализняк 2006:27)据此,扎利兹尼亚克提出,非双关语意义兼容至少有以下基本类型:(1)"黏合型"(склеивание),即一个词中(在一个语句范围内)有两个明显不同的、但在理解上并不相互排斥和不造成任何特殊功效的意义。这两种不同的意义,无论是说者还是听者通常都不会察觉,而只有语言学家在致力于证同词典意义时才能够发现。如,*Пустое сердце бъется ровно*(空虚的心脏/心灵跳得很平稳)一句中的 *сердце* 一词,是由血循环的中心器官"心脏"和知觉中心的象征器官"心灵"黏合在一起的。(2)"融合型"(сплав),这是诗歌中典型的意义兼容类型,即两个不同的意义并合为一个意义(一个词的直义和转义的兼容),并由此生成出新的第三种意义。如,*Все стало тежелее и громаднее,потому и человек должен быть тверже всего на земле*(一切都变得更加沉重和恢宏,人也应该成为陆地上最为坚硬/刚毅的)一句中的 *тверже* 一词,就是其直和转义的融合。(3)"颤动型"(мерцание/осцилляция),同样是诗歌中的一种意义兼容类型,即一个词中同时有两个或更多的不同意义,以达成"颤动之功效"(仿佛可以交替地展现时而是这种意义,时而又是另一种意义)。如,*Смотрим и видим,что вышла ошибка*(我们眼看着并看见/意识到出了错)语句中,*видим* 一词就同时有两个不同的意义:前者是视觉感受,后者是知识理解。(4)"三成分语义型"(тернарная семантика),即诗歌中同一个词汇单位(有时是词本身)在一种情形下表示 X 的意思,在另一种情形下表示 Y 的意思,而在第三种情形下又似乎同时表示着 X 和 Y 的意思。如,典型的例子是在《伊格尔远征记》(《Слово о полку Игореве》)中的 *галки* 一词,它有时表示"寒鸦",有时表示"波洛维茨人",有时的意思则不明了,或许是寒鸦,或许是波洛维茨人。(Зализняк 2006:27—31)总之,非双关语意义兼容问题十分复杂,并非上述类型可以囊括。尤其是加上语境因素后,一种语境中非本质的特征,可能会在另一种语境中区分出两种不同的意义。正如有学者指出的那样,可以将一系列词的语义结构界说为:在一种位置上显现的单个意义以及能够明显区分的意义,在其他位置上可能就会体现为不可分割的兼容性意义。(Шмелёв 1973:77)由上不难看出,意义兼容尤其是非双关语意义兼容问题是语言多义性研究中的核心内容之一,因为语言符号的语义演化机制正生成于此:两个意义在某一特定的时期内可能不加区别地兼容在一起,但后来它们又可能发生分化:其中的一个意义融进了语境意义的成分,从而成为独立的意义。当然,扎利兹尼亚克对非双关语意义兼容问题的解释并没有涉及语境的因素,而主要是词汇和句法层面的。对此,我们从上文中她所表达的"语言多义性研究的方法论思想"中可以清晰地看出这一点。

3)关于语言多义性表征方式的思想。在《语言多义性及其表征方式》一书中,扎利兹尼亚克对学界有关语言多义性的"表征方式"(способы представления)问题进行归纳和总结。她认为,不同学者所采用的表征方式大概有以下几种:(1)"个别意义集成"(набор частных значений)表征方式,即传统详解词典或组合词典所采用的有序的或多层级的表征方式。代表人物有阿普列相、梅里丘克等。(2)与起始意义相关的"语义衍生"(семантическая деривация)表征方式,即对语义衍生关系作出解释。代表人物有波兰语言学家库里洛维奇(Е. Курилович,1895—1978)以及俄罗斯语言学家帕杜切娃等。(3)"语义常量"(семантический инвариант)表征方法,即对语义常量以及从该常量中分解出来的,在不同语境中体现的"变量意义"(варианты)作出解释[47],代表人物有雅各布森(Р. О. Якобсон,1896—1982)、别尔措夫(Н. В. Перцов)等[48]。(4)"语义成素集成"(набор семантических компонетов)表征方式,即将词义视为一种用"语义元语言"(семантический матаязык)确定的成素,并对该成素集成进行比较,以揭示一种语言中的同义词及不同语言中翻译对等文本在意义上的共性和差异,代表人物是韦日比茨卡娅。(5)"形象—图式"(образ-схема)表征方式,即将图式视为认知上对等的形象,用来表征词义及其多义性结构:不同的意义会选择图式的不同部分来充当中心意义,而其他的意义则属于边缘意义。这种表征方式反映着视觉感知和其他认知过程的构造,代表人物有美国学者琼森(M. Johson)、莱考夫(G. Lakoff)等。(6)"抽象图式"(обстраканая схема)表征方式,即将语义图式逻辑变化的"形式演算集成"(набор формальных операций)作为表征对象,以获取个别意义,代表人物是帕亚尔(Д. Пайар)等[49]。(见 Зализняк 2006:34—35)至于扎利兹尼亚克本人,显然她更倾向于从"认知视角"(когнитивный подход)对多义性问题作出分析和阐释。在她看来,认知视角的多义性研究主要反映下列思想:(1)所有语言单位都具有多义性。(2)对多义性语言单位而言,不存在统一的核心或常量意义,也不存在其他意义都是其变量意义的说法。(3)语言表达的意义可以用形象—图式的形式展现出来。(4)语言表达的意义构成具有"根式结构"(радикальная структура)的范畴。在该结构中,中心成分通过形象—图式的转换(即能使说者将观念上相近的构型作为一个基础形象—图式联系起来的心智演算)和隐喻而与其他成分连接在一起。(5)非中心的(派生的)意义不能依据中心意义而预测,但它们是由中心意义形象—图式的转换和"隐喻引申"(метафорические переносы)而派生的。(6)在描写"全义词"(полнозначные слова)、虚词和词素之间,不存在原则性差异。(Зализняк 2006:35)如,有关语义常量问题,她认为尽管语言中存在着这一现象,但不能将其视为对词汇所有意义解释中的普遍现象,而只能看作某种非形式的共性,因为要将语义共性解释清楚,还需要对植入词义的某种对立以及交际上不可分割的论断作出解释。(Зализняк 2006:39)她坚持认为,语言中共存着保障语言单位意义统一性的各种机制,因此,对它们的表征方式也应该是多样化的。如,对语言起始意义和派生意义的表征,可采用波兰语言学家库里洛维奇的图式;对隐性和显性两个层级的语义描写则可用雅各布森的图式;而对语义范畴的研究则可采用韦日比茨卡娅提出的"原型分析"(прототипический анализ)和"特征分析"(признаковый анализ)的方法等。(Зализняк 2006:40)

　　基于以上考察,她本人提倡用"观念图式"(концептульная схема)来研究"多义性模式"(модель многозначности)问题。所谓"观念图式",即指能够保障意义统一性之本质的表征方式,因此,可以作为该图式的除上文中提到的"语义常量"外,还有"共性意义"(обшее значение)、"原型脚本"(прототипический сценарий)等。在她看来,观念图式的构造是不同的:它取决于词的类型和多义性的性质。如,对于表空间意义的(如空间前置词和副词,运动动词和动词前缀等)"强多义词"(сильномногозначные слова)而言,其观念图式就包括某"空间形象"(пространственный образ),而凸现观念片断及生成现实个别意义的某观念结构,就依附在该形象上;而对于非空间意义的词(如属于理念范畴的谓词),观念图式通常是语义成素的集成再加上某原型情景的非形式描写。语言中现有的一些个别意义,正是依靠对这种成素集成的选择和确立其交际等级而获得的"亚集"(подмножества)。而在观念图式中所使用的语义成素通常有两种基本类型：(1)可以用近似于自然的元语言作出一般性论断(如 X 认为 P 不好)；(2)可以采用较为抽象的公式在观念图式中建构来评价成素。(Зализняк 2006：41—42)总之，在她看来，对多义性的表征关键是要搞清楚两个问题：(1)多义性是如何建构起来的，即说话人在综合和分析言语时是如何使用多义性的(其中包括哪些个别意义容易被记住，哪些别个意义是可以按照某种图式或形象来生成的，以及哪些个别意义又不被视作是有区别的等)；(2)如何在词典中对多义性进行描写(既要考虑到词典的受众并非是语言学家的事实，也要有别于语言学研究体裁式的词典描写方式)。据此，她提出自己的多义性表征主张：关于词典对多义性词的意义表征，不应该追求反映多义性的信息是以各种方式储存在说话人的意识中的，以及说话人是如何使用多义性意义的。原因是：(1)我们无法知道多义性信息的储存方式；(2)多义性信息的储存和运作方式受制于说话人的"心智习性"(ментальный склад)以及社会、年龄、职业等多种因素而具有差异性；(3)说者意识中的词义并不是以其自己所解释的"意义集成"(набор значений)形式而储存着的，因为说话人自己对许多受语境制约的差异(个别意义)也根本意识不到。因此，无论是"被公理化的意义"(постулируемые значения)还是对该意义生成规则的描写，很大程度上都是语言学家对元语言活动的模式化。也就是说，词典描写和个别意义本身都是描写元语言的成分。(见 Зализняк 2006：43—44)

由上可见，扎利兹尼亚克的语言多义性表征方式思想，主要是建立在当代认知主义学说基础上的。她倡导对多义性进行观念图式的分析，其目的就在于对那些用传统模式(如由起始意义到派生意义的生成模式)而无法进行有效描写的词语作出合理的解释，这种表征方式对多义词的共性意义揭示尤为重要。从这个角度看，西方理性主义的成分在扎利兹尼亚克的语义观中占据着主导地位。

4)关于词的内部形式的思想。关于"词的内部形式"问题，我们在本章开头就曾提到波捷布尼亚的相关学说。对此，扎利兹尼亚克也同样认为该术语最先是由波捷布尼亚引入语言学研究视阈的。可以说，俄罗斯学界对词的内部形式现象研究"情有独钟"。[51]但扎利兹尼亚克对词的内部形式的考察与其他学者有所不同，她是从词的多义性内部生成机制的视角来审视这一问题的，因此,她所阐发的思想具有一定的独特性,从而构成了其"语言多义性"学说中不可或缺的重要组成部分。她认为,"词的内部形式"的概念是指被说话人意识到的词义的"理据性"(мотивированность),该理据性是由构成该词的词素意义或词的起始意义所生成的,也就是作为称名基础以及提出观念建构方式的形象或思想。因此,词的内部形式是语义衍生的"起点"(исходная точка),它在形成词的多义性结构中起着重要的作用。(Зализняк 2006:46)有关扎利兹尼亚克的词的内部形式思想,可以归纳为以下几点:(1)内部形式有三种基本类型。她认为,词的内部形式主要有"构词型"(словообразовательный тип)、"常规型"(эпитигматический тип)和"构词—常规型"(словообразовательно-эпидигматический тип)三种不同类型。[52]构词型的内部形式具有鲜活的构词模式,或者说任何一个具有派生历史的词都有其构词模式的内部形式;具有"直义"(прямое знасение)和"引申义"(переносное значение)的词都拥有常规型的内部形式,且该词的起始意义同样也具有现实性;构词—常规型的内部形式属于混合型。如,дверная ручка(门拉手)中的 ручка 一词,与同形的表"钢笔"意义的 ручка 一词没有直接关系,而是与 ручка 的生产词 рука(手)有关(由其派生)。另外,这种混合型的内部形式还可由具有抽象语义的词来表征。该词由两个或更多的词素构成,并通过空间范畴和其他参数的隐喻而获得引申义。在这种情形下,有两种不同形式:一种是抽象语义的词本身并无具体意义,它只构成该词的词素意义。如,俄语中的抽象名词 впечапление(印象),влияние(影响)等就属此类;另一种是既有抽象意义,也有具体意义。如 волнение 一词,即表示"内心不安",又有"波浪"的意义。(见 Зализняк 2006:48—49)(2)内部形式与多义性相关。在扎利兹尼亚克看来,词的内部形式与词义的关系较为复杂,需要全面审视。首先,词的多义性多数是由其内部形式所奠定的。如 предполагать(打算)一词就是由前缀 пред- 和动词 полагать 构成的,пред- 有"事先/预先"的意思,而 полагать 具有引申义"有想法";其次,内部形式可以指示包含在词里的观念特点,而这种特点只有通过语义(观念)分析才可以发现。一方面,一些并不透明的内部形式就携带着观念建构的信息。如,动词 обидеть(欺侮,使受委屈)的内部形式源自 об-видеть,前缀 об- 除了有"四周/环绕"的意思外,还表示"绕过/避开"的意思,因此,обидеть 一词就蕴含有"不予关注/不看"的内部形式;另一方面,操语言者对一些完全透明的内部形式也并不知晓。如，并不是所有说俄语的人都能在地名 *Ленинград*（列宁格勒）与人名 *Ленин*（列宁）之间建立起现实的联系。（见 Зализняк 2006:49—51）(3)内部形式一定程度上体现为语义常量。关于内部形式与语义常量的关系，扎利兹尼亚克用动词 *выйти*（走出）的意义加以具体说明。她认为，该动词的语义常量公式是：由封闭的"抽象空间"（обстрактное пространство）移动到另一个"较开放空间"（более открытое пространство）并"达成结果"（достижение результата）。首先，"抽象空间"通常指"状态"（состояние），如 *быть замужем*（嫁人），*быть генералом*（当将军），*быть в отставке*（退休）等。与此同时，对抽象空间的移动则可被解释为"状态的改变"（изменение состояния），如 *выйти замуж*（出嫁），*выйти в генералы*（擢升为将军），*выйти в отставку*（退职）；其次，"较开放空间"是必选项，而非任选项；其三，"达成结果"并不进入该动词的语义常量，因为移动到"较开放空间"就蕴含着可以取得好的结果。（见 Зализняк 2006:54—55）这表明，动词 *выйти* 的意义是借助于两种"演算"（операция）的组合而获得的：第一步是对情景观念图式的某一成分进行选择，以使其从起始的"封闭空间"移动到最终的"较开放空间"；第二步是对所选择的观念图式成分进行隐喻性再认识，从而使题元的分类类别发生变化。而这两种"演算"的达成，都是与动词 *выйти* 中的前缀 *вы-* 所蕴含的内部形式有关。在这里，扎利兹尼亚克更倾向于用"观念图式"的概念来替代语义常量，因为在她看来，上述从封闭抽象空间到较开放空间的移动本身，就是观念图式的演算过程。

　　需要补充说明的是，扎利兹尼亚克的"语言多义性"学说除集中体现在上述四个方面外，还涉及有关隐喻问题，因为在她看来，隐喻显然是语言多义性的重要源泉之一。据此，她从"词典学视角的隐喻"（метафора с лексикографической точки зрения）和"智力活动观念化中运动隐喻"（метафора движения в концептуализации интеллектуальной деятельности）两个方面（见 Зализняк 2006:57—72），对语言多义性的隐喻生成作用和机制问题进行了较为具体的分析和论证。但由于她在上文中对隐喻问题已有所涉及，且阐发的许多观点大多引用了阿鲁玖诺娃、阿普列相、帕杜切娃等著名学者的相关思想，而她本人则少有独特的观点或思想呈现，故不在这里作出专门评析。

　　总之，在我们看来，扎利兹尼亚克的"语言多义性"学说的符号学价值或意义主要体现在以下几个方面：(1)多义性研究的认知视角。与传统语义学视角有所不同的是，认知视角更注重范畴意义或意义的对立，而这也正是符号学审视事物或现象的基本方法。例如，她所提出的语义的"离散性"与"层递性"对立、"可再生性"与"生成性"对立、"客观系统性"与"主观诗意性"对立等思想，就是对语义符号之本质所作出的对立性诠释。(2)"观念图式"体现为心智符号系统。她用观念图式来审视所谓的"多义性模式"，其本意是将多义性的各种表征方式置于统一的心智符号系统中进行考察，这对"语义常量"尤其是"共性意义"的揭示无疑是合适的，也是对心智符号系统的表征方式和表达方式的一种有益尝试[53]。(3)对"内部形式"的考察极具符号性。词的内部形式作为多义性的起点，是以符号的"任意性"（произвольность）特征为对立范畴的，而用词义的"理据性"来解释其多义性的生成机制，显然较之于"任意性"更具有说服力。(4)所使用的多数术语具有符号性。如，除上述提及的"观念图式""多义性模式""语义常量""共性意义""内部形式"等外，还使用了诸如"语言多义性""言语多义性""日常多义性""诗歌多义性"以及"语义成素集成"（"意义集成"）"语义元语言""形象—图式""抽象图式""原型脚本""隐喻引申""空间形象""心智习性""抽象空间""开放空间"等一系列极具符号性的术语，这从一侧面表明，扎利兹尼亚克的"语言多义性"学说不仅是属于语义中心主义范式的，且具有当代认知语义符号学的哲学取向和学理特性。从哲学层面看，"语言多义性"学说无疑是理性主义与经验主义相结合的产物：基本方法论是理性主义的，而其中对"内部形式"的考察又是基于经验主义的。

3.3　斯捷潘诺夫的"符号学语法"学说

在俄罗斯学界，斯捷潘诺夫是以研究语文学、理论语言学、句法学和符号学著称的。尤其在后一个领域，他的学术成果有广泛的影响力，被公认为当代俄罗斯符号学领域的领军人物。如，早在1971年，他就出版了《符号学》（«Семиотика»）一书，从语构、语用和语义三个方面论述了符号学的基本原理和运作规律，成为当代俄罗斯语言符号学的奠基之作。（见 Степанов 1971）之后，他又陆续单独出版或主编了下列多部有影响的符号学著作及词典：《名称·谓项·句子：符号学语法》（«Имена, предикаты, предложения (Семиологическая грамматика)»)（1981)、《符号学：文选》（« Семиотика:

Антология»)(1983)⁵⁴、《语言的三维空间：语言学、哲学和艺术学的符号学问题》（«В трехмерном пространстве языка. Семиотические проблемы лингвистики, философии, искусства»)(1985)⁵⁵、《世界文化恒量：双重宗教信仰时期的字母和字母文本》（«Константы мировой культуры. Алфавиты и алфавитные тексты в периоды двоеверия»)（1993)⁵⁶、《恒量：俄罗斯文化词典》（«Константы. Словарь русской культуры»)(1997)⁵⁷、《语言与方法：当代语言哲学论》（«Язык и метод. К современной философии языка»)(1998)⁵⁸、《观念：文明的薄片》（«Концепты. Тонкая пленка цивилизации»)(2007)等。⁵⁹此外，他还于 2002 年为《语言学百科词典》（«Лингвистический Энциклопедический словарь»)撰写了"符号学"（«Семиотика»)词条。上述这些著作使其成为俄罗斯学界名副其实的语言符号学、观念符号学（концептуальная семиотика）以及文化观念符号学（семиотика культурных концептов）的学术大家。⁶⁰

受本章节主旨所限，我们仅对语义中心主义范式框架内的斯捷潘诺夫的有关符号学理论学说作出评析，这就是他在《名称·谓项·句子：符号学语法》中提出的有关理论思想，我们将其称为"符号学语法"（семиотическая грамматика）学说。⁶¹

所谓"符号学语法"学说，其审视的核心内容其实就是语义学与句法学之间的逻辑学关系和心理学问题，因此，亦可以称其为非传统意义上的"句法语义学"（семантика синтаксиса）学说。⁶²

需要说明的是，我们在这里并不准备对斯捷潘诺夫的"符号学语法"学说进行全面或系统的评析，即不想对该著作中有关具体的名称、谓词和句子的分类法以及转换形式问题逐一进行审视，而仅想就该学说中最具语义符号学价值的几个问题（如研究科目、研究方法、形式化以及语句和语义成素类型等）作简要梳理和讨论。

1）符号学语法的研究科目和性质问题。⁶³"符号学语法"与传统语法或句法语义学究竟有何区别？应该如何确定它的"研究科目"（предмет）和性质？对此，斯捷潘诺夫是从语言学研究科目和方法的视角来审视上述问题的。他首先提出了两个设问：(1)语言学家们已经习惯将语义学和句法学视为语言学研究的主要科目，但两者之间究竟是一种怎样的关系呢？(2)上一代语言学家可能已经习以为常地将词汇、语法和语音视为语言学研究的科目，但词汇、语法、语音又是何种关系呢？对于上述设问，斯捷潘诺夫认为对上述问题的回答本身就构成了符号学的研究科目，因为符号学不仅是一种"语言理论"（теория языка），同时也是一种数理逻辑的"元理论"（метатеория）和"外延论"（эпитеория）。（Степанов 2012：3）关于语义学和句法学与符号学句法之间的关系问题，斯捷潘诺夫表达了下列思想：(1)语义学和句法学研究构成了"语言语义学"（семантика языка），其研究的基本科目是"句子"（предложение）或"语句"（предложение-высказывание）的普遍规律问题；(2)除了句子外，还有一个领域值得关注，那就是"词典语义学"（семантика словаря），其研究的基本科目依然是句子或语句，但却需要用符号学语法的视阈加以审视。在他看来，词典语义学作为一种"自主语义学"（автономная семантика），它所反映的客观现实是作为"公共财富"（общественное достояние）而被记录在词典的词和单位中的。因此，符号学语法中首先要确定句子的类型系统——"句法分类法"（таксономия синтаксиса），然后要用"成分程序"（члеиочная процедура）揭示出独立于句子的词典语义本质——词典分类法。而在词典中，句子的抽象物正好就是"名称"（имена）——对应于句子构成中的"名项"（терм），以及"谓词"（предикаты）——对应于句子构成中的"谓项"（предикаты）或名项之间的关系。名称既可以进一步分为功能类别——个体名称、通用名称等，也可以进一步分为独立于句法的语义类别——事物名称、植物名称、动物名称、人的名称等。（Степанов 2012：4—5）以上话语表明，符号学语法的研究视阈并非是语言语义学的，而是词典语义学的，其研究科目虽然与语言语义学的相同，是语言的句法语义系统，但侧重点却是词典中存在的名称、谓词和句子之间的各种逻辑学关系问题。至于符号学语法的研究性质，斯捷潘诺夫认为它属于"静态语法"（статическая грамматика）范畴，原因是：语言的句法语义组织在符号学中是被作为"静态系统"（статическая система）来审视的，因为语言本身就是一个"符号系统"（знаковая система），而任何一个系统都具有相对的稳定性。按照他的观点，不能混淆表示"符号系统"的两个不同术语——*знаковая система* 和 *система знаков*：前者表示该符号系统并不是以单个符号的总和为前提的，而后者则是结构主义语言学所特有，表示该系统是由若干单个符号的总和所构成的系统，尽管该系统的组织相当复杂。（见 Степанов 2012：7—8）也就是说，斯捷潘诺夫眼中的符号学语法是用前一个术语来表示的符号系统，它既与结构主义有别,也与"生成语法"(генеративная грамматика)不同。用他本人的话说就是:符号学语法将语言视为符号及将符号联系在一起的规则的总和,即语言是一种具体的、该民族历史的语言。(Степанов 2012:8)由上可见,符号学语法中的语言是符号和(语法)规则的总和,因为只有这样,才可以说构成词汇的词以及构成词法的词素等都是符号。

　　2)符号学语法的研究方法问题。斯捷潘诺夫认为,符号学语法研究的基本方法是"各种符号替代物的类别"(класс различных знаковых замещений),或者说是"施行和排除抽象"(введения и исключения абстракций)。如何理解上述方法呢? 对此,他用如何理解 *город*(城市)一词的意义作了具体说明:如果 *город* 一词对莫斯科、华沙、巴黎而言是通用名称的话,那么该通用名称是否为"名称之上的名称"(имя над именем)? 或根据城市的一般性特征表示等同于各种不同城市——被称为所有城市类事物的类别? 或表示的既不是一般意义上的城市(城市的抽象),也不是城市类别(许多城市),而是一个不确定的城市? 如果是后者,那么是否应该进一步确定其意义呢? 如,在 *Всякий город имеет городское управление*(每一个城市都有城市管理机构)这类语句中,是否可以把城市确定为类似于数理逻辑学中"变量"(переменная)的概念呢? 在斯捷潘诺夫看来,最后一种观点才是真值的或比较接近于真理的,因为在自然语言中,"城市"此类词的使用在许多情形下只是形式化语言中对事物施行和排除抽象的"演算类似物"(аналог операции)。(Степанов 2012:15)由上不难看出,对名称的符号学语法研究,首先要对一个具体的事物施行抽象,然后再使用数理逻辑学的概念将该名称的抽象意义"排除"出去。这就是符号学语法的方法论本质所在。那么,该方法由哪些具体操作步骤来实现呢? 对此,斯捷潘诺夫也作了具体的说明。他认为,在符号学语法中,每一个步骤都要有下列"演算"(операции):(1)确定范畴,如本质、特性、关系等。(2)确定语法范畴,如第四格、将来时、复数以及一般意义上格、时、属的范畴等。而上述这些范畴是否存在,都与施行抽象和排除抽象问题相关联。(3)审视对描写句法起到重要作用的"句子结构图式"(структурная схема предложения)。作为一种抽象图式,它可用 N+V(名词+动词)等字母象征符号来表示,因此,这就生成了"这些象征符号有何意义"和"如何界说、施行和排除这些象征符号"(由图式转向现实句子)的系列问题。(4)句子的替代和变体也同样与抽象有关。

（Степанов 2012：16）总之，在符号学语法中贯穿着上述施行和排除抽象的各种演算，这是该语法与其他语法最为本质的区别所在。而施行和排出抽象，实质上就是对事物进行"形式化"（формализация）。对此，斯捷潘诺夫认为，形式化并非是简单化，也并非只是为了施行和排除抽象，而正是为了将那些如"直接补语"（прямое дополнение）之类的"简单抽象"（простые абстрации）概念从传统的语言学方式中清除出去并将其形式化。从这个意义上讲，符号学语法的方法就属于"构造流派"（конструктивное направление）。[64]（Степанов 2012：19）由上可见，符号学语法采用的是"抽象方法"（метод абстракции），这正是任何一门符号学所采用的主要方法之一；而这种连贯和系统地施行抽象的方法，最终导致了数理逻辑"元理论"和"外延论"两种形式的形成。

　　3）符号学语法研究的形式化问题。我们知道，符号学和语言学在学理上都与逻辑学有千丝万缕的联系，按照斯捷潘诺夫的观点，这在一定程度上与亚里士多德（Аристотель，前 384—前 322）的"逻辑语言观"（логико-лингвистическая концепция）有关。（Степанов 2012：25）至于符号学语法研究的形式化问题，显然不是指与纯逻辑学的关系，而是指与"数理逻辑学"（математическая логика）的关系，也就是用数理逻辑学的相关原理或模型对语法作出分析。对此，斯捷潘诺夫分别从以下两个方面审视了符号学语法的形式化问题：（1）语言学与数学的关系。他认为，符号学语法与数学的关系并非是直接的，而是通过逻辑学这个中介来实现的。但就"语法观"（грамматические концепции）而言，它们之间的联系却是十分紧密的，甚至可以说是数学的一个组成部分。如，现代语法中有关组合关系和聚合关系的分布研究就源自数学的"集论模型"（теоретико-множественные модели），语言学家可以在该模型中研究具有相同分布的词类之间的相互关系及词变聚合体，如格、性、数等。此外，数学中的"代数模型"（алгебраические модели）也被语言学家用来研究语义现象，如句子语义尤其是词典中的语义场结构问题等。而符号学语法关注的主要是组合关系中的句法特性和聚合关系中的词汇特性，即两种关系中的语义特性问题，因此，该语法与上述数学模型并没有直接的关联性。（Степанов 2012：26）（2）语言学与逻辑学的关系。斯捷潘诺夫认为，如果设定 L 为语言，那么语言学与逻辑学之间的关系主要体现在形式化的两个不同方向上：一个方向是使用句法系统的"O-语言"（O-язык），即"客体—语言"（язык-объект），这一方法被称为"元符号化"（метасемиозис），而由此获得的系统称为 L 的"元系统"（метасистема）；第二个方向是使用"U-语言"（U-язык）中的 L，即设法通过抽象的方法改变其意义，使 L 成为形式系统的"A-语言"（A-язык），即"基础语言"（базовый язык）。这第二种方法被称为抽象法。（Степанов 2012：27）斯捷潘诺夫看来，语言学与逻辑学的接近主要有三种方式：（1）将语言视为近似于一种"理想的规范"（идеальная норма）。该规范之所以称为理想，就因为它是抽象的，没有矛盾的，因此是可以用"形式语言"（формальный язык）来描写的。也就是说，自然语言与形式语言的关系完全可以划等号。（2）将自然语言和形式语言的关系"翻转"（обернуть），即将自然语言看作近似于形式语言，审视的不是作为自然语言形式化的形式语言，而是作为形式语言特点描写方式的自然语言。这时，形式语言实际上就是 O-语言，而自然语言就是描写 O-语言的元语言。（3）对第二种抽象方法进行批判，认为现实言语中并不存在与现实语句相对应的语句。（见 Степанов 2012：28—33）在上述对符号学语法形式化问题作出理论思考和阐述的基础上，斯捷潘诺夫还在著作中对名称、谓词以及情态性、语法层级的形式化问题进行了具体的观察和分析。（见 Степанов 2012：97—108，135—138，248—249，239）由上不难看出，符号学语法的重要学理之一就是对研究科目进行形式化：它采用数理逻辑学的基本原理或将句法单位（名称、谓词、句子）变为"客体—语言"即"元符号"，或通过抽象方法改变上述句法单位的意义，并使其成为所谓的"A-语言"。该两种形式化方法就使一般意义上的语法研究分别走向了"元理论"和"外延论"，从而就生成了"符号学语法"学说。总之，如果不从数理逻辑学那里借用来方法和术语，就没有句法系统的形式化，也就谈不上所谓的符号学语法。当然，斯捷潘诺夫眼中的符号学语法走的主要是第二个方向，即通过抽象方法而获得句法单位的形式化。

4）语句及语义成素类型问题。关于语句类型问题，斯捷潘诺夫主要是从"语义演化"（семантическая эволюция）的视角加以论述的。他认为，通常情形下，句子有三部分组成：主体、动词、客体，即构成 SVO 模式，该模式又展现为三种"普遍语义模式"（универсальные семантические модели）：«Кто—что»（"某人—某事"）模式，即由主体（用第一格）主导客体（用第四格）；«Кто—кого»（"某人—某人"）模式，即主体和客体都有动物名词构成，由主体（用第一格)主导客体(用间接格);《Кого—что》("唯被动的某人—某事")模式,即客体(用第一格)主导主体(用间接格)。该三种模式除了有各自的"亚类型"(подтипы)即变体形式外,还对应于语言的三种类型:"主动型语言"(языки активного типа)、"称名型语言"(языки номинативного типа)和"唯被动型语言"(языки зргативного типа)。(见 Степанов 2012:285—290)可以看出,斯捷潘诺夫以上对语句类型的审视完全是模式化的:首先,他用符号学语法的抽象方法将句子的成分模式化,得出 SVO 模式;其次,他将错综复杂的俄语句型概括为三种基本类型,这无疑是对语句结构类型所做的高度概括;再次,他又从句法类型学角度将上述三种语句类型与语言类型进行"比照"(контраст),得出了三种不同的语言类型。[65]在此基础上,斯捷潘诺夫还对语句的语义成素作了进一步的符号学构拟。他提出,如果将语句视为交际的基本单位,客观上就要求将其看作是一个"语义上的整体"(семантически единое/цельное);而如果可以从语句中区分出其构成部分(如词),那么就应该将每一个构成部分都视为同一个语义整体的反映。换言之,语句中的每一个词都应该被看作是在语义上与另一个与之搭配的词之间有某种共性。这就是"语义一致"(семантическое согласование)现象。(Степанов 2012:250)语义一致即"语义支配关系"(семантическая сочетаемость),斯捷潘诺夫在"符号学语法"学说中将其命名为"长语义成素"(длинный семантический компонент)。从"综合视角"(синтетический подход)看,它是由搭配词的相同语义特征形成的成素;而从"分析视角"(аналитический подход)看,它则是由作为整体的句子中抽象出来的成素。[66](Степанов 2012:257—258)显然,符号学语法主张采用后一种视角对语句作出符号学分析。斯捷潘诺夫认为,可以按照形式和内容两个方面对"长语义成素"进行分类。前者可分为三种基本类型:"主体主导型"(тип с субъектной доминацией)、"谓词主导型"(тип с предикатной доминацией)和"主体—谓词主导型"(тип с субъектно-предикатной доминацией)。该三种长语义类型与逻辑上存在的六种词序(SVO,SOV,VSO,VOS,OSV,OVS)部分吻合;后者则可分为七种基本类型:"时—超时或全时型"(временность-вне-или всевременность)、"恒定—非恒定型"(постоянство-непостоянство)、"疏远—非疏远型"(отчуждаемая-неотчуждаемая принадлежность)、"确定—非确定型"(определенность-неопределенность)、"有人称—无人称型"(личность-

неличность)、"可切分—不可切分型"（расчлененность-нерасчлененность）、
"有—无有型"（наличность-неналичность）。（见 Степанов 2012：262—276）需
要指出的是，上述语句类型和语义成素类型不仅是基于句法语义的"普遍范
畴"（универсальные категории）或"普遍语义模式"（универсальные
семантические модели）而言的，而且是一种纯静态模式的研究。应该说，不
仅不同语言的语句类型及语义成素有其不同的特点和体现形式，而且在动
态的交际语境中，其在形式和内容方面都可能发生变化或变体。

　　梳理和评析斯捷潘诺夫的"符号学语法"学说，我们得出以下几点基本认
识：（1）从学术价值看，尽管世界学界和俄罗斯学界对逻辑语法的研究历史颇
为悠久，但从符号学角度进行该项研究的学者并不多见。从这个意义上讲，
"符号学语法"学说无疑是俄罗斯学界乃至世界学界最为经典的句法语义符号
学的理论之一（当然，我们在本章上文中所评析的阿鲁玖诺娃的"句子意思"学
说也可属于此列），而斯捷潘诺夫本人也就成为俄罗斯对句法语义进行符号学
分析（或构拟）的第一位学者。在我们看来，该学说的理论意义和实践意义就
集中体现在符号学语法研究样式的"开创性"和"系统性"两个方面。（2）从研
究内容看，尽管没有涉及大于句子的语言单位，而主要集中在对句子或语句中
的名称和谓词两个单位作出符号学的构拟或分析，但却有其特定的方法论意
义，因为对句子这一交际基本单位的分析模式，同样可以用于对大于句子单位
的分析，即在句子模式的基础上构拟出语篇/话语层面的符号学语法模式。
（3）"符号学语法"不仅具有语义符号学的特性，同样也具有普通符号学的性
质，因为从该语法的基本学理看，它不仅是针对俄语句法语义结构而言的，而
更多的是针对世界其他语言尤其是印欧语系中的其他语言的句法语义结构而
言的，因此，它所运用的符号学分析模式以及由此得出的规律性认识带有较强
的普遍性。如，该学说对语句类型及语义成素类型的构拟都是从现实语句的
语义特征中抽象出来的，其中的多数类型可以从俄语句法中找到充分例证，而
有的则体现在俄语之外的其他语言的句法结构中。（4）总体上看，符号学语法
对语句类型及其语义成素类型的构拟或分析，是严格按照斯捷潘诺夫本人在
著作中所归纳的亚里士多德逻辑语言观中的"十大范畴"（10 категорий）展开
的，这些范畴包括"本质"（сущность）、"数"（количество）、"质"（качество）、"关
系"（отношение/соотношение）、"地点"（где/место）、"时间"（когда/время）、"状

况"(положение)、"拥 有"(обладание)、"行 为"(действие)、"忍 受"(претерпевание/страдание)。(见 Степанов 2012:121)因此,整个构拟或分析过程具有公理的性质。这也从一个侧面表明,符号学语法在方法论上是以"普遍唯理主义"(универсальный рационализм)为基础的(包括句法语义的普遍范畴、句法结构普遍语义模式、语句类型和语义成素的普遍原则等)。(5)"符号学语法"学说在论证形式化等问题时,涉及一些心理学的概念、观点乃至学说,其中除引用了洪堡特、皮亚杰等世界级的学者的观点外,还大量引用了美国当代心理语言学家米勒(Дж. Миллер)、韦尔切(Дж. Верч)的相关学说思想。米勒和韦尔切分属不同的心理语言学发展阶段的代表人物:前者属于第二代心理语言学即"语言学的心理语言学",而后者则属于"认知心理学"。[67]这表明,符号学语法在学理上具有当代心理语言学尤其是认知心理学的哲学取向。

注释

1. 详情请见本著作的第十章和第十三章的相关内容。

2. 关于波捷布尼亚的相关学说思想,请见本著作第三章中的有关评析。

3. "莫斯科语言学派"又称"莫斯科福尔图纳托夫学派"(Московская фортунатовская школа)、"形式语言学派"(Формальная лингвистическая школа)等。

4. 此处将 сопутствующее значение 定名为"相伴意义",以示与在修辞学和语言文化学等研究中广泛使用的另一个术语"伴随意义"(коннотация)相区别。

5. 学界普遍认为,作为独立学科的"语义学"(семасеология/лингвистическая семантика)诞生于 20 世纪 70 年代,其标志是 1974 年英国语言学家利奇(G. N. Leech,1936—2014)出版《语义学》(Semantics)一书。

6. 将其定名为"阿普列香",以示与其父亲——莫斯科语义学派领袖之一的阿普列相(Ю. Д. Апресян)相区别。

7. 梅里丘克是莫斯科语义学派的创始人之一,他在 1974 年出版的代表作《意思⇔文本语言学模式理论初探》(《Опыт теории лингвистических моделей "Смысл ⇔ Текст"》)中最先提出"意思⇔文本"模式,成为莫斯科语义学派的标志性理论。该理论后由阿普列相等语言学家进一步发扬光大。

8. 该词典于 1997 年出第一版,2000 年和 2003 年曾两次再版,2004 年出修订和补充版。

9. 该学派以往少有提及,俄罗斯语言学界对其也颇有争议,主要原因是该学派没有一个统一的组织形式。有文献认为,该学派是 1930—1980 年间苏联语言学领域专门从事日耳曼语文学研究的一个流派,代表人物除卡茨涅利松外,还有日尔蒙斯基(В. М. Жирмунский,

1891—1971)、古赫曼(М. М. Гухман,1904—1989)、津捷尔(Л. Р. Зиндер,1903—1995)等。从学术思想看,该学派深受"马尔主义"(марризм)理论学说的影响。

10. 该著作被收录在 1986 年出版的《普通和类型语言学》文集中。当然,卡茨涅利松对词汇语义的研究并非仅限于该著作,还有些许相关论文发表。

11. 这里所说的"区别性特点"即语义学中的"义素"(сема)的概念。

12. 所谓"日常意识"即指"言语意识"(речевое сознание)。

13. 这里的"实体特征"即指词的意义特征。

14. 据此,俄语中所谓"多价谓词"(поливалентные предикаты)也称作"多位谓词"(полиместные предикаты)。

15. 这里指美国描写主义语言学的代表人物布龙菲尔德学说的追随者。

16. 所谓"全义词",也就是"实词"。

17. 洪堡特主要是用"语言内部形式"(внутрунняя форма языка)的概念对语言符号尤其是词语符号的可分性规律作出解释的,这在乌菲姆采娃看来具有一定的局限性,因为这种区分仅限于民族精神和思维的层面。

18. 按照俄罗斯语言学家、语言符号学家斯捷潘诺夫(Ю. С. Степанов,1930—2012)的观点,班维尼斯特对语言符号的描写既不是结构主义的,也不是传统心理主义的,而是语言客体本体论的,即把语言分为不同"层级"(уровни),并依照"整体原则"(концентрический принцип)和"等级原则"(«иерархический принцип)对语言进行分析,从而建构起有别于索绪尔的新的"语言符号学"(лингвистическая семиология)基础。(见 Степанов 1976:210)

19. 她在论述"词汇语义系统"学说的相关著述中,曾多次提到并引用上述学者的有关思想或观点,足以证明他们的学术思想对其有重要的影响和借鉴作用。

20. 尽管什梅廖夫本人出身于医生之家,但其家庭成员确是俄罗斯远近闻名的"语言学世家":妻子布雷金娜(Т. В. Булыгина,1929—2000)为著名语言符号学家,曾长期在科学院语言学研究所从事语言学和符号学研究;儿子什梅廖夫(А. Д. Шмелёв)现任俄罗斯科学院俄语研究所"言语素养学部"(отдел культуры речи)主任、莫斯科师范大学俄罗斯教研室教授;儿媳什梅廖娃(Е. Я. Шмелёва)现任俄语研究所研究员和副所长。

21. 当然,什梅廖夫的学术研究远非仅局限于上述两个方面,他在句法学、修辞学、文艺学等领域同样也有值得称道的闪光思想。但由于这里仅涉及语义中心主义的有关内容,因此,对上述思想将不做专门论述和评介。

22. 另外,就对词的概念界说而言,斯米尔尼茨基认为词的成语性特征只起着辅助的作用,而斯捷潘诺夫则认为起着决定性作用。

23. 在阿普列相等学者的语义学研究中,"常规关系"也用术语 регулярные отношения 来表示,而什梅廖夫则习惯于用 эпидигматические отношения/связи 的术语。

24. 有关"塔尔图—莫斯科学派"的学术活动和成果,参见本著第十四章"文化认知主义范式"

（когнитивно-культурологическая парадигма）的内容。

25. 世界学界通常将乔姆斯基的"转换生成语言学"视为理论语言学研究领域中的一场"革命"，因此就有了"乔姆斯基革命"的说法。

26. 此处所谓的"联通树"，是指语义上的树形联系，相似于类型学中的"谱系树"（дорословное / генеалогическое древо）。

27. 这里的"派生意义"即指在"原生意义"基础上派生出的"引申意义"（переносное значение）。

28. 学界对 аспектология 术语的定名并不统一：有的定名为"体学"，有的称之为"体貌学"，我们则采用"时体学"。详情请见本著第十章"功能主义范式"（Функциональная парадигма）中的相关内容。

29. 在帕杜切娃的"词汇语义动态模式"学说中，"换喻移位""隐喻移位"和"换喻引申""隐喻引申"是同一个概念。

30. 帕杜切娃认为，隐喻是范畴或分类移位，因此任何一种范畴或分类移位都可称之为隐喻。（Падучева 2004：158）

31. 这里所谓的"指称观"即学界统称的"指称理论"（теория референции）。

32. 我们把俄语 модель значения имени 定名为"称名语义模式"：一是参考了俄语 философия имени 的定名，即"称名哲学"；二是阿鲁玖诺娃本人在该著作也将 функция имени 解释为 функция называния（именования）предмета，即"对事物进行称名的功能"。（见 Арутюнова 1976：36）

33. 这里所谓的"文化—历史知识"主要指俄罗斯民族所创立的诗歌、文艺作品、神话故事和民间口头创作作品等知识。

34. "绝对"是哲学概念，表示"永恒的、不变的本原"的意思，因此，"语义绝对"就表明"凡语言符号都有表义性"的观点。

35. 阿鲁玖诺娃在相关著作中，对"存在句"的俄文表述方面并不统一，多数情况下用 бытийное предложение，也用 экзистенциальное предложение 和 экзистенциальное высказывание，甚至用 предложение наличия 等。这似可以理解为：前者多作为术语使用，而后两者常在对该现象的论述中使用。"存在阈"的俄文表述也是如此，有时用 область бытия，也用 сфера бытия 等。

36. 此处的"存在场"阿鲁玖诺娃有时用 зона бытия，也用 поле бытийности 等。

37. 这一部分的内容，在 1976 年出版的《句子及其意思：逻辑语义问题》一书中并没有论及，是在 1999 年出版的《语言与人的世界》一书中增加上去的。

38. "本原"即最初的"原因"。我们知道，世界一切事物的变化都有其"质料因""形成因""动力因""目的因"等四种原因，该四种原因所共同的或最初的原因就是"本原"。而探寻这最初的原因就成为被誉为世界"第一哲学"（первая философия）的"形而上学"（метафизика）本体论的宗旨所在。

39. 此处的"关系项"指主项、谓项、连项等逻辑项。

40. 限于篇幅,我们并没有对上述的"证同或等同关系"作出专门评析。

41. 扎利兹尼亚克于 2006 年出版的《语言多义性及其表征方法》一书,将其以副博士论文为基础、并与 1992 年出版的另一部著作《"内部状况"谓词的语义研究》(«Исследования по семантике предикатов внутреннего состояния»)以及有关世界图景理论研究的内容一并包括其中,因此,我们在这里仅就其阐发的"语言多义性"思想作出评析。

42. 在俄罗斯学界,对"语言构造"这一术语的俄语表达不尽相同,有 строй языка、строение языка、устройство языка 等,而扎利兹尼亚克在本著作中采用的是后者。很难说它们彼此之间有何实质性差别,多半与方法论或研究视角有一定的关系。比如,结构主义视角常习惯用前两种表示法,而认知主义或心理主义视角则多用后一种表示法。

43. "层递性"的概念属语言的功能语义范畴或普遍概念范畴,主要指语义变化的循序渐进刻度,如"烫—热—凉—冷—冻"的层递变化。

44. "语言逻辑分析学派"是由阿鲁玖诺娃领衔的学派,起始于 1986 年,主要对语言进行语用分析和观念分析。相关内容请参照本著第十五章"观念认知主义范式"(когнитивно-концептуальная парадигма)中对该学派理论学说的具体评析。

45. 韦日比茨卡娅主要从事"自然语义元语言"(естественный семантический матаязык)研究。

46. 即对不同的语义用斜体作出标号。

47. 此处所说的"语义常量"和"变量意义"即指语言符号的"共性意义"(общее значение)和"个别意义"(частное значение)。

48. 作为当代俄罗斯语义学家,别尔措夫对语言多义性问题有较深入的研究。对此,扎利兹尼亚克在《语言多义性及其表征方式》一书中多有介绍。别尔措夫在 2001 年出版了《俄语词变中的常量》(«Инварианты в русском словоизменении»)一书,采用的就是语义常量表征方式。(见 Перцов 2001)

49. 帕亚尔曾与多布鲁希娜(Е. Р. Добрушина)等学者合作,采用"法国形式学派"(Французская формальная школа)和莫斯科语义学派的理论学说相结合的方法,对俄语动词词缀语义等进行系统研究,并于 2001 年出版了文集《俄语前缀:多义性和语义统一性》(«Русские приставки: многозначность и семантическое единство»)等著作,在语义学界有较广泛影响。(见 Добрушина,Пайар 2001)

50. 库里洛维奇在 1960 年出版的《语言学概论》(«Очерки по лингвистике»)一书中,对词义及词汇衍生和句法衍生等问题进行了系统阐释。扎利兹尼亚克在此处所说的"库里洛维奇图式",就是指该衍生模式。该著作于 1962 年翻译成俄文出版。(见 Кулирович 1962)

51. 俄罗斯许多学者都对"词的内部形式"问题都做过相关研究,其中比较著名的有阐释符号学家什佩特(Г. Г. Шпет,1879—1937),他早在 1927 年就曾出版《词的内部形式》(«Внутрення форма слова»)一书。

52. 所谓"常规型"，即指"词汇—语义型"（лексико-семантический тип）。

53. 正是对"观念图式"情有独钟，扎利兹尼亚克还发表了多篇"观念分析"（концептуальный анализ）文章，并作为主编之一出版了《俄语语言世界图景关键思想》（«Ключевые идеи русской языковой картины мира»）和《俄语语言世界图景的恒量与变量》（«Константы и переменные русской языковой картины мира»）等有现实影响的文集。（见 Зализняк 2005, 2012）

54. 该文选收录了具有世界声誉的哲学家、逻辑学家、文艺学家、语言学家皮亚杰（Ж. Пиаже, 1896—1980）、皮尔斯（Ч. С. Пирс, 1839—1914）、莫里斯（Ч. У. Морисс, 1901—1979）、巴特（Р. Барт, 1915—1980）、列维—斯特劳斯（К. Леви-Стросс, 1908—2009）、托多罗夫（Ц. Тодоров, 1939—2017）以及俄罗斯学者别雷（А. Белый, 1880—1934）、雅各布森（Р. О. Якобсон, 1896—1982）、列福尔马茨基（А. А. Реформатский, 1900—1978）等人的相关著述，内容涉及心理符号学、逻辑符号学、文学符号学、语言符号学以及"跨语篇符号学"（семиотика интертекста）、文化观念符号学（семиотика культурных концептов）等。

55. 该著作主要对古希腊罗马至今的语言学、哲学和语言艺术领域所形成的与语言有关的典型范式作了较为系统的考察，并从语义、语构、语用"三个维度"或"三个参数"（три параметра/измерения）视角就语言对人的"思维空间"的建构作用进行了具体论证，提出了诗学、象征主义、未来主义以及陀思妥耶夫斯基（В. М. Достоевский, 1821—1881）等作家在上述三个维度上的思想差异。

56. 该著作主要对欧洲语言的字母传统进行了审视，时间维度上涵盖自古至今，包含"古闪语字母传统"（древнесемитская алфавитная традиция）、"古希腊语字母传统"（древнегреческая алфавитная традиция）、"拉丁语字母传统"（латинская алфавитная традиция）以及中世纪的"罗曼语族字母传统"（германские алфавитные традиции）和"斯拉夫语族字母传统"（славянские алфавитные традиции），还涉及现代英语、法语和俄语字母等。斯捷潘诺夫以其渊博的古文字知识在著作中提出了一系列有关字母名称和古代文字的假设，并对相关字母文本进行符号学解读。应该说，字母作为特定的语言符号，从历时和共时两个视角对其作出符号学分析是有重要学术价值的，从中可以折射出世界不同民族的历史文化图景。

57. 该字典主要对俄罗斯文化中的一些"观念词"（слово-концепт）进行了观念分析，如"话语""爱情""开心""知识""科学""数""恐惧""痛苦""罪恶"等，这是本著"观念认知主义范式"（когнитивно-концептуальная парадигма）一章所涉及的内容。这些作为文化恒量的观念不仅是俄罗斯民族精神文化的重要组成部分，也是当代俄罗斯符号学研究的重点对象。

58. 该著作将不同年代出版的三部著作《符号学》（1971）、《语言的三维空间》（1985）和《新现实主义》（1997）统一以《语言与方法：当代语言哲学论》为标题重新出版，旨在对语言符号的本质以及所涵盖的领域作出语言哲学方法论的解释。因此，作者将原先的《符号学》改为了"所指与能指"；将《语言的三维空间》改为了"语义、语构和语用"，将《新现实主义》改为了"系统与语篇"。

59. 该著作的关键术语就是"观念"（концепт）。作者把观念视为一种文化现象，它与逻辑学、心理学和哲学中的"概念"（понятие）有着亲缘关系。作者认为，研究观念并非在于对其进行分类，而在于揭示其各种内在思维关系；而观念的总和展现着某民族的社会精神生活状态。（见 Степанов 2007）

60. 该学者有关"观念符号学"或"文化观念符号学"的思想或观点，我们在本著的第十五章"观念认知主义范式"（когнитивно-концептуальная парадигма）中有所涉及。

61. "符号学语法"中的"语法"二字，并非是作为"语言学分支学科"、由"词法"和"句法"两大部分组成的"语法"概念，而是指某知识领域中通行的"规则"（правила）、"原则"（принципы）或"原理"（основы）等。因此，我们理解，所谓"符号学语法"，就是"符号学原则"或"符号学原理"的意思。

62. 这里所说的"非传统意义"上，是指非传统结构主义句法学意义上的，而是基于逻辑学和心理学原理的对句法语义的考察。

63. 在俄罗斯语言学界，有关该学科的"研究对象"的表述通常会使用 объект 和 предмет 两个术语，前者是针对整个学科而言的，后者是前者内容的具体化，我们将其定名为"研究科目"，即整个学科研究对象中的具体内容。

64. 斯捷潘诺夫将符号学语法称为"构造流派"，意指该语法相当于"算法论"（теория алгоримов）、"构造数学"（конструктивная математика）和"语言生成论"（генеративная теория языка）等。

65. 该三种语言类型是符号学语法基于句法语义结构所得出的，它们与普通语言类型学中"形态学分类"（морфолологическая классикация）所划分的三种类型（孤立语、黏着语和屈折语）有本质不同。

66. 斯捷潘诺夫认为，在世界语言学史上，对语义一致性的研究主要有两种视角，即"综合视角"和"分析视角"。

67. 详情参见下一章"心理认知主义范式"（когнитивно-психологическая парадигма）的相关内容。

参考文献

[1] Алпатов В. М. История лингвистических учений［M］. М.，Языки русской культуры，1999.

[2] Апресян Ю. Д. Лексическая семантика. Синонимические средства языка［M］. М.，Наука，1974.

[3] Апресян Ю. Д. Лексическая семантика. // Избранные труды. Т. 1［M］. М.，Восточная литература，РАН，1995.

[4] Апресян Ю. Д. Новый объяснительный словарь синонимов русского языка（2-ое изд.，испр.

и доп. ）［Z］. Москва-Вена，Языки славянской культуры，Wiener Slawistischer Almanach，2004a.

［5］Апресян Ю. Д. Предисловие［A］. // Новый объяснительный словарь синонимов русского языка(2-ое изд. , испр. и доп.)［Z］. Москва-Вена，Языки славянской культуры，Wiener Slawistischer Almanach，2004b，c. Ⅷ — Ⅺ.

［6］Апресян Ю. Д. Трехуровневая теория управления: лексикографический аспект［A］. // Типологяи языка и теория грп＝амматики［C］. Санкт-Петербург，«Нестро-История»，2007，c. 17 — 22.

［7］Арутюнова Н. Д. Предложение и его смысл: Логико-семантические проблемы［M］. М. ，Наука，1976.

［8］Арутюнова Н. Д. Язык и мир человека［M］. М. ，Языки славянской культуры，1999.

［9］Виноградов В. В. Русский язык: Грамматическое учение о слове［M］. Л. , М. ，Учпедгиз，1947.

［10］Витгенштейн Л . Логико-философский трактат［M］. М. ，Наука，1958.

［11］Добрушина Е. Р. , Пайар Д. Русские приставки: многозначность и семантическое единство［C］. М. ，Русские словари，2001.

［12］Зализняк Анна. А. ，Левонтина И. Б. ，Шмелёв А. Д. Ключевые идеи русской языковой картины мира［C］. М. ，Языки славянской культуры，2005.

［13］Зализняк Анна. А. Многозначность в языке и способы её представления［M］. М. ，Языки славянской культуры，2006.

［14］Зализняк Анна. А. ，Левонтина И. Б. ，Шмелёв А. Д. Константы и переменные русской языковой картины мира［C］. М. ，Языки славянской культуры，2012.

［15］Звегинцев В. А. Семасиология［M］. М. ，МГУ，1957.

［16］Кацнельсон С. Д. Типология языка и речевое мышление［M］. Ленинград，Наука，1972.

［17］Кацнельсон С. Д. Общее и типологическое языкознание［C］. М. ，1986.

［18］Кацнельсон С. Д. К понятию типов валентности［J］. Вопросы языкознания，1987，№ 3，c. 20 — 32.

［19］Кобозева И. М. Лингвистическая семантика［M］. М. ，УРСС，2000.

［20］Крысин Л. И. О Дмитрии Николаевице Шмелёве［A］. //Шмелёв Д. Н. Избранные труды по русскому языку［C］. М. ，Языкиславянской культуры，2002，c. 8 — 13.

［21］Кулирович Е. Очерки по лингвистике［M］. М. ，Иностранная литература，1962.

［22］Мельчук И. В. Опыт теории лингвистических моделей «Смысл ⇔ Текст»［M］. М. ，Наука，1974.

［23］Мельчук И. В. Опыт теории лингвистических моделей «Смысл ⇔ Текст»［M］. М. ，

Языки русской культуры, 1999.

[24] Мельчук И. В. Язык от смысла к тексту [M]. М. , Языки славянской культуры, 2012.

[25] Падучева Е. В. О точных методах исследования языка (в соавторстве с Ахмановой О. С. , Мельчуком И. А. , Фрумкиной Р. М.)[M] М. ,Изд-во МГУ, 1961.

[26] Падуяева Е. В. О семантике синтаксиса. Материалы к трансформационной грамматике русского языка [M]. М. , Наука, 1974.

[27] Падучева Е. В. Обратная теорема: алгоритмические и эвристические процессы мышления (в соавторстве с Корельской Т. Д.)[M]. М. , Знание, 1978.

[28] Падучева Е. В. Высказывание и его соотнесенность с действительностью: референциальные аспекты семантики местоимений [M]. М. ,Наука, 1985.

[29] Падучева Е. В. Семантические исследования. Семантика времени и вида в русском языке. Семантика нарратива [M]. М. ,Языки русской культуры, 1996.

[30] Падучева Е. В. Динамические модели в семантике лексики [M]. М. , Языки славянских культур, 2004.

[31] Перцов Н. В. Инваринты русском словоизменении [M]. М. , Языки русской культуры, 2001.

[32] Степанов Ю. С. Семиотика [M]. М. , Наука, 1971.

[33] Степанов Ю. С. Семиологический принцип описания языка [A]. //Принципы описания языков мира [C]. М. , Наука, 1976, с. 203—281.

[34] Степанов Ю. С. Семиотика: Антология [C]. М. , Наука, 1983.

[35] Степанов Ю. С. В трехмерном пространстве языка. Семиотические проблемы лингвистики, философии, искусства [M]. М. , Наука, 1985.

[36] Степанов Ю. С. Константы мировой культуры. Алфавиты и алфавитные тексты в периоды двоеверия [M]. М. , 1993.

[37] Степанов Ю. С. Константы. Словарь русской культуры [Z]. М. , Языки русской культуры, 1997.

[38] Степанов Ю. С. Язык и метод. К современной философии языка [C]. М. , Языки русской культуры, 1998.

[39] Степанов Ю. С. Концепты. Тонкая пленка цивилизации [M] М. ,Языки славянских культур, 2007.

[40] Степанов Ю. С. Имена, предикаты, предложения: Семиологическая грамматика (Изд. 5-е) [M]. М. ,ЛКИ, 2012.

[41] Уфимцева, А. А. Теории «семантического поля» и возможности их применения при изучении словарного состава языка [A]. //Вопросы теории языка в современной зарубежной лингвистике

［C］. М. ，Институт языкознания АН СССР，1961，с. 230—241.

［42］Уфимцева А. А. Опыт изучения лексики как системы ［M］. М. ，Изд-во Академии наук СССР，1962.

［43］Уфимцева А. А. Слово в лексико-семантической системе языка ［M］. М. ，Наука，1968.

［44］Уфимцева А. А. Типы словесных знаков ［M］. М. ，Наука. 1974.

［45］Уфимцева，А. А. Семантический аспект языковых знаков ［A］.//Принципы и методы семантических исследований ［C］. М. ，Наука，1976，31—45.

［46］Уфимцева А. А. Лексическое значение ［M］. М. ，Наука. 1986.

［47］Шахматов А. А. Синтаксис русского языка ［M］. М. -Л. ，Учпедгиз，1941.

［48］Шмелёв Д. Н. Архаические формы современного русского языка ［M］. М. ，Учпедгиз，1960.

［49］Шмелёв Д. Н. Очерки по семасиологии русского языка ［M］. М. ，Просвещение，1964.

［50］Шмелёв Д. Н. Проблемы семантического анализа лексики ［M］. М. ，Наука，1973.

［51］Шмелёв Д. Н. Современный русский язык. Лексика ［M］. М. ，Просвещение，1977.

［52］Шпет Г. Г. Внутрення форма слова ［M］. М. ，ГАХН，1927.

［53］Шпет，Г. Г. Мысль и слово. Избранные труды ［C］ М. ，РОССПЭН，2005.

［54］杜桂枝，20世纪后期的俄语学研究及发展趋势［M］，北京：首都师范大学出版社，2000。

［55］薛恩奎，"意思⇔文本"语言学研究［M］，哈尔滨：黑龙江人民出版社，2006。

［56］张家骅等，俄罗斯当代语义学［M］，北京：商务印书馆，2003。

第 十 三 章

心理认知主义范式

　　所谓"心理认知主义范式"（когнитивно-психологическая парадигма），是指具有"第三代心理语言学"性质的科学研究形成的范式。我们知道,俄罗斯心理语言学界,通常把世界心理语言学的学科发展分为三个不同阶段,或称为"三代",即:奥斯古德（Ч. Осгуд）心理语言学阶段,亦称"反应心理语言学"或"新行为主义心理语言学";乔姆斯基—米勒（Н. Хомский-Дж. Миллер）心理语言学阶段,或称"语言学的心理语言学";韦尔切（Дж. Верч）心理语言学阶段,或称"认知心理学"。[1]（Леонтьев 2005:26—48）

　　俄罗斯符号学研究中的心理认知主义范式,本质上讲就是具有认知主义性质的"心理符号学"（психологическая семиотика/психосемиотика）。该范式将语言视为人类意识存在的形式,即视语言为思维的现实,因此,其审视的主要内容为语言主体意识形成的过程及特点。该范式把人既看作语言主体,即"语言中的人"（человек в языке）或"说话的人"（человек говорящий）,也把语言视为"人说的语言"（язык в человеке）,即通常所说的"语言个性"（языковая личность）。也就是说,语言不仅是人类赖以生存的"寓所",也是民族心智或意识的外化形式。因此,探讨言语的生成和理解机制,审视语言主体意识以及语言个性的心理形成过程,就成为该范式审视的主要内容。

　　从当代俄罗斯符号学的发展进程看,在这一范式包含的理论学说主要有言语活动理论、语言个性理论、语言意识理论、先例理论和定型理论等,它们从不同的视角对作为人类意识存在之形式的语言主体意识进行了全方位的审视,从而构建起符号学系统中不可或缺的心理符号学的样式。本章将按照所述顺序,侧重从符号学视角对上述这些理论逐一进行评析。

第1节　言语活动研究

众所周知,俄罗斯对"言语活动"(речевая деятельность)的研究有良好的学术传统和厚实的学术积淀。我们从本著的第七章"文化—历史主义范式"(культурно-историческая парадигма)中可以看到,早在 20 世纪 20—30 年代,俄罗斯心理学的奠基人维果茨基(Л. С. Выготский,1896—1934)就创立了所谓"文化—历史心理学理论"(культурно-историческая теория в психологии),而该理论的学理内核就是"活动论"(теория деятельности)。本节所说的言语活动研究,并不包括维果茨基的相关学说,也与"交际主义范式"(коммуникативная парадигма)中所涉及的交际语用视阈的言语活动内容不同,主要指作为独立学科的俄罗斯心理语言学诞生以来的相关学术研究及其成果。具体说,它主要包括"莫斯科心理语言学派"(Московская психолингвистическая школа МПШ)的相关学术活动和成果,内容包括:一是"言语活动论"(теория речевой деятельности)学说;二是有关"言语生成"(порождение речи речепроизводство)的理论或模式;三是有关"言语感知"(восприятие речи речевосприятие)的理论学说。

1.1　"言语活动论"研究

"言语活动论"是由俄罗斯著名心理语言学家小列昂季耶夫(А. А. Леонтьев,1936—2004)于 20 世纪 60 年代末期创立的新型心理语言学理论。[2] 它不仅是宣言,向世界心理语言学界宣告独树一帜的莫斯科心理语言学派的诞生[3];它同时又是标志,昭示着俄罗斯心理语言学研究由史前阶段走向"成型"。因此,许久以来"言语活动论"一直享有俄罗斯心理语言学代名词之特殊地位。围绕言语活动论展开的俄罗斯心理语言学研究,在短短 40 多年的时间内已经发展成为世界心理语言学界最具活力和影响力的学说之一,受到西方学界的高度关注和一致认可;而由言语活动论基本学理延伸出来的相关学说和思想,也成就了如交际心理语言学、民族心理语言学、篇章心理语言学等具有鲜明俄罗斯特色的心理语言学的新兴分支学科。

1.1.1 言语活动论的概念内涵

言语活动论与世界其他心理语言学范式之学理形态的区别，首先反映在关于言语活动的独特的概念内涵之中，或者说隐含在该学科既定的对象之中。我们认为，其独特性主要体现在以下三个方面：

1）对言语活动属性的独特阐释。言语活动论的立论基础是言语活动，以及对该活动的属性作出符合心理语言学范式的科学阐释。对此，小列昂季耶夫在 1969 年出版的《语言、言语、言语活动》（«Язык，речь，речевая деятельность»）一书中进行了深刻而独到的阐释。他指出，虽然心理学和语言学都研究言语活动，但前者首先关注的是所有活动的普遍性问题，因此它是关于社会个体的心理生理"活动论"（теория деятельности）；而后者的研究对象是"言语行动系统"（система речевых действий），因此语言学又可以被界说为研究"一种活动（即言语活动）中的一个方面的学说"。（Леонтьев 2003a：25—28，109）这无疑是莫斯科心理语言学派提出的言语活动论所有概念内涵的核心所在，即把心理学当作活动论，而把语言学视作"言语活动的一个方面"。换言之，在小列昂季耶夫看来，言语活动只是作为心理学即活动论的一个组成部分，而语言学研究只涉及该组成部分中的"言语行动系统"这一个方面。小列昂季耶夫正是从这一核心概念出发，进一步对语言符号的特性及言语活动的结构等进行阐释的。显然，这种阐释是将言语活动即视为一种心理符号，又当作一种特殊的语言符号而作出的。

2）对语言符号特性的独特理解。从上述对言语活动的概念内涵所作的界说中可以清楚看出，言语活动与符号之间有一种天然联系。对于符号，小列昂季耶夫认为现代科学研究有三个互不相同的视角：第一是以胡塞尔（Э. Гуссерль，1859—1938）、莫里斯（Мерло-Понти Морис，1908—1961）为代表的"现象哲学传统"（феноменологическая философская традиция），把世界万物都视作符号；第二是以索绪尔（Ф. Соссюр，1857—1913）为代表的"经验主义符号学"（эмпирическая семиотика），把语言符号视作一种独立的符号系统；第三是以俄罗斯心理学家维果茨基、谢德罗维茨基（Г. П. Щедровицкий，1929—1994）等为代表，研究的并不是符号或符号系统本身，而是"符号活动"（знаковая деятельность），即语言符号或语言符号系统"内部的和心理学的方面"（внутренняя и психологическая сторона）。（Леонтьев 2003a：43—45）那
么，这个"语言符号系统"究竟包括哪些具体的内容呢？对此，小列昂季耶夫认
为相对于以胡塞尔、莫里斯为代表的"现象哲学传统"视角而言，"言语活动论"
视角的"符号阈"（круг знаков）要狭窄得多，它特指如下现实的事物或现象：
（1）在起源上对人的心理形成有制约作用的，如语言符号、聋哑人的面部表情
符号等；（2）在人的心理运作过程中起各种辅助作用的，如记忆手段、地图、图
纸和图式等；（3）基础性的符号或作为基础性符号的对应物，如城市交通符号、
旗语代码、莫尔斯电码等。第二、第三种符号是第二性的，它们常常用作第一
种符号的替代物，即第二种符号是第一种符号的功能对应物，而第三种符号则
是第一种符号的形式对应物。（Леонтьев 2003a：45—46）简言之，小列昂季耶
夫眼中的"语言符号系统"，主要指语言符号及其替代物，因为只有第一种语言
符号的特性才构成心理语言学的研究对象，该特性就是：与人的大脑的心理生
理构造有某种绝对的无条件联系，并能够使人肌体中某些内隐的生物特性现
实化；具有潜在的（常常又是现实的）"多功能符号"（полифункциональные
знаки）；无论哪种形式"在自上而下的方向上"（в направлении сверху вниз）都
不会使代码变形。（Леонтьев 2003：46）我们从上述对符号"特性"的解释中可
以清楚地看出，言语活动论视角的符号观与语言学、心理学、生理学、言语和思
维病理学、逻辑学、诗学等的都不相同。在言语活动论学说中，符号并不是现
实的事物或现象，而是对现实的事物或现象的功能特性进行概括的"符号模
型"（знаковая модель）。举例说，如果不同的事物或现象可以用间接方式表现
出"同一种演算"（одна и та же операция）的话，那么这些不同的事物或现象就
属于同一种"符号模型"。这一点对莫斯科心理语言学派的言语活动论来说特
别重要，是其在学理上区别于其他学派（尤其是美国心理语言学派）理论学说
的根本所在。

　　3）对言语活动结构及其相互关系的独特认识。显然，要对现实的事物或
现象的功能进行模式化概括，用传统的结构主义语言学的方法（如索绪尔的语
言和言语对立等）是无法得到合理解决的。只有对语言符号的本质属性尤其
是语言运作的机理进行重新审视和界说，才能获得理想的答案。为此，小列昂
季耶夫依据"彼得堡语言学派"（Петербургская школа в языкознании）的代表
人物谢尔巴（Л. В. Щерба，1880—1944）的语言现象"三层面"学说（见 Щерба

2004），以及任金（Н. И. Жинкин，1893—1979）关于言语性质和过程的相关理论，提出了言语活动结构是由三个范畴构成的重要思想，即："作为能力的语言"（язык как способность）——语言群体成员掌握、生产、再现和等值感知语言符号的心理学和生理学条件的总和（相对于谢尔巴的"语言材料"），"作为对象的语言"（язык как предмет）——用一定方式整理过的语言活动恒常成分的总和（相对于谢尔巴的"语言系统"），"作为过程的语言"（язык как процесс）——语言群体在一定社会经济和文化条件下为交际或自我交际（思维）而实现的语言能力的过程（相对于谢尔巴的"言语活动"）。（Леонтьев 2003a：101—103）也就是说，小列昂季耶夫在这里第一次完整地提出了"三位一体"的言语活动论思想，这与索绪尔把自然语言符号区分为"语言"（Langue）、"语言能力"（Faculté du Langage）、"言语活动"（Langage）、"言语"（Parole）有很大不同。索绪尔认为，"语言"和"语言能力"相对立，构成"言语活动"，而"言语活动"又与"言语"相对立。小列昂季耶夫则认为言语活动包含了其他所有三个方面。从这个意义上讲，莫斯科心理语言学派的语言观就是上述"三位一体"的言语活动论。

　　我们不妨来具体审视一下该三个不同语言层面或语言模式的相互关系。首先，把"作为对象的语言"（语言系统）与"作为过程的语言"（言语）进行对接，历来属于语言学专有的对象，其他学科少有涉及。尽管语言学的不同分支学科可能对"语言"和"言语"有不同的研究视阈，甚至会采用不同的术语系统（如交际学理论就把"语言"和"言语"分别视作"代码"和"信息"等），但它们的对立应该说从来就被视为 20 世纪哲学研究实现语言学转向以来的最大成果之一。其次，将"作为能力的语言"（言语机制）与"作为过程的语言"（言语）相对接，除了心理学外，任何其他科学都不将上述两者结合起来进行研究。因为这种对接在分析言语机制时，并不对与交际过程相关的内容进行描写，也不对言语生成中表达的相关成分进行区分。这显然不是心理语言学所企求的。其三是把"作为对象的语言"（语言系统）与"作为能力的语言"（言语机制）对接起来，这是心理学和语言学联系最紧密的一种对接，因此，这几乎是世界心理语言学各种流派所依据的一般原理，或者说心理语言学正是按照这种对接模式来建构研究对象的。我们从小列昂季耶夫对心理语言学所下的最初定义——"心理语言学是一门把语言系统与语言能力之间的关系作为研究对象的科学"中

（Леонтьев 1969:106），看到了这种对接。但实际上，语言系统与语言能力并不是按照同样的规则建构起来的，正如小列昂季耶夫本人所说，人的言语机制的建构与语言系统的建构并不完全相同，前者的构造是由心理学与高级神经活动生理学和其他科学一起所获得的特殊形式（尽管到目前为止我们还不能对语言能力的构造进行详尽描述）。（Леонтьев 2003a:102—106）为此，小列昂季耶夫给心理语言学又下了第二个定义："心理语言学的研究对象是作为整体的言语活动及其在综合模式化中的规律性"。[4]（Леонтьев 1969:110）

　　以上论述可以得出这样一个重要结论：莫斯科心理语言学派的任务（或者说首要任务）就是要建构一套与语言模式有别的言语能力模式，以此来论证该学说一贯强调的对心理语言学的学科定位——心理语言学是一门既有别于语言学也有别于心理学的综合性学科。而这个专门用于研究言语能力生成模式的学科便是言语活动论。换句话说，从符号学角度看，探索言语活动综合的和多层级的模式化之规律性，就是言语活动论特有的概念内涵，它与语言学和心理学走的完全是不同的方向。

1.1.2　言语活动论的方法及方法论原则

　　方法及方法论不仅是任何一门新兴学科的基本要素，也是该学科得以发展的必备条件。从方法及方法论视角来审视莫斯科心理语言学派的言语活动论，可以帮助我们深刻认识该学科的本质特性。

　　1) 言语活动论的研究方法。小列昂季耶夫在 1969 年出版的《语言、言语、言语活动》这部奠基性著作中，只对言语活动论的研究方法稍有涉及，直到1997 年出版《心理语言学基础》（«Основы психолингвистики»）这部教材时才辟出专门章节予以系统阐述。小列昂季耶夫认为，从本质上讲，心理语言学的研究方法比其研究对象来要简单得多，原因是心理语言学本身并没有与语言学格格不入的方法，因为任何一个正确建构起来的模式尤其是语言模式，必须要通过"有组织的实验"（организованный эксперимент）予以后续的论证。（Леонтьев，2003:111）但他同时又认为心理语言学的实验与语言学的有所不同：一是实验方法的具体名称不同，心理语言学通常采用的是从心理学那里借用过来的技术方法系统；二是使用的方法在数量上更多，因为对语言模式的建构原则上是不需要经过实验的，几乎都是纯演绎式的，这种演绎方式具有很大的随意性。（Леонтьев 2003a:110—111）这是小列昂季耶夫在《语言、言语、言语活动》一书中所阐述的观点。可见,作为俄罗斯心理语言学最初样式的言语活动论,其研究方法是比较单一的,基本与语言学所采用的方法相同——那就是"实验法"(экспериментальные методы и методики)。正如小列昂季耶夫本人所说,在 1969 年当时的条件下,还"不可能对心理语言学所采取的研究方法进行更加详细的评价"。(Леонтьев 1969:112)该"实验法"具体又分为三种——"间接实验法""直接实验法"和"语言学实验法"。其中前两种与西方学界采用的方法并无本质的区别,即主要综合使用"观察法""条件反射法""语义刻度法""语义区分法""语义整合法""联想法"等。[5]而第三种"语言学实验法"则是由谢尔巴于 1931 年创立的,是俄罗斯心理语言学所特有的。谢尔巴把语言学实验分为两种——"肯定实验法"(положительный эксперимент)和"否定实验法"(отрицательный эксперимент)。前者是先对某个词语的意义或某种形式或某种构词和构形的规则作出假设,并根据该假设尝试说出一组不同的句子,如果得出肯定的结果,那么就证明公设是正确的;而后者是给出一个错误的语句,让受实验者找出错误并予以改正。(Щерба 2004:24—38)"语言学实验法"用作心理语言学的实验,其验证的并不是语言规范模式或功能言语模式,而是语言能力模式或言语活动模式。(Леонтьев 2005:80)

2) 言语活动论的方法论原则。我们知道,从俄罗斯心理语言学的形成机理看,言语活动论所依据的方法论主要是俄罗斯科学传统中特有的心理学、语言学和生理学有关活动的学说或活动论。[6]正是活动论的基本学理,成就了莫斯科心理语言学派;也正是活动论所蕴涵的方法论原则不同于西方学派,才使言语活动论被喻为心理语言学的新范式,从而受到西方学界的推崇。那么,言语活动论所遵循的方法论原则与西方(主要是美国)的究竟有哪些不同呢?研究表明,言语活动论所遵循的是普通心理活动论中的"活动解释原则"(деятельностный объяснительный принцип)[7],该原则与西方学界奉行的相关方法论原则是相对立的。对此,俄罗斯著名心理语言学家、莫斯科心理语言学派的主要成员之一、《心理语言学问题》杂志主编塔拉索夫(Е. Ф. Тарасов)在《心理语言学发展趋势》(«Тенденции развития психолингвистики»)一书中作了精辟概括。它们分别是:

(1) 与刺激性原则相对立的事物性原则(принцип премедности как оппозиция принципу стимульности)。活动论认为事物具有双重性:作为构成

主体活动的独立存在物和作为活动主体的心理形象,它具有"主观形式"。心理形象可用作揭示活动的动机。

（2）与反应性原则相对立的能动性原则（принцип активности как оппозиция принципу реактивности）。活动论把人的心理过程看作是一种创造性的和有目的的活动,而不是行为主义的消极的或被动的反应。

（3）与适应性原则相对立的人的事物性活动的非适应性原则（принцип неадаптивной природы предметной деятельности человека как оппозиция принципу адаптивности）。活动论认为,是人创造着自身生存的条件,而不是去寻找自然界中现成的东西。人的动机需求处在不断变化之中,社会也会给人提出新的动机（事物）,因此人为了满足自身的需要而开展活动,这种事物性活动具有非适应的性质。相关心理学实验也证明,人的"能动性"（активность）与"适应性"（адаптивность）并不等同。

（4）与直接联想联系原则相对立的间接性原则（принцип опосредствования как оппозиция принципу непосредственных ассоциативных связей）。间接性原则作为活动论的基本原则之一,这是由人的高级心理机能决定的,人是通过语言符号这个中介来进行活动的,人的工具心理形成也是通过上述中介来实现的,这也是人与动物的主要区别之一。

（5）与社会化原则相对立的内化—外化原则（принцип интериоризации-экстериоризации как оппозиция принципу социализации）。活动论把人的心理机制的形成视作是内化和外化的结果,首先由社会外部的活动转化为活动的心理学形式,从而形成自我意识,然后产生意识内层。内化绝不是机械地由外部物质的东西向内转化为思想。

（6）与"成分"分析原则相对立的"单位"分析原则（принцип анализа по «единицам» как оппозиция принципу анализа по «элементам»）。这是莫斯科心理语言学派与西方心理语言学范式的最大区别之一。单位分析是把人的言语活动看作是一个宏观结构,它不是把人的活动切分为成分,而是揭示构成活动关系的特征。人的活动由三个基本单位构成——"活动、动作和演算"（деятельность, действие и операция）。(Тарасов 1987:103—108)

以上原则,都是活动解释原则的具体体现。它们不仅为言语活动论提供了科学的方法论,也在哲学或符号学层面上为言语活动论区别于世界其他心理语言学样式奠定了学理基础。

1.1.3 言语活动论的学理构成

言语活动论的概念内涵及方法论原则,决定了其学理形态的基本构成。对此,小列昂季耶夫和别利亚宁(В. П. Белянин)等学者曾用"公设"(постулаты)这一术语对该学理形态构成作过概括性的总结和阐释。现简要归纳和评介如下:

1)心理语言学分析的是"单位"(единица)而不是"成分"(элемент),即不是操语言者心理的某语言单位的静态对应物,而是基础言语行动和言语程序。也就是说,言语活动论的分析单位是"心理学演算"(психологическая операция),它是由实现言语生成和言语感知以及掌握语言的单位形成的,而不是由可以划分、描写以及直观表征的成分构成的。这是莫斯科心理语言学派与西方第二代心理语言学说的原则区别所在。

2)在"活动范式"(деятельностная парадигма)内审视心理语言学单位,其发端的言语事件具有"活动框架"(деятельностные фреймы)即"活动图式"(деятельностная схема)的特点。这个单位即言语活动的"最小细胞"(минимальная клеточка),应该具有活动的如下基本特征:"事物性"(предметность)——指向人的周围现实,或者说在活动中内部心理过程向客观对象世界敞开;"目的性"(целенаправленность)——任何活动行为都是有限的,而任何动作又都有活动主体事先计划好要达成的过渡目标;"理据性"(мотивированность)——任何活动的行为总是有多个理据,即同时受构成统一整体的多个动机所激励;纵向的"等级组织"(иерархическая организация)——包括活动的单位及"准单位"(квазиединицы),如"图式"(схема)、"功能块"(функциональный блок)等;横向的"相位组织"(фазная организация)。(Леонтьев 2005:65—66;Белянин 2003:29—30)

3)用"启发式原则"(эвристический принцип)组织言语活动。言语活动论不应该属于算法论,而应该是启发式的理论。理由是:与任何一种有目的的活动一样,言语活动的实施要取决于目的、条件、手段等其他条件,即不能一劳永逸或有硬性的规定程序,而只能是启发式的,因为言语活动不仅要对选择言语行为策略的环节作出预测,还要允许言语的生成和感知在不同的阶段中有灵活的运作路径,更要与先前用各种心理语言学模式取得的实验结果相对应等。因此,如果把心理语言学理论视作普通心理学活动论的组成部分,即把言语过程视作言语活动或言语行动,那么它就应该是启发式的。

4)强调形象层面的活动观或"过程观"(процессуальный подход)。活动论的哲学基础并不是意识与存在的对立,而是"形象"(образ)与"过程"(процесс)的对立,因为心理学的对象是主体对现实的活动,因此就必须围绕形象与活动(过程)的关系来建构心理语言学理论,既首先研究由语言符号间接表达的世界形象与言语活动的关系。

5)活动方式的选择取决于对现有各种解决办法的筛选,通常要按照"未来模式化"(моделирование Будущего)的标准来确定[8],因此"概率预测"(вероятностное прогнозирование)具有重要意义。

6)言语生成的过程是言语感知的基础。也就是说,言语感知过程具有能动的性质。(Леонтьев 2005:67—71)

以上对言语活动论基本学理形态构成的评析,实际上不仅是该学科在科学研究过程中所要遵循的基本原理,更是该学科运作的学理内核。据此,我们不难得出这样的结论:言语活动论遵循的是活动解释原则的方法论,其学理形态构成是建立在普通心理学活动论基础上的,基本分析对象是言语生成、言语感知和掌握语言的过程;分析单位是心理学程序,即不是语言学的,而是心理学的;价值取向是活动本体论,包括对象活动、交际、认知活动言语技能形成活动等具体的活动形式。总之,言语活动论的基本运作模式是:活动论视人的心理为活动,而言语活动论则把人的言语视作一种活动。这表明实际上存在着两种不同的活动:一个是作为研究对象的活动——人的言语,另一个是作为分析图式的活动——人的心理。研究作为人的言语的活动,要依靠作为人的心理的活动概念(图式)来进行,而不需要借助于其他别的概念系统,因为作为人的心理的活动概念本身就是一套自主的抽象系统。如,解释"作为过程的语言",用原有俄罗斯心理学和生理学中有关活动的概念就足以实现,如活动、行动、程序、动机、需求、意象、意义、个性等;而解释"作为对象的语言",一般使用语言学原有的文化、社会、历史过程、静态、动态、共时、历时等概念就能完成。上述模式充分证明,莫斯科心理语言学派的言语活动论的方法论是心理学的,它是采用活动论的概念系统,来分析主要是由语言符号间接表达出来的言语思维过程。因此可以说,言语活动论之所以在学理上与西方的心理语言学不同,其根本原因就在于其在方法论上的不同,即上述所说的形成了活动解释原则,从而标志着一个崭新科学样式的诞生。这也证明了小列昂季耶夫本人在多部著述中提出的一则界说,即言语活动论是活动论或心理学的一个分支。可见,言语活动论是活动论发展的必然阶段,这是个更加理性的阶段,20世纪哲学研究中的语言学转向就孕育着这个阶段的到来,同时也昭告着认知心理主义范式的真正形成。

从符号学角度看,言语活动论的学术价值集中彰显在对言语活动的属性、结构、方法等的阐释方面:一是对符号特性的认识有别于语言学的符号观,言语活动论中的所谓符号,并不是现实的事物或现象,而是一种虚拟的心理符号,也就是对现实事物或现象的功能特性进行概括的"符号模型";二是对言语活动结构的理解是建构在"作为能力的语言""作为对象的语言"和"作为过程的语言"三大范畴之上的,因此,言语活动论所研究的对象既有别于语言学,也有别于心理学,而是言语生成和理解的机制问题,它建构起与语言模式不同的言语能力模式;三是在方法论上所遵循的活动阐释原则使俄罗斯心理语言学研究不仅具有人类中心性,更具有人本能动性的特质,这是俄罗斯符号学传统使然,也似乎更加符合语言符号的本质属性。

1.2 言语生成研究

"言语生成"问题是心理语言学尤其是俄罗斯心理语言学的核心对象之一。莫斯科心理语言学派的言语生成理论和模式,是在批判吸收世界心理语言学的最新成果以及继承和发扬本国心理语言学家谢尔巴、维果茨基、任金、卢利亚(А. Р. Лурия,1902—1977)等原有言语生成学说的基础上形成的。[9]下面,就让我们对该学派主要成员提出的言语生成理论和模式作简要评析。

1.2.1 小列昂季耶夫的"言语生成"理论

应该说,在言语生成理论的研究中,最具成果的是莫斯科心理语言学派的创始人小列昂季耶夫。他在句子生成和语义、句子生成模式等理论问题上有一系列的重要建树。归纳起来,其主要思想有:

1)关于句子生成和心理语义的思想。小列昂季耶夫在1969年出版的《语言、言语和言语活动》一书中,对句子生成和语义的心理语言学问题进行了系统而深刻阐述。他在分析美国心理语言学家奥斯古德、米勒、乔姆斯基等提出的言语生成模式的优长和缺陷后,依照本国心理学传统,提出了言语生成模式的新的构想:第一步,构建语句的线性超语法结构及其内部程序;第二步,将线性超语法结构及其程序改造成句子的语法结构;第三步,实现句子的语法生成模式。他认为只有全部实现了如上三个不同的步骤,才能在真正意义上实现所谓的句子的转换生成。(Леонтьев 2003a:112—124)。关于心理语言学的语义问题,他认为与句子的生成问题密切相关,不同的研究视角可以对句子语义作出不同的阐释。比如,乔姆斯基和米勒提出的语义模式由四个层级构成,其中两个分别是转换和生成层级的,另两个则是词汇单位的语法层级和词汇单位(语义单位)层级;而奥斯古德则从意义的实验研究角度提出"语义区分法"等,这些心理语义模式或多或少都存有缺陷,而俄罗斯学者卢利亚提出的"条件反射法"和梅里丘克(И. А. Мельчук)提出的"意思⇔文本"(Смысл⇔Текст)语义结构模式等,却能获得词语在语义场中的有用信息,为言语交际和机器翻译等提供现实的意义生成和转换机制。(Леонтьев 2003a:125—134)

2)关于语句生成模式的思想。小列昂季耶夫在 1969 年出版的自称为"莫斯科心理语言学派的奠基之作和宣言"的《心理语言学单位与言语句的生成》(«Психолингвистические единицы и порождение речевого высказывания»)一书中,对当时世界心理语言学界最为重要的几种模式进行了系统梳理和评介,并对俄罗斯心理语言学的语句生成模式研究应遵循的若干原则作了理论上的概括。这些原则包括:(1)在遵循随机静态原则时要考虑语境而实行"概率修正"(вероятностная коррекция);(2)在言语生成模式中应该把选择一个可能的解决方案与采用该方案区分开来;(3)生成模式中应该包括长时记忆模式和短时记忆模式;(4)生成模式中要实行结构原则,即结构上较复杂的句子要有相应较复杂的运作程序;(5)转换生成的复杂性应当与心理语言学的复杂程度相对应;(6)语句的心理语言学结构在很大程度上取决于"前语言学因素"(долингвистические факторы);(7)在心理语言学结构中要突出内部图式或语句的程序;(8)语句加工模式至少要在语法层级上与言语的生成和感知保持同一性。(Леонтьев 2003b:40—131)在此基础上,小列昂季耶夫还对言语生成模式各成分之间的相互关系等作了具体的描写。他认为,任何言语句的生成模式都有其基本结构,具体说要具备四个阶段:(1)动机阶段,虽然动机不能看作是心理语言学模式,但却是理解言语行为因果条件及其结构特点的必要前提；(2)意图(程序或计划)阶段；(3)意图或计划实现阶段；(4)对比阶段，即把意图的实现与意图本身进行对比。(Леонтьев 2003b:133)他提出，由于人类活动具有两个基本特点——目的性和动作的连续性，因此言语行为也可视为：(1)有自身的目的或任务；(2)有自身的行为动作构成；(3)有自身的内部结构。但影响言语行为的因素却是多方面的，其中最主要的是主导动机因素、环境导入因素，即外部环境对人的言语行为之影响等。主导动机因素与先前的行为动作没有必然联系，只是消极地影响人对言语行为的选择，而环境导入因素则是在言语活动框架内与先前的行为动作密切相关的，也是由这些行为动作形成的，从而构成"过去—现在"模式。(Леонтьев 2003b:133—136)

对于上述理论思想，小列昂季耶夫在 1997 年出版的《心理语言学基础》(«Основы психолингвистики»)一书中又作了进一步阐释。他认为，除去动机和意图(定向)外[10]，言语生成还要经历"内部编程"(внутреннее программирование)和"语法—语义现实化"(грамматико-семантическая реализация)两个阶段。内部编程无论在功能上还是在部分结构上都与作为非言语行动编程的"内部言语"(внутренняя речь)不同，也与内部言说有别。内部编程的程序只相当于未来语句的"内核"(содержательное ядро)，即与现实的和隐性的述谓性有关联的那些成素。语句的内部程序是一个命题等级系统，这是语句的基础，它是说话人在描写情景的定向战略的基础上形成的；内部编程的代码是一个对象图式代码或对象映象代码，也就是说，编程的基础是映象，语句生成的某些意义特点就来自于映像。由"内部编程"向"语法—语义现实化"阶段的转换过程中，要分成四个子阶段实施：(1)语法建构子阶段；(2)语法体现子阶段；(3)句法预测子阶段；(4)句法控制子阶段(Леонтьев 2005:113—119)应该说，上述还不是言语生成模式的全部，在语句的内部语法—语义的编程之后，还有运动编程，即"对人脑中的发音运动程序进行建构"，并"将该程序转换为发音运动的某种连续的综合体"。(Леонтьев 2003b:173)只有在上述编程全部完成之后，才能够实现言语的输出——生成言语。

显然，上述理论的核心思想是"内部编程"，这一思想超越了美国心理语言学家乔姆斯基提出的句子深层组织的语义—语用理论，是对维果茨基相关学说的进一步发展。这不仅是小列昂季耶夫对世界心理语言学作出的最大贡献之一，也是莫斯科心理语言学派言语生成理论的最大亮点所在。

1.1.2 阿胡金娜的"言语生成"模式

作为莫斯科心理语言学派中最负盛名的神经心理学家和神经语言学家,阿胡金娜(Т. В. Ахутина)用临床试验证明了动态失语症条件下言语意义编程(即内部言语)与语句句法构成的错乱的差异问题,并建构起失语症患者的言语生成模式,从神经语言学角度对小列昂季耶夫的言语生成理论作了进一步的论证和补充。她提出的言语生成模式比较集中地反映在 1989 年出版的《言语生成:句法的神经语言学分析》(«Порождение речи. Нейролингвистический анализ синтаксиса»)一书中。

该著作是阿胡金娜数十年研究成果的总结,展现出她对言语生成模式的独特理解。总体看,该模式具有以下特点:基于对失语症心理演化过程的第一手实验资料,可信度高。正是在对失语症患者的句法生成机制研究中发现了句法的三种不同组织,即"含义组织"(смысловая оргинизация)、"语义组织"(семантическая оргинизация)和"形式—语法组织"(формально-грамматическая организация),前者负责对主位和述位进行区分,建立相应的命题,中者负责意义结构的建构并成为与下一句法建构形式联系的中介,后者通过对词汇单位填充相应的句法结构框架的"沟槽"(слот)来实现"形式—语法"的句法建构。阿胡金娜提出的基本思路是:通过对正反词序的积极音节和消极音节的构造在语法上是否正确的实验研究,发现句子构造和理解之间的错乱程度相对应,评价语法是否正确既取决于初期缺陷的表征,也取决于患者的与运动语法建构相关的补偿潜力;通过对患者前期语法错乱的构形和构词的分析,发现寻找正确词形和生产词的多种方法;通过患者对动词使用情况的研究,发现动词的使用受到语法错乱和补偿潜力的层级的制约,这使患者在实动词和半实动词的使用上造成困难。这证明,在称名功能错乱的条件下,词汇单位也同时会丧失进行各种组合的信息和词汇—句法的地址。以上实验清晰地表明,称名机制和句法机制相互作用,具有互补性和部分的替代性。由此,阿胡金娜得出这样的结论:句法机制由三个不同层级的程序组成——第一层级句法是含义。含义在起源上与定向反应相关联,并反映着关注焦点的变化情况。该层级句法的运作基础是述谓行为的"递归式重复"(рекурсивное повторение),因此会使用最简单的"双位框架"(двуместный фрейм),从而建构起二元结构或命题。可见,含义句法能够凸显出说话人最重要的信息(一组命题），这是任何语句的生成基础。第二层级是句法语义。基于含义的多位框架（命题），便可以建构起反映情景成素客观联系的句子语义结构。但经常会发生这样的情况，即当患者缺乏词语的形式－语法特征时，这时起作用的是"内容—语法特征"（содержательно-грамматические характеристики），框架的沟槽则由可用不同词位体现的语言意义来填充，这时，句法语义框架的建构是从寻找"中介"（агенс）开始的，并以选择动作的名称而结束。语义句法结构的特点有"多成分性"（многочленность）、"间接表述性"（опосредование）、"语义派生性"（семантическая мотивированность）和"情景成素的范畴化"（категоризация компонентов ситуации）等，从而使框架沟槽的语义特征在多数情况下可以找到其语言意义。第三层级句法结构是形式－语法，这几乎是与语义句法同时建立起来的。它的建构使用的是句法结构的框架，并由词汇单位填补框架的"沟槽"来实现。阿胡金娜认为，只有上述三个句法层级建构起来后，才谈得上"运动程序"的建立。如果再加上每一个言语句的起端都必须要有"动因"的话，那么完整的言语生成过程图式就呈现为如下样式（Ахутина 1989:188—196）：

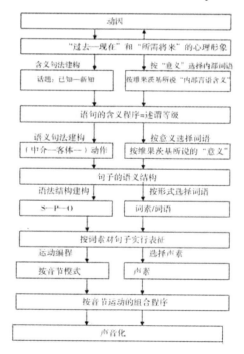

尽管该言语生成模式主要是针对失语症者的言语生成机制而言的,但同样对正常人的言语生成机制问题有重要的指导作用。尤其是她提出的三种不同言语组织的思想,为交际者言语意义的生成和语言能力的形成提供了理论和实践依据。该模式对语句意义结构的建构,遵循的是"从意义到形式"的方法,从而体现出心理认知主义范式所固有的"语义中心主义"(семантикоцентризм)思想。该模式所描述的"从动因到声音化"的全部过程,都充满着作为心理符号的内部言语的转换程序,这些程序无不具有符号学的意义。

1.2.3 齐姆尼亚娅的"言语生成"模式

作为俄罗斯著名心理学家、心理语言学家和心理教育家,齐姆尼亚娅(И. А. Зимняя)早在 1976 年就提出了言语信息的"含义感知"(смысловое восприятие)理论,并使之成为该学科领域重要的研究方向之一。但她对言语生成模式也颇有研究,其思想主要体现在 1969 年和 1985 年分别发表的《言语生成图式中的言语机制》(«Речевой механизм в схеме порождения речи»)和《语言对思想的形成与表达的功能心理学图式》(«Функциональная психологическая схема формирования и формулирования мысли посредством языка»)论文中,从而对言语生成理论作出了自己的贡献。其主要思想是从掌握外语的角度,把言语看作是形成和表达思想的方式,并将其概括为三个层级:"动机—激励层级"(мотивационно-побуждающий уровень)、"形成层级"(формирующий уровень)和"实现层级"(реализующий уровень)。(Зимняя 1969,1985)

"动机—激励层级"是动作指向的那个现实的"内部形象"(внутренний образ),是整个言语生成过程的"发射"(запуск),从而使需求在活动对象中"获得确定性",而思想作为具体化的需求成为"内在动机"(внутренний мотив),又激励着"说话活动"(деятельность говорения)。(Зимняя 1969:71)也就是说,齐姆尼亚娅在这里把该层级分为"动机"和"激励"两个不同的阶段,即把"动机"与"交际意向"(коммуникативное намерение)区分了开来。她认为,说者在该阶段只知道大体的信息,如对象或语句的题目、与听者的相互作用的形式等,而不清楚要说的具体内容。因此,"受外部影响直接或间接主导的激励层本身就可以形成语句的对象和目标"。(Зимняя 1969:73)

"形成层级"指思想的"形成"和"表达"两个阶段,它们在功能上有所不同:"含义形成阶段"(смыслообразующая фаза)形成并展开说者的意图,这相当于小列昂季耶夫提出的"内部编程"。她认为,通过语言中介连贯地形成和表达意图,并不是"语言化"(вербализация),而是同时用来称名和述谓,即建立起"新知—已知"(новое-данное)之间的联系。此时,意图会在"空间概念图式"(пространственно-понятийная схема)和"时间展开图式"(схема временной развертки)中得到同时体现,即分别将"称名场"(поле наминации)和"述谓场"(поле предикации)现实化。"空间概念图式"是概念的关系网络,被称为现实事物关系的"内部形象"(внутренний образ),是由动机确定的;而"时间展开图式"反映的是概念的联系和连续性,即"思维语法"(грамматика мысли)。概念场的现实化本身,是实现声音的(听觉的)和运动形式的言语化表达。因此,"含义形成阶段"与"表达阶段"(формулирующая фаза)是合二为一的,即在选择词语的同时就呈现出词语的分布程序。

"实现层级"指言语表达的外在体现。它是整个言语生成程序中不可缺少的重要方面。首先,要按照节律发出每个音,此时音节是其基本单位,并关系到短时记忆的容量问题。一个话语的发音程序通常由 3—4 个音节组成。发音程序一旦完成,即可在含义形成层级上使话语现实化。(见许高渝等 2008:127)重要的是,该层级的实现几乎是与"形成层级"同时进行的,因此齐姆尼亚娅认为,"由含义形成阶段和表达阶段实现的言语生成的形成层级,同时实现着词语选择机制、时间展开机制和声音化程序,后者在形成和表达思想中还直接使意图现实化或客观化"。(Зимняя 1969:78)

由上不难发现,齐姆尼亚娅提出的言语生成模式与小列昂季耶夫、阿胡金娜的最大不同,是把"动机"当作言语生成的"第一层级",并把"动机"与"交际意向"进行了区分,而后两位学者认为"动机"并不包括在言语生成的程序之中;阿胡金娜的言语生成模式注重的是层级生成的"连续性"(последовательность),而齐姆尼亚娅的模式更加强调层级的"并行性"(параллельность),尽管其在每一个层级内部的时间表征上是连续的。

尽管如此,应该说莫斯科心理语言学派的言语生成理论或模式并无大的原则性区别,它们具有下列共同的特点:一是学理上依据的都是维果茨基、伯恩斯坦(С. И. Берштейн,1892—1970)的相关心理学和生理学原理;二是都是通过从意图到言语体现的转换的间接表达方式来对语句含义的结构进行建构;三是都有内部编程的环节,旨在对行动结构的能动性进行心理学和生理学的表征,以展示将固定的语言手段转换为表达个体思想灵活工具的心理机制。

1.3　言语感知研究

"言语感知"研究是俄罗斯心理语言学的重要分支学科,被小列昂季耶夫称为"言语感知心理语言学"。(Леонтьев 2005:127)言语感知就是分析言语含义的感知和理解过程,即说者和听者之间的言语信息的心理编码和解码过程。因此,在莫斯科心理语言学派的言语感知理论中,同时也包含着"言语理解"的过程。[11]下面,我们侧重对该学派中的小列昂季耶夫、齐姆尼亚娅等学者的言语感知理论和思想作简要评析。

1.3.1 小列昂季耶夫的"言语感知"理论

小列昂季耶夫在 1969 年出版的《心理语言学单位与言语句的生成》和1997 年出版的《心理语言学基础》两部著作中,对言语感知问题作了比较系统的理论阐述。他认为,尽管言语感知是一个复杂而多层级的过程,但却有共同的规律可循:世界上所有的言语感知理论都可分为"运动原则"和"感觉原则"以及"能动性质"和"被动性质"两大类。运动感知理论强调,人是在听言说的过程中确定对生产信息所必需的并起着控制作用的运动信号的意义的;而感觉感知理论则认为,在产生相应的运动映象之前就存在着按照声学特征将言语信号与心理"标尺"(эталон)进行比对的问题,感知的发音成素具有任选的性质,因此言语感知首先是感觉感知,不需要有运动环节的参与就能完成。据此,小列昂季耶夫提出,运动感知和感觉感知理论都忽视了以下三个重要的方面:(1)没有考虑言语类别的生理学差异,如自发(主动)言语、模仿言语、反应言语、自动言语、随机言语的区别等;(2)没有考虑感知中有可能完全依靠非对应运动成素的问题,因为高音感知的运动成素可以发生变形;(3)言语感知在多数情形下并不是对言语特性的初级认识。随着人对客体认识程度的加深,就可以在客体中区分出新的特征,并将这些特征进行归类,使其成为感知运作单位的结构或完整映象。(Леонтьев 2003b:121)对于第三点,小列昂季耶夫在 1997 年的著作中还做了补充,认为言语感知情景与"知觉标尺"的形成不相关联,而与使用"业已形成的标尺"相关联。这时,所采用的特征既可以是运动的,也可以是感觉的,总之具有启发式的性质。[12](Леонтьев 2005:130)由上可见,小列昂季耶夫在充分肯定运动感知的基础上,又吸收了感觉感知的合理成分,使莫斯科心理语言学派的感知理论具有了综合的性质。

审视言语感知,势必要涉及"语篇感知"(восприятие текста)这一重大问题,对此,小列昂季耶夫作了开拓性的研究。他对语篇的感知研究是在其言语句感知学说的基础上进行的。1976 年,他发表《语篇的关联性与整体性特征》(«Признаки связности и цельности текста»)一文,对语篇的心理学特征进行了初步分析;此后,他又在 1979 年的论文《现代语言学和心理学中的语篇概念》(«Понятие текста в современной лингвистике и психолингвистике»)中和1997 年出版的《心理语言学基础》一书中对语篇感知问题作了概括性和补充性阐释。首先,关于语篇的关联性问题,他认为有以下属性:(1)语篇的关联属于语篇(言语)语言学范畴,它是由两个或若干个连续性句子(通常为 3—5 个,最多不超过 7 个句子)确定的。关联性的数量特征表明,语篇的接受者把关联性特征用作把相关句子联合为语义整体的符号。也就是说,语篇接受者是把具有关联性特征的句子当作统一体来看待的。(2)关联性特征有不同的类别,可以是句法特征、句法语义特征、现实切分特征、语音特征、符号学特征等。但上述任何一个关联性特征类别都是语篇所必需的,因为如果不考虑起始句结构和内容的制约性的话,那么选择某一特征类别就是相对自由的。(3)关联性没有层级之分,它可以是一维的或多维的,只能靠两个或若干个相邻的句子来作出判断;(4)关联性特征并不是由接受者的交际(言语)意向提出来的,而是产生于语篇的生成过程之中。接受者使用这些特征不是为了恢复语篇的总体结构,而仅仅用作确定对该语篇进行加工方法的符号。(Леонтьев 2005:133—136)其次,关于语篇的整体性问题,他认为这是指语篇的含义统一性特征,该特征具有心理语言学属性,它们处在接受者用来感知语篇的言语句计划(程序)的等级组织之中。具体说,整体性具有下列特征:(1)整体性的外部特征(语言的和言语的)被接受者用作符号,使其在没有完全感知语篇之前就可以预测到语篇的界限、容量、内容结构等,以简化相应的感知;(2)在说者看来,不是整个语篇具有整体性,而是任何语句都是整体的;(3)语篇的整体性特征有三种基本类型:a)由交际意向提出的并作为含义统一体体现在整个语篇中的特征;b)通过重复而对整体语篇作出说明的特征,这些特征与语篇的含义组织的关联不是直接的;c)语篇整体性的界限特征等。其中,a)类特征标注着语篇的含义组织,b)类特征表明是否存在由一个层级的含义成素向另一层级的含义成素的转换问题,c)类特征只是作为含义统一体的语篇的外部范围。(Леонтьев 2005:136—138)最后,关于语篇的理解问题,他把语篇的理解界说为"该语篇的含义转换为任何一种固定形式的过程",认为这种转换可以是:用其他话语来替换或转述,转换为其他的语言,含义的压缩(如提要、简介、提纲、关键词等),事物或情景映象建构的过程,形成个性含义特征的过程,形成事件感情评价的过程,语篇规定的对程序算法进行加工的过程等。以上这些转换就构成了"语篇的内容映象",这种转换过程原则上具有动态性。小列昂季耶还认为,对语篇的理解要取决于感知的总体规律性,而语篇的内容就是"对象映象",原则上是"复调式的"(полифонично)[13],是一个"自由层级的集",因为每一位读者都可以从语篇中"读出"少许不同的内容。但是,对语篇的感知不同,并不说明我们在建构不同的世界,事实上我们建构的是同一个世界。语篇里的世界与现实的世界一样,内容映象对感知和理解只起着事物映象的作用。(Леонтьев 2005:141—144)

由上可见,小列昂季耶夫的语篇感知学说充满着符号学的基本特性,其中有三点值得关注:一是语篇的概念是莫斯科心理语言学派的言语活动论视角的,实际上仅指含义上具有统一性的言语或话语,因此它与当代篇章语言学里的概念有很大不同。二是语篇的感知(包括理解)主要从其关联性和整体性的角度予以审视的,这应该是语篇本身所特有的本质特征之一。但当代语言学及其分支学科(如篇章语言学、语用学、语言符号学等)认为,语篇是一个复杂的语义构成,因此除了具有上述基本特征外,还应该有情感性、先例性、混语性等。三是小列昂季耶夫所说的整体性,首先是针对"含义整体"而言的,即在语篇的开头至结尾构成含义整体,即便对语篇进行压缩,也并不影响其含义的统一性。而关联性即句子的相互关系,有形式关联和语义关联等类型。前者指外显的或表层的关联,是由语言来表达的,如重复式关联、句子在语法范畴方面的一致关系、前置词的联系、同义词的替代、反义词等;后者指含义的关联,具有内隐性,它的现实化并不需要用外部的表达手段。

1.3.2 齐姆尼亚娅的"言语感知"学说

我们在上文中审视了齐姆尼亚娅的"言语生成"模式思想,但实际上,她对心理语言学的研究主要集中在言语感知领域。早在 1976 年，她就在《言语信息的含义感知》(《Смысловое восприятие речевого сообщения»)的文章中提出了"含义感知"(смысловое восприятие)的重要概念，并建构出"含义生成功能心理学图式"，成为俄罗斯心理语言学研究中最有影响的学说之一。她认为，含义感知包括了感知与理解两个方面，它的形成实际上就是把个体先前获得的知觉—思维转化为一个统一的不可分割的理解单位——被知觉信息的整体含义，因此含义感知是以语篇接受者的先前经验为基础的，是其知觉与理解相互作用的统一过程。基于以上认识，她依据言语生成模式的三个层级(即上文"言语生成"模式中所提到的"动机—激励层级""形成层级"和"实现层级")，分别对含义感知的心理学图式进行了如下整体建构：在激励层级，将情景—语境信号(刺激)与动机结合在一起；在形成层级，则与言语生成的相应阶段有所不同，包含了四个子阶段——含义预测阶段、词语组合阶段、确定含义联系阶段、含义成型阶段；在实现层级，在感知基本含义完成建构的基础上形成对言语行动的意念。应该说，上述含义生成功能心理学图式与其提出的言语生成模式在层级上并没有差异，所不同的是第二层级的内涵。从时间上看，齐姆尼亚娅提出的言语生成模式在先(1969)，在此基础上才形成了含义感知模式(1976)，因此层级的相同也就不足为奇了。关键是她认为言语生成和含义感知在第一、第三层级上的体现形式是基本相同的，只是在第二层级有不同的内涵。齐姆尼亚娅对该层级的含义感知的内涵所做的解释是：言语生成在该层级体现为"含义形成"和"含义表达"两个不可分割的统一阶段，而含义感知在该层级则体现为既相互联系又相互包容的四个子阶段：含义预测阶段实现与假设含义相关联的含义场建构，从而使语义场的词语连续体准备好与输入信息的组合；词语组合阶段会对词语的含义假设作出肯定或否定的选择，即实现词语映象的现实化；确定含义联系阶段是在词语映象现实化的同时，通过联想链将该映象与其他词语建立起联系；含义成型阶段就是在两个或两个以上的词语之间形成语义环，实现对信息"总含义"的感知和理解。(Зимняя 1976：31—33)小列昂季耶夫在评论上述图式时认为，尽管该图式对于语句含义感知机制的描写比较简洁，但信息量足，令人信服。它的特点是将言语生成模式与言语感知模式很好地结合在一起，采取的是双词语组合式的"含义环"(смысловое звено)即命题的决策，紧接着是含义环之间的联系，此后才实现含义解释阶段——为听者总结出所有知觉—思维运作的结果，并将该结果转换成一个完整的不可切分的理解单位即所感知信息的总含义。（Леонтьев 2005：133—134）因此，可以说，齐姆尼亚娅的言语感知学说的核心是含义感知，它相当于小列昂季耶夫感知理论中的言语句的"内部程序"，该内部程序同样可以成为将语句由一种语言转换为另一种语言的"恒量环"（инвариантное звено）。

除上述外，莫斯科心理语言学派中较年轻的学者别利亚宁（В. П. Белянин）也对言语感知问题有比较系统的研究。他认为言语感知是处于言语句外部形式之外的含义的抽象过程，因此它具有无意识性、层级性、有理性等基本特征。（Белянин 2003：87—106）另一位心理语言学家克拉斯内赫（В. В. Красных）则将语篇感知问题与交际行为模式结合起来进行研究，相关成果可参见"交际主义范式"（коммуникативная парадигма）一章中对该学者思想的相关评析。

如上所见，莫斯科心理语言学派的言语感知理论强调的是运动感知与知觉感知相结合，侧重对感知过程的"内部程序"作出心理学的解释，在学理上与其言语生成理论有密切的关联。但从 20 世纪 80 年代起，言语感知研究更多地带有认知心理学的性质，学者们开始比较钟情于对"心智语汇"（ментальный лексикон）的阐释，因为心智语汇是按照一定的规则建构起来的，它反映着词语的音位学、正字法和语义学等多种特征。在心智语汇中探索词语，不仅取决于词语的内部特征，而且也取决于如词语的频率、语境的影响等外部特征。但总体上讲，俄罗斯学界在言语感知研究领域尚未形成统一的理论模式，对言语感知的单位、机制和结构等的认识也存在诸多分歧，各种模式的实验结果也不相吻合。这也从另一个侧面说明了言语感知问题的复杂性，以及制定相互对应的研究方法的难度。

第 2 节　语言个性和语篇心理结构研究

审视俄罗斯符号学研究中的"认知心理主义范式"或"心理符号学"，不能不涉及俄罗斯学界在"语言个性"（языковая личность）和"语篇心理语言学"（психолингвистика текста）研究领域的相关成果。尤其是前者，其理论学说已成为当代俄罗斯学界的学术高地之一，其影响力已经超出国界。有鉴于此，本节主要对"语言个性"理论的创立者卡拉乌洛夫（Ю. Н. Караулов，1935—2016）以及在"语篇心理语言学"领域有较大影响的"彼得堡心理语言学派"（Петербургская психолингвистическая школа）的创始人萨哈尔内依（Л. В. Сахарный，1934—1996）的相关学说思想进行评析。

2.1　卡拉乌洛夫的"语言个性"理论

"语言个性"作为一种理论（确切说是一种理论假设），创立于 20 世纪 80 年代，被学界公认为是当代俄罗斯心理语言学领域最具阐释力和影响力的理论之一。

1986 年，俄罗斯著名心理语言学家卡拉乌洛夫在"国际俄罗斯语言与文学教师协会"（МАПРЯЛ）第六次大会上所作的题为"论先例文本在语言个性结构与功能中的作用"（« Роль прецедентных текстов в структуре и функционировании языковой личности»）学术报告中，首次从心理语言学和跨文化交际角度将"说话的人"（человек говорящий）界说为"语言个性"。（Караулов 1986：105—126）次年，他又集多年潜心研究之心得出版了《俄语与语言个性》（«Русский язык и языковая личность»）一书，从理论与实践的结合上系统地阐述并论证了语言个性学说的原理、结构和方法论意义，该书被学界称为语言个性理论的奠基之作。之后，他还发表了若干篇论文，对该理论构架、目的、意义等作了进一步的论述和完善。（Караулов 1989，1995，1996）因此，该理论的形成与卡拉乌洛夫所做的开拓性、奠基性贡献密不可分。

2.1.1　语言个性的概念及内涵

在当代俄罗斯语言学研究中，语言个性从科学概念的确立到发展成为比较完整的理论体系，经历了若干年探索的过程。语言个性作为语言学术语，最早是由俄罗斯著名语言学家维诺格拉多夫（В. В. Виноградов，1894/95—1969）提出来的，他在对文学作品进行语言学分析时，最先使用并区分了文学作品中的"作家个性"（личность автора）和"人物个性"（личность персонажей）两种不同形式，并对该两种语言个性的特点进行了深入分析。（见 Виноградов 1946）之后，心理语言学家博金（Г. И. Богин，1929—2001）等又从言语生成和理解角度，建立了所谓的"语言个性模式"（модель языковой личности）。（见 Богин 1984）但遗憾的是，他们的研究并没有在学界引起应有反响。直到 20

世纪 80 年代中期,卡拉乌洛夫才对语言个性作出比较系统的论述,随即引起学界的普遍关注。

那么,究竟什么是语言个性呢? 其概念内涵的实质又是什么呢?

总体看,语言个性理论视个性为个体社会化(即人的智力和思维发育、成长过程或由婴儿融入社会共体的过程)的产物,是与社会意识或心理密切相关的个体意识或心理。这里所说的意识,是指现实世界在人的大脑中的反映,它具有如下特性:一是它是大脑的高级功能;二是它只属于人类所专有;三是意识要靠言语机制来实现;四是意识会有针对性地反映客观世界,对行为和行为的结果进行调节和评价等。毫无疑问,由个体意识向社会意识的转换,只有在人与人、人与社会和人与自然的交际中才能实现。可见,语言个性理论中的个性,既可以理解为在语言(话语)中并通过语言(话语)所体现的个性,或者说是建构在语言手段基础上的个性;也指社会化过程中人所获得的语言能力和交际能力。为此,卡拉乌洛夫把语言个性界说为"人的能力和评价的总和,该能力和评价制约着人对言语作品(文本)的创建和理解"。(Караулов 1989:3)简言之,语言个性既指作为语言主体的个体——"语言中的人"或"说话的人""交际中的人",也指"人说的语言"或"交际的语言"。总之,卡拉乌洛夫眼中的语言个性,实际是一个多维聚合体,其内涵实际包含着"言语个性"(речевая личность)、"交际个性"(коммуникативная личность)的研究,因此可以说该理论是"三位一体"的对语言的使用、语言认知以及操语言人的意识的立体研究。

2.1.2 语言个性理论的结构及其阐释

既然语言个性的研究对象是"语言中的人"和"人说的语言",并集中体现在话语生成、认知、交际的能力上,这就决定了不同的语言个性在语言结构的繁简程度、反映现实的深浅程度和交际行为的目的、意向等方面不尽相同,这为心理语言学揭开语言个性结构之奥妙提供了可能。卡拉乌洛夫正是根据上述认识提出语言个性结构之假说的。他认为,从心理语言学和语言教学论角度看,语言个性分别呈现在掌握语言、理解语言和使用语言过程中呈现的"语义(词汇语义)""认知(语汇)""语用(动机)"三个层级,该三个层级又分别由"语言单位"(языковые единицы)、"语言关系"(языковые отношения)和"语言定型"(языковые стереотипы)等构素组成。具体是:

零层级——"语义层"(семантический уровень),或称"词语语义层"

（вербально-семантический уровень）、"语言结构层"（структурно-языковой уровень），是呈网状的集词汇与语法于一体的个人词汇总量，分别由词（词汇）的单位意义、符号关系意义（聚合、组合、联想等）和词语（词组、句子）意义等成分组成，主要体现在语言的结构系统中；

第一层级——"语言认知层"（лингво-когнитивный уровень），或称"语汇层"（тезаурусный уровень），它由语汇概念、语汇功能（等级关系、语义场）和概念化的语句组成，主要反映个体对世界的认知状况，揭示和确立语言个性的语言世界图景；

第二层级——"语用层"（прагматический уровень），或称"动机层"（мативационный уровень），它由交际活动需要、交际形式及其情景、角色和话语样式等成分组成，主要显现在由个性的交际动机或目的、意向等引起的交际行为中。（Караулов 1987：37—51）

卡拉乌洛夫认为，传统心理学对个性问题的研究，注重的是"人的非认知方面"，即人的情感描述和意志，而不是"人的智力和能力"。实际上，人的智力在语言中体现得最为强烈，因此必须通过语言来研究。但是，人的智力特性并不是在语言掌握和使用的各个层级上明显观察得到的，在普通的语言语义层级以及词的意义联系、词组、词汇语义关系层级上，不可能揭示出语言的个性。由此，他把语言个性结构中的"语义层级"定名为"零层级"，认为类似于 *как пройти*？（怎样到某地去？），*Где достали*？（哪里搞到的？），*Работает ли почта*？（邮局开门吗？）这样的交际，就如同对 *туристский*（旅游的）和 *туристический*（旅游者的）两个词的选择一样，并不属于语言个性的能力范畴。（Караулов 1987：36）显然，卡拉乌洛夫的上述观点值得商榷，因为"词汇背景理论"（теория лексических фонов）告诉我们，语言结构尤其是语义本身就具有鲜明的民族个性，尤其对跨文化言语交际和学习外语的人来说，该层级体现的民族文化个性恰恰是最难把握和掌握的。

不难看出，对语言个性进行综合分析和完整的描述，似有三点基本要求：（1）评价语言个性的词汇——语义及语法结构（可以是详尽的，也可以是有区分的）；（2）构建语言个性的语言世界图景或语汇（可以在其文学作品文本或专业测试的基础上进行）；（3）揭示语言个性在话语生成、认知和使用过程中的真实情景要素（如生活和情景主流、立场、动机等）。

　　因此有理由认为,卡拉乌洛夫的语言个性理论,其实质是广义上的心理语言学和语言教学论视角的语言知识(包括文化知识)和语言能力(包括交际能力)的结构理论,是当代语言学由意义研究转向知识研究的一种新的范式。

　　应该指出的是,语言个性结构的三个层级,就其显示个性的"强度"而言,并不是处在并列的同一平面上的,而是由低到高呈梯形状的。也就是说,层级越高,其体现语言个性的"强度"越大。当然,它们也处在相互依存的关系之中,但这种依存不是直接的,理由很简单:个性语义层极的动能和结构,尽管是构成语言个性的"世界图景"(картина мира)的必要前提,但并不就等于世界图景;同样,单凭语言个性的语汇即世界图景,还无法对其话语的动机即目的、意向等作出结论。这说明,层极之间的相互转换还必须"补充某些信息"(Караулов 1987:43)。这个"信息",就是"词汇背景理论"所研究的对象之一——语言文化知识。

　　语言个性作为社会一种的客观存在,实际上是民族精神文化和物质文化历史发展的必然产物,也是民族个性、民族性格、民族意识以及民族经验世代传承的结晶。因而有理由认为,语言中历史的、不受时间限制的、相对稳定不变的"共性"成分,是语言个性的本质特征。

　　语言学发展的历史告诉我们,每一种新学说的产生,都有其相应的哲学理论作为基础。语言个性理论也不例外。卡拉乌洛夫就认为,语言个性作为语言学的研究对象,从本质上讲是迄今为止所有语言学范式——"历史范式"(историческая парадигма)、"心理学范式"(психологическая парадигма)、"结构—体系范式"(ситемно-структурная парадигма)和"社会范式"(социальная парадигма)相互作用的结果。他对该四种科学范式与语言个性的相互关系曾作如下解释:(1)语言个性是"民族共体历史发展的产物"(历史范式);(2)语言个性是"社会规律的集结和结果"(社会范式);(3)语言个性作为生物动机所产生的一种禀赋,又"属于心理学范畴"(心理学范式);(4)由于语言个性既是符号的创造者又是符号的使用者,因此也同样具有"结构系统的本质属性(结构—系统范式)。(Караулов,1987:11—27)

　　应该说,卡拉乌洛夫的上述分析以及作出的结论具有重要的语言学意义。一方面,它指出语言个性研究应遵循人的"思维和认知规律"以及个性对语言的"进化认识程序";另一方面,它又规定并明确了语言个性研究的性质与范围,那就是:它并不像一些人认为的那样是"文化性质"的研究或"语言中的文化"研究,而是属于"语言学性质"的研究。但卡拉乌洛夫的结论似也有明显的缺陷之处。囿于该理论创立时代的局限性,他并没有把"人类中心论范式"(антропоцентрическая паразигма)的核心思想列入语言个性理论研究的范围。这一缺憾直到 1998 年才由另一位俄罗斯心理语言学家克拉斯内赫予以弥补。她在当年出版的专著《虚拟的现实还是现实的虚拟》一书中指出:在语言学研究的新阶段,颇有吸引力的不纯粹是作为某个体的人,而是作为个性的人,这在一定程度上是人文学科研究中人类中心论的影响所致。(Красных 1998:12)

需要指出的是,尽管卡拉乌洛夫的语言个性理论存有时代的局限性,但该理论从四种科学范式出发对个性的语言结构、语言知识功能以及话语交际能力各要素所作的综合性阐释,依然具有说服力。这种阐释主要集中在"基体"(база)与"变体"(вариант)(共时与历时)、"超时"(вневременное)与"实时"(временное)(恒项与变项)的辩证关系上。

首先,从基体与变体的关系看。卡拉乌洛夫认为,语言个性的零层级即语言结构部分,是语言个性构建世界图景的基体或称"恒项"(инвариантная часть),它代表着某一社会共体的"共性"(универсалия);第一层级即语言认知部分,是在社会意识共性基础上建立起来的,是语言个性的变体或称"变项"(переменная часть)。由于每一个个体的生物遗传不同,感知世界的方式和程度也就有别,因而社会化过程中所形成的个性也就有差异;第二层级即话语动机部分,是在第一层级基础上产生的,也同样具有变体的性质。因为不同个体进入交际时,其对语境的感悟所表现出的话语能力,以及动机所显示的意义和价值等级等是有区别的。[14]

其次,从超时与实时的关系看。卡拉乌洛夫从共时与历时参数的悖论角度对这一对关系进行了阐释。他认为,每一个个性在主观上都是把历时参数排除在外的,因为从心理上讲,无论对过去还是将来,就个性的感觉而言都是实时的。也就是说,个性在本质上是作为"不受时间限制的"即超时形式显现出来的。在这里,实时是个性的变项部分即历时,而超时则是个性的恒项部分即共时。语言个性的每一个层级都无不显现出超时与实时、恒项与变项的辩证统一。(Караулов 1987:37—41)显然,语言个性中的超时部分是在漫长的历史进程中逐渐形成的,因此相对于实时而言,其蕴涵的民族文化信息更浓。

总之,语言个性理论所涵盖的范围很广,甚至包括原社会语言学等学科所涉及的内容,如不同团体的语言个性研究、不同职业的语言个性研究、不同性别的语言个性研究等。但就其本质而言,仍然没有超出索绪尔所提出的语言与言语相互关系的范畴,所不同的是,这种关系是通过语言个性这个特殊"棱镜"进行的。尽管如此,它依然具有不可低估的理论价值和方法论意义,因为这个棱镜是语言研究中由传统的意义研究(静态)向现代的知识研究(动态)转变的标志之一,也是当代俄罗斯认知心理主义范式力图要探究的核心问题之一。另外,从语言个性理论奠基人所使用的基本术语及其所包含的基本学理看,也都处处都充满着符号学的思维特性和学术魅力。

2.2 萨哈尔内依的"语篇心理结构"说

彼得堡心理语言学派学术思想的文脉,可以追溯到博杜恩·德·库尔德内(И. А. Бодуэн де Куртенэ, 1845—1929)、谢尔巴、卡茨涅尔松(С. Д. Кацнельсон,1907—1985)、津捷尔(Л. Р. Зиндер,1903/04—1995)等著名语言学家的相关学说中。[15]但该学派正式"宣言"以来的学术思想,则主要体现在其代表人物萨哈尔内依的相关著述中。他的学术思想主要涉及以下几个领域:一是词义的心理语言学研究,二是语篇的心理语言学研究;三是人脑作用的心理语言学研究。其中,影响力较大的是其提出的"语篇心理结构"学说。这是萨哈尔内依倾注心血最多的领域之一,其主要研究成果分别发表在下列论文中:《现实切分与语篇的压缩:论心理语言学研究中的信息论方法》(«Актуальное членение и компрессия текста: к использованию методов информации в психолингвистике»)(1982)、《作为语篇的关键词组合》(«Набор ключевых слов как текста»)(1984)、《作为语篇的词素和作为语篇组成部分的词素》«Морфема как текст и морфема как часть текста»)(1987)、《关键词在扩展语篇结构中的分布:语篇压缩的派生机制研究》(«Расположение ключевых слов в структуре развернутого текста: к изучению деривационых механизмов компрессии текста»)(1988)、《语篇的多层级主位—述位结构的分析实验:语篇语义派生的模式》(«Опыт анализа многоуровневой тема-рематической структуры текста: к моделированию семантической деривации текста»)(1990)、《初始语篇及其生成的规律性》(«Тексты-примитивы и закономерности их порождения») (1991)、《语篇的主位—述位结构：基本概念》(«Тема-рематическая структура：основные понятия»)(1998)等。这些论文的基本思想被收集在 1989 年出版的《心理语言学导论》(«Введение в психолингвистику»)一书中。概括起来，其主要学术思想有：

2.2.1 扩展语篇结构中关键词分布的思想

萨哈尔内依认为，每一个"扩展语篇"(развернутый текст/PT)在其压缩过程中都可以通过实验获得五至十五个不等的"关键词组合"(набор ключевых слов НКС)，其中有一个"基本关键词"(основное ключевое слово/OKC)。而每一个基本关键词作为紧缩语篇的替代，既是扩展语篇的"含义核"(смысловое ядро)，同时也是对"更小关键词组合"的扩展替代。由此，就构成了语篇类型的聚合等级，即 PT—HKC—OKC。这个等级同时反映着 PT 和 HKC 中的复杂含义结构，该结构可以通过对"关键词"(ключевое слово KC)的揭示而获得。如：OKC 通常是 PT 中使用频率最高的实词，首先是代词和同义词；在 PT 中挑选出反映其基本内容的词，受试者就可以通过 HKC 而寻找到 OKC 的描述词；通过下列方式可以确定 KC 在 PT 结构中的概率分布：一是选择使用频率最高的实词(如同 OKC)；二是选择所有针对 OKC 的代词和同义词；三是确定 OKC(及其替代代词)与左右邻近词的间距(该间距受到 OKC 的主位 KC 最高概率分布区域的制约，最佳间距为 3 个词)；四是从该区域分布的词中或选择所有实词，或只选择名词；五是选择句子最后的几个词作为述位 KC 和 OKC。萨哈尔内依通过上述实验得出这样的结论：确定 KC 的分布区域，不仅在整体上对 PT 有重要的意义，且对 PT 的任何片段(如具有 OKC 的主体等)也同样具有意义。也就是说，在揭示 PT 中基本的 HKC 的同时，还可以同时揭示出"附带 HKC"，从而提高对 PT 基本内容变量的理解。(Сахарный 1984：34—51；1988：27—29)

2.2.2 语篇多层级主位—述位结构的思想

萨哈尔内依及其彼得堡学派对语篇的心理语言学分析主要是从语义派生的模式化角度对语篇的主位—述位结构进行现实切分的，因此与其他学派完全不同，具有十分明显的功能主义色彩。萨哈尔内依认为，分析扩展语篇就不难得出其具有六个层级的主位—述位组织的结论，它们分别是：

1)"最小述谓结构层级"(уровень минимальных предикативных структур/

МПС），指最小的可以现实化的主位—述位的结构，在内容层面由一个可现实切分的述位来负责对主位进行说明。按照述位显示程度，可分为"显性МПС"和"隐性 МПС"：前者在每一个语篇中都有表达，后者虽没有表达，但却可以通过分析得出；按照主位的性质，可分为"存在性 МПС"和"标记性МПС"：前者主位是存在性质的，后者不是；按述位是否在该语篇的首次使用，可分为"首次 МПС"和"重复 МПС"：前者为第一次出现，后者则作为其他МПС 的构素出现过；按 МПС 中词多少，可分为"单个词 МПС"和"多个词МПС"等。此外，由于逻辑重音的改变，可以是主位—述位在语篇中的位置倒装。

2）"主位—述位块层级"（уровень тема-рематических блоков/ТРБ），指含有"存在性 МПС"（包括显性和隐性的）及不超过一个显性的"标记性 МПС"的主位—述位结构。在该层级，重要的是要对每一个"标记性 МПС"在内容上确定其派生结构，为此就必须揭示其归属的"存在性 МПС"。此时，可能出现两种情况：（1）搜索的"存在性 МПС"（即心理学主体）是显性的，并处在并列的位置，那么两个"显性 МПС"就会联合成一个 ТРБ；（2）搜索的"存在性МПС"尽管是显性的，但并没有处在并列位置，那么"存在性 МПС"对该"标记性 МПС"来说就要作为"隐性 МПС"予以"重构"（реконструироваться），此后两个 МПС 就可以联合成一个 ТРБ。

3）"窄综合体层级"（уровень узких комплексов），指语篇中处在同一位置上的两个或者两个以上 ТРБ 的联合。该 ТРБ 通过自身的"内聚力"（внутреннее сцепление）能够在共同的"存在性 МПС"中把两个或两个以上的"标记性 МПС"联合成一组的结构形式，从而使该综合体具有同一个心理学主体。其典型的形式是"ТРБ 接触对偶"（контактная пара ТРБ），它可以分为"存在—存在性对偶"（бытийно-бытийная пара ТРБ）、"标记—存在性对偶"（маркирующе-бытийная пара ТРБ）、"繁化存在—存在性对偶"（осложненная бытийно-бытийная пара ТРБ）等多种结构。

4）"窄综合体联合层级"（уровень соединений узких комплексов），指窄综合体中不仅通过 ТРБ 的"内聚力"、还通过其"外聚力"（внешнее сцепление）发生联合的层级。研究表明，"外聚力"机制首先是在构成窄综合体的"三位一体"中形成的，即由两个"种属窄综合体"（видовой узкий комплекс）在一个"类属窄综合体"（родовой узкий комплекс）发生联合。该"三位一体"的联合是作为派生结构——锥形体的形式实现的。两个"种属窄综合体"可以是"窄同义综合体"（узкие комплексы-синонимы），也可以是"窄反义综合体"（узкие комплексы-антонимы）。

　　5）"宽综合体及其聚合性联合层级"（уровень широких комплексов и их парадигматических соединений），指语篇中处在不同位置上的两个或两个以上 ТРБ（或 ТРБ 的联合，即窄综合体）的联合。该 ТРБ 应同时具有以下"内聚力"：（1）能把一组窄综合体与一个"存在性 МПС"成分联系起来，使之成为整个宽综合体的心理学主体，从而形成"主位宽综合体"（тематические широкие комплексы）；（2）能将一组窄综合体与一个"标记性 МПС"成分联系起来，使之成为整个宽综合体的心理学"谓项"（предикат），从而形成"述位宽综合体"（рематические широкие комплексы）。

　　6）"宽综合体组合性联合层级"（уровень синтагматических соединений широких комплексов），这是整个扩展语篇结构中的最高层级。它同样也是在"外聚力"机制的基础上形成的，从而使"情景参项"（участник ситуации）之间构成组合性联合。该层级，可以揭示出约定对应性类别之间相互联系的存在和性质，帮助确立这种联系的数量，进而为语篇所描写的情景参项提供补充和可靠的区分标准，如确定语篇的主题、基本思想等，即语篇含义结构的本质。（见 Сахарный 1990：28—50）

　　由上不难看出，萨哈尔内依从心理语言学视角提出的该六个层级具有如下特点：（1）语篇的主位—述位层级及其单位与语言学家区分的层级和单位不同；（2）并不是所有的语篇都会清晰地展现出该六个层级，在具体的语篇中可能出现层级的"黏合"（склеивание），即同一个结构可能同时由若干层级来体现，这主要取决于语篇的篇幅和结构；（3）在每一个层级上都会发现自己的主位—述位结构，其特点和类型与别的层级的不同；（4）每一个层级的基础都由非常简单的机理构成，这就使得普通的操语言者不仅能够理解语篇的结构，同时还可以创建自己不同的语篇；（5）对语篇主位—述位结构的分析方法，与其先前提出的依据"关键词"来分析语篇含义结构的方法构成互补，形成了颇有说服力的语篇理解学说。

2.2.3 初始语篇生成规律的思想

1991 年,萨哈尔内依在《初始语篇及其生成的规律性》的文章中,对该论题进行了深入阐述。按照他的观点,所谓"初始语篇"(тексты-примитивы),指"篇幅不大、完全缺乏专门联系手段的语篇结构"。他认为,传统语言学通常只关注对扩展性的、规范的文学文本研究,因此研究初始语篇的结构及其生成的规律性具有现实的意义。他提出,传统的语篇分析通常是从形式开始的,因此联系手段就成为观察语篇完整性的基点。而初始语篇偏偏缺乏该联系手段,在交际和结构方面呈现出以下特点:(1)初始语篇完整性结构的表达特点有:不加分解的表达完整性,即不对内容进行切分,因此难以被现实地察觉。通常是非词源化的词或固定的非词源化词组,有时则是单个的词素;分析性表达完整性,即内容的切分是可以被实现察觉的,通常由"关键词组合"以及可以明显察觉的派生词来完成。(2)初始语篇的生成特点是:基础性初始语篇是初级编码、直接编码、非扩展性编码及语言化的结果,如儿童言语、失语症言语、外国人言语、口语中的文本/篇章等;再生性语篇是扩展性语篇的压缩化形式,是再编码和紧缩的编码的结果,如对现成语篇定标题、列提纲、标关键词等就属此类。(3) 初始语篇的存在形式特点是:作为自主的语篇所体现的存在形式,包括扩展语篇中的"镶饰物"(инкрустация)形式;在扩展语篇构成中"被溶解"(растворенный)的存在形式,如可以是从扩展语篇中切分出来的形式等。(Сахарный 1991:221—237)

总之,萨哈尔内依的"语篇心理结构"说具有很强的心理符号学特性:它不仅关注语篇的功能结构,更注重语篇在言语生成中的作用问题。因此,该学说可以被看作是语篇心理语言学领域中集心理主义和功能主义为一体的范例。

第3节 语言意识研究

语言与意识或语言与思维的关系问题,不仅是理论语言学研究的永恒主题之一,更是符号学理论所关注的核心内容。从语言哲学发展的历史看,较之于西方而言,俄罗斯学界更加强调语言对意识或思维的影响和构建作用,因此,有关的成果也相对较多。如,比较著名的有波捷布尼亚的"语言心理"论,福尔图纳托夫的"言语句"说,维果茨基的"文化—历史心理学"理论,老列昂季耶夫的"世界形象"说,卡拉乌拉夫的"语言个性"理论等。而本节所谓的"语言意识"(языковое сознание)研究[16],主要指 20 世纪末期以来在俄罗斯心理语言学尤其是民族心理语言学和认知语言学领域内生成的有关语言与意识相互关系的理论成果。这些成果把语言的民族文化特点上升到语言意识的高度加以审视,因此是认知心理学与认知语言学交叉的结果。该领域的有些成果被收录在俄罗斯科学院语言学研究所出版的下列文集中:由塔拉索夫(Е. Ф. Тарасов)主编的《语言与意识:反常的理性》(«Язык и сознание: парадоксальная рациональность»)(1993);由乌费姆采娃(Н. В. Уфимцева)主编的《语言意识的民族文化特点》(«Этнокультурная специфика языкового сознания»)(1996)、《语言意识:形成和功用》(«Языковое сознание: формирование и функционирование»)(1998)、《语言意识和世界形象》(«Языковое сознание и образ мира»)(2000)等。

研究表明,当前俄罗斯心理认知主义视阈的语言意识研究已呈现为四种不同的哲学维度,即:视语言为人类意识存在之形式的语言意识论,视语言为人类思维之现实的语言意识论,视语言为人类意识之内核的语言意识论,视语言为人类交际之工具的语言意识论。它们分别由克拉斯内赫的"框架结构"论、扎列夫斯卡娅(А. А. Залевская)的"心智语汇"说、乌费姆采娃的"语言意识核"说以及塔拉索夫的"新本体"论等学说予以展示。本节欲对该视阈的语言意识研究展现的理论学说及学理内涵、研究方法等做一番评析,以从宏观与微观的结合上准确把握当代俄罗斯语言意识研究的发展态势。

3.1　克拉斯内赫的"框架结构论"

从认知心理视阈对语言意识问题进行研究,是克拉斯内赫多年来学术活动的中心内容。她先后出版了《虚拟的现实还是现实的虚拟?》(«Виртуальная реальность или реальная виртуальность?»)(1998)、《心理语言学与交际理论原理》(«Основы психолингвистики и теории коммуникации»)(2001)、《民族心理语言学与语言文化学》(«Этнопсихолингвитика и лингвокультурология»)(2002)三部著作,从语言个性和世界形象的视角出发,对语言意识的属性与结构、语言意识与认知空间、语言意识与言语交际等一系列问题作了系统审视,并从语言哲学的高度对民族文化特点的形成机理和表现形态进行了阐释和分析。其提出的"框架结构"（фрейм-структуры）学说中包含的主要观点有：

1）意识具有语言属性的思想。她认为，心理语言学中所说的意识就等同于语言意识，因此，所谓语言与意识的命题是一种逻辑悖论，它们描写的实际上是同一种现象——人的意识。但如果在"意识"前冠以"语言"的修饰语，只是为了强调一点，那就是意识与个性的言语生成和理解具有直接的关联性，因为语言学家只有通过研究个性的言语活动才能够去研究"民族心智语言体"（национальный ментально-лингвальный комплекс）和"民族观念阈"（национальная концептосфера）问题。（Красных 1998：21—22）可以看出，她的这一观点与俄罗斯著名心理语言学家维果茨基、老列昂季耶夫的相关思想十分接近，因为后者也认为，意识具有语言和言语属性。如，老列昂季耶夫就曾说，有意识就意味着掌握语言，掌握语言就意味着掌握意义；意义是意识的单位，意识具有符号性。（见 Леонтьев 1993：16）

2）语言意识近似于世界图景。克拉斯内赫认为，意识是现实世界在人脑中的反映，所以它近似于"世界图景"（картина мира）或"世界模式"（модель мира）。而作为世界图景的意识就必然刻有民族文化的烙印。（Красных 1998：22—23）但语言意识与"语言世界图景"（языковая картина мира）并不等同，原因是意识或世界图景具有双重属性——客观的和非客观的：前者不以人的意志为转移，展现为"客观世界图景"（объективная картина мира）；后者具有"第二性"性质，展现为"理念世界图景"（идеальная картина мира）即语言世界图景。语言世界图景位于世界图景的深层，因为每一种自然语言反映着世界观念化的一定方式。总之，语言不是映照世界，而是表达世界。（Красных 2001：64—65）也就是说，在克拉斯内赫看来，语言意识中既包含着现实世界反映在人脑（心理）中的那部分客观世界图景，也包含着由民族语言建构起来的那部分理念世界图景，这两种世界图景都带有民族文化的痕迹。她的这一观点，与莫斯科心理语言学派的奠基人小列昂季耶夫的思想基本一致。后者曾指出，如果把语言理解为交际和信息的统一，理解为一个既有事物形式又有言语形式的意义系统，那么语言意识就近似于俄罗斯现代心理学中的世界形象。但是，不能将世界形象认同于语言世界图景，也不能将其认同于认知世界图景，因为前者是"语言棱镜中的世界"（мир в зеркале языка），后者与世界形象相对立，因为世界形象是人的心理对实物世界的反映，这种反映是以实物意义

为中介间接表达出来的，而且还受制于人的有意识的反射。（见 Леонтьев 1993：18）

3）语言意识具有自身的"框架结构"。由于语言意识近乎世界图景，因此其结构具有深层的性质。克拉斯内赫由此认为，语言意识是由处在深层的多层级"观念块"（концептуальные блоки）构成的。正是这些概念块，决定着我们如何看待、感知和切分周围的世界，并制约着定型的民族文化特点。从认知心理角度看，这些观念块实为人之思维赖以运作的"信息块"（информационные массивы）。与科学概念中的"信息"所不同的是，它们具有内隐性、不易觉察性、不可知觉性等特征。（Красных 1998：116）从上述表述中可以看出，克拉斯内赫所说的观念块或信息块，与卡拉乌拉夫在语言个性理论中提出的所谓"思维的语言"（языки мысли）的概念有所不同：后者由"形象"（образы）、"完形"（гештальты）、"图式"（схемы）、"框架"（фреймы）、"命题"（пропозиции）、"公式"（формулы）、"图解"（диаграммы）、"关键词"（ключевые слова）等"心智图片"（ментальные картинки）构成（见 Караулов 2002：184—210），而前者在后者所列出的那些心智图片基础上，又增加了"先例"（прецеденты）和"定型"（стереотипы）等成素，并认为作为"观念块"的框架结构，是围绕着某种观念组织起来的，它有如下特点：(1)它不是一般框架所具有的那种三角形或锥体形结构；(2)它的内核是某种表象或形象，这些表象或形象可以通过认知加工用观念来表征；(3)属于框架结构的只能是"预见性联想"（ассоциации предсказуемые）。（Красных 2002：165—166）那么，克拉斯内赫又是怎样来界说"观念"的呢？她认为，所谓观念，就是最为抽象化的、由语言意识具体表征并得到认知加工和贴有民族文化标签的"实物的思想"（идея о предмете）。（Красных 2003：286—272）由此可见，"框架结构"论是将语言意识视作与"先例"和"定型"等民族意识密切关联的"心智图片"来审视的，其基本单位是具有框架结构的观念，因此，研究语言意识的最佳方法就是所谓的"观念分析"（концептуальный анализ）。

从上述"框架结构"论的学理内涵看，它无疑是建立在心理认知视阈的对意识和语言意识独特界说的基础上的，即上文中克拉斯内赫所阐释的"意识本身具有语言性"（或反过来表述，"语言本身具有意识性"）和"语言意识近似于世界图景"的观点。然而，应该说她的这一学说的立论基础在学界依然存有一定的争议。如,波波娃(З. Д. Попова)和斯捷尔宁(И. А. Стернин)等学者就认为意识与语言意识有本质的不同。在他们看来,并不是所有的意识都具有语言的属性,意识也可以用非言语手段和文艺手段予以体现;所谓语言意识,只是保障语言(言语)活动机制的一部分,即言语生成、言语理解以及将意识储存在意识中的那些部分。也就是说,如果将语言系统视作意识现象来研究,那么研究的就是语言意识。(Попова ,Стернин 2007:45—46)再从语言意识与世界图景的关系看,克拉斯内赫将其视为近似于"世界图景",这同样是心理认知视阈的,这与文化认知视阈对语言意识的界说就有很大不同,因为后者将其视作"语言世界图景"。尽管如此,在我们看来,语言意识的"框架结构论"本身是有重要的语言哲学或符号学价值的,因为该学说的最大价值就在于使学界对语言意识的研究从虚拟走向了现实。

3.2　扎列夫斯卡娅的"心智语汇说"

作为"特维尔心理语言学派"(Тверская психолингвистическая школа)的奠基人[17],扎列夫斯卡娅是俄罗斯心理语言学研究中"心智语汇"(ментальный лексикон)术语的首创者。[18]她及其学派成员从 20 世纪 70 年代起就开始研究心智语汇问题,迄今已发表了大量著述,如《人的内部语汇的组织问题》(«Проблемы внутреннего лексиона человека»)(1977)[13]、《人的语汇中的词:心理语言学研究》(«Слово в лексиконе человека: психолингвистическое исследование»)(1990)、《心理语言学导论》(«Введение в психолингвистику»)(1999)、《语篇及其理解》(«Текст и его понимание»)(2001)、《心理语言学研究:词与语篇研究文集》(«Психолингвистичесие исследования. Слово. Текст: Избранные труды»)(2005)等,它们从"言语组织"(речевая организация)角度对人的心智语汇的结构、功能、特点及其与言语思维过程的关系等一系列问题进行系统审视和阐释。[19]其学说主要包含以下两方面的思想内容:

1)对心智语汇的特性和功能机制进行界说。扎列夫斯卡娅认为,心智语汇是人的言语组织中的词汇成素,因此具有言语组织的各种特性,即:它不能解释为语言信息的被动储存器,而是一个对言语经验进行加工和整理、与该过程的产品不断发生相互作用的自组织的动态功能系统。由此,她提出这样的假设:既然人的言语组织是一个心理生理现象,对言语经验加工和整理的结果都会被储存在人的记忆里,并被用作言语思维活动,那么对语汇的研究就应该是跨学科的和跨语言的,因为没有类型学视角对不同语料的对比分析,就不可能在语汇组织中区分出普遍的和民族的成素。(Залевская 1999:153—154)据此,扎列夫斯卡娅把语汇研究与词义理论结合起来,从个体知识的特点和形成机理出发来探讨人的言语组织的功能特点,提出了个体"语汇核"(ядро лексикона)的重要概念。所谓语汇核,是指联想语汇实验中最具联系功能的词汇,它们对区分语汇组织中普遍的、民族的成素具有决定性的作用。(Залевская 1999:168—170)对于词作为语汇单位所具有的功能机制问题,她从派生词、多义词、新词语、成语的识别特点四个方面进行了系统的思考和论证,并得出结论认为:词在人的语汇中的功能机制是在知觉、认知和情感评价经验的加工产品的相互作用下,由不同层级认知的"多层级过程"(многоступенчатые процессы)完成的。因此,世界形象的获得,需要采用不同的策略和支撑成素,并在各种内外因素的作用下依靠对语言知识和百科知识的范畴化来实现。除此之外,为保证心智语汇运作程序的可信度,还应该采用多种实验手段对词汇单位的功能机制特点予以验证。(Залевская 1999:199—200)不难看出,扎列夫斯卡娅对心智语汇的特性和功能机制的界说,是建立在对词义的重新思考基础上的。在她看来,当代学界对词义的研究已经由"原子态"并经过"分子态"而进入"共性态",即由传统的单个词的逻辑语义,经过语言知识和百科知识对语义进行复杂的相互作用的鉴别,进入到"把词义看作是个性所体验到的个体世界图景的手段"阶段。(Залевская 1999:132—134)因此,她认为对词义的研究不仅应该关注意义的运作过程和内部结构组织,还要与单个的词和语汇结合起来、与语汇在人的言语机制和认识系统中的地位结合起来予以综合考察。这就是扎列夫斯卡娅研究心智语汇的理论依据所在。

　　2)对言语组织的研究目标和方法作出规定。既然心智语汇是由言语组织中的词汇成素构成的,那么如何确定言语组织的研究内容并由此确定有效的研究方法,就成为考察心智语汇的关键。对此,扎列夫斯卡娅又提出了新的设想。她认为,人的言语组织是由各成素单位相互作用形成的,因此,对它的考察应包括以下几个方面:(1)要解释人的言语组织与语言能力、语言个性之间的关系;(2)要确定人的言语组织的单位特点及其在言语活动中有序使用的基本原理;(3)要把言语生成和理解的过程看作是言语结构与言语过程、言语机制与言语使用特点的相互作用;(4)要审视知识的类型及运作特点;(5)要对言语组织形成过程中的掌握语言(包括掌握外语)的情况做具体分析。(Залевская 1999:51—52)不难看出,扎列夫斯卡娅对言语组织的考察已经由传统的语言结构层面拓展到心理认知的语言能力层面。在她看来,所谓言语活动,实际是一种"言语思维活动"。(Залевская 2005:34)此外,在言语组织的研究方法方面,扎列夫斯卡娅提出首先要考虑采用"隐喻性"原则,因为作为认知手段的隐喻具有"启发式潜能"。该潜能可以通过三种过程来实现,即:认知过程(在感知中保障能动性)、联想过程(保障对知觉、认知和情感评价经验加工产品间的相互联系)、深层述谓(确定各种联系的事实)。而实现人的言语组织的隐喻性原则可采用三种不同的方法:(1)系数法——前提是确认在人的言语组织中存在着相互独立和自主的信息加工系统,每一个系数将各自加工好的信息传递给中央处理器,并由该处理器来完成对信息的校对;(2)关联法——依据对人脑信息加工过程的研究结果,突出加工在信息相互作用下的共时性,即任何层级的加工都与其他层级相关联,如对信息的理解就包括对信息由下而上或由上而下的整合等;(3)融合法——即将上述两种方法交叉使用的方法。(Залевская 1999:60—62)

由上不难发现,扎列夫斯卡娅对语言意识的研究与克拉斯内赫走的不是同一条路径:她是从言语生成机制出发,将语言意识视作人脑中的心智语汇,认为该语汇不仅具有共性特征,还有自身的内核,它对构建人的世界图景起着决定性作用,从而把语言意识的研究从语言符号的意义层面提升到语汇认知层面,或者说她是借助对言语组织特性的基本认识,并从语汇这个成素入手来探索人的言语思维机制和语言意识问题的,以科学解答如下问题:人的心智是如何对世界作出能动反应的;人的语言能力是如何形成的;语言是如何习得和掌握的;心智语汇是如何构建起世界模式和语言个性的,等等。这是语言意识研究的一种崭新视角,它对揭示语言能力的认知机制无疑具有重要的理论意义。

3.3　乌费姆采娃的"语言意识核"说

作为俄罗斯著名心理语言学家,乌费姆采娃曾主编《俄语联想词典》(《Русский ассоциативный словарь》)和《斯拉夫语联想词典》(《Славянский ассоциативный словарь»）等具有世界影响的大型工具书，并在语言意识、语言意识的个体发育以及民族文化特点研究等领域取得重要成果。其中，她在1996 发表的《俄罗斯人：又一种自我认识实验》（« Русские：опыт еще одного самопознания»）的文章中，从"文化定型"（культурные стереотипы）视角，采用联想实验的方法，提出了"语言意识核"（ядро языкового сознания）的概念。所谓语言意识核，即借用扎列夫斯卡娅的"语汇核"的概念，指"语义网"（семантическая сеть）中那些与其他语言单位联系最多的单位。该概念后被俄罗斯心理语言学界所普遍采用，专门用来对不同民族的语言意识做联想实验对比分析和研究。

乌费姆采娃对俄罗斯人和英国人的语言意识核进行了为期 10 年（1988—1998）的跟踪联想实验研究。她认为，对民族意识的形成起作用的既有先天的因素，也有后天在社会化过程中所获得的因素。如果我们认同把文化界说成是与某民族系统相关联的意识系统，那么就自然会在该民族的语言形式中来审视其民族意识，因为语言形式可以揭示某民族代表人物所特有的世界形象的特点。（Уфимцева 1996:144—145）为此，她提出，可以通过联想实验来揭示某"文化携带者"（носитель культуры）的世界形象的特点，即对现代俄语和英语的"联想语汇"（ассоциативные тезаурусы）材料进行对比分析，以展示两个民族意识中独特的世界形象。

乌费姆采娃联想实验成果表明，根据"语义网"中词语所引起的刺激的程度，俄语和英语的语言意识核心词不尽相同：俄语排在前几位的核心词分别是 человек（人），дом（房子），жизнь（生活），друг（朋友），деньги（金钱）等；而英语排在前几位的核心词则是 me（用作宾格的'我'），man（人），sex（情欲），money（金钱），work（工作）等。另外，两种语言意识中最常用的评价核心词也有别，俄语分别是 нет（不，不是，没有），хорошо（好），плохо（坏），большой（大的），дурак（傻瓜）；而英语分别是 good（好），no（没有），yes（是，是的），nothing（没有什么）等。（Уфимцева 1996:147—149）最为重要的是，乌费姆采娃通过分析后发现，尽管十年期间俄罗斯社会和俄罗斯人的生活发生了巨大变化，但俄罗斯人的基本语言意识核心词却并没有改变。这一发现充分证明，处在深层的语言意识的变化远远滞后于社会和文化的变化，它们作为民族文化定型中的"恒量"，决定着该民族的世界形象。

在上述实验的基础上,乌费姆采娃又于 1998 年发表了《俄罗斯人的民族性格、自我形象和语言意识》(《Этнический характер, образ себя и языковое сознание русских》)一文,进一步从民族性格与语言的关系角度阐释了俄语语言意识与英语语言意识的差异问题。她认为,语言对民族性格的形成具有关联性,但俄语民族意识并不等同于俄语,因为语言与意识之间的联系比较复杂,且有间接的性质。作为文化现象的语言(确切说是言语)只能以某种间接的方式记录并反映民族共体中现时的价值和评价系统,但在民间口头创作、谚语和俗语等中却能记录对该文化来说永恒的价值⋯⋯尽管通过联想实验来建构具体文化代表的"语义网"相当复杂,但它却可以揭示某文化代表的世界形象的系统性,进而发现反映其民族性格特点的文化定型。(Уфимцева 1998:164—165)她在对比了俄罗斯人和英国人的语言意识核心词的自由联想实验结果后认为:在俄语语言意识中占首位的 человек(人),首先是 хороший человек(好人)和 добрый человек(善良的人),而英语语言意识中的 man(人),首先是与 woman(女人)联系在一起的,其次指 boy(男孩),child(小孩),father(父亲)等;另外,друг(朋友)的概念在俄语语言意识中占有特殊地位,因为俄语语言意识中具有一种独特的"人—朋友中心论"(человеко-другоцентричность)。俄罗斯人需要朋友,需要"人—朋友",随时准备接纳朋友作为知己。这一切都源自古代俄罗斯文化的维系机制,因为俄罗斯人在少年时就形成了这一"文化原始意象"(культурный архетип)。联想实验表明,在俄罗斯文化中成长起来的 10 岁前儿童的世界形象中,"朋友"的概念占据着十分重要的位置。"朋友"一词是 встретить(迎接),встреча(会见),дорогой(亲爱的)3 个"刺激词"(слово-стимул)最常见的"反应词"(слово-реакция),即 встретить——друга,встреча——с другом,дорогой——друг 这样的组合。(Уфимцева 1998:168—169)

由上不难看出,乌费姆采娃的"语言意识核"学说与扎列夫斯卡娅的"语汇核"学说有异曲同工之处。她在前者提出的"语汇核"思想的基础上,采用联想实验的方法证实了语汇核即语言意识核,从而使语言意识研究从对意识形成的起源机理的理论思辨和认知阐释进入到更具说服力的联想实证阶段。她的研究充分证明,在俄语语言意识核中,"人"的概念占据着首要的地位,从而再一次佐证了心理认知主义范式是以"语言中的人"或"说话的人"为中心的。

3.4　塔拉索夫的"新本体论"

作为俄罗斯科学院语言学研究所《心理语言学问题》(《Вопросы психолингвистики》)杂志主编,塔拉索夫尤其擅长从交际(尤其是言语交际)意识的结构功用角度来界说和审视语言意识问题,因此更具有基础性和前瞻性的性质。他在语言意识和跨文化交际领域发表了多篇论文(Tapacoв 1993,1996,2001),为语言意识研究的"新本体论"(новая онтология)奠定了学理基础。

塔拉索夫认为,意识的本体论可以分为两个方面:一是与意识的起源有关,这是一种形成意识形象的感觉组织以及由该感觉组织表征现实事物的含义和意义的活动;二是与意识形象的功用有关,这是一种活动和活动的"内部派生物"(внутренний дериват)——思维以及感知和交际。(Tapacoв 1993:86)上述话语表明,传统的语言意识本体论所研究的是意识的起源和形成机制问题,而语言意识的新本体论即意识形象的功用研究,具体说就是"跨文化交际"。

跨文化交际何以成为语言意识研究的新本体论呢?对此,塔拉索夫从以下几个方面进行了论证:

1) 对"跨文化交际"和"语言意识"的概念进行重新界说。他认为,学界尚无定论的所谓跨文化交际,应当理解为不同文化的携带者之间的交际。通常情况下,可以借用"民族文化的携带者"的隐喻来描写在一定文化中形成的人的"意识特质"(качество сознания)。而在现代心理认知研究中,意识特质首先指知识,它包括知觉知识(由感觉器官获得的并经过加工的知觉信息)、观念知识(在思维活动过程中形成的不直接依赖于知觉信息的知识)、程序知识(使用知觉和观念信息的描写方法和序列)等。作为"意识形象"(образ сознания)(在语言学中通常由词的概念来描写)的这些知识,与词联想在一起,通过交际者对言语信息的编码和解码来构建思想。(Tapacoв 1996:7)也就是说,心理认知研究中的意识的概念,等同于"世界知识"(знание о мире)。那么,什么是语言意识呢?对此,塔拉索夫并不赞成用传统语言学的概念对此作出的界说(即"语言意识是对语言及其存在模态的反射"),而推崇用传统心理学的概念——"意识形象"来加以界说,即社会和个性心智所拥有的有关现实世界客体的知觉知识和观念知识的总和。但知觉知识和观念知识并不像语言知识那样外显，它是内隐的，需要"外化"（овнешнение）才能够被观察到。外化是意识形象存在的"主体间形式"（интерсубъектная форма），它可以是事物，也可以是行为和词语。据此，他给语言意识所下的定义是：语言意识是依靠由词、自由和固定词组、句子、语篇和联想场等语言手段形成和外化的意识形象的总和。（Тарасов 1996：9）可见，塔拉索夫眼中的语言意识的概念，并不是传统的由语言符号形成的有关世界知识的总和（即语言世界图景），而是人对现实世界客体的一种认知活动，这与克拉斯内赫的观点相一致。

2）对跨文化交际的心理认知特点进行阐释。塔拉索夫认为，使用具体的民族语言进行跨文化交际的特点，不仅存在于按照语言的语法规则所实现的"言语链"（речевая цепь）的建构特点之中，也存在于反映具体民族文化事物的意识形象的特点之中。要达成顺利交际，交际者必须具备语言知识和言语交际技能的一致性，以及意识形象中世界知识的一致性。而导致跨文化交际失误的主因并不是前者（因为说、写、听、读的言语技能的形成相对较为简单），而是交际者民族意识的差异。因此，所谓不同民族文化携带者之间的交际，实际上是不同民族意识携带者之间的交际。（Тарасов 1996：7—8）这种交际本质上是一种偏离规范的"病态交际"（патологичное общение），原因是：跨文化交际中，交际者意识的一致性常常会在言语交际的自动化过程中遭到破坏。但是，如果对跨文化交际采用意识形象的概念来替代传统的与词语联想在一起的意义的概念加以审视，就可以取得很好的效果。（Тарасов 1996：8—9）上述观点表明，对实质为跨民族意识的跨文化交际进行研究，采用心理认知的方法才最为奏效，而传统的语言学方法却难以胜任。难怪俄罗斯学界有把 21 世纪的心理语言学称为"意识心理语言学"（психолингвистика сознания）的说法，且把 1997 年召开的第 12 届全俄心理语言学研讨会的主题确定为"世界形象与语言意识"，这些都印证着塔拉索夫这一观点的前瞻性。

3）为"新本体论"寻求理论依据。为什么是跨文化交际而不是别的可以成为语言意识研究的新本体论呢？对此，塔拉索夫在对跨文化交际、语言意识的特点和性质进行重新界说和阐释的基础上，又深入考察了世界范围内尤其是西方兴起的跨文化交际研究热潮的动因问题，从而为"新本体"论学说找到了立论依据。他认为，学界对跨文化交际和语言意识研究的重视并非空穴来风,而是具有外部的(实用主义的)和内部的(学科的)双重成因。外部成因是:20 世纪后半叶的欧洲大陆西部地区形成了若干个"多文化国家",不同的族群在那里共存并同化。在此大背景下,对跨文化交际进行研究的需求开始高涨,所谓"欧洲意识"(европейское сознание)就是在该背景下应运而生的。但问题是,这种主要靠经济向心力拉动而形成的欧洲意识,尽管可以使欧洲大陆的各种不同文化走向大同,但同时也破坏了欧洲各国的文化个性。因此,维护文化的自主性和多样性又成为许多国家所追求的目标,跨文化交际中的民族意识问题由此又成为学界聚焦的对象。(Тарасов 1996:13—15)内部成因是:从时间节点看,欧洲社会对跨文化交际问题的高涨兴趣正好与世界心理学界由行为主义转向认知主义的阶段相契合,作为独立学科的信息论、心理认知学和认知语言学等相继在西方问世。心理学家们开始把注意力转向人的心理认知过程研究,用交际行为模式作为"方法论图式"(методологические схемы)来分析交际,并广泛采用计算机技术来研究人的思维过程等,这一切都标志着心理学开始实现"认知转向"。(Тарасов 1996:16)这一转向使得跨文化交际研究的"对象阈"(предметная область)发生了变化:如何使用知识来达成跨文化交际的相互理解成为首要目标。(Тарасов 1996:17)也就是说,在塔拉索夫看来,跨文化交际之所以能够成为语言意识分析的新本体论,其根本原因就在于当代跨文化交际研究是以知识研究为目标取向的,而知识研究就必然会首先涉及人的意识尤其是语言意识问题,也就是文化问题。

可以这样来概括塔拉索夫的"新本体论"学说:传统的语言意识本体论是理论心理学视角的,它注重的是语言意识的生成以及意识对语言的反射研究,依托的语言符号的意义,凸显的是人的意识的作用;而"新本体论"是心理认知视阈的,它注重的意识形象机理对跨文化交际尤其对"交际中的人"的心理认知和行为的影响和作用研究,依托的是交际者心理所共有的"意识形象",凸显的是交际主体——人的作用。因此,可以认为,"新本体论"的提出则标志着语言意识研究已经进入意识功用研究的新阶段,即由注重语言符号意义的语言学阶段进入心理认知或"意识心理学"的阶段,也就是符号学意义上的"心理符号学"阶段。

第 4 节 定型理论研究

"定型"（стереотип）作为一种复杂的社会和心理现象，历来是社会和人文各学科关注的对象。作为当代俄罗斯心理认知主义范式的研究对象之一，它被学界视作"文化的语言"（языки культуры）或"意识存在形式"（форма существования сознания）而置于文化空间、认知空间以及言语交际的三重语境中予以考察和分析，从而形成了颇具俄罗斯特色的"定型理论"。[20]

4.1 定型的概念及内涵

自美国社会学家利普曼（У. Липпманн，1889—1974）于 1922 年在《舆论》（*Public Opinion*）一书中首次使用 stereotype 一词语进行社会学研究以来，"定型"的概念被广泛应用于其他人文学科，并在原有"社会定型"（социальный стереотип）基础上相继形成了多种定型理论，如"文化定型"（культурный стереотип）或"民族文化定型"（этно-/национально-культурный стереотип），"思维定型（мыслительный стереотип）"或"心智定型"（ментальный стереотип），"交际定型"（стереотип общения）或"行为定型"（стереотип поведения）等。尤其是进入 20 世纪 90 年代以来，随着对语言意识研究的深入，定型又作为"文化的语言"的核心内容之一，与"先例"（прецедент）、"象征"（символ）、"仪式"（ритуал）、"标尺"（эталон）等心智图片一起，成为当今学界着力研究和阐释的对象。

最先作为社会学研究对象之一的定型概念，指某群体成员对另一群体成员简单化的固定的看法。利普曼认为，人所处的环境，无论是自然环境还是社会环境，都太复杂了，以至于不允许对世界上所有的人、所有的事逐一地亲身进行体验和认识。为了节省时间，人们使用一个简化的认知方法，将具有相同特征的一群人或民族、种族塑造成一定的形象。这种定型即人的头脑里有序的、模式化的并由文化确定的世界图象。（Lippmann 1922:16—17）

以往学界对社会定型的研究主要体现在以下两个方面：

1）把社会定型视作"民族偏见"（этническое предубеждение）加以审视，分析其对异民族、异文化的消极影响及作用机制；

　　2) 把社会定型看作个体"我"（Я）和群体"我们"（Мы）形象的体现加以分析，认定社会定型的形成机制是多种认知过程的结果，其中包括"因果配置"（каузальная дистрибуция），即解释自我行为和他人行为的成因。无论从个体还是从群体看，社会定型都具备两种功能：对个体而言是"认知功能"（когнитивная функция）和"价值维护功能"（ценностно-защитная функция），前者表现为"对认知过程的模式化和简洁化"，后者则体现为"建立和维持'我'的正面形象"；对群体而言是"意识化功能"（идеологизирующая функция）和"认同功能"（идентифицирующая функция），分别反映为"形成和维持群体的思想体系"以及"建立和维持'我们'群体的正面形象"。（Шихирев 1985：109—111）

　　社会定型通常以人的思维定型和行为定型的形式表现出来。尽管社会定型是建立在人自身的知觉和情感基础上的，但归根到底是由固定在群体意识中的、人的发展的自然条件所确定的。

　　思维定型作为认知语言学和民族语言学的一个术语，通常指"心智定型"，有些学者又称其为"天真世界图景"（наивная картина мира）。（Силинский 1991：273—275；Апресян 1995：37—67）天真世界图景是相对于"科学世界图景"（научная картина мира）而言的，是指语言中体现的事物与事物或特征之间形成的常规关系。它们都被视作是人在认识世界过程中所建立的模型。科学是人类构建经验世界的方式，而语言则是人们构建经验世界的另一种方式。波兰语言学家巴特明斯基（Е. Бартминский）认为，语言定型作为语言世界图景的一部分，"是对语言外世界一定客体的一种或几种判断"，即"主观上确定的对事物的表征"，这种表征"同时带有描写和评价特征，是在社会形成的认知模式范围内对现实进行解释的结果"。（Бартминский 1995：7）

　　心理学家把定型视作一种知觉机理来加以研究，认为人的知觉作为人认知世界的一种特性，决定着社会交际和跨文化交际的方式。也就是说，思维定型对本民族文化而言是呈现客体或客体层级的某种记录方式，从日常意识或"天真"意识角度看则是反映该文化现实的方式。行为定型也与此相类似。在个性社会化的过程中，行为定型是受社会定型制约的，个性只有在约定的社会定型范围内施行自己的行为。正如索罗金（Ю. А. Сорокин，1936—2009）所说："定型的概念可以界定为交际（行为）和依据一定符号学模式构建行为的某种过程和结果。"(Сорокин 1985:10)在这里,我们看到了定型与符号学模式之间的必然关系。

按照普洛霍罗夫(Ю. Е. Прохоров)的观点,言语交际行为受到民族文化定型的制约,该定型又有由两部分组成:"内在民族文化定型"(внутриэтнокультурный стереотип)和"外在民族文化定型"(внешнеэтнокультурный стереотип)(Прохоров 1996:69—75)。前者用雷什科夫(В. А. Рыжков)的话说,是"能通过现实展现社会一致需求,对社会化个性的意识施加典型化影响,并能培养其相应动机的交际单位"(Рыжков 1985:15);后者与交际者的"外国文化化(инкультурация)有关,可理解为跨文化交际中交际策略的民族特色形象或模式。它基于不同民族在言语行为中表现出的民族文化类型的差异性,既从交际对方理解的角度考虑到自我交际行为的定型,又从自我接受的角度考虑到交际对方的交际行为定型。因此,所谓言语交际行为的民族文化定型,至少表现为两种形式:一是该民族文化共体中的言语行为结构定型;二是该民族在实现言语行为过程中针对规范化的情景所选用的语言单位、语言结构的定型。由于民族文化定型具有"规范化性质",因此可以说它是一定民族言语行为规范化的文化单位。

言语交际行为的民族文化定型对跨文化交际(行为)具有重要的影响。它要求交际双方都必须具备"施行自我行为"和"理解、接受他人行为"的知识和文化储备。(Прохоров 1996:100—101)由于交际双方具备的这种知识和文化储备是均等的,因此只有交际行为及其文化单位表现出对异民族文化的"适应"(адаптация),才能确保交际目的的达成。

4.2　文化空间的定型理论研究

定型理论研究最初是由社会学领域提出的,后逐渐扩展到其他人文学科。应该说,大多数定型研究是在特定文化空间语境的范围内进行的。

"文化空间"(культурное пространство)亦称"民族文化空间"(этно-/национально-культурное пространство),通常指人的意识中的文化存在形式,或由民族文化决定的"情感信息场"(эмоционально-информационное поле)。(Красных 2002:206)对此定义,目前俄罗斯学界并无大的异议,普遍认同"文化空间包含着民族文化共体成员现有的和潜在可能有的关于文化现象的全部认识"的界说。（Гудков 1998 ：124)也就是说，文化空间被视作某民族所有个体和群体认知空间的总和。

总体看，迄今为止俄罗斯学界对文化空间语境中的定型理论研究，大致可分为"社会定型"和"文化定型"两大类别。

4.2.1 社会定型

利普曼将社会定型定义为"人脑中有序的、模式化的并由文化决定的世界图象"。后来，该概念被众多从事心理学和交际学研究的学者所借用，分别指对某群体或民族"带有类型化倾向的认识"及其形象的"过度概括"。（文卫平2002:12)因此，社会定型理论及其研究实际上形成了与心理学和交际学相对应的两个分支：一是思维定型，二是行为定型。(1)思维定型又称"心智定型""意识定型"等，被分别阐释为"人的心智图片""对事物或情景固定的民族文化认识"（Маслова 2001:110)；"某种固定的、最低限度的恒量""受民族文化特点制约的有关事物或情景的认识"（Красных 1998:127)；是客观事物反映在人的头脑中"超稳定"和"超固化"的东西（Прохоров 1996:75)。思维定型一方面与客观现实有关，另一方面与人说的语言有关，因此又有学者将其视作"天真世界图景"（Силинский 1991:273)，"是语言中体现的事物与事物或特征之间的一种固定的或恒常的关系"（Апресян 1995:37)。该关系可以通过心理语言学的方法加以揭示。对此，俄罗斯语言学研究所和俄语研究所于 1996 年联合出版了《俄语联想词典》（《Русский ассоциативный словарь》），对现代俄语中通过固定联想而获得的具有思维定型性质的语言形式进行描述和阐释。(2)行为定型又称"交际定型""言语交际定型"（стереотип речевого общения)，分别被界说为"以某种方式对社会群体、民族及民族文化具体的实际需要进行言语固化的符号"（Красных 2002:177)，或"通过对社会认可的需要进行表征，从而能够对个体意识施加类型化影响的民族交际单位"（Рыжков 1985:15)，其实质无非是受民族文化制约的行为模式或行为策略和战略。研究表明，现实交际中的行为定型至少有以下两种表现形式：一是该民族文化共体中的行为结构（非言语行为）定型；二是该民族在实现言语行为过程中针对规范化的情景所选用的语言单位或语言结构（言语行为）定型。（赵爱国 2001:56)

由上不难看出，社会定型实际上是在特定文化空间中形成的人的思维方式和行为方式。它的形成受到本民族语言与文化的双重制约，而一旦形成之后又会对人的思想和行为产生积极或消极的双重影响。正因为如此,社会定型才成为当今语言学、社会学、心理学、认知学、交际学等研究的热点之一。

4.2.2 文化定型

文化定型又称"民族定型"(национальный стереотип)或"民族文化定型"(национально-культурный стереотип),被定义为"对形成某民族典型特点的概括性认识"(Маслова 2001:108),即某群体或民族对本群体或民族以及对他群体或民族共同认可的价值和行为的概括性表达,或图式化和简单化的认识。所以,文化定型按所涉指的对象又可分为"自定型"(автостереотип)和"他定型"(гетеростереотип)两种形式。前者是对本群体或民族的固有认识,后者是对他群体或民族的典型特征或性格的总体印象和简单化的形象概括。如现实生活中,中国人习惯用"北极熊""山姆大叔""矮东洋"来分别概括俄罗斯人、美国人和日本人的总体形象,这些都是文化定型中的他定型形式;而自定型常见的有"中国人勤劳""南方人精明""北方人豪爽"以及"东方巨龙""龙的传人"等。

需要特别指出的是,文化定型作为对某群体或某民族所进行的形象概括和总体描写,通常具有一定的局限性。事实上,人们从现实体验或经验中所获得的有关世界的其他知识或认识,也应该归入文化定型的范围之内。这是因为,正如上文已经提到的,文化空间语境的定型其实是一种"情感信息场",它包含着物质与精神两个方面。也就是说,排除人对事物(包括人与物)的情感因素,是无法完整理解和系统揭示文化定型的内在本质及外显形态的。正如沙普金娜(О. О. Шапкина)所说,"定型中总是包含着情感评价",这种评价"可以帮助获得客体定型的概念"。(Шапкина 1995:84)因此,当我们说对事物的形象概括是一种文化定型时,这个形象可以是个体的形象、群体的形象或民族的形象,也可以是动物的形象或植物的形象等。例如,现代俄语中就有大量有关人或民族及动、植物形象的定型比喻:*любезный/изысканный как француз*(好客/十分讲究的法国人),*пунтуальный как немец*(非常守时的德国人),*чопорный как англичанин*(过分拘礼的英国人);*трудолюбив как муравей/пчела*(像蚂蚁/蜜蜂那样勤劳),*хитер как лиса*(像狐狸般狡猾),*труслив как заяц*(像兔子般胆小);*строен как тополь*(像杨树一样挺拔),*красен как вишня*(像樱桃一样红),*кругл как арбу*(像西瓜一样圆)等。甚至许多抽象事物的形象同样也有定型的比喻,如:*характер как кисель*(羹一样(黏糊)的性格),*усталость как собака*(累得像狗),*чувство как рыба в воде*(像鱼在水里的感觉)等。据此,文化定型可以界说为对某社会群体或民族以及社会事物和现象的概括性、形象化的认识。

文化空间语境中社会定型和文化定型的成因是多方面的,既有显性的社会文化环境因素,也不排除隐性的个体或群体的认知因素。社会文化环境包括两个方面:(1)社会文化,如社会形态、社会习俗、民族传统、民族心理等;(2)外部环境,如人文环境、地理环境等。定型作为人对世界"图式化""简单化"的认识:首先是社会化的产物,是社会化过程中个体、群体或民族的价值观念、行为规范等受社会文化环境方方面面的影响所致,有句话概括得好:"定型从来就是民族的"(Маслова 2001:101);其次是受外部环境的影响,其中包括广播、电视、电影、网络等传媒以及书刊、报章、文学作品等文化产品。有材料证明,文化定型"最直接的来源是那些流行的有关民族性格的国际笑话"。(Тер-Минасова 2000:139)例如,俄语中常见的国际笑话通常是这样来定型外国人形象的:

　　Англичане пунктуальны, немногословны, прагматичны, сдержанны, любят сигареты, виски, конный спорт(英国人守时,少语,实用主义,拘谨,喜欢抽烟、喝威士忌酒、马术运动);

　　Немцы практичны, дисциплинированны, организованны(德国人实在,守纪律,有团队精神);

　　Французы——легкомысленные гуляки, эпикурейцы, думающие только о женщинах, вине и гастрономических удовольствиях(法国人游手好闲,享乐主义,只喜好女人、喝酒和美食);

　　Американцы богатые, щедрые, самоуверенные, знамениты хорошими дорогими машинами(美国人有钱,慷慨,自信,以拥有名贵的汽车著称);

　　Русские——бесшабашные рубахи-парни, неприхотливые, драчуны, любят водку и драки(俄罗斯人胆大冒失,好斗,喜欢喝伏特加酒和打架斗殴)。(Тер-Минасова 2000:139)

应该说,上述这些出现在国家笑话中的文化定型,究其本质而言就是一种特定的文化符号。

另外,除了用国际笑话对异国民族进行文化定型外,俄罗斯人还会用笑话的形式对本国的少数民族进行某种秉性的定型描写。比较常见的是对格鲁吉亚人、楚科奇人、犹太人、乌克兰人民族性格及习性的描写。如,有一则笑话如是说:一个格鲁吉亚人和亚美尼亚人吃完饭走出餐厅。亚美尼亚人给存衣室的女服务员 50 卢布,说 *Сдачи не надо!*(不用找零钱了!);格鲁吉亚人给了100 卢布,说 *Пальто не надо!*(大衣不用给我了!)。显然,比起亚美尼亚的"礼貌兼豪爽",格鲁吉亚人除"豪爽"外,也不无"卤莽"和"冒失"。

需要指出的是,现实生活中,社会定型和文化定型往往交织在一起,人的许多定型观念和行为是很难清楚地归入某一类的。例如,在时间观念上,不同民族的定型就有比较大的区别:日本人和中欧人、北欧人的时间观念较强,无论上下班还是公交车运输都较守时,一般误差不超过 2—3 分钟;而俄罗斯人、意大利人的时间观念则比较淡漠些,通常迟到 10—15 分钟也被认为是"守时的";最没有时间概念的可能是西班牙人,推迟 1 个小时是常见的现象。西班牙人常爱说的一个词是"mañana",意为"明天"或"明天的明天"。(见Красных 2002:198)可见,时间观念上的定型整体上是本民族文化的使然,因而难以界说为属于哪一种具体的定型。

最后需要补充一点的是,在文化空间语境的定型理论中,还有一种被称为"准定型"或"类定型"(квазистереотип)的现象,专指那些"与异文化大致吻合"但"又有原则性细微差别"的定型。(Маслова 2001:101)如我们常见到不同的民族对"排队"这一现象有不同的行为定型:俄罗斯人通常会问:*Кто последний?*(哪位是最后一个?)或 *Вы последний?*(您是最后一个吗?),而许多欧洲国家民族的定型则是先到专门的窗口排号,然后拿着排号的字条在一旁等候,其情景类似于我国许多银行排队的做法。应该说,这种"准定型"现象在跨文化交际中随处可见,也同样很难分清是属于哪种类别的定型,它们也是社会定型和文化定型交织、混合的产物。

4.3　认知空间的定型理论研究

对定型理论来说,文化空间语境的研究主要揭示定型与文化(即人的外部环境空间)的关系,属于定型理论研究的"表层";而认知空间语境的研究则用来阐释定型与认知即人的内部心理空间的关系,属于定型理论研究的"深层"。它们之间既有联系,又有区别。

首先让我们来看看什么是认知空间,它与文化空间到底是怎样的一种关系。

众所周知,空间范畴的划分有"科学"和"人文"的两种。前者是物理的、几何的或哲学的概念,后者是人类中心论的概念,或者说是以人对世界的心理感知所形成的空间概念。显然,认知空间属于后一种。

以人类为中心的空间范畴,通常又可分为"人的外部空间"(внешнее пространство человека)和"人的内部空间"(внутренее пространство человека)两大类。认知空间作为人类特有的智力活动,就其本质属性而言是属于人的内部空间的。但认知空间又是人对外部世界的感知、情感、范畴化以及推理等组成的,因而它又不能脱离开外部空间而孤立存在。可见,所谓认知空间,是指人能动地反映外部空间诸因素而形成的心理或心智空间。也就是说,认知空间并不是被动或消极地、镜像般地投射客观现实所形成的空间,而是人的身心与客观现实互动的产物。这里有必要理清两个不同的概念:一是认知空间虽涉及的是人的心理或心智空间,但并不等同于文化空间语境中所说的思维定型或心智定型。尽管从词源学角度看,*стерео* 源自 *пространственный*(空间)一词,但按照语言学的解释,它们分属两个不同的范畴:空间是人对世界形态的划分,是"定型"得以生成的"媒介"或者叫"场";而定型则是人对世界的认识形态。二是文化空间语境的定型研究也涉及人的认知因素,但与认知空间所审视的却不尽相同:前者用以揭示定型的文化成因,后者则是对定型生成的认知过程以及定性的语言表达方式作出语言学的阐释。

以上界说,比较清晰地展示了认知空间与文化空间的不同及相互关系:认知空间的特质是心理或心智的,形态是内隐的;文化空间的特质是物质与精神的总和,形态是外显与内隐的结合。因此可以说,认知空间只是广义的文化空间的组成部分。

上文已经谈到,定型在本质上是一种思维方式和行为方式,其实,这句话还应该加上一点才更加完整:定型不仅是一种思维方式和行为方式,而且还是一种认知方式和表达方式。这是因为:从定型生成的机理看,其本身就履行着一系列的认知和表达功能,如"对世界任何的需要进行表征","对世界进行言语固化"从而获得"图式化"和"简单化"的认识等,都与人的认知和语言表达有关。因此,完全可以肯定地说,定型既是人对世界的认知过程,也是人对世界的认知结果。

影响人的认知的因素很多,既有生理的、心理的,也有经验的、理念的。其中人的身心体验是认知的基础。但从认知能力的角度看,认知与语言的作用则密不可分。当代认知语言学理论认为,语言作为人的思维和知识的载体,是认知系统不可或缺的组成部分,某种意义上讲,语言本身就是一种心理或认知现象。由此,可以得出这样的结论:所谓认知空间语境的定型研究,实际上是围绕人的思维能力或言语生成、认知、交际能力而展开的研究,它的主要对象应该是"语言定型"(языковой стереотип)。而研究语言定型,首先要揭示并阐释语言与定型以及定型与认知空间的相互关系。

4.3.1　语言与定型

语言定型也叫"言语模式"(шаблон речи),在新格赖斯含义理论中又称"常规关系"或"常规范型",是在群体意识和社会共识基础上形成的一种合乎逻辑的语言单位。波兰学者巴特明斯基曾狭义地将语言定型解释为"对语言外世界某客体进行的、具有主观认识性质的判断或一些判断"。(Бартминский 1995:7)但此处所说的语言定型是广义的概念,泛指一切有固定指涉意义的语言组合及用法,如 новый русский(俄罗斯新贵)、крепкое здоровье(健壮的身体)、чёрный чай(红茶)等等。当然,研究语言与定型的关系,其着眼点并不是这些语言的组合及用法,而是基于语言对定型生成所起的作用机理。

语言与定型的关系是语言世界图景理论研究或多或少地会涉及的一个问题。我们知道,语言世界图景是通过人的文化或观念世界所折射的现实世界,或者叫"语言的世界观念化"(Шмелёв 2002:12),但并不能由此得出语言定型就等同于语言世界图景的结论。如果这样来理解语言定型,也未免太过简单了。事实上,认知空间语境中的定型即语言定型,只属于语言世界图景理论体系中"观念"生成层级的内容,也就是说,语言定型与语言世界图景是部分与整体的关系。而且,语言定型还不是观念世界图景的全部,而只是其"片断"(фрагменты),因为定型作为某种"心智图片"(心智图片还包括"形象""完形""图式""命题""脚本"等),并不是单靠语言建构起来的,"观念世界图景"(концептуальная картина мира)的形成也不是语言定型单方面的作用所致,因为参与对世界范畴化的还有人的其他思维活动。

依照克拉斯内赫的观点,每一个语言单位中都蕴涵有一种定型或"定型形象"(стереотипный образ);定型可以和"言语联想网"(ассоциативно-вербальная сеть)一样,构成表征某民族文化共体"观念阈"(концептосфера)的"定型场"(стереотипное поле),与该定型场相连的不是别的东西,而是"观念"。(Красных 2002:181)那么,什么是观念呢? 当代认知语言学理论告诉我们,观念实际上是人对世界进行范畴化过程中通过个体和群体体验(感知、认知)而获得的"形象图式"(образ-схема)。由于观念的形成离不开语言,因此当语言符号与认知参与下形成的观念结构一致(而不是与客观现实世界相对应)时,就形成了"意义"(значение)。定型的生成机理也与语言意义的生成机理一样,同样也是人的大脑中生成的关于世界形象和世界知识的"观念系统"。有研究表明,该观念系统是多层级的,并形成不同的"观念块"(концептуальные блоки)。正是这些观念块,决定着我们如何看待世界,如何感知和切分世界。(Красных 1998:116)而如果将这些观念块"语言化"(вербализация)或"实体化"(субстанция),便成为言语生成与理解过程中的"文化化的语言符号单位"(окультуренные единицы языковых знаков),即上文中提到的"文化的语言"形式,这就是语言定型。从这个意义上讲,语言定型即是观念定型。但绝不能据此认为定型与观念之间可以划等号,因为从认知语言学角度看,并不是所有观念都可以形成语言定型的。观念与定型之间的区别可见如下简表:

	观念	定型
1	涉指范围比较宽泛,包含一切语言成分	涉指范围比较狭窄,只是某种而不是全部"心智图片"语言化的结果
2	比较抽象,可以推导出原型	比较具体
3	有聚合体层面	有功能作用,能在交际中呈现
4	作为定型、命题、完形等储存	作为框架结构储存

4.3.2　定型与认知空间

如果说上述语言与定型的关系主要是对定型的生成机理作出符号学解释

的话,那么定型与认知空间的关系主要考察的是定型结构在认知空间结构中所处的层级。

　　先来看看定型的结构问题。如上文所述,定型的结构可划定为社会定型、文化定型、语言定型三种类型。应该说,目前学界对定型的划分还不尽一致,这主要是由研究方向不同或视角不同引起的。如西方从事社会学、跨文化交际学等研究的学者,多倾向于"社会定型"和"文化定型"的二分法,而俄罗斯学者对此却有不同的看法。如,乌费姆采娃就将定型分为"民族定型"和"文化定型"两种。她认为,该两种定型的内涵具有不同的性质:前者是行为和群体无意识事实,是本民族成员靠"自省"(саморефлексия)所感受不到的,因此是不可习得的;后者则是行为和个体无意识事实,是能够被本民族成员的"自省"所感受到的,因而是可以习得的(Уфимцева 1995:55—62);克拉斯内赫则认为定型应分为"认识定型"(стереотипы-представления)和"行为定型"两种,因为它们对人的心智分别履行着"述谓功能"(предиктивная функция)和"指示功能"(прескриптивная функция),以决定人对某情景的期待以及人应该实现的行为;而认识定型又是由"情景定型"(стереотипы-ситуации)和"形象定型"(стереотипы-образы)构成的。(Красных 2002:198—199)

　　综合上述两位学者对定型的分类,定型的结构体系大致可用以下略图表示:

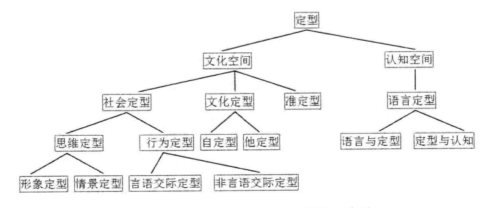

　　接下来再来审视一下定型结构与认知空间结构的关系。

　　我们已经知道,认知空间是贴有民族标签即承载着民族固化知识和认识的心理空间或心智空间。那么认知空间是靠什么建构起来的呢？俄罗斯心理语言学理论认为，认知空间"内核"的形成来源于相应的"认知结构"（когнитивные структуры/КС）。认知结构是人的大脑（意识）中信息编码和信息储存的形式；是按一定方式组织和建构起来的认知空间段。（Красных 2001：136；1998：47）该"形式"或"空间段"即是"思维的语言"或"心智图片"。正是由于人具备这种思维的语言或心智图片，才使自己有可能获得各种能力。换句话说，认知结构是生成人的能力的基础和源泉。尽管当代科学还缺乏足够的手段和方法来解开认知结构之谜，但依照心理学理论，它至少大致有两种结构类型——"现象学认知结构"（феноменологические КС）和"语言学认知结构"（лингвистические КС），理由是：认知结构不仅包含着关于世界的一切信息（知识和认识），同样也包含着语言本身以及关于语言的各种知识。认知结构是内隐的，如果要使该内隐结构"外化"，唯一的方法和途径就是设法将认知结构客体"激活"，即将其投射到语言中，使其"语言化"或"实体化"，而激活的"中介"要靠语言学认知结构来完成。

　　克拉斯内赫等学者在审视"先例现象"（прецедентный феномен）时曾提出认知空间的"三维结构"，即"个体认知空间"（индивидуальное когнитивное пространство/ИКП）、"群体认知空间"（коллективное когнитивное пространство/ККП）、"认知基体"（когнитивная база/КБ）的假说。那么，定型究竟属于认知空间结构中的哪个层面呢？从上述所做的阐释及界说中已不难找到答案：从根本上讲，定型作为群体或民族的某种"心智图片"，或关于世界知识和认识的"民族决定的""最低限度的"恒量，只能属于认知基体，因为认知基体不仅是个体认知空间和群体认知空间的"内核"（ядро），也同样是认知空间的核心。当然，对社会定型的某些方面还要做些具体分析。由于现实生活中社会定型容易受到个体认知和群体认识的影响，如年龄、性别、职业、文化程度不同等因素，人的思维定型和行为定型也就不可能全都一致，所以，社会定型有的属于个体认知空间，而有的则属于群体认知空间。

4.4　言语交际与民族文化定型

　　言语交际作为一种行为，是人类最常见的交际方法，它受到一系列相关因素的制约，并要共同遵守一定的原则和方法方能进行。在各种制约因素中等值理解与表达,或对等的编码与解码是达成交际目的的首要条件。这不仅与交际者的发音、语法和词汇知识及技能有关,且受限于相应的民族心理、民族传统和民族文化规约,而后者即是"民族文化定型"所要研究的主要内容。

上文已经提到,所谓"民族文化定型"即"文化定型",它可分为"自定型"和"他定型"两种类型:前者是某群体对自身的定型观念,后者是某群体对他群体的定型观念。但从言语交际尤其是跨文化交际角度来审视民族文化定型,俄罗斯学界则有更加详细的分类。如:

阿鲁久诺夫(C. A. Арутюнов)从语言与文化相互关系角度将跨文化言语交际分为四种类型:

1) 双文化/双语(бикультуризм/билингвизм);

2) 双文化/单语(бикультуризм/монолингвизм);

3) 单文化/双语(монокультуризм/билингвизм);

4) 单文化/单语(монокультуризм/монолингвизм)。(Арутюнов 1978:3—14)

尼科拉耶娃(Т. М. Николаева)从交际双方的相互关系角度将自定型/他定型(свой/чужой)细分为另外四种类型:

1) 单语自定型(своё для своих);

2) 单语他定型(чужое для своих);

3) 双语自定型(своё для чужих);

4) 双语他定型(чужое для чужих)。(Николаева 1995:84)

普洛霍罗夫从对外俄语教学——即教授与学习一种新语言、新文化的角度来审视定型问题,提出了旨在揭示学与教相互关系的四种定型(前项指"所学语言/文化",后项指"母语/文化"):

1) 单文化/双语——单文化/双语;

2) 双文化/双语——单文化/双语;

3) 单文化/双语——双文化/双语;

4) 双文化/双语——双文化/双语。(Прохоров 1996:105)

第一种类型是"双语自定型—双语自定型"(своё для чужих-своё для чужих)间的交际。交际双方都懂得对方的语言,但他们之间的交际都是单文化的,即没有摆脱各自民族文化的定型。此类交际亦可称为"跨文化干扰型"

（тип межкультурной интерференции），它无法感知和掌握对方新的语言/文化，因此也就难以达成交际目的。

　　第二种类型是"双语自定/他定型—双语自定型"（своё/чужое для чужих-своё для чужих）间的交际。交际双方都懂得对方的语言，其中学习者能在民族文化自定型基础上兼顾对方的民族文化定型，而教授者则只使用自己的民族文化定型。从学习的角度看，他们的行为可称作"跨文化趋同型"（тип межкультурной конвергенции），交际中能感悟到交际双方言语行为的民族文化差异，因而能利用所学语言/文化来趋同于对方。

　　第三种类型是"双语自定型—双语自定/他定型"（своё для чужих-своё/чужое для чужих）间的交际。双方都懂得对方的语言，学习者在交际中只使用自己的民族文化定型，而教授者则能同时兼顾教学对象的民族文化定型的某些特点。从学习的角度看，此类交际行为又可称为"跨文化趋异型"（тип межкультурной дивергенции）。学习者对所学语言中的民族文化内涵及特点缺乏感悟力，因此容易使交际产生偏误或偏异。

　　第四种类型是"双语自定/他定型—双语自定/他定型"（своё./чужое для чужих-своё/чужое для чужих）间的交际。交际双方都懂得对方的语言，言语行为都能按照需要或运用自己的民族文化定型，或运用对方的民族文化定型，因此又可称为"跨文化融合型"（тип межкультурной конгруэнции），即能在两种定型中之间作出选择或取舍，以调节各自的言语行为，达成交际目的。

　　毋庸否认，普洛霍罗夫从对外俄语教学角度提出的民族文化定型的类别具有一定的借鉴意义。如果我们把教学的实质界定为师生主体间的"交际"，那么教学过程本身就是师生之间的一种交际行为。在这种交际行为中，师生之间交际目的的达成必须符合上述第四种类型，即跨文化融合，反之则容易造成误解或曲解。然而，普洛霍罗夫的观点也只是"一厢情愿"。从俄罗斯对外俄语教学界的现状看，他所设定教学双方都懂得双方的语言/文化这一点是不切合实际的。事实上，从事对外俄语教学的教师有相当的部分甚至绝大多数不懂得所教对象国的语言/文化，因此，第二种类型恐怕才是俄罗斯对外俄语教学中最为典型或常见的。总之，俄罗斯学者对定型理论的研究，不仅揭示了操俄语者的语言世界图景、语言个性以及语言意识的若干特点，更为我们展示了语言与文化、语言与意识以及语言与行为研究的新视角、新方法。定型作为一种心智图片,其本身就蕴含着心理符号的特性,而俄罗斯学界在文化空间和认知空间对该特性所做的分析或阐释,可以说是世界符号学领域独一无二的,因此而具有独特的符号学价值。

第5节　先例理论研究

先例理论与上文中评析的语言意识理论、语言个性理论和定型理论等密切相关,因此有必要将其置入心理认知主义范式内进行审视,以从民族心理和跨文化交际等视角探讨操俄语的人的语言主体意识的形成机理问题。

5.1　先例和先例现象

俄语中"先例"一词,源自拉丁语 preccedens,意为"以前发生的事""以前说过的话"等,汉语中将其定名为"先例"或"前例"——通常被解释为"已有的事例"或"可以供后人援用或参考的事例"。由该普通名词演变过来的语言学术语"先例性"(прецедентность),基本保留了原样的含义,只是将汉语的解释合二为一,表示"已有的可以供后人援用和参考的事例"。

俄罗斯学界最早开始对"先例性"进行系统研究的学者是著名心理语言学家卡拉乌洛夫。1986 年,他在"语言个性"研究中提出"先例文本"(прецедентны текст/ПТ)的术语。(见 Караулов 1986)次年,他又对"先例文本"的性质和特征做了比较全面的界说:(1)对某语言个性在认知和情感方面有意义的文本;(2)具有超个性性质的,即该个性周围的人(包括其前代人和同代人)广为熟知的文本;(3)在该语言个性话语中多次重复出现诉求的文本。(Караулов 1987:216)卡拉乌洛夫在进行上述界说时,还特别强调了先例文本的来源及范围所涉及的三个问题:(1)不能认为先例文本仅源自文艺作品,实际上早在文艺作品问世之前就以神话、传说、口头诗歌作品等形式存在于世界或本民族的文化之中;(2)当代文本的形式多种多样,如除了文艺作品外,可以成为先例文本的还有圣经文本和口头民间创作,如笑话、童话故事、寓言故事等;(3)先例文本又确与文艺作品的体裁有关,如报章小品文以及应用文等就难以归入先例文本的范围,原因是这些文本不是由于存在的短暂性而信息量的不足,就是缺乏认知和情感意义。(Караулов 1987:216—217)对于上述界说,可以用"认知和情感意义""超个性""广为熟知""诉求中复现"等要素予以概括,这些要素成为后来研究者们依照的主要参数。

显然,卡拉乌洛夫所说的先例文本,应该是狭义的,仅限定在"社会共体"(социум)或"民族共体"(этнос)层面的概念。在我们看来,广义的先例文本应该包括:(1)全人类先例文本(общечеловеческий ПТ);(2)民族先例文本(национальный ПТ);(3)社会/民族共体先例文本(социумный/этнический ПТ);(4)群体先例文本(групповой ПТ);(5)个体先例文本(индивидуальный ПТ)等。这是因为:文化是民族的,也是全人类的,尤其是文化遗产,更具有跨民族的性质,如不朽的文学作品和经典著作(包括哲学、文化学、语言学、心理学、美学方面)等就是全人类共有的精神财富。如,实验材料也表明,先例名"哥伦布"(Колумб)在俄罗斯的知名度比本国历史上著名的农民起义领袖斯捷潘·拉辛(Степан Разин)还要高出 18%(分别为 97% 和 79%)(Гудков 1998:85);在一个和谐的多民族国家里,语言和文化相互渗透、彼此包容,由此而产生了具有全民族性质的先例文本,如我们常说的"美国文化""俄罗斯文化"等,就属此列,因此这里所说的"民族"具有"民族文化共体"(национально-культурное сообщество)的性质;社会或民族共体先例文本的概念是最为显现的,也是最容易被理解和接受的。但该社会或民族共体已有别于上述"民族文化共体"的概念,它只限定在虽属不同民族但却操同一种语言而组成的社会共体的范围之内,如俄罗斯的很多少数民族同样操俄语,他们和俄罗斯族之间就构成了统一的社会共体,用心理学的术语说就是"心智语言复合体"(ментально-лингвальный комплекс);群体的概念还比较笼统,还应该细分为"大群体"(макрогруппа)和"小群体"(микрогруппа)两类,前者如"年轻人先例文本"(молодёжный ПТ)、"大学生先例文本"(студенческий ПТ)、"作家先例文本"(писательский ПТ)等,后者如"家庭先例文本"(семейный ПТ)、"夫妻先例文本"(супружеский ПТ)等;个体先例文本的形式是存在的,但由于先例是建立在群体以上等级的文化和意识之中的,具有"超个体"的性质,因此不属于先例现象讨论的范围。此外,卡拉乌洛夫对先例文本所作的某些解释也值得商榷,如一些在时间上虽然相对"短暂"(在新一代人成长起来前已经不再使用),同时也不为该语言个性的前代人"广为熟知"的文本,我们认为同样也具有先例性,如某时期有代表性的广告、笑话、口号等。它们的先例性是建立在具有文化价值文本基础上的"回想文本"（реминисценции），这种回想曾经常被使用在当时的话语中。因此，有学者将广义的先例文本界定为"对一定文化群体有价值的、具有完整性和连贯性特点的任何符号单位"。（Слышкин 2000：28）

　　在卡拉乌洛夫提出先例文本的概念之后，俄罗斯学界尤其是心理语言学界掀起了一股研究文本先例性的热潮，一大批学者，如索罗金、普洛霍罗夫、克拉斯内赫、米哈列娃（И. М. Михалева）、科斯托马罗夫（В. Г. Костомаров）、布尔维科娃（Н. Д. Бурвикова）、叶芙久金娜（А. А. Евтюгина）、扎哈连科（И. В. Захаренко）、古德科夫（Д. Б. Гудков）、斯雷什金（Г. Г. Слышкин）、皮库列娃（Ю. Б. Пикулева）等，先后从不同学科和不同视角对先例性问题进行了全方位、多层面的审视，从而进一步深化了学界对该现象的概念、形式、功能、意义的认识。如，索罗金、米哈列娃就认为，先例文本既是语言的某些微观和宏观的脚本结构单位，又是为建立审美类型形象中的某些选择特征：前者在脚本结构中展示认知—情感和价值关系，后者对原文本和外来文本进行区分。（Сорокин，Михалева 1993：113）科斯托马罗夫、布尔维科娃则认为，先例文本可以理解为借助文化记忆并通过语言棱镜了解人类生活价值的单位。（Костомаров，Бурвикова 1994：76）叶芙久金娜也指出，先例文本是保存着对先前文本的文化记忆的"最小文化符号"，它履行着专门的语用功能。（Евтюгина 2000：121）还有学者认为，先例文本是一种"先例文化符号"（прецедентный культурный знак），它反映着所指的符号属性，与民族文化背景知识相关联。（Пикулева 2003：23）

　　上述学者的界说或阐释，使先例文本的概念产生了多义性。这不仅是由"文本"这一术语本身的多义性引起的，还在于"文本"是多学科研究的对象。那么，如何确定作为先例性的"文本"的含义呢？它究竟是指"话语""篇章""语篇""语句"还是"词语"？是否还包括非语言形式的文本呢？显然，这些问题如不在理论上廓清，就难以对跨文化交际、外语教学等言语实践活动彰显应有的价值。对此，斯雷什金认为，任何长度的文本都可以成为先例文本：从谚语或警句名言到叙事文学，先例文本除了语言成分外，还应该包括标语、连环画、电影等图像和影像。（Слышкин 2000：28—30）克拉斯内赫也同样提出语言的和非语言的都可以成为先例性的看法，前者如各种言语单位，后者如绘画、雕塑、建筑、音乐等。(Красных 2002:46)两位学者的表述尽管对先例文本含义界说已有深化,但仍然太过笼统,不便于言语实践中把握。为此,许多学者对先例文本作了进一步的分类。如,科斯托马罗夫、布尔维科娃在 1994 年发表的文章中就提出了"先例语句"(прецедентные высказывания/ПВ)的概念,认为任何文本中都存在"强位"(сильные позиции)成分,如标题,片段、段落、文本的起始句子以及文本的结束句子等,这些都具有先例语句的性质,因为它们承载着先例性,是文本意义的浓缩。如:Я там был,мед-пиво пил(童话结束句);Скажи-ка,дядя...(诗歌起始句),Что станет говорить княгина Марья Алексевна?(喜剧结束句)等。(Костомаров,Бурвикова 1994:74)普洛霍罗夫进一步发展了先例文本的思想,提出了"先例回想文本"(прецедентные тектовые реминисценции/ПТР)的概念。他指出,从言语交际结构看,作为语言认知现象的"社会文化定型"(социально-культурный стереотип/СКС)不应该归入先例文本之列,而应属于"回想文本";这种回想是体现在某语言文化共体的言语交际结构中的,它可以是"引文"(цитаты)——从片段到独立的词组,也可以是"名言警句"(крылатые слова),还可以是"单个的特色词语"(отдельные окрашенные слова)——包括个体的新词语、文学作品中的人物名、作品名、作家名等,更可以是直接或间接情景回想文本。(Прохоров 1996:157)心理联想实验也证明,先例文本在被实验者中只有 0.5% 的回应率,而先例回想文本则达到 1.5%,说明后者在语言个性的意识里比前者具有更强势的地位和作用。可以认为,先例回想文本同样是一种语言单位,但由于它是语言个性意识里复现的文本,因此它不仅与普通的语言单位有区别,也与先例文本的特征不完全相同:先例文本是某群体或社会共体或民族文化共体的成员所"广为熟知的",而先例回想文本则在一定程度上还具有"个体"的性质,因为回想文本是"对先前建立的文本的任何引文",也就是说,这样的引文可能并不取决于该群体、社会共体或民族文化共体的其他成员是否知晓。(Прохоров 1996:157—158)此外,克拉斯内赫、古德科夫(Д. Б. Гудков)、扎哈连科(И. В. Захаренко)等学者还在先例文本的基础上,先后提出了"先例名"(прецедентное имя/ПИ)、"先例情景"(прецедентная ситуация/ПС)等新概念:前者指与广为熟知的文本或先例情景有关联的、属于先例性的个体名——包括人名、民族名、地名、事物名等,如犹大(Иуда)、伊凡雷帝(Иван

Грозный)、犹太人（еврей）、库利科沃原野（Куликово поле）等；后者指与一定文化伴随意义的组合相关联的标准的或典型的情景，如"霍登惨剧"（Ходынка）、"混乱时期"（Смутное время）等。成为该情景的可以是先例语句或先例名，以及其他非先例性现象，如苹果、诱惑、驱逐等引起的情景等。（Гудков 1997：106—118；Красных 2002：46—48）

上述学者对先例性结构的分析和阐释，不仅极大地拓展了先例性研究的学术视野和范围，也为发展和完善先例性理论奠定了学理基础。在对先例文本研究中出现的纷繁多样的术语概念进行理论思维并使之系统化的过程中，有一个新的术语受到学界的特别关注，那就是"先例现象"（прецедентный феномен/ПФ）。该术语是以克拉斯内赫、古德科夫、扎哈连科等为代表的一批年轻学者提出来的。他们在 1996—1998 年间多次举行的"文本与交际"讲习班上，不断对已有先例理论进行修正和补充，并从心理语言学的角度提出了较为完整的"先例现象"理论的结构体系：

$$
先例现象（ПФ）
\begin{cases}
先例文本（ПТ）\\
先例语句（ПВ）\\
先例情景（ПС）\\
先例名（ПИ）
\end{cases}
$$

归纳他们在不同著作和文章中的观点，可以对该体系作出如下解释：

1）先例文本——完整和自足的言语思维活动产品，（多）述谓性单位；复杂的符号，其成分"意义"（значение）之和与其"意思"（смысл）不相对称；为该语言文化共体的每一个成员所熟知；在交际中通过与该文本相关联的语句和象征多次得以复现。如文学作品《叶甫盖尼·奥涅金》（«Евгений Онегин»）、《博罗季诺》（«Бородино»）、《战争与和平》（«Война и мир»），歌曲《莫斯科郊外的晚上》（«Подмосковные вечера»）以及政治和政论文本等。

2）先例语句——再现的言语思维活动产品、完整和自足的具有或不具有述谓性的单位（句子或词组）、复杂的符号，其成分意义之和与其意思不相对称。属于该语句的有各种性质的引文——包括引文本身（文本片段）、作品名称、一个或若干语句的完整复制以及谚语等。

3）先例情景——由先例语句或先例名引发并具有某种伴随意义的标准和典型情景。如"犹大"作为先例名具有象征意义，由此引发出"标准"的叛变情景以及叛变的其他特征——告密、可耻等。

4）先例名——与先例文本、先例情景的名称有关的个体名，包括人名、地名、事物名、民族名，如"切尔诺贝利核电站"（Чернобыль）、"茶炊"（самовар）等。（Красных 1998：54—76；Гудков 2000：53—56；Захаренко 1997：93—99）。

上述学者对先例现象结构的构建有以下两个特点：一是并没有包括"群体先例现象"这一层级的内容。作为哲学概念的先例现象，并不是流离或独立于先例文本、先例语句、先例情景和先例名等之外的新事物，而是将它们各自的理论综合化、系统化、理论化的结果，因此先例现象的类型也应该如广义的先例文本一样分为四种类型比较科学。二是在上述四种先例现象中，属于纯语言性质的是先例语句和先例名，其他两种则具有"混合的性质"，也就是说，先例情景和先例文本既可以是语言的，也可以是非语言的。作为文化符号的非语言先例现象，需要进行实体化或语言化后才能进入"文化的语言"系列，即通过语言手段的某种修饰或象征后，其"感知恒量"（инвариант восприятия）才能被现实化。

5.2　心理认知视角对先例现象的阐释

毋庸置疑，先例现象研究首先是属于心理认知范畴的，因此，俄罗斯学界从该视角对先例文本、先例语句、先例情景和先例名的心理机制、认知结构等进行了较为全面的分析和阐释。

我们知道，人作为社会化的产物，具有反映社会现实的主观能动性。每一个"说话的人"或"语言个性"都无不在自己的大脑（意识）中打上民族文化的烙印，这个烙印就是"世界知识和认识的组合"（наборы знаний и представлений о мире）[21]，它们构成了该民族相应的"文化空间"。在这里，"认识"和"世界"都是哲学术语：前者指人的大脑（意识）对客观世界的反映，后者指客观事物或客观现实。那么，客观现实和意识到底是一种怎样的关系呢？哲学认为前者是第一性的，后者是第二性的；心理学把意识解释为"由人类活动产生的特殊内在运动"，是"主体对现实、主体活动以及主体自身的反射"（Леонтьев 1975：13,97）；意识既是客观现实的反映，也同时进入客观现实。也就是说，意识的"内容"是客观现实的"理念方面"（идеальная сторона）。克拉斯内赫对此曾用"鱼""养鱼缸"和"水"的关系来做形象的比喻：鱼离不开水，但鱼和水并不是同一种物质，如果我们把养鱼缸比作"意识"的话，那么水就是"理念方面"，而鱼则是该理念方面的某种成分。（Красных 2002:35—36）那么，又怎样解释"理念方面"呢？现代心理学把人的意识中理念方面的这些成分称为"心智事例"（ментефакты）。克拉斯内赫认为，心智事例作为人的意识中形成的关于世界知识和认识的理念形象，是一个多层级的结构体系。在第一层级，它可一分为三——知识、观念和认识，即：

$$心智事例（ментефакты）\begin{cases}知识（знания）\\观念（концепты）\\认识（предсдавления）\end{cases}（Красных 2002:36）$$

知识是一种信息或内容单位，是以一定方式构成的结构和等级系统；知识的获得主要靠人的记忆（如靠学习获得数理化知识等），而不是智力创造，因此可以说知识已经脱离开人的意识而构成了记忆的一部分；知识不是偶然事例的联合，而是有序信息体系的组合；观念"犹如人的意识里的文化凝聚块，文化是作为凝聚块进入人的心智世界的"。（Степанов 1997:40）也就是说，观念作为思维单位，是人的大脑（意识）里对客观世界的观念表达。认识与知识和观念不同：从本质上讲，如果说知识具有客观性质的话，那么观念和认识都具有主观性的特征；如果说观念是对客观世界表征中形成的思维或心智单位的话，那么认识则是客观世界在人的意识里再现的表象。请看三者的区别：

知识	观念	认识
由"信息单位"组成	思维单位，涉指范围广泛	表征为广义的"形象"
具有"个体"和"群体"性质	具有"个体"性质	具有"个体"和"群体"性质
具有"公理性"，不需要证实	具有"抽象性"，可以推导出"原型"	具有"理论性"，需要论证
以"展开的形态"储存	以"完形"和"命题"的形式储存	以"浓缩的形态"储存
需要靠记忆，没有伴随意义，具有"理据性"	有聚合体层面，需要语言化表征	包括评价和伴随意义，具有"直觉性"

如上所说已经能够比较清楚地看出，先例现象无论是作为对某语言个性在认知和情感方面有意义的文本，还是作为言语思维活动的产品，它都是通过"认识"而获得的（当然绝不是说先例现象与观念无关，恰恰相反，先例现象作为人的"心智图片"和语言化的"文化的语言"，观念同样是其运作的单位）。因

此,先例现象与定型一样,也凝聚着关于世界的知识和世界的形象。这样,又得出如下结构:

$$
\text{心智事例—认识—先例现象（ПФ）}
\begin{cases}
\text{先例文本（ПТ）}\\
\text{先例语句（ПВ）}\\
\text{先例情景（ПС）}\\
\text{先例名（ПИ）}
\end{cases}
$$

那么,先例现象在人的心理认知结构中到底处在怎样的地位呢?

我们知道,世界的知识和认识不仅具有个体的性质,也具有群体和社会或民族共体的性质。显然,先例现象就具有上述的性质,既有个体性质的,也有群体性质的——社会共体和民族。[22]据此,克拉斯内赫等学者从上述三种知识和认识中推导出三种不同的认知空间,即上文中提到的"个体认知空间"(指某语言个性按一定方式建构起来的关于世界知识和认识的总和);"群体认知空间"(指某社会共体按一定方式建构起来的关于世界知识和认识的总和);"认知基体"(指某民族文化共体按一定方式建构起来的"必备的"关于世界知识和认识的总和)。(Красный 1998:45;Гудков 2000:53—54;Захаренко 1997:92—93)

先例现象作为反映在人意识里关于现实世界的"心智图片",按照卡拉乌洛夫的说法,它本质上具有该民族文化共体"广为熟知"和"超个性"的性质,因而它对民族意识(包括语言意识)的形成起着重要的作用。如果用它作为"标尺",可判断某民族文化共体成员的行为模式及其价值等级等,因此先例现象无疑属于"认知基体"的构成要素。虽然从总体上讲,先例现象同时具有个体和群体的性质,但就认识组合的内核而言,显然具有超个体的性质。但是,这并不是说所有先例现象都是以相同的形式储存在人的认知基体中的。有研究表明,属于语言性质的先例语句和先例名由于在言语中可以直接并多次地复现,其对现实世界的表征反映着该民族对先例性的认识,从而构建起相应的语言世界图景,因此它们是直接储存在民族文化共体的认知基体里的;而既属语言的又属非语言性质的先例文本和先例情景,由于它们中非语言的部分需要"语言化"后才能够显现其对世界的认识,因而它们是以感知恒量的样式储存在认知基体里的。该感知恒量如果不被语言"激活",即附加必要的区分标志或限定成分,在跨文化交际中就难以具有"先例性"。比如,由先例名"犹大"引发的先例情景的区分标志就有："得到信任的人的可耻行为""告密行为""因叛变而得到奖赏"等;限定成分有："犹大之吻""为三十个银币而叛变耶稣"等。(Гудков 2000:54—56)因此,要使情景具有先例性(交际双方所共知),许多情形下需要对该情景的来龙去脉作出交代——或转述或讲述,而这种"交代"是信息的"浓缩",通常用 *Я имею в виду...*(我说的是……)*Представьте себе ситуацию*(请想象这样的情景……)等句型,这就是语言化——对先例情景感知恒量的语言化表达。

5.3　跨文化交际视角对先例现象的阐释

跨文化交际视角对先例现象的阐释,首先会涉及文本、语句、情景和名称等是如何在言语生成和理解过程中成为"先例性"的,以及先例现象的来源等;其次,还要还会涉及先例现象在交际尤其是跨文化言语交际中都有哪些功能和意义。

对于第一个问题,不妨首先来考察一下先例文本的"存在"(существование)和"诉求"(обращение)方式。卡拉乌洛夫认为,世界上所有文本的存在和诉求方式都不外乎以下三种:一是"自然方式"(натуральный способ),即文本以"原生形式"为读者或听者所接受,并成为他们感知、反应和理解的直接对象;二是"再生方式"(вторичный способ),即由原生文本转换为其他的艺术形式,如转换成剧本、电影、戏剧、雕塑、绘画等,这样的文本依然是用于直接感知的,或是由原生文本引发的再一次的思考;三是"符号学方式"(семиотический способ),即它对原生文本的诉求是靠"暗示"(намёк)、"参阅"(отсылка)等实现的,因此在交际过程中复现的是整个原生文本或带有某情景、某事件的文本片段(即文本的"浓缩形式")。这时,整个文本或片段就是一个完整的表义单位。(Караулов 1987:217—218)的确,任何形式的文本都具备前两种存在和诉求方式,而第三种具有符号学属性的方式只有先例文本才具备。对语言学家来说,在以上三种文本的存在和诉求方式中,感兴趣的只是第三种,因为也只有第三种才真正具有语言的本质属性,包括社会属性、心理属性和符号属性等。在跨文化言语交际中,先例文本也正是用该方式进入交际者的话语之中的,并在交际的"智力—情感场"(интеллектуально-эмоциональное поле)显示其现实的意义。

　　从文化认知视角看,先例现象的形成与文本、语句、情景和名称所具有的
"文化伴随意义"有密切的关系。研究表明,伴随意义无不具有鲜明的先例性。
所谓伴随意义,通常指隐含在该民族文化共体文化中的、通过联想获得的具有
情感和评价性质的意义的总和。理论上讲,语言中任何称名单位都可以具有
一定的伴随意义,包括文本、语句和人名、地名、事物名等。在跨文化言语交际
中,该伴随意义起着"语用预设"的作用,也即所谓的"先例性"。如古罗马著名
将领"布鲁图"(D. J. Brutus)的名字就具有伴随意义,因为该将领曾参与反对
恺撒的阴谋活动,因此是"叛徒"的象征词;而在 *И ты, Брут*! (你是布鲁图!)
语句中,*Брут* 就是先例名,能引起对"变节"情景的联想。这种先例性直接与
语言单位的伴随意义有关,其实质为"一级伴随意义"(первичная
коннотация)。事实上,语言单位所隐含的伴随意义是非常复杂的,也是多样
的,其中有许多成分并不具备"广为熟知""超个体性"等先例性的特征。尤其
在跨文化言语交际中,伴随意义可能在原有民族文化共体的层面转化为"个
体"的性质。如,在俄罗斯小说《克里米亚岛》(《Остров Крым》)中,主人公的
名字叫安德烈·阿尔谢尼耶维奇(Андрей Арсениевич)。由于他的父名在俄
语中比较少见,因此在阅读该小说时会引起读者的不同联想:有猜想名字寓意
的(作者通常会用主人公的姓名来隐喻什么),也有把他与曾遭到政治迫害的
同名俄罗斯著名电影导演安德烈·阿尔谢尼耶维奇·塔尔科夫斯基的命运联
系在一起的。作为该小说的作者,他让主人公拥有该人名显然是"别有用意",
也就是说是有语用预设的,但并不是每一位读者都能领悟其"先例性"从而引
发读者个体性的联想。这样的伴随意义实际上与"一级伴随意义"已有很大不
同,它的先例性是靠"先例回想文本"(ПТР)来实现的,这种伴随意义可以称
为"二级伴随意义"(вторичная коннотация)。

　　普洛霍罗夫认为,先例回想文本是交际中常见的现象,因此应该成为跨文
化交际研究的对象之一。他提出,先例回想文本的实质是一种"民族文化定
型",它在言语中的使用与语言个性的语言认知层级有关,也就是说,它所具有
的该民族的语言文化属性,在言语交际中是以定型化的形式存在、并在"标准
的言语交际情景中"得以体现的。(Прохоров 1996:155—161)显然,先例回想
文本是建立在对先例文本的观念诉求基础上的,它在跨文化言语交际中的使
用通常要符合以下三个条件:(1)说者对文本回想的有意识性;(2)听者熟知原

生文本,并能够辨别出是对原生文本的参阅;(3)说者的语用预设不超出听者的知识和认识范围。也就是说,话语的发出者要有意识地对先例文本进行诉求,并要对话语接收者是否具备文本回想的知识和能力进行预测。如果违反第一个条件,即说者在言语中使用先前已掌握的文本时是无意识的话,那么该文本就不具备先例性质了,而就变成了语言定型(语言定型是无意识的);而如果违反第二个条件,既听者的言语不能对说者的文本情景作出反应,那么原生文本就失去应有的情感或价值意义而变成普通的语言单位了;如果违反第三个条件,那么先例回想文本就会变成"普通回想文本"(обычные тектовые реминисценции),它所复现的已经不是先例文本,而是伴有说者附加说明的普通文本。这样的附加说明通常会使用解释语,如 *Знаешь...*(你可否知晓……),*Я имею в виду...*(我指的是……)*В сущности, что...*(实质是……)等,也可在言语中使用反诘句,如 *Откуда это?*(哪里知道这些的呢?)等,来解释所引用的典故。

对于第二个问题,先例现象对跨文化言语交际的作用和影响是十分显然的,因为先例性对正确使用和理解话语所隐含的民族文化语义从而达成有效交际具有一般话语所无法替代的功用。归纳起来,先例现象在跨文化言语交际中的功能主要有以下几种:

1)"称名功能"(номинативная функция)。它首先和普通语言单位一样,具有称谓和切分现实片段并赋予其概念的功能。如:...*Время было к обеду, и кладовщика уже не смогли бы найти никакие Шерлок-Холмсы*(……已到吃午饭的时候了,就是福尔摩斯也找不到仓库管理员了)。此处的福尔摩斯首先是称名,之后才显示其隐含着的"神探"的伴随意义;

2)"说服功能"(убеждаюшая функция)。在言语交际中使用先例现象,目的是要增加自己话语的权威性,并使对方信服自己的言论或观点。尤其是在争论或辩论性话语中,引经据典是常用的手法。如:

　　——*Я могу никого не бояться, товарищи. Нико-го. Что хочу, то и сделаю...Я сейчас в Кремль позвоню...Позвоню...и кого-нибудь там изругаю по-матерному...*(我现在谁也不怕,同志们,谁也不怕,想怎么做就怎么做……我现在就给克里姆林宫打电话,立刻就打,用粗野的话骂那里的人……

——Кремль？... Позвоните кого-нибудь самого главного. Ну тогда передайте ему от меня, что я Маркса прочёл и мне Маркс не понравился. (Эрдман)（克里姆林宫？你给那里的主人打电话吧，请转告他，就说我读过马克思的书的，我不喜欢马克思。）

上述话语中使用的"克里姆林宫"和"马克思"分别代表"最高当局"和"最高权威"，说者是想利用该先例名来增强话语的权威性，以使对方信服自己的观点。

3）"嬉戏功能"（игровая функция）。跨文化言语交际中，正确地表达自己的思想固然重要，但表达思想的方式往往更重要，使用先例现象就是"语言游戏"的一种方式，它在许多情形下可以起到活跃气氛、联络感情、拉近交际心距的功效。如：

——Ты гений，Витенька.（维捷卡，你真是天才。）
——Я гений——Ломоносов.（我是天才，像罗蒙诺索夫。）

4）"密语功能"（парольная функция）。先例现象具有区分"自己人"和"外人"、"好人"和"坏人"的功能，因为先例性从本质上讲是属于民族文化共体的，无不具有本民族心理的特质。如：

——Как ты не понимаешь——Он просто страшный！ Он похож на Урию Гипа...（你怎么不明白，他是一个可怕的人！他像乌利娅·基普……）

Я притворился，что знаю，кто такой Урия Гип и сказал многозначительно.
——А—а.（我假装知道乌利娅·基普是何人，便意味深长地说：哦，是她啊。）[23]

需要特别说明的是，跨文化言语交际中先例性对不同社会共体或群体的人，甚至对不同职业、不同年龄和文化程度的人而言，其功用是有差别的。比如，有实验证明，不同年龄段的人对"灰姑娘"（Золушка）形象的先例性认识就有很大不同：8—9岁段是"最可爱、最温柔"；13—14岁段是"听天由命"；19—20岁段是"受气包"；成人段是"有耐力、勤劳"。（Хрусталева 2001:71—77）

　　跨文化交际视角的先例现象研究,不仅有助于深化对语言材料本身以及语言材料中反映的文化事例的认识,更可以作为独立的方法,对言语交际的各个方面(尤其是对作为先例文本的经典文学作品的分析)作出新的解读和阐释,以在语言、文化、认知心理的结合上得出不同于传统的新结论。

　　总之,先例与定型一样,都是一种特定的社会和心理现象。从符号学角度看,先例现象本身就具有鲜明的心理符号的性质,无论是先例文本、先例语句、先例情景还是先例名,都是在某一历史时期生成的并贴有民族心智标签的文化符号,它们反映着所指的符号意义,尽管这种意义对操本民族语言的人来说可能是一种集体无意识,而对于异民族和异语言的人来说却是现实存在并难以准确感知的心智图片,因为它集中反映着某民族或某社会共体或群体的心理认知模式及情感和认知意义。因此,先例现象就成为俄罗斯符号学研究中心理认知主义范式不可或缺的一个重要方面。

注释

1. 认知心理学最早的著作是 1966 年美国心理学家勃鲁内(Джром Сеймур Брунер)出版的《认知发展研究》(*Studies in Cognitive Growth*),这被学界认为是认知心理学兴起的发端。

2. 我们把 A. A. Леонтьев 称之为"小列昂季耶夫",是相对其父亲、俄罗斯心理学领域"活动论"的奠基人之一"老列昂季耶夫"(A. H. Леонтьев,1903—1979)而言的,以示区别。

3. 莫斯科心理语言学派主要是由围绕"言语活动论"所展开学术活动的学术群体,由于其骨干成员大多为俄罗斯科学院语言学研究所心理语言学和交际理论研究组以及莫斯科大学的学者,因此小列昂季耶夫本人将其称为"莫斯科心理语言学派"。该派的主要成员除小列昂季耶夫本人外,还有阿胡金娜(Т. В. Ахутина)、齐姆尼亚娅(И. А. Зимняя)、弗鲁姆金娜(Р. М. Фрумкина)、沙赫那罗维奇(А. М. Шахнарович)、塔拉索夫(Е. Ф. Тарасов)、索罗金(Ю. А. Сорокин,1936—2009)、德里德泽(Т. Д. Дридзе,1930—2000)等。

4. 事实上,小列昂季耶夫本人对心理语言学的对象曾下过多次定义(1969年两次,1989年和1996年又分别各一次)。这主要是由学科不断发展之需要所决定的。1969年所下的两个定义,是针对俄罗斯心理语言学的最初学术样式——"言语活动论"而下的;后来该学科得到空前的扩张,发展成为真正具有综合性质的心理语言学范式,因此小列昂季耶夫对定义又作了两次修订。

5. 如果说在该两种实验方法中俄罗斯心理语言学研究有什么特色的话,我们认为当属"间接实验法"中的"联想法"。俄罗斯心理学家开展的联想实验取得举世公认的成就,如出版了两卷本的《俄语联想词典》等。该方法的新颖之处在于充当"刺激物"的不仅仅是中性词形

（如单数名词第一格、动词不定式等），还扩展到所有词形。这样，获得的就不仅是词汇的信息，还可以获得心理语言学语法的信息。

6. 这里所指的心理语言学基础主要指维果茨基创立的"文化历史心理学"（культурно-историческая психология）学派的学理和传统，其核心是"活动论"；语言学基础主要源自本国传统的三大学派——"哈尔科夫语言学派"（Харьковская лингвистическая школа）、"喀山语言学派"（Казанская лингвистическая школа）和"彼得堡语言学派"（Петербургская школа в языкознании）的相关理论和学说，尤其是后者的代表人物谢尔巴的语言现象"三层面"说；生理学基础主要源自巴甫洛夫（И. П. Павлов, 1849—1936）的高级神经活动生理学（физиология высшей нервной деятельности），别赫杰列夫（В. М. Бехтерев, 1857—1927）的"反射学"（рефлексология），伯恩斯坦（И. Я. Бернштейн, 1896—1966）的"运动和能动性生理学"（физиология движения и активности）等。（见赵爱国 2012: 415—422）

7. "活动解释原则"是普通心理学活动论用于对言语进行分析的一种"解释图式"（объяснительная схема），其学理形成于哲学，后首先被洪堡特用于语言学的研究。从本质上看，活动论的目的就是对活动解释原则作出科学的阐释。

8. 该"未来模式化"的概念即伯恩斯坦提出的"未来模式"（модель будущего）。他认为，运动生理学中的"任意运动"（произвольное движение）的产生和实现，是由若干阶段构成的一个序列，即：对情景的感知和评价、确定能动性会发生何种情景、应该做什么、怎样做等四个阶段，其中后两个阶段构成了解决规定任务的程序。显然，为了求得未来（第二阶段），大脑不仅应该有反映现实的能力，而且还要有建构未来情景模式（所希冀的未来模式）的能力。（Бернштейн 1966: 288）

9. 有关维果茨基、卢利亚、任金的心理语言学理论学说，请参见本著的第七、九章的相关评析。

10. 在小列昂季耶夫的言语生成理论中，"动机"和"意图"（定向）是不属于心理语言学模式范畴的，因此他在这里从心理语言学本身的言语生成的第一阶段即"内部编程"开始论述。

11. "言语感知"和"言语理解"在一些学派的理论中是两个不同的概念，如库勃里亚科娃（Е. С. Кубрякова, 1927—2011）在认知语言学研究中就对此作了严格的区分。但从总体上看，莫斯科心理语言学派的几位代表人物则视其为同一概念。

12. 在这里，小列昂季耶夫再一次强调了"启发式"的重要性。他在言语活动论学说和言语生成理论中曾多次强调"启发式原则"，可见，该原则是贯穿于莫斯科心理语言学派的整个学术之中的。

13. 小列昂季耶夫在这里借用了俄罗斯著名哲学家、符号学家巴赫金（М. М. Бахтин, 1895—1975）的"复调"理论，对语篇的内容结构进行多层级的审视。

14. 从这些论述看，在语言个性的"零层级"中，依然可以体现出鲜明的民族个性，这与卡拉乌洛夫本人先前的观点有矛盾之处。

15. 其中，作为语言学家的卡茨涅尔松曾在 1972 年出版了重要著作《语言类型学与言语思维》(《Типология языка и речевое мышление»),提出了言语思维视角的言语生成模式,即由"言语思维层级"(语义层级)、"词汇—词法层级"和"发音层级"构成的完整系统。

16. 在俄罗斯,"语言意识"问题主要属于心理语言学或民族心理语言学的研究范围,而在西方学界则属于"语言知识"(знание о языке)研究,即第三代心理语言学——认知心理语言学中的核心概念和内容之一。

17. 目前学界对"特维尔心理语言学派"的提法仍有争议。不少学者(包括莫斯科心理语言学派的创始人小列昂季耶夫本人在内),都将该学派看作是莫斯科学派的一个分支,认为扎列夫斯卡娅的学说是建构在莫斯科学派"言语活动论"学理基础之上的;但学界多数学者都认为扎列夫斯卡娅及其团队的研究别具一格,已经形成了自己的学派。

18. 关于 ментальный лексикон 这一术语的定名问题,学界并不一致。国内学者许高渝等将其译为"心理词典"。为避免引起歧义,我们将其译为"心智语汇",指词汇意义在人的心理表征。

19. "言语组织"的概念是彼得堡语言学派的奠基人谢尔巴在其经典著作《论语言现象的三层面和语言学中的实验》中提出来的,他认为言语活动是受个体的心理生理的言语组织制约的、具有社会性质的说话和理解的过程,是一种复杂的、综合的活动。

20. 此处所谓的"文化的语言"即"文化的符号"的意思。

21. 此处的 представление 一词在心理学中的概念是"表象",即"经过感知的客观事物在人的大脑(意识)里中再现的形象"。但我们认为位于人的心智事例中的 представление 是个综合或广义的概念,即包括心理学的"表象",也包括普通语义学中的"概念""形象"等,甚至还包括一定的伴随意义。因此,它实际上是人对客观现实关系和态度的主观反映,并带有一定的感情色彩,故定名"认识"。

22. 当代认知心理学把社会共体和民族看作是两个不同的层面:前者是由某一个特征组合起来的群体,如年龄、职业、受教育程度、业务爱好等;后者是由某一组特征组合起来的群体,如语言、文化、历史、宗教等,因此"民族"也称作"民族语言文化共体"(национально-лингво-культурное сообщество)。

23. 乌利娅·基普是英国作家狄更斯小说中的人物。

参考文献

[1] Апресян Ю. Д. Образ человека по данным языка: попытка системного описания [J].// Вопросы языкознания,1995,№1,с.37—67.

[2] Арутюнов С. А. Билингвизм-бикультуризм [J].//Советская этнография,1978,№2,с.2—18.

[3] Ахутина Т. В. Порождение речи. Нейролингвистический анализ синтаксиса [M]. М. ,Изд-во МГУ,1989.

［4］Бартминский Е. Этноцентризм стереотипа：Результаты исследования немецких（Бохум）и польских（Люблин）студентов в 1993—1994 годах ［А］. // Речевые и ментальные стереотипы в синхронии и диахронии. Тез. конф. ［С］М.，Наука，1995，с. 7—9.

［5］Белянин В. П. Психолингвистика ［М］. М.，Флинта，2003.

［6］Богин Г. И. Модель языковой личности в её отношении к разновидностям текстов ［М］. Л.，Наука，1984.

［7］Виноградов В. В. Из истории слова личность в русском языке серединыXIX в. ［А］. // Доклады и сообщения филол. факультета. Вып. 1 ［С］. М.，Изв. АН СССР，1946，с. 1—3.

［8］Гудков Д. Б.，Красных В. В.，Захаренко И. В.，Багаева Д. В. Некоторые особенности функционирования прецедентных высказываний ［J］. //Вестник Московского университета. Сер. 9. Филология，1997，№4，с. 106—118.

［9］Гудков Д. Б. Межкультурная коммуникация：проблемы обучения ［М］. М.，МГУ，2000.

［10］Евтюгина А. А. Функционирование прецедентных феноменов в политическом дискурсе русских СМИ［А］. //Политический дискурс в России—4 ［С］М.，Институт языкознания РАН，2000，с. 121—123.

［11］Залевская А. А. Введение в психолингвистику ［М］. М.，Российск. гос. гуманит. ун-т，1999.

［12］Залевская А. А. Психолингвистичесие исследования. Слово. Текст：Избранные труды ［М］. М.，Гнозис，2005.

［13］Захаренко И. В. Прецедентные высказывания и их функционирование в тексте ［А］. // Лингвокогнитивные проблемы межкультурной коммуникации ［С］. М.，Филология，1997，с. 92—99.

［14］Зимняя И. А. Речевой механизм в схеме порождения речи ［А］. //Психологические и психолингвистические проблемы владения и овладения языком ［С］. М.，Изд-во МГУ，1969，с. 70—79.

［15］Зимняя И. А. Смысловое восприятие речевого сообщения ［А］. //Смысловое восприятие речевого сообщения（в условиях массовой коммуникации）［С］. М.，Наука，1976，с. 5—33.

［16］Зимняя И. А. Функциональная психологическая схема формирования и формулирования мысли посредством языка ［А］. //Исследование речевого мышления в психолингвистике ［С］. М.，Наука，1985，с. 85—98.

［17］Караулов Ю. Н. Роль прецедентных текстов в структуре и функционировании языковой личности ［А］. // VI Международный конгресс МАПРЯЛ. Доклады советской делегации

[С]. М.，Русский язык，1986，с. 105－126.

[18] Караулов Ю. Н. Русский язык и языковая личность [М]. М.，Наука，1987.

[19] Караулов Ю. Н. Русская языковая личность и задачи её изучения [А]. //Язык и личность [С]. М.，Наука，1989，с. 34－41.

[20] Караулов Ю. Н. Что же такое "языковая личность?"[А].//Этническое и языковое самосознание [С].. М.，ТОО ФИАНфонд，1995，с. 63－65.

[21] Караулов Ю. Н. Типы коммуникативного поведения носителя языка в ситуации лингвистического эксперемента [А]. //Этнокультурная специфика языкового сознания [С]. М.，ИЯ РАН，1996，с. 67－97.

[22] Костомаров В. Г.，Бурвикова Н. Д. Как тексты становятся прецедентными [J].// Русский язык за рубежом，1994，№1，с. 73－76.

[23] Костомаров В. Г.，Бурвикова Н. Д. Лигоэпистема как категория лингвокультурного поиска [А].//Лингводидактический поиск на рубеже веков [С]. М.，Информационно-учебный центр Гос. ИПЯ им. А.С. Пушкина，2000，с. 88－96.

[24] Красных В. В. Виртуальная реальность или реальная виртуальность? [М]. М.，Диалог-МГУ，1998.

[25] Красных В. В. Основы психолингвистики и теории коммуникации [М]. М.，Гнозис，2001.

[26] Красных В. В. Этнопсихолингвистика и лингвокультурология [М]. М.，Гнозис，2002.

[27] Красных В. В. «Свой» среди «чужих»:миф или реальность? [М]. М.，Гнозис，2003.

[28] Леонтьев А. А. Язык，речь，речевая деятельность [М]. М.，Смысл，1969.

[29] Леонтьев А. А. Языковое сознание и образ мира [А].// Язык и сознание:парадоксальная рациональность [С].М.，ИЯ РАН，1993，с. 16－21.

[30] Леонтьев А. А. Слово в речевой деятельности:Некоторые проблемы общей теории речевой деятельности [М]. М.，УРСС，Издание второе，2003a.

[31] Леонтьев А. А. Психолингвистические единицы и порождение речевого высказывания [М]. М.，УРСС，Издание второе，2003b.

[32] Леонтьев А. А. Основы психолингвистики [М]. М.，Смысл，Academa，Издание четвёртое，2005.

[33] Леонтьев А. Н. Деятельность. Сознание. Личность [М]. М.，Политиздат，1975.

[34] Маслова В. А. Лингвокультурология [М]. М.，Academa，2001.

[35] Николаева Т. М. Качели свободы /не свободы: трагедия или спасение [А].// Речевые и ментальные стереотипыв в синхронии и диахронии. Тезисы конференции [С]. М.，Институт славяноведения и балканистики РАН，1995，с. 100－106.

［36］Пикулева Ю. Б. Прецедентный культурный знак в современной телевизионной рекламе：лингвокультурологический анализ［D］. Екатеринбург，2003.

［37］Попова З. Д. ，Стернин И. А. Когнитивная лингвистика［M］. M. ，Восток－Запад，2007.

［38］Прохоров Ю. Е. Национальные социокультурные стереотипы речевого общения и их роль в обучении русскому языку иностранцев［M］. M. ，Педагогика－Пресс，1996.

［39］Рыжков В. А. Регулятивная функция стереотипов［A］. //Знаковые проблемы письменной коммуникации. Межвузовский сборник научных трудов［C］. Куйбышев，Пединститут，1985，с. 15－21.

［40］Сахарный Л. В. ，Сиротко－Сибирский С. А. ，Штерн А. С. Набор ключевых слов как текст［A］. //Психолого－педагогические и лингвистические проблемы исследования текста［C］. Пермь，ПТИ，1984，с. 34－51.

［41］Сахарный Л. В. Расположение ключевых слов в структуре развернутого текста：к изучению деривационых механизмов компрессии текста［A］. //Деривация в речевой деятельности(Общие вопросы：Текст. Семантика)［C］. Пермь，ПГУ，1988，с. 27－29.

［42］Сахарный Л. В. Введение в психолингвистику［M］. Л. ，Изд－во Ленингр. ун－та，1989.

［43］Сахарный Л. В. Опыт анализа многоуровневой тема－рематической структуры текста：к моделированию семантической деривации текста［A］. //Деривация в речевой деятельности［C］. Пермь，ПГУ，1990，с. 36－43.

［44］Сахарный Л. В. Тексты－примитивы и закономерности их порождения［A］. //Человеческий фактор в языке：язык и порождение речи［C］. M. ，Наука，1991，с. 221－237.

［45］Силинский С. В. Национальные стереотипы мышления и речевая коммуникация［A］. //Психолингвистика и межкультурное взаимодействие［C］. M. ，Изд－во ИЯ АН СССР，1991，с. 273－275.

［46］Слышкин Г. Г. От текста к символу：лингвокультурные концепты прецедентных текстов в сознинии и дискурсе［M］. M. ，Academia，2000.

［47］Сорокин Ю. А. ，Михалева И. М. Прецедентный текст как способ фиксации языкового сознания［A］. //Язык и сознание：парадоксальная рациональность［C］. M. ，ИЯ РАН，1993，с. 98－117.

［48］Тарасов Е. Ф. Тенденции развития психолингвистики［M］. M. ，Наука，1987.

［49］Тарасов Е. Ф. О формах существования сознания［A］. //Язык и сознание：парадоксальная рациональность［C］. M. ，ИЯ РАН，1993，с. 86－97.

［50］Тарасов Е. Ф. Межкультурное общение—новая онтология анализа языкового сознания

［A］.// Этнокультурная специфика языкового сознания ［C］. М. , ИЯ РАН, 1996，c. 7—12.

［51］Тарасов Е. Ф. Языковое сознание и его познавательный статус ［A］.//Проблемы психолингвистики：теория и эксперимент ［C］. М. , ИЯ РАН，2001，c. 301—311.

［52］Тер-Минасова С. Г. Язык и межкультурная коммуникация ［M］. М. ,Слово, 2001.

［53］Уфимцева Н. В. Этнические и культурные стереотипы：кросскультурное исследование ［A］. // Изв. АН. Сер. лит. и яз. Т. 54［C］. М. , 1995，№3. c. 55—62.

［54］Уфимцева Н. В. Русские：опыт еще одного самопознания ［A］. // Этнокультурная специфика языкового сознания ［C］. М. , ИЯ РАН，1996，c. 144—162.

［55］Уфимцева Н. В. Этнический характер，образ себя и языковое сознание русских ［A］.// Языковое сознание：формирование и функционирование ［C］. М. , ИЯ РАН, 1998，c. 135—175.

［56］Хрусталева О. А. Сколько людей—сколько мнений：О проблемах функционирования прецедентного текста в сознании людей разных возрастных групп ［A］.//Человек. Язык. Культура ［C］. Курск，Курский государственный педагогический университет，2001，c. 71—77.

［57］Шапкина О. О. О языковых стереотипов в межнациональном общении ［A］.//Россия и Запад：диалог культур. Материалы 2-й международной конференции 28 — 30 ноября 1995 г. ［C］. М. , МГУ. 1996，c. 84 — 89.

［58］Шихирев П. Н. Современная социальная психология в Западной Европе：проблемы методологии и теории ［M］. М. ,Наука，1985.

［59］Шмелёв А. Д. Русская языковая модель мира ［M］. М. , Языки славянской культуры, 2002.

［60］Щерба Л. В. О Трояком аспекте языковых явлений и об эксперименте в языкознании ［A］.//Языковая система и речевая деятельность ［C］. М. ,УРСС，Издание второе，2004，c. 24—38.

［61］Lippmann,W. *Public Opinion*［M］. NY, Harcourt, Brace, 1922.

［62］文卫平,跨文化交际中的定型观念[J],外语教学,2002 年第 3 期。

［63］许高渝等,俄罗斯心理语言学和外语教学[M],北京:北京大学出版社,2008。

［64］赵爱国,言语交际中的民族文化定型[J],中国俄语教学,2001 年第 4 期。

［65］赵爱国,20 世纪俄罗斯语言学遗产:理论、方法及流派[M],北京:北京大学出版社,2012。

第 十 四 章

文化认知主义范式

　　所谓"文化认知主义范式"（когнитивно-культурологическая парадигма），主要指符号学研究中从文化学视角对"艺术文本"（художественные тексты）所做的符号学分析方法，也指将俄罗斯文化（主要是历史文化）视为一种特殊的符号系统的分析方法。在俄罗斯，带有文化认知主义性质的符号学研究主要指以洛特曼（Ю. М. Лотман，1922—1993）为领袖的"塔尔图—莫斯科学派"（Тартуско-московская школа）的学术活动。[1]因此，从学理上讲，文化认知主义范式也可称之为"文化符号学"（семиотика культуры/культурная семиотика）。

　　我们知道，20 世纪 60 年代起，随着世界范围内文化热的兴起，在苏联国土上悄然兴起了一股文化研究的热潮，对外俄语教学领域的"语言国情学"（лингвострановедение）以及文艺学领域的"文化符号学"等就是在这一背景下应运而生的。本章所审视的文化认知主义范式即文化符号学主要包括以下内容：一是对塔尔图—莫斯科学派的形成背景及学理渊源做简要回顾和总结；二是对该学派代表人物的主要学术思想进行系统评析，以比较完整地展示该范式所蕴含的思想特质和学术价值。这些代表人物除洛特曼本人外，还有为文化符号学的建立和发展作出不可磨灭贡献的乌斯宾斯基（Б. А. Успенский）、托波罗夫（В. Н. Топоров，1928—2005）、伊万诺夫（Вяч. Вс. Иванов，1929—2017）、加斯帕罗夫（Б. М. Гаспаров）等。

第1节　塔尔图—莫斯科符号学派概说

我们知道,塔尔图—莫斯科学派形成于 20 世纪 60 年代初,是世界闻名的符号学研究学派。从学术渊源看,该学派是俄罗斯莫斯科语言学传统和彼得堡文艺学传统的合流,即"莫斯科语言学小组"（Московский лингвистический кружок/МЛК）和彼得格勒"诗歌语言研究学会"（Общество по изучению поэтического языка/ОПОЯЗ）符号学研究文脉的延续。[2]

1.1　组织形式

从组织形式上看,塔尔图—莫斯科学派正式形成于 1964 年,以该年在爱沙尼亚的塔尔图国立大学开办"第一期符号学夏季研修班"（Первая семиотическая летняя школа）为标志。但研修班的成功举办,主要得益于 1962 年在莫斯科召开的"符号系统结构研究专题研讨会"（Симпозиум по структурному изучению знаковых систем）的推动。此次研讨会是在著名符号学家托波罗夫、伊万诺夫倡导下召开的,并由苏联科学院"斯拉夫学研究所"（Институт славяноведения）和"控制论委员会"（Совет по кибернетике）联合举办。托波罗夫和伊万诺夫还分别在会上做了"凯特人的世界模式"（«Кетская модель мира»）和"凯特人叙事文学及其神话原理的重构问题"（«К вопросу о реконструкции кетского эпоса и его мифологических основ»）的学术报告,对自然语言的符号性和符号系统等问题做了深入分析和阐释。此外,还有不少学者对其他符号系统进行了研究。这是一次真正意义上的俄罗斯符号学盛会,其规模之大、涉及面之广、影响之深,都是俄罗斯历史上前所未有的。同时,它还标志着莫斯科符号学家和塔尔图符号学家由原来各自相对独立而走向联合,因为在此次研讨会后不久,塔尔图大学和莫斯科大学的符号学家们便开始寻找进一步加强学术交流和合作的途径,于是才有了上述研修班的开办,也才有了闻名世界的塔尔图—莫斯科符号学派的诞生。而在此前,莫斯科大学和塔尔图大学的学者们对符号学的研究基本上是并行和独立的。如,洛特曼于 1961—1962 年间在塔尔图大学开设了"结构诗学讲座"（Лекции по структурной поэтике）,该讲座于 1964 年以专著形式出版,成为俄罗斯历史上

第一部研究符号系统的专著。与此同时,塔尔图大学还建立了历史和符号学实验室,不少学者通过该实验室取得了一批具有世界影响的成果;而莫斯科大学也早在 1956 年起就在其语文系开办了"语言学中数理研究应用讲习班"(Некоторые применения математических исследований в языкознании),这也是苏联时期开办的第一个类似的讲习班。另外,伊万诺夫、乌斯宾斯基、列夫津(И. И. Ревзин,1923—1974)等在 50 年代中期还创立了机器翻译协会,开始对符号学的一般原理进行研究。1964 年符号学夏季研修班的开办(每两年举办一次直至 1974 年,其中 1972 年曾停办一次)[3],以及洛特曼第一部符号学著作的出版(1964),极大地推动了塔尔图和莫斯科人文学者之间的学术交流,对该学派统一理论体系和研究方法的形成起到了关键作用。

1.2　研究性质及内容

从研究性质和内容看,该学派"主要是从结构主义符号学的角度,围绕文化符号的活动、文化(首先是俄罗斯文化)符号活动的类型、普通文化类型学等问题"而进行科学研究。(李肃 2002:40)也就是说,该学派的学术视角是概括意义上的"语言学角度的符号学"研究。这主要是因为参加研修班的来自莫斯科的代表大多是各方向的职业语言学家或语文学家,如伊万诺夫是赫梯语文学家、托波罗夫是波罗的海语文学家和印度语文学家,列夫津是日耳曼语文学家,扎利兹尼亚克(А. А. Зализняк,1935—2017)是斯拉夫语文学家等。但每一位学者都对结构主义语言学感兴趣,并都把自己的研究纳入符号学的范畴。洛特曼本人也是一位杰出的以研究俄罗斯文学见长的语文学家。

1.3　发展阶段及研究平台

从发展阶段看,该学派活动的初始阶段,主要是搭建符号学研究的语言学平台,即把结构主义语言学的方法推广到对其他对象的符号学分析中去;70年代起,该学派又不断吸收国外符号学的研究方法,并从自身研究获得的新的材料中不断更新研究对象和方法,开始把结构主义符号学的方法运用到电影、绘画和文化等方面的研究,于是,文化符号学开始成为该学派的主要方向;在学派活动的后期,已经不再采用传统的结构主义语言学方法,而转入对信息论、人—机交际、人工智能等人造语言信息的研究(以伊万诺夫为代表)。

从学术平台看,塔尔图—莫斯科学派从 1964 年起开始出版学术丛刊《符号系统研究》(«Труды по знаковым системам»)(副标题为"塔尔图国立大学学术札记"(«Учёные записки ТГУ»)[4],至 1992 年出满第二十五卷后曾一度中断,学派的活动实际从那时起就停止了运作,但从 1998 年起又恢复出版(只是原来的俄语标题改成了英语 *Sign Systems Studies*。[5]此外,该学派还出版了大量单行本的符号学著作。这些学术著述为该学派的成长以及学术观点的传播起到了重要作用,也为我们留下了十分珍贵的思想遗产。

1.4 研究对象及方法

从研究对象和方法看,作为一个统一的学派,理论上讲应该有相对一致的研究对象和方法,这是毫无异议的。事实也证明,该学派的领袖们也曾多次标榜自己的学术研究属于"文化符号学"范畴。也就是说,他们的学术研究主要是围绕文化符号的活动展开的,这应该是其研究视阈相对一致的方面。但研究发现,由于塔尔图—莫斯科学派的学术渊源分别来自彼得格勒的"诗歌语言研究学会"的文艺学传统和"莫斯科语言学小组"的语言学传统,因此该"统一学派"中原本就存在着两个不同的流派——"塔尔图流派"和"莫斯科流派",该两个流派又分别以洛特曼和乌斯宾斯基为代表。也就是说,作为一个统一学派并不完全体现在研究对象、观点和研究方法等基本一致的方面,同样也体现在学术个性的发展方面,也正是后者才赋予该学派以无限的学术张力。对此,洛特曼和乌斯宾斯基都有深刻的认识,并始终坚持学术的个性发展。洛特曼认为,学派研究方向以及观点的一致并不应该"吞噬个性",因为文化就应该保持个性。(Лотман 1993:42)对此,我们从洛特曼本人任主编的《符号系统研究》的大量著述中也可以看到,其研究对象和方向的相对一致并没有影响到具体研究法的不同,因此具有很强的学术个性。如,分析同一首诗,学者们并不囿于其内在的结构主义的界限,也不局限于对诗歌外在的各种联系的分析,而是从结构符号学的立场出发,揭示其内在结构在不同语境中的各种意境。乌斯宾斯基也认为,无论是塔尔图的学者还是莫斯科的学者,虽然他们都对艺术文本和艺术语言进行研究,但走的路子是不尽相同的:前者作为非职业语言学家,感兴趣的是艺术文本中的"语言",而后者则首先对侦探小说此类能够提供固定代码的体裁感兴趣。(Успенский 1987:26)以上情况说明,塔尔图—莫斯科学派自始至终并没有形成统一方法论和阐释符号学的元语言的原因就在于此。

洛特曼于 1993 年逝世后,作为完整组织形式的塔尔图—莫斯科学派已不复存在,但符号学研究并没有停止,塔尔图的学者们又扛起"塔尔图符号学派"(Тартуская семиотическая школа)的旗帜。为恢复昔日塔尔图—莫斯科学派的辉煌,他们于 1998 年起又恢复出版了《符号系统研究》第 26 卷;第 27 卷也于 1999 年出版,内容上增加了"塔尔图—莫斯科学派语汇材料"专栏,并恢复了"艺术符号学"等传统栏目。但总体上看,该丛刊的研究方向已由原先的语言学或文化学方向转向了社会学方向。

在我们回顾和总结塔尔图—莫斯科学派的主要学术成就及其对世界符号学的贡献和影响时,有一点是值得我们深思的,那就是:该学派作为能够与美国和法国学派具有同样世界影响力的学术组织,究竟是什么力量或什么环境促成了它在俄罗斯而不是在别的国度形成呢?答案只有一个:那就是俄罗斯有符号学尤其是文化符号学研究特有的条件和传统。先从条件看,俄罗斯学者对符号学的研究发端于对诗歌语言形式的浓厚兴趣,后来又从诗歌语言拓展到整个艺术文本,这正是符号学最适合的耕耘领地,因为"多语性"(полиглотизм)或"多维性"(многомерность)是生成符号学的必备条件;再从文化传统看,俄罗斯自古以来的历史不正是具有符号性吗?"欧洲主义"(европеизм)和"斯拉夫主义"(славянофильство)的交织,即两种完全不同代码的组合形成了俄罗斯完整的编年史。正是基于以上的条件和传统,才涌现出诸如什佩特(Г. Г. Шпет,1879—1937)的"阐释符号学"思想、普罗普(В. Я. Пропп,1895—1970)的"童话形态学"学说、特鲁别茨科伊(Н. С. Трубецкой,1890—1938)的"音位学"理论、雅各布森(Р. О. Якобсон,1896—1982)的"符号类型"说和"符号功能"说、巴赫金(М. М. Бахтин,1895—1975)的"对话主义"和"超语言学"理论等贴有俄罗斯标签的符号学体系,从而也为当代俄罗斯符号学研究的巨大成就提供了肥沃土壤。

第 2 节　洛特曼的文化符号学理论思想

作为塔尔图—莫斯科学派领袖的洛特曼,不仅是俄罗斯杰出的文学家、文化学家和符号学家,也是爱沙尼亚、英国、挪威等国的科学院院士。在列宁格勒大学语文系读书期间(1939—1940,1945—1950,他曾参加卫国战争),曾从师于谢尔巴(Л. В. Щерба,1880—1944)、日尔蒙斯基(В. М. Жирмунский,1891—1971)、艾亨鲍姆(Б. М. Эйхенбаум,1886—1959)等著名语言学家、文学家和文论家。大学毕业后先在塔尔图教育学院、后在塔尔图大学谋得教师职位。他一生从事俄罗斯经典文学的教学与研究工作,从符号学角度对普希金(А. С. Пушкин,1799—1837)、果戈理(Н. В. Гоголь,1809—1852)、莱蒙托夫(М. Ю. Лермонтов,1814—1841)等作家以及十二月党人等有深入的研究。

洛特曼一生勤于思考,笔耕不辍,著述颇丰。自 1958 年出版第一部专著《卡依萨罗夫与其所处时期的社会文学斗争》(«А. С. Кайсаров и литературно-общественная борьба его времени»)之后又陆续出版了《艺术文本结构》(«Структуры художественных текстов»)(1970)、《文化类型学论文集(1)》(«Статьи по типологии культуры»)(1970)、《诗歌文本分析》(«Анализ поэтического текста»)(1972)、《电影符号学和电影美学问题》(«Семиотика кино и проблемы киноэстетики»)(1973)、《文化类型学论文集(2)》(1973)、《思维世界:文化符号学理论》(*Universe of the Mind: a semiotic theory of culture*)(1990)[6]、《文化与爆发》(«Культура и взрыв»)(1992)、《文选》(三卷本)(«Избранные статьи в 3-х тт»)(1992,1993)等著作,以及评介、注释和大量学术论文等,总数达 806 部/篇(至逝世前的 1992 年)。有专家估计,洛特曼的"档案总量"(общий объем архива)达 3—5 千件之多,这对于未来许多代的俄罗斯符号学家来说将起到一座"虚拟大学"(виртуальный университет)的作用。(Почепцов 2001:678)

洛特曼的符号学理论思想精辟而广博,研究范围涉及语言、文学、历史、社会、心理等多个领域,从而构成了具有世界影响的文化符号学的基本理论框架。从其符号学思想的发展轨迹看,大致经历了从对艺术文本进行形式主义的构建,到对俄罗斯历史文化进行符号学的个案分析这样一个过程。下面,就让我们集中审视一下洛特曼在文化符号学方面的主要理论和思想。

2.1 基于"文本"的文化符号学理论思想

在洛特曼的文化符号学理论思想中,"文本"(текст)始终是一个核心概念,这不仅是洛特曼本人开始从事符号学研究的最初对象以至终生不变的领域,同样也是其对世界符号学作出的最大理论贡献之一。那么,究竟什么是文本呢? 洛特曼首先是从语言学角度来界定文本概念的。他认为,文本不仅存在于自然语言中,而且还体现在人工语言系统和文化结构系统即"二级模式化系统"(вторичная моделирующая система)中;文本并不等同于文学作品范畴,但却构成了文学作品"真正的实体"(подлинная субстанция);文本是文本内各种关系的"常量系统"(инвариантная система);文本是具有符号学性质的文学作品实现"人工产品"(артефакт)的空间。上述论述在我们看来,洛特曼对文本的以上界说,集中体现着这样的思想:文本不仅是一个有组织的符号系统,而且具有"离散性"(дискретность)和"层次性"(иерархичность)的结构。也就是说,洛特曼眼中的文本概念,包含了语言符号的所有成分,是将语言成分符号化或将语言成分整合为符号整体所得出的:文本既可以是一篇文学作品,也可以是文学作品的某一个片段,还可以是整个文学样式以至整个文化。正如有学者指出的那样,文本作为文化最起码的组成部分和基础单位,是文学符号学和文化符号学的连接环节。(王铭玉 2004:170)

　　洛特曼运用上述文本理论,对大量文学作品和艺术作品进行了文本符号学分析。1970 年,他在 1964 年出版的《结构诗学讲座》的基础上推出了最具影响力的符号学代表作——《艺术文本结构》一书(曾于 1972、1992、1998、2001 年多次再版)。在该书中,洛特曼从辩证唯物主义和历史唯物主义的方法论出发,从语言学视角系统深入地阐述了艺术文本的符号学问题,包括艺术代码的多样性、文本的组合关系和聚合关系、文本内部结构的层次性、文本内结构与文本外结构的关系等,以及文本的专题学术研究、文本的民族文学史研究和文本的比较类型学研究等。他对艺术文本所做的上述分析,处处体现出马克思主义的辩证主义和历史唯物主义的思想。如,他认为,艺术文本作为一个系统,对其结构的分析不能只限于"孤立的成分",而应该是"各成分之间的关系",但要正确弄懂各成分之间的关系,又"必须预先搞清楚各孤立的成分";诗歌文本的分析一方面要"限定在某一首诗的框架内进行",不要去旁引其他的生平材料或文学史料,但另一方面诗歌语言又"只能在诗歌的语言背景中才能理解"。(Лотман 2001a:12)他提出,对艺术文本的符号学分析,其根本任务是通过个别的观察而"扩展到一些普遍的规律",因为"只要深入作品的本质中去,就可以发现文学现实的基本特性"。(Лотман 2001a:25)他把艺术文本视作"符号学结构"(семиотическая структура),从语言与言语、文本与系统的关系出发,重点对艺术文本的"思想结构"(мыслительная структура)和"空间结构"(пространственная структура)进行了分析。前者包括行为、意识、文学创作、道德结构等,后者指代码的转换和多维空间。简言之,艺术文本的思想结构是特定历史时期俄罗斯文化的反映,而空间结构"是世界空间结构的模式,文本内部各成分的内在组合关系,是空间模式化的语言"。(Лотман 1998：212)

在《艺术文本结构》一书中,洛特曼基于文本的文化符号学思想得到充分的展示。他从符号学的基本原理出发,从微观到宏观对诗歌文本的"重叠"(повтор)、"节律"(ритм)、"韵脚"(рифма)、"线条形象"(графический образ)、"排偶"(параллелизм)、"诗段"(строфа)、"情节"(сюжет)以及文本、系统等逐一进行了语言学分析,不仅在世界符号学史上创建起一个新的分支学科——"文本符号学"(семиотика текста),也为 20 世纪后半叶世界范围内掀起的文本/语篇研究热潮提供了不可多得的典型范例。

需要特别指出的是,洛特曼从上述文本符号学思想出发,还提出了对世界符号学研究产生广泛影响的"符号域"(семиосфера)理论。在洛特曼看来,"符号域"即"符号空间"(семиотическое пространство),其结构具有"非均匀性"(неоднородность)和"非对称性"(асимметричность)的特征:前者指语言符号的"异源性"(гетерогенность)和"异功能性"(гетерофункциональность),这是因为充满着符号空间的各种语言不仅其本质属性不同,其可译性的程度也完全有别。文本符号空间的异源性,是生成新信息的源泉;后者指不同符号域的语言,其意义上存在巨大差异。这种非对称性还集中体现在符号域的"中心"(центр)和"边缘"(периферия)的相互关系上,而这种关系又处在运动和相互的转换之中。洛特曼采用上述符号域理论对文本的形式和意义的转换进行了论述。他指出,从文本符号的空间结构看,文本是位于"非简化"(нередуцируемое)和"简化"(редуцируемое)之间的"张力场"(поле напряжения)中,前者为文本的"表达"(выражение),后者是文本的"内容"(содержание)。作为符号的文本会对文本内容进行模式化,从而使文本进行重新编码(即改变表达与内容的相互关系)。(Лотман 2001b:250—255)

从洛特曼的上述理论思想中,我们似可以得出如下结论:

1)文本作为文化符号学的学理载体,使文化符号学研究完全具有了语言学的性质。无论是对文本的内外结构还是由此构成的各种关系,无论是对文本的思想结构还是空间结构,洛特曼首先或主要是从语言学角度加以解读的,这与俄罗斯的符号学传统有所不同。[19]

2)由文本符号拓展到符号域理论,洛特曼把对文本的符号学研究又进一步扩展到了文化系统的各个层面,并发现了文化的恒量,从而开启了真正通向文化符号学的“显学”之门。也就是说,洛特曼所倚重的对文化的符号学阐释,是从语言学(确切说是从艺术文本符号)研究发端的。从这个意义上讲,文化符号学的本质是语言学的,甚至可以说是语言文化学的。

3)把文本作为符号学的学理载体或对象,应该在世界符号学研究史上是一次“质”的飞跃,是继索绪尔开创语言符号学之后的“第二代符号学”的典型样式,从而在语言学说史上具有重要的理论价值和方法论意义。[7]

4)洛特曼对文本所做的符号学分析,在方法论上依循的主要是马克思主义的辩证唯物主义,这与法国和美国学者的方法论有本质的不同。如,他认为,艺术文本作为一个系统,对其结构的分析不能只限于“孤立的成分”,而应该是“各成分之间的关系”,但要正确弄懂各成分之间的关系,又“必须预先搞清楚各孤立的成分”;诗歌文本的分析一方面要“限定在某一首诗的框架内进行”,不要去旁引其他的生平材料或文学史料,但另一方面诗歌语言又“只能在诗歌的语言背景中才能理解”。(见 Лотман 2001a:12—25)这些无疑都是从对立统一的辩证出发所阐发的思想。从这点上讲,有关文本符号学的理论思想又贴有鲜明的俄罗斯意识形态的标签。

2.2　面向“历史”的文化符号学理论思想

洛特曼的文化符号学理论思想除了上述是“基于文本”这一重要学理载体外,还有一个显著特点就是“面向历史”。这个“历史”,既是世界文化类型意义上的历史,更是俄罗斯本国和本民族的历史。可以认为,正是对“历史”这座金矿的发掘,才成就了具有世界意义的洛特曼的“历史符号学”(семиотика истории)理论学说。

洛特曼的历史符号学的有关学术思想,集中反映在其晚年出版的《文化与爆炸》和《思维世界》两部著作中,此外还有大量研究性论文,如被收入 2001 年出版的《符号域》文集中的《文化类型学文论》(«Статьи по типологии культуры»)、《论文化的符号学机制》(«О семиотическом механизме культуры»)、《文化的符号学研究纲要》(«Тезисы к семиотическому изучению культур»)、《论文化进程》(«О динамике культуры»)、《俄罗斯文化谈》(«Беседы о русской культуры»)、《神话、名字、文化》(«Миф-имя-культура»)等。这些著述涉及文化与历史、文化与文本、文化与交际、文化与人的大脑(记忆)、文化与科技进步、文化与神话等广泛的内容,归纳起来主要有以下三个方面:

1) 将艺术文本的符号学分析严格置于俄罗斯历史文化语境的框架内加以动态审视。在《文化与爆发》一书中,洛特曼提出了文化的发展是按照"渐进"(постепенный прогресс)和"爆发"(взрыв)两种方式来实现的重要思想。他认为,"渐进"是"不断运动"过程,具有"可预测性"(предсказуемость),而"爆发"则与之相对立,具有"不可预测性"(непредсказуемость)。人类的发展史就是"渐进"与"爆发"相互运动和相互转化的历史。但"渐进"并不一定总是以"爆发"作为唯一的结局,文化的整个领域也可以只以"渐进"的形式实现自己的运动 。(Лотман 2001b:17)基于以上思想,洛特曼对俄罗斯数百年的历史发展进程进行了文化符号学的分析,尤其对俄罗斯历史上发生的"爆发"(即"突变")现象作了深刻的阐释,得出了俄罗斯文化具有"二元系统"(бинарная система)特征的结论。他指出,在二元系统中,一旦发生"爆发",就有可能中断"渐进"的链条,从而给社会的发展带来危机,引发深刻的变革;此外,上述文化发展的规律也同样适用于对语言中的"语义交叉"(семантическое пересечение)以及信息传递、交际行为等作出合理的解释。他把语义交叉看作是"意义的爆发"(смысловой взрыв),认为与个体意识相关联的意义空间的交叉,不仅能够"生成新的含义",还能"构成语言的隐喻",这正是语言符号的基本属性所在。(Лотман,2001b:26—30)

2) 对文化的概念、内涵和本质属性作出独到界说。他在与乌斯宾斯基合作撰写的《文化的符号学机制》(«О семиотическом механизме культуры»)一文中指出,从符号学角度看,文化的概念在不同的历史时代和不同的学者眼里是有区别的,但在各种不同的界说中也可以发现某种"共性",如"文化具有多种特征"（Культура имеет признаки），"文化区分于非文化"（отграничение культуры от не-культуры）。前者的意思是，文化从来就不是"通用集"（универсальное множество），而只是按一定方式组织起来的"亚集"（подмножество），也就是说，文化从来不能包罗一切，它只是呈现与"非文化"（не-культура）对立的一个封闭地段或区域。文化与非文化的这种对立可以相互转换：非文化通常以与某宗教、某知识、某生活和行为类型不相关联的面貌出现，而文化总是需要与之相对立，文化是该对立中的"标记成分"（маркированый член）；后者的意思是，相对于非文化，文化是一个符号系统，它具有与非文化的"先天性"（природность）、"自然性"（естественность）、"原生性"（первозданность）等相对立的"后天性"（сделанность）、"约定俗成"（условность）、"凝聚人类经验的能力"（способность конденсировать человеческий опыт）等基本特征。（Лотман 2001c：485）他认为，从符号学规则看，文化是"集体记忆"（память коллектива），因为人类的生活经验是体现为文化的，文化存在的本身就意味着符号系统的建构以及把直接经验转换为文本的规则。在此基础上，他进一步论证了文化的符号学机制问题，认为集体记忆文本和集体记忆代码的"长久性"，是文化得以在集体意识里组织和保存信息的基本机制。（Лотман，2001c：488）在这里，洛特曼不仅深刻地阐释了文化的符号属性，以及文化如何转换为文本符号的一般性规律，也同时深刻揭示了作为"集体记忆"的文化符号学的基本特性。因此，在他看来，所谓文化符号学，不仅指文化起着符号系统的功用，更重要的是对待符号和符号性的态度就构成了对文化基本类型的界说之一。（Лотман 2001c：491）在揭示文化的概念及其特征后，洛特曼并无就此止步，而是又从符号学的基本原则出发，对文化的本质属性作了进一步的深刻界说。他指出，"没有哪一种文化只在一种符号渠道中生存的"，文化的特点之一是追求"语言的多源性"（гетерогенность языков），而建立在自然语言之上的文本和绘画则表达着最普通的由两种语言构成的系统，它构成了文化的机制。（Лотман с 2001：518）这段话语虽然不长，但却揭示着洛特曼本人对文化的独特理解和界说，那就是文化的机制不是由一种自然语言构成的，它具有多源性，艺术文本尤是如此。在其后期的符号学思想中，这一观点得到进一步的发展，明确提出了"文化多语性"（полиглотизм культуры）问题，这无疑是洛特曼在长达数十年的学术生涯中对文化本质属性作出的最为精彩的界说,也成为其后期符号学理论的基本支点。有学者认为,文化多语性是洛特曼"后期语言观的核心",是其解决"文化意义生成问题的钥匙",也是其对早期第二模式化系统思想的一种"嬗变"。(康澄 2007:18—22)我们认为这样的评介是深刻的。但从俄罗斯符号学研究的发展轨迹看,洛特曼的这一思想又与其前辈梅耶霍德的戏剧符号学思想一脉相承,后者早在 20 世纪初期就提出了"多语现象"(многоязычие)问题;此外,我们认为除文化具有多语性外,语言符号系统本身又何尝不是如此呢? 因为语言符号和文化符号一样,是很少能自给自足的,而需要在语言接触过程中不断得到完善和补充,因此从本质上讲,语言符号也具有多文化性。文化的多语性和语言的多文化性,应该是语言与文化相互关系和相互作用的真实写照。对于后一点,洛特曼显然在自己的研究中没有予以足够的关注。

3) 对俄罗斯 11—19 世纪的文化类型进行了语言学分类。洛特曼在《符号和符号系统问题与 11—19 世纪俄罗斯文化的类型学》(«Проблема знака и знаковой системы и типология русской культуры XI—XIX веков»)这一长篇文章中提出,人类的文化是建立在自然语言这一符号系统基础上的,因此,对待语言符号的态度就决定了对文化代码的分类,也就是说,语言符号系统对文化代码的类型有着"模式化的影响"。(Лотман 2001d:400)他在深入分析俄罗斯文化演变、发展的历程后得出结论认为,自基辅至 19 世纪中叶俄罗斯经典时期的文化,大致经历了如下四种基本发展阶段:文化代码仅作为语义组织的阶段;文化代码仅作为句法组织的阶段;文化代码追求否定语义和句法组织(即否定符号性)的阶段;文化代码作为语义和句法组织综合的阶段。该四个发展阶段分别彰显出"语义""句法""无语义和无句法""语义—句法"四种文化代码类型。(Лотман 2001d:402)

"语义类型"(семантический тип)是把人周围的全部现实建立在语义化基础上的,因此也叫"象征性类型"(символический тип)。洛特曼认为,由于"万物之初皆词语",世界就是"话语"(слово),创造话语的行为就是创建符号,不同的符号只是一种意义的不同外形,意义中的变化也只是对原有意义的深化。俄罗斯中世纪的文化意识就具有这种显著特征。符号分成了"好的"与"坏的"、"英雄行为"和"犯罪行为"等的对立,"非符号"(не-знак)是不存在的,同样也不存在"无意义符号"(незначимый знак)。上述文化代码的"语义类型"

集中体现在以下四种"表达"和"内容"的关系中：(1)表达是物质的，而内容则是理性的；(2)内容与表达之间具有"相似关系"(отношение подобия)，即符号按"象似原则"(иконический принцип)建构起来的；(3)符号中的意义具有层次性；(4)展现的世界图景是"非编年史的"，无论是世界的永恒构造，还是世界的本质，以及遭到毁坏的世界的物质表达等，都不受制于历史时间的定律。(Лотман 2001d：402—407)

　　"句法类型"(синтактический тип)是16—17世纪俄罗斯中央集权形成时期的文化代码的主要类型。在洛特曼看来，在该时期，事物和现象已经失去了原有的象征意义：世界已不再是"本质"与"表达"的两个维面，而是合二为一，体现为"教会的"或"国家的"一个维面，这正是彼得大帝所希冀的文化模式。在该文化类型中，文化意义的标志在于隶属于某个整体——教会或国家，于是，文化代码呈现出愈加硬性的符号化。从外部看，这种文化组织的原则，最终导致了官僚主义体系的建立；而从内部看，该文化组织又使音乐与建筑具有了"巴洛克式"(барокко)的特有风格。(Лотман 2001d：407—410)

　　"无语义和无句法类型"(асематический и асинтактический тип)是18—19世纪俄罗斯"启蒙运动"(Просветительство)时期的典型文化代码。[8]该类型是建立在"自然事物与非自然事物"(естественное-неестественное)相互对立基础之上的。与中世纪语义类型的区别在于：它把不能当作符号使用的"现实事物"(如面包、水、生命、爱情等)视为"最大的价值"；而它与专制制度时代的句法类型的不同，集中体现在具有"最高现实"的并不是"部分"(часть)，而是"整体"(целое)。因此，语义类型和句法类型的意义构成原则只是作为"负组元"(минус-компоненты)即"消极形态"进入该类型中的。它对世界具有符号性的命题持否定态度，认为物质的世界是"现实的"，而符号和社会关系的世界是建立"虚假的文明"(ложная цивилизация)。如，人、肉体的幸福、劳动、食物、生命等被看作是某种生物过程的"直接实在"(непосредственные реалии)，固而具有价值和真实性，而只有在一定符号情形中才具有意义的金钱、官衔、种族和等级传统等，便失去了价值，变成了虚假的东西。该类型把"坦诚"(искренность)、"赤裸裸"(обнажённость)视为价值的最高准则，因此，作为符号的基本类型之一的在先前的文化代码类型中被看作上帝创造首次行为的"话语"，则在该类型中变成了"虚假模式"(модель лжи)，而"自然事物"与"非

自然事物"的对立也就成为"事物""事务""实在"与"话语"之间的对立。（Лотман 2001d:410—414）

"语义—句法类型"（семантико-синтактический тип）是俄罗斯从 19 世纪中叶起建立起来的文化类型。洛特曼认为，启蒙运动的开展，摧毁了句法结构，从而建立起分散和凌乱的世界。在该模式下，世界的概念被理解为人的精神的深层次活动的体现，因此是某现实因素连续性的世界。这个世界赋予一切事件以"双重明理"（двойная осмысленность）——语义的和句法的：前者表明对事件的潜在含义的态度，后者则是对事件历史整体的态度。这种对双重明理性的追求便构成了俄罗斯文化的基本特点：它渗入哲学和日常生活之中，从而成为赫尔岑（А. И Герцен，1812—1870）、别林斯基（В. Г. Белинский，1811—1848）、托尔斯泰（Л. Н. Толстой，1828—1910）、陀思妥耶夫斯基（Ф. М. Достоевский，1812—1881）等所处时代的诗人、文学家和革命家所关注的对象。（Лотман 2001d:415—416）

总之，洛特曼的历史符号学理论思想不仅为我们提供了认识历史尤其是俄罗斯历史的符号学方法，更为重要的是把符号学的本质特征——"符号多语现象"与文化的本质特征——"文化多语性"有机联系了起来，从而极大地提升文化符号学的学理机能，并在方法论上使文化的符号学研究成为了可能。从这个意义上讲，洛特曼所建构的文化符号学，其实质是一种"文化的信息模式"（информационная модель культуры）：对艺术文本的理解是如此，对文化类型的理解也是如此。

2.3　指向"交际"的文化符号学理论思想

在洛特曼的文化符号学理论体系中，另一个引起学界普遍关注的是其提出的"交际符号学"（семиотика коммуникации）理论思想。在我们看来，追求"动态性"（динамика）是洛特曼文化符号学思想的一大特征，这种动态性除了与历史的发展进程和文化演化等结合起来外，最为突出的一点就是与广义的人际交际联系在一起，从而为我们勾画出一幅鲜活的人际交际的符号运作图景。洛特曼的交际符号学思想比较集中地体现在《思维世界》这本著作中，主要包括以下内容：

1）剔除"文化包"的思想。洛特曼在《思维世界》著作的"作为意义生成装置的文本"(《Текст как смыслопорождающее устройство》)章节中,对文本的功能做了详细的阐释。他认为,文本的功能,阐释了文本意义的生成机制和传递特性。他认为,如果说语言学家感兴趣的是语言的结构的话,那么对普通的信息接收者来说感兴趣的则是信息的内容。无论是前者还是后者,文本本身对他们实际上都毫无价值可言,而仅仅是作为一种感兴趣对象的"包装"(упаковка)。对信息接收者来说,显现的是一种逻辑连贯性。(Лотман 2001e:156)

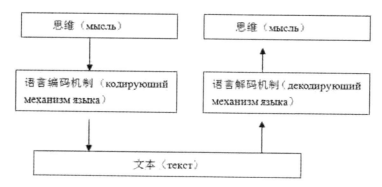

显然,这种信息的发出和接受是以"等值传递信息"(адекватная передача сообщения)为前提的。而现实生活中,这种所谓的"等值"实际是很难实现或者说是不可能实现的,因为从符号运作规律看,必须同时满足下述两个条件方能实现"等值"交际:(1)交际使用同一种语言代码;(2)交际在"重叠的同一个性"(удвоенная одна и та же личность)间进行。也就是说,即使使用同一种语言,如果"个性"不同也不可能实现"等值交际"。理由很简单:语言符号信息的编码和解码不仅遵循的是不同的规则,而且还有语言经验、记忆容量等文化因素的差异在起重要作用。由此,洛特曼得出这样的结论:自然语言不能很好履行所承担的交际任务,只有人工语言或"简化了的语言"(упрощённый язык)才能保障实现等值交际,原因是后者对人的记忆容量有严格的限制,并从符号个性中剔除了相应的"文化包"(культурный багаж),这理应是符号学承担的重任。(Лотман 2001e:157—158)用人工语言或简化了的语言进行交际,从文本等值翻译的角度看[9],呈现出下列图式:

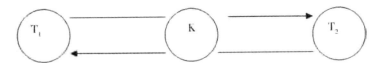

需要说明的是:K 在这里指"同一代码"(единый код);T₁ 和 T₂ 分别指"文本 1"(текст 1)和"文本 2"(текст 2),前者为"原文本"(исходный текст),后者为"译文本"(переводный текст)。洛特曼依照维特根斯坦(Л. Витгенштейн,1889—1951)提出的逻辑学原理认为,不能把"文本 2"视作有别于"文本 1"的新文本,"文本 2"只是经过"同义转换"(однозначное преобразование)或"对称转换"(симметричное преобразрвание)后得出的文本。

　　然而,在洛特曼看来,文学翻译有其特殊性。研究表明,就艺术文本的翻译而言,并不是所有的"文本 2"都可以复原成"文本 1"即"原文本"的,原因有三:(1)艺术文本(如诗歌等)的译者(个性)不同;(2)文学翻译可以给译者提供一定的自由空间;(3)在翻译过程中语言符号具有强大的"创造性功能"(креативная функция)。也就是说,从理论上讲,任何一个经过"对称转换"后的艺术文本,都只能是对原文本作出的一种"可能性阐释"(возможные интерпретации),因为艺术文本的译者可使用不同的代码(如 K₁,K₂……)对"原文本"作出阐释;而如果将其中任何一个阐释性文本进行复原,得到的也不是原文本,而是"文本 3"。见下图(Лотман 2001e:158—159):

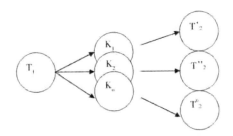

　　由上不难看出,洛特曼的交际符号学理论思想首先要解决的课题是:如何对交际(文本的尤其是艺术文本的交际)进行符号学的描写。尽管这种描写是基于人工符号的,但鲜明地指出了艺术文本符号转换过程的特殊性,其中"个性"(既包括文本的翻译者,也包括文本的接收者)的作用不应低估,得出的结论是:一方面,任何一种语言符号的文本都可以实现代码的转换,即翻译成另

一种语言的文本;另一方面,由于"文化包"的作用和符号所具有的强大的"创造性功能",所谓的"等值交际"是不可能的。在此基础上,洛特曼从交际角度对"文化多语性"的本质属性作出进一步的阐释。他认为,文化多语性形成了"文化立体性"(стереоскопичность культуры),因此在信息发出者和接收者个性结构日益复杂化,构成个性意识内容的代码集日益个体化的前提下,得出信息的发出者和接收者使用同一种语言的结论就显得十分荒唐了,因为他们实际上使用的是不同的文化代码集在进行交际,因而交际中所谓的理解,也只能是符号学意义上的部分理解或近似理解。(Лотман 2001e:563)这一思想显然是对其提出的"文本符号学"和"历史符号学"理论思想的有机延伸,无疑对文学翻译和跨文化交际有重要的借鉴意义。

2)提出"我—我"型和"我—他"型交际模式。早在 1973 年,洛特曼就在《符号系统研究》上发表了《论两种文化交际模式》(«О двух моделях коммуникации культуры»)的学术论文[10],提出了"我—我"(«Я—Я»)型和"我—他"(«Я—ОН»)型两种不同交际模式的思想。(见 Лотман 2001f:163—176)他对交际所作的定义是:交际就是将文本由"我"语言翻译成"你"语言,并认为"这种翻译的可能性是受到交际双方代码制约的。尽管这些代码是不相同的,但可以组成交叉集"。(见 Лотман 1977:12—13)在上述思想的基础上,洛特曼依照雅各布森 1975 年提出的言语交际符号学模式理论,并从文化和交际相互关系的角度对文本尤其是艺术文本的交际特性作了进一步的阐释。他认为,雅各布森的这一理论无疑是对符号学研究作出的重大贡献,但未免太过抽象了,现实交际中信息的发出者和接收者绝不可能使用完全相同的代码,也不可能具有相同的记忆容量。这就意味着,现实中存在着两种不同的交际。他在回答什么是语言的命题时,纠正雅各布森的语言观指出:"语言是代码加上语言的发展过程。"因此,信息的发出者和接收者使用的语言不可能相同,如果他们使用完全相同的语言代码,那就没有必要进行交际了。(Лотман 1992:13)

在洛特曼看来,"我—我"型交际模式属于"内向交际"(внутренняя коммуникация),是人们通过内省的方式不断获取新的信息。第一个"我"是行为主体,第二个"我"是信息接收者,还是主体本人,但功能上却等同于"第三个人"。与"我—他"型交际主要是"空间维度"上的交际所不同的是,该类型交际主要是"时间维度"上的交际。也就是说,《我—我》型交际在时间上是不能割断的,履行的不是"记忆功能"（мнемоническая функция）,而是某种"文化功能"（культурная функция）。主体给自己发出某"已知信息"（известная информация）,目的不是为了记忆,而是为了领悟信息的内隐意义,从而获得某种新的含义。也就是说,尽管信息的载体没有改变,但信息内涵却在这种自我交际过程中得到了"重新解释",从而使"起始信息"（исходное сообщение）获得了新的意义,同时又反过来改变着信息主体的本质,从而建构起新的个性。如下图:

最恰当的事例是如果一个人一生中只读某一个文本尤其是经典文本（如圣经等）,就可以通过这种交际模式不断地获得新的信息。而"我—他"型交际则属于"外向交际"（внешняя коммуникация）,即"我"是信息传递的主体（拥有者）,"他"是信息传递的对象（接收者）,交际中的其他成分（如"代码"和"信息"的传递）并没有改变。在该类型交际中,传递的仅仅是某"信息恒量"（константный объём информации）,信息的接收者是通过阅读文本获取大量新信息的。（Лотман 2001f:163—165）由上不难看出,"我—我"型和"我—他"型交际传递信息的机制是不同的:前者可以用自然语言进行,然后采用一些补充代码而完成。这些代码是按一定方式建构在组合关系上的纯信息组织,与语义没有任何的关系;后者则是完全建构在语义基础之上的。

从洛特曼提出的上述两种交际模式中,我们仿佛又看到了他对文化多语性本质属性的另一种解释:交际与文化一样,具有多维性。这一思想实际上为我们提供了符号学解决交际问题的新思路——人类交际系统可以建构在两种不同的渠道或方式之上:"我—我"型交际,信息的增加、转换不是通过采用新信息,而是采用新代码来实现的;而"我—他"型交际,所有的交际行为都是靠"恒量代码"（константный код）来完成的。该两种模式的符号组织和结构不尽相同,但却互为依存,互为条件,形成统一的交际机制。我们发现,尽管洛特曼本人也认为"我—他"型模式是在现代文明中的自然语言交际中"占据着统治地位"（Лотман 2001a：667），但他本人似乎更看重"我—我"型模式，这与他本人对艺术文本形式的运作机制的关注远远大于对其他符号领域的关注有关。他认为，艺术文本的理解"是一个多样性的动态过程，作品的接受者不仅仅是听者，还是创造者"。（见王铭玉 2004：172）依照他的观点，"我—我"型交际可以起到重塑个性的作用，即通过内省的方式不断地生成新信息，从而形成新的个性。对此，我们认为该模式中的第二个"我"（Я）在交际实践上已经由原来的"我"主体，变为了"副我"（Я'）主体。总之，洛特曼提出的交际符号学理论思想是从动态的角度对"第二模式化系统"学说所作的有益阐释和必要补充，而这样的阐释和补充无疑是有说服力的，也是独到和深刻的。

2.4　通向模式的符号系统论思想

上述洛特曼的文化符号学思想，显然都是建立在统一的理论基础之上的，那就是通向模式的符号系统论。或者说，洛特曼对文本符号、文化符号和交际符号的研究，首先关注的是符号与符号之间的关系，而不是符号本身。关于符号系统论，他在《思维世界》《文化与爆发》以及《符号学系统的动态模式》（«Динамическая модель семиотической системы»）、《模式化系统中的艺术问题论纲》（«Тезисы к проблеме "Искусство в ряду моделирующих систем"»）等著述中都有比较深刻和系统的阐释。其中，对世界符号学影响最大的是其提出的关于符号世界的分类学说。

按照洛特曼的观点，整个符号世界由三部分构成——自然语言系统、人工语言系统和文化系统。自然语言系统是现实世界的一般模式化，因此是符号世界的"一级模式化系统"（первичная моделирующая модель），也是其他符号系统的基础；人工语言系统是"简化了的语言"，如交通信号、数学符号等；文化系统是建立在自然语言基础上的文化结构，是符号世界中的"二级模式化系统"。（Лотман 1992：83—85）应该说，把符号世界分为一、二级模式化系统，不仅是洛特曼一生从事符号学研究的理论依据所在，也同样是整个塔尔图—莫斯科学派的学术活动的基石所在。

那么，所谓"模式化系统"究竟是什么概念呢？洛特曼认为，模式化系统是人类对世界进行"模式化活动"（моделирующая деятельность）即建构模式过程中建立起来的一种结构体系。模式化活动的目的是要使活动的结果可以被

认同为"客体相似物"（аналог объекта），因此由其建构起来的结构体系就具有
"模式化"的特性。简言之，模式化系统就是其所有成分结构及其构成规则都
是按照"相似性"原则建构起来的系统，因此自然语言就可以看作是这样的一
个体系。按照洛特曼的观点，在自然语言基础上形成的系统在构建"二级语
言"（языки второй степени）的过程中，具有了"附加超结构"（дополнительные
сверхструктуры）的性质，他将其称为"二级模式化系统"。（Лотман 1967：
131—132）

　　从洛特曼的符号学理论体系看，他矢志追求的文本符号学、文化符号学和
交际符号学的研究，侧重的是对"二级模式化系统"的构建和阐释，包括该系统
的结构关系和组合机制，以及运作特点和规律等。他毕生所从事的艺术文本
的研究，也主要是集中在该领域展开的。因为在他看来，文本尤其是艺术文本
不仅是一个有组织的符号体系（因为任何文本都有其固定的内部结构），同样
还是"历时的记忆"，它存在于自然语言中，却保持着与语言外的种种联系；文
化相对于'非文化'而言是一个"符号系统"，是语言符号系统对世界进行模式
化（或人们对现实世界进行语言化）的结果；交际是统一文化系统内部的符号
运作方式，是语言系统和文化系统相互作用和影响的媒介。此外，洛特曼提出
的关于"符号域"和"符号空间"的两个重要概念，同样也是其将艺术文本置于
"二级模式化系统"内所作的深刻思考和理论阐释的结果。

　　总之，以文本为载体，以历史为视阈，以交际为取向，就实现了洛特曼对符
号模式化系统的理论建构，而这种建构活动又是紧紧围绕符号和文化的基本
特性——"多语性"这一核心展开的，这使文本、历史和交际同时具有了符号学
的特性，并分别呈现出"文本符号学""文化符号学"和"交际符号学"等学术
形态。

第3节　乌斯宾斯基的文化符号学理论思想

　　作为当俄罗斯著名的符号学家，乌斯宾斯基是塔尔图—莫斯科学派中莫
斯科流派的杰出代表，也是洛特曼最亲近的朋友之一。就学术地位和成果而
言，学界公认他在该学派中仅次于洛特曼。乌斯宾斯基的著述很多，达 400 多
部/篇，研究领域涉及理论语言学、教会斯拉夫语、俄语、艺术符号学、史学和文

化学等。他在文化符号学领域的代表性著作有:《语言结构类型学》
(《Структурная типология языков»)(1965)、《结构诗学:艺术文本的结构和结
构形式类型学》(《 Поэтика композиции:Структура художественного текста и
типология композиционной формы»)(1970)、《历史符号学·文化符号学》
(《Семиотика истории. Семиотика культуры»)(1994)、《艺术符号学》
(《Семиотика искусства»)(1995)、《沙皇与大牧首:俄罗斯神授的超凡权力》
(《Царь и патриарх:харизма власти в России »)(1998)、《鲍里斯与格列布:对
古罗斯历史的认识》(《Борис и Глеб: восприятие истории в Древней Руси»)
(2000)、《沙皇与皇帝:登基圣油礼和君主尊号语义》(《Царь и император:
Помазание на царство и семантика монарших титулов»)(2000)、《十字标记与
宗教仪式空间》(《Крестное знамение и сакральное пространство»)(2004)、《斯
拉夫象征意义史中的十字形与环形》(《Крест и круг из истории славянской
символики»)(2006)、《罗斯时期的修士名》(《Иноческие имена на Руси»)
(2017)等。他的大多数论文、评论等被编辑成《文选》(《Избранные труды»),
自 20 世纪 90 年代中期起由莫斯科"俄罗斯文化语言出版社"(Издательство
«Языки русской культуры»)分卷出版,其中有不少研究俄罗斯文化机制的文
章都是与洛特曼合作完成的,在学界享有很高的声誉。

　　乌斯宾斯基的文化符号学思想集中体现在其对俄罗斯历史、文化、语言和
艺术等方面研究之中,其中最为突出的是"反行为"理论和"艺术文本结构"说。

3.1　"反行为"学说

　　乌斯宾斯基对符号学的研究最先涉及的领域是俄罗斯历史。他在早期发
表的论文《亚类别符号学史》(*Historia sub specie semioticae*)中曾这样写道:
在符号学研究前景中,历史进程可以被看作为交际的过程。在这个过程中,不
断有新的信息制约着来自"社会共体"(социум)的某些回应。(Успенский
1976:286)据此,他对俄罗斯历史上的沙皇和大牧首等著名人物作出符号学分
析,其中把彼得一世的"行为"(поведение)解释为俄罗斯文化范围内的"反行
为"(антиповедение),并把彼得一世推崇的剃胡须、穿德国连衣裙的行为列入
"反代码"(антикод)。在他看来,在罗斯圣像中只有魔鬼才不留胡须,而穿德
国连衣裙也显得很滑稽,就像化装舞会上穿的裙子。包括彼得一世使用的语

言,也无不与当时的社会共体格格不入,因此民众甚至把从国外考察归来的彼得一世形容成"反基督徒的回归"。总之,彼得一世在乌斯宾斯基的史学研究里,就是一个"双代码携带者"(носитель двух кодов),即拥有欧洲文化和俄罗斯文化的双重色彩,因此他不能够以完全相等的方式与"单代码"的民众进行对话。(见 Успенский 1994a:320—321)

乌斯宾斯基正是运用上述"反行为"理论来审视俄罗斯历史和文化进程的。他在 1985 年发表的《古罗斯文化中的反行为》(«Антиповедение в культуре Древней Руси»)文章中认为,"反行为"在古罗斯文化中是有严格限定的,即特定时期、特定地点和"背离通行规范"(отказ от принятых норм)的行为;而"宗教化反行为"(сакрализованное антиповедение)则起源于"多神教"(язычество),因为多神教的仪式是以彻底改变"阴间"即"彼岸世界"(потусторонний мир)的各种关系为基础的。如,在多神教的葬仪中,死者身上的衣扣与活人扣衣的方式相反,是扣在背后的;吊丧时要把上衣盖在死者的头上,右手不能碰死者,因为"右"代表"人间"(наш мир),而"左"则代表"阴间"或"彼岸世界"。(Успенский 1994a:321—324)

除了宗教化反行为外,乌斯宾斯基还提出"象征性反行为"(символическое антиповедение)的观点。他认为,俄罗斯文化中的"惩戒仪式"(ритуал наказаний),有当众讥笑或凌辱的传统,这实际上是一种"被扭曲的世界",可以解释为"阴间"或"彼岸世界";再如,"乘雪橇惩戒"(наказание на санях)也是一种象征性反行为,因为在俄罗斯文化中"雪橇"(сани)是用来运送死人的殡葬工具,因此用乘雪橇来惩戒某人,就象征着让其死亡。(Успенский 1994a:324—325)

对于"白痴反行为"(антиповедение юродивых),乌斯宾斯基将其解释为"说教反行为"(дидактическое антиповедение)的变体,因为该行为是指向否定杂乱无章的"罪恶世界"(грешный мир)的,揭露的是罪恶世界的谎言。在他看来,白痴行为并不是亵渎神明的行为,因为白痴与上帝有自己独特的联系方式,而江湖艺人就不同了,他们是反基督教义的,因此要与他们进行不懈的斗争。(Успенский 1994a:327—329)

乌斯宾斯基认为,尽管上述三种反行为的成因不同,但它们的形式却是完全一致的,从而构建起反行为的统一整体。反行为可以是偶然的,也可以是非偶然的。在第一种情形下,反行为受到情景的制约,因此是某一种仪式的成分;而在第二种情形下,反行为与情景无关,而是由出场的某一个人物的特性决定的。(Успенский 1994a:330)

在这里,乌斯宾斯基从符号对立的角度来审视俄罗斯的历史和文化,无不具有方法论的意义。正如洛特曼提出的"文化多语性"一样,他用"反行为"理论来解释俄罗斯文化现象具有一定的客观性和科学性。因为我们知道,某些文化代码的激活是靠打破所谓"通行规范"(принятые нормы)来实现的,而文化代码的建立正是源自对规范的"积极否定"(активное отрицание)。比如,杂技文化就是如此,它是建立在不遵守(否定)习惯性行为规范的基础上的,否则就难称其为"杂技"。

最后需要指出的是,上述思想同样被乌斯宾斯基运用到对语言的研究之中。他发表的语言学方面的著述,试图对语言符号的规律性问题作出总体的概括。如,他在语体分析中就得出结论认为,旧修辞语体与替代它的新修辞语体相比并不粗俗,与之相反,往往是新的代码系统显得更为粗俗,因为新代码的出现通常要以打破"通行规范"为前提,而现有代码系统以及该代码系统的携带者会像具有惯性的机器一样极力阻挠新代码的进入,防止本代码系统发生嬗变。(见 Успенский 1969:487—501)

3.2 "文化二元论"思想

乌斯宾斯基在 1994 年出版的《历史符号学和文化符号学》文集中,有两篇文章《18 世纪末前俄罗斯文化发展进程中的二元模式作用》(《Роль дуальных моделей в динамике русской культуры (до конца XVIII века»)和《俄罗斯中世纪文化的二元论性质》(«Дуалистический характер русской средневековой культуры»)专门对俄罗斯中世纪文化模式进行了分析,从而建立起学界公认的"二元论"分析模式。[11]该模式主要包含以下两方面的内容:

3.2.1 "发展进程二元论"

所谓"发展进程二元论",指乌斯宾斯基从文化符号学视角对俄罗斯 18 世纪前的文化发展脉络进行分析,得出了俄罗斯文化发展具有"文化二元性"的结论。具体思想包括:

1)从罗斯受洗到彼得一世改革的历史是一部"旧事物与新事物"

（«старина ＜－＞ новизна»/«старое ＜－＞ новое»）的对立史。从不同历史阶段文化携带者的主观立场看,这种对立对俄罗斯文化而言意义十分重大,以至于其他几种重要的对立——"俄罗斯与西方""基督教与多神教""真信仰与伪信仰""有知与无知""社会上层与社会下层"等,都要被其吸纳或归属其中。这种"旧事物与新事物"的对立体现在:(1)罗斯受洗使"罗斯国"(Русская земля)成为新的国度,而改信基督教的罗斯人就是"新人"(новые люди)。(2)新的罗斯国又反常地与古旧文化模式结合在一起,因此,可以看到两种"新文化"(новая культура)的建构模式:一是保留先前古旧文化的深层结构,但要"彻底重新命名"(решительное переименование),即在保留古旧文化框架的前提下创造出新的文本;二是文化的深层结构得到改变,但又显现出对先前文化模式的依附性,如基督教前的多神教观念对基督教文化系统的渗透就是例证。也就是说,在与旧的多神教文化的对立中,新的(基督教的)文化是作为"反文化"(анти-культура)建立起来的。这种新文化看上去是对旧文化的否定和完全毁灭,但它却在"镜像式功能翻转"(зеркальная перевернутость функций)中包含着所继承的文本和所保留的行为形式,因此实际上它是保存旧文化的强有力手段。从这个意义上讲,日常生活中的东正教是重构东斯拉夫多神教崇拜的宝贵源泉。(3)新文化的自我确立不可避免地要与其敌对的意识形态进行论战。如,罗斯的基督教化不仅对多神教而言是一种"新信仰",同时也将罗斯人带入东方基督教(东正教)与西方基督教(天主教)之间的论战。(见 Успенский 1994b:223—235)

2) 俄罗斯中世纪的晚期与早期不同,所打出的口号是"旧事物"。乌斯宾斯基认为,在中世纪晚期,"旧的"和"原有的"概念被联想为崇高的公理范畴。具体体现为:(1)在 17 世纪不同阶层中广为流行的对罗斯生活方式的不满(由一系列民间运动反映出来),就体现为要求重新回归到"旧事物"的形式。这里对"旧事物"的理解有点奇特,流行的观点是将美好的"上帝的世界"(Божий мир)与"人的世界"(человеческий мир)的恐怖情绪尖锐地对立起来,其必然结果就是要求回归"原有的"自然制度。这表明,为自然制度而排斥整个现实社会制度的思想,主观上就被体验为对旧事物的宣传。在这里,整个人类的历史实际上是"新事物",而原有的神的制度则是"旧事物"。(2)"向前"(движение вперед)意味着恢复失去的真理(即"向未来"就是"向过去"),这一概念在对立的社会派别中都很流行。如,在"旧礼仪派教徒"(старообрядцы)看来,历史时间是倒转的:"旧的是多神教的"和"新的是基督教的"这一历时现象,在他们的意识里被倒转为"旧的是基督教的"和"新的是多神教的",这里的"多神教的"源自于基督教神学中的"末世论"(эсхатологизм)。(见 Успенский 1994b:226—237)上述所谓的"中世纪晚期"是指 17 世纪,也正是在这一时期,俄罗斯宗教文化中占主导地位的旧礼教派将信奉天主教的西方理解为"新国度",而信奉东正教的俄罗斯则被视为"旧国度"。可见,"旧事物"的形象在这一时期的俄罗斯文化中具有反历史的性质,它与现实的历史传统相割裂。

3)18 世纪是在"新事物"的旗帜下来临的。这个"新事物"等同于"好""珍贵"和"值得效仿",而"旧事物"则被视为"坏"和"应当摧毁"。彼得时代的俄罗斯人将俄罗斯时而想象为"活成新模样的人"(отродившееся в новый вид существо),时而又想象为"新生婴儿"(новорожденный младенец)。具体体现在:(1)对 18 世纪文化而言,"启蒙"(просвещение)和"启蒙者"(просветитель)具有决定性意义,它们成为"理性时代"(век Разума)最基本概念的基础。(2)日常生活中的自由思想转换为实际的"不信教"(безбожие),这在俄罗斯贵族界较之理论哲学的"无神论"(атеизм)更为常见,其特点常常表现为并非为摒弃信仰,而是转向其他信仰的性质。(3)主观上的生活方式"欧化"(европеизация)与现实靠近欧洲生活方式并无任何共同之处,而是确定了一种在基督教西方生活方式中绝无可能有的反基督形式。(4)在彼得时代前,俄罗斯文化基础之一是教会斯拉夫语和俄语口头语的"特殊双分级关系"(специфическое двуступенчатое соотношение),而语言情景的世俗化(即推行非宗教字母,以及标准语结构中的变化情景)被视为新文化的特征之一,这是教会意识形态领导权衰落的突出体现。(5)在 18 世纪某些意识的继承性方面,彼得时代前的传统社会思想形式,绝非体现在"欧化的生活表层"(европеизированая поверхность жизни)与"亚洲的生活内层"(азиатская толща жизни)之间的对立方面,尽管这种对旧与新相互关系的理解在彼得时代后的文化中多次被提及。(6)18 世纪下半叶是在"思想符号"(знак идей)下发展的,这些思想与俄罗斯中世纪晚期的文化模式相似,即为了自然而否认文化。如,在拉季谢夫(А. Н. Радищев,1749—1802)看来,多神教的古希腊罗马、多神教的罗斯和东正教"旧事物"之间的差异并没有意义。(见 Успенский

1994b:240—251)显然,18 世纪对俄罗斯来说是一个崭新的世纪,是俄罗斯兴起"欧洲主义"(европеизм)思潮的世纪,因此,作为"新事物"的欧洲主义思想文化替代中世纪晚期所盛行的"旧事物"思潮,就彰显出鲜明的新旧交替的符号对立性。

　　总之,在乌斯宾斯基的文化符号学理论思想中,俄罗斯文化的发展进程就是按照"新与旧"或"文化与反文化"的"二元对立"模式建构起来的,这与洛特曼的相关思想完全一致。

3.2.2 "中世纪文化二元论"

　　上文中所说的"发展进程二元论"思想是针对作为整体的俄罗斯文化发展模式而言的,至于俄罗斯在中世纪这一特定阶段内的文化特性问题,乌斯宾斯基依然用上述模式进行了符号学解构,具体思想有:

　　1) 古罗斯文化将地理空间视为"价值范畴"(ценностные категории)。该范畴将某一地域评价为"纯洁之地"(чистые земли)与"非纯洁之地"(нечистые земли)、"正义之地"(праведные земли)和"罪恶之地"(грешные земли)。也就是说,地理空间的运动是按照宗教道德评价的纵向刻度来移动的,如地狱与天堂就被限定在地理空间的范围内来考量:"上等"(верхняя ступень)是天堂,"下等"(нижняя ступень)是地狱;人们可以参观地狱和天堂,就如同去旅行一样;处在纯洁空间是神圣的标志(如去圣地朝圣),而非纯洁空间则是罪恶的标志(如不想去异教徒国度旅行);去非纯洁之地,被视为"反朝圣行为"(антипаломничество) 等。 总之,地理空间展现为"道德知识的变体"(разновидность этического знания)。乌斯宾斯基认为,尽管在西方中世纪文化中可以观察到上述类似现象,但这种完全对立的二元论道德范畴在古罗斯文化中体现得尤为清晰。(Успенский 1994c:254—255)

　　2) 罗斯在传统上被视为"神圣之地"(святая земля)。乌斯宾斯基认为,神圣之地的思想源自"神圣罗斯"(Святая Русь),而神圣罗斯的概念形成却源远流长,可以追溯到基督教前一些古老的观念,后在基督教的教义中被重新认识。罗斯接受基督教后,罗斯的"神圣性"(святость)就被该国的普通民众(主要是信教的农民)奉为"宗教信仰"(вероисповедание)。这一思想传统在 15 世纪时得到强化:1439 年佛罗伦萨与罗马的合并以及 1453 年君士坦丁堡(即拜占庭帝国)的垮台,都被视为是由于背离了东正教而得到的惩罚,而"莫斯科罗斯"(Московская Русь)才是东正教的唯一堡垒,从而就成为世界东正教(也是基督教)的中心。(Успенский 1994c:262—263)显然,在乌斯宾斯基看来,正是由于"神圣之地"的思想传统,莫斯科罗斯才有可能被称为继罗马、君士坦丁堡之后的"第三罗马"(Третий Рим),而"第三罗马"既是"神圣之地",也是"纯洁之地",它与"第一罗马"和"第二罗马"的"非纯洁之地"或"罪恶之地"构成了二元对立。对此,乌斯宾斯基在文章中用大量历史文献论证了上述思想。他写道:"显然,是全罗斯和莫斯科都主教西蒙(Симон,? —1512)最先宣称莫斯科为'新君士坦丁堡'和'第三罗马'的。"他坚持认为,无论是君士坦丁堡还是罗马,它们都丧失了"神圣性"。这表明,拜占庭成了"非纯洁之地",即由过去罗斯朝圣者向往的正教帝国脱变为"不信神的土耳其人区域"(область безбожных турков)。罗马也是一样,昔日的基督教世界中心丧失了自己的虔诚,由"纯洁之地"变为"非纯洁之地"。(Успенский 1994c:265)但乌斯宾斯基认为,上述思想在"尼康新政"(никоновское нововведение)后有了根本性的改变。[12]在旧礼仪派教徒看来,俄罗斯失去其特有的神圣性,而由"神圣之地"变成了"罪恶之地"。至 17 世纪末,许多旧礼仪派教徒和僧侣由于受到正式教会的排挤而被迫逃往顿河流域,在哥萨克人那里寻找栖身之地。(Успенский 1994c:265—266)

对于以上的两种"二元性"特征,乌斯宾斯基在文章中以中世纪俄罗斯旅行家、作家阿法纳西·尼基京(Афанасий Нитикин,? —1475)所著的《三海航行记》(«Хожение за три моря»)为例证进行了具体的分析。[13]他认为,《三海航行记》主要记述的对"非正义之地"或"非纯洁之地"的朝圣,因此本质上是一种"反朝圣行为"(антипаломничество),因为正常的朝圣行为是描写去"神圣之地"旅行的。(Успенский 1994c:267—268)由此可见,乌斯宾斯基提出的中世纪文化的"二元论"思想,依然是建立在上文中所说的"反行为"理论基础之上的,或者说,"反行为"理论是乌斯宾斯基用来考察俄罗斯中世纪文化特性的基本出发点。

3.3　"艺术文本结构"说

对艺术尤其是艺术文本进行符号学研究,应该说是乌斯宾斯基学术活动中最具特色和最有成就的领域之一。他的第一部著作《结构诗学:艺术文本的结构及其结构形式的类型》(《Поэтика композиции：Структура художественных текстов и типология композиционной формы»)最早出版于 1970 年,后又多次再版,被学界公认为塔尔图—莫斯科学派的代表作之一,这也使其作者在世界符号学界一举成名。该著作从结构主义语言学的一般原理出发,并从多维视角对诗歌、绘画、造型艺术、戏剧、电影、报章随笔、笑话等艺术文本的结构及其复杂的相互关系进行了全方位的审视[14],成为俄罗斯符号学理论中不可或缺的宝贵遗产。

与传统结构主义所不同的是,乌斯宾斯基在《结构诗学》中采用"图形"(изображение)和"形指"(изображаемое)这些新的术语来对应结构主义的"表达"(выражение)和"内容"(содержание),并侧重从形指的"语义"(семантика)、"语构"(синтактика)和"语用"(прагматика)三个方面(前者针对通常意义上的艺术文本,中者主要针对抽象绘画、图案装饰、非造型艺术的音乐等,后者主要针对建筑艺术)对艺术文本的结构进行多层次、多视角的表征,试图建构起艺术文本的"结构潜能类型学"(типология композиционных возможностей),即艺术文本可以从哪几种类型的视角予以审视,各类型之间可能有哪些关系,这些类型又各有哪些功能等。(Успенский 2000：13—15)为此,他尝试从意识形态、语言风格、时空描述、心理四个平面视角对艺术文本进行多维的分析。

1)在意识形态平面,他认为可以从多重视角来分析艺术文本,如"复调"(полифония)视角——作者、讲述者、主人公(角色)及其他各种具有意识形态的人物,主人公功能视角——主角、配角及其他具有意识形态的人物。上述具有意识形态的人物可以是现实的,也可以是潜在的,可以是外显的,也可以是内隐的;意识形态观念的表述方式主要有"常用修饰语"(постоянные эпитеты)、言语评析(речевая характеристика)等。

2)在语言风格平面,他认为对艺术文本结构的分析既可以从"称名"(наименование)视角——日常言语中的称名、文艺和政论散文中的称名、书信体裁称名等;也可以从文本中作者话语与主人公话语之间相互关系的视角;也可以从他人话语与作者话语之间相互影响的视角,甚至可以从复合句、简单句中说者和听者不同观点结合的视角来展开。

3)在时空描述平面,他设想从叙述者与角色的空间观是否吻合,观察者的观点转移,作者时间与角色对事件主观解释的吻合程度,作品中时间观的复现,时间、体的语法形式与作者的时间观等不同的视角,对艺术文本进行具体的分析。

4)在心理平面,他认为可以从"外部视角"(внешняя точка зрения)和"内部视角"(внутренняя точка зрения)分别对文本所描写的人物特征进行分析,并可以呈现出下列类型:(1)叙述中作者观点无法替代——客观描写;(2)叙述中作者观点无法替代——主观描写;(3)叙述中采用多重视角——替代作者观点;(4)叙述中采用多重视角——数种观点同时使用。(见 Успенский 2000:20—270)

此外,乌斯宾斯基还在该部著作中从上述四个平面视角出发,并结合不同的艺术文本内容,对各类型之间可能出现的诸关系分别进行描写,对艺术文本在语义、语构和语用等方面的结构特点进行了论证,对不同艺术的结构共性问题做了比较深入的阐释和分析,从而为我们勾画出一幅比较完整的艺术文本结构分析图式。在我们看来,乌斯宾斯基的"艺术文本结构说"相较于洛特曼以及其他学者对艺术文本的相关学术思想而言,其最大的特点就在于"多视角性"或"多平面性":它不拘泥于该文本的内部结构和某一具体形式,而是试图从立体视角对艺术文本的思想结构、时空结构、语言结构、心理结构等作出全面和系统的分析。

著名符号学史研究专家波切普佐夫在评价乌斯宾斯基在符号学领域所取得的学术成就时,曾中肯地指出该学的两大特点:(1)其与塔尔图—莫斯科学派的许多著名学者一样,都对俄罗斯历史有"专业的和详细的研究",他"能够从历时分析中阐释共时体系最抽象层面的规律性问题"。也就是说,他所拥有的学识与从事符号学研究的基本原则是相吻合的,即能够从两个体系、两个代码——过去和现代的角度来审视研究对象;(2)他能够"跳出"传统语文学的研究视角,而用符号学的方法来解读语言、历史和文化现象。(Почепцов 2001:699—700)当然,他的许多学术思想同样也得益于塔尔图—莫斯科学派中其他成员的学术研究成果,尤其受洛特曼本人理论思想的影响最大。在我们看来,乌斯宾斯基的符号学理论思想的最大特点是基于语言学基本原理的,或者是基于语言结构的。正如他本人所说的那样,他早期是研究结构主义语言学,尤其是结构主义类型学的,正是普通语言学奠定了他后来工作的基础。而从事结构主义语言学研究，自然而然地又使他去研究符号学，从而极大地拓展了自己的研究兴趣——开始向研究艺术符号学等领域进军。（见 Успенский 2004d：5)也正是基于厚重的关于语言结构的知识积累，才有可能阐发出对艺术文本结构以及俄罗斯历史文化特性的独特认识。

第4节　托波罗夫的文化符号学理论思想

作为塔尔图—莫斯科学派的奠基人之一，托波罗夫被喻为 20 世纪俄罗斯人文科学领域的学术大家。他的学术成就在国内外享有很高的声誉，在语言学、斯拉夫学、符号学、文学、民俗学以及宗教学等一系列领域都不乏创造性的研究。

托波罗夫 1951 年毕业于莫斯科大学语文系，1954 年进入科学院斯拉夫学研究所工作直至逝世。1988 年未经答辩被授予语文学博士学位。[15]1993 年被选为俄罗斯科学院院士。鉴于其在语言学、符号学、文学等领域作出的突出贡献，于 1990 获"国家奖"（Государственная премия)[16]，1998 年成为"索尔仁尼琴奖"（Премия А. И. Солженицына)的第一位获得者，2003 年又获"别雷奖"（Премия имени Андрея Белого)。托波罗夫一生出版和发表的著述达1500 多部/篇之多，其中最具影响的著述有：《巴利语言》（«Язык Пали»)(1965)、《普鲁士语》（«Прусский язык»)(1975—1989)、《阿赫玛托娃与勃洛克》（«Ахматова и Блок»)(1981)、《空间与文本》（«Пространство и текст»)(1983)、《神话诗歌的世界模式》（«Модель мира —мифопоэтическая»)(1987)、《俄罗斯精神文化中的圣洁与圣像》（«Святость и святые в русской духовной культуре»)（1995—1998）、《论神话诗学空间》（«О мифопоэтическом пространстве»)(1994)、《神话、仪式、象征、形象：神话诗歌的研究》（«Миф. Ритуал. Символ . Образ： Исследования в области мифопоэтического »)(1995a)、《俄罗斯文学中的彼得堡文本》（«Петербургский текст русской литературы»)(1995b)、《词源学和语义学研究》（«Исследования по этимологии и семантике»)(2004—2005)等。

与塔尔图—莫斯科学派中其他学者有所不同的是，托波罗夫是用自己的方式搭建起符号学研究领地的，他的符号学理论思想最集中地体现在对神话诗歌的文本空间、神话诗歌文本世界模式以及城市符号学的多维思考和阐释中。下面，我们就从以上三个方面对其独特的符号学理论思想作出评析。

4.1　关于"文本空间"的思想

注重对文本尤其是艺术文本形式和功能的研究，无疑是塔尔图—莫斯科学派中包括洛特曼本人在内的许多学者的学术亮点之一，托波罗夫也不例外。然而，托波罗夫对文本的研究主要集中在神话诗歌领域，其中最具代表性的是关于神话诗歌文本空间的思想。他在 1983 年发表的《空间与文本》一文中提出，空间和文本的相互关系问题是研究文本结构的必要前提，原因有二：一是以往学界对此关系的研究走了"两个逻辑极端"——要么"文本都具有空间性"，要么"空间就是文本"。换言之，文本与其他事实一起进入了"空间集"（множество пространств），而空间又与其他种类的文本一起构成了"文本集"（множество текстов）。二是空间与文本的关系与人的"直觉空间"（пространство созерцания）相关联，即与在非空间意识中作为现实空间对应体的意识的内涵范畴有关。（Топоров 1983：227）上述话语表明，托波罗夫的文本空间思想与上述两个极端是不相同的，而是与人的直觉空间的概念有关联。

所谓"直觉空间"，在托波罗夫看来，主要是指人意识里的空间，但意识本身同时又是非空间性的；"意象"（представления）并不是空间的本质，但意象中确实有空间的存在，因为意象中可以表征出"空间长度"（пространственная протяжённость），这就是人的直觉空间。（Топоров 1983：227—228）在这里，托波罗夫实际上把内在的与外在的、空间的和非空间的、变化的与不变化的、文本的与非文本的等看作是存在和意识的统一，并在时间上把"文本 2"（текст $_2$）与先前的"文本 1"（текст$_1$）统一了起来。

基于以上认识，托波罗夫对神话诗歌的文本与空间关系进行了深入阐释，提出了"向道"（путь）、"神话诗歌空间"（мифопоэтическое пространство）和"神话诗歌时空模式"（мифопоэтический хронотоп）等新概念和新思想。

1）"向道"是神话诗歌世界模式中"起点"（начало пути）和"终点"（конец пути）两个空间点之间的联系方式：前者为神话诗歌的主人公或某仪式的参与者的行为起端之地，被看作是对向道主体的自然"位点"（локус），如对于神来说，其住处——天空、大山、树的顶端、教堂等就是起点；后者是行动的终极，它与起点的"位点"相对立,始终是行为的目的。通常情况下,起点并不是神话诗歌描写的重点对象,而终点才构成"强力空间场"(силовое поле пространства)——如威胁、障碍、危险等,因为只有在终点才隐藏着神话诗歌世界模式中公认的"神圣宝藏"。因此,只有设法战胜该强力空间场,才能够进入神圣宝藏,才能够改变原有的地位(如人变为圣人、修行者,神话中的主人公变为皇帝或神仙等)。当然,在神话诗歌文本中的上述起点和终点有可能不是硬性规定在现实空间中的:如果起点处在边缘,远离神圣中心,这时向道的终点就是中心;但起点也可以成为中心(如在自己免遭危险的家里,在受到神力保护的宫殿里等),此时,终点就成远离核心的边缘。无论哪种情况,对所有空间进行检验后最后达到终点,就意味着神话诗歌文本目的的达成。在这个过程中,向道就起到"协调者"的作用——总是在中和着彼与此、敌与友、内与外、有形与无形、神圣与不那么神圣等之间的各种对立。因此,不管向道在神话诗歌空间中处于什么样的位置,它总能抵达期待的中心,只有一点是例外的,那就是通往"阴间"(нижний мир)的路径。托波罗夫认为,在神话诗歌文本空间中存在着两种不同的向道:一条"通往神圣中心"(путь к сакральному центру),另一条"通往陌生和恐怖边缘"(путь к чужой и страшной периферии)。而神话诗歌文本则更倾向对第二条向道的描写——家园→庭院→原野→森林/沼泽→泥潭/窟窿/井/洞穴→另样的国度,原因是第一条向道情景平缓,缺乏冒险和刺激,而第二条向道情景复杂、惊险,充满变数,不是死亡就是重生,这符合人对世界感知的深层关系。(Топоров 1983:258—263)上述有关向道的思想,是托波罗夫研究神话诗歌文本空间形式和关系的核心概念之一。在我们看来,这实际上是在认识论的更高层次上对普罗普(В. Я. Пропп,1895—1970)于 1928 年在《童话形态学》(《Морфология сказки》)一书中提出的关于童话结构的四种规律和三十一种功能等思想作出的一种哲学解释。[17](见 Пропп 1928:31—72)为此,托波罗夫认为,中国古代的"道教"就是这样的"向道"学说。(Топоров 1983:269)由此可见,把文本的结构空间引申到文本的直觉空间,再用"向道"的概念对文本直觉空间进行解构,使文本符号学研究具有了真正意义上的哲学阐释学的性质,这正是托波罗夫符号学思想的价值所在。

　　2)"神话诗歌空间"与上述"向道"的思想紧密关联,或者说是建立在"向道"概念之上的。托波罗夫指出,神话诗歌空间是随着通往神圣中心的向道运动所展示的空间,它是由许多"亚空间"(подпространство)叠加而成的,典型的图式是:故土→城市→市中心→教堂→祭坛→受害等;几乎所有神圣空间的中心都有祭坛、教堂、十字架、世界圣地、宝石、拟人化的宝藏等标志,中心本身在很大程度上决定着整个神话诗歌空间的结构,从而构成"神圣场"(сакральное поле);在该神圣场的垂直切面中,标有一个最神圣的空间点,它是"世界轴心"(мировая ось)的边际。轴心本身是作为神圣中心的价值刻度而分布在垂直空间中的;另一种情形是,神圣中心就位于"世界轴心"处而进入地下,这时,该中心就与地平面中心相吻合;只有在少数神话诗歌中(如阿尔泰和西伯利亚神话中)才涉及"上"(верх)、"中"(середина)、"下"(низ)等三维空间。此时,垂直轴心最具事物的等级结构——死者、先辈的灵魂、魔鬼和凶神(包括阴间主宰本人)等都处在下层,人与动物在中层,飞鸟、天使、神(包括上帝本人)则在上层;而地平面中心则是如上所说的教堂等。通常情况下,神话诗歌中会把一年之中主要的仪式安排在最神圣的空间点上,即旧年与新年的交替时刻。当时间抵达顶点,被神化的时刻仿佛就会像空间那样逝去,并与上述三维空间合成一体,从而构成神话诗歌的"四维结构";"一维时间"的加入,使原来的三维空间获得了新生,从而又构成新的空间和时间。(Топоров 1983:256—258)上述托波罗夫的神话诗歌空间观有以下几个值得关注的特点:一是空间的多维性,二是空间的层级性,三是空间与时间的统一性。在他看来,多数神话诗歌具有上、下二维空间,部分则具有上、中、下三维空间;空间具有内部组织,可以被切分,它由中心和边缘以及许多亚空间构成;时间可以浓缩为空间形式,并同时将空间"时间化"(темпорализация)。他的这些思想,无疑对神话诗歌以至广义的艺术文本进行符号学分析提供了新的视角,具有方法论意义。值得一提的是,托波罗夫正是借助于上述空间观,对俄罗斯众多经典作家如普希金、屠格涅夫、陀思妥耶夫斯基等的作品进行符号学分析的,对此,洛特曼曾给予"高度评价"。(见 Почепцов 2001:714)

　　3)"神话诗歌时空模式"是指神话诗歌文本中时间和空间之间的相互关系。在这对关系中,时间的浓缩似乎可以"外在消失"而转化为空间形式,成为新的第四量度;而空间则相反,会受到时间内部强化特性的"感染"而参与时间的运动,从而牢固地扎根于在时间上展开的神话文本中。在神话诗歌意识中,正在发生或可能发生的一切,都要受制于上述时空模式。在该模式中,空间与时间的不可分割性不仅体现在专门的对时间的表义词语中,而且还反映在对多数时空单位的相同表义中。如在许多语言中,"人间""世界""空间"以及"年"等都可以用同根词来表示,突出的例子是拉丁文 *orbis* 就有"周围""周围地方"的意义,*orbis terrarum* 则表示"人间"和"世界";*orbis annuus*——"四季更替",*orbis temporum*——"年"等。因此可以认为,在神话诗歌文本中,缺乏时间量度的三维空间是不完整的;神话诗歌空间总是完整的,由此构成了"时空连续统"(пространственно-временной континуум)。在这个连续统中,空间不但与之相互影响的时间紧密相连,而且充满着实体,如神、人、动物、植物、神化的物体等,这也是为什么对实体的表义时常与时空表义相吻合。(Топоров 1983:232—233)在托波罗夫看来,时间和空间相互关系构成的模式,可以理解为"事物特性"(свойства вещи)。这里的"事物"(вещь)应该是一个宽泛的概念,托波罗夫对此十分推崇。他在 1995 年发表的《人类中心论前景中的事物》(«Вещь в антропоцентрической перспективе»)一文中曾对"事物"做过这样的描述:在"语言中心论系统"(языкоцентрическая система)中,语言作为世界一切事物的中介而具有核心的价值。语言将这个世界分为两个范畴——"语言下范畴"(подъязыковая сфера)和"语言上范畴"(надъязыковая сфера)。语言不仅决定着这两个范畴,而且还把所有事物都引向这两个范畴:"向下"引向"物质—事物"(материально-вещное),"向上"引向"理念—精神"(идеально-духовное),从而将"下"(низ)和"上"(верх)合为一体,并将"下"灵性化,将"上"现实化。于是,"语言下"的物质的书籍具有了精神性,而体现在物质象征中的"语言上"的思想具有了物质性;由语言联系起来的"语言下"的"下"和"语言上"的"上"相互支撑、形成整体。而"事物"就属于"语言下范畴"。(Топоров 1995:7—8)他认为,"最初的事物都有仪式性",且"事物越强,就越有仪式性和成效性"。(Топоров 1995:11)而神话诗歌文本中的"仪式"(ритуал),是指复生、加强原有存在的手段或基本工具,仪式可以与创造行为共生,并在结构和意义上再现创造行为曾经创造过的事物,从而能够在时空中心把"此时、此地与初始行为在连接起来"。(Топоров 1983:258)由上不难看出,托波罗夫把神话诗歌文本中的时空模式归结为"事物特性",不仅是一种高度的概括,更是对时空关系本质的深刻揭示,那就是:时间与空间构成对立,但彼此的相互作用又转化为统一整体，从而形成新的时空；这种相互作用和转化的过程，正是"事物特性"使然；而事物又具有"仪式性"，它对新的时空的产生起到了"复生"或"再现"的作用。

我们知道，塔尔图—莫斯科学派的奠基人洛特曼对文本结构有独到研究，并提出了文本符号学的理论思想。但托波罗夫对文本的研究并没有停留在纯文本结构以及文本的文化结构上，而是将其置于人的意识空间予以审视，从而得出了与洛特曼完全不同的结论：空间的概念具有直觉性；空间通过"向道"可以与文本达成相互转换；文本具有"空间性"，它包含着可以用空间结构或模式进行描写的所有成分等。

4.2　关于"神话诗歌世界模式"的思想

从"直觉空间"来审视艺术文本，只是托波罗夫采取的一种方法或视阈，其最终目的是要以此来建构对艺术文本的认知模式。为此，他提出了"神话诗歌世界模式"（мифопоэтическая модель мира）的假说。该假说虽在上述"文本空间"的相关概念中已有所涉及，但直到 1987 年才形成比较完整的思想。在是年出版的《世界各民族神话百科全书》（«Мифы народов мира：Энциклопедия»）中，他把该思想专门列为一个词条予以重点阐述，在学界产生广泛影响。

托波罗夫认为，所谓世界模式，可以界定为"有关世界的所有认识的压缩和简化了的反映"：世界模式不属于经验主义层次的概念，因为具有经验的人可能不会充分地意识到世界模式；世界模式具有"系统性和程序性"（системность и операционность），由此不仅为"在共时层面解决共性问题"提供了可能，也为"在历时层面确定系统各成分与这些成分的历史发展之间的从属关系"提供了可能；用"模式"来描写的"世界"的概念本身，可以理解为人与环境的相互作用，因此，"世界"是有关环境信息和人本身信息加工的结果。（Топоров 1987：161）不难看出，托波罗夫对世界模式的界说，与当代认知语言学、语言文化学研究中的核心理论之一"世界图景"（картина мира）的概念基本一致。世界模式就是世界图景，既由人的主观能动作用所认识的世界以及由此得到的关于世界认识或知识的总和。托波罗夫在定义中则强调了"非经验性""运作性质"和"人与环境的相互作用"等基本要素，目的是要突出世界模式中人、历史和文化的作用，这是由其研究对象——神话诗歌文本的基本特性所决定的。

那么,"神话诗歌世界模式"又是如何形成的呢? 对此,托波罗夫做了比较详细的阐述。

首先,托波罗夫认为神话诗歌世界模式是在多样化的、能够揭示或构拟原始神话诗歌文本古老结构的史料基础上再现的,包括从古生物学文献到现代古老群体的民族学信息,现代人意识里的古风残存,以及语言资料、梦境象征、深层次的无意识象征、艺术创作资料等。从历史发展阶段看,相对统一和稳定的神话诗歌世界模式形成于近东、地中海、印度和中国的文明之前,这就是神话以及具有离散性质的神话系统。(Топоров 1987:161—162)

其次,依据史料对神话诗歌世界模式进行构拟,托波罗夫认为并不是一蹴而就的,而是经历了三个不同的发展阶段,并呈现出如下"图式"(схема):宇宙图式、描写亲属和婚姻关系系统图式、神话史传统图式等。(Топоров 1987:162)

最后,除上述外,神话诗歌世界模式的形成还应该有自身的内部机制,这就是托波罗夫在对"世界模式"进行界定时格外强调的"程序性"。什么是程序性呢? 他认为,神话诗歌思维为了确立相应的对象,就势必会启动相应程序,提出类似于"这是怎么来的""这是怎样发生的""为什么会这样"等相关问题,从而把现实世界图景与古老的宇宙图式、历史传说中的典型"先例"(прецедент)联系起来。于是,历史传说与宇宙起源图式、亲属和婚姻关系图式等一道,构建起代代沿袭和相传的该社会共体的"时间域"(временной диапазон)。这也是神话以及神话化的历史传说本身就包含有历时和共时两个方面的原因。历时是讲述过去的故事,而共时是解释现在或将来的方式。(Топоров 1987:162—163)

构拟出"神话诗歌世界模式"后,托波罗夫还对该世界模式的特点进行了具体分析,从而建构起比较完整的方法论体系。他认为,神话诗歌模式具有以下四种基本特性:

$$
\text{神话诗歌世界模式}\begin{cases}\text{同一性(тождество)}\\\text{指向性(ориентированность)}\\\text{对立性(противопоставленность)}\\\text{象征性(символичность)}\end{cases}
$$

　　所谓"同一性"，既宏观世界与微观世界的同一性、人与自然的同一性。该同一性既包括宇宙空间与人间的"类人化定型"（антропоморфное моделирование），也包括日常生活领域——与人体称谓相关联的所有语言的、非语言的以及超语言层面上的家具、器皿、服饰、住所等。

　　所谓"指向性"，即指向宇宙。一切事物都与宇宙相关联，因为世界模式揭示和描写的首先是宇宙模式及其基本参数——时间和空间的（时空联系以及连续统）、因果的（万物起源、形成、发展的原因）、道德的（好与坏、肯定与否定、允许与禁止、应该与不应该等）、数量的（对宇宙及其构素作出数量上的评价）等。

　　所谓"对立性"，即在神话诗歌深层意识中可以提炼出近20对构成二元对立的区别性特征，用以对世界模式的语义进行描写。这种对立有空间的（上与下、左与右）、时间的（白天与黑夜、春与冬）、颜色的（白与黑、红与黑）、自然与社会交织因素的（湿与干、水与火等）、社会性质的（男与女、亲近与疏远）等。它们的组合构建起具有普遍意义的符号体系，也成为用"原始意识"（первобытное сознание）认知世界的有效手段。

　　所谓"象征性"，在神话诗歌世界模式中最具象征意义的是"宇宙树"（мировое дерево），对其的描写既可以是定量的，也可以是定性的。定量的描写不仅决定着世界的外部范围或形象，而且还决定着数量关系和性质特征；定性描写主要是通过语义对立系统对其作出评价，而且这种评价在形式与内容上往往具有如下特征：一方面，神话诗歌的关系形式网常常先于对内容成分及其构素的阐释，即形式预先决定着最后的结局；另一方面，神话诗歌不同类型的图式对宇宙空间的各种参数（时间的、数量的、道德的、谱系的等）及其定位规则进行描写，可以得出"宇宙树"图式的不同内容信息。（Топоров 1987：163—164）例如，"宇宙树"在斯拉夫民间口头文学作品中就有"天堂树""白桦树""橡树""花楸树""苹果树"等不同图式，它们在文化内涵上不尽相同。（见 Иванов，Топоров 1987：308）

　　综合以上论述不难发现，托波罗夫不仅指出了神话诗歌世界模式形成的物质基础，同时也了明确了模式化神话诗歌世界的形成方法——它并不是当代凭空想象出来的，而是根据史料科学构拟的；而神话诗歌世界模式演变过程所展现三种不同图式，是与人类社会的发展历史以及人类知识的发展阶段相吻合的,这无疑是神话诗歌世界模式得以形成、发展的社会基础。我们认为这样的阐释是令人信服的,这正是其神话诗歌世界模式思想的经典所在。而他在此基础上所做的对神话诗歌世界模式的具体分析也精彩纷呈,所列出的四大特性以辩证唯物主义为指导,以"人与自然的同一性"为视阈,以众多"对立统一"的特征为方法,以象征性评价为参数,对神话诗歌世界模式进行了立体的、全方位的理论构建和实例分析。可以说,这是塔尔图—莫斯科学派中神话诗歌研究领域内容最为丰富、视角最为独特和阐释最为深入的学术思想之一。但他所阐发的思想似也有值得商榷之处。例如,在我们看来,他从人的心理以及社会共体的心理角度对神话诗歌世界模式的"运作机制"所作的解释就不够完善,因为它没有考虑到语言符号本身对神话诗歌世界模式形成所产生的巨大作用。如在人与自然的相互作用过程中,人会对自然界的信息进行多次"编码"——首先是感官对初始信息进行加工,然后会借助于符号系统对初始信息进行第二次重新编码等。神话诗歌模式的形成过程也不例外,与"先例"等有关的心理联想,把宇宙图式、亲属、婚姻图式与历史传说联系了起来,从而形成了比较固定的神话诗歌世界模式,这实际上也是重新编码的结果。因此,构建神话诗歌世界模式,除了要将其置入一定的文本空间或人的直觉空间进行考察外,还必须要充分考虑到"跨文化"或"跨意识"的因素,以彰显本民族的语言符号本身对建构世界模式或世界图景所发挥的重要作用。在这一点上,可以说不仅是托波罗夫本人,几乎塔尔图—莫斯科学派中的所有成员都显得有些不足。

4.3 关于"城市符号学"的思想

在托波罗夫的符号学理论思想中,除了上述有关"文本空间""神话诗歌世界模式"等重要思想外,有关"城市符号学"(семиотика города)的思想也颇有特色。我们知道,1984 年塔尔图—莫斯科学派出版的学术论丛《符号系统研究》(第 18 期)的主题就是《彼得堡城市和城市文化符号学》(«Семиотика города и городской культуры: Петербург»)。托波罗夫、洛特曼、利哈乔夫(Д. С. Лихачев,1906—1999)等学术大家都在该期杂志上发表了相关文章。[18]其中,托波罗夫的文章《彼得堡与俄罗斯文学中的彼得堡文本》(«Петербург и петербургский текст русской литературы»)作为该期杂志的"主题引论"

（Введение в тему）而被刊发在"首篇"的位置，显然是因作为杂志主编的洛特曼十分看重该文所阐发的学术思想或观点，因此该文在"城市符号学"的相关理论学说中具有一定的代表性。

在我们看来，托波罗夫在《彼得堡与俄罗斯文学中的彼得堡文本》一文中主要反映了下列重要思想：

1）彼得堡符号的"二元对立性"。这是研究城市符号的视阈或方法问题，显然，彼得堡作为俄罗斯历史、社会和文化的一个缩影，不采用"对立统一"的辩证唯物主义方法论，就很难对其作出的符号学的分析。据此，托波罗夫从俄罗斯符号学传统所特有的"二元对立"视角，如"好与坏""内与外""过去与现在""形式与内容""物质与精神""自然与文化"等，对彼得堡这座历史名城300多年来的名流贤达、人文景观、社会意识、思想形态、体态形象以及灵魂心智等作了全方位和深入的"解构"。托波罗夫认为，在俄罗斯文化传统中对彼得堡的认识有两个极端：一方面承认它是俄罗斯唯一一座真正意义上的（文明的、文化的、欧洲的、典范的和理想的）城市，另一方面又证明着在任何一座城市生活都不如在彼得堡那样艰辛，于是，有人把所有诅咒的脏话都泼了彼得堡，并号召人们逃离和抛弃彼得堡。在这两种极端思想的影响下，在俄罗斯文化语境中渐渐形成了长达两个世纪的彼得堡与莫斯科之间实际上的对立，人们习惯于按照两种不同的图式来对这两个城市划界：其中的一种图式所描绘的彼得堡是冷漠的、墨守成规的、一本正经的、非自然正规的、抽象的、不舒适的、无人继承的和非俄罗斯的；而与其相对立的莫斯科则是温馨的、家庭生活亲密的、舒适的、具体的、自然的和俄罗斯的；另一种图式所描绘的彼得堡是文明的、文化的、井井有条的、逻辑上正确的、和谐的、欧洲的城市，而莫斯科则是混乱的、无秩序的、逻辑上矛盾的、几乎是亚洲式的乡村。（Топоров 1984：7）当然，在托波罗夫看来，"二元对立"不仅体现在人们对上述两座城市的评价和认识中，更是由自然与文化的对立所决定的，因为自然与文化这两极在彼得堡城市中体现得尤为突出：一方面，水、沼泽、雨、风、雾、浑浊、潮湿、昏暗、夜幕、漆黑等构成了彼得堡的自然；另一方面，建筑物上的各种尖顶、街道、广场、宫殿、要塞等构成了彼得堡的文化。"自然"通向平坦和各种无定形、弯曲和歪斜，与"地"（земля）和"水"（вода）等"下"相连接；而文化则向往垂直、笔直、精确的外形，与"天"（небо）和"太阳"（солнце）等"上"相连接。此外，"文化"内部构素也同样是对立的,形形色色的民宅、胡同、庭院、沟渠等与街道、广场、尖顶、岛屿等构成对立。(Топоров 1984:24)可以认为,正是由于俄罗斯文化传统中存在着对彼得堡的两种极端认识,也正是由于学界(尤其是文学界)对彼得堡和莫斯科两座城市有两种截然相反的描绘图式,以及由于托波罗夫本人对彼得堡在自然与文化方面作出的理性阐释,才使他有可能对彼得堡文本作出"二元对立"的符号学分析。他在该文章中用大量的事实(尤其是文学巨匠的作品及其思想)证明,彼得堡作为城市符号,是俄罗斯国家和民族性格的典型象征:它集美丽与丑恶、厚重与轻浮、温馨与恐怖、先进与落后、高尚与卑鄙、刚毅与懦弱、幸福与苦难、生命与死亡、富足与贫穷、聪慧与愚昧、秩序与混乱、开放与封闭、中和与极端等于一身,对俄罗斯民族来说既是天堂又是地狱,既是过去又是未来。

2) 彼得堡符号的"神话性"。托波罗夫在对彼得堡和莫斯科的城市符号进行对比时认为,该彼得堡的形象是建立在莫斯科的"神话化反模式"(мифологизированная антимодель)基础上的。比如,在最重要的空间描述方面(包括历时和共时的特点以及美学等其他范畴),莫斯科及其空间就与彼得堡及其空间构成对立:前者是有机的、自然的,没有任何人的意愿、意图干预的成分;而后者则是无机的、人造的和"特别文明的"(сугубо культурный),是依照蓄意图式、意图和规则等由强迫意愿所引发的。由此得出了莫斯科与彼得堡的不同,即莫斯科的具体性、接地气性与"虚构的彼得堡"(вымышленный Петербург)的抽象性、故意性和虚幻性的对立。(Топоров 1984:11)在他看来,彼得堡如同其他一些著名城市一样,都有自己神话,尤其是有关城市建造和城市缔造者的"寓喻化神话"(аллегоризирующий миф)。这些神话不仅与彼得大帝的"青铜骑士像"(Медный всадник)、"米哈伊尔城堡"(Михайловский замок)、"伊萨基辅大教堂"(Исаакиевский собор)等造型艺术和建筑物联系在一起,更与众多的有关"鬼屋"(населенные привидениями дома)、"不详之地"(роковые места)以及"庇护圣徒"(персонажи-покровители)等神话传说有关。(Топоров 1984:22)总之,彼得堡和其他任何一座城市一样有自己的"语言"(язык),我们理解,其中的一种语言就是它的"神话性"。

3) 彼得堡符号的"文本性"。《彼得堡与俄罗斯文学中的彼得堡文本》一文的主题是论述不同时代的作家文本是如何来描绘彼得堡这座城市的,因此,城市符号的"文本性"就成为托波罗夫考察的重点或聚焦的对象。在他看来，彼得堡是一部与莫斯科等其他城市截然不同的"综合性超级文本"（синтетический сверхтекст）。（Топоров 1984：13）其最大的不同就在于：它在各个历史阶段都不乏举世闻名的文学巨匠和艺术名流，他们留下的名篇巨作和思想已成为人类文明的宝贵财富。如，从"彼得堡文本"（петербургский текст）的起始时间看，它主要生成于 19 世纪 20—30 年代，这主要与普希金的小说《瓦西里耶夫斯科耶的僻静小屋》（«Уединенный домик на Васильевском»）(1829)、《黑桃皇后》（«Пиковая дама»）(1833)、《青铜骑士》（«Медный всадник»）(1833)以及果戈理、莱蒙托夫、陀思妥耶夫斯基等一大批著名作家笔下的彼得堡故事、彼得堡形象有关。（Топоров 1984：13—14）总体看，对彼得堡文本的建立作出贡献的作家或艺术家可以分为两类：一类是出身于莫斯科或"非彼得堡"的，他们对彼得堡文本的形成贡献最大；另一类是彼得堡出生的，他们反而很少述说彼得堡文本。（Топоров 1984：15）具体说，彼得堡文本有以下几个特点：(1)少有经验主义的描写。托波罗夫认为，之所以对彼得堡文本的经验主义描写不多，其原因就在于几乎所有构成彼得堡文本的具体文本都有"惊人的近似性"（удивительная близость），也就是说，不同作者对彼得堡的描写几乎都是"千篇一律"（единообразие）。(2)对自然、物质文化、精神文化和历史范畴中"底色成分"（субстратные элементы）的描写颇具特色。如，对属于物质文化范畴的城市规划、建筑物和街道的特点的描写细致入微；尤其是对精神文化范畴（包括神话和传说，占卜和预言，文学作品和艺术文献，以及社会、哲学和宗教思想等）的描写更是别具一格，从而形成俄罗斯传统中不多见的一个独特方面。(3)在对时间与空间的切分以及对自然与文化的分析方面体现出"复杂性"（усложненность）、"多相性"（гетерогенность）和"相反性"（полярность）等特点。（见 Топоров 1984：16—26）最后，托波罗夫还对俄罗斯文艺作品中所反映的彼得堡文本的"语言编码方式"（способы языкового кодирования）进行了归纳和总结。他认为，对彼得堡文本的基本语言成分（构素）的分析，是最简洁和最客观地揭示"特殊彼得堡文本"（особый петербургский текст）的方式之一。[19]（Топоров 1984：26）他的研究表明，从"语言成分的密度"（густота языковых элементов）看，彼得堡文本中最常见的各类语言成分是：

1）对"内部状况"（внутреннее состояние）否定评价的主要词语有 *раздражительный*（易怒的）, *как пьяный*（像喝醉了的）, *как сумасшедший*（疯子似的）, *усталый*（疲惫的）, *одинокий*（孤独的）, *мучительный*（使人痛苦的）, *болезненный*（病态的）, *мнительный*（多疑的）, *безвыходный*（无出路的）, *бессильный*（衰弱的）, *бессознательный*（无知觉的）, *лихорадочный*（发冷发热的）, *нездоровый*（不健康的）, *смятенный*（惊慌失措的）等；肯定评价的主要词语有 *едва выносимая радость*（无与伦比的欢乐）, *свобода*（自由）, *спокойствие*（安宁）, *дикая энергия*（超常能量）, *сила*（力量）, *веселье*（快活）, *жизнь*（生活）, *новая жизнь*（新生活）等。

2）对"自然"（природа）否定评价的主要词语有 *закат*（日落）, *сумерки*（黄昏）, *туман*（雾）, *дым*（烟）, *пар*（蒸汽）, *муть*（烟雾）, *зыбь*（微波）, *дождь*（雨）, *снег*（雪）, *пелена*（覆盖物）, *сырость*（潮气）, *слякоть*（泥泞）, *мокрота*（潮湿）, *холод*（寒冷）, *духота*（闷热）, *мгла*（昏暗）, *мрак*（黑暗）, *грязь*（脏）等；肯定评价的主要词语有 *солнце*（太阳）, *луч солнца*（太阳光线）, *заря*（霞光）, *Нева*（涅瓦河）, *взморье*（海滨）, *острова*（岛屿）, *зелень*（绿茵）, *прохлада*（凉爽）, *свежесть*（清新）, *воздух*（空气）, *простор*（宽敞）, *пустынность*（行人稀少）, *небо*（天空）等。

3）对"文化"（культура）否定评价的主要词语有 *середина*（中规中矩）, *трактир*（小酒馆）, *комната неправильной формы*（不规则的房间）, *угол*（墙角）, *диван*（沙发）, *комод*（抽屉柜）, *перегородка*（隔墙）, *ширма*（屏风）, *занавеска*（窗帘）等；肯定评价的主要词语有 *проспект*（大街）, *набережная*（沿岸街）, *большой мост через Неву*（涅瓦河大桥）, *площадь*（广场）, *сады*（花园）, *дворцы*（宫殿）, *церкви*（教堂）, *купол*（圆顶）等。

4）常用的"情态指标词"（показатели модальности）有 *вдруг*（忽然）, *внезапно*（突然）, *в это мгновенье*（在这一瞬间）, *неожиданно*（出乎意料）以及 *кто-то*（某人）, *что-то*（某事）, *какой-то*（不知怎样的）, *как-то*（不知如何）, *где-то*（某处）, *ничего*（没有什么）等。

5）常用的"谓词"（предикаты）有 *ходить*（走）, *бегать*（跑）, *кружить*（旋转）, *прыгать*（跳）, *скакать*（跳跃）, *летать*（飞）, *сигать*（蹦来蹦去）, *мелькать*（闪现）以及 *юркнуть*（钻入）, *выпрыгнуть*（跳出）, *скользить*（滑

行)等。

6) 表示"极端"意义的主要词语 *крайний*(极度的),*необъяснимый*(难以解释的),*неизъяснимый*(无法解释的),*неистощимый*(取之不尽的),*неописуемый*(无法形容的),*необыкновенный*(非同寻常的),*невыразимый*(非言语所能表达的),*безмерный*(无比的),*бесконечный*(无限的),*неизмеримый*(无法计量的),*необъятный*(广袤无垠的)等。

7) 最有价值的词语有 *жизнь*(生活),*полнота жизни*(丰富多彩的生活),*память*(记忆),*воспоминание*(回忆),*дети*(儿童),*вера*(信仰),*молитва*(祷告),*Бог*(上帝),*солнце*(太阳),*заря*(霞光),*мечта*(理想),*пророчество*(神启),*будущее*(未来)等。

8) "元描写成分"(элементы метаописания)主要有 *театр*(戏剧/剧院),*сцена*(舞台),*кулисы*(舞台侧面布景),*декорация*(舞台装饰),*антракт*(幕间休息),*публика*(观众),*роль*(角色),*актер*(演员),*куколки*(木偶),*нитки*(线),*пружины*(弹簧)等。(Топоров 1984:26—29)

托波罗夫认为,上述列举的语言成分是聚合式的也可以改编为组合式的。组合轴心上的组配原则取决于"基本主题"(основной мотив),即由"中心"(центр)、"中间"(середина)、"恐怖狭窄处"(узость-ужас)通向"边缘"(периферния)——由辽阔、宽广、自由、拯救的路径来实现,但也可以"自下而上"(снизу вверх)或者由"边缘"通向"中心"。而在俄罗斯文艺作品的彼得堡文本中,所反映的主要是边缘、深渊、濒临死亡方面的生活精华,并显露出通向拯救之路。(Топоров 1984:29)

由上可见,托波罗夫对彼得堡及彼得堡文本所作的城市符号学分析既有宏观的视角,又有微观的考察。尽管他的研究是从俄罗斯文学角度切入的,着眼点是俄罗斯文化,但却具有语言符号学的性质,因为他不仅对彼得堡文本中的语言成分作了详细分析,还就这些成分的组合意义、语境意义和"蕴涵力"(импликационная сила)等作了符号学解构。可以毫不夸张地认为,包括托波罗夫在内的塔尔图—莫斯科学派成员所建立的彼得堡文本,将对俄罗斯乃至世界文化产生重要和久远的影响。

综上所述,托波罗夫对神话诗歌文本空间独特而深邃的认识,对神话诗歌世界模式精辟而严谨的构建,以及对彼得堡文本的深入解构,无疑成为塔尔图—莫斯科学派理论体系中十分宝贵的思想遗产。他以神话诗歌(当然还包括其他,如文学、绘画等)这一既具体又具有相对独立性和自足性的语言单位为切入点,将其置入俄罗斯文化乃至世界文化的大环境中作历时与共时两个方面的全面考察,不仅对丰富和完善本学派的符号学理论作出了应有的贡献,也为我们认识神话诗歌的文化特性乃至本质(如认知功能、社会功能等)提供了值得借鉴的思想武器。

最后需要指出的是,他在对艺术文本的研究中实现的两种转换具有十分重要的符号学意义:如果说托波罗夫从"文本空间"转向"直觉空间"是实现了方法论的转换的话,那么再从对"直觉空间"到"神话诗歌世界模式"的转换就完成了对神话、诗歌等艺术文本的符号学方法的阐释,从而构建起比较完整的、具有认知学性质的艺术文本的分析体系。相比而言,我们认为第一次转换的意义更大,因为它并不是形式或内容的简单更新,而是具有哲学的、方法论性质的一次"变革"。甚至可以认为,这是继 20 世纪初哲学研究中实现语言学转向后的又一次转向,即由语言客体转向了语言主体——"说话的人"(человек говорящий)。通过人的意向所表征的空间来解构包括神话、诗歌在内的艺术文本的结构空间,这应该是 20 世纪 90 年代以后在人文社会科学领域普遍采取的研究方法,但托波罗夫却在 80 年代初就提出了这一重要思想。此外,从符号学的发展进程看,如果说巴赫金是继索绪尔之后开创了第二代符号学——文本符号学的话,那么,以洛特曼、托波罗夫等为代表的塔尔图—莫斯科学派就进一步发展了文本符号学的理论和实践模式,将其带入"人类中心论"视域尤其是人的"语言意识"(языковое сознание)视角予以审视,使符号学研究具有了第三代符号学——认知符号学的性质,而且是建立在俄罗斯历史文化元素基础上的认知符号学。这不仅是我们在评析托波罗夫符号学理论思想后得出的基本结论,也是我们对整个塔尔图—莫斯科学派学术活动所呈现的科学范式的基本认识。

第 5 节　伊万诺夫的符号学理论思想

伊万诺夫和乌斯宾斯基、托波罗夫一样,都是塔尔图—莫斯科学派中莫斯科流派的杰出代表,其学术思想在俄罗斯乃至世界符号学界有广泛的影响。

作为托波罗夫的同窗，伊万诺夫 1951 年毕业于莫斯科大学语文系，同年考取该校历史比较语言学副博士研究生，毕业后留校从事语言教学和研究工作。1978 年获博士学位。[20] 1956—1958 年曾与其他学者一起发起并开办了莫斯科大学数理语言学讲习班，1959—1961 年成为苏联科学院精密机械和计算技术研究所机器翻译小组组长，1962 年在莫斯科积极参与筹办第一届"符号系统结构研究专题研讨会"。1961—1989 年任科学院斯拉夫学研究所结构类型学研究室主任，1989 年起任莫斯科大学世界文化研究所所长，1991 年起先后任美国斯坦福大学和加利福尼亚大学斯拉夫语言文学教研室和印欧语言研究中心教授。伊万诺夫迄今已出版学术著作 15 部（其中多部与托波罗夫等人合作），其中最著名的有《斯拉夫语言模式化符号体系：古代时期》（«Славянские языковые моделирующие семиотические системы: Древний период»）(1965)、《苏联符号学史概论》（«Очерки по истории семиотики в СССР»）(1976)、《偶数和奇数：大脑与符号系统的非对应性》（«Чёт и нечёт: Асимметрия мозга и знаковых систем»）(1978)、《21 世纪语言学》（«Лингвистика третьего тысячелетия»）(2004)等；另外还发表了语言学、文艺学、符号学的方面的大量论文，总数达 1200 余篇。他的多数著述被莫斯科斯拉夫文化语言出版社（«Языки славянской культуры»）、俄罗斯文化语言出版社（«Языки русской культуры»）和符号出版社（«Знак»）等于 1998—2010 年间收集成七卷本《符号学和文化史文集》（«Избранные труды по семиотике и истории культуры»）出版：第一卷《符号系统·电影·诗学》（«Знаковые сичтемы. Кино. Поэтика»）(1998)，第二卷《俄罗斯文学论丛》（«Статьи о русской литературе»）(2000)，第三卷《比较文艺学·世界文学·文韵学》（«Сравнительное литературоведение Всемирная литература Стиховедение»）(2004)，第四卷《文化、艺术、科学符号学》(2007)，第五卷《神话和口头民间创作》（«Мифология и фольклор»）(2009)，第六卷《20 世纪科学史》（«История науки: XX в.»）(2009)，第七卷《科学史钩沉》（上下册)》（«Из истории науки» кн. 2)(2010)等。其中，第一、四卷比较集中地阐发了其符号学的基本学术思想。

在塔尔图—莫斯科符号学派中，伊万诺夫的学术地位和影响力是得到公认的，对此，托波罗夫曾作出高度评价。他认为，伊万诺夫无论是作为符号学派的"思想鼓动者"（идейный вдохновитель）还是组织者,在推动该学派形成过程中无疑起到了"领军人物"（ведущая фигура）的作用,因为唯有他才有开办符号学讲习班的"形式上的权力"（формальное право）和能力;伊万诺夫"鲜明的个性特征和学术风格"从一开始就影响着符号学派的发展进程。（Топоров 1994:341）符号学研究专家波切普佐夫则认为伊万诺夫在以下三个方面对俄罗斯符号学的发展作出了贡献:(1)以文化和文明运作的普通符号学的规律性为研究对象;(2)与自然科学（主要是生物学和控制论）的研究成果紧密结合而提出了高水准的思想体系;(3)扶掖后进,在推出新人新作方面做了许多工作。（Почепцов 2001:711）我们认为,上述评价对伊万诺夫来说是恰如其分的,他本人不仅对塔尔图—莫斯科学派的形成和发展起到了不可替代的重要作用,且在符号学领域也曾取得许多重要成果,其中最为突出的成果是其提出的关于苏联符号学史和信息符号学方面的理论思想。

5.1　关于符号学史的理论思想

伊万诺夫的符号学史理论思想比较集中地体现在 1976 年出版的《苏联符号学史概论》这部著作中,这是俄罗斯符号学历史上第一部全面总结 20 世纪30—60 年代苏联在符号学各研究领域（包括计算机技术、控制论数理方法和结构主义语言学方法等）所取得的重要成果的专著。

伊万诺夫认为,20 世纪 30—60 年代的苏联符号学研究有三个鲜明的特点:一是研究视阈已从索绪尔和皮尔斯（Ч. С. Пирс,1839—1914）的"单个语言"（отдельный язык）符号学转向了"连贯语篇"（связный текст）符号学研究,新的视阈表明了俄罗斯符号学研究已经超越前人而进入"第二代符号学"（семиотика второго поколения）即语篇符号学时代,其代表人物是巴赫金;二是以维果茨基（Л. С. Выготский,1896—1934）为首的心理学家把符号看作是控制人的行为手段,其创立的"言语活动论"（теория речевой деятельности）极大地丰富了符号学理论体系;三是研究具有历时的性质,即注重对符号学研究进化过程的追溯等。（Иванов 1976:1—3）以上论断无疑是具有学术见地的。我们从 20 世纪俄罗斯符号学研究的发展历程不难看出,以巴赫金为代表的"过渡期"对符号学的研究尽管是基于俄罗斯符号学传统的,但更具有"与时俱进"的性质,正是巴赫金等俄罗斯符号学家在世界符号学历史上率先开始了

"符号的连贯性"（знаковая последовательность）即语篇符号学的研究，所取得的令世界学界瞩目的成就也引领着符号学研究视阈的转变；再从维果茨基于20世纪初提出的"文化—历史心理学理论"（культурно-историческая теория в психологии）看，他将语言符号的研究深入人的心理活动和外部环境的作用机制下予以考察，从而有力地推动着符号学研究朝着人的认知方向发展，也为20世纪后半叶兴起的第三代符号学——"认知符号学"（когнитивная семиотика）奠定了学理和方法论基础。

下面，就让我们来集中审视一下伊万诺夫在《苏联符号学史概论》一书中所阐发的主要理论思想。

5.1.1 苏联早期符号系统研究的内容问题

伊万诺夫认为，苏联早期对符号的系统研究主要包括以下七个方面的内容：(1)"史前符号学构拟"（реконструкция предыистории семиотики）；(2)"原始混合主义"（первобытный синкрктизм）；(3)"共时类型的历时解释"（диахроническое объяснение синхронического типа）；(4)"用于交际的对古代符号系统类型的构拟"（реконструкция древнейших типов знаковых систем, использовавших для коммуникации）；(5)"语音和身势符号系统的相互关系"（соотношение звуковых и жестовых систем знаков）；(6)"称名行为与词语禁忌"（действо по имени и табу слов）；(7)"定名神话"（миф о установлении имени）等。

1) 关于"史前符号学构拟"。伊万诺夫认为，对史前符号学的构拟研究，不仅是用文字来证明人与其使用的符号系统有关，还是要证明人与自然语言及其词语符号有关。也就是说，史前符号学关注的焦点是人对符号系统及言语语篇的态度。因此，符号学家最感兴趣的是民族学的有关信息以及宗教概念中"话语的特殊作用"（особая роль слова/речи）问题。在伊万诺夫看来，在这一方面研究有突出成就的是波加德廖夫（П. Г. Богатырёв，1893—1971）。作为苏联时期最早的民族学家，他把符号学方法运用于对民族实例的分析，得出了"奇异行为与口头仪式可以同时发生"的结论。（Иванов 1976:5）

2) 关于"原始混合主义"。伊万诺夫认为，在俄罗斯学界最先使用"混合主义"理论从事文学和口头民间创作研究的是维谢洛夫斯基（А. Н. Веселовский，1838—1906）。他的研究表明，古代口头文本与混合礼仪行为是不分离的,因此,可以用混合主义理论来对民族学、文学史和其他艺术的某些事实进行归纳式研究,也可以从"集体无意识创作"(коллективное бессознательное творчество)的意图出发作演绎式研究。维谢洛夫斯基在这里把语言视为近似于民间口头创作,这为后来的雅各布森等学者采用符号学方法对民俗学和民族学进行研究奠定了基础。此外,维谢洛夫斯基还提出,古代混合主义礼仪是符合"身心净化"(психофизический катарсис)需要的[21],它把早期的礼仪行为形式与后来的艺术联系了起来。这一思想不仅与俄罗斯著名心理学家维果茨基提出的对艺术的现代心理生理阐释完全吻合,而且与后人研究所得出的心灵净化的民俗起源结论相一致。(Иванов 1976:6—7)

3)关于"共时类型做历时解释"。在伊万诺夫看来,就是将对语言的共时描写与历时的"内部构拟"(внутренняя реконстркция)结合起来,这是 20 世纪初起"人文符号学科"(гуманитарная семиотическая дисциплина)研究中普遍采取的方法之一。比如,对不同口头艺术作品从起源或形成过程角度进行解释,就是共时与历时的有效结合。这一方法同样可以运用于天体物理学等自然科学的研究之中,因为现代天体进化论对宇宙结构的解释就是建立在对比共时观察到的事物基础之上的。在苏联,对语言类型学研究采取的也是这种方法。马尔(Н. Я. Марр,1864—1934)学派就提出了语言发展的"阶段性理论"(теория стадиальности)[22],认为每一种语言类型都与社会演化的某一阶段相对应,因此,共时语言类型学就可以同时成为揭示语言在时间上运行性质的手段。伊万诺夫本人的研究也证明,在赫梯语中仍然保留着其他积极语言体系的某些特点,由此可以推测整个印欧语系类型的近似性。如在该语言中,有两组动词在形式和语义上相对立,这种对立与古代名词的两种性(积极和非积极的性)以及相应的格有关。(Иванов 1976:8—13)

4)关于"古代符号系统类型的构拟"。伊万诺夫认为,作为"莫斯科音位学派"(Московская фонологическая школа)的奠基人之一的雅科夫列夫(Н. Ф. Яковлев,1892—1974)的成就最为突出。他是第一位从纯语言学而非心理学角度对"音位"(фонема)作出科学界定的学者,其学说思想成为"布拉格语言学派"(Пражская лингвистическая школа)创立音位学理论的出发点。不仅如此,雅科夫列夫对音位的审视同样也是从历时类型学角度出发的。他通过对北高加索地区数十个民族及其语言的实地考察,得出这样的结论:音位是漫长历史发展的产物,音位作为发音差别,是言语中区别语言发音单位最短的发音单位。(Алпатов 2003:153—154)另外,马尔、维果茨基等学者的实验研究也表明,古代最初用于交际的符号系统并不是言语而是"身势语"(язык жестов),人类如此,类人猿也是如此,这一假说不仅得到动物学、动物符号学、心理生理学的最新研究成果的证实,而且与美国学者乔姆斯基(H. Xомский)提出的"转换生成语法"(генеративная грамматика/трансформационная грамматика)的基本思想相一致。(Иванов 1976:14—20)

　　5)关于"语音和身势符号系统相互关系"。伊万诺夫指出,30 年代完成的基于实验的符号分析表明,对于接受过欧洲传统文化教育的现代人来说,最典型的方式是把语音符号用作象征,把视觉符号用作造型和指示,音乐与无物体绘画之间的本质差异同样也说明了这一点,但这并不说明语音符号和身势符号是同时发生或履行同样功能的,马尔等许多学者的研究证明,身势符号作为"线性运动言语"(линейная кинетическая речь)是第一性的,但在身势符号的早期就出现了用另一种线性符号——固定的、书面的、语音的象征符号取而代之的需求,如语音的数字和虚词符号就保留着由身势符号"翻译"的痕迹。据此,伊万诺夫得出结论认为,在世界多数语言中,数字是对身势符号(如身体部位的指示符号、计算多个物体的象征符号等)"词语命名"(словесное наименование)的结果。印欧语言中数字"10"(десятка/десять)的意义就充分表明,dekm 表示"两只手"(две руки),即得出 10 的数字。对此,维果茨基采用"内部构拟方法"(метод внутренней реконструкции)对现代人"扳着手指数数"(счёт на пальцах)的动作进行深入研究后发现,这一动作还保留着古老的"行为形式残余"(пережиточные остатки формы поведения),只是它们被融合到现代更为高级的行为形式之中而已。(Иванов 1976:23—24)伊万诺夫本人对此也做过有益的实验。他在对失语症病人的调查中发现,病人在回应"这个词中有几个字母"的提问时,先是用身势语,即举起 3 个手指,随后再看着 3 个手指,发出"3"的音,由此进一步证实了数字等语音符号是由身势符号派生而来的。(Иванов 1976:25—26)苏联时期著名电影导演、理论家和教育家爱森斯坦(C. M. Эйзенштейн,1898—1948)通过对电影艺术及其语言的研究,在上述成果的基础上进一步从古代意识及其在艺术中的反映层面,揭示了词义、文字形式及绘画形象等深层次所具有的身势语基础问题。他认为,即便是最抽象的词义,都是以人的简单动作的表义为基础的,因为人的身体定位是其描写固化在语言中的世界的基础。在他看来,身势符号具有多义性,同一个符号可以表达不同的意义,不同的符号也可以表达相同的意义。(Иванов 1976:27—28)依据上述学者的研究,伊万诺夫断言:对于作为符号的词语来说,它具有"能指"(означающее)和"所指"(означаемое)两面,这是由符号化的声学和光学(视觉)系统的"关联"(соотнесение)所决定的:意义作为符号的特别一面,只有在用其他符号表达的时候(如由一种语言翻译成另一种语言或转换成另一种符号系统时)才可以被切分出来。(Иванов 1976:29—30)

以上可以看出,在苏联符号学研究的史前阶段,其研究内容大多以神话、口头民间创作为载体,研究方法是历时与共时的结合,语音符号是由身势符号转换而来的。应该说,伊万诺夫所表达的这些思想与西方学界的看法大致相同。而在我们看来,俄罗斯符号学的史前阶段应该有更加丰富的内容,对此,我们在本著作的第一、三章中作过比较系统的梳理和分析。

5.1.2 艺术符号系统的深层结构问题

在《苏联符号学史概论》一书中,伊万诺夫用很大篇幅并从多个不同的角度对艺术符号系统的结构问题做了深入的论述和阐释。他认为,在苏联时期,爱森斯坦是最先研究艺术符号系统深层结构的学者。在爱森斯坦眼里,符号系统的深层结构是一个广义的概念,即不仅是针对语言而言的,同时也针对民族学相关内容。他最具特色的艺术符号深层结构论思想主要体现在以下两个方面:

1)生物学原理,即从生物演化角度出发来探究电影的美学问题,其方法是设法搞清楚每一个事物或现象的"起端"(исходное начало)。如,他把 20 世纪 20 年代兴起的"生物力学"(биомеханика)的相关理论运用于对电影美学的研究,得出了人的行为具有"多层级性"(многослойность)的思想,原因是这些层级与人的神经中枢演化的先后时间有关。此外,他还试图运用这一思想对电影里的"富有表情的动作"(выразительное движение)作出解释:任何一个"外围动作"(периферийное движение)都是由"中心动作"(центральное движение)获得的,也就是说,动作末端的运动与其说是受局部肌肉神经的支配,还不如说是由整个身体发出的,即主要是由脚部的推力形成的,因为整个人体的支架和重心是发力的唯一形式。(Иванов 1976:60)由上不难看出,在爱森斯坦眼里,所谓艺术符号体系的深层结构就是事物或现象的那个"起端",即生物的动因。这一思想与美国学者乔姆斯基在"转换生成语法"中所阐述的思想十分相似。

2)控制论的原理,即对电影演员的行为作出合理的阐释,方法是观察演员的行为动机。爱森斯坦认为,演员富有表情的动作往往反映着互不关联的两个动机。如,"女人熨着衣服,留心着脚步声,期待着丈夫下班回家"这一行为,两个动机原本互不相关,是女人的"身体"(тело)成为该两个不同动机的"融合场"(поле скрещивания)。由此他得出这样的结论:真正富有表情的动作只有在两个动机不相吻合但却能对同一个动机作出双重反应的时候才能发生。这一结论给人们的昭示是:在人的行为控制机理中至少存在着两个不同的层级,不同意识层级的冲突是"原发性冲突"(первичные кофликты)的根源所在,就如同富有表现力的动作是源自两个不同动机的冲突一样。(Иванов 1976:61)应该说,上述结论后来也成为爱森斯坦构建美学理论——"意识多层级性"(многослойность сознания)的核心思想。伊万诺夫认为,"意识多层级性"就其本质而言是近代心理学对不同意识的区分所作出的结构上的重新解读。(Иванов 1976:61)按照爱森斯坦的观点,艺术理论的根本问题就在于:艺术中的快速升华是沿着"意识的高级思想等级"(высокие идейные степени сознания)实现的,但同时又通过"形式构造"(строение формы)渗透到最深的"感性思维"(чувственное мышление)层级中,因此,艺术就是必须要把这两种视觉和感知的形式结合起来,即通过意识的折射来反映现实和通过感性思维的折射来反映意识。这一观点在伊万诺夫看来,是与马尔学派提出的有关学术思想相一致。爱森斯坦正是从蒙太奇电影语言符号入手,采取心理分析法对神话、仪式、内部言语等艺术形式和内容的深层结构进行独到解析的,并得出了许多令人信服的结论。(Иванов 1976:63—120)

5.1.3 艺术符号的结构问题

关于艺术符号的结构问题,伊万诺夫主要是从"形象和图形"((образ и изображение)、"隐喻和换喻"(метафора и метонимия)、"颜色和主题"(цвет и тема)、"艺术和技术"(искусство и техника)以及"结构"(структура)、"语言问题"(проблема языка)等几个方面,全面回顾和总结苏联时期学者们所做的相关研究的。限于篇幅,我们仅就伊万诺夫对其中的第一、二个问题的论述进行审视。

1）在"形象和图形"方面，伊万诺夫认为，从符号理论即符号学角度看，可以把艺术作品看作是由多个层级构成的文本或符号。文本就是"符号的连贯性"（последовательность знаков），而符号则是包含着"所指"（означаемая сторона）和"能指"（означающая сторона）。但对艺术符号研究来说，最重要的是文本体现为"统一整体"（единое целое）——不能再切分成有意义的单独符号，尽管符号文本也可以进一步分解为"单独成素"（отдельные компоненты）即"形状"（фигуры），如一些现代画家在绘画作品上使用的色彩就没有单独的意义。因此，人们可以把这些可以分解为"形状"而不是分解为符号的文本（如绘画作品等）统称为与自然语言符号一样的"符号"（знак）。但无论是哪种符号，其结构都是十分复杂的。如，也正是由于语言符号的复杂性，才诞生了乔姆斯基的转换生成语法，该语法对语言符号不同层级之间的相互关系进行了描写。早期的符号学注重的是整个符号体系在"输入"（вход）和"输出"（выход）过程中的信息，即符号的"所指"和"能指"，但对符号学家和语言学家来说，他们最感兴趣的应该是符号结构内部不同层级之间的相互关系问题。例如，艺术作品至少由"构思"（замысел）和"体现"（воплощение）两个层级构成，前者是其"所指"或最高层级，后者作为感觉器官所感知的符号连贯性，是"能指"或最低层级。通常情况下，艺术形象的"所指"等同于"观念"（концепт），而"能指"等同于"指物"（денотат）。在爱森斯坦在电影《战舰波将金号》（«Броненосец Потемкин»）中，"红旗"的形象含义（观念）就是"起义"，而红旗本身则是该形象含义的"指物"。这种单义形象在苏联时期是非常典型的，且非常容易翻译成其他语言，或用其他艺术手段予以移植，如由诗歌文本移植为音乐、散文文本移植为歌剧等。而艺术形象的最低层级则是由对"构思"进行编码的物质信息构成的，如诗歌中的言语声音、绘画作品中的色彩、版画作品中的线条、雕刻作品中的体积和层次等。（Иванов 1976：125—128）此外，艺术形象在不同层级之间会产生相互影响。如，在诗歌语言的两个层级上，艺术形象的结构不仅取决于语义，也同样受到作者所选的形式的制约。（Иванов，1976：129—130）除了上述聚合意义上的层级关系外，伊万诺夫认为艺术作品的结构问题还可以从组合意义角度予以审视。他提出，从艺术作品内部的构成看，每一个构素又都可以看作是一个艺术文本，如电影中的片断、片断中剪辑的句子等。而作为艺术形象的整个作品的构思,通常不会超出所有构素的概念范围,每一个构素只在总的构思框架内履行自己的功能,如剪辑只在电影中具有功能等。但由于某些艺术作品的最底层级是建立在"离散性单位"(дискретные единицы)之上的,对它们的研究既可以建立数学模型,还可以用信息论的方法进行定量分析,如电影中的镜头、古典芭蕾舞中的动作等;而对民间童话故事、谜语、咒语等艺术形式来说,它们属于与观念直接相关的更高层级的艺术作品,只适合用句法规则来确定其离散性。(Иванов 1976:131—132)

　　从符号学角度看,爱森斯坦把"形象"和"图形",与"观念"和"指物"结合起来进行研究,目的是为了达成艺术效果的最大化。为此,他认为需要让形象与图形、图形与指物之间发生"错位"(несовпадения)。他提出电影"主旨"(лейтмотив)可用三种方式予以展示——景物图形、喊叫声、字幕。该三种方式符合事物表征的三个层面:第一层面与事物本身的"可见度"(видимость)有关,如插图等;第二层面是与事物相关联的感官的"不完全释放"(полуосвобождённость),犹如佛教徒之间进行的实与名的辩论等;第三层面属于"纯抽象"(чистая обстракция)的东西,即"失去形象性"(потеря изобразительности)的字母形式。(Иванов 1976:132—133),爱森斯坦热衷于对由具体事物符号演变为抽象概念的象形符号的研究,认为"马"(лошадь)的古代图形在汉语中演化为读成"ma"的象形字,或在日语中演化为读成"ymma"的象形字,就是因为失去了只保留在早期"不完全图画文字符号"(полупиктографические знаки)中的形象性成分,变成了纯抽象的东西,即"象征符号"(знак-символ)。伊万诺夫指出,爱森斯坦的上述观点在符号学术语中被称为由"象似符号"(icon)或"标引符号"(index)演变为"象征符号"(symbol)。因为任何符号都具有两面性——能指(如书写的文字或言语的发音),它不仅与概念意义相关联,而且与某些事物(多为事物的类别)的指物意义相关联。符号的能指与意义和指物之间的联系可能是不同的:在图形符号(即象似符号)中,比如"实物画"(предметная живопись)中,能指可以部分复现指物;而标引符号,比如"箭头"(стрелка),就受到指物信息的制约;象征符号,比如"词语"(слова языка),能指与意义和指物的联系完全具有约定俗成性。(Иванов 1976:133)此外,伊万诺夫还把上述观点运用于"仪式"

(ритуалы)和"社会制度"(социальные институты)的研究,提出了在图画文字
转化为象形文字的过程中,以及语法化(即独立词语成为语法符号)的过程中,
图形符号同样会演化为象征符号的重要思想。他对天空、太阳、雷等具体的仪
式象征的发展过程进行了论证,指出这些符号后来成为具有特殊社会功能的
"句法符号"(синтаксичекий знак)——沙皇或沙皇政权,而沙皇或沙皇政权正
是由这些符号的最初象征功能抽象出来的。(Иванов 1976:134)

　　2)在"隐喻和换喻"方面,伊万诺夫认为,苏联时期在隐喻和换喻研究领
域卓有成就的除了电影导演和理论家爱森斯坦外,还有语言学家雅各布森等。

　　爱森斯坦在早期的电影创作中就格外重视对日常语言引申义的研究,以
解决电影语言的构造问题。按照他的观点,电影最主要的功能与其说是"展
示",倒不如说是"表示",因此电影研究就是要研究如何在语言中解决"超表现
力的"和"引申的或隐喻的"课题 。他把隐喻比作电影蒙太奇或具有联想效果
的特技,而把换喻则看作是一种修辞方法,类似于电影中的"特写镜头"
(крупный план),认为用对局部的换喻描写来替代整体,就如同语言中变换词
序或句法位置一样,具有特殊的效果。伊万诺夫认为,爱森斯坦的这一观点已
被当代语言学研究成果所证实。当然,他的换喻观又具有当代语言学中的"提
喻"(синекдоха)的含义。他始终关注电影艺术中"以局部替代整体"的换喻方
法和理论研究。其实,严格意义上讲,换喻与提喻并不是相同的艺术手法。伊
万诺夫提出,提喻、换喻和隐喻在传统诗学中是三种不同的"转喻"(троп):提
喻是"以局部替代整体"(часть вместо целого),换喻是"以部分替代部分"
(часть вместо части),而隐喻则是"整体替代整体"(целое вместо целого)。该
三 种 转 喻 对 自 然 语 言 来 说 都 可 以 看 成 是 " 语 义 异 常 "(семантические
аномалии)。而提喻和换喻意义的异常移位,是在同一个外部世界现象的范围
内发生的。如,以服饰来称呼人——"穿大衣的!"就是如此;而隐喻连接的则
通常是两个不同的事物域。因此,换喻和提喻无论在文学还是在电影隐喻的
叙述中都会有其关联性。隐喻与叙述的内容无关,通常移位到了其他现象身
上。(Иванов 1976:158—160)

　　应该说,用换喻理论对电影语言进行研究,发端于语言学家雅各布森,从
此,以局部替代整体的换喻方法就成为变电影中的"景物"为"符号"的基本方
法之一。雅各布森首先对隐喻(诗歌)文体和换喻(散文)文体进行了严格区

分,并将这种区分引入对电影语言问题的分析。他提出,对换喻文体而言,其特点是用形象和兴趣的"近似性"(смежность)使叙述变得浓缩,这种浓缩是靠违背或完全取消情节的错综复杂性来实现的。(Иванов 1976:157)有关雅各布森的隐喻思想,我们已经在关章节中作过专门评析,在此无须赘述。

5.2　关于信息符号学的理论思想

信息符号学是在当代"控制论"(кибернетика)科学理论影响下产生的一门符号学的分支学科。[23]我们知道,伊万诺夫于 20 世纪 50 年代中期起就与莫斯科的其他学者一道创建了机器翻译协会,并在其倡导下于 1962 年在莫斯科召开了"符号系统结构研究专题研讨会",从而在组织形式上对塔尔图—莫斯科符号学派的形成起到了直接的推动作用。他提出的信息符号学理论思想散见于许多著述中,但主要还是集中在其 1978 年出版的《偶数和奇数:大脑与符号系统的非对应性》一书中。该著作主要有以下几个方面的内容:

5.2.1 对人脑左右两个半球的功能提出假设

伊万诺夫在《偶数和奇数:大脑与符号系统的非对应性》一书中,首先将人脑比作计算机,通过对人脑左半球和右半球功能的分析,提出了人类行为的两种"控制论模式"(кибернетическая модель)假设,由此对人类能力的重要形式——语言能力、音乐能力等提出科学假设。伊万诺夫认为,世界万物都具有"双重性"(двойственность)或者说"对立性"(противоположность),如德国文学家歌德(И. В. Гёте,1749—1832)提出的人与事物、理想与现实、光明与黑暗、感性与理性、灵与肉、幻想与理智、精神与物质、上帝与世界、男性与女性、左与右等都是基于上述双重性的。而人脑也有左半球和右半球之分,它们好比"双机系统"(двухмашинный комплекс),即由两部计算机组成的一个整体——一个是"小计算机"(малая вычислительная машина),处理着具体的信息,另一个是"大计算机"(большая вычислительная машина),控制和规划着较一般的信息。总之,该双机系统履行着储存、处理不同信息的功能。(Иванов 1978:1—17)而人脑与上述双机系统一样,其处理信息的功能也是不同的。传统神经生理学观点认为,绝大多数成年人(指"右撇子"的人)大脑的左半球具有优势,它掌控着人的右手的动作及语言;而右半球则掌控着人的左手的动作,它对外部的直观性事物比较敏感。左、右脑之间的联系是多渠道的,主要是靠"胼胝体"(мозолистое тело)——即联合大脑两个半球底部的神经纤维组织的联系。但现代科学研究表明,这样的结论是有违科学的。实际上,人的左、右脑都有具有掌控语言的能力:左脑对语言的掌控是"分部门"实施的:有的负责分析语言的声音,有的则负责对声音进行合成;右脑主要负责解决空间问题,但对名词、词组、问候用语、简单句等同样有掌控作用,原因是右脑具有解读储存词语的信息的功能。从符号学角度看,如果把语言信息分为能指和所指的话,那么左脑负责词语的发音即能指部分,而右脑储存的主要是语言符号的意义即所指信息。(Иванов 1978:18—21)这也是为什么聋哑人左脑受到损伤后,依然保留着形象的身势语尤其是手指语能力;这同样是为什么右脑受伤的人不认识熟人甚至不认识家人。由此可以看出,人脑的左、右两个半球对语言能力的掌控既有分工,又密切合作,缺一不可。那么如何理解人的音乐能力呢?伊万诺夫通过对具有音乐天赋的人的观察后提出这样的假设:右脑是负责音乐创作的,左脑则是依赖词语和字母意义对音乐作出具体的分析。(Иванов 1978:23—24)

伊万诺夫认为,以上观察对"语言信息处理器"(языковой процессор)的结构认识具有重要的意义:当左脑不同皮层受到损伤时,可以导致"运动失语症"(моторная афазия)或"感觉失语症"(сенсорная афазия),即对人的语言合成过程造成破坏。但语言合成过程遭到破坏后,词语的意义却可以不受到损坏,就如同语言分析过程遭到破坏后,尽管词语的意义已经"严重紊乱"(тяжёлые расстройства),但依然保留着正确的语法形式一样。也就是说,在左脑这个复杂的系统中,有专门的"导入装置"(устройство ввода)和"导出装置"(устройство вывода),前者负责对语言信息的"分析"(анализ),后者负责对语言信息进行"合成"(синтез)。由导入系统损坏所引起的紊乱的特点是:与右脑遭到破坏后的情形相同,其会使获取信息的路径遭到损伤,于是就无法将语言符号的所指与能指联系起来,即难以将信息导入左脑,右脑也就无法对信息进行加工。(Иванов 1978:25)

应该说,伊万诺夫对上述失语症的研究,对认识左、右脑各功能之间的关系具有十分重要的意义,进而也对我们认识语言符号的本质有一定的帮助。无论从语言的语法分析和句子合成看,还是从语句的意义分析和合成看,人的左脑运用语法信息以及与语法直接关联的部分词义施行着分析和合成句子的功能;而保存在自然语言中的有关外部世界的具体意义信息,则是靠右脑来储存和加工的,象形文字的词汇意义尤是如此。比如,大量实验表明,人的记忆主要是靠左脑来完成的,因为左脑储存着词语的"语音外壳"(звуковые оболочки),右脑则更多储备着"视觉形象"(зрительные образы)等。由此可以得出这样的结论:人类的行为实际上受到人脑左、右两个半球的控制,由此形成了两种不同的控制论模式——左脑语法模式和右脑语义信息模式:左脑利用储存的语法信息来操纵词语,并采用各种方法对词语进行组合。据此,伊万诺夫得出结论认为,自然语言中语法上正确的词语组合,并不总是"理性的"(осмысленнное)[24],现代数理语法就对语法的正确性和理性进行了严格区分,例如美国学者乔姆斯基的转换生成语法就是建立上"语法上正确"而并非"理性"的句子描写之上的。但这样的组合在计算机程序语言理论中却可以得到广泛运用;右脑语义信息模式正如哲学家维特根斯坦的研究所表明的那样,语言的语法决定着某类事物特性或性质的"抽象空间"(абстрактные пространства)[25],如颜色空间、声音空间等,这些空间都是由左脑的功能赋予的。但这些空间要获得现实的意义,则需要通过右脑来完成。因为左脑对词语的组合可能是非理性的,即非真值的,如颜色空间中可以把"墙"组合为"红色的墙""蓝色的墙""绿色的墙""大声说话的墙"等(其中后一种组合是虚假的),而判断墙的现实颜色究竟是红色还是别的颜色,则需要由右脑获得的外部经验信息来作出选择,因为人们在使用语言符号进行判断时,所使用的词语不仅应该是理性的,而且必须是真值的。(Иванов 1978:35—36)也就是说,由左脑完成的任何词语的组合,或者说由左脑建构起的各种语言空间,必须建立在右脑对现实时空真值的感知基础之上,经过检验是理性的和真值的,方可获得相应的语义信息。依照上述两种控制论模式的假设,可以得出这样的结论:人脑的做工机理与计算机双机系统一样,任何自然语言的理性运用(如诗歌创作等),都是由人脑左、右两个半球的合作实现的:对多数人而言,左脑实现一切原本意义上的语言(或广义的语法)运作(如对诗歌文本的组合等),右脑则对输入左脑的信息进行加工,即从与世界图景相关的非语言方面(如诗歌形象等)加以控制,以使其获得与人类认知和经验相吻合的概念信息。

5.2.2 用控制论模式对语言文化代码作出解释

伊万诺夫在对人脑左、右两个半球的功能作出上述假设后,又从控制论模式出发来审视人类文化和语言中"仪式"（ритуал）、"神话"（миф）等不同代码的意义。他认为，对大多数人来说，人脑的左、右两个半球实际上可以称为"语言半球"（речевое полушарие）和"非语言半球"（неречевое полушарие）。前者具有先天禀赋的性质，但完整的语言能力的形成则要经历一个漫长的渐进过程；后者则属于后天对世界的认知及由此获得的经验。大量研究证明，对 2—5 岁的幼童教授语言，母语的语法将终生固化在其左脑中。如果该年龄段的幼童尚没有学会说话，则意味着丧失了语言能力。但与母语完全不同的是，掌握一门新的语言却是靠"非语言半球"即右脑施行的各种"联想操作"（ассоциативные операции）完成的，而联想又只有在已掌握语言的基础上才能实现。（Иванов 1978：43—44）毫无疑问，人脑左、右半球的这种对立以及由此形成的相关功能，对人类的认知活动及行为产生着一系列重大而深刻的影响。研究表明，随着有声语言的形成，在人类早期艺术中就相继出现了女性与男性（中国古代文化中则是"阴与阳"）等一系列成双且对立的象征形象，如左与右（男左女右）、马与牛（马阴牛阳）、月亮与太阳（月亮阴太阳阳）等，以及语言中的偶数与奇数、是与不是，还有音位学中的软、硬辅音的对立等等，都与人类大脑左、右两个半球的控制模式不无关系。可以说，世界万物的这种"二元对立"或"二元符号"（бинарный символ），是人类最初认知世界以及解释世界的基本样式。

　　基于以上认识，伊万诺夫提出，人类文化和语言中的仪式和神话等同样也是建立在该二元符号分类基础之上的。仪式可以被看作是达成"对立符号的倒置"（инверсия противоположных символов）或"对立符号的融合"（слияние противоположных символов）或在对立符号之间寻求"中间环节"（промежуточные звенья）的方法。如，北美洲印第安人狩鹰仪式就是对立符号的逆转：仪式中的对立符号——猎人与猎物需要相互交换位子。该仪式在民间狂欢节中一直保留至今。而在对立符号中寻找中间环节，一直是神话的基本使命。神话的结构在许多方面与仪式的结构相近。如在阿依努人的神话中，在宇宙建立之初所有的二元对立都是倒置的：男人被赋予女人特征，高山与海洋（上与下）也与后来证实的相反；对立符号的融合则主要留存在与宗教有关的"孪生子"（близнецы）的象征性作用中，他们的形象在二元论的神话中总是紧密联系在一起的。（Иванов 1978：84—86）在伊万诺夫看来，起源于神

话的二元对立的符号分类具有普遍的认识论意义,它对认识人类的史前文化
乃至整个世界无不起到了重要作用。这是因为:无论在古代非洲还是古希腊,
社会文化各个方面的二元区分都成为最为显著的特征,如古希腊"毕达哥拉斯
学派"(Пифагорейская школа)的学说就是严格建立在偶数与奇数的对立之上
的[26],如同古代神话结构中呈现的男性与女性的对偶一样。因此,伊万诺夫提
出,"对毕达哥拉斯学派来说,偶数和奇数不仅仅是算术的基本概念,还是被看
作包含所有自然之物的基本方式"。(Иванов 1978:88)

　　由上可见,世界的"双重模式"(двоичные модели),赋予了文化和语言"双
重代码"(двоичные коды),这不仅是世界所展示的基本特征,也同样是文化和
语言符号所具有的本质属性。而伊万诺夫对符号本质所做的阐释,在我们看
来与洛特曼提出的符号"多语性"思想是完全一致的,可谓"殊途同归":前者从
人脑机理出发得出二元对立的文化双重代码,后者基于历史和交际视角得出
艺术文本结构的多语性结论。可以说,上述二元对立的"双重原则"迄今依然
在哲学、逻辑学、语言学以及自然科学等领域中发挥着重要作用。

5.2.3 对"人—机对话"和"人—人对话"机制进行分析

　　伊万诺夫在《偶数和奇数:大脑与符号系统的非对应性》一书中,还从人脑
左、右两个半球的对话机理出发,对"人—机对话"(диалог "человек—
машина")的机制问题作出专门分析,并将该对话机制延伸到"人—人对话"
(диалог"человек—человек")等领域进行审视。

　　伊万诺夫在研究"人—机对话""人—人对话"机制问题前首先回答了两个
问题:人脑组织系统及功能系统的非对应性究竟在何种程度上制约着人的符
号系统结构的非对应性结构? 人的符号系统的非对应性与科学世界观结构是
怎样的关系? 经过对国内外不同艺术形式的研究,伊万诺夫对第一个问题给
出了肯定的答案,即:人脑功能的非对应性可以导致人对空间感知的非对应
性,如高与低、左与右等,甚至会导致积极与消极的对立情感反应。如,左脑的
"钝化"(инактивация)可引起剧烈的积极情感,反之则引起消极情感。
(Иванов 1978:90—93)对于第二个问题,他认为,早期的科学世界观(如毕达
哥拉斯学派的学说等)显然与受到人脑非对应性制约的符号系统结构有直接
的关联性。之后直到 19 世纪末,仍然有许多科学家把人脑的非对应性看作是
其科学研究的基本出发点,如歌德就提出了世界万物都有"初始极性"

（первоначальная полярность）的思想。他在 18 世纪末至 19 世纪初电学、磁学
研究新的科学发现的影响下，把磁铁的两极看作"第一性现象"（первичный
феномен），即所有对立现象的初始模式，认为事物的"双重性"理论是科学研究
中理解"极性"最为重要的思想。（Иванов 1978：94）不难看出，歌德的上述思
想对自然和人文科学都产生了重大影响，现代生物学甚至数学以及人文科学
中许多学科的形态模式都是在他的上述思想基础上发展起来的。

　　1）关于"人—机对话"的机制问题，伊万诺夫认为，从控制论角度看，它可
以把人脑两极之间与计算机双机系统之间的信息交换过程连接起来。人与机
器的信息传递是双向的，即由人对机器或由机器对人。此时，人与机器就组成
了统一的交际系统，即人机共体。在人与机器对话的最初阶段，其信息传递是
通过人造语言来进行的，即由为机器编写的相应程序来完成；此后，为了使程
序化的语言更适合于人类使用，人们从中删除了有别于自然语言的许多特点，
以使其逐步地与自然语言靠近。与此同时，自然语言也越发频繁地直接使用
于人机之间的交际，如给机器导入或语音传入简化了的语言指令和问题，机器
按照预先编好的程序或用其他光学手段给出回答。这种人机交际形式广泛运
用于教学、游戏甚至社会生产中。应该说，在上述人与机器的信息交际中，声
音手段和视觉手段之间是有竞争的：前者倾向于左脑功能的作用，后者则注重
于右脑功能的开发。但只有两种手段的协同使用，才能使人与机器的信息交
流达到最佳效果；再后来，这两种手段又被光学手段所替代，双机系统的显示
屏在输出大量信息群方面比前两种手段更显优势。对这样的信息群，右脑的
加工速度显然比左脑要快得多。由此，伊万诺夫得出结论认为，人与机器交际
的最佳形式应该是"交谈"——人对计算机用自然语言交谈，而计算机则用电
影语言式的不同视觉代码来传递大部分信息。（Иванов 1978：96—101）

　　2）关于"人—人对话"的机制问题，伊万诺夫提出，自然语言中的"人—人
对话"形式主要是靠"人称形式"（формы лица）和"时间"（время）来体现的。从
人称上看，对话大多在说者"我"（我们）与"听者"你（你们）之间进行。但在
"我""你"的第一、二人称之中，不同语言所显现的含义又不尽相同，可分为"内
包式"（инклюзив）和"外排式"（эксклюзив）两种。如，俄语中的祝词
Отдыхаем！（我们休息吧！）就是内包式——同时包括说者和听者；而
Отдохни！（你去休息吧！）则属于外排式——只指向听者。同样，*Пойдёмте*！

（我们一起走！）与 *Пойдите*！（您/你们走吧！）也是含义不同的交际形式。如果第一、二人称表示言语交际参与者的话，那么第三人称形式"他"（他们）则通常表示没有参与该言语交际。在世界多数自然语言中，人称的表达通常是通过动词词尾、人称代词或其他形式来实现的。如，在俄语 *я думаю*（我认为）的句子中，人称代词 *я* 和 *думаю* 的动词词尾都表示第一人称——既是说话行为的主体，又是思维主体；而拉丁语的句子 *cogito* 表达同样的意思，就不需要用人称代词 *ego*（我），因为拉丁语只有在强调"我"时才使用 *ego*，相当于"正是我""是我而不是别人"的意思；而在英语中，人称只用代词来表示，*think*（想/认为）一词如果不加人称代词，就很难辨别是"我"（我们）认为还是"你"（你们）认为。相同的情况只有在俄语的过去时形式中才需要加入相应的人称代词，因为俄语动词过去时阳性的"我""你""他"的词尾都是相同的（я думал，ты думал，он думал）。（Иванов 1978：106—108）而从时间上看，自然语言中的"我"是"说话时刻"（момент речи），"现在"只是在援引言语行为时才表示"说话者本人"（сам говорящий）——"我"说话的时刻；"今天"和"现在"一样，与"昨天"和"前天"不同之处是可以确定为言语行为发生的"那一天"。可见，自然语言对时间的描写与物理时间、心理时间不同，是以"说话时刻"为起算点的，这一特点对数学研究产生了影响。[27]（Иванов 1978：110—111）自然语言的上述特点，也决定了人与人交际时对空间概念的表征方式。如，"这里""那里""那边""去那里"等，都与"说话时刻"及"说话本人"相关联，因为事物（包括人）所处位置及运动的空间表征，都与说话人的"视点"（точка зрения）有关。如，俄语中 *Слева раскинулись пустыри*（左边是很大一片荒漠）这一句子，就是以说话人的位置为视点的，尽管该句子里并没有"在谁的左边"专门的词语。（Иванов 1978：112）

由上不难看出，伊万诺夫上述的信息符号学思想，是建立在把人脑看作是一个最小的"控制共体"（кибернетическое сообщество）基础上的，该共体不仅是在人脑的左、右两个半球之间，同时也在组成统一系统的两部计算机之间不断进行信息交换。他从研究人脑的异同功能（左、右脑的对话）出发，拓展到"人—机对话"和"人—人对话"领域，从而深刻揭示了自然科学与人文科学之间的统一性问题，并提出了生物学的大量新发现使人类知识（包括人文知识）具有了上述统一性的重要结论。其中，最为突出的是左、右（包括左手和右手）

对立和不对称的理论思想,将自然人类学、文化人类学、语言学等人文学科的最新成果链接在了一起,从而形成了不对称语言的对立理论以及科学研究中的"二元对立"方法论。

总之,伊万诺夫对当代符号学研究的贡献是巨大的,他提出的苏联符号史学和信息符号学理论思想,代表着俄罗斯当代符号学研究的最高水平。尽管他对符号学的研究并没有超出俄罗斯的传统范式(即研究对象多为斯拉夫语言、俄罗斯文化、艺术文本等,研究方法是对这些文化符号进行形式主义或结构主义的描写和阐释),但其本人的学术视野与前人及同时代的其他学者相比已经有所不同:一是更具理论性,力求从符号和意义的关系层面对文化符号的运作规律进行系统而深刻的阐释;二是把符号的文化研究转向人工智能等更加抽象的领域,以求从更高层面上对符号尤其是文化符号在人的心智(大脑)中的运作机理作出尽可能合理的解释。

第6节　加斯帕罗夫的符号学理论思想

在塔尔图—莫斯科学派中,加斯帕罗夫是一个比较特殊的学者。说其特殊,主要指他于1968—1980年在塔尔图大学工作期间,曾积极参与以洛特曼为领袖的塔尔图—莫斯科学派中塔尔图流派的各项学术活动,不仅是学术丛刊《符号系统研究》的编委之一,同时也是该丛刊的积极撰稿人之一。但他于1980年离开塔尔图后就去了美国(先后在斯坦福大学、加利福尼亚大学和哥伦比亚大学担任教授),之后与塔尔图—莫斯科学派的联系并不多,其研究领域和方向也与原先的有很大不同,即由原先主要关注"音乐符号学"(семиотика музыки)方向转向更大范围的语言学、文艺学领域。我们之所以将他的符号学理论思想列入"文化认知主义范式"内加以审视,一方面主要是考虑到1980年前他在塔尔图大学期间所作出的学术贡献,另一方面也兼顾到他赴美后在符号学领域的相关学术成就。

总体看,加斯帕罗夫有两种理论学说在俄罗斯乃至世界学界有较大影响:一是1980年前提出的"音乐语言说";二是赴美国后提出的"语言存在说"。

6.1　"音乐语言说"

从加斯帕罗夫 1980 年前的学术成果看,他在塔尔图大学工作期间的研究领域主要集中在"音乐语言"(музыкальный язык)的结构分析方面。[28]如,1969 他发表的一篇论文就是有关对音乐语言的符号学分析,题目为《音乐语言结构分析的几个问题》(«Некоторые вопросы структурного анализа музыкального языка»)。此后陆续发表的相关论文有:《音乐学中结构主义方法》(«Структурный метод в музыкознании»)(1972)、《音乐结构分析的若干原则》(«О некоторых принципах структурного анализа музыки»)(1974)、《论音乐语言层级的形义同构问题:以维也纳古典主义和声学材料为例》(«К проблеме изоморфизма уровней музыкального языка: на материале гармонии венского классицизма»)(1975)、《音乐语义的几个描写问题》(«Некоторые дескриптивные проблемы музыкальной семантики»)(1977)以及《音与表述:谈俄罗斯民族音乐风格》(«Звук и высказывание: о русском национальном музыкальном стиле»)(2009)等。

总体看,加斯帕罗夫的"音乐语言说"主要由下列思想构成:

1)音乐语言的结构分析方法。对音乐语言进行结构分析,在加斯帕罗夫看来,其首要任务是确定音乐语言结构分析的方法或原则问题。所谓结构分析方法,简单地说就是用结构主义的方法来审视音乐语言。那为什么要对音乐语言进行结构分析呢? 这是因为:音乐本身是无法直接观察的,因此必须将作为研究对象的音乐"图式化"(схематизация),也就是用一定的"模式"(модель)对它作出描写——"模式化"(моделирование),而其中的方法之一就是结构主义。(见 Гаспаров 1974:129)显然,加斯帕罗夫在这里所说的结构主义与语言学研究中的结构主义有很大的不同,它是针对特定的对象——"音乐语言"而言的,主要指"记录着音乐语言内部构造的方法",以及"从音乐语言的物质呈现(声学特征)及其社会功用的具体状态中抽象出来的特有组织",具体说,就是由"音响实体"(звуковая субстанция)组成的"关系网"(сетка отношений)。(Гаспаров 1974:129—130)也就是说,加斯帕罗夫眼中的音乐语言的"结构"(структура),是指音响实体的粒子——"音"(звук)的组合规则,而如果将这些规则现实化,就可以构建起某种"音乐文本"(музыкальный текст)。据此,加斯帕罗夫推测,在音响实体与音乐文本之间存在着某种"中间层次"(промежуточная ступень),也就是将"音料"(звуковая масса)改造为音乐文本的些许规则。这些规则也同样是构成音乐文本的结构基础,即音乐语言。该音乐语言体现在具体的音乐文本中,因此它实际上是"音乐言语"(музыкальная речь)。作为结构的音乐语言,不仅是组织"听觉"(слуховые впечатления)方式的前提,也是构建新文本潜能的前提。因此,对音乐语言进行结构分析,就是将音乐文本的生成(综合)过程和解读分析(过程)模式化。(Гаспаров 1974:130)在加斯帕罗夫看来,音乐语言结构分析的主要方法有"直觉分析法"(интуитивный анализ)、"分布分析法"(дистрибутивный анализ)等。直觉分析法是对接受的具有结构化性质的材料建立起"期待系统"(система ожидания),并确定该材料各成分之间的诸多联系——旋律的、音色的以及动态的联系等。也就是说,不仅要确定在"组合列"(синтагматический ряд)上展开的各成分之间的联系,还要确立与此相对立的"聚合列"(парадигматический ряд)上的各种联系。(Гаспаров 1974:131—132)分布分析法是根据某一成分在系统中所占的"位置"(позиция)来判定该成分与其他成分之间的关系,并分别在组合关系和聚合关系上将"和声成分"(гармонические элементы)划分为不同的"强位"(сильная позиция)和"弱位"(слабая позиция)来进行功能分析。(见Гаспаров 1974:134—135)对于上述两种方法,加斯帕罗夫在《音乐语言结构分析的几个问题》《音乐结构分析的若干原则》等相关论文中作了比较详细的论述和分析。

总之,加斯帕罗夫认为音乐语言在结构上是一个由一系列分系统构成的复杂系统,该系统中的每一个成分不仅是由其本身的特性决定的,还要取决于它在该系统中与其他成分之间的各种关系。应该说,这些思想与结构主义语言学的奠基人索绪尔(Ф. Соссюр,1857—1913)的观点基本一致。

2)音乐语义的阐释性描写。理论上讲,加斯帕罗夫的"音乐语言说"是由两部分构成的:如果说上文中所讲的"音乐语言的结构分析方法"研究的是音乐语言的"形式"(форма)的话,那么"音乐语义的阐释性描写"研究的就是音乐语言的"内容"(содержание)。由此可以看出,加斯帕罗夫对音乐语言的研究并非像俄罗斯形式主义文艺学流派那样仅注重于对文学或艺术形式的分析,也有别于洛特曼对艺术文本的分析视角,他采用的是当代符号学所倚重的形式与内容既对立又统一的完整符号观。加斯帕罗夫在《音乐语义的几个描写问题》一文中写道：将音乐理解为符号系统，就不可避免地要遇到音乐语言的语义成素问题。如果注意到任何一个音乐信息的"不确定性"（неопределенность）和"多价性"（поливалентность），那么研究这一问题的难度是显而易见的。然而，这不应该成为不研究音乐语义的理由。有许多因素使我们无法将音乐看作是"没有语义"（без семантики）的纯句法结构：首先，用纯类型学的方法无法搞清楚符号系统是如何存在的，因为按照规则，一些语言外的价值与该符号系统并不相符；其次，将音乐解释为"没有语义"与"用音乐语言的说话人"（говорящие на музыкальном языке）的实际相矛盾：作为准则的"指称阐释"（денатотивная интерпретация）不仅在音乐信息听者的直觉中存在，也同样在作曲家和演奏者的直觉中存在……直觉思维的不确定性仅仅说明，该思维不能用科学的描写来替代，但绝不说明它不包含着科学描写的对象。（Гаспаров 1977：120）基于以上认识，加斯帕罗夫认为音乐语义的建构有两种完全不同的方法：（1）首先在音乐文本中区分出作为"意义载体"（носители значения）的材料单位，即音乐语言的"所指体"（десигнаторы），然后对该单位进行系统描写——包括其变体方式（聚合关系）、音乐文本中的组合规则（组合关系）和派生关系；（2）对音乐符号的阐释规则作出扼要解释，前提是需要对"何为音乐符号"的问题给出准确答案，并要对音乐符号表达层面的结构作出系统描写。（Гаспаров 1977：121）显然，加斯帕罗夫比较推崇用第一种方法对音乐语义进行阐释性描写，这是因为：作为语言学家和音乐学家的他，采用结构主义语言学固有的方法对音乐语义作出描写更显得"得心应手"。

　　关于对音乐语义的描写问题，加斯帕罗夫集中表达了下列思想或观点：（1）需要区分音乐语义的普遍规律性和具体音乐语言的语义形成和表征方式；（2）作为普遍规律性，音乐语言的单个成分（音调、和音组合、音色等）本身并不是符号；（3）音乐符号单位与语言符号单位一样，在组合上具有双重性——纯句法限定和语义限定。文本中的音乐语言成分在"行为上"平行于语言符号单位的"音位"（фонема）；（4）音乐文本中成分的组合建构起"固定组群"（устойчивые группы），这就是"曲调"（мотив），而曲调的组合在音乐文本中部分是由音乐形式的建构规则决定的；（5）音乐语言与"口头语言"（вербальный язык）一样具有"双重发音"（двойная артикуляция），即由不表义的成分构成

（第一次切分）和表义的成分构成（第二次切分）。（Гаспаров 1977:121—123）此外，加斯帕罗夫在文章中着重对曲调进行了分析，在他看来，曲调是由音乐文本中任何一个第一次切分的组群成分构成的，该组群具有"重复性"（репродукция）、"开放分布性"（открытая дистрибуция）以及"不可分解性"（нерасчлененность）等特点；曲调有变体形式，如"自由变体"（свободные варианты）和"随位变体"（позиционные варианты）等，曲调可分为"综合曲调"（комплексный мотив）、"简单曲调"（простой мотив）和"句曲调"（мотив фразы）等。（见 Гаспаров 1977:123—126）在上述对音乐语义描写的基础上，加斯帕罗夫试图用符号学的方法对音乐语言的"语义阐释图式"（схема семантической интерпретации）进行建构。他将这种阐释分为两部分进行：首先对具有"口头文本"（вербальный текст）的音乐进行语义阐释，再对没有文本的"纯音乐"进行语义阐释。他认为，对前者的阐释相对于后者而言要容易得多，因为"口头文本"本身就包含着音乐文本的语义阐释。（Гаспаров 1977:126）总之，他对音乐语义的阐释不仅具有纯符号学的性质，还参考了那个年代颇为盛行的"转换生成语法"（трансформационная грамматика）的方法和样式，从而使音乐语义阐释图式呈现出复杂、多变且模式化的效果。（见 Гаспаров 1977:126—136）

　　最后需要指出的是，加斯帕罗夫之所以对"音乐语言"表现出极大的兴趣，很重要的一点是：他不仅受过正规的语文学和语言学教育，同样也受过系统的音乐学教育。他于 1961 年毕业于罗斯托夫大学语文系；之后在莫斯科师范大学语文系普通语言学教研室攻读研究生，于 1965 年获语文学副博士学位；1968 年又毕业于莫斯科音乐教育学院函授专业。正是由于有十余年的语文学、语言学以及音乐学的知识积淀，他才走上了探索音乐符号学的学术之路。事实上，加斯帕罗夫出版的著作大多也是语言学方向的。如，1971 年他出版的第一部著作是《俄语句法讲稿》（«Из лекций по синтаксису русского языка»），1974 年又出版了《斯拉夫语比较语法》（«Сравнительная грамматика славянских языков»）一书。[29]就符号学研究而言，相较于其他同类学者（如 20 世纪初期俄罗斯形式主义文艺学流派中的有关学者），加斯帕罗夫音乐符号学研究的最大特点就在于语言学（确切说是结构主义语言学）视角，因此，他的"音乐语言说"思想同时具有文化符号学和语言符号学的性质：前者不仅是因为音乐具有民族性和文化性,更因为每一种音乐体裁都有不同的音乐语言。犹如洛特曼将艺术符号称之为"二级模式化系统"一样,在我们看来,音乐符号同样也是有别于一级语言符号系统的二级模式化系统。因此,"音乐语言说"本质上是与文化符号学相一致的。因为不同国别、不同民族以及不同题材的音乐语言可以不同,但都可以用结构主义语言学的方法或视角对其进行描写和解读。这就是我们对加斯帕罗夫"音乐语言说"学术价值的基本评价。

6.2 "语言存在说"

"语言存在说"是加斯帕罗夫于 1980 年移居美国后提出来的,其主要思想集中反映在 1996 年出版的《语言·记忆·形象:语言存在语言学》(«Язык, память, образ. Лингвистика языкового существования»)一书中。[30] 可以说,正是这部著作使加斯帕罗夫享有了世界性的声誉,而"语言存在说"也就成为其学术生涯中的标志性成果。

总体看,加斯帕罗夫在该著作中将语言视为"人的生存环境"(среда существования человека)。他试图用说话人的语言活动和直觉描绘出人的日常语言生活图景,并制定出将"语言行动流"(поток языковых действий)及其相关的"思维力"(мыслительные усилия)、认识、回忆和心情等作为首要对象的研究方法,因此,该著作研究的核心问题是语言活动的交际及精神创造方面。具体看,该学说主要由下列思想构成:

1)"语言是环境"的思想。语言究竟是什么?对此问题,不同的语言学家有不同的回答。而加斯帕罗夫的回答是:"语言是环境"(язык как среда)。他认为,语言是作为"密实的环境"(сплошная среда)包裹着我们的存在,而在这一环境之外或没有这一环境的参与,我们的生活中就什么也不可能发生。但这一环境并非像"客观化现实"(объективированная данность)那样存在于我们身外,而是存在我们身内、我们的意识中和记忆中,它随着每一次思维活动和每一次个性体现而变化着存在的轮廓。这就是我们生生不息的"语言生活"(жизнь с языком),而在这一"语言中"(в языке)也有被称之为"语言存在"(языковое существование)的东西。在他看来,语言是环境的命题,实质就是人无时无刻地要受到语言存在这一环境的影响和控制。他说,"我们掌握着语言"的说法,一定程度上讲不如说是"语言掌握着我们",因为语言共同参与着我们的一切思维和行为。(Гаспаров 1996:5)语言是环境,另一个重要因素不容忽视,那就是每一次使用语言的行为都可以被视为人类经验的"不断运动流"(непрерывно движущийся поток)的组成部分……而语言活动得以实现的"语言环境"(языковая среда)也在运动:每一次语言使用的条件都会发生多次变化,并由此改变着说话人的语言环境的轮廓及其工作规则;离开作者的语言环境而进入每一位新的信息接收者的语言环境时,所创造的语句(表述)每一次都会变换自身存在的条件;任何一个与该语言活动有关的外部条件,也都会影响到语言活动的进程和结果。(Гаспаров 1996:9)此外,语言存在还有自身的"记忆环境"(мнемотическая среда)即说话人主体的"语言记忆"(языковая память),它是在人的全部生活中积累起来的,会在语言使用或掌握语言过程中发挥意识不到的重要作用。(见 Гаспаров 1996:79—88)基于以上认识,加斯帕罗夫得出结论认为,语言存在与任何存在一样,不仅仅是一个"直觉—无意识过程"(интуитивно-бессознательный процесс),语言经验的直觉运动与"语言反射"(языковая рефлексия)密不可分。(Гаспаров 1996:14)由上可见,加斯帕罗夫所表达的"语言是环境"的思想具有十足的西方理性主义的性质,其基本学理与美国学者萨丕尔(Э. Сепир,1884—1939)、沃尔夫(Б. Уорф,1879—1941)提出的"语言相对论"(теория лингвистической относительности)假说十分相似,强调的都是语言对人的世界观以及行为的决定性作用。

2)"日常语言活动"的思想。在该著作中,加斯帕罗夫将"日常语言活动"(повседневная языковая деятельность)称为"语言存在"。(Гаспаров 1996:33)这表明,要了解"语言存在"说,就必须要对"日常语言活动"的概念内涵及特性作出界说。对此,加斯帕罗夫认为,在讨论应采取哪些具体的路径、怎样的材料和何种手法进行日常语言活动之前,有必要首先厘清"语言的结构在日常语言活动中的地位问题"。他提出的基本观点是:过去人们习以为常的、不断重复和有规律组织起来的那些语言规则(包括语言的构造规则、语法规则等),可能都不足以成为我们对语言全部理解的结构基础。对此,加斯帕罗夫从以下几个方面进行了论证:(1)结构主义语言学模式存在不完善性。他说,应该认识到,现有的任何一个"语言学模式"(лингвистическая модель)都不能获得说话人凭自己的"语言直觉"(языковая интуиция)所能获得的程度[31],因为这些模式自身还不够完善,不足以动摇我们这样的信念:能够使我们成功使用语言的直觉性的"沉默知识"（молчаливое знание）[32]，主要是由能够成为"元语言描写"（метаязыковое описание）目的的那些规则构成的，因此，语言的直觉知识及其"元语言再现"（метаязыковое отображение）是一种同质现象，尽管该现象在其复杂程度和效用程度方面存有差异。（见 Гаспаров 1996:33—35）这表明，学界对语言符号尤其是对语言结构的认识依然是不完善的，或者还存在着一定的"盲区"，那就是忽视了说话人语言直觉的功能和作用。(2)不能忽视日常语言活动中的"非常规现象"（нерегулярности）。他指出，在每一种语言的构造中都有许多非常规的"特异现象"（идиосинкразии），对这些现象无法用有序系统的规则作出描写。因此，无论从理论上还是从掌握语言的实践上讲，这种非常规现象的存在对语言构造都是十分重要的正面因素，缺乏这因素，成功地使用语言就会变得异常困难。（见 Гаспаров 1996:50—51）这也从一个侧面证明，现有的所有语言学规则还无法有效解决每一种语言中都现实存在的这些非常规现象。(3)语言结构单位具有不稳定性。他认为，在语言存在条件下，构成语言活动基础并作为元语言反射中基础语言结构成分的所有结构性单位（包括音位、词素、词形和句法构造等），都会失去其离散性和稳定性，而溶解在储存于语言材料记忆中的"移动场"（подвижные поля）中。操语言者不会意识到，词形是由单独的词素构成的，是可以切分为词根和派生及语法标志的，他们也不会把词形看作是区分标志矩阵的音位链的语音形象。（见 Гаспаров 1996:54—67）也就是说，在加斯帕罗夫看来，语言所固有的结构系统与说话人记忆中的语言材料并不等同，后者会凭自己的经验和直觉对语言结构作出理解，因此具有不稳定性。基于以上认识，加斯帕罗夫得出这样的结论：人的语言记忆巨大甚至无止境，而且人的语言经验也可以创造出无数语言作品和情景，因此，有必要探索出原则上是另一个层面上的描写语言材料的崭新范畴，以有别于那些描写语言结构的范畴。这些范畴应该能够对说话人眼前发生的和不断变化的情景和任务作出合理的解释。（Гаспаров 1996:79）在我们看来，加斯帕罗夫提出"语言存在说"，其目的就是要构建起这样的一种崭新范畴。总之，上述有关"日常语言活动"的思想表明：说话人的"语言技能"（языковые умения）并不是由那些抽象规则构成的（尽管利用这些规则可以建构起语言材料的不同结构），而多半是由语言材料本身被运用于具体的形式和具体的条件所致。从这个意义上讲，加斯帕罗夫所说的"语言活动"与索绪尔以及俄罗斯心理语言学研究中所使用的术语"言语活动"(речевая деятельность)完全是不同的概念。

　　3)"语言是精神活动"的思想。在《语言·记忆·形象:语言存在语言学》中,加斯帕罗夫用"语言是精神活动"(язык как духовная деятельность)这一标题对"语言存在说"进行了高度概括。这就意味着,"语言存在说"的本质就是将语言视为说话人"精神活动"的产物。因此,有必要对这一思想作出专门的评析。归纳起来,这一思想主要涉及下列几个问题:(1)说话人的语言形象问题。何为"语言形象"(языковой образ)? 加斯帕罗夫对此并没有作出明确界说,而只是将其形容为"每一次语言活动中可以折叠成无限形形色色轮廓的'轻软组织'(эфирная ткань)",并认为每一个说话人主体的语言形象都有其个性。(Гаспаров 1996:186)比如,"草"的形象并非是作为唯一的符号,而是作为由交际环境所决定的更为宽泛形象景色中的不可分割组成部分呈现的。(Гаспаров 1996:188)在他看来,在每一个主体的个性形象世界中,语言形象的表征都有一系列共性特征,如:视觉表征在语言形象形成中起着决定性作用;视觉形象具有"复制性"(воспроизводимость);语言形象具有"多集性"(множественность);语言知觉最大特点之一就是具有形象生动性。(见 Гаспаров 1996:201—206)(2)语言形式与语言思维的关系问题。加斯帕罗夫认为,语言形象在由不同语言单位形式所构成的"语言报道"(языковое сообщение)与呈现在该报道中的"思想"(мысль)之间起着"中间环节"(посредствующее звено)的作用,这就引发出语言形式与语言思维的关系问题。对于这对关系,学界有不同的看法:一种观点认为,意义(思维)可以通过语言来报道,但并不取决于语言。这一思想可以说源远流长,在哲学史、语言学史和美学史中曾不止一次地被提出。显然,它是建立在人类思维具有普遍性这一基本认识基础之上的,表明人类思维并不依赖于人类社会共体所说的具体语言。另一种观点认为,任何思想都与其体现的语言形式密不可分,表达形式的任何改变都意味着思想的变化,这主要是浪漫主义和现代主义的,它将思维视作与语言的构造,语言是记录在民族历史经验中的"精神世界"(духовный мир)。(Гаспаров 1996:218—219)显然,加斯帕罗夫并不推崇"思维决定语言"或"思维先于语言"的第一种观点,而赞成的是第二种观点,即:没有语言材料就谈不上思想的存在,没有思想也同样谈不上语言材料的存在,语言形式等同于语言思维。除此之外,他并没有停止在上述语言与思维不可分的基本认识上,而是将该思想又往前推进了一步,认为"语句(表述)所接受的语言材料与在语句(表述)中所呈现的意义之间存在着不对等性"。(见Гаспаров 1996:219—221)这表明,加斯帕罗夫对语言形式与语言思维关系的界说既强调了其"不可分性"(нераздельность),又看到了其"不合流性"(неслиянность)。可以说,这一点思想与其他流行的观点有很大不同,但却与俄罗斯传统的逻辑语法学派的观点基本一致,后者强调语法规则与逻辑规则并不等同。[33](3)交际空间问题。加斯帕罗夫认为,任何一个语言行动的施行既不是内在的,也不是在没有空气的"精神空间"(духовное пространство)中进行的。为了构建报道或对报作出阐释,说话人主体就必须要感觉到该报道的某种环境,这就是一种更为广阔的"精神地域图景"(духовная картина местности)。任何一个报道都会在更为广阔的"想象图景"(мысленная картина)中占有一席之地,报道所具有的在想象空间中的这种"植根性"(укорененность),将在很大程度上决定着报道的意义面貌。(Гаспаров 1996:222—223)那么,什么又是"交际空间"(коммуникативное пространство)呢?加斯帕罗夫的回答是:交际空间是由不同的"现象阈"(круг явлений)构成的,如传统上美学、修辞学、语篇理论、语用学、心理语言学等审视的内容就属于该现象阈。但上述学科对有些现象还少有研究,比如言语和文艺体裁等。(Гаспаров 1996:223)也就是说,加斯帕罗夫所说的"交际空间"是一个更为宽泛的概念。在他看来,除上面提到的文艺体裁外,交际空间还包括语言报道的特性、"声调"(тон)、"事物内涵"(предметное содержание)、"智力阈"(интеллектуальная сфера),以及交际情境和交际参与者现有的、预见有的所有成素等。其中的一个重要方面是有关报道的作者对交际伙伴(现实的和潜在的)的认识,以及对交际伙伴的兴趣、意图、个性和与作者的"语言相互关系"(языковые взаимоотношения)的认识,甚至还包括报道的作者将说话人的自我意识、自我评价导入交际空间时自己能作出的贡献,以及他本人和报道本身应该对周围人产生何种影响等。(Гаспаров 1996:223—224)加斯帕罗夫关于"交际空间"的上述论述表明,他所关注的对象除巴赫金所研究的"言语体裁"(речевой жанр)问题外,还广泛涉及与交际语境有关的各种参数,如交际对象和报道作者的兴趣、意图、语言个性等语用因素。他认为,上述所有的这些因素不仅可以用皮尔斯等学者提出的符号和交际活动的"三成分模式"（трехчленная модель）来分析，也可以用雅各布森提出的"六成分图式"（шестичленная схема）作出阐释。（Гаспаров 1996：224）（4）语句（表述）存在的悖论问题。加斯帕罗夫认为，在说话人的精神世界中，作为语言报道的语句（表述）的存在具有"悖论属性"（парадоксальная природа）：一方面，任何一个语句（表述）都是封闭的统一整体，其界限分明——否则它不可能被视为报道的事实即含有意义的文本；另一方面，该统一整体又是在开放的、并没有充分顾及不同种类和不同层面因素的相互作用下生成的，因此，这一封闭的整体又能够吸纳开放式的无限的思维做工，即无限的意义潜能。（Гаспаров 1996：243），在加斯帕罗夫看来，之所以会发生上述悖论，主要是由语言语句（表述）的"两层面本质"（двуплановая сущность）决定的：既作为语言活动的最终产品，又作为在时间上运动的（开放的和流动的）文化经验和文化记忆的"储存器"（аккумулятор），即"记忆连续统"（мнемонический континуум）；既作为客观存在的文本（给接受主体提供既复杂又稳定的认知对象），又作为在时间上对周围环境不断作出反应并以自身的存在不断改变着周围环境的经验；既作为用一定方式由"语言材料块"（куски языкового материала）构成的结构，又作为不可切分的"意义混合体"（смысловой конгломерат）即"意义原生质"（смысловая плазма），其不同成素（一般的和个别的，显性的和隐性的）相互溶解。（Гаспаров 1996：244）换句话说，加斯帕罗夫眼中的语言存在，其在形式上构成了统一整体（即可以呈现出统一的文本），但在意义上却是复杂多样的。究其原因，归根到底是由文本的文化性（即文化经验和文化记忆）决定的；形式上是可切分的，而意义上却是连续的。这就是加斯帕罗夫想要表达的"语言是精神活动"思想的实质所在。

　　总之，从哲学思想看，"语言存在说"的视角是当代语言哲学性质的。它以西方理性主义哲学为遵循，不仅对客观存在的语言形式和内容进行了理性分析，还将语言和思维的关系置入语言使用（掌握语言）的特定语境中加以阐释，从而展现出当代西方对语言属性的基本认知；而从"语言存在说"本身的学术取向看，其视角无疑又是文化符号学性质的。它从语言存在的形式与内容的两个层面出发，着重对语句（表述）或语言报道中的内容特性作出了不同于传统结构主义方法的解释，尤其对语言文本的文化经验、文化记忆的表现形式和作用问题进行了颇为详细的阐述和分析,展现出作者对语言(文本)本质的独到认识。上述两个方面充分说明,作为出道于塔尔图—莫斯科学派,又长期身居西方而从事语言学和符号学研究的加斯帕罗夫来说,他既保留了俄罗斯符号学的传统印记,又深受西方理性主义的熏陶和影响。这就是我们对其"语言存在说"的学理内涵所作出的基本评价。

注释

1. "塔尔图—莫斯科学派"即"塔尔图—莫斯科符号学派"(Тартуско-москосвская семиотическая школа),有的文献中亦称"莫斯科—塔尔图学派"(Московско-тартуская школа)。

2. "莫斯科语言学小组"和"彼得格勒诗歌语言研究学会"分别成立于1915年和1916年,是"俄罗斯形式主义"(Русский формализм)产生的主要学术组织。相关内容请见本著作第四章对上述学术组织的评析。

3. 该研修班大多为"夏季班",但第5次即1974年开办的却为"冬季班"(зимняя школа),且是"全苏联二级模式化系统研讨班"(Всесоюзный симпозиум по вторичным моделирующим системам)。

4. 关于塔尔图—莫斯科学派出版的学术丛刊«Труды по знаковым системам»的译法,我们主要参照其1998年第二十六卷改成的英语标题"Sign Systems Studies"确立,即"符号系统研究"。

5. 《符号系统研究》停止出版的原因很多,直接的原因似乎是出版商终止了赞助,但主要是与苏联解体、爱沙尼亚独立以及俄语研究在塔尔图大学受到冷落等因素有关,尽管1992年洛特曼在塔尔图大学成立了"符号学教研室"(1996年该教研室又并入社会学系),但依然没有能够使学派的活动继续下去。他本人也于1993年去世,一度享誉世界的符号学巨星——塔尔图—莫斯科学派的领袖就此陨落了。

6. 该著作于1999年首次出俄文版,名称为《在思维世界内部》(«Внутри мыслящих миров»),并于2001年被收录在《符号阈》文集中。

7. 当然,在我们看来,开展文本符号研究的首创者并不是洛特曼,而是俄罗斯的另一位符号学大家巴赫金。他提出的"对话主义"理论和"超语言学"思想,就是建立在对艺术文本的研究之上的。

8. 对于俄罗斯来说,"启蒙运动"的开展差不多要比西方晚了一个世纪,后者在17—18世纪就完成了启蒙文化教育运动。

9. 洛特曼在此处将翻译尤其是艺术文本的翻译看作是一种交际,因此,交际的概念在洛特曼的学术思想中具有"广义"的性质。

10. 该论文被收录在2001年出版的《符号域》文集中。

11. 由于第一篇文章是与洛特曼合写的,相关思想已经在本章洛特曼相关部分做了评析,因此在这里不再赘述,而主要对第二篇文章的相关思想进行审视。

12. 这里的"尼康新政"指 1650—1660 年间莫斯科罗斯的东正教牧首尼康(Никон,1605—1681)施行的教会改革,它导致了历史上的"罗斯教会分裂"(раскол Русской церкови)。

13. 阿法纳西·尼基京曾于 1468—1474 年从特维尔出发,远渡重洋去印度旅行。该游记用教会斯拉夫语形式书写,取名 «Хождение за три моря» 直义为"三海洋之外游记",但实际上是指去印度国要途经"三个海"才能抵达,故定名为《三海航行记》。这是俄罗斯历史上第一部描写商贸和非宗教活动的游记作品。

14. 乌斯宾斯基此处的"艺术文本"的概念是广义和宽泛的,不仅指言语艺术,还指造型艺术和音乐、绘画等。用他本人的话说,俄语中"художественный"一词的概念相当于英语的"artistic",而"текст"则指"符号的任何语义连贯性组织"。(Успенский 2000:11)

15. 单凭托波罗夫的学术成就以及在国内外学界的影响力,他早就应该获得博士学位。但他一辈子淡泊名利,不愿意申请任何"官方"授予的头衔,也不求担任任何"官位",对此,学界许多朋友曾多次劝说他放弃固见,但都遭到断然拒绝。直到 1987 年,他的莫大同窗什梅廖夫(Д. Н. Шмелёв)、托尔斯泰(Н. И. Толстой)当选院士后,才极力促成科学院学部委员会不经答辩授予托波罗夫博士学位。

16. 托波罗夫因参与《世界各民族神话百科全书》(«Мифы народов мира：Энциклопедия»)的编写而获得此奖。但因苏联于 1991 年 1 月 13 日出动军警在立陶宛首都维尔纽斯制造了流血事件,他本人拒领此奖以示抗议。

17. 普罗普在《童话形态学》中总结了童话结构的四种规律:(1)童话的不变成分是角色的功能;(2)这些功能的数量是有限的;(3)功能的序列总是相同的;(4)所有魔幻童话的结构类型都相同。他在分析了俄罗斯大量童话素材的基础上,又总结出 31 种功能。

18. "城市符号学"研究并不是托波罗夫的发明,在塔尔图—莫斯科学派中有多名学者从事这方面的学术研究。如,在该期杂志上发表的该学派学者的文章有:洛特曼的《彼得堡的象征意义和城市符号学问题》(«Символика Петербурга и проблемы семиотики города»)、利哈乔夫的《20 世纪前 25 年彼得堡智力地形感观》(«Заметки к интеллектуальной топографии Петербурга первой четверти двадцатого века»)等。

19. 在我们看来,该"特殊彼得堡文本"即"彼得堡文本之特殊性"的意思。

20. 伊万诺夫本于 1955 年以副博士论文《论楔形赫梯语言与其他印欧语言的关系》(«Об отношении клинописного хеттского языка к другим индоевропейским»)被莫斯科大学语文系学术委员会通过授予其博士学位的决议,但并没有获得国家"最高学位评定委员会"(ВАК)的批准,只得于 1978 年在维尔纽斯大学进行"再一次"的博士论文答辩并获得博士学位的。

21. 此处的"净化"一词,源自亚里士多德使用的术语,意为"借助于恐惧和同情而使心灵得到净化"。

22. 马尔学派是 20 世纪 20—40 年代苏联占据统治地位的学派,其核心理论为"语言新学说"(новое учение о языке),也称"雅弗人理论"(яфетическая теория)。该学说试图用马克思主义的观点来替代传统的印欧语言学说,认为印欧语系与其他语系一样,自古并没有起源上的统一性,而是通过"杂交"(скрещение)所形成的语系。他还试图用该理论来揭示语言发展阶段的普遍规律,提出语言发展与社会物质文化的发展阶段相关联,由此形成了所谓的"阶段性理论"。该理论后来被梅夏尼诺夫(И. И. Мещанинов,1883—1967)等学者所发展。事实上,"语言新学说"只是一种假说,缺乏科学的依据。

23. "控制论"作为 20 世纪最伟大的科学理论之一,是伴随着科技革命尤其是计算机的广泛运用而诞生的一门科学。它以美国学者维内尔(N. Wiener,1894—1964)于 1948 年出版的同名著作为学科成型的标志,对自然和人文科学都产生了巨大而深远的影响。作为一门专门研究信息控制、通讯、加工的科学,控制论的研究对象主要是抽象意义上和物质属性以外的"控制系统"(кибернетические системы),如技术的自动调节系统、计算机系统、人脑系统、生物种群系统、人类社会系统等。其理论思想包括"信息论"(теория информации)、"算法论"(теория алгоритмов)、"自动机器论"(теория автоматов)、"操作研究"(исследование операций)、"最佳控制论"(теория оптимального управления)、"形象鉴别论"(теория распознавания образов)等。

24. 此处"理性的"可以理解为"可以看得懂的""意义上明白的"等意思。

25. "抽象空间"在这里可以理解为"各种理性特征的集合"(собрание всех возможных осмысленных признаков)。

26. 毕达哥拉斯学派为公元前 6—前 4 世纪古希腊的宗教和哲学派别,创始人为毕达哥拉斯(Пифогор,约前 580—前 500)。其学说主要集中在算术、天文等领域,他们提出了"勾股定理",认为"数是万物之始基"(В основе вещей лежит число)。

27. 可以认为,现代数学是从自然语言的基础上发展起来的,而且迄今依然与自然语言保持着紧密联系。

28. 所谓"音乐语言",实质就是"音乐言语"(музыкальная речь)或"音乐符号"(музыкальный знак)。

29. 正因为如此,俄罗斯学界对加斯帕罗夫的职业称谓大多是三种,即"语言学家""符号学家"和"音乐学家"。

30. 据作者本人叙述,该著作构思很早,但直到 1989 年才开始写作。作者是在当时的(西)柏林,恰逢"柏林墙"(берлинская стена)开放,因此著作中的些许思想与这一事件对作者的影响不无关联。

31. 这里所说的"语言学模式",是指迄今为止语言学界提出的有关语言结构的理论学说。

32. "沉默知识"作为术语,援引自维特根斯坦在哲学研究中使用的"tacit knowledge"的概念,表示说话人所掌握的、自己又不能意识到的使用语言的那部分能力。

33. 我们知道,在 19 世纪的俄罗斯语言学研究中,逻辑语法流派的代表人物布斯拉耶夫(Ф. И. Буслаев,1818—1897)就曾表达过上述思想,详情见本著作第三章中的有关内容。

参考文献

[1] Алпатов В. М. Николай Феофанович Яковлев [А]. //Отечесивенные лингвисты XX века (часть 3)[С], М., ИНИОН РАН, 2003, с. 149—157.

[2] Гаспаров Б. М. Некоторые вопросы структурного анализа музыкального языка [А]. Труды по знаковым системам. Вып. 236 [С]. Тарту, Изд-во Тарт. гос. ун-та, 1969, с. 181—183.

[3] Гаспаров Б. М. О некоторых принципах структурного анализа музыки [А]. // Проблемы музыкального мышления: Сб. Статей [С]. М., Музыка, 1974, с. 129—152.

[4] Гаспаров Б. М. Некоторые дескриптивные проблемы музыкальной семантики [А] //Труды по знаковым системам. Вып. 411 [С]. Тарту, Изд-во Тарт. гос. ун-та, 1977, с. 120—137.

[5] Гаспаров Б. М. Язык, память, образ. Лингвистика языкового существования [М]. М., "Новое литературное обозрение", 1996.

[6] Иванов Вяч. Вс. Очерки по истории семиотики в СССР [М]. М., Наука, 1976.

[7] Иванов Вяч. Вс. Чет и нечет: Асимметрия мозга и знаковых систем [М]. М., Советское радио, 1978.

[8] Иванов Вяч. Вс., Топоров В. Н. Славянская мифология [А]. //Мифы народов мира: Энциклопедия [Z]. М., Советская Энциклопедия, 1987, с. 308—310.

[9] Лотман Ю. М. Тезисы к проблеме "Искусство в ряду моделирующих систем" [А]. // Трруды по знаковым системам. Вып. 198 [С]. Тарту, Изд-во Тарт. гос. ун-та, 1967, с. 131—132.

[10] Лотман Ю. М. Культура как коллективный интеллект и проблемы искусственного разума [J]. //АН СССР, Научный совет по комплексной программы"Кибернетика". М., 1977, с. 12—13.

[11] Лотман Ю. М. Культура и взрыв [М]. М., Гнозис, 1992.

[12] Лотман Ю. М. Зимние заметки о летних школах [J]. // Новое лит. обозрение, 1993, № 3, с. 42.

[13] Лотман Ю. М. Структура художественного текста [М]. СПб., Искусство—СПБ, 1998.

[14] Лотман Ю. М. О поэтах и поэзии [С]. СПб., Искусство—СПБ, 2001a.

[15] Лотман Ю. М. Семиосфера [С]. СПб., Искусство—СПБ, 2001b.

[16] Лотман Ю. М., Успенский Б. А. О семиотическом механизме культуры [А]. // Семиосфера [С]. СПб., Искусство—СПБ, 2001c, с. 485—503.

[17] Лотман Ю. М. Проблема знака и знаковой системы и типология русской культуры XI—

XIX веков. //Семиосфера [С]. СПб. ,Искусство—СПБ, 2001d, с. 400—416.

[18] Лотман Ю. М. Внутри смыслящих миров [А]. //Семиосфера [С]. СПб. , Искусство—СПБ，2001e, с. 155—249.

[19] Лотман Ю. М. О двух моделях коммуникации культуры [А]. //Семиосфера [С]. СПб. , Искусство—СПБ, 2001f, с. 163—176.

[20] Поченцов Г. Г. Русская семиотика [М]. М. , Рефл-бук, Ваклер, 2001.

[21] Пропп В. Я. Морфология сказки [М], Вопросы поэтики. Выпуск XII. Л. , «ACADEMIA»，1928.

[22] Топоров В. Н. Пространство и текст [А]. //Текст: семантика и структура [С]. М. , Наука, 1983，с. 227—284.

[23] Топоров В. Н. Петербург и петербургский текст русской литературы [А]. //Труды по знаковым системам. Вып. 18 [С]. Тарту, Изд-во Тарт. гос. ун-та, 1984, с. 4—29.

[24] Топоров В. Н. Модель мира (мифопоэтическая) [А]. //Мифы народов мира: Энциклопедия [Z]. М. , Советская Энциклопедия, 1987, с. 161—164.

[25] Топоров В. Н. Вместо воспоминания [А]. // Ю. М. Лотман и Тартуско-московская семиотическая школа [М]. М. , Гнозис, 1994, с. 330—347.

[26] Топоров В. Н. Вещь в антропоцентрической перспективе [А]. //Миф. Ритуал. Символ. Образ. Исследования в области мифопоэтического [С]. М. , Прогресс, 1995, с. 7—15.

[27] Успенский Б. А. Семиотические проблемы стиля в лингвистическом освещении [А]. // Труды по знаковым системам. Вып. 4 [С] Тарту, Изд-во Тарт. гос. ун-та, 1969,с. 487—501.

[28] Успенский Б. А. *Historia sub specie semioticae* [А]. //Культурное наследие Древней Руси [С]. М. ,Наука, 1976, с. 286—292.

[29] Успенский Б. А. К проблеме генезиса тартуско-московской семиотической школы [А]. // Труды по знаковым системам. Вып. 20. [С]. Тарту, Изд-во Тарт. гос. ун-та, 1987, с. 16—29.

[30] Успенский Б. А. Антиповедение в культуре древней Руси [А]. //Избранные труды (Т. 1. Семиотика истории. Семиотика культуры [С]. М. , Языки русской культуры, 1994a, с. 320—332.

[31] Успенский Б. А. Роль дуальных моделей в динамике русской культуры (до конца XVIII века) [А]. //Избранные труды Т. 1. (Семиотика истории. Семиотика культуры)[С]. М. , Языки русской культуры,1994b, с. 219—253.

[32] Успенский Б. А. Дуалистический характер русской средневековой культуры (на материале «Хожения за три моря» Афанасия Никитина) [А]. //Избранные труды Т. 1. (Семиотика

истории. Семиотика культуры)［C］. M. , Языки русской культуры,1994c, c. 254－297.

［33］ Успенский Б. А. Предисловие ［A］. // Избранные труды Т. 1. (Семиотика истории. Семиотика культуры)［C］. M. , Языки русской культуры,1994d, c. 5－8.

［34］ Успенский Б. А. Эстетика композиции ［M］. СПб. ,Азбука, 2000.

［35］ 康澄,洛特曼语言观的嬗变及其意义[J],解放军外国语学院学报,2007 年第 3 期。

［36］ 李肃,洛特曼文化符号学思想发展概述[J],解放军外国语学院学报,2002 年第 2 期。

［37］ 王铭玉,语言符号学[M],北京:高等教育出版社,2004。

第 十 五 章

观念认知主义范式

　　所谓"观念认知主义范式"（когнитивно-концептуальная парадигма），主要是指在符号学（确切说是语言符号学）研究中探讨语言在人的认知过程中的作用，具体说要回答下列两个问题：人的知识是如何获得的？语言对人的知识的获得起到了怎样的作用？显然，这一范式的符号学理论主要以语言的认知特性为研究视角，其中包括对语言与思维关系的认知阐释，以及对语言在世界的观念化和范畴化过程中的作用、语言在人的认知过程和经验总结中的功能、人的认知能力的获得机制及其相互关系等一系列问题的描写和解释。因此，该范式的符号学理论学说突出的是语言对个性（人的心智、人的心理、人的观念等）的建构作用，研究的核心内容是同时作为文化单位和思维单位的"观念"（концепт），因此我们将其命名为"观念认知主义范式"，亦可称为"观念符号学"（концептуальная семиотика）。

　　应该说，俄罗斯学界对俄语的认知研究并非是当代的产物，而是较之西方有更为悠久的历史传统，或者进一步说，尽管俄罗斯学界直到 20 世纪 80 年代才开始接受起源于西方尤其是美国的认知语言学理论，但具有认知性质的语言研究却在时间上远远早于西方学界。我们知道，最早在俄罗斯从事语言认知研究的是心理学家和神经生理学家，如生理学家舍切诺夫（И. М. Сеченов，1829—1905）、神经学家别赫捷列夫（В. М. Бехтерев，1857—1927）、生理学家巴甫洛夫（И. П. Павлов，1849—1936）等。正是在神经生理学研究的基础上诞生了"神经语言学"（нейролингвистика）这门新兴的学科，其代表人物为"文化—历史心理学理论"（культурно-историческая теория в психологии）的奠基人维果茨基（Л. С. Выготский，1896—1934）、卢利亚（А. Р. Лурия，1902—1977）。[1]之后，俄罗斯心理语言学的最初样式"言语活动论"（теория речевой деятельности）开始系统审视言语（语篇）的生成、感知（理解）等问题，从而使俄罗斯心理语言学从一开始就具有了心理认知的性质；在语言学领域，最早从事语言认知研究的是"哈尔科夫语言学派"（Харьковская лингвистическая школа）的奠基人波捷布尼亚（А. А. Потебня，1838—1891）。他把语言视作思维的现实，认为语言对人了解新知、发展人对世界的认识等具有建构作用。"喀山语言学派"（Казанская лингвистическая школа）的奠基人博杜恩·德·库尔德内（И. А. Бодуэн де Куртенэ，1845—1929）也推崇语言的认知研究。他曾说，语言思维中可以揭示出全部存在和不存在领域的独特语言知识，可以揭示出世界所有表象的知识，包括物质的知识、个体心理及社会的知识。（Бодуэн де Куртенэ 1963：312）由此可见，语言认知研究的对象主要是围绕语言与思维的关系展开的，它涉及语言的功能、语言中人的作用以及语言对个性的建构等一系列具有语言哲学性质的问题。对当代俄罗斯符号学来说，该范式主要包括库布里亚科娃（Е. С. Кубрякова，1927—2011）的"认知语义"学说、布雷金娜（Т. В. Булыгина，1929—2000）的"世界的语言观念化"学说、阿鲁玖诺娃（Н. Д. Арутюнова，1923—2018）的"隐喻"学说，以及当代俄罗斯语言学领域最为热门也最具学术张力的"三大理论"——语言世界图景理论、语言逻辑分析理论、观念理论。这些理论和学说都将语言视为人类获取知识的重要手段，不仅都具有语言哲学的性质，且在一定程度上引领着当代俄罗斯人文学科的学术走向，是当代俄罗斯符号学的学术高地之一。

第 1 节　库布里亚科娃的"认知语义"学说

作为一门独立学科的认知语言学之所以能够在俄罗斯得以兴起和发展，与俄罗斯语言学家库布里亚科娃所做的贡献有直接的关系。作为俄罗斯科学院语言学研究所资深研究员，她在理论语言学的许多领域都卓有建树，包括专名学、词法学、构词学、词素学、词类研究、话语分析等。20 世纪 90 年代起，她率先在学界开始转向认知语言学研究领域。1994—2004 年间，她先后出版和发表了下列有影响的著述：《认知主义形成的初级阶段：语言学—心理学—认知科学》（«Начальные этапы становления когнитивизма：лингвистика—психология—когнитивная наука»）（1994）、《认知学术语简明词典》（«Краткий словарь когнитивных терминов»）（1996）、《认知视角的词类研究》（«Части речи с когнитивной точки зрения»）（1997）、《空间语言与语言空间》（«Язык пространства и пространство языка»）（1997）、《语言意识与语言世界图景》（«Языковое сознание и языковая картина мира»）（1999）、《论认知语言学和术语"认知"的语义问题》（«О когнитивной лингвистике и семантике термина "когнитивный"»）（2001）、《论认知科学的目标和认知语言学的现实问题》（«Об установках когнитивной науки и актуальных проблемах когнитивной лингвистики»）（2004）、《语言与知识》（«Язык и знание»）（2004）等。[2] 在其去世后的翌年即 2012 年，又有她的一部文集出版——《语言实质探索：认知研究》（«В поисках сущности языка：когнитивное исследование»）。上述这些著述对认知语言学的学科性质及研究对象、研究目标、研究内容和研究方法等都作出了具有奠基性、开创性的界说和论述，从而"奠定了俄罗斯认知语言学的基础"。（Попова，Стернин 2007：10）值得一提的是，1997 年坦波夫召开的纪念库布里亚科娃 70 岁诞辰的圆桌研讨会，第一次正式提出了俄罗斯"认知语言学派"（Когнитивно-лингвистическая школа）的口号，从而确立了库布里亚科娃为该学派创始人和领导者的核心地位。

　　库布里亚科娃对语言的认知研究所涉及的领域较广，但主要成就则集中在对认知语言学的学科定位、界说以及对俄语词类、构词、称名理论研究的认知方法方面，即从认知语言学的基本理论出发来探讨上述这些语言学问题，从而形成了在学界看来"独树一帜"的"认知语义"学说。

1.1　认知语言学的学科定位

　　库布里亚科娃的"认知语义"学说是建立在对认知语言学这门科学的基本认识基础上的，或者说，正是由于她对认知语言学的学科性质有独到的见解和认识，才使其从认知视角来关注语言现象的语义问题。

　　按照库布里亚科娃的界说，认知语言学是研究语言在信息的编码和转化中起作用的语言机制的。（Кубрякова 1996：53）她认为，认知语言学是认知科学的一个流派或方向。"认知科学"是一个"扇状术语"(зонтичный термин)，具有跨学科的性质，它由认知心理学、认知语言学、认知哲学理论、语言逻辑分析、人工智力理论和神经生理学理论等组成，甚至形成了认知社会学、认知文艺学等学科。几乎在每一个人文学科中，都可以分出与使用认知方法和认知分析有关的若干个专门领域。(Кубрякова 2004a:10—11)由此她提出，认知科学的任务，是对知识表征和信息加工系统进行描写或研究，同时研究人的认知能力如何形成统一的心理机制的一般原则，并确立它们之间的相互联系和相互作用。(Кубрякова 2004a:8—9)而认知语言学作为一门独立的语言学科，是从认知科学中分离出来的，其最终的任务与认知科学的任务完全一致，都是为了获得智力活动的信息。因此，意识研究就构成了认知科学和认知语言学的共同课题。(Кубрякова 2004a:10)不难看出，在库布里亚科娃眼中，认知语言学与其他认知科学的区别主要是所用的"材料"有别——认知语言学是以"语言为材料"来研究意识，而其他认知学科则用自己的"材料"来研究意识。当然，认知语言学研究意识的方法也与其他学科的不尽相同——它采用语言学所固有的方法来研究认知过程，以对人意识中的心智表征类型或知识类型作出语言学的结论。

1.2 词类的认知研究

在俄罗斯学界，库布里亚科娃是最早从认知语义视角来研究俄语词类的学者。她于1997年出版的《认知视角的词类研究》一书[3]，成为了当代俄罗斯认知语言学研究中最早的经典之一。该著作对俄语词类的研究与传统的词汇—语法结构研究有很大的不同，不少观点和思想甚至是对传统语法的颠覆。主要有：

1) 词类是一种认知—话语结构的思想。库布里亚科娃认为，词类是一种"言语思维现象"(речемыслительный феномен)，它体现为一种认知的、心理的和心智的过程，其重要的功能之一是参与对话语的建构和组织，因此，对词类的分析必须考虑到其在话语中的作用，即分析"词的意义是什么""词在言语中的作用"等问题。(Кубрякова 1997:226)据此她提出，对词类的确定应该同时采用话语的(系统内的、语言在言语使用中所体现的)和认知的(外部的)两个视角：前者以词法和句法特征为前提，后者以人的意识中生成的"自然的"或

"存在的"范畴为条件。在库布里亚科娃看来,每一种词类的生成都取决于两大因素:需要语言化的现实片断的特点以及所选称名单位的话语作用。也就是说,在划分词类时,首先要对称名单位和交际单位进行区分,只有在上述语言范畴的基础上才能划分出名词、形容词、动词等不同的词类。如,形容词处在名词和动词之间的"中介位置"(промежуточная позиция),其特点是:在稳定性方面等于名词,在表状态方面又等同于动词。(Кубрякова 1997:252)这就一方面把词类置入句子和话语的结构中审视其履行的功能,另一方面又将词类视作某认知结构的具体体现,这就是库布里亚科娃的词类认知—结构观。

2)词类是内部语汇的向量的思想。库布里亚科娃认为,作为"内部语汇"(внутренний лексикон)的词类[4],同时包含着两种知识:"关于语言的知识"(语言作为符号系统的知识)和"语言知识"(语言所反映的世界知识)。在她看来,内部语汇一方面是由类似于民族语言的词汇系统所决定的,另一方面是由人脑的组织、人的智力以及人的记忆空间决定的。(Кубрякова 2004b:379)也就是说,内部语汇是在承认词具有表征和替代人意识中某现实片断的能力基础上建构起来的,因为词可以激发人脑中所有与其有关的知识(包括语言的和语言外的),并最终在人的思维和言语思维活动中使该现实片断得以运作。(Кубрякова 2004b:68)上述论述鲜明地表达了这样的思想:在确定和使用词类时,必须要考虑并区分出某现实的客观特性,以便决定选用何种词类予以表达。

1.3 "人对世界的观念化"研究

早在 1994 年,库布里亚科娃就在《语篇及语篇的理解》(«Текст и его понимоние»)等论文中提出了语言意义的"三段式"学说,即"语篇意义"(значение текста)、"语篇涵义"(смысл текста)、"作品涵义"(смысл произведения)。她认为,意义是涵义的一种假设:尽管意义作为推理知识,其客观性难以把握,但却是理解涵义必不可少的。语言意义作为有意义的代码信息结构,是由一系列因素决定的,如对情景的感知程度,对背景的推测和期待,对被描写场景的观察角度的选择,对能够反映该场景的表达方式的选择,对选择动因的理解及其他认知活动,所有这些因素就构成了语言个性在完成"范畴化"(категоризация)和"观念化"(концептуализация)过程中最重要的步骤。在她看来,人对世界的范畴化和观念化正是在上述"三段式"语言意义的基础上形成的,它所构成的语言世界图景具有以下特点:(1)系统性。既然世界图景是对世界的固定看法,且该看法具有系统性,那么语言个性对语篇涵义的选择也应该具有系统性的特点。(2)个性化。在世界图景的反映系统中,语言个性对语篇涵义的观念化是该个性的评定系统,而不同的接受方对涵义的理解则具有接受方个性的特点,各种不同的阐释和意义的差异等由此而生。(3)感知与观念化的认知性质有别。感知属于"一级认知过程"(первичные познавательные процессы),它基于实际体验的知识,因此具有个性化的特点;而观念化是"二级认知过程"(вторичные познавательные процессы),它是在某系统中形成的关于世界和人在世界中的地位的认识和观点的总和,因此具有概括性的特点。(Кубрякова 1994b:18—27)关于上述论题,库布里亚科娃还在其他著述中多有涉及。如,她提出,作为二级认知过程的人对世界的观念化,与语言系统具有直接的关联性,这种关联性又具体体现为以下四种类型:(1)与语言的起源、本质特性、功能和各种特性相关联的认知过程(即把语言理解为符号系统或某生成构造的类型);(2)与语言的内部构造或组织的特点相关联的认知过程(即语言分层或分关系的类型);(3)与各种语言现象分析相关联的认知过程(即分范畴的类型);(4)与认同个别语言相关联的认知过程(即语言类型学的类型)。(Кубрякова 2012:60)也就是说,在库布里亚科娃的"认知语义"学说中,对语言进行研究的任何一个方面、层级或领域,都可以将人对世界的观念化作为一条主线来加以研究或分析,它涉及对语言符号体系的认知,对语言内部结构或关系的认知,对语言中各种范畴的认知以及对语言类型的认知等。

以上可以看出,库布里亚科娃对认知语义的研究主要限定在词类和语篇两大层面,并没有涉及更加广泛的其他内容,而且,今天看来,她当年所得出的些许结论也显得较为肤浅,缺乏一定的系统性。尽管如此,她的学说依然具有当代符号学的价值,尤其是她提出的一级和二级认知过程模式的观点,得到学界的普遍认同和高度评价。

第 2 节　布雷金娜的"世界的语言观念化"学说

谈到人对世界的观念化以及人在观念化过程中语言所起的作用等命题，自然离不开由俄罗斯著名语言学家布雷金娜和什梅廖夫提出的有关"世界的语言观念化"（языковая концептуализация мира）学说。[5] 1997 年，两位学者联合出版专著《世界的语言观念化：以俄语语法材料为例》（《Языковая концептуализация мира на материале русской грамматики》）[6]，从认知语法的视角较为系统地对俄语语法各层面所呈现的"语言世界图景"（языковая картина мира）进行了描绘，从而引起学界的广泛关注，被认为是当代俄罗斯认知语法的代表作之一。下面，我们将就该著作所反映的有关"世界的语言观念化"的主要学术思想做简要评析。

2.1　关于语言表达的认知特性问题

布雷金娜在自己的著作中是从下列两个视角来论述语言表达的认知特性的：

1）语言意义和语法意义的关系视角。她认为，传统的语言学或语法学将语言意义与语法意义相对立，但实际上两者却难以严格区分，否则，语言学中许多重要的意义（特别是那些明显不具备词汇性质，也不具备由直接形式所表达的意义）就会被置于研究之外。有许多研究也得出这样的结论：语法意义和非语法意义之间的区分难以有明确的界限，它们之间的对立具有"渐进的性质"（градуальный характер），因此不可能也没有必要区分出能够明确纳入某一类别的某一特征或某一组特征。（Булыгина 1997:16—18）据此，布雷金娜提出，许多语言学理论中都包含有对语法意义本质属性的认识（隐性的或显性的），如：（1）意义的屈折变化性；（2）意义与句法的关联性；（3）意义的强制性；（4）意义的规范表达方式。上述这些语法意义在布雷金娜看来都是语言意义研究中不能忽视的。此外，她还认为，除上述显性语法范畴外，还应该关注所谓的"隐性语法范畴"（скрытые грамматические категории）。所谓隐性范畴，是指"不是出现在所有的句子中，而只是出现在某类句子中的特殊现象"。（Булыгина 1997:25）尽管上述显性的语法意义特征依然适用于隐性范畴，但显性范畴与隐性范畴在许多方面却有区别。如,对多义性与语义不确定性的区分,对涵义不同和指称不同但涵义相同的各种变体区分等,它们都与意义的屈折变化性的隐性范畴有关;再如,动词或代词第二人称单数形式所表示的与受话人相关联以及与泛指人称相关联的意义,就构成了隐性范畴中的对立。总之,依照布雷金娜的观点,就句子层面而言,其语法意义成分具有语义一致性,这与词汇学领域提出的语篇语义一致性或语义关联性的概念相等同。(Булыгина 1997:40)

2)句子述谓语义的分类视角。布雷金娜认为,述谓的语义分类是语言学分类中的独特现象。一方面,它应该属于语义分类,因为述谓是特殊的实体意义,其范畴化是对客观现实的概括;另一方面,语义所研究的对象并不是现实的世界,而是世界的观念化。每一种语言都有用多种不同方式来解释同一种情景的手段。因此,述谓的语义分类应该与其所描写的"事态"(положение дел)分类的建构联系在一起,以力求使划分出来的每一个述谓类别都是"语义类别"。由此,建立在语言学意义上的重要事态分类,要求区分出一组核心述谓结构,它在整体上表示某类事态,每个事态由述谓所表示的具体特征或关系加以确定。(Булыгина 1997:59—52)由此可见,布雷金娜对述谓语义的分类依循的是观念化的原则,即以事态为核心所进行的分类,这与传统语法的分类有很大的不同。

2.2 关于时体的心智述谓语义问题

长期以来,学界对作为屈折语的俄语的"时体学"(аспектология)研究情有独钟[7],也取得令世界公认的许多成就。如,以邦达尔科(А. В. Бондарко,1930—2016)为代表的"功能语法理论"(теория функциональной грамматики)就是由时体学发展而来的。布雷金娜则从时体学角度来审视俄语动词的心智述谓语义问题,并得出了令人信服的结论。她认为,理论上讲,如果未完成体动词可以用来表示相应的完成体动词所表示的那些事件,那么该未完成体动词就与该完成体动词构成了时体的对偶。如,未完成体动词所表示的多次性、否定和历史现在时等语境是其用法的判断语境,体现在该语境中的未完成体和完成体的语义区别就可以称为"常规语境",也就是说,多次性和描写等意义都属于未完成体的常规意义。但在实际用法中,未完成体并不是只具有上述的常规语义,在多数未完成体动词的用法中还有多种多样的非常规意义。因此,只认识到时体的对偶性,通常还不能得到对这类动词语义的正确认识。(Булыгина 1997:146—147)那么,究竟如何来确定未完成体动词的非常规语义呢?布雷金娜认为,多数情形下可以从时体情景的特点中区分出这些语义,而不是从词典所规定的时体的对应性中去发掘,因为时体的对应在非常规使用中常常用不同的语义—语法特征来加以描述,与动词时体特点相关的只是动词与某类从属述谓关系的搭配能力,而时体对偶的动词语义则可以在事实性、蕴含性等方面有所区分。如,在与命令式搭配时,完成体和未完成体的心智述谓的行为意义就不同,选择完成体还是未完成体整体上除要服从时体形式在命令式中的一般使用规则外,还要关注心智述谓在命令式中所具有的功能特点:只有可控的述谓命令式形式才具有通常的祈使意义,而不可控的述谓命令式只表示希冀意义。因此,心智述谓语义的特点在于:它们在命令式中表达着复杂的语用意义。当言语受话人的心智状态受到说话人的控制时,或说话人通过言语行为使受话人的心智域发生变化时,就具有了类似于施为句的用法。最后,布雷金娜通过对多组动词的心智述谓语义分析后得出这样的结论:整体性意义是完成体动词所固有的,而非整体性意义则是所有动词所具有的。未完成体动词的非整体意义集中表现在事件的多次性意义、历史现在时意义等"特殊表现力"方面。此外,许多对应的未完成体的心智述谓除具有上述"常规意义"外,还具有"心智活动"或"心智状态"意义,它们以不同的方式与其对偶的完成体动词的事件性意义相对应。(Булыгина 1997:149—162)应该说,布雷金娜对动词心智述谓语义的分析,对时体学的认知研究是有现实推动作用的。

2.3　关于时间的语言观念化问题

　　时间的语言观念化自古有之,每一种语言也都有自己的表达事件的独特方式。那么,俄语在对时间的观念化过程中展现给我们的又是怎样一幅"天真世界图景"(наивная картина мира)呢?对此,布雷金娜从时间定位悖论的视角,用大量实例分析了俄语时间片断的观念化问题。她提出,尽管时间定位可以借助于空间方位标志来描写,但俄语中却存在着两种与空间类比关系相反的定位:(1)"后面"和"前面"同时可以表示"过去"和"将来"。如,*Самое страшное уже позади*（最可怕的事已经过去了）；*Впереди нас ждут приключения*（将来我们还会遇到意想不到的事）。相应的，*вперед*（前面）一词也具有相反的语义，它在口语中即可表示"将来"，也可表示"事先"。如，*Вперед будьте осторожнее*（您以后要小心点）；*Вперед подумай，потом говори*（事先想想，然后再说）。（2）"远"和"近"的不同时间距离参照点。在词典中，"远"和"近"的时间意义通常是按照同一类型予以解释的，即"用长的时间间隔分开的"和"用不长的时间间隔分开的"。但这样的理解往往忽视了一个事实，即 *близкий*（近）与 *далекий*（远）不同，它只针对"将来"使用，而不针对"过去"。如，只能说 *близкое будущее*（不久的将来），而不能说 *близкое прошлое*（不久的过去），尽管可以说 *недалекое прошлое*（不远的过去）或 *далекое прошлое*（遥远的过去）。类似表示相反语义的时间词还有 *старый，молодой，прежний，бывший* 等。（Булыгина 1997：376—377）上述时间语义相悖的情况，布雷金娜认为主要是由于"时间运动的隐喻"和"不同的时间参照点"所致。对于时间隐喻，通常采取两种态度：（1）"旧时"态度，认为世界是稳定的、静止的，而时间是按照从"将来"（晚些时候）到"过去"（早些时候）的方向运动。如，俄语中的 *время идет*（时间在运动），*пришло время*（时间来临），*предыдущий день*（昨天），*следующее воскресенье*（下个星期天）等。按照这种观念，所有以前的事情都被认为是"发生在前面的"（предшествующие），而所有应该晚些时候发生的事情都被认为是"沿着足迹走的"（следующие）。正是这一观念成为许多原始空间运动副词和前置词的时间用法的基础。（2）"现时"态度，认为时间是恒定的、静止的，而人是沿着从"过去"到"将来"的方向运动的。如，上述 *впереди*（前）和 *позади*（后）两个副词的时间用法就属此类。对于时间参照点，通常与"说话时刻"或"话语所指的时刻"有关，此时俄语中通常会出现表时间的指示成分，如 *сегодня*（今天），*вчера*（昨天），*три дня спустя*（三天后），*до революции*（革命前）等。使用上述时间参照点时，与其相对应的名词一定要具有受交际情境制约的确定性，但泛指情景的用法除外。如，*После драки кулаками не машут*（打斗之后不要再动拳头），此处的"打斗"是泛指，而不是指最后发生的那次具体打斗。如果使用的名词是不严格的标记词，这时，其属性随时间的流逝而发生变化这一事实，可以用不同的方式予以观念化。如，*бывший，прежний，будущий* 等用于摹状词时，其时间参照点是某个"先前的"（*бывший* 和

прежний）或"后续的"（*будущий*）的时刻。总之，自然语言能提供给我们足够多的手段来反映不同的时间隐喻。（Булыгина 1997：378—386）由上不难看出，布雷金娜对俄语时间观念化片断的观察，是分别以"天真世界图景"和"科学世界图景"为出发点的：前者建立在"旧时"态度之上，反映着语言对时间的朴素观念化；后者建立在"现时"基础之上，更多地反映着语言对时间的科学观念化。

2.4　关于语言世界图景的民族性问题

语言世界图景具有民族性这一命题是不言而喻的，但布雷金娜在自己的著作中并非像洪堡特（В. Гумбольдт，1767—1835）或萨丕尔（Э. Сепир，1884—1939）那样来论述语言世界观或语言相对论的理论问题，而是从词汇角度来审视究竟哪些俄语词汇最能反映出俄罗斯民族的心智或心灵。她认为，下列几类词汇或语汇最具反映俄罗斯心灵的民族性：（1）与一般哲学概念特定层面相对应的语汇。它们通常构成"成对"的概念，如 *правда*（真话、真相）和 *истина*（真理），*долг*（义务）和 *обязанность*（责任），*свобода*（自由）和 *воля*（无拘束），*добро*（善事）和 *благо*（好事）等。（2）俄语世界图景中具有特殊文化标记的词汇。这些词汇的概念在其他语言中也同样存在，但在俄罗斯文化中和意识中却具有特别的意义，如 *судьба*（命运），*душа*（心灵），*жалость*（同情）等[8]。（3）反映独一无二的俄罗斯观念的语汇。这些语汇在其他语言中并无完全对应的概念，为俄罗斯文化所独有，如 *тоска*（忧郁），*удаль*（勇猛）等。（4）在描述俄罗斯民族心智方面起特殊作用的"小词"，即情态词、语气词、感叹词等。如 *авось*（或许，可能），*а вдруг*（突然），*небось*（恐怕是），*видно*（显然，看来），以及 -*ка*，*ну* 等。（5）反映俄罗斯人对世界独特认识的时空副词和前置词，如 *миг*（眨眼间），*мгновение*（瞬间），*момент*（顷刻间），*минута*（一会儿），以及表示"早晨"的一组同义词 *утором*，*поутру*，*с утра*，*под утро*，*наутро*，*к утру*，*утречком*，*с утречка* 等。（Булыгина 1997：487—504）这类时空副词的使用表明了这样一个众所周知的事实：相对于西方人而言，俄罗斯人对待时间的观念更加随心所欲。

总之，尽管布雷金娜并没有刻意地对世界的语言观念化命题作系统的理论阐述，但仅从以上俄语语法的几个片断就足以见得她对语言观察的独到之处,以及对世界的语言观念化的独特认识。她的研究视角和所反映的学术思想,对我们揭示观念认知主义范式的符号学价值具有重要的借鉴意义。

第3节 阿鲁玖诺娃的"隐喻"学说

在当代俄罗斯学界,从语言认知视角研究"隐喻"(метафора)理论的学者很多,因为隐喻"作为人类重要的思维法则和概念性原则,会增进对人的行为、知识和语言的理解"。(Арутюнова 1999:372)或者说,"社会和个体对现实的心智阐释模式都建构于隐喻"。(Лассан 2010:24)隐喻研究的语言学价值由此可见一斑。但是,相关研究中最具系统性和最有影响力的当属俄罗斯科学院通讯院士、当代俄罗斯"语言逻辑分析学派"(Логический анализ языка/ЛАЯз)的领军人物阿鲁玖诺娃提出的有关"隐喻"学说。早在 20 世纪 70 年代后期,她就先后发表了《隐喻的句法功能》(«Синтаксические функции метафоры»)(1978)、"语言隐喻的功能类型"(«Функциональные типы языковой метафоры»)(1978)、《语言隐喻:句法与词汇(«Языковая метафора (синтаксис и лексика)»)(1979)等学术论文,从而在学界最先开启了认知视角的语言隐喻研究。1999 年,她的扛鼎之作《语言与人的世界》(«Язык и мир человека»)问世,引起学界的广泛关注,其中用较大篇幅对多年潜心研究的隐喻学说做了较为系统的总结和概括。值得一提的是,2002 年,她又为《语言学百科词典》(Лингвический энциклопедический словарь)撰写"隐喻"词条,标志着其隐喻学说在学界具有公认的地位和影响力。

阿鲁玖诺娃的隐喻学说主要集中在两大领域——"语言隐喻"(языковая метафора)和"言语隐喻"(речевая метафора)。前者对句法和词汇层面的隐喻审视,是建立在对句子语义准确性的讨论和对各种偏离规范的类型区分基础上的,因此主要是词汇语义隐喻和句法语义隐喻的研究;后者则走向话语层面的隐喻研究,关注的核心内容由先前的词汇和句法语义转向人的思维、认识、意识、观念化系统及人工智能模式化系统等认知语义。

3.1 隐喻的语义类型和句法功能

阿鲁玖诺娃认为,语言学理论视角的隐喻,可视作一系列"可阐释的异常"

（интерпретируемая аномалия）现象，即由有意违背词汇意义组合规律所引起
的语义的不正确性。（Арутюнова 1999：346）对此，阿鲁玖诺娃主张引入语言
外的因素对隐喻进行研究，因为词汇意义是一个民族关于世界的概念，因此，
要理解隐喻的本质和整个语义过程，就必须结合该民族的生活经验进行阐释。
此外，隐喻研究还不能仅仅局限在词汇—语义层面，还应该关注其功能—句法
特征。她指出，为了完成首要的语言交际功能，主体和述谓之间形成了词汇的
两种基本语义类别——"指同名词"（идентифицирующие имена）（主要是具体
名词）和"语义谓词"（семантические предикаты）（形容词、动词、评价名词、性
质名词和部分功能名词）。典型谓词的单义性和意义的确定性，与指同名词的
多特征性（描写性）和语义的不确定性之间形成对立。指同名词形成综合域和
模糊域，这有利于对客体类别的理解；而谓词形成分析域，以及记录被报道事
物必需的意义划分域和确保交际双方相互理解的意义明确域。指同名词的多
特征性变为指称域的紧缩，以确保言语指示的足够准确性；相反，谓词的单义
性则会引起对实物世界的应用型拓展。表面上看，似乎充满主观评价意义的
谓词能提供比较有利于隐喻形成的材料，但事实并非如此。词汇意义越模糊，
越具有描写性，就越容易隐喻化。意义在自然语言中的自发生成常常发生在
知觉概念内，意义的细微差异是从模糊的语义环境中抽象出来的。据此，她得
出结论认为，隐喻首先是一种捕捉具体事物或现象个性的方法。具体词汇的
个性化的能力要多于谓词。隐喻使事物个性化，并将事物归入本不属于它的
类别；隐喻与谓词的位置由一个坚实环节相联系。诗歌语言的手法之一就是
要打破词汇类别与句法功能之间的这种对应：指同词汇转向谓词领域，从而构
成典型的、最具隐喻性的隐喻。典型的隐喻就是使"综合"闯入"分析域"，"认识
（形象）"闯入"概念域"，"想象"闯入"智力域"，"个别"闯入"整体国度"，"个性"闯
入"类别王国"。隐喻与谓词位置的联系表明，在形象的内核中就已经诞生了概
念。隐喻是一切实义词和虚词的语义摇篮。（Арутюнова 1999：347348）

　　基于以上认识，阿鲁玖诺娃从以下几个方面对隐喻的语义类别和句法功
能进行了全面的审视。

　　1）隐喻与换喻。她认为，句法功能不仅和词汇意义的类型有关，还与某
些修辞格尤其是隐喻和换喻之间存在着一定的关联性。例如，名词 шляпа（帽
子）既可以获得换喻意义"带帽子的人"，也可以获得隐喻意义"笨头笨脑的

人"。在阿鲁玖诺娃看来,换喻与隐喻有以下几点区别:(1)换喻总是与指同功能相联系,而隐喻则用于述谓功能。也就是说,换喻不能占据规定用于非指称用法的谓词位置,而这一位置对隐喻却很合适。(2)换喻与隐喻在语义搭配上有区别。处在主体位置上的换喻是通过指出其"局部"来指称"整体"(人或物),这时,通常可以有对应于该局部的说明性定语,如,在 *старый тулуп*(旧皮袄)的词组中,"旧的"定语只对应于"皮袄",而不对应于"穿皮袄的人"。而谓词和由其派生出来的定语恰恰是对应于"整体的",即对应于换喻的所指——人。如,*Старый тулуп засмеялся*(穿旧皮袄的人笑了起来)。隐喻的情况要复杂得多。如,称名功能对隐喻而言只是第二位的,因此,用于该功能的隐喻与换喻的情景相反。隐喻的定语可以评定隐喻的现实所指事物,而谓语的选择则要遵循"表层的"语义匹配,即与隐喻的假想所指事物相匹配。(3)换喻和隐喻可以用于不同的句法功能。用于称名功能的隐喻和换喻之间形成的语义匹配上的争夺受到不同句法位置的限制。如,换喻 *старая шляпа*(带旧帽子人)可以对应任何年龄的人,包括年轻人,而隐喻 *Это старая шляпа*(这是一个上了年岁的笨头笨脑的人)只是用于老年人。另外,在将事物引入叙事世界时,具有引言功能的存在句中不宜使用换喻和隐喻,因为存在位置不需要比喻辞格;呼语可以实现两大功能——对受体的评析功能(主观评价)和将受体指同于言语接受方,因此,呼语对隐喻和换喻都具有开放性。隐喻在呼语中实现的是主体-评价(述谓)潜能,换喻在呼语中实现的则是指同言语受体的潜能。(Арутюнова 1999:348—353)

　　2)隐喻与比喻。关于隐喻与比喻的对立关系,阿鲁玖诺娃主要有以下观点:(1)隐喻接近于形象比喻。从比喻中除去比较连接词 *как*(*пободно*,*точно*,*словно*,*будто*,*как будто*),通常认为是构成隐喻的主要手段。(2)比喻与各种意义的谓词搭配自由度高,而名词性隐喻则缺乏句法上的自由度,它既不接受局部化的转换和说明性的转换,也不接受指同性的转换和疏状性的转换。(3)隐喻言简意赅,它规避解释和论证,会简化言语;而比喻则会使言语扩展。(4)比喻表示一个客体与另一个客体的相似,无论该相似是经常性的还是即时的,是真实的还是感觉上的;而隐喻只表示固定的相似,它揭示事物的本质,并最终揭示事物的永久性特征。也就是说,隐喻名词实际上不用于表示偶然的相似。(5)从成素结构看,标准的比喻是"三成素"的(即 A 在特征 C 上与 B 相似);而隐喻是"二成素"的(即 A 是 B)。隐喻拒绝所有的变异:尽管它是形象的,但不能部分地描写;它的语义上是饱满的,但又不是外显的;它具有向心性,但也具有通过语义投射来实现的离心力。(Арутюнова 1999:353—355)

3)隐喻与变形。隐喻与比喻的对立引申出隐喻与作为另一修辞手段的"变形"(метаморфоза)之间的关系。在这一点上,阿鲁玖诺娃的观点与著名语言学家波捷布尼亚(А. А. Потебня,1835—1891)、维诺格拉多夫(В. В. Виноградов,1894/95—1969)的观点相一致。维诺格拉多夫曾对区分隐喻与变形的必要性有过论述。他说,有人认为隐喻中没有任何有关转变事物意义的色彩。正相反,承认一种事物与另一种截然不同的事物仅仅在词汇上等同的这种双面性,是隐喻固有的属性。因此,应该将动词支配的第五格形式在意义上与隐喻和比喻相区分,第五格是对带有客体的谓词的语义补足,是激活谓词和展示谓词形象背景的手段。(见 Арутюнова 1999:356)据此,阿鲁玖诺娃对隐喻与变形进行了区分:(1)隐喻有能力发展新的语言意义和偶然意义,而变形则不具备这种能力。如,对语义的深入分析,可以区分出隐喻与变形的不同。变形在指示实体的部分融合时,并不会以改变意义的特殊方式积淀在语言中。但变形也具有进入语言语义的出路,它不是由变形与主体展示,而是由变形与主体行为建立的常规关系潜力所展示的,如,*бежать рысью*(小跑)、*идти гуськом*(鱼贯而行)等。但是,一旦建立起这种黏合关系,名词就副词化了,就获得了新的意义。这时,发生的已经不是变形,而是副词性隐喻了。(2)隐喻名词没有事物的对应性,而变形或将其保留,或获得副词性意义。(Арутюнова 1999:356—357)

4)隐喻与词的词汇类别。关于隐喻与词汇的各种语义类别的关系问题,阿鲁玖诺娃在著作中总结出以下语言隐喻类型:(1)称名隐喻(纯名称转义),它是由一个描写意义来替代另一个意义,从而成为同音异义词的来源。(2)形象隐喻,它由指同(描写)意义转换为谓词意义而生成,用于拓展语言的形象性意义和同义手段。(3)认知隐喻,它是由谓词组合中的意义偏移(转义)生成的,用于多义词的构成。(4)生成隐喻,它作为认知隐喻的最终结果,能够消除词义中各种逻辑序列之间的界限,并促使逻辑多义词的产生。其中,最为稳定的是形象隐喻,最不稳定的是称名隐喻和生成隐喻,较为稳定的是认知隐喻。(Арутюнова 1999:366)

在对上述隐喻的词汇—语义类别研究中,阿鲁玖诺娃对以下几个问题作了重点描述和分析:(1)意义的隐喻化不仅可以在一个语义范畴内实现,也可以伴随有意义的转换,即从指同名词类别转换到谓词范畴或相反。首先,在寻找某一类事物名时使用隐喻,该隐喻则不可能超出指同词汇的框架。在这种情形下,隐喻多半是从旧语汇中获取新名称的技术手段。指同隐喻构成称名方式,而非意义色差的手段。隐喻化的过程可以归结为用另一个意义来替代解释性的(多特征的)意义;与上述完全不同的是,基于指同(具体)名词的隐喻,能够将该名词转换到已经归属到另一个并被重新命名过的事物或事物类别的谓词位置。隐喻一旦脱离开具有原本用途的指同词汇,通常不会再回归到原指同词汇行列。在这种情形下,隐喻是一种方法,它用来探寻事物的形象、个性化或评价,追逐意义色差的方式,而不是追逐名称的方式。(2)形象隐喻具有多义性,其理解也就有可变性。如,当指同词汇域中的语义原则转换到述谓域时,交际双方都知晓的具体事物名称在他们心中可以引起不同的形象、情感和印象,但这一点不会影响到交际。具体词汇原本就是有形象的。在隐喻时,它实现着从形象到概念的跨越。从隐喻化的名称中只能抽取出与所指事物相一致的一些特征。如,如果将一个人称作狐狸,那么从这个人身上抽取的特征一定不是"他长有尾巴"。该类型的微观语境,不仅提供了意义隐喻的钥匙,同时也在称名隐喻中显现出隐喻的所指。因此可以认为,"隐喻性表述"(метофорические высказывания)不可能得到真值评价。它追求的多半是启发性意义和暗示性,而非真理;形象隐喻也并非总能保持自身鲜明的原始形态。但在它消亡时,通常会给语言留下一个新的意义或意义上的色差。这类隐喻在给词汇的语义结构增添形象意义的同时,也成为同义现象的源泉。(3)特征意义向指同意义的转换,应该认作是反向描写。这一过程不利于隐喻。如果说有语言隐喻,则通常具有人为的特点。如,以销售为目的的各种人工制品,通常会被赋予一个建构在抽象特征之上的商品广告名称,犹如"醉心"香水、"灵感"巧克力等。在这种情形中,称名不是以所指事物的特征为依据的,而更多是以消费者的特征为基础的。如果说指同名词向述谓词的转换所产生的隐喻能够促进建立精细的同义词和使用域狭窄的词的话,那么特征隐喻则相反,会导致概念的泛化。可见,语言将特色化和概括化都归于隐喻。(4)谓词意义的隐喻过程可以归结为客体获得"另外的"特征,即另一类事物中表现出来的特征、特性和状态；或属于同一类别中的另一个方面或参数。如，述谓隐喻常常可以用于创造"看不见的世界"——人的精神因素的特征性词汇。由感觉提供的物理世界被当作微观世界模式，因此，物理词汇可以用来表示人的心理特质；再如，由于隐喻消除了搭配的限制，从而可以创造出具有概括性、色彩不鲜明、能够与不同类型主体搭配的谓词。可见，隐喻的一个重要结果就是创立"二级谓词域"（область вторичных предикатов），它可以确定物质的一级特征，可以描述人的精神现象，可以服务于事件、事实、行为和状态的名称以及属于思想、思维、判断、观念类的名称。述谓隐喻不仅是多义词的源泉，也是获得隐喻化派生的基础。（Арутюнова 1999：358—365）上述描述和分析所反映的思想和观点，在一定意义上对俄语隐喻的研究都具有开创性意义，对我们准确理解和把握隐喻与俄语词汇—语义类别之间的各种关系奠定了学理基础。

3.2　隐喻与话语

当代语言符号学更加关注语篇语义的积极发展趋势，也使得隐喻研究迅速向话语领域扩展。对此，阿鲁玖诺娃在 20 世纪 90 年代就曾指出，最近几十年来，隐喻研究的重心已经从以诗学隐喻的分析和评价占主导地位的语文学（演讲术、修辞学、文学批评）转向实用性言语领域以及面向思维、认识、意识、观念化系统和人工智能系统的领域。人们开始把隐喻视作解答思维原理之谜以及解答具有民族特色的世界观及世界普遍形象创造过程的关键。而上述转向的结果，便形成了研究人的意识不同方面的认知科学。（Арутюнова 1999：371）可见，话语层面的隐喻研究已经由词汇的结构语义研究转向语篇的认知语义研究。在这一领域，阿鲁玖诺娃具体审视了隐喻与日常言语、科学语篇、艺术话语的相互关系及基本特点。

1）隐喻与日常言语。应该说，日常言语中有许多语体是不适合使用隐喻的，如电报、法律、章程、行政命令、安全规则、规定、说明书、专利、调查表等公文和文书，以及承诺、警告、预告、提议、请求等言语形式。也就是说，通常需要准确、无歧义理解的语篇或话语都与隐喻不相容。然而，上述言语形式也不是与隐喻绝缘。阿鲁玖诺娃认为，以下几种情形就有可能适合使用隐喻：（1）一旦规定和命令等的重心转向情感上的影响作用，那么就会解除对隐喻的禁用。如，日常言语中的最后通牒如果变质为以恐吓为目的的威胁，就可以用隐喻化表达。事实上,无论是律师、作家、政论家、社会活动家,还是社会的任何一位成员,都对向话语接受者施加情感压力的事感兴趣。(2)相似性知觉在决定人的行为的实际思维中起着重要作用,该知觉不可能不反映在日常言语中,隐喻取之不竭的源泉就在于此。(3)生活实践中形象思维十分重要。人不仅能够认同个性客体(尤其是辨认人),不仅能够在各种感觉器官所感知的范围之间建立起相似性,而且还能够捕捉到具体概念与抽象概念之间、物质与精神之间的共性。如,вода течет(水在流淌),жизнь течет(生活在进行),время течет(时间在流逝),мысли текут(思想在涌动)等。在后一种情形下,与其说是人揭示了相似性,还不如说人创造了相似性。这是因为:人的感觉机理及其与心理的相互作用,能够使其去比较不可类比的东西或用同一尺度去计量不可计量的东西。这一机理的长效作用便在各种话语中生成出隐喻。(Арутюнова 1998:372—374)总之,在阿鲁玖诺娃看来,日常言语不需要隐喻,但同时隐喻又是日常言语所必需的;隐喻作为意识形态是不需要的,但作为技能却是必需的。任何创新和发展都源自创造活动,而隐喻性创造活动奠定了许多语义过程的基础,如同义手段的发展、新义和意义色差的出现、多义词的形成、术语学系统和情感－表现力词汇的发展等。

　　2)隐喻与科学语篇。相对于隐喻与日常言语的关系而言,隐喻与科学语篇的关系显得更加复杂。学界对科学语篇中是否适合使用隐喻这一命题有两种截然不同的态度。一种是理性主义的,认为科学语篇不允许有任何隐喻。其代表人物有英国唯理主义哲学家霍布斯(Т. Гоббс,1588—1679)、洛克(Дж. Локк,1632—1704)等。持这一观点的多为实证主义者、逻辑分析主义者和经验主义者等;另一种是非理性主义的,认为科学语篇中使用隐喻不可避免,因为隐喻不仅是表达思想的唯一方法,也是表达思维本身的唯一方法。其代表人物有德国哲学家尼采(Ф. Ницше,1844—1900)、卡西尔(Э. Кассирер,1874—1945)[9],以及西班牙哲学家奥尔特加－伊－加赛特(Х. Ортега-и-Гасет,1883—1955)等。[10]持这一观点的主要是主观主义者、人类中心主义者、直觉主义者以及对神话诗学和民族世界图景感兴趣的学者。针对上述两种态度,阿鲁玖诺娃曾作出这样的结论性概括:如果说理性主义将隐喻视作真理的非准确、非必需的表达形式而将其剔除出科学语篇的话,那么非理性主义则试图赋予隐喻整个认识王国而将真理从该王国中剔除出去。(Арутюнова 1999:377)

那么,阿鲁玖诺娃本人究竟持哪一种观点呢? 答案是显而易见的。她认为,尽管隐喻与科学语篇的许多参数都不协调,但它仍可以用于科学。隐喻与实用性言语的情感－表现力功能很匹配,但还有更为重要的另一个来源:隐喻能够为人提供在各种不同事物和不同类别事物之间建立起相似性的能力,这种能力无论在实践思维还是在理论思维中都起着巨大的作用。隐喻是工具,而不是科学探索的结果。(Арутюнова 1999:380)对此观点,她还用多种实例予以论证。如,马克思把社会隐喻为"建筑物"(基础结构、上层建筑);科学语篇中把社会共体的根本改变解释为"变革",社会问题是在"权力走廊"中解决的;生物学语言观将语言类比为"活的""发展中的"有生死的生物体(如"活着的语言""消亡的语言");历史比较语言学家提出语系和语族的隐喻(如"源语"的术语就来自"始祖"的类比);结构主义语言学家把语言作为"结构层级"来研究;生成主义语言学家把语言隐喻为"生成机制",等等。总之,在她看来,科学范式的交替总是伴随着关键隐喻的变更,总会出现新的类比域和相似域。(Арутюнова 1999:379)上述论述足以表明,阿鲁玖诺娃的言语隐喻观更多的是属于非理性主义的或人类中心主义的,当然其中也包含着一定的理性主义成分。

　　3)隐喻与艺术话语。[11]其实,只要对隐喻的语义实质、类型及其构成方法等有比较全面的了解或认识,就不难对隐喻与艺术话语的相互关系作出合乎逻辑的回答。也就是说,在阿鲁玖诺娃看来,如果隐喻在实用性言语中的存在会遇到交际目的和言语类型所带来的某种限制,如果隐喻向科学语篇的进军还可能会引起足够理据反抗的话,那么隐喻在艺术作品中的应用就是既自然又合法的了,这是因为:隐喻与诗学世界观是有机地联系在一起的,诗歌的定义本身有时就是诉求于隐喻来实现的。关于隐喻与诗学之间有机联系,阿鲁玖诺娃认为主要源自以下因素:首先,诗人不喜欢用一般的眼光来看待世界,也不会用宽泛类别的术语去思维。其次,从对话角度看,诗歌作品通常不是对话"领袖"所认可的初始对白,而是回答、反应、回应,且常常是反驳—回应。如,诗歌的开头用 *да*(是、是的)和 *нет*(不、不对、不是)是完全合乎情理的。其三,诗歌常常从"否定"开始并非偶然,因为紧随其后的是"对立"。其四,隐喻正是根据诗歌所固有的原则有机建构起来的。隐喻中含有隐性的与日常世界观的对立,即与符合分类性(分类学)谓词和能够揭示事物个性本质的观点相对立。隐喻推翻事物实际进入的那个类别的隶属关系,并将其纳入理性上本不该属于的那个范畴。因此,隐喻是对自然的挑战。其五,隐喻中包含着谎言和真理,也包含着"是"与"不是"。它反映着印象、感觉和知觉的矛盾性。这是隐喻对诗歌具有吸引力的另一动因所在。其六,建立远距离的联系是隐喻的典型特点,而相距很远的事物共存(相似性)也是建构艺术话语的一个重要原则,这也是隐喻与诗歌亲近的原因之一。(Арутюнова 1999:380—383)

依据上述界说和分析,阿鲁玖诺娃总结出隐喻与诗歌话语关系密切的如下十大特点:(1)在隐喻中形象与意义相融合;(2)隐喻与常规分类相对立;(3)隐喻使范畴移位;(4)隐喻使"偶然性联系"现实化;(5)隐喻不能归结为字面的喻迁说法;(6)隐喻意义的综合性和模糊性;(7)隐喻允许有不同解释;(8)隐喻没有或非必须有动因;(9)隐喻启发的是想象而非知识;(10)隐喻选择最短路径通向客体本质。(Арутюнова 1999:384)正是隐喻的上述特点,使其与艺术话语(具体说与诗歌话语)在本质上有紧密的联系。总之,阿鲁玖诺娃的隐喻学说具有相对的完整性和系统性:语言隐喻属于传统的语言结构语义研究,为我们展示了俄语词汇语义和句法语义隐喻的类型和特点;言语隐喻属于语言认知性质的研究,为我们展示了操俄语的人的言语个性和交际个性的若干特性。上述两个方面分别以"人说的语言"(язык в человеке)和"语言中的人"(человек в языке)为核心,将隐喻的静态研究与动态研究有机地结合在一起,从而成为观念认知主义范式符号学理论中不可或缺的重要方面。当然,客观上讲,包括阿鲁玖诺娃在内的俄罗斯学界对隐喻的研究,主要还是基于语言结构的研究,语用研究成果偏少。这一方面是受俄罗斯语言学传统所致[12],另一方面也表明其与西方学界的隐喻研究相比尚有一定差距,后者无论在视阈上还是方法上都比前者的研究显得更为新颖和丰富。

第4节　语言世界图景理论研究

"语言世界图景"作为一种理论,是 20 世纪八九十年代以来俄罗斯认知语言学和语言文化学研究中最为"热门"的领域之一,与其他的语言学理论学说相比,它不仅拥有巨大的理论空间和超强的理论阐释力,还有广泛的实践价值,因此被学界普遍看好,并认为是 21 世纪最有发展前景的理论之一。俄罗斯学界对语言世界图景的研究主要涉及以下几个方面：

4.1 语言世界图景的概念内涵

我们知道，受当代"人类中心论"（антропоцентризм）哲学思潮的影响和推动，俄罗斯语言学的研究重心自 20 世纪末期起发生了由语言客体向语言主体的根本性转变。对这一变化最直接的反映，便是语言学术语出现新一轮的更迭，一系列与"人的因素"有关的新概念层出不穷，如："世界图景"（картина мира）、"世界模式"（модель мира）、"世界形象"（образ мира）、"观念系统"（концептуальная система）、"认知系统"（когнитивная система）、"观念世界图景"（концептуальная картина мира）、"思维/文化世界图景"（мыслительная/культурная картина мира）等。其中，备受学界推崇甚至追捧的是——语言世界图景。原因主要有二：首先，其他的术语或概念尽管也与语言学研究中"人的因素"相关，但毕竟不属于语言学领域所"专有"，它们更多地被使用在认知、心理等学科。其次，从上述各术语或概念现有的释义看，似乎都包含着这样两个基本要素：一是世界观，如反映思维特点的世界知识、世界意象等；二是世界图景的活动属性，如人的认识活动、人的精神活力、人的经验等，也就是说，它们都是以展示客观世界的"人类自身形象"或"主观形象""原始整体形象"为哲学取向的，而这样的展示又多与语言的功能或作用有关。因此，从本质上讲，所谓语言世界图景研究，就是对人的世界观和世界图景的活动属性的本真状态的研究，也是语言研究中的一种新的方法论。正如有学者指出的那样，"人文科学中最严谨的是语言学，它将世界图景思想作为方法论，使我们看到了以前没有发现的东西"。（Яковлева 1995：55）

语言世界图景又称"语言世界模式"（языковая модель мира）、"语言世界观"（языковое мировидение）、"语言对世界的表征"（языковая репрезентация мира）、"语言中间世界"（языковой промежуточный мир）、"世界的语言组织"（языковая организация мира）等。通常认为它源自洪堡特（В. Гумбольдт，1767—1835）提出的"每一种语言都包含着一种独特的世界观"的理论假说。（洪堡特 1999：70）

有学者认为，世界图景是由人对世界直观认识的需求而产生的，它是综合的、全景式的关于具体现实以及具体人在该现实中的地位的认识。

（Хроленко 2004：54）也就是说，世界图景既是现实的，也是理念的：现实世界是客观存在的，人脑中有关世界的形象和知识的总和就构成了世界图景；而观念世界则是人对现实世界的认知过程和思维活动。正如有学者指出的，"世界图景是完整、综合的世界形象……世界图景作为综合的世界形象，产生于人与世界接触的所有过程之中"。（Серебренников 1988：19—20）当代俄罗斯著名语言学家阿普列相（Ю. Д. Апресян）认为，世界图景按其属性可分为"科学世界图景"（научная картина мира）和"天真世界图景"（наивная картина мира）两类。（Апресян 1995：45）前者是科学（主要指自然科学）对世界的认识，后者指人对世界最为朴素的认识，或是人在与现实世界的接触过程中得到的最初始的世界形象，因此称为"天真"。这表明，科学世界图景是在"天真世界图景"基础上产生和发展起来的，而在"天真世界图景"的形成过程中，语言起到了决定性的不可替代的作用，因此，"天真世界图景"又被笼统地称为语言世界图景。

由上不难看出，所谓语言世界图景并不是什么新的哲学命题，因为语言、思维、现实三者之间的相互关系问题自古以来就是语言学研究的不变主题。所不同的是，该理论在上述三者关系中，更突出语言与人尤其与人的精神活动和实践活动之间的关系，因此更具抽象性和复杂性。对它的研究不仅涉及人的认知、人的心理、人的心智等虚拟领域，同样也涉及交际、语用等人的言语实践活动领域。

4.2　语言世界图景理论的哲学基础及学理形态

语言世界图景理论的提出，是建立在一定哲学基础之上的。它是以语言、思维/认知、现实三者关系为对象，以"说话的人"（человек говорящий）或"语言中人的因素"（человеческий фактор в языке）为晶核的理论语言学研究，这与语言哲学研究的基本内容是一致的。

我们知道，自古希腊以来的西方哲学中一直存在着两种不同的认识论：一是经验论，二是唯理论。直到 20 世纪 80 年代，美国著名语言学家、当代认知语言学奠基人莱考夫（G. Lakoff）和琼森（M. Johson）在他们合著的《我们赖以生存的隐喻》（*Metaphors We Live By*）一书中，才从认知哲学角度对该两种哲学观进行了重新审视。他们认为，西方哲学中长期占统治地位的两种认识论，从本质上讲是哲学研究中两种相近或相似的流派，即"客观主义理论"

(Objectivist View)（Lakoff & Johson 1980:195）。这种客观主义到了 17—19 世纪形成了完整的理论体系，其代表人物是法国哲学家笛卡尔（Р. Декарт，1596—1650）和德国哲学家康德（И. Кант，1724—1804）。客观主义承认世界的物质性和客观性，认为世界是由相互对立的两部分组成的，一部分是物质的，另一部分是理念的。在此基础上建立了一系列主客体对立的二元论：身/心，感知/概念，形式/内容等。（赵艳芳 2001:29）

不难看出，语言世界图景理论即是在上述客观主义哲学基础上形成并发展起来的。然而，随着 20 世纪 50 年代起认知科学的迅速发展，尤其是 20 世纪八九十年代以来认知学科向语言学领域的全面渗透，语言世界图景研究的理论层次和内容范围得到了有效提升和极大拓展，已不再局限于语言与现实的对立中思维或精神所起的影响和作用，而是把人的因素尤其是人的认知或心理因素作为研究的出发点和归宿点，提出了诸如"认知图景""认知空间""范畴化"（观念化）、"隐喻化""心智结构""意象图式"等一系列新的"非客观主义"的观点。莱考夫等学者将这种非客观主义称为"经验现实主义"（Experiential Realism）或"经验主义"（Experientialism）。（见赵艳芳 2001:33）非客观主义是在客观主义哲学基础上发展起来的，它们的最大区别是：前者注重"心生而言立"的认知论，后者则推崇"我思故我在"的先验论。从当代语言世界图景理论研究的主攻方向及其展示的学理形态看，其哲学基础已由形成时期的客观主义逐渐转向了非客观主义，即人类中心论旗帜下的语言认知功能或认知心理研究。

当代非客观主义哲学告诉我们，语言符号与客观外部世界之间并不构成对应性，即语言不能直接表征现实的世界，因为在语言与现实之间还隔着一道认知中介——人（人的思维）。因此，语言符号与现实世界的关系，并不像以往人们普遍认为的那样具有"镜像性"，而只是与人的认知参与下的观念结构相一致。也就是说，语言符号在反映现实世界时，必须通过两道"曲线"才能实现：先由现实世界指向人的思维或认知世界，再由人的思维或认知世界指向语言世界。而观念又是在人对客观事物进行范畴化和定型化的基础上形成的，具有鲜明的民族性或文化性，这是因为：人类虽然面对着相同的现实世界，也具有相同的范畴化和定型化的能力，但由于体验或认知方式不同，所得出的认知结果即观念系统也就有异，从而构成不同的观念或文化世界图景。

这样，语言世界图景理论所展现给我们的，其实为三种不同的世界图景：

1）现实世界图景（реальная картина мира/РКМ）——通过人的主观能动作用所认识的世界，也称"客观世界图景"（объективная картина мира）；

2）观念世界图景（концептуальная картина мира/ККМ）——在人对世界的认知实践即范畴化和定型化过程中，由人的身体体验和心智（精神）活动所建构起来的观念或概念系统，是人的大脑（意识）中关于世界知识和世界形象的总和，因此也称"文化世界图景"（культурная картина мира）或"认知世界图景"（когнитивная картина мира）[13]；

3）语言世界图景（языковая картина мира/ЯКМ）——语言通过观念或文化世界图景所折射的现实世界，即"语言棱镜中的世界"（мир в зеркале языка）。

上述三种世界图景及其相互关系，都与人的因素尤其与人的认知或心理有关，从而构成了当代语言世界图景理论的基本学理形态。

现实世界图景并不像以往客观主义哲学所定义的那样具有"纯客观性"，并不是一个"完全独立于人的意识之外"的世界（如果是那样，那么它与人类的自然语言就没有什么关系了）。实际上，脱离开对世界进行范畴化的主体因素，脱离开人的意识作用，现实世界是无法被认识的。这里讲的"主体因素"和"意识作用"显然与人说的语言有关。

观念世界图景是在人的心智层面或心智/心理组织层面以"观念"（концепт）的形式反映世界的。观念作为观念世界图景的基本单位，是"记忆、心智词汇、大脑语言和人的心理所反映的所有图景的意义运作单位"，是表征经验和知识含量的"量子"和所有人类活动结果及认识世界过程的"量子"（квант）。（Кубрякова 1996：90）

如果把观念世界图景看作是人的大脑（意识）中对现实世界的"观念化"（концептуализация）的话，那么语言世界图景就是对现实世界的"语言化"（оязыковление/вербализация）。后一种表达并不是直接的，而是要通过前一种世界图景这个"中介"来完成的。也就是说，语言世界图景首先要用语言的手段来反映观念世界图景，即使之语言化，再通过观念世界图景中的单位——"观念"来表征现实的世界。正如俄罗斯学者什梅廖夫（А. Д. Шмелёв）所指出的，语言世界图景就是"世界的语言观念化"。（Шмелёв 2002：12）

4.3　语言世界图景理论的基本学理

在当今语言世界图景理论研究中,俄罗斯学者的研究成果颇丰,除上文提到的著名语言学家阿普列相外,还有阿鲁玖诺娃、卡拉乌洛夫(Ю. Н. Караулов,1935—2016)、捷利娅(В. Н. Телия,1930—2011)等学界领军人物都对此做有专门论述,研究领域涵盖认知、心理、交际、语用等多个方向。他们的研究成果为揭示语言世界图景理论的学理内涵提供了依据。

1)"人的周围世界"与世界图景。把语言隐喻为"反映现实的镜子",颇为形象地概括了语言学研究中一道带有根本性质的哲学命题——语言与现实的关系问题。毫无疑问,语言作为物质世界中最重要的一种符号,能反映现实世界的一切。当代语言学研究中常被引作经典的爱斯基摩语有关"雪"的表述,以及阿拉伯语对"骆驼"、俄语对"暴风雪"和"蘑菇"等所做的详细区分等,就充分印证着民族语言与现实世界不可分割的这种关系。有研究表明,语言世界图景是由语言的下列手段建构起来的:(1)语言的称名手段,包括词位、固定称名单位、成语等;(2)语言的功能手段,包括用于交际的词汇和成语的选择等;(3)语言的形象手段,包括语言单位形象性、隐喻、转义、内部形式等;(4)语言的语音语义手段。(Попова,Стернин 2007:64)

然而,从洪堡特提出的语言世界观假说的实质看,其所谓的语言世界观显然不仅仅指语言所反映的现实,因为现代科学理论及实验都验证了这样一个不争的事实:语言不能直接表征现实的世界。用当代波兰著名语言学家韦日比茨卡娅(А. Вежбицкая)的话说,"自然语言是无法描写世界本来面目的"。(Вежбицкая 1996:5—6)这是因为在语言与现实之间还隔着一道认知中介——人或人的思维。只有人,才会用感官来感知和认识世界,从而建构起世界知识的体系;也只有人,才能借助于语言并通过自己的意识将感知的结果传递给语言集体的其他成员。因此,完全有理由认为,"在现实情景与反映该语言现实的话语之间,有一个中间阶段——为特殊目的而对现实情景进行切分的阶段"。(Шахнарович,Юрьева 1990:21)显然,这个阶段指的就是与语汇即语言世界图景有关的人的思维世界。这就引发出另一则带有根本性质的语言哲学命题——语言与人,确切地说是语言与人的思维的关系问题。应当说,语言与思维的关系远比语言与现实的二元对立关系要复杂得多。大量研究成果表明,语言中词语所反映的并不是现实世界的事物或现象本身,而多半是由语言"强加于人的"有关事物或现象的观念。

由于语言、思维与文化密不可分,并作为统一整体而作用于现实世界,其相互关系可用以下略图表示:

这样,所谓"人的周围世界"(окружающий человека мир),其形式实际上展现为三种不同的世界图景,那就是我们在上文中所审视的"现实世界图景"(PKM)、"观念世界图景"(KKM)和"语言世界图景"(ЯKM)。

这里有一个问题必须作出回答:语言世界图景作为一种理论假说,其研究对象究竟是什么? 是语言世界图景本身,还是作为其表征手段的观念世界图景或表征对象的现实世界图景? 其实,只要仔细分析一下有关语言世界图景的经典定义,就不难得出正确答案了。阿普列相说,"每一种自然语言都反映着一定的感知世界和组织世界(使世界范畴化)的方式","语言所表达的意义组成一个统一的概念系统、一种集体哲学,并强加给操该语言的人"(Апресян 1995:45)。雅可夫列娃(Е.С. Яковлева)则认为,语言世界图景是"记录在语言中的对于该语言集体来说独特的感知现实的图式"(Яковлева 1994:9)。帕杜切娃(Е.В. Падучева)所下的定义是:"语言世界图景指的不是说话者个人的认识,而是包含于语言单位及其组合中的类型化的认识。"(Падучева 1996:222)以上三则界说,不仅深刻指出了语言世界图景理论的研究对象,同样也揭示了其研究的性质和特点:它所研究的并不是语言中有什么图景或语言现象中描写了什么,而是该图景或描写的事物和现象是如何被语言个性即"大写的人"所感知和认知的。[3]也就是说,语言世界图景是借助于对"大写的人"的研究,通过具体的语言现象来诠释语言个性话语生成与理解中的思维方式,以及观察、感知、划分世界的方式等。其切入点是"现实的"语言世界,但着眼点却是"虚拟的"观念或文化世界。因此,有学者把语言世界图景研究称为"新洪堡特思想"(неогумбольдтинство)研究(Маслова 2001:67),也就是上文中所说的"世界的语言观念化"研究,其实质是当代语言与文化或心智的互动关系研究。

2)语言世界图景与观念世界图景。由上不难看出,语言世界图景研究,离不开对起表征手段的观念世界图景的阐释。我们在此使用"阐释"而不是传统语言学研究常用的"描写"二字，除了本学科的性质是阐释性的外，主要还是因为现代科学对人的意识规律或大脑中映现的世界形象，尚缺乏精确分析的手段和方法，因而只能在理论假设的基础上作出某种阐释性的推理或分析。为此，曾有学者把观念世界图景研究形象地比喻为"进入意识的虚拟现实"（Красных 1998：8），这是不无道理的。

上文已经提到，"人的周围世界"展现为三种不同的世界图景，但真正属于人的或由人建构起来的却只有两种，那就是语言世界图景和观念世界图景。那么，它们之间又是怎样的关系呢？

概括地讲，语言世界图景是世界图景在语言中的局部表达，观念世界图景是人的大脑中世界形象的完整呈现，两者之间是一个投射与映现的通讯过程，它们之间的关系在广义上可用"语言"与"心智"（ментальность）的关系予以界定，即"局部"与"整体"的关系。但作为两种不同的世界图景，它们又不无自身的特点：（1）观念世界图景中"观念"指思维、认知等精神文化；（2）观念世界图景并不是由语言一种成分构成的（尽管是其最重要的成分），参与构建的还有其他思维活动；（3）在语言与心智互动的前提下，它们各自还有建构自身世界图景的功能。

需要特别指出的是，语言符号在参与建构相应的观念世界图景时，常常带有某种"不精确性"或"单特征性"。如，атом（原子）、свет（光）、тепло（热）、точка（点）等词语在使用之初的意义或概念就与现在有较大差异，当时所建构的观念世界图景，如今看来无不带有一定的片面性。也正是鉴于此，语言世界图景才分别冠以"天真世界图景"或"日常世界图景"（обыденная картина мира）的称谓。

总之，语言世界图景与观念世界图景的关系相当复杂，犹如语言与思维的关系。这一方面要归因于语言与观念所折射的现实并不相同，另一方面是由于认知主体的精神活动及其对认知客体的身体体验活动等也存在差异。尽管如此，仍不难得出以下两点重要结论：（1）语言世界图景相对于观念世界图景而言具有一定的"滞后性"。这是因为：人们在认知世界的过程中往往无法摆脱某种谬误，观念世界图景常处在不断"更新"或"重画"的变化之中，而语言世界图景却会相对"稳定地"或"长时间地"保留这些谬误的痕迹。如汉语中的

"日出""日落"和俄语中的 *Солнце восходит*（太阳升）,*Солнце заходит*（太阳落）等话语,描绘的就是陈旧的"地心说"世界图景,而实际上当代人的观念世界图景早已改成了"日心说"。再如,*отработанные газы*（废气）一词语,从语义学角度看并无不当,但反映的却是一种扭曲的甚至错误的观念,因为"失去原来作用或没有用的气"完全可以"再利用"。（2）观念世界图景较之语言世界图景更具"多样性"。这无疑首先与人的个性有关:操不同语言的人可以有相同或相近的观念世界图景;而操同一种语言的人即使对待同一种事物或现象,也可能会因时代、社会形态甚至年龄、性别、文化程度、社会地位等的不同而得出异样的认识;再者,除人的个性因素外,在观念世界图景中起作用的还有其他因素,如全人类因素、民族因素等。因此,我们说语言世界图景与观念世界图景必须置于一定的文化空间才能进行全面的审视和考察,否则就难以得出令人信服和合乎逻辑的结论。

观念世界图景作为人大脑中世界形象或世界知识总和的观念化,理论上讲是由无限的观念构成的一个系统。所谓观念,并不是"一维"的,而是人的意识中对同一观念所做的不同诠释的"集成"（набор）。这种不同诠释又被称为"阐释模式"（модели интерпретации）或"概念面"（профили понятия）。研究表明,构成观念世界图景的系统主要有价值观、民俗观、时空观、宗教观等等。其中价值观最为核心,并可再分为若干子系统,如正义观、审美观、伦理观、荣誉观、劳动观、集体观、实惠观、享乐观、休闲观、财富观、贫穷观等。可以肯定地说,每一种语言中都包含有大量的词语及其组合,如成语、谚语、格言等,会在其内容平面反映出上述观念系统。以俄语中反映的与 *труд*（劳动）,*безделье*（无所事事）,*богатство*（富有）,*бедность*（贫穷）等观念有关的成语性单位为例,有研究表明:在伦理观子系统,具有绝对价值的是 *труд* 和 *бедность*,与之相对立的便是"反价值"（антиценности）;在实惠观子系统,*богатство* 有绝对价值,*труд* 既可体现为有价值,也可评价为反价值,而 *безделье* 和 *бедность* 则是绝对的反价值;在享乐观子系统,*безделье* 具有绝对价值,*богатство* 兼有价值与反价值,*труд* 和 *бедность* 则通常被评价为反价值。（见 Голованова 2001:11—16）通过具体语料对这些相互制约的观念聚合作出不同诠释,无不深刻揭示着俄罗斯人观念世界图景的多样性。而如果将上述观念置于双语、双文化的语境中予以对比审视,就能揭示出不同文化空间中相同观念的差异性。

3）观念世界图景与"思维的语言"。我们知道，观念世界图景是由人的大脑中关于世界形象或世界知识的观念系统构成的。有研究表明，该观念系统不仅是上文所说的具有"多维性"或"集成性"特点，而且还是"多层级的"——由不同的"观念块"（концептуальные блоки）所构成。正是这些观念块"决定着我们如何看待世界，如何感知和切分现实世界"（Красных 1998：116）。同样，言语中这些观念块又作为"民族文化定型"（национально-культурные стереотипы）[14]，决定并制约着该语言群体的语言世界图景的特点。从心理语言学角度看，上述"观念块"实为人之思维赖以运作的"信息块"（информационные массивы）。与科学概念中的"信息"所不同的是，它们具有"内隐性""不易觉察性"等特征。那么，从符号学角度看，这些"观念块"或"信息块"又是怎样形成的呢？它们是否也与语言一样具有自己的结构或构成形式呢？回答这些问题，对探索观念世界图景之本质及其运作机理有重要意义。

然而不无遗憾的是，当代语言学尚无力对此作出详尽和精确的回答，因为观念作为一种抽象的存在物，并不等同于"符号"（знак）或"代码"（код）。既然不是符号，也就不可能存在"观念词汇"或"观念文本"（концептуальный текст）。对此，目前我们只能依据现有的认知水平提出某种假设。当代认知语义学理论告诉我们，语言的意义与人的主观认识（关于世界知识和对世界的认识等）密切相关。俄罗斯著名心理语言学家卡拉乌洛夫（Ю. Н. Караулов）在对俄语"语言个性"（языковая личность）的研究中进一步提出，在语义与人的认识之间，隔着一个中间层级——"体现在主体或主体化词汇中的组织世界知识的层级"。（Караулов 2002：175）他将该层级命名为"思维的语言"（язык мысли）[15] 该"思维的语言"，即为观念世界图景的"观念阈"（концептуальная область）。

应该说，迄今学界对"思维的语言"的界说并无定论，有"内部语言""混合代码""形象代码""普遍事物代码""主观语言""中介语言""中立语言"等多种假设。卡拉乌洛夫认为，思维的语言"是心智活动及其语言化，或言语思维活动过程中介于发音、外部言语与特殊大脑语言之间的现象……其实质是心智语言"。（Караулов 2002：184—185）俄罗斯著名心理语言学家任金（Н. И. Жинкин，1893—1979）在分析言语生成与理解过程中代码转换的相互作用时，也曾提出过通向大脑语言的四个等级的假设：语言→有声语言→内部语言→智力。（Жинкин 1982：18）根据该假说，卡拉乌洛夫又进一步提出思维的语言有"两个维面"的设想，即朝向"有声语言"的一面叫"内部语言"，朝向"智力"的一面为"思维的语言"。（Караулов 2002：186）目前比较认同的观点是，思维的语言在形式平面具有"普遍性""无声性""形象性""主观性"等本质属性，而内容平面则依据的不是"意义"（значение），而是"意思"（смысл）。的确，从形式和内容上看，思维的语言不仅处在言语思维代码转换的"中间"地位，且履行着由语言通向智力的中介功能。但由于思维的语言犹如传播中的"网络语言"一样，看不见、摸不着，且数量巨大（原则上讲与人的周围世界一样无穷尽），因此对其结构单位的研究只能建立在"普遍化"和"类型化"的基础上，即用"中和"（усреднение）和"内省"（интроспекция）等方法构拟出其基本特征。研究表明，言语思维中内部言语的"思维列"（мыслительный ряд）总是与有声言语的"外部列"（внешний ряд）并行运动的，前者略超前于后者。这种经过"内化"的思维列，包含着思维的语言所有的成分类型。该成分就是观念世界图景中的基本单位——"图片"（картинки）。这些图片作为人对世界知识的形象化或模式化的认识，存在于人的大脑（意识）中。

当代俄罗斯心理语言学和认知语言学的研究成果，为我们初步描绘出构成"思维的语言"成分的这些图片，它们分别是"形象"（образ）、"完形"（гештальты）、"图式"（схема）、"框架"（фреймы）、"运动意象"（двигательное представление）、"命题"（пропозиция）、"公式"（формулы）、"图解"（диаграммы）、"关键词"（ключевые слова）等。如果将这些图片"投射"到语言中——使其实体化或语言化、客体化，便形成言语生成与理解过程中的"文化化的语言符号单位"（окультуренные единицы языковых знаков）。该单位作为语言文化学研究的对象，在内容平面呈现的是所谓的"文化的语言"（языки культуры）系统，而在表达平面则与语言符号固有的单位系统相吻合。这种"文化的语言"系统就其本质而言乃是一种"能力"，即人的思维所特有的，通过形象思维、技术思维和逻辑思维等形式进行判断、推理、评价的能力。时下俄罗斯学界集中关注的"文化的语言"，有"定型"（стереотипы）（包括语言定型、思维定型、文化定型、心智定型、行为定型等）、"先例现象"（прецедентные феномены）（包括先例文本、先例名、先例情景等）、"象征"（символы）、"礼仪"

（ритуалы）、"标尺"（эталоны）等。它们作为观念世界图景的"片断"（фрагменты），既是思维的语言的表现形式，也是思维的语言实体化或语言化的必然结果。

总之，作为学术高地的语言世界图景理论仍处在不断完善和发展之中。可以预见的是，该理论对包括定型理论、先例理论、语言逻辑分析理论、观念理论的在内的其他理论或学说具有一定的统领性。就目前学界所关注的主要对象而言，则以语用分析和观念分析为主领域，并已取得相当丰硕的成果。

第 5 节　语言逻辑分析理论研究

语言逻辑分析理论是 20 世纪 80 年代起在"语言逻辑分析学派"（Логический анализ языка/ЛАЯз）基础上形成的。1986 年，苏联科学院语言学研究所成立了以阿鲁玖诺娃院士为组长的课题组，以用逻辑范畴和语言观念分析的方法来揭示思维与知识的关系。至 2014 年的近 20 年间，该学派在语用学及语言观念分析等一系列领域取得举世公认的重大成就，不仅出版了 30 多套文集，还召开了 30 多次不同主题的国际学术研讨会，从而成为 20 世纪末至 21 世纪初俄罗斯语言学研究的新的学术高地。目前，该学派有数十位成员，除阿鲁玖诺娃本人外，主要还有：加克（В. Г. Гак，1924—2004）、斯捷潘诺夫（Ю. С. Степанов，1930—2012）、扎利兹尼亚克（А. А. Зализняк，1935—2017）、布雷金娜（Т. В. Булыгина，1929—2000）、博古斯拉夫斯基（О. Ю. Богуславский）、格拉西莫娃（И. А. Герасимова）、格里年科（Г. В. Гриненко）、格里戈里耶夫（В. П. Григорьев）、德米特罗芙斯卡娅（М. А. Дмитровская）、卡察索夫（С. В. Кадзасов）、卡扎科维奇（О. А. Казакевич）、科博泽娃（И. М. Кобозева）、库斯托娃（Г. И. Кустова）、克雷德林（Г. Е. Крейдлин）、列翁季娜（И. Б. Левонтина）、米赫耶夫（М. Ю. Михеев）、尼基季娜（С. Е. Никитина）、帕杜切娃（Е. В. Падучева）、蓬科夫斯基（А. Б. Пеньковский）、普龙基昂（В. А. Плунгян）、拉济耶芙斯卡娅（Т. В. Радзиевская）、拉希利娜（Е. В. Рахилина）、罗吉娜（Р. И. Розина）、梁布采娃（Н. К. Рябцева）、谢列兹涅夫（М. Г. Селезнев）、斯米尔诺娃（Е. Д. Смирнова）、托尔斯塔娅（С. М. Толстая）、法捷耶娃（Н. А. Фатеева）、沙图诺夫斯基（И. Б. Шатуновский）、什梅廖夫(А. Д. Шмелёв)等。鉴于该学派创立的时间并不长,且目前的发展遇到了一定的困境[16],我们仅就其采用的语言逻辑分析理论的学理内涵、发展阶段、主要内容及取得的主要理论成果等作简要的评析。

5.1　语言逻辑分析理论的学理内涵

我们知道,语言学与逻辑学之间的联系具有原初性,对自然语言进行逻辑分析具有悠久的传统,在欧洲语言学史上可以追溯到公元前 4 世纪时的"斯多葛学派"(Stoics)。在该学派的学说中,"逻辑"(логика)一词就表示"思维的言语表达"(словесное выражение мысли),即"逻各斯"(logos)。可以说,从古希腊哲学到中世纪的西欧经院主义科学(逻辑学和语法学),再从 17—19 世纪上半叶的普遍唯理语法到 20 世纪的逻辑学、哲学、语言学各流派,它们研究语言的典型方法主要是"逻辑分析"(логический анализ)。(Арутюнова 2002:273)下面,我们将集中审视下列两个问题:

1) 语言逻辑分析流派的历史渊源问题。逻辑学和语言学在古希腊罗马哲学中就密不可分。例如,对于多数古希腊思想家来说,其基本原则就是依赖语言来揭示理性,依赖理性来认知物理世界。唯实论者提出的静词反映所指事物本质、言语结构反映思维结构就是如此。因此,判断理论是建立在能够表达真理的句子的特性基础之上的。也正因为此,早期的逻各斯的概念具有混合性特征,既指思维和言语,也指判断和句子。静词(希腊语为 omona)既表示词的类别(名词),也表示该类别在判断中的作用(主体);动词(希腊语为 rhema)既表示词类,也表示句子成分(谓语)。(Арутюнова 2002:274)

中世纪的经院主义科学继承了古希腊罗马传统。5—14 世纪,经院主义并没有割裂逻辑学与语法学之间的联系,相反,语法的逻辑化在法国哲学家、神学家阿伯拉尔(П. Абеляр,1079—1142)时代得到加强,其标志是:亚里士多德的遗产得以重新被发掘,其逻辑学汇编全集变得通俗易懂;阿伯拉尔本人也在有关共相自然的争辩中发展了所谓的观念学说。经院主义哲学家们认为,逻辑与语法的亲近关系源于缺乏专门的逻辑学象征符号,因而逻辑原理只能用自然语言(主要是拉丁语)来加以论证。这样一来,逻辑学和语法学的结合也促进了"思辨语法"(спекулятивная грамматика)的形成,如 13—14 世纪著名的"摩迪斯泰学派"(Modistas)就是经院主义科学的典范。

　　17 世纪至 19 世纪上半叶,在西方语言学研究中占主导地位的是唯理主义理论,似乎"世界上所有的语言只存在一种借助话语来组织意义的必须方式"。(Арутюнова 2002:274)1660 年,法国的"波尔—罗雅尔语法"(грамматика Пор-Рояля)问世。该语法推崇不同语言的"唯理基础",试图从千差万别的语言现象中寻找它们的"普遍原理",从而成为 19 世纪兴起"历史比较范式"(сравнительно-историческая парадигма)前普遍唯理语法的典范。这一时期,西方著名哲学家洛克(Д. Локк,1632—1704)、狄德罗(Д. Дидро,1713—1784)、莱布尼茨(Г. В. Лейбниц,1646—1716)等都参与到与语言相关的逻辑学问题的研究之中。在上述语法学家和哲学家眼里,语言范畴被解释为相应的逻辑理性程序,即理性的表征能力、判断能力和推理能力。

　　需要指出的是,在 19 世纪的俄罗斯逻辑语法研究中,我们也看到了"不同的声音"。例如,我们在本著第三章中提到,以布斯拉耶夫(Ф. И. Буслаев,1818—1897)为代表的逻辑语法学派就反对将逻辑范畴与语法范畴划等号。他认为,语言与思维之间不仅具有平行性和相互作用性,还具有矛盾性,这是由语言本身的特性决定的,因为语言除逻辑特性之外,还有"创造性的想象力"(творческая фантазия)。(Буслаев 1959:263—267)然而,19 世纪下半叶起随着语言学研究中心理学流派的兴起,学界开始对逻辑学流派的方法进行重新审视,该流派的杰出代表为德国语言学家施坦塔尔(Х. Штейнталь,1823—1899)和俄罗斯语言学家波捷布尼亚(А. А. Потебня,1835—1891),正是他们的心理学方向的语言学理论使学界由关注整体的、完整的语言单位(句子、圆周句等)转向关注最小的语言单位(词素、区分性特征、义素)。

　　19 世纪末至 20 世纪初,以新实证主义和经验主义为代表的众多逻辑学派开始从事自然语言的逻辑研究。如,分析哲学的代表人物弗雷格(Г. Фреге,1848—1925)、罗素(Б. Рассел,1872—1970)、维特根斯坦(Л. Вингенштейн,1889—1951)、卡尔纳普(Р. Карнап,1891—1970)等,为确定真值知识的界限而采取逻辑分析的方法对科学语言进行研究。他们与古希腊思想家的方法完全相反,试图用不依赖语言作为思维和知识表达的手段这一原理,来揭示句子真正的逻辑结构,进而转向普遍象征性符号——人工逻辑语言的分析。分析哲学研究了一系列逻辑语义问题,其核心概念为"所指意义"(сигнификат)和"所指事物"(денотат)等,从而为语境研究奠定了学理基础。

　　总之,正如阿鲁玖诺娃所说的那样,语言逻辑分析流派的学术研究大致涵盖以下八个方面的内容:(1)讨论认识论问题;(2)揭示排除民族特点的语言的普遍特性;(3)研究独立于现实语言形式的语言分析的统一原理(表征所有语言所共有的句子结构、词类系统等);(4)偏重共时分析(相对于历时而言)和描写语法(相对于历史语法和历史比较语法而言);(5)注重句法(句子理论)和语义研究;(6)主要从功能(内容)视角来划分、界定,使语言范畴系统化;(7)按照逻辑的普遍范畴来确定语法范畴:词——概念(观念),词类——词类所履行的逻辑功能,句子——判断,复合句——推理;(8)允许通过逻辑模式推导出来的句子的隐性成素存在。(Арутюнова 2002:273)可以看出,以上内容并没有考虑到交际和语用等因素,依然属于静态性质的对纯科学语言形式的逻辑分析。这种用确定判断是否真值的做法,实际上限制了句子的功能。就此,维特根斯坦等学者在 20 世纪 40 年代末期就发现了这一不足,进而转向对日常语言的逻辑分析。

　　2)语言逻辑分析理论的方法取向问题。当代俄罗斯语言逻辑分析理论与历史上的逻辑分析学说在方法取向上已经有本质的不同。我们知道,20 世纪 60—80 年代起,受逻辑哲学诸流派的影响,理论语言学研究逐步形成了两种不同的发展方向:一种是继承传统,对自然语言进行纯逻辑的分析;另一种是转向日常语言,研究语言使用和交际中的逻辑关系。而俄罗斯语言逻辑分析理论走的后一条路,即由逻辑分析转向了语用分析和观念分析。正如有学者指出的那样,由逻辑分析转向观念分析,不仅与语言哲学本身的发展趋势相吻合,而且也折射出人文科学的整体发展方向。(陈勇 2011:44)

　　然而,语言逻辑分析理论方法取向的确定,却是基于对世界语言学研究现状及发展趋势的深度思考和理性判断作出的。众所周知,在世界语言学范围内,20 世纪中期起结构主义语言学进入其发展的第二个阶段,即由第一阶段主要关注语言符号的表达层面或语言单位之间的关系层面,转向语言符号的内容层面或语言的动态模式层面,从而在客观上极大地促进了语言学与其他学科之间的交叉,如语文学、文学、心理学、符号学、文化学、人类学、数学和数理逻辑学等,并先后催生出语言学研究中的新范式——"社会范式"(социальная парадигма)和"人类中心论范式"(антропоцентрическая парадигма)。在方法方面,学科的交叉形成了一改传统的历史比较和结构主义的分析方法,先后涌现出诸如描写和生成法、功能法、语言描写模式法、语用法、分布和成素法、背景知识法、结构和数理分析法等一系列新的方法。这些新方法作为生成语言学新学科的方法论基础,为语言学研究范式走出结构主义一统天下的局面奠定了基础,并催生出转换生成语法、功能语言学、篇章语言学、从属关系语法、配价语法以及语用学、心理语言学、语言文化学、计算机语言学等一批新兴学科。而从 80 年代起,语言学的研究视阈得到进一步加深和拓展,其标志是掀起了自洪堡特以来的"第二次人文化"(вторичная гуманизация)热潮。具体表现为:一是语言不再是"第一次人文化"时期所理解的那样仅局限于反映人的心智或精神的领域,而是拓展到人的全部精神内涵和人类经验,包括人的一切内心形象——情感、伦理、对世界的感知等;二是语言功能化中的语用层面研究得到强化,尤其是语句交际目的的研究得以强化,以探索为达成不同交际目的而采取的手段问题,如解决语言、思维与生活情景之间的固有矛盾,使判断或命题(体现在语言和思维结构联系中)与命题取向、交际目的(体现在语言和生活情景联系中)达成一致,使思维的有序性与生活情景的无序性取得平衡。可见,所谓语言逻辑分析理论,就是运用逻辑学和观念分析的方法和范畴,对处于思维和知识联系之间的语言进行研究。

基于以上思考和判断,阿鲁玖诺娃倡导采用逻辑分析的方法,紧紧围绕"人的因素"这一核心,探讨语言使用中的逻辑语用和文化观念问题。显然,该倡导的主要理据是:语言的基础是统一和不变的人类思维系统,因此,不管语言的结构及其语音面貌有多大差异,只有通过对自然语言的分析,才能够通达该思维系统。而着力于语言逻辑学理的研究,理应可以克服或缩小现阶段语言研究中在方法和观念上的过度分散。这就是语言逻辑分析理论确定其方法取向的理论基础所在。

5.2 语言逻辑分析理论的发展阶段

尽管当代俄罗斯的语言逻辑分析理论自诞生之日迄今时间并不长,在研究方向上却经历了下列两个不同的发展阶段[17]:

1) 逻辑语用分析阶段(1986—1989)。将语用学视角作为该学派研究的首要目标,主要基于以下思考:话语的构成取决于各种因素——说者和听者的思维范畴,普遍知识及对世界认识的储备,个性和社会的价值系统,日常逻辑和实践判断逻辑,作用于说者内心世界的有意识和无意识的心理机制,进入信息的语言外现实,直接交际情景,信息中包含的显性和隐性的交际目的等。关注这些问题,反映出语言学的研究对象已经由过去从生活中抽象出来转为深入生活中去。显然,用传统的形式主义方法和手段已经无法实现上述目标,而只有与哲学、心理学、社会学、人类学等学科更加紧密结合——在语用学的框架内对自然语言进行逻辑分析,才能够有效解决语言、思维与现实生活三者之间的关系。第一阶段的语用学研究,首先集中在心智和知觉动词与命题(判断)之间的关系方面,如动词 *знать*,*видеть*,*слышать*,*считать*,*полагать*,*верить*,*веровать*,*думать* 的逻辑分析。

2) 观念分析阶段(1990 年至今)。从 20 世纪最后 10 年起,该学派的研究已经不再局限于逻辑语用学方面,而是开辟了新的方向——观念(首先是文化观念)分析。导致该转向的动因在于该学派对逻辑语用研究的局限性以及文化概念研究的重要性的深刻认识。阿鲁玖诺娃认为,由逻辑语用层面转向观念层面,其直接原因在于前者的研究"无法解释民族文化、民族心理等相关的语言现象"。(Арутюнова 2003:10)另外,文化作为人类的"第二现实"(вторая реальность),是人类认知的对象,因此对其需要进行特别的综合研究。在文化观念中,包括一组决定人的"实践哲学"(практическая философия)的全人类世界观,如 *истина*(真理),*правда*(真实),*ложь*(虚伪),*свобода*(自由),*судьба*(命运),*добро*(善),*зло*(恶),*закон*(法律),*порядок*(有序),*беспорядок*(无序),*долг*(义务),*грех*(罪孽),*вина*(过错),*добродетель*(行善者),*красота*(美)等。与此同时,这些观念又极具民族性。它们的恒常意义及其伴随意义只有在使用的语境下才能凸显出来,形成某观念的语言或语法,这也是当代哲学流派——现象学、语言哲学和阐释学等求助于语言的原因所在。事实也正是如此。例如,这些词的词源、搭配范围、典型的句法位置、语义场、评价、形象联想、隐喻等,每一个词都形成特别的"语言"或"语法",不仅可以实现对观念的重构,而且可以确定它的民族特点和在人的日常意识中的地位。

5.3　语言逻辑分析理论研究的主要方向

上述所谓的两个发展阶段,只是针对该学派所进行的科学研究的基本样式而言的,其中还有很多是交叉研究,即语用学与观念分析的交叉分析。因此，从研究内容看，至 2004 年已形成如下十大方向：

1）语用学方向。该学派提出，心智和知觉动词对语句的真值意义产生影响。反映说者对判断真值态度的命题意向，可以涵盖一系列课题，如不同范畴的意向分布（包括心智范畴、感觉或知觉范畴、意志范畴、规定范畴等）问题，意向与不同类型命题的相互作用问题，在转达他人话语时说者的意见与意向主体的意见之间的关系问题，否定的作用范围及否定提升的可能性问题等。如，阿鲁玖诺娃、布雷金娜、德米特罗芙斯卡娅、扎利兹尼亚克、帕杜切娃等学者就研究了下列问题：*Я думаю，что он не приехал*（我想他没有来）、*Я знаю，кто пришёл*（我知道谁来了）、*Я думаю，кто пришёл*（我想有人来了）等语句中疑问代词 *кто* 引入从属命题的问题；*Известно，что Пётр уехал*（知道彼得走了）、*То，что Пётр уехал，известно*（彼得走的事知道了）等语句中从属命题的体、时、情态性和语句倒置的可能性问题；交际焦点从命题转换到命题意向动词（或相反）的可能性问题等。谢列兹涅夫、什梅廖夫等则重点审视了关于知识和信仰的心智谓词之间的关系问题。

2）"命运"观念分析方向。1990 年在莫斯科召开了两次以文化观念为主题的学术研讨会。1991 年，该学派又与"世界文化历史科学委员会"（Научный совет по истории мировой культуры）联合举办了"不同语言与文化背景下的命运观"（Понятие судьбы в контексте разных языков и культур）大型学术会议。与会学者从不同语言（印欧语系和非印欧语系的，包括汉语和越南语等）、不同文化（古代文化、现代文化以及美索不达米亚文化、埃及文化、古希腊文化）以及不同宗教哲学体系（伊斯兰教、中国古代哲学、俄罗斯宗教哲学）的视角，对涉及"命运"主题的几乎所有相关观念进行了全方位的探索，如 *рок*（劫运）、*фатум*（天意）、*доля*（运气）、*удел*（造化）、*жребий*（使命）、*случай*（机遇）、*фортуна*（幸运）、*предопределение*（宿命）等。在该学派中，从事上述观念分析的学者主要有尼基季娜、托尔斯塔娅等。

3）"行动"观念分析方向。该方向提出在"真理"与"命运"的观念中包含着行动、心智行动、言语行动三种重要概念的思想，认为这三种概念构成了人作为有意识活动的施事者角色的全部生活世界。其基本观点是：命运预先决定着人的生命，而行动则创造着生命。前者是不容选择的，后者则取决于对目标的选择；命运把人从主体的中心位子上排除出去，而现实心智的和言语的

"行动句法"（синтаскис действий）则揭示着语言的人类中心论；言语行动有自己的个性，其最大特点是它的"指向性"（адресованность）；在言语行为与言语行动之间存在着逆向联系；语句特性影响着进入人际关系语境的行动结构；"礼节"（этикет）和"仪式"（ритуал）既可以作为言语行动，也可以作为人的非言语行动；针对听者的语句具有言语行为的特点，而期望别人接受的行为则具有符号性，因此需要进行阐释；言语行动与非言语行动的最大区别是前者具备参与实现行动的判断（命题内容），因此，把言语行为从时间范畴中抽象出来就可以通向心智行动；言语行动充当着人的心智活动和现实活动的中介，并将三者构成统一整体。

4)"真理"与"真值"观念分析方向。从现象与本质（思想）的对立、逻辑真理与虚假语句的对立等出发，探讨真理的唯一性与世界的双重性（物质世界和精神世界）、认知主体与言语主体之间的关系，以及由语言建立起来的"理念世界"（идеальный мир）的特性等问题。

5)"语言"与"时间"观念分析方向。1998 年召开了"动态世界的语言"学术研讨会，探讨的问题主要包括：语言词汇库中的时间观念化问题，时间在语法系统中的反映问题，时间的线性（一维性）对语句结构的影响。由此，该学派对索绪尔提出的语言系统的两大原理——"任意性"（произвольность）和"线性"（линейность）进行有效补充，认为时间运动的"单向性"（однонаправленность）也是其基本特征之一，由此得出言语的基本特征在时间上有两大特性——"线性"和"不可逆转性"（необратимость）。该两大特征对语言的内部组织产生着深远的影响：语言的发展在一定程度上就在于如何有效克服时间强加给的种种限制。

6)"空间的语言"观念分析方向。1999 年召开的"空间的语言"学术研讨会，探讨了时间与空间两种基本对立存在形式之间的关系问题，主要包括：时间的动态性与空间的静态性的关系，时间的一维性与空间的三维性的关系等。提出的主要观点有：人对时间和空间的感知是通过物质这个中介实现的；空间比时间更具有直观性，因此空间语义学较之时间语义学更具有第一性和扩展性的性质。如，表示空间位置、物体的尺寸和形状以及其他空间特征的词语、参与着对社会和种族的关系、人的内心世界及私人领域、人的伦理特征、神话世界、科学知识等的模式化（构建）活动，这成为无数隐喻意义的源泉。其中，

"路径"（путь）隐喻对了解人的精神生活和有目的的行动起着关键作用。此外，事物—空间世界模式以及人的空间定向模式（前后、左右、上下等），对认知非空间对象、概念和范畴等的作用也非常大。

7）"文化"与"语言中人的形象"观念分析方向。1996 年召开过专门的学术会议研讨该问题。主要研究范围涉及人的语言形象问题，如 душа（心灵）、дух（精神）、сердце（内心）、стыд（可耻）、совесть（良心）、ум（智慧）、рассудок（理智）等观念，会议将这些观念置入不同的文化背景下予以审视，包括俄罗斯民族文化背景、古希腊和罗马文化背景以及西欧文化背景、北方民族文化背景、远东国家（朝鲜和中国）文化背景等。提出的基本观点有：由于语言是由人创造的，所以印刻在语言中的不仅有人的形象，而且还有人所知晓的一切知识，包括人的自然面貌和气质、人的喜怒哀乐、人对物质世界和非物质世界的态度等；是人赋予了语言以游戏的规则和创造的能力，因此语言完全是人类中心主义的；对人的了解，与其说通过自然科学，还不如说通过语言本身更加彻底；语言在传送知识的同时，也塑造了人的意识。进入该研究方向的还有"伦理的语言"（языки этики）主题，并于 1998 年召开了专题学术研讨会。会议研讨的问题包括：道德哲学、道义逻辑、道义话语类型等。

8）"终"与"始"观念分析方向。1999 年曾召开专题学术会议，讨论该方向涉及的诸多观念问题，包括 старое（旧）和 новое（新）、первое（首）和 последнее（末）等。会议认为，конец（终）的观念与自然世界的联系并不大，它与начало（始）的观念分离相对较晚，因为"河的终点"称为"河口"（устье），"河的始点"称为"源头"（исток），"山的终点"叫"山顶"（вершина），而"山的始点"叫"山脚"（подножье）。自然界及其构素通常被理解为整体和部分，整体观念是"终"与"始"对立的中和。如我们在称谓"鼻尖"（кончик носа）和"手指尖"（кончики пальцев）时，指的是身体相应部位的某个部分，而不是某部位的顶点。此外，不同文学流派的诗歌文本中的"终"与"始"的语义问题也受到与会学者的特别关注。

9）"宇宙"与"混沌"观念分析方向。该方向实际上是 порядок（有序）与 беспорядок（无序）的观念场分析。为此，2000 年召开了该方向的学术研讨会。космос（宇宙）和 хаос（混沌）大观念场分别涉及 порядок（有序）、норма（规范）、закон（法律）、закономерность（规律性）、гармония（和谐）、организованность

（有组织性）、*аккуратность*（整齐）和 *беспорядок*（无序）、*аномалия*（异常）、*девиация*（偏差）、*отклонение*（偏离）、*нарушение правила*（违规）、*бедлам*（混乱）、*безалаберность*（紊乱）、*случайность*（偶然性）、*дисгармония*（不和谐）等一系列小观念场，具体表现为：对外涵盖着生命世界中事物—空间和时间，对内包含着人内心生活中的心智和情感，对社会和文化生活则涉及人际关系、不同话语以及人的行动等。

10）"真""善""美"观念分析方向。这是 2002 年学术会议的研究方向，具体包括八大主题："美"在不同文化和艺术理论中的观念释义；不同艺术门类（文学、绘画、音乐等）中对现实对象及其艺术形象的美学评价差异；美学评价的界限；自然和精神世界的美学评价；美对静止与动态、混沌与有序的态度；对生命世界和无生命世界中各类对象的美学评价的隐喻和其他表达手段；表达美学评价的判断的可证性；生活和艺术中美学评价的历时变化。目的是从肯定和否定的角度，分析和描写词汇、句法、语调及其他的美学评价表达手段，其分析材料有现代艺术、文学、政论文本、社会各阶层的口语、方言和民间口头创作资料、词源学资料、历史文献及古代语言资料等。（Арутюнова 1999，2003）

除上述外，2005—2014 年该学派又在如下主题的观念分析方面取得丰硕成果：语言定量研究、游戏观念场研究、嘲讽的语言机制研究、谎言与幻想研究、肯定与否定研究、独白与对话研究、未来语言观研究、艺术文本翻译研究、不同体裁和时代文本的信息结构研究、不同语言和文化中的数字代码研究等。这表明，以上的十大方向不仅已经拓展到了二十余个之多，且从 2010 年起呈现出对"不同时代""不同语言""不同文化"的相关主题的研究趋势。限于篇幅，难以在此逐一进行评析。

第6节　观念理论研究

在当代俄罗斯观念认知主义范式的研究中，"观念分析"（концептуальный анализ）被学界一致认为是最为有效的方法之一，因此，在该方向上几乎所有的流派都不同程度地采用观念分析法来对语言尤其是语篇作出自己的阐释，其参与学者之众、涉及范围之广和研究成果之多，为俄罗斯语言学史上所罕见。某种意义上讲，甚至可以说当代俄罗斯的语言认知或认知语义研究就是围绕"观念"（концепт）这一关键词所展开的多视角、多层面的研究。我们在本著有关章节中已经评析的许多理论（包括语言意识理论、定型理论、先例理论等），基本上都是围绕观念这一内核而展开的。它们所采取的研究方法完全相同——都是"从意义到形式"的阐释；只是受不同学科研究传统和学理指向的制约，在凸显观念的程度上有所不同而已，如有的是心理语言学（或民族心理语言学）的，有的是语言文化学的，有的认知语言学的，而有的则是逻辑语义学的等。

鉴于上述情况，有必要对俄罗斯语言认知研究中的观念理论做一个较为全面的审视和评析。

6.1 观念的概念内涵及类型

作为语言认知研究尤其是认知语义研究中的关键词，"观念"这一术语目前在俄罗斯学界并没有形成一致的界说，不同学科甚至同一学科的不同学者对其也有不同的理解和表述。但总体看，多数界说可以分为两大类：一是把观念视作"文化结构"（культурная структура）或"文化单位"（единица культуры），因此又可称为"文化观念"（культурный концепт），这主要是具有文化认知性质的"语言文化学"（лингвокультурология）研究的对象；二是把观念看作"思维结构"（мыслительная структура）或"思维单位"（единица мышления），因此又可称为"思维观念"（мыслительный концепт），这主要是具有语言认知性质的"认知语义学"（когнитивная семасеология）研究的对象。但无论是文化认知视角还是语言认知视角，似乎有一点是共同的，那就是都认为观念与"概念"（понятие）、"意义"（значение）、"涵义"（смысл）和"认识"（представление）等既有区别，又有内在的相关性。下面，我们将对上述两类观念研究做具体的分析。

6.1.1 作为文化结构的观念研究

在当代俄罗斯语言学界，将观念作为文化结构或文化单位来研究的著名学者有阿鲁玖诺娃、斯捷潘诺夫（Ю. С. Степанов，1930—2012）、捷利娅（В. Н. Телия，1930—2011）、卡拉西克（В. И. Карасик）、斯雷什金（Г. Г. Слышкин）、皮梅诺娃（М. В. Пименова）等。20 世纪 90 年代以来，他们分别出版或发表了大量著述，如：阿鲁玖诺娃主编的《语言逻辑分析》（1987—2014）、《语言与人的世界》(1999)，斯捷潘诺夫的《恒量：俄罗斯文化词典》(«Константы：Словарь русской культуры»)(1997)，卡拉西克的《作为研究单位的语言文化观念》(«Лингвокультурный концепт как единица исследования»)(2001)、《语言域：个性、观念、话语》(«Языковой круг：личность，концепты，дискурс»)(2004)、《语言文化观念的基本界说》(«Базовые характеристики культурных концептов»)(2005)、《文化的语言矩阵》(«Языковая матрица культуры»)(2013)，斯雷什金的《从语篇到象征：意识和话语中先例文本的语言文化观念》(«От текста к символу．Лингвокультурные концепты прецедентных текстов в сознании и дискурсе»)(2000)、《语言文化观念与源观念》(«Лингвокульттурные концепты и метаконцепты»)(2004)，皮梅诺娃的《心灵与精神：观念化特点》(«Душа и дух：особенности концептуализации»)(2004)等。此外，还出版了多部文集，其中影响较大的是由库布里亚科娃等担任主编的"纪念斯捷潘诺夫70周年诞辰"专辑《语言与文化（事实与价值）》(«Язык и культура（факты и ценности）»)(2001)，扎利兹尼亚克(Анна А. Зализняк)与他人合著的两部文集——《俄语世界图景的关键思想》(«Ключевые идеи русской языковой картины мира»)(2005)、《俄语世界图景的恒量与变量》(«Константы и переменные русской языковой картины мира»)(2013)。

　　当然，并不是说这一视阈的学者们对观念的界说就没有分歧。事实上，学者们的认识并非一致。请看下列几则相关界说："观念包含着抽象的、具体的联想和情感—评价特征以及压缩的概念史的思想。它由词语伴随，并以表象、概念、知识、联想、感受'束'的形式存在于人的心智中"(Степанов 1997：41)；"观念从来都是结构成框架的知识，它反映的不仅是客体的纯本质特征，而且充满在该语言群体中的一切有关本质的知识，是所指事物特性的全部总和，其物质基础和载体是词(Телия 1996：96)"；"观念是由民族传统和民俗、宗教和意识形态、生活经验和艺术形象、感觉和价值系统等因素的相互作用形成的。观念被赋予自身的地位：逻辑学家和语言学家很难对使用'意义''涵义''表意'等术语达成共识。'意义'在逻辑学中被理解为符号（象征、词）对语言外客体（所指事物、指称事物）的关系，语言学家则将'意义'联想为语言表达的概念内容（观念、概念意义）"(Арутюнова 1982：5—40)；"观念是心智构成，它是保存在人记忆中有意义的、能够意识到的经验的典型化片断"(Карасик 2004：

59）；"观念是人对现实的经验认知结果'退化成'记忆的过程，也是将经验认知结果与先前掌握的宗教、意识形态、艺术中所反映的主流文化价值相关联的过程"（Слышкин 2000：10）；"观念是概念、现象内涵形式的本质，它体现在形象、概念和象征中"（Колесов 2004：19—20），等等。

上述界说的视点和表述不尽相同，但也不难从中窥探出具有共性的东西，那就是：该视阈中的观念总体上被视作文化整体的一个部分，即：观念是文化的微观模型，而文化是观念的宏观模型；观念生成于文化，同时又产生文化。或者说，观念是人意识中的"文化凝聚块"（сгуток культуры），文化正是以这种"凝聚块"形式进入人的心智世界的。而作为文化凝聚块的观念，又是通过民族的"语言联想网"（ассоциативно-вербальная сеть）来展现其"观念阈"（концептосфера）的，该观念阈也就是所谓的"定型阈"（стереотипное поле），因为在同一民族的语言意识中观念与定型有着密切的关联性。[18]

基于上述认识，俄罗斯学者将作为文化结构的观念分为不同类型进行研究，并取得丰硕成果。如，斯捷潘诺夫就把以下一些俄语词汇作为文化观念来研究：*мир*（世界），*огонь и вода*（火与水），*вечное*（永恒），*любовь*（爱），*правда и истина*（真实与真理），*хлеб*（面包），*действие*（行动），*знание*（知识），*слово*（话语），*вера*（信仰），*радость*（高兴），*наука*（科学），*число*（数），*счет*（计数），*письмо*（书信），*алфавит*（字母），*закон*（法规），*цивилизация*（文明），*душа*（心灵），*тоска*（苦闷），*страх*（恐惧），*грех*（罪恶），*грусть*（忧郁），*печаль*（忧伤），*дом*（家），*язык*（语言）等（见 Степанов 1997；阿鲁玖诺娃领衔的"语言逻辑分析学派"成员对俄语语言进行观念分析，系统阐释了俄语中的下列文化观念：*дом*（家），*милосердие*（善心），*свобода*（自由），*судьба*（命运），*память*（记忆），*свое*（自己的），*чужое*（别人的），*истина*（真理），*правда*（真实），*время*（时间），*пространство*（空间），*движение*（运动），*образ человека*（人的形象），*этика*（伦理）（见 Арутюнова 1999；卡拉西克从观念理论出发，区分了"参数性观念"（параметрические концепты）和"非参数性观念"（непараметрические концепты），并系统分析了作为人的行为准则的观念化问题，如*благодарность*（感谢），*насмеша*（嘲笑），*социальное равенство*（社会平等），*благополучие*（平安），*социальное действие*（社会行动），ценностные ориентиры（价值坐标）等（见 Карасик 2013；扎利兹尼亚克、什梅廖夫（А. Д. Шмелёв）等则从俄语世界

图景出发,系统审视了 *счастье и наслаждение*(幸福与享乐),*любовь и сочувствие*(爱情与同情),*дух*(精神),*душа*(心灵),*тело*(肉体),*терпимость*(容忍),*плюрализм*(多元化)等文化观念(见 Зализняк 2005);皮梅诺娃将观念分为"形象"(образы)——如 *Русь*(罗斯),*Россия*(俄罗斯),*мать*(母亲)等形象,"思想"(идея)——如 *социализм*(社会主义),*коммунизм*(共产主义)等思想,"象征"(символы)——如 *лебедь*(天鹅)的象征等。其中,皮梅诺娃又将文化观念细分为下列几组:(1)文化的普遍范畴,如 *время*(时间),*пространство*(空间),*движение*(运动),*изменение*(变化),*причина*(原因),*следствие*(结果),*количество*(数量),*качество*(质量)等;(2)社会文化范畴,如 *свобода*(自由),*справедливость*(正义),*труд*(劳动),*богатство*(财富),*достаток*(富裕),*собственность*(所有制)等;(3)民族文化范畴,如 *воля*(意志),*долг*(义务),*соборность*(聚和性),*душа*(心灵),*дух*(精神)等;(4)道德范畴,如 *добро*(善),*зло*(恶),*долг*(责任),*истина*(真理),*правда*(真实)等;(5)神学范畴,如,*боги*(神),*ангел-хранитель*(保护天使),*духи*(神灵),*домовой*(家神)等(见 Пименова 2004)。总之,文化认知视角的观念研究具有多维性和多层面性,其最大特点是将观念置入民族文化这一特定的认知空间来进行阐释。这时,所有的观念都被视为带有民族文化成素的符号,它们由现实世界进入人的思维世界或认知世界,再通过人的思维世界或认知世界进入语言世界——反映在语言各层级的表述中,尤其体现在神话、成语、谚语以及各种宗教礼仪中。也就是说,文化观念的形成首先是人对世界观念化或概念化的结果,其次才由语言符号将其语言化或现实化。

6.1.2 作为思维结构的观念研究

该视阈的学者主要从事认知语言学(确切说是认知语义学)和心理语言学研究,代表人物有库布里亚科娃、巴布什金(А. П. Бабушкин)、波尔德列夫(Н. А. Болдырев)、波波娃(З. Д. Попова)、斯捷尔宁(И. А. Стернин)、扎列夫斯卡娅(А. А. Залевская)、克拉斯内赫(В. В. Красных)等。出版的有影响的著述有:巴布什金的《语言成语词汇语义中的观念类型》(«Типы концептов в лексико-фразеологической семантике языка»)(1996),波尔德列夫的《认知语义学》(«Когнитивная семантика»)(2001)、《认知语言学的观念空间》(«Концептуальные пространства когнитивной лингвистики»)(2004),波波娃

的《语言学研究中的"观念"概念》(«Понятие *концепт* в лингвистических исследованиях»)(1999)、《语言与民族世界图景》(«Язык и национальная картина мира»)(2002),斯捷尔宁的《认知语言学研究中的认知阐释》(«Когнитивная интерпретация в лингвокогнитивных исследованиях»)(2004)、《语言的认知语义分析》(«Семантико-когнитивный анализ языка»)(2006),扎列夫斯卡娅的《观念问题研究的心理语言学视角》(«Психолингвистический подход к проблеме концепта»)(2001)、《作为个体财富的观念》(«Концепт как достояние индивида»)(2005),克拉斯内赫的《语言意识构成:框架结构》(«Строение языкового сознания:фрейм-структуры»)(2000)、《别人中的自己:神话还是现实?》(«Свой среди чужих:миф или реальность?»)(2003)等。

该视阈中的观念被看成是在具体生活经验基础上总结和抽象出来的科学概念。它与人的思维过程有关,是思维的基本单位或"思维的语言"(языки мышления)。如,库布里亚科娃就提出,"观念是记忆、心智语汇、观念系统、大脑语言以及所有世界图景的操作单位,是'知识的量子'(квант знания),最为重要的观念都是在语言中表达的"(Кубрякова 1996:90—92);扎列夫斯卡娅把观念界说为"人的意识中客观存在的、动态性质的知觉—认知激情构成,它与科学描写产物的概念和意义有别"(Залевская 2001:39),"是一个多层级的结构","是个体的财富"(Залевская 2005:234—244);克拉斯内赫认为,观念是"文化事物"(культурный предмет)最为抽象化的思想,该文化事物尽管可以进行可目视的形象联想,但却没有可目视的原型形象。民族观念是最为抽象化的、由语言意识具体表征并得到认知加工和贴有民族文化标签的"事物"思想(Красных 2003:286—272)。波波娃、斯捷尔宁对观念所下的定义较为复杂,他们认为,作为心智构成的观念是人的心智代码的基本单位,它具有相对有序的内部结构,是个性和社会认知活动的结果,不仅承载着所反映事物或现象的综合的、百科知识的信息,也承载着社会意识对上述信息所进行的阐释以及社会意识对事物或现象的态度。(Попова 2007:34)依照他们的观点,观念是以个体的知觉形象为基础的,它在人的意识中以普通事物的代码单位进行编码;知觉形象是具体的,但又可被抽象并转变为思维形象。

应该说,该视阈的观念研究与作为文化结构的观念研究有很大不同。归纳起来,作为思维结构的观念可分为下列类型进行具体的分析:(1)"表象"
(представление),语言中主要靠具体语义词汇单位的客体化所形成的概念,如
"颤抖"的感知表象;(2)"图式"(схемы),一种抽象出来的并用于类似经验的
概念结构,如由树干、树叶组成的"树"的图式或"带状的"河流图式等;(3)"框
架"(фреймы),一种多成素的概念,如"体育场"或"集市"的多成素概念及其包
含的多种联想;(4)"脚本"(сценарий),指事件情节发展和片断连续性的知识,
如"旅游""旅行"事件的脚本;(5)"原型"(прототип),用于区分一定范畴中某
一成员的概念,以确定其在社会意识中的地位和等级;(6)"命题"
(пропозиция),一种有关逻辑关系的意象,体现在深层语法中的范本;(7)"完
形"(гештальт),一种完整的、不可拆解的思维现实,由知觉和理性成素构成的
观念性结构。(见 Попова 2007:115—121)上述这些观念类型都属于人的"心
智图片"(ментальные картинки)。如果将这些图片"语言化"(вербализация/
оязыковление),就形成所谓的"文化的语言"(языки культуры)。

6.1.3　两种视阈的学理取向及特点

以上两种视阈都属于语言的认知研究,但它们的学理取向及特点却不尽
相同。

第一种是文化认知取向,凸显的是语言符号对世界观或民族心智形成所
起的作用。具体说,文化认知取向的观念研究又可分为三种:广义、较广义和
狭义。(1)广义的观念研究是将词位视为观念的成素,词位的意义就构成民族
语言意识的内容,从而形成某民族所谓的"语言世界图景"即"天真世界图景"。
观念的总和构成语言的观念阈,民族文化在该观念阈中得到观念化。这是一
种强调民族或群体文化作用的认知观,因此,世界在词汇语义中的观念化就成
为该视角研究的主要方式,主要的研究手段是采用"观念模型"
(концептуальная модель)来区分出观念语义的基本成素,从而揭示出各成素
之间的各种固定联系。理论上讲,任何词汇单位都可以进入该观念模型,并在
词汇意义中观察到语义表征的手段或形式。(2)较广义的观念研究是将那些
具有语言文化特点并以一定方式对某民族文化的携带者作出描述的"语义构
成物"(семантические образования)归入观念系统。因此,观念的总和所构成
的观念阈并不是完整的、结构化的语义空间,而只是其中的一个组成部分。
(3)狭义的观念研究只将那些对理解民族心智起到关键作用的语义构成列入

观念系统,如具有超验性质的心灵、真理、自由、幸福、爱情观念等,认为这些观念都具有高度抽象的心智实质,都是通向精神价值的"看不见的世界",因此,它们只能通过象征、符号等形象的实体来表达抽象的内容。这种观念在构成观念阈时比较容易"被同义化"(синонимизироваться)并在超验涵义与词语所表达的实物世界现象之间建立起语义联想,从而将精神文化与物质文化融合在一起。不难看出,该三种文化认知取向的观念研究,实际上是分别将语言的概念意义、民族文化语义或语用意义视作观念系统的语义构成物。

第二种是语言认知取向,即与语言的认知语义或心理语义研究相关联,凸显的是语言对人的认知所起的作用。具体说,该取向的观念研究又可分为两种:心理认知和语义认知。前者具有俄罗斯传统,是当代俄罗斯心理语言学范式的集中体现。它将观念视作解释人的意识中的心智单位或心理学方法的重要术语,认为观念是反映人的知识和经验的一种信息结构,它不仅是人的心理所反映的记忆、心智语汇、观念系统和大脑语言的操作单位,也是思维运作单位或结构化知识的单位。也就是说,人意识中的观念是从人的直接感觉经验中、从人与事物的直接接触中、从人与其他观念的思维运作中及语言交际中形成的[19],因此,观念的最大特性是具有"理念性"(идеальность)。后者将观念解释为意识的基本单位或心智构成物,是对语言符号可能意义的"暗示"(намёк),是有别于词典中所确定的"群体意义"(коллективный смысл)的"个体意义"(индивидуальный смысл)。它所采用的术语也大多是西方认知语义学的,如范畴化、意象图式、框架、命题等。

应该说,上述两种不同的学理取向并不是相互排斥的,而是互为补充,构成语言认知研究中观念理论的整体:作为文化组成部分的观念,它所记录的社会共体或某群体的知识和经验可以成为个体的财富;而作为个体意识中的心智构成的观念,会通向社会共体或群体的观念阈,最终通向民族文化。两种取向的区别只是所采取的路径不同:前者由文化走向个体意识,后者由个体意识走向文化。或者说,前者由一般走向个别,后者由个别走向一般。之所以会出现上述情况,其根本原因是由观念结构本身的复杂性,因此,只有对观念进行多维的和跨学科的审视,才能够最大限度地揭示出观念的本质及其语言学价值。最后需要强调的是,在当代俄罗斯的观念理论研究中,第一种取向即文化认知取向占有一定的主导地位,究其原因,这恐怕与俄罗斯语言认知的研究传统有关。也就是说,俄罗斯的语言认知研究与西方最大的不同就在于:其观念理论是在传统的语言结构语义研究基础上发展而来的,即便是语言认知取向的观念研究,也是由"莫斯科心理语言学派"(Московская психолингвистическая школа)的"言语活动论"(теория речевой деятельности)发展而来的,即所谓的语言认知,主要表现为对语言的心理认知。

6.2　观念的结构及特点

观念具有复杂的结构,这几乎是所有从事观念研究的学者们得出的一致结论。但是,由于视阈不同和取向不同,因此学界对观念结构的有关看法也不可能完全相同。如,斯捷潘诺夫在自己的研究中认为,观念由"三成分成素"(трёхчленный компонент)构成:基本的或"积极"的特征;补充的或"消极"的特征;印刻在词语形式中的、不易被觉察的词的内部形式。具体说,该三种特征体现着观念的三种本质:日常的、广为熟知的本质,部分操语言者熟知的本质以及历史的、词源性的信息。如,"三月八日"的观念中就可以分别区分出"妇女节"(日常的本质)、"妇女权益保护日"(部分操语言者熟知的本质)和"依据德国社会学家蔡特金(К. Цеткин)的建议设立的节日"(历史的信息)。(Степанов 1997:45)又如,卡拉西克将观念结构分为"形象—知觉成素"(образно-перецептивный компонент)、"概念成素"(понятийный компонент)、"价值构素"(ценностная составляющая)三类。(Карасик 2004:7)其中,概念成素指语言的基本信息成素,而价值构素指语言中包含的评价和行为准则。再如,斯雷什金将观念结构划分为四个不同区域,即属于基本区域的"隐域"(интразона)和"泛域"(экстразона),属于补充区域的"准隐域"(квазиинтразона)和"准泛域"(квазиэкстразона)。(Слышкин 2004:6—18)在他看来,隐域是反映所指事物自身特征的观念特征。如,熊的观念特征是由熊本身爱吃蜂蜜、力气大、短尾巴、森林霸主、可以被驯化等特征反映出来的;进入泛域的是由箴言和转义抽取出来的那些特征。如,用"熊是压路的碾子"(медведь—каток для укладки дороги)来形容"笨重",用"眉毛长得如熊一般"(брови,что медведь лежат)来比喻"眉毛浓密"。准隐域和准泛域既与由观念名称和其他词语的谐音所引发的形式联想有关,也与委婉语的使用有关。(Слышкин 2004:65—66)除上述外,还可以列举出一些类似的观点。如,尼基京（М. В. Никитин）就将观念中区分为"形象"（образ）、"概念"（понятие）、"认知蕴含义"（когнитивный импликационал）和"语用蕴含义"（прагматический импликационал）等四种成分。（Никитин 2004:65—66）

上述论述，并不表明俄罗斯学界对观念结构问题的认识莫衷一是。事实上，多数学者还是比较倾向于将其分为"形象"（образ）、"信息内容"（информационное содержание）和"阐释场"（интерпретационное поле）三部分。（见 Попова 2007:106）这是观念的宏观层面的结构。下面，我们就将该三部分结构做简要的评析和分析。

6.2.1 形象

何为形象？观念理论将其视为具有独特情感色彩的观念的内核。波波娃认为，观念中具有形象成素，这是由普遍事物代码自身的神经语言学性质决定的。也就是说，人的"知觉形象"（чувственный / перцептивный образ）在建构普遍事物代码的单位时，会给观念编码。知觉形象既可以在许多词的词典意义中体现，如 красный（美丽的，红色的），кислый（酸的），теплый（温暖的），прямоугольный（直角的，长方形的）等源语言单位就进入许多词的词典释义中；也可以在心理语言学意义——纯认知性质的、非语言化的观念构素的实验过程中反映出来。实验研究表明，操俄语者最为鲜明的直观形象都与天文物体、交通工具、日常生活用品、一年四季、昼夜、植物、仪器、出版物的名称有关，也与对人和动物的身体部位的命名以及亲属的命名有关。（Попова 2007:106）更为有趣的是，知觉形象不但体现在上述表达具体概念的词汇中，也用于表达抽象概念，只是带有更多的主观性。由此，某种意义上讲，观念与"概念"（понятие）的区别之一就是具有更多的主观成素。

观念结构中包含有形象成素的命题，可以用所谓的"原型语义"（прототипная семантика）予以证实。原型是最为准确和鲜明的形象，能够整体上展示观念的类别。人依据原型最重要的特征来从事分类活动和对知识进行范畴化。（Кубрякова1996:54—56）卡拉西克指出，对于许多人来说，фрукт（水果）是苹果的原型，而экзамен（考试）的原型是教师与学生坐在课桌旁的交谈图景。（Карасик 2004:127）另外，俄罗斯心理语言学的大量联想反应实验也表明原型形象的存在。如，俄罗斯伟大诗人→普希金，俄罗斯大河→伏尔加河，家禽→鸡，等等。（见 Караулов1994）上述联想实验还表明，观念结构中的知觉形象可以是个体的,也可以是民族的。但无论哪一种,都是由"知觉认知特征"(перцептивные когнитивные признаки)和"形象特征"(образные признаки)两部分构成的。前者是操语言者依靠感觉器官对现实的反应所形成的知觉形象,后者是操语言者依靠对事物或现象进行隐喻思维(认知隐喻或观念隐喻)所形成的隐喻形象或"认知形象"(когнитивный образ)。知觉形象包括视觉的、触觉的、味觉的、听觉的和嗅觉的形象,而认知形象则可以将抽象观念引向物质世界。如,俄语中 *душа*(心灵)可以隐喻为 *дом*(家园),因此就有 *душу можно запереть на замок*(心灵可以锁住), *в чужую душу можно проникнуть*(可以深入别人心灵中去)等说法,这种抽象观念就是靠隐喻进入物质世界的。

需要强调的是,尽管观念结构中的上述两种形象构素都可以反映观念化的事物或现象,但它们对观念的阐释力是不同的。就对观念内容的描写而言,认知形象显然更具有阐释力,这是因为:知觉形象在描写观念内容时需要靠进入观念结构的认知特征来解释;此外,认知形象的数量较之知觉形象也更多。因此,作为观念内核的形象研究也会更多地关注认知形象问题,这也是隐喻受到众多俄罗斯学者关注的重要原因之一。

6.2.2 信息内容

信息内容即"观念内容"(содержание концепта),是指观念结构中所包含的最基本的认知特征,这些特征决定着观念化的事物或现象最重要的区别性特点。也就是说,这些特征对事物本身及其使用来说是最为本质的,它们可以对该事物的区别性特点、功能等进行必要的描述。应该说,这种信息认知特征在观念结构中的数量并不多,只有那些能够确定观念本质最为基本的释义性特征才能视作认知特征。许多观念的信息内容与词典对观念关键词的释义内容相近,但进入观念信息内容的,只是那些能够区分观念所指事物的特征,而非偶然的、非必需的或评价性质的特征。波波娃认为,确定反映人工制品和科学概念的观念的信息内容相对比较容易,但确定反映自然事实或观念化的抽象本质的基本信息就较为困难。许多个别的、评价性的或百科知识性质的特征是不进入观念信息内容的,它们只属于观念的阐释场范围,尽管许多情形下观念的信息内容与阐释内容之间很难有清晰的界限。(Попова 2007:110)如, *квадрат*(方形)一词的信息内容只有 *прямоугольник*(直角形)和 *равные* стороны（等边形），самолет（飞机）的信息内容为 летательный аппарат（飞行器），тяжелее воздуха（比空气重），с крыльями（有翅膀），而其他的释义就都属于阐释性的内容了。

6.2.3 阐释场

观念阐释场包括能够对观念的基本信息内容作出某种阐释的认知特征，它源自信息内容或对信息内容作出评价，呈现为某种结论性的知识。阐释场并不是均质的，它可以切分为若干个区域，这些区域都拥有内在的内容统一性，并根据其内容将近似的认知特征联合成一体。波波娃认为，观念阐释场至少由以下区域组成：（1）"评价区域"（оценночная зона）——将表达一般评价（好/坏）、美学评价（美/不美）、情感评价（愉快/不愉快）、智力评价（聪敏/愚蠢）、道德评价（善/恶、合法/不合法、正义/非正义）的认知特征联合成一体。（2）"百科知识区域"（энциклопедическая зона）——将观念特征的描述以及在经验、教育和与观念所指事物相互作用基础上的对观念特征的了解等认知特征联合成一体. 如，вода（水）的百科知识认知特征就可以有：в воде можно утонуть，вода бывает голубая，без воды и ни туды и ни сюды，в воде приятно купаться，зимой вода холодная（水会淹死人，水通常是浅蓝色的，没有水哪儿也去不了，在水里游泳很愉快，冬天的水冷）等。（3）"实用区域"（утилитарная зона）——将表达实惠的、实用的人对观念所指事物、知识态度的认知特征联合成一体。如，关于 автомобиль（汽车）的实用认知特征就有：много хлопот，дорого эксплуатировать，удобно ездить на дачу，зимой не нужен（麻烦多，费用高，开车去别墅方便，冬天用不着）等。（4）"秩序维系区域"（регулятивная зона）——将观念所涉及的"什么是应该做的""什么是不应该做的"认知特征联合成一体。如，关于 русский язык（俄语），就有 надо учить，надо говорить культурно（需要学习，要说得规范）等认知特征。（5）"社会文化区域"（социально-культурная зона）——将那些反映观念与民族的日常生活和文化联系的认知特征联合成一体，包括传统、习俗、文艺家、文学作品和先例文本等。再以 русский язык 为例，与该区域有关的认知特征有：Пушкин，Лермонтов，Есенин，Ленин，частушки，песни（普希金、莱蒙托夫、叶赛宁、列宁、四句头顺口溜、歌曲）等。（6）"格言区域"（паремиологическая зона），将谚语、俗语和箴言等客体化的认知特征的总和（即民族格言中由观念所反映的所有认识和论点的总和）联合成一体。如，由 *не следует доверять внешнему впечатлению*（不要轻信外在的印象）认识，得出 *внешность обманчива*（外表具有欺骗性）的格言；再如，由 *любому человеку приятно услышать ласковые слова*（任何人都喜欢听亲切的话），得出 *доброе слово и кошке приятно*（连猫都爱听好话）的格言。（Попова 2007：110—113）

　　从上述观念结构的论述中，我们似可窥视出观念结构的如下特点：（1）观念的形象和信息内容展现的是观念的信息框架，它具有相对结构化的性质；而阐释场的功能是将观念贯穿，并将观念结构成素之间的位置填满，其本身少有结构化的观念成素，因此对它的描写就是列举出观念的相关特征。（2）阐释场中所呈现的许多认知特征可能是相互矛盾的，这也是阐释场的特点之一。究其原因，主要是它包含着不同时期、不同人群以及从不同认知角度得出的所谓"结论"。这也是阐释场的阐释内容与观念本身的信息内容有别的重要缘由所在。（3）观念中基本的结构成素——形象、信息内容和阐释场，分布在不同的"观念场段"（полевой участок концепта）中。通常情况下，形象处在观念结构中的"内核"（ядро）场段；内核场段的外围是观念的基本认知特征场段，即观念内容；处在认知特征场段之外、构成观念内容外延的是观念阐释场段，即阐释场。但这并不是说上述场段就是固定不变的，应该说观念的结构成素并不会固化在某一区域中。如，信息内容和阐释场也可以属于内核，也可以属于内核附近的外围或外围的其他区域，判断的标准不是别的，而是认知特征的"鲜明度"（степень яркости）。也就是说，只要观念信息内容或阐释的认知特征的鲜明度高于形象，它们就有可能进入观念的内核场段。（4）格言区域所反映的观念并不是现代的，而多半是历史的。有学者认为，格言区域通常位于观念内容的最外围，原因是该区域所包含的认知特征是在不同历史时期、不同人群和不同条件下作出的。（Попова 2007：114）但问题是，格言区域同时又是某群体或民族对观念内容作出的一种评价和解释，它所反映的大多是经过实践检验并得到广泛认同的观念和思想，它们已经成为民族意识的重要组成部分而保留至今，因此，一定条件下就可能构成某观念的核心内容。（5）在观念理论中，区分观念内容和观念结构具有重要意义。也就是说，观念研究既要描写其内容，也要分析其结构；既要观察其核心，也要审视其外围。人的思维的复杂性，决定着对作为思维单位的观念描写的多视角性。总之，观念的复杂性体现在多个方面,如民族性(相对于"概念"的跨民族性)、多变性(相对于"概念"的相对稳定性)、多层级性或多维性等。这是因为:从决定观念本质的文化和思维的属性看,就无不具有上述所有的特点;再从观念本身的结构和特点看,观念中不仅包含着理性成素,也包含着情感成素,因此不仅可以从观念中抽取出抽象成素,也可以从观念中抽取出具体成素。正如斯捷潘诺夫所说,观念作为心智世界的基础单位,它不仅会思想,还能表达感受。(Степанов 1997:41)因此,从一定意义上讲,人的思想和感受的复杂性决定着观念的复杂性。

6.3　观念阈研究

审视观念理论,不涉及"观念阈"问题显然是不可能的,也是不全面的,因为观念研究之所以能够成为一种理论[20],肯定不会只局限在对观念的概念内涵作出界说和对观念结构进行分析的层面,也不会仅限于对个别观念的文化阐释,而势必会涉及观念的研究范围和任务等重大问题,这就是观念阈需要解决的问题。或者说,观念研究只有在特定的观念阈范围内才能得以系统地进行,它规定着观念研究的界限、任务和目标。

在俄罗斯学界,最早引入观念阈这一术语的是著名文化学家、语文学家利哈乔夫(Д. С. Лихачев,1906—1999)院士。早在 20 世纪初期,他就在《论俄语的观念阈》(《Концептосфера русского языка》)一文中对观念阈这一术语做了比较详尽的解释。他认为,观念阈是由操语言者的全部观念潜能构成的,是民族观念的总和;一个民族的观念阈比语言词汇所表征的语义阈要宽广;一个民族的文化(民俗、文学、科学、造型艺术、历史经验、宗教等)越丰富,其观念阈就越丰富。(Лихачев 1993:5)克拉斯内赫在自己的研究中并没有直接使用观念阈这一术语,而是用"认知基体"(когнитивная база/КБ)的术语予以取代。所谓认知基体,即某民族文化共体按照一定方式建构起来的、必备的关于世界知识和认识的总和,它为携带某民族文化心智结构和说某一种语言的所有成员所拥有。(Красных 1998:45)波波娃认为,观念阈是有序的民族观念的总和,是思维的信息基体。(Попова 2007:36)显然,波波娃对观念阈的界说综合了利哈乔夫和克拉斯内赫的观点,并加上"有序的"(упорядоченный)这一重要的限定语,因此显得更为严谨和科学。这是因为:构成观念阈的观念是依据各自的个别特征进入与其他观念或相似,或有差异,或有不同等级的系统关系中去的,相似、差异和等级本身就是一种有序性的划分。此外,再从观念的形成过程看,它是对客观事物或现象范畴化的结果,而范畴化是以对客体的有序化为前提的。

由上不难看出,所谓观念阈,说来并不复杂,就是某民族的"思维阈"(мыслительная сфера)或"知识阈"(сфера знаний)。具体说,观念阈是由观念及其单位(思维图片、图式、概念、脚本、完形等)构成的一种纯思维空间,它在人的心智中既是复杂的外部世界的综合形象,又具有对外部世界各种特征进行概括的抽象本质。如此看来,观念阈的概念本身并不复杂,它在本质上与观念一样,都属于人的心智范畴。然而,要正确理解观念阈的内涵和特点,还必须厘清观念阈与"意识和思维"(сознание и мышление)、"心智体"(менталитет)[21]、"语义空间"(семантическое пространство)等的关系。

6.3.1 观念阈与意识、思维的关系

在人类中心论范式语言学理论中,贯穿其始终的实质上就是语言与意识、思维的关系问题。对于什么是意识和思维,不同的学科、不同的学者都有各自的界说。但从认知心理视角看,意识被视作"由人的活动运动所生成的一种特殊内部运动,是主体对现实、主体活动及主体本人的反射"(Леонтьев 1975:13,97)。也就是说,意识是人的心理活动的总和,它包含着人的智力、知觉、情感和意志,是对现实无意识的反映。而思维则被视作是对现实有意识的反映,它首先与有目的性的逻辑认知以及知觉所感知不到的客体和现象的理性反映有关。克拉斯内赫认为,意识是一种现象,是反映现实的高级形式;思维是有意识地反映现实的过程。(Красных 2003:22)那么,作为民族思维阈或知识阈的观念阈,与意识和思维到底是怎样的关系呢? 波波娃认为,观念阈作为反映主体所认知的现实的心智单位,既是意识的也是思维的"信息基体"(информационная база)。(Попова 2007:42)[15] 联系到该学者对观念结构中的"信息内容"的论述,可以把此处的"信息"理解为"认知特征"。也就是说,观念阈是人的意识或思维中最为本质的、起着区别性作用的认知特征。它在人的认知空间结构中,并不位于"个体认知空间"(ИКП)或"群体认知空间"(ККП),而是位于"认知基体"(КБ)。而认知基体是由世界的知识和认识的总和构成的,它具有超个体和群体的性质。从这个意义上讲,观念阈与"定型"(стереотипы)和"先例现象"(прецедентные феномены)等一样,都是反映在人

意识里的关于世界知识的心智图片,它对民族意识的形成起着关键的或决定性的作用。需要特别指出的是,关于意识问题,俄罗斯学界的认识并不一致。有学者认为,所谓意识,就等同于"语言意识"(языковое сознание)。如,1993年俄罗斯科学院语言学研究所出版《语言与意识:反常的理性》(«Язык и сознание:парадоксальная рациональность»)一书,作为责编的塔拉索夫(Е. Ф. Тарасов)就在该书的"导论"中指出,语言意识或意识都是用来描写同一种现象——人的意识的。(Тарасов 1993:7)克拉斯内赫也在相关著作中认为,意识与个性的言语活动有关,因此心理语言学中所说的意识就等同于语言意识(Красных 1998:21)。但也有不同的观点。如,波波娃就认为,不是所有的意识都具有语言的属性,意识也可以用非言语手段和文艺手段予以体现。在她看来,所谓语言意识,只是保障语言(言语)活动机制的一部分,即言语生成、言语理解以及将意识储存在意识中的那些部分。带有不同意义的语言单位系统储存在人的意识里,具有语言意识的属性,而如果将语言系统视作意识现象来研究,那么研究的就是语言意识。(Попова 2007:45—46)我们认为,意识即语言意识的思想是西方理性主义语言观的集中体现。从语言认知视角看,语言意识只是人的认知意识中由言语活动机制主导的一种成素,因此,意识与语言意识之间不能一概而论。而俄罗斯学界有关于意识与语言意识的不同认识也属正常现象,可以视为 18 世纪盛行的"欧洲主义"(европеизм)和 19 世纪占主导地位的"斯拉夫主义"(славянофильство)两种思潮在当今学界的延续或反映。

6.3.2 观念阈与心智体的关系

在语言认知研究中,不仅要厘清观念阈与意识和思维的关系,还要区分观念阈与心智体的关系。所谓心智体,被视为是感知和理解现实的一种特殊方式,它是由某个性、社会共体或民族群体典型的意识认知定型所决定的。(Попова 2007:57)它亦被界说为"思维方式,个体和群体总的精神意向"(ФЭС 1998:263)。也就是说,心智体就是某语言文化共体的"心理—语言—智力体"(психо-лингво-интеллекты),它属于某种受到文化、语言、地理等因素制约的人的意识的深层结构。在波波娃看来,心智体可分为"个性心智体"(менталитет личности)、"群体心智体"(групповой менталитет)和"民族心智体"(национальный менталитет)三种类型。个性心智体受到群体和民族心智体的制约;群体心智体即某社会的、年龄的、职业的和社会性别的人群感知和理解现实的特点;民族心智体即由民族认知定型的总和决定的某民族感知和理解现实的方式。(Попова,2007:58—59)上述界说表明,心智体实际上制约着某个体、群体或民族如何感知和理解世界,或者说,不同的民族在认知世界时,其心智体会"强迫"某个性去以不同的方式去感知和理解同一个事物或情景。如,俄罗斯人认为做客迟到一点时间是对主人尊敬的表现,而德国人则认为这是失敬的表现;再如,俄罗斯学生把教师在课堂上重复所讲的内容看作是让自己更好掌握所学内容的方式,而芬兰学生则常常会认为这是教师把学生当傻瓜看待。由上可见,观念阈与心智体有着密切的关联度,它们在人的思维过程中相互作用。一方面,作为民族知识阈的观念阈会在一定程度上决定着民族心智体如何去感知和理解现实:构成民族观念阈的心智单位,是构成民族认知定型——有关现实判断的基础。如,俄语观念阈中的"或许"(авось)观念,就决定着解决"意想不到行为"的一系列心智定型;另一方面,民族心智体也会给观念的形成和发展增添活力:已有的心智定型会对观念内容产生影响,迫使其接受记录在观念里的对事物或现象的某种评价。总之,观念阈和心智体的本质有别,因此对其研究的方法和视角也不同。一方面,民族心智体首先体现在民族的性格、行动和交际行为方面,它受到政治、经济、社会、自然现象以及与其他民族接触的一系列因素的影响,因此,对心智体的研究,主要用民族文化学和民族心理学的方法;而观念阈属于思维范畴,是民族意识和单个个性的信息基体。观念形成的主要源泉是个性的认知活动(包括个性的交际、学习、阅读等的交际活动在内),因此,对它的研究主要采用心理学、文化学和认知语言学的方法。另一方面民族心智体的特点只体现在"语言或天真世界图景"(языковая/наивная картина мира)层面,而不是"观念或认知世界图景"(концептуальная/когнитивная картина мира)层面;而观念阈却是观念或认知世界图景的信息基体,因此,它只体现在观念或认知世界图景层面,但同时又可以在语言世界图景中得到表征。

6.3.3 观念阈与语义空间的关系

所谓"语义空间",指由语言符号及其意义总和所表达的内容,因此,俄罗斯学界有许多学者将语义空间指同于"语言世界图景"。应该说,作为纯思维阈的民族观念阈,其主要内容是靠该民族语言的语义空间来表征的,并由此将语义空间的研究纳入认知语言学的审视对象。可见,语义空间与观念阈有着密不可分不可分的联系。按照波波娃的观点,这种密切联系主要体现在以下几个方面:(1)认知语义学认为,语言的语义(即语言的语义空间)并不是义素的组合,而是一个复杂的系统。该系统是由大量不同结构的组群交织而成的,它们被纳入某"意义链"(цепочка)和"意义群"(цикл),从而形成观念的核心场和外围场。因此,根据意义在语义空间中的关系,就可以对观念在民族观念阈中的关系作出判断。(2)语言学家在构建不同语言的语义空间时,可以获得人的认知活动些许特点的信息,原因是语义分析可以将观念阈中的知识内容和结构具体化。(3)从观念特征看,作为思维活动单位的观念之间存在着一定的联系。而这些联系都由词素、韵律音位、音段的共性所标记,因此可以通过语义的意义和将观念客体化的单位来进行研究。(4)不同语言的语义空间研究表明,不同民族的观念阈无论在其观念成素方面还是在观念的结构化方面都有差别。语言学家们可以通过转换理论、类型学理论,用外语教学中的双语对比研究来确定这些差异。(5)语言学中有一个公认定律,即不能依据一种语言的构造来研究另一种语言的构造,但观念阈的民族特点则同样可以在语义空间的民族特点中得到反映。这表明,不同民族的相同观念可以按照不同的特征予以分类。(6)无论是语义空间还是观念阈,究其本质属性而言都具有思维的本质。它们之间的区别只在于:语言意义是语义空间的量子,它依附在语言符号中,而观念作为观念阈的成分则与具体的语言符号不相关联。也就是说,观念既可以用许多语言符号或语言符号的总和来表达,也可以在语言系统中没有表征,还可以依靠身势语、表情、音乐、绘画、雕塑、舞蹈等符号系统得到外化。(见 Попова 2007:61—63)当然,上述论据只是建立在语言的认知语义研究基础上的,而不适用于对传统的结构语义的解释。因此,有必要特别强调的是,认知语义视角的语义空间研究,描写的并不是语言世界图景本身,而是由语言世界图景转向观念或认知世界图景的研究,即对观念阈的描写。仅仅从这个意义上讲,观念阈与语义空间有着本质的、密不可分的联系。总之,观念阈是思维形象阈和普遍实物代码单位阈,它是人们心智中结构化的知识系统或信息基体;而语义空间只是靠语言符号系统的"客体化"(объективация)获得的观念阈的组成部分。[22]

6.4　观念分析方法

认知视角的语言学方法有很多种,但最受俄罗斯学界关注的是"观念分析法"(концептуальный анализ)。应该说,法国著名语言学家班维尼斯特(Э. Бенвенист,1902—1976)是观念分析法的倡导者和推动者之一,他撰写的具有广泛影响的《普通语言学》一书就采用此种方法对语言现象进行分析的。他认为,该方法的核心是"语义构拟"(семантическая реконструкция),实质在于语言形式的意义"是由语言的使用和分布以及由此生成的相互联系的类型总和决定的",因此,语义构拟"要建立在特别关注语境的基础上"。(Бенвенист 1974:332)克雷奇科娃(Н. В. Крычкова)认为,要对观念进行共时分析,就必须对词汇—语义系统中的观念作共时的阐释,并用联想实验的结果和词的话语功用研究(即观念的词汇表征)予以补充。采取这样的方法就可以发现操某种语言者是将什么内容导入某概念中去的,并可以揭示出操语言者的观念系统中所存在的各种联系(所分析观念与其他观念之间的联系)。(Крычкова 2005:23)可见,观念分析法是以观念的语言表征为手段的,对体现为某种观念的词汇语义或语篇语义进行分析,以对词汇或语篇使用过程中的语义差别作出阐释。应该说,观念的语言表征手段多种多样,它可以在语言的各个层面上实现,如词位、成语性搭配、词的自由搭配、句子(句法观念)、语篇等;对语言进行观念分析的目的,是要确立个体或群体语言意识中词汇或语篇深层次的或潜意识的联系(这种联系不是结构的或成分的,而是文化认知和语言认知的,是通过联想获得的),以揭示存在于人脑潜意识中的抽象实质是如何来投射于物质世界(现实)的。通过对语言的观念分析,我们可以了解词汇或语篇在使用中的群体无意识结构,得到词汇或语篇的"隐性形象"(имплицитный образ),从而构拟起该词汇或语篇的"语义完形"(семантический гештальт)。

当代俄罗斯学界所推崇的观念分析方法很多。从分析视阈看,主要可以分为文化认知和语言认知两个流派。这两个流派的形成与对观念的认知取向有直接的关系。也就是说,观念研究中体现出的不同认知取向,决定着其研究方法的不同。

6.4.1 文化认知取向的观念分析

该视阈的观念分析,主要是围绕"关键词"(ключевые слова)进行的,因此，该视阈的观念分析主要采取"关键词分析法"（анализ ключевого слова）。

所谓关键词，有两种涵义：一是指俄罗斯文化中的关键词语，本章节介绍的阿鲁玖诺娃、斯捷潘诺夫、卡拉西克、斯雷什金、扎利兹尼亚克等学者所研究的内容就属此列，如 душа（心灵）、судьба（命运）、бог（上帝）、жизнь и смерть（生与死）、счастье и горе（幸福与痛苦）等；二是指研究者所确定的、给所研究的观念"命名"的那个词汇单位，即"观念称名词"（номинируюший концепт）。因此，关键词分析法也称为"称名场分析法"（методика наминотивного поля），即确立和描写观念称名词的所有语言手段的方法。

关键词通常挑选那些最常用的称名词语，并可以根据"频率词典"（частотный словарь）加以检验。关键词的语义应该具有相当的概括性，抽象程度中等，修辞色彩中性，不能是评价词语。如果所选的关键词是多义词，就更有进行观念分析的价值，因为多义性可以给研究者提供更为丰富的认知阐释材料。需要指出的是，并不是所有的观念都有关键词的，关键词的功能也可以由固定词组和成语性单位来充当，如 умение жить（会生活）、молодой человек（年轻人）、белая ворона（白鸦）等；甚至还可以用展开型词组来充当，如 обращающийся с просьбой（请求者）、говорить правду（说真话）等。对某作家或作品的观念分析，也可以根据该作家或作品使用频率最高的词语来确定其关键词。

关键词分析法的具体步骤通常为：（1）确立能够将观念客体化的表征关键词（即按照上文中表述的关键词的确立方法进行）。（2）确立关键词称名场的"内核"（ядро）。内核的确立通常有两种途径：一是通过关键词的同义扩展来实现（可以使用同义词词典和成语词典来确立），如，друг（朋友）这一关键词位，其同义词就有 приятель，товарищ，кореш，дружбан 等。二是通过分析给所研究的观念命名的语境来实现，这主要是对文学语篇和政论语篇的观念分析。称名场内核的确立，还可以通过偶然出现的、作者个体的和描写性的称名单位来实现，如，русский язык（俄语）观念就可以有以下称名单位：русский，наш язык，родной язык，великий и могучий，моя поддержка и опора，радость моя и надежда，наш исполин 等（见 Попова 2007：179）。（3）确立关键词称名场的外围。外围成素可以用不同的方法确立。（4）观念称名词的比喻分析。如果关键词及其同义词在使用过程中有比较固定的比喻词，则可对比喻词进行认知特征的分析,因为比喻词同样可以填充观念的称名场:比喻是对观念所特有的某认知特征的一种称名。如,*силен как бык—бык сильный*(壮如牛——牛是强壮的),*глуп как курица—курица глупа*(笨如鸡——鸡很笨)等。(5)建构关键词的词汇-成语场。如有研究表明,俄语中 *общение*(交际)这一关键词的词汇-成语场就由 1828 个词位和 314 个成语性单位构成(包括动词、名词和形容词)。场的内核由那些高频率的、用于直义的、概括性强的、修辞色彩中性的表"交际"的词位构成。再从内核中分离出"核心"(центр),进入内核核心的词位频率要比其他单位的频率高得多。如,"交际"词位的内核语言单位,在每百万用词中的频率为 100 至 553 次不等,而内核的核心语言单位的使用频率则达到 900 至 2909 次之多。处在内核"近外围"(ближняя периферия)的是那些使用频率相对较低、没有使用限制和较少依赖于语境的词位,如*сообщать*(告知)、*шутить*(开玩笑)、*согласиться*(同意)、*доказать*(证明)等。而处在内核"远外围"(дальняя периферия)的是那些使用频率不高以及使用有限制的词位,如*объясниться*(解释)、*выступить*(发言)、*высказаться*(讲话)等。处在"最外围"(крайняя периферия)的是那些使用频率低、大多是单义的词位,如*отступиться*(不再来往)、*перевоговорить*(反复说,交谈几句)等(见Шапанова 1999:52—54)。(6)建构关键词的派生场。研究关键词的派生场,其目的同样是为了揭示观念的认知特征。如,对*быт*(日常生活)一词位的派生场进行分析,就可以比较清晰地看出该词位在俄语中的各种派生情况,并由此得出该词在俄罗斯人心智中所具有的属于"日常生活"的些许认知特征。

俄罗斯很多从事观念分析的学者采用的正是上述的关键词分析法。如,卡拉西克就认为,观念分析主要按以下程式分析下述内容:(1)观念称名词的语义;(2)观念称名词的词源;(3)观念称名词的转义、联想义;(4)观念称名词或词组的语境语义;(5)与观念相关的联想;(6)表达观念的评价标记用法。(Карасик 2004:30—31)希依加尔(Е. А. Шейгал)和阿尔恰克娃(Е. С. Арчакова)在自己的研究中也提出类似的步骤:(1)对关键词进行语义分析;(2)对关键词的同义词和派生词进行分析;(3)对关键词的搭配能力(固定的和自由搭配的)进行分析;(4)对典型化观念的格言警句进行分析;(5)对关键词做联想实验;(6)对不同类别的语篇进行观念分析。(Шейгал, Арчакова 2002:19—24)

　　有学者曾通过采用上述关键词分析法或称名场分析法对俄语 *свеча*（蜡烛）的观念进行分析，得出了俄罗斯民间口头创作作品和诗歌中所展现的隐性形象是不同的结论。如：在民间口头创作作品的歌曲中，*свеча* 通常被联想成"少女对恋人的期盼"，而 *свеча* 与 *винцо*（葡萄酒）一起，被体现为"共享及相互的爱恋和欢乐"，由此，*свеча* 的意义又开始与 *расставанье*（离别）产生联系："心爱的人走了——蜡烛熄灭了"（*Милый ушёл—свеча погасла*）；在民间抒情作品中，*свеча* 还被赋予宗教仪式品的形象，如俄语中家用的 *свеча* 可以用 *зажеть*（点上）、*засветить*（点亮）、*погасить*（熄灭）、*потушить*（吹灭）等词语连用，而教堂的 *свеча* 是"神烛"的意义，因此只能与 *затеплить*（点起）、*сокротить*（湮熄）等词语连用；在民间壮士歌的歌词中，*свеча* 的语义得到极大的丰富，它既可以比作"人的生命"，也可以比作"英雄的逝去"。传统诗歌中的 *свеча* 意义与民间口头创作作品中的不尽相同。如，在 19 世纪诗人茹科夫斯基（В. А. Жуковский，1783—1852）眼里，*свеча* "在占卜中起着奇特的作用"，在结婚仪式上能"传达无比幸福和快乐的心情"，而日常用的 *свеча*，则又能产生"祥和""安逸""宁静"等联想；而在其他诗人如普希金、莱蒙托夫的作品里，*свеча* 形象是"孤独""痛苦"的象征，总是出现在浪漫主人公"孤寂和彻夜不眠的情景中"。（Хроленко 2004：136—137）

　　对于上述分析方法，有必要说明两点：一是并不是所有的关键词分析都要采取如上的每一个步骤，而应该根据分析的目标来确定上述步骤的取舍；二是观念表征手段的变化问题。如在某观念存在的周期内，观念的表征手段可能不会完全相同，且同一个观念在不同文化中的表征手段也会有别。通常情况下，观念的表征手段越多，该观念存在的时间就越长，其价值也就越高。（Карасик，Слышкин 2001：75—80）

　　如上所说，关键词分析法所得出的结论是语言学原有方法所无法实现的，通过观念关键词对词义的表征，得到的是一种全新和比较充分的包括语言内涵意义和外延意义在内的语义完形。这正是该方法所要达成的既定目标。

6.4.2 语言认知取向的观念分析

　　该视阈的观念分析与文化认知取向的有所有不同，它主要关注的是对观念的认知语义特征作出阐释，因此，该方法可分为实验论证和理论阐释两个方面，常用的主要有以下三种方法：

1)"联想分析法"（методика ассоциативного анализа）。联想分析法属于观念研究的实验论证。该方法与关键词分析法最大的不同在于：它需要在相应的观念"联想场"（ассоциативное поле）内进行，而关键词分析法是在观念称名场内进行的。观念联想场由刺激词（观念的关键表征词位）引起的所有"联想词"或"联想反应词"（ассоциаты）构成。联想实验通常分为两种："自由联想实验"（свободный ассоциотивный эксперимент）和"定向联想实验"（направленный ассоциативный эксперимент），该两种方法都可以形成相应的联想场。自由联想实验，是以被实验者用任何词语来回答刺激词为前提的实验；而定向联想实验则是以被实验者受到一定限制的回答为条件的实验，如词类限制、结构限制等。联想实验的具体步骤为：第一步，用某一词语（如关键词或观念称名词）作为刺激词语，在一定范围内由被实验者对该刺激词进行联想式的回答。例如，100 位被实验者对 *совесть*（良心）一词语的联想实验表明，该词语的联想场的构成是：*честность*（11），*стыд*（6），*внутренний контролёр*（5），*мучения*，*порядочность*，*чистая*（4），*переживание*，*судья*，*чистота*（3），*Бог внутри тебя*，*вина*，*гложет*，*душа*，*мука*，*ответственность за поведение*，*плохо*，*когда есть угрызения*，*правда*，*сердце*（2），而只有 1 次回答的词语就更多，可以说五花八门，难以一一列举。（见 Попова 2007:185）第二步，将构成联想场的上述联想词作为语言手段，对由刺激词所引发的观念认知特征的客体化情况进行阐释。应该说，无论是自由联想实验还是定向联想实验都可以区分出使联想词客体化的大量认知特征。但就两种步骤而言，它们的目标指向还是有所不同的。如果实验的目标是为了揭示语言意识和确定词的心理语言学意义，那么采用第一个步骤就可以达到了，即获得由刺激词产生的联想场；而如果实验的目标是为了分析认知结构，则需要在第一个步骤的基础上采取第二个步骤，即进一步分析联想词的认知特征，因为只有这样，才能够既获得结论性的知识，也获得由联想词揭示的间接性认知特征。

2)"认知阐释法"（методика когнитивной интерпретации）。我们知道，认知语义学的研究对象是使观念客体化的语言单位（即语言意识），其最终目标是依据语言材料来构拟作为思维单位的观念，即将观念（认知意识）模式化。因此，对认知语义研究来说，其最为重要的是对语言单位语义的描写结果进行阐释，只有这样，才能将语言材料转化为相应的认知程序，进而对观念进行模式化研究。也就是说,对观念称名场的语言学描写进行阐释,是语言认知取向观念分析必不可少的阶段和最为重要的方法。或者说,观念分析如果不经过认知阐释这一阶段,那么构建观念模型就成为不可能。认知阐释法在观念分析中的意义和功用由此可见一斑。所谓认知阐释,就是在较为抽象的层面上对观念称名的语言单位意义的描写结果进行思考性概括,以揭示和解释由这些语言单位的意义或语义成素所表征的认知特征,其最终目标是使观念的内容模式化。(Попова 2007:200)由此似可得出这样的结论:所有在认知阐释之前所获得的语义描写都还不是对观念内容和结构的描写,而只是对称名单位的意义的一种解释,即对称名单位的个别认知特征进行称名,并用某种语言手段对这些语言单位进行语言化。

通常情况下,认知阐释法可以采取以下具体的"操作方法"(приёмы)来实现对观念的模式化:(1)认知特征的揭示,即对观念称名场各语言单位的语义描写结果进行阐释。(2)义素的认知阐释。如果说第一个步骤是对语言单位意义的完整描写的话,那么通过对意义构成义素的分析就可以获得对意义的词典学或心理语言学的描写,因为每一个意义都是由一组义素所展现的。构成不同观念称名语言单位意义的义素,可以组成观念称名场的语义空间,从而可以反映出观念的认知特征。如,对观念的"同义词列"(синонимический ряд)进行分析,就可以揭示出一系列表征认知特征的语义成素。再如,对 друг (朋友)观念的认知义素分析,通过该词与同义词 приятель,товарищ 语义的对比,可以分别从 Приятелей у нее много,а настоящих друзей всего один—— Петя(她的朋友很多,但真正的朋友只有一个——别佳)和 друг и товарищ (朋友和同志)的语句和词的组合中得出两个语义成素——"挑选出来的"和"亲密关系"。这两个成素就可以阐释为 друг 观念的认知特征;然后,再对 друг 观念称名场语言单位内分离出来的义素按照意义上的相同或相近程度进行概括(即将其归入一种特征),并将其作为 друг 观念具有整体性的认知特征进行阐释。如果义素具有鲜明度标志(根据语篇现实化的数量或相应联想词的频率得出),那么,被认知阐释过程概括为整体性认知标志的义素就可以从该特征现实化的数量中得到总频率;接下来是按照鲜明度对认知特征进行由高到低的排列,以便从中区分出观念的内核、近外围、远外围和阐释场等。(3)对格言进行认知阐释。格言需要在其意义的概括形式中(即将所有的近义纳入一个较为概括的意义中)进行认知阐释,以确定所搜集的格言材料中意义表达的相对频率。其方法是:在分析格言意义的基础上,将相关的认知特征解释为观念的论点形式。如果认知特征不能解释为论点,那么该格言对现代操语言者来说就不具有单义的信息,该格言就应该被排除在进一步阐释之外;而如果该格言有几种阐释,那么就应该进行问卷调查,以便确定哪一种是主导性的阐释。(4)对联想实验结果进行认知阐释。联想实验结果的认知阐释既可以直接通过对心理语言学意义的描写来实现,也可以通过间接的联想词或联想反应词的认知阐释来实现。在第一种情形下,区分出可以使词的单独意义客体化的联想词;在第二种情形下,联想词可以直接概括为认知特征,而不需要按照单独意义对语义成素进行分类。上述两个步骤有各自不同的目标:如果是要提出词典学和心理语言学的意义和观念,那么就采取第一个步骤;而如果是为了对观念内容进行实验性描写,那么就采取第二个步骤。以第二个步骤为例:联想词被阐释为构成观念内容的某认知特征的语言表征,语义上相近的联想词被概括为具有整体性的认知特征,该特征由词语来作出详细解释。而为了对所解释的认知特征进行命名,通常要选择那些频率最高或修辞色彩上最具中性的词语来完成。在这里,可以对上文"联想分析法"中提到的 *совесть* 一词的联想实验结果作出如下认知阐释: *совесть* 的认知特征中,分别包含着 *честность*(*честность*,*правда*,*порядочность*),*справедливость*(*справедливость*),*неприятные*,*тяжелые переживания*(*стыд*,*мучения*,*переживание*,*гложет*,*мука*,*вина*,*плохо*,*когда есть угрызения*)等成素。联想实验结果的认知阐释表明,在观念结构中分离出的认知特征很可能是相互矛盾的,这与观念称名词原有的意义有本质的不同。(5)隐喻的认知阐释。认知隐喻在认知阐释过程中应该被解释为进入观念结构的某内容特征。这些特征是从隐喻内容中抽象出来的,其中绝大部分是来自于作为隐喻基础的比喻。如,*огонь острый*(火很旺)的认知隐喻可以阐释为"引起疼痛、遭受伤害"(由 *огонь колет*,*пронизывает*,*распарывает* 等语义引发);而 *огонь живой*(火焰如生)的认知隐喻则可以阐释为"活跃"(由 *огонь дышит*,*вздыхает*,*задыхается*,*воспринимается как струя* 等语义引发)。应该说,认识隐喻的阐释是比较复杂的,很多情况下远不是一种单义的解题,这是因为:隐喻所依据的可能是被隐喻化客体的几种认知特征,而不是一种。另外,对事物或现象的主观感知也常常作为隐喻化的手段。因此,在许多情形下对隐喻的认知阐释是很困难的。(6)对词位频率做认知阐释。我们知道,观念阈中的某观念可以被现实化,从而成为讨论的对象,即获得交际相关性。观念的交际相关性定律表明,如果观念在观念阈中被现实化,其称名词汇单位的频率会提高;而如果观念的现实化程度降低,那么其将语言手段客体化的频率也会下降。因此,词汇单位频率的认知阐释就可以揭示出民族阈中某一时期现实的和非现实的观念。(7)对称名词位意义内部形式的认知阐释。观念研究中,有时需要对作为观念结构信息来源的词的内部形式进行分析。斯捷潘诺夫于 1997 年出版的《恒量:俄罗斯文化词典》就是依据词的内部形式来分析观念结构的。(见 Степанов 1997)卡拉西克也认为,观念分析显然也可以利用词的内部形式来作为辅助手段。(Карасик 2004:171)例如,有学者在分析 быт(日常生活)这一关键词在俄语意识中的观念时就认为,该观念的内核最初时是具体的概念,即可以被界说为属于某人的"财产"。在古俄语中,быт 的观念是由中性名词 быто 来表征的,意为"家什""零碎用品";后来,该观念的内核渐渐被新的观念特征所包裹,观念的容量扩大,由原来的单义发展为多义,原有内核中生成了新的具体意义——生活资料、生活用品等。(见 Попова 2007:208)经过若干世纪的发展和演化,现代俄语中的 быт 观念有"单调""墨守成规""忙忙碌碌""洗洗涮涮"等成素。正是这些成素决定着俄罗斯人对日常生活的态度。由上可见,观念称名词的词源分析可以提供观念的内容信息,尽管这些词源信息对操语言者的语言意识来说并不总有现实的意义,也不能对观念内容产生多少实质性的影响。(8)对认知分类特征的揭示。观念描写结果的认知阐释的第二阶段是对单独的认知特征进行概括,并以此为基础揭示出用于对某事物或某现象进行观念化的认知分类特征。相近的认知特征被阐释为对观念的单独认知分类特征的表征,它们在语篇实验或分析过程中建立的频率被用来确定观念结构中的鲜明度和现实性。如,хороший(好)和 плохой(坏)的认知特征,是由"一般评价"(общая оценка)的分类特征概括出来的;сложный(复杂)和 простой(简单)的认知特征,是由"掌握的难易度"(доступность освоения)的分类特征概括出来的;красивый(美)和 некрасивый(不美)的认知特征,是由"美学评价"(эстетические оценки)的分类特征概括出来的,等等。总之,所有揭示出的认知特征都可以阐释为对某认知分类特征的客体化和表征,而对认知分类特征的揭示则可以发现观念所指事物观念化的些许特点。

应该说，以上八种操作方法实际上都有各自的专门用途或阐释力，因此，可以结合起来一并使用，从而构成观念分析中较为完整的阐释法。但需要说明的是，并不是对每一种观念的阐释都必须同时在这八个方面"面面俱到"，而应该"有的放矢"，即按照观念分析的具体目标来确定采取其中的哪几个方面。

3）"观念模式化法"（методика моделирования концепта）。如果说认知阐释法是从观念的本质属性视角对观念作出阐释（而非描写）从而实现观念模式化的话，那么观念模式化法则是从观念的结构和系统视角对观念进行描写（而非阐释）从而使观念模式化的。两种方法各有侧重，各有所长，构成观念研究理论体系中缺一不可的两个方面。

从理论上讲，观念模式化包括既相辅相成又各自独立的三大描写程序：(1)对观念宏观结构的描写——将观念中揭示出的认知特征分别归入形象、信息内容和阐释场三个方面进行描写，以确立它们在观念结构和系统中的相互关系。也就是说，观念宏观结构的描写程序，主要分析认知特征在观念宏观结构中的分布情况，以直观性地展示观念中什么类型的信息占主导地位，不同类型信息之间有怎样的关系。如，定向联想实验表明，在俄语意识中，*английский язык*（英语）观念的宏观结构比率（按总数为 690 个反应的百分比计算），分别占 20%、35% 和 45%。有学者对上述占比率做了具体分析后得出这样的结论：该观念在形象方面比较单调，占比不高；阐释场的评价区域较为矛盾。实用区域和秩序维系区域彼此紧密关联，被同时观念化为"普遍可以掌握的"和"复杂的"，但又是"必须的"语言；而信息内容由于它（英语）具有全世界的认知特征，所以比较充实，在观念结构中起着重要的作用。（见 Попова 2007：211—212）(2)观念范畴结构的描写——揭示事物或现象观念化的认知分类的等级，或按照观念所指事物的现实性程度来对观念的认知分类等级进行描写。如，对 *долг*（义务）观念的联想实验以及对该实验结果的认知阐释表明（按 300 个反应的百分比计算），该观念内容的认知特征如下：*обязанность*（89），*деньги*（75），*ответственность*（37），*перед Родиной*（35），*необходимость возраста*（21），*моральная тяжесть*（10），*перед другом*（4），*перед родным*，*перед работой*（3），*из-за карт*（2），以及其他众多的 1 次反应。这些认知特征可以有下列分类特征：*состовляющие*（214），*последствия*（17），*сфера проявления*

(50)，*причина появления*（3），*видовые разновидности*（3），*носитель*（3）。这样可以看到，该观念的内核认知分类特征是 *состовляющие*（构素）特征，占总反应的 73.8％；近外围是 *сфера проявления*（体现范围）特征，占总反应的 17.2％；远外围是 *последствия*（后果）特征，占总反应的 5.9％；最外围的是 *причина появления*（出现原因），*видовые разновидности*（体的变体），*носитель*（观念承载着），各占总反应的 1％。从上述分类特征可以得出这样的结论：*долг* 这一观念在俄语意识中占主导的是理性的、通过区分观念构素的成分，其他成素都位于认知意识中的外围。（见 Попова 2007:213）(3)观念场组织的描写——揭示和描写构成观念的内核、近外围、远外围、最外围的分类特征，展示观念内容的场结构。这种描写需要依托观念结构中认知特征的鲜明度和现实性来完成。如果不做联想实验，而只依据词典和语篇材料，那么认知特征的鲜明度就要按照观念称名语言单位的使用频率来确定（即依据语篇分析和频率词典的材料），或者按照对认知特征客体化的单位的数量来确定，因为客体化的单位越多，其特征鲜明度就越高，对揭示意识的作用也就越重要。有学者建议，场组织研究最好把传统的语言学分析（语篇的选取）与联想实验方法结合起来进行，因为这样可以得到最佳的描写结果并获得最具说服力的特征鲜明度。（Попова 2007:214—215）观念场组织的模式化，可以展现场结构的"词汇模型"（словесная модель）和"图解模型"（графическая модель）：前者用词语来描写观念，展现出观念的内核、外围、层级和音段以及单独的阐释场；后者则将场结构用图表来展示，即用具体的认知特征来建构包括某观念的内核形象构素、信息构素和价值构素（阐释场）等内容在内的图表。

　　总之，在当代俄罗斯观念认知主义范式中，观念理论相较于其他理论来显得尤为突出和重要。究其原因，这主要是由该范式的基本学理所决定的。它以"说话的人"为内核，就势必要把语言与意识、语言与思维的关系摆在首位，而观念作为意识的单位就必然会成为学界广为关注的焦点。应该说，上述观念理论有其值得称道的方面，那就是它并不是西方相关理论的复制或克隆，而是西方理论与俄罗斯语言学传统（尤其是心理学和心理语言学传统）相结合的产物。有关观念内涵、观念阈、观念分析方法（尤其是关键词分析法和联想实验法）的思想，更多的贴有俄罗斯民族文化的标签，因此，它们是当代世界符号学理论和方法论体系中不可多得的宝贵财富。

注释

1. 该理论亦称"文化—历史主义心理学"（культурно-историческая психология）或"文化—历史主义心理学派"（Культурно-историческая психологическая школа）。具体内容请参见本著第七章"文化—历史主义范式"中的相关评析。

2. 但在当代俄罗斯语言学界，最早发表认知语言学方面研究论文的并不是库布里亚科娃，而是格拉西莫夫（В. И. Герасимов）。他于 1985 年发表文章《论认知语法的形成》（«К становлению когнитивной грамматики»），该文主要介绍了美国等西方国家的认知语法理论。

3. 该著作的主要内容被收入在 2004 年出版的《语言与知识》（«Язык и знание»）文集中。

4. лексикон 一词在国内一些心理语言学和认知语言学著述中被翻译为"词典"。

5. 为便于对相关学说进行评析，该部分的题目中只标出"布雷金娜的世界的语言观念化"的字样。

6. 两位作者是母子关系，即此处的什梅廖夫是俄罗斯著名语言学家什梅廖夫（Д. Н. Шмелёв，1926—1993）的儿子。他们两人在 20 世纪 90 年代曾合作发表过多篇有影响的论文。

7. 术语 аспектология 在传统语法中多定名为"体学"，但在邦达尔科的功能语法中又多定名为"时体学"，此处仍采用与功能语法理论中一致的称谓。

8. 关于这两类词汇所反映的俄罗斯心智或文化观念的情况，阿鲁玖诺娃在其进行的语言逻辑分析中多有涉及，并在其专著《语言与人的世界》（«Язык и мир человека»）中就有关的几组观念作过专门研究和分析，而布雷金娜的研究大致与其相仿。

9. 应该说，卡西尔与尼采在隐喻问题上的观点不尽相同。卡西尔并没有像尼采那样将所有的思维方式都归于隐喻。他区分出两种不同的心智活动：隐喻性的（神话诗学的）思维和话语—逻辑思维。

10. 西班牙哲学家奥尔特加—伊—加赛特是生命哲学和哲学人本学的代表人物。

11. 此处"艺术话语"的俄文为 художественный дискурс，考虑到 художественный 与 литературный 的区别，并联系到当代俄罗斯符号学大家洛特曼（Ю. М. Лотман，1922—1993）对"艺术文本"（художественный текст）所作的研究，故定名为"艺术话语"。它既包括文学，还包括电影、绘画、雕塑等艺术。

12. 俄罗斯语言学传统比较注重基于结构的各种研究，如：功能主义研究偏重于"结构功能"，而系统主义则偏重于"结构系统"等。对这一传统的具体特点，请参照本著第三章的有关内容。

13. "文化世界图景"之术语，根据我们掌握的资料，最先是由俄罗斯学者捷尔—米娜索娃（С. Г. Тер-Минасова）提出来的，她在《语言与跨文化交际》（«Язык и межкультурная коммуникация»）一书中，着重从"跨文化"的独特视角阐述了"语言""思维/文化""现实"三者的相互关系，以及由语言和思维/文化所建构的不同世界图景等问题。（见 Тер-Минасова 2000）而从事该项研究的其他俄罗斯学者则大多采用西方语言学文献中常见的提法——"观念世界图景"。我们认为,上述两种提法就其内涵而言并无实质性差异,如为突出"语言"与"文化"的异同性及对比性,以及俄汉两种语言交际的"跨文化性",采用"文化世界图景"的说法是合适的,但如果强调的是人的认知,则采用"观念世界图景"的说法更加确切。

14. 有关"民族文化定型"问题,我们已在本著第十三章的"定型理论"中进行了分析和评析。

15. 此处的"思维的语言"并非语言学中的"语言"的概念,而是指某符号系统。在俄罗斯语言学文献中,язык 专门有此特指意义,如"文化的语言"(языки культур)、"空间的语言"(языки пространств)等,实为"文化符号系统""空间符号系统"等。

16. 这里所说的"困境"主要指该学的领袖阿鲁玖诺娃于 2018 年去世一事。显然,她的离去不仅是俄罗斯学界的重大损失,对兴起不久的语言逻辑分析学派来说更是灾难性的。

17. 此处阶段的划分,并没有包括阿鲁玖诺娃在 80 年代前所做的对语言进行逻辑分析的相关内容,而是以形成了以她为代表的语言逻辑分析学派(即 1986 年俄罗斯科学院成立"语言逻辑分析"课题组)之后的系列成果为标界的。此前,她对语言逻辑分析的代表作有《句子及其意义:逻辑语义问题》(«Предложение и его смысл: Логико-семантические проблемы»)(1976)等。

18. 当然,在我们看来,观念和定型还是有区别的:定型是受社会文化制约的民族语言意识综合体,在言语交际中以程式化的联想形式体现;而观念需要更高层次的抽象,是一种特殊的"思想"(идея)。在此基础上形成的"民族观念"(национальный концепт),即是通过高度抽象和概括出来的、具有普遍意义又由具体语言形式体现的带有鲜明民族文化烙印的思想。

19. 此处的"语言交际"是广义的概念,它包括接受教育的过程以及独立学习和掌握语言单位意义的过程等。

20. 事实上,在俄罗斯学界观念研究已经不单单作为一种理论样式出现了,其研究范围、对象和方法等已经构成比较完整的科学体系,成为一门独立的学科——"观念学"(концептология),如有"政治观念学"(политичеcая концептология)、"文化观念学"(культурная концептология)、"语言观念学"(лингвоконцептология)等。

21. 在当代俄罗斯语言学术语中,ментальность 和 менталттет 的使用频率很高,不少学者将它们视为同一术语。但我们认为它们还是有区别的,故将它们分别定名为"心智"和"心智体"。

22. 该"客体化"就是"语言化"或"现实化"。

参考文献

[1] Апресян Ю. Д. Дейксис в лексике и грамматике и наивная картина мира [A].// Избранные труды [C]. Т. 2. М., Языки русской культуры, 1995.

[2] Арутюнова Н. Д. Предложение и его смысл: Логико-семантические проблемы [M]. М.,

Наука，1976.

［3］Арутюнова Н. Д. Синтаксические функции метафоры［J］. Известия АН СССР，Серия литературы и языка，1978a，№3，с. 251—262.

［4］Арутюнова Н. Д. Функциональные типы языковой метафоры［J］. Известия АН СССР，Серия литературы и языка，1978b，№4，с. 333—343.

［5］Арутюнова Н. Д. Языковая метафора（синтаксис и лексика）［A］.//Лингвистика и поэтика［С］. М. ，Наука，1979，с. 147—173.

［6］Арутюнова Н. Д. Лингвистические проблемы референции［A］.//Новое в зарубежной лингвистике［С］. М. ，Радуга. 1982，вып. 13，с. 5—40.

［7］Арутюнова Н. Д. Язык и мир человека［M］. М. ，Языки славянской культуры，1999.

［8］Арутюнова Н. Д. Логическое направление в языкознании［A］.//Лингвистический энциклопедический словарь［Z］. М. ，Научное издатеьство «Большая Российская энциклопедия»，2002，с. 273—275.

［9］Арутюнова Н. Д. Логичесикй анализ языка. Избранное 1988—1995［M］. М. ，Индрик，2003.

［10］Бенвенист Э. Общая лингвистика［M］. М. ，Прогресс，1974.

［11］Бодуэн де Куртенэ И. А. Количественность в языковом мышлении［A］.//Избранные труды по общему языкознанию. Ч. 1.［С］. М. ，Изд-во АН СССР，1963，с. 311—324.

［12］БулыгинаТ. В. ，Шмелёв А. Д. Языковая концептуализация мира на материале русской грамматики［M］. М. ，Языки русской культуры，1997.

［13］Буслаев Ф. И. Историческая грамматика русского языка［M］. М. ，Учпедгиз，1959.

［14］Вежбицкая А. Язык. Культура. Познание［С］. М. ，Русские словари，1996.

［15］Голованова А. В. К вопросу о категории ценности и её репрезентации в языке［A］.//Человек. Язык. Культура［С］. Курск，Изд-во Курск. гос. пед. ун-та，2001，с. 11—16.

［16］Жинкин Н. И. Речь как проводник информации［M］. М. ，Наука，1982.

［17］Залевская А. А. Психолингвистический подход к проблеме концепта［A］.//Методологические проблемы когнитивной лингвистики［С］. Воронеж，ВГУ，2001，с. 36—45.

［18］Залевская А. А. Концепт как достояние индивида［A］.//Слова. Текст. Избранные труды［С］. М. ，2005，с. 234—244.

［19］Зализняк Анна А. ，Левонтица И. Б. ，Шлемев А. Д. Ключевые идеи русской языковой картины мира［С］. М. ，Языки славянской культуры，2005.

［20］Карасик В. И. Языковой круг: личность，концепты，дискурс［M］. М. ，Гнозис，2004.

［21］Карасик В. И. Языковая матрица культуры［M］. М. ，Гнозис，2013.

［22］Караулов Ю. Н.，Сорокин Ю. А.，Тарасов Е. Ф.，Уфимцева Н. В.，Черкасова Г. А. Русский ассоциативный словарь ［Z］. М.，Помовский и партнеры，1994.

［23］Караулов Ю. Н. Русский язык и языковая личность ［М］. М.，УРСС，2002.

［24］Колесов В. В. Язык и ментальность ［М］. СПб.，Петербургское Востоковедение，2004.

［25］Красных В. В. Виртуальная реальность и реальная виртуальность ［М］. М.，Диалог-МГУ，1998.

［26］Красных В. В. «Свой» среди «чужих»：миф или реальность? ［М］. М.，Гнозис，2003.

［27］Крычкова Н. В. Лингвокультурное варьирование концептов ［М］. Саратов，Научная книга，2005.

［28］Кубрякова Е. С. Начальные этапы становления когнитивизма：лингвистика—психология—когнитивная наука ［J］. //Вопросы языкознания，1994а，№4，с. 34—37.

［29］Кубрякова Е. С. Текст и его понимание ［J］. //Русский текст . 1994b，№2，с. 18—27.

［30］Кубрякова Е. С. Краткий словарь когнитивных терминов ［Z］. М.，МГУ，1996.

［31］Кубрякова Е. С. Части речи с когнитивной точки зрения ［М］. М.，Институт языкознания РАН. 1997а.

［32］Кубрякова Е. С. Язык пространства и пространство языка ［J］. //Изв. РАН-СЛР，1997b，№3，с. 22—31.

［33］Кубрякова Е. С. Языковое сознание и языковая картина мира ［А］. //Филология и культура. Материалы международной конференции. Ч. 1. ［С］. Тамбов，Изд-во ТГУ，1999，с. 6—13.

［34］Кубрякова Е. С. Янко Т. Е. Язык и культура（факты и ценности）［С］. М.，Языки славянской культуры，2001.

［35］Кубрякова Е. С. Об установках когнитивной науки и актуальных проблемах когнитивной лингвистики ［J］. // Вопросы когнитивной лингвистики，2004а，№1，с. 6—17.

［36］Кубрякова Е. С. Язык и знание. На пути получения знаний о языке：части речи с когнитивной точки зрения. Роль языка в познании мира ［С］. М.，Языки славянской культуры，2004b.

［37］Кубрякова Е. С. В поисках сущности языка. Когнитивное исследование ［С］. М.，Знак，2012.

［38］Лассан Э. О формах существования концептуальных метафор как индикаторах силы и бессилия общества ［J］. //Политическая лингвистика，Екатеринбург，2010，№1，с. 24—33.

［39］Маслова В. А. Лингвокультурология ［М］. М.，Академия，2001.

［40］Леонтьев А. Н. Деятельность. Сознание. Личность ［М］. М.，Политиздат，1975.

［41］Лихачев Д. С. Концептосфера русского языка ［A］.//Изв. РАН-СЛЯ ［C］M.，Наука，1993，№1，с. 3—9.

［42］Никитин М. В. Развернутые тезисы о концептах ［J］.// Вопросы когнитивной лингвистики，2004，№1. с. 53—64.

［43］Падучева Е. В. Семантические исследования. Семантика времени и вида в русском языке. Семантика нарратива ［M］. M.，Языки русской культуры，1996.

［44］Пименова М. В. Душа и дух：особенности концептуализации ［M］. Кемерово，Графика，2004.

［45］Попова З. Д. ，Стернин И. А. Когнитивная лингвистика ［M］. M.，Восток-Запад，2007.

［46］Серебренников Б. А. ，Кубрякова Е. С. ，Постовалова В. И. и др. Роль человеческого фактора в языке：Язык и картина ［C］. M.，Наука，1988.

［47］Слышкин Г. Г. От текста к символу. Лингвокультурные концепты прецедентных текстов в сознании и дискурсе ［M］. M.，Academia，2000.

［48］Слышкин Г. Г. Лингвокульттурные концепты и метаконцепты ［M］. Волгоград，Перемена，2004.

［49］Степанов Ю. С. Константы：Словарь русской культуры ［Z］. M.，Языки русской культуры，1997.

［50］Тарасов Е. Ф. Введение ［A］.//Язык и сознание：парадоксальная рациональность ［C］. M.，ИЯ РАН，1993，с. 6—15.

［51］Телия В. Н. Русская фразеология ［M］. M.，Языки русской культуры，1996.

［52］Тер-Минасова С. Г. Язык и межкультурная коммуникация ［M］. M.，Слово/Slovo，2000.

［53］Хроленко А. Т. Основы лингвокультурологии ［M］. M.，Флинта，Наука，2004.

［54］ФЭС(Филосовский энциклопедический словарь)［Z］. M.，«ИНФРА-М»，1998.

［55］Шапанова М. В. Национальная специфика отражения концепта "общение" в лексико-фразеологической системе русского языка ［A］.//Язык и национальное сознание. Вып. 2 ［C］. Воронеж，ЦЧКИ，1999，с. 52—54.

［56］Шахнарович А. М. ，Юрьева Н. М. Психолингвистический анализ семантики и грамматики ［M］. M.，Наука ，1990.

［57］Шейгал Е. И. ，Арчакова Е. С. Тезаурусные связи и структура концепта ［J］.// Язык，коммуникация и социальная среда，2002，Вып. 2，с. 19—24.

［58］Шмелёв А. Д. Русская языковая модель мира ［M］. M.，Языки славянской культуры，2002.

［59］Яковлева Е. С. Фрагменты русской языковой картины мира ［M］. M.，Гнозис，1994.

［60］Яковлева Е. С. Час в русской языковой картине времени ［J］.//Вопросы языкознания.

1995，№6，c.54—76.

[61] 陈勇，从逻辑分析到概念分析的嬗变[J]，解放军外国语学院学报，2011年第3期。

[62] 洪堡特，论人类语言结构的差异及其对人类精神发展的影响[M]，姚小平译，北京：商务印书馆，1999。

[63] 赵艳芳，认知语言学概论[M]，上海：上海外语教育出版社，2001。

第 十 六 章

对俄罗斯符号学研究范式的总体评价

本著在系统梳理俄罗斯符号学的思想渊源和文脉传承的基础上,对百年来俄罗斯符号学的发展阶段、研究范式的交织与嬗变,以及不同历史时期所呈现的十二种基本范式的相关理论学说及思想观点等进行了较全面的评介、分析和批评。鉴于此,我们似可以对百年来俄罗斯符号学研究范式的基本特点及思想特质得出些许概括性认识。基于本著作在第一章"总论"中所确定的"历史事实"和"历史意义"相结合的基本原则,我们认为这些基本特点和思想特质就构成了我们对俄罗斯百年符号学研究范式的总体评价。

第1节 俄罗斯符号学研究范式的基本特点

纵观百年来俄罗斯符号学所经历的十二种范式的交织和交替情况,我们认为可以从中窥视和总结出以下基本特点:

1.1 与世界保持同步发展水平

总体而言,符号学研究范式的交织、交替是随着社会的发展、思想的进步、时代的前行以及国际大背景的变化而发展起来的。最能体现这一点的,是符号学研究视阈和研究单位发生的系列变化。如,世界语言学基本范式的变化本质上影响着俄罗斯符号学范式的更替:语言学研究中的"历史比较范式"(сравнительно-историческая парадигма)和"结构—系统范式"(системно-структурная парадигма)成就了俄罗斯形式主义范式,后者还对结构—系统主义范式、结构—功能主义范式、后结构主义范式等产生直接或间接的影响;"社会范式"(социальная парадигма),与功能主义范式和交际主义范式的关联性十分紧密,甚至可以认为是不同学科领域所体现的对语言本质的同一种认识;而"人类中心论范式"(антропоцентрическая ипарагма)显然又是语义中心主义范式、认知心理主义范式、文化认知主义范式和观念认知主义范式的催生剂;再从研究单位看,俄罗斯符号学大致经历了"由小到大"或"由微观到宏观"的发展过程,即由音位→词语→语句→文本→文化代码→文本间性→文化间性等一系列的演进过程,而这一过程与 20 世纪世界符号学(即一般意义上的语言学)由结构主义→生成主义→功能主义→认知主义的发展脉络保持着基本的一致性和同步性。

1.2　门类齐全和体系完整

理论上讲,百年来俄罗斯符号学所经历的十二种范式,在学理上就构成符号学的十二个不同学科。这是从范式即"方法论"层面作出的分类,我们可以将其视为俄罗斯符号学的十二个"二级学科"。但如果从本著所确定的"方法论"的下位单位"方法"和"研究法"两个层面看,上述十二个"二级学科"又都可以做进一步的细分,生成出数量可观的"三级学科"和"四级学科"。如,形式符号学又可分为文学符号学、艺术符号学、戏剧符号学、音乐符号学、绘画符号学、电影符号学、诗歌语言符号学、修辞符号学、形式—功能符号学等;功能符号学又可分为功能语法符号学、交际语法符号学、功能交际语法符号学等;心理符号学又可分为言语活动符号学(包括言语生成符号学、言语感知符号学)、语言个性符号学、语言意识符号学、定型符号学、先例符号学等;文化符号学又可分为文本符号学、历史符号学、交际符号学、符号阈符号学、信息符号学等;观念符号学又可分为认知语义符号学、语言观念化符号学、隐喻符号学、语言世界图景符号学、语言逻辑分析符号学以及文化观念符号学、思维观念符号学、观念阈符号学等。仅就数量而言,不同层面的俄罗斯符号学分支学科的总量已超过四十个,可谓门类齐全,体系完整,几乎涵盖到与语言符号有关的所有学科和领域。这在世界符号学史上恐怕也是绝无仅有的。它再一次证明,作为世界符号学"三大王国"或"三巨头"之一的俄罗斯符号学,它在过去百年中所经历的研究范式较之世界任何国家而言不仅毫不逊色，且在研究领域和学术样式方面甚至超过美国、法国等符号学强国。其中尤其值得一提的是"创建期"的俄罗斯符号学研究，它在世界符号学史上掀起了一场声势浩大的形式主义和结构主义运动，这场运动无论对俄罗斯还是对世界符号学发展的影响都是无法估量的。

1.3　互补性、连续性和关联性强

本著的研究表明，俄罗斯符号学各范式之间的交织或交替关系在学理上呈现为如下"三强"的特征：

1）互补性强。主要体现在同一发展阶段内不同范式的交织在学理上构成互补，即范式与范式之间并不是相互对立或排斥的关系，而更多地体现为互为条件、彼此呼应、相得益彰的关系。这一点在三个不同发展阶段中都有充分展现。如，"创建期"内出现的四种基本范式，都是基于符号（确切说是语言符号）的结构而展开的学术研究样式，即便是文化—历史主义范式，也同样没有偏离历史、文化以及心理符号的结构视角。

2）连续性强。主要体现在不同发展阶段的范式交替在学理上构成连贯性，即一种范式的消亡，并不代表其有关的学说思想就此泯灭，而是"春风吹又生"，蜕变出另一种新的更符合时代特征的新范式。对此，由"创建期"的结构—系统主义范式和结构—功能主义范式蜕变为"过渡期"的系统—结构—功能主义范式就是最好的例证。

3）关联性强。主要体现在跨发展阶段的范式之间在学理上构成内在的联系性，即一种范式的暂时隐退，可能会在间隔某发展阶段后"涅磐重生"，其基本学理成为另一种与之类似但又性质不同的范式的主要成素。如，"创建期"的形式主义范式在"过渡期"退出舞台后，又重新在"成熟期"被发扬光大，成为文化认知主义范式中文本符号学研究的立论理据和基本方法；某一发展阶段"非主流"的范式在另一发展阶段可能发展成为一种或几种"主流"的范式。如，"创建期"的文化—历史主义范式并非主流范式（该阶段主流的范式是形式主义和结构主义），但它在"成熟期"就发展为不仅是主流的，且有俄罗斯符号学代名词之称的文化认知主义范式以及颇具俄罗斯特色的心理认知主义范式的主要组成部分。

上述"三强"特征充分表明,俄罗斯符号学范式的生成与发展并非"无源之水"或"无机之术",而是有很强的内在逻辑性和厚重的学术积淀性。这也是其能够跻身于世界符号学强国的重要成因之一。

1.4 不乏领先于世界的方法论、方法和研究法

百年来的俄罗斯符号学,在发展水平上大致保持与世界同步的同时,几乎在每一个阶段也都不乏领先于世界的研究范式、学术流派和理论学说。

1)从方法论(意识形态或思想)层面看,如"创建期"的形式主义范式,"过渡期"的系统—结构—功能主义范式和后结构主义范式,"成熟期"的功能主义范式、心理认知主义范式和文化认知主义范式等堪称世界一流。(见赵爱国2016a:111)

2)从"方法"(流派或学派)层面看,具有世界领先水平的流(学)派有:形式主义范式中的"文艺学流派"(литературоведческое направление)、"形式—功能主义流派"(формально-функциональное направление),文化—历史主义范式中的"心理主义流派"(психологическое направление)、"阐释主义流派"(герменевтическое направление),系统—结构—功能主义范式中的"维诺格拉多夫语言学派"(Виноградовская школа в языкознании),语义中心主义范式中的"莫斯科语义学派"(Московская семантическая школа),心理认知主义范式中的"莫斯科心理语言学派"(Московская психолингвистическая школа),文化认知主义范式中的"塔尔图流派"(Тартуское направление),以及观念认知主义范式中的"语言逻辑分析学派"(Логический анализ языка)等。

3)从"研究法"(理论或学说)层面看,不仅上述世界领先范式中的许多理论学说具有世界性影响,而且一些并不领先的范式中同样也蕴藏着相对先进的理论学说或思想。总体看,下列理论学说或思想处在同时代的世界领先地位:什克洛夫斯基的"陌生化"学说,特尼亚诺夫的"文学系统性"学说,雅各布森的"诗歌语言结构"思想以及"符号类型"和"符号功能"学说,雅库宾斯基的"对话言语"思想,普罗普的"童话形态学"学说,沙赫马托夫的语言研究"综合性方法",特鲁别茨科伊的"音位对立论",什佩特的"阐释学方法论"(见赵爱国2019:121—128),维诺格拉多夫的"语言系统论"和"词的学说",巴赫金的"对话主义"和"言语体裁"学说,邦达尔科的"功能语法理论",帕杜切娃的"词汇语

义动态模式"学说,斯捷潘诺夫的"符号学语法"学说,阿普列相和梅里丘克的
"意思⇔文本"理论,小列昂季耶夫"言语活动论",卡拉乌洛夫的"语言个性"理
论,洛特曼的"文本符号""历史符号""交际符号""符号域"学说,乌斯宾斯基的
"反行为"理论(见赵爱国 2020:110—119),托波罗夫的"文本空间"和"城市符
号学"思想(见赵爱国 2012:112—118),布雷金娜的"世界的语言观念化"学说
等等。上述学者大多是具有世界影响的学术大家,他们的相关理论学说构成
了不同历史发展阶段俄罗斯符号学的"学术高地",是俄罗斯符号学理论体系
中最为珍贵的思想宝库。

　　以上不难看出,最具俄罗斯特色的符号学不仅体现在其"方法论"即"二级
学科"层面,更体现在其"方法"和"研究法"即"三级学科"和"四级学科"层面。
而对世界符号学理论体系而言,上述这些方法论、方法和研究法或生成于俄罗
斯本土,是书写俄罗斯思想传统和学术遗产的华丽篇章;或是借鉴西方学术成
果与本土学术传统相结合的产物,充分体现着"学术创新"的应有价值。它们
的出现,不仅表明着俄罗斯符号学研究范式的深厚底蕴,彰显着作为独立学科
的符号学在俄罗斯这块沃土上的勃勃生机,更为世界符号学的发展提供着源
源不断的思想宝典。

1.5　语言符号在所有范式中起着关键作用

　　纵观百年来俄罗斯符号学所经历的十二种范式,我们发现,几乎所有的范
式都因与语言符号结有"不解之缘"且具有语言符号学的学理特性。

　　1)其中一半的范式是直接研究语言符号而形成的,如结构—系统主义范
式、结构—功能主义范式、系统—结构—功能主义范式、功能主义范式、语义中
心主义范式、观念认知主义范式等。这些范式(包括其分支学科)或以语言的
结构为对象,或以语言的系统性为目标,或以语言的功能为主旨,或以语义描
写为核心,或以思想或知识生成的语言机制为使命,从而构建起俄罗斯符号学
史上具有纯语言符号学性质的方法论体系。尽管它们在不同时期曾分别被冠
以"语法学""语言学""语义学""语用学"等传统语言学的学科名称,但究其研
究视阈、研究方法、研究内容和研究态度而言,却具有鲜明的语言符号学特性。

　　2)其中有近一半的范式尽管从其名称看并非以语言符号为直接研究对
象(如形式主义范式、文化—历史主义范式、交际主义范式、心理认知主义范

式、文化认知主义范式等),但它们的形成机理和学理内涵又都直接或间接地与语言符号有关:或通过语言符号这一中介来研究艺术符号和交际符号,或通过语言符号这一载体来表征象征符号和心理形象,或通过语言与思维(意识)的关系来印证文化和历史符号属性等。其中最为典型的是形式主义范式和文化认知主义范式。如,从理论基础看,形式主义范式的形成除有其特定的哲学基础(如普通美学理论)外,语言学基础(历史比较主义和结构主义语言学)同样是其最为主要的来源之一。也就是说,俄罗斯形式主义者们正是从语言学理论中汲取到相应的方法论而对文艺学语言(尤其是诗歌语言)的属性和特点进行研究的;从该范式的本质看,形式主义范式实际上是一场捍卫文艺学本体论的思想运动,即让文艺学回归到"以语言文字为工具形象化地反映客观现实"的本真状态,因此,语言文字就成为该范式所倚重的考量元素;再从该范式的形成路径看,正是基于对文学作品"语言艺术"(словесное искусство)的矢志追求,才促使形式主义者们转向文艺学内部规律的探究,从而在研究路径上走出一条颇具俄罗斯特色的符号学创建之路,即由文艺学走向"作品"(вещь),再由作品走向"形式"(форма),最终由形式走向了"语言"(язык)。(见赵爱国2017:137—143)再如,文化认知主义范式的基本对象是"艺术文本"(художественный текст),这就使文化符号学研究具有了语言学的性质:无论是对文本的内外结构还是由此构成的各种关系,无论是对文本的思想结构还是空间结构,以洛特曼为领袖的符号学家首先或主要地是从语言学角度加以解读的。至于交际主义范式和心理认知主义范式,它们与语言符号的关系同样也不言而喻,因为离开语言符号这一最为重要的载体或工具就很难对交际和言语的生成、感知和理解作出合理解释。

3)其中的后结构主义范式相对较为"特殊":任金的"言语机制说"完全可以被认定为心理语言学视角的,因为任金本人也被公认为杰出的语言学家和心理语言学家;巴赫金的"超语言学"(металингвистика)理论显然与其对语言符号的结构和本质的认识密不可分[1],而"对话主义"和"言语体裁"理论虽属于文艺学研究范围,但其中的"对话"和"体裁"又是建立在对"语句"(высказывание)的形式和功能的解读或理解基础上的,因此,这两种理论与语言符号的形式与功能之间的联系依然十分密切。

总之,俄罗斯符号学的十二种范式的形成与发展,不仅都与语言符号的结构(形式)、功能、系统、意义等紧密相连,也与传统语言学的研究对象、研究目标和研究任务等有很高的契合性和交叉性。这就在理论与实践的结合上再次证明了以下两点:一是语言学作为人文学科及自然科学领域中的基础学科,它的方法论通常具有理论哲学的性质,20世纪初的世界哲学研究以及20世纪后半叶的世界认知学研究先后发生的两次"语言学转向"便是有力佐证。二是本著所确定的"语言学视阈中的俄罗斯百年符号学史研究"这一主题,是有其科学理据的。它表明,从语言学视角来审视符号学的生成和发展过程,揭示和评介其理论学说的学术价值,是一种最为有效和科学的方法,因为语言学理论本身就可以为符号学研究提供全面的、系统的和理性的诠释。从这个意义上讲,所谓符号学,本质上主要是指语言符号学。世界符号学史的实践证明是如此,俄罗斯符号学史也不例外。

第2节　俄罗斯符号学研究范式的若干特质

通过本著的系统审视,我们似可以对百年来俄罗斯符号学研究的"历史意义"即理论和思想价值提出几点基本的看法或认识,我们将其归纳为"若干特质"。

所谓"特质",意指相较于其他符号学大国而言俄罗斯在该领域研究中所"特有"的思想和方法。本质上讲,这些特有的思想和方法是由上文中所说的研究范式的基本特点所决定的,或者说是上述基本特点在思想和方法等层面上形成了俄罗斯符号学研究范式有别于他国符号学的些许特色。对此,我们在这里主要从宏观视角对俄罗斯符号学研究范式所特有的思想传统、哲学观、符号观和基本学理等几个层面加以总结和概括,而对微观层面上的特性和特点等,我们已经在每一个章节尤其是对某一具体理论学说的评介中作过相应的批评。

2.1　文脉上的"学术传承"

理论上讲,俄罗斯符号学之所以能够成为世界"三大王国"之一,主要得益于其深厚的学术底蕴及其传承。该学术底蕴主要源自两个方面:一是悠久的传统文化和思想遗产;二是厚重的语言学传统。我们的研究表明,百年来的俄罗斯符号学许多理论学说,其思想成素在古罗斯时期的"多神教"(язычество)

和"东正教"（православие）学说中就有所体现，并可以在中世纪的宗教哲学、18世纪的"欧洲主义"（европеизм）和 19 世纪的"斯拉夫主义"（славянофильство）等一系列理论学说中探寻到些许学理源泉。对此，我们已经在本著的第二章中进行了集中审视。至于俄罗斯的语言学传统，它的形成并非一蹴而就，而是经历了大致 150 年的时间，即从 18 世纪中叶至 19 世纪末，或者说从罗蒙诺索夫的《俄语语法》（Российская грамматика）起始，一直至 19 世纪下半叶的俄罗斯境内形成"三大语言学派"——"哈尔科夫语言学派"（Харьковская лингвистическая школа）、"喀山语言学派"（Казанская лингвистическая школа）、"莫斯科语言学派"（Московская лингвистическая школа）为止。该三大学派的奠基人波捷布尼亚（А. А. Потебня），1835—1891）、博杜恩·德·库尔德内（И. А. Бодуэн де Куртенэ，1843—1929）、福尔图纳托夫（Ф. Ф. Фортунатов，1848—1914）几位语言学大家在心理语言学、历史比较语言学和普通语言学等研究方面取得了世界一流的成果，从而为 20 世纪的俄罗斯理论语言学的发展奠定了坚实基础，同时也为其符号学研究中的形式主义范式、结构—系统主义范式、结构—功能主义范式的形成提供了全方位的理论保障。有关俄罗斯语言学传统中所蕴含的符号学思想和方法的内容，我们在本著的第三章中进行了系统梳理和评析。

简言之，从俄罗斯符号学的生成土壤看，它在学理上具有很强的传承性，这一点在"创建期"和"过渡期"体现得尤为明显。它"自成一脉"且"特色鲜明"：前者表现为它并非是"舶来品"，而主要是根基于自身的思想遗产和学术传统而形成的独立脉系。而正是这种脉系相承，才使得其符号学各范式之间具有很强的互补性、连续性、关联性，才使得其符号学体系具有了系统性的基本特征；后者体现为其符号学的理论学说大多贴有"俄罗斯标签"或展现为"俄罗斯特色"，如上文所提到的那些领先于世界的方法论、方法和研究法等就是有力佐证。上述特质表明，俄罗斯百年符号学史就是一部"传承与求新"的历史，它昭示着这样一个真理：没有对本国厚重学术传统的传承，就很难在某学术领域有所创新，更谈不上成为某学术领域的强者。

2.2　哲学维度上的"东西并举"

俄罗斯符号学所具有的深厚学术底蕴，并不表明它完全是在本民族思想文化和语言学传统的土壤上发展起来的，恰恰相反，欧洲理性主义学术思想对其的影响和催化作用也显而易见。本著的研究表明，俄罗斯符号学研究中的形式主义、文化—历史主义、后结构主义、功能主义、心理认知主义、文化认知主义等，其在文脉上可以认为是主要源自本民族的思想文化传统，而结构—系统主义、结构—功能主义、系统—结构—功能主义、交际主义、语义中心主义、观念认知主义等范式则主要是东西方学术思想相结合的产物。也就是说，从哲学维度上看，俄罗斯符号学具有"东西并举"的显著特征。[2]这一特征由两大构成要素：一是在如上所述的俄罗斯符号学十二种范式中，其东西方成素各占一半，形成数量上不分上下的对等局面；二是在东西方学术思想相互交融的领域，主要与传统语言学的研究范围相吻合。

　　这表明，上文中所提到的"欧洲主义"和"斯拉夫主义"哲学思想的"分庭抗礼"和"合二为一"，不仅是其语言学传统的基本特质，也同样是其符号学基本学理所体现出的本质特征。具体说，源自本民族思想文化及语言学传统的符号学范式，主要遵循的是"斯拉夫主义"学说，它更多强调俄罗斯思想、学术的本源性、自主性和独特性；而东西方学术交融的语言学领域则是西方"理性主义"和俄罗斯的"经验主义"相结合的产物，它既强调语言符号的普遍唯理基础的作用，也看重语言符号的交际性或工具性特性。这就是俄罗斯语言学传统中所体现的两面神——"雅努斯"（Янус）特质，我们不妨将这一特质称为"理性—经验主义"（рационализм-эмпиризм）。（见赵爱国 2016b：80—110）大量事实表明，俄罗斯符号学理论体系中的许多学说思想，尤其是"成熟期"中的交际主义、语义中心主义和观念认知主义等范式的多数理论学说（详见第十一、十二、十五章的内容），已经很难分辨出哪些是欧洲主义的，哪些又是斯拉夫主义的，因为它们呈现在我们面前的是一个"混合体"，即由"东西并举"而形成的"雅努斯"。因此，如果说俄罗斯符号学在文脉渊源上所体现的主要是"传承与求新"的话，那么它在哲学维度上所形成的"东西并举"之特质体现的则是"借鉴与创新"的符号学态度："借鉴"是俄罗斯符号学获得源源不断动力的源泉，而"创新"则是其矢志不渝的既定目标。从这个意义上讲，俄罗斯百年符号学史又是一部"借鉴与创新"的历史。

2.3　符号观上的"辩证统一"

符号观是对待符号的方式和态度的总和，即以何种方式或态度来看待符号和研究符号。这既是意识形态或思想层面的符号学方法论，也是学术研究活动中的符号学认识论。应该说，在这两个方面俄罗斯符号观相较于西方尤其是美国和法国两个符号学强国而言具有鲜明的独特性：

1）从方法论层面看，由于俄罗斯在相当长的一段时期内（苏联时期）奉行的是辩证唯物主义和历史唯物主义的意识形态，包括符号学在内的所有社会和人文科学无一例外地被印刻上了"马克思主义"的标签。尽管苏联解体后的俄罗斯符号学不再贴有意识形态的标签，但总体而言，将倚重于传统的俄罗斯符号学称之为"马克思主义符号学"并不为过。甚至可以说，俄罗斯符号学是世界符号学界唯一的"马克思主义符号学"的真正代表。它独树一帜，不仅极大地丰富了世界符号学研究的方法论，更在哲学层面上决定了俄罗斯符号学范式的科学内涵——它善于用辩证统一的方法看待和研究符号的一切问题。具体说就是：它更加注重语言符号的社会价值和文化功能，更加关注语言符号与思维、意识的内在同一性，更加重视对符号（尤其是语言符号、文学符号、艺术符号、宗教符号以及文化符号等）的系统性描写和阐释，更加倾向于研究语言符号的民族文化（精神）维度等。

2）从认识论层面看，上述辩证统一的方法论思想在不同阶段的符号学理论学说中体现得可谓"淋漓尽致"：据初步统计，在本著所论及的十二种范式（二级学科）中，包含着四十余个分支学科和百余种理论学说和思想，而其中的绝大多数都是以辩证统一或对立统一观为基本方法论为指导来审视符号的本质、结构、特性和功能的：语言符号形式与内容的辩证统一，文学符号形象与思想的辩证统一，文化符号结构与功能的辩证证统一等，成为了贯穿于整个俄罗斯百年符号学史的一条"红线"，再由这条"红线"延伸下去，渗透到每一个研究法和研究步骤的微观层级，这铸就了气势恢宏和结构严谨的俄罗斯符号学画卷。

当然，从符号学的运作机理和基本特性看，辩证统一或对立统一不仅是符号得以存在和运作的基础，也是符号研究最为有效的基本方法之一。从这个意义上讲，俄罗斯符号学所奉行的"辩证统一"符号观，既是其特有的意识形态的产物,也是依循了符号本质的特性所致。换言之,俄罗斯符号学的方法论可以为世界符号学研究提供有益的借鉴和遵循。

2.4　学理上的"人文性倚重"

如果要问,俄罗斯符号学相较于西方符号学强国而言,它最侧重于哪个方面或领域的研究呢? 它最擅长于对何种类型的符号进行研究呢? 它能够屹立于世界符号学强国的标志性成果是什么呢? 乍看起来,似乎对这些问题不难作出回答,因为世界符号学界早就把塔尔图—莫斯科学派的"文化符号学"视为俄罗斯符号学的"代名词",也就是说,俄罗斯符号学最为倚重的是作为符号或代码的文化研究。我们并不完全反对上述看法,但该看法似又有一定的片面性:它将俄罗斯符号学仅仅局限在文学艺术一个领域,而忽视了包括语言学在内的其他领域。因此,从本著既定的目标和原则出发,我们认为,就俄罗斯符号学的基本学理而言,它最为倚重的是符号的"人文性"(гуманизм)研究:纵观 250 余年来(自罗蒙诺索夫起)的俄罗斯语言学传统,人文性或人文主义是贯穿其中的一条红线。(见赵爱国 2015:63—105)这就在很大程度上决定了具有语言符号学性质的俄罗斯符号学的基本学理,那就是对人文性或人文主义的倚重。

正如上文所述,俄罗斯符号学所展现的思想根源并不是纯西方的"逻各斯"(логос)或"理性本位",它还带有较强烈的东方思想的色彩。因此,俄罗斯学者在其理论学术中展现的不仅仅是西方的"符号本体论",同样也有东方的"符号载体论"思想。总之,关注语言符号、文学符号和文化符号的主体——"说话的人"(человек говорящий)或"交际中的人"(человек в общении),也就是对符号中人的因素的倚重,这是俄罗斯符号学有别于西方的一大特色所在。应该说,这一特色在"创建期"已"初见端倪",如文化—历史主义范式就是其中的代表。从"过渡期"起开始"大放异彩",因为整个后结构主义范式侧重的是符号研究的社会学视阈及人文因素。而到了"成熟期",人文性就成为了六种范式的"主色调"。这是因为:从哲学层面看,我们完全可以将"成熟期"的六种范式归入更高层次即哲学层面的人类中心论范式之中予以审视。也就是说,该六种范式在学理内涵上都具有"人类中心论"(антропоцентризм)哲学思潮所具有的基本特性。

　　人类中心论范式主要是针对索绪尔提出的语言学的任务是"就语言为语言而研究语言"的结构主义范式而言的,其最为显著的特征是将语言学的研究对象由语言"客体"(объект)转向语言"主体"(субъект),即"说话的人"等语言中人的因素,并在学理上呈现出三大特点:

　　1) 研究方法由"描写"(описание)转变为"阐释"(объяснение),注重对语言意义和内部形式作出阐释,关注的核心问题是语言的功用问题,即所谓的"语义中心主义"(семантикоцентризм)。

　　2) 研究性质变"内部语言学"(внутренняя лингвистика)为"超语言学"(металингвистика),即跳出语言本身的范围,把研究范围拓展到与语言的理解和使用有关的所有其他人文学科领域,从而使语言学研究具有了巴赫金所说的"超语言学"的性质。

　　3) 研究单位从主要以"词语"(слово)为主转变为以"语篇"(текст)为主。前者关注事物、实体、名称,因此崇尚的是"词语中心主义"(словоцентризм),而后者则强调言语活动和交际,因此推崇"语篇中心主义"(текстоцентризм)。(见赵爱国 2013:1—5)

　　不难看出,以上三大特点恰恰正是"成熟期"的俄罗斯符号学研究的基本特征:其六种范式分别从功能、交际、语义、心理认知、文化认知、观念认知视阈作出的研究,就是对"人文性"这一特质的高度概括和真实写照。

2.5　研究视阈上的"规律性演进"

　　研究表明,百年来的俄罗斯符号学在研究视阈上呈现出下列基本规律性演进:

　　1) 从研究对象看,实现了由语言符号→逻辑符号→文化符号→思维符号的演进,完成了符号形式(结构)→形义结合→语义→文化语义→认知语义的完整过程。

　　2) 从符号性质看,实现了表音符号→表义符号→交际符号→语篇符号→历史符号→符号信息域→观念阈等的演进,形成了如上文所述的音位→词语→语句→文本→文化代码→文本间性→文化间性等由微观到宏观的转进。

　　3) 从符号单位看,实现了不完全符号(音位)→部分完全符号(词素)→完全符号(词)→综合符号(语句、语篇)的演进,形成了对符号形态的全域覆盖。

这就是百年来的俄罗斯符号学在研究视阈上所呈现出的规律性特征。

上述这种规律性演进至少有如下两点重要意义：一是认识论方面的意义。符号学研究的目的与其他人文学科的一样，旨在解决人对世界万物及自身的规律性认识问题。而俄罗斯符号学各范式及其在研究视阈上所呈现的演进顺序，不仅完全符合人类思想"由低到高"的发展规律，也完全符合对作为社会现象的符号"由简到繁"或"由个别到一般"的普遍认识规律。二是学科本身的意义。世界符号学的发展进程表明，学界对符号的认识最先是由符号的形式或结构引发的，因此，在 20 世纪 50 年代之前人们关注更多的是符号（主要是语言符号）的形式或结构问题，俄罗斯形式主义范式、结构—系统范式等就是在此大背景下生成的；此后，随着语言学研究中社会范式的兴起，人们开始关注符号的功能问题，于是，后结构主义范式、功能主义范式和语义中心主义范式等应运而生；再此后，随着认知科学在 20 世纪后半叶实现语言学转向后，心理认知主义、文化认知主义、观念认知主义范式开始"大行其道"，逐渐成为符号学研究的当代范式。

以上充分表明，俄罗斯符号学在研究视阈上的这种规律性演进，不仅昭示着人类思维方式的进化历程，同时也全景式地展现着世界符号学发展的演化进程。尤其值得一提的是，俄罗斯符号学对上述进程发挥了作为符号学强国的特殊作用：它最先在世界范围内掀起了一场声势浩大的形式主义思想运动；它在词汇语义符号研究领域最先取得突破性成果；它领先于其他符号学大国由词语符号转向对语句或表述符号的研究；它在符号的认知研究中率先在文化、心理、语用等方面取得令学界瞩目的学术成果。这就是俄罗斯符号学在研究视阈上的规律性演进所展现的认识论及学科发展的意义所在。

2.6　研究方法上存在"缺陷与不足"

当然，百年回首，当我们从俄罗斯符号学"学科式创建"到如今的百年历史流变中来窥探其思想特质时，也不能不看到它所存在的些许不足或缺陷。对此，我们在评述某一范式中的具体理论学说时曾多有论及。这里仅从宏观与微观的结合上作简要概括。总体上看，这些缺陷和不足既有方法论层面的，也有方法或研究法层面的。

从方法论层面看，俄罗斯符号学所遵循的以"对立统一"（且主要是"二元对立")思想为核心的方法论,在我们看来并不能够解决或解答符号学的全部问题。尤其对复杂多样的语言符号、艺术符号、心理符号和文化符号的解构或构建,该方法论显然不是唯一有效的思想武器。因此,这就在一定程度上影响到俄罗斯符号学的方法论或认识论价值。如,塔尔图—莫斯科学派的领袖人物洛特曼对艺术文本符号、历史文化符号的解构,形式主义范式中文艺学流派的"革命的三驾马车"——什克洛夫斯基、特尼亚诺夫、艾亨鲍姆对诗歌语言的研究等,都程度不同地受到上述方法论的制约。尤其是语义中心主义、心理认知主义、观念认知主义等范式的研究,仅靠辩证唯物主义的方法论解析是远远不够的,因为大凡涉及"说话的人"的思维特性或语言意识层面,西方的唯理论学说同样具有阐释力。

从方法和研究法层面看,俄罗斯符号学思想体系源自于不同的流(学)派的理论学说,也生成于不同的学科传统(如语言学、文艺学、宗教学、文化学等),但从共时角度看,各流(学)派及各学科之间的相互交叉和相互佐证的情况却相对少见,而更多地热衷于在本学(流)派或本学科内部作相关的论述和分析,这也在一定程度上削弱了相关理论学说的阐释力和思想力。如,功能主义范式和交际主义范式中的一些学说或思想,就显得较为传统和单一,批判地吸收西方先进理论学说的成分较少。此外,一些理论学说或显现出"时代的局限性",或缺乏必要的"持续性",如巴赫金的社会学性质的符号学思想就受到他那个时代的局限,而雅各布森开创"纯符号学"研究范式后,在西方学界曾引起较热烈反响,但在俄罗斯学界却少有继承与发展。

注释

1. 国内英语和汉语学界将巴赫金的语言学理论定名为"元语言学"。而巴赫金对"металингвистический метод"中"металингвистика"的解释,并不是"元语言"的含义,而是"超出本身界限的语言学"(лингвистика, которая сама выходит за свои пределы)的意思。王铭玉教授在《语言符号学》一书中,也同样使用了"超语言学"的术语。(王铭玉 2004:163—165)

2. 此处的"东"即"东方",指相对于西方而言的"俄罗斯",因为在 18—19 世纪的俄罗斯哲学史和思想史中,俄罗斯学者多将自己称作"东方"。

参考文献

［1］王铭玉，语言符号学［M］，北京：高等教育出版社，2004。

［2］赵爱国、姜宏，从"文本空间"到"神话诗歌世界模式"——托波罗夫艺术文本符号学思想评介［J］，俄罗斯文艺，2012 年第 2 期。

［3］赵爱国，当代俄罗斯语言学研究中的人类中心论范式［J］，中国俄语教学，2013 年第 4 期。

［4］赵爱国，当代俄罗斯人类中心论范式语言学理论研究［M］，北京：北京大学出版社，2015。

［5］赵爱国，俄罗斯符号学研究范式的百年嬗变［J］，俄罗斯文艺，2016 年第 4 期。

［6］赵爱国，俄罗斯语言学传统中的方法论特质［J］，俄罗斯研究，2016 年第 4 期。

［7］赵爱国，俄罗斯形式主义范式的学理基础［J］，俄罗斯文艺，2017 年第 4 期。

［8］赵爱国，施佩特的"阐释符号学"思想评略［J］，俄罗斯文艺，2019 年第 1 期。

［9］赵爱国，乌斯宾斯基的文化符号学理论思想评略［J］，俄罗斯文艺，2020 年第 3 期。

附 录 一

俄汉人名对照表

Аванесов Р. И. 阿瓦涅索夫

Авоян Р. Г. 阿沃扬

Аксаков И. С. 小阿克萨科夫

Аксаков К. С. 大阿克萨科夫

Александр Ⅲ 亚历山大三世

Аничков Д. С. 阿尼奇科夫

Апресян Ю. Д. 阿普列相

Апресян В. Ю. 阿普列香

Аристотель 亚里士多德

Арутюнов С. А. 阿鲁久诺夫

Арутюнова Н. А. 阿鲁玖诺娃

Арцыбашев М. П. 阿尔采巴舍夫

Арчакова Е. С. 阿尔恰克娃

Асафьев Б. В. 阿萨菲耶夫

Афанасий Н. 阿法纳西

Ахматова А. А. 阿赫玛托娃

Ахутина Т. В. 阿胡金娜

Бабаева Е. Э. 巴巴耶娃

Бабушкин А. П. 巴布什金

Балли Ш. 巴利

Барт Р. 巴特

Бартминский Е. 巴尔特明斯基

Барулин Г. Е. 巴鲁林

Бахтин М. М. 巴赫金

Беккер Б. 贝克尔

Белинский В. Г. 别林斯基

Белодед И. К. 别洛杰特

Белошапкова В. А. 别洛莎普科娃

Белый А. 别雷

Бельчиков Ю. А. 别尔契科夫

Белянин В. П. 别利亚宁

Бенвенист Э. 班维尼斯特

Бердяев Н. А. 别尔嘉耶夫

Березин Ф. М. 别列金

Бернштейн С. И. 伯恩斯坦

Бестужев-Рюмин К. Н. 别斯图热夫—留明

Бехтерев В. М. 别赫杰列夫

Бицилли П. М. 比齐里

Блаженный А. 布拉热内依

Блок А. А. 勃洛克

Блумфилд Л. 布龙菲尔德

Богатрёв П. Г. 博加特廖夫

Богин Г. И. 博金

Богородицкий В. А.　博戈罗季茨基

Богуславская О. Ю.　博古斯拉夫斯卡娅

Бодуэн де Куртенэ И. А.　博杜恩·德·库尔德内

Болдырев Н. А.　波尔德列夫

Бондарко А. В.　邦达尔科

Бопп Ф.　葆朴

Борис　鲍里斯

Борковский В. И.　博尔科夫斯基

Брёндаль В.　布廖恩达利

Брик О. М.　布里克

Бругман К.　布鲁格曼

Брунер Д. С.　勃鲁内

Брюсов В. Я.　勃留索夫

Булгаков С. Н.　布尔加科夫

Булич С. К.　布里奇

Булыгина Т. В.　布雷金娜

Бунин И. А.　布宁

Бурвикова Н. Д.　布尔维科娃

Буслаев Ф. И.　布斯拉耶夫

Бухштаб Б. Я.　布赫什塔布

Вагнер О. К.　瓦格纳

Васильев Л. М.　瓦西里耶夫

Вежбицкая А.　韦日比茨卡娅

Верещагин Е. М.　维列夏金

Верч Дж.　韦尔切

Веселовский А. Н.　维谢洛夫斯基

Вико Дж.　维柯

Виноградов В. В.　维诺格拉多夫

Винокур Г. О.　维诺库尔

Витгенштейн Л.　维特根斯坦

Волконский С. М.　沃尔孔斯基

Волошинов В. Н.　沃洛什诺夫

Волькенштейн В.　沃利肯斯坦

Вольф Х.　沃尔夫

Востоков А. Х.　沃斯托科夫

Всеволодова М. В.　弗谢沃洛多娃

Всеволодский-Гернгросс В. Н.　弗谢沃洛茨基—格尔恩格罗斯

Выготский Л. С.　维果茨基

Гак В. Г.　加克

Галактионова И. В.　加拉克季奥诺娃

Гаман Р.　哈曼

Гаспаров Б. М.　加斯帕罗夫

Гвоздев А. Н.　戈沃兹杰夫

Гегель Г. В.　黑格尔

Герасимов В. И.　格拉西莫夫

Герасимова И. А.　格拉西莫娃

Гердер И. Г.　赫尔德

Герцен А. И.　赫尔岑

Гинзбург Л. Я.　金兹布尔格

Глеб　格列布

Гловинская М. Я.　格洛温斯卡娅

Гоббс Томас　霍布斯

Гоголь Н. В.　果戈理

Горелов И. Н.　戈列洛夫

Горшкова К. В.　戈尔什科娃

Горький М.　高尔基

Грек М.　格列克

Греч И. Н.　格列奇

Григорьев В. П.　格里戈里耶夫

Григорьева С. А.　格里戈里耶娃

Гримм Я.　格里姆

Гриненко Г. В.　格里年科

Гудков Д. Б.　古德科夫

Гуковский Г. А.　古科夫斯基

Ковтунова И. И. 科夫图诺娃

Кожевникова Н. А. 科热芙尼科娃

Кожина М. Н. 科日娜

Колумб 哥伦布

Костомаров В. Г. 科斯托马罗夫

Красных В. В. 克拉斯内赫

Крейдлин Г. Е. 克雷德林

Крушевский Н. В. 克鲁舍夫斯基

Крылова Т. В. 克雷洛娃

Крычкова Н. В. 克雷奇科娃

Кубрякова Е. С. 库布里亚科娃

Кугель А. Р. 库格利

Кузнецов П. С. 库兹涅佐夫

Кульбин И. Н. 库里宾

Кун Т. 库恩

Куприн А. И. 库普林

Курилович Е. 库里洛维奇

Кустова Г. И. 库斯托娃

Кутнная Л. Л. 库特娜娅

Лакан Ж. 拉康

Лаптева О. А. 拉普捷娃

Леви-Стросс К. 列维—斯特劳斯

Левонтина И. Б. 列翁吉娜

Лейбниц Г. В. 莱布尼茨

Леонтьев А. А. 小列昂季耶夫

Леонтьев А. Н. 老列昂季耶夫

Леонтьева Н. Н. 列昂季耶娃

Лермонтов М. Ю. 莱蒙托夫

Лескин А. 莱斯金

Линцбах Я. И. 林茨巴赫

Липпманн У. 利普曼

Лихачёв Д. С. 利哈乔夫

Локк Дж. 洛克

Ломоносов М. В. 罗蒙诺索夫

Ломтев Т. М. 洛姆捷夫

Лопатина В. В. 洛巴金娜

Лосев А. Ф. 洛谢夫

Лосский Н. О. 洛斯基

Лотман Ю. М. 洛特曼

Луначарский А. В. 卢纳察尔斯基

Лурия А. Р. 卢利亚

Марр Н. Я. 马尔

Мартине А. 马丁内

Маслова В. А. 玛斯洛娃

Матезиус В. 马泰修斯

Матусевич М. И. 马图谢维奇

Маяковский В. В. 马雅可夫斯基

Медведев П. Н. 梅德韦杰夫

Мейерхольд В. Э. 梅耶霍德

Мельчук И. А. 梅里丘克

Мещанинов И. Н. 梅夏尼诺夫

Миллер Дж. 米勒

Милославский И. Г. 米洛斯拉夫斯基

Михалева И. М. 米哈列娃

Михеев М. Ю. 米赫耶夫

Мольер 莫里哀

Моррис Ч. У. 莫里斯

Мукаржовский Я. 穆卡尔佐夫斯基

Никитин М. В. 尼基京

Никитина С. Е. 尼基季娜

Николаева Т. М. 尼科拉耶娃

Никольский А. С. 尼古里斯基

Никон 尼康

Ницше Ф. 尼采

Новиков А. И. 诺维科夫

Сеченов И. М. 舍切诺夫

Сидоров В. Н. 西多罗夫

Сидорова М. Ю. 西多罗娃

Симон 西蒙

Синаит Г. 西纳伊特

Скрябин А. Н. 斯克里亚宾

Слышкин Г. Г. 斯雷什金

Смирницкий А. И. 斯米尔尼茨基

Смирнова Е. Д. 斯米尔诺娃

Соловьёв В. С. 索洛维约夫

Сорокин Ю. А. 索罗金

Сорский Нил 尼尔·索尔斯基

Соссюр Ф. 索绪尔

Срезневский И. И. 斯列兹涅夫斯基

Сталин И. В. 斯大林

Степанов Ю. С. 斯捷潘诺夫

Стернин И. А. 斯捷尔宁

Сухих С. И. 苏希赫

Тарасов Е. Ф. 塔拉索夫

Татищев В. Н. 塔季谢夫

Телия В. Н. 捷利娅

Тер-Минасова С. Г. 捷尔—米娜索娃

Тимковский И. Ф. 季姆科夫斯基

Тихонов А. Н. 基霍诺夫

Тодоров Ц. 托多罗夫

Толстая С. М. 托尔斯塔娅

Толстой Л. Н. 托尔斯泰

Толстой Н. И. 托尔斯泰

Томашевский Б. М. 托马舍夫斯基

Топоров В. Н. 托波罗夫

Троицкий Артемий 阿尔捷米·特罗依茨基

Трубецкой Е. Н. 特鲁别茨科伊

Трубецкой Н. С. 特鲁别茨科伊

Трубецкой С. Н. 特鲁别茨科伊

Труфанова И. В. 特鲁法诺娃

Туровский К. 图罗夫斯基

Тынянов Ю. Н. 特尼亚诺夫

Уорф Б. 沃尔夫

Урысон Е. В. 乌雷松

Успенский Б. А. 乌斯宾斯基

Уфимцева А. А. 乌菲姆采娃

Уфимцева Н. В. 乌费姆采娃

Ушаков Д. Н. 乌沙科夫

Фант Г. М. 方特

Фатеева Н. А. 法捷耶娃

Филин Ф. П. 菲林

Флоренский П. А. 弗洛连斯基

Фомина М. И. 福米娜

Формановская Н. И. 福尔玛诺夫斯卡娅

Фортунатов Ф. Ф. 福尔图纳托夫

Франк С. Л. 弗朗克

Фреге Г. 弗雷格

Фрумкина Р. М. 弗鲁姆金娜

Фрэзер Д. Д. 弗雷泽尔

Фуко М. 福柯

Халле М. 哈勒

Хлебников В. В. 赫列勃尼科夫

Хомский А. Н. 乔姆斯基

Хомяков А. С. 霍米亚科夫

Цеткин К. 蔡特金

Чехов А. П. 契诃夫

Чикобава А. С. 奇科巴瓦

Чудаков А. П. 丘达科夫
Чуковский К. И. 丘科夫斯基

Шаляпина З. М. 沙梁宾娜
Шанский Н. М. 尚斯基
Шапкина О. О. 沙普金娜
Шатуновский И. Б. 沙图诺夫斯基
Шахматов А. А. 沙赫马托夫
Шахнарович А. М. 沙赫那罗维奇
Шведова Н. Ю. 什维多娃
Шейгал Е. А. 希依加尔
Шеллинг Ф. В. 谢林
Шкловский В. Б. 什克洛夫斯基
Шлегель А. В. 施莱格尔
Шлегель Ф. 施莱格尔
Шмелёв А. Д. 什梅廖夫
Шмелёв Д. Н. 什梅廖夫
Шмелёва Е. Я. 什梅廖娃

Шмит Ф. И. 什米特
Шпет Г. Г. 什佩特
Щедровицкий Г. П. 谢德罗维茨基
Щерба Л. В. 谢尔巴

Эйзенштейн С. М. 爱森斯坦
Эйхенбаум Б. М. 艾亨鲍姆
Энгельгардт Б. А. 恩格尔卡尔德

Юшманов Н. В. 尤什曼诺夫

Якоб Н. В. 雅科布
Якобсон Р. О. 雅各布森
Яковлев Н. Ф. 雅科夫列夫
Яковлева Е. С. 雅可夫列娃
Якубинский Л. П. 雅库宾斯基
Якушин Б. В. 雅库申
Ярхо Б. И. 亚尔霍

附　录　二

俄汉术语对照表

абсолютные предикаты 绝对谓词

абстрактные пространства 抽象空间

автоматизм 自动性

автономная семантика 自主语义学

автономность 自主性

автостереотип 自定型

агенс 中介

агентивные категории 施事范畴

адаптация 适应

адаптивность 适应性

адекватная передача сообщения 等值传递信息

адекватная позиция 相同位置

адресант 说者/发出者

адресантоцентрическая функция 说者中心功能

адресат 听者/受话人/接收者

адресатоцентрическая функция 听者中心功能

адресованность 指向性

адъективно-субстантивные словосочетания 形—名词组

аккумулятор 储存器

акмеизм 阿克梅主义/阿克梅派

акмеисты 阿克梅主义者

актант 题元

актантная структура 题元结构

активная грамматика 积极语法

активное отрицание 积极否定

активность 能动性

акустические признаки 音响特征

акустическое измерение 声学维度

алгебраические модели 代数模型

аллегоризирующий миф 寓喻化神话

аллегория 寓喻

алогичные отклонения 不合逻辑的偏离

анализ 分析

анализ ключевого слова 关键词分析(法)

анализ художественных текстов 文艺文本分析

анализ эстетической реакции 美学反应分析

анализаторы 分析器

аналитико-синтетический процесс 分析—综合过程

аналитическая единица 分析性单位

аналитический подход 分析视角

аналог объекта 客体相似物

аналогия 类推

антагонистическое искусство 对抗性艺术

анти-культура 反文化

антикод 反代码

антименталисты 反精神第一性论者

антиномические ипостаси 二律背反身份

антиномичность 二律背反性

антиномия 二律背反

антипаломничество 反朝圣行为

антиповедение 反行为

антиповедение юродивых 白痴反行为

антипод 对极

антитез 反论题

антропоморфное моделирование 类人化定型

антропоцентризм 人类中心论

антропоцентрическая парадигма 人类中心论范式

антропоцентричность 人类中心性

априоризм 先验论

артефакт 人工产品

артикуляционно-слуховые символы 发音—听觉象征符号

архетип культуры 文化原型

архитектурность иконы 圣像建筑艺术

асематический тип 无语义类型

асимметрический дуализм языкового знака 符号不对称二元论

асимметричность 不对称性

и асинтактический тцп 无均法类型

аспектология 时体学

аспектуальное значение 时体意义

ассимилятивная сила 同化力

ассиро-вавилонское искусство 亚述巴比伦艺术

ассист 在场线条

ассоциативное поле 联想场

ассоциативные операции 联想操作

ассоциативные тезаурусы 联想语汇

ассоциаты 联想反应词

ассоциации по смежности 相近联想

ассоциации по сходству 相似联想

ассоциации предсказуемые 预见性联想

атеизм 无神论

атом 原子

атомизм 原子论

афазия 失语症

аффактивное противоречие 激情矛盾

афферентация 内导作用

база 基体

база данных 信息基体

базовая оппозиция 基本对立

базовый язык 基础语言

барокко 巴洛克式

бахтитология 巴赫金学

бездействие 消极性

безусловное 绝对物

белые пятна 空白点

бесконечность 无限性

бессознательное 无意识

бинарная система 二元系统

бинарность 二元性

бинарный символ 二元符号

биоинтеллект 生物智力

биомеханика 生物力学

бихевиоризм 行为主义语言学

ближайшее значение 近义

ближняя периферия 近外围

блумфилдианцы 布龙菲尔德主义者

бодуэнизм 博杜恩主义

божественное всеединство 神的万物统一

божественный цвет 上帝之色

более открытое пространство 较开放空间

большая вычислительная машина 大计算机

брёшь 缺口

бытийная ситуация 存在情景

бытийно-бытийная пара 存在—存在性对偶

бытийное предложение 存在句

бытийные глаголы 存在动词

бытовая неоднозначность 日常多义性

бытующие предметы 存在事物

вакансии 空白

валентность 配价

вариант 变体

варианты 变量意义

вариации 变异

великоруссизм 大俄罗斯主义

вербализаторы 言语构素

вербализаторы концепта 观念表达词语

вербализация 语言化

вербальная знаковая деятельность 言语符号活动

вербально-семантический уровень 词语语义层

вербальные репрезентанты 言语表征者

вербальные/речевые акты 言语行为

вербальный текст 口头文本

вербальный язык 口头语言

вероисповедание 宗教信仰

вероятностная коррекция 概率修正

вероятностное прогнозирование 概率预测

верхняя ступень 上等

вершинообразующая функция 顶部构建功能

вечность 超时间性/永恒性

вещественные признаки 实体特征

вещество 物体

вещи-символы 象征物

вещно-определенный ряд 物质上确定的列

вещь 作品/事物

вещь в нас 身内之物

вещь в себе 物自体/自在之物

вещь вне нас 身外之物

взаимодействие 协同/相互作用

взаимодействие общения 交际协同

взаимозаменимость 相互替代性

видимость 可见度

видовой узкий комплекс 种属窄综合体

визуальная риторика 视觉修辞

визуальный язык 视觉语言

вне-эстетический ряд 超美学列

вневременное 超时

внеречевая интеллектуально-мыслительная деятельность 言语外智力—思维活动

внешнее пространство человека 人的外部空间

внешнее сцепление 外聚力

внешнеэтнокультурный стереотип 外在民族文化定型

внешний ряд 外部列

внешняя коммуникация 外向交际

внешняя сторона 外在的一面

внешняя точка зрения 外部视角

внешняя форма 外部形式

внутреннее программирование 内部编程

внутреннее пространство человека 人的内部空间

внутреннее состояние 内部状况

внутреннее сцепление 内聚力

внутренний дериват 内部派生物

внутренний лексикон 内部语汇

внутренний мотив 内在动机

внутренний образ 内部形象

внутренняя коммуникация 内向交际

внутренняя лингвистика 内部语言学

внутренняя реконстркция 内部构拟

внутренняя речь 内部言语

внутренняя точка зрения 内部视角

внутренняя форма 内部形式

внутренняя форма слова 词的内部形式

внутренняя форма языка 语言的内部形式

внутриэтнокультурный стереотип 内在民族文化定型

вольфианство 沃尔夫主义

волюнтивный регистр 祈愿类型句

восприятие речи 言语感知

восприятие текста 语篇感知

воспроизводимость 复现性

временное 实时

временной диапазон 时间域

временной характер 时间性质

всеединство 万物统一

вселенское 世界

всеславизм 泛斯拉夫主义

вторая степень отбора элементов 二级成分选择

вторичная гуманизация 第二次人文化

вторичная информативность 二手信息性

вторичная коннотация 二级伴随意义

вторичная моделирующая система 二级模式化系统

вторичная сигнальная система 二级符号系统

вторичное значение 第二性意义

вторичные жанры 第二性体裁

вторичные познавательные процессы 二级认知过程

вторичный способ 再生方式

второстепенные элементы 次要成分

вход 输入

вчувствование 移情

выдача 释放

выделимость 区分度/分解性

выражение 表达

выразительное движение 富有表情的动作

высказывание 话语/语句

высокие идейные степени сознания 意识的高级思想等级

высшие языковые единицы 高级语言单位

выход 输出

гадания 占卦行为

гармонические элементы 和声成分

генеративная грамматика 生成语法

генеративная/ порождающая лингвистика 转换生成语言学

генеративная теория языка 语言生成论

генеративная фонология 转换生成音位学

генеритивный регистр 抽象类型句

генетический анализ 发生学分析

геометризм 几何化

германские алфавитные традиции 罗曼语字母传统

герменевтическаое направление 阐释学流派

гетерогенность 多相性/异源性

гетерогенность языков 语言的多源性

гетеростереотип 他定型

гетерофункциональность 异功能性

гештальт 完形/格式塔

гиероглиф(иероглиф) 象形文字

гиперфонема 超音位

гипотаксис 主从

гипотетический коэффициент информативности 假设信息性系数

глагол происшествия 生事动词

глаголы возместительного действия 补偿行为动词

глаголы восприятия 感知动词

глаголы движения и перемещения объектов 运动和客体移动动词

глаголы звука 声响动词

глаголы каузации 使役动词

глаголы обладания 拥有动词

глаголы принятия положения 姿势动词

глаголы принятия решения 决定动词

глаголы приобретения признака 特征动词

глаголы пропозиционального отношения 命题关系动词

глаголы речи и передачи сообщения 言语和告知动词

глаголы создания 创造性动词

глаголы физического воздействия 身体作用动词

глаголы чувства 感觉动词

глагольно-субстантивные словосочетания 动—名词组

глоттализация 咽音化

глубинная семантика 深层语义

говоряшие на музыкальном языке 用音乐语言说话的人

гомепатическая магия 交感型魔法

гравитационные силы 引力

градуальность 层递性

градуальные / ступенчатые оппозиции 分级对立

грамматика 语法学

грамматика мысли 思维语法

грамматика Пор-Рояля 波尔—罗雅尔语法

грамматика сюжета 情景语法

грамматико-семантическая реализация 语法—语义现实化

грамматическая многозначность / полисемия 语法多义性

грамматическая оформленность 语法形式化

грамматическая форма слова 词的语法形式

грамматически оформленность 语法上的形式化

грамматические архаизмы 语法古旧形式

грамматические концепции 语法观

грамматические модификации 语法变体

грамматические признаки 语法特征

грамматическое предложение 语法句

графическая модель 图解模型

графический образ 线条形象

грешные земли 罪恶之地

грешный мир 罪恶世界

гротеск 怪诞手法

группа стиха 诗行群

групповой менталитет 群体心智体

групповой прецедентый текст 群体先例文本

гуманизм 人文主义

гуманитарная семиотическая дисциплина 人文符号学科

густота языковых элементов 语言成分的密度

дальнейшее значение 远义

двигательное представление 运动意象

двигательное пространство 运动空间

движение 运动

двоичные коды 双重代码

двоичные модели 双重模式

двоичные различительные признаки 双重区别性特征

двойная артикуляция 双重发音

двойная осмысленность 双重明理

двойственность 双重性

двуличные каузативы 双人称使役动词

двуместный фрейм 双位框架

двуплановая сущность 两层面本质

двусмысленность 含糊性

двусторонняя единица 两面单位

двухмашинный комплекс 双机系统

двухместные предикаты 二位谓词

двучастный характер 双部性质

действенное слово 行为话语

действие 行动/行为

действительность 现实

действующие силы 作用力

декабритская философия 十二月党人哲学

декларативная цель 宣告性目的

декодирование 解码

декодируюший механизм языка 语言解码机制

денотат 指称对象/所指事物

денотативная интерпретация 指称阐释

денотативная/референтная концепция 指称观

денотативная ситуация 指称情景

денотативная функция 指称功能

денотативно-десигнативные тексты 指称—所指性语篇

денотативно-сигнификативный характер 指称—概念性质

денотативные тексты 指称性语篇

денотаторы 指称物

денотация 所指意义

десигнативные тексты 所指性语篇

десигнаторы 所指物

деятельностная парадигма 活动范式

деятельностная схема 活动图式

деятельностно-коммуникативные лакуны 交际活动空缺

деятельностные фреймы 活动框架

деятельностный объяснительный принцип 活动解释原则

деятельность 活动

деятельность говорения 说话活动

диаграммы 图解

диада 双子

диалектологическая стилистика 方言学修辞

диалог 对话

диалог «человек—машина» 人—机对话

диалог «человек—человек» 人—人对话

диалогизм 对话主义

диалогическое молчание 对话性沉默

диалогичность 对话性

диатеза 角色配位

диатеза с внешним поссесером 带外在领属者的角色配位

диатеза с наблюдателем 带观察者的角色配位

диахроническая лингвистика 历时语言学

диахроническая синхрония 历时性共时

диахроническое объяснение синхронического типа 共时类型的历时解释

диахрония 历时

дивергенты фонемы 音位分裂体

дивергенции 音位趋异

дидактическое антиповедение 说教反行为

диезность 升半音

диктум 陈述内容

динамизм 动态感

динамика 动态性

директивная цель 指示性目的

дискретность 离散性

дискретные единицы 离散性单位

дискретные изменения 离散性变化

дискретный код 离散性代码

дистрибутивный анализ 分布分析法

дистрибуция 分布

дифференциалы 分差

дифференциальные точки 区分点

дифференциация 分化

диффузность 模糊性/松弛性

дихотомическая классификация звуков 语音二
　分法

дихотомическая модель фонемы 音位二分法
　模式

дихотомическое отношение 二分法关系

длинный семантический компонент 长语义成素

довербальная знаковая деятельность 言语前符
　号活动

довербальное осмысление 言语前理解

доисторический период 史前阶段

долингвистические факторы 前语言学因素

доминанта 主导成素

доминирующие ситуации 主导情景

дополнение 补语

дополнительные сверхструктуры 附加超结构

дорословное / генеалогическое древо 谱系树

древнегреческая алфавитная традиция 古希腊
　语字母传统

древнесемитская алфавитная традиция 古闪语
　字母传统

дух родного языка 母语精神

духовная картина местности 精神地域图景

духовное пространство 精神空间

духовные переживания 精神感受

духовный мир 精神世界

душа 灵魂

душевные действия 精神行为

европейское сознание 欧洲意识

европеизация 欧化

европеизированая поверхность жизни 欧化的
　生活表层

европеизм 欧洲主义

единая саморегулирующая система 统一自我
　调节系统

единая семиологическая концепция 统一符
　号观

единица 单位

единица-фонема 音位—单位

единица культуры 文化单位

единица мышления 思维单位

единица описания 描写单位

единица «речи-мысли» 言语思维单位

единицы действительности 现实单位

единицы языка 语言单位

единое 统一物

единооформленность 整体性

единственность 唯一性

единство 一致性/统一性

единый код 同一代码

естественная форма 自然形式

естественное 自然事物

естественность 自然性

естественные знаки 自然符号

естественный семантический матаязык 自然语义元语言

жанр 体裁

жанровые модификации 体裁变体

живое существо 活生物

живое чередование 现时交替

живописность 绘画性

живопись 绘画艺术

жизненная действительность 生活现实

закон Гримма 格里姆定律

закон периодичности 周期律

закон прогресса 进步律

закономерный ряд 规律列

залог 态

замысел 意图/构思

западничество 西欧派

запас представлений 认识储备

затекстовая деятельность 语篇外活动

заумный язык 玄妙的语言

звено 环节

звонкость 浊音性

звук 音/音素

звуки голоса 说话声音

звуки-дифференциаторы смысла 意义的语音区别器

звуковая масса 音响实体

звуковая форма 声音形式

звуковое тождество 语音等同

звуковой алгоритм 语音算法

звуковой облик слова 词的语音面貌

звуковые оболочки 语音外壳

звукопредставление 语音表征

звукосимволизм 声音象征主义

звучащее вещество 发声物质

зеркальная перевернутость функций 镜像式功能翻转

знак 符号

знак-символ 象征符号

знак идей 思想符号

знак слов 词语符号

знаки второй категории 第二范畴符号

знаки мысли 思维符号

знаки речи 言语符号

знаки чувствования 感觉符号

знаки языка 语言符号

знаковая деятельность 符号活动

знаковая модель 符号模型

знаковая последовательность 符号的连贯性

знаковая система 符号系统

знаково-символические структуры 符号—象征结构

знаковое общение 符号交际

знание о мире 世界知识

знание о языке 语言知识

значение текста 语篇意义

значимая единица 表意单位

зона бытия 存在场

зонтичный термин 扇状术语

зрительное восприятие 视觉感知

зрительные образы 视觉形象

зрительный канал 视觉渠道

игнификативно-денотативный характер 概念—指称性质

игровая функция 嬉戏功能

идеализация 美化

идеализм 唯心主义

идеальная картина мира 理念世界图景

идеальная сторона 理念方面

идеально-духовное 理念—精神

идеально-материальное образование 理念—物
　质构成物

идеальность 理念性

идеальный мир 理念世界

идеаторное поле сознания 联想意识场

идентифицирующая функция 认同功能

идентифицирующие имена 指同名词

идеологизирующая функция 意识化功能

идеологические жанры 意识形态体裁

идея 思想

идея о предмете 实物的思想

идея собора 聚和思想

идиоматичность/ фразеологичность слова 词的
　成语性

идиосинкразии 特异现象

иерархическая организация 等级组织

иерархическая семантико-смысловая структура
　等级语义—含义结构

иерархические семантико-смысловые
　отношения 等级语义—含义关系

иерархический принцип 等级原则

иерархичность 等级性/层次性

иерархия звуковых качеств 音质的等级

избыточность 冗余性

избыточность опыта 经验冗余

известная информация 已知信息

изменчивость 多变性

изображаемое 形指

изображение 图形

изображение мыслей 思想表达

изолированные оппозиции 孤立对立

изолируемость 孤立性

изосемические модели предложений 句子原始
　模型

изосемия 原始性

иконический знак 象似符号

иконический принцип 象似原则

иконопись 圣像术

иллокутивная цель 言后目的

иллокутивные силы 以言行事之力

иллокуция 以言行事

иллюзионизм 幻想主义

именная группа 名词群

импликационная сила 蕴涵力

имплицитный образ 隐性形象

импрессионизм 印象主义

инактивация 钝化

инвариант 常量/恒量

инвариант восприятия 感知恒量

инвариантная система 常量系统

инвариантная часть 恒项

инвариантное звено 恒量环

инвариантный образ мира 恒常世界形象

инверсия противоположных символов 对立符
　号的倒置

индексный знак 标引符号

индивидуальная психология 个体心理学

индивидуально-поэтический стиль 个体诗歌
　语体

индивидуальное 个体

индивидуальное когнитивное пространство 个
　体认知空间

индивидуальное/личностное сознание 个体
　意识

индивидуальность 个性/个体性

индивидуальный психологизм 个体心理主义

индивидуальный прецедентный текст 个体先例文本

индивидуальный смысл 个体意义

инициатор коммуникации 交际发起者

инклюзив 内包式

инкрустация 镶饰物

интегральная поэтика 整体诗学

интегральное описание 整合性描写

интеграция 整体化

интеллект 智力/智能

интеллектуальная сфера 智力范围

интеллектуально-мыслительная деятельность 智力—思维活动

интеллектуально-эмоциональное поле 智力—情感场

интеллектуальные операции 智力作业

интеллектуальный монтаж 智力蒙太奇

интенциональное значение 意向意义

интенция разума 理性意向

интериоризация 内化

интерпретативная функция 阐释功能

интерпретационное поле 阐释场

интерпретация 阐释

интерсубъектная форма 主体间形式

интимный смысл 隐秘意思

интонационная теория 音调理论

интонационный процесс оформления 音调生成过程

интонация 语调

интонема 调位

интразона 隐域

интроспекция 内省

интуитивно-бессознательный процесс 直觉—无意识过程

интуитивно-дедуктивные теории 直觉演绎理论

интуитивный анализ 直觉分析法

интуиция 直觉

информативно-описательный регистр 信息—描写类型句

информативно-повествовательный регистр 信息—叙述类型句

информативность 信息性

информативный регистр 信息类型句

информационная база 信息基体

информационная модель культуры 文化的信息模式

информационно-поисковый тезаурус 信息检索语汇

информационно-целевой анализ 信息—目的分析方法

информационное содержание 信息内容

информационные массивы 信息块

иосифляне 约瑟夫派

ирреализм 非现实主义

исихазм 宁静主义

искусства диады 双子艺术

искусственная форма 人为形式

искусство Вагнера 瓦格纳艺术

искусство молчания 沉默艺术

искусство паузы 停顿艺术

исследование операций 操作研究

истинность предложения 句子的真值性

историзм 历史主义

историческая лингвистика 历史语言学

историческая стилистика 历时修辞学

исторический аспект языка 语言的历史方面

исторический период 历史阶段

исторический подход 历史主义视角

историческое направление 历史主义流派

историческое чередование 历时交替

историчность 历时性

исходная точка 起点

исходное значение 原生意义

исходное начало 起端

исходное сообщение 起始信息

исходный текст 原文本

итоговые конструкции 最终结构

каламбур 双关语

каноны 教规

карнавал 狂欢节

карнавализация 狂欢化

картезианство 笛卡尔主义

картина мира 世界图景

картинки 图片

карты человеческого тела 人体图

катарсик 净化

категориальная ситуация 情景范畴

категориальные формы слов 词的范畴形式

категориальный сдвиг 范畴移位

категоризация 范畴化

категоризация компонентов ситуации 情景成素的范畴化

категория значения 意义范畴

категория мысли 思想范畴

каузальная дистрибуция 因果配置

каузативные отношения 使役关系

каузация 使役

качество 性质

качество сознания 意识特质

квазиединицы 准单位

квазиинтразона 准隐域

квазислова 准词语

квазистереотип 准定型/类定型

квазиэкстразона 准泛域

квант 量子

кванты знаний 知识量子

кватернерные /четырехэлементные структуры 四成分结构

кибернетика 控制论

кибернетическая модель 控制论模式

кибернетические системы 控制系统

кибернетическое сообщество 控制共体

кинемы 动作义素

кинnovelла 短故事片

киноязык 电影语言

класс различных знаковых замещений 各种符号替代物的类别

классическая философия 经典哲学

классические каузативы 典型使役动词

ключевое слово 关键词

книжная ученость 书本知识

когда/время 时间

когнитивизм 认知主义

когнитивная база 认知基体

когнитивная картина мира 认知世界图景

когнитивная семасеология 认知语义学

когнитивная семиотика 认知符号学

когнитивная система 认知系统

когнитивная функция 认知功能

когнитивно-концептуальная парадигма 观念认知主义范式

когнитивно-культурологичнская парадигма 文

化认知主义范式

когнитивно-лингвистическая школа 认知语言学派

когнитивно-психологическая парадигма 心理认知主义范式

когнитивное пространство 认知空间

когнитивные прототипы 认知原型

когнитивные структуры 认知结构

когнитивный импликационал 认知蕴含义

когнитивный образ 认知形象

когнитивный подход 认知视角

код 代码

код речедвижений 言语运动代码

кодирование 编码

кодирующий механизм языка 语言编码机制

кодовая система 代码系统

количество 数

коллективное бессознательное творчество 集体无意识创作

коллективное когнитивное пространство 群体认知空间

коллективный смысл 群体意义

колоремы 颜色义素

комбинация 联合

комиссивная цель 承诺性目的

коммуникативная грамматика 交际语法

коммуникативная лингвистика 交际语言学

коммуникативная личность 交际个性

коммуникативная парадигма 交际主义范式

коммуникативная пресуппозиция 交际预设

коммуникативная семиотика 交际符号学

коммуникативная сфера 交际阈

коммуникативная теория языка 语言的交际理论

коммуникативная функция 交际功能

коммуникативная целенаправленность 交际目的性

коммуникативно-познавательная деятельность 交际—认知活动

коммуникативно-познавательный процесс 交际—认知过程

коммуникативное намерение 交际意向

коммуникативное поведение 交际行为

коммуникативное пространство 交际空间

коммуникативное сообщество 交际共体

коммуникативные разновидности 交际变体形式

коммуникативный акт 交际行为

коммуникативный контакт 交际接触

коммуникативный регистр 交际类型句

коммуникация 交际

компактность 紧密性

комплекс ситуаций 情境复综合体

комплекс аспектуально-темпоральных отношений 体—时关系综合场

комплекс обусловленности 限制综合场

комплексный метод 综合性方法

комплексный мотив 综合曲调

комплементарность 互补性

композиция 结构/构图

компонент 成素

компонент механизма социального взаимодействия 社会协同机制成素

конативная функция 意动功能

конвергенции 音位趋同

конец пути 终点

коннотация 伴随意义

конситуация 大语境

консонантность 辅音性

константный код 恒量代码

константный объём информации 信息恒量

конструктивизм 构成主义

конструктивная математика 构造数学

конструктивная эстетика 结构美学

конструктивное направление 构造流派

конструкты РПТактик 言语行为策略结构

конструкция 结构

контакт 接触

контактная магия 接触性魔法

контактная пара 接触对偶

контекст 语境/小语境

контекст-тень 影子—语境

контекстоцентрическая функция 语境中心功能

контент-анализ 内容分析方法

контраст 对比

конфигурация 构型/外形

концентрический принцип 整体原则

концепт 观念

концептология 观念学

концептосфера 观念阈

концептуализация 观念化

концептуализация интеллектуальной
деятельности 智力活动观念化

концептуальная картина мира 观念世界图景

концептуальная модель 观念模型

концептуальная область 观念阈

концептуальная семиотика 观念符号学

концептуальная система 观念系统

концептуальная структура 观念结构

концептуальная схема 观念图式

концептуальные блоки 观念块

концептуальные метофоры 观念隐喻

концептуальные эталоны 观念标尺

концептуальный анализ 观念分析

концептуальный текст 观念文本

короткое замыкание 短路

косвенная диатеза 间接角色配位

космополитические фонемы 世界主义音位

крайняя периферия 最外围

креативная функция 创造性功能

кристаллы 结晶体

критерий идиоматичности 成语性标准

критерий истинности и ложности 真伪标准

круг знаков 符号阈

круг явлений 现象阈

крупный план 特写镜头

крылатые слова 名言警句

культ слова 话语崇拜

культура 文化

культура речи 言语素养学

культуремы 文化单位

культурная картина мира 文化世界图景

культурная концептология 文化观念学

культурная структура 文化结构

культурная функция 文化功能

культурно-историческая концепция развития
психологии 心理学发展的文化—历史观

культурно-историческая парадигма 文化—历
史主义范式

культурно-историческая психология 文化—历
史心理学

культурно-историческая семиотика 文化—历
史符号学

культурно-историческая теория в психологии
文化—历史心理学理论

культурно-историческая школа в психологии

文化—历史心理学派

культурно-исторический багаж 文化—历史知识

культурное пространство 文化空间

культурнообусловленные эталоны 受文化制约的标尺

культурный архетип 文化原始意象

культурный багаж 文化包

культурный концепт 文化观念

культурный предмет 文化事物

культурный стереотип 文化定型

культурный фонд 文化背景

куски языкового материала 语言材料块

лакунарность 空缺性

лакунизация 空缺化

лакуны 空缺

лакуны культурного пространства 文化空间空缺

латинская алфавитная традиция 拉丁语字母传统

лейтмотив 主旨

лексико-грамматическая отнесенность 词汇—语法关联性

лексико-семантическая контаминация 词汇语义错合

лексико-семантичнская система 词汇语义系统

лексико-семантические варианты 词汇语义变体

лексико-семантические группы 词汇语义群

лексико-семантический тип 词汇—语义型

лексикограф 词典学家

лексикология 词汇学

лексическая многозначность /полисемия 词汇多义性

лексическая семантика/семасиология 词汇语义学

лексическая семиотика/семиология 词汇符号学

лексические архаизмы 词汇古旧形式

лексические парадигмы 词汇聚合体

лексическое наполнение 词汇充填

либеральная философия 自由主义哲学

линейная кинетическая речь 线性运动言语

линейность 线性

лингвистика 语言学

лингвистика говорящего 说者语言学

лингвистика слушающего 听者语言学

лингвистическая модель 语言学模式

лингвистическая поэзия 语言诗学

лингвистическая семиология 语言符号学

лингвистическая экология 语言生态

лингвистические интересы 语言学关切

лингвистические конструкты 语言学结构成分

лингвистические когнитивные структуры 语言学认知结构

лингвистическое пространство 语言空间

лингво-когнитивный уровень 语言认知层

лингво-культурное сообщество 语言文化共体

лингвоконцептология 语言观念学

лингвокультурология 语言文化学

лингвосоциопсихология 语言社会心理学

лингвострановедение 语言国情学

литературность 文学性

литературный факт 文学事实

литеротуроведение 文艺学

личностные каузативы 个性使役动词

личность 个性

личность-неличность 有人称—无人称型

личность автора 作者个性

личность персонажей 人物个性

личные каузативы 人称使役动词

личный состав 个人成员

личный язык 个体语言

логика 逻辑/逻辑学

логика анализа 分析逻辑学

логико-лингвистическая концепция 逻辑语言观

логико-предметное содержание 逻辑事物内容

логико-семантические связи 逻辑语义联系

логико-синтаксические начала 逻辑—句法本原

логические правилы 逻辑规则

логический анализ 逻辑分析

логическое строение 逻辑构造

логос 逻各斯

логоэпистема 语言信息单位

локализатор 方位词

локация 定位

локус 位点

льготные грамоты 优待证

магия 魔力/魔法

магия без использования словесных формул 不使用套语的魔法

магия с использованием словесных формул 使用套语的魔法

макрогруппа 大群体

макроструктура 宏观结构

малая вычислительная машина 小计算机

маркированый член 标记成分

маркирующе-бытийная пара 标记—存在性对偶

марризм 马尔主义

масса 物料

математическая логика 数理逻辑学

материал 材料

материально-вещное 物质—事物

материальность 物质/物质性

материальный предмет 物品

материя 质料/物质

мативационный уровень 动机层

машинный перевод 机器翻译

межличностное общение 跨个性交际

межкультурная коммуникация 跨文化交际

межкультурная онтология 跨文化本体论

межкультурное общение 跨文化交际

межмолекулярные силы 跨分子之力

ментально-лингвальный комплекс 心智语言复合体

ментальное поле 心智场

ментальность 心智

ментальные акты 心智行为

ментальные глаголы 心智动词

ментальные картинки 心智图片

ментальные образования 心智构成物

ментальный лексикон 心智语汇

ментальный склад 心智方式

ментальный стереотип 心智定型

менталитет 心智体

менталитет личности 个性心智体

ментефакты 心智事例

место 位

металингвистика 超语言学

металингвистический метод 超语言学方法

метаморфоза 变形

метасимиозис 元符号

метасистема 元系统

метатеория 元理论

метафизика 形而上学

метафора 隐喻

метафора движения 运动隐喻

метофорические высказывания 隐喻性表述

метафорические переносы 隐喻引申

метафорический сдвиг 隐喻移位

метафорическое значение 隐喻意义

метаязык 元语言

метаязык семантики 语义元语言

метаязыковая функция 元语言功能

метаязыковое описание 元语言描写

метаязыковое отображение 元语言再现

метод 方法

метод абстракции 抽象方法

метод внутренней реконструкции 内部构拟方法

методика 研究法

методика ассоциативного анализа 联想分析法

методика когнитивной интерпретации 认知阐释法

методика моделирования концепта 观念模式化法

методика наминотивного поля 称名场分析法

методологические посылки 方法论前提

методологические схемы 方法论图式

методология 方法论

метонимические переносы 换喻引申

метонимический сдвиг 换喻移位

метонимия 换喻

метрическая схема 韵律图示

метрический монтаж 节拍蒙太奇

механизм установки 定向机制

механическое сцепление 机械附着力

микрогруппа 小群体

микроструктура 微观结构

минимальная клеточка 最小细胞

минимум 最低限量知识

минус-компоненты 负组元

мир в зеркале языка 语言棱镜中的世界

мировая ось 世界轴心

мировое дерево 宇宙树

миф 神话

миф о установлении имени 定名神话

мифологема 神话题材成分

мифологизированная антимодель 神话化反模式

мифопоэтическая модель мира 神话诗歌世界模式

мифопоэтический хронотоп 神话诗歌时空模式

мифопоэтическое пространство 神话诗歌空间

мифотворчество 神话主义文艺创作

младограмматизм 青年语法学派

мнемоническая среда 记忆环境

мнемоническая функция 记忆功能

мнемонический континуум 记忆连续统

многозначность/полисемия 多义性

многозначный набор 多义集

многокодовность 多代码性

многомерность 多维性

многомерные оппозиции 多维对立

многослойность 多层级性

многослойность сознания 意识多层级性

многоступенчатые процессы 多层级过程

многочленность 多成分性

многоязычие 多语性

множественность 多集性

множество звуков 音素集

множество пространств 空间集

множество текстов 文本集

модальность 情态/情态性

модели интерпретации 阐释模式

модели смысл ⇔ текст 意思⇔文本模式

моделирование будущего 未来模式化

моделирующая деятельность 模式化活动

модель 模式

модель будущего 未来模式

модель значения имени 称名语义模式

модель коммуникативного акта 交际行为模式

модель лжи 虚假模式

модель мира 世界模式

модель многозначности 多义性模式

модель предложкния 句子模型

модель языковой личности 语言个性模式

модернисты 现代派艺术家

модификация 变形

модуляция 变色

модус коммуникативной цели 交际目的态式

модус утверждения 肯定态式

молекула 分子

молодёжный прецедентный текст 年轻人先例文本

молчаливое знание 沉默知识

молярная единица 克分子单位

момент диахронии 历时方面

момент речи 说话时刻

монархическая философия 君主主义哲学

монопредикативные синонимические вариации 单述谓同义变体

моноцентрическая структура 单中心结构

монтаж аттракционов 特技蒙太奇

монтаж по доминантам 主导特征蒙太奇

морфема 词素

морфологическая классикация 形态学分类

морфологическая оформленность 形态构成性

морфологический критерий 形态学标准

мотив 动机/主题/曲调

мотив фразы 句曲调

мотивационная сфера 动机阈

мотивационно-побуждающий уровень 动机—激励层级

мотивационно-целевая структура 动机—目的结构

мотивационно-целевой анализ 动机—目的分析方法

мотивационное поле сознания 动机意识场

мотивированность 理据性/派生性

моторная афазия 运动失语症

музыкальная интонация 音调

музыкальная речь 音乐言语

музыкальное пространство 音乐空间

музыкальность 音乐性

музыкальный знак 音乐符号

музыкальный текст 音乐文本

музыкальный язык 音乐语言

мутационные изменения 突变性变化

мысленная картина 想象图景

мыслительная картина мира 思维世界图景

мыслительная структура 思维结构

мыслительная сфера 思维阈

мыслительные усилия 思维力

мыслительный концепт 思维观念

мыслительный ряд 思维列

мыслительный сгусток 思维块

мыслительный стереотип 思维定型

мысль 思想/思维

мышление 思维

наблюдатель 观察者

набор 集成/组合

набор внутритекстовых связей 语篇内关系的组合

набор ключевых слов 关键词组合

набор семантических компонетов 语义成素集成

набор формальных операций 形式演算集成

набор частных значений 个别意义集成

наборы знаний и представлений о мире 世界知识和认识的组合

надъязыковая сфера 语言上范畴

назывные словесные знаки 称名词语符号

наивная картина мира 天真世界图景

наивный формализм 朴素形式主义

наименование 称名

налицо 在场

наличность-неналичность 有—无有型

намёк 暗示

направленный ассоциативный эксперимент 定向联想实验

напряженность 紧张度

народное мировозрение 民族世界观

натурализм 自然主义

натуральный способ 自然方式

наука о говорении 说话科学

наука о духе 精神科学

наука о словесной структуры художественных произведений 文艺作品语言结构科学

наука о человеке 人学

наука о языке 语言科学

наука об отдельных языках 个别语言科学

научная грамматика 科学语法

научная картина мира 科学世界图景

научная парадигма 科学范式

научная поэтика 科学诗学

национальная концептосфера 民族观念阈

национально-культурная и языковая общность 民族文化和语言共性

национально-культурное пространство 民族文化空间

национально-культурное сообщество 民族文化共体

национально-культурные особенности 民族文化特点

национально-культурный стереотип 民族文化定型

национально-лингво-культурное сообщество 民族语言文化共体

национально-маркированные языковые средства 贴有民族标记的语言手段

национальный концепт 民族观念

национальный менталитет 民族心智体

национальный ментально-лингвальный комплекс 民族心智语言体

национальный прецедентный текст 民族先例文本

национальный стереотип 民族定型

национальный эгоизм 民族利己主义

начало 本原/始基

начало пути 起点

начинательность 起始

наш мир 人间

не-знак 非符号

не-искусство 非艺术

не-Я 非我

неагентивные категории 非施事范畴

негативная магия 消极魔法

недвуударность 非双重音性

неестественное 非自然事物

незначимый знак 无意义符号

неидентичные национальные сознания 非同一
　　民族意识

неизосемия 非原始性

нейтрализуемые оппозиции 抵消对立

нейролингвистика 神经语言学

необратимость 不可逆转性

необычный объект 不寻常对象

неогумбольдтианство 新洪堡特主义

неогумбольдтианцы 新洪堡特主义者

неоднородность 非均匀性

неожиданное действие 突然性动作

неологизация 新词化

неопозитивизм 新实证主义

неопределенность 不确定性

неореализм 新现实主义

неореалист 新现实主义者

неоструктурализм 新结构主义

непереводимое 不可译

неполное слово 非完全词

неполные семантические соединения 不完全语
　　义联合

непонимание 不理解

непосредственные реалии 直接实在

непосредственные создания 直接创造物

непредсказуемость 不可预测性

непредсказуемость значения 意义的不可预
　　测性

непреложные нормы человеческого мышления
　　人类思维不可违背准则

непрерывно движущийся поток 不断运动流

непрерывность 不间断性

непрерывный код 连续性代码

непроизвольная система 非任意系统

непроницаемость 不可渗透性

непроницательность 无法洞察性

непсихологическая эстетика 非心理学美学

неравномерность 非均衡性

нераздельность 不可分性

неразличительная опоозиция 非区别性对立

нерасчлененная группа 不可切分群

нерасчлененность 不可分解性

нерегулярности 非常规现象

нередуцируемое 非简化

неречевое полушарие 非语言半球

неслиянность 不合流性

несовершенность 未完成性

несовпадения 错位

нестяжатели 禁欲派

нестяжательство 禁欲主义

нечистые земли 非纯洁之地

нижняя ступень 下等

никоновское нововведение 尼康新政

ничто 乌有

новая культура 新文化

новая онтология 新本体论

новая целевая модель 新目标模式

новая эпоха 新时代

новое-данное 新知—已知

новое двоичное целое 新二进制整体

новое учение о языке 语言新学说

новоевропейская философия 新欧洲哲学

новые люди 新人

новый знак 新符号

новый термин 新术语

нозализация 鼻音化

номенклатура 清单

номинализация-пропозиция 命题称名化

номинализация-процесс 过程称名化

номинализация-факт 事实称名化

номинативная функция 称名功能

номинативно-классификационная сфера 称名分类阈

номинативно-производные значения 称名派生意义

номинативно-репрезентативная функция 称名表征功能

номинативность 称名性

номинативные значения 称名意义

номинация 称名

номинирующий концепт 观念称名词

носители значения 意义载体

носитель двух кодов 双代码携带者

носитель знака 符号携带者

носитель культуры 文化携带者

нулевое измерение 零量度

нулевой речевой акт 空缺言语行为

нулевые фонемные ряды 零音位列

нумерологемы 数量义素

нюансы значения 意义色差

обертон 泛音

обертонный монтаж 泛音蒙太奇

область бытия 存在阈

область вторичных предикатов 二级谓词阈

область пребывания 所处阈

область стыковки 对接阈

область формы 形式阈

область человеческой психики 人的心理阈

обобщение 概括

образ 形象/形象性

образ-схема 形象/意向—图式

образ автора 作者形象

образ мира 世界形象

образ сознания 意识形象

образно-идеаторная деятельность 形象—联想活动

образно-перецептивный компонент 形象—知觉成素

образные представления 形象表征

образные признаки 形象特征

обратная метафора 反向隐喻

обращение 诉求

обследование материала 材料考察

обстрактная схема 抽象图式

обстрактное пространство 抽象空间

обусловленная синтаксема 限制句素

общая конструкция 一般结构

общая оценка 一般评价

общая психология 普通心理学

общая ситуация 总体情景

общая эстетика 普通美学

общее акустическое представление 普通声学表征

общее значение 共性意义/普遍意义

общение 交际

общественное достояние 公共财富

общественный договор 社会契约

общечеловеческие фонемы 全人类音位

общечеловеческий прецедентный текст 全人类先例文本

общий язык 一般语言/共同语言

общность 共相/共性

объект 客体/对象

объективаторы 物化者

объективация 客体化/物化

объективированная данность 客观化现实

объективная картина мира 客观世界图景

объективно-аналитический метод 客观分析法

объективно-системное 客观系统性

объективность 客观性

объяснение 阐释

объяснительная схема 解释图式

обычные тектовые реминисценции 普通回想文本

обязательные участники ситуации 语境必需参项

овнешнения 外化/外化形式

однозначное преобразование 同义转换

однозначность 单义性

одномерные оппозиции 一维对立

одноместные предикаты 一位谓词

однонаправленность 单向性

одушевленность 动物性

означаемое 所指

означающее 能指

оклад-риза 金属衣饰

окристаллизовавшаяся схема 晶体化图式

окружающий человека мир 人的周围世界

окультуренные единицы языковых знаков 文化化的语言符号单位

омоним 同音词

омонимия 同音现象

ономасиологический подход 称名学方法

операции рефлексии 反射运算

операциональные единицы 操作性单位

операционность 程序性

операция 演算/操作

описание 描写

опорные смысловые узлы 含义支点

опосредование 间接表述性

оппозиция фонемы 音位对立

определенность-неопределенность 确定—非确定型

опрощение 简化

ораторская речь 演讲言语

организм языка 语言机体

организованный эксперимент 有组织的实验

органичность 有机性

ориентированность 指向性

ориентировка 定位

осложненная бытийно-бытийная пара 繁化存在—存在性对偶

осмысленный знак 明理性符号

основная модель 基本模型

основное ключевое слово 基本关键词

основной мотив 基本主题

основной оттенок 基品

основной тип фонемы 基本型音位

основные жанры 基本体裁

основные звуки 基音

основные элементы 主要成分

основы 原理/基础

особая роль слова/речи 话语的特殊作用

особый петербургский текст 特殊彼得堡文本

осознная активность 自觉的能动性

остаток 剩余部分

остранение 陌生化

отбор слова 选词

ответ 对答

отвлечения 抽象物

отграничение культуры от не-культуры 文化
区分于非文化

отдельное лексическое значение 单独词汇意义

отдельные значения 单独意义

отдельные компоненты 单独成素

отдельные окрашенные слова 单个的特色词语

отдельный язык 单个语言

отказ от принятых норм 背离通行规范

открытая дистрибуция 开放分布性

относительные предикаты 相对谓词

отношение/соотношение 关系

отношение мыслей 思维关系

отношение идентификации 证同关系

отношение подобия 相似关系

отношение понятий 概念关系

отношение тождства 等同关系

отношения сопредикативности 同述谓关系

отношения характеризации/ предикации 特征
化或述谓化关系

отношения экзистенции/ бытийности 存在关系

отображение/отражение предмета 事物反映

отрешенная действительность 与世隔绝的现实

отрицание 否定

отрицательный эксперимент 否定实验法

отродившееся в новый вид существо 活成新模
样的人

отсылка 参阅

оттенок 音品/色差

оттенок фонемы 音品

отчуждаемая-неотчуждаемая принадлежность
疏远—非疏远型

оформленность 形式化

оценка 评价

оценночная зона 评价区域

очеловечение 人化

оязыковление 语言化

память 记忆

память коллектива 集体记忆

парадигма 聚合

парадигматика 聚合关系

парадигматическая закрепленность 聚合关系
固定性

парадигматические характеристики 聚合关系
评价

парадигматический ряд 聚合关系列

парадоксальная природа 悖论属性

параконцептуальные заимствования 伴随观念
借词

параллелизм 排偶

параллельность 并行性

параллельный ряд 平行列

параметризация значения 意义参数化

параметры лексического значения 词汇意义
参数

паратаксис 并列

паремиологическая зона 格言区域

парольная функция 密语功能

партнёр коммуникации 交际伙伴

пассивная грамматика 消极语法

патологичное общение 病态交际

первая степень отбора элементов 一级成分
选择

первая философия 第一哲学

первенцы 最先要素

первичная коннотация 一级伴随意义

первичная моделирующая модель 一级模式化系统

первичная сигнальная система 一级符号系统

первичное знакообразование 一级符号构成物

первичные жанры 第一性体裁

первичные кофликты 原发性冲突

первичные познавательные процессы 一级认知过程

первичные элементы 第一性成分

первичный феномен 第一性现象

перво-конструкция 初始结构

перво-сюжет 初始情节

первобытное сознание 原始意识

первобытный синкрктизм 原始混合主义

первозданность 原生性

первоначальная полярность 初始极性

перевернутость 翻转性

переводный текст 译文本

перекодирования 重新编码

переломный момент 转折点

переменная 变量

переменная часть 变项

переменный фактор 可变因素

переносное значение 引申意义

переносный смысл 转义

переразложение 再分解

пересекающийся ряд 交错列

перестройка семантической структуры 语义结构改变

период предыстории 前夕史阶段

периферийное движение 外围动作

периферия 边缘

перформативность 言语行为性

перфомативы 施为句

перцептивная функция 知觉功能

перцептивные когнитивные признаки 知觉认知特征

перцептивный образ 知觉形象

петербургский текст 彼得堡文本

писательский прецедентный текст 作家先例文本

письменная речь 书面语

пластическое искусство 造型艺术

побочная линия 次要路线

поведение 行为

поверхностная семантика 表层语义

повтор/повторение 重复/重叠

повседневная языковая деятельность 日常语言活动

повседневное сознание 日常意识

подвижные поля 移动场

подлинная субстанция 真正的实体

подлинный символизм 真正的象征主义

подмножество 亚集

подпространство 亚空间

подстановка 代入

подъязыковая сфера 语言下范畴

позитивизм 实证主义

позитивная магия 积极魔法

позиционное чередование 随位交替

позиционные варианты 随位变体

позиция 位置/位

познание 认识

показатели модальности 情态指标词

показательные изречения 典型性话语

показы 展品

поле активности/пассивности 主动/被动场

поле аспектуальности 时体场

поле бытийности 存在场

поле взаимности 相互场

поле возвратности 反身场

поле временной локализованности 时位场

поле залоговости 语态场

поле качественности 性质场

поле количественности 数量场

поле коммуникативной перспективы высказывания 语句交际前景场

поле компаративности 比较场

поле локативности 处所场

поле модальности 情态场

поле наминации 称名场

поле напряжения 张力场

поле объектности 客体场

поле определенности/неопределенности 确定场/不确定场

поле переходности/непереходности 及物/不及物场

поле персональности 人称场

поле поссесивности 所属场

поле предикации 述谓场

поле причины 原因场

поле скрещивания 融合场

поле следствия 结果场

поле сознания 意识场

поле состояния 状态场

поле сравнения 比较场

поле субъектности 主体场

поле таксиса 时序场

поле темпоральности 时制场

поле условия 条件场

поле уступки 让步场

поле цели 目的场

полевой участок концепта 观念场段

полемика 辩论

поливалентные предикаты 多价谓词

поливалентность 多价性

полиглотизм 多语性

полиглотизм кутльтуры 文化多语性

полиместные предикаты 多位谓词

полипредикативные осложнения модели 模型多述谓繁化

политичесая концептология 政治观念学

полифония 复调

полифункциональные знаки 多功能符号

полицентрическая структура 多中心结构

полное слово 完全词

полнозначные слова 全义词

полные синонимы 完全同义词

положение 状况

положение дел 事态

положения о новой фонологии 新音位学原理

положительный эксперимент 肯定实验法

полуосвобождённость 不完全释放

полупиктографические знаки 不完全图画文字形象

полюс Бытия 存在极

полярность 极性

понимание 理解

понятие 概念

понятийный компонент 概念成素

поперечный разрез 横切

порождаемое 生成性

порождение 生成

порождение и восприятие текста 语篇生成和感知

порождение речи 言语生成

последовательно индуктивный подход 连续归

纳法

последовательность 连续性/连贯性

последовательность знаков 符号的连贯性

посредствующее звено 中间环节

постепенный прогресс 渐进

постмарризм 后马尔主义

постоянство звучания и значения 音响和意义
的恒定性

постоянство-непостоянство 恒定—非恒定型

постоянные оппозиции 恒定对立

постоянные эпитеты 常用修饰语

постструктурализм 后结构主义

постструктурная парадигма 后结构主义范式

постструктурная семиотика 后结构符号学

постулаты 公设

постулируемые значения 被公理化的意义

поток энергии 能量流

поток языковых действий 语言行动流

потусторонний мир 彼岸世界

поучение 训诫

поэтика 诗学

поэтическая диалектология 诗歌方言学

поэтическая лингвистика 诗歌语言学

поэтическая неоднозначность 诗歌多义性

поэтическая функция 诗学功能

поэтический язык 诗歌语言

поэтическое слово 诗歌词

поэтическое языкознание 诗歌语言学

пра-миф 原始神话

пра-форма 原始形式

правденные земли 正义之地

правила 规则

правила ведения речи 言语操行规则

правила речевого поведения 言语行为规则

правильность 规范

прагматика 语用学

прагматическая сфера 语用阈

прагматический импликационал 语用蕴含义

прагматический уровень 语用层

практическая философия 实践哲学

практический язык 实用语言

практическое языкознание 实用语言学

праязык 源语

предельная форма 极限形式

предикат 谓词/谓项

предикативная структура 述谓结构

предикативная функция 述谓功能

предикативность 述谓性

предикативные знаки 述谓符号

предикандум 谓词

предикация 述谓/述谓关系

предложение 句子

предложение высказывание 话语句

предложение наличия 存在句

предмет 事物/研究科目

предмет-событие 事物—事件

предметная деятельность 事物活动

предмедная живопись 实物画

предметная область 对象阈

предметная структура 事物结构

предметно-пространственная категория 事物—
空间范畴

предметное содержание 事物内涵

предметное сознание 事物意识

предметность 事物性

предметные отношения 事物关系

предрасположение/ диспозиция 行为倾向

предсказуемость 可预测性

представление 认识/表象

прерванность 停顿性

прескриптивная функция 指示功能

пресуппозиционные инварианты 预设常量

пресуппозиция 预设

прецедент 先例

прецедентная ситуация 先例情景

прецедентное имя 先例名

прецедентность 先例性

прецедентные высказывания 先例语句

прецедентные тектовые реминисценции 先例回
想文本

прецедентный культурный знак 先例文化符号

прецедентный текст 先例文本

прецедентный феномен 先例现象

привативные оппозиции 否定对立

приёмы 手法/操作方法

признаковый анализ 特征分析

приметы 预兆行为

принудительно организованная речь 强制组织
起来的语言

принцип активности 能动性原则

принцип анализа 分析原则

принцип достижения 通达原则

принцип знака/значения 符号/意义原则

принцип интериоризации-экстериоризации 内
化—外化原则

принцип историзма 历史主义原则

принцип контраста 比照原则

принцип культуры 文化原则

принцип непрерывности 不间断性原则

принцип опосредствования 间接性原则

принцип премедности 事物性原则

принцип прерывности 间断性原则

принцип приспособления 适应性原则

принцип развития 发展原则

принцип сокрощения 缩减原则

принцип тождества 等同原则

принцип упорядочивания 调整原则

принцип упрощения 简化原则

принятые нормы 通行规范

природа души 灵魂的属性

природная сила 自然力

природность 先天性

природный материал 天然物质

притча 寓言

пробелы 空白

прогресс 进步

продвижение 推进

продукт деятельности 活动的产物

продукт знаково-мыслительной деятельности
符号—思维活动产品

прозаический ряд 散文行

производные жанры 派生体裁

производящее значение 派生意义

произвольная система 任意系统

произвольное движение 任意运动

произвольность 任意性

произвольный импульс 任意冲动

произносительные условия 发音条件

происшествие 生事

проксемы 距离义素

промежуточная позиция 中介位置

промежуточная ступень 中间层次

промежуточные звенья 中间环节

промежуточные явления 过渡现象

промежудочный уровень 中间层级

прообраз 初始形态

пропозиционные правила 命题规则

пропозиция 命题

пропорциональные оппозиции 均衡对立

просветитель 启蒙者

просвещение 启蒙/文化

простой мотив 简单曲调

пространственная ориентация 空间定向

пространственная протяжённость 空间长度

пространственная структура 空间结构

пространственно-временной континуум 时空连续统

пространственно-понятийная схема 空间概念图式

пространственный образ 空间形象

пространство 空间

пространство созерцания 直觉空间

простые жанры 简单体裁

противоположность 对立性

противоположный центр семиологических функций 符号功能对立中心

противопоставленность 对立性

противочувствование 逆向情感

протопонятие 概念雏形

прототип 原型

прототипический анализ 原型分析

прототипический сценарий 原型脚本

прототипная семантика 原型语义

протяженность 延伸性

профили понятия 概念面

профиль 侧面

процесс 过程

процесс единого действия 同一动作过程

процессуальная сторона 过程方面

процессуальный подход 过程观

процессы внутрифонемного порядка 音位内部列过程

прямая диатеза 直接角色配位

прямое дополнение 直接补语

прямое значение 直义

психические величины 心理数值

психические высказывания 心理句

психо-лингво-интеллекты 心理—语言—智力体

психолингвистика сознания 意识心理语言学

психолингвистика текста 语篇心理语言学

психологическая коммуникация 心理交际

психологическая операция 心理学程序

психологическая семиотика/психосемиотика 心理符号学

психологическая эстетика 心理学美学

психологическое направление 心理学流派

психология искусства 艺术心理学

психология развития человека 人的发展心理学

психофизический катарсис 身心净化

психофонетика 心里语音学

пустые клетки 空格

пустые места 空位

путь 向道

пушкиноведение 普希金学

радикальная структура 根结构

развернутый текст 扩展语篇

разграничительная функция 分界功能

разделимость 可分解性

различительная опоозиция 区别性对立

различительная способность 区别能力

различительная функция 辨别功能

различительный признак 区别性特征

различия материального порядка 物质性差异

разновидность этического знания 道德知识的变体

разнопорядковые смыловые блоки 不同等级含义块

распросраненные синтаксемы 扩展句素

活动

речемыслительная сфера 言语思维阈

речемыслительный феномен 言语思维现象

речепроизводство 言语生成

речь 言语/句子

решетка морфем 词素格栅

решетка фонем 音位格栅

рисунок 图片

ритм 节奏/节律

ритм искусства 艺术节奏

ритмико-синтаксический период 韵律—句法圆周句

ритмические ряды 韵律列

ритмический/метрический закон 韵律规律

ритмический монтаж 节律蒙太奇

риторика 辩论术/修辞学

ритуал 仪式

ритуал наказаний 惩戒仪式

рифма 韵脚

родовое понятие 类概念

родовой узкий комплекс 类属窄综合体

ролевая структура 角色结构

тактика вразумления 劝导策略

тактика наказания 惩罚策略

тактика упрашивания 恳求策略

русофильство 亲俄主义

русская идея 俄罗斯思想

русская религиозная философия 俄罗斯宗教哲学

русская семиотика 俄罗斯符号学

русский авангард 俄罗斯先锋派

русский византизм 俄罗斯拜占庭主义

русский дух 俄罗斯精神

русский формализм 俄罗斯形式主义

ряд динамических индексов 动态指数列

ряд предметных отношений 事物关系列

ряд соединенных предложений 组合句子列

ряды 列

ряды чувств 情感列

сакрализованное антиповедение 宗教化反行为

сакральное поле 神圣场

самобытность 独特性

самодостаточность 自足性

самонаучение 自我习得

саморефлексия 自省

самосознание 自我意识

самоуправление 自我支配

самоценность 自价值

самоценный материал 自价值材料

светское молчание 社交性沉默

свободная синтаксема 自由句素

свободная теософия 自由神智学

свободное творчество 自由创造

свободные варианты 自由变体

свободный ассоциативный эксперимент 自由联想实验

своё для своих 单语自定型

своё для чужих 双语自定型

своё/чужое для чужих 双语自定/他定型

свойства вещи 事物特性

свойство 特性

связанная синтаксема 黏附句素

связное дерево 联通树

связный текст 连贯语篇

святая земля 神圣之地

святость 神圣性

сгустки знаний 知识块

сгуток культуры 文化凝聚块

сделанность 后天性

сдвиг контекста 语境移位

сдвиг фокуса внимания 视焦移位

сдвоенные роли 双重角色

северное наречие 北部方言

сема 义素

семантика 语义/语义学

семантика синтаксиса 句法语义学

семантика словаря 词典语义学

семантика языка 语言语义学

семакнтико-синтаксическая система 句法语义系统

семантико-синтаксические типы 句法语义类别

семакнтико-синтаксические функции 句法语义功能

семантикоцентризм 语义中心主义

семантикоцентрическая парадигма 语义中心主义范式

семантическая актуализация 实义化

семантическая валентность 语义配价

семантическая деривация 语义衍生

семантическая зона 语义区

семантическая многовариантность 语义多变体性

семантическая мотивированность 语义派生性

семантическая органиизация 语义组织

семантическая реконструкция 语义构拟/语义重构

семантическая семиотика 语义符号学

семантическая сеть 语义网

семантическая сочетаемость 语义支配关系

семантическая сфера 语义阈

семантическая формула 语义公式

семантическая эволюция 语义演化

семантические аномалии 语义异常

семантические дериваты 语义衍生词

семантические значимости 语义表义

семантические иерархии 语义层级

семантические информации 语义信息

семантические компоненты 语义成素

семантические образования 语义构成物

семантические правила 语义规则

семантические предикаты 语义谓词

семантические примитивы 语义雏形

семантические разряды 语义类别

семантические связи 语义联系

семантические формулы 语义公式

семантический абсолют 语义绝对

семантический актант 语义题元

семантический гештальт 语义完形

семантический инвариант 语义常量

семантический матаязык 语义元语言

семантический переход 语义转换

семантический порог 语义界限

семантический стандарт 语义标准

семантический тип 语义类型

семантический уровень 语义层

семантическое единство 语义统一体

семантическое пересечение 语义交叉

семантическое пространство 语义空间

семантическое согласование 语义一致

семасеология 语义学

семейный прецедентный текст 家庭先例文本

семема 义素

семиогенез 语源

семиозис 语符

семиологические классы 符号类别

семиологические подклассы 符号次类别

семиосоципсизология 符号社会心理学

семиосфера 符号域

семиотизация поведения 行为符号化

семиотика 符号学

семиотика второго поколения 第二代符号学

семиотика города 城市符号学

семиотика интертекста 跨语篇符号学

семиотика истории 历史符号学

семиотика коммуникации 交际符号学

семиотика концепта/концептуальная
семиотика 观念符号学

семиотика культурных концептов 文化观念符
号学

семиотика культуры 文化符号学

семиотика литературы 文学符号学

семиотика музыки 音乐符号学

семиотика слова 词语符号学

семиотика текста 语篇符号学

семиотика языка 语言符号学

семиотическая грамматика 符号学语法

семиотическая структура 符号学结构

семиотические дискурсы 符号话语

семиотические языки 符号学语言

семиотический принцип 符号学原则

семиотический способ 符号学方式

семиотический текст 符号文本

семиотическое пространство 符号空间

семиотическое тождественность 符号同等性

сенсор 感觉

сенсорная афазия 感觉失语症

сенсорная противоречивость 感觉矛盾性

сенсорное поле сознания 感觉意识场

сенсорные сигналы 感觉信号

сенсорный код 感觉代码

сетка отношений 关系网

сигнификат 所指意义

сигнификативная ситуация 所指情景

сигнификативная функция 所指功能

силлогизм 三段论

силовое поле пространства 强力空间场

силовые индексы 力指数

сильная позиция 强位

сильномногозначные слова 强多义词

символ 象征

символ форм 形式象征

символизм 象征主义

символика 象征意义

символистический импрессионизм 象征主义印
象派

символистическое направление 象征主义流派

символический знак 象征符号

символический мир 象征界

символический тип 象征性类型

символический язык 象征性语言

символическое антиповедение 象征性反行为

символическое действо 象征性行为

символическое описание 象征性描写

символическое письмо 象征性笔法

символичность 象征性

символотворчество 象征性创作

симметричное преобразрвание 对称转换

синекдоха 提喻

синоним 同义词

синонимический ряд 同义词列

синонимия 同义现象

синтагма 组合/语段/句段

синтагматика 组合关系

синтакматическая закрепленность 组合关系固
定性

синтагматические характеристики 组合关系
评价

синтагматический ряд 组合列

синтаксема 句素

синтаскис действий 行动句法

синтаксис предложения 句子句法范畴

синтаксическая валентность 句法配价

синтаксическая форма слова 词的句法形式

синтаксические информации 句法信息

синтаксический актант 句法题元

синтаксический знак 句法符号

синтаксический тип 句法类型

синтаксическое поле 句法场

синтаксическое членение 句法切分

синтактика 语构学

синтез 合成/合题/综合

синтетическая единица 综合性单位

синтетический подход 综合视角

синтетический сверхтекст 综合性超级文本

синхроническая лингвистика 共时语言学

синхрония 共时

система 系统

система значений 意义系统

система ожидания 期待系统

система означаемых 所指系统

система означающих 能指系统

система речевых действий 言语行动系统

система управления 操控系统

систематизм 系统主义

системно-структурная парадигма 结构—系统主义范式

системно-структурная семиотика 结构—系统符号学

системно-структурно-функциональная парадигма 系统—结构—功能主义范式

системно-структурно-функциональная семиотика 系统—结构—功能符号学

системность 系统性

сисмемный подход 系统方法

системщик 系统主义者

ситуации объектов 客体情境

ситуация 情景

сканирование 扫描

сквозное описание 贯通描写

скептивизм 怀疑主义

склеивание 黏合型

скрещение 杂交

скрытые грамматические категории 隐性语法范畴

слабая позиция 弱位

славянофильство 斯拉夫主义

слияние противоположных символов 对立符号的融合

слова-междометия 感叹词

словарная семиотика/ семиология 词汇符号学

словесная модель 词汇模型

словесное выражение мысли 思维的语言表达

словесное искусство 语言艺术

словесное наименование 口头命令

словесные знаки вторичного означивания 二级表义词语符号

словесные знаки первичного означивания 一级表义词语符号

словесные стереотипы 词语定型

словесный знак 词语符号

словесный ряд 语言列

слово 词/寓言/语言

слово-действие 以言行事

слово-концепт 观念词

слово-реакция 反应词

слово-стимул 刺激词

слово денотативного класса 指称类别词

словообразовательно-эпидигматический тип 构

词—常规型

словообразовальные сближения 构词近似

словообразовательный тип 构词型

словоформа 词形

словоцентризм 词语中心主义

словоцентрическая лингвистика 词语中心主义语义学

сложные жанры 复杂体裁

сложные синтаксические единицы 复杂句法单位

слот 沟槽

слух 听觉

слуховое восприятие 听觉感知

слуховой канал 听觉渠道

слуховые впечатления 听觉

случайное сближение 偶然性近似

смежность 近似性

смешанный код 混合性代码

смысл 意义/意思/含义/涵义

смысл-интенция 意思—意向

смысл произведения 作品涵义

смысл текста 语篇涵义

смысловая оргинизация 含义组织

смысловая плазма 意义原生质

смысловое восприятие 含义感知

смысловое звено 含义环

смысловое представление 意义表征

смысловое развертывание 含义扩展

смысловое сжатие 含义收缩

смысловое строение 含义构造

смысловое ядро 含义核

смысловой атом 意义原子

смысловой взрыв 意义的爆发

смысловой конгломерат 意义混合体

смысловой контакт 含义接触

смысловой оттенок 意义色差/意义色彩

смысловой уровень 含义层级

смысловые ассоциации 意义联想

смысловые фокусы 含义焦点

смыслообразующая фаза 含义形成阶段

смыслоразличительная оппозиция 辨义对立

смыслоразличительная функция 辨义功能

со-значение 共同义

совмещение значений 意义兼容

соборность 聚和性

событие 事件

событийно-временная категория 事件—时间范畴

событийные каузативы 事件使役动词

совершенность 完成性

содержание 内容

содержание концепта 观念内容

содержательная валентность 内容配价

содержательно-грамматические характеристики 内容—语法特征

содержательное понятие 内涵概念

содержательное ядро 内核

сознание 意识

сознательное 有意识

сознательное вмешательство 有意识干预

сознательный символизм 自觉象征主义

соматологический образ 人体学形象

сообщение 信息/报道

соответствия 对应关系

соотношение 相互关系/关联

соотношение звуковых и жестовых систем знаков 语音和身势符号系统的相互关系

сопутствующая материально-практическая деятельность 伴随物质—实践活动

сопутствующее значение 伴随意义

состояние 状态

социализм 社会主义

социология языка 语言的社会学

социальная вещь 社会事物

социальная парадигма 社会范式

социальная природа 社会属性

социальная психология 社会心理学

социально-культурная зона 社会文化区域

социально-культурный стереотип 社会文化定型

социальные знаки 社会符号

социальные институты 社会制度

социальный аспект языка 语言的社会方面

социальный стереотип 社会定型

социологизм 社会学派

социологический метод 社会学方法

социологический подход 社会学视角

социум 社会共体

социумный прецедентный текст 社会共体先例文本

спекулятивная грамматика 思辨语法

специфическое двуступенчатое соотношение 特殊双分级关系

сплав 融合型

способ заполнения лакуны 空缺填充法

способ комментария к лакуне 空缺注释法

способ компенсации лакуны 空缺补偿法

способы представления 表征方式

способы языкового кодирования 语言编码方式

сравнительная грамматика 比较语法

сравнительно-историческая парадигма 历史比较范式

среда существования человека 人的生存环境

средний человек 一般的人

стабильный фактор 稳定因素

стандартная коммуникация 标准的交际

старообрядцы 旧礼仪派教徒

старообрядчество 旧礼仪派

статическая грамматика 静态语法

статическая система 静态系统

стереоскопичность культуры 文化立体性

стереотип 定型

стереотип общения 交际定型

стереотип поведения 行为定型

стереотип речевого общения 言语交际定型

стереотипное поле 定型场

стереотипный образ 定型形象

стереотипы-образы 形象定型

стереотипы-представления 认识定型

стереотипы-ситуации 情景定型

стилистика 修辞学/风格学

стилистика индивидуальной речи 个体言语修辞

стилистические значения 修辞意义

стиль 语体/文体/风格

стих 诗行

стихия 原质

стихия сознания 意识原质

стиховедение 文韵学

стиховой ряд 诗行

стоики 斯多葛派

стратегический перлокутивный эффект 战略性言后效果

строевые конпоненты 构造成素

строение формы 形式构造

строительные материалы 建筑材料

строй жизни 生活系统

строй/строение языка 语言构造

строфа 诗节/诗段

строфика 诗节学

структура 结构

структура сказки 童话结构

структура языка 语言结构

структурализм 结构主义/结构主义语言学

структурная логика 结构逻辑

структурная сщема предложения 句子结构
图式

структурно-семантические категории слова 词
的结构语义范畴

структурно-языковой уровень 语言结构层

студенческий прецедентный текст 大学生先例
文本

стык 接口

субстантивно-глагольные словосочетания 名—
动词组

субстанция 实体化

субстратные элементы 底色成分

субтекст 亚文本

субъект 主体

субъективно-национальные лакуны 民族主体
空缺

субъективно-поэтичнское 主观诗意性

субъективный язык 主观语言

суждение 判断

сукцесивность 演替性

супружеский прецедентный текст 夫妻先例
文本

сущая данность 现存的实在

сущее 自在物

существование 存在

существование-образование 存在—构成物

сущность 本质

сфера 阈

сфера бытия 存在阈

сфера знака 符号阈

сфера знаний 知识阈

сфера нахождения 勘探阈

схема 图式

схема временной развертки 时间展开图式

схема семантической интерпретации 语义阐释
图式

схема цикла 循环图式

схематизация 图式化

сходство 相似性

сценарий 脚本

сюжет 情节

сюрреалистический театр 超现实主义戏剧

таксономическая категория 分类范畴

таксономический класс участника 参项的分类
类别

таксономия синтаксиса 句法分类法

тактика вразумления 劝导策略

тактика наказания 惩罚策略

тактика упрашивания 恳求策略

твёрдость 固定性

творческая сила фантазии 想象的创造力

тезаурусный уровень 语汇层

тезис 论题

текст 语篇/文本/话语

текст-интерпретатор 语篇—阐释者

текст-монолог 独白语篇

текстовая деятельность 语篇活动

текстовые лакуны 语篇空缺

текстовые массивы 大块语篇

текстология 语篇学

текстоцентризм 语篇中心主义

текстуальные отношение 语篇关系

тексты-примитивы 初始语篇

тела языковых знаков 语言符号体

тело 肉体

тематика 主题学

тематические широкие комплексы 主位宽综合体

тематический класс 主题类别

темпорализация 时间化

темпоремы 时间义素

теоретико-множественные модели 集论模型

теория автоматов 自动机器论

теория алгоримов 算法论

Generation theory 世代论

теория гештальта 格式塔理论

теория деятельности 活动论

теория информации 信息论

теория коммуникативной грамматики 交际语法理论

теория концептов 观念理论

теория культурно-исторических типов 文化—历史类型论

теория лексических фонов 词汇背景理论

теория лингвистической относительности 语言相对论

теория литературных стилей 文学语体理论

теория логического анализа языка 语言逻辑分析理论

теория модели 模型理论

теория «одностихийных народов» "单原质民族"理论

теория оптимального управлени 最佳控制论

теория перформанса 语言行为理论

теория позиции 随位理论

теория поэзии 诗歌理论

теория поэтической психологии 诗歌心理学理论

теория прецедентов 先例理论

теория признаков 特征理论

теория прогрессивного циклического развития искусства 艺术进步周期发展理论

теория распознавания образов 形象鉴别论

теория референции 指称理论

теория речевого акта 言语行为理论

теория речевой деятельности 言语活动论

теория стадиальности 阶段性理论

теория стереотипов 定型理论

теория театральности 戏剧性理论

теория функционально-коммуникативной грамматики 功能交际语法理论

теория функциональной грамматики 功能语法理论

теория функциональной социалингвистики 功能社会语言学理论

теория эволюции 进化论

теория языковой картины мира 语言世界图景理论

теория языковой личности 语言个性理论

тернарная семантика 三成分语义型

терм 名项/词项

термины отношений 关系项

теснота 紧凑性

тип межкультурной дивергенции 跨文化趋异型

тип межкультурной интерференции 跨文化干扰型

тип межкультурной конвергенции 跨文化趋同型

тип межкультурной конгруэнции 跨文化融合型

тип с предикатной доминацией 谓词主导型

тип с субъектно-предикатной доминацией 主体—谓词主导型

тип с субъектной доминацией 主体主导型

типичность 典型性

типовая ситуация 典型情景

типовая цель 典型目标

типовые правила 典型规则

типология композиционных возможностей 结
　构潜能类型学

типы высказывания 语句类型

типы лексического значения слова 词的词汇意
　义类别

тождество 同一性

тон 声调

тональные признаки 音调特征

тональный монтаж 音频蒙太奇

тонкая семантика 细微语义

точка зрения 视点

точное литературоведение 精确文艺学

трагедия 悲剧

трансляционная семантика 转换语义学

трансопонирование значимости 意义迁移

трансформационная /генеративная грамматика
　转换生成语法

треугольник 三角形关系

трехместные предикаты 三位谓词

трехполюсное образование 三极构成物

трехчленная модель 三成分模式

трехчленный компонент 三成分成素

три типа письменного языка 书面语三类型说

триада 三位一体

тривиум 三学科

троп 语义辞格

убеждающая функция 说服功能

уголовное право 刑事法

удвоенная одна и та же личность 重叠的同一

个性

узел 接口/焦点

узкие комплексы-антонимы 窄反义综合体

узкие комплексы-синонимы 窄同义综合体

узость-ужас 恐怖狭窄处

укорененность 根植性

умные эмоции 智力情感

умственные концентраты 智力凝聚体

универсалия 共性/普遍性

универсальное множество 通用集

универсальность языка 语言共性

универсальные категории 普遍范畴

универсальные семантические модели 普遍语
　义模式

универсальный предметный код 普遍事物代码

универсальный рационализм 普遍唯理主义

уровень минимальных предикативных
　структур 最小述谓结构层级

уровень синтагматических соединений широких
　комплексов 宽综合体组合性联合层级

уровень соединений узких комплексов 窄综合
　体联合层级

уровень тема-рематических блоков 主位—述
　位块层级

уровень узких комплексов 窄综合体层级

уровень широких комплексов 宽综合体层级

уровни 层级

усреднение 中和

условность 程式化/约定俗成性

условный знак 约定符号

условный метод 程式化方法

условный театр 程式化戏剧

усложненность 复杂性

установка 定向/取向

установка на выражение 表达定向

установка на порождение 生成取向

установленная смежность 约定近似

устная речь 口语

устремление 意向

устройсво 组织/构造/装置

устройство ввода 导入装置

устройство вывода 导出装置

устройство мира 世界构造

устройство человека 人的组织

устойчивые группы 固定组群

участник-субъект 主体参项

участник ситуации 情景参项

учение о воображении 想象学说

учение о восприятии 感知学说

учение о слове 词的学说

учение о чувстве 情感学说

фабула 故事情节/主题

фазная организация 相位组织

фазовые глаголы 阶段动词

фактическая смежность 事实近似

фактическое подобие 事实相似

факты исторического порядка 历史性事实

факты сознания 意识事实

фатическая функция 交流功能

феномен 现象

феномен многозначности 多义性现象

феноменологическая философская традиция 现象学哲学传统

феноменологические когнитивные структуры 现象学认知结构

фигуры 形状

физиология высшей нервной деятельности 高级神经活动生理学

физиология движения и активности 运动和能动性生理学

физическое действие-психический акт 身体行为—心理行为

филологический метод 语文学方法

философия анализа 分析哲学

философия имени 称名哲学

философия православного возрождения 正教复兴哲学

философская грамматика 哲学语法

философский аспект языка 语言的哲学方面

фольклор 民间口头创作

фон 背景

фонема 音位

фонетика 语音学

фонетическая оформленность 语音形式化

фонетическая фраза 语音句

фонетический ряд 语音列

фонетическое положение/фонетическая позиция 语音位置

фонетическое чередование 语音交替

фоновые знания 背景知识

фонология 音位学

фономорфологические варианты 音位形态变体

форма 形式

форма-процесс 过程—形式

форма-схема 图式—形式

форма как конструкция 作为结构的形式

форма общения 交际形式

форма как процесс 作为过程的形式

форма слова 词的形式

форма словосочетания 词组形式

форма существования сознания 意识存在形式

формализация 形式化

формализм 形式主义

формальная валентность 形式配价

формальная категория 形式范畴

формальная парадигма 形式主义范式

формальная семиотика 形式符号学

формальная школа 形式主义学派

формально-грамматическая организация 形式—语法组织

формально-лингвистическое направление 形式主义语言学流派

формально-литературоведческое направление 形式主义文艺学流派

формально-функциональное направление 形式—功能主义流派

формальное понятие 形式概念

формальные значимости 形式表义

формальные критерии 形式标准

формальный метод 形式主义方法

формальный объект 形式客体

формальный язык 形式语言

формирующий уровень 形成层级

формовка 成形

формоцентрическая функция 形式中心功能

формы лица 人称形式

формы существования общественного сознания 社会意识的存在形式

формула 公式/式子

формула значения 意义公式

формулирующая фаза 表达阶段

фрагмент мира 世界片断

фрагменты 片断

фраза 语句

фразацентризм 语句中心主义

фразеологически связанные значения 成语性耦合意义

фразеологичность 成语性

фрейм-структуры 框架结构

фреймы 框架

функционализм 功能主义

функциональная грамматика 功能语法

функциональная лингвистика 功能语言学

функциональная парадигма 功能主义范式

функциональная семиотика 功能符号学

функциональная стилистика 功能修辞学

функциональная фонетика 功能语音学

функционально-коммуникативная грамматика 功能—交际语法

функционально-семантические категории 功能语义范畴

функционально-семантическое поле 功能语义场

функционально-синтаксически ограниченные значения 句法功能制约意义

функционально-синтаксические значеня 句法功能意义

функционально-структурная парадигма 结构—功能主义范式

функционально-структурная семиотика 结构—功能符号学

функционально-структуральный метод 结构—功能方法

функциональное поле 功能场

функциональность 功能性

функциональный базис речи 言语功能基础

функциональный блок 功能块

функционирование 功用/功能化

функция инструмента 工具功能

футуризм 未来主义

хомскианская революция 乔姆斯基革命

художественная коммуникация 艺术的交际

художественная речь 艺术语言

художественно организованное слово 艺术组织起来的词

художественность 艺术性

художественный текст 艺术文本

художественный дискурс 艺术话语

целенаправленность 目的性

целое 整体

целостность 完整性

цель сообщения 信息目的

цельнооформленность 完整形式化

цельность 完整性

ценностно-защитная функция 价值维护功能

ценностные категории 价值范畴

ценность 价值

центр 中心

центр гравитации 引力中心

центральная линия 中间路线

центральная эмоция 中心情感

центральное движение 中心动作

цепочки смысла 意义链

цивилизация 文明

цитаты 引文

частное значение 个别意义

частная конструкция 个别结构

частная эстетика 个别美学

частность 殊相/个性

частотный словарь 频率词典

часть 部分

человек в коммуникации/общении 交际中的人

человек в языке 语言中的人

человек говорящий 说话的人

человеко-другоцентричность 人—朋友中心论

человековедение 人学

человеческий мир 人的世界

человеческий облик 人的面貌

человеческий фактор 人的因素

человеческое слово 人的话语

человечность 人性/人道

чин 一排圣像

чистая апофатика 纯否定

чистая культура 纯粹的文化

чистая обстракция 纯抽象

чистая форма театра 纯粹的戏剧形式

чисто информационное образование 纯信息构成物

чисто семиологическая работа 纯符号学作品

чистые земли 纯洁之地

членимость 可切分性

членочная процедура 成分程序

чувственное мышление 感性思维

чувственность 知觉性

чувственный образ 感觉形象

чувство симметрии 对称感

чудо культуры 文化奇迹

чужое для своих 单语他定型

чужое для чужих 双语他定型

шаблон речи 言语模式

шестичленная схема 六成分图式

шкала свободы 自在度

эволюционные циклы 演化周期

эвристический принцип 启发式原则

эйдология 形象学

эквиволентные / равнозначные оппозиции 等价对立

экзистенциальное высказывание/ предложение

存在句

экзистенциальные отношения 存在关系

эклектический академизм 折衷主义学院派

эксклюзив 外排式

экспериментальные методики 实验法

экспрессивная интонация 表现力语调

экспрессивная цель 表情性目的

экспрессивно-синонимические значения 同义表
现力意义

экспрессивные модификации 情感变体

экстериоризация 外化

экстразона 泛域

экстралингвичтическая ситуация 超语言情景

экстро- и интерорецептор 内外感受器

элемент 成分

элемент иллюзии 幻想成分

элементарные единицы 基本单位

элементы метаописания 元描写成分

элементы речевого механизма 言语机制成分

эмотивная функция 表情功能

эмоция 情感

эмоционально-волевой тон 情感—意愿语调

эмоционально-информационное поле 情感信
息场

эмпиризм 经验主义/经验论

эмпирическая семиотика 经验主义符号学

эмпирические отклонения 经验偏离

энергия 能量

энергия духа 神灵的力量

энциклопедическая зона 百科知识区域

эпидигматика 常规关系

эпидигматические отношения 常规关系

эпитеория 外延论

эпитигматический тип 常规型

эпоха истолкования 解释时代

эротическая загадка 色情谜语

эстетические оценки 美学评价

эстетичность 美学性

эсхатологизм 末世论

эталон 标尺

этикет 礼节

этикетка 标签

этикетные знаки 礼节符号

этнический прецедентный текст 民族定型文本

этническое предубеждение 民族偏见

этнолингвокультурное сознание 民族语言文化
意识

этнолингвокультурное сообщество 民族语言文
化共体

этнос 民族共体

этноцентричность 民族中心性

эфирная ткань 轻软组织

южное наречие 南部方言

явления мозга 大脑现象

ядро 内核

ядро лексикона 语汇核

ядро языкового сознания 语言意识核

язык 语言

язык-объект 客体—语言

язык-посредник 中介语

язык-система 语言系统

язык в человеке 人说的语言

язык жестов 身势语

язык как способность 作为能力的语言

язык как предмет 作为对象的语言

язык как процесс 作为过程的语言

язык речевых действий 言语行动的语言

язык семантики 语义语言

язык слов 词的语言

язык цифр 数字的语言

языки активного типа 主动型语言

языки аргативного типа 唯被动型语言

языки времени 时间的语言

языки второй степени 二级语言

языки культуры 文化的语言

языки математики 数学的语言

языки мысли/мышления 思维的语言

языки номинативного типа 称名型语言

языки пространств 空间的语言

языки религии 宗教的语言

языки этики 伦理的语言

языковая игра 语言游戏

языковая интуиция 语言直觉

языковая картина мира 语言世界图景

языковая компетенция 语言能力

языковая концептуализация мира 世界的语言
    观念化

языковая личность 语言个性

языковая метафора 语言隐喻

языковая модель мира 语言世界模式

языковая неоднозначность 语言多义性

языковая организация мира 世界的语言组织

языковая память 语言记忆

языковая репрезентация мира 语言对世界的表
    征

языковая рефлексия 语言反射

языковая система 语言系统

языковая спосоъность 语言能力

языковая среда 语言环境

языковое мировидение 语言世界观

языковое общество 语言社会

языковое поведение 语言行为

языковое сознание 语言意识

языковое сообщение 语言报道

языковое чутьё 语感

языковой материал 语言材料

языковой образ 语言形象

языковой промежуточный мир 语言中间世界

языковой процессор 语言信息处理器

языковой стереотип 语言定型

языковой уровень 语言层级

языковые взаимоотношения 语言相互关系

языковые единицы 语言单位

языковые лакуны 语言空缺

языковые маркеры национально-культурного
    сознания 民族文化意识的语言标记

языковые мышления 语言思维

языковые отношения 语言关系

языковые средства 语言手段

языковые умения 语言技能

языковые универсалии 语言共性

языкоцентрическая система 语言中心论系统

язычество 多神教

яфетическая теория 雅弗学理论

图书在版编目 (CIP) 数据

俄罗斯符号学研究范式的百年流变 / 赵爱国著 . —北京：北京大学出版社，2021.3
（国家哲学社会科学成果文库）
ISBN 978-7-301-32070-9

Ⅰ.①俄… Ⅱ.①赵… Ⅲ.①符号学—研究—俄罗斯 Ⅳ.① H0

中国版本图书馆 CIP 数据核字 (2021) 第 047731 号

书 名	俄罗斯符号学研究范式的百年流变
	ELUOSI FUHAOXUE YANJIU FANSHI DE BAINIAN LIUBIAN
著作责任者	赵爱国 著
责任编辑	李 哲
标准书号	ISBN 978-7-301-32070-9
出版发行	北京大学出版社
地 址	北京市海淀区成府路 205 号 100871
网 址	http://www.pup.cn 新浪微博：@北京大学出版社
电子信箱	pup_russian@163.com
电 话	邮购部 010-62752015 发行部 010-62750672 编辑部 010-62759634
印 刷 者	北京中科印刷有限公司
经 销 者	新华书店
	720 毫米 ×1020 毫米 16 开本 51.25 印张 910 千字
	2021 年 3 月第 1 版 2021 年 3 月第 1 次印刷
定 价	178.00 元